学科课程与教学研究三十年

丛书主编 杨启亮 徐文彬 何善亮

- 南京师范大学课程与教学论国家重点（培育）学科建设成果
- 高等学校国家"211"三期建设项目"教育现代化进程中基础教育课程与教学变革研究"建设成果

科学课程与教学研究
（1979—2009）

何善亮 主编

编 委
（按姓氏笔画为序）

田雨普 孙庆祝 刘炳昇 刘学惠 刘树凤
李广洲 张中原 吴永军 邹玉玲 李如密
陈荣华 何善亮 陈　娴 周志华 杨启亮
单　墫 姚锦祥 徐文彬 涂荣豹 顾渊彦
喻　平 程传银 谢树平 解凯彬 管建华

南京师范大学出版社
NANJING NORMAL UNIVERSITY PRESS

图书在版编目(CIP)数据

科学课程与教学研究.(1979～2009)/何善亮主编
.—南京：南京师范大学出版社，2015.12
ISBN 978-7-5651-2480-8

Ⅰ.①科… Ⅱ.①何… Ⅲ.①科学知识－教学研究－中小学 Ⅳ.①G633.72

中国版本图书馆 CIP 数据核字(2015)第 313098 号

书　　名	科学课程与教学研究(1979—2009)
主　　编	何善亮
责任编辑	左　宓　彭　茜
出版发行	南京师范大学出版社
地　　址	江苏省南京市宁海路 122 号(邮编:210097)
电　　话	(025)83598919(总编办)　83598412(营销部)　83598297(邮购部)
网　　址	http://www.njnup.com
电子信箱	nspzbb@163.com
照　　排	南京理工大学印刷照排中心
印　　刷	南通印刷总厂有限公司
开　　本	787 毫米×1092 毫米　1/16
印　　张	44.75
字　　数	1123 千
版　　次	2015 年 12 月第 1 版　2015 年 12 月第 1 次印刷
书　　号	ISBN 978-7-5651-2480-8
定　　价	90.00 元

出 版 人　彭志斌

南京师大版图书若有印装问题请与销售商调换
版权所有　侵犯必究

总 序

杨启亮 徐文彬 何善亮

改革开放以来,中国教育已走过三十余年的风雨历程。对于拥有数千年文明史的中华民族来说,三十年只是短暂一瞬,但若将其置于辛亥革命以来追求国家富强和民族复兴的百年历史中,这三十年又显得那么非同寻常和耐人寻味。一代人在刚刚见到黎明之时就带着壮志未酬的遗憾飘然而逝,一代人在从"革命"话语到"建设"话语的痛苦转变中承担起了现代化建设的重任,一代人在眼花缭乱的时代剧变中从襁褓走进学校和社会。改革开放前的教育事业发展相对滞慢,改革开放后的教育事业则稳步发展。高考制度的恢复、义务教育的普及、教育条件的优化、教师待遇的提高、教师素质的提升等教育的发展和变化,是建设有中国特色的社会主义现代化国家的具体见证,也是教育改革和开放的生动体现。

教育是国家发展的基石,是衡量一个国家发展水平和发展潜力的重要指标。相对于宏观教育改革与发展,课程与教学改革,特别是具体学科的课程与教学改革则更为内在,更为基础,也更为重要,它发生在日常的教育教学场景中,并与教育培养的人直接相遇。因此,在回顾和总结教育改革开放所取得的成就与经验时,我们就不能不深入到课程与教学改革这一教育改革的内核上来,不能不深入到具体学科课程与教学改革上来,不能不关注具体学科课程与教学究竟存在着哪些需要研究的问题,它们又是如何得到解决的;具体学科课程与教学研究取得了怎样的成果,产生了什么本土经验,它们对未来具体学科课程与教学理论的研究与实践改善又有着怎样的启示;等等。正是基于这一认识,我们有了编辑《学科课程与教学研究三十年》①丛书的初步设想,组织了多方参与的丛书项目建设的论证,并获得了参与论证的学科教育专家的充分肯定。于是,也才有了如今读者看到的《学科课程与教学研究三十年》丛书。

为了使读者对丛书有更深入的认识,在此还需对"学科"概念及"学科课程与教学研究"相关问题作一点说明。

一般地说,学科有两种含义,一是指一定科学领域的总称或一门科学的分支,二是指学校课程的组成部分,即学校中的教学科目。中国古代的"六艺"即礼、乐、射、御、书、数,欧洲古代的"七艺"即语法、修辞、逻辑或辩证法、算术、几何、音乐、天文学,都是当时学校设置的学科。近代学校教学内容日益丰富,设置的学科随之增多,例如语文、英语、数学、历史、生物

---

① 本丛书的"三十年"是个大致说法,系指 1979—2009 年期间,但也不排除此前此后的个别年份。

等,于是,围绕具体学科的课程与教学研究也深入地开展起来。"学科课程与教学研究"则与下述三个概念有关:一是"学科教学法",又称"分科教学法",它是学校各门学科教学法的总称。学科教学法是在教学论的一般原理指导下,分别研究各科教学中的任务、内容、原则和方法等具体问题和具体规律。尽管关于学科教学法的研究在古代即已开始,但学科教学法作为一门独立学科还是在近代出现的。二是"学科教学论",即"分科教学论"。它的出现是在学科教学法研究的基础上,由学科教学研究范围扩大所致。其研究的范围扩展为包括某学科教学的目的、内容、方法、评价及其自身研究的对象、方法等。三是"学科教育学"。学科教学论研究范围进一步扩展就形成了"学科教育学"。学科教育学在主要研究学科教学论的同时也体现"教学为教育"的主要内容,每一门学科,不仅有着自己的学科体系,即按照学习心理学原理和教学要求,兼顾科学知识的内在联系组成的各门教学科目的系统,而且要体现德、智、体等诸方面的全面发展。因此,学科教育学研究学科教育的性质、特点及其与其他社会现象之间的关系,学科教育的目的、任务和内容,学科教育的原则、方法、手段和组织形式,学科教育中教师与学生的关系等。本丛书所选文献定位于中小学具体学科的课程与教学研究,涉及主题与"学科教育学"研究内容相当,并更凸显研究的问题性,因而使研究者能思考得更为深入,研究成果也更有价值。

丛书计划 12 卷(暂定)[①],基本涵盖了目前基础教育阶段的各个学科,包括语文、数学、外语(英语)、政治、历史、地理、物理、化学、生物、体育、音乐、美术等。就每一学科单卷而言,内容主要由三部分组成。第一部分是该学科课程与教学研究三十余年的文献综述,旨在对三十余年来该学科课程与教学研究取得的成绩和存在的问题进行全面梳理和分析,并就未来该学科课程与教学研究发展趋势进行展望。第二部分集中呈现了改革开放三十余年中该学科课程与教学研究成果,重点讨论了学科课程与教学如何更好地促进每一位学生的发展,如何科学地设置课程内容以满足学生学习需要和社会发展需要,如何在加强基础知识、基本技能教学的同时更加注重学生学会学习、学会做人的教育,如何尊重学生个性差异,凸显以学生为本的教育理念,充分调动学生积极性、主动性,促进学生的全面发展,如何改变过于强调选拔性而忽视发展性的评价方式以发挥评价促进学生学习的功能,如何借鉴国际经验来改善我们的学科课程与教学,如何加强课程与教学研究来提升教师的教育教学实践智慧等非常具体的学科课程与教学问题。第三部分是改革开放三十余年中该学科课程与教学研究的主要文献索引以及部分学科的相关法规,供读者进一步研究参考。

《学科课程与教学研究三十年》丛书相关资料的选取采用"特尔菲法",即征询专家意见法,以保证所选资料的客观性和权威性。一般先由丛书各卷主编在该学科教育研究杂志(为主)或专著(为辅)中初选出一定数量力图包含该学科这段时期最重要研究成果的学术文献,再征询相关学科课程与教学研究人员、学科专家、教研员、中小学特级教师等专家意见,在综合专家意见的基础上筛选出备选文章并形成目录,再征询相关学科课程与教学研究人员、学

[①] 本丛书目前总计 15 卷。

科专家、教研员、中小学特级教师等专家的意见,如此反复数次,最后确定收集论文篇目。资料选择的时间范围原则上为1979年至2009年。资料来源一般包括相关政策文件、报纸、期刊[主要是核心期刊、CSSCI(中文社会科学引文索引)期刊、中国人民大学《复印报刊资料》、中国教育学会具体学科教学专业委员会会刊等国家级刊物和在该学科教学方面有影响的刊物]、著作(节选)、会议论文等。一般不收录未发表的文章。

丛书编者主要是南京师范大学从事相关学科课程与教学论教学与研究的专业人员,他们在各自学科方向潜心研究,取得了丰硕的研究成果,也产生了广泛的学术影响,因而可以保证本丛书的学术质量。特别是丛书编者中的部分老师联合本丛书的编辑,专门为课程与教学论专业研究生和教育硕士专业学位研究生开设了"课程与教学研究论文选读"课程,并取得了良好的教学效果,受到了研究生的普遍欢迎,使本丛书的学术质量和实践价值得到了初步的确证。

丛书读者定位于高等学校从事相关学科课程与教学研究的教师、课程与教学论专业研究生、教育硕士专业学位研究生、高年级师范本科生、教研员、中小学教师。随着课程与教学改革的不断深入,对中小学教师教学能力和研究能力的要求越来越高,做研究型学科教师已逐渐成为许多教师专业发展的自觉追求。对于他们而言,这是一套难得的参考书。此外,丛书具有工具书的性质,因而它也可作为各高等学校、各中小学图书馆收藏的重要资料。

最后,衷心感谢丛书中所收录文章的作者,是你们的智慧丰富了中国学科课程与教学研究的理论宝库;感谢丛书的编者,是你们的辛苦让我们看到了改革开放以来中国学科课程与教学研究的画卷;也感谢丛书的读者,是你们的热情为中国学科课程与教学研究带来了希望和明天。

丛书编选任务繁重,书中难免会有这样或那样的瑕疵与不足,文章收录也不一定能让所有作者或读者满意,欢迎大家提出宝贵意见,以便我们日后更正。

杨启亮　徐文彬　何善亮
2010年岁末于南京随园

目 录

总序/杨启亮 徐文彬 何善亮 ……………………………………（1）
科学课程与教学研究三十年：回顾、反思与展望/何善亮 ………………（1）

一、科学教育目标研究

国民科学素质——现代国家兴盛的根基/朱效民 …………………（41）
论基础理科课程的科学素质教育/彭蜀晋 李 英 …………………（47）
我国中小学科学教育的价值取向/刘克文 …………………………（54）
科学素养教育的意义及本土化诠释/张红霞 ………………………（58）
论科学的本质与科学教育/陈 琴 庞丽娟 ………………………（65）
科学—人文教育及其实现途径/董 华 桑宁霞 …………………（72）
自然科学教育的本质/饶 浩 ………………………………………（77）
我对自然学科性质的思考/章鼎儿 …………………………………（82）

二、科学课程标准与教材研究

科学课程理想与理想科学课程/母小勇 ……………………………（87）
浅谈《科学》课程的设计/李 晶 …………………………………（95）
科学课程内容的研制/李 俊 ………………………………………（100）
构建小学科技活动课程体系的尝试/张启建 ………………………（106）
论初中《科学》课程教材的设计/方红峰 …………………………（110）
人与自然和谐发展观视野下科学课程的审视/王伟群 ……………（122）

三、科学教学课型研究

关于小学自然学科课型的探讨/殷志杰 ……………………………（129）
小学自然低年级"三段五步"——课堂教学基本模式初探/张洪轩 刘学英 崔宝平
……………………………………………………………………（138）
小学自然课教学结构的研究/潘季顺 ………………………………（142）

论引导发现法/万莲美　张佩珍　陈秋祥　潘光博 …………………………… (149)
试论低年级自然课中的科学游戏/林维超 …………………………………………… (155)
动眼、动脑、动手、动口——启发式小学自然教学法/张洪鸣 …………………… (160)
浅谈小学低年级自然课的"情·知教学"/鲁启安 …………………………………… (164)
概念转变学习：一种基于建构主义的科学教学模式/袁维新 ……………………… (168)
试论"小组探究模式"/蔡　敏 ………………………………………………………… (176)
小学科学创造性教学研究/周振锋　李　玲 ………………………………………… (182)
农村自然教学的研究与实验/郎盛新 ………………………………………………… (188)

四、科学概念教学研究

小学科学教育中儿童概念学习问题探讨/王　岳 …………………………………… (195)
论归纳在科学概念形成中的作用/傅　坚　黄　瑗 ………………………………… (200)
概念的教学/顾　援 …………………………………………………………………… (206)
突出自然课概念教学的过程性/周赞梅 ……………………………………………… (213)
概念转变模型及其发展/张建伟 ……………………………………………………… (216)
概念转变研究对学习环境设计的启示/王　美 ……………………………………… (221)
正反例在概念教学中的研究与应用/郭建鹏　彭明辉　杨凌燕 …………………… (228)

五、科学探究教学研究

科学和儿童本性的回归——科学探究性学习教学目标之探究/罗星凯 …………… (241)
对探究教学几个理论问题的认识/李　森　于泽元 ………………………………… (253)
对探究教学的认识与思考/柴西琴 …………………………………………………… (260)
"科学探究"教学的哲学思考/应向东 ………………………………………………… (265)
中国小学科学教育中与"Hands on"方案有关的研究/郁　波 …………………… (271)
引导学生自行探究获取知识/李建梅 ………………………………………………… (279)
论面向真实科学/徐学福 ……………………………………………………………… (285)
论科学实验在教育中的地位/罗琬华　殷传宗 ……………………………………… (291)
论科学教育中的科学方法教育问题/郝京华 ………………………………………… (296)
科学探究式教学要注重原始创新基因的培育/项红专 ……………………………… (302)
青少年的科学创造力研究/胡卫平　俞国良 ………………………………………… (306)

六、科学情意教学研究

要从小培养儿童爱科学/陈　侠 …………………………………………………（315）
科学教育与人文精神——兼论科学的人文教育价值/唐　斌　尹艳秋 …………（317）
论弘扬科学精神/刘大椿 …………………………………………………………（323）
在自然学科中渗透思想教育的实践与研究/李煜生　陈　洁 ……………………（328）
科学与艺术的关联/孟建伟 ………………………………………………………（336）
对小学自然课美育的几点认识/张之仁 …………………………………………（344）

七、学生科学学习研究

学习科学视角下的探究式科学教育/韦　钰 ……………………………………（353）
科学文化的建构属性与科学课程学习方式改革/于海波　孟昭辉 ………………（357）
探究式学习：18条原则/任长松 …………………………………………………（363）
论科学探究与接受学习的关系/刘炳升 …………………………………………（375）
CAT：基于学习科学的科学概念学习环/林　静 ………………………………（378）
语言技能与科学课程学习/陈庆朋 ………………………………………………（385）
场馆科学学习：本质特征与影响因素/伍新春　曾　筝　谢　娟　康长运 ……（390）
计算机模型建构与学习者为中心的科学学习的研究进展及启示/张宝辉　邓　峰
　李　佳 …………………………………………………………………………（398）
科学学习——深层和浅层学习通道的对比/李耀俊 ……………………………（404）

八、科学元勘与科学教育研究

科学哲学的文化转向及其对科学教育的影响/蔡其勇 …………………………（411）
科学教育中若干认识论问题的探讨/钟启泉 ……………………………………（417）
"科学史——探索"教学模式的"重演"论基础/王　全　母小勇 ………………（425）
试论STS的对象、内容和意义/殷登祥 …………………………………………（431）
STS课程：类型、特征及改革走向/杨明全 ……………………………………（440）
HPS教育与科学课程改革/丁邦平 ………………………………………………（446）
科学文化及其对科学教育的影响/郭元婕 ………………………………………（454）

九、科学教育评价研究

科学课程学业成就评价的知识论基础／杨宝山 …………………………………（465）

科学素养评价工具的建构／王　蕾 ………………………………………………（471）

科学探究教学评价体系的构建与实践／蒋永贵　项红专　金　鹏 ……………（476）

科学探究学习评价体系的研究／熊士荣　吴鑫德　肖小明　张庆林 …………（483）

对科学探究能力引导式评价的研究／罗国忠 ……………………………………（491）

学生情感态度价值观的评估：给教师的建议／蒋　奖　丁朝蓬　段现丽 ……（496）

美国 NAEP 科学素养评价新趋向／林　静 ……………………………………（505）

美国俄勒冈州科学探究的工作单评价方法／袁　丽　廖伯琴 …………………（512）

加拿大关于科学课程评价的研究与启示／周　勇 ………………………………（517）

十、科学教育比较研究

美国小学科学教育现状研究／张军霞 ……………………………………………（527）

加拿大小学科学教育对我们的启示／刘占兰 ……………………………………（534）

日本小学理科课程及教科书特点分析／孙　新 …………………………………（542）

"动手做"——法国科学教育的新举措／王晓辉 ………………………………（551）

从科学教育标准看当代科学教育内容——关于美国几个科学教育改革方案的
　内容分析／魏　冰 ………………………………………………………………（556）

科学课堂教学的国际比较研究／张洪洋 …………………………………………（562）

学生的科学探究能力：国外的研究及启示／郭玉英 ……………………………（569）

十一、科学教育改革研究

国际基础科学教育改革的趋势／常初芳 …………………………………………（577）

论我国科学教育的危机与对策／柳秀峰 …………………………………………（583）

小学自然四十年的几点反思／刘默耕 ……………………………………………（588）

小学自然教学改革的回顾与展望／李培实 ………………………………………（593）

从自然课到科学课的嬗变／路培琦 ………………………………………………（598）

小学科学课程改革中的问题与分析／钟　媚　高凌飚 …………………………（604）

小学科学课程改革的几点思考／黄海旺 …………………………………………（610）

科学观与科学教育改革：跨学科的视角／丁邦平 ………………………………（616）

美国科学教育的第二次革命/李雁冰 ………………………………………… (625)

十二、科学教师教育研究

小学科学教师科学素养调查研究/张红霞　郁　波 ………………………… (637)
论科学课程教师专业素养:挑战与发展/仲小敏 ……………………………… (646)
我国科学教师专业发展中的科学史哲素养/蔡铁权　姜旭英 ………………… (652)
美国科学教师专业发展标准及其启示/周　青　杨妙霞　杨辉祥 …………… (659)
美国科学教育师资培训的研究及启示/何善亮 ……………………………… (665)
澳大利亚维多利亚州科学教师专业标准述评/熊建辉 ……………………… (671)
时代呼唤我国设置科学教育本科专业/林长春 ……………………………… (676)

索引 ……………………………………………………………………………… (681)
后记 ……………………………………………………………………………… (702)

科学课程与教学研究三十年：回顾、反思与展望

何善亮

一、问题的提出

1978年，中共十一届三中全会做出全面实行改革开放的新决策，从此改革开放的春风使中华大地再次焕发了活力，中华民族终于踏上了民族复兴的伟大征程。改革开放的三十年，是中国经济迅速蓬勃的十三年，是中国社会和谐稳定的三十年，是教育事业稳步发展的三十年。在这三十年间，我国中小学课程与教学领域发生了天翻地覆的变化，课程与教学研究也取得了巨大的成就。三十年来，我国中小学教学改革经历了以效率为取向的局部或散点式教学改革，继而开始追求科学化的教学实验探索，以及"三维目标"教学革新和整体学校转型性变革的教学改革历程，并伴随着教育教学理念的变化和理论的生长。[①] 在课程领域，我国的课程论研究经历了理论储备期、独立时期与研究深化期，并在研究的思维方式、理论体系构建、学科建设、课程论研究问题和研究方法论体系构建等方面取得了巨大的成就，认为近三十年课程论研究实现了从实体思维到关系思维的思维方式转变，从一元到多元的理论体系建构，以及从问题解决到体系建构的学科发展，但也需要直面理论研究与实践研究、借鉴与批判、继承与创新、单一取向与综合取向、本土与世界、工具理性与价值理性等相互关系问题。[②] 也有研究者对三十年来的课程与教学变革的基本性质和基本经验进行了总结，提出课程与教学领域三十年探索的基本使命依然是深化完善现代课程与教学体系的研究命题。[③] 这些回顾、反思和对未来发展的判断，对中小学课程与教学的理论与实践无疑有着积极的建设性意义。

伴随着整个社会的历史文化变迁，我国科学教育实践变革和理论研究也取得了丰硕的成果，一些实验研究（例如小学低年级科学教育实验研究，等）和具体做法产生了广泛的社会影响。特别是21世纪的近十年，科学教育研究成果更是喜人，研究视野、研究问题、研究方法、研究成果水平和规范性都达到了很高的水准。但是，从总体上看，三十年来科学教育究竟取得了哪些成就，发生了怎样的变化，有着怎样的经验和教训；科学教育研究取得了怎样的成果，还存在哪些缺陷；中国科学教育研究有哪些本土的原创，与国际同行成果比较有着怎样的差距；……对于这些问题，全面系统的研究和梳理还是很少。[④] 为了使科学课程与教学的研究成果能够真正为基础教育的科学课程改革服务，同时能与国际科学教育的同行交

[①] 杨小微. 教学的实践变革与理论重建：30年再回首[J]. 课程·教材·教法，2010(9).
[②] 靳玉乐，罗生全. 课程论研究三十年：成就、问题与展望[J]. 课程·教材·教法，2009(1).
[③] 王本陆. 中国教育改革30年：课程与教学卷[M]. 北京：北京师范大学出版社，2009：15，18.
[④] 蔡铁权，陈丽华. 我国科学教育研究述评[J]. 全球教育展望，2011(6).

流和共享,我们需要对近三十年的科学教育研究成果进行梳理,总结已取得的成绩,发现存在的问题,进行反思和展望。本文就是为此所做的一种努力,以期对中小学科学教育实践变革与理论研究有所助益。

二、研究方法与过程

本研究主要应用文献研究方法。本着历史与逻辑相统一的原则,对改革开放三十年来发表在期刊、报纸上有代表性的科学教育文章和科学教育著作、相关政策文件,以及研究报告等进行研究(其中以期刊论文为主)。研究文章(不仅仅是本文集中选取的论文)的来源广泛,既有《教育研究》《课程·教材·教法》等综合类教育研究杂志,也有《科学课》(原《小学自然教学》)等专门类科学教育研究杂志及高等院校学报。限于精力,这些文章更多来自于CSSCI期刊、核心期刊、中国人民大学报刊复印资料和对本学科教学有影响的刊物。

文集中的论文最初计划是应用特尔斐法(又称为专家意见征询法)选取,由于论文的数量巨大、涉及的时间跨度长、选择论文的期刊来源广、作者研究领域和专长多样等多种原因而未能全面实施。实际选取过程是笔者在大量阅读相关研究论文的基础上,根据研究主题或研究对象进行初步分类,从每一类成果中选出有代表性的文章,然后征求部分专家和学者的意见,在小范围内进行了研讨和交流,再对所选文章加以增删和调整,最终确定在不同时期、不同方面最具价值的近百篇研究文献。[①] 需要说明的是,选文范围不包括中国台湾、香港和澳门地区学者在国内外的研究(有个别篇目是研究者在大陆/内地期间的研究成果),不包括科学教育专业的硕士和博士研究生的学位论文。本研究对于此间科学教育研究著作关注得不多,这并非因为科学教育研究著作成果不重要,而是因为这些著作都自成体系。例如,《刘默耕小学自然课改革探索》(1998)、常初芳的《国际科技教育进展》(2001)、丁邦平的《国际科学教育导论》(2002)、孙可平等人的《理科教育展望》(2002)、蔡铁权等人的《概念转变的科学教学》(2009),等等,都是一些代表该领域的最好研究成果,有兴趣的读者自然会根据自己的研究需要有选择性地加以关注。

论文选取过程也是作者的不断学习过程,同时也是与科学教育等相关专业学位研究生共同研讨和交流的教学过程。在学习和研究中发现,有很多优秀的科学教育成果都值得选入文集,也有许多科学教育研究大家发表了大量的高质量论文,但是限于篇幅(同时也为了增加论文的多样性)而遗憾地不能收入。在此,本人衷心感谢文集中选文的作者,以及他们的创造性成果,让我们领略了他们为中国科学教育所做的奉献,同时也期望得到各位专家、学者及广大读者的批评、指正、原谅与包涵。

三、科学教育研究的现状

作为历史悠久的文明古国,我国曾经拥有高度发达的科学技术,并在相当长的一段历史时期内居世界领先水平。但是,作为正规、系统的科学教育(包括不同学段的综合科学教育和由物理、化学、生物、自然、地理等学科构成的分科科学教育),自"西学东渐"萌芽阶段

[①] 书中选文的排序大致上是根据论文探究主题的逻辑顺序或关联性安排的,没有固定或严格的标准,更何况不同研究者对探究主题的逻辑与关联还有不同的理解。书后文献索引则是尽量按照论文发表的时间给予排序,以方面读者查阅。特此说明。

(1856—1910年)起也只有上百年的历史。在这百年的演变历程中,科学教育的发展呈现出大体一致的变化趋势。① 与此相应,我国科学教育研究也走过了从个人走向团体、从松散走向建制的过程。新中国成立以后,特别是改革开放以来,我国的科学教育研究开始了正常而正规的发展。② 通过对大量文献的阅读和归纳,并结合改革开放以来我国基础教育课程改革的几次重要历程和相关研究成果,可以将三十年来科学课程与教学的研究过程大致分为三个阶段:从1978年到1986年为第一阶段,即恢复与奠基(或调整尝试)阶段;从1986年到1999年为第二阶段,即继承与发展(或全面发展)阶段;从2000年到2009年为第三阶段,即繁荣与开拓(或深化与改革)阶段。③ 1978年3月召开的全国科学大会,不仅从理论上阐明了"科学技术是生产力",同时也号召"大力发展科学研究事业和科学教育事业",扭转了"文化大革命"中"双基"被严重削弱的局面,缩小了与国外在科学教育实践和理论研究上的差距。1986年义务教育制度在全国的推行,以及由此而生的素质教育改革,进一步促进了我国科学教育的全面发展。《九年制义务教育全日制小学自然教学大纲(初审稿)》④于1988年出台,正式的教学大纲(试用)在1992年通过审查,⑤科学教育实践领域和理论研究都取得了比较显著的成绩。为贯彻《中共中央国务院关于深化教育改革全面推进素质教育的决定》(中发〔1999〕9号)和《国务院关于基础教育改革与发展的决定》(国发〔2001〕21号),2001年6月8日,经国务院同意,教育部颁发《基础教育课程改革纲要(试行)》,目的是大力推进基础教育课程改革,调整和改革基础教育的课程体系、结构、内容,构建符合素质教育要求的新的基础教育课程体系,科学教育也因此走向繁荣与开拓(深化与改革),不仅制定了新的科学(3—6年级)课程标准(实验稿)、科学(7—9年级)课程标准(实验稿)和物理、化学、生物、地理等分科科学教育课程标准(实验稿),⑥科学素养的教育目标及科学探究的教学方式也得以逐渐深入人心。

从研究内容看,科学教育研究成果则主要集中在科学教育目标与指导思想、科学课程标准(教学大纲)与科学教材、科学教学课型及教学模式、科学概念教学、科学探究教学、科学情意教学、学生科学学习、科学教育与科学元勘、科学课程与教学评价、科学教育比较、科学课程与教学改革、科学教师专业发展研究等方面,本书就是按照上述科学教育研究主题分类分别对这30年来科学教育研究成果进行的梳理。需要说明的是,科学教育对象有小学、中学和大学等不同学段的区别,也有分科科学教育和综合科学教育之分,本研究关注的重点是综合的科学教育,特别是小学段综合科学教育,适当兼顾初中综合科学教育和分科科学教育研

---

① 曾琦.二十世纪我国科学教育回顾[J].学科教育,1999(8).
② 蔡铁权,陈丽华.我国科学教育研究述评[J].全球教育展望,2011(6).(说明:本文参考文献主要是1979—2009年期间的科学教育研究成果,但也参考了一部分不在此期间的研究成果,特此说明。)
③ 曾琦.二十世纪我国科学教育回顾[J].学科教育,1999(8);陈娴,何善亮.物理课程与教学研究30年:回顾、反思与展望[J].课程·教材·教法,2011(7).
④ 课程教材研究所.20世纪中国中小学课程标准教学大纲汇编:自然·社会·常识·卫生卷[M].北京:人民教育出版社,2001:105.
⑤ 课程教材研究所.20世纪中国中小学课程标准·教学大纲汇编:自然·社会·常识·卫生卷[M].北京:人民教育出版社,2001:118,等.
⑥ 中华人民共和国教育部.全日制义务教育科学(3—6年级)课程标准(实验稿)[M].北京:北京师范大学出版社,2001,等.

究。另外,上述科学教育研究成果分类在逻辑上并不严密,科学课型及教学模式研究自然会涉及指导思想(理论基础)以及科学概念教学、科学探究教学内容等相关问题,科学学习与科学教学也有着紧密的联系,科学教育比较研究和科学课程与教学改革研究自然也会涉及科学课程目标、内容、教学与评价等诸多具体内容,科学教师专业发展也会有国际的视野和改革的尝试。因此,还请读者在阅读和查阅相关文献时参照其他版块的文章。①

(一)科学教育目标研究

研究科学教育首先需要对科学教育(本文指自然科学教育)概念给予界定。科学教育虽然与科学密切相关,但它毕竟不属于"科学"范畴,而是属于"教育"范畴,它是人类教育的一个分支。② 从社会发展的视角看,科学教育是历史的选择,是大生产和现代科学的产物。近代自然科学的产生和发展,不仅提供了反对经院哲学的强大思想武器,而且猛烈地冲击了崇古的反科学的经院教育,为从传统教育转向科学教育开辟了道路。③ 从人的发展视角看,自然科学教育又是一种特殊的精神生产活动,它是科技劳动力的再生产,同时也在一定程度上是科学知识的再生产,是科学文化的选择、继承、改造与创新。

作为培养人的社会活动,科学教育有着明确的目的和目标定位。改革开放以来,国家颁布的《全日制十年制学校小学自然常识教学大纲(试行草案)》(1978年)、《全日制小学自然教学大纲》(1986年)、《九年制义务教育全日制小学自然教学大纲(初审稿)》(1988年)、《九年制义务教育全日制小学自然教学大纲(试用)》(1992年)等,对科学教育目的有着不同的表述,体现了人们对科学教育认识的不断深化。④ 随着科学技术的进一步发展和基础教育的逐渐普及,人们越来越多地把目光聚焦到了人的素质的提高上。尤其是知识经济时代的到来,劳动与知识的结合程度达到了新的水平,知识型劳动者将从后台走向前台,成为决定生产和管理运作的主体,成为新世纪的主角。历史的实践和时代的发展使人们不得不认识到,国民素质,特别是国民的科学素质,已成为现代社会发展进步的最根本的制约因素。⑤ 在这一宏观社会背景下,加之对国际科学教育改革经验的借鉴,2001年《全日制义务教育科学(3—6年级)课程标准(实验稿)》明确规定,小学科学是以培养科学素养为宗旨的科学启

---

① 首都师范大学丁邦平老师结合2007年美国出版的《科学教育研究全书》(*Handbook of Research in Science Education*)一书的"(1) 科学学习;(2) 文化、性别、社会与科学学习;(3) 科学教学(Science teaching);(4) 科学课程与评价;(5) 科学教师教育"等5个版块的分类思想,提出现有模块是否可以合并的问题;重庆师范大学林长春老师就大类分类标题的排列顺序一般是由"宏观—中观—微观"的完善建议。笔者在此采用的主要是课程与教学论范畴为分类依据,适当兼顾科学教育的其他相关主题。本着这套丛书的整体设计考虑,现有的分类未做大的调整,但这些建议无疑有着重要的价值。在此,笔者也真诚感谢丁邦平老师和林长春老师对于研究分类问题的指导与建议。
② 何永红,王祖浩.我国科学教育急需厘清的几个关系[J].教育科学,2006(1).
③ 张碧晖.试论科学教育[J].科学学研究,1985(4).
④ 课程教材研究所.20世纪中国中小学课程标准教学大纲汇编:自然·社会·常识·卫生卷[M].北京:人民教育出版社,2001:79—118.
⑤ 朱效民.国民科学素质——现代国家兴盛的根基[J].自然辩证法研究,1999(1).需要说明的是,我国对Scientific Literacy的翻译较为混乱,不同译者译法不同,有时译作科学素质,有时也译作科学素养,但均指同一词,特此说明。

蒙课程①。这一科学课程目标的定位不仅为随后"全民科学素质行动计划"(2049计划)等行动纲要②的落实(即中国公众科学素养的提升)找到了具体的实施路径,也为我国科学教育与发达国家科学教育之间的经验交流和学术对话提供了现实的基础与平台。

科学素养是目前世界各国科学教育的最主要目标,也是我国科学教育的根本目标。有研究者从历史的视角揭示了科学素养概念的演变历程③,也有研究者从比较的视角④、关系的视角⑤、系统的视角(要素与结构)⑥对科学素养进行理论探讨,从而让读者对科学素养的历史演进、内容结构、理论基础、影响因素及未来发展趋势有一个全面的把握。更难得的是,有研究者从语义的视角将科学素养界定为与科学有关的知识、能力和思维习惯的修养,⑦这一界定也许不能涵盖科学素养的丰富内涵,但在科学素养的相关研究中却非常难得。科学素养虽然仍是一个存在争议的概念,但其内涵的渐进变化特征却是一个不争的事实。随着时代的发展,科学素养逐渐增加"科学与社会""技术""工程"等思维范畴,而对"科学本质"的理解则是科学素养中最为重要也最为基本的组成部分。总体上看,人们对科学本质的认识经历了由科学的"知识本质观"到科学的"探究本质观"的转变,因为无论科学知识发生怎样的变化,科学探索精神和科学方法的应用却是始终如一的。⑧陈琴等人则坚持科学既是一种过程,同时也是一种结果的认识。⑨更为全面、系统的认识则是科学本质的结构模型——包括科学世界观、科学探索,以及科学事业三个方面,⑩或在本质上,科学是一种由知识体系(知识体系维)、研究活动(研究活动维)和社会建制(社会建制维)构成的三维世界。⑪科学还是一种文化形态和文化力量,它不仅表现为改善人类的安全、营养、健康、舒适、交通、娱乐和增强抗御自然灾害能力的"形而下"的形态和力量,而且还表现为知识、思想、方法和

---

① 中华人民共和国教育部.全日制义务教育科学(3—6年级)课程标准(实验稿)[M].北京:北京师范大学出版社,2001.

② 《中华人民共和国科学技术普及法》(2002年6月29日第九届全国人民代表大会常务委员会第二十八次会议通过);中国科学技术协会.全民科学素质行动计划(2049计划).参见《中国教育报》2003年2月14日第7版,国务院.全民科学素质行动计划纲要(2006-2010-2020年)(2006年2月6日)(国发〔2006〕7号).

③ 魏冰."科学素养"探析[J].比较教育研究,2000(增刊);梁英豪.科学素养初探[J].课程·教材·教法,2001(12);魏冰.西方科学素养理论的形成与发展[J].外国中小学教育,2003(6).

④ 王素.科学素养与科学教育目标比较——以英、美、加、泰、中等五国为中心[J].外国教育研究1999(2);张红霞.科学素养教育的意义及本土化诠释[J].清华大学教育研究,2002(4);郭元婕."科学素养"之概念辨析[J].比较教育研究,2004(11).

⑤ 李雁冰.科学探究、科学素养与科学教育[J].全球教育展望,2008(12).

⑥ 梁英豪.科学素养初探[J].课程·教材·教法,2001(12);于海波.科学素养理念的前设、特征与结构[J].吉林师范大学学报(自然科学版),2004(1);赖小琴.科学素养的结构模型和变化等级及其实证研究[J].广西教育学院学报,2007(6).

⑦ 赖小琴.科学素养的结构模型和变化等级及其实证研究[J].广西教育学院学报,2007(6).

⑧ 袁维新.科学的本质与科学本质教育[J].课程·教材·教法,2004(7);蔡其勇,靳玉乐.科学的本质与学生科学本质观的培养[J].课程·教材·教法,2008(9).

⑨ 陈琴,庞丽娟.论科学的本质与科学教育[J].北京大学教育评论,2005(2).

⑩ 赖小琴.国外科学本质研究述评[J].广西教育学院学报,2009(1);刘克文,曾宝俊.什么是科学本质[J].探秘(科学课),2011(7).

⑪ 李醒民.科学论:科学的三维世界[M].北京:中国人民大学出版社,2010:32.

精神综合体等超越了功利主义的、更具有本原价值和意义的"形而上"的形态和力量。①

描述事物的科学概念不是绝对的,也非永恒的,对于"科学"的认识与反思促进了人们对科学与人文、科学文化与人文文化、科学教育与人文教育、科学素养与人文素养、科学精神与人文精神等相互关系问题的进一步思考。② 毕竟,最初的科学是从人文中分化出来的(近代自然科学是建立在人文主义基础之上的),历史的发展使科学又成为人文的基础,尤其是现代社会的人文科学更是建立在科学基础之上,人文领域的发展更依赖于科学技术的进步。科学与人文二者同源共生,互通互动,相异互补,各有其特点和存在价值③,它们并非对立④,而是互为基础,其中科学是主要方面,是最主要的基础⑤,因而也决定了科学教育处于社会发展中的优先地位。⑥ 在促进人的发展上,科学教育也有着与人文学科教育不同的人文价值。⑦ 因此,倡导科学教育与人文教育的整合、融合、交融⑧,或者是倡导绿色教育、科学—人文教育,⑨等,便成为未来科学教育的一种理性选择。

(二)科学课程标准与教材研究

课程是学校教育的"心脏"。没有课程,也就没有了学校教育;没有科学课程,也就没有了学校科学教育。在表现形式上,我国中小学课程主要有课程计划(教学计划)、课程标准(教学大纲)和教材三种形式,因此,科学课程研究也就是对学校课程计划(教学计划)、科学课程标准(教学大纲)和科学教材的研究,特别是对科学课程标准(教学大纲)和科学教材的研究。而科学课程的理论研究更具有奠基性的意义。

一般而言,课程的产生与发展受社会发展的要求、学生成长的需要和知识增长的影响所制约,社会、学生、知识三因素对课程的综合要求是课程产生、发展的客观基础。在主观层面,课程又受到一定时代的哲学、心理学、社会学、教育学、课程论等观点的影响。⑩ 科学课程同样受到上述因素的影响,并有着更为具体的表现。例如,现有大多数科学教科书基本在创设一种只关注科学结论的话语系统,把科学探究过程描述为事物如何发生的过程,而不是人类如何行动的过程,宣扬一种个人主义的、实证主义的、归纳主义的、机械还原论的意识,

---

① 李醒民.科学的文化意蕴——科学文化讲座[M].北京:高等教育出版社,2007:25.
② 人们将那些盲目模仿自然科学的方法和语言并不经辨别地转移到人类和社会的研究中的主张和观念被称为科学主义。科学主义成了另一种意义上的宗教或类宗教。科学被泛化为一种形而上学的图景;它作为对存在的规定具有了某种本体论的意义,并构成了建构世界的普遍原理。李清富.论片面的科学教育及其危机[J].河南师范大学学报(哲学社会科学版),2007(5).
③ 杨叔子.绿色教育:科学教育与人文教育的交融[J].教育研究,2002(11).
④ 马凤岐.科学教育与人文教育的另一种解读[J].教育研究与实验,2002(1).
⑤ 王永红.以科学理性为基点——论科学素养与人文素养的统一[J].教育研究与实验,2001(4).
⑥ 彭江.论优先发展科学教育[J].高等师范教育研究,1999(4).
⑦ 刘德华.科学教育与人文教育:历史的透析[J].现代大学教育,2003(3).
⑧ 谷雅慧.实现科学教育与人文教育有机融合的探索[J].课程·教材·教法,2005(8).
⑨ 董华,桑宁霞.科学—人文教育及其实现途径[J].教育研究,2001(12).
⑩ 廖哲勋,田慧生.课程新论[M].北京:教育科学出版社,2003:57,82.

不利于学生科学素养的养成。① 事实上,人与自然的和谐发展观、②恰当的科学观、③建构主义学习理论、④儿童认知发展理论(人的认知发展阶段理论)、⑤等,均在一定程度上影响甚至制约着科学的课程建构,也影响着学生世界观、人生观、自然观、科学观、发展观、学习观等的形成与发展。在生活世界和科学世界的关系问题上,既要坚持将生活观念看成逐步形成科学观念的一个必要前提和准备阶段,即坚持基于生活观念进行理科教学,又要应用于生活中,将生活观念转变为科学观念,使学生走出生活世界的认识误区,拓展生活世界的疆域。⑥而从科学文化的视角研究科学课程,无疑为科学教育研究拓展了又一空间。⑦

在科学课程研究中,科学课程标准(教学大纲)是极为重要的研究主题。作为课程开发、课程实施的指导性、纲领性文件,《九年义务教育全日制小学自然教学大纲(试用)》较为科学地确立了小学自然学科的性质与任务,明确了自然学科的教学目的,系统提出了自然学科教学在兴趣方面、知识方面、能力方面和德育方面的具体要求,有助于深化小学自然教学改革和大面积提高小学自然教学质量。⑧ 随着21世纪初小学自然课改变为小学科学课,课程开发、课程实施的指导性、纲领性文件也相应转变为《科学课程标准(3—6年级)》。与原来教学大纲相比,课程标准内容更加具体详细,不仅明确提出了科学课程改革的基本理念,而且具体化了科学课程目标和课程内容,其实施建议特别是教学建议部分明确了科学教师教学方面的基本要求,也充分体现了科学课程改革的价值追求。⑨

教材是科学教育的基本依据,因而它构成了科学课程研究的另一主题。科学教材研究涉及教材内容的选择、组织、学生学习活动方式安排、呈现方式(编制技巧与工艺)等具体维度。科学课程设计必须回答什么是中小学生面向未来的科学基础的内容选择问题,以及怎样的课程结构和组织形式更符合科学学科本身特点与儿童学习心理(认识发展规律)问题。科学课程的知识选择需要面向未来,也需要考虑反映自然界的本质与联系的科学主题,并需要与此相适应、内含一定思维方式的科学知识、科学思维和科学实验等课程内容组织形式。⑩ 在科学课程内容的具体选取上,借助于科学主题(统整不同自然学科中基本概念的科学内容、问题、范畴等)以及用句子表述的科学大观念,从传统的物理、化学、生物、地理等学

---

① 石鸥,赵长林.科学教科书的意识形态[J].教育研究,2004(6).
② 王伟群.人与自然和谐发展观视野下科学课程的审视[J].课程·教材·教法,2008(4).
③ 于海波,孟昭辉.科学观的教育价值及其课程实现[J].课程·教材·教法,2007(9).
④ 丁邦平.建构主义与面向21世纪的科学教育改革[J].比较教育研究,2001(8);张红霞.建构主义对科学教育理论的贡献与局限[J].教育研究,2003(07);约翰逊·F.奥斯本.超越建构主义科学教育观[J].张红霞,译.全球教育展望,2004(07);裴新宁.建构主义与科学教育的再探讨[J].全球教育展望,2006(5).
⑤ 俞晓琳.略论皮亚杰理论对科学教育的启示[J].教育研究,1997(1).
⑥ 刘德华,曹邵练.科学课程与学生生活世界之关系[J].集美大学学报(教育科学版),2004(1);倪娟,李广洲.理科课程改革:回归基于日常生活的"科学世界"——基于理科课程标准文本分析[J].课程·教材·教法,2008(6).
⑦ 于海波,孟昭辉.科学课程的文化学研究:内涵、价值与走向[J].教育理论与实践,2004(5).
⑧ 李培实.深入理解自然学科的性质任务,准确把握自然教学的目的要求[J].湖北教育:科学课,1993(1).
⑨ 郝京华.关于《小学科学课程标准》的讲座(一),(二)[J].小学自然教学,2001(9),(10);张书文.小学《科学》课程标准辨析[J].中小学教师培训,2007(8).
⑩ 李晶.浅谈《科学》课程的设计[J].课程·教材·教法,2001(7).

科知识中选择相近或相关联的知识内容,然后加以有机的统整。① 从现有小学科学教材来看,还应该更好地兼顾科学知识的学习、探究能力的培养和思维水平的提高这三条线索,按照实现科学知识之间的并列或逻辑上升关系的要求,在学科编排、活动设计、文字和插图配置上更好地选择和设置,从而使学生经历从已有经验到科学认知能力不断提高的培养过程。② 当然,科学课程还不能仅仅局限于学校教室或实验室内的课程,它的开放性特点要求我们拓展科学教育的时空,丰富科学教育的资源,使科学教育从教室、实验室走向学校、社区和社会(校外科技场馆)。于是,学校科技活动课程体系的建构也成为科学课程建设必须关注的内容。③ 随着社会的不断发展,科技活动课程的具体内容、主题、活动方式也需要不断地变化和调整。从整个基础教育阶段来看,加强地球科学教育特别是在适当学段单设《地球科学》是我国科学课程建设及教材建设必须关注的问题(这一问题在小学科学课程中并不突出),这是社会发展的时代要求,也是发达国家科学教育的经验。④ 另一方面,科学课程必须关注科学模型及模型方法的相关内容,它有助于改变我国科学教材主要以科学知识结构安排课程内容而忽视科学思维方法和研究方法的弊端。⑤

在小学科学教材主题研究中,小学自然教材建设研究是值得单独讨论的内容。1982年(从教学大纲看应该是1986年,见1986年《全日制小学自然教学大纲》⑥),国家确立了自然学科的课程地位,即"小学自然课是对小学儿童进行科学启蒙教育的一门重要基础学科",明确了自然学科指导思想和方法,即"指导学生像科学家那样探究大自然的秘密"。所以,在20世纪80年代初期,小学自然教材着力探索如何将自然学科从一门常识性的学科变为向学生进行科学启蒙教育的学科,如何培养学生学科学用科学的志趣和能力,如何改革自然教材的编写形式和教学方法,指导学生像科学家那样探索大自然的秘密;20世纪80年代中期,探索如何对小学低年级学生进行科学教育,编写适合小学低年级学生"动手动脑学科学"的自然教材;20世纪90年代初期,探索如何使自然教材具有"知识教学、能力培养、思想教育有机结合、协调发展"的整体结构,如何使课文结构达到"科学过程、认识过程、认知过程、教学过程的相互统一",如何根据课文中心内容的不同编写不同类型的课文,如何采用以探究式学习为主的教学方法,使学生的科学文化素质得到全面的锻炼和发展。⑦ 的确,小学低年级科学教材的编写在指导思想与教材设计上有许多问题值得研究。例如,儿童心理特点、学科特点、课程衔接、目标定位的问题等,而把教材建设与修订建立在科学研究的基础上,于今天仍然有着积极的参考价值。⑧

当我们的研究视野从小学科学教育拓展到初中科学教育时,我国一些地区的综合理科

---

① 李俊.科学课程内容的研制[J].课程·教材·教法,2000(1).
② 黄海旺,王海英.小学科学教材与教学现状及对策[J].课程·教材·教法,2007(6).
③ 张启建.构建小学科技活动课程体系的尝试[J].课程·教材·教法,1997(3).
④ 杨尚冰,薛平.我国中小学应当加强地球科学普及教育[J].教育研究,1997(4).
⑤ 邢红军.论科学教育中的模型方法教育[J].教育研究,1997(7).
⑥ 课程教材研究所.20世纪中国中小学课程标准教学大纲汇编:自然·社会·常识·卫生卷[M].北京:人民教育出版社,2001:88;也可参见刘默耕.新编小学自然教材的回顾——在《中小学学制、课程、教材、教法改革与实验的研究》第二次研究工作会议上的阶段工作汇报(摘要)[J].科学课,1985(1).
⑦ 殷志杰,蔡矛.小学科学教育教材60年之路[N].中华读书报,2010-10-22-(03).
⑧ 王岳.注重科学启蒙,内容形式新颖——关于新编小学低年级自然教材的说明[J].课程·教材·教法,1987(9);王岳.小学低年级自然试用教材编写中着重研究的一些问题[J].课程·教材·教法,1989(Z2).

(或"自然科学""科学")课程与教材问题也值得关注。相对于传统的初中分科(物理、化学、生物、地理)科学教育,综合理科改革本身就值得专门研究。① 20世纪70至80年代,综合科学课程在西方发达国家出现后能在世界上迅速得到发展和扩散,一方面源于科技发展是专业分工越来越细和综合化趋势的并进,分科科学课程难以使学生从整体上掌握和理解科学,②另一方面源于自然科学所探究的客观世界本身就是一个多样统一的整体,人类对自然界认识发展的历史以及人类个体认识的发展过程也是一个"合—分—合"的逻辑上升过程。③ 为了适应初中综合理科课程的发展需要,《全日制义务教育科学(7—9年级)课程标准(实验稿)》于2011年正式颁布与实施,可谓是我国教育发展史和课程改革史上的一个创举。相对于《科学课程标准》的颁布,初中综合理科(科学)教材建设则困难得多,不仅涉及课程内容的选择,也涉及课程内容的组织(或整合、统整、整体设计)问题。④ 但无论如何,浙江省自20世纪90年代开始的综合科学课程(即"自然科学"课程)以及21世纪初课程改革中的"科学"课程,在实际教学中作为一门课程来实施,学生作为一门课程来习得,是真正意义上的综合科学课程,其成功经验值得进一步的总结、提升和推广。⑤

(三)科学教学课型研究

课型与教学模式问题是小学科学(自然)教育中的一个基本问题。有研究者认为,"课型"既指按照某种标准(例如教学的中心内容等)把课分为的不同类型(每种类型就是一种课型),又指在教材、教法方面具有共同特征经抽象概括而成的课的模型(教学模式)。⑥ 一般来说,教学中心内容相同的课有着大致相同的教学目的、教学过程主线和教学方法;教学中心内容不同的课,教学目的、教学过程和教学方法具有明显的差异。自然教学的中心内容大体可以分为指导学生了解自然事实、建立科学概念、认识自然变化规律或原因、认识自然事物间的相互联系和学习某种科学方法等五种类型,它们在认知过程和认知方法方面具有各自的特点和规律,因而也表现出不同的课型特征、典型课例及教法要点,体现为不同的科学教学模式,较直观地反映了自然学科的教学规律。

与上述五种基本课型认识相比较,人们对这一问题还进行了多层面的探讨,并取得了丰富的研究成果。张洪轩等在借鉴人民教育出版社及各地成功经验和自身实践的基础上,构建了小学自然低年级"三段五步"课堂教学基本模式的初步框架;⑦也有研究者在对各学科都能套

---

① 综合科学课程不是作为分科课程的对立形态出现的,综合与分科这两种课程各有其特点和功能,在课程的实施中可以互补。然而,由于课时的问题,实践中初中科学课程只能在这两种形式中选择一种。由于物理、化学、生物、地理等分科的课程与教学研究成果回顾均有其他作者分别进行研究,所以在这里主要就综合理科课程与教材问题做些分析。特此说明。
② 余自强.我国初中综合科学课程发展的界碑——科学(7—9年级)课程标准(实验稿)特点分析[J].教学月刊,2003(2A).
③ 袁运开.科学课程标准的特点和我们的认识[J].全球教育展望,2002(2).
④ 方红峰.论初中《科学》课程教材的设计[J].课程·教材·教法,2002(10);孙丹儿,王祖浩;内容统整视角下我国综合科学教科书体系特征研究[J].河北师范大学学报(教育科学版),2012(2).
⑤ 王耀村.综合科学课程的认识问题与实施策略探讨[J].全球教育展望,2010(2).
⑥ 殷志杰.关于小学自然学科课型的探讨[J].课程·教材·教法,1998(3).
⑦ 张洪轩,等.小学自然低年级"三段五步"——课堂教学基本模式初探[J].课程·教材·教法,1991(6).

用的传统五段教学法或"五个环节"课型结构模式进行深刻反思的基础上,结合科学教育教学活动的科学认识过程特征,总结出"提出问题→探索经历→获取知识→应用与发展"这一课堂教学结构的主线,并要求科学(自然)课程教师根据课型类别的不同,教材内容的变化,教学方法的选择,教学条件的各异,学生实际情况等多种因素,而创设多种多样的课堂结构。[1] 在这多种多样的课型结构中,"动眼、动脑、动手、动口"的启发式小学自然教学[2]、"低年级自然课中的科学游戏"教学[3]、"小学低年级自然课的'情·知教学'"[4]等探索,在正确处理动手与动脑、教学与游戏(学与玩)、认知与情感,以及观察、实验、制作、探究活动等相互关系上大大丰富了人们对科学(自然)教学课型的认识。而如何把自然研究的实践活动化为儿童乐于从事的日常生活内容,以更好发挥科学(自然)教学促进儿童身心健康成长的价值,突破封闭型教学模式的实验[5],无疑是一种探索教学改革方向和开拓改革道路的积极而又有益的努力。与对课型结构的讨论思路不同,科学教学思想与教学方法也是科学教育一个值得关注的主题。有研究者对于教学过程中的引导与发现关系进行了深入研究,对处理好科学教学中教与学、教师与学生、教师主导与学生主体、接受学习与发现学习等诸多矛盾关系有极其重要的意义。[6]

2001年,小学"自然"课改变为"科学"课。伴随"自然教学大纲"到"科学课程标准"的转变,小学科学课程在教学理念、目标、任务、内容、实施、评价等方面都发生了深刻的变化,其教学课型、方法也必然会随之做出相应变化与调整。在这一阶段,"强调从问题入手、预测非常必要、动手之前先动脑、教学材料必不可少、探究活动要亲历"和以科学探究活动为载体,让孩子在亲身经历这些典型经历活动过程中获得知识、提高能力、培养科学态度,构成了科学课不同于原先自然课的明显特征。[7] 在具体课型与教学模式的研究上,"小组探究"教学模式[8]、萨其曼(J. R. Suchman)探究教学模式[9]、"焦点—探究—反馈—应用"教学模式[10]、注重学与教结合的科学探究教学模式[11]、"概念转变学习"教学模式[12]、建构主义取向的教学模型的"四步骤"模式[13]、"小学科学创造性教学"模式[14]、"5E"学习环模式[15]等,都是在新形势下

---

[1] 潘季顺. 小学自然课教学结构的研究[J]. 课程·教材·教法,1992(5).
[2] 张洪鸣. 动眼、动脑、动手、动口——启发式小学自然教学法[J]. 课程·教材·教法,1992(10).
[3] 林维超. 试论低年级自然课中的科学游戏[J]. 课程·教材·教法,1996(3).
[4] 鲁启安. 浅谈小学低年级自然课的"情·知教学"[J]. 课程·教材·教法,1996(10).
[5] 蔡正秋,殷志杰. 记自然课——突破封闭型教学模式的一次实验[J]. 课程·教材·教法,1986(6).
[6] 万莲美,等. 论引导发现法[J]. 课程·教材·教法,1981(3).
[7] 路培琦. 从自然课到科学课的嬗变[J]. 小学自然教学,2002(10).
[8] 蔡敏. 试论"小组探究模式"[J]. 课程·教材·教法,2001(12).
[9] 徐学福编译. 美国探究教学研究30年[J]. 全球教育展望,2001(8).
[10] 张军霞.《为孩子的科学和技术》(STC)教材介绍(一)[J]. 小学自然教学,2001(4).
[11] 何善亮. 促进学生探究学习的理论思考和教学实践[J]. 教育科学研究,2002(4).
[12] 袁维新. 概念转变学习:一种基于建构主义的科学教学模式[J]. 外国教育研究,2003(6).
[13] 李雁冰. 美国科学教育的第二次革命[J]. 全球教育展望,2005(11).
[14] 湖南省小学科学学科创造性教学研究课题组(周振铎,李玲执笔). 小学科学创造性教学研究[J]. 科学课(小学版),2006(12).
[15] 袁维新,吴庆麟. 关于学习环模式的研究综述[J]. 心理科学,2007(3);黄颖. 利用"学习环"模式进行探究式科学课教学[J]. 科学教育,2009(6).

小学科学课型和教学模式研究的理论思考、经验借鉴和实践探索,彰显了小学科学教育的时代价值与主题,也丰富了人们对于探究教学和建构主义学习的理解。而国际科学教育研究倡导的孟克与奥斯本的融合模式和马修斯的适度模式,[①]以及"科学史—探索"教学模式等,[②]让我们看到了把科学元勘与科学教学改革结合起来培养学生科学知识、基本技能、科学精神、创新能力及科学本质理解的科学教育的新方向与新课题。

(四)科学概念教学研究

科学概念是科学教育的重要内容,这不但在于它是构成科学定理、科学法则及科学思维策略的基本构件,还在于它是一种高级的认知加工过程,对形成学生的认知图式进而发展为解决问题的能力有着不可替代的作用。

科学概念是"概念"的子集,它是透过自然现象反映客观事物一般本质及其运动规律的思维形式,也是人类对客观自然界认识的总结和结晶,是揭示自然界未知内幕工具和(逻辑)思维活动的工具。[③] 科学概念不是客观事物(存在)本身,相反,它是客观事物本质的一种反映与揭示,是人类个体和社会的一种自觉建构。科学发展史告诉我们,任何一门科学理论在其形成和发展过程中,都必然伴随着一些新的发现、新的发明、新的思想和新的观念,同时伴随着一些新的概念的产生。正因为如此,研究"科学新概念是如何形成"这个问题便显得意义特别重大。事实上,科学概念是人们在实践的基础上,运用逻辑及非逻辑(直觉及形象思维)等思维方式,通过抽象、概括和辨别等活动过程逐渐形成的,其生理基础就是神经网络运动。[④]在科学概念的形成过程中,人们对一般的"概念"形成"渐进—突变"的过程分析[⑤]和概念的"多重表征形式"[⑥]的研究丰富了人们对于科学概念形成与表征的理解,[⑦]而"获得足够的感性认识、掌握建立概念的思维方法、排除概念学习的思维障碍、理解应用概念、形成概念结构"更好地揭示了科学概念的内在形成机制。而从辩证逻辑的视角看,概念主要不是判断和推理的组成要素,而主要是包含判断、推理在内的逻辑思维基本形式。换言之,概念有初级水平的抽象概念和高级水平的具体概念两个发展阶段。初级水平的抽象概念是对具体(感性具体)事物某个或某些方面属性的抽象;高级水平的具体(思维具体)概念反映的则是对象多样性的有机联系的整体,是对象许多不同规定性的统一的概念。[⑧] 科学概念的形成

---

① 丁邦平.科学元勘与科学教学改革的两种模式[J].全球教育展望,2001(11);张晶.HPS(科学史、科学哲学与科学社会学):一种新的科学教育范式[J].自然辩证法研究,2008(9).

② 王全,母小勇."科学史—探索"教学模式的"重演"论基础[J].课程·教材·教法,2008(7).

③④ 饶浩.论科学概念与概念教学[J].辽宁师范大学学报(社科版),1996(2).

⑤ 杨治良.概念形成渐进—突变过程的实验性探索[J].心理学报,1984(4);杨治良.概念形成过程的一项实验研究——兼谈死记硬背在概念形成中的消极作用[J].心理学报,1985(5);杨丽珠.浅谈概念的形成与掌握[J].教育科学研究,1987(2);刘华山.关于"概念及其掌握"的思考[J].教育研究与实验,1987(1);[美]兰本达.社会、教育与概念的形成[J].胡梦玉,译.课程·教材·教法,1983(2),(3).

⑥ 邵志芳.概念的多重表征形式及其双极结构模型[J].华东师范大学学报(教育科学版),2006(4).

⑦ 母小勇.成人与中学生科学概念形成过程的四个对比实验[J].心理科学,2002(5);姚宝骏,等.教学条件下中学生生物学概念形成的实验研究[J].心理科学,2009(3).

⑧ 史建中,郭传信.论中学化学概念形成与发展的辩证法[J].课程·教材·教法,1990(1);饶浩.论科学概念与概念教学[J].辽宁师范大学学报(社科版),1996(2).

与发展遵从同样的辩证逻辑,而如何从初级水平的抽象概念到高级水平的具体(思维具体)概念更是一个值得关注的问题。

当我们深入研究儿童的概念获得过程时发现,儿童主要有两条概念获得的途径:一是在日常生活过程中通过经验积累而形成的概念,这类概念称为日常概念;二是在课堂教学过程中,通过揭示概念内涵与本质而形成的概念,这类概念称为科学概念。① 在课堂教学过程中,新概念的引入方法归结起来又不外乎有两种基本形式:一种是从"概念的形成过程"入手揭示概念(这是小学生,特别是小学低年级学生接受概念的最佳方式);另一种是从旧概念入手,通过知识的正迁移(新概念由已有概念的延伸、扩展或演变而得,旧概念是新概念的生长点),使学生直接接受新概念的定义(学生则是以同化的方式接受新概念,并多为中、高年级科学概念教学所采用)。② 实践中,日常概念又被称为错误概念、错误观念、错误理解、朴素概念、朴素理论、朴素认识、相异概念、相异构架、另类概念、相异概念等。与"错误概念"相比,"前科学概念"(简称"前概念")否定的意味要少些,学习者拥有的前科学概念最终会把学习者引导到当前的科学概念上来(这是理想情况)。③ 中国台湾学者借助音译与意译结合,将英文"misconception"译为"迷思概念"(由"mis"的音译与"conception"意译两部分组成)也较好地表达了这一概念的内涵。④ 鉴于儿童不是空着脑袋进入教室的这一普遍事实,基于建构主义学习观从顺应侧面来揭示学生学习的概念转变(观念转变)研究⑤自然而然地成为科学概念教学研究的重要主题。

概念转变实质上就是一种学习,它是指个体原有的某种知识、经验由于受到与此不一致的新经验的影响而发生的重大改变。⑥要实现概念转变,前提是对儿童来自于日常生活、事物表面或明显特征、知识与文化背景、同伴文化、教学误导、大众传媒等多种途径的前概念的充分了解,以及对前概念的经验性、普遍性、隐蔽性、稳定性、异质性(个体差异性)等特征的全面把握,为此,对学生进行访谈,让学生构建概念图,传统的纸笔测试⑦,通过对事件或现象做出解释,或者通过提出有依据的预测等⑧,都有助于我们理解学生的前概念情况。概念转变研究最为关注概念转变的内在机制的揭示或者说是概念转变模型问题。早在1982年,波斯纳(Posner)等人就提出了著名的概念转变模型(Conceptual Change Model,简称CCM),对概念转变的四个条件以及个体的知识经验背景(概念生态,包括认识论信念、原有概念、学习的本质、概念的本质、问题解决的策略、情意领域、科学的本质等⑨),对概念转变的影响提出了自己的解释。⑩ 尽管如此,人们还是对概念转变模型的纯认知观点("冷"的概念转变)提出了批评,这一批评也促进了概念转变的进一步研究。分别基于认识论、

---

① 黄希庭.心理学导论[M].北京:人民教育出版社,1991;转引自孙彩霞,钱旭升.概念卡通:消减儿童科学概念的理解偏差[J].基础教育,2011(4);王岳.小学科学教育中儿童概念学习问题探讨[J].课程·教材·教法,1994(3).
② 侯佩秋.掌握概念教学的规律,抓住概念教学的关键[J].黑龙江教育,1994(3).
③ 李高峰,刘恩山."前科学概念"的术语和定义的综述[J].宁波大学学报(教育科学版),2006(6).
④⑦ 李雁冰,刁鹏成.科学教育中"迷思概念"初探[J].全球教育展望,2006(5).
⑤⑥ 张建伟.概念转变模型及其发展[J].心理学动态,1998(3).
⑧ 黄维.了解学生前概念的策略[J].科学课,2011(8).
⑨ 参见袁维新.西方科学教学中概念转变学习理论的形成与发展[J].比较教育研究,2004(3).
⑩ 张建伟.概念转变模型及其发展[J].心理学动态,1998(3).

本体论、(婴儿)朴素理论的概念转变理论的多视角探讨，①例如弗斯莱特(Vosniadou)的架构理论和心理模型，齐(Chi)等人的本体论观点，以及平特里克(Pintrich)的动机观点、超越"冷"的概念转变的多维课堂概念转变框架等，②有助于进一步深化概念转变问题的研究。有研究者在对国外相关概念转变理论消化吸收的基础上提出了自己的概念转变模型，并特别重视元认知、元知识在概念转变中的作用，拓展了人们对概念转变的理解与认识。③

儿童的概念转变不是容易实现的，有时甚至是非常困难的。这不仅有概念转变方式的"充实与重建"的选择问题以及概念转变途径的"连续与不连续"等复杂原因，④其根本原因在于儿童的前概念(特别是错误概念)不仅仅涉及学生对概念命题本身的理解，更可能涉及学生对整个物理系统的理解(学生的心理模型)，乃至本体类别水平的理解。⑤ 这也提示我们，概念转变教学不是仅仅依靠建立在认知冲突和解决冲突基础上的单一教学策略(直面错误概念、引发认知冲突、促进建构活动、使用新建模型等)就可以胜任的，分析并转变先前概念背后的本体论和认识论假定，⑥以学习者原有的观念为基础，利用比喻和类比的方法将其扩展到新的领域，也是"为概念转变而教"的有效策略。⑦

从教学的视角看，科学概念教学还涉及科学概念的要素、学习环境的设计、教学过程的安排、学习成效的评价等诸多问题。科学概念本身包括概念名称、概念定义、概念属性(内涵)和概念例子(外延)，或者包括概念的语词、内涵、外延、例证及其前科学概念等基本要素⑧，甚至包括概念产生和发展的演变过程(发展史)，概念所负载的研究方法，以及概念所蕴含的多元价值。⑨ 学生掌握一个科学概念，实质上就是掌握同类事物的共同特征，同时也意味着能区分概念的有关特征与无关特征、概念的肯定例证与否定例证。⑩ 当然，获得概念远非概念教学的目的，只有使学生在深刻理解和灵活应用中更深层次掌握概念的精髓和要义，才是概念教学的终极目标，而要实现这一目标，学生就需要经历概念发展的过程。为此，不仅需要为学生科学探究提供充分的、有结构的材料(以获得事实性知识和感性认识)和充分利用学生生活经验以提高学生探究兴趣，更需要学生的积极卷入和思维加工；在教学上做到形义结合使概念直观化、实践运用使概念具体化、分析归纳使概念系统化，⑪如此便有可能超越概念的简单识记、理解和应用。值得一提的是，以实例为中心的有序教学结构，亦即运用实例初步建立概念，再进行特征分析，尝试性地运用语言表述概念的定义，最后进入概

---

① 吴娴,等.概念转变理论及其发展述评[J].心理科学进展,2008(6).
② 高潇怡.促进学生科学概念转变的心理学研究进展与启示[J].中国特殊教育,2009(2).
③ 袁维新.概念转变学习的内在机制[J].教育研究与实验,2003(2).
④ 袁维新.西方科学教学中概念转变学习理论的形成与发展[J].比较教育研究,2004(3).
⑤ 杜伟宇,吴庆麟.概念改变的教学策略研究[J].课程·教材·教法,2005(2).
⑥ 王美.概念转变研究对学习环境设计的启示[J].课程·教材·教法,2008(12).
⑦ P. H. Scott,et al..“为概念转变而教”策略综述[J].郭玉英,卢俊梅译.物理教师,2003(5),(6).
⑧ 周赞梅.突出自然课概念教学的过程性[J].湖南教育,1997(10);李高峰,唐艳婷.科学概念教学五要素[J].生物学教学,2010(2).
⑨ 缪仁票.论高中生物学概念教学[J].课程·教材·教法,2006(11).
⑩ 刘绍江.儿童科学概念的形成与指导[J].小学自然教学,2002(10).
⑪ 吴举宏.概念发展教学初探[J].生物学教学,2003(4).

念深化阶段的一种归纳式的有序结构,①不仅合理把握了科学概念诸要素及其相互关系,也较好诠释了概念教学过程的基本规律。

此外,科学概念教学与科学思维能力培养的关系、②科学概念教学与科学方法训练的双向结构(互动)、③科学概念教学与科学探究的和谐发展等问题,也吸引了越来越多的目光。事实上,"关注科学概念教学"和"科学学习以探究为核心"并不矛盾,探究过程与科学概念的关系好比船与舵的关系,没有探究过程,科学概念将被架空;没有科学概念,科学探究将失去方向。④ 而核心概念(大概念、大观念)的相关研究,又将科学概念教学研究推向了一个新的高度,⑤毕竟,核心概念及其概念体系构成了一种理论观点或一个理论体系的基石,也决定了该理论观点或该理论体系是否具有解释力的关键所在。⑥

(五)科学探究教学研究

科学探究是科学课程改革的重要内容之一,也是科学教育研究的热点问题。国家基础教育改革将科学探究写入科学课程标准,不仅使科学探究成为科学学习和科学教学的重要方式,而且成为基础科学教学的重要目标与内容。

科学探究教学研究首先涉及人们对"科学探究"及其相关概念的理解。什么是"科学探究"?什么是"探究(式)教学"?什么是"探究(式)学习"?要阐明这些问题,首先要弄清楚什么是"探究"。实际上,探究存在于我们生活的方方面面,对任何事情和所有事物的认识都属于探究的范畴(在这一层意义上,探究实质上就是一种认识方式,甚至是一种生活方式)⑦。由于没有研究范围和研究方法的限定,这样的探究通常被称为普通探究。⑧ 也有研究者从"探究"一词的本质特征入手,认为"探究"就是对现有知识或理论的开放态度和创新的意识。换言之,探究的本质特征就是了解现有知识或理论的主观性和局限性,不惧权威、敢于怀疑、敢于创新。⑨ 作为普通探究的一个子集,科学探究是在一定的信念和假设指导下进行的,它可以是指科学领域里的探究,即科学家提出关于自然界的问题、寻求答案、深化理解的过程,也可以是指学生在科学课堂所进行的探究,即学生用以获取知识、领悟科学的思想观念、领悟科学家研究自然界所用的方法而进行的各种活动。从这里不难看出,"探究(式)教学"以及"探究(式)学习"实质上是将科学领域的探究引入课堂,使学生通过类似科学家的探究过

---

① 刘克兰.中小学概念教学有序结构的探讨[J].课程•教材•教法,1987(7).
② 胡卫平.科学概念教学中思维能力的培养[J].中国教育学刊,2004(9).
③ 张和平.从科学概念的形成看科学方法的训练[J].教学仪器与实验,1996(2).
④ 王小梅.科学概念教学的认识与实践[J].科学课,2008(4).
⑤ 张颖之,刘恩山.核心概念在理科教学中的地位和作用——从记忆事实向理解概念的转变[J].教育学报,2010(1).
⑥ 欧阳景根.核心概念与概念体系的建构理论[J].华中师范大学学报(人文社会科学版),2006(3).
⑦ 也有研究者从"作为目标的探究、作为方法的探究和作为原则的探究"等维度对"探究"进行阐释,大大丰富了"探究"的内涵,也促进人们对"探究"本意的进一步思考。参见徐学福.科学教学中的"探究"释义[J].教育科学,2006(2).
⑧ 柴西琴.对探究教学的认识与思考[J].课程•教材•教法,2001(8).
⑨ 李华.探究式科学教学的本质特征及问题探讨[J].课程•教材•教法,2003(4).

程理解科学概念和科学探究的本质,并培养科学探究能力的一种特殊的教学(学习)方法。[①] 事实上,探究(式)科学教学既可以解释为"利用探究的形式进行科学内容的教学"(此时,"探究"被认为是修饰"教学"一词的),也可以解释为"旨在帮助学生理解科学过程之探究特征的教学"(这时,"探究"则被认为是用于修饰"科学"一词的)。同时,它还可以解释为"利用探究的形式进行科学内容的教学,从而使学生更好地理解科学过程之探究特征",这才是关于"探究(式)科学教学"的完整解释。[②]

"探究(式)科学教学"作为与知识授受(式)科学教学相对应的一种教学方式由来已久。它早期的表现形式是"发现学习"和"问题解决法",可以溯源到实用主义教育家杜威、自然主义教育家卢梭,甚至古希腊哲学家柏拉图(对于那些将来可能从事一般性管理工作的学生和那些将来可能成为统治阶层接班人的学生所采取的两种不同教学方法之一)。[③] 明确把"探究学习"作为一种重要教学方式的则是20世纪五六十年代的事情,其首倡者是美国生物学家、课程专家、芝加哥大学教授施瓦布。在施瓦布等人的推动下,探究教学在英美等国得到了蓬勃的发展,先后涌现出几种著名的探究教学模式,如萨其曼的探究训练模式、施瓦布的生物科学探究模式、马希尔斯和考克斯的社会探究模式,以及学习环模式和"5E"模式。[④] 在科学探究(教学)的分类上,施瓦布根据目的与方法的不同,把科学探究分为稳态的探究和动态的探究;[⑤]在科学探究教学实践中,人们则根据教学活动包含科学探究要素的情况将其分为完全探究和部分探究;根据探究活动的难易程度及学生的知识和能力水平,教师进行指导程度的不同,将科学探究分为指导型探究和开放型探究(以及介于两者之间的探究类型)[⑥]。而无论是哪一种探究(式)科学教学,其根本目的在于引导学生自行探究获取知识,[⑦]并在探究过程中充分认识科学的本质,敢于质疑、勇于创新,从而使自身批判性思维能力、逻辑思维能力以及创造性地解决问题的能力得到充分的发展。

对科学探究构成要素的深入分析,使科学探究教学(及学习)研究更接地气,也更有生命力。从纵向展开过程来看,探究教学大体要经过以下步骤:提出科学问题;根据已有知识和经验提出假说或猜想;收集证据;解释;评估(科学探究需要评价);交流和推广等。从横向展开过程来看,它的每一个步骤可以是多种形式的活动,具体情况不同所采用的方式也不同。对于这一主题的研究,南京师范大学刘炳升老师和浙江省玉环县教育局教研室郑青岳老师的系列思考最具有代表性,他们分别从探究式学习的"学习目标、情境创设、活动设计、探究评价"等教学环节,[⑧]或者从探究式学习的"提出问题""建立假说""表达交流""过程与结果关系""实践性练习""联系生活"等教学要素,以及"讲授中的探究""科学探究是否影响解题

[①⑥] 柴西琴.对探究教学的认识与思考[J].课程·教材·教法,2001(8).
[②③⑤] 李华.探究式科学教学的本质特征及问题探讨[J].课程·教材·教法,2003(4).
[④] 史朝."探究教学"的理论与模式[J].辽宁师范大学学报,1992(1);李森,于泽元.对探究教学几个理论问题的认识[J].教育研究,2002(2).
[⑦] 李建梅.引导学生自行探究获取知识[J].课程·教材·教法,1999(2).
[⑧] 赖小琴,刘炳升.科学探究式学习的意义[J].教学仪器与实验,2003(1);戴丽,刘炳升.科学探究的过程特征和学习目标[J].教学仪器与实验,2003(2);陶进,刘炳升.探究式学习活动的情境设计——建构主义学习理论的指导[J].教学仪器与实验,2003(3);蔡稚梅,刘炳升.对探究式学习的认识误区和多种形式探究活动的设计[J].教学仪器与实验,2003(4);蔡稚梅,刘炳升.多种形式探究活动的设计(续)[J].教学仪器与实验,2003(5);等.

能力"等视角,① 澄清了科学探究教学实践中可能产生的诸多误解。与此不同,有研究者站在比科学探究本身更高的层次上,以一种反思与超越的视角来研究和认识"科学探究"教学的复杂性,提出了科学探究始于"问题"但不是"简单问题"、"假说"是探究中的"复杂性"要素但不是必需的、实验是"假说"真理性的根本判据但不是绝对和充分的等科学探究教学命题,避免探究教学在实施过程中的泛化和异化。② 当然,相对于科学探究教学的"形(模拟科学探究的基本程序的教学)","自觉无知、鼓励发表不同意见和讲究证据"等科学探究教学的"神"则更为根本。③

对科学探究教学更深入的探讨,还会涉及科学探究教学情境创设、教学内容选择、教学组织形式、科学方法教育、科学探究能力培养、评价与反馈等诸多教学问题。国内较早开展"科学探究课"的天津市中山中学是以校本课程的方式开展实验研究的,他们对课程目标定位、教学原则、教学策略、教学方法做了比较全面的思考与实践。④ 在科学探究教学内容的选择上,"增强学生对学科内容的理解能力、有助于理解科学家是如何研究自然界的、培养学生的调查能力和科学思维的习惯"的原则要求,以及学生满意程度的具体标准,为科学探究教学内容选择提供了整体分析框架。⑤ 在科学方法教育中,为了处理好个体认识方法与种系(类)认识方法之间的联系问题,也需考虑"什么样的知识更值得重新发现"的内容选择问题,这是因为只有那些具有重要方法和方法论意义的知识学习,才能使个人达到在他本人的发现活动中再现历史形成的人类已有的科学方法。⑥ 当然,科学方法教育内容丰富,不仅有经验认识方法和理性认识方法的教育,⑦ 也有科学模型方法⑧和具体实验方法⑨的教育问题。科学方法教育还与科学探究能力⑩(发现问题能力、提出假设能力、设计实验能力⑪等)、科学思维能力⑫(比较分类能力⑬、归纳概括能力⑭、科学推理能力)、科学创造(能)力⑮的培养有

---

① 郑青岳. 把科学探究作为课程内容的意义何在[J]. 物理教师,2008(4);郑青岳. 对探究式学习"提出问题"要素的若干认识[J]. 教学月刊(中学版),2003(1A);郑青岳. 对探究式学习中"建立假说"要素的若干认识[J]. 物理教师,2004(6);郑青岳. 对探究式学习中的"表达交流"要素的认识[J]. 物理教师,2005(1);郑青岳. 探究式学习是否只要过程不要结果[J]. 中学物理教学参考,2005(12);郑青岳. 关于科学教育联系生活的若干问题[J]. 物理教师,2003(4);郑青岳. 科学探究一定会降低解题能力吗?[J]. 物理教师,2008(11);等.
② 应向东. "科学探究"教学的哲学思考[J]. 课程·教材·教法,2006(5).
③ 徐学福. 科学探究与探究教学[J]. 课程·教材·教法,2002(12).
④ 魏锡山. 关于"科学探究课"实验研究的理性思考[J]. 学科教育,2000(11).
⑤ 周仕东. 科学探究与教学内容的选择[J]. 教育理论与实践,2002(11).
⑥ 郝京华. 论科学教育中的科学方法教育问题[J]. 教育研究与实验,2000(6).
⑦ 余自强. 自然科学课程中的科学方法教育(上,下)[J]. 学科教育,1999(1,2).
⑧ 邢红军. 论科学教育中的模型方法教育[J]. 教育研究,1997(7).
⑨ 王怀真,等. 试论小学自然对比实验的教与学[J]. 课程·教材·教法,1997(6).
⑩ 毕晓白,张志文. 培养学生科学探究能力初探[J]. 课程·教材·教法,2000(9).
⑪ 毕晓白,张志文. 方法训练与设计实验能力的培养[J]. 课程·教材·教法,2007(9).
⑫ 胡卫平,林崇德. 青少年的科学思维能力研究[J]. 教育研究,2003(12).
⑬ 吴淑琴. 在低年级自然教学中培养学生的分类能力[J]. 课程·教材·教法,1996(3).
⑭ 赵和生. 谈自然课归纳概括思维能力的培养[J]. 课程·教材·教法,1998(3).
⑮ 胡卫平,俞国良. 青少年的科学创造力研究[J]. 教育研究,2002(1).

着紧密的联系。在科学教学情境创设和课程资源开发上,以问题解决为本、以人的学习活动为中心、以促进知识整合为学习目标的网络探究性学习环境研究,①以及利用儿童喜爱的玩具开展科学教育,②拓宽了人们创设科学教学情境和开发科学课程资源的传统思路。

作为儿童科学教育的一种形式,"做中学"项目及相关实验探索从另一层面加深和拓展了人们对科学探究教学的认识。事实上,"做中学"只是一种比较形象的说法,它是中国科技界和教育界如何为世纪准备合格的公民而联合发起的行动计划,它不是玩,实际上是基于动手的探究式的学习方法在幼儿园和小学科学教育中的应用。③"做中学"项目不仅强调引导学生在研究自然事物的基础上形成概念,重视提高学生的思维品质和从多方面培养学生的探究能力,④而且注重学生学习主动性、好奇心、合作精神等情绪能力的培养。⑤"做中学"项目还充分动员社区和家庭的力量来支持科学教育,并通过现代化的互联网增进国内和国际的交流与合作。⑥

与传统的"注入式"科学教学(模式)相比较,探究式科学教学(模式)在培养学生的科学素养上有许多优势,它是学生自主建构科学概念、增进对科学、对自然的好奇心和探索兴趣、养成科学态度和科学精神,掌握科学方法,发展实践能力和创新意识的好方式。但是,探究教学方法本质上仍然是归纳主义,是培根的科学方法论,而这种方法学的观念受到了近代科学哲学的有力批判。更何况科学家的探究与儿童的探究是不完全相同的,把科学教学过程简单等同于科学研究过程并不能反映科学教学过程的本质。⑦我们在强调探究教学的同时,更要注意多种教学方法的灵活应用,在教学设计中应针对具体情况,灵活选择合适的学习方式,将探究的方式与其他方式结合起来,以达到最佳的学习效果。⑧就是科学探究教学本身也要谨防走入按照固定流程操作的形式化误区,应采取多种方式与途径(例如利用分析科技文章的方式⑨,开展科学见习让学生直接参与科学家的研究活动⑩,等等)进行探究式科学教育。也正是对科学探究教学模式的合理性及其适用条件的不断反思,促进了科学探究教学的健康发展,也体现了科学教育研究者的理性精神与文化自觉。

(六)科学情意教学研究

科学知识与技能是中性的,既可以对人类和个人自身产生积极作用,也可以产生消极作用,这取决于掌握科学知识与技能的人具有什么样的情感、态度与价值观。源于此,科学课程把培养学生的情感、态度与价值观提到了一个很高的高度,在某种程度上比科学知识教学

---

① 黄都.促进知识整合的科学探究环境设计——基于对WISE网络探究平台的评介[J].全球教育展望,2004(7).
② 刘炳升.开发物理玩具的教学功能[J].物理实验,1993(4).
③ 韦钰.对"做中学"科学教育的期望[J].内蒙古教育,2009(3).
④ 郁波.中国小学科学教育中与"Hands on"方案有关的研究[J].小学自然教学,2001(7,8).
⑤ 韦钰.对"做中学"科学教育的期望[J].内蒙古教育,2009(3).
⑥ 赖小林,丁振源."做中学":作为儿童科学教育的一种形式[J].教育研究,2005(6).
⑦ 袁维新.科学探究教学模式的反思与批判[J].教育学报,2006(4).
⑧ 刘炳升.论科学探究与接受学习的关系[J].物理教师,2004(9).
⑨ 李华.探究式科学教学的本质特征及问题探讨[J].课程·教材·教法,2003(4).
⑩ 徐学福.论面向真实科学[J].教育研究,2002(9).

更为重要。① 科学情感、态度与价值观教育也引起了研究者的特别重视。有研究者指出,小学自然学科思想教育内容丰富,主要有爱国主义教育和国情教育、科学自然观教育、审美观教育、科学态度教育等;在实施方式上,不仅依靠学科课堂教学渗透和学科课外实践,各学科之间的横向联系与相互配合补充也是一条渗透思想教育的有效途径;实践中有寓思想教育于知识传授之中、寓思想教育于实践训练之中、寓思想教育于教师情感之中,构成了小学自然学科开展思想教育较为有效的形式。② 当然,科学课程关注学生的情感、态度与价值观教育,还源于科学课程的独特情感(情绪)教育功能。有研究者发现,"做中学"科学教育活动课程对儿童情绪发展具有一定的积极作用,尤其是确信度这一维度上。这就说明"做中学"与普通课程相比更有利于培养儿童科学的思维方式,更利于培养儿童发现问题、探索问题的能力,以及提升儿童的自信心。③

自然观教育是科学课程情感、态度与价值观教育及其研究的基本主题。在人类发展饱受大气污染、水污染、耕地破坏、森林遭劫、能源危机等发展困扰的今天,更需倡导人类必须与自然界协调发展的思想与观念。④ 但问题是,我们应该具备怎样的自然观才是更好的或者说是更为合适的? 其实,自然观不仅与特定地域的社会历史、政治、经济和文化有关,例如,东方"亲和型、自然共生型自然观""物神一元论型自然观"及西方"数理自然观""自然支配思想"(征服自然)的自然观;⑤更是一个随人类社会动态发展的认识过程与观念,它可以从人与自然关系的历史演进中窥见一斑。⑥

科学课程情感、态度与价值观教育及其研究的又一主题是如何让学生热爱科学。从中华人民共和国成立的时候起,"爱科学"就同"爱祖国、爱人民、爱劳动、爱护公共财物"一起,被规定为全国人民应当具备的公德;现行的《中华人民共和国宪法》也提倡"爱祖国、爱人民、爱劳动、爱科学、爱社会主义"的社会公德。这些公德都不可能自发地形成,而是要靠教育来培养,特别是"爱科学"的公德需要从儿童幼小的时候起就注意培养。没有科学知识的人不可能用科学,不会用科学就不能爱科学。所以我们要培养儿童爱科学的情感,首先要发展他们学科学的理智,还要训练他们用科学的技能。同时,爱科学的教育也应当同爱祖国、爱人民、爱劳动、爱社会主义的教育联系起来、协调起来。⑦ 在培养学生"爱科学"情感的过程中,不仅要在教学中关注和培养学生的科学学习兴趣,⑧更应该保持对学生好奇心及其科学特

---

① 知识与技能、过程与方法、情感、态度与价值观,作为科学素养的核心要素,组成了科学课程的完整目标,它们相互依存、互为基础、不可分割。本文中的科学情感、态度与价值观教育与科学(小学自然课程)课程中的思想品德教育有很大的交集,但是含义更为宽泛。

② 李煜生,陈洁. 在自然学科中渗透思想教育的实践与研究[J]. 课程·教材·教法,1992(3);乔际平. 我们的目的是提高孩子们"学科学、用科学、信科学"的科学素质[J]. 物理教师,2007(7).

③ 赖小林,等. "做中学"科学教育对儿童情绪表现的影响[J]. 心理科学,2008(5).

④ 王玉梅,柳松. 新自然观与环境教育[J]. 教师教育研究,1990(3).

⑤ 倪娟,李广州. 自然自然观自然教育思想发微——兼评新课程改革中"回归自然"的适切性[J]. 教育研究与实验,2007(2).

⑥ 王国聘. 探索自然的复杂性——现代生态自然观从平衡、混沌再到复杂的理论嬗变[J]. 江苏社会科学,2001(5).

⑦ 陈侠. 要从小培养儿童爱科[J]. 科学课,1985(4).

⑧ 赵玉梅. 培养科学兴趣是科学启蒙教育的重要内容[J]. 课程·教材·教法,1993(7);全杰. 课堂教学如何培养学生兴趣[J]. 课程·教材·教法,1988(12).

性的高度重视。①

科学态度、情感与价值观更多地表现在科学精神方面,也是人类在长期科学探索过程中积淀而成的精神气质的集中表现。科学精神是近代科学的产物,是科学本性的自然流露和延伸,体现了科学的哲学和文化意蕴,是科学的根本、真谛和灵魂。从系统论的角度看,科学精神包含着众多的构成要素,并具有错综复杂的内部结构。② 作为一种认知活动,科学精神主要表现为一种理想化的认知态度,其核心就是科学的理性精神,即一种相信真理存在并坚持追求真理的精神(科学的求真精神)——"科学的根本精神在于求真理。"③在方法论意义上,科学最强调事实,它把科学实验看作科学定律和科学理论的最终源泉和最高检验标准,这是科学的实证精神,也是渗透于科学活动全过程的方法论灵魂。④ 求真又必须求新(科学的求新精神),⑤并伴随着质疑与批判、多元和宽容,这是被科学发展无数次证明了的一个论断。科学精神的传承与弘扬不仅需要改变科学教育只注重科学知识传递而忽视科学方法和科学精神的偏颇现状,甚至重构科学教育三维目标(知识与技能、方法与能力、情感态度价值观)的三级层次⑥,即把作为科学本性所要求的各种价值观念、思想观念、行为准则、意志品质等科学精神这种情意目标放在第一位,并把学会做人、学会关心、学会思考、学会负责放在目标的中心,突出学习者的行为养成,弘扬科学精神,彰显科学力量。事实上,"由于情感的活动,我们的理性才能趋于完善。我们所以求知,无非是因为希望享受;既没有欲望也没有恐惧的人而肯费力去推理,那是不可思议的"⑦。正是基于这一理由,课程知识才需要与人建立特定的意义关系。

对科学与艺术之间关系的进一步探究,丰富了科学课程情感、态度与价值观教育及其研究的主题。科学主要诉诸理智,艺术则主要诉诸情感,因而属于人类知识的不同领域。艺术与科学既对立又统一,两者在矛盾中相处,在对立统一中发展。我们努力的方向也许不是强求将它们拉到一起,而是使它们能够对话,认识到彼此的联系,以及合作发展的必要性。据此我们便不难理解科学与艺术之间关系从相互对立(独立)到相互关联(互涉、互动)⑧、从相

---

① 丁肇中. 论科学研究的原动力——好奇心是科学研究的原动力[J]. 上海交通大学学报(哲学社会科学版),2002(4).
② 刘大椿. 自然辩证法概论(第2版)[M]. 北京:中国人民大学出版社,2008,25—33;李醒民. 科学的文化意蕴——科学文化讲座[M]. 北京:高等教育出版社,2007,231—275;王树恩,等. 科学精神结构的多维探析[J]. 自然辩证法研究,2003(7);等。
③ 胡适. 我们对于西洋近代文明的态度[J]. 东方杂志,第22卷第17号;转引自李醒民. 科学的文化意蕴——科学文化讲座[M]. 北京:高等教育出版社,2007,219.
④ 李醒民. 科学的文化意蕴——科学文化讲座[M]. 北京:高等教育出版社,2007,232—233.
⑤ 曲铁华,马艳芬. 论当代中小学生科学精神的培养策略[J]. 中国教育学刊,2005(2).
⑥ S·拉塞克,等. 从现在到2000年教育内容发展与全球展望[M]. 马胜利,译. 北京:教育科学出版社,1992,146—147. 内容略有改动,其中表格中括号部分是笔者所加.
⑦ [法]卢梭. 论人类不平等的起源和基础[M]. 李常山,译. 北京:商务印书馆,1982,85.
⑧ 孟建伟. 科学与艺术的关联[J]. 北京行政学院学报,2002(1);陈清梅,邢红军. 科学与艺术相关联:科学教育的新取向[J]. 首都师范大学学报,2007(2);金薇吟. 论科学与艺术的互涉[J]. 北京大学教育评论,2007(3);任云. 科学与艺术互动辨析[J]. 文艺研究,2005(1).

互补充到相互融合（交融、同一）①的诸多不同观点。但无论如何，艺术的挑战促进了科学更快进步，科学进步刺激了艺术大胆创新，艺术离不开科学，科学也同样离不开艺术，艺术与科学的结合与统一（科学与艺术的结合与统一不是简单的结合与统一，而是文理相通和辩证统一）使世界变得更加光彩照人，已经成为人类社会发展的时代选择。

大自然本身就是按照美的法则构成的。艺术与科学也用不同的形式追求美。也正源于此，对科学与艺术之间关系及科学美（感）与艺术美（感）之间关系的进一步探究，以及对科学活动中美的形式、美的内容、美的本质、美感等问题的深入思考，必将有助于自然美、科学美、艺术美及科学课程美育功能、美育过程问题的相关研究，进而有助于提升儿童对自然界中美的事物的感受能力、欣赏能力与创造能力。②

（七）学生科学学习研究

学习科学是正在形成的一门新的教育学，它从心智、脑和教育的关系来研究学习者和学习过程，研究教学过程中应该怎么学、怎么教；学习科学也是当前科学研究的一个多学科的交叉前沿领域，需要综合和发展来自于认知神经科学、情感神经科学、生物医学工程、分子生物学、人类学和科学伦理学等方面的研究进展，还必须和本国的文化社会背景以及教育实践结合。③ 学习科学的诞生为我们的教育提供了很多新的视角，也使得人们从学习科学视角理解探究式科学教育成为可能。

科学课程倡导探究式学习，这是科学课程学习方式的建构主义转向的内在要求。但是在科学教育实践中，如何把握探究式学习的具体目标？如何开展具体的探究式学习？开展探究式学习应该注意哪些问题？探究式学习如何进行评价？如何看待和处理学生已有的个人知识和原始概念并引导学生积极反思？如何处理探究式学习中学生与教师之间的相互关系？探究式学习与接受式学习之间，以及探究式学习与现代信息技术之间存在着怎样的关系？研究者对上述问题进行了全面而深入的探讨，提出了探究式学习应该遵守的18条原则，④有助于我们对探究式学习的理解。

从科学知识的维度来看，科学课程学习方式的建构主义转向则更多体现在学生的科学概念学习上。诸多研究表明，学生获得科学概念的过程与人类探索科学概念的过程相似，是一个动态的发展过程，难以用某一个模式去固定化。根据现有学习科学的研究成果，可以发现有效的科学概念学习必须经历认知冲突（Cognitive Conflict）、抽象概括（Abstract Generalization）和迁移运用（Transfer Practice）这三个基本环节，因此，可以由这三个基本环节的循环构成一个学习环（取这三个基本环节第一个词的英文单词第一个字母，将这个学习环简称为CAT），循序渐进地推进学生科学概念的认知发展。⑤ 这一依据学习发生内在机制

---

① 叶松庆.论科学与艺术的融合[J].安徽师范大学学报（人文社会科学版），1999(4)；黄海涛.科学教育与艺术教育整合的教学过程研究——兼论分析思维与直觉思维联合方式的教学[J].当代教育科学，2006(18)；黄海涛.科学教育与艺术教育整合的教学过程研究——兼论分析思维与直觉思维联合方式的教学[J].当代教育科学，2006(18)；彭艳.浅论艺术与科学的渗透与交融[J].科学之友，2007(7B).
② 胡承东.在自然教学中同时播下科学和美的种子[J].课程·教材·教法，1988(8).
③ 韦钰.学习科学视角下的探究式科学教育[J].科技潮，2010(12).
④ 任长松.探究式学习：18条原则[J].教育理论与实践，2002(1),(2).
⑤ 林静.CAT：基于学习科学的科学概念学习环[J].全球教育展望，2009(10).

而构建的"科学概念学习环"(事实上,这也恰恰是发生于深层学习通道的科学学习)①,不仅有助于教师对科学概念教学问题有更丰富的理解,也有助于学习者更清晰何时何地如何提取运用所学的新概念(亦即有助于学习者提升"条件化"运用新概念的能力)。

语言是交流和思维的工具,将语言学习和科学学习整合起来,可以达到语言技能、科学知识和学习能力的共同提高。这一问题也受到了人们的关注。语言不仅是科学学习的工具,也是科学学习的目标之一。听、说、读、写的语言技能不但是人文类课程关注的重点,在科学课程学习特别是科学探究学习中的作用也受到人们的重视。在科学课程学习中,学生语言技能的获得必须首先明确日常语言与科学语言之间的异同及联系,在此基础上进一步提升理解性阅读与研究性阅读技能,以及在表达与交流中的"说得清,辩得明"的语言技能。② 当然,语言技能与科学学习之间也有很大的不同,语言技能可以帮助学生发展科学素养,但不足以帮助学生理解科学本身的意义。

学习不仅是基于个体已知的意义建构,也是个体与环境互动而建构意义的结果。③ 因此,学习环境研究是科学学习研究不可缺少的主题。随着网络和多媒体技术在课堂中的应用,以及这些技术在科学实践中的作用日益增大,教育拥有了将科学实践成功应用于学习环境的良好契机。由美国西北大学和伊利诺伊州大学的大气科学系主要参与开发的中学科学教育可视化协作项目(collaborative Visualization project,以下简称 coVis 项目),利用网络和多媒体技术,让科学学习融入真实的科学实践,使学生在合作情境中以科学可视化工具为中介对科学问题进行探究和理解,同时也进行着身份的再生产,沿着旁观者、参与者到成熟实践的示范者的轨迹前进,即从合法的边缘参与者逐步到共同体中的核心成员,从新手逐步到专家。④ coVis 项目为学习者提供了开放式探究的建构激励工具,同时提供给他们与专家、教师和其他学习者建立、经营共同体的技术支撑。与此相似,计算机技术的发展也使得以学生为中心的基于计算机技术的模型建构——一种重视学习者的知识原型与生活经验、倡导学习者使用(计算机)模型建构工具探究科学问题的建构主义的学习方式——成为可能,它不仅能帮助学习者理解科学知识,同时有利于增强其科学探究技能及对科学本质的理解。⑤

随着社会的发展和建构主义学习观的兴起,研究者们逐渐认识到科学学习不应该仅局限于学校,应该与社会生活发生广泛而深入的联系。场馆科学学习就是顺应这种教育需求所进行的科学学习方式的重要变革。⑥ 国际研究已经表明,场馆中的科学学习,能更好地探讨学习的本质特征,是科学教育研究领域中一个新的研究方向,在我国场馆资源也比较丰富的条件下,如何通过一些科技活动来提升科技场馆的科学教育功能,也是一个需要深入研究的课题。

---

① 李耀俊.科学学习——深层和浅层学习通道的对比[J].安徽教育学院学报,2001(3).
② 陈庆朋.语言技能与科学课程学习[J].课程·教材·教法,2007(1).
③ 约翰·D·布兰思特等.人是如何学习的:大脑、心理、经验及学校[M].高文等译.上海:华东师范大学出版社,2002:17—22.
④ 李妍.美国科学教育的可视化协作学习环境——CoVis 项目的理念、设计与评析[J].全球教育展望,2005(11).
⑤ 张宝辉,等.计算机模型建构与学习者为中心的科学学习的研究进展及启示[J].课程·教材·教法,2008(8).
⑥ 伍新春,等.场馆科学学习:本质特征与影响因素[J].北京师范大学学报(社会科学版),2009(5).

(八) 科学元勘与科学教育研究

科学元勘(science studies,也有被译为科学学,等)是科学学诸学科的统称,大致是指把科学或科学技术作为研究的对象所进行的多角度的研究,主要包括科学哲学、科学史和科学社会学等。① 在逻辑学的意义上,科学元勘不同于自然科学家所做的一阶的对象性研究,而相当于二阶的元研究。把科学史、科学哲学和科学社会学的有关内容纳入中小学科学课程中,以期提高学生对科学本质的理解,培养他们的科学精神和创新能力,是当前国际科学教育研究与改革中一个前沿性课题。②

科学哲学(philosophy of science)是从哲学角度探讨科学的本质、科学知识的获得和检验、科学的逻辑结构等有关科学认识论和科学方法论方面基本问题的一门学科。自20世纪下半叶,西方科学哲学经历了从逻辑主义向历史主义,然后又从历史主义向后现代主义的转变,改变了原有科学哲学的主题、观念、重点与研究方法,实现了从传统科学哲学到科学文化哲学的转向。经过文化转向之后的科学哲学所持的立场大致是一种文化学和人类学的立场,即一种广义的文化哲学立场,其根本标志就是对科学哲学的人文理解,将科学看作是一种文化或文化活动,使科学哲学研究从认识论拓展到价值论,最大限度地整合元科学各分支,从而使科学具有更广阔的发展空间。③ 科学哲学的文化转向使人们对科学本质的认识从实证主义转向历史主义,最后转向建构主义。科学哲学的文化转向在改变人们对科学本质认识的同时,也深刻地影响着科学教育课程目标、教学内容、教学方法及学习方式的改革。从传统科学哲学转向科学文化哲学,对于沟通两种文化的意义重大,这一转向有可能真正从整个社会、历史和文化的背景中来理解科学,理解科学的精神和科学的价值,也有可能真正接近科学与人文两种文化的距离,并在两者之间架起相互理解的桥梁,实现科学与人文的有机融合。相对于科学哲学的文化转向这一宏大主题,科学教育中的常识与实验、个人建构与社会建构、形成认知矛盾(科学教育之契机)与解决认知冲突、概念的外延与内涵、正解示例与误解示例、形成自然认识与塑造健全人格等科学教育中若干认识论问题则更为微观而具体,我们面临的课题就是如何使得学习者的概念引起革命性变化,换言之就是帮助学习者实现从常识水准上升到科学知识水准的范式转换。④ 无论如何,我们要促进学习者的科学经验的形成,就得超越事实、概念与原理,亦即使学习者通过活动,激发起科学探究的态度。

如果说科学哲学重在回答"科学应该是什么"(科学的本质、科学的认识过程、科学的逻辑结构等)的问题,科学史则重在回答"科学曾经是什么"的问题。自人类诞生以来,科学技术的产生和发展就是一条漫长并充满艰难困苦的历程,但也为我们提供了极大丰富的知识和经验,让我们能够安好地生活于地球之上,能够认识自然、改造自然,并利用自然。科学史具有丰富的认知价值、方法价值、教学价值、平衡价值及人文价值,恰如富勒所言:"历史能使一个年轻人变成一个既没有皱纹又没有白发的老人;使他既富有年事已高所特有的经验,却没有那个年龄所带来的疾病或不便之处。而且,它不仅能使人对过去的和现在的事情做出

---

① 刘华杰.科学元勘中SSK学派的历史与方法论述评[J].哲学研究,2000(1).
② 丁邦平.科学元勘与科学教学改革的两种模式[J].全球教育展望,2001(11).
③ 蔡其勇.科学哲学的文化转向及其对科学教育的影响[J].教育研究,2008(6).
④ 钟启泉.科学教育中若干认识论问题的探讨[J].全球教育展望,2002(2).

合理的解释,还能使人对即将来临的事情做出合理的推测。"①问题是怎样把科学史纳入中小学科学课程与教学中去。为此,有研究者从学习者科学探究的活动和人类认识科学世界的活动之间的相似性比较中,通过实证研究方法,得出学习者学习科学的过程"重演"着人类研究科学的过程。② 这与 HPS(history, philosophy and sociology of science,科学史、科学哲学和科学社会学)所倡导的孟克与奥斯本的融合模式、马修斯的适度模式③,在促进学生理解科学的本质、促进学生对科学知识的建构、提高学生的人文素养、培养学生的批判精神等方面具有异曲同工之妙。而对"李约瑟难题"(又称李约瑟问题、李约瑟之谜、李约瑟命题;Needham Problem, Needham Question, Needham Puzzle, Needham Thesis)④这一富有开放性和启发性问题的批判性思考,本身就凸显了科学史的教育生命力。

科学元勘的另一主题是科学社会学研究。科学社会学中包含了两大部分,一部分是传统的科学社会学,也叫美国默顿学派科学社会学,它在20世纪七八十年代处于正统地位,但目前起源于英国爱丁堡学派的科学知识社会学(SSK)已经取而代之。科学知识社会学深受现代科学哲学中相对主义思潮的影响,把科学知识看作是由社会建构的,要求对科学知识的内容进行社会学分析,并提出以强纲领摧毁科学知识的客观性,以信念研究张扬科学知识的社会性,以实验室研究揭示科学知识的境域性。科学教育深受科学社会学的影响,否定知识的客观性和普遍性,张扬相对的科学知识观;重视全面的科学素养,追求多元的目的观;贯通科学与社会,倡导综合的课程观;摒弃简单的知识灌输,坚持建构与对话的教学观。⑤ 由此科学观出发,独立于社会因素影响之外的、纯粹的科学"内史"不复存在,"内史"与"外史"的界限相应地也被消解。⑥

在科学社会学及科学知识社会学的影响下,深深植根于社会和学术需要之中,同时代表着一种新的社会价值观和新的思维模式的 STS⑦(科学·技术·社会)学科诞生了,并日益显示出它对人类命运和社会发展的巨大影响力和广阔的发展前景,也影响着中小学科学课程与教学(也有观点认为科学社会学就等于或包括 STS)。作为一门新兴的交叉学科,STS 把科学技术看作是一个渗透着价值的复杂社会事业,研究作为社会子系统的科学和技术的性质、结构、功能及它们之间的相互关系;研究科学技术与社会其他子系统,如政治、经济、文化、教育等之间的互动关系;还要研究科学、技术和社会在整体上的性质、特点、结构和相互

---

① 李醒民.科学史的意义和价值:迪昂的观点[J].民主与科学,1997(4).详见台北三民书局出版的《迪昂》第 445—450 页.
② 王全,母小勇."科学史—探索"教学模式的"重演"论基础[J].课程·教材·教法,2008(7).
③ 丁邦平. HPS 教育与科学课程改革[J].比较教育研究,2000(6);丁邦平.科学元勘与科学教学改革的两种模式[J].全球教育展望,2001(11).
④ 赖小琴."李约瑟难题"为什么成了难解之题?[J].广西教育学院学报,2006(1).
⑤ 袁维新.科学知识社会学视野中的科学教育观[J].外国教育研究,2005(7).
⑥ 刘兵,章梅芳.科学史中"内史"与"外史"划分的消解——从科学知识社会学的立场看[J].清华大学学报(哲学社会科学版),2006(1).
⑦ 在美国,STS 作为一个英文缩写词代表着两种不一样的说法。其一是指"Science and Technology Studies",中文意思是"科学技术研究";其二是指"Science, Technology and Society",中文含义是"科学、技术和社会"。本文指的是后者.

关系,及其协调发展的动力学机制。① STS研究具有极其深刻的理论意义和实践意义,其追求自然—人—科学技术—社会之间的和谐统一与物质和精神之间平衡协调的持续发展观和全面价值观,强调联系、系统、综合的整体科学观,旨在培养具有科学技术素养和全面发展的公民教育观,不仅推进了哲学和社会历史观的研究,而且也深刻影响着人类社会生活和科学教育实践。② 在中小学科学教育改革实践中,STS课程极力改变科学教育通过强化科学概念和基本科学原理而对学生进行学术训练的精英主义传统,关注科学和技术在具体社会情境中的综合运用,使科学教育服务于大众的科学素养、价值、态度和道德的和谐发展。与传统科学课程相比,STS课程强化科学教育的价值维度、摒弃科学教育的精英主义传统、科学教育从注重"知识体系"到注重"探究过程"、关注科学伦理道德和科学精神及态度的培养,代表了当今科学教育改革的基本走向。

相较于科学元勘,科学文化对科学教育的产生、发展和变革则有着更为广泛而深刻的影响。一般而言,科学文化包括科学知识、科学方法、科学精神和道德规范。科学知识是人们认识客观世界的物质成果,是科学劳动的果实和产品,负载着科学方法和科学精神,是科学文化的基础;科学方法最能够体现出科学思维的过程和品质,是科学文化最主要的现实表现;科学精神是科学家共同体在追求真理、逼近真理的科学活动中,将科学知识方法内化后所形成的独特的精神气质,是科学文化的核心与精髓。③ 科学文化树立了新的世界观、知识观和价值观,促进了现代科学教育的诞生,并且无时不在引导科学教育的发展方向,激发科学教育改革,累积科学教育智慧,构建宏观的教育制度文化和微观的学校教学文化,是当代文化发展和建设的主导方向,也是文化创新的核心内容。

(九)科学教育评价研究

教育评价不仅可以发挥检查、鉴定、诊断等证明作用,而且可以发挥导向、激励与调控等改进功能。科学教育中的评价也是促进科学教育不断发展的动力机制之一。

科学教育中的学生学业成就评价首先遭遇的是理论基础问题。人类的生存需要基础性知识,人类的发展需要创造性知识,在社会发展已经步入知识经济时代的今天,基础性知识和创造性知识显得更加重要。要实现科学知识的创造,学生应该了解科学知识的相对性与相关性,并进而去把握知识的同一性,这也正是科学课程学业成就评价的知识论基础。④ 毕竟,科学知识并非是固化结论或绝对真理,因而呈现出相对性;各种科学知识也并非是彼此孤立或毫无联系的;各种科学知识以及各门科学之间、自然科学与人文社会科学之间、教育内容的各种来源之间相互依存,具有整体性和同一性的特征。

当我们拓展科学课程学业成就评价这一命题时,学生科学素养评价便进入了我们的视野,这是科学课程的性质所决定的,也是国际科学教育评价的发展新趋势。⑤ 尽管我国高考

---

① 殷登祥. 试论STS的对象、内容和意义[J]. 哲学研究,1994(11).
② 杨明全. STS课程:类型、特征及改革走向[J]. 教育研究,2007(8).
③ 郭元婕. 科学文化及其对科学教育的影响[J]. 教育研究,2006(6).
④ 杨宝山. 科学课程学业成就评价的知识论基础[J]. 课程·教材·教法,2008(2).
⑤ 韦钰. 科学教育评价的国际发展新趋势[N]. 中国教育报,2008年1月15日,http://www.neworiental.org/news/news/200801/1134612.html

和中考命题已经从单纯的知识考核发展到能力与知识考察并重,但如何通过纸笔测试考察学生的科学综合素养,目前在我国还缺乏系统的理论研究和成功的实践,而经合组织(OECD,即Organization for Economic Cooperation and Development)的PISA(Program for International Student Assessment,即国际学生评估项目的缩写)评价和美国国家教育进展评价(NAEP,即The National Assessment of Educational Progress)的科学素养评价的许多经验值得借鉴。①

在具体操作层面,科学教育评价更加关注科学探究能力评价、情感评价、教材评价,以及科学知识与技能等评价主题。

科学探究教学评价必须坚持发展性评价理念,评价活动不仅要关注学生在科学素养方面的发展,而且要了解学生在发展中的需求,发现和发展他们多方面的潜能,帮助学生认识自我,建立自信,促进学生在已有水平上的发展。科学探究教学评价在注重对学生的科学基础知识和基本技能的掌握情况进行评价外,还注重对学生的应用知识的能力以及学生对科学学习的兴趣、创新精神等情感、态度、价值观等方面做出全面客观的评价。② 在探究式学习评价的方法与手段上,有研究者在以质性评价统整量化评价思想指导下做了较全面的总结。例如,对学生的探究精神与探究态度的评价主要采用观察与访谈搜集学生的有关资料,然后经过比较分析做出价值判断;等。科学探究学习的多元评价比传统的只用某一种评价方式所得到的评价结果更加可靠,也使得教师更加关注过程评价,更能反映学生的实际操作能力和对科学研究过程的真实体验。③ 从评价和测量的效度上看,观察等调查就是教师通过观察学生做科学探究并进行评价,效度最好但是成本耗费大;纸笔测试法虽成本最低,但效度也很低;而工作单方式也是让学生做探究,但学生把过程和结果写在工作单上,然后教师对工作单进行评价,因其具有较好的成本和效度平衡性而更受国际大规模科学成就研究的青睐。俄勒冈州科学探究工作单的评价内容、评价流程、实施措施、评价依据,特别是科学探究工作单的提出问题或假说、设计调查研究、收集和展示数据、分析和解释结果等四个维度的内容设计,以及每一维度的能力水平划分等,不仅为科学探究提供了统一的、严格的评价依据,保证了评价结果的效度和信度,也为科学探究教学提供了指导,很值得我们学习和借鉴。④ 考虑到我国探究教学处于初级阶段,学生探究经历少,难以独立完成探究,而完成探究的每一个步骤不仅取决于相关知识还取决于先前步骤的完成质量,如果学生某个探究环节出问题也没有得到该环节范本答案的引导,后面环节也会出现问题,连锁反应将使学生连续失分,这样评价对学生很难说是公平的,在引导中评价学生更符合实际。⑤ 引导中评价类似于建构主义的支架式教学,适用面更广,尤其适用于探究教学的初级阶段,引导师生在支架中逐级攀登,逐步适应探究教学;也更适合于中下水平学生,有利于鼓励和保护中下水平学生的探究热情。随着探究教学的深入开展和学生探究能力逐步提高,引导中评价的范

---

① 王蕾.科学素养评价工具的建构[J].中国教育学刊,2007(9);林静.美国NAEP科学素养评价新趋向[J].中国考试,2009(9).参见《课程·教材·教法》,2009(8).
② 蒋永贵,等.科学探究教学评价体系的构建与实践[J].课程·教材·教法,2005(12).
③ 熊士荣,等.科学探究学习评价体系的研究[J].课程·教材·教法,2006(3).
④ 袁丽,廖伯琴.美国俄勒冈州科学探究的工作单评价方法[J].比较教育研究,2008(1).
⑤ 罗国忠.对科学探究能力引导式评价的研究[J].上海教育科研,2007(1).

本答案将逐步撤销,逐步发展到适度开放的整体评价。

与科学探究评价相比,科学教育中情感、态度和价值观评价的研究成果则相对少一些,产生这一现象的原因当然与考试选拔标准等有关,但也与情感态度价值观评估理论上的模糊和具体评估方法的欠缺不无关系。例如,《基础教育课程改革纲要(试行)》与科学课程标准都未对情感、态度价值观目标的内在结构或具体构成要素做出非常明确的界定,对于如何评估学生是否达到了该目标缺乏足够的指导性。为了解决这一难题,有研究者在总结国内外已有研究的基础上,就科学教育中情感、态度和价值观的内容编码、维度操作定义和量化、质性等具体评估方法展开了深入研究,并提出"教师要相信情感等可以评估也应该被评估、情感等评估目的必须与高利害脱钩"等评估原则,[①]为科学教师提供了一种进行学生情感、态度和价值观评估的新参照。

科学教育评价还涉及科学教材质量等评价问题。作为最重要的教学资源,教材应力图概括人类长期积累的数量巨大的知识,并且以学生所能够理解和接受的方式呈现出来,为学生学习有关的知识或认识解决所面对问题提供必要的基础内容和方法。因此,科学教材评价不仅需要从教材内容视角分析——教材是否包含了课程标准的核心概念,还应该包括教学分析维度——教材是否设计了相关的教学策略以帮助学生学习这些核心概念。[②] 目前,我国教材评价的主要着眼点在于审核教材文本是否符合课程标准,如何通过评价来促进教学也是教材评价应该给予特别关注的内容。

此外,传统科学教育对考试成绩过分关注而非强调积极的有意义学习,导致了大量机械学习的"法蒂玛现象"或"考试的黑洞效应",许多学生并不是在学习科学,而在学习如何通过科学课程考试,致使科学教育评价丧失了真正的价值功能,科学素养的内容领域也严重地窄化了。[③] 为了克服科学教育中大量存在的"法蒂玛"机械学习现象,重塑长期科学教育实施过程的传统应试主义学校课程文化,有效实现科学教学过程与评价过程的融合,充分发挥科学教学评价之于改进科学教学实践及促进学生科学素养发展的功能,加拿大科学教育评价领域深刻揭示了评价过程中"观察行为"与"解释行为"的区别,以及评价行为背后的经验分析的、解释学的和批判理论的三种教学评价范式,创建了有效评价学生科学素养的评价工具,为我们提供了一种深刻反思传统科学教育评价理念与评价策略的思维路向。

(十)科学教育比较研究

在现代社会中,科学技术扮演着不可或缺的角色,因此,各个国家都十分重视本国的科学技术教育,同时也都根据社会发展而不断改进本国的科学教育。[④] 在这一背景下,分析和研究不同国家,特别是美国、英国、日本等一些发达国家的科学教育历史经验,对于促进我国科学教育具有重要的现实意义。

---

① 蒋奖,等.学生情感态度价值观的评估:给教师的建议[J].课程·教材·教法,2009(11).
② 张颖.美国"2061计划"教材评价工具简介[J].课程·教材·教法,2009(3).
③ 周勇.加拿大关于科学课程评价的研究与启示[J].全球教育展望,2003(7).
④ 关于科学教育的比较研究,请读者参阅丁邦平的《国际科学教育导论》[M].太原:山西教育出版社,2002.该书从比较的视角比较全面地论述了科学教育前沿性理论问题。

从历史的视野看,各个国家的科学教育随自身的社会、经济、文化而有不同的发展轨迹。美国科学教育滥觞于19世纪60年代,其直接社会背景是工业化运动。① 随着科学逐渐进入学校课程,先后形成了实物课(object lessons)或实物教学(object teaching,约1860年前后)、小学科学(elementary school science,约1870—1890)和自然学习(nature study,约1890—1910)三种不同的教学与课程模式。② 紧随其后的是美国科学教育的初步繁荣期(1920—1957),这也是科学教育的空前功利化时期。对科学教育极端功利主义的反思促成了美国科学教育的"第一次革命"(1957—1978),它触及了科学教育的本体价值和内在价值,在科学教育的发展中具有里程碑意义。而"第二次革命"(1980至今)则是对"第一次革命"的反省和超越,它所确立的科学教育价值取向、认识论基础、"2061计划"和《美国国家科学教育标准》等一系列标志性成果,构成了科学教育的时代主题。③ 作为科学教育发祥地的英国,1988年便确立了科学学科在中小学课程中的核心课程地位,④1989年正式颁布了英国历史上首部《国家科学教育课程标准》,经过多次修订和完善,英国政府又于2000年公布了面向新世纪的《国家科学教育课程标准》。而在日本,小学理科课程的演变过程则充分体现于中小学《学习指导要领》的变迁之中。二次世界大战后,日本小学理科课程经历了生活单元学习、系统学习、探究学习、宽松愉快学习、宽松与选择学习、宽松与综合学习(尊重个性的理科)等各个阶段,⑤逐步形成了现在的理科教育(2008年最新颁布)——"学历主义"和"宽松教育"两者之间的"最中间的教育路线"。⑥

　　从影响科学教育发展的内外因素来看,各个国家的科学教育相互影响,彼此借鉴,共同促进了科学教育的进步。与此相应,科学教育研究主题广泛,成果多姿多彩。在科学教育宏观政策层面,韩国科学教育指向(目标)模型的层次性与系统性,科学教育法规体系的配套性,科学英才教育政策、课程政策、教师政策、财政政策、校外科学教育政策等的可操作性,在今天看来依然有着重要的参考价值。⑦ 科学教育政策的新近成果则主要体现在"联合国教科文组织对科学教育若干重要问题的政策建议"中,该成果从科学教育的目的、课程、途径、评价、科学与技术、科学教育与信息技术、学生学习兴趣、教师专业发展等十二个方面,提出了科学教育未来发展的积极建议。⑧ 在科学教育具体方案层面,人们对《范围、顺序和协

---

① 李雁冰.美国科学教育的滥觞与第一次革命[J].全球教育展望,2005(8).关于19世纪60年代作为讨论现代科学教育的起点这一观点,也可参见丁邦平.西方科学教育的历史考察[J].清华大学教育研究,2000(2).

② 丁邦平.西方科学教育的历史考察[J].清华大学教育研究,2000(2).

③ 参见李雁冰.美国科学教育的滥觞与第一次革命[J].全球教育展望,2005(8);李雁冰.美国科学教育的第二次革命[J].全球教育展望,2005(11).

④ 1988年,英国议会通过《教育改革法》,规定在全国中小学实施"国家课程"。国家课程由十门学科组成,其中核心学科三门,即英语、数学和科学,基础学科有七门,即历史、地理、技术、美术、音乐、体育和现代外语。参见胡献忠.新版英国《国家科学教育课程标准》及其启示[J].全球教育展望,2001(3).

⑤ 孙新.日本小学理科课程及教科书特点分析[J].课程·教材·教法,1999(10);陈志伟.战后日本中小学理科教育的发展与变革[J].外国中小学教育,2006(1).

⑥ 陈城城.日本现行《学习指导要领》修订研究[D].东北师范大学硕士学位论文,2012.

⑦ 杨金成.韩国科学教育政策研究[J].教育研究,1995(5).

⑧ 王素编译.联合国教科文组织对科学教育若干重要问题的政策建议[J].教育发展研究,2009(24).

调》《普及科学——美国 2061 计划》等科学教育方案给予了关注,①但研究焦点更集中于国家科学课程(教育)标准(或学习指导要领等)的比较上,相关研究成果不仅涉及课程标准的结构、内容、要素以及科学教育实践的总体比较,②更涉及科学教育的目标定位、价值取向、③科学教育内容、④实施环节与途径⑤、内在一致性⑥等维度的具体比较和研究。

在科学教材研究方面,除了在相关期刊发表论文中的科学教育教材介绍之外,一些研究者或者就《科学概念》、《为孩子的科学和技术》(STC)、《提供丰富选择的科学教育体系》(FOSS)等教材结构及特点进行专门分析,⑦或者就教材内容组织如何以立体的观点来架构课程内容、如何处理前景(foreground)知识和后景(background)知识的关系、如何为学生提供科学学习机会、如何处理教材中的阅读材料、如何关注科学方法教育等问题展开深入研究。⑧ 在课程与教学目标研究方面,有研究者在比较英、美、加、泰、中等五国可操作的科学教育目标异同基础上总结出了他们的共同的特点,以此反思我国应该改进和加强的方面。⑨科学教育目标的确立还需要考虑学生的身心发展水平与学业基础,不同能力和成熟水平的学生在每一关键阶段结束时应拥有不同的知识、技能和理解力的预期标准(或者说是期望表现),⑩而具体的教学目标则必须被描述成能够评价的、分为不同层次的学习成果,以便更好地了解儿童已经达到的水平和促进儿童的学习。⑪ 在教学方法及实践方面,有研究者就由

---

① 武永兴编译. 美国一种科学教育改革的方案——"范围、顺序和协调"方案简介[J]. 课程·教材·教法,1992(12);代建军,谢利民. 中美科学教育目标的比较研究——基于《普及科学——美国 2061 计划》和我国《2049 行动计划》的思考[J]. 外国中小学教育,2005(9).

② 胡献忠. 新版英《国家科学教育课程标准》及其启示[J]. 全球教育展望,2001(3);魏冰. 科学素养——美国科学教育改革的中心概念[J]. 外国中小学教育,1998(5);. 魏冰. 美国"国家科学教育标准"——一项富有挑战性的科学教育改革方案[J]. 外国教育研究,2000(3);孙宏安. 中美《科学课程(教育)标准比较》[J]. 比较教育研究,2003(10);沈小娟,等. 中美科学教育标准比较研究[J]. 外国教育研究,2006(5);丁邦平. 中美基础科学教育的差异[J]. 课程·教材·教法,2007(2);孙新. 日本小学理科课程及教科书特点分析[J]. 课程·教材·教法,1999(10);陈志伟. 战后日本中小学理科教育的发展与变革[J]. 外国中小学教育,2006(1);丁邦平. 中美基础科学教育的差异[J]. 课程·教材·教法,2007(2).

③ 代建军,谢利民. 中美科学教育目标的比较研究——基于《普及科学——美国 2061 计划》和我国《2049 行动计划》的思考[J]. 外国中小学教育,2005(9);潘苏东,代建军. 能力取向的新加坡中学科学教育改革[J]. 课程·教材·教法,2006(2).

④ 魏冰. 从科学教育标准看当代科学教育内容[J]. 教育研究与实验,2000(4).

⑤ 柯森,张敏婕. 美国基础教育科学课程标准实施环节若干要素分析[J]. 全球教育展望,2004(9).

⑥ 倪娟. 关于美国"国家科学教育标准"一致性研究的述评[J]. 教育学报,2008(2).

⑦ 道久. 美国七十年代中、小学理科教材——《科学概念》一书简介[J]. 比较教育研究,1980(6);张军霞. 美国小学《为孩子的科学和技术》(STC)教材介绍(一)[J]. 小学自然教学,2001(4).

⑧ 魏冰. 美国"国家科学教育标准"——一项富有挑战性的科学教育改革方案[J]. 外国教育研究,2000(3);何善亮. 在探究中学习探究 理解探究——中美"密度"教材比较与思考[J]. 教育学报,2001(10);陈娴,于玉琴. 科学教材中阅读材料的特点与功能——对美国初中科学教材《物质的特性》、《人体系统》的分析[J]. 教育学报,2002(8);袁博,张磊. 中美教材科学方法教育的比较研究及启示[J]. 物理通报,2011(5).

⑨ 王素. 科学素养与科学教育目标比较——以英、美、加、泰、中等五国为中心[J]. 外国教育研究,1999(2).

⑩ 胡献忠. 新版英《国家科学教育课程标准》及其启示[J]. 全球教育展望,2001(3).

⑪ 刘占兰. 加拿大小学科学教育对我们的启示[J]. 课程·教材·教法,2006(12).

IEA(国际教育成就评价协会)组织和实施的 TIMSS 1999 课堂教学录像展开研究,通过对澳大利亚、捷克、日本、荷兰和美国五个国家在科学课堂教学组织方式、教学内容、学生学习行为等三个维度的分析,以发现各国科学课堂教学的共同特点和区别。① 总的来看,科学教育应当将以教师为主体的模式转变为以学生为主体的模式,让学生积极思考讨论,敢于向教师、课本和权威提出质疑,②并按照科学学科特点倡导和坚持实验科学教育,使儿童面对真实、与真实接触、向真实发问。③ 这种对实验教学的强调在根本上源于理科(科学)实验不仅可以使学生获得科学知识和技能,而且有利于对学生进行科学方法的训练,培养学生的实验能力和创新精神,养成良好的科学态度和科学作风。④ 在科学教育评价方面,在坚持教学评价一体化思想(例如教学目标设计需要考虑目标实现状况的评价问题)的基础上,既需要采用多元评价方法以吸引学生学习科学,也需要为学生科学学习创造更大的选择空间(例如英格兰 KS4 学段科学课程的两种学习计划),从而为学生提供更多的自我实现机会。⑤ 在科学教育评价的具体标准上,用"直观领会"作为小学生的"理解"尺度的看法,⑥对于小学科学教育启蒙性特点的把握依然有着重要的参考意义。在科学教育课程资源方面,美国重视利用博物馆、天文台、动物园、植物园、自然保护区的完善设施和专门人才,有计划地开展科学教育工作,使其成为一个地区的科学教育中心;德国则更注重开发和利用社区的科技教育资源。这些做法也是可以为我们所用的。⑦

作为科学教育的一个核心概念,"科学探究"的全面理解问题是人们应该特别关注的内容,因而需要给予专门的讨论。科学探究不仅是支撑《美国国家科学教育标准》的课程理念,⑧也是科学教育的时代话题——科学探究既是学习内容,也是学习方式,更是教学指导思想。⑨ 目前,科学教师对这一概念的理解多是"科学过程""动手操作""让学生参加活动"等,而对通过科学探究发展学生的认识能力重视不够。科学探究不仅要求学生使用观察、推理、假设等一些科学过程(scientific processes)技能,但更强调用逻辑、想象以及以证据为基础的思维来形成并修正科学解释、识别和分析各种模型、交流并捍卫自己得出的科学结论,即从科学认识论的角度让学生理解科学和科学探究的本质。⑩ 换言之,科学探究不仅包括科学调查研究技能,也强调科学思想和证据。⑪ 在对科学探究全面理解的基础上,人们也就

---

① 张洪洋. 科学课堂教学的国际比较研究[J]. 外国中小学教育,2008(6);程晋宽. 美、澳、日、捷克、荷兰五国科学课程的教学特征比较[J]. 外国中小学教育,2008(8).
② 苏智欣,陈娴. 中美两国中学理科教与学的比较研究[J]. 课程·教材·教法,1994(5).
③ 王晓辉. "动手做"——法国科学教育的新举措[J]. 全球教育展望,2003(4).
④ 林长春,彭蜀晋. 中外理科实验教学比较与思考[J]. 课程·教材·教法,2001(2).
⑤ 杜明荣,廖伯琴. 英格兰 KS4 学段科学课程改革及其启示[J]. 比较教育研究,2007(6).
⑥ 北京景山学校教学改革研究室. 日本小学理科教学的初步研究[J]. 外国教育动态,1980(1).
⑦ 叶立群. 美国科学教育初探[J]. 课程·教材·教法,1982(4);王祖浩. 德国巴伐利亚州理科教师培养和理科教育见闻及启示[J]. 全球教育展望,2001(11).
⑧ 任长松. 以科学探究为核心——支撑《美国国家科学教育标准》的课程理念[J]. 山东教育科研,1999(12).
⑨ 李高峰,刘恩山. 美国"国家科学教育标准"倡导的科学探究[J]. 教育科学,2009(5).
⑩ 魏冰. 美国"国家科学教育标准"——一项富有挑战性的科学教育改革方案[J]. 外国教育研究,2000(3).
⑪ 胡献忠. 新版英国《国家科学教育课程标准》及其启示[J]. 全球教育展望,2001(3).

不难从关系的维度理解探究与认知发展、探究与学习成绩、探究与批判性思维和过程技能、探究与教师等问题,[①]不难理解探究式科学教学目标由科学概念、探究能力和应用能力组成,以及探究必须围绕着核心概念展开的内在合理性。[②] 更为重要的是,对于科学探究的全面理解,有助于人们超越简单的"过程技能"的集合模型和逻辑(思维)策略模型的探究能力生成固定模式,走向一种灵活可变的问题解决模型,亦即科学探究能力包含一般的认知技能、实践的技能和探究的策略等三类构成成分,如何选择这些技能并把它们联系起来处理给定的探究任务,并没有"一系列规则"可以遵循。[③]

(十一)科学教育改革研究

对国际基础科学教育改革的重视,一方面源于科学及科学教育具有跨文化的普适性特征,另一方面则源于本土科学教育改革必须放在国际科学教育改革的全球化背景下分析。退一步说,即使暂时还不能引领国际科学改革,也需要紧跟国际科学教育改革的步伐,或者直接汇入国际科学教育改革的大潮中去。

第二次世界大战后,西方各工业国家在经过 20 世纪 50 年代的恢复休整后,于 60 年代进入了工业发展的高峰期。经济高速发展对人才数量和质量需求急剧上升,并对学生在数学、科学和技术方面的学习质量提出了特别要求。针对社会发展的实际需要,各国科学教育工作者不断地提出问题,不断地辩论和探讨,直至 20 世纪 80 年代,在有关基础科学教育的许多根本性问题上达成了共识。许多国家相继推出了各种改革方案,例如英国《全国学校课程》中的"科学课程大纲"和美国的"2061 计划",进而形成了世界性的科学教育改革高潮,在教学目的、内容和方法上表现出与传统科学教育许多本质性的不同。[④] 对这一问题的深入研究发现,20 世纪 50 年代以来,国际基础科学教育经历了两次课程改革。[⑤] 从 50 年代末期至 70 年代末期为第一次改革,苏联于 1957 年发射的第一颗人造地球卫星发挥了推波助澜的作用。这次改革始于美国,产生了十多种至今仍有影响的实验性小学科学课程(中学科学课程改革参见其他相关资料改革),其中影响较大的有 SCIS 课程(全称是《科学课程改进研究》,即 *The Science Curriculum Improvement Study*)、SAPA 课程(全称是《科学——一种过程方式》,即 *Science—A Process Approach*)、ESS 课程(全称是《小学科学学习》,即 *The Elementary Science Study*)。[⑥] 第一次国际科学课程改革运动尽管不尽如人意,但对全世界的基础科学教育还是产生了深刻的影响。从 20 世纪 80 年代初期至今为第二次改革,它一方面吸取了 50—60 年代科学课程改革的经验和教训,另一方面是为了因应科学技术和社会经济发展提出的中等教育走向普及、终身教育、学会学习、与科学有关的社会问题的出现等新的挑战。"第二次革命"的标志性成就是 STS 运动、2061 计划、SS&C 计划、美

---

① 徐学福编译.美国探究教学研究 30 年[J].全球教育展望,2001(8).
② 刘占兰.加拿大小学科学教育对我们的启示[J].课程·教材·教法,2006(12);王晓辉."动手做"——法国科学教育的新举措[J].全球教育展望,2003(4).
③ 郭玉英.学生的科学探究能力:国外的研究及启示[J].课程·教材·教法,2005(7).
④ 常初芳.国际基础科学教育改革的趋势[J].教育研究,1995(5).
⑤ 丁邦平.国际基础科学课程改革:回顾与前瞻[J].课程·教材·教法,2001(10).
⑥ 丁邦平.国际小学科学教育的发展趋势——兼谈我国小学自然课的若干问题[J].教育研究与实验,1998(3).

国国家科学教育标准、科学教育新分类学的研制,以及把科学教育的认识基础明确奠定在建构主义之上。凡此种种都是对"第一次革命"的反省和超越。① 进入 20 世纪 90 年代以来,科学教育改革进一步深化,小学科学教育改革尤为引人注目。在英国,小学科学教育不再像以前那样可有可无了,科学已经成为英国每一所小学课程中稳固的一部分,并且被人们普遍接受。在美国,虽然没有全国统一的科学课程,但 1996 年出台了具有深远历史意义的《国家科学教育标准》,明确规定了从幼儿园到高中各个年级科学教育的教学目标、教学内容和评价标准。回眸 20 世纪中小学的科学教育不难发现,它大体经历了科学知识—科学方法—科学素养的发展轨迹,确立了培养学生科学素养的科学教育目标,在科学教育内容、实施方式和评价方法上都做了很大的改革。② 20 世纪中小学的科学教育的一些经验和教训也值得吸取:第一,必须以科学家们所定义的科学为科学教育内容的标准;第二,必须以孩子们的认识背景和认知特点作为科学教育的起点,才能引导孩子们走向共同的标准。最后,科学教师的同步培训,尤其是对科学性质的真正理解,是科学教育取得成功的必要保证。③

在国际科学教育改革的背景下,我国在科学教育的政策制定、理论研究和实践领域也都面临着一些亟待研究的问题。由于我国文化传统的影响,科学教育往往被视为"登不得大雅之堂的工匠末技",不仅使中小学教育教学实践充斥着孤立的、片面的、非科学的科学教育,④而且表现在社会本位的科学教育价值取向⑤、科学教育所处的课程地位及科学课程的目标设定、内容选择、实施途径、评价方法的方方面面。⑥ 中国科学教育的困境(问题)一方面源于教育内部的赫尔巴特传统教学理论的局限及其带来的弊端,也受到教育外部的社会、文化和历史因素的影响。⑦ 为了走出这一困境,也为了应对全球范围内的科学技术革命对于科学教育的挑战,我国科学教育价值观、科学教育目标、科学教育课程、科学教学思维也必须经历一场深刻的变革,⑧特别是我国学校科学教育需要在课程目标价值取向上实现从社会本位到人本位,进而从"学会生存""学会关心"到"学会发展"的根本性超越,以及增加中小学科学教育课时比重等相应的课程政策调整。⑨ 而充分认识科学教育的重要性、加强科学教师队伍的建设、科学教育必须从娃娃抓起、支持教育的科学研究、动员社会力量推动我国科学教育的持续快速发展,更是全方位变革中国科学教育需要关注的问题。⑩

---

① 李雁冰. 美国科学教育的第二次革命[J]. 全球教育展望,2005(11);另参见李雁冰. 美国科学教育的滥筋与第一次革命[J]. 全球教育展望,2005(8).
② 郝京华. 当代国际中小学科学教育发展的趋势及其启示[J]. 小学自然教学,2000(7、8).
③ 张红霞,郁波. 国际小学科学课程改革的历史与现状[J]. 比较教育研究,2003(8).
④ 曲铁华,梁清. 我国中小学科学教育面临的问题及对策[J]. 当代教育科学,2003(11).
⑤ 王永斌. 中国科学教育的问题、困境与发展策略[J]. 教育与现代化,2007(3).
⑥ 钟媚,高凌飚. 小学科学课程改革中的问题与分析[J]. 课程·教材·教法,2007(6);黄海旺,小学科学课程改革的几点思考[J]. 课程·教材·研究,2009(10).
⑦ 刘德华. 中国科学教育的困境与出路[J]. 嘉应大学学报(哲学社会科学),2001(1).
⑧ 童跃年. 论当代中国的科学教育变革[J]. 上海教育科研,1993(3).
⑨ 裴娣娜. 我国学校科学教育的政策与改革思路[J]. 课程·教材·研究,2003(7).
⑩ 韦钰,等. 关于大力推进和正确引导基础教育阶段科学教育改革的建议[J]. 工程院院士建议,第3期(总第130期),中国工程院政策研究室编,2008 年 4 月 1 日,http://blog.kxsy.net/user1/498/archives/2008/22877.html.

历史的经验表明,科学教育变革是在一定条件下发生的,其中社会产业革命是科学教育变革的充分条件,而一定的科学教育理论体系的形成则是科学教育变革的必要条件。① 事实上,科学教育变革必然需要科学教育研究的学术支撑,反过来,科学教育研究也需要科学教育改革的进一步推动。② 在科学教育变革的基础理论研究中,重视从科学哲学、科学社会学及科学教育学等视角开展科学观研究,这是在汲取20世纪60年代第一次科学教育改革教训的基础上得到的一个重大改进,因为不同的科学观必然会反映在科学课程和教学中,直接影响着科学教育改革的成效和教学质量。③ 与科学教育变革的基础理论研究不同,我国科学教育变革的另一学术支撑则是对于我国科学教育历史的回顾及对科学教育变革实践经验的总结与反思。从纵向上看,我国科学教育的发展大致经历了"零散的中国古代科学教育、外生的中国近现代科学教育、自主性缺失的中国当代科学教育阶段"④。当我们把目光聚焦于20世纪,我国的科学教育则大致经历了"萌芽阶段、形成阶段、过渡阶段、学习苏联阶段、探索阶段、'文革'阶段、调整尝试阶段和全面发展阶段"等八个阶段。⑤ 长期以来,我国科学教育存在着一定政治化与技术化倾向,科学精神缺失,对科学教育的理解片面化,科学价值观出现偏差,文理缺乏沟通。⑥ 为了改变这一状况,需要我们在(小学)科学教育的指导思想、目标、内容、方法及评价等方面进行全面变革,特别是需要按着"科学"的本性和儿童的"探究反射"天性来提高(小学)科学教育质量,⑦同时在思想认识上重视小学科学教育工作,⑧单设自然学科,让小学生从一入学就开始科学教育。⑨ 这是近百年中国小学科学教育的经验结晶。⑩ 也正是这一原因,人们在普遍认同2001年课程改革倡导以培养科学素养为宗旨、科学学习要以探究为核心、科学课程的内容要满足社会和学生双方面的需要、科学课程应具有开放性、科学课程的评价应能促进科学素养的形成与发展等小学科学教育新理念⑪,及课时从原来的每周(1—6年级)8课时增加到(3—6年级)10课时的同时,对小学科

---

① 柳秀峰. 论我国科学教育的危机与对策[J]. 教育研究与实验,1988(2).
② 丁邦平,罗星凯. 论科学教育研究与科学教育改革[J]. 教育研究,2008(2).
③ 丁邦平. 科学观与科学教育改革:跨学科的视角[J]. 教育研究,2002(1);于海波,孟昭辉. 科学观的后现代转向与理科教学改革[J]. 现代教育科学,2004(3);蔡铁权. 从科学社会学认识科学教育的改革[J]. 全球教育展望,2009(4).
④ 耿淑玲. 我国科学教育历史考察及反思[J]. 当代教育科学,2009(4).
⑤ 曾琦. 二十世纪我国科学教育回顾[J]. 学科教育,1999(8).
⑥ 宋广文,李金航. 我国科学教育历史与现状的反思[J]. 教育发展研究,2001(9).
⑦ 刘默耕. 改革小学科学教育之浅见[J]. 课程·教材·教法,1984(5).
⑧ 刘默耕. 小学自然课改革面临的一个认识问题[J]. 科学课,1986(1).
⑨ 刘默耕. 小学自然四十年的几点反思[J]. 课程·教材·教法,1988(12).
⑩ 在总结历史经验的基础上,1988年起草的《九年制义务教育全日制小学自然教学大纲(初审稿)》和1992年出版的《九年制义务教育全日制小学自然教学大纲(试用)》终于将小学自然课的开设时间修订为低、中、高三个阶段,即从小学一年级单设自然课。参见:李培实. 小学自然课的改革与展望[J]. 课程·教材·教法,1993(6);李华. 中国小学科学课程改革历史简析[J]. 科学课,2003(1);韦钰. 我国青少年科学教育的历史与展望[J]. 科普研究,2008(4).
⑪ 路培琦. 从自然课到科学课的嬗变[J]. 小学自然教学,2002(10).

学教育没有从一年级单设课程提出了批评与质疑了。①

在科学教育改革的本土探索上,各个地区与学校开展的自然科教学整体改革实验、农村小学自然科教学改革实验研究也都结出了丰硕的果实,②这些经验对后来小学科学教育改革研究,特别是农村小学科学教育改革研究具有重要的启发意义。

(十二) 科学教师专业发展

随着教育改革的不断深入,科学教师专业素养(也有人把教师专业素养称为教师素质、教师品质或教师特性等)已经成为制约科学课程改革的瓶颈性因素,科学课程教师的职前培养与职后教育是当前与今后一段时间内我们不得不直面的问题。

科学教师专业素养是一个具有内在结构性的概念模型。首先,科学教师应充分认识基础教育的未来性、生命性和社会性,认真学习和体会科学课程的新理念,从教育功能观、课程观、教师观、学生观、教学观等方面转变或更新观念,明确培养学生的科学素养是科学课程的总目标;科学课程内容的高度综合性要求科学课程教师具有广博的文化知识、整合的专业知识和全面的科学教育学知识(学科教育学知识就是把"内容"和"教学"糅合在一起,变成一种理解,使其具有"可教性");科学课程教师的教学技能和能力是教师教育教学观念与专业知识的综合表现,更是教师教学的关键,它包括教学设计能力、教学实施与调控的能力、教学评价与反思能力及科学实验能力;科学课程教师的科学教学研究意识和能力,不仅是科学教师提高自身素质的重要途径,更是科学教师走向成熟成为"反思实践者"的标志。③

相对于科学课程教师的专业素养,他们的科学素养更是一个值得关注的问题(这也是科学课程教师专业素养的应有之义)。为此,有研究者通过实证方法发现:小学科学教师科学素养普遍较低,不仅体现在科学知识和科学方法上,更体现在不少教师对科学究竟是什么还没有真正理解;教师在教学中存在的非科学和伪科学行为还相当普遍,虽然对鼓励学生自主探究、积极参与和合作的理念耳熟能详,但在实际教学中仍多采用竞赛、限时完成实验的做法;对我国科学教师影响最大的科学哲学,不是经典的、常规的理念,而是激进的建构主义科学观。研究者在分析大量数据的基础上,提出了对教师进行与课程改革实际问题相联系的、以科学性质为中心的培训建议。④ 这一研究成果不仅反映了国际科学素养研究前沿成果

---

① 韦钰,等.关于大力推进和正确引导基础教育阶段科学教育改革的建议[J].工程院院士建议,第3期(总第130期),中国工程院政策研究室编,2008年4月1日.http://blog.kxsy.net/user1/498/archives/2008/22877.html;钟媚,高凌飚.小学科学课程改革中的问题与分析[J].课程·教材·教法,2007(6);黄海旺.小学科学课程改革的几点思考[J].课程·教材·研究,2009(10).

② 曾德雄.自然科教学整体改革实验[J].课程·教材·教法,1990(9);胡济良,朗盛新.扬长补短,提高农村小学自然教学质量——农村小学开好自然课的实验小结[J].课程·教材·教法,1993(1);江苏省武进县奔牛区小学自然教学改革对策研究课题组.就自然学科的课程、教材、师资谈农村小学自然教学改革的对策——江苏省武进县奔牛区小学自然教学改革情况调查[J].课程·教材·教法,1994(7);湖北省教研室自然组(郎盛新执笔).农村自然教学的研究与实验[J].课程·教材·教法,1994(12);湖北荆门市东宝区马河镇铁坪小学自然教改课题组.农村小学自然教学改革的实践与认识[J].课程·教材·教法,1996(12);等.

③ 仲小敏.论科学课程教师专业素养:挑战与发展[J].课程·教材·教法,2005(8).

④ 张红霞,郁波.小学科学教师科学素养调查研究[J].教育研究,2004(11).

(体现在问卷设计上),更契合本土科学教育改革和科学教师教育的实践需要,其在研究方法的实证性也为科学教师专业发展研究提供了样例。

科学教育旨在提高学生的科学素养,而科学素养不仅包括对科学知识的了解,而且包括对科学本质的理解。科学教师在要求学生理解科学本质时,自己必须先认识科学本质。于是,理解科学本质,学习科学史哲,具备良好的科学史哲素养,也便成为科学教师专业发展的一个重要组成部分。[①] 然而在实践中,我国科学教师的科学史哲教育相对缺失,职前分科形式的科学教师专业培养方案中科学史哲课程设置付之阙如,在职科学教师专业培训因"速成"和"急功近利",科学史哲课程根本无法纳入科学教师职后培训计划,致使科学教师科学史哲素养缺失,对科学教师专业发展造成阻碍。

在科学教师专业发展的具体方式与可能路径上,发达国家的教师专业发展经验值得研究与借鉴。1995年美国国家科学基金会(National Science Foundation)推出了美国历史上第一部《国家科学教育标准》,其中科学课程教师专业发展标准明确提出,科学课程教师要成为一个专业人员,必须做到"学科性"与"专业性"的统一、"通才"与"专才"的统一、理论与实践的统一、自我教育与合作学习的统一。[②] 美国科学课程教师专业发展标准明确、内容详细、资源丰富、方法具体、操作性强,体现了科学课程教师培养的终身性、开放性和探究性等教师教育理念,其明确的培养标准、具体的教学内容、教学模式、教师的学习方式及培养体系不仅在理论上,而且在具体操作层面,对于改变我国长期以来科学课程教师专业发展缺乏明晰专业发展标准、教师的职前与职后培养缺乏衔接性、科学课程教师实用知识和实用技能,以及科学方法、科学过程等科学探究技能教育比较薄弱等问题具有一定的借鉴价值[③]。在澳大利亚维多利亚州,科学教师专业发展既有面向所有教师的通用专业标准,又有面向不同学科的具体教师专业标准,既有新任教师的专业标准,也有经验教师的专业标准,并且细化为专业责任、教与学的内容、教学实践、评价与报告学生的学习、与学校及校外社区的互动等五个维度。[④] 在德国,理科教师采用分类(职前与在职及完全中学、实科中学和主体中学)培养,[⑤]或者职前与在职教师联合培训以实现高校资源与一线教师经验的互补,以及设置以仿制实验为核心的教育课程来提高教师的科学史素养[⑥]。在英国,则是倡导科学教师教育理念的人性化,注重发展教师能力。[⑦] 这些做法与经验对我国科学教师专业发展无疑有着一定的启发意义。

科学课程教师专业发展不仅是在职教师的继续教育和进修问题,也应该包括职前教师的培养问题。鉴于我国中学科学课程的分科传统和小学科学课程的弱势地位,职前科学教师教育问题长期没有得到应有的关注和重视,或者是处于大专院校物理、化学、生物学科教师的培养体系中(部分学校开展"综合理科"[⑧]或者"主辅修制"的教育实践尝试),或者是在

---

① 蔡铁权,姜旭英.我国科学教师专业发展中的科学史哲素养[J].全球教育展望,2008(8).
② 周青,等.美国科学教师专业发展标准及其启示[J].高等教育研究,2005(5).
③ 何善亮.美国科学教育师资培训的研究及启示[J].比较教育研究,2006(6).
④ 熊建辉.澳大利亚维多利亚州科学教师专业标准述评[J].世界教育信息,2008(10).
⑤ 王祖浩.德国巴伐利亚州理科教师培养和理科教育见闻及启示[J].全球教育展望,2001(11).
⑥ 费金友,孟昭辉.德国物理教师的科学史教育及其启示[J].外国教育研究,2009(5).
⑦ 周青,高珊.英国科学教师教育的经验与启示[J].福建教育学院学报,2006(3).
⑧ 陈迪钊,等.综合理科教育专业培养目标与课程体系的研究与实践[J].中国高教研究,2000(6).

中等师范学校中增设科学教育（或理科教育）选修方向，①明显不适应社会发展和科学教育的实践需要。在这一背景下，承担教师教育任务的高等学校设置科学教育本科专业，以培养能胜任综合科学课程教学与研究的新师资，便成为我国许多高校本科专业建设的自觉选择。② 一段时期内，人们对科学教育本科专业课程体系（结构）设计问题开展了丰富的理论思考与实践探究，不仅有科学教育本科专业发展定位的思考，也有课程体系（结构）设计的原则及多维结构③、层次结构④的具体分析，更有对不同学校科学教育本科专业培养目标模糊、教学计划和课程体系（结构）混乱、学位授予的多样性等问题的批判，⑤彰显了科学教育研究者及实践者对于科学教育事业的社会担当。

四、科学教育研究的反思与展望

回顾改革开放以来三十年的研究历程不难发现，我国科学教育研究在课程目标与指导思想、课程标准（教学大纲）与科学教材、教学课型及教学模式、概念教学、探究教学、情意教学、科学学习、科学元勘、课程评价、国际比较、课程改革、教师专业发展等方面成果丰硕，可喜可贺。尤其是进入21世纪，科学教育研究更是显示出蓬勃向上的景象。但是，与国际科学教育的研究水平相比，我们的研究还存在着很大的不足和缺陷，具体表现为科学教育研究"四多三少"，即重复前人的研究成果多，低水平的研究论文多，经验总结感悟研究多，缺乏严格学术规范的论文多，而真正具有中国本土特色的科学教育理论研究少，新思路与新观点的原创研究少，实证研究的成果少。⑥ 为了解决上述科学教育研究中的"四多三少"问题，同时也为了我国中小学科学教育实践的健康发展和在国际科学教育的交流平台上有本土化的成果展示，未来的科学教育研究亟须在以下几个方面做出努力。

（一）丰富科学教育研究问题和课题

问题是科学研究的逻辑起点。不断丰富和开拓新的研究领域、研究问题和研究课题，是科学教育研究富有生命力的根本保证。从已有的研究问题和研究课题内容来看，关注科学课堂教师的教的研究偏多，对学生学习科学过程的分析偏少；关注科学知识与技能教学研究的多，对学生科学思维及科学探究精神的研究少；在观念层面上重视科学实验的提法多，但在实践层面上科学实验走进课堂的研究少；科学教育评价研究的成果相对较少；对科学教师专业发展的课题偏少；专家学者的系列化研究成果偏少等。因此，不断丰富和开拓新的研究领域、研究问题和研究课题是今后本领域的一个发展趋势。

在不断丰富和开拓新的研究领域、研究问题和研究课题时，除了关注问题本身的价值

---

① 邹节德.试谈《小学自然教学法》的教学[J].课程·教材·教法，1991(2)；隋国庆.开设《小学自然教学法》必修课的尝试[J].课程·教材·教法，1992(1).
② 林长春.时代呼唤我国设置科学教育本科专业[J].教师教育研究，2003(6).
③ 林长春，等.关于科学教育本科专业课程结构设计的思考[J].高等理科教育，2004(3).
④ 龚大洁，等.科学教育本科专业课程设置的实践与探索[J].高等理科教育，2005(3).
⑤ 胡兴昌，罗小丰.科学教育专业教学计划与课程体系的科学性研究[J].高等理科教育，2008(4)；林长春.关于科学教育本科专业建设亟待研究的若干问题[J].高等理科教育，2009(5)；樊敏，等.略析科学教育专业培养目标中的"马赛克"现象[J].中小学教育，2009(10).
⑥ 陈娴，何善亮.物理课程与教学研究30年：回顾、反思与展望[J].课程·教材·教法，2011(7).

性、发展性、新颖性、可操作性、具体性等要求外,更需要考虑研究问题的系统性、结构性和本土性。例如,用系统和结构的观点探寻科学现象、科学事实、科学概念、科学原理及关于科学的元认知等不同知识类型的差异与联系,思考学生科学学科核心素养和关键能力的要素、结构、功能及其生成与培养机制,整体分析学生科学学习中的智力因素与非智力因素及其相互作用,研究中国传统文化和思维方式对学生科学学习方式的影响,中国科学教育政策的制定与实施问题等。

在具体研究问题和研究课题的选择上,科学教育研究还需要关注学生科学学习心理研究,科学概念学习与科学学习情境研究,科学教育中的文化、社会与性别研究,[①]科学课程与教学评价研究,科学教师专业发展标准与路径研究(分类建立我国科学教师专业发展标准,做好职前和职后科学课程教师专业发展一体化、连续化设计,丰富科学学习中心网络资源,[②]倡导科学课程教师主动发展、终身发展和在科学教学研究中发展),低年级学生科学课程与教学研究,信息技术与科学课程整合研究,大脑科学与科学教育研究,STEAM(科学、技术、工程、艺术、数学)的课程整合研究,农村中小学科学教育研究,国际科学教育比较及前沿研究等问题和课题。

(二)拓展科学教育研究的视角与思路

阅读已有研究成果发现,国内科学教育研究更多是重复前人的研究,不仅缺乏新的问题,也缺乏分析问题的新视角与新思路。要解决这一问题,必须首先拓展或变换科学教育的研究视角。传统的科学教育研究更多是从课程和教学论的视角来思考问题的,所用的话语系统更多是课程与教学目标、内容、实施和评价问题。这本身并没有什么错误,但是,它却限制了我们多视角看待研究问题的可能。由于科学教育过程中存在着学生、教师和科学知识三个最基本的因素,科学教育研究的问题包括科学教学、科学教师、科学学习等具体内容,它们相互联系、相互作用,构成一个有机的整体,但同时又与发展心理学、教育心理学、课程与教学论、学习心理、人类学、社会学等研究领域密切相关,这种错综复杂的关系需要我们综合应用心理学(包括社会心理学、认知心理学、情境认知理论、[③]分布式认知理论、[④]具身认知理论,[⑤])、社会学、人类学、学习科学等多学科的研究方法进行研究。近年来,有研究者从文化学视角探究科学教育的相关问题,就是一种积极而有益的尝试。就科学教育本身而言,科学教育研究不仅涉及科学史、科学哲学、科学社会学的相关内容,而且涉及技术、工程等学科门类。正是这些跨学科领域知识和多种方法的相互碰撞与综合应用,科学教育研究才有望能

[①] 王晶莹. 国际科学教育研究趋势的实证分析——权威期刊文献1998到2002年的比较研究[J]. 世界教育信息,2009(3).

[②] 谢恭芹,丁邦平. 建立科学学习中心网络,深化科学教师专业发展——英国科学教师专业发展及其启示[J]. 比较教育研究,2007(9).

[③] 王文静. 情境认知与学习理论研究述评[J]. 全球教育展望,220(1);陈柏华. 从认知到情境认知:课程教学观的重要转向[J]. 教育发展研究,2011,(20).

[④] 周国梅,傅小兰. 分布式认知——一种新的认知观点[J]. 心理科学进展,2002,(2).

[⑤] 李恒威,盛晓明. 认知的具身化[J]. 科学学研究,2006,(2);叶浩生. 具身认知:认知心理学的新取向[J]. 心理科学进展,2010,(5). [智]F. 瓦雷拉,E. 汤普森,E. 罗施. 具身心智:认知科学和人类经验[M]. 李恒威,等译. 杭州:浙江大学出版社,2010.

产生和发现新的问题、新的观点与新的方法。

从思维方式来看,传统的科学教育研究更多遵从形式逻辑的研究与表述思路,信奉思维的同一律、矛盾律、排中律和理由充足律,要求思维必须具备确定性、无矛盾性、一贯性和论证性,并且用一系列规则、方法帮助人们正确地思考问题和表达思想。但是,形式逻辑企图在不考虑思维内容的情况下通过把握思维的形式来了解思维的全貌,显然是不可能或不充分的。与形式逻辑不同,辩证逻辑则把思维形式看作是与思维内容不可分割地联系着的形式,并认为概念是辩证思维的最基本形式,其他思维形式实际上都是概念的展开和推演。换言之,概念发展有一个从感性具体到理性抽象、从理性抽象再到思维具体的发展过程,它不会只停留在抽象的阶段上。从抽象概念到具体概念及概念之间逻辑联系的过程,是概念展开为判断、推理的运动(就已有成果看,有研究者关注这一问题,但还没有得到应有的重视)。这一思维方式的变化必然会带来科学事实、科学概念、科学原理以及科学问题解决教学的变化。随着系统科学的不断发展,从系统和要素、要素和要素、系统和环境的相互联系、相互作用中综合地考察认识对象的系统思维方法,以及兴起于 20 世纪 80 年代的复杂性科学(complexity sciences),[①]不仅引发了自然科学界的变革,而且也日益渗透到哲学和人文社会科学领域,也必将为科学教育研究提供一种新思路、新方法和新途径。

(三) 综合运用教育科学研究方法

将我国科学教育类杂志上的文章与国际上同类杂志中的文章进行比较可以发现,我国科学教育研究论文多为经验总结、思辨感悟类的研究文章,实证研究成果非常之少,而且重复性的研究论文多,研究成果缺乏新意。相反,国外科学教育杂志上发表的文章特别强调教育科学研究方法的应用,而且具有严格的学术规范,在新问题、新观点、新思路、新方法上有一定的原创性。很显然,我们的科学教育研究方法还比较落后,其研究成果也就很难有科学性和说服力,有时只能是自欺欺人,因此不能在国际学术领域与同行们展开交流,研究成果的创新价值就要大打折扣,乃至不被国际同行认可。

从已有的研究成果看,以实证方法来研究科学教育问题还比较缺乏和突出,不要说中小学科学教师的经验感悟研究缺乏实证支持,就是在国内从事高等院校科学教育本科生、研究生教学和研究的一部分老师们也显得力不从心。从国际科学教育研究的发展趋势(及中国台湾地区科学教育的研究经验)看,人们更强调综合应用多种研究方法探讨某一科学教育问题,[②]注重定性研究与定量研究方法的有机结合。由于各种方法都有各自的优缺点,只利用其中某一种方法收集数据仅能收集一部分研究信息,而综合采用测量、问卷、观察、实验、访谈等多种方法则可以对不同方面所得的结果进行相互比较和验证,从而提高研究结果的可靠性。在研究资料的分析过程中,既需要合理利用教育心理研究中高级统计方法,也要注重运用各种参与观察法、口头报告法等质性研究方法,从而获得较为全面、客观的数据、资料,

---

① 洪涛.论复杂性和对复杂性的认识[J].自然辩证法通讯,2000(6);武汉交通科技大学学报(社会科学版),1999,(1);苗东升.论复杂性[J].[法]埃德加·莫兰著.复杂思想:自觉的科学[M].陈一壮,译.北京:北京大学出版社,2001.
② 魏冰.国际科学教育研究趋向[J].外国教育研究,1999(3).

挖掘出数据、资料的深层含义。[①] 随着统计方法和研究手段的不断进步,采用多变量设计更加深入地研究科学教育问题已经越来越多;而全球化、信息化的时代背景使得科学教育国际比较研究更加吸引人的目光。

(四) 加强科学教育研究合作与交流

加强学术交流的第一要义是不断促进我国科学教育研究真正与国际接轨。一方面,国际上关于科学教育领域的各种研究成果值得我们关注、借鉴和学习。通过阅读各类外文文献和书籍,出国访问和进修,博士生的联合培养,合作完成国内外研究项目,参加国际科学教育和具体学科教育的学术会议,邀请外国专家来华访问和讲学等各种形式,促进和加强本领域的研究,开阔眼界并提升我们的研究实力。另一方面,中国的科学课程与教学有着自身的传统优势和特点,如何在研究的基础上使我们的成果得到国际同行的认可,如何使国际科学教育领域含有中国元素,这也是我国科学教育研究者的义务和责任。

促进科学教育专家、学者走出书斋与实验室,与中小学科学教师(包括具体学科科学教师)之间的合作,也是加强学术交流的重要任务。这也是实现教育科学研究成果实践转化的必经之路。从各类期刊上发表的研究文章来看,科学课程与教学论的专家与中小学科学教师的合作不够紧密,使得专家的注意力集中于科学教育的理论探讨,但是关注实践不够多也不够深入,而中小学教师在理论视野与研究方法上又缺乏足够的高度和严格的训练,研究成果只能是经验感悟类的,缺乏思考深度与研究规范。事实上,由于本职工作的对象、任务不同,研究范围、内容和视角也就不同,彼此的优势自然也各不相同,但同时也都具有自身的局限性。如果不加强两者之间的密切合作,就无法实现彼此间的优势互补,因而不利于理论和实践相结合,也不利于本领域的研究向前发展。而科学教育研究专家和中小学科学教师之间,可以通过多种方式和途径加强彼此之间的沟通与学术合作。例如,项目合作、研究生与教育硕士的培养、教研讲座、集体备课以及课堂观摩与讨论等。而借助于这样的交流与合作,也可以进一步培养我国的科学教育研究人才,提升科学教育研究的质量和水平。

[①] 胡卫平. 科学教育的研究趋势与展望[J]. 华东师范大学学报(教育科学版),2007(4).

一、科学教育目标研究

- 国民科学素质——现代国家兴盛的根基（朱效民）
- 论基础理科课程的科学素质教育（彭蜀晋 李英）
- 我国中小学科学教育的价值取向（刘克文）
- 科学素养教育的意义及本土化诠释（张红霞）
- 论科学的本质与科学教育（陈琴 庞丽娟）
- 科学——人文教育及其实现途径（董华 桑宁霞）
- 自然科学教育的本质（饶浩）
- 我对自然学科性质的思考（章鼎儿）

国民科学素质
——现代国家兴盛的根基[①]

朱效民

什么是科学素质？

当时代的浪潮就要拍打着 21 世纪的堤岸时，世界各国都在积极思索、研究和制定走向未来的发展战略。经过 20 世纪的激烈竞争，人们越来越多地把目光聚焦到了科学技术的进步上，聚焦到了人的素质的提高上。1996 年的世界竞争力报告表明，现在国家之间的竞争已从原来的产品竞争、加工竞争和结构竞争，转向了国民素质的竞争。尤其是知识经济时代的到来，劳动与知识的结合程度达到了新的水平，知识型劳动者将从后台走向前台，成为决定生产和管理运作的主体，成为新世纪新时代的主角。历史的实践、时代的发展使人们不得不认识到，国民素质，特别是国民的科学素质，已成为现代社会发展进步的最根本的制约因素。良好的国民科学素质不仅是 20 世纪发达国家兴旺昌盛的经验法宝，而且必将是 21 世纪各国扬帆远航的根基所在。

在英语中，素质（literacy）一词的含义是"读和写的能力"。那么，科学素质（Scientific Literacy[②]）是指什么呢？对此，国际公众科学素质促进中心主任、美国芝加哥科学院副院长米勒（Jan D. Miller）教授认为，科学素质应当被看作是社会公众所应具备的最基本的对于科学技术的理解能力。科学素质具有以下几方面的内容：(1) 认识和理解一定的科学术语和概念的能力，比如原子、分子、辐射和 DNA 等，这是理解科学技术的基础；(2) 跟上科学推理的基本水平的能力，即对科学研究的一般过程和方法要有所了解，具备科学的思维习惯，在日常生活中能够判断某种说法在什么条件下才有可能成立；(3) 理解包含科学及技术内容的公共政策议题的能力，即应当全面正确地理解科学技术对社会的广泛影响，能够对个人生活及社会生活中出现的科技问题做出合理的反应。[1] 米勒教授对科学素质的这一规定已逐步被国际社会所认同，并日益成为各国测定和比较国民科学素质的基本参照标准。

世界：国民科学素质，兴国安邦之本

世纪之交常常是人们回首与展望的时刻，面对 21 世纪空前的挑战和机遇，各国政府纷纷总结过去，畅言未来，仁者见仁，智者见智，但都不约而同地对现代社会最宝贵的资源——国民科学素质给予了肯定并寄予厚望。

有"不死鸟"之称的日本，在"二战"后的废墟上创造了世人瞩目的经济奇迹。但在奇迹

[①] 本文选自《自然辩证法研究》1999 年第 15 卷第 1 期，第 41—44,72 页。

[②] 注：我国当前对 Scientific Literacy 的翻译较为混乱，本文译作科学素质，文中引文有时译作科学素养但均指同一词，特此说明。

的光环后面,我们看到的是这样一组数据:1872年日本开始推行新学制,全力以赴地普及资产阶级式的国民教育,力求实现"邑无不学之户,家无不学之人"。至1905年日俄战争期间,日本男、女的小学就学率均超过了90%。到1992年,日本国民初等教育适龄人员入学率达到97%,1995年日本15岁以上的文盲占总人口比例为零![2]日本科学技术厅在1995年发布的《科技白皮书》中对二战后发展有概括性的论述:"二战结束时,我国保存下来的最大资产就是国民经过努力和培养所具有的智慧。经过巨大变革,科学技术领域在对人才和资源投入的再分配和配置后,我国国民将聪明和智慧,与不懈的努力相结合,不断地解决所遇到的各种困难,并务实地面对时代所提出的课题,从而取得了今天的繁荣。"[3]既缺乏资源,又缺少能源的日本人民危机意识极强,他们紧紧抓住了自己唯一的资源——智力资源。日本政府一天也没有放松过对国民的教育,一天也没有放松过普及科学知识。日本讲谈社(出版社)的科学刊物"蓝背书"在20世纪60年代初创刊时就提出"让每个人的口袋里都有一本科学书籍"的口号,为此他们特意把"蓝背书"设计得小巧精致、便于携带、耐磨损,对每一本"蓝背书"的出版发行都做了周密安排。在发刊词中,讲谈社声称出版该套丛书的最大目的,就是培养读者按照科学思考问题的习惯,按照科学看待事物的眼光。"蓝背书"将科学与日本的每一个国民紧紧联系在了一起,为使日本国民从小学科学,人人爱科学,全民懂科学立下了汗马之功。到90年代初,讲谈社共出版发行具有不同内容的"蓝背书"900种,平均每年出版30种,这不仅在日本出版界首屈一指,在世界科普创作史上也是罕见的。由此可见日本人对传播科学知识、提高国民科学素质的重视程度,这显然与其经济强国的地位是难以分开的。

1994年2月,美国科学院举行了"科学与国家利益"的研讨会。半年后发表了由总统克林顿签发的科学政策报告《为了国家利益的科学》,其中提出了发展科学的五项"国家目标",第五项即是"提高全民科学素质"。报告认为"具备科技知识是理解和欣赏现代世界的关键""为了迎接21世纪的挑战,美国应成为一个科学知识普及的社会""我们的经济实力将比任何时候都更多地依赖于美国人民对付新挑战和迅速变化的能力",因而"必须改进美国的教育制度,以使我们的孩子理解和认识科学,并给予他们成功地竞争高质量工作和过一个富裕生活的机会"。[4]在美国人心目中,教育历来占有极为突出的地位。早在美国南北战争时期的1862年,当时的林肯总统就欣然签署了《莫里尔土地授予法案》,由联邦政府免费赠送1 100万英亩(约44 515平方千米)的土地帮助每个州至少建立一所学院。"二战"刚结束,作为美国战后复兴大纲的《科学——没有止境的前沿》就特别指出:不允许那些有才华的青年因经济困难而失学,不能丧失穿军装的这一代人。美国政府由此向退伍军人提供了奖学金,使225万退伍军人走进了高等学府。而自诩为"教育总统"的乔治·布什在1991年签发的"美国2000年教育战略"中更是提出了要把美国变成一个终生学习不止的"全民皆学之邦"(Nation of Students)。在大力支持学校教育的同时美国政府高度重视科学普及工作。美国国家科学基金会在其1995年战略计划中再次强调,国家基金会有责任为更多的公众了解科学技术做出努力,以提高美国人民的科学素质。许多美国民间科技群众团体也积极从事科普工作,促进公众对科学技术的了解。1980年,美国全国最畅销的书籍是两部科学普及读物(一部题为《宇宙》,一部题为《一个新机器的灵魂》),其中《宇宙》一书是《纽约时报》连续70周的最佳畅销书,是历史上英语出版的科普书中发行量最大的书籍。该书作者卡尔·萨根被《时代》周刊选为封面人物,并在1991年美国青少年评选"十大聪明人"的活动中名列榜首,而美国前总统里根及在任总统布什却分别列第四、第六位。美国人对科学普及读物、科普作家的喜爱尊敬程度由此可窥一斑。科学,作为美国文化的重要组成部分已深深地在美国人民的心目中扎下了根。自1994年以来,美国约翰·布罗克曼公司相继组织一批世界著名科学家撰写《科学大师佳品系列》,这套反映世纪之交科学前沿问题的科普读物被视为"向这个世界撒下了一张网,它捕获的将是我们这颗行星的下一代思想家和科学家"[5]。从中我们可以领略到美国人在培养人才、提高国民科学素质方面处心积虑的一贯风范和远见卓识,也会深深体会到美利坚合众国在整个20世纪风起云涌、潮涨潮落的激烈竞争中雄居鳌头、百年不败的深厚的根基所在!

以色列,这个自称只有阳光、沙漠和大脑三种资源的国家,只用了半个世纪的时间就在一片土地贫瘠、资源匮乏的国土上建立起了一个工业发达、农业先进、科技进步的现代化国家。将昔日的荒漠变成"欧洲的水果篮""欧洲冬天的厨房",并使"沙漠开满鲜花"的理想变成了现实——以色列每年仅鲜花出口一项就挣回数以亿计的美元外汇。这些令世人瞩目的成就与以色列重视科学教育的传统、重视国民素质的提高是分不开的。用以色列之父本·古里安的话说,"如果要让我用简单的语言描述犹太史的基本内容,我就用这么几个字:质量胜过数量""没有教育,就没有未来"。梅厄夫人也说:"对教育的投资是有远见的投资。"夏扎尔也曾说过:"教育是创造以色列新民族的希望所在。"[6]以色列人信奉犹太教,在安息日期间,犹太人开的一切商店、饭店、娱乐场所都得停业,每个人都必须在家中"安息"和祈祷,严禁外出访友或玩乐,但只有一点是被允许的,那就是读书和买书。今天的以色列,每三个人中便有一名在校学生,14岁以上的公民平均受教育达11.4年,妇女识字率占93.2%。以色列人认为,科学教育的目的就是提高人口素质,人口素质提高了,国家自然也就强大了。

至今,诺贝尔奖获得者最多的国家是美国,其次是英国,但按人均计算,英国仍拔头筹。英国素有重视科学事业的传统,同时注重加强科普教育,不断增强公众的科学意识,促进公众理解科学。对此,英国著名的公众理解科学专家、英国国家科学和工业展览馆副馆长杜兰特(John R. Durant)教授说过一番意味深长的话:"为什么任何人都应当关心公众理解科学这项事业?首先,科学被有争议地认为是我们文化中最显赫的成就,公众应当对其有所了解;其次,科学对每个人的生活均产生影响,公众需要对其进行了解;再次,许多公共政策的决议都含有科学背景,只有当这些决议经过具备科学素质的公众的讨论出台才能真正称得上是民主决策;第四,科学是公众支持的事业,这种支持是(或者至少应当是)建立在公众最基本的科学知识基础之上的。"[7]英国内阁首席科学家斯图尔特(Stewart)教授也曾说过:"英国科技发展战略是:一手抓培养诺贝尔奖获得者,一手抓科技普及,促进科技成果向生产转移。"[8]1986年,英国皇家学会、大不列颠皇家学会和英国科学促进会共同成立了英国公众理解科学委员会,并于成立前夕发布了《公众理解科学》的长篇报告,指出该"报告的一个基本观点就是公众对科学技术更好地了解是促进国家繁荣昌盛的重要因素,……是整个国家重要的长远目标,必须持续不断地努力才能实现",认为"增强公众对科学的理解是保障整个国家福祉而迫切需要进行的一项工作""科学素养正在变为日常生活必不可少的一个能力""对科学缺乏起码的理解的人,就无法分享现代人类思想的丰富宝藏""因此,每个人都应对什么是科学、科学技术的成就和它的局限性等问题有一个起码的了解"。[9]为了保持英国的科学优势,使其更为有效地创造财富和提高人民的生活质量,英国政府在1996年的"展望"中明确表明了科技发展的五项重要目标,其中第三项即是"增强公众对科学、工程和技术的意识"[10],以更好地适应现代社会对一个合格公民的科学素质的要求,进而更好地促进科技的进步和社会的发展。

四、中国:提高科学素质,依旧任重道远

1997年9月,江泽民同志在"十五大"报告中明确指出:"我国现代化建设的进程,在很大程度上取决于国民素质的提高和人才资源的开发。""培养同现代化要求相适应的数以亿计高素质的劳动者和数以千万计的专门人才,发挥我国巨大人力资源的优势,关系二十一世纪社会主义事业的全局。"[11]然而,当前我国的国民素质,尤其是国民的科学素质却远不容乐观,甚至已经成为制约我国社会发展进步的严重滞后因素。

由世界经济论坛和瑞士国际管理开发学院进行的国际竞争力评价工作自1980年开始,日益受到世界各国政府的重视,到1996年已进行了16年的世界各国的年度国际竞争力评价。目前参加这一评价体系的国家和地区已达49个,包括了世界经济活动中的全部主要国家和地区。1995年我国正式参加世界国际竞争力评价体系,在考察的44个国家和地区中我国综合排名第30位,国民素质单项排名第36位;1996年在考察的46个国家和地区中我国综合排名第26位,国民素质单项排名第35位。可见,国民素质已明显地成为我国国际竞争力的劣势因素,在该评价体系的8大竞争领域中,国民素质是我国劣势最劣的领域。根据1996年世界竞争力报告的统计评价结果,中国的成人(15岁以上)文盲率为26.7%(我国人口普查采用不同的统计口径,统计结果好于世界竞争力报告,但也达到16%),在上述46个国家和地区中排名倒数第二位,仅排在印度前面。该世界竞争力报告表明,教育数量的不足和质量的下降是中国国民素质相对薄弱,竞争力相对缺乏的主要原因。[12]

从1992年至1996年,中国科学技术协会连续三次对我国公众的科学素养进行全国范围内的抽样调查。调查采取国际通用的测定科学素养的标准,即分为理解基本的科学知识,理解科学研究的一般过程和方法,理解科学技术对社会的影响三个部分。将几年来我国公众科学素养的调查数据与美国1990年的调查数据进行比较,可知我国具备科学素养的公众比例(0.3%)仅为美国(6.9%)的1/23!与1989年欧共体12国公众科学素养调查结果相比,我国公众具备科学素养的比例仅为欧洲人(4.4%)的1/15!1996年我国公众科学素养调查显示,对分子、计算机软件、DNA三个最基本的科学术语很了解的中国公众分别只有3.7%、2.2%、3.6%,不了解及未做回答的比例分别高达84.5%、93.5%、90.6%,只有不到半数的中国公众(45.6%)知道肝不是制造尿的器官,答错和不知道的人超过一半(51.7%)!知道激光不是由汇聚声波而产生的人不到1/5(19.4%),回答错误和不知道的人高达77.5%!我国公众对科学研究过程及方法很了解的人仅有1%,相当高比例的农村公众认为科学研究就是"选育优良粮食品种,增加粮食产量……"而具备理解科学技术对社会影响的我国公众的比例分别只有美国及欧洲国家相应比例的1/14和1/22……对此,中国科普研究所公众科学素养调查课题组评论道:"这种状况说明我国公众还不具备基本程度的科学精神和科学意识。也就是说,我国公众还不具备分辨科学和伪科学的能力,还不具备基本程度的科学思维方法,还不具备用科学方法思考和解决社会与生活中的各种问题的能力。"[13]

70多年前,梁启超就曾感叹中国人对科学的态度存在三点根本的错误:其一,把科学看得太低了太粗了,多数人以为科学无论多么高深,总不过属于艺和器那部分,顶多拿来当作一种补助学问就够了;其二,把科学看得太呆了太窄了,只知道科学研究结果的价值,而不知

道科学本身的价值;其三,把科学看得太势利太俗了,只把科学当作应用的工具,而不知道科学的真正本质。[14]半个多世纪后,高士其又感慨地说道:"当人类的登月艇已经登上月球,宇航员们开辟了通向宇宙的进军之路,而我国农村的许多群众还依然沉沦在玉皇大帝统治天庭的荒唐谬说之中;当潜水艇已经在大海中行驶了将近一个世纪,而许多群众还在津津乐道于东海龙王的种种神威。"[15]世纪之交的今天,我国具备科学素养的公众比例仅占0.3%,绝大多数公众对科学的认识依然只停留在很浅的层次,甚至存在着相当多的误解,这种状况的确发人深思。目前,我国正在深入实施科教兴国战略和可持续发展战略,努力把经济建设转移到依靠科技进步和提高劳动者素质的轨道上来,切实提高国民的现代科学素质已成为我国当前迫在眉睫而又意义深远的现实要求。

  美国哈佛大学的学者罗伯特·巴罗等人运用新的经济增长理论作了调查,得出惊人的结论:妨碍穷国赶上富国的原因,主要是缺乏人力资本,即教育不发达,人才和知识不足,而主要不是缺乏有形资本。1994年2月14日,联合国教科文组织总干事费德里科·马约尔在当年"世界科学报告"中指出:"科学永远是财富之源。今天,富国和穷国之间的差距就是在掌握知识方面的差距。如果没有科学的转让,就无法获得持久的发展。"[16]历史的车轮正在驶进一个崭新的时代,在这个时代中,知识比人类历史上以往任何时候都更加重要,知识的生产、传播和学习将逐渐成为人类社会最重要的活动。在今天,现代社会的发展和国家经济的繁荣将更加依赖于创新、传播和应用以现代科学技术为核心的知识的能力与效率,这是知识经济时代的本质特征,也是知识经济时代发展的必然趋势。相应地,作为知识创新、运用的最根本基础的国民科学素质已成为国家间竞争的焦点所在。国民的科学素质将是一切资源中最为重要的资源,也是知识经济时代国民素质中的核心素质。良好的国民科学素质已成为现代社会健康、高效运行的基本前提,这一点正越来越多地得到国际社会的普遍共识和认同。一些发达国家已将提高国民科学素质列为国家发展的战略目标,政府出面参与并给予高度重视。我国拥有举世无双的人力资源,这一巨大而潜在的资源宝库将是知识经济时代我国进行现代化建设的一笔无与伦比的财富。但是,与发达国家相比,我国国民的科学素质仍处于十分落后的状况,当前,我国国民科学素质的低下水平已经日益成为制约我国社会进步、经济发展、国际竞争力提高的严重滞后因素,数以亿计的文盲、半文盲,正像日本的中国问题专家井上昌三所指出的:这对中国的政治、经济、科学技术和文化的发展来说,已构成严重的障碍。怀特海曾经说过,在现代生活条件下,规律是绝对的,不重视训练有素的智力资源的种族是注定要灭亡的。展望未来,国家的现代化首先要求人的现代化,只有高度重视我国国民科学素质的提高,并固化为一种永久的国民科技意识,升华为一种民族追求、民族精神,使之成为我们民族持续发展的最持久和最不可缺少的社会推动力,从而把我国沉重的人口包袱转变成现代社会最宝贵的人力资源优势,才能真正地为我国21世纪的国家强盛、民族振兴打下深厚坚实的根基!

参考文献:

  [1] Walter E. Massey. Science Education in the United States:What the Scientific Community Can Do[J]. *Science*,1989,245(1):981.

  [2][12] 国家体改委经济体制改革研究,中国人民大学,综合开发研究院(中国·深圳)联合研究组.中

国国际竞争力发展报告 1996[M].北京:中国人民大学出版社,1997:298,159—174,31.

[3] 日本科学技术厅.科学技术白皮书[M].东京:大藏省印刷局,1995:146—147.

[4] William J. Clinton, Albert Gore J.. Science in the National Interest, Executive Office of the President[J]. *Office of the Science and Technology Policy*, 1994,8.

[5] 马惠娣.科普:给你一双智慧的眼睛[N].中国科学报,1997-04-11(1).

[6] 贺雄飞.以色列民族精神举偶[J].中外书摘,1997(5):58.

[7] John R. Durant, Geoffrey A. Erans, Geoffrey P. Thomas. The Public Understanding of Science [J]. *Nature*,1989,340(6):915.

[8] [10] 赵永仁.基础科学是英国的重要支柱[J].科学对社会的影响,1997(3):42,39.

[9] 张正伦.中国公众的科学技术素养[M].北京:中国科学技术出版社,1991:208—266.

[11] 江泽民.高举邓小平理论伟大旗帜,把建设有中国特色社会主义事业全面推向 21 世纪——在中国共产党第十五次全国代表大会上的报告[N].科技日报,1997-09-22(3).

[13] 中国科普研究所公众科学素养调查课题组.1996 年中国公众科学素养调查报告[J].科普研究,1997(5):60.前引 1996 年数据均出自该报告。

[14] 梁启超.科学精神与东西文化——八月二十日在南通为科学社年会讲演[J].科学,1922,7(9):859—863.

[15] 高士其.让科普工作为建设社会主义的两个文明作出贡献[A].中国科普作协成都科普学研究小组.科普学文汇(第二集)[C].成都:四川科学技术出版社,1985:5.

[16] 卢继传.论知识是经济增长的动力[N].人民日报,1996-03-22(6).

论基础理科课程的科学素质教育[①]

彭蜀晋 李 英

近年来,我国的基础理科学科——物理、化学、生物都相继进行了面向未来的课程改革。新的课程设置方案和教材陆续诞生,极大地推动了我国基础理科教育的发展,也为这些学科课程走向现代化和为社会主义现代化建设培养新型人才奠定了良好的基础。但是也应看到,目前的课程改革主要集中在各个学科领域,还没有从更广泛的学科相互联系、相互综合的层次上,对课程的教育目标、课程的设置结构、课程的教育形式和课程的内容,在科学教育这个整体中的统一性和协调性进行综合的协同研究,尚未建立一个具有层次统一性的课程目标总体系。为使理科课程真正适应"应试教育"向素质教育转轨的要求,还需要进一步改革。本文侧重就理科课程面向未来改革的课程教育目标及课程的科学素质教育问题做些探讨。

一

我国现在的理科课程是以分科的方式设置的,各科侧重的是本门学科的知识基本体系和学科基本技能的教育,各学科的课程教育目标也都以体现本门学科教育的基本要求为核心,较少从自然科学发展的统一性与科学教育的共性上考虑各具体学科教育在整体目标中的协调关系。这就使得我们的基础理科教育缺乏学科间的相互联系、相互渗透和必要的综合。要使基础理科课程体系走向现代化,我们必须研究课程建设的整体性问题,建立课程的分层、分类系统,注重课程教育要求的联系性与协调性。然而,解决好这个问题又需要以确定具有共性与个性特点的基础理科课程目标为先导。

课程的教育目标反映某个学科层次或某个具体学科的特点及相应的教育要求,所以它又是制订具体课程计划、考虑课程设置形式、选择教材体系等的基本依据。因此解决好课程的教育目标问题,对于我们的课程整体改革有着宏观导向的作用。

解决好学校理科课程面向未来的教育目标改革问题,我们认为需要着眼于以下四个方面:(1) 从科学与社会发展的相互联系性与整体化趋势上,考虑基础理科课程在科学教育这个总体层次上面向未来、面向信息时代提高人的素质的要求,处理好教育目标的共性与个性的关系;(2) 从自然科学发展的层次性与综合性特点,以及信息时代科学教育更注重相互渗透与相互综合的特点上,考虑基础理科应有的分级、分科教育要求,解决好课程的基础性与发展性关系问题;(3) 从信息时代科学技术发展将更加呈现多元化和多样性的特点上考虑在基础理科教育中体现广泛性与多极性的教育要求,处理好科学与精神文明教育的问题;(4) 从我国国情特征及其对未来建设人才和科技后继人才的需求上,考虑基础教育阶段对基本素质的培养问题。这四个方面集中表明,对学生进行的科学教育和基础理科课程都是

[①] 本文选自《中国教育学刊》1997 年第 2 期,第 19—23 页。

以培养学生形成科学的观念、知识、方法和态度等为根本目的的。概言之，它是以培养学生具有基本科学素质为目标。应该说，这是基础理科教育的共性之一。可以说，以物理、化学、生物为代表的学校基础理科课程的教育目标是以"培养基本科学素质"为核心而构筑其基本体系的。这个体系所包含的基本内容可概括如图1。

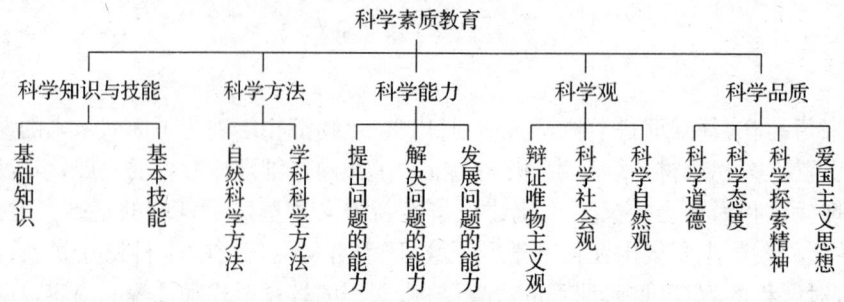

图1 科学素质教育基本体系

这表明，基础理科课程教育目标包括5个基本方面，即进行基本的科学知识和科学技能、科学方法与科学能力的教育，培养基本的科学观和科学品质。同时也说明进行科学教育不能单纯地局限在知识、技能、能力几个方面，必须着眼于科学基本素质的整体培养和发展，立足于从更为综合、更为多元、更为全面的角度，考虑基础理科课程体系从结构到内容的全面建设，以使其有更强的联系性和更广阔的发展性。

课程的教育目标仅有共性是不够的，还应有鲜明的个性。这就要求课程教育目标还要充分反映出各门具体学科及学科教育的特征，使共性辩证地统一在学科课程的个性之中。就物理、化学及地学这些具体的学科课程的教育来说，这些个性差异主要体现在科学知识与技能、学科科学方法与教育要求的不同，培养提出问题、解决问题和发展问题能力的形式或途径的不同，以及培养科学观和科学品质的侧重点的不同。因而各门理科课程的具体教育目标应体现那些最基本的、广泛的、形成科学基本素质所必须具备的学科及其学科教育的特征，并以此来指导课程与教学的改革。

二

面向未来的课程体系的核心任务是要大力提高受教育者的基本素质，提高我国基础教育课程的质量，使之更适应我国社会主义建设的需要。

长期以来，基础理科课程的重心是力求把各门学科业已积累的经典内容按学科教育的要求，较为系统地传授给受教育者，使其通过分科学习熟谙一些基本的科学现象、科学事实、科学规律和科学方法，能够解决一些简单的应用性问题，课程教学多为基本学术性教育。仅就学科的学术性特征而言，这是对的，也是基本的。但是，这在很大程度上造成了基础理科课程教育面偏窄，课程内容体系的组织过分偏重于经验知识的形成、总结和巩固，缺乏启迪思维的推理性和拓宽认识视野的多样性，使得学科间的综合与渗透，科学与社会、与自然的联系，以及科学发展的社会与文化价值的教育更显薄弱。尽管我们的课程与教学都注意培养学生理解知识和应用知识分析问题、解决问题的能力，但在培养学生迁移性地提出问题和创造性地发展问题的能力方面力度不够，还存在着忽视科学观和科学基本品质培养的问题。这亦是理科课程教育效率不高，难以满足社会和科学技术发展对建设人才科学素质要求的重要原因。对此,必须更新课程教育观念,改革课程体系的构成。

1. 更新和扩展基础理科课程的知识教育观

(1) 基础理科课程的知识教育体系。

长期以来,我们对基础理科课程知识教育的认识主要集中于两个方面:科学基础知识和基本技能。而科学基础知识的侧重点又摆在以科学的基本现象、事实的能力为代表的经验知识和以科学概念、定律、原理、法则、模型关系等为代表的理论知识两大方面。应该说这反映了科学教育的一般特点,是基础的,也是必需的。但从实施全面发展的科学素质教育的要求看,还显狭窄、单一。事实上,自然科学的发展包含不断丰富和积累起来的科学事实、科学规律,更重要的是还应有由科学探索与科学应用而积累起来的科学发展思想、科学认识观、科学研究方法和科学的史实。它们既是科学发展、变革的源泉,也是现代科学知识体系扩充的"基因",理应成为学校理科知识内容的重要组成部分。为此,我们有必要从实施整体化的基本科学素质教育的层次上,拓宽理科课程知识教育的范围,从单纯的"学科教育"转向"有关科学的教育",既使学生掌握必要的学术性知识,也为他们的素质发展奠定必需的科学观、科学方法、科学能力和科学品质的基础。

一方面是面向未来的基础理科课程内容要加大综合性,扩展知识教育的面,既要注重学生经典科学知识结构的形成和进行解决实际问题能力的训练,同时又要把科学知识、科学方法乃至科学观的学习扩展到科技发展、社会、生活、自然界的辩证发展,以及物理、化学、生物、地学等学科相互跨涉的领域中去,适度充实有关新材料、新能源、环境保护、空间技术、海洋开发、生命科学、人地关系等综合性的现代科学基础知识。另一方面是需要从现代科学技术发展的新科学观和新科学方法论中吸取有利于促进学生基本科学素质整体发展的内容,有选择地运用现代科技成果对以力、热、声、光、电、磁为基本体系的物理学,以化学原理、元素化合物、实验化学等为核心的经典化学,以动、植物分类研究为核心的经典生物学等学科内容进行综合渗透。注意用科学的新观念、新方法充实和协调组织各门课程的基本知识体系,加强学科间的联系,使学生通过对物理、化学、生物各科的学习,开阔科学认识的视野,了解一些科学发展的历史轨迹、科学对社会进步的意义、科学的社会价值,以及科学发展的文化意义,充分发挥课程的教育功能。

(2) 基础理科课程的技能教育。

科学技能也是构成科学基本素质的一个要素,理科教育及各学科课程都一直将其列为教学的重要任务之一。在目前的基础理科课程及其教学中,对科学技能的训练主要侧重在实验技能和计算技能两个方面。而实验技能以使用仪器的技能和操作的技能为主,较为突出静态的单项性技术要求,缺乏科学技能训练中的综合性要求。实际上,科学实验的过程是一个动态的综合过程,离不开理性思维的指导与应用。无论是实验的准备、实验的设计、实验中的条件选择与控制、实验的观察、数据测定与记录,还是实验结果的分析处理,模型关系的建立、论证、解释等,都需要理性思维与操作技术的协调和科学理论与实验方法、实验手段的有机结合,故以培养科学基本素质为目的的实验技能训练,必须重视理性思维的培养。

计算技能是理科各科的必要技能,它直接与科学知识关系的理解、建立、应用密切相关,是通过科学抽象形成科学原理、知识规律的重要途径之一,也是掌握知识、解决实际问题的手段之一。在各门理科课程内容及其教学中,训练计算技能均占有很重要的地位。即使将来理科课程内容的综合化程度有了较大幅度的提高,其对科学计算技能的教育功能和训练程度要求仍不会削弱。

基础理科课程要培养和发展学生的科学基本素质,仅有上述两种技能训练是不够的,还需要结合面向未来的科学教育发展要求,把一些基础的、反映科学发展特点的、有助于基本素质培养的技能融入基础科学技能的体系之中。例如,收集科学信息的技能、阅读的技能、制作的技能、交流的技能、组织科学材料的技能等等。并注意将其与科学方法的教育和科学能力的培养过程结合在一起,既要有专门的训练,也要注意融会在课程知识的教育过程之中。

2. 重视科学课程中的科学方法教育,把它作为"知识"体系的一个组成部分贯穿于课程的教与学过程之中

科学方法是人们探索解决问题与构造、发展科学体系的手段和工具。在科学研究中,科学方法被视作产生知识的"知识"。因此,重视科学方法的教育,不但有益于提高思维素质,促进简捷而高效地形成知识、理解知识、建立知识间的关系,发展知识体系和解决实际问题,而且有利于学生理解科学知识规律,了解它们产生、发展的本质原因,理解科学过程,培养科学能力。因此,科学方法教育具有和科学知识、科学技能教育同等重要的地位,是科学素质教育的一个重要方面。

就基础性而言,基础理科课程中体现的科学方法教育包括两大方面:自然科学一般方法和学科专门方法。旨在让学生理解科学思维发展的普遍性与特殊性,掌握在提出问题、解决问题和发展问题过程中经常要运用到的一些基本科学思维方法和思维形式,学习一些形成知识体系、扩展科学原理、应用科学知识的基本科学方法。

在理科课程知识体系中,有关自然科学一般方法的教育主要包括科学思维的逻辑方法和综合性科学方法两部分。科学思维的逻辑方法如比较、分类、分析和综合、归纳及演绎、类比、证明等方法,在目前的各门理科课程和教学中有所体现,但从培养和提高科学思维素质的要求看,还应当进一步加强,尤其是需要在课程知识内容的组织中结合概念的形成、规律的建立、知识体系的扩展、知识原理的应用等,将其贯穿在知识的发展过程中,或做一些专门的介绍,让学生充分认识科学思维方法在观察科学现象、分析论证科学事实、建立知识关系、辨析物质运动形式、试验物质性质等方面的意义和作用,并通过掌握科学方法促进科学能力的提高。而目前的理科课程和教学关于与科学认识的整体过程有关的综合性科学方法的教育显得较为薄弱。这一类科学方法如假说方法、模型方法、预测方法、理想化模型方法等,与科学过程的提出问题、解决问题、发展问题的基本特征密切相关,本身具有综合性。这些科学方法反映了现代科学研究的基本特点。此外,像观察方法、实验方法,以及变感性的具体为思维中的具体,将思维中的具体转化为应用规律的科学抽象与科学具象的方法,也和科学知识的产生、发展过程相关,同样具有综合性的特点。如果我们注意把这些科学方法有选择、有层次、有知识结合形式地编选入教材的知识理论与应用体系中,既有观察科学现象、分析科学事实、归纳概括知识结论的教材叙述方式,又有提出假说、验证假说、抽象发展知识体系、推理应用知识原理的编写方式,更有综合知识特征、建立知识关系、提出模型、预测知识应用途径的编写形式,就更有利于教材为学生所理解,更有利于为学生运用科学知识、科学方法解决实际问题提供更多的"思路"和知识"生长点",更有益于学生加深理解科学的产生发展方式,综合认识科学的规律,促进科学能力的不断提高。

面向未来改革的各门理科课程既要体现共性,又要体现个性,充分反映各学科及学科教

学的特点。对此,必须高度重视学科专门科学方法的教育,选取一些学科研究中必需的、基础的,概括性、迁移性都较强的,有益于学生认识学科科学特点、形成学科基本素质的"专门科学方法"充实课程知识内容,如物理学中的实验—数学方法、图像法、黑箱实验方法、理想化模型方法、隔离分析方法等;化学中的物质制备方法、化学分析与检验的方法、物质合成与结构测定的方法、分子模型方法等;生物学中的动植物分类法、标本陈列法、解剖方法等。这一类科学方法是各门学科的精髓,应当充分体现在理科各门课程的知识体系之中,并在教材中采取诸如问题剖析、实践性习题、科学方法的应用讨论专题、科学史阅读材料、实验设计方法示例、实验过程控制因素分析,以及课外观察、小实验、小制作、配套辅助读物等多种多样的形式,把对专门科学方法的学习融入知识获得的过程与实践应用的过程之中。

3. 综合认识科学能力的培养问题,提高能力培养的要求

培养和发展能力是课程的一个重要功能。从理科课程所从属的科学与教育的特点看,其特色应体现在培养学生的科学能力上。目前理科各科教学大纲对培养什么能力是根据学科教育的要求,具体到观察能力、实验能力、思维能力、自学能力几个方面。从培养学生分析问题、解决问题的能力要求看,这是合适的。但由于课程和教学是发展的,而要使能力的培养更有助于学生基本科学素质的整体提高,还必须探讨符合科学教育时代发展的能力培养要求。

现代科学技术的发展带来了学科的不断分化,也促进了科学的高度综合。这种分化和综合,促使科学超越了本身的局限,跨涉到科学与社会、与人类、与自然、与人类文化的发展等广阔领域。即使在科学内部,也已不满足于对零散科学问题的解决和应用,而力求把科学问题的提出、解决和发展联结起来,构成科学发展的整体过程,以提高科学积累与扩展的速度,促进科学多层次、多极化的发展。显然,这要求科学工作者必须具备更高的科学素质和驾驭科学的能力。为此,我们必须从基础阶段开始就提高培养能力的要求,把科学问题的提出、解决和发展方法融于科学之中。

科学发展过程的最重要起点是"提出问题",它的目的是解决问题和产生新的问题,所以它是认识、搜寻解决问题方法和形成或应用知识的开端。培养提出问题的能力需要重视三个基本能力:综合的科学思维能力、观察和实验的能力,以及预测的能力。这些能力因素需要在基础理科教材的编写中得到体现。第一,课程教学内容的构造要有启发性和适度的探究性,要注意观察与实验对形成科学概念、理解知识关系、建立知识关系和应用知识关系的引导性,要重视知识叙述过程的推理和知识应用的多种途径,以启发和丰富学生的想象力。第二,在具体知识结合的组织与逻辑发展顺序的编写上,应加强运用科学方法、科学观以穿插、联结知识的形成与应用过程。在知识关系的理解与应用分析的叙述中,注重教给学生探讨问题、剖析问题的思路。让学生能通过循序渐进的学习过程,逐步学会如何思考问题、发掘问题、质疑问题和解析问题的方法,锻炼提出问题的能力。

培养解决科学问题的能力是理科课程和教学予以重视的主要方面之一。虽然理科课程在培养学生分析问题、解决问题的能力方面较为突出,但当我们把培养能力和科学的发展过程联系起来看时,发现还需要根据科学和教育发展的一般性特点,以及学科的特殊要求,扩展对培养解决问题能力因素的认识范围。首要的是科学计算的能力,特别是运用数理工具处理、解释科学问题和科学结论的能力;其次是创造的能力,以及收集和处理科学信息的能力。

发展问题的能力具有更多的创造性因素,综合程度更高。在目前的基础理科教育中提出培养发展问题能力的要求也许偏高,但从现代科学技术的发展,尤其是科学教育面向未来的要求看,科学和社会都将不断提高对人的素质的要求,特别是以信息加工处理的能力、迁移解决复杂问题的能力、探索的能力等基础的发展问题的能力将是今后从事科学工作所必备的科学基本素质之一。鉴于此,有必要尽早提出培养发展问题能力的要求,并在面向未来的理科课程和教学改革中先行,分层次、分阶段地实施培养。

4. 丰富辩证唯物主义观点教育的内容,进行综合性的科学观教育

当代社会的发展已使科学技术与人类生活和人类的思想文化建设产生了密不可分的联系。科学技术的新突破、新进展,往往缘于人类科学观念的先行突破,当代新型学科的创立和发展不能例外。教育亦是因为人的教育价值观念的更新、突破而获得发展的。为此,高度重视科学观在形成学生基本科学素质中的作用,拓宽有关科学观教育的范围是十分必要的。

笔者认为,在面向未来的基础理科课程和教学中,科学观的教育主要包括三个方面:辩证唯物主义观、科学自然观和初步的科学社会观。其中辩证唯物主义观是核心,是基础;科学自然观和科学社会观应根据基础理科各科的特点和实施科学素质教育的总体要求,有选择地做一些基本的介绍。

在基础理科课程中进行辩证唯物主义观教育时,除已有的教育内容和途径外,重在将其融于提出问题、解决问题和发展问题的知识理解、形成及应用的过程中,给学生一个认识科学进步的辩证发展背景,以利于学生透过对知识的学习,学会用发展的眼光看待一些基本的科学问题。

有关科学自然观的教育,过去在理科各科课程和教学中很少涉及。在面向未来的课程改革中,除了要继续进行有关自然界物质、形态、生存方式的多样性与统一性,物质运动形式可相互转化,以及诸如物质结构和自然关系的层次性、周期性和可变化性等的教育外,更要结合现代科学发展的跨学科特点,以科学、社会、自然相互联系的教育为基础,进行有关科学与人、科学与自然、科学与环境保护及生态平衡、科学与自然资源、人与自然的协调等基本观念的教育。这些内容的教育可与科学知识的形成、应用,以及科学实验等具体过程结合起来,使学生逐步树立自然界是辩证发展的唯物主义观点,学会一些认识科学、认识自然的基本方法,养成关心人类和保护自然界的习惯。

进行科学社会观的基本教育,旨在更好地体现理科课程的科学教育功能。通过渗透一些基本的科学价值观,进行科学对社会和人类思想文化的丰富,以及科学在社会主义现代化建设中的作用等教育,让学生从更广阔的背景上认识科学技术的社会进步意义,体会科学的社会价值和实际应用价值,初步树立用科学的观点看待科学研究、工业化进程、科技产品对人类社会和自然环境所带来的利与弊,逐步形成为我国社会主义现代化建设努力学习科学的责任感。

5. 扩展理科课程的教育功能,进行更为宽泛的科学品质教育

科学品质在很大程度上属于非智力因素,但却是人的科学基本素质的一个必不可少的部分。强调理科课程的科学品质教育,是要通过自然科学中蕴涵的科学观、科学思想方法、科学经验、科学史实等,进行科学的基本道德、科学态度、科学探索精神和爱国主义的教育,使我们的课程能起到丰富学生思想情感、磨炼人格意志、培养严谨的学习态度和树立良好道德意识的作用。

科学品质教育首要的是进行科学基本道德的教育,其侧重点是让学生通过对课程中的一些科学史实、科学与社会发展有关知识的学习,形成一些基本的科学道德规范,树立对国家、对社会、对科学的责任感、义务感、正义感和荣誉感。科学态度教育的目的是要让学生逐步养成尊重科学真理,坚持实事求是,反对弄虚作假,严谨认真、精益求精、踏踏实实的学习态度和作风。科学探索精神和爱国主义教育是培养社会主义建设人才的重要保证,面向未来的基础理科课程和教学应在这一方面下大功夫。在教育的基本内容方面,一方面需要继续对学生进行勤奋、刻苦学习的教育,另一方面也需要通过对知识内容的学习和应用过程,进行科学方法、科学态度的教育,训练发掘、探究问题,辨析科学现象、事实的能力和多途径搜寻解决问题的思路,使学生经过分析问题、解决问题的曲折过程,逐步培养坚持真理、勇于探索、不怕挫折的科学探索精神,形成良好的心理品质。同时,要运用教材中有关科学家事迹的介绍、科学发现的史例和科学成就,培养学生学习科学为社会主义现代化建设服务的爱国主义精神。

改革基础理科课程,重视科学基本素质的培养是科学教育面向未来发展的要求。我们要拓宽认识的视野,充分研究世界理科教育的发展趋势与特点,结合我国基础理科教育实践的经验,制订课程体系改革、教学内容更新和教材形式变化方面的具体措施,探讨针对不同教育需要和适合不同教育发展要求的实施途径,使我国基础理科课程体系更为坚实,科学教育的结构更为合理,素质教育的内容更为丰富,教育的途径更为灵活。

我国中小学科学教育的价值取向

刘克文

中小学科学教育的价值是指中小学科学教育对于社会发展、科学技术发展和人的发展的作用与意义，中小学科学教育的价值取向是指中小学科学教育价值活动的方向。也就是说应该在什么样的思想指导下进行中小学科学教育才能满足社会、科学技术和人的发展的需要。

一、以人的发展为教育目的价值取向

以人的发展为中小学科学教育目的价值取向是指要改变我国中小学科学教育过去那种以传授科学知识为主的教育观念，把教育工作的重心转移到以学生的全面发展为本的轨道上来，使其既成为教育的"起点"，又是教育的"终点"。

把人的发展作为中小学科学教育的目的价值取向，第一，要追求人与科学技术和社会的和谐发展。人是科学技术和社会发展的基础，科学技术和社会的进步同时又为人的发展准备了条件。第二，要明确学生既是学习的主体，又是自身发展的主体。学生的主体性，包括其学习的积极性，自主的意识，自理的能力，自我完善、自我发展和自我实现的追求，以及学生的创造精神和潜能的充分发挥。第三，以人的发展为本的科学教育目的价值取向，最终是要让学生具有终身学习能力、实践能力、创新能力以及在社会中的生存能力，即使他们学会求知、学会做事、学会做人、学会生活。

二、以培养科学素养为教育目标价值取向

中小学科学教育是基础教育，所以在教育目标价值取向上与大学科学教育或专业教育有所不同，它应把培养学生的基本科学素养作为教育目标价值取向，而不是着眼于培养科学家或某一领域的专门人才。把科学素养作为中小学科学教育目标价值取向，要求把掌握适用性广的科学概念、掌握科学方法、关注科学—技术—社会之间的联系、关心科学与技术的社会价值、培养学生的科学精神和科学探究能力作为教育目标。

我国的中小学科学教育在教育目标上有强调工具理性、学科本位，关注传授知识的完整性、系统性、逻辑性和结构性的传统。但是，随着我国科学技术和社会的发展，传统的科学教育目标受到了极大的挑战，20世纪90年代后，在实施素质教育的大背景下，我国的中小学科学教育开始向实施科学素养教育转轨。在2001年颁布的义务教育、各有关科学教育的新课程标准和2003年颁布的高中阶段各有关科学教育的新课程标准中，都把培养学生的科学素养作为实施科学教育的目标。以培养学生科学素养为价值取向的科学教育目标，正指导我国中小学科学教育改革走向深入。

---

① 本文选自《民主》2007年第8期，第16—18页。

三、以人本化、个性化为课程设计价值取向

我国的传统文化很重视统一化、规范化,反映在基础教育科学课程上,不仅表现为课程形式单一,而且课程内容的组织方式也整齐划一。随着社会和科学技术发展的要求,用单一科学课程结构,使用统一的教科书,面对千百万具有不同发展特点的学生,很不利于他们的个性和创造性的发展,也不能适应 21 世纪社会发展对人才多方面的需要和"科学为大众"的国际科学教育改革大趋势。

为了满足学生发展的不同需要以及社会和科学技术发展对不同层次人才的需要,借鉴发达国家的科学课程设计经验,根据我国经济、文化发展不平衡和区域性发展的特点,中小学科学教育课程应是多形式的结构,强调灵活性、多样性和选择性。

具体来说,对于每一种科学课程形式,都应是三维立体结构。① 要体现不同课程设置形式的内容和要求。② 从国家课程、地方课程和校本课程的角度设计不同的课程形式、内容和要求。③ 从知识类课程和综合实践课程的角度设计课程形式、内容和要求。这样,不论是在形式上、内容组织上,还是在要求上,每一种科学课程都是多元化的,能够满足学生、社会和科学技术发展的多种需要。另外,近年来我国还开发网络课程。利用现代教育技术的优势,学生可以自选学习内容、自定学习进程、选择自己认为合适的学习方法,较好地体现了课程人本化、个性化的特点。

四、以科学教育与人文教育相结合为课程文化价值取向

现代社会既是一个高科技日益增长的知识经济社会,又是人的精神生活不断丰富发展的人文社会。人类追求物质需要和精神需要的同时满足成为推动科学教育与人文教育日趋结合的理性力量。当前,人和社会的发展以及人类解除所面临的种种危机都需要人文精神的力量。因此,科学技术、社会和人的发展要求决定了当代科学教育应是科学教育和人文教育相结合的课程文化价值取向。

科学教育与人文教育的整合是通过改变原有的教育内容及方式来实现的,而教育内容及方式的改变需要通过课程文化的重建来实现。这种课程文化的重建需要纠正传统的科学工具主义和狭隘的理性主义,强调人文精神在人发展中的价值,使科学和人文走向融合。"人们往往将人文视为一种科学文化,一种价值系统,而将科学视为一种纯粹的知识体系。实际上,人文是在'人'的基础上生出来的精神价值系统。科学以自己特有的方式——科学语言和科学活动反映人的价值观念,只不过这种反映不像其他文化形式那样直接和那样显露罢了。"从价值追求来看,科学从一开始就包含着人类对善和美的追求,科学在其求真的过程中也一直体现着人文价值的取向。同样,在对人文价值的追求中也包含着科学价值的取向,两者相互渗透,共同构成完整意义上的人类价值体系。

五、以现代化、综合化、生活化为课程内容价值取向

科学课程内容必须反映现代科学技术的发展趋势,并把科学技术研究的最新成果及时、适当地纳入课程内容,尽量缩小课程内容与科学技术最新发展的差距,这就是中小学科学课程内容的现代化价值取向。只有科学课程内容反映了现代科学技术的发展,现代科学技术才能在社会中得到广泛的普及和应用,才能提高人的社会实践水平,从而促进社会、人和科

学自身的发展。

科学技术的高速发展,一方面使学科内部的分化更加精细,另一方面也使各学科之间进一步交叉融合。中小学科学课程内容的综合化价值取向就是指为适应现代科学综合化增强的趋势,在内容组织上应尽可能地采用"综合模式"或加强学科间的联系和渗透。

生活化的课程内容价值取向指的是中小学科学教育课程内容应结合学生实际生活的需要,回归生活。回归生活意味着科学课程内容直接面向社会,与学生的社会生活融为一体,既使课程内容与学生生活和现实社会实际之间保持密切的联系,又使实践和生活成为科学课程内容的基本来源。许多著名哲学家,如胡塞尔、维特根斯坦、海德格尔、哈贝马斯等都提出"科学世界向生活世界回归"。生活世界对学生来说是不可或缺的,它对于学生对科学的认知具有重要意义。"因此,为了寻找现代人已经失落的精神家园,克服'科学世界'带来的人的生长危机、教育危机,就必须重返'生活世界'。"

六、以科学探究为课程实施价值取向

所谓科学探究,根据美国《国家科学教育标准》中的表述,一方面是指科学家们用来研究自然界并根据研究所获得的事实证据做出解释的各种方式,同时也指学生获得知识、形成科学观念、领悟科学研究方法而进行的各种活动。就目前来说,在中小学科学教育中,人们更多的是把科学探究看成是一种教学方式。这种教学方式的基本含义就是:在教师的支持下,让学生自己经历与科学家进行科学研究时的类似过程,获得科学知识和技能,体验科学研究过程,掌握科学方法,形成科学观念,领悟科学思想和精神。在中小学科学教育中,科学探究作为一种教学方式,既体现了科学作为人类探究自然活动的本质,又反映了人类与生俱来的探究本能的特征,同时也是学生发展终身学习能力的最佳途径。所以,在我国的中小学科学教育改革中,如何实施以科学探究为核心的教学已成为决定改革成败的关键因素。

目前,世界上很多国家都把基础教育作为可持续发展的起点,希望通过改革基础教育,特别是科学教育来提高国民的科学文化素质和创新能力,进而达到提高综合国力,增加竞争力的目的。从国际科学教育改革的趋势看,世界各国尤其是发达国家都把科学探究作为中小学科学教育改革的突破口,通过倡导以科学探究为核心的教育教学方式,来提高国民的科学素养和创新能力。由于我国长期以来在中小学科学教育中重视知识的传授,忽视科学探究过程,严重影响了我国公民科学文化素质和创新能力的提高。所以,必须改革传统的科学教育方式,特别是转变学生的学习方式,倡导以科学探究为核心的教育教学方式。

七、以多元化为课程评价价值取向

课程评价是中小学科学教育的重要环节,尤其在我国,课程评价更是决定科学教育改革成功的关键因素。我国的传统文化中有很强的实用主义倾向,再加上科学教育开始由西方国家传入我国时所带有的功利性,使得我国的中小学科学教育长期徘徊在工具理性的阴影之下。教育观念上的工具理性必然带来课程评价上的工具主义倾向,因此,在传统的课程评价中一直把学生看成被评价的"物",而不是正在发展的活生生的人,评价的目的是为了甄别学生,以便对他们进行优劣分类。要使我国中小学科学教育以学生的发展为本,提高学生的科学素养水平,必须改变课程评价过分强调甄别与选拔功能的倾向,重视发挥课程评价在促进学生发展、改进教学实践和促进教师职业发展的功能。为了实现课程评价功能的这一转化,采取多元化的课程评价价值取向无疑是我国中小学科学教育实践的必然选择。

　　课程评价的多元化价值取向主要体现在以下几个方面。第一,评价标准的多元化。由于各地的社会、经济、文化和教育发展不平衡,不同学校办学条件有很大差异,并且学生也存在着个性差异,所以,从课程评价是为了促进学生发展的评价理念看,需要评价标准制定上的多元化。第二,评价主体的多元化。评价主体不仅包括教师,而且还要包括学生自己、同学、学生家长、专家学者、企业界人士、政府官员、专职评价机构人员、教育决策机构人员、学校管理人员以及学校内外的其他有关人员。当然,在学校教育中,教师的评价仍占有重要地位,不过,教师的课程评价权利在原来的基础上需要消减。科学课程评价的新理念要求在课程评价中要充分重视学生自身评价的作用,这有利于把评价转化为促进学生发展的内在动力。第三,评价内容的多元化。评价内容的多元化是指课程评价不仅要对科学知识和技能的掌握进行评价,而且要对科学过程和方法的体验与应用、在科学态度和价值观方面的进步、探究能力的发展、学习行为习惯的养成等进行评价。第四,评价方法的多元化。面对评价内容的多元化和学生发展的丰富性、多样性,单一的定量化评价方法,实际上把复杂的教育现象简单化了,它不能评价的又恰恰是教育中最有意义、最根本的内容。课程评价,不仅需要使用定量化的纸笔测验,还要对学生的行为进行记录、与学生进行面谈、评价学生的作业、记录学生解决问题时的表现、对学生进行项目调查、记录学生的发展过程等。这些都是评价方法多元。第五,评价形式的多元化。科学教育从重视问题的结论向更重视问题解决的过程转变,决定了课程的评价形式不能仅仅采取注重结果的终结性评价。先进的科学教育理念的落实需要有先进的评价形式提供保证。科学教育中对"过程"的关注,要求课程评价形式必须多元化,既要有关心"结果"的终结性评价,也要有形成性评价、诊断性评价等其他能反映发展过程的评价形式。采取多元化的评价形式,才能了解学生发展的实际进程,及时对学生的发展进行有效的指导,充分发挥评价促进学生发展的功能。

科学素养教育的意义及本土化诠释[①]

张红霞

素质教育自 20 世纪 80 年代初提出以来,无论在理论上还是在实践上都对我国的教育事业产生了很大影响。面对 21 世纪知识经济和全球化趋势对人才素质的新要求,目前科教界又面临着怎样使素质教育的理论和实践向纵深发展的问题。与此同时,国内外教育界开始注意以培养与人文精神相融合的"科学素养(Scientific Literacy)"教育,而不仅仅是以科学知识为目标的科学教育。本文从国际对比和科学素养内涵的分析入手,提出两个观点:第一,科学素养教育应该成为我国现阶段素质教育向纵深发展的切入点,它是创新教育的基础,是调和人文教育与科学教育关系、推进人文教育与科学教育融合的重要渠道;第二,由于科学素养教育是将科学理性精神人格化的过程,它不同于纯粹的科学知识教育,它需要根据中国文化、针对中国问题先"本土化",而后才能使其在实践层面上可操作化。本文初步提出了我国现阶段科学素养教育的一种本土化诠释的设想,并指出科学素养教育在素质教育中的地位,以期同行批评指正。

一、我国教育目标的演变与国际上的发展趋势

教育目标无论是作为一种社会实践还是作为一种教育理论,都是随着社会的发展而发展的。中国古代封建的教育目标可以概括为以儒家的伦理道德为核心、以修身养性为目的的"忠、孝、仁、义"四个字,教育的功能就是提高人的忠、孝、仁、义的"素质"。与之相适应的社会系统的特征是上下有别的等级制。在近代,虽然"忠、孝"的对象和内容发生了很多变化,但万变不离其宗。新中国成立后,教育目标发生了巨大变化,从以个人道德修养为中心转化为以国家和阶级的利益为中心。相应的教育目标大致可以表述为培养热爱党、热爱社会主义、具有集体主义观念、勇于献身的无产阶级革命事业的接班人。

素质教育的提出是改革开放的必然产物,是我国在教育目标上的一次历史性的重大发展。其理论和实践也经历了一个不断完善的过程。20 世纪 80 年代初开始认识到仅仅强调智力因素是不够的;80 年代中、后期对"升学教育""应试教育"进行了分析和批判;80 年代末、90 年代初正式提出素质教育。1999 年召开的全国教育工作会议又将这一进程向前推动了一大步,其重要标志之一是明确地提出了"创新教育"在素质教育中的核心地位。

在此会议之前,有关素质教育概念的讨论往往存在如下方面的问题:(1) 太笼统,仍然停留在全面发展的理想主义框架内;(2) 将素质教育狭隘地理解为对应试教育的纠偏,或理解为对片面强调科学功利主义教学内容的否定;(3) 局限于教育界,甚至局限于基础教育范畴,很少与全社会的人才生长环境相联系;(4) 可操作性较低,与教育实践联系不够紧。

"创新教育"的提出使素质教育的概念更加具体化、明晰化,这是 20 年来素质教育理论

[①] 本文选自《清华大学教育研究》2002 年第 4 期,第 20—26 页。

发展的最有意义的成果之一,因为只有概念具体化,才能使理论具有可操作的可能。

尽管创新教育的概念不是我国首创,而且20世纪末世界上许多国家,包括科技强国美国,根据21世纪对人才的新要求,都先后采取了加强培养学生创新能力的举措。但创新教育在我国的提出具有特殊重要意义,因为它不仅涉及教学领域或整个教育系统,而且涉及全社会的人才观和价值观。创新和创新能力不仅是一个教育问题,而且是一个社会问题。[1]创新教育的目标对我们传统文化中"中庸""无为"的成分将是一种根本性的改造。

但同时还应该注意到,创新能力只是现代优秀人才素质的一个方面。仅仅具有创新能力是不够的,我们还需要具有其他方面的素养。创造心理学有关理论已经证明,具有高创造性的人不一定具有全面素质和高智力。[2]在没有科学理性和优秀人文素养指导下的创新有可能带来科学工具主义的泛滥。事实上美国的创造性研究和以实用为目的的科学教育起始于20世纪50年代,直接的动因就是应对苏联的科技威胁。当时开展了以开发学生智力、加强科学知识教育为目标的"学科结构运动"。但到60年代末、70年代初,由于严重的社会问题和科学工具主义的泛滥,美国开始呼吁对青少年加强社会、人文教育和生计教育。直至80年代以后,随着"恢复基础"教育运动的开展,一个较早期技术化的科学教育思想更完善的、将科学教育与人文精神相融合的全新的"科学素养教育"的概念逐步成熟。科学教育家马修斯(M. R. Matthews)强调:"科学素养的高低,往往与对文化感知程度的高低一致。"可以说80年代是继50年代之后的现代科学教育第二次高潮,且至今未衰。1985年,美国科技教育学会发起制定了《技术科学素养法》;1989年公布了著名的关于科学教育的《2061计划》,计划中声称"普及科学基础知识包括科学、数学和技术,已成为教育的中心目标。""美国没有任何事情比进行科学、数学和技术教育改革更为迫切。"[3]克林顿政府1994年颁布了一份里程碑式的科学政策文件《科学与国家利益》,对美国科学系统确立了五大目标,其中的两大目标为:造就21世纪的最优秀的科学家和工程师、提高全体美国人的科学和技术素养;1996年由国家研究理事会完成并公布了《国家科学教育标准》,在前言"行动的号角"中开门见山地指出:"我们这个国家已经把所有的学生都应具有良好的科学素养作为自己的一个既定目标……我们大家,无论作为个人还是作为社会,同科学素养都是利害攸关的。"[4]

关于科学素养的定义,目前还没有统一的标准。美国《国家科学教育标准》中叙述为:了解和深谙进行个人决策、参与公民事务和文化事务、从事经济生产所需的科学概念和科学过程。美国科学教师协会(1982年)以11个要素定义了科学素养(如表1中左栏所示)。[5]但无论从哪种定义看,科学素养的含义不仅涉及常见的认知领域,而且包含情意领域。也就是说科学素养不仅包含了科学知识和科学方法的学习、理解和应用、还包含人生观、价值观和现代道德伦理内容。近年来,美、英等国对其各级科学教育的具体教学目标和内容都做了很大改进,其重要特点就是将科学的概念由知识和方法的范畴,向价值观的范畴扩展。[6]

价值与伦理问题向来是哲学研究的重要主题,是人文学科的核心内容。但在科学技术的社会驱动作用越来越大的今天,在人们用批评的眼光审视科学技术的社会伦理问题的同时,国际教育界越来越重视科学与人文的融合。这种融合已不仅是理科课程体系中包含部分文科的课程,或是开设一些跨学科的课程,如管理学;而且还存在于经典自然科学课程中,如物理学,增加科学史、科学家传记的有关内容。因为科学史、科学家传记是科学知识产生过程、科学与社会需求的关系、科学与人类关系的真实记录,是科学的人文性、哲学性和社会性的生动、自然的反映。[7]另一方面,社会科学和人文学科的许多"研究问题、研究的方法和手段,以及它的作用,正在发生重大的变化,离开了自然科学技术的发展,人文社会科学的进展就举步艰难。"[8]例如,美国许多大学的本科生必修课:"核心课程"(core curriculum),近年来不仅增加了对科学技术的价值、伦理进行分析的内容,而且增加了用科学理性的方法和价值观对社会、人文现象进行分析的内容。以哈佛大学为例,其五大类核心课程包括"外国文化"类、"历史研究"类、"伦理分析与推理"类、"定量分析方法"类和"科学与社会分析"类。其中即便是"文学艺术""外国文化"这些通常看来是纯人文学科的课程,都采用客观的、分析和讨论的方法与态度进行教学,这从两课程的教学目标(表1)[9]上清楚地反映了出来。

表1　哈佛大学核心课程中"文学艺术"和"外国文化"两课的教学目标

文学艺术	外国文化
此大类课程的共同目的是培养学生对艺术表达形式的批评性的理解,并以此为范例让学生理解人文学科像其他领域一样,也是一个进行学术考察和讨论的领域。按照核心课程的总目标,本类课程将从不同学术派别的视角,展示和分析各种知识的形式、范畴、用途及其滥用问题。本课程还将介绍不同时代和地区的主要作品、著作,并通过这些介绍,引导学生体验批评性地分析和学术性争论的实践。	本类课程的目的是让学生们明白主要的文化因素在塑造人民生活中的作用。通过对那些非常不同于美国和欧洲文化的国家和地区的研究,提供一个全新的视野,重新审视学生们先验的文化观,包括宗教和伦理价值,社会、经济和政治系统,智慧取向,文学和艺术成就等,但始终以探讨它们相互联系的方式为思路。无论课程内容是从分析代表性艺术作品入手,或者从追述历史事件入手,还是从个人或人群的生活方式入手,其目的都是找出其思想和行动与其信仰和伦理系统之间的关系模式。

不同的国家或同一个国家的不同发展阶段,教育目标应该有所调整。针对科学工具主义泛滥,美国曾经在20世纪80年代提出加强大学生人文教育的应对措施,但今天更多的学术研究和政府文件强调人文与科学的融合、强调以科学素养教育代替片面的科学知识教育,认为科学工具主义泛滥的原因并不是民众的科学素养高了,而是科学教育的目标偏了—片面强调科学的实用价值,而忽视了科学理性的文化价值。"素养"无论从中文含义还是英文literacy一词,都有文化的含义,因此科学素养可以理解为科学理性在人格上的内化。如果广大民众具有了科学素养,就能够识别国家和地方决定所赖以为基础的科学问题,并且能够根据先进的科学伦理和人类的根本利益,提出有科学根据的见解来,这样,在民主与法制的社会里科学工具主义泛滥将会得到遏制。我国近年来也开始注意推进人文教育与科学教育融合。前教育部副部长周远清指出:"推进人文教育与科学教育的融合,是实施素质教育、培养创新人才和取得原创性科研成果的关键性措施。"[10]

从国际上看,21世纪的科学教育目标已经与人文教育目标相融合,并在总体教育目标中占据主导地位。一个国家的科学技术及其导致的生产力的发展,尤其是这种发展的可持续性,是与全体国民科学素养相关的,而不仅仅是几个杰出的科学家、政治家的存在。只有科学理性的方法、态度和价值观在平民百姓中得到相当程度的普及,社会的持续发展才能有保证;然后,现代化的、健康的民主与法制才会有坚实基础。

我国从19世纪末,尤其是在五四运动就明确提出了"科学、民主"的救国理念,前人也有很多精辟的研究,如罗素、爱因斯坦、丁文江、杨振宁、李约瑟等有关论著。今天科学素养教育对中国走向现代化的意义是不言而喻的,但文化的改造不会是一蹴而就的,中科院院长路甬祥说过:"现代科学精神还没有在中国扎根。"[11]今天我们的科学教育内容还是基本停在实用的科学知识层面上;科学教育与人文教育基本上还处于相互分离的状态;科学教育研究基本是学科教育研究。其原因除了深远的社会文化传统外,还与对科学教育的认识、对科学素养内涵的理解没有与我国的具体情况相联系有关。其实,任何"引进"的社会科学的概念,只有与本国的国情相联系,才能有意义,这个联系的过程就是本土化的过程。

二、科学素养定义的本土化诠释

本文以美国科学教师协会的科学素养定义为蓝本,来讨论其在我国的本土化含义。作为总体教育目标,该蓝本的表达是抽象的、概括的。这种抽象性表述的优点是具有普适性,但缺点是这11个要素中的每一个要素的具体内容及内容之间的关系并不清楚。如果要使得它对我国的教育实践有直接的帮助,应根据我国的情况将其转换为具体的教育目标。用泰勒课程编制模型术语来讲,就是将总体目标(aims)转换为具体的教育目标(objectives)。以传统的"读、写、算"目标为例,究竟"读"的水平要达到什么层次,对不同学校、不同年级,甚至不同的孩子都会有不同的设计。那么,这里的本土化要进行两个方面的转化,一是目标的具体化,二是要针对我国的现实问题。表2中右栏相应地给出了11个方面的我国科学素养教育的目标。

总体而言,在我国传统文化背景下,我们的教育对事关表2中"认知领域"的内容关心较少,而在某些情意领域有相对的优势,如:"具有宽容品质和谦虚精神""热爱祖国"。当然,有些中国文化中特有的优秀素质,如勤俭忍让、吃苦耐劳,似乎并不能明显包含进此11条中。然而,用科学的态度仔细分析起来,并用发展的眼光看待科学素养的定义,可以看出,它们并不与科学素养相悖,因为"勤俭忍让、吃苦耐劳"有利于人类社会的可持续发展,符合人类生存这个根本的逻辑。这正是联合国教科文组织把《论语》列为中小学生必读书的根据。

表2 科学素养内涵的本土化诠释

美国科学素养教育目标	中国"科学素养教育"现阶段目标
(1)在处理与他人和与环境的关系时,能够运用科学的概念、方法、技术和价值进行抉择。	知道任何问题都有科学的解决办法或通向科学办法的途径;分清经验与科学方法之间的差异;分清迷信与科学之间的差异。并能运用一定的科学知识和方法对实际问题进行判断和抉择。(认知领域)
(2)认识到产生科学知识必须依赖探讨过程以及概念学说。	在讨论问题和表达自己观点时,能够做到前后概念一致。当说不清楚的时候,不使用诡辩术。具有规则意识。(认知领域)
(3)能够分辨科学证据和个人观点的不同。	能够做到说话、办事、处理问题以事实为根据,尽量避免个人偏见与感情用事;防止个人意愿干扰客观观察。(认知领域)
(4)能够证明事实和学说之间的关系。	能够将一些观察到的现象用已知的知识和理论进行解释。具备运用知识的能力。(认知领域)
(5)能够认识科学和技术对促进人类福祉的功能和限度。	认识到我们生活的各个方面都离不开科学技术,但它并不能解决所有的问题,如价值问题。(认知领域)
(6)了解科学和社会的关系。	科学对人类社会的影响将越来越大,我们要有足够的认识和能力发展、掌握、控制科学技术的发展方向,使之为人类造福,而不是带来危害。解决环境、人口等问题。(认知领域)

美国科学素养教育目标	中国"科学素养教育"现阶段目标
(7) 明白科学来源于人类的视野，并理解科学知识的暂时性，当资料充分之后，知识会改变。	在明白真理的相对性基础上，发展质疑精神、创新精神。（情意领域）
(8) 因为拥有充分的知识和经验，所以能够赞赏别人的科学成就。	具有宽容品质和谦虚精神；善于合作与交流。处理好独立人格与集体主义精神的关系。（情意领域）
(9) 对世界充满乐观的态度。	目光远大、心胸宽广、热爱生命、热爱祖国、热爱人民。（情意领域）
(10) 能够采用和科学相同的价值观，所以能够使用科学和享受科学。	敢于创新，勇于探索。具有独立的人格。崇尚民主与法制。以坚持真理和追求真理为乐。（情意领域）
(11) 能够终身、持续探讨科学并增加其知识。	以不断追求客观真理为生命的目的。（情意领域）

这里至少有两个尚待解决的理论问题：第一，中国传统文化自身，能否在今后产生目前在认知领域欠缺的认知素质；第二，尚缺的情意领域的素质是否必须通过科学素养教育才能养成。实际上，这个问题又回到李约瑟的经典问题上了：为什么近代科学不在具有繁荣古代科学的中国产生。

科学素养的养成是否与其他教育内容一样，也是要经历由浅到深、由窄到宽的过程，因而科学素养教育也要循序渐进。具体的教育目标既要高于现实阶段的状况又要符合实际过高标准的目标不仅因不切实际而不能实现，而且打击学生的信心；过低的目标又缺少动力。那么，我国目前的状况究竟处于什么阶段？

因此，上述方案实际是尚未经过严格理论和实践论证的一种"模糊判断"。科学地产生一个本土化方案的办法应该是基于实证调查研究基础上的综合研究，这有待于今后的努力。下面仅就笔者认为的几个突出的认知和情意方面存在的科学素养教育问题作一些评论，也可以看成是今后研究的假说。

三、现阶段我国科学素养教育的主要内容

我国目前科学素养教育，大致要注重如下几个方面。

1. 在认知方面，要注意如下几点。

(1) 知道什么是科学知识。分清经验与科学之间的差异；分清迷信与科学之间的差异；分清宗教、艺术与科学之间的差异。知道任何问题都有科学的解决办法或通向科学办法的途径；并能运用一定的科学知识对实际问题进行判断和抉择。(2) 学会科学地分析问题和处理问题的方法。说话、办事能够以事实为根据；尽量避免个人偏见与感情用事；防止个人意愿干扰客观观察；在讨论问题和表达自己观点时，能够做到前后概念一致。当说不清楚的时候，不使用诡辩术。(3) 处理好规则意识与以人为本的关系。通过科学概念的学习和运用，培养人的规则意识。规则是科学研究、科学交流、科学管理的基础。与科学工具主义泛滥的美国社会迫切需要人本主义加以平衡不同，我国目前更缺少的是规则意识和法制观念，其中各种腐败，包括学说腐败猖獗的现象是最好的证据。(4) 处理好传统人文精神与现代

人文精神的关系。至少从策略上讲,鉴于我们过去长期片面强调传统人文精神,如中庸、忍让、无为,目前应该注重那些与科学理性一致的人文精神,如自主、创新、合作、进取、质疑、诚信、规则意识。以理性思维为基础的人文精神,与以情感和信仰为基础的人文精神的联系在于,理性思维是保证情意素质健康发展的重要条件,也是进行有效的、成功的创造性思维的前提。科学素养不能产生所有的人文精神,但科学理性的分析方法与习惯的培养可以辨别和有助于产生先进的为全人类共享的人文精神。这里用中国京剧作为一个例子,京剧之所以比其他剧种更能走向世界,笔者认为,与它的程式化与简约化形式有很大的关系,而这与科学方法的程式化、规则化是一致的。

2. 在情意方面要注意如下几点。

(1) 注意意志的自主性的培养。在意志的四个品质(即自主性、果断性、坚韧性和自制性)中,我们习惯于强调自制性和坚韧性而忽视自主性和果断性。所谓自主性就是能够主动地提出自己行动的目的,并且能发动符合于目的的某些行动,同时又能克制不符合于这个目的的另一些行动。具体地讲,要处理好独立人格和集体主义的关系。(2) 鼓励创新精神和质疑态度。在知识经济模式中,只有创新的知识才能产生经济效益;科研成果只有第一,没有第二。而创新精神来源于质疑的态度,科学真理的相对性呼唤质疑精神。科学不怕犯错误,因为科学研究的过程,就是不断否定过去,探索未来的过程。具有科学理性的人,善于发现错误、勇于承认错误、认真纠正错误。(3) 处理好宽容精神与竞争意识的关系。无为而治的时代已经过去了,不进则退。但在公平竞争的同时,要具备现代意义上的以自尊为基础的宽容品质和谦虚精神。要善于合作与交流。要以现代化的团队精神为目标,在竞争中建立"双赢"机制、"伙伴关系"。

四、结论

对于今天的中国,科学素养教育是现阶段的难点,又是新时代的重点,应在全面素质教育中占主导地位;科学素养教育应该成为现阶段素质教育的切入点。因为它可以调和人文教育与科学教育的长期冲突,可以包容我们现阶段所缺少的现代人文素质的内容。当然,科学素养教育不可能是永久性的重点,也不是可以取代"科学素养"所包含不进的、来之于优秀艺术和先进宗教的人文精神。而在这一点上,中国文化独具价值。当今西方世界为了应对种种弊端和难以驾驭的社会问题,纷纷对中国文化刮目相看。然而我们应该清醒地认识到,我们的文化目前对别人是有益的,而对自己却很不足。我们不能像国宝大熊猫一样成为世界之宝、奄奄一息。我们的民族要崛起,要发展。只有在物质生活、精神生活上都超过别人,才能立于世界民族之林。到那时,儒家学说才能真正成为最有影响的社会科学流派,中国文化才能成为真正的举世瞩目的文化。事实上,一个具有科学素养的人在面对和参与全球化的同时,应该承认并欣赏多样化、宽容和接纳多种文化形式,因为多样化是任何自然系统和人类系统保持活力的动力源泉。

参考文献:

[1] 国家教育研究发展中心.2000年中国教育绿皮书[M].北京:教育科学出版社,2000:28—30.
[2] 马健生.比较教育视野中的中国创新教育[J].比较教育研究,2000(3):10—13.

[3] 钟启全.现代课程论[M].上海:上海教育出版社,1989:499—500.

[4] 林崇德.培养和造就高素质的创新人才[J].北京师范大学学报(社科版),1999(1):5—13.

[5] 王桂.当代外国教育——教育改革的浪潮与趋势[M].北京:人民教育出版社,1995:329—377.

[6] Matthews, Michael R.. Science Teaching: The Role of History and Philosophy of Science[J]. *Routledge*,1994:32-34.

[7] 教育部教育管理信息中心.美、英、法、日等国重视基础科技教育的措施和动态[Z].教育参考资料,1999(15):4.

[8] 美国国家研究理事会(1996).国家科学教育标准[M].戢守志,金庆和,等译.北京:中国科学技术文献出版社,1999:15.

[9] 王素.科学素养与科学教育目标比较——以英、美、加、泰、中等五国为中心[J].外国教育研究,1999(2):5—9.

[10] 周远清.挑战重理轻文,推进人文教育与科学教育的融合[J].清华大学教育研究,2002(1):14—16.

[11] http://www.courses.fas.harvard.edu,2002.

[12] 丁邦平.HPS教育与科学课程改革[J].比较教育研究,2000(6):6—12.

论科学的本质与科学教育[①]

陈 琴 庞丽娟

在科学教育中,科学的本质是一个至关重要的问题。科学教育必须反映和体现科学的本质。无论是科学教育政策的制定、科学课程的选择,还是科学教育活动的实施都应该符合那些被广泛接受的科学准则。只有这样,才能正确地解释和呈现科学规律,引导和帮助学生正确地认识科学的价值,真正实现个体科学素养的发展。

一、什么是科学

要准确地阐明科学的本质,有必要对人类认识科学的过程加以考察。从人们最初使用"科学"这个术语起,就将它和知识联系在一起。英文中的"科学"(Science)一词原意就是"知识""学问"。1978 年我国出版的《现代汉语词典》把科学定义为"人们反映自然、社会、思维等的客观规律的分科的知识体系";1979 年版的《辞海》将科学界定为"关于自然、社会和思维的知识体系",是反映客观事实和规律的知识;1982 年出版的《简明社会科学辞典》也指出:"科学是关于自然、社会和思维的知识体系,是社会实践经验的总结,并在社会实践中得到验证和发展。"这种将科学定义为系统化、逻辑化的实证知识的看法,代表了 19 世纪以来的传统观点。

随着社会的进步和科技的发展,人们对于科学之本质的认识也日趋深入。许多学者从科学认识论的角度提出,仅仅把科学定义为知识体系是远远不够的,知识体系只是从结果、从既成的形态来概括知识的本质特征,是一种静态的科学本质观。应该用动态的观点来解释科学,将科学看作是人类获取知识、探索自然的认识活动,是创造知识的过程。美国科学学家小李克特认为,科学是"一种社会地组织起来探求自然规律的活动"[1]。英国科学家C·辛格提出,"科学创造知识而不是知识本身","科学"与"研究"往往是等同的。[2] 美国学者威廉和玛丽指出,"科学的本质就是模式建构的过程,是建构能够解释未知世界本质的心理影像的过程;思考、解决问题和形成概念是科学的全过程。"[3] 我国学者赵学漱等人也认为,科学是一种不断前进和自我矫正的探究过程。[4] 另有学者提出应将科学看作是获取知识、探索自然奥秘的认识活动,是创造知识的认识活动。[5] 从"活动过程"的角度来认识科学比把科学作为"知识"来理解,更能使我们从更广泛的人类活动的背景上认识和把握科学的本质属性。

除了对科学过程的认知不断深入外,人们对于科学活动结果的认识也在不断丰富和扩展。费士齐在列举了数十位科学家对于科学的见解后提出,科学是一个包含知识、方法和态度三向度的活动。[6] 美国教育家施密特和罗克卡特认为:"科学除了事实、原理、定律、理论和假说等内容外,还包括观察、实验、深思、想象、预言以及获得知识的其他手段等特殊的态度

[①] 本文选自《北京大学教育评论》2005 年第 2 期,第 70—74 页。

和感觉。"[7]我国学者梁英豪也认为,科学是系统化的知识体系,但更是一种方法论体系,包含着独特的科学方法与科学精神。因此,科学知识、科学方法和科学态度是构成科学的三个不可分割的组成部分。[8]

从人们定义科学的困难和认识科学的历程,我们可以看到,要给科学下一个普遍认同的严格定义实际上是比较困难的。因此,在分析以往科学定义的基础上,结合思考和分析,我们提出自己对于科学本质的一种认识。科学既是一种过程,同时也是一种结果。一方面,科学作为一种认知活动,是人们积极探索周围世界、获取知识、探求规律的过程,它包括探索、解释和检验三个基础性要素。另一方面,科学也是人们探索和认识自然世界的活动结果,它不仅表现为系统化的知识体系,而且还包含独特的科学方法和科学精神。科学知识与能力、科学过程与方法、科学态度与精神是科学的三大基本要素。科学活动的过程和科学活动的结果是紧密结合在一起的,科学结果是科学活动的目标,科学过程是获得科学结果的途径。只有将科学结果与科学过程有机地结合起来,才能够真正认识科学的本质。

二、科学的内涵

为了全面、深入地认识和理解科学、把握科学的本质,以下从不同的角度对科学的内涵进行阐释。

(一) 作为探究与思维的科学

探究是人类认识世界的一种最基本的方式,人类正是在对未知领域的不断探索中认识世界的。正如美国《国家科学教育标准》所指出的:"科学家们总是不断为他们的解释的正确性而奋斗",而"正确的解释"(科学概念、定律和理论)的形成和完善又是依靠不断的探究或大胆的质疑完成的。美国学者兰本达、布莱克伍德和布兰德韦恩也认为,科学是一种"探究意义的经历",发现意义、领会意义是经历、卷入、参与的结果,没有这些先决条件,就不可能真正理解事物的意义。

同时,科学作为一种探究,不仅强调科学的过程性,而且将科学的思维与科学的探究过程紧密地结合在一起。实用主义的重要代表人物之一、美国哲学家和教育家杜威就曾指出,探究是"对任何一种信念或假设的知识进行的积极、持续、审慎的思考"。在科学探究中,人们不仅使用观察、分类、交流、测量、推论、预测、假设等科学方法,而且使用逻辑、想象以及以证据为基础的思维来形成并修正科学解释,识别和分析各种模型,交流并捍卫自己得出的科学结论。因此可以说,科学发展的历史就是探究的历史、思维发展的历史。

对于科学的探究过程,特罗布里奇、拜比尔和鲍威尔等人认为,科学探究的基本程序包括形成问题、建立假设、设计研究方案、检验假设、表达或交流结果等。[9]美国《国家科学教育标准》提出,科学探究的过程主要包括:进行观察;提出问题;查阅书籍和其他信息资源来寻找已有知识;利用各种工具搜集、分析并解释数据;做出答案、解释或预言;交流结果。我国学者刘占兰等人则提出,科学探究包括了猜想与解释、实验与操作、明显地看到操作结果、记录获得的信息、结论与交流等。[10]

尽管上述观点在对科学探究过程的具体划分上存在一定差异,但总体而言,研究者们对于科学探究基本框架的认识是基本一致的,即科学探究主要包括观察和提出问题、形成假设、实验求证、得出和交流结论四大基本步骤。

(1) 观察和提出问题:观察是科学探究的基石。通过观察可以发现自然世界中未知的各种事物和现象,从而提出问题。因此,观察和提出问题是密不可分的。但是,并不是所有的观察都能导致问题的提出。在科学探究中,个体要经常审视自己知识的界限,探寻运用他们的理论所无法解释的难点,从而确立需要探究的事实。

(2) 形成假设:假设源于个体所提出的问题,是对于问题的一种简洁陈述,它试图解释一种模式或预测一种结果。虽然假设只是一种试验性的观点,必须通过观察或实验加以验证,但它能帮助探究者澄清思想和说明关系。

(3) 实验求证:实验是对观察和假设的一种验证,通过实验,假设就可以被证实或支持,而那些由"权威"传递的错误观念也可以被抛弃。实验是有明确程序,并可重复进行的,它常用来验证一个包含因果关系的假设。

(4) 得出和交流结论:在对假设进行验证的基础上,个体总结其发现并得出和形成结论。科学结论有可能是对假设的支持,也有可能是对假设的否定,并提出新的假设。因此,得出结论常常并不是科学探究的结束,而是新探究的开始,科学正是在这种循环不断的探究中获得发展的。

(二) 作为态度与精神的科学

在对科学本质的理解中,仅仅把科学理解为人类的一种探究与思维是不够的,科学还是一种态度和精神。所谓科学态度,是个体基于对科学本质的理解、对科学价值观认同基础上的一种情感和行为倾向。所谓科学精神,是个体在科学活动中所形成和表现出来的人格特征,是各种科学价值观、科学品质以及行为准则的整合。科学态度作为一种建立在科学观念基础上的心理与行为倾向,与由各种科学观念整合而成的科学精神是密切相连的。科学态度是科学精神的重要组成部分,科学精神是科学态度的内化与升华。

对于科学态度和科学精神的具体内容,研究者们提出了各自的观点。如美国学者彼得和约瑟夫认为,科学态度包括:对事物具有好奇心;能以一种创造性方式解决问题;具有批判性思维;具有坚持性;理解和接受自然的不确定性等。[11]中国台湾学者钟圣校提出,科学态度就是好奇、关切、求真、精确、客观、谦虚谨慎、坚毅和独立思考等。[12]中国学者顾志跃认为,科学态度包括:实事求是;严谨踏实;谦虚谨慎,善于合作;热情自信,有高度责任感;敢于标新立异,又能谨慎求实等。[13]对于科学精神,研究者们则认为,它包括怀疑、求实、进取、创新、严谨、公正、合作和奉献。[14]求实、求知、怀疑、创新、合作、刻苦和奉献是科学精神的重要体现。

从上述分析可见,尽管研究者们对于科学态度和精神之内容的表述不尽相同,各有侧重,但对于一些基本态度和精神,如求实、创新、坚持、怀疑、客观等的认识较为一致。因此,在概括上述观点的基础上,结合思考和分析,我们认为,科学态度和精神主要包括:求实、严谨、怀疑、创新、坚持、合作等。

(1) 求实:即按照事物的本来面目认识事实,不带有成见和偏向性。在科学探究中,应尽量摒除各种可能造成偏见的个人、宗教或社会因素,尊重事实,追求真理。同时,要能够倾听和尊重他人的意见,能接受他人的正确意见,并修正自己的观点。

(2) 严谨:这是现代科学技术的生命,是科学研究的必要条件。在科学研究中,从资料的搜集、整理、分析、推理、实验到最终得出结论,都需要严谨,不能忽略事物的细微差别和任何细小的发现,在没有获得充分的证据之前绝不能随意作出判断或结论,否则就无法保证科学研究结论的精确性与可靠性。

(3) 怀疑:科学之所以为科学,是因为科学追求真理,强调实证和科学推理,不崇拜任何权威,不轻信、不盲从,更不迷信。同时,从科学理论的发展来看,科学知识与理论总是在不断发展的,因此,应该用一种客观的和开放的心态来看待科学,以怀疑和批判的思维来评判科学理论的发展。

(4) 创新:创新就是在已有知识的基础上,凭借自己的智力去发现、掌握尚未知晓的知识,并加以运用。科学活动的基本特征是永无止境地探索未知、追求真理,科学对真理的追求表现为对真理的发展。科学必须创新,创新是科学的生命和灵魂。

(5) 坚持:科学成果之所以宝贵,不仅在于它能够造福人类,对人类社会发展具有巨大的推动作用,也在于科学成果中饱含着科学家的艰辛和不懈追求,追求科学的道路充满着困难和挫折。科学发展的历史证明,坚持是科学态度和精神的一项重要内容,是科学家最宝贵的精神品格之一。

(6) 合作:科学研究离不开科学家之间的合作。如果说现代意义上的科学是从某些科学家个人的研究开始的话,那么随着科学的发展,它越来越成为科学家们的一项共同事业。正如美国著名科学学家托马斯·库恩所指出的,在现代社会,科学的主体是科学家共同体或科学家集团。科学的这种社会性随着科学综合性的不断增强而愈显突出。

(三) 作为知识与能力的科学

除探究和思维、态度和精神外,科学还是人类一种重要的知识与能力。科学知识是人类在试图了解和认识宇宙自然时所努力获取的有关事实和理论的信息。产生于众多不同科学领域的知识共同构成了科学知识体,它是人类创造的成果。科学知识是不断修正和完善的,它会因为新的现象、新的实验所带来的新问题和新理解而不断改变和扩增,不存在永恒不变的科学真理。正如美国《科学素养的基准》所指出的,"当新的问题出现时,就会提出新的理论,发明新的装置,开发新的技术……而新的理论又会促成新的实验和新的观察……如此继续下去"。

在整个科学知识体系中,存在四种不同层次和水平的科学知识:科学事实、科学概念、科学理论和科学模型。不同的科学知识相互影响、互为基础、层层递进,共同构成一个科学知识体。在不同发展阶段,个体对于不同科学知识的理解和发展水平不同。

(1) 科学事实:科学事实是科学概念、科学规则和科学理论产生和发展的基础。由于事实是我们通过自身感官所感知到的事物的状况,并且作为一种客观存在,因此,通常被认为是可靠的信息。但实际上,由于一些不确定和限制性因素的存在,我们通过感官获得而认识的科学事实也包含一些错误的可能性。随着科技的发展和认知水平的提高,人们对于科学事实的认识也会不断丰富和深入。

(2) 科学概念:科学概念是在科学事实的基础上,运用思维和推理来确认和在一些事实或信息间建立起有意义的联系,将其所具有的本质特点进行抽取和概括而形成概念。概念反映的是客观事物内在、共同和本质的特征,是具有共同特征或特性的事件、事物或现象的抽象化。概念的形成和发展是一个活跃的过程,包括了三个不同的层次:概念系统、概念和子概念。

(3) 科学理论：与科学事实、概念不同，科学理论不只停留于对现象的分类和描述，而是达到解释的水平。运用科学理论可以对那些模糊和隐藏在直接观察外的复杂的现实进行解释。科学理论从不会成为科学事实，它在被证明有误或修改前保持暂时性。正如史蒂芬·霍金所描述的那样："在它只是假设的意义上来讲，任何物理理论总是临时性的：你永远不可能将它证明。不管多少回实验的结果和某一理论相一致，你永远不可能断定下次结果不会和它矛盾。"[15]

(4) 科学模型：科学模型就是一种理论阐述，用以解释和整合已知的信息来适合一个特定的自然现象。模型有助于个体将一个规则或理论中最显著的特征概念化。通常，模型是从抽象的思想中推论出来的，它们在现实中并不存在。科学模型的建构是一个曲折的过程，随着信息的积累和补充，已有的模型就要做出修改以调和新的信息，甚至形成一个新的模型来替代原有模型。

科学知识获得的过程也是科学能力形成和发展的过程。通过上述分析可以看到，科学知识体系的建立是一个层层递进、不断深入的发展过程。在这一过程中，知识的发展并不只是简单的量的积累，而是包含着复杂的思维加工过程，从科学事实的认识到科学概念的形成、科学理论的建立和科学模型的建构，个体必须深入地认识和理解各种科学知识，探讨和分析各种科学知识之间的关联以及存在此种关联的原因，并且运用这些科学思想来解释和预测其他的自然现象或问题。因此，在科学知识的获得过程中，个体理解和运用科学知识的能力也相应得到了发展和提高。由此可见，在科学的发展中，科学知识的获得与科学能力的发展是密切相连的，知识是能力获得的基础和载体，能力是知识发展的保障。

三、对当前我国科学教育改革的一些思考

对科学本质的理解，对于全面准确地认识和把握科学教育的特点和规律、切实地改善和提高教师的科学教育观念和行为、促进学生科学素养的发展，具有重要意义。上述对于科学本质的探讨和分析，引发了我们对当前科学教育及其改革的许多思考。

（一）关于科学教育目标和内容的思考

科学教育的最终目标是培养具有科学素养的人，这已经成为科学教育界的共识。但对于科学素养的内涵，研究者们的认识却各不相同。美国《国家科学教育标准》将科学素养概括为统一的科学概念和过程、作为探究的科学、科学学科内容、科学与技术、个人和社会视野的科学、科学的历史和本质等内容。欧阳钟仁认为，科学素养包括了解并正确运用科学概念，运用科学过程的技巧，明了科学的本质及科学事业，明了科学、技术与社会间的关系，具备发展与科学有关的实用技术，将探究科学当成终身嗜好，具备严正的科学态度和价值观等七个方面。[16]而王素则认为，科学素养包括四个核心要素，即对科学技术的理解，对科学、技术、社会三者关系的理解，科学精神和态度，运用科学技术解决日常生活及社会问题的能力等。[17]

对于科学素养内涵的认识和理解直接影响到科学教育具体目标的制订和确立。根据上述研究，结合我们对于科学本质的理解，我们认为，科学素养主要包括三大要素：科学知识与能力，科学过程与方法，科学态度与精神。所谓科学知识与能力，是指对于科学事实、概念、原理等的理解以及运用科学知识与技术解决日常生活及社会问题的能力等；科学过程与

方法是指对于科学研究的具体过程、方法的理解和运用;科学态度与精神则是基于对科学的本质,科学、技术与社会的关系以及科学过程的认识而形成的各种信念、态度等。

针对上述认识,我们认为,科学教育要实现"培养具有科学素养的人"这一总体目标,教师必须明确:科学知识的获得和科学概念的形成固然是科学教育的一项重要内容,但并非最终目标;在获取知识的过程中,要培养学生领悟科学、运用科学的能力,即理解科学事实、概念、原理、定律和理论,进行科学推理,运用科学进行个人事务决策和形成对社会问题的看法等。因此,教师要有意识地引导学生将他们目前所掌握的科学知识与其从多种渠道获得的科学知识联系起来,认识各种科学知识间的关系;引导他们将所获得的科学知识应用到新的问题情境中,以培养和提高他们的科学理解和运用能力。同时,对于科学过程与方法的掌握和运用以及科学态度、精神和价值观的养成也是科学教育的重要内容。教师要经常鼓励学生参与各种形式的科学活动,认识和了解科学研究的过程和不同阶段,掌握进行科学研究所需要的各种方法,鼓励和培养学生进行科学探究的各种态度和精神,促进学生正确的科学价值观的形成。

(二)关于科学教育过程与方法的思考

从对于科学本质的分析中我们可以看到,无论是作为活动的过程还是活动的结果,科学都非常强调对周围世界的探索和发现,"作为探究的科学"是科学的一个本质特征。根据科学探究的过程,研究者们提出了各种不同的科学教育模式,从不同角度对科学教育的具体过程进行了阐述。如兰本达的"探究—研讨"模式(调查研究、讨论)、卡普拉斯首创的"学习环"模式(概念探讨、概念介绍和概念应用)与5E模式(吸引、探索、解释、加工和评价)、萨其曼的探究训练模式(包括展示问题、假设和收集资料、提出新的假设并重新收集资料、得出结论、对探究模式和探究类型进行分析等)以及施瓦布提出的生物科学探究模式(确立研究对象和方法重点、学生构建问题、推测问题症结、解决问题)等。

结合已有研究和我们对于科学探究过程的理解,科学教育应该包括以下四个主要环节或阶段:① 提出和确立主题。教师通过提问、解释问题以及展示相互矛盾的事件等方式将学生吸引到需要研究的问题上,确立探究的主题。② 探索与解释。学生通过自主的探索和操作,形成和检验假设,并对研究结果进行解释,形成结论。③ 交流与评价。同伴间、师生间对获得的研究结果、运用的研究方法等进行交流与评价,以调整和扩展学生对科学概念的理解和科学方法的运用。④ 推广和应用。学生将所学知识和技能运用于新问题、新情境中,以拓宽和加深对科学知识的理解,形成和掌握新的科学方法与技能。当然上述四个环节或阶段并不是固定不变的,根据不同的学习内容、不同的探究形式、不同年龄和发展水平的学生,可以有不同的侧重点,并不一定要完成教育的全过程。将科学教育的过程模式化、单一化,不利于激发学生的科学兴趣,影响学生对科学学习内容的掌握,进而影响科学教育的效果。

当然,强调科学探究并不意味着所有的科学教育都只能和必须通过上述探究的方式来进行。科学教育的方式是多种多样的,如动手操作、阅读资料、开展班级讨论、教师示范演示、观看影片和录像等,并且在不同的教育方式下,其教育的过程和阶段也不同。教师应该也必须为完成特定的教育目标,包括形成概念性理解、培养进行科学探究的能力以及体验科学探究等,确定最有效的科学教育过程与方法。教师要在充分认识和了解各种不同科学教育过程与方式的长处与不足的基础上,根据科学教育的内容和目标,结合学生的发展特点选择适宜的过程与方法,以最大限度地促进学生各方面科学素养的发展和提高。

参考文献:

[1] 刘大椿.科学活动论[M].北京:人民出版社,1985:8.

[2] 金吾伦.自然观与科学观[M].北京:知识出版社,1985:18.

[3] William K. Esler, Mary K. Esler. *Teaching Elementary Science* [M]. California: Wadworth Publishing Company, 1993:8.

[4][14] 赵学漱.中小学科学教育改革[M].广州:广东教育出版社,1995:1,37—39.

[5][10] 刘占兰.幼儿科学教育[M].北京:北京师范大学出版社,2000:16—17,180—191.

[6][12] 钟圣校.自然与科技课程教材教法[M].台北:五南图书出版公司,2000:10—11,38—41.

[7] V. Schmidt, V. Rochcastle. *Teaching Science with Everyday Things*[M]. New York: McGraw Hill Book Company, 1982.

[8] 梁英豪.科学素养初探[J].课程·教材·教法,2001(12):59—63.

[9] L. W. Trowbridge, R. J. Bybee, J. C. Powell. *Teaching Secondary School Science (7th edition)* [M]. Columbus, Ohio: Prentice-Hall Inc., 1996:207.

[11] Peter C. Gega, Joseph M. Peter. *Science in Elementary Education (8th edition)* [M]. Merrill, Vapper Saddle River, New Jeasey, Columbus, Ohio, 1995:99-101.

[13] 顾志跃.科学教育概论[M].北京:科学出版社,1999:63—64.

[15] [英]史蒂芬·霍金.时间简史[M].许明贤,吴忠超,译.长沙:湖南科学技术出版社,2001:6.

[16] 欧阳钟仁.科学教育概论[M].台北:五南图书出版公司,1998:112.

[17] 王素.科学素养与科学教育目标比较[J].外国教育研究,1999,(2):5—9.

科学—人文教育及其实现途径①

董 华 桑宁霞

科学—人文教育是科学技术发展和教育实践深化的双重结果。一方面,面对知识经济和高技术的挑战,传统的科学教育已经越来越不能满足现时代的要求。另一方面,面对当代国际教育的广阔背景,特别是发达国家的教育实践和教育成果,我们不得不承认,培养具备科学素养和人文素质的高素质人才,乃是当前教育的共同目标。因此,科学—人文教育是时代发展的必然要求,是当前教育发展的必然选择,是未来教育发展的必然趋势。

一、时代呼唤科学—人文教育

第一,从科学教育的历程来看,科学—人文教育是科学教育发展的必然趋势。第一阶段是在1920年以前,当时的科学教育是基于实用主义原则,教育只以满足社会需要为目标,很少考虑个人的需要。1920—1950年是第二个阶段,这一时期科学教育以培养专业性的科技人才为宗旨,科学课程以科学知识为中心。1950—1970年是第三个阶段,尽管这一时期科学课程仍以概念为中心,但是社会与科学技术明显分离,自然科学和人文科学相互脱节的现象,已经为人所认识。1970—1980年,是科学教育的第四个阶段,这一时期,科学教育的目标已从单纯培养专业科学家转向培养全民科学素质,科学课程已转向以科学研究的过程为中心。20世纪80年代以后,是第五个阶段,其目的是培养具有科学意识和人文精神的新人,即追求把学生的科学、工程能力和人文、社会科学能力联系起来。[1]由此不难看出,科学教育经历了从以功利为中心到强调以价值为中心的转折,从工具主义教育到科学—人文教育的转折。因此,科学教育与人文教育的结合,反映了社会发展和进步的迫切要求。

第二,科学—人文教育是科学技术发展的必然结果。人是物质和精神的统一体,不仅需要物质产品来维系自身的发展,同时还需要精神上的满足。但近代以来科学技术的发展所造成的工业文明,其根本宗旨是强调自然,以最短时间和最少耗费生产越来越多的物质新产品。这样,一方面人自身的活动受到科学技术和物质生产规则的严格约束,另一方面,又导致人去片面追求物质的享受和满足,从而造成人在心理情感方面的失落。这种只重视物质生产和物质消费,而严重忽视人文心理因素的状况,正是造成诸如环境污染、生态危机、资源短缺、人口危机等科学技术负面影响的一个重要原因。也正是因为科学技术对社会发展所具有的两面性,才使人们从理论上探索科学技术对社会的作用机制,从实践上探索社会对科学技术知识如何才能最佳利用。这对科学—人文教育起到了不可替代的定向作用,即要求纠正以往科学教育的失误,消除由于以往科学教育的失策所产生的恶果。因此,科学技术的进步要求现行教育体系产生历史性的超越,即实行科学—人文教育。

第三,现今的科学教育忽视了科学的人文价值。科学作为人的创造物,无论它多么抽象

---

① 本文选自《教育研究》2001年第12期,第43—46页。

和深奥,它的起源和发展在本质上必然是人性的,它不可能是自主的和非人类的。正如人文主义哲学家哈贝马斯所说:"技术与科学今天具有双重职能:它们不仅是生产力,而且也是意识形态。"[2]科学发展史也表明,科学发展的每一步都充满人性的光辉,反映出人的求真、求善和求美的精神品格。然而,现今的科学教育却基本上是一种地道的唯理性主义模式,它发展人的科学理性,而忽视了科学的人文精神及人文品性对人的教育,这必然造成科学教育的异化和科学教育人文价值的失落。因此必须在教育观念和教育制度、教育体制上作相应的调整,使科学教育之内容、方法和目标真正呈现出多样性、创造性和灵活性。

第四,科学—人文教育是培养高素质人才的必然途径。传统的、偏重学科知识系统传授的科学教育,限制了科学知识和生产技术、职业训练以及社会需求的结合,尤其是具有一定综合性的、跨学科的、当代人们普遍关注的科学技术社会问题,比如资源问题、人口问题、环境问题以及能源问题等还没有成为普遍意义上的教育内容。同时,传统的科学教育在能力的培养上,长期停留在作为人的个性心理特征的观察能力、想象能力和思维能力等方面的培养,对这些能力和现实社会的需求(如信息处理、问题解决、科学决策以及灵活应变等能力)之间的关系以及这些能力的人文特征缺乏足够的重视,从而使受教育者缺乏参与的机会。因此,社会对人才综合素质的要求就成为推动科学教育与人文教育走向现代意义上的平衡的动力之一。这种新的平衡不是人为的,而应是科学教育与人文教育矛盾运动的必然结果,是科学教育与人文教育的辩证统一。

二、科学—人文教育的基本特征

要解决我国目前科学教育面临的问题,就必须了解和把握科学—人文教育的时代特征,站在现时代的高度审视科学—人文教育的实质和内涵。具体而言,其时代特征表现为如下方面。

第一,科学主义与人文主义并重,"文化脱盲"与"科学脱盲"并重。现时代对知识及文化的完整性和对人格的完整性的追求,形成了对完整教育的需求。它不仅需要健全的科学知识和科学精神,也需要健全的人格,而唯有科学—人文教育,才能弥补传统科学教育的缺陷。科学—人文教育既一反过去教育中的唯人性化,又一反教育中的唯科学论,避免了因轻实际而造成的空虚无用,或因轻人文而造成的道德、价值、人性的失落。它把两者有机地结合起来,在科学教育中渗透着人文精神,在人文教育中渗透着科学精神。其基本取向是人的全面、和谐的发展,而不是单纯作为抽象的人或单纯作为现实的劳动者而得到发展和满足。

第二,提倡科学为大众的精神,强调素质教育而不是片面强调精英教育。科学—人文教育,其最终目标旨在人素质的整体提高,而不是局限于培养尖端的科技人才。一方面,通过科学—人文教育使人成为高素质的科技载体,使科技这种潜在的生产力变为现实的生产力,从而实现了教育的生产力价值。同时,科学—人文教育通过直接培养创造型人才,可以对缺乏创新精神的传统科学教育起到文化革新的功能,实现完整意义上的素质教育。这既是对科学教育和人文教育各自单一目标的超越,也是对其目标的整合。因为只有公民的科学素质的普遍提高,才能形成普遍意义上的科学意识、科学精神和科学能力,才会有科技精英的群星灿烂。没有民族素质的普遍提高,就缺乏生产文化和科技精英的深厚土壤。

第三,科学—人文教育是一种重视主体性的创新教育。科学—人文教育提倡,受教育者首先是社会的一员,将通过各种程序来参与未来社会生产、生活和发展的决策。在科学—人文教育的过程中,从学习内容到学习方式,都要有利于参与意识的培养和训练。因此,科学—人文教育就是要培养坚持探索、勇于创新的独立人格;培养标新立异、不墨守成规的批判精神;培养富于灵感、敢于挑战权威的怀疑精神。维纳曾强烈攻击课堂中扼杀独创性的形式主义教育。贝塔朗菲也曾呼吁:"教师要致力于培养每一个学生的自然的好奇心和创造力,对于探索的欲望及其对成功的内在愉悦。"[3]而科学—人文教育正是对这种主体性的关怀,它能通过兼具科学性和艺术性的特殊流程,塑造出具有时代气息的理想人格。

第四,科学—人文教育在科学技术和社会的关系上,强调价值取向。现代科学技术的发展,正在冲击和改变着人们的价值观念、伦理观念以及其他社会观念。科学研究不再被简单地看作是一种纯科学领域里的活动,而被看作是具有强烈的社会和人文意识的复杂的社会活动。人们已不再盲目追求宏大的工程建设,因为巨大的经济效益往往不足以弥补其对生态环境的损害;人们不仅赞叹基因工程的神奇魅力,同时也担心它失去控制从而可能带来的严重后果;人们惊喜于试管婴儿的诞生,又忧虑由此引起的伦理学和法律上的困惑;核技术和太空技术的发展,也使人们不得不思考战争与和平的问题等等。面对如此多的观念冲突,科学价值和人文价值,科学的生产功能和文化功能,必得到正确的解答和选择。这就需要人们把科学精神和人文精神结合起来去认识和处理当前科学所面临的困境,这也正是科学—人文教育的目标之一。

三、科学—人文教育的实现途径

传统教育受专业割裂的影响,至多是对学理科的学生进行一些表面的人文社会科学知识的教育,对学文科的学生进行一些肤浅的科学技术知识的教育,事实上根本达不到真正的教育目的。因此,必须提供能够帮助学生提高对自然科学、技术科学和人文社会科学知识的整体化理解的科学—人文教育,使学生把科学技术和社会文化背景联系起来,了解科学技术的价值功能和自己的社会责任,成为既有知识又有社会责任感,并且还能处理高科技社会中所面临的种种危机的复合型人才。[4]

第一,要加强科学精神与方法论的教育。现代教育无论从它的本质还是最终目标来看,都应该重视人的发展,其基本功能就在于构建人的精神世界。科学教育作为现代教育的组成部分,也应在促进人的精神完善方面发挥重要作用。传统的科学教育对人的培养是通过传授大量的科学知识来进行的,但科学教育又不仅仅是强加于个人身上的片断知识和理智工具的总和,其基本目的是关心人的成长,关心人的精神建构,"把一个人在体力、智力、情绪、伦理各方面的因素综合起来,使他们成为一个完善的人"[5]。在教育实践中,大多把科学知识当作教条加以传授,课堂中教师所表现出来的权力主义、专制主义还很盛行,不鼓励学生质疑、讨论。要注重科学精神与方法论的教育,要依据科学研究与发现的逻辑来构建教学模式,在教学过程中要反对扼杀学生研究精神与意识的种种专制主义和教条主义的教学方法。

第二,要完善科学教育体系,加强科学—人文教育的理论研究。科学—人文教育依赖有关理论学科和相邻学科提供理论资源,比如科学教育学、科学哲学、科技史、科学社会学及STS教育等。因此,要在不断加强科学人文主义教育自身理论研究的同时,将眼光投向上述学科寻求理论资源来发展自己。改变过去仅停留在经验总结而难以提高理论水平的状况,大量借鉴和吸收国外关于这方面的理论知识,推动我国科学教育的学科建设,推进科学教育教学和课程改革。另外,要培养跨学科,特别是能横跨文理学科的研究人才,这样才能为科学—人文教育的理论研究提供充足的人力资源,从而使它真正超越学科教育的范围而进入到跨学科、综合性的研究领域。总之,要根据科技发展、全球化经济社会发展和科学—人文教育的规律,不断加强科学—人文教育的理论研究,不断更新科学教育内容、改革科学教育方法与体制。

第三,建立科学—人文教育观。坚持科学—人文教育,即以科学为基础和手段,以人文为价值和目的,促进人和社会在物质与精神两方面的和谐发展,并在此基础上不断实现人的自身解放,达到人、自然和社会的和谐共存。旧的教育观是一种专业化、系统化的范式,其主要特征是自然科学和社会科学的割裂,科学技术理论与社会实践的脱节,其结果是学生的片面发展。科学—人文教育观,其显著特点是自然科学和社会科学的联系和整体化,科学技术和社会的密切结合,其宗旨是培养具有科学技术素养、全面发展的一代新型公民。要审慎地在科学教育与价值观培养及个性培养之间达成平衡,这样才能在不损害个人自由而全面的发展的前提下推动科学与技术的发展。20世纪的教育历史不断证明,片面地崇尚科学或片面地崇尚人文,都不符合人类社会发展的规律。

第四,确立科学—人文教育的社会价值观。科学技术和教育都不是价值中立的,它们均具有价值负载,它们传播什么样的价值取向,直接导向着人们的选择、追求、态度和生活。传统的价值观念认为主体与客体、人与自然是对立的,人可以改造自然,无限制地向自然索取。因而从科学教育的社会价值观上看,科学仅仅被看作是"认知过程",技术仅仅被看作是"建造或生产过程",科学技术被看作是"一种独立自主的不可抗拒的力量,是可以为任何偶然的利益和需要服务的纯粹中立的工具",[6]其根本价值取向只是"人力价值""工具价值",对于科学人文价值的重视不足和单纯从功利角度来看待科学的价值、功能和作用,导致科学教育丧失了其本质的育人功能。因此,要真正发挥科学教育的作用,就必须确立科学—人文教育的社会价值观,即把科学技术看作是蕴含着价值的复杂的"社会过程"、"社会事业",把科学教育看作是包含科学精神、科学方法等人文心理因素在内的统一体。这样才能真正培养全面发展的、幸福向上的"全人",真正满足学生的情感、精神、心理和个性的需求。

第五,科学—人文学科教育和实践活动相结合。科学—人文教育理念最终要在教育实践中体现出来,受教育者所最终获得的知识、能力和态度也只有付诸实际生活,才有意义。这就要求教育者必须充分考虑教育主体的主观能动性,重视受教育者主体性。一方面,要为受教育者提供良好的科学及人文环境,使他们置身于一个科学精神和人文精神的有机统一体中,这样在实际的教育过程中,不仅可以让学生去学习和掌握具体的科学知识、技能等,还可以让学生感受到科学教育活动作为一种生活过程的完整的意义。另一方面,要引导学生体会并参与创造良好的科学人文环境。科学—人文教育要求人们能够把人与自然同时纳入自己的视野,在人与自然关系中定位自己的人生观、价值观和世界观,因而在科学—人文教育过程中,鼓励学生接近自然,探索自然,最终与自然建立起和谐的关系。总之,现代科学—人文教育的实践性发展,现代科技人才的实践能力的发展和培养,是经济发展、科技进步和整个社会现代化进程的必然要求,是科学—人文教育实现的有效途径。

参考文献:

[1] 常初芳. 国际科技教育进展[M]. 北京:科学出版社,1999:108.

[2] 欧力同,张伟. 法兰克福学派研究[M]. 重庆:重庆出版社,1993:222.

[3] 贝塔朗菲. 重建人类尊严[N]. 中华读书报,1999-07-14.

[4][5] 联合国教科文组织国际教育发展委员会. 学会生存[M]. 北京:教育科学出版社,1996:279,204.

[6] 殷登祥. 科学技术与社会导论[M]. 西安:陕西人民教育出版社,1997:287.

自然科学教育的本质[1]

饶 浩

自然科学教育的本质是个复杂的理论问题,有必要进一步地研究、探讨。为了弄清自然科学教育的本质,必须弄清如下几个问题。

一、自然科学教育产生和发展的依据

自然科学教育是生产发展到一定阶段的产物。它的产生和发展是由生产发展水平决定的。

在漫长的奴隶制社会和封建社会里,由于生产力水平低下,主要靠手工生产方式进行生产,因此,自然科学教育发展十分缓慢。这是因为,小生产是建立在经验和手工基础上的,而不是建立在科学基础上的。在小生产为主的社会中,学校既无法获得进行自然科学教育的内容,生产也不向学校提出向学生进行自然科学教育的要求。因为,第一,小生产不需要具有系统自然科学知识的劳动力;第二,小生产所需的手工技能,只能在生产实践中为劳动者掌握,学校教育对此无能为力;第三,由于小生产的规模狭小,以生产实践中的师徒传递方式进行劳动力再生产就可补偿劳动力的自然损耗,一般不需通过学校教育进行大规模的劳动力再生产。所以,漫长的封建社会中,学校教育主要是文科教育、道德教育,以培养官吏和文化工作者。

随着生产力的发展,自然科学教育开始发展起来。欧洲文艺复兴(14—16世纪)时期,生产力有了一定的发展,出现了哥白尼、伽利略、刻卜勒等伟大科学家,产生了帕尔瓦等大学;自然科学课程也有所增加。欧洲产业革命后,大机器生产取代了手工生产,情形发生了根本性变化。马克思指出:"建立在机器工业上的生产力,一方面使单个人的经验和技巧作为微不足道的附属品而消失了,另一方面,它欲使人类世代所积累的经验,整个社会所创造的经验,也即间接经验的作用越来越大,为了完成生产任务,劳动者再也不能仅仅凭借个人在直接生产劳动中所获得的知识和技能,整个生产过程不是依靠劳动者的技巧,而是科学在技术上的应用。"[1]生产力的发展要求生产技术的变革,生产技术的变革又要求理论科学给以指导。这就要求学校的自然科学教育为其提供人才和成果。因而,一些先进的思想家、教育家都极力提倡自然科学教育。卢梭认为对青少年教育的基本任务是"启发他们的科学兴趣",使他们"喜爱科学",将来"能进行研究工作"。爱尔维修认为传授实用知识"是工业对教育提出的要求,是发展年轻一代智力的极重要的基础"。赫尔岑提出要彻底改变学校的智力内容,主张进行科学的教学。乌申斯基强调"学校应当把自然科学的基本知识贯注到生活中去"。应生产力发展的要求,出现大批自然科学家,如百科全书家普利尼、细菌"猎人"巴斯特、电学大师法拉第、原子论奠基人道尔顿、伟大的化学家诺贝尔等。自然科学也从自然哲

---

[1] 本文选自《教育科学》1988年第1期,第23—26,40页。

学中分离出来而形成了自己的独立系统。这些都促进了自然科学教育的大发展。不仅在综合大学里增加了自然科学教育的系、科,而且大批专门进行自然科学和技术教育的学校也应运而生。到1850年,在产业革命策源地的英国,技工学校达600所,学生达16万人之多。

科学的发生与发展,从一开始就是由生产决定的,同样,自然科学教育的发生、发展也是由生产决定的。

二、自然科学教育的本质

自然科学教育既是自然科学知识再生产的重要手段,又是掌握自然科学和技术的劳动力的再生产的重要手段,二者之间是辩证统一的关系。

马克思指出:"劳动资料取得机器这种物质存在方式,要求以自然力来代替人力,以自觉应用科学来代替从经验中得出的成规"[2],"自然界没有创造出任何机器,没有造出机车、铁路、电报、走锭精纺机等等,它们是人类劳动的产物……它们是人类的手创造出来的人类头脑的器官,是物化的知识力量"[3]。由于大机器生产方式下的生产是建立在现代科学基础上的,所以,现代生产方式下的社会再生产是以现代科学知识再生产为前提条件的。因为,第一,科学的发展,即生产新知识是以知识再生产为条件的。因为任何新的科学发现,都是建立在前人所创造的知识基础之上的,任何伟大的科学家总是"站在前人肩上"才有所成就的。马克思说过:科学的劳动"部分地以今人的协作为条件"[4]。恩格斯也说过:"科学的发展同前人遗留下来的知识量成比例。"[5]自然科学教育是自然科学发展的重要条件。第二,学校教育是自然科学再生产的有效形式。因为学校教育是有组织、有目的、有计划、有选择、有指导,并采用科学方法进行的,所以,它能够在较短的时间将人类长期积累的科学知识系统地传递给学生。正如马克思所说的:"再生产科学所需要的劳动时间,同最初生产科学所需要的时间是无法相比的,例如学生在一小时内就能学会二项式定理。"[6]

科学再生产是生产新科学的基础和条件,而生产新科学又是科学再生产的基础和条件。因此,自然科学教育与自然科学研究是互为基础,互为条件的,二者的关系是辩证统一的。没有自然科学的新发展,所谓自然科学教育就没有新的传递内容,而没有自然科学教育,自然科学研究就不会发展(见图1)。

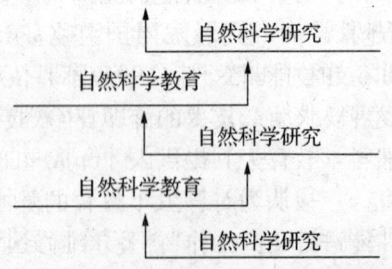

图1 自然科学教育和研究相互作用发展图

正因为自然科学教育同自然科学发展有着十分密切的关系,所以,自然科学教育机构,特别是大学也日益成为生产新科学的机构。特别是在科学物化速度加快的条件下,许多新产品首先要在实验室里生产出来之后,再投入生产,因而高等学校的生产新科学的任务日益繁重。日本国家科研的34%在大学里进行,法国政府将基础科研经费的70%给大学,全国科研成果的一半来自大学,美国近 300 所高等学校中已有 300 所成为科研中心。我国有 5 支科研大军,即国家科学院系统的研究队伍、地方的科研队伍、企业单位的科研队伍、部队的科研队伍和高等学校的科研队伍。高等学校教师队伍约 40 万人,占全国科研人员的 1/3 左右,是一支很庞大的科研队伍。

自然科学教育的本质在于培养科技人才。实现现代化,既要生产技术、设备的现代化,又要实现科学理论上的创新和人的现代化。马克思说:"大工业把巨大的自然力和自然科学并入生产过程,必然大大提高劳动生产率。"[7] "资产阶级在它不到一百年的阶级统治中所创造的生产力,比过去一切时代创造的生产力还要多,还要大。"[8] 这是近代自然科学大发展的推动力量。而自然科学的发展又依赖教育为其培养人才。马克思说:"教育会生产劳动能力。"[9] 自然科学教育实质上是把人的劳动能力科学技术化了,是从事科技劳动力的再生产。特别是在机械化程度越来越高的条件下,智力劳动在生产过程中的比重越来越大。体力劳动与智力劳动的比例,在机械化初级阶段为 9∶1,在机械化中等程度条件下为 6∶4,在全盘自动化条件下为 1∶9。这就要求自然科学教育发挥更大的作用。其作用如图 2 所示。

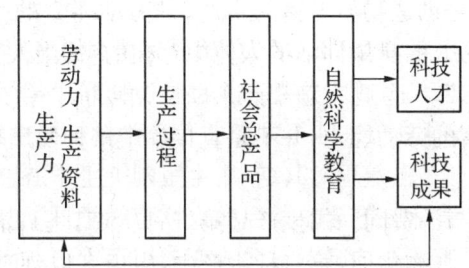

图 2 自然科学教育在生产中作用示意图

通过自然科学教育可以生产下列类型的科技劳动力:

(1) 在科学上有所发现,有所发明的研究人员,为生产力发展提供强大的动力资源。

(2) 在技术上能够改革、创新的设计人员,使知识形态的生产力转化为技术、生产形态的生产力。

(3) 能够掌握和运用先进生产工具和生产方法的技术人员,以充分发挥先进技术和方法的优越性。

(4) 适应于现代化水平的生产和技术管理人员,使得人力、物力及先进技术设备合理组合,提高劳动生产率。

(5) 自然科学教育队伍,使科学知识、生产经验得以传递,为科学生产奠定基础。

(6) 提高全民族的科学水平,为先进技术的普及和提高,为技术力量的成长奠定基础。

(7) 保持科技劳动力的活力,即使科技人才不断地更新知识。

由于自然科学教育是科技劳动力生产的基本手段,因此,世界各国都非常重视自然科学教育。而我国的自然科学教育虽然在新中国成立以来有了很大发展,但比起经济发达的国家还有很大距离。1970 年苏联每万人口中有中级技术人员 413 人,而我国 1979 年每万人口中,只有中级技术人员 56 人。

这说明我国的自然科学教育要尽快地发展,并不断地提高水平,以生产出宏大的、高水平的科技队伍,适应我国现代化建设的需要。

三、自然科学教育的属性

围绕教育属性问题曾有过教育属于经济基础还是上层建筑之争,和教育生产属于物质生产还是精神生产之争。众说纷纭,莫衷一是。

我们认为,自然科学教育是一种特殊的精神生产。如果说教育是变潜在劳动力为现实劳动力,那么,自然科学教育就是变普通劳动力为专门的劳动力,变一般劳动力为高级劳动力。

自然科学教育既然是科学技术劳动力再生产的重要手段,为什么又是特殊的精神生产呢?作为自然科学教育的产品——劳动者不是直接参加了生产过程了吗?

首先,需要了解马克思主义关于生产的含义。恩格斯指出:"根据唯物主义的论点,历史中的决定因素,归根结底是直接生活的生产。但是生产本身又有两种。一方面是生活资料即食物、衣服、住房以及为此所必需的工具的生产;另一方面,是人类自身的生产,即种的繁衍。"[10] 人类自身的生产包括两方面的内容:一是肉体的生产,是人的自然属性;一是教育,是人的社会属性。教育不是创造物质财富的生产,是劳动能力的生产。马克思说:"我们把劳动力或劳动能力,理解为人的身体即活的人体中存在的、每当人生产其某种使用价值时就运用的体力和智力的总和。"[11] 这里马克思所讲的劳动能力,是指生产某种使用价值的劳动力,而不是指创造精神财富的劳动能力,并不是直接生产某种使用价值。所以自然科学教育不属于物质生产劳动。

马克思还指出:"这种与消费同一的生产是第二种生产,是靠消费第一种生产产品引起的。在第一种生产中,生产者物化,在第二种生产中,生产者以创造的物人化。"[12] 教育生产是靠第一种生产产品引起的。第一种生产的产品在教育生产过程中耗费并发挥作用,转化为受教育的思想、知识和技能,即转化为人的劳动能力。教育属于第二种生产范围。

参考文献:

[1] 马克思. 政治经济学批判大纲(草案)·第三分册[M]. 刘潇然,译. 北京:人民出版社,1975:349.

[2] 马克思,恩格斯. 马克思恩格斯全集 23 卷 5 分册[M]. 中共中央马克思恩格斯列宁斯大林著作编译局,译. 北京:人民出版社,2007:423.

[3] 马克思,恩格斯. 马克思恩格斯全集(卷 46 下)[M]. 中共中央马克思恩格斯列宁斯大林著作编译局,译. 北京:人民出版社,2007:220.

[4] 马克思,恩格斯. 马克思恩格斯全集(卷 25)[M]. 中共中央马克思恩格斯列宁斯大林著作编译局,译. 北京:人民出版社,2007:120.

[5] 马克思,恩格斯. 马克思恩格斯全集(卷 1)[M]. 中共中央马克思恩格斯列宁斯大林著作编译局,译. 北京:人民出版社,2007:621.

[6] 马克思,恩格斯. 马克思恩格斯全集(26 卷 1 分册)[M]. 中共中央马克思恩格斯列宁斯大林著作编译局,译. 北京:人民出版社,2007:337.

[7] 马克思,恩格斯. 马克思恩格斯全集(卷 23)[M]. 中共中央马克思恩格斯列宁斯大林著作编译局,译. 北京:人民出版社,2007:423.

[8] 马克思,恩格斯. 马克思恩格斯选集(卷 1)[M]. 中共中央马克思恩格斯列宁斯大林著作编译局,译. 北京:人民出版社,2012:2560.

[9] 马克思,恩格斯. 马克思恩格斯全集(卷23)[M]. 中共中央马克思恩格斯列宁斯大林著作编译局,译. 北京:人民出版社,2007:190.

[10] 马克思,恩格斯. 马克思恩格斯选集(卷4)[M]. 中共中央马克思恩格斯列宁斯大林著作编译局,译. 北京:人民出版社,2012:2.

[11] 马克思,恩格斯. 马克思恩格斯全集(卷23)[M]. 中共中央马克思恩格斯列宁斯大林著作编译局,译. 北京:人民出版社,2007:190.

[12] 马克思,恩格斯. 马克思恩格斯选集(卷2)[M]. 中共中央马克思恩格斯列宁斯大林著作编译局,译. 北京:人民出版社,2012:93.

我对自然学科性质的思考

章鼎儿

自然课是一门怎样的课？这是自然教研的根本问题，是自然教师的根本认识。我想有两条主要的认识途径：

（1）通过教学目标、要求、内容、方法等方面的认识来认识自然课，这是一条全面认识自然课的途径。

（2）通过对自然课学科性质的认识来认识，这是一条深刻认识自然课的途径。

当然，还有历史地认识、比较地认识等方法，不过只是些辅助性的途径。

我希望能进入深刻认识的途径，这便涉及自然课的性质，对此，有关专家已做过多次精辟、透彻的论述，我只设想着能把它们分解成科学性、启蒙性、教育性三大性质，不知能否成立？

科学性反映了认识对象、活动范畴方面的属性，启蒙性反映了认识活动阶段层次方面的属性，教育性反映了认识活动的目的属性。

这三个属性对自然课做了三次划分。科学性把自然课跟非科学活动划分开来，启蒙性把自然课跟真正的科学活动和高一级学校的科学教育划分开来，教育性把自然课跟其他的纯科学活动和科学普及活动划分开来，或者说教育性是对科学启蒙的教育优化处理。

用三个圆可以表示三个属性之间的联系和对自然课的划分，如图 1 所示。

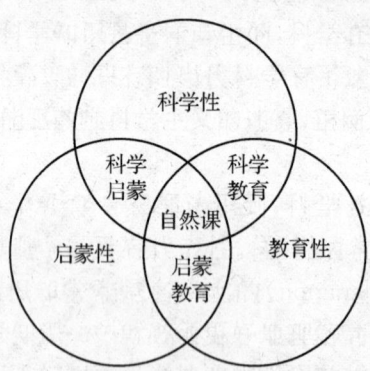

图 1　自然课三个属性之间的联系

对科学性的认识，我还局限于科学的本质、科学的内容和科学的意义三个方面。其实就是科学是什么的问题，从对科学的认识开始来认识自然课的科学内涵及意义。

我把"启蒙"看成一种建立联系的努力，对儿童进行科学启蒙就是在儿童和科学之间建立一种初级的积极联系。所以，启蒙性所反映的是儿童和科学之间的联结点、连接部分的性

---

① 本文选自《小学自然教学》1989 年第 1 期，第 3—4 页。

质,是儿童和科学之间的相互作用过程的性质。这就会有侧重于科学一边的,也会有侧重儿童一边的,会有指向科学,把儿童导向科学的,也会有指向儿童,把科学导向儿童的。大纲中的基础性、可接受性,就是这么一对性质,还有前(潜)科学性和兴趣性,模糊性和直观性等,都是启蒙性的内容。

关于教育性,我分成四个部分。教学永远具有教育性,自然教学同样如此,这可说是对教育性的客观认识。教育性受到多种因素(教学思想、教学态度、内容、方法等)的影响和制约,这可说是对教育性的受动性认识,反过来说,也就是对教师、教材、教法的教育能动性的认识。丰富的教育内容(德智美体知情意行等,通常情况下教育、教养不分)必须统一于一个整体的发展(学生的发展)之中,这是教育性的整体认识。此外,教育性在不断地随着社会的发展、教育的发展和认识的发展而发展,这就是教育性的发展性的认识。

有时候,我诘问自己,是否搞得太烦琐了?但我发现,尽管名堂越来越多,问题越变越复杂,但是出现在思维中的线条和轮廓反倒简洁和清晰了一些,因此就不厌其烦地去思索了。

我还把这三个属性画成一张三维图(如图2),帮助自己把握教材,设计和评价教学,琢磨教学研究方向,探索自然课的发展趋势。例如,自然课在教育性方向上的不断发展,隐现着发展成综合课程的势头。

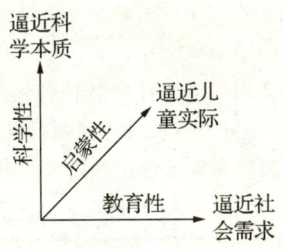

图2 自然课三个属性三维图

对性质的思考我已非一日,前些时候,刚从纷繁复杂,茫无头绪中理出三条线来时,真是高兴而得意。转而定睛一看,哎呀,这不就是早经高度概括、载入大纲的"科学启蒙教育"吗?真是感叹万分。

编后:章鼎儿老师的"思考"是他认真学习教育学、心理学的理论,融会贯通,用于指导教学实践的成果。

外国的理论也好,先进的教学思想也好,只有当你理解了,"同化"为认知结构的一部分,才有可能真正取得实效。我们发表此文,与其说是向读者推荐章鼎儿老师的思考结果,毋宁说是推荐他的探究精神。

二、科学课程标准与教材研究

- 科学课程理想与理想科学课程（母小勇）
- 浅谈《科学》课程的设计（李晶）
- 科学课程内容的研制（李俊）
- 构建小学科技活动课程体系的尝试（张启建）
- 论初中《科学》课程教材的设计（方红峰）
- 人与自然和谐发展观视野下科学课程的审视（王伟群）

科学课程理想与理想科学课程[①]

母小勇

在课程发展和演变过程中,科学为什么被引进学校课程体系之中,科学应该以什么形式纳入学校课程体系,是科学课程建设过程必须回答的问题。1923年,课程专家查特斯(W. W. Charters)在《课程编制》一书中指出,课程工作者的首要任务,"是要发现人们必须做些什么,然后向他们展示如何去做"。查特斯把理想视为课程的有机构成,并指出:"课程是理想和活动这两者构成的。"[1]理想不能从现实的人类活动中直接分析出来,理想是对现实的超越。因此,上述问题涉及怎样认识和理解知识本质、科学活动的内禀特征和演绎模式,涉及人类的课程理想是什么、科学课程理想是什么,以及怎样的科学课程才能实现科学课程理想。

一、科学课程理想

教育起源于自然科学(或称科学)研究,科学课程的勃兴是生产力和科学技术发展到一定历史阶段的必然产物。虽然科学课程不是由个人的意志和理想决定的,但是作为课程的"科学"却被打上了人类理想的烙印。课程原本就是人为之"物",科学课程也不例外。由于认定科学认知方式、科学精神和科学规范对人的全面发展、推动科学自身发展以及维持或更新一定的社会"契约关系"等方面具有独特的价值和功能,人们便把科学"转换"成科学课程,并将其作为学校课程的重要组成部分,期望通过科学课程来实现培养人和发展人类社会的理想。因此,科学课程理想是指人类对科学在培养人和发展人类社会方面的价值和功能的期望。人类的科学课程理想是什么呢?

古代后期,以物理科学为核心的自然科学开始从哲学中分化出来,成为人类认识成果(知识)的重要组成部分。科学也开始以"课程"的形式出现在各种"聚众讲学"的场所和人类早期的学校中。在古埃及的学校,课程中已经出现涉及数学、天文学、医学、地理学、航海学、建筑学、水利学等方面自然科学教育内容。雅典的学校或学园确立了启发人的天性与潜能、促进人的自由和谐发展的教育理想,儿童从7岁起就要进入文法学校。文法学校的课程主要是我们称之为"三艺"或"形式之学"的文法、修辞和辩证法等,也包括我们称之为"实质之学"的天文、地理和自然科学等。

柏拉图(Plato)把世界分为两种:一种是暂时的、虚幻的、变化无常的"现象世界"或"不真实的世界",它仅仅是感觉的对象;另一种是永恒不变的、不生不灭的"理念世界"或"绝对真实的世界"。因此,他基于课程设置与理想社会等级构成之间应该形成对应关系的考虑,从人类"知识"来源出发,在"三艺"(文法、修辞和辩证法)之后又增加了包括与自然科学内容相关的"四艺",即算术、几何、天文和音乐。但是,在他看来,"没有任何一种配称为'知识'的

[①] 本文选自《教育理论与实践》2003年第9期,第47—51页。

东西是从感官得来的,唯一真正的知识必须是关于概念的"[2]。他认为,人们不可能通过感官从"现象世界"中发现真理,唯有"理念世界"才是所有真理的来源。所以,柏拉图创立"四艺"的目的并不是为了实际生活的应用,而在于启发学生对他所谓"绝对理念"的认识和感悟。科学课程只是通向"绝对理念"的桥梁,科学课程理想是通过科学课程实现对"绝对理念"的认识和感悟,实现人类认识和感悟"绝对理念"的本质力量的提升。

亚里士多德(Aristotle)认为,柏拉图的"理念论"不能说明事物的存在。柏拉图的根本错误在于把理念看作是离开个别事物而独立存在的"实体",也就是说,把事物的"一般"与"个别"割裂开来了。[3]他认为,构成具体事物是源于四种"原因":质料因、形式因、动力因和目的因。[4]他用"四因说"来解释万物的运动和变化。在他看来,任何事物都是形式(物体的普遍属性)与质料(物体的特殊内容)的统一体。根据对形式与质料的研究,从知识的性质、知识的价值、知识的组织与传递方式出发,亚里士多德把知识分成四类:一是逻辑学,它是获取真正可靠的知识的方法、工具;二是理论科学,它是以求知本身为目的的科学,包括哲学、数学、物理学;三是实践科学,它是探求作为行为标准的知识,包括政治学、伦理学等;四是创造的科学,如诗学。他把学校的课程分为"有用学科"(数学与物理学)和"博雅学科"("三艺")。公元前335年,他自己创办的雅典"吕克昂学园"(Lyceum)就设置了物理学、宇宙学、生物学和心理学等课程。虽然亚里士多德认为"有用学科"低贱,"博雅学科"才能陶冶上等人优雅的心灵,但是感觉是认识的起源,没有感觉,就没有认识活动,就不可能有知识。因此,亚里士多德的科学课程理想是,科学课程所涉及的内容既是人类知识的有机组成部分,也是"博雅学科"的经验基础。

昆体良(M. F. Quintilianus)也主张学校要设立自然科学课程,但是在他看来,学校之所以要开设物理学或自然哲学,是因为物理学能够为演说、雄辩提供证据和素材,没有物理学就没有真正的雄辩。这便是昆体良的科学课程理想。在基督教学校的课程表中,虽然也列入了科学课程,但是其目的不是发展科学。他们的科学课程理想是,用科学的方法来处理基督教的教义,在神的观照下将"心"的生活组织得如同自然顺序一样。

培根(F. Bacon)构建了一个百科全书式的知识体系,力图使知识摆脱神学和经院哲学的羁绊,使之步入自然界的自由之地。在培根看来,人的认识只能来自感官对外部世界的感觉,知识的主要形式不是别的,只是"真理的表象"。科学知识正是把握"真理的表象"的突出表现,人们一旦掌握了科学知识,就能够发现从未被发现过的、从未想到过的东西。培根把科学分为三个部分:第一部分是关于人类以外的自然界的;第二部分是关于人本身的;第三部分是关于人对自然的行动、人的学术、技艺和科学方面的。显然,培根的科学课程理想在于使人获得力量,从而发展科学,解释和装饰至高无上的神学。

在文艺复兴的三四百年间,自然科学特别是物理学获得了至今仍然令我们感到目眩的惊人发展。从此,科学便因为哥白尼(N. Copernicus)、伽利略(G. Galilei)等的研究成果而开始从神学中解放出来。在社会性质转变以及科学、文学、艺术全面兴盛的背景下,人文主义教育一反中世纪宗教教育对人性的压抑和禁锢,主张尊重与发展人的个性,培养身体健壮、知识丰富、积极参加日常生活的资产阶级新人。科学学科之所以在一定程度上受到人文主义教育家的重视,或者因为他们认为科学中的"纯粹知识"与博雅学科一样可以训练人的心灵,或者因为他们认为学习了科学就能够更好地去理解博雅学科的内容。同时,"自然知识,天地万事万物的法则和性质,以及它们的起因、变化和结果——这是最令青年人高兴,同时又是有益于青年的一门学科"[5]可以肯定,他们的科学课程理想是,为学生提供博雅学科一样可以训练人的心灵的"纯粹知识"。

到17、18世纪,以物理学为代表的自然科学终于取得了划时代的突破。人们越来越意识到科学的教育价值。17世纪捷克的夸美纽斯(J. A. Comenius)是近代科学教育的创立人之一,其《大教学论》中包含了大量科学教育的理论、策略和方法,并提出了著名的"自然适应教育原则",主张读"自然之书"。他不同意先学习语文、后学习科学,主张"两者是应该同时呈现到智性眼前的,事物尤其如此,因为它们和语文同样是悟性的对象"。[6]他为中学编著了教科书《物理学概论》,编著了世界上第一本以直观图形教给儿童自然常识的教材《世界图解》。

18世纪中叶,工业革命的狂飙席卷了西方主要资本主义国家。一批目光敏锐的思想家和教育家举起了科学教育的大旗。斯宾塞(H. Spencer)批判了古典语文教育特有的因循守旧、虚饰浮夸和矫揉造作等痼疾,从实证主义哲学和他的社会学理论出发,根据资产阶级的功利需要,提出了教育应当"为完满生活作准备"的主张。他得出结论:"什么知识最有价值?一致的答案就是科学"。[7]他认为,科学应该在学校课程中占重要的位置,科学是教育的基础,也是教育的材料。至此,科学课程已经不再是桥梁和附庸,科学课程是实现"完满生活"最理想学科,科学课程理想在于人的发展、在于理解社会这一特殊"有机体"的进化。斯宾塞的同代人赫胥黎(T. H. Huxley)甚至认为科学教育比许多社会改革更重要。赫胥黎尤其强调科学教育对于社会进步、个人心智发展及职业成功的重要意义。

今天,德国在物理课程设置时认为:[8]物理学是一种经验、一种方法。他们认为物理课程是传授规范科学知识的,通过学生认知能力(例如解决问题的能力、应变能力和推理能力)的发展,科学的表达方法和思维方法等都将得到进一步发展。1958年,美国国会通过了著名的《国防教育法》,法案规定增拨巨款资助科学教育,着重改革数学、自然科学和现代外语教学,更新内容,提高程度,以培养"天才学生"和开发"科学人才"。可见,科学课程理想在于提升学习者的科学技能、判断力、科学精神等科学素养,在于开发和培养"科学人才"和推动人类社会进步。

总之,科学课程理想是人类在认识和理解科学的内在规定性的基础上,对科学在培养人和发展人类社会方面的价值和功能的期望。科学课程设置与否的问题已经不复存在,科学课程理想也与时俱进,问题是怎样有效地、创造性地把科学"转换"为科学课程,并进一步把科学课程"转换"为有助于学生全面发展的课堂内外的科学学习活动[9],从而实现科学课程理想。

二、科学活动的文化价值

彼得斯(R. Peters)认为,人们确实可以从工具意义上去看待学校课程中的大部分活动,但他否认人们从社会工具意义上去考虑课程的教育价值。他认为,课程活动的价值在于为参与者提供发展其力量、技能、判断力、敏感性、分寸感等的无穷的机会。杜威(J. Dewey)认为,课程的价值在于其社会工具性,即在于阐明儿童生活着的社会的情境,在于向儿童提供社会进步的手段并使儿童掌握这种手段。科学课程能不能实现提升学习者的科学技能、判断力、科学精神等科学素养,从而开发和培养"科学人才"和推动人类社会进步的课程理想呢?要讨论实现科学课程理想的可能性,就必须认识和理解科学课程的母体科学活动的内在规定性和潜在价值。

英国科学家贝尔纳(J. D. Bernal)指出:"科学是一种研究描述的过程,是一种人类活动,这一活动又和人类其他的种种活动相联系,并且不断和它们相互作用。"[10]作为一种特殊的人类文化活动,科学首先是一种文化存在。文化是一定社会群体的行为活动及其物质产品与精神产品。文化的要素只有两个:社会群体活动和这种活动的成果。科学文化的内涵具体表现在四个方面:

(1) 从事科学活动的社会群体及其活动。

从事科学活动的社会群体就是科学家共同体,这一活动就是科学家共同体的探索并把人类对世界的认识构造成理论的过程。因此,科学是一种社会建制或社会过程,它拥有一套与一般社会规范一致的价值规范,这一科学规范协调各科学研究个体的行为(包括科学研究、交流科学成果、解决学术分歧等)和协调科学事业与社会其他事业的关系。爱因斯坦(A. Einstein)与玻尔(N. Bohr)进行了长达20余年的量子力学大论战,而这种学术之争并未影响两位科学泰斗的友谊。在争论中,玻尔等人逐渐完善了量子力学体系。

(2) 以科学的语言、符号所记录和表达的科学理论体系及其形成过程。

科学的语言、符号(例如,DNA分子的结构被抽象为"双螺旋结构",原子之间的力被抽象为"键"等)所记录和表达的科学理论体系是人类认识世界的劳动与智慧的结晶,是科学文化的动态知识形态。科学是一种文化积淀的历史,它不仅是指这种人类文化活动所构建的系统化、理论化的知识体系,也是指人类科学探索的历史、思想的演化和方法的优化,即科学是人类思想史的演绎过程。例如,电子的运动状态早先被描述为"绕核旋转",其后被抽象为"能级轨道",最后再被抽象为矩阵数学符号。

(3) 以物质形态存在的生产和生活工具。

科学文化通过工具以物质的形态对人类生产和生活方式产生影响。无论是为了改善人类生存的物质环境还是为了满足人类对自然的好奇心,科学都是把"人"作为服务对象。望远镜满足了人类对地球以外世界认识的欲望;显微镜帮助人类了解了不同层次的物质结构。激光发生器、全息照相设备、粒子加速器、正负电子对撞机、运载火箭、通信设备、计算机网络等在改善人类生存条件和扩展人类力量方面的作用是有目共睹的。

(4) 以观念形态存在的科学品质。

科学本身是人类文化的一部分,它的形成、传播、发展并不是脱离人文环境的超现实的过程,而是与人的思维及社会密切相关的。因此,在科学及其相关活动中,包含着科学精神、科学态度和科学道德等,反映着科学家共同体的世界观、价值观和人生观。科学态度、科学精神的实质可以概括为以下几点:实证精神、分析精神、开放精神、民主精神和批判与怀疑精神。其核心可归结为求实的态度与创新的意识。例如,拉瓦锡(A. L. Lavoisier)用天平测量了物质燃烧过程质量的变化,发现燃烧物增加的质量恰好等于燃烧空气减少的质量,推断出"燃素"就是氧气。因此,科学的文化活动和文化过程具有以下潜在价值:

首先,能启迪智慧,开发潜能。科学不只是载录了人类认识世界的智慧成果,更重要的是,它是区别于宗教、迷信、神话的、人脑对客观事物的反映过程。在这个过程中,人们要进行观察、猜想、假设、实验、操作,最终形成科学智慧。科学智慧超越了具体的科学概念、规律、方法等,而且在人的行为活动中具有意识导向作用。因此,科学活动能够提高从事该活动的人的多种能力,实现智能的发展。爱因斯坦在谈到广义相对论的起源时说:"这些都是思想上的谬误,使我艰苦工作了整整两年,直到 1915 年我才终于认清它们确实是谬误。""在最后突破、豁然开朗之前,那在黑暗中对感觉到了却又不能表达出来的真理进行探索的年月,那强烈的愿望,以及那种时而充满信心,时而担忧疑虑的心情——所有这一切,只有亲身经历的人才能体会。"[11]

其次,能形成思想,陶冶心灵。科学活动是一种人类追求真理的心智活动过程,它影响了人类对世界的根本看法和处理问题的根本方法,因而具有世界观和方法论的意义。达尔文(C. Darwin)的进化论改变了人类对自身的根本看法,爱因斯坦的相对论改变了人类对时间和空间的根本看法,量子力学改变了人类的因果观。科学是人类对自然、社会和人类自身的认识和解读,具有人的主观色彩,体现了人类某种自然观、社会观和道德观。它是在从事科学活动的过程中,人们自觉不自觉地形成和发展起来的。

科学追求简洁、对称、和谐,是一个美的发现、创造和探索的过程。科学规律、科学结构、科学方法和科学内容无不具有简洁美、直观的和数学的对称美、内在的自洽性和互补性,展示了科学的美学价值,陶冶了人的心灵。当哥白尼(N. Copernicus)用地球的自转和公转代替日动以后,仅用了 34 个圆就能代替托勒密(C. Ptolemaeus)的 88 个圆的功能;量子力学使物质微粒说与波动说达到了自洽与和谐,表现出科学理论的互补性。

科学不仅是以科学专著、刊物、教科书等媒介公开出版的成果,也包括科学研究者非常规的思考、探索的艰辛和激动人心的高峰体验等。这些个人层面的、常规的和非常规的思考、判断和体验,虽然不一定非常成体系,但是它却是构成完整科学活动的重要内容;这些个人体验已经超越了科学知识本身,成为人类的精神财富。

第三,锻炼意志,学会合作。科学是一种意志活动,是一种团队活动。竺可桢记气候和物候学日记(除 1936 年以前的在抗日战争中散失无存外),从 1936 年 1 月 1 日到他逝世前一天,累计 38 年零 37 天,没有一天间断。科学研究可能是在深山、冰川、荒漠、原始森林甚至太空,即便是实验室也可能条件艰苦,科学家凭着不断进取的执着逼近真理。玻尔以及他倡议成立的理论物理研究所造就出一大批如海森堡(W. Heisenberg)、泡利(W. Pauli)和狄拉克(P. A. M. Dirac)等出色的物理学家,最后发展成了有名的"哥本哈根学派"。1995 年物理学的一大成果是证明第 6 个"顶夸克"的存在,这是两个实验组 800 多人共同研究的成果。这些都是团结协作精神的体现。

如果能够在科学课程中充分地、全面地体现作为文化的科学的上述文化内涵,科学课程就应该早有上述三个方面的教育价值,即科学不仅具有智育价值,还具有德育价值和美育价值。[12]科学课程就能够实现科学课程理想。现在的问题是,我们的科学课程是不是全方位地、忠实地让学生经历科学的文化活动和文化过程?

三、理想科学课程

随着社会进步和科学技术的迅猛发展,科学的理论、方法和思想对社会生产、社会生活的作用愈来愈大。无数事实证明,科学技术是生产力,而且是第一生产力;科学是教育的重要内容,科学课程对人的全面发展具有非常显著的作用,提高青少年的科学文化素养是基础教育的当务之急。

由于对科学课程的期望越来越高,人们不懈地探索怎样构建理想科学课程。我们知道,任何课程(当然包括科学课程)设计和选择都不可能完全按照纯粹的科学结构展开,都是按照经过重整的、便于学生理解的和有利于学生发展的课程结构展开的。为了构建理想科学课程,我们可以通过寻找科学内在的规定性、科学活动的过程特征和青少年学习的心理顺序,利用它们之间的关系,把科学"转换"或改造成理想科学课程。

前面笔者详细地讨论了科学内在的规定性和科学活动的过程特征,青少年学习的心理顺序如何呢?卢梭(J. J. Rousseau)在教育界发动了一场哥白尼式的大革命。他把儿童放在教育过程的中心,认为儿童有一种潜在的发展可能,而教育就是为儿童提供优良的环境。儿童从出生到成年的发展就是人类种族进化过程的重复,即所谓"重演理论"(recapitulation theory)。德国胚胎学家海克尔(E. Haeckel)也提出了"生物重演律",其内容是"个体发生就是种系发生的短暂而迅速的重演"。笔者进行了这样的研究,首先通过心理学实验得到青少年科学学习进程的曲线[13],然后以物理学史专家的专著为基础并参照物理学发展的大事年表,得到物理学发展进程的曲线,初步检验了"重演"假设。笔者认为,青少年科学学习进程与"人类"探索科学的进程极为相似,青少年科学学习的心理顺序差不多就是"人类"探索科学的历史顺序。

因此,理想科学课程的本质是全方位地、忠实地让学生经历科学的文化活动和文化过程,为学生能够在教师指导下经历科学探究活动创造条件、机会和过程。在教师指导下经历科学探究活动,就是学生在教师指导下提出问题、获得事实、做出预言猜测、形成逻辑结构、报告成果和方法、经受各种批评、处理他人的观点、解决学术分歧等。理想科学课程的根本是"全面发展"的教育理想。理想科学课程是学生通过它能够在德育、智育、体育、美育、劳动技术教育方面全面和谐发展的课程,是旨在通过科学课程直接或间接实现社会进步和科学技术发展的课程。

理想科学课程应该借助于最基础的、最一般的科学思想、观念、概念、规律、方法、活动和过程,通过学生经历这些基本的科学探究活动和过程,从三个维度——"知识与技能""过程与方法"和"情感态度与价值观"展开。

具体地讲,理想科学课程应该具有以下特征:

(1) 营造科学认知和交往的环境。

学生学习科学的过程与"人类"科学探索总的发展过程在本质上是"基本一致"的,学生应在良好的科学环境下大致经历科学的探索过程。所谓形成科学环境,指的是科学课程要创造让学生观察与实验的条件、让学生经历科学观念、概念和规律理性思维的过程。为了让学生熟悉和经历科学理性思维过程,科学课程应强调科学事实在科学理性思维过程中的基础地位;严格科学推理的逻辑性,启发学生动脑进行科学抽象;创设情景让学生主动提出问题和进行猜想[14];调动全体学生主动参与科学问题的讨论。在营造科学认知和交往的环境的过程中,还应该强调科学活动的真实性和现实性。所谓真实性,就是从生活和生产走向科学课程;所谓现实性,就是从科学课程走向现实社会、回到现实生活。

(2) 重视"参与",关注"过程"。

形成良好的科学环境只是科学学习或教学的必要条件,能否获得良好的科学学习或教学成效决定于学生是否真正投入科学学习活动之中,决定于学生是否主动经历科学观念、概念、规律形成的理性过程和实践过程。也就是说,科学学习的成效决定于学生是否主动地学习、是否会观察和实验、是否会思考和推理、是否会科学猜测和验证、是否会陈述观点和听取别人意见等等。因此,所谓重视"参与",指的是科学课程应该引导学生投入科学环境下的科学学习活动,强调学生主体地位的体现;所谓关注"过程",指的是科学课程应该引导学生经历的科学理性认知、探究过程和实践过程。总之,学生要学习真实的科学,就要从"公开"和"非公开"的科学现象的整体中把握"公开的科学"(以科学专著、刊物、教科书等媒介公开出版的科学),体验科学研究者"个人的科学"(科学研究者个人层面的、常规的和非常规的思考、判断和体验)并形成学生"个人的科学"。

(3) 能够激发学习科学的兴趣。

学习科学的兴趣是推动学生学习科学的一种最实际的内部动力,也就是人们通常所谓求知欲。具有强烈的学习科学的兴趣或求知欲的学生,常常会津津有味地学习,并得到很大的满足感。青少年对科学学习的兴趣有四个不同的层次:① 直接兴趣。即对生动的科学现象、装置和事件产生自发的兴趣。② 操作兴趣。即对获得科学现象的操作和过程产生亲自动手操作的兴趣。③ 因果兴趣。即对科学现象发生的原因和科学事件之间的因果关系产生探究的兴趣。④ 理论兴趣。即对科学理论的结构、体系和逻辑关系的自洽性、一般性和实用性产生的兴趣。兴趣的发展一般是由有趣到乐趣、由乐趣到志趣。学习科学的兴趣的发展和培养也要按照这样的轨迹。科学课程为了培养学生学习科学的兴趣,除了明确所学科学内容在生产生活中的实际意义外,还应创设"问题情境",使学生面临实际的任务、遵循兴趣发展的规律培养学习科学的兴趣。

(4) 渗透情感、态度和价值观等教育因素。

理想的科学课程作为基础教育的组成部分,应该具有智育的价值、德育的价值、美育的价值和劳动技术教育的价值。如果说科学课程编制和执行中努力为学生提供更多经历科学活动机会意在强调科学概念产生和形成的一般过程和方法的话,那么这种理解是不全面的。科学活动是人类的一种社会化的文化创造活动,人们在科学文化活动中不仅提出了概念,总结出方法,也反映了科学家共同体的科学态度或科学精神、反映了科学家共同体对科学与社会关系的根本看法,反映了科学家共同体的人文精神等。因此,科学课程所设计的学生科学活动也应该具有培养学生科学态度、让学生了解科学与社会的关系和弘扬科学人文精神的功能。

参考文献:

[1] Charters,W. W.. *Curriculum Construction*[M]. New York:Macillanpp,1923:75—84.
[2] [英]罗素. 西方哲学史(上卷)[M]. 何兆武,李约瑟,译. 北京:商务印书馆,1976:196.
[3] 仝增嘏. 西方哲学史(上册)[M]. 上海:上海人民出版社,1983:179.
[4] 杨仲耆,等. 物理学思想史[M]. 长沙:湖南教育出版社,1993:132.
[5] [英]博伊德·金. 西方教育史[M]. 任宝祥,吴元训,译. 北京:人民教育出版社,1985:163.
[6] [捷]夸美纽斯. 大教学论[M]. 傅任敢,译. 北京:人民教育出版社,1984:94.
[7] [英]斯宾塞. 教育论[M]. 胡毅,译. 北京:人民教育出版社,1962:43.
[8] 母小勇. 德国物理教学的启示[J]. 中学物理,1995(3).
[9] 母小勇,谢安邦. 论教育硕士专业的课程目标和取向[J]. 教育研究,2002(1).

[10] 贝尔纳. 历史上的科学[M]. 北京:科学出版社,1983:684.
[11] [英]W. I. B. 贝弗里奇. 科学研究的艺术[M]. 陈捷,译. 北京:科学出版社,1979:64.
[12] 周川. 科学的教育价值[M]. 南京:江苏教育出版社,1993.
[13] 母小勇. 成人与中学生科学概念形成过程的四个对比实验[J]. 心理科学,2002(5);一个科学概念形成过程的初步实验研究[J]. 心理科学,2000(5).
[14] 母小勇. 论"启发式综合教学"的课堂教学结构[J]. 物理教师,1994(10).

浅谈《科学》课程的设计

李 晶

在我国基础教育课程与教材改革中,《科学》课程的创建是一项突破。《科学》课程是一门理科综合课程。它以培养青少年的科学素养为目标,使学生理解什么是科学,对世界产生完整的认知观念,具有观察和了解科学的能力,养成科学的思维习惯。这就要求《科学》课程要选取对学生发展最有价值的自然科学知识组成基础知识结构,将一些先进的、基本的科学观念通过身边的自然现象呈现给学生。随着学生认识水平与实践能力的发展,反复加深他们对于科学观念的理解,最后达到学会运用反映自然界本质与联系的"科学主题"看待自然。

《科学》课程将能力培养按学段融入教学内容之中,利用充足的实践活动和现代教学手段,使学生在活动中学习、领悟人类在探索自然的过程中积累的丰富经验和形成的有效方法。

学习《科学》课程,可以使学生头脑中建立起吸收知识、整理知识、创造性地运用知识的"范式"(或者说是学习策略)。《科学》课程的内容是提高学生思维能力的工具,而不仅仅是学生需要掌握的知识。《科学》课程要把教学过程转变为学生的主动学习的过程,把以学科知识体系为中心转变为以促进学习者发展为中心,把"维持性"学习转变为"创新性"学习,为学生终身学习打下基础。

《科学》课程要尽量选择实际生活中综合性的问题。自然界存在的真实现象是点燃学生学习热情,激发学生探索的动力。《科学》课程的教学要创设在活动中探究的学习气氛,激发学生的学习兴趣,把最宝贵的财富——积极进取的精神交给学生。

《科学》课程的学习过程也是使知识转化为学生的科学思想,进而转化为科学信念,产生正确对待自然和处理社会生活中科学问题的行为的过程。

为了达到以上目标,《科学》课程在设计上要有新的思路。笔者认为,创建这门课程要有两项突破。

一、重新审视什么是中小学学生面向未来的科学基础,重新构建科学基础知识的结构

按照系统论的观点,整体功能并不等于部分之和。《科学》课程如果只是将原有的分科的基础知识经过梳理后归类加和,这样形成的知识结构很可能失去了原来分科课程知识结构的内在逻辑,结构不够合理,可能导致整体功能小于部分之和。反之,如果课程内容整体结构优化,整体功能将大于部分之和。因此,建立合理优化的、实用的、对未来学习更有支持意义的、内在逻辑性较强的科学基础知识结构是《科学》课程改革成败的关键。

那么,在不断增加的基础知识中,哪些知识最能够影响其他知识的学习?哪些知识在组

---

① 本文选自《课程·教材·教法》2001年第7期,第7—10页。

成科学基础框架时必不可少?

考虑之一:在建立新的知识结构时,必须面向未来,考虑未来人所需要的科学基础是什么,将原有的基础知识简化、更新。

我们已经体验到,尽管从小学到研究生,系统地学习过科学基础知识,但是由于科技的发展和社会的进步,有些基础知识已经不再发挥基础的作用,而有些基础知识自己并不具备。这是因为我们所受的教育是在"以过去的经验为现在人做准备",如果"以现在的经验为21世纪的一代新人做准备",新一代人所感到的不适应一定会比我们更强烈。

取舍知识的原则是:以现在的眼光分析当前中小学理科基础知识,选择其中构成各个学科基本框架的知识;能够对于今后的学习起支持作用的知识;具有思维训练价值的知识;具有文化和教育功能的知识。同时,预测21世纪科学技术发展的趋势,预测21世纪人才所必须具备的科学基础知识。那些中学生学习起来感到困难而成人可以应用基础知识比较容易通过自学掌握的知识以及多数人一生用不到的知识,应该舍去。

考虑之二:以反映自然界本质与联系的科学主题为核心,简化基础知识。

什么是"科学主题"?自然界本身是统一体,人类认识自然的活动形成了科学。科学常常被视为对自然界的事物与现象、事实与数据的无尽的描述,或者对实验事实和探索活动的展示。而一些科学的核心概念可以将这些分立的信息片断融入广阔的、有逻辑内聚力的结构中,在这样的结构中,信息片段的关系可以显现出来,这种核心概念就是科学主题。在自然科学中以某些主题来组织两个或者两个以上学科的有关内容,统摄其中基本概念,这样的主题可以揭示学科知识的本质及其内在联系,具有统整自然科学的功能。实际上,科学是存在着这样的主题的,不仅自然科学,其他科学也存在着这样的主题。

研究世界上一些国家的《科学》课程,经过反复比较,笔者认为,以科学主题来简化和统整基础知识结构的范例可以概括为两种情况。一种是以《美国国家科学教育课程标准》为代表的以科学工作的实际过程为基础提炼出来的科学主题。另一种是以科学内容为基础,提炼出来的科学主题,它包括:围绕着"能量""演化""变化的形式""尺度与结构""稳定性""系统与相互作用"等。北京市研制的《科学课程标准》的内容就是以主题的形式呈现的。

下面以提炼出来的科学主题为例,作一简单的说明。

"能量"主题构成了任何相互作用的系统的基础,是连接不同学科的纽带。在物理学中,所有物理现象及相互作用都与能量的变化相关。能量在不同的形式(机械、声、热、电、光)之间相互转化。地球科学中能量的变化也很突出,地幔地核内部的能量通过地壳传播,引起造山运动、大陆漂移、火山喷发与地震。地球表面在太阳能的驱动下,水、大气、生物有机体的活动形成了气候变化、地表形态变化和生态系统。生物学中生命体内的能量流动驱动其新陈代谢和生长发育,生态系统中的能量流动使其得以存在繁衍。环境科学研究能源的利用与保护等等。各个学科中的能量变化都遵循共同的能量守恒与转化原理。能量主题把各个学科内部的不同分支联系在一起,体现了自然界的统一性与多样性。

"演化"主题从时间顺序上反映自然界面貌。演化涉及自然界的历史并预示未来,这些历史本来就是自然界存在与发展中不可分割的部分。演化包含的三个次主题——"演化的方向性""演化的限制性"和"演化的机会性"将一切地球的、生命的、社会的演化的内外因、形式与结果包容起来。

"变化的形式"主题及其三个次主题——"趋向变化""循环变化""不规则变化",揭示各种变化的共同规律及相互关系,将各个学科内部和学科之间的发展变化相互联系起来,而且将自然科学整体与社会科学、思维科学,乃至哲学与数学联系起来。

自然界中可以描述的结构,如宇宙的、地球的、生命的、物理与化学的等等,问题非常复杂,从各种层次都可以提出结构问题。科学研究中也充满了"尺度与结构"问题,例如,在研究物质的性质时,首先要明确是在哪种尺度上研究,尺度不同,研究方法也不同。我们可以对于物质的最小组成单元的运作方式进行持续的研究,也可以对于某个系统的各个层次进行观察,研究它们各自在系统中扮演什么角色。

"稳定性"主要有两方面含义,一是自然现象的可预见性及科学具有的可验证性。给定初始实验条件,可以预见应该发生的现象与结果,科学发现应该是可重复的。二是揭示自然界较长时间的静态稳定状态的规律与特征;反映自然界普遍存在的动态平衡状态的规律与特征。

"系统与相互作用"是自然界最普遍的观念,研究任何事物与现象都离不开其存在的系统与环境,系统之中的要素之间、系统与环境之间、系统与系统之间都存在着相互作用,正是这种相互作用的形式多种多样,构成了运动变化着的自然界。

六大主题之间基本不存在包含关系。但是,它们是相互交叉、相互联系的。例如,不规则变化反映自然界存在的不可预测性,稳定性则反映自然界存在的可预测性,自然界客观存在的两个矛盾的方面将两大主题联系起来。又如,能量主题在多数情况下与系统和相互作用主题关系密切。

凡是能够深刻反映科学本身面貌的主题都是可取的。科学主题可以有多种组合,理论上,优选的主题形成的不同组合所构成的知识结构应该是等效的。

如果我们能够成功地提炼科学主题,并且将它们组合成能够反映自然科学基本面貌的"主题组",然后围绕这组科学主题选择经过更新后的、最具有教育意义的知识,删除与理解科学主题没有直接关系的知识,这样选择出来的较少量的知识,比原来分科课程中庞杂的科学知识具有更强的教育功能。

这样选择出来的较少量的知识能否使学生形成简化的、实用的、对未来学习更有支持意义的、内在逻辑性较强的科学基础知识结构,取决于两个重要的因素:一是科学主题组的确定是否是最优的;二是围绕科学主题选择的知识是否是最有效的。如果处理好这两个因素,就可以保证新建立的基础知识结构能够在学生今后的学习中真正发挥基础作用或者说发挥学生自学其他知识的桥梁作用。这种作用表现在当学生遇到没有包含在基础知识之中的其他知识和具体方法时,可以运用科学主题和科学思维方法经过自学获得所需的知识,这样的知识结构应该具有开放性,使学生很容易地把新学到的知识纳入原有的知识结构之中。

科学主题还具有很强的教育功能,科学的其他领域及人类的社会生活中也同样存在着可以反映事物规律与联系的主题。学生对于自然科学主题的理解可以迁移到其他领域,这样学生学会整体地、联系地、发展地、本质地看问题,形成科学的思维习惯,掌握有效的学习方法,就会成为有智慧的人。

二、探索《科学》课程新的组织方式

探索与新的知识结构相适应的课程内容组织形式,是建立《科学》课程的第二个突破点。分析世界上一些国家《科学》课程内容组织的特点,可以非常明显地感觉到,它们都深刻地反映着以本国文化为背景的思维方式与教育思想。我们在设计《科学》课程时可以借鉴，但是不能照搬。在《科学》课程内容组织上要走我们自己的路，才能行得通。

笔者认为，学生只有经常在具有很强的逻辑性的材料中做出有意义的发现，才能够形成逻辑思维能力。因此，组建《科学》课程必须十分强调知识内在的逻辑性，吸收"学问中心"课程的结构化的长处，克服历史上综合课程缺乏内在逻辑性的弊端。《科学》课程的内容组织原则必须与知识选取原则高度一致，才能保证课程的逻辑体系完备。其内容是围绕科学主题选择的内容的组织形式也必须以科学主题为线索。这种逻辑性与学科体系的逻辑性在因果关系、从属关系等方面具有共性，但是在内容组织的内部逻辑上有很大区别。

我们在参加"北京市21世纪基础教育课程与教材改革"研究项目中，承担过《科学》课程标准的研制。我们采用了上述的以科学内容为基础的一组科学主题，尝试着以科学主题的发展为课程内容的内在逻辑。根据科学主题在自然界现象中表现的方式，由具体到抽象，由简单到复杂，由表观到内部。例如，学生在日常生活中经常接触的、最容易理解的主题是"系统与相互作用"，当这一主题与"能量"主题交叉时，就涉及作用的原因与本质，学生对问题的分析和认识就会深入一步。"系统与相互作用"主题若与"稳定性"主题交叉，由于稳定性的含义比较复杂，有时需要预言而当时不能够直接测量，就将学生的思维方式由单向发展到多向，由具体发展到抽象。具体安排是：在科学课程中，3—5年级渗透全部科学主题思想；6—9年级以一个科学主题为主（其他为辅）统整内容；10—12年级以多个科学主题相互交叉反映复杂科学思想。

在教材编写中，将上述思想具体化，表现出的线索有三条。

（1）符合学生认识发展规律的自然科学知识的三次循环。

每次都以"物质世界存在的形态"——"物质的运动与变化"——"能量"为主线。知识基本载体是"地球""生命世界（尤其是人体）"等自然统一体。

（2）融入教学内容的科学思维过程的培养。

《科学》课程要根据学生心理发展的进程，将科学思维过程融入学生的知识结构。这样科学工作者从事科学发现的主要思维过程：观察、描述、比较、排序、归类、相关、推断和应用贯穿于课程之中。具体讲：1—5年级——以培养观察、描述、比较、分类思维过程为主；6—9年级——前四种循环上升，加上排序、相关、推断、应用；10—12年级——再次循环上升，由形象思维过渡到抽象思维、逻辑思维能力的培养。

（3）循序渐进的实践与实验能力的培养。

《科学》课程的实验与实践活动从内容方面分为两种：一种是与具体的教学内容密切相关的实验与实践活动，它与分科实验没有根本的区别。另一种是带有综合性的、以真实的自然环境为内容的、与一个内容主题整体相关的实验与实践活动。

《科学》课程的实验与实践活动从性质方面分为两种：一种是验证性实验，另一种是探索性实验，《科学》课程中的探索性实验的比例占50%以上，有些实验的名称与过去的分科教学中的相同，但是，角度与内容并不相同。

《科学》课程的实验是广义的实验，除去真正意义的实验以外，还包括应用现代教育技术实现的模拟实验、应用各种媒体观察自然现象等。

1—5年级：教学中始终贯穿着观察、动手操作等实践活动。实践活动成为教学内容的有机组成部分。

6—9年级：进行简单的实验，掌握基本的实验技能。同时，从带有科学探索意味的实践活动和间接获得的信息中获得经验，实践"学科学、做科学、用科学"的学习过程。

10—12年级：对实验要求提高，引导学生按照科研的程序，提出问题，收集信息资料，提出解决问题的方案，在教师的指导下，设计实验，处理实验结果，验证方案是否正确，修正方案。学习应用已获得理性知识，并且在应用中扩展知识，将扩展的知识纳入原有的知识结构之中。

在继承我国理科教育优点的基础上，创建符合我国文化底蕴的《科学》综合课程任重而道远。我们所做的探索才刚刚开始，立论的依据还不够充分，构建的框架还不够完善，非常希望得到同行的启发与帮助。

参考文献：

[1] [美]国家研究理事会. 美国国家科学教育课程标准[Z]. 国家科技情报所，译. 北京：科技文献出版社，1996.

[2] *California State Education Commission. Standard of Science Curriculum.* California：California State Education Board，1994.

科学课程内容的研制

李 俊

为了迎接 21 世纪国际经济的挑战和适应 21 世纪新一代北京人发展的需要，北京市从 1994 年启动了"北京市 21 世纪基础教育课程改革方案"的研究工作，历时四年，现已提出课程计划和各门课程的课程标准。北京市于 2000 年依据新课程方案开始区域性实验。

新方案的特点之一是：提倡学科课程和综合课程并存。北京教育学院承担了综合课程中的"科学课程标准"的研制工作。在研制过程中，课题组成员基于大量的文献研究以及浙江、上海、广东等省市的实地考察，基本认同科学课程的设计有以下几类不同流派。

（1）自然科学(Physical Science)。包括物理和化学的教学内容，综合程度较低。

（2）普通理科(General Science)，或译为"理科"(Science)，也有人称为组合理科(Combined Science)。将物理、化学、生物等教学内容松散地组合在一起。

（3）综合理科(Integrated Science)。Integrated 这个词或译为统合、统整。科学教育课程开发更重视"统整"则是发展潮流。内容包括物理、化学、生物、地学以及环境科学，甚至部分社会学科。

以上三种不同流派中，我们把第三种流派的观点作为开发"科学课程标准"的指导思想。其理由主要有二：一是自然界本身是统一体，科学内在的整体性应该与其来源自然界的统一性是一致的，因此，科学课程应该倾向于统一、整体、综合地认识世界；二是科学知识迅猛增加，学生在有限的时间里不可能学习所有的科学知识，因此，科学教育应该侧重于培养学生的科学素养。我们研究认为：紧密综合的科学课程能从整体上更有效地培养学生的科学大观念以及其他科学品质，从而达到培养学生的整体科学素养。

已研制的"科学课程标准"由五部分构成，即前言、课程价值、课程内容、教学建议和评价建议。本文在实践基础上，就该标准中的核心部分——"课程内容"的研制工作进行简要的探讨。

一、科学主题、科学大观念

为了试图实现科学课程的紧密综合，我们在研制科学课程内容时使用了"科学主题""科学大观念"这两个名词，首先让我们明确一下它们的基本含义。

（一）科学主题

科学主题是这样一些思想（或称核心概念），它们能统整(integrate)不同自然学科中的基本概念，且有利于科学概念的展示和教学。

自然界本身是统一体，人类认识自然的活动形成了科学，科学常常被看作是对自然界的

---

① 本文选自《课程·教材·教法》2000 年第 1 期，第 9—12 页。

事物与现象、事实与数据的无尽的描述，或者对实验事实和探索活动的展示，而一些科学的核心概念可以将这些分立的信息片段融入广阔的、有逻辑内聚力的结构中。在这样的结构中，信息片段的关系可以被显现出来，这样的核心概念是科学主题。例如，"能量"概念，在物理学中，所有物理现象及相互作用都与能量的变化相关，能量在不同的形式（机械、声、热、电、光）之间相互转化；在地球科学中，能量的变化也很突出，地幔地核内部的能量通过地壳传播，引起造山运动、大陆漂移、火山喷发与地震，地球表面在太阳能的驱动下，水、大气、生物有机体的活动形成了气候变化、地表形态变化和生态系统；在生物学中，生物体内的能量流动驱动其新陈代谢和生长发育，生态系统中的能量流动使其得以存在繁衍；在化学中，能量伴随着物质之间的变化；环境科学研究能源的利用和保护；等等。上述各学科中都涉及"能量"概念，并且各学科中的能量变化都遵循共同的能量守恒与转化原理。我们可以通过"能量"概念把各个学科内部的不同分支联系在一起，体现自然界的统一性与多样性。像"能量"这样的概念可以把它作为科学主题。

凡是能够深刻反映科学本身面貌的主题都是可取的。因此，在科学的范畴内可以选出一批像"能量"这样的科学主题，但我们只需要在众多的科学主题中选取一些科学主题进行组合。科学主题的组合可以有多种，理论上，优选的科学主题的不同组合所构成的知识结构及其教育功能应该是等效的。

经过反复深入研究科学的范畴，我们提炼了六个科学主题，组成了一个比较合理的科学主题组来作为选取科学课程内容的依据，它们是："能量""演化""变化的形式""尺度与结构""稳定性""系统与相互作用"。

（二）科学大观念

在这里，科学大观念的意义是指学生在离开五年级、九年级或十二年级后，留在学生头脑中的一些观念性的科学大概念，可以用一个句子来分别表述它们。例如，地球是不断变化的；生物是多种多样的；物质和能量能被改变但不能产生和消失；等等。这些科学大观念的形成是通过多年的学习科学事实后在头脑中抽象概括出来的，它们不注重科学概念或事实的细节性，只注重科学的理念。

科学主题与科学大观念是我们选取和组织科学课程内容的两个主要制约因子。

二、科学课程内容的研制方法

研制科学课程内容的方法，我们主要采用表格的形式。首先，制定一个统一的表格；然后，由各学科专家按表格的要求，选取受科学主题与科学大观念两因子制约的各学科知识内容；最后，把各学科的内容进行"统整"，使各学科知识紧密综合。研制的整个过程主要经历如下三个阶段。

1. 第一阶段：制定统一表格

在该阶段，按不同年级段制定统一表格。科学课程内容的研制分为三个年级段：1—5年级为一个段；6—9年级为一个段；10—12年级为一个段。在制定统一表格时，以每个年级段为单元，在每个单元中，首先按年级顺序确定每个年级要体现的科学主题和要建立的科学大观念，再以统一的表格形式加以整理、呈现。表格后面有各学科的空白栏，供第二阶段选取各学科具体知识内容用。下面以6—9年级段为例，制订的统一表格如表1所示：

表1　6—9年级科学大观点

年级	科学主题	科学大观念	物理	化学	生物	地理	其他内容
6	系统与相互作用 尺度与结构	(1) 地球是一个大系统,系统中的要素是相互影响、相互作用的 (2) 物质在不同的尺度下,存在着不同的结构,结构决定功能,功能反作用于结构 (3) 生物有着结构与功能相适应关系的生物学观念					
7	变化的形式 系统与相互作用	(1) 自然界中的物体和物质处在不断的运动和变化之中 (2) 物体运动变化的形式是多种多样的 (3) 物体运动变化与物体间的相互作用密切相关					
8	变化的形式 系统与相互作用稳定性	(1) 化学变化中质量是守恒的 (2) 化学变化是有方向和限度的 (3) 化学变化与生命运动息息相关,即是生命的基础又可危害生命 (4) 各类物质的转化都需要一定的条件					
9	能量 演化 变化的形式 系统与相互作用	(1) 能量是物质世界存在的基本形式之一;任何形式的运动都需要能量;能量与人们的生活息息相关 (2) 节约能源、保护环境 (3) 自然界是处在不断的演化过程中的;今天的地球环境是几十亿年来地球演化的结果;地球上的生物和人类也是自然界演化的结果					

在制订表1时,每年级要体现的科学主题是从六个科学主题组中选取两至三个,并且每个科学主题在不同年级段的不同年级里一般要重复两次以上。每年级不同科学主题的配备,应充分考虑学生的心理特征和科学主题将涉及科学知识的难易程度。每年级要建立的科学大观念一般在三至四个。确定科学大观念采取的方法是"大脑风暴法",即各学科专家在各自的学科领域中尽可能多地提出重要的观念性的科学原理,并以一个句子的形式列出条目(即不同的科学大观念)。然后,把各学科列出的条目综合考虑,再根据各年级要体现的科学主题的要求,从各学科中选取三至四个的条目加以整理、修改、综合,即成为该年级的科学大观念。科学大观念是选取科学知识的一个制约因素,因此,每年级的科学大观念所涉及的科学知识要适中,也就是说,科学大观念展开的知识内容,基本上是一个年级的学习任务。另外,要建立的科学大观念有层次之分,低年级的学生在学习简单的科学事实基础上形成一些低层次的观念;高年级的学生对科学事实有了更深刻的认识,能抓住事物的本质特征,从而形成高层次的科学观念。

2. 第二阶段:选取学科知识内容

在该阶段,学科专家按表一格式,就各自学科的空白处,按体现各年级科学主题和要建立的科学大观念的要求,选取各自学科及各年级的具体知识内容,这些知识内容既要与科学主题相关联,又要支持科学大观念。在这样的前提下,我们还考虑了以下几个因素:① 知识面要广,但要求程度下降;② 注意科学发展的新成就和新趋势;③ 联系科学技术和社会问题,体现人与自然的关系。如表2所示是以9年级为例,在科学主题和要建立的科学大观念的统帅下选取的各学科的具体知识内容。

表2 9年级各学科的具体知识内容

年级	科学主题	科学大观念	物理	化学	生物	地理	其他内容
9	能量·演化·变化的形式·系统与相互作用	(1) 能量是物质世界存在的基本形式之一；任何形式的运动都需要能量；能量与人们的生活息息相关 (2) 节约能源、保护环境 (3) 自然界是处在不断的演化过程中的；今天的地球环境是几十亿年来地球演化的结果；地球上的生物和人类也是自然界演化的结果	(1) 机械能（动能、势能、动能与势能守恒及应用） (2) 热运动的能量 (3) 热运动的能量与机械能的相互转化 (4) 热机及应用 (5) 电能的传输 (6) 电能转化为热运动的能量 (7) 能量转化的量度：功 (8) 能量转化的速率：功率 (9) 电功率及其测量	化学反应中的能量变化（吸热反应与放热反应、电池与电解）	(1) 植物的能量储存与释放 (2) 动物能量的储存与释放 (3) 生物体内物质与能量的变化 (4) 水与无机盐在植物体内的运输与利用 (5) 血液循环 (6) 代谢物排出与内环境稳定 (7) 生态系统的结构 (8) 生态系统中的物质循环 (9) 生态系统中的能量流动 (10) 遗传与变异 (11) 生物技术及其应用 (12) 生物的进化历程 (13) 生物进化的证据 (14) 生物的灭绝 (15) 达尔文学说基本内容	(1) 源于太阳的能量转化（光能转化为热能、光能转化为化学能） (2) 地球内部积聚着大量的能量 (3) 地球能量的释放：火山与地震 (4) 板块构造运动 (5) 地壳演化史 (6) 地球外力的能量来源 (7) 外力作用的形式与过程 (8) 地球内外力共同作用塑造地表形态 (9) 地表形态与人类的活动 (10) 宇宙的演化 (11) 原始地球与生命的起源	(1) 能源与能源的开发利用，北京的能源 (2) 节约能源 (3) 水力发电、火力发电 (4) 能量的守恒与转换

3. 第三阶段："统整"科学课程内容

在该阶段,把第二阶段各学科选取出来的知识内容按不同年级加以"统整",使各学科知识内容相近或相关联的部分进行融合,相关程度不大的部分进行穿插,最后把各学科知识打乱后重新整理编排成各年级的科学课程内容。

为了让研制的标准在以后的实施中便于更好地操作,我们在"统整"的过程中,对选取出来的知识内容在组织形式上与原有表格做了很大的调整。主要体现在:① 从1—12年级,设置了年级主题,这些年级主题主要表达该年级的中心内容。如:6—9年级,设置了"打开科学之门""我们周围的地球环境""物体的运动变化和相互作用""能量"与"演化"等五个年级主题,其中9年级涉及"能量"与"演化"两个年级主题;② 在每个年级里还设置了若干个问题中心,以及规定了学生对知识内容的学习要求和备注。最后,以"问题中心""知识内容""要求""备注"四栏式表格把上述内容按年级呈现出来,表格中不出现科学主题和要建立的科学大观念。如表3所示是在表2基础上"统整"后的9年级课程内容之一。

表3　9年级主题：（一）能量

问题中心	知识内容	要求	备注
能量的转化与守恒	一、能量与能量转换 1. 能量 2. 机械能（动能、势能、动能与势能守恒及应用） 3. 热运动的能量 4. 热运动的能量与机械能的相互转化 ※5. 热机及应用 6. 电能转化为热运动的能量（电流热效应及其应用、微波炉） 7. 水力发电、火力发电 ※8. 电能的传输 9. 源于太阳的能量转化（光能转化为热能、光能转化为化学能） 10. 化学反应中的能量变化（吸热反应与放热反应；※电池与电解） 11. 能量的守恒与转换 二、能源 1. 能源与能源的开发、利用，北京的能源 2. 节约能源 三、功和能 1. 能量转化的量度：功 2. 能量转化的速率：功率 3. 电功率及其测量 四、生物能量的储存与释放 1. 植物的能量储存与释放 2. 动物能量的储存与释放 3. 生物体内物质与能量的变化 五、物质的运输 1. 水与无机盐在植物体内的运输与利用 2. 血液循环 3. 代谢物排出与内环境稳定 六、生态系统内物质循环与能量流动 1. 生态系统的结构 2. 生态系统中的物质循环 3. 生态系统中的能量流动 七、地球内部能量与内力作用 1. 地球内部积聚着大量的能量 2. 地壳运动 3. 地球能量的释放：火山与地震 4. 板块构造运动 ※5. 地壳演化史 八、地球的外力作用 1. 地球外力的能量来源 2. 外力作用的形式与过程 ※3. 地球内外力共同作用塑造地形态 ※4. 地表形态与人类的活动	 B C A B A A A A B A C A B C C B B C B A B B B A A A B B A A A A A A	1. 在教学中要以"能量"为主，"系统与相互作用""变化形式"为辅，三个科学主题统帅具体内容，充分体现反映各学科本质与联系的科学主题。 （以下略）

注：（1）要求中"A"为了解内容；"B"为理解内容；"C"为掌握与应用内容
　　（2）※表示弹性学习内容

在"统整"的过程中,我们还充分考虑了"一个中心三条线索"。一个中心是指以学生的发展为中心,即知识内容的选取与组织既要符合学生的认知,又要满足学生能力的发展需要;知识的教育、观念的培养、能力的训练,既为学生近期的学习打基础,更着眼于学生长远的发展和终身教育。三条线索是指:① 课程内容要体现科学思维过程的培养与创新精神的培养;② 课程内容要循序渐进地培养学生的实践和实验能力;③ 科学课程要符合学生的认知发展规律。

基于上述的思考和实践方法,经过多次专家会的研讨,不断地修改与整理,才完成了"科学课程标准"中的课程内容的研制工作。

(本文承蒙北京师范大学刘知新教授的指导,特此致谢。)

参考文献:

[1] 刘知新. 对科学教育目的及理科课程开发的思考[J]. 学科教育,1997(3).

[2] California State Board of Education. *Science Framework for California Public Schools Kindergarten Through Grade Twelve*[M]. Sacramento:California Department of Education,1990:26.

构建小学科技活动课程体系的尝试[1]

张启建

科学素质是人的素质的一部分。我校[2]于1987年6月建成全国农村小学第一座儿童科学宫,内设计算机、航模、无线电、生物等22个活动室,为开展科技活动创造了良好的物质条件。国家教委、国家科委把我校列为"八五"重点课题"乡镇小学科技活动"实验与研究的挂牌实验学校。根据国家教委、科委"八五"规划的要求及我校开展科技活动的传统优势,我们着力于"小学科技活动课程体系"的建设,努力探索提高学生科技文化素质的有效途径,促进学生的全面发展。经多年实践,取得了明显成效。

一、科技活动课程的建设

把科技活动列入课程,是调整课程结构的切实措施。科技活动课程是以学生对科技活动的兴趣和动机为中心组织的课程,实施该课程计划,旨在帮助、指导学生设法加强对科技活动的兴趣、爱好,并在活动中得到巩固,逐步培养学生的操作能力、创造精神和发展个性特长,使学生养成勤勉多思、追求真知的品格和习惯,从而促进学生素质的全面提高。为此,我们抓了以下几项建设。

(一)建立科技活动课程体系

建立基地,落实课程,分层活动是构建科技活动课程体系的重要因素。我校科技活动课程包括建立三个基地,落实好两课一活动,分三个活动层次,并以校"科技节"为契机,进行全面推动。

1. 建立三个基地

我们结合教育实际,建立了三个科技活动基地,为科技活动课程计划的落实提供了可靠保证。一是以科学宫为中心的综合基地。科学宫开设计算机、生物、航模、无线电、自然实验、电子游戏等22个活动项目,是学生学习科技知识,进行实验制作,训练技能技巧的好场所。二是种植、养殖基地。我校有不少学生来自农村,把乡镇小学教育纳入农科教相结合的轨道,为提高广大农民的科学文化素质服务,是乡镇小学教育改革的当务之急,也是乡镇小学教育得以生存和发展的必由之路。为此,我们在校附近的常青村建立起蔬菜、粮棉基地和鸡、鸭、兔、羊养殖场,学习种植、养殖知识,培养未来劳动者的责任心和使命感。三是科技系列考察基地。我们把附近蚕农家、饲养场作为生物考察基地,把果园、苗圃作为植物考察基地,把化工、化肥、农药三大工厂及中外合资企业南通正大畜禽水产有限公司作为了解现代科技发展进程的考察基地。让学生在考察实践中学习科技知识,激发参与活动的积极性。

---

[1] 本文选自《课程·教材·教法》1997年第3期,第15—18页。
[2] 这里"我校"指江苏省如东县马塘小学,下同。

2. 落实好两课一活动

我们从学科课程中划出一节课,加上一节课外活动课,把这两节课作为落实科技活动课程计划的必修课程,编入课表。上活动课时,我们按照学生的兴趣爱好,把学生分到计算机、摄影、生物、自然实验、无线电等22个"兴趣班"上课,培养他们的兴趣和特长。在此基础上,我们把周三下午第一节课以后的时间留给学生,科学宫全面开放,引导学生开展综合性科技活动。学生根据兴趣和需要选择活动内容,既可自主独立活动,又可自动组合活动,让学生相互交流,取长补短,共同提高。学生们通过交流,逐步提高了综合技能和心理素质。

3. 分三个活动层次展开活动

多年来,我们坚持分三个层次展开活动,即校级、年级、班级,既抓普及又抓提高。校级活动以科学宫里的22个活动组为中心,每周按两课一活动的课程统一安排,主要是培养骨干,培养特长学生,带动学校活动水平的提高。年级活动由年级组长具体负责,聘请辅导教师组织活动,如种植、养殖实践活动和考察活动,一般以年级组为单位组织实施。除此之外,年级组还按学校统一部署,围绕科技活动的侧重点,每学期举行一两次单项竞赛,促进群众性活动水平的提高。班级科技活动具有全员性和普及性,一般由班主任根据自己的特长和班级实际自行安排。一是与校中心兴趣组活动同时进行,即把未能参加校中心兴趣组活动的学生组织起来,开展科技视听、信息发布、制作表演等丰富多彩的活动。二是每月抽出一节班队活动课,由校中心兴趣组的学生回班组织,分小组活动,充分发挥中心兴趣组成员的骨干作用。另外,各班的自然角、科技成果展览、信息库等微型活动基地,也有效地促进了班级科技活动的正常开展。

4. 举办校科技节

1988年开始,我们把每年的5月30日定为校"科技节",现已举办了七届。在此期间,我们组织学生开展"10个一"活动,进一步推动科技活动开展。"10个一"是:每人讲一个科学家的故事;每班出一期专题黑板报;每人办一份科技小报;利用晨周会,每人发布一条科技新信息;每人搜集一条科技生活小常识;中、高年级学生每人写一篇学习、运用科技知识的体会文章或观察日记、小论文;每人至少制作一件科技小作品,以年级为单位举办一场科技作品展览;举办一项科技制作或操作表演赛(或知识竞赛);评选一批科技小能人,并在科技节庆祝大会上表彰;组织科技小能人开展一日小咨询服务活动。

(二)加强科技活动课教师队伍的建设

要上好科技活动课,关键在教师。培训一支具有高度事业心、思想端正,而且具有专业特长的教师队伍,对于开展好科技活动尤为重要。

首先,我们要求教师端正教育思想,充分认识科技活动课程的地位和作用,把开设科技活动课程与全面提高教育质量联系起来。我们组织教师重温教育方针,明确培养目标,并发动教师开展社会调查,了解社会对未来人才的要求。我们还对学生能力现状进行了调查分析,把现实与需要摆在教师面前,从而增强教师参加科技活动课程研究的自觉性。

其次,采取多种形式,培训科技活动课骨干教师。校教科室定期组织骨干教师学习关于活动课程的理论,学习外地开展科技活动成功的经验,请专家作活动课程建设与辅导的讲座,为实际操作理论准备。学校还组织有关教师去上海、杭州、南京、扬州等地系统学习科技基础知识,学习开展好科技活动的方法。对新分配来的有志于科技活动研究的教师,根据其具体情况,确定培训重点,限期掌握某项专长,并让他们参与活动辅导,边教边学,教学相长。目前,一支素质高、能力强的科技活动课程教师队伍已基本形成。

第三,要求活动课辅导教师明确职责。① 每学期初必须制定本活动组活动计划;② 每次活动必须按活动纲要和教材写好活动方案,备好教具、学具,并认真组织实施,活动结束后写出活动小结。③ 要积极组织本组学生参加各级各类比赛。

(三)编写科技活动课的纲要和教材

活动课程作为整个课程大系统中的一个分支,它不只是学科教学的补充、延伸和拓宽,还具有相对独立性、稳定性和灵活性。活动课程和学科课程一样,必须有严格规定的科学知识范围,体现知识的逻辑结构和明确的训练标准,即要有大纲和教材。这样才能做到活动内容有序有度,教学有章可循,有本可依,使活动课程有目的、有计划、有系统地开展。科技活动课程也是如此。经过多年的实践探索,根据国家教委制订的自然等学科教学大纲和人教版自然等学科教材的要求,根据学生的知识智力状况及乡镇经济建设对人才的要求,我们编写了《科技活动课程教学纲要》,并按电脑、航模、生物等活动课程的特点分低、中、高三个阶段制定了各活动课程应达到的基本知识、基本技能以及智力、能力等方面的要求。我们还按要求编写了活动课辅导教材,并配齐相应的手工制作材料,从而使科技课更加规范,活动水平也得到了不断提高。

二、开展科技活动课的原则

1. 坚持渗透性原则

我们努力寻求学科课程和活动课程的结合点与联系点,做到在传授知识上相互迁移,在思想教育上相互渗透,在发展智能上相互促进,在培养学习习惯上相互配合。如在语文课教学有关鸟类的课文时,在科技课上让学生到生物室观察各类鸟类标本,认识各种不同形状鸟的名称及其特征,知道哪些是益鸟,哪些是害鸟。

2. 坚持实践性原则

一方面我们根据学生的心理、生理特点,采取示范、直观、竞赛等教学方法;另一方面我们坚持让学生自己动手,实地操作,亲自实践,让他们在实践中学习知识,激发兴趣,培养动手操作能力。如在教学《电路的串联》时,教师让学生动手把灯泡、导线、开关、电源相互串接,如果接线方式发生错误,就会发生短路或灯泡长明现象。通过实践操作,学生不仅学会了串联电路的本领,也认识了电路连接的基本原理和开关的作用。

3. 坚持层次性原则

我们在活动中坚持分层施教,分类指导。我们根据学生的年龄差异,把各组学生又分成A、B、C 三个小组,在活动时对各小组学生提出不同要求,采取不同教法,有时还请 A 小组学生做 C 小组学生的小老师,做到人人有长进,个个有提高。

4. 坚持创造性原则

科技活动是手段,激发学生的创造意识是宗旨。活动中,我们注意捕捉学生创造的火花,及时加以引导,培养学生创造精神。如夏日蚊虫多,点蚊香又易烫坏衣物,一位同学决心改进点蚊香的方式,辅导老师抓住这一创造动机,及时进行引导,经过反复实验,终于制成了一只安全蚊香盒。这项发明获市小发明一等奖,并被选送参加省"亿利达"发明评奖。

5. 坚持趣味性原则

活动课程的基本出发点是学生的兴趣和动机,如果活动课程脱离了学生的需要和兴趣,活动课程就失去了存在的意义。活动中,我们不仅注意选择新奇的教学内容,采用多样化的教学手段,因材施教,分层要求,而且还注意创造一种轻松、愉快的活动氛围,建立和谐的师生关系,充分调动学生的主动性和积极性。

三、科技活动课程的管理

为了提高科技活动的质量,我们把科技活动课程作为学校课程改革的有机组成部分,纳入学校教育的整体改革,并注重了以下四个方面的管理。

(一)组织管理

学校建立了由校长、教科室主任、科学宫宫长、科技辅导员组成的科技活动领导小组,进行统一领导,分层管理。校长根据学校教育目标在学校工作计划中提出科技活动目标和要求;教科室主任和科学宫宫长制定具体计划,落实辅导教师,审查小组计划,指导活动的开展和负责考核评价;辅导员负责制定本组活动计划,实施活动内容,组织参加各级各类比赛。

(二)目标管理

我们在制定《科技活动课程教学纲要》时,力求教学目标清楚明了,并按低、中、高三个阶段提出具体明确的要求,为辅导员分组制定教学目标,安排活动内容提供了依据。由于我们坚持按兴趣、爱好编组上课,因此出现了各活动组成员年龄参差不齐现象。于是辅导老师对科技活动阶段性目标进行了适当调整,使目标要求更切合教学实际,促进了科技活动的顺利开展。

(三)考评管理

考核评价是科技活动课程管理的重要内容。我们每学期均坚持对科技活动进行"一考核""两评选",即考核师生的活动过程及活动成果,评选优秀辅导员和科技活动积极分子。考核教师做到"三考察":考察计划及实施情况;考察活动过程优化与否;考察活动课效果。学校对辅导学生在竞赛中取得成绩的教师给予相应精神鼓励和物质奖励,并把优秀辅导员与优秀教师同等看待,载入档案。考核学生时做到"三个结合""三个为主":常识考查与能力考核相结合,以能力考核为主;平时检测与期末检测相结合,以平时检测为主;单项考评与综合评价相结合,以综合评价为主。对在竞赛中获奖的学生,学校均举行隆重的发奖仪式,并把是否是科技活动积极分子作为评选三好学生的重要条件之一。

"构建科技活动课程体系"的有效尝试,提高了学生的科学素养,促进了学生整体素质的发展。在已举办的七届"科技节"中,学生共制作科技作品近万件;90多篇科技文章在各类报刊上发表;20多名学生的小论文,在全国、省、市科技小论文竞赛中获奖;在市、县举办的计算机、航模、科技小发明、小制作等比赛中,全校共有100多人次获奖。"自动运煤器"获全国勤巧小队活动竞赛一等奖;4名学生分别获全国"最佳劳动小能手"和"劳动小能手"称号;由省电教馆拍摄的我校开展微机活动专题录像片《CAI在这儿萌芽》被选送到联合国教科文组织交流;校实验室被评为省实验仪器先进单位。学校科技活动充满了生机,一批批科技新苗正在茁壮成长。

论初中《科学》课程教材的设计[①]

方红峰

1999年6月,根据21世纪经济和社会发展的要求,《中共中央国务院关于深化教育改革全面推进素质教育的决定》提出要"调整和改革课程体系、结构、内容,建立新的基础教育课程体系"的任务,于是新一轮基础教育课程改革开始启动。在新课程改革中,明确提出要"改变课程结构过于强调学科本位,科目过多和缺乏整合的现状,整体设置九年一贯的课程门类和课时比例,并设置综合课程,……"[1],为此,国家在初中阶段开设了《科学》课程并于2001年7月颁布了《全日制义务教育科学(7—9年级)课程标准(实验稿)》(以下简称《标准》)。这是我国历史上第一个由国家教育部颁布的综合科学课程标准,具有划时代的意义。作为率先尝试开设综合科学课程的浙江省,申请了编制初中《科学》课程的科研项目,目前教材已经在多个国家级和省级实验区试用并得到认可。本文旨在探讨如何根据新课程改革的目标和理念以及课程标准来设计和编制初中《科学》教材,并与同行商榷。

一、《科学》课程的目标

从世界范围的一些发达国家和发展中国家来看,中学阶段的科学教育都无一例外地被确定为提高人的科学素养这个最终目标,即培养具有科学素养的人。自1985年10月在巴基斯坦伊斯兰堡召开的科学课程研制会议上,专家们对科学教育的内涵、内容、目标等作了界定,其目标一般地说是给予每个人适应改善生活质量所需的知识、技能和态度。[2]这个观点已越来越得到各国从事科学教育人士的赞同。对此英国皇家学会在1985年指出"改进公众对科学的理解是对未来的投资,这种投资能够成为促进国家繁荣、提高公共和个人决策质量、充实个人生活质量的重要因素";[3]美国的科学教育者认为美国的生存和发展"不仅取决于受到良好教育的科学与工程人员,也取决于具有科学素养的民众",为此《美国国家科学教育标准》着眼于实现"每个美国人都深谙基本的科学观念和基本的科学方法,因而都能生活得较为充实,工作得较为高效"[4]的目标。

基础教育阶段的各门课程,都承担着提高国民素质的任务,它们只是各有所侧重,既有分工又有合作,构成一个整体的课程结构。初中《科学》课程是义务教育阶段一门十分重要的课程,它的任务更多地指向提高国民的科学素养,因此全面提高每一个学生的科学素养就成了《科学》课程的核心理念。

我国本次制定的《科学课程标准》也将提高每个学生的科学素养作为科学课程的总目标。具体看,《标准》所规定的目标实际是从科学探究,科学知识和技能,科学态度、情感、价值观,对科学、技术与社会之间关系的理解等四个纬度,规定了科学课程的任务。这种定位与以往的理科教育目标相比有较大的扩展和突破,主要表现在三个方面。

[①] 本文选自《课程·教材·教法》2002年第10期,第6—13页。

（一）体现了科学教育共同趋势——精英教育与大众教育的统一

无论国际还是国内，科学教育都走过同样的路，即从精英教育过渡到大众教育，再趋向于精英教育与大众教育的统一。也就是从强调培养科学家，过渡到培养"合格"国民，再趋向于提高每个国民的科学素养。

（二）从知识本位走向科学知识、科学过程、科学文化的统一

以往的理科课程的教育目标基本定义为学科的基础知识、基本技能和思想教育。很多事实和证据表明这种对科学教育的目标界定是不能满足当代社会发展的需要的。《标准》既重视基础知识和基本技能，又强调对过程和文化的理解，也就是既要加强学生的基础性学力，又要提高学生的发展性学力和创造性学力，这是符合当前国际科学教育的潮流的。

（三）从学科本位走向将科学本质和教育本质的统一

学科本位过于偏重学科知识的获得，忽视社会和学生发展的需求。《标准》则强调课程应基于学生思考和学习的方式、语言发展和文化背景，重视学生的经验及其在此基础上发展学生对科学本质的理解，这就将科学本质和教育本质统一于科学探究之中。

《标准》所规定的科学课程的任务，需要通过一定的媒介和手段来实现，教科书是其中的重要媒介之一。如何根据中国的国情构建科学教材的框架，将课程改革的理念和《标准》的思想充分体现出来，从而实现科学教育的目标，是值得慎重考虑的课题。

二、教材设计的基本观

反映人类活动的某一领域的课程如何开设的问题，大多数的课程专家认为必定要与人们对知识、社会和学生的认识有关，如泰勒(R. W. Tyler)认为课程的目标来源是：对学生的研究、对当代社会生活的研究和学科专家的意见；美国学者坦纳夫妇(D. Tanner, L. Tanner)与塞勒(J. Saylor)等人主张，一种有效的课程的基础是：社会、学生、知识。[5]换言之，任何一种课程的设计都必须基于这三大基点，以产生较为平衡的课程。为此在教材设计时，也就必须对这三大基点进行思考，明确应当持有的知识观、学生观和社会观，这是教材设计的基本观点。

（一）知识观

科学知识应当包括科学的概念原理知识和过程方法知识，即科学理论知识和科学方法，以及基于这些知识的科学自然观。目前在我国中学理科教育中，科学主义(scientism)对科学知识的基本观点占有着主导地位。科学主义认为：科学理论知识是经过实证检验过的、具有永恒价值的真理性知识；科学认识的过程当然就是逻辑实证的过程，即事实—定律—理论的过程，科学理论来自对某种现象的特定例证的大量观察；在自然观上，认为万物皆自然，反对把自然和人进行区别对待，反对主观意志的投入和作用。然而，现代科学哲学的研究，尤其是20世纪50年代科学哲学发生了急剧的变化，涌现了如波普尔(K. Poper)、库恩(T. Kuhn)、邦格(M. Bunge)等一批杰出的科学哲学家，形成了包括证伪主义科学观和历史主义

科学观在内的当代科学哲学。虽然他们的观点并非完全一致,但都对科学主义的逻辑实证进行了批判。

当代科学哲学认为,那种把科学理论看成是明确的或被证明了的观点具有根本性的错误,科学知识是可错的,科学的过程是证伪的过程,是在寻找错误的过程中,不断逼近真理的过程,而不能达到真理。科学知识在本质上是一种猜想的知识,它是大胆的假设。库恩特别强调科学中人的因素。波普尔的论点是:当允许证伪时,一个科学假设的生命力在于它没有被证伪。在关于科学认识的过程上,当代科学哲学则共同认为,观察是理论浸染的(theory laden),知识、信念决定着我们的知觉;人在接受感觉印象时绝不是空白的,而是他原来所具有的理论(preconceptions)在很大程度上决定着观察到什么。因此,观察本身不是客观的、中性的,一个人的知觉必定依赖于他的信念、价值观和以往的知识与经验(汉森)。他们认为科学的发生来自先前的理论,并非来自观察,更多的是依靠爱因斯坦所说的"自由创造"或"创造的直觉"。在自然观上,他们认为在科学主义机械自然观的指导下,学生得到的是一个破碎的自然图景,很可能会使人类从自然环境中游离出来,使人际关系变得冷漠,使人丧失本应具有的人性。而现代科学自然观是整体论和有机论的自然观,它坚持人与自然的相互限定、相互依赖和相互包容,坚持人与自然的密切联系,他们是不可分离和内在统一的。

毫无疑问,我们应当摒弃绝对真理的知识观,在向学生介绍科学知识时,应当阐明科学理论的这些特点,即尽管科学上的多数主要概念已经经过了大量的实验和观察的证实,这些概念在未来似乎不可能发生重大变化,但所有的科学观念都不是最终的真理,原则上要接受变更和改进的。当科学家们遇到与已有的解释不一致的新的实验证据时,他们的确要改变有关自然界的概念,而事实上他们也已经是这样做的。不再将知识作为绝对真理来呈现,这将有利于学生怀疑的态度和科学精神的培养。

科学发生的归纳和反归纳之争,提醒我们科学认识的过程不是只有唯一的一种途径。科学认识过程应当是多元的,但有一点却是可以肯定的,那就是科学的认识都起源于问题,没有需要进行解释的新问题,也就没有科学研究和探索的目标,就不可能有假说和进一步的证明。为此,在科学课程内容的选择中,我们应当将科学的两种知识结合起来,即概念原理性知识和过程性知识结合起来,因为两者是相互依存、相互作用的。我们不仅应当将科学结论告诉学生,还应当将为什么从事这些结论的研究,这些结论的获得过程及在获得过程中所经历的种种曲折的过程,不同科学工作者、科学团体对某一结论所进行的种种针锋相对的争论、冲突和斗争等方面的内容告诉学生,即重视科学史的价值。科学的知识和探究过程都具有重要的教育价值和方法论的价值,这种知识和过程的结合,将使学生敢于对科学研究成果、实验、观察、理论模型和科学家所提出的解释进行评价和质疑,发展学生对已有理论或新的理论的形成过程和结论进行评价的能力,使学生敢于探索和创造,并使他们的个性得到发展。

同时我们应当秉承现代有机自然观,强调人与自然和谐统一。这样我们就有可能在科学课程中将科学和人文进行整合,使科学不再是"价值中立"的,不再与价值分割、与生活世界剥离,使科学不再成为"迷途的羔羊"、成为控制人类的工具,这样也能很好地进行社会价值观的调适。

（二）社会观

在我国传统的科学教育课程中,对学校和社会的关系上,基本是持"学校教育工具论"的观点,强调培养的学生应当如何适应社会生活,教育要为社会的某项任务服务等。这种观点带有很强的功利性,没有充分考虑教育也是社会不可或缺的一种主体,还极易造成学校教育的波动,不利于教育的发展。同时,在课程内容选择上,被动地适应社会生活,将课程内容作为社会经验的复制,虽然解决了继承的问题,然而"个性的多样化,自主性和首创精神"又从何谈起呢？这样怎么能培养出富有创新精神和实践能力的新一代呢？因此,新的综合科学课程应持超越论的观点,将学校教育视为火热的社会实践的一部分,应当主动选择社会生活经验,参与社会价值观的调适,并对社会生活经验不断地进行批判和超越,通过培养具有"新质"的人,构建新的社会生活经验。

（三）学生观

强调创新精神和实践能力的培养,就必须将学生置于主体的地位,发展学生的个性。我们应当承认学生的人格发展不是在真空中进行的,一定是在特定的文化知识的陶冶中、在特定的社会生活经验的熏陶下进行的。但同样我们必须承认,也只有这些文化知识和社会生活经验被学生所选择、所认同的时候,即不再是外在的事物时,才能对其人格发展产生积极的影响。

学习者的经验即学习经验,是指学生与外部环境的相互作用,而不是一门课程所涉及的内容,也不等同于教师所从事的活动。学习是通过学生的主动行为发生的,是学习者根据自己已有的经验和兴趣从环境中主动选择相关的内容进行意义建构的过程。因此,学习者是主体,学习者参与学习是因为环境中某些特征吸引他,学生是对这些特征进行反应,也就是学习者经验的选择过程,在本质上是每一个学习者的自我选择的过程。学生的学习取决于他做了什么,而不是教师呈现了什么内容,决定学习的质和量的是学生而不是教材。由于学习者对课程内容的理解取决于学习者的心理建构,从某种意义说,学习者已有的认知结构和情感特征对课程的内容起到支配作用,因此课程是受学习者控制的,而不是受教师或学科专家控制的。

综合科学课程在设计中应当更注重学生的个人经验,应当考虑到大多数学生仍处于具体运算阶段而只有少数学生处于形式运算阶段这一现实,以兼顾学生具有具体运算和形式运算的认知能力作为原则,并努力从学生已有的知识和技能出发,选择科学基础知识和社会生活经验作为教学内容,从而真正体现学生是课程的主体。

知识、社会和学生等三个方面反映了课程的不同属性——文化属性、社会属性和人本属性,然而这些属性之间的关系既不是并列关系,也不是主次关系,更不是对立关系,而是相互联系、相互作用、辩证统一的关系。[6]事实上,没有一种课程是依据唯一的且极端的方面来设计的。综合科学课程也是力图把握课程设计的学生、社会和知识这三大基点,以产生均衡的课程,只是考虑的角度和观点的不同,从而形成了各种不同类型的综合科学课程。

三、综合科学课程类型的确定

作为综合科学课程,还应考虑中国的国情,需要在保证先进性的同时注意适用性,因为课程的改革从来就不可能是一蹴而就的。必然是一个渐进的过程,是一个继承和革新并存的过程。因此如何恰当地定位综合科学课程的类型,是需要综合地考虑各种因素的。

(一)综合科学课程的分类

综合科学课程发展十分迅速,类型极其繁多,进行完美的分类几乎是不可能的,但也存在一些有参考价值的分类。吉本市曾把综合科学课程分为如下 5 类。[7]

(1)以概念体系为中心的综合科学。这种课程采用树枝式形式,选取自然科学中的基本概念,确定概念的总体结构与框架,并以此为中心构筑而成。这类课程由于以概念体系为中心,难度较高,必须充分考虑学生的发展阶段。

(2)以探究过程为中心的综合科学课程。这是以自然科学的过程为中心设计的课程。它从最简单的过程开始,最终旨在使学生解决科学问题。强调概念掌握过程而不是概念本身的这种课程,由于过分突出了探究的过程,往往容易忽略基本的科学概念的接受。

(3)以环境科学为中心的综合科学课程。环境教育是认识如下的价值并明确其概念的过程:认识人类与人类的生物物理环境间的相互关系,同时发展正确认识这种关系所必要的技能、态度。因此,以环境问题为中心的课程包含了涉及整个生活的种种问题,如控制人口、食物与健康、大气污染等。

(4)以应用科学为中心的综合科学课程。以自然科学的应用、同自然科学相关的社会问题、同社会相关的自然科学问题为内容设计的课程。

(5)以主题为中心的综合科学课程。这是一种抓取切身的主题使学生发现自然科学的基本结构并加以系统化,诸如以水、空气、颜色、感觉等主题为中心设计的课程。

虽然这种分类没有能涵盖所有的综合科学课程,还存在许多中间的类型,但他给出了一些重要的类型,对教材设计具有很高的参考价值。

(二)类型的确定

正如前文所言,由于我国基础教育的理科课程基本是以分科课程的形式进行的,从分科课程到综合课程,已经是一个极大的变革。在分科课程占优势的情况下,应当稳步推进综合科学课程,过于功利或急躁,都将带来负面的结果,这已被大量的事实所证明。为此我们应当分析现今综合科学课程开发和实施的环境,因为如何正确地分析和看待分科课程,也关系到如何更好地设计和推行综合科学教材。

分析和综合原本就是认识世界的两种不同的方式,没有孰优孰劣之分。没有分析的综合是混沌的综合;没有综合的分化,也是一种破碎的分化。与此相对应,学校课程中的分科和综合都有各自存在的理由,综合课程和分科课程各有自己的优势和不足。目前的情况是,传统的分科课程虽然在教育实践中暴露出一些弊端,但是基本上能适应现今我国的科学发展水平和社会需要,所以在教育实践中仍然占据主流地位,通过对分科课程的改革,仍然能实现推进素质教育的目标的。这可能也是此次课程改革在科学教育领域同时设置分科和综合两种课程类型的缘由。

在世界范围内,20 世纪 60 年代至 80 年代后期,综合科学课程一直在持续迅速增长,尤其是在初中阶段,综合科学课程发展最快。[8]但在我国,综合科学课程还处于起步阶段,因此在这种背景下,我们认为综合科学课程以结构形态出现可能更易于被广大教师、学生所接受和理解,也更能得到较好的实施。为此,我们将主题中心和探究过程相结合,来设定综合科学课程类型。这样既有利于充分尊重学生的经验和兴趣,又能将科学的本质和知识的产生及发展过程显现出来,还能很好地与社会生活相结合。

四、教材的框架

综合科学的最大特点就是综合,即学生将自然界作为一个整体进行研究,在了解自然界运动变化规律的同时,加深对科学本质的理解,并关注科学与个人、社会和国家的关系。为此课程应突出"整合"与"探究",因为这是实现上述目的的有效途径。

根据《标准》中提出对内容的整合要求:"对内容的整合着眼于让学生从整体上认识自然、利用自然与保护自然,从基本科学观念上理解科学内容,而不只局限于知识层面的综合;对科学观念与能力的培养是达到上述目的最关键的途径,也是培养创新精神与实践能力最有效的手段。围绕各具体内容目标设计各种形式的探究活动,注意不同领域的特点,在要求上各有侧重,使学生通过探究活动完成科学教学内容的整合。"于是我们从统一的科学概念与原理,科学、技术与社会的关系以及科学探究活动这三条基本途径对课程内容进行了整合。

(一)主题单元系列

由于现代自然观是一种整体和有机的自然观,它将自然界解释为具有不同层次的具有一定结构的物质系统;系统具有边界和要素,要素间相互作用使物质系统具有一定的结构,同时具有一定的功能;物质系统时刻发生着物质和能量的交换和转化、信息的传递;系统一般处于一种平衡状态,但随着时间的推移和内外因素的作用等原因,系统是会演进的。现代自然观能帮助学生从整体上把握自然,因此也为我们提供了很好的对内容进行整合的思路。

依据《标准》提出的课程目标和学习内容,从对自然认识的角度,对其中的生命科学领域、物质科学领域和地球与空间科学领域等3个方面的学习内容进行整合,在对科学作定性介绍(科学入门)后,即以"存在的自然—演化的自然—自然与人"为线索展开(如图1),这样学生能整合地认识自然界和关于人与自然的关系的基本思想,即从相对静态地描绘自然界的总图景开始,过渡到动态地反映自然界演化途径,最后归结到根本问题——人与自然的关系。

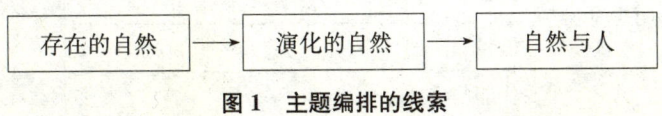

图1 主题编排的线索

"存在的自然"回答了"自然界是什么?"的问题;"演化的自然"回答了"自然界原来是什么?""将来会怎样?"的问题;"自然与人"回答了"能动作用很强的人类如何与自然相处并可持续发展?"的问题。

"存在的自然""演化的自然"和"自然与人"就构成课程的一级主题。在一级主题下,利用科学上统一的概念和原理进行精加工,即先将内容中最基本的"观念"作为焦点,然后再从各个角度添加细节或增加复杂程度,接着考虑所添加的"细节"间的关系,最后通过综合以达到全部预期的要求。这些统一的概念和原理,如物质、运动与相互作用、能量、信息、系统、结构与功能、演化、平衡、守恒等,反映了自然界的同一性,有助于学生深入地理解整体性的自然界,理解科学。

为此加工确立了二级主题:物质系统的层次、运动与变化、相互作用、结构与功能、转化与平衡、自然界的演化、发展与和谐。在二级主题基础上又加工出了三级主题(章题),然后依次细化到每一节、课。这种精加工能确保课程紧扣目标进行编制,所形成的主题系列内在之间是紧密相关的,编排的具体情况见表1。

表1 科学课程的主题系列

一级主题	二级主题	章题	学期安排
科学入门		科学入门	第一册
存在的自然	物质系统的层次	地球与宇宙	第一册
		观察生物	
		物质的构成与特性	
	运动与变化	对环境的察觉	第二册
		力与运动	
		代代相传的生命	
		不断运动的地球	
	相互作用	生活中的水	第三册
		地球的外衣——大气	
		生命活动的调节	
		走进电的世界	
	结构与功能	模型	第四册
		植物与土壤	
		空气与生命	
		电与磁	
	转化与平衡	常见的物质及其性质	第五册
		材料	
		能量	
		代谢与平衡	
演化的自然	自然界的演化	演化	第六册
自然与人	发展与和谐	生物与环境	
		健康生活	
		可持续发展	

（二）通过探究的整合

探究在课程理念上是将科学理解为一种过程，而知识只是该过程中的阶段性结果，只是不断逼近真理的结论。科学探究是学生体验科学过程、理解科学本质、领会科学精神态度价值观、培养创新精神和实践能力的主要学习模式，有助于学生深入理解科学知识和掌握科学技能，对培养学生科学素养有不可替代的作用。

"科学思想上的一致性"是理科的各门学科能综合在一起的内在逻辑。这种一致性表现在科学家在解决问题时基本采用相同的过程，如图2所示。

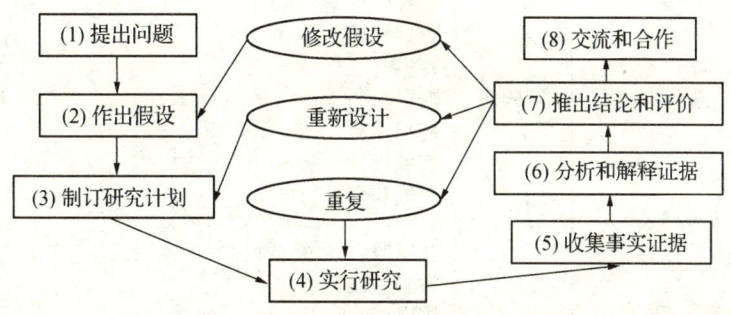

图2　科学探究的过程

我们认为科学探究在初中科学教育中，既是教学的目标和结果，又是教师教学和学生学习的主要方式，同时还是教材内容选择和呈现课程内容的主要方式。因此有关探究的内容和技能需要在课程中进行有序的安排，并与学科内容相结合，恰当地穿插或融合，在各分册中应有所侧重。在安排探究活动时，可以是完整的探究，也可以是其中的一部分，具体各册探究的侧重点见表2。需要说明的是，各册中的上述安排只是侧重于探究的某些方面，通过这样系统地安排使学生能对探究有深入的理解，当然要根据目标来安排针对性的探究活动。

表2　达式探究内容的安排

一级主题	二级主题	学期安排	探究内容
科学入门			探究过程介绍 简单的探究
存在的自然	物质系统的层次	第一册	测量仪器的使用 观察能力 分类的方法 交流和合作的技能
	运动与变化	第二册	科学探究过程详细介绍 假设（玻璃假设）的介绍和提出 有计划的观察 介绍模型 调查 问题提出 认识变量 实验设计 交流和合作的技能

续表

一级主题	二级主题	学期安排	探究内容
存在的自然	科学入门 相互作用	第三册	推理技能 假设的检验 数据的形式 简单的变量控制 解释数据 实验设计 交流和合作的技能
	结构与功能	第四册	假设与证据 处理数据 观察与证据 变量控制 使用模型 实验设计 交流和合作的技能
	转化与平衡	第五册	介绍假设(黑箱假设) 检验假设 逻辑 假设的修订 复杂的变量控制 解释数据 实验设计 交流和合作的技能
演化的自然 自然与人	自然界的演化 发展与和谐	第六册	问题提出(多种原因) 提出假设(多种原因) 构建模型 获得信息 取样问题 多因素的变量控制 实验设计 预测 交流和合作的技能

（三）对科学、技术与社会内容的安排

根据上述各主题的相关内容和探究活动的安排，将科学、技术与社会部分的内容分别渗透到各主题的内容之中，并围绕着目标进行适当处理。如科学技术史的内容，既有作为问题的背景来呈现，也有作为探究材料或阅读材料的，还有单独设立专题的，如可持续发展。

（四）课程整合后的结构

在上述大的板块整合后，具体的要求都将落实到章节(微观的课程设计)整合中，最终形成了一系列主题性单元和结构性单元。我们引入科学认识过程是多元的思想，认为科学的认识都起源于问题，为此这些单元都是以学生生活中的一些问题和学生关心的一些科技问

题展开的。

由于这些问题多数不可能是只涉及单一学科领域的知识,对每个问题的研究必然涉及科学领域中的众多知识,我们就可以围绕着问题,根据学生进行探究过程所遇见的困难,从自然科学的各分支学科包括物质科学(物理学和化学)、生命科学和地球空间科学中选取适当概念原理知识和过程方法知识提供支持,使学生获得成功。由于我们有可能选择那些基于学生已有的知识和技能基础上的问题,而这样能很好地引发学生学习科学的兴趣和不断地取得成功。随着认识能力的提高,可逐步提高问题的难度,这样就可以形成一系列呈现为阶梯状的问题。这样可将学生导向掌握科学的知识和过程,从而理解科学,由此就形成如图3所示结构呈阶梯状的问题系列。[9]

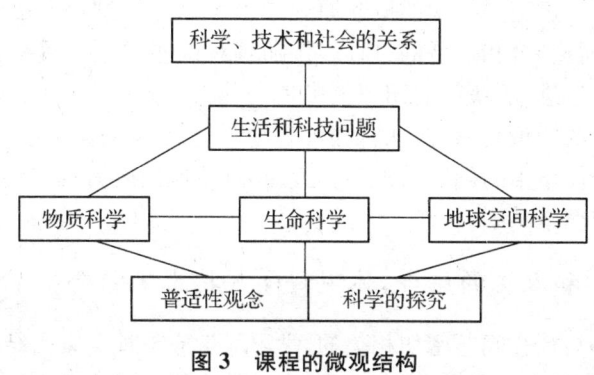

图3 课程的微观结构

五、教材的主要特点

(一)突出探究,强调知识与过程的统一

把科学探究的过程、方法和能力与科学知识放在同等重要的地位,在整套教材中循序渐进地进行安排,并在内容呈现时在课文中呈现出来。在教材中许多概念和规律是以探究的方式呈现的,也有单独设立的探究活动。为了有利于学生的探究性学习,我们不过于强调概念严密性和系统性,以降低课堂学习的知识密度。这样能使学生体验科学知识的产生和发展过程,最后学生能形成对科学过程的完整认识以及对科学知识的发生、发展和评价有较全面的了解。

我们认为在《科学》教材中科学的探究应从学生身边熟悉的事物出发、符合学生心理特征、是学生所喜爱的;同时科学探究既包括前人的探究又包括学生的探究,既可以是完整的探究过程,又可以是部分的探究过程。另外,还设置了"讨论"和"研究性学习课题"等栏目,以加强学生的自主学习,也使学生参与到科学探究的开发中去。

(二)强调有机的统整

教材从现代有机自然观和科学哲学出发,突出系统、能量和信息等统一的概念和原理,对5方面的学习内容进行有机的整合。同时根据学生的认知规律,从相对静态地描绘自然界的总图景——"物质系统的结构层次"开始,逐步过渡到可观的"运动与变化""相互作用"以及较为抽象的"结构与功能""转化与平衡"等自然图景,再进入动态地反映自然界演化的途径,最后归结到根本问题——人与自然的关系。这不仅能避免不同科学领域之间知识的重复,更重要的是使学生从联系的角度更深入地理解科学,建立科学的、开放型的知识结构。

(三) 注重学生已有的经验,合理设置阶梯状问题

我们认为学生原有的关于自然的经验和认识极大地影响着科学教育的效果,因此要实现卓越的科学教育,就必须珍惜学生已有的知识、经验以及对科学过程的感受,并将之作为所有内容呈现、教学的起点和学生建构的支点。为此在教材编写中,我们不过分强调知识的逻辑顺序,而是小心地选择学生生活中的一些问题和学生关心的一些科技问题,将它作为教学的开始,形成阶梯状问题系列,并合理设置主题性单元和结构性单元。

这些问题的解决的过程是科学的概念原理知识与相应的过程方法知识相结合的过程,是对社会生活经验进行整合和发展的过程。伴随着对这些问题的解决,也将逐步引导学生向抽象的认识成功地迈进,所获得的知识也将是一种开放式的、更具良好结构的体系,它能使学生更好地接受新的知识和形成新的技能,有利于他们继续地学习。这种较为平衡的综合科学课程能提高全体学生的创新精神和实践能力,使他们成为具有较高科学素养的公民,并为未来终身的学习奠定基础。

(四) 强调科学和人文的结合,体现科学·技术·社会(STS)的思想

科学技术问题是与社会问题密切相关的,学习科学应与社会紧密结合起来,这样才具有整合社会实践的功能,具有将科学主义和人文主义统合的功能和对社会价值观进行调适的功能。为此在教材中有目的地渗透 STS 教育,如介绍克隆技术,让学生探讨科学技术与社会之间的关系。这样就使学生的学习成为充满事件和冲突的过程,可让学生了解科学技术对社会发展既有促进作用,同时不适当运用也会造成负面的影响,可以帮助学生树立善用科学技术和可持续发展的意识,将使学生的心智和整个精神世界获得实质性的发展和提升。

(五) 合理地设计版面,力求生动并符合学生的心理

教材的版式设计实际上是有关课程内容信息的编码方式,也是影响教材质量的重要方面。为此我们根据学生的年龄和心理特点,对版式进行了精心设计。设置了实验、讨论、思考、制作、探究、阅读材料、旁白等小栏目;教材版面生动活泼。精选了较多插图,凡图画已能说明的,文字就简略。减少了比较抽象的文字叙述,这些插图帮助学生较快地理解教学内容。

(六) 注意评价要求与教育目标的一致性

评价是为了保证科学课程的有效实施,促进科学教育过程中学生和教师的发展。根据课程标准所规定的教育目标,突出促进学生和教师发展而进行评价的理念,全面规划评价方案,并据此编制相关的材料。

目前,科学技术迅猛发展,知识经济加速到来,国际竞争日趋激烈,新世纪我国现代化建设面临更为伟大、更为艰巨的任务。"提高全体国民素质。培养具有创新精神和实践能力的有理想、有道德、有文化、有纪律的德智体美全面发展的一代新人",这是基础教育课程改革的目标。而任何课程的编制都是基于一定的社会历史背景的,也是为实现一定目的服务的,

初中科学课程也是如此,应为实现基础教育改革的目标做出自己应有的贡献。在设计和编制教材过程中,应认真总结我国百年科学教育的经验,努力借鉴国际最新科学教育方面研究成果,充分考虑当代中国社会发展的需要、科学发展的现实和学生身心特点与终身发展的需要,力求完美。

参考文献:

[1] 国家教育部.基础教育课程改革纲要(试行),2001.

[2] 王素.科学教育的目标与课程开发[J].外国教育研究,1993(4).

[3] 转引自常初芳.国际科技教育进展[M].北京:科学出版社,1999:73.

[4] [美]美国国家研究理事会.美国国家科学教育标准[S].戢守志,等译.北京:科学技术文献出版社,1999:16.

[5] Tanner, D., Tanner, L. Curriculum Development: Theory and Practice. [M]. New York: Harcourt, Brace & World, Inl; 1975:100; Saylor, J. et al. Curriculum Planning: For Better Teaching and Learning. [M]. New York: Thomson Learning, 1981: 29.

[6] 方红峰.综合课程的类型及其设计取向[J].学科教育,2000(5).

[7] 钟启泉.课程设计基础[M].济南:山东教育出版社,2000:59—61.

[8] 郭玉英,曲亮生.世界范围内综合科学课程的发展[J].课程·教材·教法,2001(1).

[9] 方红峰.新世纪初中综合理科课程设计的构思[J].课程·教材·教法,2000(6).

人与自然和谐发展观视野下科学课程的审视[1][2]

王伟群

自有人类社会以来,人与自然的关系就是重要的社会生产关系,是人和社会发展的基础。当十六届三中全会把"坚持以人为本,树立全面、协调、可持续发展"的科学发展观作为新时期我国社会和经济发展的战略时,统筹人与自然的和谐发展就成为其中的一个基本观点。这不仅对我国全面建设小康社会有重要的指导意义,也对我国的教育提出了挑战。特别是科学教育,它的一个重要目标是传承人类在长期实践中积累的对自然的认识和对自然的改造经验,对人们如何处理人与自然的关系有重大影响。在科学课程中加强人与自然和谐发展的教育,促进我国社会和经济的可持续发展,不仅是历史赋予科学教育的重要使命,也是科学教育以人为本思想的体现。

一、人与自然和谐发展呼唤科学课程改革

人与自然的关系不仅是社会和人发展的物质基础,也是教育的重要内容。综观历史,它们与教育的发展互相影响,互相制约。

(一)原始社会人与自然的原始和谐与宗教教育

人是自然的奴隶,自然主宰人的命运,这是人类发展初期原始社会人与自然关系的体现。当时,人与自然尚未形成真正意义的生态经济关系,人只是自然生态系统中普通而渺小的一员,是庞大自然系统食物链顶端的消费者。人对于自然界中诸如雷电雨雪、日月星辰、春夏秋冬、草木枯荣以及自身的生老病死等现象都缺乏认识,他们只能盲目地依赖于自然,顺应自然。自然有什么,他们便以怎样的方式生活。采集野果,追逐猎物,刀耕火种,茹毛饮血,就是那时人们的基本生活方式,这也保证了自然有足够的资源满足人类有限的生活需求,人类的活动对自然环境的影响微不足道,人与自然保持着原始的和谐。而自然对人类的强大威慑力,使人对自然除了恐惧和无奈外,也往往带着崇敬的心情,把天地作为神灵,祭天拜地,把各种动物拜为吉祥的图腾,祈求它们给自己带来财富和幸运。与此相应他们把这种生活方式和对自然的感情通过言传身教传授给他们的子孙后代,成为原始教育的重要内容,这是宗教教育的起源。宗教教育使得人们更加敬畏自然,当然有时是盲从和迷信。

(二)农业社会人与自然的整体和谐与经验教育

人第一次对自然力的支配是从摩擦生火开始的。恩格斯对此有过高度的评价:"就世界

---

[1] 本文选自《课程·教材·教法》2008年第4期,第71—75页。
[2] 本文系江苏省高校哲学社会科学研究项目《苏南地区"人与自然和谐发展"教育对策研究》的阶段成果。

性的解放作用而言,摩擦生火还是超过了蒸汽机,因为摩擦生火第一次使人支配了一种自然力,从而最终把人与动物界分开。"[1]随着对火的自由支配,人不仅增长了与自然抗争的力量,也开始改造自然。大规模的自然改造始于传统农业社会。为了生活,人们学会了驯化动物,培育植物,开荒种地,伐木修城。人们在依赖自然的同时开发着自然,自然环境直接决定着人们的生活水平和社会文明程度。随着人口的不断增加和消费的增长,人类的活动开始破坏自然。针对环境的恶化,当时主要方法是迁徙,它是人们寻找更适合居住地方的过程,也使被破坏不是很严重地方的生态有了自然恢复的可能。这个时期的人们在与自然相处过程中,虽对自然了解甚少,但也取得不少的经验教训,于是人们把这种经验通过言传身教传授给后人,警告后人要保护自然。如荀况在《天论》中有"万物各得其和以生,各得其养以成",[2]认识到生物之间相互依赖,相互协调的关系。西汉的淮南王刘安在《淮南子·主术训》有"教民养育六畜,以时种树,务修田畴,滋植桑麻。肥墝高下,各因其宜。丘陵阪险不生五谷者,以树竹木,春伐枯槁,夏取果蓏,秋畜疏食,冬伐薪蒸,以为民资。是故生无乏用,死无转尸"。[2]是希望通过协调发展农林牧渔大农业,合理地种植和收获,保护自然。我国这种人与自然和谐的初步思想和对环境保护的经验教育,使得古代的自然环境在局部恶化的情况下整体上处于良好的状态。这也使得中华文明与其他古代文明不同,一直保持生命力,源远流长。

(三)工业社会人与自然的对立与科学主义教育

18—19 世纪,以蒸汽机为标志的工业革命推动了采矿业、冶炼业、机器制造业和交通的迅猛发展,人类进入了工业社会。人们利用科学技术对自然的开发能力大大增强,它也使人们认识到科技是人类创造美好生活的重要工具,于是科学成为课程进入学校,成为教育内容。进入 20 世纪,电气化的推广、工业化的普及和两次世界大战进一步刺激了科技的发展,为人类创造了全新的生活方式和消费模式,人们已不再只满足基本的生存需求,而是追求更为丰富的物质和精神享受。这时的人开始扮演自然的主人,疯狂地攫取地球上的资源,为自己聚敛财富:悠悠的河流,茂密的森林,深埋的矿藏,可爱的动物,无不成为人类争夺的财源;天空、大海、大地,随处可以成为废弃物的"垃圾桶"。随着人对自然开发力量的增强,科学主义教育开始主宰科学教育,一方面他们把科学提升到至高无上的地位,作为人类对自然战无不胜的力量;另一方面他们把教育类同于工业生产过程,把受教育者作为接纳知识和技能的容器,无所谓人性和道德。科学主义的泛滥使自然环境受到极大的破坏,人与自然处于一种极不和谐的状态。20 世纪五六十年代开始,受到伤害的自然开始报复人类:伦敦烟雾事件、洛杉矶光化学烟雾事件、日本水俣病事件等频频发生。如今资源短缺、能源危机、环境污染、灾害性天气等严重影响人类的生活。

(四)人与自然的和谐发展呼唤人文教育

人与自然的不和谐及其带来的一系列问题使得人们开始重新思考人与自然的关系。1972 年在斯德哥尔摩召开的第一届"联合国人类环境会议"是人们观念转变的一个里程碑,通过的《人类环境宣言》认为:"人类既是环境的产物,又是环境的塑造者,环境对于人类的幸福和对于享受基本人权,甚至生存权利本身,都是必不可少的;保护和改善环境是关系到全世界各国人民的幸福和经济发展的重要问题。""为了这一代和将来世世代代的利益,必须谴责和消除殖民主义和其他形式的压迫,必须保护地球上的自然资源,要支持各国人民反对污染的正义斗争,要采取一切可能的步骤防止对人类健康产生的危害。"20世纪80年代后,世界各国更加关注人与自然的关系,把"可持续发展"作为新时期发展的重要战略,明确"发展"是人类共同的主题,经济、社会、环境是可持续发展不可或缺的三大支柱,确定水、能源、健康、农业和生物多样性是实现可持续发展的五大优先领域。这一切都说明,人们已认识到只有调整好人自身的意识和行为,建立新的人与自然的和谐关系,才能保证社会的可持续发展。而要实现人与自然的和谐发展,必须从人的观念改变开始。这样,教育特别是教人处理人与自然关系的科学教育急需改革,环境教育、STS教育都是在这样的背景下诞生的,它们的一个重要目标是要人们认识科学技术与自然、人的生活的关系,改变那种把自然作为改造对象、把科学技术作为改造自然的工具的观念,使人们在掌握科技力量的同时学会如何正确使用科技力量,在认识和利用自然的同时保护自然,促进人与自然的和谐发展。

二、人与自然和谐发展是科学课程改革的新理念

(一)课程目标有转变

传统科学课程的自然观是以认识论为哲学基础的,它秉持一种对象性的思维方式,把世界万物看成是与人对立的。在这种观念中,"人"是主体,自然是客体,人独立于自然之外。人希望通过认识自然的本质、规律,利用自然,征服自然。在这种主客对立的思维框架下,人与自然的地位是不平等的,自然是人认识和利用的对象,人与自然的关系是认识与被认识、利用与被利用的关系。以这种认识论为基础的科学课程,课程的目标主要要求学生获得人类已有的关于自然的知识,学习改造自然的能力和方法,从而充分地利用自然,改造自然,甚至征服自然。

新课程把可持续发展的观念作为未来公民必备的科学素质,所有科学学习领域的学科课程目标都有相关内容的叙述。如物理有"了解科学与技术、经济和社会的互动作用,认识人与自然、社会的关系,有可持续发展意识和全球观念";化学有"赞赏化学科学对个人生活和社会发展的贡献,关注与化学有关的社会热点问题,逐步形成可持续发展的思想";生物有"热爱自然、珍爱生命,理解人与自然和谐发展的意义,树立可持续发展的观念";地理有"增强对资源、环境的保护意识和法制意识,形成可持续发展观念,增强关心和爱护环境的社会责任感,养成良好的行为习惯"。可见,新课程已经把人与自然的和谐发展的观念作为重要的目标。

(二)课程内容有变化

中国是具有悠久文明历史的国家,古代就具有丰富的人与自然和谐发展的思想,"天人合一"是人们对人与自然关系向往的境界。但曾几何时,人们为了自身的利益,观念发生了巨大的变化,把自身凌驾于自然之上。在我们的传统教材中,就有许多夸大人类自身力量的内容,如"愚公移山"是一种时代的精神;"人心齐,泰山移""人定胜天"是行动的口号;"人有多大胆,地有多大产"是人们期待改造自然的结果;国土"幅员辽阔,地大物博",资源"取之不尽,用之不竭",是人们对自然毫无节制开发和利用的理由。20世纪80年代后的一些教材开始关注环境问题,但内容不多,且主要以渗透的方式介绍环境污染,如化学教材中会结合

二氧化碳介绍温室效应,结合硫酸工业介绍空气污染和酸雨,结合洗涤剂介绍水体富营养化等。

新课程改革后,科学课程充分注意结合学科教学的内容,渗透人与自然和谐发展的教育。在仍关注环境污染问题的同时,更注意介绍如何利用科学认识自然、爱护自然、保护自然,强调人与自然的和谐发展是社会和谐发展的基础。如高中物理课程结合学生对能源的学习,要求学生认识能源和环境与人类生存的关系,知道可持续发展的重大意义。讨论能源开发和利用带来的问题及应该采取的对策,形成保护环境的意识。尝试估计一些厂矿、交通工具及家用电器的能源消耗,形成可持续发展的责任感和节约能源的意识,注意自然资源的循环利用。此外,高中所有科学课程的必修模块都有专题讨论,使学生能深入全面地了解科学与人与自然和谐发展的关系。如化学2模块有"化学与可持续发展"主题,要求学生认识化学在自然资源开发中的作用,强调化学合成的物质对自然环境的影响,提出利用化学进行资源的综合利用的价值,讨论"绿色化学"思想的意义。生物的必修模块《稳态与环境》中专门讨论环境与稳态、种群和群落、生态系统、生态环境的保护问题,要求学生认识生物与环境之间相互影响、种群数量不断变化、群落处在演替过程中,知道生态系统通过自动调节作用,实现物质循环和能量流动的相对稳定,形成稳态。强调人类的活动对生态环境产生严重的影响,生态环境的保护已成为全人类共同关心的问题。[3]

三、科学课程中人与自然和谐发展观念的教学

课程目标、课程内容中体现人与自然和谐发展观只是课程设计者的思想,只有通过教学实践才能转化为学生的观念,使课程目标得以实现,这需要师生的共同努力。

(一)正确理解科学的价值

美国环境教育专家大卫·奥若指出:"人们普遍认为,环境问题可以通过某种技术解决。先进的技术固然有用,但现在的危机不仅仅是技术的问题,它更是人们思维的问题以及人们在这种思维模式中如何发展及使用技术的问题。"在科学课程教学中树立人与自然和谐发展的思想,首先要正确理解科学对人和自然和谐发展的价值,既不能认为科学技术无所不能,可以解决所有问题,也不能认为科学技术是人与自然不和谐的罪魁祸首,弃之不用。要认识到科学技术对人与自然的关系是一把"双刃剑"。因此在学习科学的过程中,学生不仅要掌握科学技术以便认识自然、改造自然,更要知道如何利用科技力量,从而利用科学技术促使人与自然的和谐发展。

(二)生命化教学激发情感

人对自然的情感是人与自然和谐发展的基础,传统科学课程受功利主义的影响,实施过程特别注重"知识"的传授。因此教学的内容是各种符号、公式、定理的组合,传授的方法是灌输、注入、操练。这种生产化的教学单调、机械、程序化,缺少情感,也缺乏对生命的关怀。而这种教育的结果往往只能造就一批用知识拼装的"机器人"。他们可能会用知识去赚钱,发展自己的事业,满足自己的好奇心,但对生命却很冷漠,缺乏必要的关爱。因此教学中必须要意识到学生是有机生命的主体,他们有对生命的渴望和热爱,有主观能动性。通过科学教育中的生命教育,让学生真正成为教育主体,可激发他们对生命的情感,认识人与自然和

谐对生命的价值,进而珍惜生命,爱护生命,这样人与自然和谐发展的教育就会成为他们自觉的需求。

(三) 多种活动体验人与自然的关系

情感是一种内心的感受,情感的形成单靠说教是无法完成的,需要亲身的感受和真情的体验。除了课堂可结合学科知识的教学渗透人与自然和谐发展的观念外,科学课程的实施还可创设多种活动,使学生获得多种感官的感受。例如,开展读书活动,认识自然界的丰富多彩和生命性,理解自然存在的意义;认识自然生命的脆弱和资源的有限,了解自然需要人类的呵护和关爱。创造机会让学生走近自然,接触自然,聆听大自然的声音,与大自然进行对话,感受大自然的温情和受到伤害的痛苦,可建立人与自然的基本情感。可结合研究性学习开展社会调查,了解周围的环境和人们的普遍观念,建立人与自然和谐发展意识的必要性和紧迫性。通过开展"生物能的开发""废旧物品的回收利用"等课外科技活动,了解科学技术促进人与自然和谐发展的作用。

(四) 结合生活实际养成绿色生活方式

人与自然和谐发展关系的形成,绝不是一种观念就能解决问题,更重要的是人行为方式的形成,也不是一些人的行为就能解决问题,而是所有人的行动才能解决问题。20世纪90年代发展起来的循环经济就是基于人与自然的和谐发展而倡导的经济发展模式,它通过生产过程废物的综合利用,达到产业之间资源的最优化配置,使区域的物质和能源在经济循环中得到永续利用,实现产品清洁生产和资源可持续利用的环境和谐型经济模式,以最小的自然代价获取最大的经济发展。实施循环经济不仅需要科学技术的支持,还需要法律的健全、政府的引导、企业的自律和公众的参与,科学教育中人与自然和谐发展的教育可以为之奠定良好的基础。因此科学教育应该增加循环经济的相关知识和技术,提高学生对资源的循环利用和绿色经济的意识;通过开展科技活动,让学生了解许多废弃物回收利用的技术和价值;结合生活,倡导在生活中做到5个"R"(Reduce—节约资源,减少污染;Re-evaluate—绿色消费,环保选购;Reuse—重复使用,多次利用;Recycle—垃圾分类,循环回收;Rescue Wildlife—救助物种,保护自然),帮助学生养成绿色的生活方式。

人的全面发展是人与自然和谐发展的基础,进行人与自然和谐发展的教育也能促进人的全面发展。在这个过程中,人们需要建立正确的自然观,正确认识人与自然的关系,在获得认识、开发、利用和改造自然能力的同时,获得合理使用这种能力的自觉性、道德感和责任心,从而对自然承担责任,学会保护自然,改善自然环境。这是一个知识、能力和情感共同发展的过程。从这个角度讲,人与自然和谐发展的教育和素质教育是相辅相成的。

参考文献:
[1] 恩格斯.反杜林论[M].北京:人民出版社,1970:112.
[2] 徐文涛,等.中国的环境保护[M].北京:科学出版社,1987:5,11.
[3] 中华人民共和国教育部.普通高中物理、化学、生物、地理课程标准(实验)[S].北京:人民教育出版社,2003.

三、科学教学课型研究

- 关于小学自然学科课型的探讨（殷志杰）
- 小学自然低年级『三段五步』——课堂教学基本模式初探（张洪轩 刘学英 崔宝平）
- 小学自然课教学结构的研究（潘季顺）
- 论引导发现法（万莲美 张佩珍 陈秋祥 潘光博）
- 试论低年级自然课中的科学游戏（林维超）
- 浅谈小学低年级自然课的『情·知教学』（鲁启安）
- 动眼、动脑、动手、动口——启发式小学自然教学法（张洪鸣）
- 概念转变学习：一种基于建构主义的科学教学模式（袁维新）
- 试论『小组探究模式』（蔡敏）
- 小学科学创造性教学研究（周振铎 李玲）
- 农村自然教学的研究与实验（郎盛新）

关于小学自然学科课型的探讨[①]

殷志杰

一、什么是课型

"课型"的概念有两方面的含义：一是课的类型，这是在对众多的课进行分类研究的基础上产生的，把众多的课按照某种标准划分为不同的类型，每种类型就是一种课型；二是课的模型，即各种类型的课在教材、教法方面的模式，这是对同一种类型的课在教材、教法方面的共同特征抽象概括形成的。

通过对课型的研究，可以使我们更好地掌握各种类型的课在教学目的、教学过程、教学方法等方面的规律。这些规律对于编写教材、教师教学、教学研究、教师培训、师范教育等都是很有价值的。它可以帮助我们以典型带一般、举一反三地搞好教学工作和教材教法方面的研究工作。

二、小学自然学科课型的划分

由于课型是在对众多的课进行分类研究的基础上建立的，因此，根据不同的分类标准，采用不同的分类方法，划分的课型就会有所不同。也就是说，同一学科的课型可以有不同的划分方法。

本文主要探讨小学自然根据各课教学中心内容的相同与不同划分课型的方法。

什么是教学的中心内容呢？每节课的教学内容，从横向看，大体可以分为兴趣、知识、能力、思想教育四个方面；从纵向看，各个方面的教学内容又可以分为不同的层次。在这些教学内容中，通常会有某项教学内容处于中心地位，其他教学内容或者是围绕它进行的，或者是为它做铺垫的，或者是在它的基础上进一步展开的，这项教学内容便是这节课的中心内容。例如《昆虫》一课，在兴趣方面，要培养学生对昆虫的兴趣；在知识方面，要指导学生观察几种昆虫的形态，建立昆虫的概念，了解昆虫生长发育过程的变态现象；在能力培养方面，要培养学生的观察、比较、抽象、概括、推理等能力；在思想教育方面，要向学生进行科学自然观教育，使学生体会到动物界不是杂乱无章的，而是有规律的。在这些教学内容中，指导学生建立昆虫概念是教学的中心内容，其他内容都是围绕建立昆虫概念进行的。教学的中心内容可以决定教学过程的主线。一般来说，教学中心内容相同的课，教学目的、教学过程主线和教学方法大体相同；教学中心内容不同的课，教学目的、教学过程和教学方法具有明显的差异。

自然教学的中心内容大体可以分为以下五类。

（1）指导学生了解自然事实；
（2）指导学生建立科学概念；

[①] 本文选自《课程·教材·教法》1998年第3期，第42—48页。

(3) 指导学生认识自然变化规律或原因；
(4) 指导学生认识自然事物间的相互联系；
(5) 指导学生学习某种科学方法。

这五类教学内容有比较明显的区别,在认知过程和认知方法方面具有各自的特点和规律。以此为标准,可以划分、概括出既有典型性又有明显差异的五种基本课型。

三、小学自然学科几种课型的特征及教法

（一）以了解自然事实为中心内容的课型

1. 课型特征

这类课教学的中心内容是指导学生认识自然事实——自然事物的名称、形态、构造、性质、变化等。在这类课中,认识的物体形态、构造、性质,都是个别物体的显著特征,不是同类物体的共同特征;认识的变化仅限于变化的结果、过程或在变化过程中呈现的现象,不涉及变化的规律和原因。

这类课的教学目的:在知识方面,指导学生认识某种物体的形态、构造、性质、变化;在能力方面,重点培养学生的观察能力、实验能力、比较能力和分析综合能力;在科学自然观方面,主要使学生体会到自然界是由各种各样的物体(物质)构成的,物体是变化的。

这类课的教学过程通常是按照"分析—综合"的思路进行的。首先,指导学生把认识对象(物体的形态、构造、性质、变化过程)分解为若干部分,分别进行观察、比较;第二,把观察的结果综合起来,描述出这个物体的整体特征、性质或变化过程;第三,指导学生运用本课学习的知识和方法识别物体,或用本课学习的方法观察、描述其他物体的形态特征。教学过程的基本模式如图1。

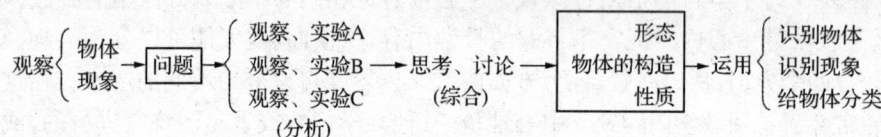

图1　教学过程的基本模式

2. 典型课例

典型课例包括:《各种各样的根》《各种各样的叶》《蚂蚁》《猫和兔》《岩石》《铜、铁、铝》《土壤的成分》《水》《空气》《氧气》《二氧化碳》《磁铁》《土壤的种类》等;《春天》《夏天》《太阳和方向》《浮和沉》《声音》《摩擦起电》《养蚕》《养蝌蚪》等。

3. 教法要点

在指导学生认识物体的形态构造、性质时,凡属周围常见的物体,要尽可能使用实物分组观察。这些实物可以在课前布置学生采集、捕捉、搜集。不便用实物观察的,可以用模型、挂图、投影片等进行观察。在指导学生认识物体的变化或常见的自然现象时,也要尽可能采用观察、实验的方法。

教学开始,通常是先针对认识对象提出问题。例如,这种物体是什么样的,是怎样构成的,有什么性质,有什么变化等,然后根据问题展开研究。研究的基本方法是观察、实验、比

较、分析、综合。

在指导学生观察、实验时,应注意以下五方面。

(1) 正确体现"观察法"和"实验法"的教学步骤:明确观察(实验)目的;讲解、演示观察(实验)方法、观察重点和注意事项;分组观察(实验);汇报观察(实验)结果;对观察(实验)结果进行分析;小结。

(2) 观察活动要有比较充裕的时间,使学生充分地进行观察。

(3) 指导学生运用"整体—部分—整体"的方法进行观察,即先将整个物体粗略地进行观察,把物体的形态、构造、性质或变化过程分成若干部分,然后对各部分仔细地观察,最后再把观察到的各部分的特征联系起来。这实质是一种"分析—综合"的方法。运用这种方法,有助于全面地观察。

(4) 教给学生运用比较的方法进行观察。通过比较,有助于发现物体的细微特征。

(5) 重视观察结果的汇报。让学生用自己的话把观察到的各种情况充分地表达出来,只有这样,才能达到观察的目的,切实培养学生的观察能力。

在分别观察了物体各局部的特征、各种性质、各方面或各阶段的变化后,要及时引导学生把分析的结果综合起来。这个教学环节要用讨论的方法,启发学生自己进行综合,形成结论,从而达到培养学生分析综合能力的目的。

在学生已经认识了某种物体的形态、构造、性质之后,不仅要设法让学生记住这些知识,更重要的是要引导学生运用这些知识和方法解决实际问题,以促进学生的知识和能力迁移。例如,《水》一课,当学生已经认识了水的性质以后,可以让学生从几种无色透明的液体中鉴别哪种是水;还可以让学生根据观察、描述水的性质的方法,来观察描述橘汁、墨水等是什么样的。

(二) 以建立科学概念为中心内容的课型

1. 课型特征

这类课教学的中心内容是指导学生建立科学概念。凡课题是一个科学词汇,教材又要求学生通过抽象概括明确其内涵和外延的,一般都属于这一类。如果教材并不要求学生经过抽象概括理解这个概念的内涵和外延的,就不能划入这一类课。

这类课的教学目的:在知识方面,指导学生建立某个科学概念,即认识某类自然事物的共同特征;在能力方面,重点培养学生的抽象概括能力;在科学自然观方面,主要使学生体会到自然事物是有规律的。

这类课的教学过程是以抽象概括为中心展开的。首先,从同类事物中选取一组典型的事物进行观察、比较,找出它们的相同点;然后,通过与其他类事物的比较,抽象出这类事物的共同特征(本质特征);接着,再用概括的方法,把抽取的共同特征推广到全类事物,形成概念;最后,引导学生应用概念解决一些实际问题。教学过程的基本模式如图2。

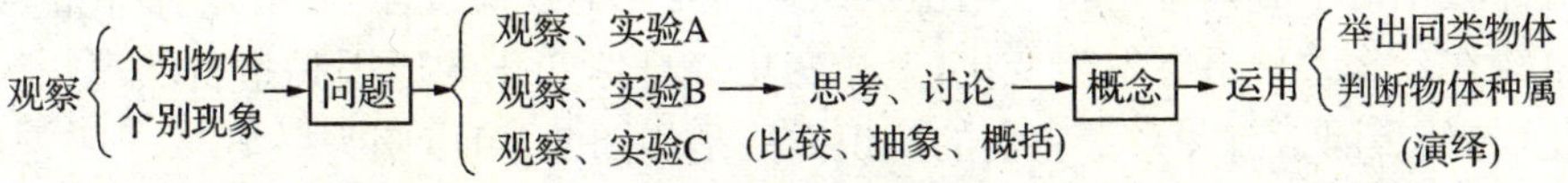

观察 { 个别物体 / 个别现象 } → 问题 { 观察、实验A / 观察、实验B / 观察、实验C (比较、抽象、概括) } → 思考、讨论 → 概念 → 运用 { 举出同类物体 / 判断物体种属 } (演绎)

图2 教学过程的基本模式

2. 典型课例

包括:《果实的共同特征》《茎的共同特征》《哺乳动物》《鸟》《鱼》《金属》《导体和绝缘体》《蒸发》《溶解》《弹性》《反冲》等。

3. 教法要点

自然课指导学生建立的概念可以分为两类:一类是学生已有的词汇,但不明确其内涵,例如"果实""鸟""鱼"等;另一类是学生只有一些感性知识,但没有相应的词汇,例如"导体""溶解""弹性"等。在指导学生建立前一类概念时,可以直接提出"某类物体有什么共同特征"的问题进行研究。在指导学生建立后一类概念时,只能先对一组典型的事物进行观察比较,发现它们有共同特征、是同一类事物时,才能告诉学生这类物体的名称,提出"这类物体有什么共同特征"的问题。

由于概念是在众多的个别事实的基础上抽象概括出来的,因此事实是否充分、是否典型,将对概念的形成具有相当重要的作用。为了使事实充分,应该选择同一类的几种个体进行观察,只根据一种事实是无法抽象概括的。应该选择性状典型的物体进行观察,不典型的材料会干扰学生的抽象概括。另外,在已有的事实中,应该既有相同又有不同,在不同中既有表面的不同又有本质的不同,只有这样才能抽象概括。

所谓建立概念,是指学生对概念真正理解了,成为了学生认知结构的一部分。为了使学生真正理解概念的含义,顺利地建立概念,必须启发学生在事实的基础上自己进行思考;在抽象概括能力方面得到切实的锻炼和提高,必须教给学生怎样运用抽象概括的方法思考。抽象是建立在比较的基础上的,具体的思维过程是:通过比较,找出同一类事物性状的相同与不同,把不同的性状舍弃,把本类事物都有、其他类事物没有的性状抽取出来。抽出的这些性状便是这类事物的本质特征。概括是在抽象的基础上进行的,具体的思维过程是:把从个别事物中抽象出来的本质特征推广到全类事物,用一句简要的话说明:"凡是××(物体)都有××特征",或"凡是具有××特征的都属于××(物体)"。通过概括便明确了概念,给概念下定义。以上思维方法,应该在不同的课中通过不同的材料,对学生进行反复的训练,使他们逐渐掌握。

在学生初步建立了相应的概念之后,要及时引导学生把所学的知识广泛联系实际。一是让学生举例说明属于这个概念范围的事物,举出的越多,说明学生对概念越明确。二是让学生判断某个事物是否属于这类事物,只有能正确判断并能说明理由,才能证明学生真正建立了这个概念。在指导学生联系实际时,要用一些与新课部分不同的或具有特殊性的例子,以使学生全面地理解概念。例如,在学生建立了"茎"的概念后,可以引导学生判断藕是根还是茎;在学生建立了"哺乳动物"的概念后,可以引导学生判断蝙蝠是不是哺乳动物。

(三)以认识自然变化规律或原因为中心内容的课型

1. 课型特征

这类课教学的中心内容是指导学生认识自然变化的规律或原因。自然变化的规律大多指自然事物在什么条件下会发生变化,怎样变化。自然变化的原因是指自然事物为什么会发生变化,与什么因素有关。它们的认识方法是相同的,可以归为一类。

这类课的教学目的:在知识方面,指导学生认识某种自然变化的规律或原因;在能力方面,重点培养学生的实验能力和归纳概括能力;在科学自然观方面,主要使学生体会到自然界是有规律的,只有认识和遵循自然规律,才能很好地利用自然、改造自然和保护自然。

这类课的教学过程是以归纳概括为中心展开的。根据教学内容和学生的学习情况不同,具体过程又略有不同:有时是按照"现象—问题—实验—思考(归纳概括)—结论—运用"的程序进行的;有时是按照"现象—问题—实验—思考(归纳概括)—假设—验证—结论—运用"程序进行的;有时是按照"现象—问题—思考(归纳、猜想)—假设—验证—结论—运用"的程序进行的。教学过程的基本模式如图3。

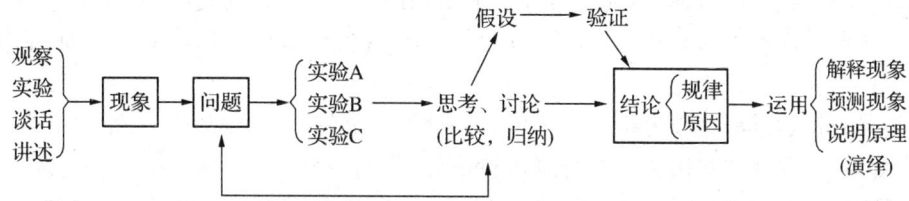

图3 教学过程的基本模式

2. 典型课例

包括:《小水轮》《不倒翁》《声音的产生》《物体的热胀冷缩》《正电和负电》《电磁铁》《凸透镜》《杠杆》《滑轮》《摩擦力》《怎样加快溶解》《燃烧和灭火》《凝结》《风》《彩虹的秘密》《壶嘴高低的秘密》《摆的秘密》《种子的萌发》《卵石的形成》《月相的成因》《日食和月食》等。

3. 教学要点

教学开始,通常采用观察实验的方法显示一种现象,或采用谈话法引导学生回忆一种常见的现象,启发学生围绕这种现象提出本课要研究的问题。例如,这种变化有什么规律,为什么会发生这种现象,这种现象是在什么条件下发生的,与什么因素有关系等,然后围绕问题展开研究。

规律是从众多的、重复出现的个别现象中归纳概括出来的。对于学生经常看到的、感性经验多的现象,教学时不必再观察,启发学生根据已有经验进行思考,直接形成假设。对于不是学生经常看到的、感性经验少的现象,教学时必须先进行观察实验,使学生掌握一定数量的事实,然后再引导学生进行归纳。实验应该是精心设计的,使学生能观察到与这个规律有关系的、又比较明显的现象;实验应该是一组,其中既有相同的又有不同的,只有这样才能进行归纳;实验要尽可能分组进行,以便学生能观察到清晰的现象,而有利于归纳。

为了使学生顺利地认识自然变化的规律,并在归纳概括能力方面得到切实的锻炼和提高,必须通过实际练习,教给学生归纳概括的思考方法。归纳是从个别到一般的推理。如果某种现象反复出现时,或在不同场合出现时,都存在着某种联系,我们就可以推想这种联系可能是这种现象的规律。最常用的归纳方法是"简单枚举归纳法"和"因果关系归纳法"。

对提出的假设进行验证,是这类自然课常见的教学步骤。先根据假设的规律推想在某种条件下可能发生的现象,然后根据推想设计实验。实验通常采用对比的方法,以便从正反两方面证明推想的规律是否正确。

当学生已经认识了某种规律之后,要引导学生运用这种规律解决一些实际问题。例如,解释某种自然现象的原因,预测在某种条件下会发生什么现象等。解决上述问题的基本思路是从一般规律推想个别事物的特征,其中既有知识的迁移,又有能力的迁移。

（四）以认识自然事物之间相互联系为中心内容的课型

1. 课型特征

这类课教学的中心内容是指导学生认识自然事物之间的相互联系。指导学生认识的不是两种自然事物间的"双边联系"，而是几种或多种自然事物间的"多边联系"。

这类课的教学目的：在知识方面，指导学生认识某些自然事物之间的相互联系；在能力方面，重点培养学生的分析综合能力和概括能力；在科学自然观方面，主要使学生体会到自然界中的各种事物不是孤立的，而是相互联系的，人们在利用自然和改造自然时，必须遵循这些规律。

这类课的教学过程是以分析综合为中心展开的。首先，引导学生把自然事物间的"多边关系"分解为一个个的"双边关系"，分别进行研究；然后，把分别研究的结果综合起来，从整体上把握这些自然事物之间的相互联系；最后，再引导学生把学到的知识广泛联系实际。教学过程的基本模式如图4。

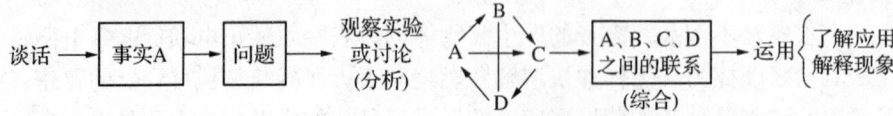

图 4　教学过程的基本模式

2. 典型课例

《水在自然界里的循环》《水的三态变化》《植物和环境》《动物和环境》《水域的污染和保护》《食物链》《保持水土》《保护大自然》等。

3. 教法要点

通常运用谈话法，从学生比较熟悉的事物出发，提出本课要研究的问题。

在分析一种自然事物与另一种自然事物之间的联系时，根据学生在这方面的知识和经验的多少，可以采用不同的方法。对于已有知识或经验多的，可以用谈话法和讨论法。例如，动物之间的食物联系，地面上的水与海洋中的水有什么联系。对于已有知识或经验少的，就需要在观察实验的基础上进行归纳概括。例如，蚯蚓对明暗、干湿环境的选择。

在分析基础上的综合，不是把分析的结果简单相加，而是通过思维和想象，在更高的层次上，从整体上认识这些自然事物之间的相互联系。例如，在分别研究了水在海、陆、空之间的移动之后，要启发学生总结出"水在自然界里是循环运动的"；在分别研究了大地上水、土的流失与什么因素有关系以后，要引导学生概括出"自然界中的水、土、植物是相互依存的"；在分别研究了各种生物之间的食物联系之后，要启发学生想象出生物之间在食物方面的链状和网状的联系，建立"食物链"和"食物网"的概念。

在学生认识了某些自然事物之间的相互联系之后，要引导学生应用所学的知识和方法，进一步认识有关的问题。例如，认识了水、土、植物之间的相互依存关系之后，可以启发学生进一步思考保持水土的方法；研究了蚯蚓与周围环境的关系之后，可以布置学生用类似的方法，在课后研究其他小动物适宜生活在什么环境。通过解决这些问题，使学生的兴趣得到提高，知识得到扩展，能力得到锻炼。

（五）以学习科学方法为中心内容的课型

1. 课型特征

这类课教学的中心内容是教给学生某种科学方法——观察、实验、比较、抽象、概括、分析、综合、归纳、演绎、想象、栽培、饲养、制作等。

这类课的教学目的主要是培养学生观察、实验、思考、操作等技能以及科学的态度和良好的心理品质。

教学过程通常是按照技能形成的心理安排的。首先，通过讲解、演示、分步操作、连贯操作等步骤，使学生初步掌握方法的要领；然后，让学生使用不同的材料对这种方法反复进行练习，达到"初步学会"；最后，引导学生运用学习的方法解决一些实际问题，检验学生是否真正掌握了这种方法。教学过程的基本模式如图5。

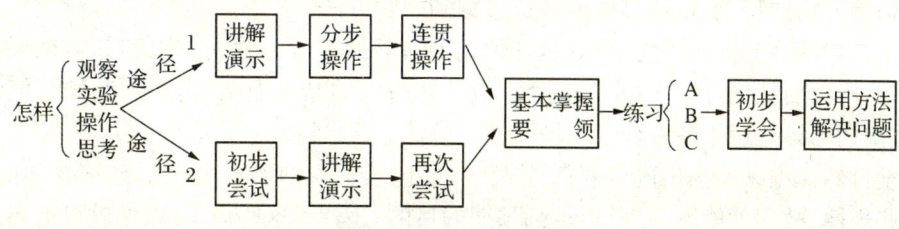

图5　教学过程的基本模式

2. 典型课例

《看一看》《你怎么知道》《不同和相同》《分一分》《它有哪几部分》《找共同特征》《它是什么》等；《小电珠》《电路》《温度计》《风的观测》《测定物体的温度》《怎样测定力的大小》《怎样测量太阳高度》等；《种花》《制作植物标本》《制作指南针》等。

3. 教法要点

教学开始，可以通过谈话法或讲述法使学生了解某种方法的重要作用，由此导入新课。例如，《制作植物标本》《怎样测量太阳高度》两课的导入；也可以先让学生解决一个与本课学习的方法有关系的问题，由此导入新课。例如，《分类游戏》《找共同特征》两课的导入。

使学生正确掌握方法的要领是教学的关键。对于一些比较难的方法，如制作植物标本、测定太阳高度等，可采用上述教学过程中的第一种途径，先由教师讲解和示范怎样想或怎样做，然后再让学生尝试体验；在学生初步尝试的时候，通常要先分步操作再连贯操作，以使学生正确地掌握方法的要领。对于一些不太难、学生又有一些经验的方法，如分类、找共同特征、连接电路等，可采用上述教学过程中的第二种途径，先设计一个问题让学生尝试解决，然后针对学生完成的情况，教师再讲解、示范应该怎样想或怎样做，并让学生按照正确方法尝试一下，以使学生明确方法的要领。

练习是技能形成的必由之路。只有通过练习，学习的方法才能由不会到会、由不熟练到熟练，形成技能。练习必须在正确掌握方法要领的基础上进行，并注意贯彻"由易到难、由简单到复杂、由慢到快"的原则。练习的项目应该有计划、有层次，并有一定的数量，只有经过循序渐进、反复的练习，才能使学生真正学会一种方法。

当学生初步掌握了某种方法之后，还需根据能力迁移的原理，引导他们运用这种方法解决一些同类型的问题(有的问题需要安排在课后解决)，以检验学生是否真正学会了这种方法。

四、小学自然课型理论在教学中的应用

小学自然课型理论是对小学自然教学的分类研究。根据不同的目的，依照不同的分类标准，可以有不同的分类结果；对于各种类型课的教学方法，可以创造出不同的教学模式。

本文提出的课型理论特点是：以认知心理学为指导，从自然课的整体特征和教学过程主线的异同划分课型；划分标准明确，分类结果简捷，打破了学科知识的界限，反映了同一类型课的内在联系；各类课型的教学模式直观、主线清晰、框架合理，既体现了自然教学的指导思想和教学原则，又符合各类教学内容的认知心理。

小学自然课型理论只是对自然课的类型及其教法做一般性的描述，具有抽象性、典型性和理想性。因此，在具体教某一课时，要把握这一课的课型特征，还必须紧密结合教学内容、课文结构等方面的特点，设计具体的教学过程和教学方法。

小学自然课型理论研究的重点，是各种类型自然课教学过程的主线和基本框架。要上好自然课，不仅要把握好教学过程的主线，设计好教学的基本框架，还必须遵循其他的教学规律，正确而巧妙地运用各种教学手段和教学方法。

小学自然课型理论提出的各种教学模式，以比较直观的形式反映了自然教学的规律。遵照这些规律，教学就能顺利进行，达到预期的目的；违背了这些规律，教学就可能出现这样或那样的问题，甚至失败。但是，它所提出的各种教学模式虽然是从教学实践中总结出来的，但事物是发展的、千变万化的。因此，我们在应用课型理论指导教学时，一定要贯彻理论联系实际的原则，既要依据一定的模式组织教学，又不要使教学模式化，这与"教学有法而无定法"是同一道理。

各种类型的教学内容不是截然分开的，而是相互联系的。因此，上述小学自然课型的划分也不是截然分开的，在教学中会有一定的相互渗透。例如，在以建立科学概念、认识自然规律为中心内容的课里，都不同程度地包含认识自然事物形态、构造、性质、变化的内容，它们虽然不是这类课的中心内容，却是建立科学概念、认识自然规律的基础。在以认识自然规律为中心内容的课里，有时也要用到建立科学概念的教学步骤和方法。例如，在指导学生认识声音是怎样产生时，首先要通过观察实验和抽象概括建立"振动"的概念，然后才能归纳概括"振动发声"的规律。在以认识多种自然事物间的复杂联系为中心内容的课里，经常要按照认识自然变化规律的教学步骤，采用因果关系归纳法，分别认识各种自然事物间的内在联系，然后才能进行综合。因此，当我们教某一种类型的课时，不能局限于这种课型的教学步骤和教学方法，而应根据教学的实际需要，灵活运用。

统观小学自然教材中的197节课（按六年制教材统计），有些课的内容比举出的典型课例要复杂，还有些课是上述五种课型不能概括的。在教这些课时，可把上述五种课型作为基本模式，根据教学的实际需要进行重组；或以一种课型为主，采用加一点减一点的方法，同样可以比较容易地确定教学目的、设计教学过程、选择教学方法。如《水的压力》一课，内容层次较多，其中水有压力和水的压力方向的内容，可以看作是认识自然事实；水的压力大小与水深的关系的内容，可以看作是认识自然规律。教学时，只要把这两种课型的教学过程和教学方法有机地结合起来，便能上好这节课。再如《根的作用》《茎的作用》等课，从课文结构来看，与认识自然规律课型的教学模式很相似。这样，我们就可以参照认识自然规律的课型进

行教学。

在实际运用中还会发现，有些课文的结构与课型理论中提出的教学结构有一定的差距，如有的课内容层次不够清楚，有的课教学环节还不够合理或不够完整等。这是因为教材编写在前、课型理论研究在后的缘故。对于这种情况，教学时完全可以根据课型理论对课文进行一些适当的调整，从而使自然教学源于教材而优于教材。

关于小学自然课型的问题，是当前自然教学需要解决的问题，也是很多有识之士致力解决的问题。上述小学自然课型理论是否合理，是否对教学有指导作用，还需要在自然教学中进一步检验，并欢迎广大教师和从事自然教学研究工作的同行们批评指正，以使其逐步完善。

小学自然低年级"三段五步"
——课堂教学基本模式初探[①]

张洪轩　刘学英　崔宝平

《小学自然教学大纲》指出:"自然是义务教育小学阶段的一门重要基础学科,担负着向学生进行科学启蒙教育的任务。"为落实《大纲》精神,进一步深化自然教学改革,更好地实施义务教育教材,在现代教学论指导下,我市[②]自1992年秋季开始进行自然课堂结构模式的探索和研究。在借鉴人教社及各地成功的经验和总结我市实践经验、研究成果的基础上,为进一步突出学科特点,规范学科教学,使理论更好地结合实践,给我市小学自然教师提供一个操作性较强的课堂教学结构,我们构建了小学自然低年级"三段五步"课堂教学基本模式的初步框架。

一、小学自然低年级"三段五步"教学基本模式的框架

1. 第一阶段:激兴导入

这是课堂教学模式的第一步,目的在于通过创设情境,引起学生浓厚的学习兴趣,导入新课。前苏联教育家苏霍姆林斯基说过:"如果教师不想办法使学生产生情绪高昂和智力振奋的内心状态,就急于传授知识,那么这种知识只能使人产生冷漠的态度,而使不动感情的脑力劳动带来疲劳。"[1]激兴导入就是针对低年级儿童好奇心强,求知欲旺的特点,以引起他们探究知识的兴趣,为儿童智力活动的展开形成良好的心态。

自然课的导入,必须从教材内容的实际和儿童的心理特征出发,一般可采用观察、实验、谜语、故事、儿歌、谈话、游戏、录音、录像、创设悬念等方法,展现客观事实,从实践中提出要探究的问题。

教学过程是一个不断发现问题、解决问题的动态变化过程。导入新课时,要适当创设问题情境,提出疑问,以引起儿童的有意注意和积极思维。如教学《影子》一课,一上课教师打开投影仪,引导学生表演小狗、小兔、小鸭子等手影游戏,儿童们跃跃欲试,争相表演,在课堂气氛非常活跃的时候,教师突然切断电源,影屏上的手影立刻消失了,此时学生兴趣正浓,教师趁机提出启发性的问题:"为什么关上灯,影子就不见了?影子是在什么条件下产生的呢?"一石激起千层浪,把学生的思维引向了学习新知识上。又如教学《磁铁游戏》一课,可通过演示"听话的小乒乓球"设置悬念导入新课。教师问:"如果把小乒乓球放在立着的纸板上会不会滚下来?"学生会根据已有的经验马上做出回答:"小乒乓球会滚下来。"教师边演示边说:"这里有一个听话的小乒乓球,我把它放在立着的纸板上不但滚不下来,而且它还能上上下下地移动。"学生对观察到的这种现象感到很惊奇,于是探究知识的愿望油然而生。借此

[①] 本文选自《课程·教材·教法》1996年第6期,第48—50,39页。
[②] "我市"指山东临沂市,下同。

引出要探究的问题,导入新课。

总之,无论采用哪种方法导入,都要紧紧围绕教学要求,以激发探究兴趣和引出要探究的问题为目的,既不能使导入不到位,又不能搞得哗众取宠、故弄玄虚、拖泥带水,要恰到好处。

第二阶段:学习新课

学习新课是课堂教学的中心环节。这一阶段的主要任务是通过观察、实验、思考等一系列的活动,引导学生经历探究知识的过程,获得科学的结论。这一阶段要由三步来完成。

(1)第一步:观察、实验。《大纲》指出:"观察和实验是人类认识自然的基本途径,也是自然教学的特点。"可见,对自然规律的揭示和科学结论的推断主要依赖于观察和实验。由于低年级儿童的思维特点是以具体形象思维为主,学生的抽象思维仍依赖于生动直观、具体形象的感性材料,因此要精心设计观察实验。通过观察、实验,使学生获得知识和发展智力,提高能力。同时还可培养他们爱家乡、爱祖国、爱大自然的情操。指导观察、实验应注意以下几个问题。

① 精心准备观察、实验材料。准备好具有直观性、科学性、典型性、可操作性的有结构的观察实验材料,是保证儿童有意观察、实验以及主动探究自然事物的关键。例如,教学《各种各样的果实》一课,要选择好各种颜色、形状、大小、气味、味道不同的果实。再如,教学《磁铁游戏》一课,要准备好有代表性的各种形状的磁铁、玻璃杯、水槽、吹塑纸等材料,同时还要准备一组能被磁铁吸引的材料(如曲别针、大头针、小铁钉等)和不能被磁铁吸引的材料(如小木片、纸片、玻璃片、布条、硬币等)。观察实验材料的准备数量要充足,在分组实验时,尽可能让每个学生都有动手的机会。

② 明确观察、实验目的。观察、实验是在引出问题的前提下进行的。要解决什么问题,即要达到什么目的,必须让学生明确。观察、实验的目的任务越明确,学生的感知就越清晰,观察、实验的效果就越好。例如,认识磁铁能吸铁的性质时,让学生注意观察哪些材料能被磁铁吸引,哪些材料不能被磁铁吸引,能被磁铁吸引的和不能被磁铁吸引的材料各是用什么材质做的。

③ 提出观察、实验要求。观察、实验前,教师一定要讲清观察、实验的方法、步骤,提出明确具体的要求,并强调观察、实验中应注意的问题。如观察动物的外部形态,要按照从整体到部分,有顺序地进行观察。例如,观察金鱼时,要先从整体感知金鱼的身体是什么形状的,再观察金鱼身体的各个部分,在对各部分进行观察时,要按照从头到尾的顺序,一部分一部分地进行观察。又如,指导学生做磁铁能吸铁的实验前,要讲清怎样拿磁铁,怎样放磁铁,怎样去吸物体,并注意把能被磁铁吸引的材料放在一堆,把不能被磁铁吸引的材料放在一堆,以便从中发现规律。

④ 指导学生观察、实验。生物学家达尔文说:"科学就是积累事实,以便从中发现规律。"[2]要想使儿童对自然事物获得清晰的印象,更好地培养他们的观察、实验能力,就必须引导他们经历探究知识的过程:让他们带着要探究的问题,自己观察,自己动手实验操作;让他们的多种感官参与活动,充分动脑、动口、动手,在教师的点拨下获取丰富的感性材料,为下一步思考质疑打下基础。例如,教学《小电珠》一课,在学生观察认识了导线、电池、小电珠三种材料后,教师提出如下启发性的问题:看谁能想出办法把导线、电池、小电珠连接起来使小电珠发亮,并说说是用什么方法连接的?试试看有几种连接方法?教师巡视指导,及时点拨,学生通过动脑、动手,很快就发现和掌握了三种不同的连接方法。再如,指导学生认识磁

铁的性质时,可做"给磁铁找朋友"的游戏。做法是:用磁铁接近桌上的各种材料,凡是能被磁铁吸引的就能做磁铁的朋友,把它们放在一堆,不能被磁铁吸引的就不能做磁铁的朋友,把它们放在另一堆。学生通过做磁铁游戏发现曲别针、大头针、铁钉等材料能被磁铁吸引,都能做磁铁的朋友,而小木片、玻璃片等材料都不能被磁铁吸引,也就都不能做磁铁的朋友。这一步主要使学生获得比较多的信息和事实,为下一步思考质疑打下基础。

(2) 第二步:思考质疑。"学起于思,思源于疑。"思维一般是从问题开始,疑问能激发儿童的思维,促进思维活动的展开,从而去发现新事物,提出新见解,解决新问题。因此围绕要解决的问题启发学生从多角度、多层面进行思考、质疑。这一过程的主要任务是:引导儿童借助观察、实验,运用比较、分析、综合等思维方法,对获取的信息进行去粗取精、去伪存真、由此及彼、由表及里的加工处理,为下一步形成科学结论做辅垫。例如,教学《青蛙》一课,在指导学生观察青蛙身体的外形时,学生对青蛙身体分几部分可能有争议,多数学生能按头、躯干、四肢三部分分,少数学生按四部分、五部分分,教师要因势利导,让学生带着问题再一次进行观察、思考、讨论:看一看青蛙的头是不是也能像人那样左右转动?再仔细观察青蛙的头部,它是和身体的哪一部分紧紧连在一起的?在观察、思考、讨论的基础上统一认识,找出正确的分法。再如,教学《磁铁游戏》一课,在实验的基础上引导学生思考质疑:为什么曲别针、大头针、小铁钉等材料都能被磁铁吸引,而小木片、纸片、玻璃片等材料都不能被磁铁吸引呢?能被磁铁吸引的材料都是用什么制作的?通过观察发现了什么秘密?学生经过思考质疑,发现能被磁铁吸引的材料都是用铁做的。在观察中学生提出新问题,进行更深层次的思考质疑:为什么磁铁不吸引硬币呢?教师启发学生带着问题再深入探讨,通过仔细观察,发现硬币不是用铁制作的,所以不能被磁铁吸引。继而让学生带着磁铁能吸引的材料都是用铁制作的这一问题,再进一步去发现、解决新问题,为下一步科学结论的形成打下基础。

学生经历思考、质疑的过程,也是训练思维能力的过程,教师不能包办代替,要允许并鼓励学生提出不同的看法。当学生在认识上产生分歧时,正是学生的求知欲最强烈、引起学习动机的最佳时机,也正是学生智力发展的关键所在。因此教师要积极引导学生经历思考质疑的过程,培养他们的思维能力。

(3) 第三步:获得结论。这一步的主要任务是在学生观察、实验、比较、判断、分析、综合的基础上,进行不同角度、不同层面的归纳概括,把感性认识上升到理性认识,从而得出科学结论的过程。例如,学生在思考质疑后,发现能被磁铁吸引的材料都是用铁做的,此时教师提出:谁能根据实验中发现的问题,用一句话说出磁铁有什么本领?这时磁铁能吸铁这一结论的获得也就水到渠成了。

要注意,结论的获得必须在学生已有感性认识的基础上,师生共同归纳概括,切忌教师包办代替,简缩过程。

3. 第三阶段:巩固应用

对任何一个概念或规律的认识,往往不是一次性完成的,形成的结论,还必须回到实践中去检验和应用,这是认识过程中的一个重要阶段。在巩固应用阶段,不但可以强化学生对所获取知识的理解和记忆,同时还能培养他们分析问题和解决问题的能力。教学时可设计一些不同形式、不同层次的作业、操作等练习,以巩固、完善学到的知识及检验学生用获得的知识解决实际问题的能力。通常可采用举例、判断、实验、制作、设计等方法。例如,认识了水的性质以后,为加深学生对水的性质的理解,可设计这样的练习:六个玻璃杯中装有六种不同的液体,让学生判断几号杯子里装的是水,并说出是怎么知道的。又如,学生认识了磁铁的性质后,应用磁铁能吸铁的性质找一找教室里哪些东西是用铁做的,并指导学生做"巧取曲别针"的游戏,还可以指导学生动手制作磁控小帆船,开展比赛游戏,看谁制作的磁控小帆船在水槽中游的趟数多,使学生在玩的过程中,开动脑筋,轻松愉快地巩固知识,培养能力。

二、小学自然低年级"三段五步"教学基本模式的特点

(一)体现了自然学科的特点

自然学科的认识对象是学生周围的各种自然事物,而认识这些自然事物主要是通过观察和实验。正如《大纲》所指出的:"观察和实验是人类认识自然的基本途径,也是自然教学的特点。"由此可见,观察、实验在教学方法中占有重要的地位。模式的构建,注重了观察、实验,充分体现了自然学科的特点。

(二)基本体现了九年义务教育自然低年级教材结构的特点

义务教育教材中绝大多数课文是按"问题—观察、实验、思考—结论—应用"的思路编写的,一般都是先提出问题,再引导学生通过观察、实验、思考等认识活动获得问题的结论,然后引导学生应用获得的知识和能力解决一些实际问题。例如,教学《水》一课,首先通过启发谈话引出要探究的问题,再引导学生通过观察(一看、二闻、三尝)、思考、讨论等活动认识水的性质,然后应用水的性质区分水与其他液体,检验学生的知识迁移能力。这样设计教学过程与课文结构的编写思路基本是一致的。

(三)遵循认识规律

人们认识自然事物遵循的基本原则是:从直观到抽象,从感性到理性,从特殊到一般,即要经历实践—认识—实践的过程。模式中的"三段"遵循了这一认识规律。

(四)体现了教为主导,学为主体,训练为主线的教学思想

《大纲》提出:"自然教学的基本过程是学生在教师的指导下主动地认识自然事物和应用所获取的知识,教师要尽可能地启发学生自行探求和应用知识。"教学基本模式的设计自始至终是在探究—研讨的过程中进行的,充分体现了三为主的教学思想。

总之,小学自然低年级"三段五步"教学基本模式体现了学科性、实践性、简约性和操作性等特点。我们对这一教学基本模式的探讨,仅仅是初步的,还有待于在教学实践中进一步检验和不断完善。作为教学模式只是一种"形式",一种结构,在应用模式的过程中,要本着有模式,但不模式化,根据教材内容和学生的实际情况,灵活运用,以达到提高课堂教学质量的目的。

参考文献:

[1] 何以刚.论课堂教学的辩证法[J].课程·教材·教法,1991(6):14.

[2] 人民教育出版社小学自然室.九年义务教育教材(人教版)教案系列丛书——五年制小学自然第一册教案[M].北京:人民教育出版社,1996:68.

小学自然课教学结构的研究

潘季顺

大纲指出:"自然课是对少年儿童进行科学启蒙教育的一门重要基础学科。"几年的教改实践,在新的教育思想指导下,我们摆脱了灌入式的旧教学结构,走上了科学启蒙教育和培养未来四化建设人才新的教学之路,获得了现代小学自然课教学结构的新的认识。

一、研究小学自然课教学结构的意义

关于课堂结构的含义,在教育学中通常指的是"一个课的组成部分,以及各部分进行的顺序和时间分配",它具体地反映在教师设计教案的主要"教学过程"之中,这是所有课堂教学都必须遵循的。而改革后的自然学科,应该有自己独特的课堂教学结构。这种"结构"应能体现自然教学大纲的精神,体现自然学科"是对少年儿童进行科学启蒙教育"的性质和任务。因此,研究小学的自然课堂结构的意义在于:

(1) 突出"小学自然是对学生进行科学启蒙教育的一门重要学科"的性质与特点。

(2) 体现德、智、体全面发展的教育作用,达到知识、志趣、能力、思想教育"一箭多雕"的教学要求。

(3) 发展学生爱科学、学科学、培养科学的志趣与能力,指导学生认识研究科学的基本程序,学习像科学家那样自己研究科学,培养他们的创造精神。

二、设计课堂结构的基本要点

设计的课堂结构要表明教师、学生、材料之间相互作用的活动程序。就外部活动而言,要写明观察、实验、讨论、考察、训练、游戏、故事、讲解、图示、看资料等,就内部思维形式与方法来说,要写明比较、分类、推理、分析、想象、猜想、综合、概括等。

(1) 设计的程序(步骤、环节)要有明显的阶段性与合理的顺序,使教师的教学思路清晰,便于驾驭教学进程,实施教学方法;使儿童的学习活动得以顺利开展;要有利于创设良好教学情境,使教学次序有条不紊。

(2) 设计课堂结构要合理分配并预估各阶段所占用的时间,使教学过程主次分明,各个环节紧扣,突出教学重点,突破难点,有充分的时间保证让学生进行科学探究活动,有效地提高课堂教学效率。

(3) 教学过程的开始与结尾,要具有开放性。从学生已有的知识基础与生活中的感性经验开始,启迪、诱导进入主要的教学过程之中(即导入新课)。结尾要求学生从事力所能及的实践活动,提出扩展性的问题思考,即课内、课外相结合,促使学生形成新的思考结构,能力得到发展,不断获得感性经验,为后续学习打基础。

---

① 本文引自《课程·教材·教法》1992年第5期,第44—48页。

三、建立具有自然学科特点的主"结构"

自从自然学科教学改革以来,我们进行了许多自然教学改革的实践活动。在改革与实践过程中,首先认识到,要改革自然课的教学方法,必须破除课堂结构的旧模式。过去的五段教学法而形成的"五个环节",是一个固定的结构模式,是各学科都能套用的,不能体现学科特点,是脱离教学实际的死框框,是以教师为中心,以灌输知识为主的旧教育思想留下的产物。

根据自然教学大纲的表述和自然教材编写的特点,我们经过近7年的教改实践活动,取得了比较明显的教学效果,学生在教师的指导下,不仅能力得到培养,志趣得到发展,能自行获取知识,而且受到了思想品德教育。科学教育的主要教学活动,是一个科学的认识过程(如图1所示)。

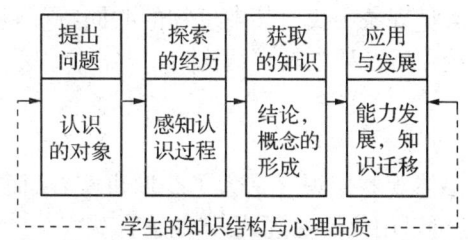

图1 教学活动过程图

这是一条课堂结构的主线。这样表达的教学活动过程,不是要求教师在设计每一个课堂结构时,都去按框填空,而是要求教师根据课型类别的不同,教材内容的变化,教学方法的选择,教学条件的各异,学生实际情况等多种因素,而创设多种多样的课堂结构,但在教学过程中都要贯穿这一条主线。

这条主线不仅表达了教学活动的外部过程(图1中的实线部分),也表示出学生认识、学习的内部过程(图1中的虚线部分)。

这条主线,是依据小学自然学科进行科学启蒙教育这一学科性质与其他学科相比较,而独具一格的教学过程,体现出小学生学科学、用科学的教学特点。

如用"探究—研讨"法教六册"二、磁铁",其课堂教学结构如图2:

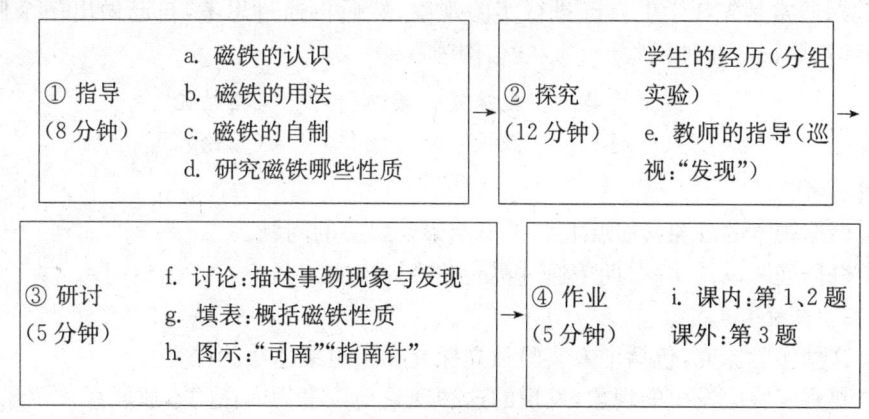

图2 课堂教学结构

分析:
(1) d,e,f,g,i是课堂结构中的主线。

(2) ①②③④是4个明显的教学阶段。
(3) "探究"和"研讨"为主要教学阶段,占总时间的 2/3,主次分明。
(4) 在 h 环节,落实爱祖国的教育(四大发明之一)。
(5) 开始的 a 环节,由学生的课外感性知识引入课堂。结尾的 i 环节,教师引导学生在课外开展实践活动,获得新的感性经验,具有开放性。

四、依据教材内容按不同课型设计结构

(一)观察课

观察课是以在自然条件下对客观事物和现象进行观察和研究为主要教学方式的课。

观察课是从观察到的大量现象中找出某类事物的共同特征,从而确定该事物的本质属性,所以观察研究在前,结论在后。课堂教学结构为:

观察—研讨—小结。

1. 观察

包括个人自行观察和集体观察。观察是为了获取事实,从而发现问题,为研讨提供依据。观察不仅用眼观察,还可以用仪器观察,用其他感官观察。

2. 研讨

(1) 对观察的事物进行分类,说明分类的理由。
(2) 对不同事物进行比较,区别本质特征。
(3) 对观察中发现的共同现象(特征)进行综合,找到本质属性。

3. 小结

在研讨的基础上进行小结,概括归纳,得出科学结论。

(二)实验课

实验课是以运用有结构的材料和实验仪器,进行人为控制的实验为主要内容的教学活动。

实验课通常是先让学生自己进行实验观察,然后再通过思考,自己做出一个假设性解释,进而通过验证实验加以验证。教学结构为:

提出问题—实验探究—集体研讨—概括结论
(问题) (假设) (验证) (结论)

1. 提出问题

(1) 根据观察的现象,发现问题,提出期望要解决的问题。
(2) 根据问题设计实验,期望通过实验解答提出的问题。

2. 实验探究

(1) 这种实验探究,包括个人实验独立探究和小组集体实验探究。
(2) 观察实验中发生的现象,发现这种现象与该事物内在的本质联系。
(3) 在实验中进行测量记录,以便进行分析和比较。

3. 集体研讨

(1) 个人和小组汇报实验结果,说明怎样进行的实验,实验发生什么现象,对这种现象

做出的解释和自己认为的科学结论。

（2）把大家提出的现象及科学结论进行综合归纳，集体加工。

（3）对有争议的问题进行辩解，质疑答问。

4. 概括总结

在质疑争辩、集体研讨之后，进行概括总结，归纳科学结论，并进行实验验证，或进行知识的扩展和运用。

（三）技能训练课

技能训练课是使学生把已获得的知识运用于实践，在实践活动中形成一种技能技巧，同时又在实践过程中巩固加深已经获得的知识，并学到新的知识，从而发展学生学科学的能力和创造能力。

这种课型的教学主要任务是把已获得的知识应用于实践，指导学生动手操作和制作，把知识转化为能力，形成一种技能，从而获得应用知识的本领。教学结构为：

观察讨论—实践训练—小结

1. 观察讨论

（1）通过教师的讲述或学生阅读课文，讨论本课的学习目的，认识某种技能训练的意义。

（2）观察图表或实物模型，明确通过实践活动后最终要完成的任务。

（3）观察教师示范演示，了解某操作或制作的程序及方法。为什么要这样做，不应当那样做。

2. 实践训练

（1）学生个人或小组进行实际操作（制作），单项简单训练要反复进行，多次练习；多项复杂的训练每个学生要参加全过程的活动，或完成一个整体件。

（2）教师下到小组具体指导，发现好典型及时在全班推广引路，发现较差的要帮助纠正，变失败为成功。

3. 小结

（1）学生汇报自己在本课的收获，学到了什么，是怎么学会的，掌握了哪些要领。

（2）教师进行讲评，表扬学得好的，鼓励后进，并对本课技能要领进行概括小结。

（四）解暗箱课

解暗箱课的内容，大都是研究某种事物的内部结构及其变化。一般来说，不能从外部直接观察和感知，但根据一定的可知情况或经验可以间接推断出来。

解暗箱必须要从许多现象中，找出有关事物本质的事实，去伪存真，由表及里的分析、判断，由浅入深，循序渐进的认识，经过科学的思维综合加工，最后得出科学结论。因此它的教学结构应当是：

探究———→研讨———→小结
（探暗箱）（解暗箱）（开暗箱）

1. 探究

这个阶段可说是给学生输入信息，提供研讨依据。

(1) 搜集资料(包括教师提供),如文字(包括课文)、图表及数据。
(2) 观察现象,观察该事物外表的形状,如外部运动状态和内部运动在外部的表现等。
(3) 模拟实验,观察模拟实验的现象,想象该事物的形状构造及运动情形。

2. 研讨

这阶段是对探暗箱探到的信息进行综合加工,分析推断,去伪存真,找出本质的东西,也可说是解暗箱。

(1) 从许多现象中提出该事物本质的东西,找到本质特征。
(2) 从该事物输入输出的信息中,进行分析比较,找到该事物运动变化的客观规律。

3. 小结

在研讨的基础上,进一步进行分析推断,加以综合归纳,得出科学结论,也可说是开暗箱。

(五)科学考察课

科学考察课是学生在教师指导下进行的一种科学实践活动,培养学生通过考察获取科学资料的能力,以及实事求是的科学态度。

科学考察课的教学一般可分为:课内准备、课外考察、课内研究三个步骤。可归纳为:准备、研讨、考察,或准备、考察、研讨的三段交叉结构。用图3所示表示:

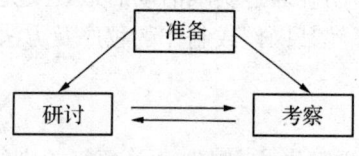

图3　三段交叉结构

准备—研讨—考察这种步骤,是先用前人考察的资料或平时自己有意无意中进行的考察活动得出的经验进行研讨,在研讨小结的指导下进行实地考察,深化自己的认识和验证研讨得出的结论正确与否。

准备—考察—研讨这种步骤,是在作好充分准备的前提下,先进行实地考察,取样回来进行分析研讨,最后得出科学结论。

其教学程序和内容是:

1. 准备

(1) 明确考察目的,激发学生的考察欲。通过学生阅读课文,明确为什么要考察,考察什么。
(2) 指导学生制订考察方案。考察方案包括:考察目的、设想研究的问题、考察地点和时间(考察的内容包括现场观察、取样和访问)。
(3) 实际准备。印制考察记录表格、考察取样的工具或器皿、人员分组及分工、安全措施和必备的药物。

2. 考察

(1) 根据考察方案提出的问题逐一进行。访问得到的材料、观察到的现象都要做好记录。
(2) 进行采集标本或实物取样。实物采集和取样要尽可能保持完好,不受损坏。取样的范围要尽可能大,取样典型要具有代表性。取样实物要当即贴上标签,标明名称、地点、时间。

（3）考察中要加强观察,善于发现事先没有预计到的问题,修改考察方案或增加考察内容。

3. 研讨

（1）指导学生整理好考察资料。一是整理观察访问记录,理顺问题;二是统计数据,列出表格,找出规律。

（2）进行实验分析。把考察时采集取回来的样品进行观察或实验分析,取得科学依据,对考察对象进行进一步认识。

（3）集体讨论。各小组汇报考察结果:作了什么考察研究,观察到什么现象,对这种现象的解释科学结论是什么?

（4）指导学生写好考察报告或科学小论文。

（六）科学讨论课

科学讨论是研究科学的许多方法中的一种。小学自然课中,有些课文中的内容,学生已有所知但又不全知,似乎见到过但又没全见到,而且这些内容也不便于在课堂上进行系统的观察,可给学生提供一些材料,结合学生已有的知识和经验,进行集体讨论来获取科学知识。

这种科学讨论,它是在学生已有的知识和经验的基础上进行的,学生通过提供的资料,联系自己已有的知识和经验,在脑中进行系统地综合加工形成表象,再通过语言描述,集体讨论,互相交换意见,相互补充,达到对某事物系统的完善的正确的理性认识,达到获取科学知识的目的。它的教学结构是:

提出问题—讨论研究—概括小结

1. 提出问题

（1）鼓励学生提出自己要研究的问题,激发学生研究科学的兴趣和愿望。

（2）明确本课要研究的目的要求,并把学生提出的问题相对集中。

2. 讨论研究

（1）独立思考。学生个人对提出的问题进行独立思考。

（2）小组讨论。按照问题的一定顺序,进行小组讨论。

（3）集体讨论。对不同的认识要充分发表意见,以科学事实为依据,讲道理,求得共同认识。

3. 概括小结

（1）对讨论中取得一致认识的进行梳理,综合概括,形成科学结论。

（2）鼓励学生把已得到的结论,应用于实践,课后继续研究,延伸扩展。

（七）逻辑推理课

逻辑推理课的研究对象多是宇宙间的客观事物,如日月星辰的运动,地球的内部构造及运动变化等。这些事物有着本身独特的客观规律,以及相互间的联系和因果关系。

逻辑推理课的教学以"推理"为主要活动方式(当然也有实验观察、讨论等)。推理是通过对客观事物的间接认识,根据一个或几个事实,分析它们的运动变化、相互之间的联系及其因果关系。用逻辑思维的方法,推导出科学结论。教学结构是:

明确事实—分析推理—归纳概念—验证结论

1. 明确事实

事实是推理的依据。教学第一步要找出研究的客观事物所表露出的是什么现象,抓住本质,并理顺其关系。

2. 分析推理

指导学生根据事实分析所产生的现象,探求其原因、事物之间的相互影响和联系,发生现象变化中有什么规律。

3. 归纳概念

把推理过程中得到的认识,一条一条地摆出来,去掉非本质的,取具有本质规律的并能说明问题的做出科学结论。

4. 验证结论

推理出来的结论是根据间接的认识,从事物外部现象分析得来的,还要回到客观事物中进行验证。

(八)创造思维课

创造思维课意在激励学生要像科学家那样去研究科学,善于随时注意观察周围自然事物,独立发现问题,独立解决问题,培养他们的创造性思维。

创造思维课不是着重科学研究的成果,而是着重科学研究的过程,引导学生开动脑筋,发现问题,自行思考,独立做出假设性解释,发展想象力,目的是通过研究而有所发明和创造。

课堂教学结构是:

提出问题—进行假设—探究思考—集中研讨

1. 提出问题

指导学生善于从观察到的许多自然事物中发现问题,提出一个问题进行研究。

2. 进行假设

对提出的问题独立思考,做出假设性的解释,"为什么是这样?""为什么会这样?"等等,可以用"可能、也许、假如、是不是"等词来描述。

3. 探究思考

对自己做出的种种假设进行实验研究,开动脑筋思考,用多种方法、多种途径,反复研究,发展创造精神,直到自己认为是"这样的结果"为止。

4. 集中研讨

在学生个人或小组探究思考,对假设寻求正确答案之后,组织学生集体研讨,汇报各自的研究结果,开展交流和讨论,进一步丰富学生的想象,深入研究,寻求可能得到的一致认识。

五、结束语

课的教学结构是反映课的教学过程,是要完成该课的教学目的和要求的,也就是说结构要服务于教学任务,要依课的特点而定。上面列举有关课的结构模式,是每一课型常用的一种课堂结构形式举例,但不是绝对的死框框,并不是每一种课型都要去一一对应某种结构。我们提倡"教学有法、但无定法、贵在得法"。教师在教学中要对教学结构精心设计,但必须依据教材特点的不同,学校设备环境的不同,学生对象的不同等,灵活选用,不要生搬硬套,束缚自己的手脚,要在教学实践中改革创新,探索出具有中国特色的小学自然学科的教育理论来。

论引导发现法

万莲美　张佩珍　陈秋祥　潘光博

教学过程作为一个特殊的认识过程,要求教师处理好教与学所反映的种种关系;而引导与发现是这种种关系的最为一般、最为集中的表现。因此处理好引导和发现的关系,对处理好教与学的种种关系有极其重要的意义。引导发现法是以科学地处理引导和发现的关系为主要目的的。从理论和实践的结合上去探索这种教学方法,对我们进一步认识教学过程,总结教学原则和教学方法,提高教学质量,是很重要的。

一、引导发现法的提出

教学是实现教育目标的主要途径,一定的教学任务需要有相应的教学方法作保证。目前中小学工作中的一个突出矛盾就是教学工作所承担的任务和教师使用的方法之间存在着严重脱节的现象。

我们正处在一个历史发展的新时期。学校培养出来的年轻一代,不仅要有崇高的理想、高尚的情操、现代化建设所需要的科学文化知识和健康的体魄,还要有适应生产、科学技术和社会生活各方面不断变革的能力。因此,作为学校中心工作的教学所承担的任务也随之发生了变化。过去,人们把是否落实"双基"作为衡量教学工作的主要标准,今天已经远远不能适应形势的要求了。教师不仅要使学生掌握教学大纲中规定的基础知识和基本技能,更要帮助学生获得较好的智力发展,使他们变得更聪明,更善于发现问题,分析问题,解决问题,以便在离开学校以后能独立地获取新的知识,探索科学的新领域。但是,我们现在所使用的教学方法在很大程度上仍然保留着注入式和死记硬背的印记。教师致力于知识、技能的灌输,学生埋头于知识的记忆、背诵和做大量的习题,教师和学生在教学过程中的关系基本上是教师讲学生听的授受关系。这种情况非但不能正确体现教师的主导作用,而且严重地阻碍了学生主动性积极性的发挥,阻碍了学生能力的培养,阻碍了学生的全面发展。现在,摆在我们面前的一项十分迫切的工作,就是要以一种既适应教学任务的需要,又符合教学过程客观规律的新的教学方法,来解决目前存在的教学任务和教学方法之间的矛盾。引导发现法的提出适应了这一客观需要。

同时,引导发现法也是在研究了历史的和现实的教学经验的基础上提出来的。

在教学过程中,要引导学生主动掌握知识并教会他们研究问题的方法,这早已为具有先进思想的教育家们所重视。我国教育史上最早的教育专著《学记》曾针对只重背诵、灌输,忽视学生的接受能力、学习志趣和积极思考等现象提出了"君子之教,喻也"的主张。认为教学应当:"道而弗牵,强而弗抑,开而弗达。道而弗牵则和,强而弗抑则易,开而弗达则思。和易以思,可谓善喻矣。"所以这里所说的喻,也就是启发诱导的意思。18世纪法国进步思想家

---

① 本文选自《课程·教材·教法》1981年第3期,第76—79,81页。

卢梭就曾说过:"问题不在于给他们讲授科学,而是要启发他们的兴趣,使他们喜爱科学,并且教给他们一些方法,以便他们增进了科学兴趣以后能够进行研究工作。"法国教育家第斯多惠也提出要"激励学生的认识素质,使他们在掌握和寻找真理中得到发展",并指出"不好的教师是给学生传授真理,好的教师是使学生寻找真理"。当今,在科学技术迅猛发展、知识更新的周期大为缩短的刺激下,许多教育家、心理学家以及有经验的教育工作者都特别重视研究引导和发现的教学方法。苏联的教育家赞科夫强调要在学生的发展上下功夫,努力发展学生的智慧、意志、情感,发展他们的才能和禀赋。美国的心理学家布鲁纳则强调使学生卷入导致发现知识的过程中去,从中形成由概念和编码系统构成的学习结构。我国建国30多年来,许多教师在调动学生的积极性、主动性和培养学生的能力等方面进行了大量的试验,提供了许多有益的经验。引导发现法正是在吸取了历史的和现实的先进教育思想和教育经验以后,才逐步形成、明确提出的。

二、引导发现法的含义及其运用

所谓"引导发现法"就是教师根据教材的结构特点,学生的思想、知识、能力水平将教材划分为一个个的发现过程,然后,遵循学生的认识规律和文化科学知识的固有的特点,引导学生通过阅读、观察、实验、思考、讨论、听讲等各种途径主动去研究问题,总结规律,以达到获得知识,发展能力,促进全面发展的目的。运用引导发现法的全过程,是引导与发现两个矛盾着的双方不断相互作用,直至达到统一的过程。教师引导,学生发现。就教学过程这一认识活动来说,引导是主体,发现是客体。引导得好,发现才能得法。而得法的发现是学生学习积极性得到充分发挥的最好注脚。因此,就学习活动来说,发现使学生成为学习的主体。引导发现法的一般运用过程大致如下:

(一)划分发现过程,确定教学要求

教师首先要在研究教材和了解学生实际的基础上,对一个学期的教学做出总体规划,把教材划分为一个一个的发现过程,并制定出包括知识、能力、思想教育在内的教学目的要求。所谓发现过程就是以教材中某一知识或问题为中心,自提出问题开始直至实现了对这一知识的发现、验证、巩固和运用的整个教学过程。它可以把一个单元作为一个发现过程,也可以把一个单元解剖为几个问题,从而构成相应的几个发现过程。从延续的时间来看,一个发现过程有时需要上几节课,有时正好上一节课,有时也可能在一节课中完成几个发现过程。总之,每个发现过程中的知识的容量,过程的长短,都要符合教材结构的特点和学生的实际。一般地说,如果教材难度较大,学生基础较差,自学能力较弱或还不习惯于用发现法进行学习时,那么,应该把知识解剖得细一点,知识的容量少一些,发现过程延续的时间短一点,即尽可能使发现的目标近一点,让学生在力所能及的范围内进行学习活动。这样,可以增强他们亲自发现的信心。随着学生发现能力的提高,应使发现过程的跨度逐步增大,知识的容量逐步增多,思考和实际操作的要求逐步提高,让学生在更广阔的领域内施展和发展自己的才能,在更高的水平上培养学生的独立思考能力和创造精神。

当然,我们不是说要把所有的知识都作为一个发现过程来处理,有些次要的、细小的或者很易为学生掌握的内容就不必划入发现过程,让学生自己看一看或教师稍讲一下就可以了。

（二）严密组织教学，积极引导学生的发现活动

学生的发现学习绝不是一种自发的活动，它是在教师的严密组织和积极引导下进行的。学生在发现学习中可能会遇到各种障碍。我们认为在教师的引导下，应该尽量减少学生发现学习中的曲折，让学生以尽可能少的时间获取最好的学习效果。那种人为地让学生经历一段"尝试—错误—成功"的路程的做法，貌似一个发现过程，实为对发现学习的误解。

一般来说，一个发现过程大体可分为准备、初探、交流、总结、运用五个步骤。

（1）准备——在正式进入发现过程前，要让学生对探索的目标、意义、途径和方法认识得十分明确，并且从内心产生巨大的动力，做好探索的物质和精神准备。

发现学习前的准备对整个教学过程的进展有较大的影响。教师要正确清楚地向学生阐明整个发现过程的目的要求、探讨的问题及其价值、步骤，并为学生准备好发现学习中必需的书籍、仪器等物品。为了能够一开始就充分调动起学生的主动性，使学生进入积极思维的状态，教师要仔细考虑揭示课题的方式。揭露矛盾是一种可取的方法。思维是由问题引起的，教师一开始就创设问题的情境，有利于激发学生探求问题答案的欲望。矛盾可以从新旧知识的联系中引出，也可以从学生熟知的生活现象中引出；可以由教师揭示，也可以让学生通过看书、练习、实验观察去发现。形式不拘，但问题必须鲜明、突出、富有意义，使学生感到确有探索的必要。有个教师在教《动物激素》这一节时，用形象的语言讲述了蜂群得到小蜜蜂的信息，从几里路外飞来采蜜，以及小蜜蜂遇害，蜂群散失，以后又找到蜂王而重新聚集的故事，接着问学生：小蜜蜂怎么会把几里路以外的伙伴招来的？小蜜蜂遇害后，蜂群怎么会知道的？蜂群又怎么找回蜂王而重新聚集？顿时课堂上像炸了的锅，议论纷纷。有个学生说这是激素的作用。于是教师顺水推舟，揭示了课题，并诱发了学生探求动物激素知识的积极性，为发现学习创造了一个良好的开端。

（2）初探——学生根据教师提出的目标和途径，通过阅读、实验、观察、积极思考等，主动概括出原理、法则，寻求问题的答案，这是发现过程中的主要环节，也是学生获得知识的基础。教师要积极做好引导工作。首先教师要为学生的发现学习创造必要的条件。如出示图表、实物，进行示范实验或让学生自己动手操作等。其次，教师要及时了解各类学生学习的情况，如学生的思路是否正确，遇到些什么困难等，并及时进行具体指导，帮助他们解释疑问，纠正错误。排除障碍。再次，教师要督促学生仔细阅读，深入理解教科书和参考书。这是学生发现学习的基础，也是培养学生自学能力的有效手段。最后教师要指导学生正确运用思维方法，提高他们分析问题和解决问题的能力。

概念的形成标志着认识的质变，而概念的形成过程又是思维的展开过程，在发现学习过程中，教师要努力扩大学生的思维量，以有利于学生认识的质变和思维品质的形成，如要求学生通过两个三角形全等来证明两条线段相等。为此，教师在题目中安排了依次排列的三个要求，而这三个要求实际上就是解题步骤的暗示。如果让学生按这个次序去解题，则步子小，难度不高，减少了学生的思维量。后来改为安排一个要求，即直接证明两条线段相等。但当证明这两条线段所在的三角形全等的条件不具备时，怎样来证明两条线段相等呢？同学们抓住了这个主要矛盾，进入了紧张而又积极的思维状态。最后学生通过证明另外两个三角形的全等，为证明这两条线段相等创造了条件，完成了解题要求。这样做，不仅完成了教学要求，而且活跃了学生的思维，扩大了学生的思维量。

(3) 交流——在教师的组织下，学生交流初探的成果和心得体会，并对一些似是而非的重要问题展开深入的讨论。交流讨论可起到取长补短的作用，加深对知识的理解，激发学生的思维，提高学生语言表达能力，培养学生的思维品质。教师在引导学生围绕关键问题开展讨论时，要鼓励那些不爱说话的学生发言，要鼓励不同意见的争论，要对学生的发言做出评论，要帮助学生正确地掌握概念、原理及其内在联系。

(4) 总结——在上述基础上，学生根据所要探索的问题，把学习中获得的知识、结论加以归纳整理，使知识系统化。为了保证知识的科学性，教师对学生的小结要进行检查和批改。

(5) 运用——通过一系列的口头或书面练习，要学生完成有一定难度的任务，引导学生验证所发现的规律、原理，巩固已得的知识，进而将知识应用于解决实际问题，使学生初步获得知识迁移的能力。

上述一般步骤并不是一成不变的模式，教师可以根据实际情况随机应变，每个发现过程采取的步骤可以有所侧重，甚至可以跳过某个步骤。对各种具体方法的采用，也要灵活机动，该阅读的时候、该讨论的时侯、该实验的时候，就得放手让学生去阅读、讨论、操作；该教师讲解的时候就得把问题讲清楚。在中学高年级，必要时整节课都可用来讲解。另外，教师对课内课外要统筹安排，使课内外的任务紧密连贯起来，成为发现过程的有机组成部分。

(三) 努力创设一个有利于学生进行发现学习的情境。

学生在教师指导下进行发现学习是一种十分紧张、艰苦、具有很大情意倾向的劳动，需要各种条件的配合。学校、教师要从各个方面为学生创造一个良好的情境，使他们在发现学习的过程中，始终保持注意力高度集中，思维极其活跃，探索精神十分旺盛的最佳状态。学校除了要给学生创造良好的学习条件，如宽敞、明亮、整洁、美观、不受干扰的活动场所，充足的图书、仪器等教学设备和合理的管理制度外，还要保证学生有充分的进行发现学习的时间。教师要防止以多余的插话、烦琐的讲解占有学生活动的时间，要让他们更多地进行阅读、思考、观察和交换探索情况。教师要善于发现学生智慧的火花，当学生提出精辟、独创的见解时，要热情地给予赞扬和支持。教师要以民主平等的态度对待学生，允许他们提出跟自己不同的意见。师生之间、同学之间要树立互尊互爱、好学深思、奋发向上的好风气。教师还要努力激发学生的想象力。想象是科学的翅膀，是探索活动和创造活动的基础。为了激发学生的想象力，教师可以给学生讲一些"世界之谜"，与学生一起展望祖国、人类发展的前景，鼓励学生去揭开世界的奥秘。同时还要在发现过程中把逻辑思维与形象思维密切结合起来。通过诗歌朗诵、科学幻想电影、生动形象的语言描述等等创设理智和美感并存的意境，唤起学生的想象，加深他们对事物的认识，并得到美的享受。如有位教师在教"果实的类型和种子的传播"时，一边播放诗歌《植物妈妈有办法》的录音，一边出示蒲公英、苍耳、石榴、豌豆等种子传播的挂图，学生在和谐的诗情画意中轻松愉快地获得了风力传播、动物传播、弹射传播的知识，也初步理解了果实的结构与它功能之间的辩证关系。在这基础上，教师再作适当的补充深化工作，很快完成了教学任务。

三、引导发现法与培养目标、教学原则的一致性

考察一种教学方法的好坏，不是凭主观臆断，而是要看它是否与培养目标、教学过程的

客观规律相一致,是否能有效地完成教学任务。我们认为引导发现法是符合这个要求的。具体表现在以下三个方面。

(一)引导发现法实现了教师主导作用与学生自觉性、积极性的统一

教学是教师与学生双方共同的活动,充分发挥教与学两方面的积极性是胜利完成教学任务、提高教学质量的重要条件。我们认为教师的主导作用就是体现在"引导"上,教师是学生学习的引路人,应该以自己渊博的知识,遵循辩证唯物论的认识论和教学特殊规律,引导学生通过自己的努力去发现真理,而不是把嚼得又细又烂的知识去塞给学生。引导发现法正是要求教师把主要精力用于"引导"。它要求教师正确制订发现学习的目标、过程,并严密组织教学的各个环节,引导学生一步一步地向这个目标挺进。

同样,我们认为学生的自觉性和积极性不应该只表现在被动的听讲、作业和记忆方面,更应该表现在对真理的渴望和追求,表现在学习过程中的创造和克服困难的毅力等方面。引导发现法使学生摆脱了过去那种被动接受知识的状态,真正成了学习的主体。学生在教师的指导和帮助下,通过自己的学习劳动,直接参与知识的再生产,使学习过程真正成为一个接受教师指导和自我发现相结合的过程,使学习成为一种创造性劳动。由此可见,引导发现法是促使教师的主导作用与学生的学习自觉性、积极性有机结合的好方法。

(二)引导发现法实现了理论与实践的统一

理论联系实际的原则反映了辩证唯物论中知行统一的总规律,也反映了教学本身的客观要求,因此,它是教学工作必须遵循的一项基本原则。引导发现法对每个发现过程一般程序的规定,对学生亲自实践的高度重视充分说明了是符合这一原则的。

我们在提到准备、初探、交流、总结、运用的一般程序时,要求教师根据教材的特点,通过教师的演示或学生自己的实践,给学生提供充分的感性认识。然后让学生通过自己的分析概括、相互讨论和教师的总结,使感性认识向理性认识飞跃,再通过"运用"这个环节,在已经形成概念的基础上去认识新的事物,促使概念向更高水平发展,实现马克思所说的"抽象上升为具体",列宁提出的"从生动的直观到抽象的思维,再从抽象的思维到实践",也就是体现了理论联系实际的原则。

人的认识一点也离不开实践。尽管学生学习的是间接经验,不必事事都去亲身体验一番;但是在认识上要有新的发现同样必须通过自己的劳动,任何人也代替不了。引导发现法把教师的作用由包办代替式的讲解转为引导,把学生的被动接受知识转为主动探索,强调通过学生自己动眼观察,动脑思维,动口讨论,动手操作去掌握知识结构。这也说明了引导发现法是符合辩证唯物主义认识论和教学过程的特殊规律的。

(三)引导发现法实现了教学与发展的统一

教学过程既是使学生掌握知识的过程,也是培养学生能力、促进学生身心发展的过程。一种好的教学方法应该有利于达到教学与发展的统一,使学生在知识和能力、思想品德和身体等几方面都得到提高和发展。引导发现法在这一点上也是有它的优越性的。

1. 引导发现法把知识教学与能力培养统一在一个过程中

教育史上的"形式教育"论者片面强调发展学生的能力,"实质教育"论者则片面强调自

然学科和社会实用知识的传授,轻视发展学生的能力。我们是知识与能力的统一论者,主张把知识的教学和能力的培养密切结合起来,统一到一个教学过程之中。引导发现法的主要精神也就在这里。从知识角度来看,由于它贯彻了理论与实际相结合的原则,在教学环节上抓了必要的反复,尤其是让学生通过自己的学习劳动去获得知识,因此对概念原理的理解就比较深刻,知识掌握得就比较牢固。许多教师在教学实践中发现,通过学生自己阅读、实验、分析、概括取得的知识往往比教师直接传授的知识要学得好。比如初一数学课教整式除法时,教师讲了概念后就让学生自学。学生在自学时对单项式除以单项式、多项式除以单项式、多项式除以多项式的法则、注意事项、例子都做了详细笔记。然后学生交流自己的体会,教师补充深化,学生对整式除法的知识就掌握得比较主动、全面、牢固。再从培养能力的角度来看,引导发现法的优点就更明显了。因为它要求教师在制订教学计划时提出明确的能力要求和培养能力的措施;要求教师在学生发现过程的各个步骤上,都注意锻炼学生的阅读、观察、思维和实际动手的能力,鼓励学生的好奇心和创造精神,培养他们的思维品质;要求教师寓能力的培养于日常教学之中,使学生有主动的广阔地盘。还要指出的是引导发现法对培养学生创造力的作用。有人把创造性分为两种:能创造出新的社会价值的具有特殊才能的创造性;虽不能创造社会价值,但为他自己的认识所未有的新的自我实现创造性。这两种创造性在一定条件下可以互相转化。后一种创造性凭借某一专业领域经验的深化可向前一种创造性发展。引导发现法让学生主动去发现前人已经发现的知识,这是"自我实现创造性"的表现。如果让学生长期进行这种训练,并且努力发展学生的爱好、特长,就可以促使学生向第一种创造性转化。同时,引导发现法还可以锻炼学生的自觉性、自动性、机敏性、自我控制力、决断力等意志品质,使他们具有创造性人格的特征。

2. 引导发现法有利于促进学生身心的全面发展

德、智、体全面发展既是培养人才的要求,也是教学工作必须遵循的一条基本规律,它们之间有着互相依赖、互相制约的关系。这种关系通过一定的教学方法可以在教学过程中起到积极的作用,引导发现法在这方面一也具有它的长处。

发现学习是一种复杂的心理活动,需要学生有更坚毅的意志、顽强的毅力,这在客观上就更要求教师加强对学生的学习目的、学习态度的教育,端正学生的学习动机;同时发现过程的本身对学生情感、意志、品质也会产生积极的促进作用。引导发现法要求教师引导学生持久地按照辩证唯物主义的认识规律去从事学习、研究,这不仅有利于学生自学能力的培养,而且对学生辩证唯物主义世界观的形成也起着潜移默化的作用。

引导发现法使学生在教学活动中不局限于听课、笔记和做作业,学生通过用自己全部的感觉器官、行动器官和思维器官,使教学过程成为生理和心理协同活动的过程,从而促进了学生生理器官及其机能的正常发育和发展。

当然,提高教学质量包含着许多因素,教学方法只是其中的一个方面,而引导发现法也仅仅是一种教学方法,况且这种方法本身还需要进一步在实践中接受检验,加以修正,补充,使之更加完善。因此不能说用了引导发现法就立刻能提高教学质量。但不管怎么说,进一步探索研究引导发现法是完全必要的。

试论低年级自然课中的科学游戏[①]

林维超

一、低年级科学游戏的作用和任务

毛泽东同志曾经说过:"要活动,要游戏,是儿童的天性。"鲁迅先生也说过:"游戏是儿童最正当的行为。"中国现代教育家陈鹤琴也曾指出:"小孩生来好动,是以游戏为生命的。"陶行知先生及许多中外教育家都十分重视儿童游戏的教育作用。可见,儿童的天性就是好玩,他们对周围的自然事物充满好奇.渴望认识周围的自然世界。

在低年级自然教学中如果将观察、实验、制作、探究等科学活动融在游戏之中,使儿童在认识自然事物的过程中充满乐趣,才能取得比较满意的教学效果。

低年级自然教学中的科学游戏,是按一定的教学目的和规则进行的一种有组织的科学活动,也是一种有意识的、将主动性和创造性相结合的科学活动。它的作用任务及其基本特征简述如下。

(一) 科学游戏在自然教学中的作用

从生理角度来看,游戏能提高儿童神经系统的兴奋程度,使他们的人脑处于良好的机能状态,促进大脑发育。从心理角度而言,游戏能使学生产生轻松愉快的情感体验,学习兴趣高涨,注意力更加集中,思维更加活跃,学习效率也会随之得到提高。

游戏能帮助儿童逐步学会认识自然事物的科学方法,帮助理解教材,能使原来枯燥无味的学习内容变得有趣、使他们能保持饱满的情绪并以积极的态度进行各种科学活动,在愉快的氛围中陶冶情操,发展科学志趣。

科学游戏大多是在一定规则下进行的,许多游戏在同学们共同参与协作下才能完成,这有利于培养学生的组织纪律性,树立集体主义观念,养成团结友爱等良好的思想品质和良好的行为习惯。

(二) 科学游戏的主要任务

(1) 配合其他教育形式对儿童进行全面的科学启蒙教育。

(2) 根据教材的具体内容,结合游戏的特点对学生进行爱祖国、爱家乡、爱科学等方面的教育,培养守纪律、团结协作等良好品质。

(3) 启发儿童的创造性思维,使他们在游戏中学习、掌握科学知识,锻炼认识自然事物和综合应用的各种能力,培养良好的科学行为习惯,促进智力的发展。

---

① 本文选自《课程·教材·教法》1996年第3期,第33—36页。

以上几项任务是紧密联系的,以第一项任务为纲并始终贯穿在整个低年级自然教学的总过程中,促使学生德、智、体全面发展。

（三）科学游戏的基本特征

科学游戏具备教育性、趣味性和科学性三个基本特征。

一个好的科学游戏,它的教育功能很多。如通过游戏可以对学生进行爱祖国、爱家乡的教育;可以向学生进行无神论破除迷信、实事求是的教育;根据教材的具体内容还可以对学生进行爱科学,学习科学知识,掌握应用科学知识对实现四个现代化所具有的意义方面的教育;以及结合执行游戏规则对学生进行守纪律的教育;等等。

一个好的科学游戏,无论是从内容上或形式上都应该会对学生产生强烈的吸引力。也就是说游戏的情节、内容、形式要与低年级学生的能力和心理状态相适应,必须充满趣味性。也只有学生感兴趣的游戏,才有吸引力。加强趣味性可以采取增加竞争因素,加强故事情节,制造矛盾,设计逆向思维问题,开展探密活动等方式,尽可能采取学生喜欢的游戏形式,给学生创造施展才智的机会。

组织科学游戏要讲究突出科学性,这是与其他游戏根本区别的基本特征。在组织或创编科学游戏之前,教师先要充分理解教材,明确游戏的教学目标。在开展科学游戏活动中教师要正确地传授科学知识,指导学生通过多种形式的感性认识获得科学知识,指导学生逐步学会使用科学的语言正确地描述认识的过程。

综上所述,科学游戏在低年级自然教学中的应用,既要充分体现出低年级自然学科的教学特点,又必须充分具备游戏的特征,这样才能使教与学的过程充满趣味;既要在组织开展科学游戏中强调教师的主导作用,更要重视学生的主体地位,学生是游戏的真正的主人。片面强调传授科学知识,忽视游戏的趣味性或片面强调游戏的趣味,以玩代学都是不可取的。

二、科学游戏的教法和组织

"教学有法,但无定法,贵在得法。"低年级自然科学游戏的教学法是以整体设计为基础的,根据教材的内容和学生的知识水平,结合其他各种教法实施的。游戏的教法通常是按教学的进程一环扣一环有序地进行的,或根据教学需要穿插在教学中的某一个环节之中。有的要边讲边玩,有的要边玩边讲,有的要先讲后玩,有的要先玩后讲,有的要分解成若干个小游戏然后再综合成一个完整的大游戏,还有的要等游戏中暴露出问题后再教学。每个设计者和施教者都有自己的习惯,在运用过程中都可能会逐步形成一套有自己特色的教法。只要合理,教学效果好,都可以按自己的设计意图大胆尝试。

低年级自然教材中的游戏课很多,如《你怎么知道》《不同和相同》《分一分》《玩石头》《影子》《土"电话"》《磁铁游戏》《沉和浮》……还有许多课中有着丰富的可供创编游戏的内容,如《它有哪几部分》中把一个物体的几个主要部分进行分解的游戏、比谁能讲出四季各自最多特征的游戏、模仿动物形态动作的表演等等。

低年级自然课中的科学游戏可以按功能、目的、用途、形式、场地等进行分类。下面仅举几例加以说明。

激趣游戏是为满足儿童心理需求和导入新课而设计的,主要目的在创设情景,激发学习的兴趣,使学生的注意力很快地集中到学习新知识方面,有利于尽快揭示课题。如《影子》,

一上课就通过表演手影游戏,既有趣又很快地导入新课教学,激趣作用十分明显。

操作性游戏和制作性游戏的区别在于前者是利用器具进行操作,后者是利用材料进行组装或制作,游戏的目的因而也就有所不同。

探究性游戏是组织学生像科学家那样,在愉快的氛围中进行观察、实验、探究、思考问题,初步学会探究自然事物变化规律的基本方法。

要开展好游戏教学的关键在于做好游戏的组织工作。尽管科学游戏的种类比较多,有着各自突出的个性特征,但一般来说,大多数的科学游戏在组织工作方面还存在着许多共性,掌握这些共性,对于创编和组织开展好游戏教学都十分必要。

要组织好科学游戏,需要根据低年级儿童的心理特征和游戏的本质特征,遵循低年级自然教学的一般规律,做好以下几个主要方面的工作。

（一）精心设计教学结构

每一个游戏的设计都必须服从教学的需要,服从教材的需要。因此,首先要根据教学大纲的要求,对教材的内容提出全面、具体、准确的教学目的和要求,然后制定出游戏教学的具体目标。用教育的观点具体分析游戏的对象,明确游戏对解决教材中的重难点有哪些帮助,或游戏对教学中的某一环节将会产生哪些作用,然后才选择游戏的形式,精心设计游戏的方法、过程,使游戏确实成为教学整体结构中一个不可缺少的组成部分。只有使游戏与自然教学结合更加紧密,才能发挥出游戏的特殊教育作用。如《分一分》一课是在学生学习了《不同和相同》《玩石头》等课后,具备了对几个物体进行比较的基本能力的基础上,学习分类的知识,在教学中组织实施"比一比谁分得最好""谁发现分东西的办法最多"等的竞赛性游戏,教学效果十分明显。

（二）合理安排游戏开展的时机

在低年级自然教学中,有的课需要通过游戏对学生进行激趣,以便及时地揭示课题,引入学习新知识的教学,如《影子》《摩擦起电》;有的课是在教学的过程中,让学生边玩边探究,从玩的过程中发现、解决问题,学习新知识,如《沉与浮》《小电珠》;有的课则需要先通过传授新知识,然后才组织学生以所学的新知识为基础展开游戏活动,并通过游戏活动达到巩固、扩展知识的教学效果,如《平衡》;有的课是在教学将要结束时利用游戏巩固知识或通过游戏结束教学过程。根据上述情况,教师就需要在教学设计时对开展游戏的时机做出合理的安排,不同的课,不同的游戏进行游戏的时机都不同,必须根据具体的情况预先作好安排,这对于提高教学效果有着重要的影响。

（三）精心准备游戏的教学具

大多数科学游戏需要使用教学具,如组装小水轮用的软木塞、塑料片、铁架;捆支架用的小木棒和橡筋条;搭纸架用的各种纸张支撑物和作为重物的小木块;等等。准备在游戏中作为演示的教具应让学生都能看清楚,因而教具也要求做得足够大,并且颜色要尽可能鲜明些;作为学生操作使用的玩具应牢固美观,安全卫生,并尽量使每一组的器材在游戏过程中产生的现象明显和相一致,这才有利于学生展开竞赛,进行讨论、反馈交流等的活动顺利进行。还可以鼓励学生按要求自带或自制简单的游戏器具,如《小电珠》一课中的小电珠、电池、一小段电线;《做个不倒翁》自带制作工具和材料,这对于达到教育目的是非常有帮助的。

(四)制订适当的游戏规则

制订游戏的规则既是游戏的一个重要组成部分,也是开展好科学活动的需要。游戏的规则通常包括要求学生听到教师同意开始活动的命令之后才能进行游戏,听到暂停或结束的命令后立即停止活动。另外,进行科学规范操作训练的一些要求也可采用游戏的规则来布置。制定游戏的规则还包括开展各种科学活动对学生的各种具体要求。

游戏的规则对于低年级学生来说不宜定得太繁,应当简明并且容易执行。在游戏中执行规则或指导时还要尽量注意少干扰学生的活动,尽可能使学生的游戏保持连续。

(五)重视教师的指导作用

教师在组织科学游戏活动过程中的指导作用,包括如何使学生能够顺利地进行游戏活动和如何尽可能地使学生自行获得科学知识两个方面。

指导学生进行游戏时教师应该先讲清楚游戏的名称、方法和规则,有必要时还需讲解游戏中所使用的各种材料和器具的名称以及使用的方法,并予以适当的演示。只有让全体学生都明白了做什么科学游戏,怎样做游戏,才能在游戏中进行各种的科学活动,获取知识。必要时教师也可以作为游戏的参与者,使师生情感更加融洽。

在指导学生学习和获取科学知识方面,要针对低年级学生年龄小,知识和能力都很有限的现状,根据学生在进行游戏开展科学活动中的需要和表现,及时给予指导帮助,启发他们的思维,教给他们具体参与科学活动的方法,纠正错误,尽量使学生在科学游戏活动中由浅渐深地获取新知识。例如《平衡》一课,在指导学生初步认识平衡架和平衡尺的基础上组织学生先玩使平衡尺平衡的游戏,在知道什么样是属于平衡或不平衡的情形之后,才进一步组织更高要求的科学游戏,启发学生思维,促使学生发现更新更多的使平衡尺平衡的方法。

(六)教师要善于运用组织游戏的语言

学生参与游戏的兴趣以及开展科学活动的效果好坏,很大程度上取决于教师的语言是否生动有趣,是否具有鼓动性,是否有条理。教师组织游戏时语言应尽可能儿童化,如给每一个游戏取一个好听的恰当的名称,多采取儿童喜欢的比喻性的语言,如"我给妈妈打电话""小猫钓鱼"(磁铁游戏);多采用鼓动性的语言,如"比一比,看谁最聪明,最爱动脑筋""看谁想的办法又多又好""看谁做得又快又好";还可以多采用"猜一猜""想一想""试一试""玩一玩"等引导性的语言,促使儿童多动脑,敢动手大胆参与游戏活动。组织游戏的语言运用恰到好处,能很快地调动儿童参与活动的积极性,使他们对游戏更加向往,更加投入。

(七)适时结束游戏并认真总结

游戏一般不宜进行太长久,也不宜反复。控制的原则是在大多数学生已经获得了知识而感到满足时予以结束较为适当。游戏进行太长久,学生的兴趣下降,注意力涣散,甚至会出现不遵守游戏规则的反常现象;游戏进行的时间如果太短,多数学生在科学游戏刚开始不久兴趣正高涨而还没获得应有的结果,这也必然会影响教学的效果。

游戏结束时还要注意引导学生对科学知识进行归纳总结,结合游戏开展的情况要进行适当的评判,以表扬在游戏中表现突出的个人或小组,有条件的可以奖励一些学习文具或其他有纪念意义的小物品。在使用器材的游戏结束后还要安排学生整理学玩具,这既是自然教学也是科学游戏的基本要求之一,是培养学生良好的科学习惯的一项有教育意义的具体措施,应尽量使游戏善始善终。

低年级自然课中的科学游戏种类很多,在组织工作方面,它们尽管有着许多共性,这对于掌握组织游戏的基本方法提供了便利。但各个游戏都存在着各自的个性,不同的组织方法会产生不同的教育效果,这就需要在实际应用中根据教材的内容和所选择游戏形式的具体情况进行合理的处理,不能一概而论。

总而言之,所有的科学游戏在自然教学中的应用,都不能脱离教材,不能脱离与其他教学形式的配合。在低年级自然教学中应用游戏的教学方法,更要从低年级儿童的实际出发,尽可能发挥游戏的特殊教育功能,讲求实效,努力使科学游戏为满足低年级自然教学服务,真正实现"寓教于乐,寓学于玩"。

参考文献:

[1] 林崇德. 小学生心理学[M]. 杭州:浙江教育出版社,1993.
[2] 胡俊娟. 实用教育心理学[M]. 北京:文化艺术出版社,1993.
[3] 上海市静安区教育学院科研室. 愉快教育研究,1992.
[4] 李克东,谢幼如. 多媒体组合教学设计[M]. 北京:科学出版社,1992.
[5] 殷志杰. 小学自然教学新动态(二)[M]. 北京:中国地质大学出版社,1993.
[6] 刘沛生. 兰本达的"探究—研讨"教学法及其在中国[M]. 武汉:湖北辞书出版社,1995.
[7] 方保敏. 活动性游戏[M]. 北京:人民体育出版社,1990.
[8] 吴纪安. 少儿游戏大世界[M]. 北京:大众文艺出版社,1992.

动眼、动脑、动手、动口
——启发式小学自然教学法[①]

张洪鸣

动眼、动脑、动手、动口——启发式小学自然教学法的实验,已进行了近十年。1982—1984年,作了有关调查、分析和制订实验计划等工作。1984年下学期至1989年上学期进行了为期三年的两轮实验。在第一轮中,主要探索其可行性和效能;在第二轮中,主要探索其系统性和科学性。1989年下学期到现在,一面进行全面总结,一面进行第三轮实验。目的是摸索出一套能全面提高小学生的科学素质的新编自然的新教法。

一、提出教改课题的缘由

1982年颁布了新的自然教学大纲,规定了"自然课是对小学儿童进行科学启蒙教育的一门重要基础学科。"它改变了传统的"教学主要是传授知识"的教育观点,提出自然教学要使学生在兴趣、知识、能力、思想诸方面一举而多得,把"爱科学、学科学、用科学"提高小学生科学素质作为教学的重点。因此,人民教育出版社新编的《自然》课本也改变了传统的表达形式,出现两多(一是问号多,二是空格多)。教材所要传授的知识不是直接给出,而是让学生通过观察实验后获得。教材中很多知识的编排都采用了"问题—假设—验证—结论"的科学程序。为此,我们领会到:科学不光是指前人积累下来的知识,还包括获取这些知识的过程。自然课着重引导孩子们去经历科学的过程,在实践中学到探究科学规律的本领。用刘默耕同志的话说:"自然课就是教孩子们'搞科学'。"这样就势必需要与之相适应的一套新教法来上新的自然课。1984年春,苏州大学许国梁教授倡导了"启发式综合教学法",其核心是把传统教学中以教师为中心、以书本为中心改变为以学生为主体、以实践为基础,把课堂变为在教师引导下学生动眼、动脑、动手、动口的主动学习活动的场所。这些观点极大地启发了我。我将刘老和许老的教学思想精髓借鉴过来,结合农村小镇小学的实际,产生了引导学生"动眼、动脑、动手、动口""真刀真枪""搞科学"的自然课教学方法的探索。

二、动眼、动脑、动手、动口——启发式自然教学法的体系(简称"四动"体系)

(一)"四动"的含义

1. 动眼,即观察

观察是儿童认识大自然的开始,儿童通过观察发现"问题"。在自然教学中要注重交给学生观察的钥匙,使他们在认识自然的过程中自觉地掌握观察的方法,这是提高学生认识能力的有效手段。根据教材内容的不同,观察可分为半独立观察和独立观察,前者是在教师的指导下,有目的地观察,后者是要求学生根据要研究的对象独立地、创造性地进行观察。前

[①] 本文选自《课程・教材・教法》1992年第10期,第56—58页。

一步重点是教给学生观察的方法,为后一步打基础,后一步观察又是前一步观察的必然发展。

2. 动脑,即思考

儿童通过观察发现"问题",对"问题"经过思考做出假设。假设是人们对所面临的问题做出的假定性的解释,它总是以观察到的事实作根据,以已知的知识作武器,经过一定的逻辑思维推想或猜想出来的。它是科学研究中必需的思考过程,又是儿童认识事物规律的必要的心理过程。在教学中要启发学生敢想、多想,学生想得多了,思路便开阔了,思考就会合乎逻辑,思维也就发展了。

3. 动手,即实践

这是继"假设"而来,因为推想或猜想,由于事实材料不够充分,或由于已有知识不足以揭示问题的本质,或由于两者兼而有之。所以对问题所做的解释只是假定性的,必须经过科学实验的验证,一次次地修正不圆满不正确的地方,逐步达到能经得起事实的考验,成为正确的解释或科学结论。根据教材内容,除了让学生动手做实验以外,还可让学生动手制作,动手解剖,动手饲养,动手种植……

4. 动口,即研讨

研讨,就是把动眼观察到的现象,动脑做出的假设,动手得出的科学结论,以学生为主说出来(包括课堂讨论、小组交流、个人发言)。通过语言的交流,相互启发,认识会深化,思维会发展。

"四动"是一个整体,是动动相连,不能截然分开的。前动是后动的前提,后动又是前动的继续。关键是启动和发挥教师为主导、学生为主体两方面的作用,把学生的兴趣、知识、能力融为一体,达到对学生进行科学启蒙教育的根本目的。

(二)"四动"的课堂结构

课堂教学是教学的主要形式。"四动"要求把"教室"变成为在教师引导下学生亲身实践主动学习的活动场所。这"活动场所"的教学结构如图1所示。

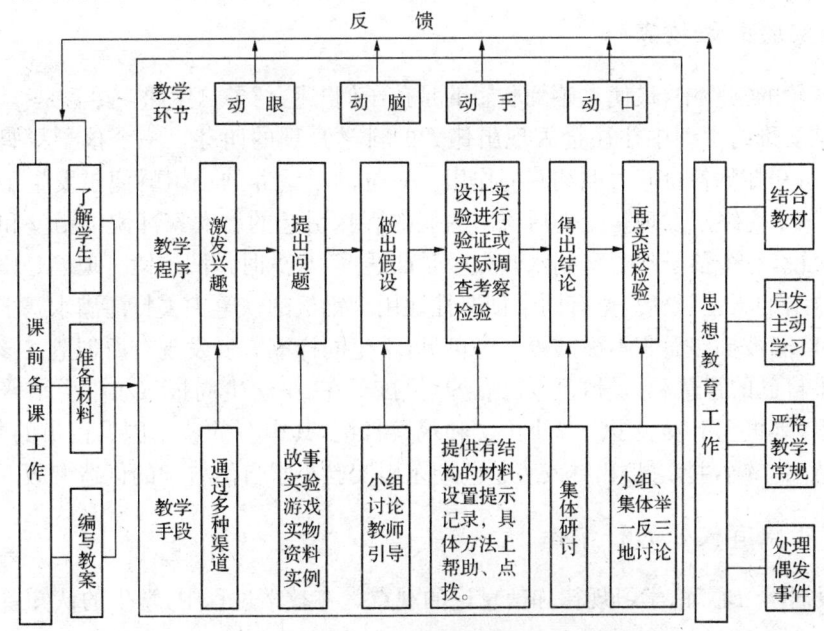

图1 "四动"启发式自然教学法课堂教学结构

（1）第一个教学环节是"动眼"。这里包含激发兴趣和学生自己提出问题两个步骤。课堂上应首先从培养学生学习自然的兴趣入手，激发他们的求知欲。一般来说，可以通过电教手段以及实验、游戏、智力竞赛、生动的科学史、动听的科学故事等多种渠道，抓住学生对一些自然事物还处于不知或知之不多的情况，启发学生提出一些疑问来研究。

（2）"动脑"是第二个教学环节。组织学生对所提出的问题进行讨论，启发他们思考，最后做出假设（假设允许是多种的）。

（3）重要的是验证假设的第三个教学环节——实践，动手验证自己的假设。在这个过程中，教师要努力提供"有结构的材料"，即一套能揭示自然事物之间某些联系的学具或教具。它是既能满足学生自学需要，激发探究兴趣，又能引起思考，促进思维发展的材料；它既是学生能够独立支配的，又具有恰当支配难度的，可以使学生的智力水平在战胜挫折的过程中不断提高功能的材料。例如，橡皮泥、牙膏管皮就是研究"水的浮力"的好材料；雪碧塑料瓶去底后，可做听心脏跳动的听筒。又可模拟肺呼吸运动，还可做"土电话"；易拉罐筒的用处更多。这瓶瓶罐罐，只要恰当地组合，孩子们就有了动手做的材料。此外，在教学过程中，我们要为学生创造一些条件，例如开辟一块"种植试验地"，建立一个"气象哨"，搭一个"饲养角"。有条件还可在社会上"攀个亲"，建立一个实践基地。这样孩子们要"种向日葵"，要"扦插月季花"，要研究"植物怎样喝水""动物怎样吃东西"等奥秘就有了保证。

（4）"动口"研讨是一个重要的教学环节。讨论不仅能使感性认识上升为理性认识，同时也是教师从学生反馈的信息中了解学生是否真正理解和掌握知识的重要一环。

在整个教学环节中，学生"真刀真枪"地"搞科学"是基础，这不仅可激发学生上自然课的兴趣；而且是帮助学生打开知识大门、突破教材难点的关键所在，是开发学生智力、培养能力的重要手段。从总体上讲，这种课堂教学结构每节课学生活动的时间不少于三分之二，教师点拨所占的时间不超过三分之一。

三、动眼、动脑、动手、动口——启发式自然教学法的科学性

（一）实验效果较满意

在前两轮的实验中，最使人感到欣慰的是孩子们"迷上"了自然课。尽管是孩子式的"搞科学"，但是幼稚的举动中往往会闪现出伟大的科学真理的萌芽。一个孩子帮妈妈剪活虾时，发现虾钳和虾脚各自起着舵和桨的作用。一位同学饲养的小蝌蚪偶尔发生了自相残杀现象，经仔细研究终于发现是受伤后流出的血的腥味引起的。大家都说细铅丝和水滴能组成水滴放大镜，有个孩子却观察到水滴大时是凸透镜，水少时是凹透镜。玻璃是坚硬而易碎的，但学了"水的压力"以后，竟有同学创造性地用刻钢板的铁笔尖去打灌满水塞上盖的盐水瓶，结果使玻璃被打穿而瓶不被震碎……可见，学生同样能有所发现有所创造。孩子们看到了也相信了自己的智慧和力量，至今已有 86 位孩子在《小学生周报》《小学生科普报》《苏州报》《吴县报》等报刊上发表了三篇小论文和观察日记，其中有的获全国、省、市的奖励，有的被收录进丛书。《小主人报》相继发表了两期东山实验小学自然科学的创造专版。

（二）实验有较强的科学性

（1）根据学习心理、学习规律和信息论的观点。在教学过程中，学生的认知首先是依靠

动眼观察事物。古人云:"百闻不如一见。"动眼是信息的收集部分。动脑是"四动"的中枢,它贯穿于其他三动之中。显而易见,动眼若不动脑将"视而不见";动手若不动脑则为盲动;动口若不动脑是瞎说。动脑是信息处理部分。古语又说:"百见不如一做。"动手实践是自然课"搞科学"的重要基础,是信息内化变换部分。动口则是信息输出部分,又是整个教学过程的反馈。

(2) 人民教育家陶行知提倡手脑并用的观点,他在"手脑相长"歌中道:"人生两个宝,双手与大脑,用脑不用手,快要被打倒。用手不用脑,饭也吃不饱。手脑都会用,才算是开天辟地的大好老。"我们在自然教学中提出"四动"正是遵照陶行知的教育理论去实践。

(3) "四动"教学法是符合毛泽东思想中的实践论观点的。实践—认识—再实践—再认识……感性认识上升为理性认识,理性认识再回到实践中去检验……循环往复不已。

浅谈小学低年级自然课的"情·知教学"[①]

鲁启安

所谓"情·知教学",概括地说就是把认知因素与情性因素辩证统一起来进行教学。它与传统教学有着明显的区别。传统教学只把教学的着眼点集中于认知目标,重视认知因素在学生学习活动中的作用,但往往以牺牲情性目标为代价。尽管传统教学理论有时也讲兴趣、情感、意志和性格,但都不过是当作认知的辅助手段而已,并不把它作为教学目标看待。"情·知教学"与之不同之处是,主张教学目标应当是认知目标和情性目标的统一。强调在教学过程中,学生的认知心理和情性心理和谐共进,从而实现学生的素质培养。正是这种鲜明的特点,决定了它已经成为指导教育教学的先进的指导思想。

"情·知教学"的教学思想与《小学自然教学大纲》(以下简称《大纲》)所提出的要求是一致的。《大纲》要求指导学生获得一些浅显的自然科学基础知识,培养学生的观察及动手操作能力,这是教学的认知目标;要求培养学生的科学志趣、科学态度等,这是教学的情性目标。在低年级的自然教学活动中,如何将"情·知教学"和《大纲》有机地统一在一起,更好地完成自然课的教学任务呢?笔者认为可以通过以下七个方面来完善自然课的"情·知教学"。

(1) 保持良好的人际关系;
(2) 创设适宜的学习情境;
(3) 给学生以充分表现的机会;
(4) 实施信息传递的"立体结构";
(5) 充分发掘和利用教材的思考性和情绪性因素;
(6) 教会学生学习;
(7) "学"与"习"的统一。

下面结合《磁铁游戏》一课谈谈在小学低年级自然课中应如何实施"情·知教学"。

一、明确目标,做到认知目标和情性目标同时并举

正因为"情·知教学"要求认知因素与情性因素辩证统一,所以在教学活动中既要明确认知目标(掌握知识、开发智力),又要明确情性目标(培养动机、兴趣、情感、意志和性格等心理素质),使二者同时并举,统一实现。根据《大纲》要求并结合一年级学生的认知心理特点,明确《磁铁游戏》一课的认知目标和情性目标。

(一) 认知目标

(1) 让学生了解磁铁的形状;
(2) 知道磁铁能吸铁;

[①] 本文选自《课程·教材·教法》1996年第10期,第38—40页。

(3) 使学生初步学会磁铁吸铁的实验,教给学生用观察、比较的方法认识事物。

(二) 情性目标

(1) 引起学生对自然科学的兴趣;

(2) 培养一年级学生持久地进行学习活动的意志品质和敢想、敢做、会做的自信心。只有明确了目标并将认知目标和情性目标统一于教学过程中,才能收到相得益彰的教学效果。

二、创造条件,达到认知过程和情性过程和谐共进

"情·知教学"理论认为,情与知的健康发展应该是和谐共进的。要达到和谐共进,必须借助一定的手段或创造一定的条件,根据《磁铁游戏》一课的教材特点,笔者认为应从以下三个方面入手来创造条件,达到认知过程与情性过程的和谐统一。

(一) 创设适宜的学习环境

心理学的研究表明,人的情知心理因素是先天素质在后天环境中逐渐养成和成熟的。在教学过程中只有创设良好的物理环境、人际关系环境和问题情境等,学生的心理素质才能得以较好的形成和发展。因为低年级儿童的心理特点是活泼、爱动、好奇心强、注意力不能长久集中,让他们老老实实坐上一堂课确实不易,所以在教学中努力创设适宜低年级儿童学习的环境尤为重要。只有利用各种手段使学生产生兴趣、产生好奇心,才能引导学生进行各种认知活动,同时实现情性因素的培养。从这一点出发,结合本课教学内容,笔者创设了一种适宜一年级学生的学习环境。

(1) 充分利用各种教具和学具。有趣的、形象直观的教具最能吸引低年级学生的注意,引起学生的好奇,使他们产生学习的兴趣。根据实际教学的需要,笔者自制了新颖的魔术教具和学生喜闻乐见的动物教具,并为学生准备了大量的实验材料。如各种形状的磁铁、小木块、橡皮、铁片、铁钉、螺丝帽、玻璃、塑料尺、烧杯、锯末等。诸多的教具激发了学生的学习兴趣。

(2) 绘制颜色鲜艳、直观形象的图片。笔者针对磁铁常见的形状制作了颜色鲜艳、形象逼真的卡片,结合磁铁的性质设计了三幅直观的、易为学生理解的挂图。

(3) 创设集知识与趣味于一体的游戏活动。根据本课的三个性质笔者设计了三个游戏,寓知识于游戏之中。

(4) 运用先进的电化教学手段。笔者准备了一段拟人化的电视片,将磁铁的应用知识通过声、像途径传递给学生。

(5) 举行饶有趣味的竞赛活动。本课采用了分组竞赛的教学形式,巩固学生已学得的知识,并开发学生的思维。

学生在教师创设的这种适宜的学习环境中学习,兴趣盎然,回答问题争先恐后,就连学习比较差的学生也跃跃欲试。可见,认知过程与情性过程在这种条件下能够和谐共进。

(二) 充分发掘和利用教材的思考性和情绪性因素

教材的思考性因素是指教材内涵或由教材所引发的在"教"与"学"过程中需要思考的因素。教材的情绪性因素是指教材内容能引发学习者情绪变化的因素。教材既是认知因素的

载体,也是情性因素的载体,为了使学生的认知心理和情性心理同时活跃起来,就必须发掘和利用教材的思考性和情绪性因素。

比如,在导入《磁铁游戏》一课时,笔者根据教材内容编了一个小魔术,这个小魔术利用磁铁隔着纸能吸铁的原理将铁末吸到纸上,同时在纸上显示出课题的拼音字母。这样做的目的是:其一,引出了本课课题;其二,激起学生的兴趣,使学生惊奇不已;其三,惊奇之后,学生头脑中会出现"为什么",他们的思维处于极其活跃的状态。为了找到答案,学生产生了认知的需求,为本课的教学打下了基础。这个小魔术利用了教材的情绪性因素,通过磁铁在学生心中的神秘感引发学生的兴趣,调动学生的学习积极性。同时又活跃了学生的思维,激发学生去探索,从而使学生深刻理解知识,开发智力。可见,在教学中,教师只有自觉并充分地发掘和利用教材的思考性和情绪性因素,才能达到认知目标和情性目标统一实现的目的。

(三)给学生充分表现的机会

教育的目的是让学生养成自己学习,自己研究,用自己的头脑来想,用自己的眼睛来看,用自己的手来做的这种精神。要达到这种目的,就必须给学生充分表现的机会。只有给学生充分表现的机会,才会提高学生独立思索、独立分析、独立解决问题的能力,才会增强学生的自信心,提高学习兴趣和学习能力。

1. 给学生群体表现的机会

为了落实教学面向全体学生的教育思想,在教学活动中教师要让每个学生都参与学习,都有表现的机会。在《磁铁游戏》一课中,笔者设计了多个分组实验,让实验组的每一个学生都有一次或两次动手操作的机会。为了体现学生是教学过程中的主体,凡是学生自己能解决的问题都让学生自己去想、去说、去做,让学生做学习的主人。如在讲授磁铁的性质时,教师将抽象的知识融于游戏之中,让学生在游戏中通过做一做、说一说发现磁铁能吸铁。教师只在必要的时候进行讲解、示范和指导。这样做既强调了学生的主体作用,又体现了教师的主导作用。又如在学生分组实验完成后,他们实验用的铁钉需要收拾,教师并不直接命令学生如何把钉子装好,而是将表现的机会充分地给予学生,让他们自己想一个又绝又方便的方法把铁钉收拾好,学生通过运用学得的知识把问题自行解决了。这样做既巩固了知识,又激发了学生的学习兴趣,满足了学生积极表现的心理需求。

2. 给学生成功表现的机会

成功的表现能够增强学生学习的自信心,激发高昂的学习热情。这一点对于后进生更为重要。在上课时,难度较小的问题,笔者尽量让学习差的学生回答,并且多表扬他们。通过成功的表现让他们在老师同学中"抬起头来走路",从而帮助他们树立起自己能学好自然的自信心。

总之,上述的种种做法目的只有一个,就是让认知过程与情性过程和谐共进,圆满完成教学任务。

三、辩证统一,促使认知心理和情性心理健康发展

"情·知教学"理论认为:在学生学习过程中,有时认知在先,当认知心理活动高速进行时,情性心理便得到相应的加强,储蓄着新的能量,并培养着较为稳定的性格;有时情性在先,高昂的情绪和坚强的性格,在一定条件下,又会把能量回流给认知活动,激起智慧的火

花;有时,认知与情性齐头并进,互为条件,合而为一。在实际教学活动中,"情"与"知"的发展是互为条件的。在某些情况下,认识因素常常作为一种意识力量启迪着或抑制着情性的方向和能量,在另一种情况下,情性又常常以某一种心境,加强或抑制思维的强度和效率。比如在课前,学生的注意力分散,认知活动还处于抑制状态,这时教师有意安排的一个新颖、有趣的魔术表演立刻吸引了学生的注意,学生的神态反映出学生对此产生了浓厚的兴趣,促进思维进入了活跃的状态,这就是情性引起了认知活动的活跃,学生的兴趣转化为动机就可以推动认知活动高速进行。学生掌握"磁铁的两个性质"的过程,也并非是单纯的认知过程,随着学生对知识的掌握,学生对磁铁的好奇和兴趣也越来越浓,情性因素也相应地增强,以至于产生了想动手试一试的动机。所以当教师让学生用学到的知识收拾桌面上的铁钉时,学生一个个乐此不疲;当教师让其停止时,还有些学生不肯放手,这正是认知因素对情性因素作用的结果。在这节课中有时认知与情性同时活跃起来。如在教师操作玩具鹅的时候,学生脸上洋溢着天真的笑容,同时手举得高高的,不等教师发问学生已经在下面小声嚷着:"老师手中有磁铁!"这个时候,学生的情知因素同时得到巩固和发展。如果每一节课,认知过程和情性过程都能和谐相关,互相促进,保证认知目标和情性目标的统一实现,久而久之,学生的认知心理和情性心理就会健康发展,学生的素质将得到培养和提高。

概念转变学习：一种基于建构主义的科学教学模式[①]

袁维新

大量的科学实践表明，学生在学习科学课程之前，头脑里并非是一片空白的。学生通过日常生活的各种渠道和自身的实践，对客观世界中的各种事物已经形成了自己的看法，并在无形中养成他们独特的思维方式。这种在接受正规的科学教育之前所形成的概念一般称之为前科学概念(prescience conception)或前概念(preconception)。

20世纪70年代以来，西方在科学与数学教育领域对学生的"错误概念"(misconception)以及相关的朴素概念(naive conception)、教学前概念(preinstructional conception)、前概念(preconception)、直觉概念(intuitive conception)以及相异框架(alternative frameworks)、相异概念(alternative conception)等进行了长期的研究。在研究中，学者们针对学生概念学习中产生的问题或观察到的现象使用了各种不同的术语，上述这些术语虽有一定的相似性，但仍需对其内涵做精细的区分。教学前概念是指学生在教学之前就已持有的概念。1994年杜伊特(R. Duit)将教学前概念区分为错误概念与前概念。错误概念通常是指学生在先前的正式教学中形成的错误理解。由教学产生错误理解可能有以下三个原因：① 教师本人由于缺乏必要的培训或对自己的专业理解不深而自身概念不清楚；② 有些概念不清是由于这些概念是世代相传的而不易引起人们对它的反思和批判；③ 学生在理解教师讲授的概念时依据的是自己的前概念，因此产生对概念的误解。前概念是指源于日常生活中的非正式经验的那些概念，也就是说，前概念形成于与他人的日常交往以及个人生活中的非正式经验之中。因此，前概念也称之为日常概念。根据戴克斯特拉等人(D. L. Dykstra, et al.)1992年的观点，相异概念不同于错误概念。学生所持有的相异概念往往具有一定的理性基础，也就是说，学生是在对周围世界经验的理性认知基础上建构相异概念的。尽管学生关于世界如何运行的知识与物理学家不同，但他们所持有的相异概念却有助于他们作为一个普通人去解决他们所面对的日常生活中的种种问题。显然，所谓相异概念应该是针对具体领域专家所持有的科学概念、理论概念而言的。

传统的科学教学无视学生的前概念，认为只要通过传授科学知识，科学概念就会代替学生的错误概念。研究表明这种观点是不适当的，学生的错误概念有极强的顽固性。学生甚至在学习了科学课程几周后，又恢复了最初的错误概念。为什么错误概念如此顽固呢？这是因为学生花了相当多的时间与精力建构了自己的朴素理论(naive theories)，他们无论在感情上还是在理智上都离不开它们。学生头脑中的错误概念含有自己对自然界的先入为主的印象，又是自己切身体验到的东西，同时，学生又要凭借这种错误概念来认识世界。因此，学生往往对自己早先形成的各种错误概念深信不疑，并试图将这些错误概念迁移到对新环境、新现象的解释中去。因此，这种错误概念有很强的顽固性，不可能通过传统教学那样的

[①] 本文选自《外国教育研究》2003年第6期，第22—27页。

知识传递,就能使学生轻而易举地形成科学概念。1987年,莱特曼、米勒和利德彼特(Lightman,Miller&Leadbeater)做了关于普通公民的天文学和宇宙学的错误概念的调查研究。在调查中,1 120名被调查者被要求回答几个多项选择题,结果表明:45%的回答者认为太阳不是恒星;仅有24%的回答者知道宇宙是膨胀的,他们对发现宇宙正在膨胀表示忧虑;92%的人担心膨胀会给地球带来危险。这些统计数据表明,用传统传授方法学习科学概念是无效的。

总之,西方从事科学教学研究的学者经过大量的研究后发现,学生形成的前科学概念由来已久、根深蒂固,这些前概念中有些是对客观世界的朴素概念(naive concept),更多的则完全与科学概念相悖,因此人们一般把前概念也叫作错误概念(misconception)。在科学教学中,学生认知结构中的错误概念不但会妨碍新知识的理解,而且会导致学生产生新的错误概念。根据建构主义的观点,学生的错误概念不可能通过传统的知识传授的方式由科学概念代替学生的错误概念,而必须依靠学生自己通过概念转变学习,实现由错误概念向科学概念的转变。因此,加强对学生的前概念尤其是错误概念向科学概念的转变的研究就成为科学教学一项重要任务。本文拟对科学教学中的概念转变学习模式作点初步探讨。

一、概念转变学习及其支持条件

近年来,西方科学教学研究者根据建构主义理论,提出了概念转变学习观。概念转变学习观(conceptual change learning)认为,学习就是学生原有概念的改变、发展和重建过程,就是学习者的前科学概念向科学概念的转化过程。这种转变有两种不同的途径:一种是通过充实途径。最一般的概念改变类型称之为"充实"(enrichment)。该术语涉及的是在现存的概念结构中概念的增加或删除。人们在生活中获得的大量知识充实着他们原已拥有的知识。充实的另一种形式包括对现存概念结构的区分、合并以及增加层级组织。总之,这一途径涉及原有概念结构的量的扩展(enlargement);另一种是通过重建途径。"重建"(restructuring)意味着创造新结构,这种新结构的建构或者为了解释老的信息,或者为了说明新信息。心理学家对不同的重建类型作了区分。其一是区分弱势(weak)与强势(radical)重建,弱的重建就是在某一概念或一整套概念的内部结构中进行重组。例如,曾有人提议对物理学研究领域中的专家与新手在问题解决和范畴分类行为中的差异进行区分。结果表明,专家与新手在物理知识的层级组织方面存在着差异:新手视作上位的一些概念对于专家却成为基本的范畴。强的重建就是考虑理论中的变化,类似与科学史中理论的改变。强的重建发生在个人获得一种新理论之时,这种新理论不同于其原有结构中的老理论。弱与强的重建形式均涉及某一种特殊领域理论的重建,亦可称之为"特殊领域的重建"。另一类的重建是全局性的重建(global type of restructurings)。这种类型的重建最典型的表现是皮亚杰描述的儿童认知发展过程中知识结构的变化。皮亚杰认为,儿童认知的发展最显著的特征就是被称作"阶段"的全局性重建类型。这种重建要求的是结构中的变化,而这种结构则决定着儿童可以利用的表征方式的性质。根据这个观点,儿童的认知发展经历了四个主要阶段,即感觉运算阶段、前运算阶段、具体运算阶段和形式运算阶段。这种类型的重构影响着儿童在所有领域中获取知识的能力,因此这是一种全局性的重建。

发生在学生头脑中的概念转变的机制是什么呢？这一过程如同库恩(Kuhn)1970年指出的科学发展中的范式转换(paradigm shift)那样，更类似于1985年皮亚杰(Piaget)提出的同化与顺应机制。皮亚杰深入探讨了认知结构转变的机制问题，认为个体的学习是同化(assilmilation)、顺应(accommodation)的认知建构过程和平衡—不平衡—新的平衡认知发展过程的统一。在此，同化与顺应是人们与外界环境相互作用时内部心理发生的两个基本过程。同化是指个体把外部刺激所提供的信息整合到原有认知结构的过程，同化的结果是认知结构量上的扩展。顺应是指个体认知结构的质的变化，从而形成新的认知结构。这样，主体通过同化和顺应两种机制，达到与环境的平衡。但这种平衡是暂时的，一旦原有认知结构与新环境产生矛盾或认知冲突，就会出现不平衡，这就是皮亚杰关于认知结构建构和转变的基本观点。根据皮亚杰的理论，为了促进学生进行概念转变学习，必须让学生自主发现自己的原有经验与新发现的现象或事实之间的不一致或矛盾冲突，从而反思和修改自己的原有经验和认识，提出或接受(重建)科学的观念(新解释、新假设、新概念)。这是学习者自主建构的过程，是"同化"与"顺应"的统一的过程。在这一过程中，学生才能自主建构起新观念(新解释、新假设、新概念)，从而形成科学的认知结构。毫无疑问，绝大多数科学概念和原理的学习，都需要经历这一由原有概念向新的科学概念的转变和重建过程。

1982年，波斯纳等人(Posener, et al.)在皮亚杰的认知建构主义理论和库恩(T. S. Kuhn)的"范式更替观"的基础上，进一步提出了概念转变学习的条件理论。为了促使学生进行概念转变，他们认为必须提供以下四个条件：① 学习者对当前的概念产生不满(dissatisfied)。假如学生认为他们的概念(错误的)能够解释科学现象，他们就可能看不出有转变它们的迫切需要；② 学习者必须尽可能地理解(understanding)科学概念。没有这种最基本的理解，学生就不能评价它们的意义；③ 学习者必须认为科学概念是合理的(plausible)。假如概念与保留在学生记忆中的其他概念相矛盾，就不可能引起学生对它们的强烈的关注；④ 学习者必须认为科学概念是有效的(fruitful)。它们可用于解释和预测各种现象。根据波斯纳的观点，如果满足了上述概念转变学习的四个条件，学生所持有的错误概念就会被科学概念所替代或改变。促进概念转变学习，除了需要上述基于逻辑考虑的条件外，还需要诸如课堂情境因素、动机因素、学生的认知因素的支持，见表1。

表1 概念转变过程与课堂情境、动机和认知因素的关系

课堂情境因素	动机因素	认知因素	概念转变条件
任务性结构 权威的挑战	掌握的目的 认识的信心	选择性注意 原有概念的激活	不满意 可理解性
权威性结构 理想的选择 理想的挑战	个人的兴趣 实用价值	深加工过程 精制 组织	合理性 有效性
评价结构 经由实证改进的错误	重要性	问题的发现和解决	
班级管理 时间的利用 规范的约定	自我效能	元认知 评价和调控	

续表

课堂情境因素	动机因素	认知因素	概念转变条件
教师风范 科学的思维 科学的态度	调控信心	意志的调节和控制	
教师支架 认知 动机			

二、概念转变学习的途径与模式

概念转变学习即由学生的前概念转变为科学概念,这一过程需要以学生已经存在的概念结构作为重建的基础。建构主义思想的基本假定是新概念的建构只能基于已有的概念。据此可以将概念转变学习分为两种类型,即连续途径和不连续途径,见图1。

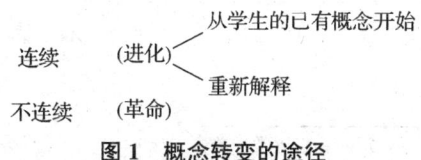

图 1 概念转变的途径

(一) 连续途径

连续途径试图避开在不连续途径中的基本的重建的需要,其概念转变开始于同科学概念一致的学生原有概念结构或是对学生的概念重新解释。在第一种情况中,其要点是概念的变更和目标概念的协调是逐步发展起来的。在涉及科学概念和原理的解释时,并不是任何情况下都必须从学生建构的概念开始的。它也可能开始于与某些问题领域中部分知识的类比,这一问题领域中的科学内容的结构与性质已被阐明。在第二种情况中,"重新解释"策略稍有不同。与之类似的是虽然它也是从学生的前教学概念开始,但对它已用新的方式作出了解释。根据麦克德莫特(McDermott)1984年的观点,在有关物理学学生前概念研究中,一个重要发现是,任何年龄的学生都倾向于认为,任何时候某一物体运动的方向就是此时力作用的方向,物体由推动而运动即说明了这一点。这种观点按牛顿的经典力学是不正确的。按照重新解释策略,就不要告诉学生他们的概念框架是错误的,而是逐步引出学生头脑中已有的东西,并从物理学的观点建构其正确的意义。事实上,确有一种物理量总是指向该物体运动的方向。但在1984年荣格(Jung)认为这个量是动量而不是力。另一个关于重新解释策略的实例是关于电流概念的学习。在简单的电路中涉及电流,学生通常认为,当电流在电路中流动时,电流被消耗,即一些电流被电灯利用,所以留下较少的电流流回电池。这里也不要告诉学生他们的概念是错误的。相反,教师应鼓励学生按自己的思维方式思考并找出某些完全正确的想法。事实上,电流流动时被"利用",即能量转换成热并散失。总而言之,连续途径不需要重建科学概念结构,它只是在原有概念基础上的扩展或重新解释。

(二) 不连续途径

不连续途径的显著特点是学生已有的概念与科学概念是完全不同的。在不连续途径中,认知冲突(cognitive conflict)策略起关键作用。认知冲突主要有以下三种:首先,认知冲突产生于学生的预测同其经验结果相反时;其次,认知冲突产生于学生的观点与教师不一致时;再次,认知冲突产生于学生之间的不同观念的碰撞中。认知冲突策略来自皮亚杰的思想,即认知冲突引起认知的不平衡,后者决定了同化与顺应之间的相互作用,直至新的平衡的恢复。总之,认知冲突就是在学生的认知心理上造成差异与不平衡。一旦引发这种认知冲突,就会引起学生认知结构上的不平衡,就能激起学生的求知欲和探索心向,促使学生进行认知结构的同化与顺应。所以,引发认知冲突是激励学生概念转变学习的契机与条件。

根据不连续途径的特点,1989年卓沃尔(Driver)提出了概念转变学习的建构主义教学模式。这一模式的一般程序是:(1)定向。教师创设特定的探究性问题情境,为学生的自主探究学习定向;(2)概念引出。引导学生用自己的不充分的思想(错误概念)尝试解释问题;(3)概念重建。这一环节可以通过实验、讨论、澄清和交换概念,揭示和解决冲突情境,建构新概念,并作出恰当评价;(4)概念应用。学生应用新概念解决新情境问题;(5)反思概念变化。通过将新概念与自己先前已有概念的比较,反思概念转变学习的过程。

根据上述的建构主义教学模式。1992年斯考特(Scott)提出了一个质点模型的建构主义教学模式(见图2)。

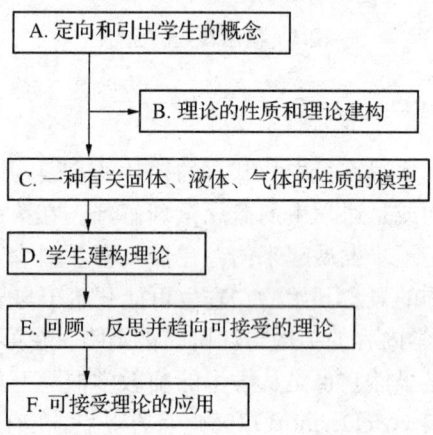

图2 质点模型的建构主义教学模式

上述模式包括6个环节。A环节,要求学生描述和推测与物质性质相关的一些简单的现象,以这种方式,就能明确并易于查明学生的思想。B环节,学生被导入科学理论的性质和通过模拟与讨论建构理论,为图式的D环节做好准备。C环节,学生使用检验并发展一种有关固体、液体和气体习性的模型。D环节,学生发展关于固体、液体和气体的性质的自己的理论,他们被鼓励建构关于在C环节中被检验的物质性质模型。E环节,教师引导学生对自己的理论开展全班的讨论、比较与评价,以帮助学生趋向接受科学观点。F环节,给学生提供机会应用有关他们接受的物质性质的理论,即提供运用该理论的类似的和新颖的情境。

在这一模式中,学生拥有获得自己经验和建构观察到的现象的意义的机会。另外,有关建构主义方法的另一个关键特性也是显而易见的,即关注科学理论的性质、范围和建构(见图2中的B)。在建构主义科学教学中,学生还必须玩简单的猜测游戏。教师在黑板上依据一定规则写下一串数字(例如,仅仅写出名称的4个数字)。学生必须经由他们的观点与证据的对照发现这些规则。换句话说,他们不得不提供证据以验证自己的假说。同样的,在这一模式中学生被要求提供自己的经验证据以证明自己的关于物体是如何由质点构成的理论。

三、概念转变学习的策略

如何实现概念转变学习呢？1982年纳斯鲍姆和诺维克(Nassbaum, Novick)根据建构主义思想，提出了促进学生错误概念转变的概念转变学习的三步教学策略。

（一）揭示学生的前科学概念，这是实现概念转变学习的前提

了解或诊断学生的前科学概念的最有效方法是进行个别访谈。具体地说，在教学中，教师应有意识地引导学生去论及自己的思想。教师不仅可以借此更好地了解学生的已有观念，而且外部的表达也必然会促使学生的自我意识和自我反省，而后者正是概念转变学习的一个必要条件。例如，许多学生对生物进化过程中自然选择存在错误认识，教师可以设问：你能说出自然选择的机制吗？学生在回答中必然包括对这一科学问题的理解。如有的学生可能把生物进化过程中发生的适应性变异理解成一种有目的的生物行为等，由此，就能帮助教师弄清学生产生错误观念的原因。

（二）引发学生的认知冲突，这是实现概念转变学习的契机和动力

所谓认知冲突，就是学生原有认识结构与新现象之间无法包容的矛盾。学生在学习新的科学知识之前，头脑绝不是一片空白，而是有了形形色色的原有认知结构，在学习新知识时，他总是试图以这种原有认知结构来同化对新知识的理解。当遇到不能解释的新现象时，就会引发认知冲突。一旦引发认知冲突，就能激起学生的求知欲望和好奇心，促使学生进行认知结构的同化与顺应。所以说，引发认知冲突是促使学生实现概念转变学习的契机和动力。

如何引发学生的认知冲突呢？一般认为有两种策略：① 通过特殊文本产生认知冲突。古泽蒂等人(Guzzetti, et al.)认为有两种文本，一种是批驳性文本。也就是直接呈示学生的错误观念，然后予以批驳，接着再呈现正确的科学观念。另一种是非批驳性文本。在这种文本中，首先显示与错误观念无直接关系的新信息，以此来激活学生头脑中与新信息相关的原有的错误观念，进而促使学生对原有的错误观念与新信息之间的异同点做出比较，由此引发认识冲突；② 通过合作学习中学生的讨论与对话引发认知冲突。社会建构主义认为，知识具有社会性，即通过社会性相互作用，可以加速知识的意义建构。在这种社会建构中，认知冲突是由他人的不同观点引发的。对于每个学习者来说，由于对问题的认识的深度和广度不同，对事物的理解都会受到自身条件、认知水平的局限，尤其会受到原有认知结构的影响。因此，对同一问题的认识往往会因人而异，有的较全面，有的较片面，有的较深刻，有的则完全错误。这样，学习者之间就会产生不同观点的对立、交锋，从而引发学习者的认知冲突。即当学习者发现自己所持的观念与他人不同时，他们往往会对自己先前所持有的这些观念产生怀疑，进而引发认知冲突。"处于同样认知水平的同学之间通过同略有差异的观点与认识的碰撞，各自产生内部的认知冲突，这种认知矛盾的解决将会引起每一个个体内部的知识的重新建构。"总之，只有通过这种认知冲突，学习者才易于接受新的、正确的科学观念，实现认知结构的转变。

(三) 鼓励认知顺应,这是实现概念转变学习的关键

按照皮亚杰J. Piagat的观点,学生改变原有认知结构的主要机制是顺应。所谓顺应,是指对原有认知结构的调整和改变,以便更好地理解和接纳新现象。也就是说,当新知识与原有认知结构有较大的差异或矛盾时,必须将原有认知结构进行调整和改变,通过顺应学习才能接纳新知识,解决认知矛盾,实现由原有的前概念向新的科学概念的转变。

在科学教学中,一般可以通过探究性实验来引发和解决认知冲突,实现认知顺应,重建新的科学概念。例如,关于绿色植物有氧呼吸的概念,大多数学生根据直观经验,误认为绿色植物白天只进行光合作用,晚上才能进行呼吸作用。他们认为光合作用比呼吸作用重要,因为光合作用能够合成有机物。为了消除学生这一错误概念,可以让学生做测量绿色植物(白天)有氧呼吸释放二氧化碳的实验。将新鲜绿叶放入锥形瓶内,瓶内注水并用弯管与盛有溴代麝香草酚蓝试剂(BTB)的试管相连接。通过观察学生发现,瓶内产生的气体进入BTB试剂内,试剂逐渐由蓝色变成红黄色,这是由于绿叶通过呼吸作用产生二氧化碳进入试剂的结果。从而使学生认识到绿色植物白天也能进行呼吸作用。这里,实验实际上发挥了两个作用:一是通过实验观察,引发认知冲突,使学生陷入认知失衡状态;二是通过实验现象的观察,进一步确认了科学概念,并修改或转变了原有的错误概念。换句话说,实验促使学生通过认知顺应,实现了概念转变,从而建构起新的科学概念。

总而言之,我们认为,关于概念转变学习的研究,是当前科学教学改革的需要,是运用建构主义理论指导科学教学的需要。如何发现学生头脑中那些朴素的、不全面的、甚至是错误的概念(前概念),采用何种教学策略帮助学生将这些前概念转变为科学概念,仍然是摆在我们面前需要深入探讨的重大课题。

参考文献:

[1] 高文. 教学模式论[M]. 上海:上海教育出版社,2002:139—142.

[2] Duit. R. *The Constructivst View in Science Education—What it has to Offer and What Should not be Expected from it* [EB/OL]. http://www. if. ufrgs. br/public/ensino/Nl/3artigo. htm,2001 - 07 - 18/2002 - 12 - 15.

[3] Jose P. Mestre. *Cognitive Aspects of Learning and Teaching Science* [EB/OL]. http:/umperg. physics. umass. edu/ physcbEdResearch/review paper,2001 - 04 - 18/2002 - 12 - 11.

[4] Kuhn, T.. *The Structure of Scientific Revolutions* [M]. Chicago:University of Chicago Press,1970.

[5] Piaget, J.. *The Equilibration of Cognitive Structures* [M]. Chicago:University of Chicago Press,1985.

[6] Posner, G. J. Strike, K. A., Gertzog, W. A.. Accommodation of a scientific conception:Toward a theory of conceptual chang[J]. *Science Education*,1982(66):211—227.

[7] Pintrich, P. R., Marx, R. W., Boyle, R. A.. Beyond cold conceptual change:The role of motivational beliefs and classroom contextual factor; in the process of conceptual change[J]. *Review of Educational Research*,1993,63(2):167—199.

[8] McDermott,L. C.. Research on conceptual understanding in mechanics[J]. *Phsics Today*,1984,37

(6):24—32.

[9] Driver, R. Changing conceptions [A]. In P. A., Ed. *Adolescent Development and School Science* [M]. London: Falmer Press, 1989:77—79.

[10] Scott, P.. Conceptual pathways in Learning science: A case study of the development of one student's ideas relating to the structure of matter [A]. In R. Duit, F. Goidberg, & H. Niedderer, Eds., *Kiel* [M]. Germany: Institute for Science Education at the University of Kiel, 1989:203—224.

[11] 昊庆麟,等. 认知教学心理学[M]. 上海:上海科学技术出版社,2000:362.

[12] 袁维新. 认知建构论[M]. 徐州:中国矿业大学出版社,2002:14.

[13] 钟启泉. 社会建构主义:在对话与合作中学习[J]. 上海教育,2001(7):45—48.

[14] 张德永,于运联. 中学生物学实验大全[M]. 上海:上海教育出版社,1994:314.

试论"小组探究模式"

蔡 敏

近几年来,随着课程改革的不断深入,研究性学习引起了我国教育界的广泛关注,并成为教育科研领域中一个新的生长点。作为开展这类学习的最主要的教学组织形式——学生小组探究,也由此而受到重视。一些教研人员和教师开始尝试这种模式,收到了初步的效果。然而,由于这一探索在我国刚刚开始,仍有许多理论与实践上的问题需要进一步研究。例如,小组探究的突出特征是什么?可以收到哪些传统教学不能产生的效果?教师应如何有效地组织学生进行探究?应该怎样评价其学习成果?等等。本文针对这些问题展开讨论,以期对"小组探究模式"的研究与应用有所裨益。

一、小组探究的核心特征

小组探究(Group Investigation)的教学思路最初由美国芝加哥大学教授塞勒(H. Thelen)于20世纪50年代提出,后来又由以色列太埃威大学教授沙瑞(S. Sharan)和他的同事在80年代进行了更深入的研究,形成了目前国际上普遍认同和使用的一种教学模式。其教育哲学思想的核心在于,学校教育不应只向学生传授课本上现成的知识,还要让学生尽可能多地接触和了解社会生活实际,获取应用性知识,着手解决各种现实问题,并且学会与他人合作,为将来步入社会打下良好的基础。在这种教育理念指导下,小组探究具有以下突出特征。

(一)学生之间建立合作学习的关系

所谓小组探究,是指学生在教师的指导和帮助下,以小组为单位,根据自己的兴趣爱好,选择与课程学习相关的现实性较强的课题,运用所学的知识和所获取的信息以及科学研究的方法,对课题进行系统探究,最后取得集体的研究结论。在这样的学习过程中,学生之间由原来相对独立的个体关系转化为密切合作的伙伴关系。这种学习关系在以往传统的教学环境中很少见到。

学生之间的合作关系具体表现在以下四个方面的积极的相互依赖。

(1)目标相互依赖。小组成员需要共同努力,完成同一个学习目标,成员个体的活动由小组的共同任务所统一。只有每个成员都完成了自己所承担的工作,小组的目标才能达到。

(2)角色相互依赖。探究小组需要确定每个成员的任务和责任,进行明确的分工。这就形成了小组内相互补充和相互支持的角色系统。

(3)资源相互依赖。为了实现共同的学习目标,小组成员之间还必须交流信息和分享有关材料,因为在一般情况下没有一个人会具备全部的知识和资源并独立完成课题。

---

① 本文选自《课程·教材·教法》2001年第12期,第26—29页。

（4）奖励相互依赖。在小组学习目标达成后，全体成员得到一个相同的针对小组成果的评价或奖励。这一评价取决于每一个成员在探究过程中的表现与努力。

在这些相互依赖关系的作用下，学生之间由原来的竞争转化为合作，呈现出生生互动、团结协作的新局面。这与传统教学观"只强调学生个体在学习中的表现，而忽视学生群体的社会性合作"形成了鲜明的对照。21世纪的社会生活虽然会出现更加激烈的竞争，但人际间高度的合作也将是一个非常重要的趋势。小组探究在培养未来人才的合作意识、合作精神、合作能力等方面，能够发挥出其他教学模式不可比拟的作用。

（二）学生成为学习活动的主人

"让学生真正成为学习的主人"一直是素质教育背景下课程与教学改革所追求的理想目标。可以说，小组探究在实现这一目标的道路上向前迈进了一大步。它为学生自主学习提供了广阔的空间。在完成探究任务的过程中，小组自己选择研究课题和方案，自主进行组织与实施，独立分析和讨论结果，最后归纳出研究结论。每个成员在其中都有充分发表个人观点和建议的机会，大家一起来掌握课题研究的进程与方向，显示了高度的民主性。

学生在小组探究中成为学习的主人，不仅表现在他们对研究过程总体把握的"决策权"，而且还体现在每个人在学习过程中对自己感兴趣的内容进行深入探讨的"自主权"。他们可以自由地发现、质疑、思考和总结，发挥个人的思维潜能，弥补各方面知识和能力的不足。这彻底扭转了以往学生只能被动接受教师规定的学习内容，完成相同的作业，追求同样答案的不良状况。

（三）学生进入丰富多彩的"课堂"学生小组开展课题研究，寻找解决问题的思路与方法，需要大量的、丰富的第一手资料

而课堂和教材所提供的间接性知识远远满足不了开展实际探究的需要。因此，学生必须走出学校里有限的空间，进入现实社会生活中，亲身感受和体验与研究的问题相联系的各种现象，收集相关的信息，补充新的知识，再通过反复的观察、调查、分析和判断，得出自己的研究结论。

由此看来，小组探究活动在所涉及的学习目标、内容和方法等诸多方面，都大大超越了常规课程的框架，冲破了传统教育模式的禁锢。学生在广阔、丰富的社会大"课堂"里，汲取"营养"，增长才干，培养创新精神和实践能力。这种开放与综合并存的优势，成为"小组探究模式"又一个突出的特征。

二、小组探究的实际效果

通过总结国内外大量有关小组探究的研究资料以及笔者近期在这方面所开展的教学研究与实践，我们发现，使用这一教学模式可以产生如下效果。

（一）有利于培养学生发现问题的能力、获取信息的能力、语言表达能力及组织管理的能力

在普遍提高学生多方面能力的基础上，小组探究在培养学生能力方面具有几方面优势。一是有利于培养学生发现问题的能力。探究是从问题开始的，问题把学生带入探索未

知的境地。小组探究所要解决的问题不同于学生在常规学习中所遇到的问题,它是一些密切联系学生生活和现实世界的综合性问题。探究活动激励学生去发现和捕捉这样的问题,用敏锐的眼光观察周围的世界,增强问题意识和发现问题的能力。伟大的科学家爱因斯坦曾说过:"提出一个问题往往比解决一个问题更重要。"小组探究的一个重要目标就是要使学生学会提出问题。这也是现代人观察纷繁复杂的社会与自然现象所必须具备的能力。

二是有利于培养学生获取信息的能力。由于研究的问题具有很强的综合性与开放性,寻找和收集与课题相关的各种信息和资料便成为一项重要而艰巨的任务。为了查找有价值的资料,学生必须了解和利用所有可能的信息渠道,如报纸、杂志、教科书、工具书、影视、互联网等,必要时还需要进行实地观察和访谈。同时,学生还要能够使用多种信息工具,如录音机、照相机、录像机、放像机、电脑、多媒体等。在对自然科学题目的探究中,学生还必须会使用一些相关的仪器、设备,以获得所需要的实验数据。许多研究结果表明,学生通过参加小组探究活动,获取信息的能力有了很大的提高。

三是有利于培养学生的语言表达能力。小组探究为学生锻炼口语和书面表达能力创设了非常有利的客观环境。一方面,学生之间要针对随时出现的问题展开讨论,甚至是辩论,相互交流想法和意见。这就要求每个学生必须把握住问题的要害,梳理发言的论据,清楚、明白、系统地阐述自己的观点。另一方面,在总结研究成果的时候,学生要用规范和科学的书面语言,将探究的过程和结果表述出来,以达到汇报或交流的目的。学生在这两方面受到的锻炼,远远大于传统教学所能达到的效果。

四是有利于培养学生的组织管理能力。小组探究是一项时间跨度大、内容颇为复杂的群体性任务,学生自己必须在多方面进行统筹与设计。他们需要安排人员分工、时间计划、经费使用、用品准备、资料收集、调查观摩、实验操作、报告撰写等一系列具体步骤。为使课题能够按预期效果完成,学生必须在小组内形成高效、科学的工作运行机制,把每一项任务组织好、完成好。这种对学生组织与管理能力的锻炼,可以促使他们"学会做事",培养素质教育所要求的"实践能力"。

(二) 有利于培养学生自我价值观念、团结协作精神、专业学习兴趣及科学探求精神

小组探究在培养学生情感、意志、品质等方面,也有自己独特的优势,主要体现在如下四个方面。

一是有利于学生自我价值观念的形成。当个人意见被小组尊重或采纳时,学生会感到自己对集体做出了贡献,便由此产生一种自我价值感。这种对自我价值的重新认识又会进一步增强他们的"参与欲"和自信心,从而更加积极地投入到小组的活动之中。这对在学习上较为被动、自信心差的学生,有更大的激励作用。

二是有利于培养学生的团结协作精神。教学实践表明,小组探究比其他教学模式更有利于学生之间互帮互学,培养一种团队精神。每个成员在一种"从属感"的驱使下,力争为小组"献计献策",并且学习接纳不同的观点,欣赏别人的智慧和才能。小组中生生之间的交互使用,使他们加强了团结,增进了友谊,也提高了人际交往的能力。这种合作式学习扭转了以往学生之间要么激烈竞争,要么孤立学习的两种极端倾向,对学生的社会性发展大有益处。

三是有利于培养学生的专业学习兴趣。在片面追求升学率的环境中,许多学生表现出不同程度的"厌学"情绪。一些学生只满足于教师所讲授的课本内容,应付各种各样的考试,没有深入学习的欲望;而另一些学生则对学习完全失去兴趣,没有任何学习动力,"做一天和尚撞一天钟"。小组探究改变了这种僵化、被动的学习局面,使学生的精神面貌焕然一新。为了把课题研究做好,他们积极讨论、探索,尽可能多地获取新知识,表现出很强的主动性和探究热情。对于研究过程中的每一个细小环节,他们都力争做得"完美",因为他们感到是在完成"自己的产品",在其中获得了极大的乐趣。

四是有利于培养学生的科学探求精神。小组探究是一个严谨、系统的过程,要求学生具有踏实、认真的态度,用科学研究的思维方式与方法来审视和处理问题。同时,探究活动本身对学生的毅力和勇气也给予了实际的考验。在研究过程中,学生会遇到许多预想不到的问题和困难,有时还会遭受一些挫折和失败。经过这样一些锻炼之后,学生对科学研究的过程和它的艰辛会产生更加深刻的感受和认识,从而培养一种不畏艰难、勇于进取的科学探索精神。这对学生将来从事更加复杂、更加困难的工作是非常重要的。

三、小组探究的教学组织

小组探究作为体现现代教育思想的一种教学模式,虽有众多长处,但绝不意味着只要使用它,就一定会收到良好的效果。在实施过程中,如果组织与管理不当,往往会出现一些问题,诸如小组成员参与不平衡,有的"积极",有的"搭车",有的"逃避",使成员之间的合作退化为"劳逸不均";小组内组织协调不利,成员之间的分工与合作不能统一起来,自主与责任产生矛盾;学生缺少科学的研究方法,使探究活动缺乏科学性和系统性;教师对小组探究的启发和引导跟不上,学生得不到及时、有效的帮助;等等。为使小组探究真正收到实效,避免这些问题发生,教师应做好以下几项教学组织工作。

(一)组建学生小组

许多对小组探究进行过研究的专家强调,建立学生小组时应同时考虑"质"和"量"两个因素。在人员"质"的方面,可以按照学生的知识程度和能力水平来搭配,由好、中、差三类学生组成小组(异质构成),使优等生可以带动差等生,在学习上共同进步;也可以让学生根据各自的兴趣爱好自愿组合,把探究同一问题的学生组成一组(同质构成),这样有助于他们之间相互补充,相互激发创造灵感,取得高质量的研究成果。两种分组方法有不同的作用,可在教学中酌情选取。在人员数目上,小组规模不宜过大,一般为三到五人。人数过多容易使分工和责任模糊,减少成员之间紧密而积极的互动。

(二)选定小组组长

虽然小组探究是一种合作性学习,但也不能忽视小组组长的作用。小组长担负着联络指导教师和召集、督促、检查小组成员的任务,同时,还起着小组内协调、疏通的作用。当小组成员的观点发生冲突时,小组长要组织讨论、分析,使成员之间相互理解、接纳和支持,最后达成共识。许多参加过小组探究活动的学生认为:"小组长应为民主推荐,最好不由教师指派,让有高度责任心、同学信得过的学生来领导小组活动。"

（三）分配成员任务

为避免前面提到的小组成员"搭车"或"逃避"的现象发生，教师应督促小组进行成员的角色分工，以达到每个学生最大限度地参与。分工时要兼顾每个学生的个性、特点和能力，激发他们的创造潜能。当然，分工并不是要把每个部分最后简单地拼凑起来，而是要使每个学生都成为"负责人"，成为某个主题的"专家"，以带动其他同学一起进行更深层次的探讨和创新。实践表明，小组成员的合理分工有助于培养学生的责任感和成就感。

（四）提供必要的支持

小组探究不同于一般的接受性学习，它的过程相当复杂，难度也较大。因此，教师需要运用促进性教学技能，对学生在以下几方面给予指导和支持。

（1）引导学生正确选题，使课题不仅符合学生的兴趣爱好、知识基础和能力水平，而且还有利于他们在认知、技能、情感和品质等方面的共同发展。

（2）介绍科学研究方法，使学生了解科研的基本思路、过程和手段，减少盲目性。

（3）解答学生疑难，提供反馈意见，并就学生的思维过程进行提问和启发，使学生的探究活动始终处于教师的指导与监控之下。

（4）提供研究资源，如有关信息、资料、物品、经费等，以保证探究活动能够顺利进行。当然，在学生没有请求帮助时，教师也不要过多地"打扰"，以免影响他们的自我指导和独立创造。

四、小组探究的评价原则

目前有关小组探究评价的讨论并不多，这可能有两个原因：一是对于这种模式的探索还属起步阶段，尚未形成明确的思路；二是由于它在许多层面上都超越了常规学习，不能按照传统的评价方式来检查其学习效果（如规定考核范围、固定考试形式和设置标准答案等），需要重新设计评价的目标与内容。这里，我们试图提出对小组探究效果进行考查的三条基本原则，希望能用以指导教学评价中的具体操作。

（一）研究过程与研究成果的统一

小组探究的效果检验既要看其过程，也要看其成果。成功的研究性学习应该在过程和成果两个方面都显示出优势。一个好的探究过程能够全方位地调动学生学习的主动性，激发创造思维潜能，提高分析问题和解决问题的能力，培养学生的意志和品格。同样，一项优秀的研究成果能够对所研究的问题提出科学、可行的解决方法，有一定的理论意义和应用价值。它是学生集体合作的结晶，反映出综合知识和科学方法的应用，标志着学生经历了一个完整、合理的研究过程。当然，对学生研究成果的评价不应过分强调它的外显形式，而更应注重课题本身的意义，学生综合能力的提高，内心世界的感悟和人格品质的升华。

（二）能力提高与知识扩展的统一

虽然研究性学习的教育学指向是培养和提高学生的综合能力，不是把知识目标放在首位，但开展一项成功的探究活动不仅需要对所学专业知识的理解与应用，而且也伴随着新知识的不断积累。所以,学生的知识水平既是开展研究的基础,也是研究过程的产物,应该在评价中与各种能力一样受到同等的重视。如果小组探究没有注意拓宽学生的知识领域(特别是程序性和应用性的知识),而一味地追求"解决问题"和"培养能力",那么它的教育功能就没有完全发挥出来。

(三)小组成就与个人贡献的统一

对小组探究综合成绩的评定应兼顾两个方面:一是检查小组成员集体取得的成果,包括课题价值、方案设计、过程实施、小组协作、成果答辩(调查报告、实验报告、小论文、科技制作)等等;二是记录和考查每个学生在小组研究中的具体工作及表现,看他们个人的责任完成得如何。按照这个思路,每个人得到的总评成绩即为两部分之和——小组得分和个人得分。这样,既体现出群体的智慧和力量,也体现出个人的能力和水平,将合作与自主这两个对人才的要求同时在评价中反映出来。

参考文献:

[1] Colbeck, C. L., Campbell, S. E., Bjorklund, S. A.. Grouping in the dark: What college students learn from group projects[J]. *The Journal of Higher Education*, 2000, 71(1).

[2] Fuchs, L. S., Associates. Effects of workgroup structure and size on student productivity during collaborative work on complex tasks[J]. *The Elementary School Journal*, 2000, 100(3).

[3] Eggen, P., Kauchak, D.. *Educational Psychology: Classroom Connections*[M]. New York: Macmillan College Publishing Company, 1994.

[4] Arends, R. I.. *Learning to Teach*[M]. New York: McGraw-Hill, Inc, 1991.

[5] Quina, J.. *Effective secondary teaching: Going beyond the bell curve*[M]. New York: Happer&Row, Publishers, 1989.

[6] Collette, A. T., Chiappetta, E. L.. *Science instruction in the middle and secondary schools*[M]. Columbus, OH: Merrill Publishing Company, 1989.

[7] 霍益萍,张人红. 研究性学习的特点和课程定位[J]. 课程·教材·教法, 2000(11).

[8] 张建伟. 基于问题式学习[J]. 教育研究与实验, 2000(3).

[9] 袁维新. 关于研究性课程设计与实施的理性思考[J]. 中国教育学刊, 2000(2).

[10] 华东师大二附中"小课题研究"课题组. 寓创新于探索之中——华东师大二附中研究型课程实验总结报告[J]. 上海师大学报(教育版), 2000(1).

小学科学创造性教学研究

执笔:周振铎 李 玲

目前,小学科学创造性教学研究还处于探究阶段,没有形成有效的适合推广的模式,或者说,还没有形成一个体系。"如何实施创造性教学?""创新的手段、方式、方法是什么?"还时常困惑着我们。当前许多人感兴趣的往往是"创新""创造""创新教育""创造教育"等概念问题,在操作层面上,还没有发现成体系的理论联系实际的"模式"或"应用理论"。事实上,小学教师迫切需要的是具有指导意义的"应用理论"和"操作模式"。一句话,要解决如何"行动"的问题。

我们设想,如果能在全省范围内继续进行小学科学创造性教学的实践和研究,一方面推广以前的课题研究成果,力争在实践上大面积提高教师创造性的教和学生创造性的学的能力及素质;另一方面,探索小学科学创造性教学的应用理论,获得能在各级各类小学中推行的创造性教学的模式、操作体系等。

通过三年的实践,我们获得了新的认识。

一、形成了创造性教学的观念认识

- 认识到人人都具有创新的潜能;
- 认识到培养学生的创造性精神和实践能力是现阶段小学科学创造性教学的主要任务;
- 认识到以人为本是实现创新的前提,师生在教学过程中都要受到尊重;
- 认识到小学自然创造性教学的主要阵地是课堂,课堂教学创新要掌握一定的技术;
- 老师们对创新教育的具体问题,有各自具有个性化的见解。

由此,科学教学关系得到了有效调整。

- 师生关系由"知识传授者"与"知识接收者"的关系向多种关系转变;
- 教学关系由"以教为主,重学习结果"向"以学为主,过程结果双重视"转变;
- 教材与教学过程的关系,由"权威"与"执行"的关系向"载体"与"过程"关系转变;
- 教学环境与教学目标的关系由"点缀"与"中心"的关系向相互依存关系转变。

二、构建了小学科学学科创造性教学的基本模式

初步构建了小学科学创造性教学的基本模式(如表1)。

---

① 本文选自《科学课》(小学版)2006年第12期,第4—7页。

表 1　创造性教学基本模式

环节	创造性教学目标		
	教师创造性教学	学生创造性学习	
自行观察	教师指导学生观察,创设发现问题的情景,培养学生发现问题的敏锐性,激发学生"个体首创"的欲望。教师提供观察材料,或提供寻找材料的线索。	激发探究发现科学奥秘的兴趣和创造欲望,培养观察力。	首创性的学
自行提问	教师创设让学生自己发现问题的情景,指导学生在观察的基础上发现问题,提出问题。	培养发现问题、提出问题的勇气和能力。	
自行研究	指导学生就提出的问题的可能答案做出猜想,掌握科学探究的基本方法和基本过程。	提高学生的创造思维的品质,即训练思维的流畅性、变通性和新颖性,养成科学探究的行为习惯。	
自行获取结论	指导学生学会分析实验结果,运用推理或归纳的逻辑思维方法,得出自己的结论。	训练初步的抽象、推理、归纳、概括等逻辑思维能力、分析归纳思维能力。	
自行应用知识	指导交流、评价学生自己的结论,运用获取的知识、创造性的思维及科学能力,创造性解决问题。	学会与他人合作、交流,发展持续学习的能力,养成运用所学知识、态度情感和价值观联系科学技术与社会的有关问题。	创造性的用

小学科学学科创造性教学模式把创新教育和科学学科教育视为一体,承认科学学科教学内容本身具有创新教育的功能,学科的教育过程不仅仅是学生学习自然科学的活动,而且也是学生和教师的活动和创造性过程。

1. 首创性的学

首创性学习是指学生在学习过程中,通过自己的主动探索,"发现"新知识。这种学习与传统的承传式学习的差别在于,知识是学生自己"发现"的。首创性学习的主要途径是探究(或研究),是让学生在探究学习活动的过程中获得类似"科学家发现"的那种体验。我们在组织学生的探究活动时,鼓励学生"首创"的体验,有时,我们还应该允许同班学生选择不同的研究内容,也支持对同一问题有不同的认识。

2. 创造性的用

用学到的知识和能力解决"新"问题,本质上就是一种创新。创造性的用,有以下类型:

模仿运用型——组织学生模仿课堂教学中的范例,运用所学知识,解决新情境下的问题。

点发散型——以某一个知识为出发点,向四周发散。

逆向运用型——启发学生敢于与原来的思路相反,运用逆向思维进行思考,解决学习、生活中的问题。

联想运用型——运用联想的方法,将某些相关或不相关的知识、规律、原理、方法联系起来,解决新问题。

综合运用型——要求学生建立整体观念,把所学的各科知识联系起来,进行综合性的运用。

教学实践中还有推理、归纳、组合等运用的类型。不论何种类型的运用,都必须注意体现以下各点:

(1) 让全班学生都参与运用,使每个学生都能自己主动获得创造性的用的体验。

(2) 在运用的过程中,要鼓励学生敢于摆脱思维定式的束缚,大胆提出解决新问题的方式、方法,并付诸实施。

(3) 教学中要给予学生极大的宽容度,允许学生的发展不一致,允许犯错误。同时注意鼓励学生在运用的过程中既要求新、求异,也要求佳,求最优化。

(4) 各种运用的类型不是绝对独立的,可以互相交叉,互相融合。

这一模式两段的划分不是绝对的,"首创性的学"的过程中并不排斥边学边用,"创造性的用"的过程中也不排斥在用中学。

应当说明的是,这只是一个比较粗略的模式,在运用中要根据实际情况进行调整。

三、形成了小学科学学科创造性教学的基本策略

策略一:把创新教育的任务和学科知识、能力及思想教育的任务结合起来,把创新精神、创造思维、创新能力的教育和学科知识结构的点、线、网系统地结合起来,有目的、有计划地进行创造性教学,建构学生个体的认知结构,使所学的知识变成具有同化功能的、活的知识。

策略二:建立互相激励的学科创造性教学机制。在学科创造性教学中,学生的创新精神、创造思维能够互相影响,互相激励,产生链式反应。即某一个学生的一个新看法可以激发其他一些学生的新的看法,这些学生的新看法又可以激发更多学生的新看法,反过来又影响原来的看法,如此反复循环,学生的创新精神、创造思维都得到发展。教学实践中,比较行之有效的方法有两种:小组讨论法和自主活动法。

策略三:用"再走一步"的策略可以实现课堂教学的突破。"再走一步"是应课堂教学创新实践需要而归纳出来的实用性教学方略,是课堂教学突破的技术,也是一种教学意识。

"再走一步"对课堂教学的基本认识是:运用恰当的教学技术,将科学的教育理念和实际的教学措施结合起来,课堂教学才能有突破性的进展;运用教学机智把握课堂教学过程中临时出现的机遇,捕捉教学过程中突然迸发的灵感,可能出现意外的突破。

"再走一步"教学操作技术的要点是:

(1) 以师生互动的氛围为教学的基础。

(2) 以训练学生流畅的思维为起点。

(3) 以对问题的深入研究为"再走一步"教学的方向。许多研究还没有深入到对事物本质的认识和对表现事物本质手法的多样性理解,教学仅浮于对事物表面的描述和对表现事物手法的模仿阶段。"再走一步",可以沿两个线索深入:其一,组织学生继续研究描述事物的各种方法。其二,组织学生继续探究事物的本质。

(4) 以激活学生思维的异型发散为突破口。
(5) 以学生的创造性研究活动为拓展。
(6) 课堂突发事件是意外突破的契机。

四、探讨了小学自然(科学)学科创造性教学的基本技法

我们认为,小学科学学科创造性教学的基本技法就是:在实践中创造性地运用现代教学方法和教学手段,将多种教学方法进行优化组合,实现教学方法的创新,即用"创造性地教"为学生创造"创造性地学"的环境和条件。具体地说,就是教师运用现代教学方法和手段,如探究教学法、发现教学法、自学辅导法、活动教学法、游戏教学法、情境法以及各种教具学具、现代教学设备等,将科学发现的过程简捷地重演于课堂,让学生参与发现、探索、研究的过程。如何将这些方法进行组合,我们摸索了几种方式。

1. 自主质疑探究式

学生在探究环境中发现问题,提出问题,并想办法解决问题。自主质疑探究式的主要教学流程是:观察—质疑—小组讨论和探究—教师指点—释疑。自主质疑探究型创新课,通过对材料进行观察和比较,深入思考,自己解决问题,极大调动了学生的思维积极性和独创性。此方式适宜于可挖掘、可体验同时又比较易懂的教学内容。

2. 活动体验式

教师创设活动的空间,给予活动的时间,学生在活动中体验、发现新事物。活动体验方式的主要流程是:明确活动任务—学生活动,进行观察,教师指导—反馈观察,进行总结。

3. 综合训练型

在课堂中通过辩论、演讲、绘画等表演形式,演绎自己对教学内容的理解。综合训练型课很受学生的喜爱,在操作中要注意几点:一是要逐步培养学生的表现能力;二是学生要训练有素,要了解各种表现手法如何利用就能表现自己的感情;三是展现内容和形式不必求全求多。

4. 自主评价式

课堂中通过引导学生对教学各因素进行评价,从而深入理解教学目标,达到自我教育、相互提高的效果。自主评价式的主要流程为:了解教学内容—评说学习反馈、评说教材内容—评说教学过程、评说教材、评说教师教学—反馈收获。

教学方法、教学手段的优化组合要求符合当地当时具体教学情况,不可刻意追求教学方法的花样翻新、教学流程的固定统一和一时的轰动效应。所谓最佳教学方案,也不是在任何条件下都是"最佳的",只是当时教学条件下"最佳的"。组合也是一种创新。

教学方法是否优化组合,第一,要看每个学生在教学过程中是否达到实际可能达到的程度,并保证在创新精神、创新能力等方面有所发展。第二,学生和教师必须在规定的时间内实现教学目的,方法的组合不应当以延长教学时间和学生家庭作业的时间为代价。此外,多种教学方法组合必须有利于减轻师生双方的负担。

五、明确了小学科学学科创造性教学的显性培养与隐性培养

我们认为,实施创造性教学目标,可以从显形与隐性两方面对学生进行创造性精神与思

维能力的培养。

(1) 显性培养:以培养学生的创造性思维、能力和精神为主要教学目标,让学生直接感知创造的魅力,体味"个体首创"的价值。包括:探究训练、技法训练、小发明活动等。

探究训练——创造性教学的探究训练,是给学生一个开放的空间,训练学生能随时随地地、主动地提出问题与解决问题,并做到有恒心、有毅力坚持探究。

技法训练——创造是有章可循、有律可依的,许多创造发明有其共同的思维特点。为此,我们课题组编撰了《学创造》一书,老师们根据这本书的内容,在科学课教学过程中,抽出一定量的时间把学会创造性思维、发明创造的技法作为教学的目标,教师通过一个实例将这种方法直接教给学生。

小发明活动——一项传统的科技活动,主要利用课外小组的形式进行。小学科学创造性教学则将其运用于课堂教学中。

(2) 隐性培养:营造创造的环境,强化创造性教学的趣味性,激发学生对创造性活动的兴趣,潜移默化地进行创新精神的培养,同时在发现式的学习、创造性地运用等认知过程中拓展创造性精神。主要包括环境营造和教学中渗透两个方面。

六、形成了创新评价机制。

形成了网络式的学生评价机制。评价的主体应当包括教师、学生、学校领导、教育行政部门、家长、与教育有关的社会团体或个人,形成评价主体的多元性。评价主客体的相互转换及一个主体相对评价更多的客体,使科学课程的评价形成了一个网状结构,这也是科学课程评价的第一个"网络"。

几年实践,我们总结出科学创造性教学评价的方式有:观察、记录评价、生生、师生、家长孩子等之间互评、评价主客体的自评、作业评价、档案袋评价、考试评价、调查问卷评价等,同一次科学教学活动中,同时存在几种评价,使评价呈现互相交叉,形成网状结构。这样,就形成了创造性教学评价的第二张"网络"。从情感态度、基本知识、基本技能等方面,采取总结性评价、当场操作、抽签答题、查找资料、编写小报等形式进行考核。

评价要注意几个方面,一是经常性,评价要贯穿于教学的全过程,要时刻注意评价;二是不求全性,就某一个问题、活动来说,能评价几个方面就评价几个方面,不要苛求评价的全面性;三是评价要注意层次性,从记忆型、对静态事物的评价逐渐过渡到关注动态事物和人际交往;四是我们的评价重点仍然是教学中、学习中的评价,要让学生全心参与评价,体验个体首创(课堂教学评价表2)。

表 2 课堂教学评价表

项目	内　　容	分值
教学目标	目标明确、具体、可行;教学中能围绕目标开展教学活动;确立了学生创新精神培养目标。	14分
教学内容	符合创新教育主题;符合创造学、心理学和教育学等教学原理;重点突出,突破难点;非常重视对学生创新精神和实践能力的培养。	16分

续表

项目	内　　容	分值
教学过程	课堂结构合理,层次清楚,时间分配恰当,过程完整;符合学生认知规律,能充分调动学生的主动性;指导学生自行获取和运用所学知识,体现了学生的个体首创性。	20分
教学方法	选择得当,运用得好,实现了在当时、当地情况下的优化组合。	16分
教师素质	教学基本功扎实(教态、语言、板书、操作等);具有一定的应变能力;教学观念新颖。	16分
教学效果	学生学习积极主动;达到预期的教学目标;学生情感体验、个体首创体验丰富。	18分
教学特色	教学的某一方面有独创性,对活动课教学的某一方面有所突破,并因此提高了教学效率。	最多可加10分

根据这一评价,我们制定了科学创造性教学的课堂评价标准,用以指导教师的课堂教学。

要说明的是,这只是一个定性分析,是粗略的、简单的,具体运用还要根据情况具体而定。

农村自然教学的郎盛新研究与实验[1][2]

郎盛新

小学自然课"是对学生进行科学启蒙教育的一门重要基础学科",学好这门课对提高小学生的科学素质有着重要的意义。对广大的农村小学来说,开好这门课还有利于落实"广大农民发展生产、劳动致富、渴望人才的要求"。但是,由于人们对其重要性的认识不足或如何利用农村的有利条件教学这门课研究不够,而未能发挥教学这门课应有的作用和功能。为了解决这个问题,近几年来我们开展了在农村如何开设自然课的教学研究与实验。实验的效果表明:开设自然课不仅有效地培养了学生的科学素质,而且在为当地经济建设服务上取得了可喜的成绩。

一、实验的基本做法

调查研究表明:农村自然教学的不利因素主要是教学仪器设备少。但农村学校也有许多有利的教学条件:得天独厚的自然环境和资源为自然教学提供了丰富的、活生生的教学材料,为开展自然教学提供了观察、考察、饲养、栽培等实践活动的场所;自然课中50%以上的内容都是农村学生所熟悉的事物和现象,学生对农村的自然事物有着丰富的感性认识等等。所以,我们特别注意引导实验教师充分利用这些有利条件。

(一)因地制宜,选择适应教学需要的替代材料

自然课中的观察、实验材料虽有一定的普遍性,但不可能覆盖所有地区和学校,对于那些当地缺乏的材料怎么办?我们采取的办法是:对教材中与自然条件结合较紧的课文进行系列梳理,列出不易得到的教学材料,选择可以达到教学目的要求、当地易得的材料替代和补充(如用红薯藤替代天竺葵学习"扦插",用菜青虫替代蚕,学习"养蚕"等),并列成"教学材料结构表"印发给当地乡、村小学自然教师使用,以便教师课前准备和要求学生自带材料,从而使所有学生都能亲自参与观察、实验活动,直接感知各种自然事物。实践证明:这些做法是可行的,效果是好的。广大农村自然教师反映:"教学材料结构表"实用性强,易操作,便于兼职教师课前作准备,同时也改变了因缺乏教学材料,只能靠老师演示实验、学生看的状况,有效地激发了学生学习自然的兴趣,增加了学生了解家乡自然事物特点的机会,培养了学生学科学、用科学的能力。

(二)利用农村土地较多的条件,师生动手建设、管理生物园

其作用是:

---

[1] 本文选自《课程·教材·教法》1994年第12期,第37—39页。
[2] 本文由湖北省教研室自然组郎盛新执笔。

（1）生物园能为教学提供观察实验的材料。教师指导学生在生物园按教学需要分类、分期栽培植物，饲养小动物，为课堂教学提供丰富的、活生生的教学材料，解决了学生因缺乏实验材料无法亲自观察、实验的矛盾。

（2）生物园是学生进行栽培、饲养等学习活动的基地。自然教学大纲要求尽可能创造条件，联系实际，让学生直接参与栽培、饲养等实践活动，学习自然知识，这一问题一直未能很好解决。有了生物园地，教师就可以充分利用这一有利条件，引导学生在生物园地中直接参与栽培、饲养等实践活动，如嫁接、扦插、喂养小兔等，从而能更好地在实践中学知识、学技能。

（3）生物园的建设能紧密结合当地生产实际，为当地发展经济服务。在生物园的建设中，教师有意识地指导学生结合当地农业生产发展的需要，进行培植花木幼苗、果树、药材等经济作物的实验。例如，荆门市马河镇铁坪小学的实验教师指导学生在生物园扦插葡萄、石榴两万多株，种植香菇45朵；新州县旧街小学的实验教师指导学生在生物园种植半枝莲、舌干等药材，还进行芽接板栗的实验；利川市黄泥坡小学的实验教师指导学生对珍贵树种"珙桐""水杉"进行繁育实验。他们还学习扦插大黄杨树苗，成活率达85%……学生在亲自参与栽培植物的实验活动中，学习兴趣得到了提高，增强了科学种田、科学饲养的意识，学习了一些实用技术，直接或间接地为参加当地经济建设奠定了初步基础。

总之，生物园不只是教学的基地，其功能和作用是多方面的。

（三）充分利用自然环境，开展环境考察和课外自然研究活动

农村有得天独厚的自然环境，为带领学生走出教室，到大自然中去进行考察活动提供了良好的场所。实验教师注意充分利用这一有利条件，带领学生到大自然这个"大课堂"去上课，自然课中凡是适合在当地自然环境中教学的内容，如水域的污染和保护、植物与环境、能源矿产、岩石、土壤等等，尽可能让学生进行实地考察，直接与大自然接触，并注意把爱科学的思想教育和改变当地自然面貌结合起来，把自然课的教学和课外自然研究活动结合起来，从而使自然课取得了综合的教学效益。

（四）结合当地农村经济发展的需要，增补一些有利于学生了解、可以利用家乡自然条件科学致富的教学内容

这包括以下几个方面：

（1）认识家乡的自然资源——如家乡的地形和作物、家乡的地热资源、家乡的水域、家乡的药材、家乡的茶等。

（2）家乡人民对自然界的利用和改造，如柑橘的保藏。

（3）科学致富的内容——如池溏的综合利用、兔的饲养、种甘蔗、种菊花、生物防治等。

在学习这些内容时，教师把学生带到田地边、池塘旁、饲养场和农村专业户中，让学生边考察、实践、边学知识，使学生对家乡了解更全面，感情更深厚，并增强了动手能力和科学致富的意识。

二、实验的成效

我省在农村自然教学方面，经过了几年的研究与实验，已初见成效。主要表现在几

方面。

(一) 提高了教师素质

教改实验是提高教师教学水平、研究能力最好的培训班。在参与教改实验的过程中,需要教师钻研教育理论,了解教改信息,不断提高自身的素质。据不完全统计:参与实验的260多名教师中有90%的人学习了《儿童心理学》《探究—研讨教学法》《小学自然教学法》《教学论》等专著,广泛搜集了有关教改的资料,特别是农村教育、教学改革的资料。至1993年11月,实验教师在市以上公开发行的刊物发表教学论文或经验总结57篇,其中在《课程·教材·教法》《湖北教育》《小学自然教学》等省内外刊物上发表13篇,有2篇论文参加了全国小学自然教学研究会农村小学自然教学论文评比,分别获一、二等奖。85%的实验教师承担过省、市、县(区)的公开课、观摩课任务,共100多人次,其中3人获省优秀课奖,60多人获地、市(县)优秀课奖。通过实验,除培养了一批学科带头人外,还促进了当地农村自然教研活动的开展,发现和培养了一批青年教师。据不完全统计:实验前,骨干教师仅占本地任课自然教师的12%左右,到1993年已上升到27%,其中青年骨干自然教师,由占骨干自然教师的15%上升到65%。这样,就充实了骨干教师队伍,较好地解决了困扰学校的自然教师"断层"问题。还有一些教师因在实验中乐于奉献,成绩突出,受到了当地教育行政部门的表彰,仅宜昌市就有4名教师的事迹被湖北教育杂志和小学自然教学杂志刊登。

(二) 提高了自然教学质量

随着实验的深入,这些地方自然课的实验教学、实验园地的建设与利用、课外实践活动等都有了明显的提高,从而增加了学生接触社会的机会和对家乡的资源、环境、经济的了解,增强了学生学习自然、研究自然的兴趣,提高了学生观察和动手能力,还有效地激发了学生热爱农村、热爱劳动、立志建设家乡的思想感情。这些地方的"四小"活动(小论文、小制作、小发明、小实验)空前活跃,一些学生撰写的小论文在报刊上发表,自制学具被教学仪器部门推广。仅宜昌市和荆门市的小学生就撰写考察报告、观察日记和小论文800多篇,自制学具、标本几千件,40多篇调查报告和观察日记在省、市(县)一级刊物上发表。

(三) 学生能运用所学的知识,为当地经济建设服务

实验点的教师注意引导学生把在种植、饲养等实践活动中学到的科学知识,掌握的先进技术介绍给农民,帮助农民拓宽经济发展的路子,使庭院经济和农业生产取得良好的效益。例如:荆门市马河镇铁坪村小学地处山区,临近的8个村都有煤窑,农民的经济收入较高,生活富裕。铁坪村却一个煤窑也没有,村里虽然也挖了几口矿井,但都没有找到煤。1993年元月,实验教师在教学《能源矿产》一课时,把学生带到马河煤矿井下参观,学生对煤的形成、煤的地质环境以及开采方法有了一定的了解。回校后,他们制订了考察铁坪村两座山的计划。通过三次课外考察活动,同学们发现小林湾这个地方的岩石层分布很有规律,岩石的颗粒粗糙、均匀、表面松散,一些岩石黄中带黑,夹有闪光的黑色物质,此外,还发现了大量植物化石,上面有植物叶的痕迹。学生根据这些发现,联系自然课本中关于煤的形成的知识,推想小林湾可能有煤。为了进一步证实推想,学生们把采集的黑石头和黑土带到学校,做成煤块放在炉子里烧,发现重量减少了35%,进一步证实了这些黑色土石里含有煤。同学们把

这次考察的情况写成《小林湾矿产资源考察报告》交给了村委,引起了高度重视。1993年3月,村里请湖北省勘测院在这个地方进行勘探,证实这里确有丰富的煤。

这个学校的实验教师还把学生带到青峰寨上《植物与环境》这一课,通过实地考察,同学们发现流传中的山清水秀、树木参天的青峰寨,如今已名不符实,水土流失非常严重。这主要是当地农民乱砍滥伐树木造成的。同学们把考察的情况和建议写成考察报告,交给村委。村委及时采取补救措施,1993年修拦沙坝七座,并在山边种植了根系发达的树木,有效地防止了水土进一步流失。同学们还把这些情况向农民宣传,增强农民保护环境的意识。

钟祥市张湾小学的实验教师带领学生到附近的林场,聘请技术员讲解植物怎样过冬的知识,并结合实际在生物园进行柑橘过冬的实验,取得了较好的效果。之后,学生及时把保护柑橘过冬的方法介绍给家长,帮助家长和邻近农民用科学的办法保护柑橘过冬。1992年冬季,邻近村因没有采取措施保护柑橘,柑橘树冻死了80%,而这个村仅冻死了17%。农民们说:"娃娃们帮了我们。"

新州县旧街小学实验教师带学生到生物园进行种植药材的实验取得成功,学生掌握了种植、管理半枝莲、舌干、白钱草三种中药材的方法。实验班51名学生有45名和家长一起在自家田地种植这三种药材,都获得了成功,取得了投资少、见效快的经济效益。如今,这个村家家户户都种植了舌干、半枝莲、白钱草、药用菊花等药材。

枝江县东林小学的实验教师在生物园和学生一道进行芽接板栗,扦插葡萄、大黄杨,嫁接梨树苗的实验,都获成功,直接经济收入一千余元。他们及时把这些技术介绍给农民,受到了农民的欢迎。在学习有关动物知识的课文时,一些实验点的教师还聘请当地兽医和饲养员给学生讲解家禽、家畜常见病的防治方法。学生通过实践,也能在家给家禽、家畜看病了。特别是春秋两季鸡、猪瘟发病季节,学生还主动到农民家协助农民为猪、鸡治病,宣传预防的方法,减少了经济损失,受到了农民的赞扬。

一些实验点的师生,还把在实验中总结的利用当地条件科学种植、科学饲养的经验,以及从报纸杂志上搜集的科技兴农信息,编成"信息小报",印发给农民,为农民拓宽了经济发展的路子,增强了农民科技兴农的意识。仅荆门市马河镇铁坪村小学的同学,1993年就自办"信息小报"8期,提供科学种植、饲养的经验和信息100多则。

以上事例说明,尽管自然是小学教学中一门"小学科",但只要我们认真从农村的需要出发,研究和改进教学,也是能为当地社会主义经济建设服务的。

三、几点体会

几年的农村自然教学研究与实验,有以下几点体会:

(一)观念的转变只有在教改实践中方能实现

由于长期受"应试"教育的束缚,自然课在农村得不到应有的重视,不开课或挪作他用的现象较为普遍。据各地汇总的资料表明:实验开始前,自然课开设率仅为65%左右,1993年开设率达到96%,全省90%的县市达到100%,大部分农村小学还从一年级开设了自然课。导致以上变化的一个重要原因是:这些地方的教育部门和教师,通过实验,对自然学科的"教育性"逐步有了明确的认识。我省12个地市的调查数据表明:这些地方94%的自然教师和学校领导,认为自然课是培养学生素质必不可少的课程,参与自然教改的热情高涨。92%的学生认为"自然课能学到许多科学知识,许多有趣的东西",学习态度由"无所谓"转变为"爱学、想学"。

总之,通过实验,教师和学生的认识都发生了明显的变化。这种变化表明:实验工作确实有效地促进了教育观念的转变。

(二)农村教育要在立足农村实际的基础上求发展

基础教育的主要目的是"全面贯彻教育方针,全面提高教育质量"。我国现有小学的90％以上在农村,农村教育必须改变"只抓少数,忽视多数,脱离实际"的单纯升学教育,向着素质教育转轨,从而较好地适应社会发展的需要。要实现这种转变,必须立足于农村实际。我省的农村自然教学的研究与实验就是在这一思想的指导下进行的。从农村实际出发,要把握住两点:一是农村自然教学质量的提高要依据农村实际找出路;二是对学生的培养要联系农村实际求发展。实践证明:只有立足于农村实际,充分发挥农村有利的自然条件进行自然教学,才能使广大农村小学生受到"科学启蒙教育",使学生自行获取知识的能力以及动手能力得到培养;才能全面发挥自然教学的作用和功能,较好地体现"办好教育为人民"的思想;才能使自然课得到当地农民和政府部门的欢迎和有力支持,从而开创农村自然教学的新局面。

(三)持之以恒、一抓到底地开展教学研究,是自然学科的教学任务得以真正落实的重要保证

教学研究要见成效,必须有正确的决策,科学的研究方法,并且要持之以恒,常抓不懈。我们的实验工作之所以取得成效,一个重要的原因就是参与实验的教研人员和教师积极配合,经常交流,相互促进,不断提高认识,使实验步步落实,少走弯路。在实验、研究过程中,或因条件太差使有些实际问题得不到解决,或因有的同志对其重要性认识不足而不能给予应有的支持,都有可能中断实验,致使前功尽弃。遇到这样的情况,我们就同实验点的同志认真研究、分析,积极支持和帮助他们,使之树立信心,知难而进,一抓到底。

总之,我们坚持了近七年的研究与实践,才逐步取得了较为显著的成效,赢得了广泛的理解和支持,有效地提高了农村自然教学的水平。

四、科学概念教学研究

- 小学科学教育中儿童概念学习问题探讨（王岳）
- 论归纳在科学概念形成中的作用（傅坚 黄瑗）
- 概念的教学（顾援）
- 突出自然课概念教学的过程性（周赞梅）
- 概念转变模型及其发展（张建伟）
- 概念转变研究对学习环境设计的启示（王美）
- 正反例在概念教学中的研究与应用（郭建鹏 彭明辉 杨凌燕）

小学科学教育中儿童概念学习问题探讨[①]

王 岳

近年来,世界上很多国家,特别是一些西方国家的科学教育工作者,十分重视从认知发展的角度来研究儿童科学概念的形成和发展。他们的研究非常具体,他们的研究成果对小学科学教育的课程、教材和教法产生了重要影响。据笔者统计,两本在世界上具有代表性的科学教育刊物,美国的《科学教育》杂志和英国的《国际科学教育研究》杂志,近两年几乎每期都有一两篇关于儿童科学概念研究的论文。相比之下,我国在这方面的研究便显得薄弱,然而在我们的九年义务教育自然教学大纲和自然教材中,所涉及的科学概念很多。如何将这些科学概念正确地教给儿童,使他们很好地理解和掌握,有待于我们对科学教育中儿童概念学习的理论和实践作更多深入细致的研究。基于这一原因,本文想引用一些国内外有关概念学习的研究成果和教学实例,对小学科学教育中儿童日常概念与科学概念的关系和转化问题做一分析,并就与其有关的教材教法问题进行探讨。

一

儿童概念的获得主要通过两条途径:一是不经过专门的教学,在日常生活中通过积累经验而获得的概念,这类概念称为日常概念(Daily Concept);二是在教学过程中,通过揭示概念的内涵而形成的概念、这类概念属于科学概念(Scientific Concept)。由于小学科学教育中,概念学习的主要任务是要将儿童自发形成的日常概念,上升为一定层次的科学概念,因此将儿童的日常概念与科学概念充分加以对比,发现它们之间的关系,便显得十分重要。

心理学家在分析了很多的儿童日常概念后指出:日常概念与科学概念可能一致,也可能有冲突,一致则前者有助于后者的学习,冲突则前者干扰后者的学习。对于日常概念所产生的积极作用,我们可以举出这样的例子:在进行金属知识教学时,发现儿童金属概念的建立常常比较顺利,据分析这是由于儿童在生活中经常接触到铜、铁、铝等金属物体,对它们的一些性质比较了解,经验中已有"金属发亮、热得快、能传电"等日常概念。因此在形成金属有金属光泽、易传热、易导电的科学概念时就十分容易。科学概念的获得确实依赖于适当的经验,当然也与智力等因素有关。有人做过概念得分和经验与智力相关的实验,结果发现,概念得分与经验丰富程度的相关高于概念得分与智力的相关。这说明智力较高的儿童,如果缺乏相应的知识经验,仍不易理解概念。我们在科学教育中之所以总是强调让儿童多多接触、感知自然事物,这个实验可以说是一个很好的诠释。

对于日常概念所造成的消极影响,我们也可以举出一些例子。在儿童的日常概念中,鸟就是会飞的动物,因而在让他们区分一些小动物时,他们常把蜻蜓、蝴蝶也看成是鸟,而不同意鸡、鸭是鸟。还有一些儿童认为植物体上能吃的东西就是果实,因而把白薯、萝卜也归为

[①] 本文选自《课程·教材·教法》1994年第3期,第3—7页。

果实。这些例子都可以说明，儿童的日常概念常常与科学概念存在差异，对科学概念的形成造成障碍。

目前，国外的科学教育工作者，对这种儿童日常概念与科学概念的差异性，所进行的研究非常细致和具体，几乎每一个需要儿童掌握的概念都有人在研究。这里让我们看一看英国学者卢夫特对儿童生物与非生物概念的研究实验。实验是在52名7岁儿童中进行的。实验中他选择了8张画有生物的卡片和8张画有非生物的卡片，将它们混合，随后要求儿童将这些卡片以"活的"和"死的"的标准进行分类（见表1）。很快大多数儿童分完了，并且没有什么问题，52个儿童39个完全分对了。接着卢夫特又要求儿童对每个图片回答三个问题。

表1　生物与非生物分类表

生物		非生物	
火鸡	鱼	汽车	手表
树	花	电视	照相机
青蛙	女人	椅子	咖啡杯
乌龟	蜜蜂	飞机	手套

（1）呼吸还是不呼吸？
（2）需要食物还是不需要食物？
（3）可以繁殖还是不可以繁殖？

这次错误概念真正出现了，没有一个儿童能依据这三个（进食、呼吸、繁殖）区别生物和非生物的关键特征，对16张卡片做出正确判断。

这个实验结果说明，在分类时，儿童是基于他们的经验进行的，"活和死"就是他们对生物和非生物的日常概念，而在回答问题时，涉及了真正的生物和非生物概念，他们就混乱了。由此可以看出儿童的日常概念和科学概念差距很大。日常概念十分简单、有限，仅在一个比较低级的水平上。

心理学家奥斯本、贝尔和吉尔伯特在对众多的有关自然科学的儿童日常概念分析研究后，详细说明了儿童日常概念与科学概念的本质差异。首先，儿童的日常概念是以人为中心的，并且基于日常的生活经验；而科学概念是应用抽象概括获得的。其次，儿童的日常概念总是从直观出发，注重细节特征；而科学概念则从事物内部出发，强调本质属性。第三，儿童应用到概念中的语言是日常语言，而科学概念的语言是严密精确的。

以上这些实例和研究结果，使我们看到了儿童日常概念与科学概念的关系。一方面，日常概念确实具有局限性，有时不够精确，甚至是错误或曲解；另一方面，它们对科学概念的形成所产生的影响十分重要，不容忽视。科学教育专家威林格说："儿童通过各种渠道获得的有关科学的经验，以及在他们的各种好奇有趣的经历中，所形成的日常概念，是他们形成科学概念的基础。"这也许是对儿童日常概念与科学概念关系的最透彻阐述。

二

目前，针对儿童日常概念与科学概念的差异，研究如何将日常概念转化为科学概念，成为小学科学教育研究的重要课题。国外的一些研究者把这一转化称为儿童概念的重组

(Restructuring of Conception)，在研究中对念转化的实质、规律和策略三方面的探讨是最基本的。

　　从心理学角度说，所谓获得了科学概念，就是理解认识了事物的本质特征，并能正确区分事物的本质特征与非本质特征。然而作为概念转化基础的儿童日常概念却由于儿童知识经验不多，认知水平有限，常表现得既具体，又贫乏，概念中常常忽略了事物的本质特征，而包括了一些非本质特征。我国心理学研究者有一个以询问方式进行的实验，说明了这一点：当询问40个3岁半至8岁的儿童，月亮和树是不是活的，有没有生命时，50％以上的儿童认为树不是活的，没有生命；70％以上的儿童认为月亮是活的，有生命。由此可见，在儿童的日常概念中并没有掌握生命的本质特征，而只是从直观、具体的观察出发，注意到了一些诸如"动与不动"的非本质特征。在小学科学教学实际中，这种实例也是很多的。例如，讲到昆虫，需要儿童掌握的是"一对触角，三对足，身体分为头胸腹"这一昆虫的本质特征，可是儿童却常根据自己的经验，提出像昆虫有生命，会爬、会运动，长着一对眼睛等特征。当然这确实是昆虫相对某类事物的特征，但具体到"昆虫"这一科学概念来说，它们就都是些非本质特征了。从以上这两个例子可以看到，要将儿童的日常概念转化成为科学概念，其实质就是让儿童从原有的认知结构中走出来，重新认识事物的本质特征，并学会对事物的本质特征和非本质特征进行科学的区分和辨析。

　　儿童的日常概念具有直观、具体等特征，而科学概念却是隐蔽、抽象的。这样，儿童从日常概念向科学概念的转化过程，实际上是儿童的认知水平经历了一次次转变的过程，这其中具有明显的规律性。我国心理学者刘范等对这一规律性做过研究实验。实验选择了19个以词标志的关于天文、地理、气象等自然现象的概念，要求6岁至10岁的儿童对每个词做出定义性的说明。

```
太阳  月亮  星星  地球  白天  黑夜  春天  夏天  秋天
冬天  河海  水   水蒸气  空气  云雾  雪雨
```

　　实验中，儿童们天真地做出了丰富多彩的回答，归纳起来可以分为四级水平。第一级是不回答或理解错误。如说，太阳是太阳公公。第二级是凭借对事物表面特征的直接感知进行的描述性回答。如说，太阳是红的、圆的、在天上。第三级是不仅仅停留在事物的表面特征上，还能抓住事物的一些本质特征，以叙述的形式来表达。如说，太阳是一个火球，它的光可以照耀世界。第四级是儿童基本上摆脱了事物表面特征的束缚，并试图以定义的形式进行概括。如说，太阳是能发热的一种星球。

　　这个实验说明，儿童科学概念的形成，不是一下子就能实现的，而是要经过一个不断充实、改造与完善的过程。其规律是从不理解，到根据事物的表面特征进行描述，再到抓住事物的部分本质特征，最后到掌握事物的全部本质特征。这实际上也就是儿童从日常概念——仅了解事物的表面具体特征向科学概念——能揭露事物的本质特征转化的规律。

　　明确了概念转化的实质和规律，研究教学条件下概念转化的策略显得十分必要。目前国内这方面的研究还只停留在实际教学中，没有什么理论性成果。国外对这种概念转化策略的研究已经很深入，比较著名的有英美科学教育工作者德赖弗、休森、钱伯根、诺维克等。他们根据儿童的认知心理，结合概念转化的实质和规律，提出了一套促进概念转化、重组的过程模式，在教学中被广泛应用（如图1）。

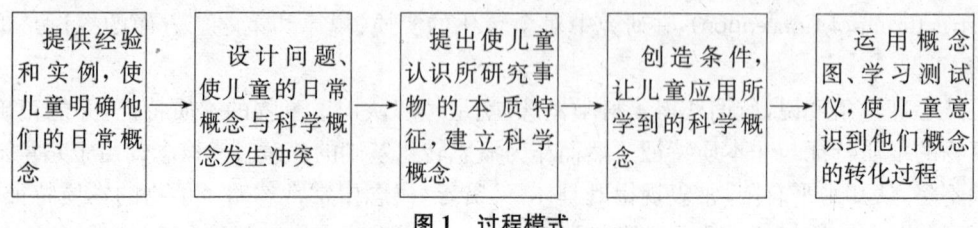

图1 过程模式

研究这一模式,结合我国的教学实际,以下四方面可能是促进儿童概念重组的关键。

(一)提供充分的经验材料

在儿童概念重组之前,应该使儿童对于与该概念有关的事物有所了解,并且这种有关的知识越丰富,对概念的理解也就越容易。例如,儿童掌握"动物"这一概念的水平,是和他们对动物知识了解的多少直接相关的。他们对动物的种类、生活环境、习性、形态等方面的知识知道得越多,就越能舍弃动物的非本质特征而接近本质特征。

(二)设计合适的刺激性问题

在儿童概念重组中,应该提出一系列刺激性问题,以便使儿童能够连续地比较概念的本质特征和非本质特征,使科学概念同他们的原有日常概念相互作用,产生冲突,这有利于促进科学概念的形成。例如,在儿童的日常概念中,果实的特征常常是:能吃、有营养、是植物长出来的等等。这时如果提出"鸡蛋也能吃,是不是果实?""大白菜有营养,是不是果实?""花生长在植物上,是不是果实?"等问题,就会使学生对自己原有的概念产生疑问,无形中使果实的本质特征逐渐清晰。

(三)选择明确的揭示本质特征的方法

在儿童概念重组中,当日常概念与科学概念产生冲突后,应该选择一种最为适当、明确的方法,来揭示事物的本质特征,帮助儿童建立起科学概念。例如,建立花的概念时,有的儿童总是把花瓣作为花的主要特征,对于那些没有花瓣的花,就不认为是花;有的儿童往往把花心作为整体看待,不分雄蕊和雌蕊;还有的儿童对于花萼就根本没有注意到。这样要使儿童认识花的本质特征,就必须选择典型的完全花和不完全花,以解剖的方法,来向儿童揭示这些特征,使他们形成花的科学概念。

(四)创造运用科学概念的机会

在儿童完成概念重组、形成科学概念后,应该让儿童在实践中运用概念,这会使儿童对概念更加亲切,掌握概念的积极性会提高。运用概念于实际,是概念的具体化过程,而概念的每一次具体化,都会使概念进一步丰富和深化,对概念的理解就会更加全面,更加深刻。

三

上面讨论的内容,对小学科学教育中儿童科学概念的学习也许会有不少启示。笔者深深感到,只有充分了解儿童对所学习的自然事物具有的日常概念,清楚这一概念与教学所要求达到的科学概念之间的差距,并懂得这两种概念转化的实质和规律,才能完成小学科学教育的课程目标,才能使教材结构和教学设计更加符合儿童的认知水平,才能使儿童真正获得科学知识。

从本文前面的讨论中,我们看到在概念学习中,首要的问题是处理好儿童日常概念与科学概念的关系。这需要从两方面考虑。一方面小学科学教育的教学内容和小学儿童的认知水平决定了科学概念的获得还不可能摆脱日常概念的影响,相反还必须把日常概念作为获得科学概念的跳板。因此,在我们的教材和教法设计上就要充分利用一些儿童的日常概念。例如,教材讲解物体热胀冷缩概念时,就没有从温度、体积等抽象概念出发,而是以受热受冷后,水壶是否溢水、铜球是否通过铁环、乒乓球是否胀瘪等儿童亲身经历的实际经验为基础,来使他们获得这一概念。在概念学习中,引导儿童亲身感知自然事物,使他们更多地获得和积累具体经验,可以说是利用日常概念积极因素形成科学概念的关键。

另一方面,儿童日常概念的局限性,也需要我们正视它,采取措施来消除它的干扰和阻碍。例如,教材讲解溶解概念时,针对儿童日常概念中总是认为"溶解物质在水中消失了"的错误,设计了使用一些有味道(如盐)、有颜色(如灰锰氧)的物质进行溶解实验,让儿童通过自己的尝和看,亲自感知这些物质溶解后并没有消失,而是变成了极小的微粒(分子)均匀地分散在水中,从而建立了溶解的概念。在概念学习中,针对儿童日常概念中的问题,研究如何消除障碍因素,可以说是克服日常概念消极因素形成科学概念的关键。

概念学习的另一个重要问题是处理好日常概念向科学概念的转化。这需要从转化的实质和规律两方面来加以注意。对于概念的转化实质,首先要分析儿童日常概念产生的条件和特点:儿童原有的认知结构简单,知识具体而贫乏,在日常概念形成中不善于把有关问题结合起来,从不同角度分析、比较,只是以具体、直观的方式观察事物,因而难以从事物中分辨出本质特征和非本质特征。概念转化,实质上就是要使儿童以新的认知结构来重新认识事物,从而发现事物的本质特征,并会将非本质特征区分出来。例如,教材在讲解昆虫、鱼、两栖动物、爬行动物等概念时,都是让儿童在原有的日常概念基础上,重新认识、归纳概括这些动物的本质特征,而后建立科学概念。

对于概念转化的规律,要根据小学儿童对自然事物的理解尚处在以感知为主的具体思维向以概念为主的抽象思维过渡的特点,特别要注意它的阶段性规律。在低年级应以对自然事物外部特征的观察描述为主,不应涉及科学概念的建立,而应是多积累感性知识。从中年级开始可以逐步让儿童接触一些科学概念,到高年级逐渐增多。例如,我们教材的整体结构就充分注意了这一点,在低年级我们只安排了一些自然事物的个体,如动物中的蟋蟀、蝉、金鱼、青蛙等,让儿童从外表上认识它们的特征,积累经验。中、高年级安排的多是一类事物,如动物中的昆虫、鱼、两栖动物,让儿童认识它们的共同本质特征,建立概念。

小学科学教育中的概念学习过程,是一个指导儿童认识自然事物的过程。儿童在概念学习中既学习了知识,又培养了能力,而且把知识和能力有机地结合起来。因此,有必要对概念学习给予重视,开展深入的研究和讨论。

参考文献:
[1] 韩进之. 教育心理学纲要[M]. 北京:人民教育出版社,1990.
[2] 刘范,张增杰. 儿童认知发展与教育[M]. 北京:人民教育出版社,1985.
[3] [英]C.J.威林格. 儿童概念与小学科学教育[M]. 伦敦:钱伯恩出版公司,1990.
[4] [英]R.德赖弗. 儿童对科学的理解[M]. 牛津:培格曼出版公司,1990.

论归纳在科学概念形成中的作用[①]

傅坚 黄瑗

科学发展的历史告诉人们,任何一门科学理论在其形成和发展过程中,都必然伴随着一些新的发现、新的发明,形成新的思想、新的观念,并在此基础上逐渐形成一些对理论体系有着决定性意义的新概念。

理论体系是由许许多多的概念、命题构成并以此为基础加以正确的推理和科学的论证而组成的有机综合体,因此,新概念的形成往往成为一门理论体系的奠基石乃至成为该门科学理论成长起来的核心内容。尤其重要的是,一些关键性的科学新概念的出现,还会使某些传统旧概念、旧理论受到猛烈的冲击,从而引发出理论体系的一系列变革。由此可见,科学新概念的形成在科学发展中的作用是何等重要,也正因为如此,研究"科学新概念是如何形成"这个问题便显得意义特别重大。

一个科学新概念的形成,既是科学发现的研究成果,也是思想认识的结晶。科学发现的历史显示,形成科学新概念的过程是一个非常复杂的认识过程。这个过程常常需要综合运用多种逻辑方法和认知手段,是一个极富创造性的艰苦探索的过程。因此,不能片面强调某一种逻辑方法的作用。尽管如此,归纳法在形成科学新概念中起着非常重要的作用却是无疑的;而对这方面的具体研究,过去是很少有人做过深入探讨的。

归纳法作为人类认识世界的一种重要逻辑方法,其显著的特点是通过对某类事物的个别对象的认识去反映该类事物的一般对象。归纳的这种特点,有助于人们从个别去认识一般,从特殊反映全体,有利于突破狭隘的思维空间,达到更广阔的视野,产生一种全新的认识。正如亚里士多德曾经说过的那样:"归纳是从感觉、直觉到理智的桥梁,借助归纳我们才能掌握基本原理。"(《后分析篇》100 b12-3)

然而,归纳是如何发挥其桥梁作用的呢?亚里士多德并没有作进一步的具体阐释;后人在研究概念问题时也没有深入这一领域,因而这是一个未解之谜。

如果深入探索科学概念形成的进程,就不难了解到,任何一个科学概念的形成都必然要经历一个从孕育到精确化的过程。正如大科学家普朗克所说的:"科学史中,一个概念从来都不会是一开头就以其完整的最后形式出现的,像古希腊神话中雅典娜一下子从宙斯的头里跳出来那样。"[1]这样的一个过程大致可以分成若干阶段:

最初的观察与实践→产生感觉和印象→做出经验性判断→形成初始概念→发展到后继概念→科学概念的确立。

从最初的观察到科学概念的最后形成,其间要经历几个重要阶段。首先,人的认识始于最初的观察与实践,这种观察与实践必然是从个别事物开始的;经过一段时间的观察与实践,通过感官的作用产生了某些感觉,产生了对事物的最初印象;接着,这种印象性的东西积

[①] 本文选自《华南师范大学学报》1994年第1期,第29—34,18页。

累多了,就会形成一种经验性的认识。这种经验性的认识往往借助简单枚举法或猜测等方法获得,属于感性认识的高级阶段,并构成思想认识过程发生飞跃的跳板或基础。在获得丰富的感性认识特别是为实践证明行之有效的经验性认识的基础上,经过分析、综合、概括、抽象等方法,尤其是通过因果归纳法,使人的认识从只知其然而不知其所以然的阶段上升到知其然又知其所以然的阶段,产生了认识过程中的飞跃,形成了初始概念。然而,初始概念尚粗糙,有待于进一步的观察与实践并经过反复的演绎与归纳,发展为比较精确的后继概念。最后,通过实践的检验和科学的验证,才以科学概念的形式把这种认识固定下来。

值得注意的是,无论是从最初的观察到产生直觉的印象,还是从直觉的印象到做出经验性的判断;不管是从经验性的判断飞跃为初始概念,还是从初始概念发展到后继概念以及到科学概念的确立,在形成一个科学概念的每一个阶段,都是离不开归纳的运用的。归纳仿如一座座认识过程中的桥梁,把认识过程中的每一处横断面都有机地连接起来,使得人们的认识能够前后连贯、畅通无阻。这种状况,正反映了归纳在认识过程中,特别是在科学概念形成中的桥梁作用。

同时,作为一种古老而重要的认识方法,归纳的形式又是多种多样的。例如,选择归纳、典型归纳、概率归纳、类同归纳、区别归纳、逐步上升的归纳以及验证的归纳等等,这些不同形式的归纳在具体运用中各具特色,在形成科学概念的过程中发挥出不同的作用。下面,我们分别加以分析说明。

1. 选择归纳

新概念的形成无疑要面对事实与经验,新概念大多是经由众多的事实判断和经验判断的科学加工后凝缩而成的。广义而言,观察、实践、分类、归纳等搜集感性经验材料的方法也属于归纳方法的范畴,至于在浩繁杂多的感性材料中,哪些是对概念的形成有实在意义,需要充分发掘整理的,哪些是属于作用不大应加以抛弃的,就需要对材料进行有意识的选择了,这就是选择归纳。

运用选择归纳,主要是对材料作一番去粗取精,去伪存真,去劣存优的制作功夫,从中获得能较好地反映事物特征的材料,并以此用为直接观察项。这里所说的观察项实际上就是通过简单枚举归纳法将具有某些相同属性的同类事物归纳为简单的事实判断或经验判断。在采取选择归纳时,开始的选择往往是模糊的,选择的目标并不十分明显。只有在大量事实材料基础上,这种选择才变得比较有意识和有目的,思维才显得更清晰。在这个时候,选择的"量"是极其重要的。"量"的选择越多,获得的认识才越深刻。比如,在形成"中国的人口素质"这个概念时,就极有必要对中国现有人口进行普查,然后在此基础上对有关报表、问卷、实验数据、分析材料等进行归类、分析、筛选,并加以有目的的统计,从中得出比较精确的认识,从而形成"中国的人口素质"这个概念。

另外,还要进行理论背景的选择。由于新概念的形成是以各种各样的理论形态为前导的,特别在当今世界,随着实践的内容和形式都发生快速的变化,新的科学门类不断增加,在研究某一对象时可能呈现出各种形态的理论观点,这些理论观点"有的比较清楚,有的比较模糊,有的掺杂着比较多的错觉;有的包含着较多的科学明确性"[2]。因此,在形成新的科学概念时也需要在一定的理论背景中进行选择。例如,马克思为了研究资本主义运动规律,就要研究古典政治经济学、庸俗经济学等各种代表人物对资本主义发展运动的不同理解,从中通过比较,选择并吸收其中的合理部分,最后才形成正确的概念。这也是一种选择归纳。可见选择归纳在形成科学概念中往往起着基础的作用。

2. 典型归纳

所谓"典型",即表一类事物特性或最具代表性之标准形式者。典型归纳,就是通过对某类事物的典型代表加以剖析,从中揭示出该类事物的本质属性与发展规律的方法。

俗话说"麻雀虽小,五脏俱全"。只需解剖一只麻雀,就能了解到其他所有麻雀的内部结构了,这反映出"一"与"多"的关系。早在先秦时代,荀子在其《非相》篇中就说道:"欲观千世,则数今日;欲知亿万,则审一二;欲知上世,则审周道;欲知周道,则审其人所贵君子。故曰:以近知远,以一知万,以微知明。"荀子所说,也属于此类典型归纳的情况。典型归纳不像选择归纳那样重在"量"而是重在"质",重在对"典型"的剖析概括出规律性的认识。

例如,在19世纪时,资本主义发展得最充分的国家首推英国。英国所暴露出来的资本主义的内在矛盾及本质特征也就最显著最典型,因而马克思和恩格斯选取了英国作为他们研究资本主义的典型处所,以英国所发生的事情作为他们理论说明的典型材料,形成对资本主义的一些概念,这就是一种典型归纳的例子。从中可以发现,典型归纳在形成科学概念中是最能反映事物的本质的。

3. 概率归纳

概率,又称或然率、几率,是应用数学方法把大量实地观测得来的数据进行分析研究,从而对大量现象做出估计,以发现规律的方法。概率方法涉及许多计算和技术上的问题,这些问题多属于概率论所研究的。但概率在运用上亦常常表现出从特殊上升到一般的归纳法的特征,因而从逻辑的角度看,它亦不失为一种归纳的方法,即概率归纳。借助概率归纳,人们往往能够透过一些表面上看来毫无联系的,枯燥无味的数字发现事物的本质属性或内部规律,从而有助于科学新概念的形成。例如,"命中率""风险度""人口素质"等概念的形成,往往要借助概率归纳。

4. 类同归纳

比较事物的不同情况,从中发现共同点,从而概括出某类事物的一般属性,这就是类同归纳,它是形成概念的一种基本方法。

在传统的逻辑理论中,有一种叫契合法的逻辑方法。它是有助于探求事物因果关系的一种方法。其特点是异中求同,从具有相同属性的不同事物都具有某种相同现象的分析中找出属性与现象的因果关系。这里的类同归纳与契合法大同小异。"小异者",是因为类同归纳作为一种形成概念的方法,着重于从纵向或横向方面把具有相同属性的不同事物归结为一个"类",形成类的概念。例如,在生物学研究中,人们发现空中飞翔的蝙蝠,陆地上奔跑的老虎、海洋中游泳的鲸以及生活在地下的鼹鼠,尽管它们生活环境不相同,生活方式不一样,在其他许多方面都各具特色。然而,他们都具有胎生、哺乳、恒温等共同属性,因而将它们归纳为一个类,称为哺乳动物。可见,类同归纳对形成科学概念是起着反映类的共同特性的作用的。

5. 区别归纳

客观事物是千差万别的,人的认识要正确反映这一点,就要找出某事物之所以是某事物而不是别的事物的区别点,这就要用到区别归纳。所谓区别归纳也就是通过同中求异,以"异"作为区别不同事物的标准的认识方法。

严格说来,只有类同性而无区别性的概念是不能称之为科学概念的,比如通过简单枚举归纳法得出的初始概念,一旦碰到反例,其结论就被推翻,其概念的内涵和外延就是不可靠的了。

事实上,许多科学概念的出现,是由于人在认识世界过程中,发现了问题,这些发现促使人们进一步去寻找答案。例如,物理学上关于居里夫人在沥青矿中炼出铀以后,发现沥青矿中仍有放射线放出,而且这种放射线比铀的放射线大,在排除了这种物质是铀之后,经过进一步的研究,结果发现了两种不同于铀的新物质,这就是镭和钋。

区别的归纳过程中常常运用到传统逻辑上的一些逻辑方法,如差异法,求同求异并用法、剩余法等。由于区别归纳的正确运用,帮助人们更好地辨别事物,从而引出一个又一个的新思路、新观念,为新概念的形成开拓了通道。

6. 逐步上升的归纳

人的认识真理的过程,是一个不断排除错误,不断逼近真理的过程。而每一次向真理逼近,都需经历由个别到一般,由特殊到普遍的抽象过程,这期间少不了要运用归纳法。因为没有归纳,思想不能扩大,更不能剖析。但如果缺乏演绎的证明,归纳结论又难以靠得住。因此,一个正确的认识,往往以归纳为基础,再借助演绎的证明使其结论更具科学性和说服力。而这种归纳——演绎相结合的认识方法又不是一劳永逸的;必须反复地进行。而每反复一次,都会使人的认识上升一步。因此归纳不仅是和演绎辩证地结合在一起而起作用,而且归纳方法也逐步升级,使人对概念的把握不断上升。当人们对某事物初步形成概念之后,随着认识的加深,原有概念的内涵和外延都有了不同程度的改变,或者在原有的基础上补充新的内容,或者更换为新的认识结果。而这种概念内涵的丰富,不仅是量的增加,更有质的飞跃。例如,遗传学中关于"基因"的概念,70年来其含义就发生了许多变化。过去认为染气体染色丝的染色粒即代表基因,染色体只存在基因之间才发生交换,染色体就是由某些非遗传物质把基因像念珠一样串在一起的线状物质。而今天却认为DNA双螺旋的一千乃至数千个核苷酸对才表示一个基因,所有染色体的交换都是由于遗传分子本身的断裂和复合,等等。总之关于"基因"概念的含义,不仅没有停留在原有的认识水平上,而是不断变化,至今仍不能说其含义就已经穷尽了。而关于"基因"含义的每次变化,都是人们在实践中不断通过观察研究、实验、归纳的结果。在形成科学概念中,逐步上升的归纳使得概念的内涵越来越丰富,越来越精确,这是别的归纳所达不到的。

7. 验证归纳

科学概念的形成,最后的一步是概念的验证。马克思在《关于费尔巴哈的提纲》中指出:"人的思维是否具有客观的真理性,这并不是一个理论的问题,而是一个实践的问题。人应该在实践中证明自己思维的真理性。"因此,一个概念是否是科学的,必须经得起实践的验证。有些概念能够通过直接的验证马上得到证实或证伪,而有些概念却不能。在反复验证过程中就需要运用到归纳法。比如,"X射线"这个概念,当伦琴于1895年在实验室里发现了一种新射线(X射线)时,许多科学家重复了这个实验。根据众多实验归纳出X射线的存在。但是对于这一概念仍未最后确证。伦琴仍然认为:"这些射线的性质,我是不完全清楚的。""这种理解需要进一步确证。"后来科学家们花了16年的时间,通过多次的反复实验、研究才解决了X射线的性质问题。这种验证归纳,能对科学概念的形成起着确证的作用。

归纳法能对科学概念的形成发挥重要作用,一方面是由于归纳方法自身的逻辑特征,如它的结论超出前提,为获得新观念提供素材,提供方法。虽然它的结论带有或然性,但这也为一切非理性因素、创造性的思维提供可能。而这正是形成科学概念的重要因素。另一方面,我们从科学概念形成的本源、过程、趋向来看,它确实是不能离开归纳方法的。

首先,概念形成的本源是实践。概念虽说是人脑的产物,是对客观事物本质属性的反映。但这种反映需通过无数次的实践,从对个别事物的认识开始,逐步从具体的感性认识上升到抽象认识,从认识事物的表象深入到了解事物的本质及其内部联系,最后形成概念。这样一个反映过程必然要运用归纳。如果不用归纳,就不能从个别认识一般,就无法从感性认识上升到理性认识。例如,"剩余价值"这个科学概念的形成,就是马克思和恩格斯广泛开展社会调查,深入研究资本主义产生与发展的历史,特别是深入调查英国工人阶级状况,深刻剖析了英国的资本主义生产方式后获得的。

其次,从形成科学概念的过程来看,概念形成是借助思维抽象力进行的,它经历着"具体—抽象—具体"的辩证过程。正如马克思所说理性的分析,不能用显微镜,也不能用化学试剂,而必须用抽象力。科学概念得以形成的第一步,是由完整的表象蒸发为抽象的规定。由生动具体的知觉表象到理性的抽象是归纳的结果。自然,在归纳中也是有分析与综合的共同运用。至于由抽象上升到具体更是归纳综合作用的结果,"具体之所以为具体,因为它是许多规定的总结,因而它是复杂物的统一"。这时的具体是思维抽象的结果,而且思维的具体也是不断发展的,从而使我们看到许多规定的总结,多样性的统一,都要运用归纳法。概念形成的每一步抽象,不仅是演绎的推演,也是归纳的推演。

再次,从概念形成的发展趋势看,概念从提出到最后形成,是一个不断深化和精确化的过程。

任何科学概念都有它的内涵和外延。对于一个具体概念的内涵和外延来说,它们都是认识对象的质与量的反映,这种反映为人们在一定认识阶段上思想水平和认识能力所限制。由于客观事物是不断发展变化的,用以反映事物的概念的内涵和外延也会员发生变化;又由于人的思想水平和认识能力是不断提高的,用以反映事物的概念的内涵和外延也将随着科学认识和观测手段的发展而发生变化。概念的这种特点被称为可变动性或真理近似度。恩格斯说过:"一个事物的概念和它的现象,就像两条渐近线一样一齐向前延伸,彼此不断接近,但是永远不会相交,两者的这种差别正好是这样一种差别,这种差别使得概念并不无条件地直接就是现实,而现实也不直接就是它自己的概念。"[3]因此,概念反映现实,但不等于就是现实,随着现实的客观变化或对现实的新认识,都会引起概念的变动;其变动方式,或者在原有概念的基础上,赋予新的含义,或者干脆废弃旧概念。

一般说来,新概念的含义凝结着科学新发现的认识成果,而获得这些认识成果的重要方法又是离不开归纳。这是因为,获得新概念知识都必定借助一定的推理过程,这些推理可以是类比,也可以是归纳;可以是溯因,也可以是演绎,或者是多种推理方法的综合应用。但是,运用类比推理只能获得个别性事物的认识,构不成对"类"的认识;运用演绎推理首先要保证其大前提是一个普遍命题,而这个普遍命题又只能由归纳来提供的。至于溯因法,则是演绎的一种特殊形式,通过假言推理进行,也需借助归纳法或叫溯因归纳。还有其他的如:"顿悟"或"灵感""猜测"等方法,对产生新概念有时会发挥特殊作用。但归根到底,它们都并非先验的或简单的心血来潮的结果,而是在长期的生活积累及丰富的经验认识的基础上,再经过相当时间的苦苦探索,在碰到一件偶然事件的启发之下突然间找到了问题的症结所在。所以,从根本上说来,它们还是离不开归纳的。

关于归纳法在人类获得新知形成科学概念中的重要作用一事,历史上乃至在今天的现实生活中,仍有人持有不同的观点。一些先验论者,在解释科学的发现,概念的产生和经验的形成等问题时就认为必然的知识必须用种种先验的知识形式去综合经验的知识内容。他们十分强调人的意识自动产生概念的能力,把许多基本的逻辑的范畴如因果性、可能性、必然性……都看作是先验的,是一种"原始的统觉",是"主体的自我能动性的活动"。康德就曾经说过"知性本身只是先天地联结的能力,和把有的观念的余杂置于统觉的统一性之下的能力。统觉的原理,在人类知识整个范围中,乃是最高的原理"[4]。

而"唯理论"者则把科学发现、概念的形成,归结为人的心智所固有的能力。他们认为科学发现本质上就是理智的自我创造,感性经验至多不过是对这种理智发明出来的原理的对立而已。因而他们否定或轻视感性认识。在逻辑方法上,"唯理论"则是过分地强调了演绎的认识作用。在"唯理论"者看来,经验是不可靠的,而依靠演绎才是唯一可靠的逻辑工具。这样,科学概念的形成也是依靠所谓理智的创造或思想的演算,而不是源于实践经验的和不需要归纳方法了。

"经验论"者则强调新知识产生于经验,而且仅仅产生于经验。他们坚持这样的信念:"感觉经验对于'外部'事态来说是一个比思想、印象、愿望、情感或其他'外感觉'材料更加可靠的指示器"。[5] 艒因甚至赤裸裸地表现自己:"作为一个经验论者,我继续把科学的概念系统看作根本上是根据过去经验来预测未来经验的工具。"[6] 在逻辑方法上他们则认为只有归纳才能形成概念。

显然,上述三种理论都忽视了或过分强调了归纳法在科学概念形成中的重要作用,正确地看待这个问题,不仅在理论上,而且在实践上都是十分重要的。

我们认为归纳法在形成科学概念中可以说是起着基础与桥梁的作用的。虽然,归纳法往往与其他认识方法结合在一起而共同发挥作用,但并不能因此而忽视归纳法的独立作用。实际上,不管是过去、现在,还是未来,归纳法作为人们认识世界的重要方法,不但在形成科学概念中起着重要作用,而且在其他科学研究方面也发挥其特殊的作用。

参考文献:

[1] [西德]海森伯. 物理学和哲学[M]. 北京:商务印书馆,1981:174.

[2] 马克思,恩格斯. 马克思恩格斯《资本论》书信集[M]. 中共中央马克思恩格斯列宁斯大林著作编译局,译. 北京:人民出版社,1976:282.

[3] 马克思,恩格斯. 马克思恩格斯全集(第39卷)[M]. 中共中央马克思恩格斯列宁斯大林著作编译局,译. 北京:人民出版社,1974:408.

[4] 哲学研究编辑部. 十八世纪末——十九世纪初德国哲学[M]. 上海:三联书店,1961:40.

[5] 洪谦. 逻辑经验主义(下卷)[M]. 北京:商务印书馆,1984:514.

[6] 洪谦. 逻辑经验主义(下卷)[M]. 北京:商务印书馆,1984:695.

概念的教学

顾 援

学生在课堂上学习什么？获得知识。这种观点几乎没有人反对。但，那更多地属于记忆的范畴。当代认知学习理论认为，学生在课堂上不仅在于获得知识，而且更在于掌握概念和规则、发展思维进而形成能力。对于学生的学习来讲，掌握概念既是获取知识的重要途径，又是形成能力的基础。因此，概念的学习和掌握是学生学习的重要内容之一。

概念学习是课堂教学的重要内容。这不但在于它是构成定理、法则及思维策略的构件，还在于它是一种高级的认知加工过程，对形成学生的认知图式进而发展为解决问题的能力有着不可替代的作用。我们许多学生书背得滚瓜烂熟、考试成绩也不低，但却不善于或不会概括、不能产生出新的思路，究其原因，不能不说与此有很大关系。对课堂教学，我们有些教师更乐于总结或借鉴新的教学模式，而疏于对学生的概念教学。当然，好的教学模式有助于学生形成概念，但与学生的概念学习相比，它毕竟是途径、是形式。所以，课堂教学中，对教学模式（方法）的利用，最好要与学生的实际相结合，与概念教学相结合。

进行概念教学首先要认识概念的实质，充分把握其特点。其次，概念学习有一系列规律可循。这不但对学生的概念学习有益，更重要的是对教师的概念教学有极大帮助。另外，从认知学习理论出发，教师在进行概念教学时宜遵循适当的策略。

一、概念的实质

在课堂中教学，学生们接触着大量的概念，例如，形象、图画、符号，尤其是语言文字，可以代表实际的事物。这些概念是事物本质的反映，是反映一类事物共同的和本质特征的思维形式。概念学习意味着掌握一类事物共同的本质属性。概念又是用一定的词和符号来记载和标志的，一个词或符号代表一定的概念，反映着一定的对象、对象的属性或对象之间的关系。我们从原始社会中的雕刻与绘画所显示的形象概念，可以推测上古时代人类的生活状况；从历史典籍记载的概念中，可了解各时代的文化发展与经济制度；从语言文字和产品符号所表达的概念，可以知道各国科学技术发展的情况与趋势。由此可知，概念的意义广泛而深刻，其作用超过了时空的限制。从这个意义上看，概念具有对知识的简化和扩充特性，是学生掌握人类知识的主要思维形式。

思维与感觉、知觉一样，都是人脑对客观现实的反映，所不同的是感觉和知觉是对客观现实的直接反映，而思维则是对客观现实的间接反映。所谓间接反映，是指通过其他媒介来认识客观事物。例如天正在下雨，我们看见这种情况，知道是下雨，这是知觉，它是对客观现实的直接反映，但是，如果早上起来，推开窗户，看见房顶湿了，便推想到"昨天夜里下过雨了"。夜里下雨，我们并没有直接看见，也就是说没有直接感觉或知觉到，而是通过房顶湿这

---

① 本文选自《山西大学师范学院学报》2000年第4期，第65—69页。

个媒介,用间接的方法推断出来的,这是间接的反映。

思维活动是人认知活动的最高形态,它具有概括性、间接性、逻辑性、指向性等特点,其中概括性是最基本的特点。

思维的概括性是指所概括的同一类事物的共同特性、本质特性或事物间的相互联系,而不是像感觉、知觉那样,仅仅是对个别事物的反映。如,把牛、羊、猪等一类动物,概括起来叫家畜;把香蕉、橘子、苹果、梨等一类的东西,概括起来叫水果。把多次感觉、知觉到的事物之间的联系和关系进行概括,便可得出有关事物之间的内在联系的结论。如,我们经常看到"月晕"会"刮风",地砖"潮湿"要"下雨",通过概括可以得出"月晕而风"和"础润而雨"的结论。当然,尽管思维是间接的、概括的、超出感觉和知觉范围以外的对事物的反映,但是它仍然与感性认识密切联系。

概念的概括作用不仅表现为可简化知识,便于学习,而且也可以扩充知识,促进学习。一个概念既然是包含具有共同性的多数事物在内,则只要知道其中的任何一种,便可触类旁通,而推知其他具有类似性质的事物。这在科学知识方面非常明显。在数学方面,像方程式这个概念,是指等号两端的数量恒等。如若学生知道以同一个数加在等号的两端,则两端仍然相等,便可知道两端同乘以或同除以一个数,也是相等的。

概念是构成判断和推理的要素,它是抽象思维的基本单位,是人脑反映事物本质属性的思维形式。一类事物既有本质特征,决定着事物的分类,又有非本质的特征,并不决定事物属于某一类。例如,笔的本质特征是用来写字的,这一属性是决定某一物品属于或不属于"笔"这一类;而笔的大小、长短、颜色等都是"笔"这一概念的非本质特征,它不决定某一物体属于或不属于"笔"这一类。

因为我们掌握了概念,便可对某些事物进行分类处理,并可以看出某些性质并推出一些看不到的性质。这也就是说,概念可以使我们知道超出知觉学习以外的信息。这一点,对人的思维来说是很重要的。譬如,假定现在有人向你介绍另一个人说:"他是个医生",你立即可以根据你所了解的医生这一概念,推出他有许多医学知识和临床方面的经验。

学生在进行概念的学习时,不仅要通过记忆活动,而且还要进行积极的思维活动来认识事物的本质属性。对有相同特点的事物,辨别其本质属性与非本质属性,然后把共同的本质属性抽取出来加以概括,形成概念。学生掌握概念,是直接受他们的思维水平,特别是概括水平的高低所制约的。学生在课堂上掌握概念,就是在教师的指导下,对一类事物加以分析、综合、比较,从中抽象出共同的、本质的属性或特征,然后把它们概括起来。所以,从这一本质来看,课堂教学就是教师引导学生掌握概念、发现概念。

二、学生的概念学习

学生更多的概念是在课堂上通过教师和教科书得到的。从概念掌握的原理出发进行概念教学时,教师要做的是,除要呈现概念的正例,同时还要呈现概念的反例。如"人"这个概念的正例有白人、黑人、黄皮肤的人等,反例可以是猩猩、猴子。概念的所有正例尽管在非本质特征(如人的肤色、性别、高矮等)上不同,但都具有共同的本质特征(如人的本质特征是有抽象思维能力和能使用代表抽象观念的符号系统)。当应用辨别和概括的手段进行概念教学时,不要忘记最重要的条件是概念正例的无关特征(非本质特征)要有变化,同时还要出现反例。正反例同时呈现有助于概括;在正例之后,紧接着出现反例,有助于辨别。如此形成的概念更有利于区别事物的本质和非本质特征,更有利于认识一类事物。这也就是通常所说的,教学重在抓基础知识的掌握。

学生在课堂教学条件下学习概念,完全不同于人们在自然条件下形成概念或科学家发明创造概念,他们要接受系统的教学。因此,他们获得概念的主要形式是概念同化。它要求学生认知结构中具有同化新概念的适当的上位结构。这一上位结构越巩固、越清晰,则新的下位概念的同化越容易。例如,假定要学习的新的下位概念是"鲸",如果学生认知结构中已经具有清晰的"哺乳动物"的概念,"哺乳动物"概念对"鲸"概念来说是一个上位概念。在这种条件下,尽管学生可能未见过鲸,但通过查阅词典或通过教师讲解,鲸是"哺乳动物,种类很多,生活在海洋中,胎生,形状像鱼,俗称鲸鱼",就能获得鲸这个概念。由于新学习的鲸概念对哺乳动物概念来说,是一个下位概念,这种学习被称为下位学习。同样的情况在教学中大量存在,例如掌握了圆柱体体积的公式是底面积与高的乘积,就可同化一系列体积公式:

由 $V=sh$(圆柱体体积公式)可推出
$V=abc$(长方体体积公式)
$V=a^3$(正方体体积公式)
$V=1/3sh$(圆锥体体积公式)
……

概念同化还有另一种形式。原有认知结构中有关概念与新学习的概念只有相关关系,不能从原有概念中派生出来,新概念纳入原有概念以后,原有概念的本质属性要发生扩大、深化等变化。例如学生在认知结构中已具有挂国旗是"爱国行为"的观念,现在要学习的新观念是保护资源是爱国行为。这两个观念只有相关关系,后者不能从前者派生出来。但新的观念被纳入原有"爱国行为"之后,爱国行为这一概念的内涵加深。以后学生学到计划生育、反击外来侵略等都是"爱国行为"时,则爱国行为的概念便不断深入。由于新学习的具体行为,对爱国行为来说,处于下位,这种学习被称为相关的下位学习。

由于世界上的事物都存在着这样那样相互间的联系,且又在不断地发展、变化,而人对它们的认识也在不断地扩大、加深,甚至不断有新的发现。因此,通过概念的同化形式来获得新的概念,已成为一种主要的形式和途径。从某种意义上说,概念的同化也是一种知识的迁移。

学生掌握了概念,便可对某些事物进行分类处理,并可以看出某些性质和推出一些看不到的性质。这也就是说,概念可以使学生知道超出知觉学习以外的信息。这一点,对他们的思维来说是很重要的。譬如,假定现在教师对一个学生说:"张××是个医生",这个学生立即可以根据所了解的医生这一概念,推出张××有许多医学知识和临床方面的经验。

学生掌握概念主要通过两条途径:一是不经过专门的教学而在日常生活中积累个人经验而形成概念。这类概念叫作日常概念或前科学概念。例如,小孩看见公共汽车,问大人这是什么?大人告诉他这是汽车,下次看到卡车、轿车,小孩又问是什么?大人告诉他这些也是汽车,小孩看见这些"车"都有轮子,都会在地上跑,因此他便认为车是有轮子可以在地上跑的东西。学生掌握概念的另一条途径是通过专门的教学过程来掌握概念。这类概念一般是属于科学概念。

在课堂教学情境中,学生所学习的概念,几乎全部属于科学的概念。因此,学生具体地进行概念学习时,是在专门的教学过程中进行的。例如,"圆周率"(就是一个关于圆的周长与直径的比值的科学概念)的概念。学生对于这个概念的学习,或者是在教师的指导下进行发现学习,或者由教师直接告诉他们(接受学习)。

对于学生来讲,他们所进行的概念学习过程,实质上是在教师的组织、帮助和指导下,通过对事物或现象的充分了解,对事物或现象进行分类和辨别的过程。在这个过程中,关键的是学生自己确认事物或现象的本质特征和非本质特征。例如,学生在"方程"概念的学习中,不管是教师给出方程的定义,还是自己通过阅读和观察得知"含有未知数的等式叫作方程",检验其是否真正掌握"方程"这个概念的关键,是看其是否了解"含有未知数的等式"是"方程"的本质特征,而"未知数的个数情况"是"方程"的非本质特征。

概念一旦获得以后,就能在认知活动中发挥作用,从而对认知活动产生重大影响。已经获得的概念,可以在知觉水平和思维水平上运用。

在人的认知结构中已经获得同类事物的概念以后,他再遇到这类事物的特例时,就能立即把它看作这类事物中的具体例子,把它归入一定的知觉类型,如把特殊的房子看作是一般的房子中的一例,这样就从知觉上理解了房子。在教学中,以一个范例说明一个原有的概念,实际上就是知觉的分类。另外,已经获得的概念,以后在新的地方出现后,学习者不必经过一系列的认知过程,可以直接从知觉上觉察它们的意义。

在接受学习中,将新的概念归属于原有的层次较高的概念,或者识别某一类已知事物的一个不大明显的成员(即在思维水平上分类),都属于在思维水平上的运用。在发现学习中,也常常需要运用原有的概念。例如,在解决比较复杂的问题时,原有的概念必须重新组织,以满足解决当前问题的需要。这也是概念在思维水平上运用的特征。

由此应该清楚地认识到,科学概念是不需要死记硬背的,许多学生恰恰就在这一点上有糊涂认识。因此,他们对概念学不好,概念学习引不起他们的兴趣。对于学生的学习来讲,对于科学的概念,即使是教师的讲解或从教科书中得到的,学习起来还是要动脑筋,就像当初那些创立概念的科学家动脑筋一样。因此,需要运用概念学习的策略。

概念的学习策略中最基本的就是寻找事物或现象分类的依据。关于分类的依据,根据美国心理学家布卢姆的研究有三种:

(1) 联合的属性。即几种属性联合在一起,作为分类的依据。某些物体,在颜色、形式与质量几方面都大体相同,可以归并成类。如杨树干、柳树干、梧桐树干等,其树干的颜色、形式、质量与作用都大体相同,可以将这些特征联合起来合并成一类,叫"木料"。

(2) 单一的属性。即许多事物的属性各不相同,但可找出一种属性作为概念分类的根据。如灯泡、镜子、眼镜、窗户等物体,颜色不同,形状各异,但有一个共同的特征,都是"玻璃的东西"。当然,这一种属性也可作为概念分类的根据。

(3) 关系的属性。即不将物件分类的标准放在个别事物的属性上,而是放在各种事物的相互联系方面。如某些物体有较大的、较小的、中等的,则可根据这种比较关系,分别归并为三类,大型类、中型类和小型类。

在学生进行概念学习的过程中,教师可引导学生应用这三种基本的分类依据,这样可使学生透彻地理解概念的形成过程与类别的特点。在对事物或现象进行分类、辨别之后,便可按其共同的本质属性,将事物或现象归并成一类。

三、影响学生概念学习的因素

概念学习是一个受各种因素影响的复杂过程。一般地,影响学生概念学习的主要因素有:

1. 教育经验的差别

研究表明,概念的学习可因学生智能的高低产生不同的学习结果,而教育经验的多少,则更可导致不同的成绩。因为概念的形成与意义的理解、事物的辨别、特性的分析、事物的类别具有密切的关系。学生在概念学习中通常会显示出两种倾向:一种倾向是,随年级的升高,概念的形成由具体逐步抽象起来。另一种倾向是,在概念形成的过程中,低年级只能运用感知觉来分类,而高年级则更多地进行思考,从物品的意义和作用上分类。

2. 学习材料中非本质特征的干扰

就概念的学习,不论是由具体到抽象,还是由抽象到抽象,都以少受不受非本质特征的干扰为上。尤其是小学生初学概念时,如有不相干的因素夹杂在内,很容易导致不能集中注意于所辨认事物的本质特征,对概念的形成造成困难。例如,向小学低年级学生讲解"交通工具"概念时,突出了"速度"这一非本质特征,他们很容易认为"交通工具"就是指火车、飞机、汽车这些东西,从而导致概念外延过窄的错误。在这方面,伯恩(I. E. Bourne, 1980)的研究提示了教材组织的重要性。实验中,伯恩使用四种不同的材料。第一组有五项无关的特点,第二组有三项无关的特点,第三组有一项无关的特点,第四组则完全没有无关的特点。学生对于这四种材料学习的结果显示无关因素愈多,在学习上越困难。

3. 反馈的影响

当概念形成之后,教师将正确或错误的学习结果告之学生。前者称为积极反馈,后者为消极反馈。这两者对于继续学习的效果大为不同。研究表明,在概念的学习中,积极反馈有积极的效应,可以促进学生努力学习,但消极的反馈则引起消极的作用。这也就是说,如若学生有了错误,只通知其错误的学习结果,或加以斥责,是很不合适的反馈;但若根据学习的错误引导其自己矫正,不加责难,仍可使学生产生积极的反馈效应。

四、概念教学的策略

在课堂教学情景中,学生的概念学习需要在专门的教学过程中进行。也就是说,学生的概念学习是在教师组织、帮助和指导下完成的。在一个具体概念的学习过程中,教师或者直接讲解这个概念的本质特征,或者组织学生通过阅读、实验、试验等方法了解和概括这个概念的本质特征。为了帮助学生有效掌握概念,在教学中通常要把握以下几条策略:

1. 适当组织教材

在课堂教学中,教师宜引导学生先学习简单的基本概念。学生对于某一概念的学习,自然先须了解一些基本知识之后,才可进行较深的专业知识的学习。所以教师在教学方面,必须根据学生发展的情况,对于教材中概念的程序,按照一定的原则——由简单到复杂、由普通到专门、由具体到抽象以及由基本到派生,来组织教学。根据这种顺序,教师引导学生主动地学习概念,了解概念特性,并可有助于进一步的概念学习。

2. 将知识系统化

在课堂教学中,教师要使学生所学到的知识成为积极的知识并得以良好的保持,那么将知识系统化是十分重要的。有经验的教师不仅引导学生概括知识,加以分类,而且还注意指导学生组织知识,形成系统。例如,矿物的概念,可分为两大类别:一为金属,另一为岩石。这两大类别各不相同,但都属于矿物。这里,在"金属"与"岩石"两个概念下,又可以分出很多类。在金属中,包括稀有金属,如黄金、白金与银等;普通金属如铜、铁、铝、锡等;合金如钢、黄铜与青铜等。这是金属方面的知识扩充。同样,在岩石中,有精细的与粗糙的两大类别:前者有蓝宝石、红宝石等;后者有石灰石、花岗岩、大理石等。像矿物这一总概念,包括有几个层次的支系概念。为使学生便于了解,而且容易将知识系统化,教师可引导学生列成图解的形式,使得复杂的知识,看起来一目了然。

关于概念的学习,根据其层次和属性,分成类别进行。知识越复杂,越宜分类使之系统化。按照概念的定义,下层概念都有其上层概念的本质属性。根据这一特性,教师可以引导学生自行解决更多的问题。

3. 以准确的语言明确揭示概念的本质

好的定义具有两个要素:一是指出新概念所隶属的更一般的类别;二是给出新概念的定义特征。如,"等边三角形是一个平面的简单的封闭图形(一般)和三个相等的边和角(定义特征)。"

4. 突出本质特征,控制无关特征

大量的实验研究和教学经验证明,概念的本质特征越明显,学习越容易,无关特征越多、越明显,学习就越困难。因此在概念教学中可以用突出有关特征(定义特征)控制无关特征的方法促进教学。例如,能飞并不是鸟的本质特征,虽然许多鸟会飞;但是,有些鸟不能飞(鸭),而有些非鸟却能飞(蜜蜂)。这个例子便说明了控制无关特征在讲解"鸟"这个概念时的必要。

5. 正例和反例的运用

概念教学时举例是必不可少的,在教那些对学生而言比较难的概念时,需要运用较多的例子。正例和反例在划分类别的界限中都是必不可少的。正例传递的信息最有利于概括,为了便于学生从例子中概括出共同的特征,最好同时呈现若干正例。反例传递的信息则最有利于辨别,有助于加深对概念本质的认识。反例的适当运用,可以排除概念学习中无关特征干扰。

在运用例子说明概念时,可以注意以下三条:(1)按由易到难的顺序呈现例子;(2)选择彼此各不相同的例子;(3)比较正例和反例。

6. 运用变式和比较

变式指概念的正例在非本质特征方面的变化。例如,为形成"果实"这一概念,提供给学生的各种正例。各正例中除都具有种子这一本质特征外,其他的非本质特征如可否食用、形、色、味方面则各不相同。通过这样的变式,即正例的变化,有利于学生看到一切果实都具有种子这一本质特征,舍弃其形、色等非本质特征。这样获得的概念更精确、稳定,也更易于迁移。

如果说,变式是从材料方面促进理解,比较则是从方法方面促进理解。例如,为使学生获得"平原"这一地理概念,先让学生观察各种平原地带的图片与地图(即变式材料),然后要求他们去比较这些图片与地图上所见到的各个地带的特征,确定哪些是个别地带所特有的,是变异了的非本质特征,哪些是各个地带所共有的本质特征。经过这样的比较,学生就理解到"地势平坦"是这些地带所共有的本质特征,而地面上的植物、沙漠、湖泊等等是个别地方才有的,对平原地带来说是非本质特征。通过这样的比较,能促进他们对于概念的理解。

7. 在实践中运用概念

学生一旦理解了某一个概念就必须在实践中运用它,这就意味着不断做练习、解决问题、写作、阅读、解释等活动。在实践中运用概念,学生对概念的理解就更加深刻,掌握概念的积极性就会提高。将概念运用于实际是概念具体化的过程,而概念的每一次具体化,都会使概念进一步丰富和深化。

参考文献:

[1] 邵瑞珍. 学与教的心理学[M]. 上海:华东师范大学出版社,1990.

[2] 陈琦,刘儒德. 当代教育心理学[M]. 北京:北京师范大学出版社,1997.

突出自然课概念教学的过程性

周赞梅

自然课概念教学的目的是要使学生掌握科学概念,发展以逻辑思维能力为主的各种能力,体会科学方法和思维方式,养成良好的科学态度和科学精神。因此,完整的概念教学过程应包括概念本身的教学和概念形成过程的教学,如图1所示。

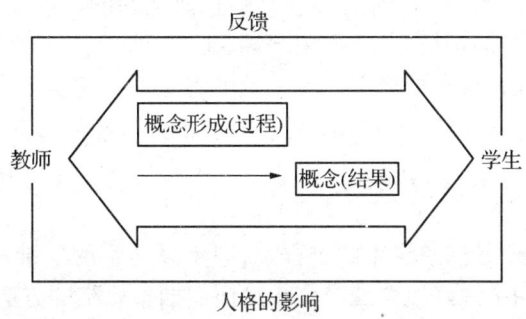

图1 概念教学的过程

对于教学中的主体——学生而言,这一过程意味着在学习自然科学概念时,不但要了解和掌握概念本身的意义,而且还应亲身参与和体会概念的形成过程,通过自己的思考和探索来掌握概念。当然,教师的帮助与引导是必不可少的。我们把自然课概念教学的这一特点,称之为概念教学的过程性。

为了更好地理解"概念教学的过程性",需先进一步明确概念本身及概念的形成过程两大要素的内涵。

概念本身包括概念名称、概念定义、概念属性(内涵)和概念例子(外延)等四部分。以"干果"这一概念为例。

概念名称:干果;

概念定义:果皮干燥少汁的果实;

概念属性:果皮干燥少汁;

概念例子:花生、茴香、牵牛果实等符合"果皮干燥少汁"特性的果实。

概念形成过程是从感性认识通过抽象概括上升到理性认识的过程,它有两种类型:概念形成和概念同化。

概念形成包括辨别、抽象、提出假设、检验假设和概括等,它是学生知识结构中所没有的、全新的概念的形成过程。

概念同化包括学生积极地将原有知识结构中的知识与新概念间形成逻辑联系(派生、相

---

① 本文选自《湖南教育》1997年第10期,第44—45页。

关或总括等），和使原有知识分化并与新概念融会贯通等，它是学生知识结构中具有相关内容的概念的形成过程。

那么，在自然课概念教学中如何把握过程性的特点呢？

一、找准学生概念学习的起点

找起点就是要了解学生知识结构中的概念内容和概念水平。中年级的学生，通过低年级自然科的学习和生活经验的积累，头脑中已经建立了一些日常概念，属前科学概念水平，与自然教学所要求的准科学概念或科学概念之间还存在着一段距离。如学生对"果实"概念的认识多限于日常生活中的水果和瓜果类蔬菜，如西瓜、苹果、黄瓜、西红柿等。这种认识有正确的一面，但同时又有一定的局限性。了解到这一学习起点之后，教师的教学便可从这里开始"果实的共同特征"的教学——先让学生从他们所熟悉的、常见的苹果、梨、西瓜、辣椒等不同果实的比较中找出共同特征，然后再用荸荠、土豆、柿子、板栗等似是而非的、不常见或不熟悉的物品来辨析，强化果实的概念。找准学生概念学习的起点非常重要，它直接决定着学生对科学概念的掌握在什么时候和多大程度上要借助教师的帮助。

二、教给学生抽象思维的方法

概念形成的过程主要是抽象思维的过程，而中年级学生的思维水平尚处在抽象思维刚刚萌芽的阶段，要使他们掌握好概念就应该教给他们抽象思维的方法。

教材的一些课文中有类似以下的句式：

"苹果有＿＿＿＿和＿＿＿＿，
梨有＿＿＿＿和＿＿＿＿，
花生有＿＿＿＿有＿＿＿＿，
黄瓜有＿＿＿＿有＿＿＿＿，
……
由此可以推想，果实都有＿＿＿＿和＿＿＿＿。"

这样的内容不可轻视。这些句子实际上是抽象思维的过程与形式，它们将内隐的思维过程外显出来，其中包含着思维的方法。要利用这些形式对学生进行思维方法的教育和思维能力的训练。简单枚举法是如此教，其他归纳和推理的方法亦应如此教。

三、加强概念形成过程中的思维训练

让小学生用记忆的方法死记硬背一些概念和定义并不难做到，但这样掌握的概念是零散的，不能形成良好的认知结构，为后续学习埋下了祸根。因而一定要在概念教学过程中加强思维训练，为学生创设问题情境和思考机会，用启发式教学取代满堂灌。这样不仅有利于学生掌握概念，而且还能更加激起他们的学习兴趣。如"溶解"这一概念的教学可以设计以下几项思维训练：

实验：将高锰酸钾、食盐、糖和砂分别放入装了水的烧杯中——思维训练：比较不同和相同、找共同特征、总结并概括出溶解的定义；

实验：将明矾、碱、面粉和黏土分别放入装了水的烧杯中——思维训练：辨析、强化溶解的概念；

实验：将茶叶放入开水中——思维训练：进一步辨析和强化溶解的概念。

概念教学中的思维训练要达到一定的密度和难度，让学生用比较、归纳、综合、分析等方法不断思考，不断获得体会和理解，从而牢固地掌握概念。

四、激发和保持学生概念学习的兴趣

学生有效的学习活动是建立在一定的兴趣水平基础上的。概念的学习与其他内容的学习相比，抽象程度高，学习难度大，易使学生产生枯燥感和厌学情绪，这就需要教师采取灵活多变的教学方法来激发学生的兴趣，通过激励和帮助学生取得学习成功来保持他们的学习动机。要尽可能采用观察、实验、考察、电化教学等方法让学生获得丰富的感性知识，要处理好难度与坡度的关系，帮助学生自行掌握概念和获得成功体验。

概念教学是自然教学中的一个重点，因为它对于学生而言是构建其科学认知结构的关键性环节；同时它又是一个难点，因为教学中既要注意其教学要求的全面性和教材编排的序列性，又要把握概念层次上的浅近性和种类上的多样性，操作较复杂。但是，只要把它们统一在注重概念教学的过程性上，一切就迎刃而解了。因为，概念教学的过程性是概念教学内在规律性的要求，这一点希望能引起自然教学工作者的重视。

概念转变模型及其发展

张建伟

一、理论背景

在当代教育心理学中正在发生一场革命,这就是建构主义思想的兴起和发展[1][2]。这种观点认为,学习过程是学习者建构自己的知识经验的过程,而建构在于学习者通过新旧经验的相互作用来发展自己的知识经验。在新旧经验的相互作用过程存在着两种相反的运动:同化和顺应。用同化与顺应的统一来解释学习的机制并非陈词滥调,以往的认知派学习理论主要从同化的一面来解释学习,而它扭转了学习研究的视角,同时从顺应的一面来解释学习的机制[2]。奥苏伯尔的有意义言语学习理论又称"同化论",它主要从同化的角度深入揭示了有意义学习的条件,但他却轻视了学习的另一个侧面:原有经验因为新经验而发生的顺应。从建构的角度看,学习不仅要运用原有知识经验中与当前知识一致的部分,作为同化新知识的固定点,而且需要同时看到学习者与当前知识不相一致、甚至相冲突的经验(比如儿童的日常经验认为太阳在绕着地球转),使学习者权衡原有经验与新知识的局限和合理性,从而对它们做出必要的调整和改造,其中包括对原有知识经验的改造。离开对新旧经验之间冲突的调整,学生即便"知道"了某种知识,他也不能"相信"这一说法的合理性,从而无法使新知识真正与已有的知识经验一体化。学习不仅是新的知识经验的获得,同时又意味着既有知识经验的改造,而概念转变(conceptual change)研究正是要从顺应的侧面来研究知识建构的过程,揭示学生的错误概念及其转变的规律,这被认为是科学学习中的核心问题,成为近20年来国际研究的热点,而我国目前对此领域尚缺乏研究。

二、什么是概念转变

概念转变指个体原有的某种知识经验由于受到与此不一致的新经验的影响而发生的重大改变。值得注意,这里的"概念"与心理学的一般的狭义理解不同,它是指关于某一对象的观点、看法,比如,"地球在绕着太阳转"便是一个概念。概念的变化有两种可能[3]:一种可称为"丰富",即新知识的纳入补充了现有知识,通过积累的方式使这些知识发生变化。在这种情况下,新知识与原有知识之间基本是一致的。另一种情况可以称为"修订",这是指新获得的信息与现有的信念、假定或有关理解之间存在着冲突,因而要对对立的理解做出调整。概念的前一种变化是较容易实现的,而后一种情况则会遇到较大的阻力,概念转变主要就是针对后一种情况,即个体在面临与原有经验不一致的信息时,对现有的理解、解释做出调整、改造,而不是针对细枝末节的变化,所以有人又称之为"原理转变"(principle change)或"信

---

① 本文选自《心理学动态》1998年第3期,第33—37页。

念转变"(belief change)[4]。概念转变是新旧经验相互作用的集中体现,是新经验对已有经验的改造。概念转变的过程就是认知冲突的引发及其解决的过程。

概念转变的研究是与人们对错误概念的关注相联系的。人们日益看到,儿童并不是带着空头脑进入教室的,在日常生活以及以往的学习中,他们已经形成了大量的经验,其中有些是与科学的理解基本一致的,但有些理解却是与当前科学理论对事物的理解相违背的,这就是迷思概念(misconception),或称为异类概念(alternative conception)。迷思概念往往不单是由于理解偏差或遗忘而造成的错误,它常常与日常直觉经验相联系,植根于一个与科学理论不相容的概念体系,有时,它恰巧是科学界以前所主张的观点,如"太阳围着地球转""重的物体会更快地落地"等。研究发现[5],迷思概念不仅在儿童中出现,甚至在大学生身上也会出现,它们出现的频率在各年龄阶段变化不大。以往的教学只是关注于新知识的传授,但正确概念的传授并不能自动地校正学生原有的错误概念,在教学之后,儿童往往仍然信奉原来的观点,所以,必须寻找促进迷思概念发生转变的途径,而这成为概念转变研究的现实原因。

三、概念转变模型的发展

(一)概念转变模型的提出

对于概念转变的研究主要开始于20世纪70年代,20世纪80年代之后大量的研究开始涌现。1982年,Posner等[6]提出了著名的概念转变模型(Conceptual Change Model,简称CCM),对概念转变的条件以及个体的知识经验背景对概念转变的影响提出了自己的解释。他们认为,一个人原来的概念要发生顺应需要满足四个条件:(1)对现有概念的不满。只有感到自己的某个概念失去了作用,他才可能改变原概念,甚至即使他看到了原来的概念的不足,也会尽力作小的调整。个体面对原来的概念所无法解释的事实(反例),从而引发认知冲突,这可以有效地导致对原有概念的不满。(2)新概念的可理解性(intelligibility)。学习者需懂得新概念的真正含义,而不仅仅是字面的理解,他需要把各片段联系起来,建立整体一致的表征。(3)新概念的合理性(plausibility)。个体需要看到新概念是合理的,而这需要新概念与个体所接受的其他概念、信念相互一致,而不是相互冲突,它们可以一起被重新整合。这种一致包括:与自己的认识论信念的一致;与自己其他理论知识或知识的一致;与自己的经验一致;与自己的直觉一致等。个体看到了新概念的合理性,意味着他相信新概念是真实的。(4)新概念的有效性(fruitfulness)。个体应看到新概念对自己的价值,它能解决其他途径所难以解决的问题,并且能向个体展示出新的可能和方向,具有启发意义。有效性意味着个体把它看作是解释某问题的更好的途径。概念的可理解性、合理性、有效性之间密切相关,其严格程度逐级上升,人对概念有一定的理解是看到概念的合理性的前提,而看到概念的合理性又是意识到其有效性的前提。Hewson[7]把概念的可理解性、合理性和有效性称为概念的状态,而且提出,不仅新概念的状态,原有概念的状态也会对概念转变产生影响,两者之间存在交互作用。这里应注意,概念的上述三种状态不是概念实际上如何,而只是个体所看到、所意识到的可理解性、合理性和有效性,是个体对新旧信息整合过程的元认知监控。

另外,Posner等人[6]认为,个体对新概念的接受会受到其现有的其他概念的影响,他们把影响概念转变的个体的经验背景称为"概念生态圈"(conceptual ecology),它具体包括:(1)反例:某概念所无法解释的事例。(2)类比与比喻:这可以帮助学习者在新旧经验间建立联系,使新概念更易理解。(3)认识论信念:什么样的理论才是成功的理论,一般情况如何,具体到某学科又怎样?(4)形而上学的信念与观点:这包括关于科学的形而上学的信念,如关于世界的规则性、对称性、确定性的信念,对科学和日常经验的关系的理解等,也包括具体科学领域中具有形而上学意义的概念,如绝对时空观等。(5)其他领域的知识。(6)与新概念相对立的概念。

(二)概念转变模型的发展

概念转变模型自诞生后,在科学学习的研究领域引起了广泛的影响。Hewson 和 Thorley[8]对 100 篇主要研究文献的综述发现,这些研究有的是借助概念转变模型的某些观点来分析、解释错误概念,另外的研究则把它作为设计建构性教学的思想基础,这些研究都得出了基本一致的结论:这种教学能有效地帮助学生改变自己的错误概念,接受科学概念。

当然,人们也对概念转变模型提出了一定的批评,概括起来有以下几种:(1)不要只看到概念内容的改变而忽视了学习者的认识方法上的改变,Gil 和 Carroscosa[5]发现,学生的错误概念往往是与他们认识世界的直觉经验方法相联系的。(2)不要用纯认知的观点来解释概念转变过程,应该看到动机的、态度的影响[9][10]。Dreyfus 等[11]的教学实验发现,学生的积极的态度、较高的责任感对概念转变很重要,漠不关心的学生很难产生认知冲突感,另外,消极的自我印象、过高的焦虑或消极的态度等,也会妨碍认知冲突的产生。(3)不要过于强调儿童日常经验中的核心信念对具体概念的限制,概念转变常常并不是随核心信念的改变而整个地改头换面,而是一个一个地进行的,这与科学理论的革命不同[12]。(4)一个概念的转变并不一定是一步完成,最初的概念与科学概念之间有一段过渡,这个过程是渐进的,有时两种概念同时都在使用[13],或者是把原有概念和科学概念糅合成新的混合概念[14][15]。

针对以上批评,Strike 和 Posner[16]曾于 1992 年对此理论作了一些修改。首先,针对上述第三点批评,他们把将要发生转变的概念本身也看成是概念生态圈的一个组成部分,以体现某个具体概念与个体的经验背景之间的双向相互作用,强调概念生态圈本身不是静止的,也是不断发展变化的,具体概念的改变也会对基本观念产生重要影响。其次,针对上述第二点批评,他们又把动机因素放到了概念生态中,包括学习动机、对某学科的性质和价值的认识等。另外,他们看到,所谓的错误概念有时并不是直接以现实表现的形式存在于学习者头脑中的,而只是个体以现有经验体系为背景做出的推论。

四、有待研究的问题

应该说国外对概念转变的研究已经非常广泛,但是,有很多问题也还有待进一步探索。

首先,当今概念转变研究中存在这样的争论:个体的日常经验是否像科学理论那样具有结构性?它的各部分之间是各自为政的,还是像科学体系那样相互一致的?儿童的具体的日常概念的转变是否受基本的、核心的、框架性的观念的控制?对于这些问题,不同的研究者提出了不同的看法。如上所述,Posner 等人的概念转变模型用科学理论的发展来类比个体的概念发展,比较重视概念转变的整体一致性,强调"概念生态圈",特别是其中的基本信念对具体概念的制约作用。Vosniadou(沃斯尼阿多)[3]从基本假定和具体理解两方面分析了经验体系对具体概念的制约。Vosniadou 和 Brewer(布鲁厄)[15]对儿童关于地球的心理模型进行了访谈研究,发现儿童的一些本体论的、认识论的信念对儿童的具体概念有重要影响,如儿童通常有这样的假定:空间是有上下之分的,而没有东西支持的物体将会落下去,这种观念使儿童无法相信地球是球形的,因为如果是那样的话,住在地球下方和两侧的人岂不要掉下去了? 另外,他们[14]还研究了儿童对昼夜交替的理解,也发现了儿童各种经验间的一致性,比如,一个儿童把大地看成是扁平的,那他便很难相信昼夜是地球的自转造成的。Chi 等人[17]提出了本体论类别(ontological categories)的观点,他们提出了三种最根本的本体论类别:物质、过程与心理状态,每种类别下逐级衍生出更为具体的类别,好像树枝一样延伸开。把某概念归到它本不属于的类别中,这便造成了错误概念,其中,由于在三种根本的本体论类别上的混淆而造成的错误概念最难转变,如把"力"看成是物质而非物体与物体的相互作用过程,这一混淆将会妨碍对力学中具体概念的学习,如惯性定律、物体的落地速度等。实际上,他们也是在强调基本观念对具体概念学习的制约。与上述观点相反,一些研究者则强调,儿童的日常经验与科学理论不同,各具体概念是独立的,并不一定相互一致。DiSessa[18]提出了"零散知识"(knowledge in pieces)的观点,他认为,人的日常经验并不像科学概念那样与某些基本原理紧密地联系在一起,而是一个个的初级的图式,它们是对现实的表面的解释。错误概念是由特定的图式引起的,是局部的、孤立的,概念转变就是要使这些孤立的原始图式不再独自去解释相应的现象,而是与更复杂的知识结构联系起来,而这将随着系统的教学而完成。另外,Carey[19]也认为,儿童的错误概念是与具体领域相联系的特定领域的理解(domain-specific theories),概念转变是对特定的理解 A 作某些调整,成为理解 B。Duschl 和 Gitomer[12]也主张,不要过于强调核心观念在概念转变中的作用,应该从目的、方法和概念(理论)三者之间的相互作用来认识概念转变。儿童的具体概念到底在何种程度上受核心观念的制约,而它又在何种程度上影响到核心观念的改变,这是一个需要探索的重要问题。

其次,概念转变有赖于新概念的可理解性、合理性和有效性的获得,而概念的上述状态又依赖于学习者对知识的元认知监控,所以,学习者对概念转变过程,特别是概念的上述状态的自我监控是非常重要(Vosniadou[3]称之为元概念意识)。对于理解过程的元认知监控心理学家已做了较多研究,但是,学习者到底是如何对概念的合理性和有效性进行自我监控的? 又何以促进? 这却是有待大力研究的问题[8][20]。

另外,现有的基于概念转变的教学研究多注重整体教学的效果经验,而对具体教学措施、各具体因素对概念转变的各种条件的影响则缺乏深入研究,比如学习材料来源的权威性、支持新概念的证据的形式等对概念合理性的影响,新假设的提出及其合理性的获得对于个体对原概念的满意度的影响等,而这也是需要深入探索的问题。

参考文献:

[1] 张建伟,陈琦. 从认知主义到建构主义[J]. 北京师范大学学报(社科版),1996,(4):75—82.

[2] 陈琦,张建伟. 再论建构主义学习观[J]. 中国心理学会第八届全国学术会议论文,1997.

[3] Vosniadou S.. Capturing and modeling the process of conceptual change[J]. *Learning and instruction*,1994,4:45—69.

[4] White R. T. , Gunstone R. F. . Metalearning and conceptual change[J]. *International Journal of Science Education*, 1989, 11: 577—589.

[5] Gil - Perez D. , Carrascosa J. . What to do about science "misconceptions"[J]. *Science Education*, 1990, 74, 531—540.

[6] Posner G. J. , Strike K. A. , Hewson P. W. , Gertzog W. A. . Accommodation of a scientific conception: Toward a theory of conceptual change[J]. *Science Education*, 1982, 66: 211—227.

[7] Hewson P. W. . A conceptual change approach to learning science[J]. *European Journal of Science Education*, 1981, 3: 383—396.

[8] Hewson P. W. , Thorley R. . The conditions of conceptual change in the classroom[J]. *International Journal of Science Education*, 1989, 11: 541—553.

[9] West L. H. T. , Pines A. L. . How "rational" is rationality? [J]. *Science Education*, 1983, 1: 37—39.

[10] Pintrich P. R. , Marx R. W. , Boyle R. A. . Beyond cold conceptual change: The role of motivational beliefs and classroom contextual factors in the process of conceptual change[J]. *Review of Educational research*, 1993, 63: 167—199.

[11] Dreyfus A. , Jungwirth E. , Eliovitch R. . Applying the "Cognitive conflict" strategies for conceptual change - Some implications, difficulties, and problems[J]. *Science Education*, 1990, 74, 555—569.

[12] Duschl R. A. , Gitomer D. H. . Epistemological perspectives on conceptual change: Implication for educational practice[J]. *Journal of Research in Science Teaching*, 1991, 28: 839—858.

[13] Demastes S. S. , Good R. G. , Peebles P. . Patterns of conceptual change in evolution[J]. *Journal of Research in Science Teaching*, 1996, 33: 407—431.

[14] Vosniadou S. , Brewer W. F. . Mental models of the day/night cycle[J]. *Cognitive Science*, 1994, 18: 123—183.

[15] Vosniadou S. , Brewer W. F. . Mental models of the earth: A study of conceptual change[J]. *Cognitive Psychology*. 1992, 24: 535—585.

[16] Strike K. A. , Posner G. J. . A revisionist theory of conceptual change[A]. In: R. A. Duschl, R. J. Hamilton, ed. *Philosophy of Science*, *Cognitive Psychology and Educational Theory and Practice*[M]. New York: State University of New York Press, 1992. 147—176.

[17] Chi M T H, et al. From things to processes: A theory of conceptual change for learning science concepts[J]. *Learning and Instruction*, 1994, 4: 27—43.

[18] DiSessa A. . Towards an epistemology of physics[J]. *Cognition and instruction*, 1993, 10: 105—225.

[19] Carey S. . Knowledge acquisition-enrichment or conceptual change[A]. In: S. Carey, R. Gelman ed. *The Epigenesis of Mind*: *Essays on Biology and Cognition*. Hillsdale. New Jersey: Erbaum, 1991. 257—292.

[20] Driver R. , Asoko J. L. , Mortimer E. , Scott P. . Constructing scientific knowledge in the classroom[J]. *Educational Researcher*, 1994, 23: 5—12.

概念转变研究对学习环境设计的启示

王 美

一、概念转变研究简介

概念转变一直以来都是认知科学的重要研究领域,其发端可追溯至现代教育思想的奠基者皮亚杰以及社会文化认知观的创始者维果茨基,并受著名的科学哲学和科学史研究者库恩等的重要影响,自20世纪70年代后期至今的30多年,众多研究者投身于该领域,涌现出大量富有成效的思想、理论及模型。

概念转变研究主要克服了认知发展研究通常仅关注某年龄段、某专长水平上的认知表现,而对心智发展的过程及机制缺乏探讨的不足,对概念转变的过程与机制、特定学科领域的概念转变、学习者概念发展与科学史的比较、迷思概念(misconception)、影响概念转变的社会文化变量、概念转变的技术建模等诸多方面进行了长期深入的研究,为我们提供了有关人是如何学习,尤其是如何进行深度理解与学习的新视角。20世纪90年代,源自认知科学而又跨越脑科学、心理学、人类学、社会学、计算机科学、人工智能等多学科领域的学习科学正式诞生,这一新兴学科的出现使得把概念转变研究的大量成果与促进学习者深度学习的学习环境设计的两者整合成为了可能。在此背景下,概念转变研究及其促进学习者学习的教学意蕴得到了越来越多的重视。

另一方面,在改革已经成为常态的社会大变革背景之下,教育改革也是此消彼长。然而,值得注意和警惕的是,教育改革尤其需要理性思考,而不能大胆试误。[1]许多富有前瞻性的学者已敏锐地觉察到,当代教育改革与历次教育改革的最大区别就是要将改革的战略基点从"教"转移到对人的真实学习的关注,在重构学习概念的基础上,对传统教育中的课程与教学进行反思和概念与范式的重构,从而催生一种能在最大限度上发掘人的学习潜力的、全新的教育范型。[2]从这个意义上,概念转变研究所带来的"新认识论"有望为新教育范型下的学习环境设计提供基于实证的、科学的认识论基础,并最终成为推动教育改革的重要力量。因此,本文试图在对概念转变研究的重要发现进行述评的基础上,着重揭示它们对学习环境设计的启示,希望能对当前我国课程教学领域的开发与设计提供一些参考。

二、概念转变研究的主要发现

虽然对什么是概念,什么是概念转变这两个根本性的问题,研究者之间目前还很难达成一致意见,但关于概念转变的一些基本共识正在这个领域中逐步形成。

---

① 本文选自《课程·教材·教法》2008年第12期,第27—32页。

(一) 儿童拥有先前知识和自发的概念结构

在20世纪早期,占据主导地位的传统认识论或者认为儿童是一块准备接受环境印刻的"白板",或者认为儿童是"没长大的成人"(incomplete adult),与成人之间的区别仅仅是知识累积量的不同,因此教学就是向学生灌输知识。皮亚杰所提出的发生认识论从根本上颠覆了传统认识论对儿童的认识:儿童不是小大人,不是被环境的压力塑造成型的被动有机体,相反,他们自身对世界有着自己独特的阐释方式和概念框架,是刺激的主动搜寻者,在很大程度上决定着自己拥有什么经验以及如何发展自身。[3]

至于儿童这种自发概念结构的内部一致性,不同的研究者持有不同的观点。大部分研究者赞同"理论论"(theory theory),认为儿童的概念知识并不是以片断的方式孤立存在的,相反,儿童总是试图整合从成人那里或日常经验中接收到的新信息,使之进入一个一致性的心智模型中,形成类似理论的(theory-like)概念结构。例如,麦克洛斯基(McCloskey)认为,学生们的朴素物理学观念与中世纪的科学家们的思想有相似之处,是极其一致而且成理论体系的。[4]与此相对,以狄塞萨(diSessa)为代表的少数研究者则坚持"碎片论"(knowledge in pieces),认为儿童的知识是片断的、零散的,没有系统的概念和一致性的理论。例如,学生的直觉物理知识由数量众多的P-prim(phenomenological primitives)组成,这些P-prim是学生根据现象形成的原初观念,组织松散并且高度依赖情境脉络,不同于"理论"。然而,不管是"理论论",还是"碎片论",它们都认同的一点是在走进学校、进入课堂之前,儿童已经拥有了自发的概念结构。

(二) 儿童是根据自身的日常经验来认识并解释世界的

儿童自发的概念结构是如何形成的?先验论认为,人的知识是先天即有的,是先于感觉经验和社会实践而存在的。如柏拉图主张,在感知世界之外,有一个超越经验、永恒存在的理念世界,人所有的学习,从生到死,都是对类似于前世的理念世界的回忆、追想与再认识。[5]先验论对知识来源的解释使认识论陷入了一个悲观主义的境地:既然认识是与生俱来的而且与经验无关,那么环境与教育在对人的发展上所起的作用便是极其有限的了。

概念转变的研究有力地驳斥了先验论的观点。沃斯尼阿多(Vosniadou)和布鲁厄(Brewer)通过在儿童天文学领域的研究指出,在未受成年人文化或科学观念影响的情况下,儿童凭借日常经验产生了关于物理世界的直觉概念,形成初始的心智模型,如"地球是平的","太阳围绕地球转",而随着经验的增长或社会文化的影响,儿童会逐渐丰富、修正已有的概念结构,发展起对世界的科学解释与理解。[6]

(三) 儿童已有的根深蒂固的假定会影响甚至限制新信息的获得

在儿童对日常现象和经验的朴素解释背后,是他们对世界固有的本体论和认识论假定。如,儿童之所以认为"地球是平的"是因为他们的概念结构中有两条确凿的假定:(1) 地面是平的;(2) 物体没有支撑的话会往下掉。因此,当被告知"地球是一个球体"时,儿童会难以理解人怎么能居住在一个球体上而不掉下来。再如,幼儿会认为纽扣也是有生命的,是因为它能扣紧衣服;桌子也是有生命的,因为它是存在的。[7]幼儿的这些幼稚解释的背后蕴含着他们对"有生命的物体"的假定：只要事物是有功能的，是存在的，那么它就是活的。

由于假定通常都建基于日常经验，因此根深蒂固、很难转变，这也由此导致了固有假定与新信息之间的不一致在儿童学习那些与直觉相违背的科学概念时尤其突出。为什么学习"能量""扩散""线性比例"要比学习"狗""桌子""水果"这样的概念困难得多？这可能有两个方面的原因。第一，儿童的日常概念与科学概念的性质截然不同。根据维果茨基的观点，日常概念是儿童在实际生活中以及与周围人的交往过程中积累起来的，而不是在教学中掌握授予的知识体系的过程中发展起来的，体现为从具体到抽象的发展路径；科学概念的发展则始于对概念本身的了解，始于语词定义，即对待客体的间接的关系，而不是从直接接触事物开始，体现为从抽象到具体的途径，儿童是在学校教学中获得科学的基本原理，即科学概念系统的。[8]第二，日常中的认知与科学中的认知是不同的。正如石里克所认为，日常认知是建立知觉经验与心理意象之间的同一，科学认知则是建立"法则"之间的同一，而法则是不可能被感知到而只能通过间接的方式得到的东西。因此，科学概念的学习更为困难，而且需要花费更长的时间。[9]

（四）传统的教学很难真正促进学生的概念转变

无论是无视儿童的已有概念而只管知识的灌输，还是已经意识到儿童先前概念的存在而试图用科学概念去取代，事实证明，传统的授受式教学很难真正促进学生的概念转变。例如，罗思（Roth）发现，学生们在学过光合作用后，仍然认为植物是从土壤中获取食物而不是在它们的叶片中制造的。[10]沃斯尼阿多也发现一种"知识迁移的不对等"现象，一方面，无处不在的日常概念会非常容易地迁移到学校教育情境中，对科学概念的学习形成干扰；而另一方面，学生在学校中获得的科学概念却很少会迁移到日常情境中。[11]

不仅如此，传统的教学有时还会导致学生迷思概念的形成。例如，当被告知"地球是一个球体"后，儿童会在初始模型"地球是平的"与这一新信息之间进行调和，形成一个整合模型，产生新的迷思概念。他们或者认为同时存在两个地球，一个是自己日常居住的"平"的地球，另一个是教师所说的悬在空中的"球体"状的地球；或者认为地球是个球体，但在它中间有一个中空，人们就居住在中空的平面上；或者认为地球是个球体，但却是一个扁平的球体，边缘是圆的，顶部和底部却是平的，由此人们才能够居住在上面。[6]

三、对学习环境设计的启示

上述研究发现为学习环境的设计提供了基于实证的、科学的认识论基础，启发了我们如何以学习者为中心，设计促进学习者概念转变的学习环境。

（一）启示1：需要重视并运用学习者的先前概念

概念转变研究告诉我们，学习者不是等着被填充的空的器皿，相反，他们拥有有关世界如何运行的朴素观念，正是这些朴素观念阻碍或促进了他们的学习，成为他们获得新知的基础。因此，基于学习者的先前概念来设计学习环境将会最有效地促进学习者的深度学习。如果教学没有考虑学生的先前知识，学生所学的知识往往只能应付考试，而离开课堂后占据他们大脑的依然是迷思概念。[12]

目前,运用学习者的先前概念已成为学习环境设计乃至有效学习项目分析的重要原则。如,学习科学领域的第一本里程碑式的著作《人是如何学习的:大脑、心理、经验及学校》中就提出,教师要对学习者的先前知识、技能、态度、信念予以足够的重视和考虑,设计以学习者为中心的学习环境;美国国家研究理事会在针对 AP 和 IB 等进阶先修学习项目的调查报告《学习与理解:改进美国高中的数学和科学进阶先修学习》中,也将先前知识列为促进理解性学习的七个原则之一。由于心智结构的内隐性,教师通过行为观察很难知道学生拥有怎样的先前概念,因此有必要借由一些外显的策略。传统的方法有调查问卷、访谈、绘画、描述等,而随着计算机技术的发展,数据库、语义网络、专家系统、视觉化工具等技术工具也不断被开发出来专门用于支持心智的表征和建模。

(二) 启示 2:需要分析并转变先前概念背后的本体论和认识论假定

揭示出学生拥有自发的概念结构是概念转变研究早期的重要成果,波斯纳(Posner)等研究者正是在此基础上提出了影响深远的概念转变模型(Conceptual Change Model,CCM),指出概念转变的发生必须满足四个条件:(1) 对已有概念产生不满。只有当学习者感受到自己的概念不具功能性时,他们才会改变自己用以思考的核心概念。(2) 新的概念必须是可理解的。新的概念通常是违背直觉的且难以理解的,这是造成根本性的概念转变难以发生的原因。因此概念转变的前提是新概念必须可以为学习者所理解。(3) 新的概念必须是合理的。要想被学习者所接纳,新的概念必须表现出它的真理性特征。如果新的概念具备了最初的合理性,那么它就有可能使学习者运用已有的概念解决理解性问题,或将新的概念与其他已发展完善的信念一致起来。(4) 新的概念应该是富有成效的。新的概念不仅仅能够解决当前问题,它还必须能够提供探索世界的新路径,具备成为一个生产性的思维工具的潜力。[13]

虽然波斯纳一直强调该模型是一种认识论的分析,并不反映直接的心理实在,更不是一个教学模式,但很多教育者都热衷于运用这一模型来组织教学。[4]认知冲突是这一模型思想影响下应用最广泛的教学策略。然而,值得进一步追问的是,仅仅制造认知冲突能不能相应带来学习者真正的概念转变?换言之,当学习者发现自己的已有概念失去合理性时,他们是不是就会欣然接受一个合理的新概念?以上文所述的"地球的形状"研究为例,为什么儿童在接受了"地球是一个球体"这样一个科学、合理的解释之后还会形成种种迥异于科学概念的迷思概念?在这一点上,沃斯尼阿多、齐(Chi)等人进行了更深入的探讨,并追踪至儿童的本体论和认识论假设,指出只有改变了本体论和认识论的假定,根本性的概念转变才会发生,而这也是最为困难的转变。

因此,在教学中,了解学习者的先前概念之后,还需要对这些概念背后的假定进行分析。大部分的假定通常来自于日常生活经验,但需要注意的是社会文化、习俗惯例乃至情感因素也会产生重要的影响。海尔斯(Heahh)的一项研究发现,在她从事研究的美国南部社区,教师常常认为非裔美国孩子的学习能力很差,因为他们不会回答"盘子是什么颜色"或"我有几个手指头"这类的问题。但事实上这些学生知道问题的答案,他们之所以不回答是因为在他们的文化中,只有提问者自己不知道答案的情况下才会提出问题,所以从这一假定出发,他们认为教师提出的这些问题答案是显而易见的,而且他们也确信教师知道答案。[14]

固有假定的判断往往需要对学习者进行较深入的访谈,或者让学习者在课堂上有机会表达和相互探讨彼此的观念及信念,然后教师可以判断新知识与这些假定之间的一致性。如果是一致的,那么就可以利用学习者的已有假定作为学习新知的脚手架,这种情况下即便以事实性知识的形式呈现新信息也能使学习者获得并理解新知;如果是相互冲突的,那么就需要具体分析这些假定的根源,这种情况下,基于日常生活经验的假定比源自社会文化、特定习俗的假定更容易改变,如,可以让学生通过观察科学现象、动手实验、参加科学研究共同体等活动来丰富、发展对科学现象、文化以及科学知识制造过程的体验,进而转变本体论和认识论的假定。

(三)启示3:发展学习者的元概念意识

一个很有趣的现象是,尽管我们对世界的行动与认知是由内部的概念结构所引导的,我们本身却很少能够意识到这种结构的存在。正如我们每天走路、吃饭、与人言谈,却几乎从不去想是什么让自己做出这样的举动一样。概念转变研究发现,尽管学生能够相对合理地解释他们的日常经验,但他们似乎并不能意识到他们自身所建构的解释框架以及限制着他们的假定。[5]如此,学习者便难以对自己的先前知识提出质疑,也难以将新信息与已有的概念结构进行联系、整合和重构,从而使知识只是以零碎的、片断的方式存在于学习者的大脑中,无法形成一个整体的结构。这也是造成学生学习肤浅、表面化的传统授受式教学之所以失败的主要原因之一。

因此,发展学习者的元概念意识成为促进学习者概念转变的重要方面。但这是一个相对漫长的培育过程,因为它需要培养学习者的理论兴趣或者说哲学兴趣,需要让学习者去挖掘、发现、重思那些以隐性的、默会的形式存在于常识和惯习背后的知识与结构,并通过语言、图表、模型、制品等人工表征方式将其显性化,通过会话或论辩之类的社会协商将其公共化,进而置于社会文化甚至历史发展的境脉下加以考量。

与元概念意识紧密关联的是学习者概念转变的动机问题。学生之所以不愿意接受或者仅仅是肤浅地记忆科学概念,是因为这样他们已足以较好地解释日常经验,而且也能在以事实性知识的记忆与复现为主的考试中取得好成绩。因而,最根本的一点是为学生提供更丰富的、更有意义的经验,并超越传统的功利性占主导地位的学校纸笔考试,把学生的学习与更广阔的社会文化情境联系起来,鼓励他们对知识和真理的不断探求,促进他们从根本上认识知识的本质意义在于更好地理解生活,学习的本质意义在于更好地创造生活。这种内部动机的激励比外部动机的激励更重要,教师需要有意识地加以引导,并对那些敢于战胜困难,挑战自我的学生多加鼓励。

(四)启示4:需要创设安全、包容的学习环境

如果教师希望学生能够将已有概念呈现出来,以与其他学习者分享、讨论、评判的话,教师必须让学生感到他这样做是安全的。这是非常重要的一点,特别对学习表现不好的学生而言。因为低成就的学生容易缺乏自信,他们会将已有概念与新信息之间的冲突看作是自己学习的又一个失败。[16]

教师可以在教学过程中融入人类发现科学知识的历史过程,进行适度的科学史教育,让学生懂得个体的知识发展与人类的知识发展之间存在相似性,都会经历一个从朴素到高级、

从幼稚到科学的过程,拥有迷思概念是一种普遍现象,即便成人也会如此。此外,教师还需要促进代际之间的平等交流文化、学习者之间健康的合作学习文化的孕育,只有这样,学习者才会感受到自己的已有观念和想法能够受到尊重,与他人分享、交流这些观念和想法可以更好地促进个体知识乃至共同体知识的进步与发展。

(五)启示5:需要精心安排课程材料

有关专家与新手的比较研究显示,专家的知识不仅仅是对相关领域的事实和公式的罗列,而更多是围绕富有启发性的"大观念"(big idea)来组织的,如物理学上的牛顿第二运动定律,生物学上的进化概念等[17]正是在这些核心的、原理性的概念和观点的引导下,他们形成了组织良好的知识结构,从而使自己在面对新信息或新情境时,能迅速有效地提取已有概念或重组知识结构。这些发现启示我们,在安排课程材料时,围绕学科的核心概念审慎地组织该学科的知识框架,能最有效地促进学生关于某领域的概念结构的良好组织与发展,并使其具备探究新情境的适应性知识。

遗憾的是,目前课程教材的开发在一定程度上存在着知识点多、内容覆盖面广、知识缺乏结构体系的问题。许多一线教师乃至家长反映,教材上需要教的内容太多,教师因为急于完成教学任务而很少采用探究式的教学方法,学生也根本没有时间对概念进行深入的理解和探讨。而且,某些概念在安排序列上的逻辑不一致,也给教师的教学带来了极大的干扰和困惑。因此,我们必须清醒地认识到,课程与教材的设计、开发与改革是一件慎之又慎的事情,不仅需要花费大量的时间和精力,而且需要以来自学习科学领域有关人是如何学习的研究发现作为坚实可靠的科学基础。我们需要对课程教材的知识结构体系、内容覆盖面进行准确的评估,与肤浅地覆盖大量的内容相比,聚焦于核心概念的深度解释与理解可能是更有效益的。

参考文献:

[1] 吴刚.序言[A].郑太年.学习:为人的发展[M].上海:上海教育出版社,2008:1—5.

[2] 高文.学习创新与课程教学改革[M].广州:广东教育出版社,2007:21—22.

[3] Bjorklund D. F.. *Children's Thinking: Developmental Function and Individual Differences*[M]. Belmont CA: Wadsworth Publishing Company, 2000:74.

[4] diSessa A A. A History of Conceptual Change Research [A]. In Sawyer R K. (Ed.), *The Cambridge Handbook of the Learning Sciences* [C]. New York: Cambridge University Press, 2006: 273—274.

[5] [挪威]G.希尔贝克,N.伊耶.西方哲学史——从古希腊到二十世纪[M].童世骏,等,译.上海:上海译文出版社,2004:58.

[6] Vosniadou S., Brewer W. F.. Mental Models of the Earth: A Study of Conceptual change in Childhood[J]. *Cognitive Psychology*, 1992, 24:535—585.

[7] Carey S.. *Conceptual Change in Childhood* [M]. Cambridge, MA: The MIT Press, 1985:182.

[8] 杜殿坤,高文.维果茨基教育思想评介[A].维果茨基.维果茨基教育论著选(第二版)[M].余震球,译.北京:人民教育出版社,2005:21.

[9] [德]M. 石里克. 普通认识论[M]. 李步楼,译. 北京:商务印书馆,2005:25—26.

[10] [美]杰瑞 P. 戈勒博,等. 学习与理解——改进美国高中的数学与科学先修学习[M]. 陈家刚,等,译. 北京:教育科学出版社,2008:118.

[11] Vosniadou S.. The Cognitive-situative Divide and the Problem of Conceptual Change[J]. *Educational Psychologist*,2007,42(1):55—66.

[12] Sawyer R. K.. Introduction:The New Science of Learning[A]. In Sawyer R K(Ed.). *The Cambrige Handbook of the learning Science*[M]. New York:Cambridge University Press,2006:2.

[13] Strike K. A., posner G. J.. Revisionist Theory of Conceptual Change[A]. In Duschl R. A., Hamilton RJ. (Eds.). *PhilosoPhy of science*, *Cognitive Psychology*, *and Education Theory and Practice*[M]. New York:State University of New York Press,1992:147—176.

[14] Darling - Hammond L., Bransford J.. *Preparing Teachers for a Changing Word:What Teachers Should Learn and Be Able to Do*[M]. San Francisco,CA:Jossey - Bass,2005:115.

[15] Vosniadou S., Ioannides C., Dimitrakopoulou A., Papademetriou E.. Designing Learning Environments to Promote Conceptual Change in Science[J]. *Learning and Instruction*,2001,11:381—419.

[16] Davis J.. *Conceptual Change: From Emerging Perspectives on Learning, Teaching and Technology*[DB/OL]. http://en.wikipedia.org/wiki/Conceptual_change. 2008 - 05 - 19.

[17] [美]约翰 D. 布兰斯福特,等. 人是如何学习的[M]. 程可拉,等译. 上海:华东师范大学出版社,2002:38.

正反例在概念教学中的研究与应用[①]

郭建鹏　彭明辉　杨凌燕

概念是思维的基本单位,是认识的起点,正如麦克基尼(McKinney)所言,如果没有概念,这个世界将会陷入极度的混乱,交流会变得非常困难,概念会帮助我们组织好对世界的认识以及与他人有效的交流[1]。一直以来,概念教学都是教育学和心理学研究的主要问题之一。

在以美国为代表的西方教育心理学界中,概念教学很早就已经成为比较稳定、相对独立的专门研究领域,教育心理学家们对概念的定义、分类、学习机制等等进行了深入的研究,经典的有如布鲁纳、奥苏贝尔和加涅等人关于概念学习的研究。相比而言,有关概念教学的研究在国内还是一个十分薄弱、有待发展的领域[2];"在过去很长一段时期,我国的课堂教学在很大程度上忽视了概念教学的专门性和特殊性"[3]。近几年来,随着教育改革的深入,越来越多的人也开始关注这一领域。概念是如何获得和发展的?影响概念学习和教学的因素有哪些?学生已有的概念对学校里的概念教学有什么影响?概念教学有无普遍规律可循?等等问题开始进入研究者的视野。不过总的来说,国内目前对此领域的研究还远远不够。

本文首先结合目前国内正在进行的新课程改革,讨论加强概念教学的必要性,其次具体介绍国外对于概念教学中正反例作用的研究,最后谈谈已有研究成果对我国概念教学实践的一些启示。

一、在新课程背景下为什么要加强概念教学

我国课程教学中关于概念教学专门化研究的缺失由来已久。从理论上讲,国内的课程与教学论从来就没有关于概念教学的专门论述,课程教学理论对知识的传授与学习只是进行了高度概括和抽象化的阐释,如教学是学生在教师领导下认识和学习间接经验为主的理论知识,诸如此类的论述虽然深刻地揭示了教学活动的本质,但是另一方面也忽视了知识教学的具体性,如概念教学与原理教学的区别,概念在知识体系中的地位,促进概念教学的方法等问题。就概念教学而言,这种状况舍弃了概念教学的特殊性,不可避免地导致了现有课程教学理论的局限性。概念教学专门化研究在理论上的缺失是我国长期以来概念教学实践的反映,同时也进一步影响了概念教学实践。教学实践中,教师并没有充分意识到概念教学的重要性,对概念的教学主要是从自身的经验出发,缺乏概念教学的有效方法,甚至把概念教学等同于定义教学,认为只要记住概念的定义就是掌握了概念。可以这样说,概念教学理论研究的不足以及实践的偏差,导致了国内目前概念教学中出现的种种问题。概念作为知识体系中最为根本的环节没有得到应有的重视,死记硬背、不求甚解、机械训练的教学方式更是我国基础教育一直为人所诟病的地方。

---

① 本文选自《教育学报》2007 年第 6 期,第 21—28 页。

新课程提出要"改变课程实施过于强调接受学习、死记硬背、机械训练的现状""关注学生的兴趣和经验",倡导"主动参与、乐于探究、勤于动手",提出了探究学习、合作学习、情境化教学等教学方式。这些改革措施在一定程度上触及了基础教育中概念教学的问题,具有积极的一面。然而,新课程实施六年多以来,概念教学的问题并没有得到解决。

究其原因,新课程实施中脱离知识讲教学,脱离知识讲情感、态度、价值观的现象值得思考。这种现象也就是许多学者所指出的"知识教学"在新课程改革中被"虚化"的问题。"知识教学"被"虚化"主要表现在两个方面:一是脱离知识的传授与学习,片面强调教学方式的变革。新课程中不少课堂热衷于情境化教学、小组合作学习、探究式学习,却忽视了对基础知识、基本技能的学习。课堂教学设计不是基于知识学习的需要设置情境,进行合作探究学习,而是单纯为情境而情境,为合作探究而合作探究。如此一来,教学方式的变革也就失去了意义,正如某位学者所言,"课堂有温度却无深度""有活动没体验""合作有形式无实质"[4]。"知识教学"被"虚化"还表现在脱离知识的传授与学习,片面强调情感、态度、价值观的培养。基础知识、基本技能是培养情感、态度、价值观的基础,然而新课程的许多课堂却往往脱离具体知识孤立地进行情感、态度、价值观教育。结果必然使情感、态度、价值观的培养无源无本,学生的全面发展更无从谈起。

"知识教学"被"虚化"的现象违背了教学规律,并导致新课程在实施中出现了一系列的问题。随着新课改的推进,这个现象也越来越被教育界所重视,并引发了一系列理论上的讨论以及实践上的调整。有的论者把这个问题归因于课程实施者主要是教师对"新课程理念的理解、领会出现了偏差""经验和能力不足"[4];有的论者则认为主要是因为"新课程理念本身理论上不正确"[5]。最近国内教育界关于"轻视知识"教育思潮的论争也反映了不同学者专家对这个问题的立场和认识。虽然论者各执己见,见仁见智,对所讨论的问题没有形成统一的认识,但是大家都一致认为当前课堂教学中"知识教学"被"虚化"的现象是新课改的一大问题。例如,著名教育家王策三先生就多次撰文指出,学校教学要注重知识传授。钟启泉教授也认为要防止"轻视概念性知识的体验主义教学"[6]。

总而言之,教学方式的变革要与知识教学紧密结合,脱离知识讲情境、体验、合作、探究,讲情感、态度、价值观,只能让促进学生全面发展成为一句海市蜃楼般的空话,长久下去,势必影响基础教育的质量。

综上所述,我国概念教学一直以来在理论研究和教学实践中都存在着不足,新课程提出的教学方式的变革并没有从根本上解决问题,反而导致了"知识教学"被"虚化"的现象。"知识教学"被"虚化"直接表现为概念教学被淡化、甚至被取消,从而严重影响我国基础教育的质量。本文认为要改变这种状况,就需要踏踏实实地做好概念教学研究,探讨促进概念教学的途径。

二、概念教学中正反例研究综述

教育心理学家很早就开始研究例子在学习中的作用,"例中学"在过去的至少40年中都是教育心理界一个主要的研究课题[7],教学论史上就曾出现过著名的范例教学。学习者倾向于把例子作为信息的来源[8]。学生要想成为解决问题方面的专家,需要展现给大量的有解样例[9]。其实,任何人只要稍微回想一下自己的学习历程,就不难理解例子对于学习的重要性。

目前关于例子在学习中作用的研究大致可以分为两个部分,一部分主要研究正反例(Positive-negative Example)对于概念学习的作用,另一部分则主要研究有解样例(Worked Example)对过程学习、问题解决的作用。西方教育心理学家在这一领域进行了大量成果颇丰的研究,对教学实践产生了积极的影响。特别是关于有解样例对过程学习、问题解决作用的研究更是目前教育心理学界研究的热点。这一方面的研究主要探讨如何设计单个样例(样例内特征)、多重样例(样例间特征),如何通过样例设计促进学生自我解释效应,样例在问题解决中的类推作用,样例与认知负荷的关系等等问题[7]。近年来,国内也有学者陆续介绍这一方面的研究,并做出了一些有益的探索。然而,关于正反例在概念学习中作用的介绍却十分少见。基于概念教学的重要性及其在我国的现状,本文将着重介绍国外关于正反例在概念学习中作用的研究,希望能对国内概念教学有些许启发。

(一)概念、正例、反例

心理学认为概念是人脑对客观事物的本质特征的认识。梅瑞尔(Merrill)和坦尼森(Tennyson)认为概念是特定对象、符号或者事件的集合,它们具有共同的属性,而且能够被特定的名称或符号所引用[10]。概念的属性包括相关属性(Relevant Attribute)和无关属性(Irrelevant Attribute)两种,每个属性都具有不同的值(value/level)。相关属性指的是涉及概念本质特征的关键属性;无关属性指的是不涉及概念本质特征的、可变的属性。例如"汽车"指的是用内燃机作动力,通常有四个或四个以上的橡胶轮胎的交通工具[11],这个概念的相关属性是内燃机作动力、有四个或以上橡胶轮胎、交通工具,具有全部这些相关属性的所有对象都可以叫作"汽车"。这些相关属性使人们能够把它与飞机、轮船、自行车等交通工具以及其他概念区分开。而形状、大小、颜色等等则是"汽车"的无关属性。

概念学习本质是对概念属性的辨认,而例子则是概念属性的具体化和形象化,对概念的学习有着重要的辅助作用。例子包括了正例和反例两种。正例(Positive Example)是概念集合下的成员之一,具备概念所有相关属性。例如,吉普车、轿车具备了上面提到的"汽车"的所有相关属性,因此它们是"汽车"这一概念的正例;同样的道理,等边三角形、正三角形是"三角形"这一概念的正例。反例(Negative Example)是指缺乏概念一个或多个相关属性的例子。例如,自行车是"汽车"这一概念的反例,因为自行车虽然拥有"交通工具"这一"汽车"的相关属性,却缺少了"内燃机作动力"和"有四个或以上橡胶轮胎"这两个相关属性;同样的道理,平行四边形是"三角形"这一概念的反例。

具备相关经验以及掌握具体例子是学习复杂、抽象概念的关键[12]。概念教学研究中关于正反例的研究正是要探讨教学中如何使用正反例来帮助学生辨认概念的属性,从而掌握概念。这是众多研究者感兴趣的领域,而我国目前对此领域尚缺乏研究。

(二)概念教学中正反例研究概述

早在1933年,斯默克(Smoke)就开始研究正反例在概念教学中的效果[13],自此之后大量的研究开始涌现。概括地说,研究主要探讨了正反例的呈现顺序、质量和数量等问题。

首先,正反例的呈现顺序是指在教学中以什么顺序呈现正反例,应该是按照例子的类型还是特征来呈现。按例子的类型是指先呈现所有正例再呈现所有的反例,或者先呈现所有的反例之后再呈现所有的正例。按例子的特征是指基于例子的本身的属性和例子之间的关系来呈现正反例(可参见下文关于正反例质量的解释)。几乎所有的研究都表明,按例子的特征来呈现正反例的教学效果最好[14]。

其次,正反例的质量是指关于什么是"好"的正反例的问题。"好"的正反例能够促进学生对概念的掌握,那么什么是"好"的正反例呢?研究表明,"好"的正反例至少具备三个特征:(1)正反例相互匹配(Match);(2)正例之间差异大(Divergency);(3)由简单到困难呈现例子(Easy-to-difficult)[14][15]。正例与反例相互匹配是指它们之间具有相同值的无关属性;正例之间差异大是指两个正例之间的无关属性的值尽可能地不同;而例子的难度则由学生在只根据概念定义的情况下能够正确识别的数量来决定。

第三,正反例的数量是关于正反例的比率与数量是多少才合适的问题。研究表明,正例的数量应该大于或等于反例的数量,而对于课堂教学而言,1∶1的比率是比较符合教学实际的[16]。教学中应该使用多少个正反例则取决于学习任务、学习环境及学习者自身的情况,并没有固定的标准。

总的来说,目前关于正反例的研究成果告诉我们,教师在课堂教学中应该积极使用例子进行概念教学。正确的方法应该是按照例子的特征来组织教学;正反例应该相互匹配,正例之间差异要大,由简单到困难来呈现例子;正反例的比率应该是1∶1,例子数量视具体情况而定。

(三)坦尼森(Tennyson)概念教学模式

1977年,坦尼森教授和他的同事们在总结前人及自己研究成果的基础上,提出了著名的坦尼森概念教学模式,提供了一种把正反例研究的成果应用到具体教学设计中的方法,这种模式也称梅瑞尔-坦尼森(Merrill & Tennyson)模式。

坦尼森等人认为一堂完整的概念教学课需要包括介绍概念的定义、呈现正反例以及练习三个最基本的环节,下面结合"三角形的高"这个概念,简要介绍这三个环节。

1. 概念的定义(Definition)

坦尼森等人认为,定义在概念学习中是十分有用的,能够减少学生通过正反例辨别概念相关属性所付出的努力。在概念学习过程中,概念的定义要尽可能准确,而且应该在正反例之前呈现。一个完整的定义应该由概念的名称、概念的相关属性以及联结相关属性的词语组成,概念的相关属性是定义的中心。他还提出了定义概念的公式:

(概念的名称)是一种(高一级概念的名称),它具有(相关属性1的值)(相关属性2的值)(相关属性3的值)……

这种定义方式类似"属加种差"的下定义方法,先指出这个概念的"属",即比它高一级的概念,然后再指出这个概念与同级概念的差别,即"种差",这些差别即是相关属性的不同值。以"三角形的高"为例,可以这样给"三角形的高"下定义:三角形的高是一种与三角形有关的线段,它要经过三角形的顶点并垂直于这个顶点对边所在的直线。"三角形的高"的"属"是与三角形有关的线段。而"经过顶点"和"垂直于顶点对边所在的直线"这两个相关属性的值,使它区别于其他同级概念如中线、角平分线等。

2. 解释性呈现(Expository Presentation)

解释性呈现即在介绍概念的定义之后向学生呈现组织合理的正反例,同时解释正例之所以为正例,反例之所以为反例的原因。坦尼森等人认为,只是向学生介绍概念的定义,而没有呈现这个概念的正反例,学生往往只会记住表示概念的一串字符,而无法真正掌握概念。因此,他们主张在概念教学中要依据匹配、差异和由简到难这三个原则向学生呈现正反例,并向学生解释每个正反例。

以"三角形的高"为例,"三角形的高"有两个相关属性和至少两个无关属性,每个属性都有两个不同的值,如表1所示。

表1 "三角形的高"的相关属性与无关属性

属性		值①	值②
相关属性	① 顶点	经过顶点	不经过顶点
	② 垂直	垂直于对边所在的直线	不垂直于对边所在的直线
无关属性	① 位置	在三角形内	在三角形外
	② 倾斜度	垂直于水平面	不垂直于水平面

明确了概念的相关属性、无关属性以及不同属性的值之后,就可以根据坦尼森等人提出三个原则来向学生呈现这个概念的正反例。如图1,图形(1)(2)是相互匹配的正反例,(1)中的虚线具备了两个相关属性的值①,即经过顶点并垂直于对边所在的直线,因此是△ABC 的高;(2)中的虚线不是△ABC 的高,但它除了相关属性①的值不同之外(不经过顶点),其他的属性的值与(1)中的虚线都一样,即它也是垂直对边所在的直线、在三角形内并垂直于水平面,因此图形(1)和(2)是相互匹配的正反例。同样的道理,图(3)和图(4)也是相互匹配的正反例。

图形(1)和(3)是差异大的两个正例,(1)和(3)中的虚线都具备了两个相关属性的值①,即经过顶点并垂直于对边所在的直线,因此它们都是△ABC 的高,但是它们的无关属性的值都不同,一个在三角形内,一个在三角形外,一个垂直于水平面,一个则不垂直于水平面,因此说这两个正例差异大。就难度而言,图形(1)的难度要明显小于图形(3),即学生更容易识别出图形(1)中的虚线是△ABC 的高。

图1中的四个正反例也被坦尼森等人称为一套组织合理的正反例,在实际教学中,由于具体情况不同,正反例的数量也会有所不同。

3. 问题式练习(Interrogatory Practice Presentation)

所谓问题式练习是指向学生呈现他们之前没见过的、随机排列的正反例,然后要求学生辨别这些正反例并做出解释,在这个过程中教师要提供适当的反馈。坦尼森概念教学模式自提出之后,在概念教学领域引起了广泛的影响。研究者把这个模式应用到不同学科、不同年龄段的概念教学中,这些研究都得出了基本一致的结论:这种教学模式能有效地帮助学生辨别概念的属性,掌握概念。

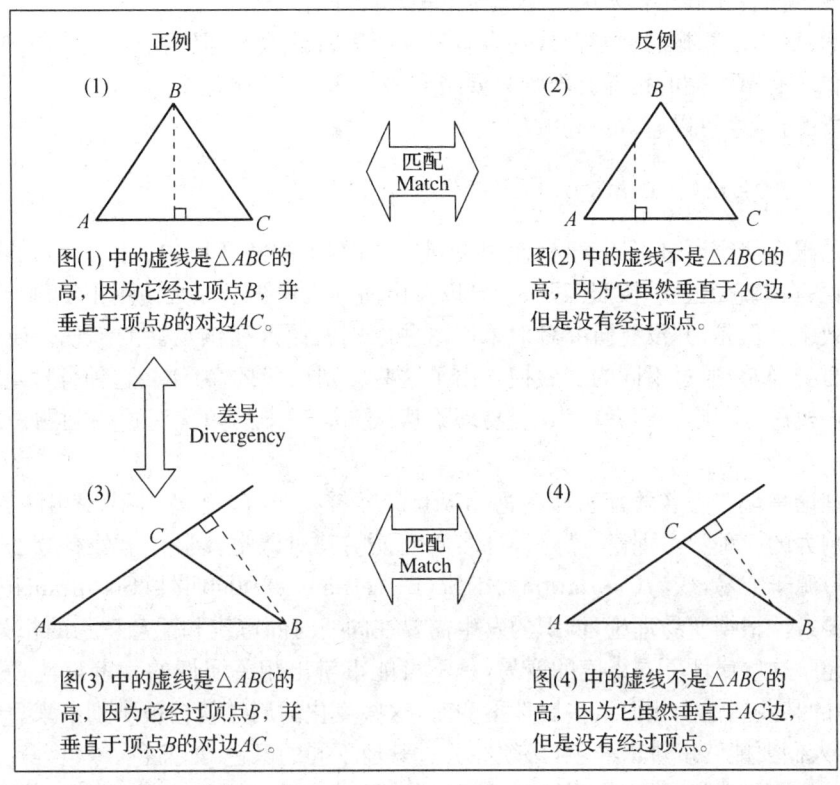

图1 "三角形的高"正反例的合理组织

当然,人们对坦尼森概念教学模式也提出了一些批评,概括起来有以下几种:(1)课堂概念教学中实施全部三个环节的必要性。麦克基尼在1985年通过教学实验发现,在教授社会科概念时,整个模式的教学效果并没有显著好于单个环节(解释性呈现或问题式练习),他因此认为使用正反例来教授社会科概念已经足够,并质疑在教学中实施全部三个环节的必要性[1]。(2)这个模式要求在解释性呈现环节中按照由简到难的顺序向学生呈现正反例,这个原则不仅增加了教师使用这个模式的难度而且也不必要。麦克基尼等人通过实验发现由简到难和随机呈现正反例的教学效果并无显著差异[17]。(3)问题式练习环节中应该基于学生的反应向学生呈现正反例,而不是以随机的方式。伯斯(Burts)等人指出,在练习中基于学生的反应选择正反例的教学效果好于随机的方式,他们因此建议对这个教学模式做出相应的修改[18]。

除了以上几种批评之外,坦尼森等人自己也提出了这个教学模式的一些不足。如概念学习的学科特殊性。很明显,学习数学概念和学习语言学概念的认知过程是不同的。因此应用这个模式进行不同学科的概念教学时,应当根据学科特点做出适当的调整。他们还指出这个模式在考虑个体差异上存在着不足。如问题式练习环节中教师提供反馈的策略,学生已有知识、认知风格、智力等个体差异对概念学习的影响等问题应进一步研究。针对以上批评,结合进一步的研究成果,坦尼森等人也在不断修改和发展这个教学模式。如他们提出概念的定义呈现完之后,还要结合具体情境阐述定义;在解释性呈现之前最好能呈现代表这个概念的最佳例子;在问题式练习环节中,不再以随机的方式呈现正反例,而是基于学生对上一个问题的回答正确与否来决定正反例的呈现顺序等等[10][19]。

不可否认,坦尼森概念教学模式还存在着需要完善的地方,但这个模式为教师的课堂教学设计提供了有章可循的指导。教师只要结合具体概念,依照这个模式的三个环节准备以及展开教学工作,就可以有效提高教学效率。

(四)变易理论(Variation Theory)

已有的很多研究通过不同学科、使用不同方法、在不同的环境中、针对不同的对象验证了这一结论:在概念教学中按照匹配、差异以及由简到难这三个原则使用正反例能够有效地提高教学效果。但是,并没有研究者对采用这些原则的原因提供足够的解释。研究者更多的是依照自身经验,通过不同的实验摸索出了这些原则。那么,为什么这种合理组织的正反例能够促进概念学习呢?笔者认为,变易理论从认知心理学的角度对这一问题做出了合理的解释。

变易理论是瑞典著名教育家马飞龙(Marton)教授在20世纪90年代提出的、在国际上相当有影响力的一种学习理论,已经被许多研究证明其对课堂教学是十分有效的。变易理论认为学习源于变易,变易(Variation)、审辨(Discernment)和同时性(Simultaneity)是变易理论的三要素。根据变易理论,认识的发生需要在同一时间审辨和注意事物的相关属性,而如果没有经验这些属性不同维度的变易,是不可能审辨出相关属性的。审辨就必须经验变易,当现象的某些属性变化而某些属性不变时,这些变化的属性就会被辨别出来。

例如,人们要能够审辨出红色,必须经验过其他不同的颜色,如蓝色、绿色等等。如果世界上只有红色,人们就无法审辨出红色,这是很简单的道理。没有审辨就没有学习,学习就意味着能够辨别出现像的相关属性,而这个属性是学习者之前没有注意到或视为当然的。也就是说审辨是学习的关键因素,而变易又是审辨的关键因素,变与不变的类型(Patterns of Variation and Invariance)规定了学习的可能性。而所谓同时性是指学习者要在同一时间注意审辨出来的各个相关属性,在意识中同时把这些属性联系起来才能认识某个现象[20]。

虽然限于篇幅,笔者无法详细介绍变易理论,但是它的三要素对于我们理解正反例在概念学习中的效果却十分有帮助。下面我们结合图1的四个正反例简单加以解释。前面已讲过,图(1)和图(2)是相互匹配的正反例,除了相关属性①的值不同之外,其他属性(包括相关属性②和所有的无关属性)都保持不变,因此学生通过对比图(1)和图(2)就会审辨出相关属性①,从而发现"三角形的高"必须要经过三角形的顶点。类似地,学生通过对比图(3)和图(4)也会审辨出相关属性①。图(1)和图(3)的两个相关属性保持不变,无关属性的值都不同,因此学生通过对比图(1)和图(3)就会发现"三角形的高"既可以在三角形内部也可以在三角形外部,既可以垂直于水平面也可以不垂直于水平面,也就是审辨出无关属性①和②。可见,图1中的正反例正是利用了相关属性和无关属性的变与不变来帮助学生学习"三角形的高"这个概念的。

概念学习是指在辨别学习情境中,对具有共同属性的多个刺激发生同一反应,亦即掌握同类事物共同的关键特征[21]。换句话说,概念学习其实就是掌握概念的相关属性。变易理论同样认为,概念学习就是审辨出概念的相关属性,而学生只有在经验了属性之间变与不变的特定类型之后才能更好地审辨出这些属性,而审辨出概念的属性也就意味着掌握了这个概念。匹配、差异和由简到难这三个原则正是利用概念属性变与不变的安排使学生审辨出概念的相关属性,从而掌握概念的。

可见,变易理论为我们理解正反例在概念学习中的作用提供了一个独特的视角,使我们不仅知道什么样的正反例有利于学生学习概念,而且知道为什么这样的正反例有利于学生学习概念。在未来,应该进一步探讨如何把变易理论应用于概念教学之中。例如,变易理论还指出学习者要先单独审辨出事物的每个相关属性,最后同一时间把这些相关属性联系起来,融合在一起,才能认识这个事物等等。

三、对我国概念教学的启示

如前所述,目前我国基础教育需要加强概念教学的理论研究,积极探索促进概念教学的途径。前面关于正反例在概念教学中的研究成果为我们提供了重要的启示。

第一,应该加强概念教学的理论研究。概念教学自身具有特殊性和专门性,传统课程教学论中关于知识传授与学习的论述过于笼统和抽象,对教学实践的指导力度有限。研究者应积极借鉴国外已有研究,探索符合本国教学实际的概念教学模式。比如可以探讨在我国教学条件下如何有效地运用正反例研究成果。相关研究还可以结合具体学科,探讨不同学科中概念学习的特点。如我国的数学教育一直以来都受到西方的推崇,那么和西方相比,我国数学教育中对概念的教学有何特点?教师使用什么方法来教授概念?师生之间的互动如何?如何使用数学例子?等等,都是值得研究的问题。近年来,我国科学教育领域积极引进前概念的研究,并应用于实际教学中便是一个很好的例子。

第二,应该加强概念教学实践中对正反例的使用,教师在课堂上应该更多、更有效地使用正反例来进行概念教学。概念课是教师们最不喜欢上的课之一,即使是经验丰富的教师在教授概念时也经常觉得不知从何下手。一位老师曾经这样形容概念教学:"概念课最枯燥,没什么好讲,不知道怎么讲,怎么讲效果也不好,学生也不喜欢听。概念的定义那么短,一下子就讲完了,讲完定义就直接做题,做了题才发现学生对概念一知半解,掌握不扎实。"因此,坦尼森概念教学模式的三个环节,特别是呈现正反例的三个原则对教师进行概念教学的课堂设计具有很强的实用价值,教师如果能够以这个模式为基础,结合自身的教学实践,开发出特定概念的合理组织的正反例,从而形成稳定的概念教学方案,一定能够大大提高概念教学效果。比如说,几何老师先列出需要教授的重要的几何概念如平行四边形,然后根据概念教学模式,分析这个概念的相关属性与无关属性并开发出相应的正反例,以后在教授这个概念的时候就可以利用这些正反例来帮助学生掌握概念。如此一来,教师就不会在讲完概念的定义之后无所适从,教学效率将会大大提高。在这里需要指出的是,相关的师资培训工作应该跟上。教师在使用坦尼森概念教学模式时可能会出现困难,例如分不清概念的相关属性和无关属性,开发不出足够的正反例,正反例的难度不合适,正反例不匹配等等都可能会影响概念教学效果。如果能对他们进行适当的培训,帮助他们形成一套较为稳定的概念教学方法,甚至通过培训网络使正反例资源得到共享,无疑将会大大方便教师的工作。

第三,教科书编写中应该注意正反例在概念教学中的作用。众所周知,教科书在学校教育中处于非常重要的地位,对教学有重要的影响。然而,正如麦克基尼等人所指出的,大部分的教科书都没有反例[22]。休威(Shumway)等人在分析了大部分学科的教科书后也得出相似的结论,反例在其中所占的比例非常小[23]。类似地,帕悌(Petty)和简森(Jansson)也指出,一些教科书中的几何概念例子都是随机排列的,如果太过于依靠这种材料会不利于学生学习概念,他们进一步建议在选择有关几何概念的教科书时,应该首选有合理组织正反例的教科书[24]。此外,教师在使用正反例进行概念教学时,可能因为能力或时间的问题而无法设计出组织合理的正反例[17],一本具有组织合理的正反例的教科书无疑对教学帮助颇大。因此加强概念教学,也要从教科书入手,使之成为教师进行概念教学的重要工具。

参考文献:

[1] McKinney, C. W.. A Comparison of the Effects of A Definition, Examples, and Nonexamples on Student Acquisition of the Concept of "Transfer Propaganda"[J]. *Social Education*, 1985, 1: 66—70.

[2] 丛立新,曾琦. 国内概念教学的研究现状及意义[J]. 教育科学研究,2006(4):34—36.

[3] 曾琦,苏纪玲,章学芸,江昕. 概念学习的心理学研究成果及新进展[J]. 教育科学研究,2006(4):37—40.

[4] 余文森. 新课程教学改革的成绩与问题反思[J]. 课程·教材·教法,2005(5):3—9.

[5] 王策三. 关于课程改革"方向"的争议[J]. 教育学报,2006(2):3—10.

[6] 钟启泉. 知识隐喻与教学转型[J]. 教育研究,2006(5):19—24.

[7] Atkinson, R. K., Derry, S. J., Renkl. A., Wortham, D.. Learning from Examples: Instructional Principles from the Worked Examples Research [J]. *Review of Educational Research*, 2000, 70 (2): 181—214.

[8] Renkl, A., Stark, R., Gruber, H., Mandl, H.. Learning from Worked-out Examples: The Effects of Example Variability and Elicited Self-explanations [J]. *Contemporary Educational Psychology*, 1998, 23: 90—108.

[9] Sweller, J., Cooper, G. A.. The Use of Worked Examples as a Substitute for Problem Solving in Learning Algebra [J]. *Cognition and Instruction*, 1985, 2: 59—89.

[10] Merrill, M. D., Tennyson, R. D., Posey, L. O.. *Teaching Concepts: An Instructional Design Guide* [M]. Engle—wood Cliffs, New. Jersey.: Educational Technology Publications, 1992.

[11] 中国社会科学院语言研究所. 现代汉语词典[M]. 北京:商务印书馆,2001.

[12] Haack, P. A.. Use of Positive and Negative Examples in Teaching the Concept of Musical Style [J]. *Journal of Research in Music Education*, 1972, 20 (4): 456—461.

[13] Smoke, K. L.. Negative Instances in Concept Learning [J]. *Journal of Experimental Psychology*, 1933, 16: 583—588.

[14] Merrill, M. D., Tennyson, R. D.. Concept Classification and Classification Errors as a Function of Relationships between Examples and Nonexamples [J]. *Improving Human Performance Quarterly*, 1978, 7: 351—364.

[15] Tennyson, R. D. Effect of Negative Instances in Concept Acquisition Using A Verbal Learning Task [J]. *Journal of Educational Psychology*, 1973, 64: 247—260.

[16] Ali, A. M.. The Use of Positive and Negative Examples during Instruction [J]. *Journal of Instructional Development*, 1981, 5 (1): 2—7.

[17] McKinney, C. W., Ford, M. J., McKinney, J. C.. The Effect of Presentation Order of Examples and Nonexamples on Undergraduates Acquisition of a Social Studies Concept [J]. *Journal of

Social Studies Research, 1984: 1—12.

[18] Burts, D. C., McKinney, C. W., Ford, M. J.. The Effects of the Presentation Order of Examples and Nonexamples on First–Grade Students Acquisition of Coordinate Concepts [J]. *Journal of Educational Research*, 1985, 78 (5): 310—314.

[19] Tennyson, R. D., Cocchiarella. M. J.. An Empirically Based Instructional Design Theory for Teaching Concepts [J]. *Review of Educational Research*, 1986, 56 (1): 40—71.

[20] Marton, F., Pang, M. F.. On Some Necessary Conditions of Learning [J]. *The Journal of the Learning Sciences*, 2006, 15 (2): 193—221.

[21] 朱智贤. 心理学大词典[M]. 北京:北京大学出版社,1989.

[22] McKinney, C. W., Larkins, A. G., Ford, M. J., Davis, J. C.. The Effectiveness of Three Methods of Teach-ing Social Studies Concepts to Fourth-grade Students: An Aptitude-treatment Interaction Study [J]. *American Education-al Research Journal*, 1983, 20: 663—670.

[23] Shumway, R. J., White, A. L., Wilson, P., Brombacher, B.. Feature Frequency and Negative Instances in Concept Learning [J]. *American Educational Research Journal*, 1983, 20 (3): 451—459.

[24] Petty, O. S., Jansson, L. C.. Sequencing Examples and Nonexamples to Facilitate Concept Attainment [J]. *Journal for Research in Mathematics Education*, 1987, 18 (2): 112—125.

五、科学探究教学研究

- 科学和儿童本性的回归——科学探究性学习教学目标之探究（罗星凯）
- 对探究教学几个理论问题的认识（李森 于泽元）
- 对探究教学的认识与思考（柴西琴）
- 『科学探究』教学的哲学思考（应向东）
- 中国小学科学教育中与『Hands on』方案有关的研究（郁波）
- 引导学生自行探究获取知识（李建梅）
- 论面向真实科学（徐学福）
- 论科学实验在教育中的地位（罗琬华 殷传宗）
- 论科学教育中的科学方法教育问题（郝京华）
- 科学探究式教学要注重原始创新基因的培育（项红专）
- 青少年的科学探究创造力研究（胡卫平 俞国良）

科学和儿童本性的回归
——科学探究性学习教学目标之探究[①]

罗星凯

对于科学而言,探究是理所当然的事,没有探究何来科学?而谈到探究性学习(罗星凯,李萍昌,2001,2002),则远非是不证自明的。我们首先要自问的是:对于中小学生,学习的时间十分有限,学习的内容又主要是相对成熟的人类已有科学知识成果,为什么要提倡费时费力的探究性学习?通过学生的科学探究性学习究竟要实现什么样的培养目标?研究科学探究性学习,首先要正视的是这样的涉及教学目标的问题,否则,后续问题的研究,如内容的选择和探究性学习活动的组织与教学设计,就没有明确的方向。

讨论教学目标,要考虑的因素很多,个人发展的需要和可能、学科的发展和可能,社会发展的需要和可能,特别是新世纪对人才的要求等等,都是必须纳入研究范围的。然而,就科学探究性学习来说,所牵扯到的最根本性的教育问题,就是科学探究的本质和学生学习的规律。因为,要实施真正意义上的探究性学习,而不是形式上的、走了样的探究性学习,就必须对科学探究的真面目有恰当的认识,也必须对学生怎样才能有效、有意义地学习有尽可能多的和尽可能清晰的了解。本文力图通过对在这两个问题上理论的梳理和现实的反思,来思考和定位我们当前在"实施以德育为核心、以培养创新精神和实践能力为重点的素质教育"的大背景下,推进科学探究性学习的教学目标。

一、对科学探究的探究

如前所述,要追求一种不走样的科学探究性学习,我们首先要弄懂的就是科学上的探究,也即要对科学探究来一番探究。这个问题本身实际上早已成为一个科学问题,而且是一个大的科学问题。自从人类有了灿烂的文化以来,就有科学知识的出现,也就产生了探讨科学认识的需要。特别是 17 世纪以来,随着新科学的兴起,通过对科学知识的分析来探讨认识论问题成为哲学研究的热门。科学,在我们心目中往往意味着真知,但我们称之为"科学"的这个东西到底在何种程度上反映了客观现实?真实地表达了客观实在的科学真理到底存不存在?科学知识是怎样产生和发展的?在科学研究中,观察和实验究竟扮演什么角色?比较和评价科学理论的标准何在?对这些涉及科学知识的本质、起源、动力以及知识的确定性和真理性的问题,在成天与科学研究打交道的自然科学家中间,也都是仁者见仁、智者见智,在科学哲学家中间就更加是争论不休的了。对近代科学哲学的一些主要流派的考察或者能够给我们的科学教育带来一些启示。

在古典经验论的归纳主义和古典唯理论的演绎主义对科学知识的来源与发展的解释都陷入失败的困境之后,20 世纪 30 年代初期兴起了逻辑经验主义。针对古典经验论所遇到

[①] 本文选自《广西师范大学学报(哲学社会科学版)》2003 年第 1 期,第 93—101 页。

的困难,它们强调了经验基础的或然性,用具有一定概率的假说代替证明的知识,并以是否"有意义"作为区别科学与非科学的标准。逻辑经验主义提出了观察语言和理论语言两种语言模型,认为观察语言或观察词汇是明白清楚、意义不变的,而理论名词或理论词汇所具有的任何意义必须并且仅仅得自于使用它们的理论公设与对应规则,从而把观察语言视为科学概念形成和假说验证的唯一源泉,并作为比较科学理论的唯一基础。这种语言模型的划分过于简单化甚至歪曲了科学研究的现实,一开始就受到了普遍的质疑。该理论在科学教育上的反映,就是对观察和实验的简单化理解、机械化处理。而事实上学生的观察和实验学习过程与他们原来已有的知识和观念的关系甚大,[1]学生头脑中的"前科学概念"尤其不容忽视,因为"它们不仅影响学生们对事物及现象的解释和表述问题的结构,而且将学生的注意导向一个特定的方向,因而进一步影响他们正在进行中的观察和实验活动"[2]。这样,逻辑经验主义仍然无法解决科学知识证实标准以及科学认识如何由变化不居的感觉经验上升为恒定、普遍的理论命题的问题。

在20世纪30年代中期,卡尔·波普开始系统地提出了与证实主义相对立的证伪主义。他认为"科学客观性的要求必然导致每个科学陈述都必定是试探性的。"一个科学理论即使得到千百次的验证,都不能被最终证实,但是一次反证就足以证明它为假。因此波普认为科学之所以科学,在于可以被证伪,而不是经验主义的证实或概然地证实,在科学的任何层次上都没有经验的确实性。在波普看来,要求确实性不是科学家的态度,是信仰者的态度。使一个人成为科学家的,并不在于他掌握知识、掌握无法反驳的真理,而是他坚持不懈地、不顾一切后果地采取批评态度的对真理的寻求!科学不是通过观察的积累,而是通过证伪来发展的,通过对理论的不断反驳,一再推翻现有的科学理论,用新理论取而代之而使科学得到进化。而且假说一旦被证伪,就必须排除出科学。因此,牛顿和麦克斯韦的理论以及爱因斯坦的科学革命,成了波普派最喜爱的伟大的可证伪理论的典型;而迈克尔孙-莫雷实验和爱丁顿勋爵为验证广义相对论预言而进行的对日全食时星光经过太阳的偏离的观测,则是使他们深感"理智上的震动"的判决性实验。

然而,波普派关于科学发展的"不断革命"论无法解释相对静态的科学知识的常规积累过程。对此,以托马斯·库恩和法伊尔阿本德为代表的历史主义学派提出了新的观点。作为科学史家,库恩经过仔细考察科学生活的事实,发现许多科学行为,包括科学巨人的行为,都是不断地违反公认的方法论准则的,但这一点也不妨碍科学事业的成功。由此他对科学的本质和科学的进化产生了新的看法。他认为科学发展既不是归纳主义的科学知识直线积累,也不是证伪主义的科学理论的不断更替,而是按照"前科学→常规科学→危机→科学革命→新的常规科学……"的模式进行的。常规科学是一门科学达到成熟的特征,其标志是规范(或称范式)的建立,也就是科学共同体公认的理论,包括研究方法和技术、研究价值取向的形成。无论是在常规科学中还是在非常研究中,一个规范是决不会由于证伪而被淘汰的。在常规研究中它甚至根本不会被怀疑,而在非常研究中,并不是"顽抗的资料",而是另一个理论把它推翻。"放弃一个规范的决定永远同时是接受另一个的决定。"工作在不同规范下的科学家借以观察世界的整个概念结构都不同,就如同生活在不同的世界一样。至于区别科学和非科学的标准,库恩认为与其说是可检验性(如波普的可证伪性),倒不如说是解决疑难的活动。例如占星学就是典型的伪科学,按波普派的说法是占星学家为了避免证伪而毁坏了他们的理论的可检验性。而库恩认为真正的理由是占星学家虽然做出了可检验的预测并承认有时候这些预测失败了,但他们并不也不能够从事那种解决疑难的活动。失败的出现能够被解释,可是具体的失败并不导致研究疑难的产生,而没有要解决的疑难,也就没有要加以研究的问题。因此,它就不能像天文学一样成为科学。

这样,被归纳主义视而不见的科学史中非累积的发展阶段,被证伪主义者所忽略的科学中受传统束缚的常规活动,在历史学派这里都被捡了回来。他们的科学发展观明显地有了动态的、量变和质变交替的格局。其思想特别是科学革命的思想的影响是很深远的。对科学教育尤其具有启发意义。库恩本人也曾直接尖锐地指出了科学教学所存在的问题。他将一些科学教科书中的导语严厉地批评为"科学课本中那些永恒不变的陈词滥调所提出的问题",指出"这种课本似乎总是暗示,书中所描述的各种规则、定律、理论已经完美地表明了科学的内容。几乎无一例外,这些书读起来都像是在说:科学方法其实就是搜集教科学材料的技巧,再加上对材料进行理论概括的逻辑推理方法。这就造成了对科学本质和科学发展的一种纠缠不清的科学观"[3](P1)。今天我们的科学技术比起库恩当时所指的20世纪五六十年代不知又前进了多少,但我们的科学教育与他所抨击的那种情况相比,又有了多大的改进呢?

历史主义者提出了一个更接近于科学实践的理解科学发展的历史模型。可是,在他们的历史模型中,对于科学合理性的评价、对于科学进步的理解,他们的观点由多元主义发展成了相对主义。在库恩看来,不同常规科学所采取的评价标准是不相同的,因而对于不同规范的不同理论之间的选择,没有任何超规范的标准可以依据。法伊尔阿本德也持这样的立场:事实上并没有任何普遍标准在科学中起作用,而且原则上也没有任何标准应当如此。由于坚持互相替代的理论之间的不可比较性,没有任何合理的论证能够在他们之间做出选择,库恩就只能将科学革命比作政治革命了。他认为要让人接受一个新规范就如同改变人的信仰,不是单纯的理论思想的改变。为此,必须像政治革命那样靠宣传和劝诱。这种改变要么就根本不发生,若发生就是突然的(尽管不必要在一个瞬间),"因为它是一种不可比较的东西之间的转化,是竞争着的规范之间的转化,不能够为逻辑和中立经验所迫使而一步一步地做出来"[3]。就像格式塔心理学所述的"形态转变"一样。很明显,库恩的这一思想对于我们在科学教育中善待学生的概念错误,特别是认识那些在学生心中早已烙下深深印迹的前科学概念的重要意义、对于我们如何设计有效的转化学生概念的教学情境和教学策略,都是很有启发作用的。但在库恩那里,好像在规范的选择中没有立足于客观的根据做出合理选择的可能性。接受一个新规范不能够有好的理由,因为"好理由"这个概念本身被认为是依赖于规范的。这样,科学家的行为就显得是非理性的了。库恩的这种偏激的观点自然也遭到了严厉的抨击,被指责为相对主义和非理性主义。后来不得不有所退却,承认规范之间的交流和比较是可能的:"后来的科学理论比起较早的理论来,就它们在常常很不相同的环境里被应用以解决疑难而言,是较好的。"

以上笔者刻意地将围绕着科学知识本质和科学知识进化的主要科学哲学思想观点梳理了一遍,旨在为后面的研究分析学生科学探究性学习、实施真正意义上的科学探究性教学的深层次思考提供在科学知识进化维度上的合适坐标。而关于学生如何理解科学知识、学生学习科学的行为特点则是另一个至关重要的维度。我们接下来将考察有关这方面的主要理论发展。

二、对科学学习的探究

作为科学探究性学习的主体,学生自然是又一个值得探究的对象。关于学生怎样学习,怎样获得知识,人类不仅已经积累了丰富的经验,而且也有了各具特色的理论,其中在当今的科学教育领域颇受注目的当推建构主义。笔者下面将通过对建构主义的考察,从学生学习的角度寻找对科学探究性学习一些核心问题的回答。

(一) 建构主义的基本思想和哲学背景

历史上的科学,它的发生发展,是科学哲学家研究的主题,而科学知识在学生头脑中的发生发展,则理所当然地应该成为心理学家或者更具体地说学习心理学家的研究内容。可惜的是早期的心理学家研究的多是动物的行为或人类的感知觉心理现象,学习理论多是根据这样的研究推论出来的。我国教师和师范生最熟悉的例子就是巴普洛夫的条件反射实验。如果我们说今天大家用来教学生学习科学的方法所依据的仍然是巴氏的那个通过信号刺激物让狗也流出唾液的实验所建立的理论,那可能会引发不少学生家长的疑惑甚至忧虑。然而,事实上这种说法并未言过其实。据多年来的所见所闻,笔者发觉"强化"这两个字可以概括地描述不少的"教"的行为或活动,也就是说,"强化"、复习"强化"、通过"强化班"再"强化"的模式成了不少学校和社会教学活动的核心。而这里的"强化"无论在字面上还是在意义上,都与巴普洛夫所指的"无关刺激和无条件刺激的结合过程"没有多大区别。这种行为主义统治科学课堂的现象并没有随着认知主义的出现而根本改观,这应该说从一个角度、在一定程度上反映了认知主义的注重学生学习的内部心理过程的思想还没有真正深入人心。实际上早期的认知主义的学习理论还比较缺乏科学教育实践的根基,应用性还不强,因而对科学教育实践的指导作用乏力。只是到了皮亚杰的时候,情况才发生了根本性的变化。他独创"临床法",在儿童摆弄或操作实物的活动过程中与他们进行对话,对儿童的行为进行系统的观察、描述和分析,以发现儿童所用概念的性质和发展水平。在他所研究的儿童概念形成和发展中,很多都是诸如速度、同时性、时间、空间之类的物理概念,他设计的探究儿童理解这些概念的诊断工具常常是采用简单的物理实验设计问题情境。他的研究结果和所用的与同时代认识论者和心理学者都不同的方法,为科学教育研究和教学提供了一个新的、很有前景的思路。因而颇受科学教育界的重视。更加值得注意的是,皮亚杰的理论中包括了丰富的如今在科学教育领域备受推崇的建构主义思想。这种思想有古老的历史。正如当代著名的建构主义者厄恩斯特·格拉泽斯费尔德(Ernst von Glasersfeld)所指出的,"知识是由它的认识者所建构的"。这一思想和西方哲学一样古老。早在公元前6—公元前5世纪苏格拉底以前的哲学家就已经认识到并不是人们所获知的一切都来源于感觉。思考,特别是人类的思考在很大程度上决定了人类知识的形成和发展。他们中一些人也注意到有关知识能够且应该可靠地反映一个独立于认识主体而存在的外在世界的观点所存在的严重问题。他们认识到根据知识所要解释的对象来检验知识是行不通的。人们所能做的只能是在知识之间进行比较。这一无法驳倒的论据被后来的怀疑主义者不厌其烦地反复使用。[4](P24)但是,从儿童心理学的实验研究中系统地探究认识的发生发展,特别是对事件、空间、因果性等范畴以及逻辑、数学知识等的形成和心理构建进行深入的研究,则是从皮亚杰开始的。在此之前,经验论者认为知识来自经验,但问题是知识能够告诉人们的远比经验要多；唯理论者认为知识来自理智的洞察，可换来的是对判定和证明理智产物正确性和合理性标准的迷失；先验论者虽然把知识视为先验的知识形式与经验的知识质料的综合，但是仍认为诸如纯数学和纯逻辑的知识是先验给予的。而皮亚杰则明确指出："认知的结构既不是在客体中预先形成了的，因为这些客体总是被同化到那些超越于客体之上的逻辑数学框架中去；也不是在必须不断地进行重新组织的主体中预先形成了的。因此，认识的获得必须用一个将结构主义和建构主义紧密地联结起来的理论来说明，也就是说，每一个心理结构都是心理发生的结果，而心理发生就是从一个较初级的结构过渡到一个不那么初级的（或较复杂的）结构。"[5](P15)"认识既不是起因于一个有自我意识的主体，也不是起因于业已形成的（从主体的角度来看）、会把自己烙印在主体之上的客体；认识起因于主客体之间的相互作用。"[5](P21)这种思想，实际上成了当今众多的以建构主义为旗号的科学教学改革行动的理论基础。

对当代建构主义的影响很大的另外一人就是苏联的心理学家、"维列鲁"学派的创始人维果茨基。他将历史主义的原则引进心理学，创立了"文化历史发展理论"。在这种理论看来，必须区分两种心理机能，即一种是靠生物进化结果的低级的心理机能，另一种是作为历史发展结果的高级心理机能，并且在个体心理的发展过程中这两种心理机能是融合在一起的。高级心理的实质是以"心理工具"，即人类社会所特有的语言和符号为中介的，是受社会历史发展规律制约的，因而个体心理是在掌握了全人类的经验的影响下而形成的各种高级心理机能。这就从本质上揭示了人类心理与动物在本质上的不同。在当今的建构主义者那里，维果茨基的这些思想被发展成了社会建构主义的主张，强调科学是人类的产物，是来源于人类又服务于人类的精神文化。因此，"合作学习"在社会建构主义那里得到特别的重视，20世纪70年代开始在科学教育中兴起并至今仍受到推崇的"科学、技术、社会（即STS）"运动，也是与社会建构主义的思想一致的。[6]此外，对于教学与智力发展的关系、对于教学如何促进发展，维果茨基提出了"最近发展区"的思想，认为在儿童智力活动中，所面临的问题和原有的发展水平之间存在差异，通过教学可以消除这种差异。因此，教学"创造着"并且"决定着"儿童的智力发展，主张教学应当走在发展的前面。

美国当代著名认知心理学家奥苏伯尔也是对当代建构主义有影响的一位人物。在他提出的有意义学习理论中，学生原有的知识结构被赋予了特别关键的地位。他认为，一切事物都是一个关联性问题，这种关联性的形成得益于使信息在现存整个结构中有其意义的"认知桥梁"的存在。他认为，具有"巩固知识"的体系是课程理解所必需的"认知桥梁"，学生原有的知识状况成为决定新的学习最重要的内部因素。在他所著的《教育心理学》扉页上，有一句被广泛引用的话充分反映了这一思想："如果我不得不把全部教育心理学还原为一条原理的话，我将会说，影响学习的最重要的因素是学生已经知道了什么，根据学生原有的知识状况进行教学。"20世纪70年代开始在西方研究学生前科学概念热潮的掀起，就与奥苏伯尔理论中的这一取向有直接的联系。

在此基础上，建构主义得到快速的发展。特别是进入20世纪90年代，建构主义成为学习理论中最引人注目的焦点。有人称它为"教育心理学中正在发生的一场革命"[7]。作为一种关于知识获得的理论（a theory of knowing），建构主义在认识的来源与认识过程的本质、真理的意义等这些对教育实践特别是科学教育实践起理论支撑作用、但长期以来在学术界都是争论不休且十分敏感的问题上，都有自己的有别于传统认识论的观点。"建构主义认为人类知识是个体在出于各种目的而试图理解所生活的社会或自然环境的过程中认知建构或创造的过程"[8]。但对于主体原有的认知结构在建构新知识中作用的大小,在建构主义者中看法不一,并因此被分类。按照较普遍的说法,当今的建构主义可以分为三类:强建构主义,社会建构主义和弱建构主义。众多的以建构主义为理论基础的实践者也就各取所需,形成各自侧重的教育实践方向。[9]

强建构主义①是对传统的认知表象主义的反叛,颇有建构主义之正宗的气势。所谓弱建构主义的名称,就是强建构主义的代表人物厄恩斯特·格拉泽斯费尔德(Ernst von Glasersfeld,后面简称格氏)为那些在他看来认识论取向保守的建构主义者所取的;而所谓社会建构主义,则是针对强建构主义忽略社会相互作用在知识建构过程中作用之不足而提出的。在强建构主义看来,不能离开知识的获得来谈知识,也就是说知识的本质是与认识它的人有关的。按照格氏的说法,建构主义致力于摆脱传统哲学的"知识必须是对客观现实的真实反映"的知识观。"即使我们能够以很大程度的准确性预测物理现象,也并不意味着我们所构造的关于现实的图景与实际的外部世界是符合的"。这一论断被格氏称为建构主义的核心思想(key element)。他认为,不管是物理学家还是普通人,我们预测的只是经验,也即我们所感知和思考的事物。而我们所感知和思考的东西从本质上来说不外乎我们进行这些(感知和思考)活动的特定方式的结果。这样的结果决不能说成是相似于,更不用说等同于外在客观的存在;我们可能断定的不过是自己可以感知和思考这个"真实的世界"中一些特定的事物。如果预言对了,一个建构主义者也只是说做出那个预言所根据的知识在那个场合对于特定情形是可行的。在建构主义者那里,"真理(truth)"被"合理(viability)"或"可行"所取代。② 其最重要的理由就是:如果谈到真理是指我们所说的和所想的必须是现实世界的真实反映或摹本的话,我们就不得不相信自己能看出或想象出那"真实"的世界是个什么样子,我们就不得不设想一个先于我们的注意、感知和思维而存在的世界。这样,我就断定不能超越经验的范围赋予"存在"任何意义。因为对我们来说"存在"基本的含义是对空间和时间的占有,但如果如康德(Kant)所说的空间和时间不过是我们经验的形式,而不属于超越经验客观存在的现实,我们就无法离开空间和时间去觉察事物。对我来说,这就是一个好的理由抛弃在经验世界之前我们必须得先知道或想象它为何物的概念。我们必须做的只是形成一个理论,相对合理地解释我们是怎样获得生活中用到的那些知识的。[4](P25)

即使是在今天,强建构主义的这些观点都很容易使人联想到唯心主义和相对主义。但是,"唯心主义者认为只有心灵和心灵的构造物才是唯一的现实。建构主义者认为我们能认识的只是自己心里所构造的东西,但是心灵的活动并不是自由随意的,就像现实中有些方法行得通而另外一些则行不通一样,我们的一些概念和理论起作用而另一些则行不通。对于建构主义来说,一些概念行得通的事实并不意味着它因此成了'真实'世界的反映,而使其他的概念就无立足之地了。不管在经验的范围我们如何感觉良好,'真实'世界仍然是不可知的。"[4](P24—25)对于充斥于教科书和电视媒介中的科学至上论,格氏认为是一种新的西方宗教,一种伪哲学。因为它声称发现了客观"真理"。[4](P28)在格氏看来,"存在"一词都会带来矛

---

① 即 radical constructivism,一般多译为激进的建构主义。
② 从这一方面看,它类似于实用主义,不过,对实用主义的著名口号"可行者即真理",格氏认为是对"真",一词的误用。

盾,因为"存在"意味着对空间和时间的占有,而时间和空间都是我们经验的构造物,离开了我们经验的"存在"是没有意义的,而不管独立于我们的客观实在到底如何,那都是我们不可见或不可悟的。因此,强建构主义者觉得连承认客观实在的存在都没有必要,因为人们无法表明它的真相,而是喜欢用"经验实在(experiential reality)"这个概念。按照社会建构主义的观点,科学并不揭示世界的真理,而是对我们可能的行动给予卓越的说明,让我们进行交流和行动。这些说明在不同程度上符合并被用于具体的情况。对于建构主义本身,格氏认为也只不过是一种对他而言现时看起来似乎最合理的观点。

如果我们正视科学知识深刻变化的事实以及众多科学家的认识论立场,也许能从建构主义的思想中领悟出更多的合理性。科学巨匠爱因斯坦曾和英费尔德合著了一本《物理学的进化》,目的就是要"用粗线条描绘出人类智力如何寻找观念世界和现象世界的联系。"该书以大量有说服力的科学研究实例,对思维和观念在探求客观世界的知识中所起的作用有精辟的论述。例如,"科学没有永恒的理论。一个理论所预言的论据常常被实验所推翻。任何一个理论都有它的逐渐发展和成功的时期,经过这个时期以后,他就很快地衰落。"[10](P53) 著名物理学家劳厄也有类似的看法:"物理学从来不具有一种对一切时代都是最完美的、完满的形式,而且它也不可能具有完美的、完满的形式,因为它的内容的有限性总是和可能观察的无限丰富多样化相对立的。"[11] 对这些物理学大师的观点,格氏的结论是"多数大物理学家的言论和文章中都隐含有建构主义的立场。"他认为著名物理学家亥姆霍兹早在1881年所写下的"因果关系法则其实不过是对所有的自然现象都具有规律性的一种假设"很具有代表性。实际上,爱因斯坦在这方面的观点,已经不只是隐含而是明确地表达了建构主义的立场。爱因斯坦在评价伽利略的发现的意义时写道:"人的思维创造出一直在改变的一个宇宙图景。"[10](P5) 在通过运动考察的例子得出"凡是要用实验来加以证明或推翻的结论实际上是一些猜测罢了"的结论后,他写道:"物理学的概念是人类智力的自由创造,它不是(虽然表面上看来很像是的)单独地由外在世界所决定的。"[10](P23) 在谈过了经典物理学在19世纪末所遇到的种种困难后,他指出:"现代物理学已经解决了所有这些问题。但是在解决这些问题的斗争中又产生了新的、更深奥的问题。我们的知识比起19世纪的物理学家的更广更深了,但是我们的疑惑与困难也比他们更广更深了。"[10](P216-217) 这些论述,特别是对于我们关于客体的概念是"人类智力的自由创造"的说法,格拉泽斯费尔德特别欣赏,称它是对建构主义者认为"关系性或操作性概念是各种程度的抽象思维的结果"这一思想的精彩表达。[4](P5) 不过在前述的《物理学的进化》一书中,爱因斯坦虽然说了"物理学的概念是人类智力的自由创造",但在举了一个例子说明一个人对实在的理解的局限性之后,他紧接着就写道:"但是他完全相信:随着他的知识的日益增长,他的关于实在的图景也会愈来愈简单,并且它所能解释的感觉印象范围也会愈来愈广。他也可以相信,知识有一个理想的极限,而人类的智力正在逐步接近这个极限。也就是这样,他可以把这个理想极限叫作客观真理。"[10](P23) 这使格氏认为"物理学家一般都有一个基本的信念,那就是我们的认识是在朝着接近真实世界的方向发展的。"在他看来这是一种双重标准的观点,因而不能接受。建构主义者虽然明确承认只有傻瓜才会否定我们现在比过去知道得更多,对如今我们能够把人送上月球、能够随时随地与他人即时联络等等也都视为是由于科技的发展所带来的技术手段的巨大进步,但他们认为我们的概念结构和所规划的行动路线仍然不外乎是对真实世界的一种描述。我们学到了大量的在我们的经验世界里建立和使用有用的规律的方法，我们的知识超越了外在世界对我们的限制。但是对于建构主义者来说，相信我们能描绘出世界的全真图景则仍只是一种幻想，实际得到的不过是我们感知到的经验现实而已，而经验形成和调整所根据的又是我们当时使用的概念和概念联系。

很明显，强建构主义的科学进步观是积极的，但其科学真理观是比较消极的，容易走向不可知论的极端。而科学教育肩负着为社会培养具有科学素质的未来公民的重任，在对科学追求上具有积极向上的态度和价值取向是很重要的。爱因斯坦的《物理学的进化》的结尾，对此是一个极其精彩的回答：

"我们力图借助于物理学理论为自己寻求一条通过大量已观察到的情况所构成的迷宫的道路，来整理和理解我们的感觉印象。我们希望观察到的情况能够和我们对实在所做的概念相符合。如果不相信我们的理论结构能够领悟客观实在，如果不相信我们世界的内在和谐性，那就不会有任何科学。这种信念是，并且永远是一切科学创造的根本动机。在我们所有的努力中，在每一次新旧观念之间的戏剧性斗争中，我们坚定了永恒的求知欲望，和对于我们的世界和谐性的始终不渝的信念，而当在求知上所遇到的困难愈多，这种欲望与信念也愈增强。"[10](P216—217)

（二）科学探究性学习研究的建构主义视角

前面我们对围绕在科学知识及其认识的发生、发展上出现的主要思想观点做了一遍不甚全面的梳理，最后注意的视角落在了当今的建构主义上。尽管如前所述建构主义在与客观主义相反的方向上有时走得太远，但对于科学教育，笔者认为这一理论的最大意义在于它对包括它自己在内的知识理论所提供的一个富有怀疑和批判精神、但更能接近科学精神和科学实践的视角。"建构主义不应该被视为一个新的用来代替客观主义的真理。实际上，建构主义不过是对'知'的一种思考方式，不过是一种用来构造关于学与教的模型和课程模型的坐标，这样的模型是假设性的，可以拿到课堂上去加以检验。格拉泽斯费尔德曾反复告诫，建构主义并没有告诉我们去做什么，而只是不要去做什么。"[9]这番话对教学改革实践的意义是值得回味的。因为从古到今都备受关注的问题起源本质和传统的教学改革模式是建立在一个"问题是独立于感受者而存在的"假设之上的，或者说"问题的存在是客观的，不因感受者而存在的"，在这种客观主义指导下的科学教育，教科书就是当之无愧的知识的载体，科学只是其中的一堆事实、理论和方法的总汇。科学教育的目的也就是将人类积累的这些科学知识、科学真理传授给下一代。这样，科学实践教学活动的主要内容就成了为那些早已认定为科学真理的理论搜集证明材料，学生实验活动的课题自然主要是"测量……""验证……"之类的了。这种与行为主义一脉相承的教学思想和实践尽管也早已受到怀疑和批评，但在不少人们的内心深处，或者说至少从他们的教学行为来看，这种落后的教学观念却是与"追求科学真理"、与坚持唯物主义原则画等号的。实际上，这只能是在科学教育领域中对马列主义辩证唯物主义思想曲解的一种表现。实际上，马列主义的经典著作中到处都是对真理的实质、对人的认识的能动作用和对理性思维巨大作用的论述。恩格斯说过："凡在人类历史领域中是现实的，随着时间的推移，都会成为不合理的，因而按其本性来说已经是不合理的,一开始就包含着不合理性"。"科学从认识的较低级阶段上升到较高阶段,愈升愈高,但是永远不能通过所谓绝对真理的发现而达到这样一点,在这一点上它再也不能前进一步,除了袖手一旁惊愕地望着这个已经获得的绝对真理出神,就再也无事可做了"。[12]"感觉到了的东西,我们不能立刻理解他,只有理解了的东西才更深刻地感觉它。"毛泽东同志的这段名言,则更是人们所熟悉的。

因此,从这个意义上来讲,建构主义将科学请下了神坛,还以其本来面目。建构主义的这个对科学知识进行考察的视角,动摇的是对科学知识绝对可靠性的迷信,给予人们的是由于得以对科学的更细致的观察而有可能更清楚地领悟科学知识和科学精神的实质。同时,建构主义对认识的来源与认识过程的本质上有别于传统认识论的观点,对当今科学教育的改革,也具有积极的指导意义。例如,如果我们认同"人类知识是个体在出于各种目的而试图理解所生活的社会或自然环境的过程中认知建构或创造的过程"[8](P268)的建构主义观点,我们就不得不从根本上检讨科学教育的现实,我们教学生学科学的方法,在多大程度上符合科学知识发展的规律?在多大程度上符合人类尤其是儿童认识科学的规律?

三、对科学教育现实的探究

综上对科学知识和科学知识认识规律的理论阐述,如果我们认定科学教育必须遵循科学知识发生发展的规律和学生学习科学知识的规律,就不难得出一些对科学教育的建议,而对每两个方面,若我们都联系科学教育的现实来考察,就可以看出我们需要改进的是什么,科学探究性学习教学目标的问题也就有了明确的方向。

首先,科学绝不是一堆知识的集合,学生的头脑也不是一个空空如也的容器,因而科学教育的目的就不能定位于将一堆堆的知识注入学生的头脑。科学是人类永无止境的探究过程,探究是贯穿科学发展始终的基本要素。同样,学生获得真正知识的途径,最高境界应该是他们自主的探究,是探究贯穿于始终的学习过程,是达到学习即探究、探究即学习那样一种自然的状态。虽然,不是所有的知识都必须经过学生直接的探究,但若学生的科学学习中缺少足够的探究体验,科学知识在他们头脑中很可能只是作为一个外来物存在,而没有真正融入心灵,而且即使他们有幸地获得了科学知识,但在获得知识的过程中的缺失很有可能会使他们对科学的本质,对科学的发生、发展产生错误的印象。按照这样的思路考察科学教学的现实,我们不难发现问题的严重性。在我国的自然科学教学中,实验教学被认为最能体现科学教育的特征,理科教学没有实验室活动就像教游泳没有游泳池训练一样荒唐。因而其地位和作用仿佛"不言而喻""怎么强调也不过分"。然而,在实际的科学教育中,实验教学的地位却是十分尴尬的。我国自"文革"后恢复高考和正常的教学秩序以来,在科学教育界对加强实验教学特别是中小学实验教学的呼声一直很高。但是在不少的中学物理甚至化学和生物课堂上,用嘴"讲实验"、用粉笔在黑板上"画实验"代替学生在实验室亲手做实验的现象至今依然如故。出现这样的问题表面上看来是源于我们通常的纸笔型考试很难区分出"讲实验"和"做实验"的教学,其实在更深的层次上则是反映了我们的实验教学目标定位上的问题。我们给实验教学定的目标,从促进科学概念理解、科学规律掌握,到学习科学方法、培养科学态度和科学研究能力等等无所不包,几乎所有科学教育提到的目标都可以成为实验教学的目标。似乎实验教学在科学教育中成了无所不能的"万能钥匙"。我们给实验教学定了那么天经地义的教学目标,试问:为何在现实中就如此地不堪一击呢?这里面当然不能回避教师责任心不强和实验教学能力方面的问题,但至少部分地反映了在实现知识方面的教学目标上,实验教学并不是很有效,或者由于教学内容和方法的问题使得实验教学的目标根本没能实现好,或者两者兼有之。道理很简单,因为通过实验教学若能有效地实现那么多的教学目标,学生应付各种考试自然也不在话下,教师又何乐而不为呢?事实上稍加仔细地追究,就会显露出我们在实验教学指导思想上的偏差和实际教学的低效。根据笔者的研究考察,如今的大多数科学实验室教学实践仍然是在经验主义的科学观和行为主义的学习观指导下进行的。这样的结论也许还需要更多的论证,但翻开中学物理教科书,学生实验的内容不是"验证……定律",就是"测定(量)或观察……"和"练习使用……",基本上是一个把物理学理论当成已经发现了的、有了定论的客观真理来交给学生的架式,在这种大的格局下,学生的实验室学习活动自然就只有学会使用仪器设备来观察、测量获取数据,以便去证实前辈科学大师所发现的科学真理。这样的处理,至少在客观上表明的是一种对科学的实证主义或经验主义的见解、对学生学习和技能获得的行为主义的观点。具体落实到实验室教学的实践上,问题往往更加严重。尽管在实验教学目标上,提到通过"做科学"来培养实验能力或技能的高度的也有,可由于在诸如"实验技能到底指的是哪些?其形成的规律和特点如何?"这样重要的问题上,指导教学实践的理论十分贫乏,以至于至今仍然在不少地方被特别强调的一点就是通过实验培养学生的动手能力。实际上,这种观点不仅是很肤浅的,而且曲解了实验教学在培养实验技能方面的目标,在实践上只能导致把作为科学教育一部分的实验教学混同于职业技能培训。如果真是那样,我们还有何必要花费昂贵的人力物力去做那么多的实验?很多廉价的常用工具在培养动手能力方面比我们使用的那些实验仪器要有效得多!

另一方面,从儿童认识事物的过程来说,主动探究环境可以说是儿童的天性,他们一次次地遇到不解的现象、内心失去平衡而努力恢复平衡,而这正是其知识结构不断建构和丰富的最自然的过程。因此,儿童认识事物的过程,从本质上就是一个不断的探究过程。任何人只要反省自己认识事物的过程,就不难领会这样的道理。然而,"大自然似乎始终在捉弄着成年人。我们很快就忘记了做儿童是怎么一回事。……我们过分地急于告诉他们应该如何如何,以至来不及真正观察到要说什么和做什么。我们的行为是从一种假设出发,认为没有我们的教导(讲解),儿童就毫无办法"[13]。在应试教育依然盛行的今天,比这种情况更极端的例子在我们的科学课堂中也不难找到。我们仿佛恨不得将所有要考的知识浓缩成一块饼干,让学生一口吃成一个胖子。

再有,科学教育不仅教给学生科学知识和科学方法,同时也传递着对科学本质的理解,传递着对科学与人、科学与社会的关系的价值判断。换句话说,不管有意还是无意,科学教育都在塑造着学生心中的科学和科学家的形象。从这个视角来审视我们科学教育的现实,我们不难发现出严重的问题。一位著名的科学史家曾批评这样的理科教育是"培育了不少科学神话,树立了不正确的科学形象,以及对科学产生了不正确的看法。首先是将科学理论静止化、僵化,其次是将科学理论神圣化、教条化,再次是将科学技术化,最后是将科学实用化、工具化。"[14]

考察理科教科书和实际的教学,我们擅长的是向学生展示通向真理的"阳关大道"。学生学习浮力规律就是一个典型的例子,一般教科书上的处理似乎是从事实得出规律的。但问题是为了得出阿基米德定律,如何能想到要去称量浸入液体的物体所排开的液重?而一旦这成了"阳关大道",发现阿基米德定律除了需要物理测量的知识和技能外还需要什么?这样的与科学发现、科学精神的实质不相符的问题即使在号称科学探究性的教学中也不难找到。例如,求证是科学研究过程中必不可少的一环,在科学知识的探究性教学中,由于学生探究的是人类早已发现的、成熟的知识内容,学生的学习活动不易设计成真正具有探究性的过程。在较极端的情况下,往往成为目标和路线都明摆着的形式化的探究。其中,对问题、对假说求证的过程被误导成了纯粹的证实(而且往往一两个事实就给人以得到证实的印象),而更能反映科学研究活动真实的证伪则不见踪影。

事实上,科学研究实践的特征是失败往往多于成功,而且那些失败的意义不亚于很多的成功。迈克尔逊-莫雷实验,贝尔茨发现"羊缺铜病"的病因[15](P49),科学上这样的例子举不胜举。所以戴维(英国化学家)说:"我的那些最重要的发现是受到失败的启示而做出的。"[15](P63)杜威(John Dewey)也认为:"使一个不惯于思考的人只能感到沮丧烦恼的事,……对于有训练的探究者来说,是动力和指针……它或是能披露新问题,或是有助于解释和阐明新问题。"

对于一个了解当今科学教育并且立志改革的人来说,这些话实在是值得回味的。

四、科学探究性学习——回归科学和儿童本性的教育追求

经过前面我们对有关科学探究和人类学习过程本质的理论考察以及对科学教育现实的反思,不难看到,今天提倡科学探究性学习,实际上不过是一种回归科学和儿童本性的教育追求。不管其实践的难度有多大,在理论上应该是极其自然的事。而且,即使在实践的道路上有再大的困难,如果与我们将要和学生一起分享的智力探险的快乐相比,都不在话下。笔者和课题组部分成员庆幸能有机会组织桂林市青少年科学俱乐部会员进行探究性学习,否则,可能会落入贝尔纳的精辟之语所指:"那些没有受过未知物折磨的人,不知道什么是发现的快乐。"[15](P80)

参考文献:

[1] 罗星凯. 试论科学观察和科学教育中观察能力的培养[J]. 教育研究,1990,(1):41—44.

[2] Driver, R.. *Children's Idea in Science*[M]. London: Open University Press, 1985.

[3] [美]库恩,T. S.. 科学革命的结构[M]. 上海:上海科学技术出版社,1980:1.

[4] Glasersfeld, E. V.. Questions and Answers about Radical Constructivism[A]. In Tobin, K.. *The Practice of Constructivism in Science Education*[M]. New Jersey: Lawrence Erlbaum Associates, 1993: 24,25,28.

[5] 皮亚杰. 发生认识论原理[M]. 王宪细,等译. 北京:商务印书馆,1986:15,21.

[6] 富雷,热拉尔德. 科学、技术与社会运动及理科教学[J]. 教育展望(国际比较教育季刊)中文版,1996,(1):31.

[7] Slavin, R. E.. *Educational Psychology: Theory and Practice* (4th)[M]. Allyn and Bacon,1994.

[8] Taylor, P.. Collaborating to reconstruct teaching: The influence of researcher beliefs[A]. In K. Tobin, Ed. *The practice of constructivism in science education*[M]. Washington, DC: AAAS Press, 1993: 268.

[9] Tobin, K., Tippins D.. Constructivism as a Referent for Teaching and Learning[A]. In Tobin, K.. *The Practice of Constructivism in Science Education* [M]. New Jersey: Lawrence Erlbaum Associates,1993.

[10] [德]爱因斯坦,[波]英费尔德. 物理学的进化[M]. 周肇威,译. 上海:上海科学技术出版社,1962:5,3,53,216—217.

[11] [德]劳厄,M..V.. 物理学史[M]. 北京:商务印书馆,1978.

[12] [德]马克思,恩格斯. 马克思恩格斯选集(第四卷)[M]. 北京:人民出版社,1972:212.

[13] [美]埃德·拉宾诺威克兹. 皮亚杰学说入门思维、学习、教学[M]. 杭生,译. 北京:人民教育出版社,1985.

[14] 吴国盛. 科学的历程[M]. 长沙:湖南科学技术出版社,1995.

[15] [英]W. I. B. 贝弗里奇. 科学研究的艺术[M]. 陈捷,译. 北京:科学出版社,1979:49,63.

对探究教学几个理论问题的认识

李 森 于泽元

一、探究教学的形成与发展

探究教学作为与知识授受教学相对应的一种教学方式,由来已久。它早期的表现形式是"发现法"和"问题解决法"。"发现学习是以培养探究性思维的方法为目标,以基本教材为内容,使学生通过再发现的步骤来进行的学习。"[1]以发现学习为主要活动形式的发现教学是探究教学的一种主要形式。发现教学思想的萌芽最早可以追溯到卢梭。卢梭自然主义教育倡导教育要适应儿童的自然本性,主张凡是儿童能从经验中学习的事物,都不要让他们从书本中去学。而经验主要来源于行,来源于探究。19世纪末20世纪初,英国的阿姆斯特朗等人不仅积极倡导这种教学方式,而且也努力实践。与此同时,杜威提出并实践"做中学",认为个体要获得真知,就必须在活动中主动去体检、尝试、改造,必须去"做",因为经验都是由"做"得来的。这一思想对探究教学的形成与发展起了推波助澜的作用。

真正使发现法形成理论并风靡全球的,当属美国心理学家、教学论专家布鲁纳。布鲁纳认为,发现法的实质是要求在教师的启发引导下,让学生按照自己观察和思考事物的特殊方式去认知事物,理解学科的基本结构;或者让学生借助教材或教师所提供的有关材料去亲自探索或"发现"应得出的结论或规律性知识,并发展他们"发现学习"的能力。在他看来,发现包括用自己的头脑亲自获取知识的一切方式,诸如学生对未知世界的探索以及学生对人类已知而自己尚未知道的事物与规律的再发现。但是,发现学习中的再发现与科学上的原发现是有差别的,其区别仅仅是在程度上而不在性质上,因为它们本质上都是一种顿悟、领悟,布鲁纳常称之为直觉。布鲁纳曾指出发现法有四大好处:一是能提高学生的智慧,发挥学生的潜力;二是能使学生产生学习的内在动机,增强自信心;三是能使学生学会发现的试探方法,培养学生提出问题、解决问题的能力和创造发明的态度;四是由于学生自己把知识系统化、结构化,所以能更好地理解和巩固学习的内容,并能更好地运用它。[2]在布鲁纳之后,发现教学法在世界范围内得到了广泛的运用。

问题解决法也是探究教学的一种重要方式。众多的问题解决理论,大多来自于三类研究:以动物为对象的实验研究;以人为对象的分析性研究和认知心理学的研究。[3]其中包括桑戴克的"试误说"、哈洛的"学习心向论"、杜威的问题解决五阶段理论以及问题解决的信息加工理论等。而真正系统地提出问题解决教学法的则是苏联科学院院士马赫穆托夫。他认为问题解决教学法的关键是如何提出问题,并把问题解决分成三个阶段:问题情境的创设、问题的提出和问题的解决。

明确把"探究学习"作为一种重要教学方式则是20世纪五六十年代的事情,其首倡者是

---

① 本文选自《教育研究》2002年第2期,第83—88页。

美国生物学家、课程专家、芝加哥大学教授施瓦布。1961年,他在哈佛大学的一次演讲中,提出了"作为探究的理科教学"的观念,认为传统的课程对科学进行了静态的、结论式的描述,这恰恰掩盖了科学知识是试探性的、不断发展的真相,极力主张要积极地引导学生像科学家那样对世界进行探究。在施瓦布等人的推动下,探究教学在英美等国得到了蓬勃的发展,先后涌现出几种著名的探究教学模式,如:萨其曼的探究训练模式、施瓦布的生物科学探究模式、马希尔斯和考克斯的社会探究模式,以及学习环模式和5E模式。

萨其曼的探究训练模式是通过观察、分析科学家的创造性探索活动之后,结合教学的因素概括而成的。它遵循"问题—假设—验证—结论"这样的程序,在课堂上层开讨论和对话,通过对话对学生进行探究方法和思维方式的训练。生物科学探究模式是施瓦布所领导的生物科学课程研究会(BSCS)所开发出的适用于高中生物教学的模式,它通过"确定研究对象和方法重点、学生构建问题、推测问题症结、解决问题"四个阶段来模拟生物学家的探究过程,积极引导学生树立正确的科学理念,掌握科学方法,尤其是实验方法。社会探究模式则把主要用于科学教育的探究活动引入到人文社会学科之中,以问题为中心,通过"定向、假说、定义、引申、求证、概括"六个阶段来建构课堂教学,引导学生关注社会问题,激发学生参与社会事务的意识,提高解决社会问题的能力。学习环模式是卡普拉斯及其同事在科学课程改革研究中发展起来的。它以皮亚杰的发生认识论为基础,同时借鉴和运用了奥苏贝尔等人的学习理论,将教学过程划分为概念探讨、概念介绍和概念运用三个前后相连的阶段,以提高学生的探究水平,促进学生的智力发展,是基础科学知识教学的主要方式。在学习环模式基础上建立起来的5E模式,有一套更完备、更符合学生认知特点的教学程序和教学策略。它将教学过程划分为五个紧密相连的阶段:吸引(Engagement)、探索(Exploration)、解释(Explanation)、加工(Elaboration)和评价(Evaluation)。

20世纪80年代以来,出于提高综合国力和适应知识经济发展的需要,各国都普遍重视对学生创新能力的培养,对探究教学的研究也有了新的发展。

在国外,以英美为首的发达资本主义国家通过各种方式推动探究教学的发展。英国推出《1998年教育改革法案》,首次将科学课程与英语、数学并列为三大核心课程。而在科学课程中,特别强调对学生科学探究能力的培养。英国1998年颁布的科学课程大纲将科学课程的成绩目标定为17个,经修订后变为4个,其中初中(KSE)阶段的成绩目标与组成部分如表1。[4]

表1 英国初中科学课程成绩目标

科学探索	生活和生命过程	材料及其性质	物理过程
1. 提出问题,做出预测,形成假设 2. 观察、测量和控制变量 3. 解释结果,评价科学依据	1. 生活过程和生物体的组织 2. 生物的多样性,遗传和进化的机制 3. 人口对人类生态系统的影响 4. 能量的流动和物质在生态系统中的循环	1. 材料的性质,分类和结构 2. 对材料性质的解释 3. 化学变化 4. 地球和大气	1. 电和磁 2. 能源和能的转化 3. 力和运动 4. 光和声 5. 地球在宇宙中的位置

在表1中,后三个项目是科学课程所应学习的具体内容,而科学探索一项的规定恰恰是探究教学所要求的。

20世纪90年代,美国先后出台了两部具有纲领性的科学教育文献。一是1990年美国科学教育研究会提出的《2061计划》,二是美国国家研究理事会1996年推出的《美国国家科学教育标准》。这两部文献都强调探究教学的重要性,后者甚至认为"学习科学的中心环节就是探究",并对探究教学提出了一系列标准。

我国自改革开放以来,也日益重视对学生探究能力的培养,促使学生成为创新型人才。1999年第三次全教会后所颁布的《中共中央国务院关于深化教育改革全面推进素质教育的决定》,进一步强调了学生创新精神和实践能力的培养,而创新精神和实践能力的培养离不开探究教学。在此背景下,我国不少地方开展了探究教学实验研究,其中上海市所进行的"研究性学习"尤有影响。

"研究性学习"概念是上海市教科院普教所借鉴国外探究教学的理论和实践经验于1999年初提出来的。实际上,从1998年开始,上海市教科院、上海市教委教研室和部分学校已开展了有关"研究性学习"的理论和实验研究,并积累了一定的经验。研究结果表明,"研究性学习"是培养学生创新精神和实践能力的一种重要形式,对于推进我国基础教育改革、全面实施素质教育,有着十分重要的理论意义和实践意义。2000年1月,上海市拟订的《普通高级中学课程计划(实验稿)》,明确将研究性学习与学工学农学军、劳动技术教育以及社区服务结合在一起,共同构成"社会实践课程",作为高中的必修课。在上海市的带动下,截止2000年9月,国内已经有10个省市的普通高中设置了研究性学习课程。[5]从2001年9月开始,全国普通高中均开设了这门课程。

新近颁布的《基础教育课程改革纲要(试行)》明确提出要"改变课程实施过于强调死记硬背、机械训练的现状,倡导学生的主动参与、乐于探究、勤于动手,培养学生搜集和处理信息的能力、获取新知识的能力、分析和解决问题的能力,以及交流与合作的能力。"至此,探究教学作为一个独立的研究课题在我国正式形成,并成了一个摆在我们面前的亟待探讨的问题。我们有理由相信,《纲要》的颁布将在我国谱写探究教学的新篇章。

二、探究教学的独特内涵

探究教学是指在教师指导下学生运用探究的方法进行学习,主动获取知识、发展能力的实践活动。其目的在于培养学生的创新精神和实践能力,因而知识与能力的获得主要不是依靠教师进行强制性灌输与培养,而是在教师的指导下由学生主动探索、主动思考、亲身体验出来的。由此可见,与以灌输、记诵、被动接受为特征的旧教学体系相比,探究教学在教师观、学生观、学习观和评价观上均体现了独特的见解和主张,具有新颖而丰富的内涵。

(一)教师:探究的促进者和合作者

探究教学在知识观方面的转变,把教师从"知识权威"的神坛上拉了下来,教师不再是知识的传授者和管理者,而是学生进行探究活动的有力的促进者和合作者,根据学生探究活动的需要而提供有力的帮助。

作为学生学习活动有力的促进者和合作者,教师应该明白在探究教学中,自己所面对的不仅仅是依靠本门学科知识就能解答的问题,知识的整合性要求教师应具备多学科的、丰富而渊博的知识。探究活动涉及广泛的科学内容和方法,教师必须对科学、知识等的本质有清楚的了解,对科学探究的方法有明了的系统把握,才能在帮助学生进行探究的过程中把握正确的探究方向,引导学生不断深入。探究教学也是一种反思性与创造性的教学方式,它要求教师具有敏锐的眼光和积极进取的创造精神,在与学生的合作中能接纳学生的独到见解,引导学生进行深刻的反思和勇敢地创造。同时,伦理道德意识、对大自然的深厚感情和责任意识,也是教师应具备的素质,亦将对学生产生较大的影响。

作为学生学习活动的有力促进者和合作者,教师应该明白探究活动的规律,并根据这些规律来确定自己的工作重点。首先,探究活动是学生与环境相互作用的建构过程,对学习环境的要求很高,这种环境既要具备民主合作的气氛,又要有足够的物质准备,并且这些物质及其编排方式能够引起学生的注意,激发学生的探究欲望和动机。其次,学生的探究活动需要丰富的信息,如何向学生提供这些信息并保障信息渠道的畅通,是教师义不容辞的责任和义务。再次,现有的教学大纲和教科书一般不是以探究为基础进行编排的,教师作为课程设计者和实施者,要对这些内容依照探究的逻辑予以重新编制和改进。

作为学生学习活动的有力促进者和合作者,教师要自觉地把自己当作学习团体中平等的一员,走到学生之中,以知识渴求者的面目和学生一起探索、讨论、交流,以自己的丰富经验影响学生对知识和人生意义的建构,并和学生一起分享探究的成果。在探究教学中,对学生的了解与对探究活动的了解同等重要,只有教师真正明白了学生个体间的差异以及学习准备情况,才能有的放矢地有效地参与到学生的探究活动中去。教师作为促进者,要根据学生探究活动能力的不同,设计开放程度不同的探究计划,这些探究计划的实施既让学生面对一定难度的问题,而又不产生严重的挫折感,同时也要根据学生非智力因素的特点,及时提起学生对元认知的注意,让学生专注于目前的探究任务,克服外界干扰,勇于突破自己的思维定式。教师还要善于运用正式与非正式的评价手段鼓励学生,鼓舞起学生探究的勇气。此外,教师要具有高超的组织能力,不断消解探究团体中的矛盾,促进团体向更高层次发展。

(二)学生:具有创造能力的学习社会中的主体

在传统教学中,学生往往处于被动的客体地位,而探究教学由于向学生赋权增能,学生不仅变成了教学的真正主体,而且更具有创造性与协作能力。具体表现在以下几个方面。

第一,学生是具有学习能力的人。在以灌输为主的教学中,学生被认为是很不成熟的个体,他们不足以承担起发现知识和创新知识的重任。而探究教学则充分相信学生,相信学生在一定程度上有能力去主动地探索世界、揭示世界的奥秘,发现并创造出知识。因此,探究教学主张大胆放手让学生走自主创新学习之路,学生可以选择学习内容,确定学习方法,安排并实施学习计划,评价学习结果,对学生能力的信任毫无疑问能够鼓励学生在探究的道路上阔步前进。

第二,学生是在学习中成长的人。探究教学力图使人们明白,即便学生在学习中模仿成人(科学家)的行为,他们也是按照自己的视界进行探究活动,其思维方式和成人是很不相同的。因此,探究教学十分重视儿童在探究过程中前概念所起的作用。研究发现,尽管学生的前概念与科学概念有很大差异,但是其前概念来源于生活,是学生对生活真理感悟(尽管十分模糊)的产物。它们是学生世界观的有机组成部分,极大地影响着学生对探究中所发现的各种现象的看法。树立学生是学习中成长的人的观念,就是充分尊重学生的前概念,对学生的哪怕被认为是十分幼稚的见解,也要予以首肯,因为这些见解对学生本身是有意义的。这就要求教师要充分了解学生的前概念,弄明白学生观念世界中的扭曲所在,积极引导学生在探索中不断进行自我完善。

第三,学生是学习社会中的主体。探究教学非常注重培养学生的主体意识,发挥和建构学生的主体性,倡导展现学习者的主体力量和理性作用。然而,探究教学决不主张培养具有占有主体性的个体,而是积极创设合作、交流、对话的学习环境,把学生置于一个有社会意义的团体中,让他们在与别人的交往与对话中,培养"共性"与"交互"的主体性。这种在学习社会中培养出来的主体性把认知、伦理和审美融为一体,既展现学生的主体力量,强调学生自强不息的创造精神,又具有社会性、交互性和共生性,强调创造的意义和价值,强调对自然、社会、人生的责任和义务。

(三) 学习过程:一个建构的、社会化的综合体验过程

探究教学与传统教学的一个不同之处在于它对学生"学"的充分重视,它把学习视为一个学习者进行主动建构的过程。在这一过程中,主体总是以自己已有的经验、心理结构和信念为基础来选择一些信息,忽视一些信息,从中得到推论,并根据这些推论来建构自己对世界的认识,而个体的积极性、主动性和创造性,在知识的建构过程中起着十分关键的作用。

探究教学还把学生学习的过程看作是一个社会化的过程。学习者以自己的方式来理解世界,从而不同的人看到的是事物的不同方面,不存在唯一标准。然而,如果不加强个体间的交流与合作,这种见解很容易陷入"盲人摸象"的片面性悲剧之中,因为有些探究活动绝不是个人所能完成的。在学习过程中,学生通过彼此之间的交流与合作,使自己的见解更加深刻与完善,也使自己逐步成为一个学会合作与交流的社会主体。

探究教学还认为,学习不仅仅是一个知识摄入的过程,而且是一个包含着态度和情感的综合体验过程。在探究教学中,学生在获取知识的同时,也内在地产生了对于世界和知识的态度与情感,这种态度、情感和知识一起,成为学习者认知图景的一部分。因此,学习的过程,也是学生人生观、价值观和世界观生成的过程,是人生意义获得的过程。片面地强调知识和片面地强调价值都不是探究教学的风格,保持二者之间融合、有机统一才是探究教学的理想与追求。

(四) 评价:开放、多元的反馈过程

在传统的以灌输为主的教学中,由于视知识的重复再生产为唯一目的,因而在教学评价中注重标准化测试。这种评价方式过分强调学生学习和思维方式的统一性,压抑了学生的个性成长,也消解了知识对于个人生活的意义。探究教学把知识作为一种过程而非结果,肯定学生的学习是一种建构独特意义的过程,对这一过程的评价绝不是单一的、封闭的,而应该是一个开放的、多元的动态过程。它除了注重对学生的学习做出评判之外,更主要的是不断地为学生的学习活动提供可资借鉴的资料,促进学生深入地更有效地探究下去。

探究教学评价的开放与多元首先表现在评价对象上。探究教学主张,评价不能仅仅是对结果的评价,更重要的是对探究过程的评价。把学习视为一个建构的过程,意味着要对学生探究的前提条件做出有效的评估,在此基础上,对学生在探究过程中所表现出来的智慧、能力、态度、信念等进行全面的考察,在整体层次上对学生的表现做出综合的评价。对结果的评价,既要包括对知识,能力的测试,又要对其在探究活动中形成的情感和伦理道德观念做出一定的评析。

探究教学评价的开放与多元还体现在评价的方式上。它重视正式评价,但更重视非正式评价。教师的参与使他能够及时了解学生的行为表现和思想状况,他的一个眼神、一句看似不经意的话语即可使学生得到激励或者忠告。教师的合作性参与使其能够深入到学生学习的情景中,依靠其专业判断能力,对学生进行现场评价;也使得教师能够详细地收集学生的作品,并对学生在多个领域内的努力、进步和成就做出评价。这种卷宗评价的方式可以展现学生生动的成长历史。更为重要的是,探究教学还积极地发动学生对自己和他人的探究活动做出评价。这种评价可以采取绘制概念图、写实验报告或调查报告等方式进行自我评价,也可以采取小组自评、小组互评的方式进行团体评价。这样,探究教学就把评价方式的多元与评价主体的多元有机地结合起来。

此外,探究教学评价的多元与开放还体现在评价标准上。探究教学认为事先确定一定的评价规则和标准是必要的,但更重要的是让学生明白,这些评价的规则和标准是随着探究活动的进展而有所变化的。而且,学习的建构性使评价主体不得不考虑到学生建构知识时的个体差异,运用多层次的评价标准来衡量不同的学生,给学生以弹性化、人性化的发展空间。

三、探究教学在实施新课程中的作用

众所周知,传统教学重视学科经典内容的讲授,忽视学生的学习习惯和人生态度的培养,忽视学生的实践和经验。在教学过程中,基本上以教师、课堂、书本为中心,基本采用单一传递、讲授、灌输的方式,忽视交流、合作、主动参与、探究等学习方式。学生更多的是被动地接受"是什么"的知识,对"为什么"和"怎么办"的知识知之甚少。具体地说,传统教学的弊端主要表现为以下几个方面:第一,教师作为知识的仲裁者,对知识的"正确性"具有最高权威,不允许学生提出自己不同的见解,也不允许学生从错误与探究中学习。第二,教师的教学以知识传递为主,对学生的学习能力、学习方法、情意发展和价值观的形成关注不够。第三,教师作为学生学习的控制者,对教学的目标、内容、方法、进程、结果和质量评定都实施严格的控制,教学过于程序化和模式化。第四,教师与学生的关系是教师"教"与学生"学"的关系,缺乏双向信息和多向信息的交流。因此,传统教学与新课程所倡导的引导学生"主动参与、乐于探究、勤于动手,培养学生搜集和处理信息的能力、获取新知识的能力、分析和解决问题的能力,以及交流与合作的能力"相去甚远。[6]如何转变传统教学方式以适应新课程的需要,就成了一个紧迫的理论和实践任务。

国际21世纪教育委员会向联合国教科文组织提交的报告《教育——财富蕴藏其中》明确提出终身教育应建立在四个支柱的基础上,即学会认知、学会做事、学会共同生活、学会生存。[7]学会认知就是学会学习,学会收集信息和处理信息;学会做事就是获得善于利用环境所提供的信息去解决问题的能力;学会共同生活就是学会如何和他人在学习、工作与生活中进行合作、交流,学会生存则是上述三者的结果,只有具备了上述三种能力,学生将来才能在知识经济社会中很好地生存,并获得全面的发展。新课程较好地体现了终身教育的要求,那么在实施新课程中,教学方式应按照这一要求,体现出以下几点转变。

第一,打破对知识纯粹客观性的盲目迷信,将教学作为帮助学生建构知识的动态过程。正如课程专家施瓦布指出的那样,知识,包括科学在内,并非是真理的集合,而是有待于证明和改进的假设的集合而已;知识也决不是稳定的体系,而是随着证据的增多而不断被修正的

系统。[8]因此,应该对建立在传统知识观基础上的强制性的教学方式做相应的改变,把教学作为学生以自己的已有经验、心理结构和信念为基础,进行探究并建构自己的知识结构和能力结构的过程。这一方面意味着教师不能再以知识权威的面目出现,允许学生对知识的合理性提出质疑和探究,另一方面学生则要成为学习的真正主人,在主动、合作、交流、探究的学习中获取新知,求得发展。

第二,在教学过程中谋求科学世界与生活世界的整合。教学不仅仅是学生获取基础知识和基本技能的过程,更是学生获得生活体验与生存能力的过程。这就要求改变传统教学过于注重知识传授,忽视学生学习习惯和人生态度培养的倾向,使获得基础知识和基本技能的过程同时成为学会学习和形成正确价值观的过程。也就是说,教学过程要促进学生在知识与技能、过程与方法以及情感、态度、价值观等方面健康和谐地发展。

第三,建立互助合作的新型师生关系。在新课程体系中,教师不再是知识的仲裁者、课堂的控制者,而是学生探究学习活动的支持者、引导者和合作者,是和学生平等相处的伙伴。教学过程即是教师帮助学生认识问题、解决问题、发现新知的过程,是师生之间、生生之间相互交流合作的过程,教学的一切方法、艺术最终都要落实到学生的"学"上来。

第四,关注学生的个体差异,满足不同的学习需要,使每个学生都能得到充分自由的发展。

由上可见,新课程要求教学方式由注重教师"教"向注重学生"学"转变;由注重学习系统化知识向注重学习生活化、整合化的知识转变;由注重知识的强制性授受向注重学生对知识的主动探究与建构转变;由注重个体学习进步向个体学习与集体协作并重转变;由注重统一标准向关注个体差异转变。而以注重培养学生的自主性和创造性,引导学生质疑、调查、探究,在实践中学习的探究教学能够适应新课程的要求,它是实施新课程的有效教学方式。

参考文献:

[1] 钟启泉.现代教学论的发展[M].上海:上海教育出版社,1998:351.
[2] 朱作仁.教育辞典[M].南昌:江西教育出版社,1987:199.
[3] 段继扬.问题解决理论的演进[J].心理学探新,1992.
[4] 郭瑛,等.英国初中生物科学课程会考评析[J].学科教育,2000(11).
[5] 霍益萍,张人红.研究性学习的特点和课程定位[J].课程·教材·教法,2000(11).
[6] 教育部.基础教育课程改革纲要(试行),2001.
[7] 教育——财富蕴藏其中[M].北京:教育科学出版社,1996:87.
[8] Schwab, J.J.. *Biology Teachers' Handbook* [M]. New York: John Weily&Sons, Inc., 1965: 40.

对探究教学的认识与思考[①]

柴西琴

近些年来,随着我国中小学科学教育改革的深入和素质教育的全面推进,探究教学受到一定的重视。在国家教育部最近公布的物理、生物、科学等学科的课程标准(征求意见稿)中,几乎都将探究教学置于突出地位。然而,目前对什么是探究教学、探究教学有哪些特征、应当怎样展开探究教学等问题,还存在不同的看法和争论。笔者拟结合自己的工作和研究,对探究教学所涉及的一些问题进行初步的探讨。

一、探究教学的提出

探究教学的思想渊源可以追溯到20世纪初。当时,针对脱离儿童生活经验、纯知识灌输的美国传统教育,著名实用主义教育家杜威提出以儿童为中心、从做中学的主张。杜威认为,科学教育不仅仅是让学生记忆百科全书式的知识,也是一种过程和方法,他主张教学应当遵循以下步骤:设置疑难情境、确定问题、提出假设、制订解决问题的方案并实施等。仔细分析这种教学模式便可以发现,它与我们今天所说的科学探究有着密切联系。这种蕴含探究思想的教学模式不仅对美国科学教育产生了深远影响,也为探究教学的提出奠定了基础。

20世纪中叶,在美国教育的学科结构运动中,对于应当采用什么样的方法来教授和学习学科结构,著名生物学家、教育家施瓦布在多年研究的基础上,提出了探究式的教学方法。探究教学的提出是建立在施瓦布的学科结构观上。在施瓦布看来,科学知识不是固定不变的,随着探究方式的更新,它们会被不断地修正。这就是说,学科的结构处于不断的变化之中。在科学技术迅猛发展的今天,这一点表现得更为突出。因此,施瓦布主张不能把科学知识当作绝对的真理教给学生,而应作为有证据的结论;教学内容应当呈现学科特有的探究方法,如解决问题的方法、探究叙事等;教师应当用探究的方式来教授知识,学生也应通过探究活动展开学习,即在学习科学的概念原理之前,先进行探究活动,再根据自己的探究提出科学的解释。

这种教学方法的提出,无疑对当时的科学教育产生了很大的促进作用。它促使人们思考科学教育存在的问题,积极探索怎样使学生深入理解科学知识,以及怎样提供更多的机会让学生体验科学的过程等。经过几十年的不断研究与改进,如今探究教学已成为美国科学教育中最重要、最有影响力的方法。1990年美国科学促进会发表的《2061计划》强调,科学教育应当符合科学探究的特点。1996年公布的《美国国家科学教育标准》,将探究列为学习科学的核心方法。一位学者曾指出,如果必须选择一个词来描述20世纪50年代末以来美国科学教育成果的话,它一定是探究。

[①] 本文选自《课程·教材·教法》2001年第8期,第16—19页。

二、探究教学的内涵

什么是探究教学呢？要阐明这个问题，首先要弄清楚什么是探究。实际上，探究存在于我们生活的方方面面，对任何事情和所有事物的认识都属于探究的范畴。有人称这样的探究为普通探究，它既无研究范围的限制，也无研究方法的限定。普通探究包括许多个子系统，其中之一便是所谓的科学探究。

科学探究是在一定的信念和假设指导下进行的。它可以是指科学领域里的探究，即科学家提出关于自然界的问题，寻求答案，深化理解的过程；也可以是指学生在科学课堂所进行的探究，即学生用以获取知识、领悟科学的思想观念、领悟科学家研究自然界所用的方法而进行的各种活动，包括观察、测量、制作、提出假设、进行实验、提出模型和交流等。从这里不难看出，探究教学实质上是将科学领域的探究引入课堂，使学生通过类似科学家的探究过程理解科学概念和科学探究的本质，并培养科学探究能力的一种特殊的教学方法。

探究教学是怎样进行的呢？从探究教学的纵向展开过程来看，大体要经过以下六个步骤。

第一，提出科学的问题。在特定的情境中观察、实验、案例分析、研究图片等，引导学生提出科学性的问题。例如，光遇到物体会产生什么现象？怎样确定我们在地球上的位置？我们吸入体内的气体与呼出的气体一样吗？这些问题应当是通过探究活动能够解决的，并且不能超出学生的能力范围。

第二，根据已有的知识和经验，提出假说或猜想。例如，对于"光遇到物体会产生什么现象"这一问题，学生可能会做出光会被物体吸收、光会被反射回来等假设。

第三，收集证据。首先，要制订出较详细的探究计划，计划中应明确所要收集的证据以及收集证据的方法。然后，通过多种途径和形式如观测、实验、调查、查阅文献、观看影视录像、个案追踪分析和上网等，收集有价值的证据。

第四，解释。对所收集的证据进行筛选、归类、统计和列表分析等综合处理，并运用已有知识得出符合证据的结论，对问题做出科学的解释。

第五，评估。检查和思考探究计划的严密性，证据收集的周密性，以及解释的科学性，并对结论的可靠性做出评价。如果结论与假设不吻合，应重新确定探究方向、制订方案进行探究。

第六，交流和推广。通过制作模型、角色扮演、写论文或调查报告、举办辩论会或展览等，交流自己的探究结果。交流过程中，要能够解释探究计划以及自己在探究过程中形成的见解，并认真听取他人的意见，对不同的意见进行讨论。最后，将结论运用到不同的情境中。

从探究教学的横向展开过程来看，它的每一个步骤可以是多种形式的活动。拿收集证据来说，可以通过观测、实验和调查来收集，也可以通过查阅文献和上网来收集。具体情况不同，所采用的方式也不同。

目前存在一种看法，认为只有包含上述六个步骤的教学活动，才是真正的探究教学。其实不然。笔者认为，在实际工作中，探究教学的形式是多种多样的：有些教学活动包括了上述的六个步骤，如一些在教师指导下所做的研究性课题，这些活动往往会持续数周；有些教学活动所涉及的步骤会更多，例如，在交流了探究结果之后，又发现了新的证据，这时就需要补充或重新进行解释等。这两类探究教学均属于完全探究；但多数的探究教学活动只由上述的某些步骤组成,拿美国教师协会编写的《科学》第一册来说,共编排有各类活动168项,其中的多数活动都根据教材或教师给出的问题而展开探究,或者通过定性观察归纳出结论,如"你的午餐吃什么""利用等高线""植物会对外界刺激产生反应吗""光怎样传播"。像这样,只含有上述某些步骤的探究教学被称为部分探究。

在探究教学的过程中,教师可以根据活动的难易程度及学生知识和能力水平,进行程度不同的指导。例如,问题的来源,可以是学生自己提出的,也可以是教师通过特殊的问题情境诱导学生提出的,甚至可以是教师或教材提出的。又如,数据的收集,可以让学生通过实验、观察、调查亲自收集数据,也可以给出实验数据让学生分析并做出解释,甚至将数据和数据的分析方法都告诉学生。这种在教师指导下所进行的探究被称为指导型探究。如果某探究从提出问题、制定探究计划、收集和处理证据到总结交流,完全由学生自己决定,这样的探究被称为开放型探究。

有关探究教学的研究表明,指导型探究和部分探究适合于学习概念原理,而开放型探究则有利于培养探究能力。具体采用什么类型的探究,教师应根据实际情况灵活掌握。

三、探究教学的特征

通过对探究教学内涵的分析,笔者认为,探究教学具有以下五方面的特征。

第一,学生是通过探究活动获得新知和培养能力的。探究教学不是先将结论直接告诉学生,再通过演示实验或学生实验加以验证,而是让学生通过各式各样的探究活动诸如观察、调查、制作、收集资料等,亲自得出结论,使他们参与并体验知识的获得过程,建构起新的对自然的认识,并培养科学探究的能力。例如,在前面提到的《科学》中,几乎每一课都要求学生先进行观察、实验或调查等,在了解和研究客观事实的基础上,进而归纳出规律来。这种通过多样、复杂的活动情境来获得知识的教学方法,可以使学生从多角度深入地理解知识,建立知识间的联系,从而使他们在面对实际问题时,能更容易地激活知识,灵活地运用知识解决问题。也只有这样,学生的学习才是积极主动的,才能够真正激发学生学习的内在动机。

第二,探究教学注重从学生的已有经验出发。认知理论的研究表明,学生的学习不是从空白开始的,已有的经验会影响现在的学习,教学只有从学生的已有知识和生活实际出发,才会调动学生的学习积极性,学生的学习才可能是主动的。否则,就很难达到预期的教学目标。英国、美国及我国港台地区的教科书,都很重视从学生生活经验入手安排教学内容。例如,美国的《科学》在讲到"材料"时,先安排调查周围环境用到的材料,研究常见材料特性等活动,再介绍有关知识。又如,香港《今日综合科学》对"食物的功能"的处理,不是简单讲述有关常识,而是让学生根据食物成分表和中学生每天应当摄入的各类营养物质的量,查找自己每天所吃的食物的各种成分,然后分析自己的膳食是否合理,是否能保证身体健康等,从自己的亲身经历中获得知识。

第三,重视证据在探究中的作用。科学家在探究中要花费大量的精力收集证据,并以此为基础解释自然界的运行机制。在科学课堂的探究中,证据有着同等重要的作用。例如,学生通过对月球的连续观测,获得了一组有关月球阴影的位置、大小、方向等数据,并以此为基础提出月象变化的模型。可以说,证据是学生通过探究获得新知的关键所在。同时,通过证据的收集、从证据中提炼解释、将解释与已有的知识相联系等过程,可锻炼学生的推理及批判思维能力,也使他们懂得科学家是如何思考问题、如何工作以及如何通过探究发展并获得新知的。

第四,重视合作式学习。在探究教学中,常常需要分组制订工作计划、分组实验和调查,需要讨论、争论和意见综合等合作学习。按照建构主义的教学论,学生是按照自己的方式来建构对事物的理解,由于已有经验、文化背景的特殊性,学生对事物的理解会各不相同。合作学习能使学生看到问题的不同侧面,对自己和他人的观点进行反思或批判,从而建构起新的和更深层次的理解,同时,也增强了团队精神和合作意识。

第五,探究教学重视形成性评价和学生的自我评价。探究教学对评价要求较高,如它要求评价每个学生理解了哪些概念,哪些还模糊不清或不知道,是否能灵活地运用知识解决问题;是否能提出问题,是否能设计并实施探究计划,是否能分析处理所收集的证据,是否能判断证据是支持还是反对自己提出的假设等。但要弄清楚这一切,单靠终结性评价是难以奏效的。探究教学在重视并改进终结性评价的同时,很重视形成性评价,如学生每天的笔记、撰写的报告、绘制的图表、制作的模型等,以及与学生面对面的交流、针对某个问题所作出的解释,通过这些可以了解学生对知识的理解深度和广度,及进行科学推理的能力。重视学生对自己学习过程的评价是探究教学评价的另一个特点。学生不断地对自己的探究学习进行评价,如检查采用的方法是合适、解释是否合理、对知识的理解程度如何等,可以提高学习的效率,利于学习目标的达成。

四、对探究教学的几点建议

研究表明,在实施探究教学的过程中,会遇到许多问题,需要克服诸多困难和障碍,尤其是以下几方面的问题。

(一)要营造一个有利于探究教学的环境

这个环境包括"硬"环境和"软"环境。前者是指探究教学所需要的物质条件,如仪器设备、教学工具、实验经费、以探究为理念编制的教材和一定的活动空间等。在探究教学中,无论是观察、测量、调查和实验,还是交流、提出假设、建立模型等,都需要借助一定的物质媒介,如果没有一定的物质条件支持,探究教学将难以进行下去。后者是指学校各级管理人员、学生家长和社会各界的支持。从某种意义上讲,这一方面显得更为重要。因为各级管理人员一旦认识到探究教学的内涵及优势,不仅会予以人、财、物等支持,还会在政策上予以优待。

(二)需要对教师进行全方位的培训,以促使他们转变教学观念

要搞好探究教学,就必须重视教师的培训工作,使广大教师深入理解探究教学的本质,并掌握一些教学策略和技巧,如怎样提问、怎样设置两难问题情境、怎样收集信息及解决问题的方法、归纳法、推理法。

(三)探究教学的总体安排应有一定的梯度

首先,在具体活动的安排上,应遵循由易到难的原则,逐步加大探究力度。以培养学生的科学探究能力为例,探究活动可以考虑如下的安排:在初中低年级,主要安排一些观察、测

量、绘制图表、制作、通过报刊、网络等收集和处理数据等简单的探究活动,以及一些科学史上的探究范例,以训练学生进行探究所需要的基本技能,并了解探究的基本过程;在低年级后期及中年级的开始,可以安排一些部分探究和指导性探究,甚至单因素的完全探究,以重点训练学生提出问题、通过简单的实验等收集数据、解释数据、提出假设、做出结论等综合性的探究技能,使学生认识探究的内涵;在学生对探究有了一定的认识之后,就可以安排有关控制变量、建立模型、设计实验等难度较大的活动,包括完全的和开放型的探究,以发展学生的探究能力。其次,活动的数量也应考虑由少到多,使教师和学生都有一个逐步适应过程,切忌搞"一刀切"。

（四）探究活动的设计应从我国的教学实际和学生实际出发

在设计探究教学活动时,应注意吸收国内多年来的教改经验,逐步探索出一套适合我国国情的探究教学模式。笔者认为,国内的义务教育教材中有许多启发性的实验,教学效果也很好,在进行探究教学的初始阶段,可以将这些实验按照探究教学的要求进行改造。例如,将用于验证结论的演示实验,改造成先做实验、再根据实验结果得出结论。这样,既符合现有的教学条件,又利于教师顺利开展教学。

此外,活动的设计还要考虑学生已有经验和能力水平。例如,对于宇宙,学生熟知的可能有星空、太阳、月球、人类对太空的探索等,因此,这方面的探究可从观察星空、收集有关太阳和月球资料等方面开始。总之,对于每一项探究活动,教师都应当周密考虑,认真安排每一个环节。

（五）在强调探究教学的同时,要注意多种教学方法的运用

事实上,灵活多样的教学方法有助于提高学习效率,如在学生对某一现象有大量感性经验时,讲述法可能会是一种更恰当的选择。从另外一个角度来看,探究教学需要花费很多时间,如果所有的内容都用探究的教学方法,不仅教学时间不允许,也不一定符合教育的经济性原则。

"科学探究"教学的哲学思考

应向东

在新一轮基础教育课程改革中,我国理科教育对"科学探究"教学表现出极大的关注和热情。无论在课改试验区还是非试验区,无论是理论研究或是教学实践都进行着努力探索,并取得一定成效。然而笔者以为,当前人们在"科学探究"教学的研究与实践过程中存在一种偏向,即更多的是从课程与教学论视角将它作为一种教学模式或学习方式来研究,而很少将它作为一种认识过程,从科学认识论与方法论即科学哲学的视角进行探讨。应该说,科学探究教学作为一种教学模式,它的实施需要从课程与教学论角度对其特质作分析与研究,包括科学探究教学的教学目标、教学过程、教学原则、教学策略以及师生角色等等,以区别于知识接受教学。这将有利于转变广大教师的教育教学观念,提高教师实施探究教学的自觉意识和教学能力。然而,我们不能忽视的是,科学探究教学作为"通过经历与科学工作者进行科学探究时的相似过程,学习物理知识与技能,体验科学探究的乐趣,学习科学家的科学探究方法,领悟科学的思想和精神"[1]的一种学习方式,必定表现出科学探究自身所固有的复杂性。在科学探究教学中如何把握和处理这种复杂性,显然不是通过教学模式或学习方式的研究所能解决的,它需要我们站在比科学探究本身更高的层次上,即科学哲学的高度,以一种反思与超越的视角来研究和认识,才能驾驭。因为只有从哲学的高度来提升教师对科学探究的认识,才能为教师驾驭探究教学奠定一个更加全面的科学认识论基础。这既是实施探究教学的基本前提,也是避免探究教学泛化和异化的有效措施。本文试图从科学认识论与方法论的视角对科学探究教学所构成的基本要素(问题、假说、验证)进行分析和反思,期望对探究教学研究的深化起到抛砖引玉的作用。

一、探究始于"问题",但不是"简单问题"

探究始于"问题",这已经成为科学探究教学实施中的一个基本信念。没有明确的问题,探究将变得盲目而没有方向。因此,探究教学强调培养学生提出问题和发现问题的意识和能力。然而是否所有的问题都能引起科学探究?这就需要我们作进一步思考。当代科学认识论研究表明,就性质而言,科学探究中有两类问题,一类是"科学问题",另一类是"简单问题"。"简单问题"并非指容易解决的问题,而是指源于好奇与无知,或某种疑虑与求知欲而提出的问题(也称无知问题),它往往来自直接观察或生活常识,表现为对观察对象"是什么"的描述再加上一个问号而形成。例如,"发烧病人的额头上为什么要盖一条湿毛巾?""覆杯实验中的水为什么不会倒出来?""刹车时人为什么容易向前倾倒?"。由于"简单问题"仅表达了对现象的好奇、无知或疑惑,大多缺乏确定性和深刻性,犹如水上浮萍,漂移不定,因此,

---

① 本文选自《课程·教材·教法》2006年第5期,第64—68页。

它对科学探究没有实质性意义,也难以成为科学探究的真正起点。那么怎样的问题才能真正成为科学探究的起点呢?科学发现论认为"科学发现的起点是对科学发现具有奠基意义的第一步""一个问题要与科学发现发生必然联系,就必须与发现本身所提供的知识发生某种必然的联系""就必须对现有知识提出质疑"。[2]这就是说若要使问题真正成为科学探究的起点,就需要将问题指向已有的知识,将两者联系起来,使问题从现象的描述触及现象的本质;将完全无知的问题转化为具有某种抽象性、渗透一定知识理论的、有所知又有所不知的问题——"科学问题"。例如,在上述"覆杯实验"例子中,就要将"水为什么不会倒出来"的简单问题指向力、压强、平衡等相关的知识背景,并将它们联系起来,从而将问题转化为诸如"水不倒出来与受力有什么关系""什么因素决定了水的平衡""什么力平衡了水的重力"等等。显然这些问题不仅表述了对现象的疑惑,而且还渗透着理论,触及问题的本质,成为有所知又有所不知的问题,这就为探究"覆杯实验"的设计提供了导向。所以,作为科学探究真正起点的问题不是以常识眼光提出的无知问题,而是能为探究设计提供导向的有所知的问题,它产生于好奇、无知或疑惑为基础的进一步思索和追问;其实质是"有所知而求知"。一个训练有素的科学家是能够迅速将"简单问题"转化为"科学问题"的能手,其转化的基础就是将问题指向现有理论(包括假说),对现有理论有所触动、冲击和质疑。科学认识论关于科学探究中问题性质的研究对探究教学的启示如下。

第一,并非所有的问题都能成为科学探究的起点。如果学生提出并围绕探究的问题是没有触及事物本质的简单问题,不是产生于对知识背景分析的问题,那么就可能出现问题指向不明、探究主题不定、研究难以深入、人浮于事的局面。因此,教师在探究教学中的一个重要职责就是要善于洞察学生所提问题的性质,要善于引导学生将简单问题转化为科学问题。

第二,知识背景对科学问题的重要性。科学探究是对问题对象"有所知而求知"。因此,一个问题如果不能与其知识背景(或经验)相联系,或没有可联系的背景知识,那么这必定是不适宜探究的无知问题。然而,在当前探究教学研究中,存在着一种认识上的误区,认为提出的问题只要生动、新奇,能激发学生的探究兴趣就可以,似乎知识在探究教学中不重要了。事实上缺少知识作定向的探究,也往往是难以给学生的努力带来成就感和胜任感的无效探究,只能激发探究的"有趣"而不能激发探究的"志趣"。

第三,虽然"简单问题"不是科学探究中具有奠基意义的第一步,对科学发现也没有实质性意义,但不是无用的,它是学习者好奇心和求知欲的表现,教学中保护这种好奇心和求知欲是教育学生树立求知信心,敢于提出问题,进行科学精神教育的一项重要内容;何况事物的认识总是由浅入深,从简单到复杂。

二、"假说"是探究的"复杂性"要素,不是必需的

关于"假说",牛顿曾有句名言,他"不杜撰假说"(Hypotheses non fingo),他说:"任何不是从现象中推论出来的说法都应称之为假说,而这样一种假说,无论是形而上学的或者是物理学的……在实验哲学中都没有它们的地位。在实验哲学中,命题都从现象推出,然后通过归纳使之成为一般。"[3]可见,经验—归纳法是牛顿所推崇的科学方法论。然而,关于"假说",爱因斯坦也有句名言,"概念是思维的自由创造",显然,这里的"概念"就是"假说"。由此,如何理解两种不同的观点,如何认识"假说"在科学探究(包括科学探究教学)中的地位与

价值,需要我们作认真思考。从科学认识论角度看,科学探究就其过程的复杂性和对象的抽象性而言可以有不同的层次。以牛顿力学为基础的经典科学是经验层次的科学,而经验科学的目的在于合理地描述和解释经验世界,其基本特征是可经验性,如力、质量、运动、惯性、牛顿定律。也就是说经验科学中的概念、规律等理性认识离现象世界并不遥远,思维跨度不算太大。因此,对任何一个研究者,当他把握了研究对象足够的事实材料时,自然不会拒绝思考这些事实所显现的端倪,并以"经验事实—归纳概括—科学理论"的归纳方法朝着反映客观必然的联系逐步上升,逼近真理;而有意撇开它们进行纯粹的思辨、遐想和假说。就这个意义讲,经验科学原则上无须"杜撰假说"。然而随着科学的发展,认识的深入,理论与经验的距离亦愈来愈远,尤其是19世纪下半叶,自然科学从积累经验材料为主的分析阶段进入以理性研究为主的综合阶段,原子学说、分子学说开始建立,经验不可及的各种微粒说也在光学、电学、磁学等领域中逐步流行。此时,猜测、假说等研究方法在科学探究中也显现出它的优势和价值。假说主义的理论与观点也逐渐受到科学家与科学哲学家的关注和重视。正如假设主义的先驱赫歇尔所指出的,归纳法与假设法都是科学发现的方法,但归纳法只能归纳出一些经验定律,而不能深入发现经验不可及的更深、更广的领域。[1]爱因斯坦也指出"现在,大家都知道,科学不能仅仅在经验的基础上成长起来。在建立科学时我们免不了要自由地创造概念,而这些概念的适用性可以后验地用经验方法来检验"。[2]可见科学探究的认识论与方法论观点是与其对象的抽象性和过程复杂性相关联的。从这个角度讲,以经验科学为主要学习内容的基础教育中,科学探究的教学结构是否必须包含"假说",需要根据探究课题的经验可及性(对学生而言)、内容复杂性、学生的知识背景以及科学认识论规范而定,否则为探究而教条地搬用"问题—假说—验证"的程式,不仅不能获得满意的教学效果,甚至会弄巧成拙,同样不能给学生树立正确的科学形象。

正如前文所述,在经验不可及的抽象性高、复杂程度大以及人们不甚熟悉的科学领域,"假说"在探究中显现出巨大的价值和作用,就这个意义讲,"假说"是探究的"核心"不为过分。然而,在科学探究中,假说却是一个复杂而又难以驾驭的术语,这就更加需要我们从科学哲学的高度来提升对它的认识。笔者以为从以下四方面,将有利于我们理解和把握探究教学中假说的特征。

第一,假说无论其来源还是形式是多样的。当前,在探究教学中人们对"假说"的理解,大多局限于"在个别经验基础上的对自然界中客观存在的未知事实和规律的假定性陈述和预先猜测"。其实这是一种较为狭隘和笼统的理解。从科学方法论角度讲,假说从不同的角度,可以有不同的分类:[5]根据对象的不同,可分为事实假说和理想假说;根据概括水平不同,可分为常识性(或观察的)假说、科学假说和形而上学假说;根据来源不同,可分为经验概括性假说、演绎推论性假说、自由创造性假说和直觉性假说。显然,假说的类型,制约着科学探究的教学形式和过程。一个教师若要真正成为科学探究的促进者或引导者,就必须对各类假说的来源、形式和特征有所了解。例如,"经验概括性假说"就形式而言,就是一个在个别经验基础上的全称形式的概括性陈述,它是将有限元素中的共同特征推广到关于该集合的所有元素而形成,这种推广的依据是基于自然统一性的信念。因此,从这个意义上讲,所有的不完全归纳概括都是假说,具有或然性;休谟对经验—归纳法的质疑也就在于此。但要注意的是,在经验科学中,这里的"假说"对"概括"

而非对"归纳",不可混淆。再如,"演绎推论性假说"是指根据某些高阶前提而做出的推论性假说,然而需要指出的是,这里的"高阶前提"与假说之间并无逻辑上的联系,前者往往是科学中一些公认的具有全称形式和高度概括性的原理或哲学观念,如"规律具有对称性""量具有守恒性""无因便无果""特殊蕴含普遍,普遍统辖特殊"等等。研究表明,这些观念虽然极其抽象,也不是可用实验检验的那种事物,但它们在科学发现中充当了一种对科学思想不同部分的系统化指导,具有基本的调节性、启发性的价值。[5]如牛顿关于万有引力的思想就始于自然界的和谐统一信念而做出的假说。因此,这里的"演绎推论"与形式逻辑中的"演绎推理"具有完全不同的含义。

第二,科学信念对假说的产生的重要性。启发假说的因素是多样的,但科学信念乃至某些哲学观念(如上文所述)对假说的产生极其重要。虽然在科学探究中,大多数探究者并不明显意识到信念对假说产生的意义和价值,但两者的联系在认识论上的意义是明显的,它们之间的关系犹如英国科学思想家波兰尼(Polanyi, M)关于"附属意识"(subsidiary awareness)与"焦点意识"(focal awareness)之间的关系,即信念作为附属的、缄默的潜意识往往是头脑中的"直觉"或突然"闪光"的源泉。对此爱因斯坦曾深有体会地说过:"如果把哲学理解为在最普遍和最广泛的形式中对知识的追求,那么,显然,哲学就可以被认为是全部科学认识之母。"[6]因此,在科学探究教学中教师应该尽可能引导学生从更高的层次反思他们的探究经历与体验,努力形成上位的乃至是哲学层次的科学信念,这不仅有利于培养学生提出假说的意识和能力,而且有利于学生形成正确的科学世界观和价值观。

第三,由于假说的个体性、尝试性以及非理性因素的参与,不同的人对同一问题就会提出不同的假说,在这些不同的假说中有些可能是通约的,属于同一"范式"的不同表述。例如,中学生在"力的合成方法"的探究中,就可能提出"平行四边形法则"和"三角形法则"两种不同的假说,然两者是通约的,不会形成矛盾。但有些课题的探究则不然。例如,关于"速度"的探究,学生就可以提出"$v=s/t$"与"$v=t/s$"两种不同的假说;再如,在"匀变速直线运动"的探究中,学生可以将其界定为"速度对时间的均匀变化",也可以界定为"速度对空间的均匀变化"。显然,以上二例中的两种不同假说是不可通约的,但都可取,因为,它们都能够描述"运动的快慢"或"速度的均匀变化"特征,只是分属于不同的"范式";并且从科学方法论角度讲,这是属于"自由创造性假说",或者说是一种思维自由创造出来的公设或命题,这类假说"在其来源或由来方面不需要任何'证明',而只是在它的使用方面需要加以证明。……它们的功能并不是描述出什么是事实或断言事实如此这般,而是提供出以某种比以前的整理方式更优越的方式来整理或重建已知的事实的秩序的手段",[5]如"日心说"就比"地心说"能更好地解释天体的运行。因此,教师要慎重对待这类假说的判定,是从科学的社会角色,还是从科学的价值评价,抑或是从科学的简单性角度。显然,从科学的道德规范角度,使用教师或书本权威的判定是最不可取的,它既违背科学精神,又挫伤学生的探究积极性。

第四,假说既是一种自由尝试,也是一种严谨的创造,因此,它的产生是试探与定向、继承与批判、理性与非理性、严谨性与灵活性辩证统一的创新过程。然而,在当前科学探究教学的实践中,却存在两种极端模式。其一是"顺杆爬"式,在这种模式中,由于教师过多的引导,以致许多假说的提出是如此之便捷而又合理,这恰恰掩盖了假说所具有的尝试性和灵活性,剥夺了学生自由探究、体验科学、尝试假说的机会,限制了学生发挥创造潜能。其二是"任意浪漫"式,在这种模式中,"从表面上看,是为了让孩子们自主建构,但实际上不少人是盲目行事,甚至把科学学习的困难全部丢给学生。尤其在孩子们'自主探究'遇到困难的时候,如果教师还是任其'自主'发展,势必会给孩子们这样的概念:科学探究原来就是这样的任意和浪漫"。[7]显然,这种只放不收的科学探究,违背了科学假说所需要的严谨性,同样不利于学生科学素养的养成,也丧失了教育的标准。以上两种极端模式的根源在于教师对科学探究理解上的偏差与肤浅。因此,提高探究教学质量的根本在于提高教师对科学探究的理解水平,包括从哲学层面对科学探究的反思。

三、实验是"假说"真理性的根本判据,但不是绝对和充分的

假说是探究者对科学问题解答结果的预期或推测,具有或然性。假说要转化成定律,过渡为理论,就必须对它进行验证。从"实践是检验真理的唯一标准"这个基本的唯物主义认识论观点来讲,实验是假说真理性的根本判据。然而,从方法论角度讲,实验判据又不是绝对和充分的。

首先,现代科学哲学研究认为,实验作为人们获取经验的一种方式,它是主观与客观相互作用的结果。因此,实验的结论不仅具有客观性,而且具有主观性。例如,"小孔成像"实验和"障碍物的阴影"实验是几何光学中"光的直线传播"假说的重要证据,然而,在这些实验中,"孔"和"障碍物"的尺寸大小是由实验设计者主观选定的。如果实验者能考虑到足够小的"孔"和"障碍物",那么"光的直线传播"将不可能在这样的实验中得到证实。可见,实验对假说的证实或证伪具有情境性、主观性和相对性,不是绝对可靠的。

其次,由于"观察渗透理论"面对同一实验,不同个体,因为知识背景或个人倾向的不同,则观察的方式、精度的要求和对结论的评价也将不同。例如,对待同一个存在一定误差的实验,持假说证实倾向者,就可能将之作为"误差允许范围内"的一个证实例证;而持假说证伪倾向者,就有可能将之作为证伪的例证(如开普勒对行星运行的8'误差)。再如,对于实验中偶然出现的明显超出规定条件下预期值的"粗大误差"等反常现象,持证实与证伪者的态度也会大不一样,前者就可能视之为读错数、记错数,或环境条件突然变化引起的误差而将之剔除或"悬置"起来,而后者将不会听之任之。可见,实验中一个中立的观察和评价是不存在的,它同样具有主观性和不确定性,正所谓"一个科学家首先是人,他不可能撇开自己的信念。在任何问题前面都持完全中立和不偏不倚的态度,那是荒谬之谈"。[8]

第三,假说合理性的判定还与"范式"有关。由于不同"范式"的不可通约性,一个假说在某个范式中看来是不合理的,但在另一种范式中却可以是合理的,如前文提到的"速度"与"匀变速直线运动"的两种不同定义,就是分属不同的"范式",且都具有合理性。因而对它们的取舍与判定就不仅仅取决于实证,还要根据它们的实用性、简单性和社会公认性的评价。总之,在科学探究教学中,如何在同一问题的多种假说中做出选择,虽说离不开实验事实这个根本性判据,但却不是绝对和充分的,这就需要教师以更加宽广的视角引导学生对不同假说的合理性做更全面的论证与分析,并做出科学的判定。

参考文献：

[1] 中华人民共和国教育部.全日制义务教育物理课程标准(实验号)[M].北京:北京师范大学出版社,2001:9.

[2] 杨耀坤.科学发现论[M].成都:四川科学技术出版社,1993.

[3] [美]H.S塞耶.牛顿自然哲学著作选[M].上海:上海人民出版社,1974:8.

[4] 夏基松.历史主义科学哲学[M].北京:高等教育出版社,1995:6.

[5] [美]M.W.瓦托夫斯基.科学思想的概念基础[M].北京:求是出版社,1989.

[6] [德]爱因斯坦.爱因斯坦文集第1卷[M].许良英,等译.北京:商务印书馆,1976:519.

[7] 张红霞.建构主义对科学教育理论的贡献与局限[J].教育研究,2003:7.

[8] 任长松.探究式学习——学生知识的自主建构[M].北京:教育科学出版社,2005:9.

中国小学科学教育中与"Hands on"方案有关的研究[①]

郁 波

20世纪80年代以来,中国的小学科学教育开始了教学领域里的全面改革,在指导思想和教学方法方面都发生了一系列变化。本文以"Hands on"方案为对照,从教育理念、教学过程、活动类型和支持体系等方面,对中国的科学教育在这一时期里所做的研究以及发展现状进行了比较和介绍,并指出了这些工作的价值以及今后需要进一步解决的问题。

目前正在世界许多国家和地区推广的"Hands on"方案,是由美国科技界和博物馆界提出并得到教育界认可的一套科学教育思想和方法。"Hands on"方案中包含着许多现代科学教育的基本理念,这些理念后来成为《普及科学知识——美国2061计划》和《美国国家科学教育标准》的重要基础。"Hands on"方案也包含着一些教学建议,这些建议被实践证明在贯彻科学教育改革的基本理念中是积极而有效的。从"Hands on"方案的视角,审视中国的小学科学教育,进行理论和实践方面的分析和比较,将有助于正确认识中国的小学科学教育,并进一步明确今后的改革方向。

一、关于科学教育的基本理念

中国的小学科学教育改革起始于20世纪80年代初期。当时,任人民教育出版社生物自然编辑室负责人的刘默耕先生主持了《小学自然教材、教法改革与实验的研究》。这一研究进行了中国小学科学教育的理论建设,它的成果集中表现在1982年颁布的小学自然教学大纲和教材,以及刘默耕先后发表的许多讲话和文稿中。

（一）将自然学科的性质从"教给儿童一些浅近的自然科学知识"改变为"对儿童进行科学启蒙教育的一门基础性学科"

"对儿童进行科学启蒙教育的一门基础性学科",是1982年的小学自然教学大纲对自然学科性质的重新界定。其中的"科学"概念,根据爱因斯坦对科学的解释——"探求意义的经历",被定义为"探索大自然的秘密"。"科学教育"的概念,明确区别于"传授知识",被规定为"指导儿童初步认识自然界和人类对自然界的探索、利用、改造、保护,从而使他们获得基本的自然科学常识,发展爱科学、学科学、用科学的志趣和能力,受到正确的自然观、科学态度、爱家乡、爱社会主义祖国等思想熏陶,促进他们的身心健康发展"。"启蒙教育"的提法,意在强调小学自然教学要尊重儿童的心理和年龄特点,让他们"一上来就学得生动活泼","进而乐于探索大自然,乐于学习科学技术",并以"带领儿童沿着科学家的足迹,学着像科学家那样真刀真枪地去探索大自然的秘密"作为教学的基本方向。"基础性学科"则被明确为"用生动具体的自然知识武装儿童的头脑",即"要指导儿童运用他们的各种器官,动手动脑,亲自

[①] 本文选自《小学自然教学》2001年第7·8期,第13—17页。

去变革自然界的客观现实事物,从而获得大量的感性信息,经过头脑的科学加工,形成生动具体的富有内容的初级概念"。

(二)不再把课本作为学生的直接认识对象

1982年的教材改革,对教材的职能和呈现方式也作了新的要求。在此之前的小学自然教材是把叙述现成的知识作为职能的,叙述的形式一般是结论在前,而验证实验在后,以便于儿童记忆和背诵。新的教材定位于"指引儿童去直接认识自然界的客观事物,激发儿童的探索动机,为他们创设探索的情境,提供必要的方法指导"。课文中的结论要求安排在儿童探索的末尾,实验为促进儿童发现问题、探索问题而设计,作业也尝试着从封闭性的问答形式改变为引导学生参与实践活动的问题及建议形式。

(三)教师的职能不再是"教儿童念书"而是"教儿童认识客观事物"

针对小学自然教学中普遍存在的用教语文的方法教自然,仅通过阅读、讲解等方法传授知识的现象,1982年的自然教学改革提出,自然课的课堂教学不能再是"一味地通过语言文字的中介来传授",而是"要为儿童精心设计所要认识的实际事物的'有结构的材料',引导儿童去探索",教师的作用应是对儿童探索的"多方启迪诱导,鼓励支持和给予必要的帮助",使儿童"能动地、专心致志而又兴趣盎然地去独立探索",并在儿童"独自努力的基础上.组织大家交流讨论,互相切磋砥砺","把每个人分散取得的成果集中起来加以提高,化为儿童们共同的财富"。

从上述表述中可以看到,在中国小学科学教育20世纪80年代所进行的改革中,已经开始形成以获取科学知识、培养科学能力、科学态度、科学精神为目的的多元价值观,已经出现在科学教育中重视学生的科学实践、重视学生能动作用的倾向,并已寻找到探究这一符合科学本性和教育本性的学习科学的方法。这些思想,与"Hands on"方案所主张的强调科学实践、强调对学生多方面素质的培养,以及以探究为中心来组织教学在大方向上是一致的。正是这些思想,在当时强烈地冲击了科学教育的传统观念,启发和激励了广大的科学教师,发动了一场科学教育领域的革命。它在中国小学科学教育的发展史上曾经发挥过重要的指导作用。

但是必须看到,中国小学科学教育在20世纪80年代建立起来的改革思想,在随后的年代里没有来得及形成较为完整的理论框架,也缺乏进一步的深入发展。而正是在这一段时间里,世界科学教育取得了理论上的重大突破。这一突破主要表现在,对"科学是什么"作了哲学上的重新界定,对"人是怎样学习的"作了教育学和心理学上的新的探讨。面对着这些新进展,中国的小学科学教育需要进一步在指导思想上丰富其内涵,在更广阔和更高的层面上理解科学教育,并进行更为深入的研究。例如,将以培养学生的科学素养作为科学教育的最高目标,将科学探究放在科学教育的中心环节上,努力发展每一个学生对科学的理解力和从事科学探究的能力等。

二、关于以科学实践为基础的教学过程

强调科学实践,强调从做科学中学科学是"Hands on"方案的突出特点,由此形成了"活动提出问题—动手做实验—观察记录—解释讨论—得出结论—表达陈述的基本过程,中国

的小学科学教育工作者在这方面也进行了实践和探索。根据教学改革中所遇到的具体问题,研究是从以下几个方面展开的:

(一)引导学生在研究自然事物的基础上形成概念

中国的小学科学教育工作者从实践中认识到,小学阶段学生学习的科学知识都是很浅显的,是会随着他的年龄的增长而逐步丰富和发展的,甚至有些是可以从其他渠道获得的,如果仅仅让学生记住一些简单的结论,科学教育便失去了存在的意义。科学教育的真正意义应该在于,让学生对所亲历的事物中产生的一些实际问题进行探究,从中培养他们从现实情境中寻求答案的能力,全面地认识事物,从事物的运动变化中、相互联系中认识事物的思维方式,以及积极参与科学活动的倾向。从这一认识出发,学生科学概念的形成过程就变得十分重要而且具有丰富的内涵了。多年来,中国的小学科学教育工作者们积极地研究了学生在研究自然事物的基础上形成科学概念的基本过程和方法。他们把这个过程概括为:一、收集事实;二、整理事实;三、研究事实材料,得出符合学生认识水平的结论;四、解释所学的科学。这样的研究推进了课堂教学的改革。例如,关于卵石形成的有关概念,教师首先会组织学生到附近的山上和河岸去考察岩石和卵石的状态,并观察卵石在自然界的分布情况。在考察和观察的基础上,让学生充分描述自己的发现,同时做出大胆的推测,然后由他们设计实验来验证自己的想法。学生在做了烧热的石块遇冷水炸裂的实验,又做了碎砖头和砂子的摩擦实验后,最终自己解释了卵石形成的原因。

(二)让学生主动收集事实

究竟是应该要求学生按照教师心目中既定的计划和顺序去观察客观事物、进行实验,还是应该放手让学生在自己的实践过程中去观察和实验,从长期的改革实践中,中国的小学科学教育工作者认识到,这又是一个不容忽视的问题。学生的观察和实验能力同知识一样也是不能依靠灌输,而是要依靠学生自行去获得的。即使观察同一事物,由于各人的需要、愿望、兴趣和已有的知识经验不同,观察的目的、方法和结果也会不一样。如果让学生带着结论去观察,观察就不再是探究的起点,而只是结论的验证。这一认识的获得,促使小学科学教师在科学教育中更多地鼓励学生去主动观察、主动实验和主动收集事实。例如在《水》的教学中,教师就不再带领学生去看水、闻水和尝水,而只是把有关的学习材料交给学生,鼓励他们尽可能多地发现水的性质,想各种办法去观察水,结果,学生们有的用手抓水、有的晃动水、有的用棍搅动水……获得了比以前丰富得多的有关水的感性认识。

(三)通过材料,引起学生的科学实践活动

1982年,美国哈佛大学研究生院的Brends Lanedown教授来华讲学。她的"材料引起经历"的观点,给予中国科学教师很大的启发。他们认识到,学生们的科学知识、科学能力、科学态度的获得和形成是与他们所经历的实践活动直接相关的。科学实践活动的学习价值越大,学生所获得的经历就越丰富,他们就越可能获得发展。而这样的实践活动要靠相应的学习材料来支撑。从这个意义上,适宜的操作材料是科学教育的基础,操作材料的实践活动是学生学科学的基础。中国的小学科学教育工作者认为,这一过程大致可以分为四个阶段,即:材料引起学生认识自然的实践活动;学生通过实践活动头脑里发生认识;通过描述、交流

形成知觉水平的认识;通过讨论、归纳形成抽象水平的认识。在探索中,中国教师发挥自身的创造力,为创设学生的科学实践活动,设计、提供了大量有意义的材料。例如,向学生提供彩色笔芯、木头、布、装土的试管、塑料片、夹在一起的玻璃片和直径较大的玻璃管,让学生探索毛细现象,向学生提供活的无毒蛇、龟和鳖,以便于他们建立爬行动物的概念……

(四)舍得花时间让学生去探索

引导学生通过操作实验材料的实践活动去获取知识、发展能力,一般的教师已没有疑义,但是在课堂上却往往把它们切割成许多一两分钟,三五分钟,并置于教师严密控制之下的小活动。一次对于12节课上学生操作活动时间的统计结果令人吃惊。学生操作活动最长的一次是9分30秒,而每次不到2分钟的却有29次。中国的小学科学教育工作者认识到,这样短而分散的时间是不能完成学生真正意义上的探索的。从一定意义上说,学生操作活动的时间长短与他们在活动中的自主程序成正比。时间越短的操作活动,往往要求学生的自主水平越低。只有舍得花时间,让学生去从事操作实验材料,才能够逐步提高学生的自主探究能力。于是在《蜡烛会熄灭吗?》一课中,教师就这样去尝试了。对于学生提出的只要2分钟就可以完成的探索性实验,教师却给了他们25分钟,实践证明,这不仅是必要的,而且也是深受学生欢迎的。

(五)允许学生用各种手段去干预、控制、变革认识对象

在科学教育中强调学生的科学实践,其中一项重要的意义就要是让学生在做科学的过程中理解科学的本质。科学作为探究的过程,是因为没有一个简单的一成不变的步骤可供科学家们遵循,也没有一条道路可以使科学家直接通向成功。为了让学生能够在自己的科学实践中领悟这一点,中国的小学科学教师注意了鼓励学生用不同的方式进行探索,用各种手段去干预、控制和变革认识的对象。例如,在《平衡》一节的教学中,武汉华中理工大学附小一个班的学生在一节课的时间里取得了实验结果103项(挂法相同的计为一项),而且非对称平衡大大超过了对称平衡。又例如,在研究形状与承受力的过程中,学生们在40分钟里尝试了改变纸的承受力的11种方法。这些过程都大大激发了学生的创造热情,同时使学生从实践中领悟了什么是科学以及它的产生过程。

(六)重视提高学生的思维品质

在引导学生参与科学实践的过程中,有意识地设计活动,引起学生的心理冲突,以培养他们良好的思维习惯是十分重要的。中国的小学科学教师们在这方面创造了一些成功的范例。例如,为了引导学生建立学科间的、事物间的、概念间的联系,教师要学生研究树叶和人之间的相似之处。学生以往从来都是从生物学的角度去认识树叶的,一时无法与人体的相关特征联系起来。但是随着探索的深入,学生慢慢发现了叶片的长度和人的身高都表现出正态分布曲线的规律。相似之处找到了,学生经历了一次重建思维方式的过程,这一过程对于他们是难忘而有意义的。

又例如,为了让学生领悟到在知识的应用过程中,如果拥有的知识不足,或忽略了某一方面的知识,就可能出现片面性的错误,教师有意识地设计了在杯子和桌面之间留有空隙的情况下观察蜡烛是否燃烧的实验。当所有的学生无例外地都认为蜡烛会继续燃烧而与实验

事实不符的时候,探索开始了,学生们的思维从中获得了发展。

(七)从多方面培养学生的探究能力

在长期的探索中,中国的小学科学教育工作者深刻感受到,科学教育中学生所从事的科学实践是一项具有丰富内涵的多侧面活动。学生在活动中要理解科学的概念,理解科学的本质,获得精神的享受,学习科学探索的技能,以及培养科学的态度,他们就必须学会观察、实验、查找资料、做个人记录、制作图表、分析解读数据以及流利和准确地表达自己的思想。中国的小学科学教师重视了这方面的研究,他们尝试了将数学的思维方式和研究方法融入科学课程的教学,用维果茨基的行为心理学观点分析学生概念形成和表达之间的关系;设计适合于学生年龄特点又能够体现他们自我评价能力的实验记录表……这些研究成果丰富了科学教育的内容,并且使学生在科学探索的过程中获得了多方面的发展。

同"Hands on"方案相比较,目前中国小学科学教育在教学领域里存在的问题也是值得重视的。

1. 需要进一步围绕探究来组织教学和强调学生的自主性

中国的科学教师一般还习惯于按照教材中规定的内容,特别是知识性目标去引导学生进行科学实践,还不善于把探究放在教学的中心位置上,并给予学生更大的探索空间。例如,同样是单摆的教学,中国教师设定的目标往往是摆的快慢与什么有关,而美国教师提出的要求却是,要学生评价和构造一个每15秒钟摆动6次的单摆。教师的注意力集中在探究上,要求学生理解的是探究中的变量为什么每次只能改变一个,并鼓励学生提出问题和寻求答案。

2. 需要在强调学生动手操作的同时,重视他们的理解体验

"Hands on"方案把学生能动的学习过程理解为体与脑的共同活动,非常重视学生在科学实践活动中所获得的理性认识和对于探究方法的掌握。例如,科学探究的手段,使用证据的规则、形成问题的方式和提出解释的方法。相比之下,中国的小学科学教育在这方面的重视不够,在教学中较少关注这方面的设计和要求。

3. 需要重视对学生探究活动的质量评估

从"Hands on"方案中可以看到,教师对学生学习活动的质量十分关注。他们不仅注意学生的学习过程,同时对学生的学习结果进行评价,借以了解学生对科学本质的理解程度,掌握科学知识的深度和质量,以及进行科学推理的能力。中国的科学教师往往对学生推理环节之间的联系是否严密,是否明确交代了自己的假设……没有明确的要求,因此影响了学生探究活动能力的提高。

4. 需要保持探究活动的持续性和稳定性

中国的小学科学教育中的学生探究活动,一向是控制在40分钟之内完成的。事实证明,这样的探究活动难以深入和真正发挥学生的自主性。"Hands on"方案强调围绕一定的主题进行活动,而且每一个主题都应使学生花费足够长的时间进行探索和交流,中国的小学科学教育要提高学生的科学实践活动水平,也必须向这个方向努力。

5. 需要进一步提高科学教师自身的探究能力

一些教学活动的探究水平不高,是与教师本身对科学探究的理解不深和缺乏科学探究能力有关的。学校、教育行政部门和管理部门需要创造更多的条件,发展教师对科学的认

识,让他们有机会像他们的学生那样扩大自己的认识能力,提高设计探究活动的水平。

三、关于科学教育的活动类型和社会参与

中国的小学科学教育除了学校课堂教学之外也具有其他形式。一种是专题性的调查考察活动。一般利用活动课程的教学时间或课外时间,学生在教师的指导下,对所在地区的环境、资源进行调查。例如,河北白洋淀小学对白洋淀水质的调查,华中理工大学附小对武汉市煤炉烟气污染危害的调查和研究、山西太原市汾机小学的自然夏令营等。另一种形式是由学生组成的课外兴趣小组,他们活动的涉猎面很广,有的考察家乡的林业资源,有的进行饲养或种植实验,也有专门的天文观测小组。其中地处乡村的江苏昆山市蓬朗中心小学天文组,由于观测成果卓著,被总部设在比利时的国际流星组织确定为我国国内仅有的3个流星观测点之一。还有许多小学生在家里对自己感兴趣的自然事物进行研究。例如学养鹅、对家蚕的生长过程和部分器官进行研究等,也取得了很好的效果。

近年来,居住在贫困地区的学生辍学现象成为社会广泛的关注的问题。由《小学自然教学》杂志编辑部设计并参与实施的"彩虹方案"成为科学教育一种新的形式。他们计划不完全靠救助,而是通过科学教育教会学生致富的本领(种植和养殖),让他们靠自己的劳动完成6—9年的义务教育。这一方案得到了"亚洲乡村教育基金会"和美国"惠黎基金会"的支持。截至1999年,受援学校已达15所,受益师生超过2 000人,学校在基金会资助下援建的茶园、杜仲苗圃和香菇生产基地已成为孩子们继续求学的"绿色银行"。

20年中,中国农村的自然教学改革迈出了较大的步伐。学校注意结合当地农事进行教学,用科学知识帮助农民解决生产中的难题,并注意运用科学原理解释自然现象,破除封建迷信,受到农民的欢迎。许多家长不仅积极支持自己的孩子参与课外科技活动,还常常同孩子一起写观察记录,表现了对科学教育的关注和热情。必须指出的是,从总体上看,社会对中国小学科学教育的参与程度还不够。"科学是全社会的公众事业"的观念还有待建立,在许多人的眼中,科学教育还仅仅是教育部门的事情,这种现象亟待改变。

四、关于科学教育的支持体系和信息技术环境

目前,可以提供给中国小学生进行科技活动的大型场馆还不是很多。除了小型的地区少年宫和科技活动站之外,只有北京、上海、天津、南京、武汉、沈阳、蚌埠等城市具有专门为青少年设置的一定规模的科技馆。信息技术环境也有待改善。科学教育开始通过Internet查找自己所需要的资料,但还缺乏专门为科学教师服务,向他们提供特殊帮助的网站。

虽然中国的小学科学教育在物质条件方面目前还不够充足,但是科学教师们表现出的创造精神和敬业精神是感人至深的。尤其是贫困地区的一些教师,他们凭着对科学教育的热爱,对学生的责任感,积极利用废旧物品自制教具,支撑着科学教育的改革。例如一位湖北宜昌地区的乡村教师,曾经在3年的时间里,自制教具几百件,基本满足了教学的要求,而他每周要教30个课时的课。正是有了这样一些教师,中国的小学科学教育才不断得到了推动。

回顾20年的改革历史,应该看到,中国的小学科学教育在指导思想和实施途径方面已经发生了改变,这为科学教育的进一步发展奠定了良好的基础。同时也应该看到,"Hands on"方案所体现的一些理念和提供的方法是值得中国科学教育认真借鉴的。中国的小学科

学教育需要进一步突破课堂与教材的局限,增加与社会和技术相联系的教学内容,在课程和教材的改革方面迈出更大的步伐。社会机构也需要加大对小学科学教育的关注和投入,积极促进科学家参与科学教育,为科学教育的发展提供更多更好的物质条件和信息技术环境。随着中国的经济发展和社会进步,小学科学教育将有更为美好的前景,中国的小学科学教育工作者们将为此继续做出努力。

参考文献:

[1]《小学自然教学》编辑部.小学自然教学[M].武汉:湖北教育报刊社,1993—2000.

[2] 刘默耕.刘默耕小学自然课改革探索[M].武汉:湖北教育出版社,1998.

[3] 美国国家教育发展研究中心.发达国家教育改革的动向和趋势(第四集)[M].北京:人民教育出版社,1992.

[4] [美]国家研究理事会.美国国家科学教育标准[M].北京:科学技术文献出版社,1999.

[5]《小学自然教学》编辑部.兰本达的"探究——研讨"教学法及其在中国[M].武汉:湖北辞书出版社,1995.

[6] S·拉塞克,G·维迪努.从现在到2000年,教育内容发展的全球展望[M].北京:教育科学出版社,1992.

附:"Hands on"方案简介

一、背景

"Hands on"是一种由美国科学家总结出来的教育思想和方法,旨在让学生以更科学的方法学习知识,尤其强调对学生学习方法、思维方法、学习态度的培养。基于"Hand son"方法的各种课程、教学项目和活动在美国已经开展了10多年,比较成功的是芝加哥、波士顿和加州地区,法国从1996年引入这个项目,命名为"LAMAINALAPATE",由法国科学院负责,已推广到4 000个学校。1999年10月,法国教育部部长宣布在全国范围内推广这一项目。

我国教育部韦钰副部长和一些教育专家、科学家已对"Hands on"方案在国外的实施情况进行了考察,认为该方案对我国的中小学科学教育有一定的借鉴意义。陈至立部长也做出批示,同意在我国部分城市进行"Hands on"方案试验推广。

二、理念和实施建议

基于"Hands on"方法的科学教育强调科学实践,强调从周围生活中取材,强调科学家的参与,适用于从幼儿园到中小学的科学教育。这一方法强调主动学习,提出听会忘记(You hear,you forget),看能记住(You see,you remember),做才会(You do,you learn)。"Hands on"活动的基本过程是:提出问题→动手做实验→观察记录→解释讨论→得出结论→表达陈述。

法国科学院、法国国家教育研究院、法国教育部、工艺研究部编写的《小学科学教育"Hands on"活动指南》提出了"实施Hands on"活动的有关建议:

(1) 孩子们观察一件物体或一种现象,并体会它。

(2) 孩子们在研究所观察的物体或现象的过程中进行思考,与同伴进行讨论和交流,以弥补他们在单纯的手工活动中的不足。

(3) 教师按一定的顺序给学生们推荐各种活动。但这些活动只是一种计划,孩子们在活动的选择和实施中有很强的自主性。

(4) 孩子们每周至少花两个小时进行同一个主题的活动,并应保证这些活动在整个学业中的持续性及教育方法的稳定性。

(5) 孩子们每个人都备有一份实验备忘录用于记录活动过程。

(6) 活动的主要目的是让学生们逐渐学会科学概念及技术操作,同时加强并巩固口头和书面表达能力。

(7) 家庭和(或)社区参与在学校的科学教育活动。

(8) 科学研究人员和(或)科学家可以利用他们的专业技术对学校的科学教育活动提供支持。

(9) 教师培训机构为教师提供有关的教育教学方法和经验。

(10) 教师可以通过 Internet 来获得有用的资料、有关活动设想以及有关问题的答案。教师还能通过与其同事、职业培训人员、科学研究人员和(或)科学家的在线交流,获得帮助和支持。

引导学生自行探究获取知识[①]

李建梅

自然学科《教学大纲》指出:"自然教学的基本过程是学生在教师的指导下主动地认识自然事物和应用所获取的知识,教师要尽可能地启发学生自行探求和应用知识。"多年的实践经验得知,引导学生通过亲自观察、实验、思考直接获取知识的方法,实质上是一种从实践中总结经验、发现规律的方法,掌握了这种方法就有了科学的头脑,无论从事什么工作,都能及时总结经验,有所发现,有所创造,有所作为。因而,引导学生自行获取知识是小学自然教学的一个重要目标。

一、引导学生自行探究知识的前提

让学生自行探究知识意在让学生自行发现问题、提出问题,自行设计探究的程序,自行得出结论、规律,自行应用知识解决实际问题,进行发明创造。学生在经历这一系列的活动过程中,主观意识上完全是自由的,带着一种渴求、一种欲望、一种急切到达目的地的心理;思维上是活跃的、开拓的、无拘无束的,可以充分发挥自己的一切聪明才智;行动上是自主的,可以充分展示自己的操作技能。因而,学生自行探求知识的过程是对学生各种能力的一种综合训练与检验的过程。如果学生在知识和能力上与新知识有断层、有差距,自行探讨的新知则欲速而不达。所以,让学生自行探求知识,教师不能盲目放手,应该把握住学生自行探究知识中的几个前提条件。

(一) 激起自行探究新知的兴趣

爱因斯坦说过:"最好的老师莫过于热爱。"兴趣是学生入门的先导,同时又是促进他们努力学习的内部动力。强烈的渴求揭谜的欲望,能促使学生去寻找、探索新知。教师应在每次探究前及时抓住学生这一心理,进行激发、鼓动、诱导,使学生尽快地进入一种好奇、渴盼、急不可耐的境界,在头脑中形成"究竟为什么""究竟是什么道理"的欲念,促使学生积极地、主动地去自行探究新知。

例如《放大镜》一课,教师为了激起学生研究放大镜的兴趣,设计了这样一个小环节:先让学生透过玻璃片看书上的字,再将一滴水滴在玻璃片上透过水滴看书上的字,发现字变大了。教师及时提问:"书上的字为什么看起来大了?这里面包含着什么科学秘密呢?"学生由于亲自感知了实验现象,对"为什么"在脑中产生了一个谜,教师再进一步激问:"这个秘密我们研究完放大镜之后就能把它揭示出来。"这样,引发了学生的好奇心,他们对研究放大镜产生了欲望,自觉地、积极地投入到对新知的探求、研究之中。

[①] 本文选自《课程·教材·教法》1999年第2期,第39—43页。

（二）创设自行探究新知识的情境

环境塑造人，环境激励人。人处在此情此景中很容易被感染被鼓舞，小学生的情感更容易随着情境而变化。因而，让学生全身心投入到自行探究知识的过程中，创设适宜的、有助于学生积极投入的情境，也是学生自行探究知识的一个不可忽视的前提。

创设何种情境，不能统一而论，没有固定的模式，要依课而设，依研讨的知识内容而设。有些探究知识的情境是安静的、严谨的。例如，研究种子的构造，在初次让学生解剖种子时，课堂气氛应是较安静的，教师应为学生提供一个细心解剖、认真观察的环境，让每一位学生沉浸在认真、细致、较为严谨的研究气氛中；有些探究知识的情境是轻松的、活跃的；有些探究知识的情境还可以设计成竞争性的、游戏性的、讨论性的等等。

（三）掌握学生学习的规律

为了更好地指导学生自行探求知识，必须研究学生是怎样学习的，掌握学生学习的规律。例如，学生学习的过程是怎样的，学生在应用已有的知识解决各种问题时一般要经过哪些心理过程，学生可能会用哪些方法去研究新知等。教师只有掌握了学生的学习规律，教学中才能有的放矢，恰当地放手让学生自行探究。例如《鱼》一课，在研究鱼鳍的作用时，学生可能想到用剪刀剪掉鱼鳍，用线捆住鱼鳍，用布包住鱼鳍等多种方法，教师可以为学生提前准备好充足的实验材料，让学生自由选择，不论用哪种方法都能达到目的。

（四）注重新知与旧知的联系

九年义务教育自然教材是根据儿童的认识规律由浅入深地编排的，知识内容与能力发展都是循序渐进的，教师要把握住让学生自行探究的新知与原有知识的联系，学生已有能力与探究新知所需能力的相互作用。如果在教学中忽视了这两方面的衔接，让学生自行探究知识的目的是不能达到的。同样，学生也达不到运用自己所学知识探究出新知的目的。苏联教育学家苏霍姆林斯基也指出，教会学生运用已有的知识来认识新知，这是最高的教学技巧之所在。所以，教学中教师要把握住新知与旧知的联系，让学生利用已有的知识去进行自行探究，且不可超越拔高，给学生造成学习的障碍。

另外，指导学生自行获取知识，还必须研究教与学的关系。教与学是相互依存、相互制约、相互作用、相互促进的，教师的指导要着眼于让学生自己更好地进行探究，学生的探究要在教师的指导下进行，并为教师更好地指导提供启示。总的说来，为了引导学生能顺利地自行探究，教师要做好充分的准备工作，为学生经历探究过程搭好桥。

二、引导学生自行发现问题，提出问题

实验是学生最感兴趣的学习活动，学生在实验中会发现许多现象，但很少有学生会马上对现象产生疑问。如"为什么会出现这种现象？"。在观察其他自然事物时也是如此，学生对观察对象本身或许有兴趣，但并不考虑观察对象"为什么会这样"。探究科学的习惯的养成大多从看到现象引发问题入手，一个人只有善于对某一事物或现象提出"为什么"，才能促使自己去探索、去研究、去揭示谜底。因而，让学生能自行发现问题、提出问题，是教师将学生引入自行探究知识的第一步。发现了问题，提出了问题，也就有了奋斗的目标，学生才会想

方设法一步步向目标行进。教师在这一环节中要善于点拨、诱导,运用各种方式进行启发、激励,让学生发现问题、提出问题,养成勇于探索、研究科学的好习惯。

如《鱼》一课,这样引导学生:先让学生分组自由观察水槽中游动的鱼,边观察边讨论:关于鱼的知识你了解了哪些?关于鱼的知识你还想了解哪些?学生经过讨论,提出了一系列的问题:鱼嘴一张一张在干什么?鱼鳍有什么作用?鱼鳞有什么作用?鱼怎样繁殖后代?等等。学生根据教师的提示,提出了问题,为自行探究提供了目标。

只有引导学生自行发现问题、提出问题,才能训练学生良好的研究科学的方法,使学生注重现象和问题之间的密切联系,养成在头脑中经常问为什么的好习惯。长此以往,学生的观察力、注意力及研究科学的兴趣就会随之加强,知识也会随之丰富,为将来独立进行科学研究奠定成功之路的第一块基石。

三、引导学生自行设计探究的程序

提出了要研究的问题,用何种方法去探究、去揭示,正是训练学生假想、设计、进行创造思维和想象思维的一个契机。学生思维的火花是极其活跃的,智慧也是极为丰富的,教师在教学中就要善于将这些聪明才智开发出来,进行经常性的塑造、训练、培养,让学生相信自己,敢想,善于想,使学生主动地、勇敢地走上自行寻求解决问题方法的道路。在引导学生自行设计时,教师可针对学生的知识水平、能力大小和具体的课堂教学环境进行。教师的语言要具有启发性和激励性。可以先从验证实验入手,再逐步放手让学生进行各种实验的设计。引导学生自行设计探究程序,一般采用以下几种方法。

(一)少数人提议,集体通过

由于受认识和思维水平的限制,小学生独立设计某些实验比较困难,教师在引导中可将难度降低,用直观形象的材料给予提示,让学生在一定的区域内进行设想。几个人想出办法,集体通过后,再进行实验。如《物体的热胀冷缩》一课,引导学生设计液体、气体热胀冷缩的实验时,教师可以先展示有关的实验材料:烧杯、烧瓶、弯玻璃管、直玻璃管、橡胶塞等,让学生根据材料想象、设计,让最快想出办法的学生说出设想,大家共同评论,若认为合理可取,则大家共用这种方法进行实验。

(二)共同设想,选取最佳方案

分组实验、小组活动是小学自然课堂教学中最常采用的活动方式,以小组为一整体,可让学生体验到集体的智慧,感受到团结协作的力量,增强学生之间的凝聚力。所以引导学生自行设计时,可让学生在组内各抒己见,充分讨论,最后选出公认的最佳方案由小组的同学集体实验。如《鱼》一课,在研究鳍的作用时,教师提出:"请小组的同学共同想个办法了解鳍的作用,看哪个小组想的办法最好。"然后再由小组的同学自行设计并进行实验。有的小组选用剪刀剪鱼鳍,有的选用捆住鱼鳍等,而且各有各的道理。剪鱼鳍的理由是为了方便实验,捆鱼鳍的理由是保护鱼,不愿意损伤鱼。不论何种方法,学生都成功地完成了实验,达到了目标。

(三)独立设想,自己动手实验

训练学生独立思考、独立实验是促进学生思维发展的重要措施。学生在独自设想中可以无拘无束、不受限制,便于开拓思路,训练能力,而且一旦自己的设想不成功,他们还可以马上改变思路再设想、再实验,这实际上是"设想—实践—再设想—再实践"不断思考、进一步拓宽思路的过程。在此过程中,学生可能试用几种方法后才将现象揭示出来,也可能会用多种方法将某一现象揭示出来。如《声音的传播》一课,研究固体传声时,教师这样对学生说:"声音能在固体中传播吗?请你自己设计实验来研究这个问题,看谁能将这个秘密揭示出来。"这时全班同学先是凝思细想,然后开始进入各自的实验当中。汇报时,有的学生说用棉球塞住左耳,用钢笔一端贴住右耳,用鸡毛轻扫钢笔的另一端,听到了声音,声音是通过钢笔传播过去的;有的学生将耳贴在桌面上,在桌面的纸上写字听声音;还有的学生用了多种实验方法来研究这一问题。这样,不仅锻炼了学生自行设计实验进行实验的能力,而且通过听取别人的汇报,也学到了别人实验研究的方法,了解了钢笔、桌子、地面等多种固体传声的实例,对得出固体能传播声音的结论有了广泛的证明材料。

引导学生自己设计探究科学的程序,是他们进行科学研究的一个重要过程,只要教师注重了这一环节的训练,他们的想象思维便会不断丰富,为将来自己设计探究大自然的奥秘,打下良好的基础。

四、引导学生自行观察、实验应注意的问题

观察和实验是人类认识自然的基本途径。通过观察和实验,不但可以使学生获得知识并锻炼能力,同时还可以使他们开阔眼界。只有让学生亲自参加观察和实验,才能使他们获得更清晰、印象更深的感性认识,才能培养学生的观察能力和实验能力,才能更好地培养学生的科学兴趣。教师在引导学生自行观察实验时要注意以下几点。

(一)注意实验材料的选择

自然教学中成功和失败的经验告诉我们,要使观察和实验获得良好的效果,实验材料的选取制约实验的成败。如制作电磁铁用的大头针,必须预先用火烧过,才能保证电磁铁性质实验的成功;认识岩石时选取的岩石标本,要保证砸开后,露出的是新的断面,而不是风化的岩石面;建立溶解概念时,应选取食糖、高锰酸钾、沙、石膏末等,不要用麦乳精、洗衣粉等实验现象模糊的材料;观察果实时,不要只准备一种果实,而应选取多种,有助于学生概括"果实"的概念;等等。

(二)强调实验注意事项

学生对做实验积极,但容易凭兴趣。为了安全和确保实验成功,教师要善于利用学生的好胜心理,引导学生注意器材使用、操作要领、安全规程等等,具体实验具体指导,将安全放在第一位。可以告诉学生,实验中出现了意外,要科学、果断、冷静地处理。如酒精灯倒了、手割破了、起火了等等,教师可为学生做些示范,让学生直观借鉴。此外,还要告诉学生,实验中哪些物品不许用手碰、不许靠得太近、不能用舌头尝等等。教学中因教师未强调注意事项而发生意外的事情屡见不鲜,如正加热的金属球掉落地面,学生急忙拾起而烫伤手指的现

象,就是注意事项未明确所致。

(三) 充分观察实验现象

引导学生实验的目的就在于展现实验现象,而小学生往往重视实验本身的趣味性,不重视实验的现象,这样会使观察现象不全面,不便于寻找结论、揭示规律。如给试管内的水加热的实验,学生看到了管外的"白气"现象,对其他现象不太注意。这时,教师就要引导学生注意观察试管底部、试管口内壁、试管口外的变化,这有助于学生观察到水在整个受热过程中的变化,便于得出结论,同时也培养了学生认真细致进行科学研究的态度。

另外,学生进行观察时,教师还要巡视各组,及时了解学生的观察情况,了解学生发现了什么,还有什么没发现;要倾听学生的相互交流,了解学生的说法;要给予必要的提示;要提供一些急需的新材料或工具等。教师要尽量掌握事实,做到心中有数。

五、引导学生自己得出结论,揭示规律

学生得出结论、揭示规律的过程实质上是归纳、演绎、推理的过程,这种能力是经过长期的培养和训练逐渐形成的。学生具备了较强的归纳、演绎、推理能力,有助于他们在探索大自然的奥秘中形成概念、发现规律。

引导学生自行得出结论、揭示规律,要让学生充分汇报实验现象、实验结果。观察及实验的现象是学生亲自感知的,学生的感知又是分散的,因人而异的,会有正确的、错误的、片面的多种情况。因此,教师必须组织学生把各自观察实验的结果汇报出来,相互交流,相互补充,使各自分散的发现变成集体共同的财富。在这个过程中,教师要善于抓住学生汇报中相互矛盾的看法,引导他们共同研讨,逐步统一认识,形成共识,最终获得结论。

例如《杠杆》一课,学生根据各自的实验,认真填写了实验报告单。汇报时,教师设计了一个放大的实验报告单贴在黑板上,学生汇报一种情况教师记录一种,将学生的实验结果进行了汇总,如表1。

表1 实验结果汇总表

支点到力点的距离(格)		支点到重点的距离(格)	物重	拉力	规律
3	等于	3	1 N	0.9 N	不省力不费力
4		4	1.5 N	0.9 N	
5		5	2 N	0.9 N	
5	大于	1	1 N	0.1 N	省力
4		2	1.5 N	0.6 N	
5		2	2 N	0.7 N	
3	小于		1.5 N	2.4 N	费力
1		4	0.5 N	2N	
2		4	1 N	1.9 N	

在汇报中,当两个学生的汇报相矛盾时,教师让学生再重新进行实验验证,让他们得出正确的结论。然后,教师引导全班学生共同讨论汇总后的实验报告单,通过比较、分析得出

杠杆原理,找出使用杠杆的规律。

六、引导学生自行应用知识,解决实际问题,进行发明创造

学生在观察实验、汇报讨论中得出结论,完成了一次认识上的飞跃,但是整个认识过程仍未完成,学生是否牢固掌握了科学知识,是否能运用科学知识,还需要教师进一步引导,让他们在实际应用中进行验证、巩固。

(一)让学生应用新知揭示实际生活中的现象

为巩固知识,进一步培养能力,教师可充分利用投影、录像等展示实际生活中与新知有关的现象,让学生去判断、分析、说明,达到巩固新知的目的。如学习了《搭纸桥》一课后,让学生解释纸箱子的纸壳为什么造成波浪形的,古代的桥为什么多数是拱形的,学习了《轮子》一课后,解释转椅、冰箱等下面轮子的用途;等等。

(二)让学生运用新知解决实际问题

学生学习了知识,目的就是应用知识去征服大自然,学生由知道到会应用,要经过长期的培养和锻炼,让他们当堂利用新知解决一些实际问题,是他们接触生活实际的练兵阶段。长期训练,不仅可以巩固新知,还可以促进学生解决实际问题的能力的发展,所以在课堂教学中,教师应重视这一环节的训练。如学习完《燃烧与灭火》一课,教师有意设计了一个救火游戏。在讲台前摆了三个大盆,里面分别装着木柴、棉絮、油,让其着火。讲台的各种容器里分别盛着沙、水、盖子等。教师鼓励学生:"发生火灾了,你们谁能想个好办法尽快前来将火扑灭?"开始学生表现得很胆怯,不敢上前,教师进一步鼓励,让他们勇敢些。两位男生快步走过去,机智巧妙地将火扑灭了。学生给予鼓掌,教师给予表扬。有些学生顿时表现出后悔,因没去灭火感到很遗憾。经过这次小活动,相信学生在现实生活中再遇到类似情景不会束手无策,而能在短时间内找到处理问题的方法。

(三)让学生增强发明创造的意识

学生获取新知,利用新知自行发明创造,是思维上的一次升华。发明创造也是创造自然、征服自然的有力途径之一。为培养出能主宰大自然命运的优秀人才,就要引导学生从小立志于发明创造,培养学生发明创造的意识。如学习完《磁铁》一课,引导学生发明磁铁玩具;学习完《燃烧与灭火》一课,让学生用课余时间设计简易灭火器;学习了《电磁铁》,让学生设计门铃等。虽然发明创造对小学生来说难度大、起点高,但长期不懈的训练,有助于学生良好的创造性思维习惯的养成。

第斯多惠说:"一个坏教师奉送道理,一个好教师则教人发现真理。"引导学生自行探究科学知识,就是要引导学生经历自行发现问题、提出问题、自行应用知识解决实际问题、自行发明创造的全过程。这正是一位好的自然教师应该做的,只要我们重视引导学生自行探究知识,教会学生自行探究知识的方法,我们的学生就能在未来的生活中自行发现真理,从而适应未来社会的需要。

论面向真实科学[①]

徐学福

使科学教育面向真实科学,是当今科学教育改革的一个基本理念。它要求科学教育尽可能与科学家的科学实践活动相接近,反映科学的本来面目。其核心是倡导开展探究教学,让学生在教师指导下以类似科学探究的方式学习科学,以便他们在积极参与科学知识的获得过程中掌握探究技能,养成科学态度。

一

什么是科学?随着科学的产生和发展,人们对其本质的认识也在逐步深入。"科学"一词源于中世纪拉丁文 scientia,本义是"学问""知识"。12 世纪初宇宙论者威廉首次明确提出"科学是知识"的看法,这种观点对后来的科学观产生了深广影响。此后,人们从科学活动的结果出发,普遍认为科学是一种理论知识体系,而且时至今日依然如此。不仅如此,长期以来包括科学概念、定律和理论的科学知识还被看作是对客观世界的正确反映,是不以人的意志为转移的,具有客观性、普遍性和可检验性的真理。不可否认,把科学看作真理性的知识体系有其合理的内核,因为科学最基本、最稳定的特征,或者说科学中的真确实首先是以理论知识体系的形式体现出来的,但这只是科学知识特性的一方面,是对科学作狭义和静态理解的结果,不能夸大或走向极端。

从动态观点来看,任何时代、任何个人所获得的科学知识尽管是当时对科学问题或自然现象所做的最好解释,但它远不是一成不变、完美无缺的"绝对真理",而只是对客观世界的一定过程、一定部分和一定层次正确反映的"相对真理",还要随着研究的深入而不断更新和完善。所以,当科学在 20 世纪获得飞速发展,新兴科学门类和科学理论不断涌现,原有科学知识不断被新知所补充、修正、包容或代替时,许多学者开始关注科学活动过程,认识到科学也具有相对性的一面。他们深深感到"变化"才是科学本身具有的唯一不变的特性,提出了科学知识在本质上是"暂时的""可能性的""历史性的"之类的看法。绝大多数西方当代科学哲学家像波普尔、库恩、拉卡托斯、劳丹等人的学说都反映出这样的共识:不存在永恒不变的科学真理,科学在本质上是相对的、可变的,处在不断的修正和发展过程中;科学进步既体现在"累积式"的量变中,又体现在"革命式"的质变中。可见,如果把科学看作知识,那么科学知识既有稳定性和持久性,又有相对性和可变性。

由于把科学归结为知识难以表达科学的动态特性,反而容易被误以为是永恒不变的真理,因而越来越多的人提倡广义科学定义或大科学观,主张把科学看作是人类的一种认识活动,一种产生科学知识的过程。应当说,把科学看作是一种动态的活动,是对科学本质认识的深化,它把科学活动的结果——知识与科学活动的过程——研究有机结合起来,既体现科

[①] 本文选自《教育研究》2002 年第 9 期,第 75—79 页。

学的稳定性,又突出科学的可变性,有利于我们从广泛的人类活动背景中把握科学的本质属性,使科学的相对性和可变性从以下两方面进一步凸显出来。

其一,科学研究的无穷性。从活动过程上看,科学研究始于问题,经由提出、检验、接受或抛弃假设而做出结论,结论的运用又引出新的问题,由此步步深入,循环往复,以致无穷。所以,为生动反映科研过程的无穷性,西方学者习惯使用"科学探究"来指称"科学研究",认为科学与探究同义或"科学即探究"(science as inquiry)。科学常普遍地被人们分为科学知识、科学方法和科学精神这三个相互促进、相互制约的方面,其中科学知识是科学研究的基础,科学方法是关键,科学精神是动力和方向。这种划分实际上也从结构功能的角度体现出科学的矛盾运动和发展。

其二,科学受政治、经济、文化等社会因素的影响,具有社会性。过去人们总以为科学是一种无价值偏向的纯认识和求真活动,理想的科学家应该隐身书斋,埋首专业,不问政治,严守中立。当我们把科学放在广阔的社会背景中来考察时不难发现,科学家在研究过程中不可能不受到个人所持的文化观、政治观、价值观乃至性别观念的影响,而个人的这些观念又与当时的社会观念密不可分,因此说科学既影响着社会价值观念,又受社会价值观念的影响。科学社会学家巴伯在详细说明科学研究受到诸如政治、经济,甚至宗教等社会因素的影响后指出"时而是这个,时而是另一个社会因素对科学有影响,有时是相对有利于科学的成长,有时是相对妨碍之,这是不可避免的法则,对于科学来说,没有什么东西是与社会相脱离的。"[1]可以说,科学的社会性主要通过科学精神在科研主体、科研过程和科研结果的运用中体现出来。

总之,无论是把科学看作知识还是产生知识的活动,也不管如何对科学进行划分,都应当持静动结合的观点,既要体现科学的稳定性,又要反映科学的相对性。忽视前者就会走向相对主义,忽视后者就会搞绝对化,二者都是片面的。

二

既然科学是稳定性和可变性的统一,科学教育要全面反映科学的这两种特性,就不能只重视传递科学知识,而忽视科学的其他方面,否则面向真实科学就成为一句空话。然而,自19世纪科学以各门独立学科的形式进入学校,并逐渐在课程上取得稳固地位后,与"科学是知识"这种时代观念相呼应,学校科学教育实际上是科学知识的教育,而科学方法和科学精神却没得到应有的重视。如同其他学科的教学一样,科学教学基本上是以教师、课本和课堂为中心把各门自然学科知识当作不变真理来教授、背诵和考试,这种状况一直持续到20世纪中期才有所改变。正所谓"传统的科学教学很少致力于把课堂知识和科学实践联系起来"[2],那时,"中小学的理科教学计划基本上是阅读和讲解,学生用教科书来学习科学知识和原理,而无论在中学和小学,非常有益的实验活动都很少。"[3]这种只重视科学知识、远离科学研究的做法,结果使学生形成绝对化的科学知识观、错误的科学方法论、片面的科学发展观,他们学到的科学与科学的本来面目大相径庭。对此,有学者批判说:传统科学教育"培育了不少科学神话,树立了不正确科学形象,以及对科学产生了不正确的看法"[4],甚至是"从根本上把我们引入了歧途"[5]。这种情况对学生的发展和科学的创新非常不利,也难以适应科学和社会进步的要求。

20世纪中期以后,随着科技迅猛发展及其向社会各领域大力渗透,出现所谓科技社会化、社会科技化的态势,科学、技术与社会之间形成了紧密的互动关系,致使人类生活方式和工作方式的科技含量不断增加,每个社会成员因而面临着前所未有的挑战。正如过去读书识字是人适应社会所必需一样,一个人只有具备相当的科学素养才能适应当今科技化社会的要求,"科盲"必将像过去的文盲一样被社会所淘汰。它要求学校科学教育除了广泛传播科学知识外,还要使学生掌握科学探究技能,养成科学态度,使全体学生都具有科学素养,成为将来能更好理解和运用科学的社会公民。传统"三中心"的科学教学显然不能达此目的。因此,为应答科技化社会的挑战,自20世纪50年代末期开始,就有人如美国的施瓦布、布鲁纳等要求改革科学教育,主张把科学探究或发现引进科学课程与教学,让学生以类似科学探究的方式学习科学。

这些学者相信,通过课堂探究活动,学生不仅能掌握学科基本结构,而且还能从中了解科学的相对性和可变性,从而对科学获得更全面的理解。在他们看来,从根本上说,科学知识、科学方法和科学精神是在科学研究过程中产生和发展的,教师不能或不完全能通过讲授把它们传递给学生。尤其是科学方法与科学精神,与科学知识相比更加隐蔽,渗透在科学研究过程中,学生更不可能直接从教师或书本中获取,或仅通过授受就能转化为他们的科学探究技能和科学态度,而必须从参与知识的获得过程中去领悟。

这种让学生参与知识的获得过程、以类似科学探究的方式去学习科学的做法,便是所谓的"探究学习"或"探究教学"。为了让学生能真正从事探究学习,许多科学教育工作者提出了大同小异的科学探究程序:形成问题、建立假设、设计研究方案、检验假设、表达或交流结果,并以此为参照来确立科学教学的基本规范,设计出种种探究教学模式作为开展探究教学的依据。这些模式看起来差异极大,但稍加分析便可发现它们大体上可划分为结构性探究、指导性探究、开放性探究。在这三类探究中教师的直接指导和帮助相应地越来越少,学生探究的自主性和独立性越来越强。事实上,开放型探究教学在活动程序及要求上与科学探究十分相似或接近。

那么,探究教学是否真正能使学生的科学学习与真实科学相接近呢?从现有研究结果来看,答案似乎是肯定的。一方面,探究教学的实施表明,只要它符合学生发展水平,学生就能够从事类似科学探究的探究学习,因而具有可行性。国外有学者曾对那些较为有效的中小学探究教学模式做过分析,并将其共有的一般阶段和内容作了如下概括:(1)学生围绕科学型问题、事件或现象展开探究学习,探究活动与学生原有认识紧密相关,教师设法激起学生认知冲突,激发他们的求知欲望;(2)学生通过动手实验探究问题,形成和检验假设,解决问题,解释观察结果;(3)学生分析、解释数据,对自己的观点进行综合,利用各种资源构造解释客观世界的模式或模型;(4)将所学知识运用于新情境,以拓宽理解,形成新技能;(5)教师与学生共同回顾与评价所学内容与学习方法。[6]上述概括表明:有效的探究教学模式由于既融合了科学探究的基本程序,又兼顾学生能力水平及发展要求,因而它的实施既体现出科学探究特性,学生又力所能及。

自加涅于1963年在《科学教学研究杂志》发表《探究所需的学习技能》一文后,美国学者对探究教学做了大量实证研究,其中很多集中在探究教学的功能方面。结果表明:探究教学能促进学生的学习表现,它至少不会降低学生的学习成绩,尤其有利于学生的实验技能、制图技能和解释数据技能的提高,以及对科学概念和科学过程的理解、程序性知识和批判性思维技能的提高、科学态度与科学兴趣的形成。[7]简言之,探究教学除了能使学生掌握科学知识外,确实能培养和提高学生多方面科学素养。这从另一方面说明了探究教学能使学生更全面地理解真实科学。

也许正因为探究教学在面向真实科学方面有优越性,当今许多国家都对它寄予厚望,在科学教育改革中大力倡导探究教学,要求"科学教育采用的新方法必须能反映科学本身的实际搞法,强调把科学探究作为获取知识、认识世界的一种方法",[8]并明确指出:"科学课程应向学生提供充分的科学探究机会,使他们在像科学家那样进行科学探究的过程中,体验学习科学的乐趣,增长科学探究能力,获取科学知识,形成尊重事实、善于质疑的科学态度,了解科学发展的历史"[9],以致在科学教育界形成一种世界性的探究教学热潮。

三

尽管探究教学在使科学教育面向真实科学方面有着传统讲授所无法比拟的优点,但它并非完美无缺,学生从探究教学中学到的科学并非真的全面反映了科学的本来面目。因为:其一,探究教学实际上要求课堂环境和课堂活动在过程、仪器和同学关系等方面尽可能与科学家的科学探究相类似,只是学生的探究在操作程序、目标、资格等方面有所不同,或不像科学探究要求那么严格。其中一个易被忽视的问题是,教学引入的是经概括后得出的去情境化或简化的科学探究程序,并不能反映实际科学探究的高度复杂性,因而以此为规范的探究教学接近的仍不是科学家的科学探究。其二,教学中引入的科学探究程序只是科学的"形",但科学最根本的特征在于"神",即科学精神。按科学的"形"进行教学,并不意味着也能获得科学的"神"。事实上,无论国内还是国外在开展探究或发现学习时,就恰恰普遍存在这种形似神不似的现象。说得具体一点,课堂探究教学很难顾及前面所说的社会因素和科学家的性别、地位、对科学产生或丧失兴趣的原因等个人因素对科学实践活动的影响,很难使学生认识到科学为人类的所谓"造福精神",即科学探究并非纯粹是科学家个人的兴趣和追求,作为一种人类事业,它不能超越社会伦理道德,必须促进社会健康发展。这就提醒我们,要使科学教育真正面向真实科学,仅通过开展探究教学是不够的。

为弥补探究教学反映真实科学的不足,我们认为还应当让学生参与科学见习。所谓科学见习是指学生以直接参与科学家的科学研究的方式而开展的学习活动。见习时学生在科学家和教师的共同指导下,在真实科研活动地点,使用真正的科学仪器和设备,与科学家一起探究科学家所感兴趣的科学问题。如果说探究教学有利于学生体验科学探究活动过程的话,那么科学见习则进一步把这种探究活动置于科学家的研究背景之下,使学生的这种体验和理解更加深刻、全面。

这里需指出的是,见习学习并不新鲜,作为一种学习途径,它有着悠久的历史。从某种意义上说,在学校产生以前见习曾是一种普遍的学习方式,原始社会的年轻一代从当时社会生产和生活过程中,掌握生存所必需的知识和技能便是最典型的例子。即使出现学校后,工艺领域中的见习学习(学徒制)也从未间断过。在科学领域,许多科学家实际上是通过见习逐渐成长起来的。刚开始时他们作为科学家的助手先从接触总体工作、参与辅助性的研究做起,随后逐渐承担部分重要研究工作,最后成为科学共同体的核心成员。当前强调科学见习,特别有利于推动科学学习从仅机械记忆课本中的科学知识向积极参与特定社会情境中的科学实践活动转变,使学习动机从为获取测验分数向解决真实科学问题转变。可以说,通过见习,学生作为某科学共同体的一名辅助成员,与科学家直接交往,不仅能从中了解科学研究的复杂性，而且还能了解科学家从事科学研究的酸、甜、苦、辣。因此，我们不仅要在高等教育中重视科学见习，也应当重视它在基础教育中的重大作用，并为中小学生创造科学见习的机会。

具体地说，我们可为中小学生提供以下几种形式的科学见习活动。一是设立科学见习营。中小学可与大学或其他科研机构的科学家结成对子，开展科学见习营活动，让学生在科学家和教师指导下分小组围绕某些科学主题开展探究，撰写研究报告。作为一种科学教育活动计划，科学见习营与那种使课堂类似见习或仅在教师指导下探究周围某种自我现象的学习明显不同，它可为学生与教师以及科学家建立密切关系、使用真实科学仪器、成为科学共同体的成员提供独特机会。二是开展现场见习。即让中小学生到科学家的工作现场如实验室或自然界去做科学研究，使他们直接参与校外科学共同体的活动。现场见习与科学见习营不同，其中的研究活动不是专为教育学生而设计的，学生不需要承担其中的重要研究工作，而主要是从事了解或进行一些辅助性的科研活动，不然，可能会严重干扰科学家科研活动的正常进行。尽管如此，现场见习仍能使学生从科学家的研究课题及其合作研究中领悟到科学与社会的关系、科学家的职业特性、某科学共同体内各成员之间的关系及意义，从而更好地理解科学的本质。三是让学生与科学家共同参与某种研究项目。开展这种学生与科学家合作见习模式的关键，是要选择一个学生和科学家都感兴趣或都认为有价值的研究课题，如环保、绿色工程之类的问题；实际操作时要注意不能简单要求学生做科学家的工作，必须以学生力所能及的方式参与研究过程，如要让学生与科学家一起从事观察、记录、实验，实验活动应清楚明了，数据的分析和整理应系统易懂；研究过程中要尊重学生的劳动成果，科学结论要反映学生从实验等活动中获得的数据。这样，学生便能从完整的科研活动中体验开展科学研究的兴奋与乐趣。

开展科学见习活动时，我们应注意避免出现认识或实践上的偏差。因为从理论上讲，学生直接参与社会科学实践活动的程度越高，科学教育就越接近真实科学。但是，对于中小学生而言，提倡让他们参加科学见习，目的不是为了让他们以科学见习取代课堂学习，也不是要使他们成为某个科学共同体的核心成员或科学家，而是要更好地理解真实科学。这个问题实际上涉及到底应怎样去正确理解和实施"面向真实科学"这一基本理念：是彻底回归科学实践？还是加强与它的联系？我们认为，教学毕竟不是科学研究，学生也不是科学家，它们都有自身的独特发展规律，面向真实科学是要加强科学教育与科学实践的联系，使学生在校学到的科学尽可能与真实科学相接近，而不是彻底回到科学研究实践中去，完全在科学研究中进行学习。因此，无论以哪种形式让中小学生参与科学见习，量不宜过大，时间不宜太长，一学年或一学期可进行一次，每次一至两周。

科学见习虽能弥补探究教学的某些不足，是科学教育面向真实科学所必需，但要在我国真正开展科学见习会遇到一系列困难。一方面，它要求学生离开课堂，作为科学共同体的成员参与科学实践。这不仅要求科学共同体关心和支持科学教育，对科学教育负责，也对师生的教学方式提出巨大挑战。另一方面，许多学校尤其是农村学校远离科学研究机构或团体，为这些学校的学生提供科学见习机会实非易事，无疑将遇到更多困难与障碍。

长期以来我国科学教育界对探究教学缺乏系统研究与实践，对在中小学开展科学见习的重要性也缺乏清醒认识，缺乏认真的思考与规划。因此，如何才能更好地使科学教育面向真实科学，的确是我国当前科学教育改革所亟待解决的重大问题。

参考文献：

[1] [美]巴伯.科学与社会秩序[M].顾昕,等译.北京:生活·读书·新知三联书店,1991:36.

[2] 联合国教科文组织国际教育发展委员会.学会生存[M].北京:教育科学出版社,1996:94.

[3] 左雅.教科文组织理科教师手册[M].北京:中国对外翻译出版公司,1987:60.

[4] 吴国盛.科学的历程(上)[M].长沙:湖南科学技术出版社,1997:12.

[5] [美]库恩.科学革命的结构[M].上海:上海科学技术出版社,1980:1.

[6] National Research Council. *Inquiry and the National Science Education Standards* [M]. Washington, DC: National Academy Press, 2000:34—35.

[7] 徐学福.美国探究教学研究30年[J].全球教育展望,2001(8).

[8] 美国国家研究理事会.国家科学教育标准[S].戢守志,等译.北京:科学技术文献出版社,1999:15—16.

[9] 中华人民共和国教育部.科学(3—6年级)课程标准[S].北京:北京师范大学出版社,2001:2.

论科学实验在教育中的地位①

罗琬华　殷传宗

随着世界科学技术的进步和发展,科学实验教育成为教育的一部分。今天,在人们极力寻求适应社会需要的教育新途径时,重新认识科学实验教育的作用和地位有着重要的现实意义。

一、科学实验教育的特点

科学实验教育是指在学校中创设科学实验的环境,教学生以科学实验的方法去认识自然现象,掌握自然规律。所以,要研究科学实验教育的特点,须先研究科学实验的特点。

(一)科学实验的特点

科学实验是科学研究的一种方法,其本质是人们能动地、理性地认识自然,改造自然的实践活动,其特点是:

1. 以客观事实为唯一准绳

这是有别于其他科学方法的根本点。科学实验的目的是获取大自然关于物质运动的第一手资料以揭示物质运动的规律、特性,及各种自然现象之间的相互联系。其基本手段是观察、测量。

2. 理论与实践密切结合的特点

科学实验的实现过程是通过对科学仪器的操作和人的感知活动来完成的,但这些操作和感知活动一刻也离不开理论的指导。理性的观察可以获得难以注意到的蛛丝马迹,而盲目的观察却常常视而不见,这在科学史上屡见不鲜。观察和测量为人们提供了认识世界的新资料,但事实本身不能构成科学,科学实验的重要组成部分是分析实验结果使之上升为理论。因此,科学实验本身就是理论与实践的结合体。

3. 实验者特有的个性品质

由于科学实验与其他科学方法的不同,对于实验者个性品质有如下特殊要求:① 应变能力,因为实验者直接接触自然现象,这是纷纭变化的自然现象对实验者的必然要求;② 直觉能力,在科学实验中,对某一现象的敏锐捕捉,或对某一结果的正确解释,常常依赖于实验者的大胆直觉,这种直觉基于深厚的理论功底和大量经验事实的积累;③ 灵巧的动手能力,这不仅在仪器的操作方面,还在仪器的设计和制作方面,历史上典型的成功实验,几乎都伴随着新仪器的诞生;④ 协作能力、科学实验,尤其是现代科学实验,绝对不是靠某个人的力量可以完成的,因而良好的协作是实验成功的必要因素。

---

① 本文选自《教育学报》1993年第5期,第1—5页。

(二)科学实验教育的特点

科学实验教育与以科学研究为目的的科学实验基本区别在于它以教育为目的,但由于其形式以及研究对象和科学实验的一致性,它本质上仍然是一种能动地、理性地认识世界的实践活动,具有科学实验的一切基本特点。

二、科学实验教育的结构

科学实验教育是一个有整体结构的系统,结构图1:

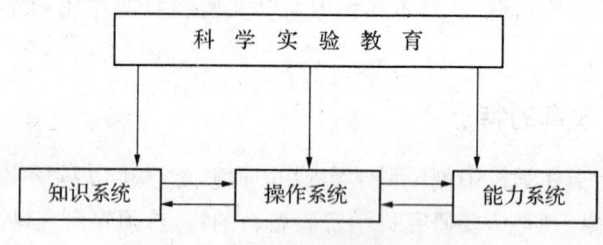

图1 科学实验教育系统结构图

按照科学实验及科学实验教育的特点,科学实验教育由三个子系统组成:

(1) 知识系统:学生具备扎实的、系统的理论知识,是进行科学实验教育的必备条件。

(2) 操作系统:实验是经操作科学仪器来完成的,用作教学的仪器常常是简单的元器件,动手组合这些元器件,进而熟练操作仪器去获取自然的有关信息是实验的基本组成部分。

(3) 能力系统:科学实验教育涉及诸多因素,我们将基础理论知识和动手操作之外的一切因素作为一个子系统即能力系统,主要由两部分组成,一是可操作的能力系统,包括应变能力,协作能力等,二是非操作能力系统,包括探索精神、直觉及创造力等。

科学实验教育的三个子系统是相互影响、相互依存的,没有知识不能操作,没有能力则不能完成高水平的实验,因此科学实验教育的结构是整体的、动态的。

三、科学实验教育的功能

有结构,就有功能。科学实验教育的功能是指由科学实验教育直接导致的有关学生基本身心发育的作用。主要有以下几点:

(一)能促进学生手脑的协调发展

手的发展,通常指手的精细动作的发展,一般认为在童年时期就已发展完善,但是,我们认为手的发展并不单纯是动作的发展,而是有目的、有选择,与思维密切相关的复杂活动,它包括乐于动手、勤于动手、善于动手各个方面,从这个意义上看,手的发展在整个青少年时期也是十分重要的。手的发展只能在实践活动中获得。

思维是脑的功能,青少年脑的发展主要指思维的发展,促进青少年思维的发展,是教育的重要任务。朱智贤认为实践活动是思维发展的源泉[1],"离开了实践活动,就不会有心理的源泉,也不会有思维的源泉,也就是说,思维是在实践活动中发生和发展的"。

手和脑发展的结合点是实践活动,手脑的发展是相互促进的,合理的操作要有思维指导,在思维指导下的熟练操作往往是产生新思想的源泉,所谓"熟能生巧"就是这个道理。

　　科学实验是能动的实践活动,是手脑并用的过程,科学实验教育是通过学生亲自进行科学实验来完成的。实验的对象是自然现象,因而信息源是开放的,这与一般书本知识不同,课本上的问题通常是封闭的,有确定答案的,而且给出了所有必要的信息。"没有有关的信息,就无法进行思维,而完备齐全的信息也会使思维成为多余的东西"[2],开放的信息源须人们去获取、筛选,学生利用科学仪器去获取信息,并通过归纳、演绎、类比、分析、综合、抽象等方法选择、提炼信息,从而不仅锻炼了手的技能,也锻炼了思维,所以科学实验教育具有协调发展青少年手脑的特殊功能,是一般课堂教学难以代替的。考虑到我国传统的思维方式是以直观思辨为特点[3],忽略实验地位;传统的学习重视读书,轻视动手等给我国社会和人们造成的影响,科学实验教育的这一功能便显得更有现实的重要意义。

(二) 能促使学生建立良好的认知结构

　　所谓认知结构,即学生头脑中的知识结构[4],教学的首要任务,是使学生建立良好的认知结构。良好的认知结构表现在:一要有利于向更深层次的转化,即适应新的建构;二要能够在实际中应用。科学实验教育对学生建立良好的认知结构有特殊的功能。

　　(1) 科学实验教育对纠正"前概念"的作用。"前概念"即"前科学概念",是学生头脑中已成系统的非科学概念。"前概念"现象在学生中十分普遍,比如亚里士多德式的"重物比轻物先落地"的错误概念就在学生中广泛存在。"前概念"既已成系统,因而要纠正它并非易事,这对于学生正确接受新概念,建立新认知结构形成很大干扰,可以说是学生认知结构中的"病毒",因此,解决"前概念"问题,成为教学的重要课题。许多研究发现,常规的课堂讲授对破除"前概念"收效甚微,但是科学实验教学则可取得较好的效果。通常学生头脑中的"前概念"要么是凭着有限的经验,经错误的演绎得到,要么是受传统观念的影响。科学实验教学可以最典型地概括呈现一般经验事实,克服学生片面经验的不足,并且由于其鲜明的针对性和直观性,完全可以根据学生头脑中的错误概念设计实验,从而使学生建立新的表象,形成新的正确概念。我们曾就此做过教学对比试验,通过实验教学的学生的确比只听过课堂讲授的学生较好地克服了头脑中的"前概念"。[5]

　　(2) 是学生应用知识的有效途径,通常课堂教学只教给学生知识的来龙去脉,却不涉及如何应用知识,所以学生的知识结构不能说是完整的,更不能适应社会的要求。科学实验教育有培养学生应用知识的潜在功能。任何一类教学用科学实验都是知识的综合应用过程,以物理实验为例,必须要熟悉实验原理,以此去指导观察、测量,即观察、测量本身就是应用知识的过程;熟知科学仪器的设计理论,有助于正确、迅速地操作,调整仪器去获取有关信息,因此操作仪器也不仅仅是机械动作,而是对理论的应用。尤其是根据问题设计实验,对实验结果进行分析,以及对实验中遇到的突发事件的处理,更是对理论的综合应用。

(三) 发展能力的功能

　　科学实验教育对发展学生的能力有无可估量的作用,这里仅论及以下几点:

　　(1) 协作能力。协作能力涉及学生的社交能力、工作能力、组织能力等,是现代社会对人才的一个重要要求,但是现行学校的教学体制很难培养学生的协作精神,科学实验教育则不然。从实验课来看,一般学生实验分小组进行,由于实验涉及多方面的知识和能力,促使小组同学相互协助,相互争论,共同提高,齐心完成共同的题目,尤其有利的是课外科学实验活动,从论证、选题、设计、仪器组合、操作实施,到最后的讨论和报告都必须通过小组同学共同努力来完成,大家一起克服困难,共享成功的喜悦,从而增强了共同工作的兴趣和信心,培养了他们的协作精神和能力。

(2) 创造能力。有所发明,有所创造是国家振兴迫切需要的,科学实验教育在培养人才的创造能力上主要表现为以下几方面:① 在传授知识和技能的同时,教授科学的思想方法及对待科学的态度等。教学用科学实验常常重演历史上著名的科学实验,这些实验展现了科学发现的全过程,蕴藏着深刻的科学思想,体现了科学家对待科学的态度,以及创造的光辉。实事求是是贯穿于科学实验的核心,通过科学实验教育,培养实事求是的科学态度是其他任何形式的教育不能比拟的,不唯书(不以书本知识为根据),不唯上(不以教师的讲授为准绳),而是以亲自在大自然中获取的第一手资料为唯一判断真伪的标准。实事求是是有所发现,有所发明,有所创造的前提。② 探索精神,只有探索,才有创造。我们所指的探索精神即大胆质疑,乐于探究未知事物,并亲自动手动脑去发现问题,解决问题。通常课堂教学以灌输书本知识为主,容易使学生误解知识便是书本上的现成结论,书上的内容就是不变的真理,因此抑制了学生的想象力和探索精神。实验教学则不然,总是先质疑,然后由实验事实、理论分析做出回答,因此给了学生大胆想象、勇于质疑的余地。勇于质疑和盲目怀疑一切是有本质区别的,科学实验的质疑基于客观事实并须亲自实践寻求答案,这对于克服青年人的空想,主动积极地积累经验,发展直觉能力都有积极意义。布鲁纳认为[6],发现的兴奋感能发挥学生的智慧潜力,激发学生的内部动机。学生通过科学实验,亲自在大自然中"发现"科学规律,这种成就感是其他学习方式难以体验到的,它极有力地激发了学生主动探索自然、改造自然的热情,从而为发明、创造预备了条件。

四、科学实验教育的地位

综上所述,科学实验教育是架通理论与实践,知识与应用的桥梁,其培养人才的作用符合时代的迫切要求,因此理所当然在现代教育中应占有更为重要的地位。

(一) 科学实验教育的现状

我国的科学实验教育现状是落后于时代要求,以中学物理实验为例,据西南师大物理系的调查,即使是统一教材规定的学生实验,平均完成率不足50%,甚至有的学校完全不做学生实验。[7]造成这种状况的原因有:

(1) 科学实验课程的开设有明显的附加特点,凡是自然科学学科其发生发展都与科学实验密切相关,因此,中学各科如物理、化学、生物等课程都安排了一定数量的实验,但这些实验都有附加特点,从课程进行到各级考试,不做实验照常可行,小学更没有实验课,只有大学一些学科才将实验分类作为专门课程,这种从属附加地位必然造成不重视实验的后果。

(2) 社会经济发展制约科学实验课程的发展,因为实验涉及一定的设备,因此即使像物理这样本质是实验科学的学科,解放以前我国的中学几乎完全无法开设实验。但是经济发展水平绝不是制约实验课程开设的唯一原因,据我们调查,目前我国普通中学,包括边远地区例如西藏,也完全具备完成统编教材规定实验的条件,甚至已经拥有比较高级的设备,但却束之高阁,积满灰尘。

科学实验教育没有能够发挥应有的作用,国家的教育投资没有得到充分的利用,教育和投入效率太低,这就是我国科学实验教育的现状。

(二)提高科学实验教育地位的措施

(1)根本改变科学实验的从属附加地位,将其列为最基本的基础教育课程,应该考虑从小学开设科学实验课,从小培养学生爱科学、勤动手、理论联系实际的好习惯、好作风;应该在职业中学开设科学实验课,因为我们培养的劳动者不仅仅是机械的操作工,而是有知识的、能动地改造世界的劳动者;应该广泛开展课外科学实验活动,给学生以想象和创造的天地;应该尽量开放实验室,让实验设施得以充分利用。考试是直接影响教学的指挥棒,目前高考和其他各级升学考试忽略实验是影响科学实验教育发展的客观原因之一,应该逐步增加实验考试的比重,以笔试、口试、操作相结合的考试形式代替单一的笔试。

(2)继续增加教育投入。

(3)改革现有的科学实验教育的内容、形式和方法,使之更适合教育的规律,反映时代的要求,为社会发展发挥更大的作用。

多年来,国内一些有识之士曾一再发出加强实验教育的呼吁,但终未彻底改变实验教育薄弱的状况。现在,改革开放的时代为科学实验教育的综合改革提供了大好时机,再贻误时机,就会导致教育的重大损失和现代化的重大损失。

参考文献:

[1] 朱智贤,林崇德. 思维发展的心理学[M]. 北京:北京师范大学出版社,1987.
[2] [英]德波诺. 思维的训练[M]. 何道宽,等译. 北京:生活·读书·新知三联书店,1987.
[3] 单秀法,刘化绵. 现代科学思维引论[M]. 武汉:湖北人民出版社,1987.
[4] 邵瑞珍,等. 教育心理学[M]. 上海:上海教育出版社,1988:252.
[5] 罗琬华,殷传宗. 论科学实验在教育中的地位[J]. 学科教育,1993(5).
[6] [美]布鲁纳. 教育过程[M]. 邵瑞珍,译. 北京:文化教育出版社,1998.
[7] 罗琬华,殷传宗. 论科学实验在教育中的地位[J]. 学科教育,1993(5):5.

论科学教育中的科学方法教育问题[①]

郝京华

对科学方法的重视促成了一批有关科学方法、科学哲学等专著的问世。然而,对于科学教育来说,科学方法的引入却是20世纪后半叶的事,20世纪前半叶的科学教育只有科学知识的教育。

一、科学教育中科学方法教育理念的凸现

综观20世纪科学教育的历程,我们可以粗略地把它划分为三个阶段,即知识本位、方法本位和人本位阶段。

在知识本位阶段,科学教育的重心在科学知识本身。教师们信奉斯宾塞的名言——"科学知识最有价值"。美国学者卡尔·罗杰斯在考察了澳大利亚一个土著居民部落以后阐明了传授知识对人的生存价值:"怎样找水源、怎样追踪猎物、怎样在荒无人迹的沙漠中不迷失方向……在一种敌意的和相对无变化的环境中,教授知识,为它提供了生存之路。"[1]

科学教育局限于科学知识的教育情况在60年代初受到了挑战。人们发现,社会在科学技术的影响下变化加速起来,一个人终身享用在校习得的知识已不再可能。"对现代人来说,如果只有一个真理的话,那么,这就是他生活在一个不断变化的环境中……现在教给学生的物理学,10年之后将会过时……化学、生物学、遗传学、社会学都处于这种不断变化之中,以至今天做出的定论,到人有时间和精力应用这些知识的时候,几乎必定被更改了。"[2] 社会变化加速的现实,促使教育家思考在科学方法和科学知识之间谁的价值更深远,结论多倾向于前者。许多科学家、教育家反思科学教育中存在的重知识、轻方法问题。物理学家奥斯特瓦尔特(Ostwarla)指出:"虽然用现在的教授方法很成功地讲授了在其现今发展状态中的科学知识,但是,杰出的和有远见卓识的人不得不一而再地指出时常出现在当前我们的青年科学教育中的一个缺点,这就是缺乏历史感和缺少关于作为科学大厦基础的一些重大研究的知识。"[3] 更有学者直截了当地说:"我们必须很快地改变我们对教育的概念,今天所教的80%—90%都应放在科学方法、教育方法、学习方法、推理方法、搜集资料的方法、从事实中做结论的方法以及分析事实和综合事实的能力上。"[4] "科学知识最有价值"的科学教育理念让位于"方法比知识更重要",科学教育从以科学知识为重心转向以科学方法为重心。美国60年代科学课程改革明显地反映出这一特征。

科学教育中"人本位"观念的兴起,是教育家对20世纪70年代中期以后科学技术双刃剑带来的社会问题反思的结果,科学教育中的伦理道德、价值观教育被提到重要议事日程。面对科学技术发展给人类带来的负面影响,教育家们幡然醒悟:科学教育不能仅仅是"颈部以上"的教育,它应该包括更完整的人的教育。至此,科学教育从单一科学知识教育演变为

---

① 本文选自《教育研究与实验》2000年第6期,第16—20页。

包括科学知识、科学方法、科学态度、科学精神、科学价值观、科学史等复合的科学素养教育。值得一提的是,科学方法的教育不再是仅对精英而言,而成为对所有学生的普遍要求,因为没有科学的思维习惯,"公民就很容易成为教条主义和胡言乱语的骗子们的牺牲品,用简单方法解决复杂问题"。[5]

本文仅选择科学方法的教育问题作专门论述。

二、科学方法教育现状综述

综观世界各国的科学教育,不难发现,科学方法的教育明显加强了,这表现在以下诸方面:

(一)在课题目标上

很多国家和地区在考虑制定科学课程的目标时,都将科学方法列为目标之一。例如,日本近期公布的理科改善的基本方针之一为"通过有目的、有意识的观察、实验,培养科学的调查研究能力和态度,同时养成科学的见解和思考方法"。美国近期颁布的国家科学标准则将作为探索过程的科学列为科学教育的八大内容之一,专门制定了作为探索过程的科学教育标准。该标准强调了要培养学生进行科学探索的能力和对科学探索的理解力。标准指出:"各个学科、所有年级的学生都应该有机会进行科学探索并且培养进行探索性思维和探索性活动的能力,包括提出问题、制定调查研究计划并付诸实践、利用有关工具和技术收集数据、对证据与解释之间的关系进行批判性的逻辑思考、构造和分析其他解释方法以及科学论点的交流等。"[6]课程目标上的这些改革和半个世纪前的科学课程目标相比,的确有了很大的变化。

为了将培养学生的科学方法意识和运用科学方法的能力落到实处,很多国家还针对不同年段的学生提出不同的要求。如英国国家科学课程标准,从设计实验程序、获得证据、分析证据并得出结论、评价证据等4个方面规定了每一年级的学生应当学习的层次。科学方法目标的具体化、层次化为科学课程的实施提供了便利,它使科学方法的教育不再停留在口号上。课程目标上的这些变化和半个世纪前的科学教育课程目标相比,的确有了很大变化。

(二)在教材的编写上

科学方法以各种形式嵌入教科书中:

(1)在不改变以科学知识为教材逻辑主线的情况下,插入有关科学方法知识的内容。例如,俄罗斯教学论专家列尔涅尔主张,在阐述牛顿第一定理时,可以插入如下一些内容:"惯性定理实质上是由伽利略概述出来的。牛顿定理的基础是脑子里的试想。脑子里的试想被用于科学中,通常呈现为两种形式:原则上不能完成的和实践中不能完成的。试想——这是一种可近不可及的试想,可以接近它们,但不管如何近,仍不能完成它们,因为它们采用的是理念性的客体。借助脑内实验曾得出了古典物理学的一些基本定理和原理……"[7]列尔涅尔认为插入科学方法的重要性在于,学生是不知道科学上总结的本质的,也不懂得从事实向假设的创造性过渡,而假定中体现着学者对经验资料的看法,所以应该给学生提供某一理论研究方法的观念,以及该方法对科学的意义和知识。他还认为,学生所掌握的那些方法论性质的认识结构,拥有广泛迁移作用的趋向,是现代思维的成分之一。

(2) 把一门学科的发展历史(即学科的问题史)与解决这些问题的种种尝试结合起来。美国物理科学研究委员会(PSSC)编制的物理学课程是这种模式的一个典型。美国 PSSC 物理教材较早进入光学领域,这样做的理由是光模型的建立是包括物理在内的所有自然科学研究的一个典型方法:先建立光的粒子模型,用它来解释光的行为,一些行为被合理地解释,而另一些却遇到了困难,甚至矛盾。因此,物理学家面临着两种选择:其一是推翻旧模型,建立新模型;其二是修改旧模型,使它更完善。物理学家作了后一种选择,引入波现象,形成波理论,观察一系列光行为,用波理论解释它们,由此建立光的波模型。据称,尽早地让学生了解物理史上的光模型建立,有助于他们树立科学探索的方法论思想。

(3) 将科学方法与科学知识史紧密地融合在一起,使科学方法的教育更具操作性。正如施瓦布所说:"不把科学当作证明或证实某些概念、原理的过程,而要把它当作一个发现的过程,一个揭示自然事物的过程和一种提高我们理解力的方式来发现这些事实之间如何联系起来的过程。"匈牙利的高中物理教材堪称此类教材的典范。例如,该教材结合气体、液体、固体的知识系统地培养学生建立物理模型的意识和方法,详细指导学生如何通过观察和实验积累经验,如何在经验的基础上建立物理模型,如何用建立的物理模型解决实际问题、预言未知现象,如何用新的实验现象检验这个物理模型的适用范围,进一步修正物理模型。教材的这种编排方式可以使学生不仅知道科学家是怎么做的,而且自己也学会了如何去做。

(4) 用增加完整的探索性作业的方式来培养学生的科学方法意识和科学探索能力,例如美国 BSCE 生物教材就穿插了 62 项具体的探索项目,中国浙江省的中学理科教材也安排了一些完全由学生独立探索的作业。学者们认为这是培养学生自己从事完整探索活动能力的重要途径。

(三) 在教学方法上

为了培养学生理解、运用科学方法的能力,从 20 世纪 60 年代开始,在中小学的科学教育中出现了大力提倡探索式、发现式学习的倾向:一批统称为信息加工的教学模式应运而生,如萨其曼的探究教学模式、塔巴的概括教学模式等。这类教学模式的共同特征是把科学知识作为掌握科学方法的手段、工具而不是目的,学生在探索、发现的过程中,学会如何建立假设和验证假设等过程技能才是教学的终极目的所在。

仔细考察各种冠之以发现、探索的教学方法,不难发现,它们还是有一定区别的。

部分教育家强调学生的独立探索、自主活动。他们指出:当学校把教学力量放在自我发动和自我调节的"发现"学习活动上时,学校就是好的。英国艾萨克斯夫人的做法是一个典型:她和她的同事在剑桥的一所学校里,严格排除成人的一切干预,把学生引进一间相当于真实的、设备完善的实验室,让学生自行组织他们的实验。年龄在 3—8 岁的儿童,享有大量的原材料和仪器、试管、烧杯、酒精灯等等,随他们处置。这部分教育家相信,儿童通过与环境的交互作用,是获得有关的认知技能、操作技能的必要条件。他们是个体建构心理学的实践者。

部分教育家持社会建构立场,认为"人的一切形式的精神活动,包括科学活动,都不是由孤立的个人进行的,而是一种社会过程。它们都拥有社会——历史地形成下来的建构和运用客体并将客体加以观念化,加以定型和改造的方式和手段"。因此,主张一种有引导的发现,通过师生的共同活动和交往,去了解占有科学方法。

不论理论上的倾向如何,大部分理科教师现在都或多或少熟悉了"主动参与""发现""探索"这些教学的新概念了。

对科学方法教育的重视,也引起了科学教育评价的改革,对科学方法掌握情况的考核日益受到重视,对科学方法的理解和掌握的考核标准、试题的研究十分丰富。

然而,承认成就并不排斥对科学方法教育的状况给予批判性分析的必要性。

三、对科学方法教育的若干问题思考

(一)个体发现与种系发现的关系问题

使学生积极主动地参与教学过程已是科学教育公认的一条重要原则。美国一些州的科学教育标准中提出的指导原则之一是"学生的好奇和主动的参与应该在所有年级的教学中得到保持。学生要描述物体和事件,提出问题、做出解答,用不同的方式验证答案并同其他人交流他们的看法,这要求体力和脑力的共同参与……"这一原则要求把教学重点由教师单方面的传授知识转向通过学生主动的参与来学习。问题在于如何提出问题、如何建立假设、如何验证假设等方面学生是不可能生而知之的,它只能经教师加以揭示。换言之,仅仅倡导探究、发现、主动参与是不够的,学生在自己探究、发现之前,首先应对科学是如何运用一定的方法,对经验资料作假设、作解释的过程有所了解,尤其是对那些具有迁移性质的科学思维方法的了解,否则,发现将是盲目的。这里有一个个体认识方法与种系(类)认识方法之间的联系问题。正是在这一点上,施瓦布写道:"仅仅向儿童提供刺激环境并指望他们自己去发现和学习是不够的。"

社会建构心理学的这些理论提醒教育工作者,在运用发现法、探索法时要对"何时用、怎样用"做深思熟虑的回答,而不是简单地提供自主探索、独立发现的机会。

笔者认为在运用发现法时需考虑"什么样的知识更值得重新发现"。

发现法教学方法一般是指对结论性知识的重新发现。显而易见的事实是在课堂教学中不可能对所有的结论性知识都去重新发现,那样做没有必要,时间也不允许。那么该选择什么样的知识去重新发现呢? 这需要考察知识中的含金量——具有方法和方法论意义的大小,只有那些具有重要方法和方法论意义的知识才值得去重新发现。因为在知识的重新发现过程中,会使个人达到在他本人的发现活动中再现历史形成的人类已有的科学方法。换言之,发现的目的很大程度上是要让学生重新经历人类发现的过程,以便将镌刻在知识中的种系(类)科学方法内化到学生身上。

一般而言,任何一种揭示客观事物及规律的知识,都具有方法的意义,但意义的大小不同。事实性知识与原理性知识相比,后者的方法价值更大。原理、理论知识是学者们运用一定的科学思维方法对感性经验进行加工得来的,正如"进化论本身并不是自然史单纯事实,而是科学的假设,它对有机生命的现象提供了更完全更首尾一致的概观,一种全新的系统解释"[8]。进化论是一种有关生物发展变化规律的理论,也是一种认识生命本质的重要方法,为了让学生掌握这一重要的思想方法,重新发现该知识,重现该知识的形成过程是值得的,哪怕需要耗费较多的时间。而有些知识,如事实性知识、平行性知识——用同一种科学方法形成的知识(如各类具体的动植物形态知识)就大可不必都去重新经历发现了。这些知识对学生来说可能是新的知识,但对于科学方法来说,却是雷同的,均涉及观察、解剖、分类等方

法。学生一旦习得了这类研究生物性状的方法就没有必要再循环往复了，应将重新发现的时间留给新的研究方法。发现法应给予那些镌刻着对人类发现产生过重大影响且至今仍有价值的科学方法的知识。

（二）如何教科学方法

既然重新发现的目的是为了使学生占有种系（类）已累积的科学认识方法，那么展示各种科学方法，并通过师生互动完成转化就是发现法理所当然关心的事了。

展示可以是直接的——由教师提示某科学原理所运用的方法；也可以是间接的——通过教师精心设计提问，方法好像是学生自己提出来的。为了让学生真正把握某科学方法精髓，我们提倡间接的展示。例如，南京师范大学附中的一位物理老师在教"比热容"时对学生进行了多方面的科学方法教育。首先，他引导学生结合日常生活经验讨论得出水在温度升高时吸收的热量与水的质量及水温升高的度数有关，并推广至其他的物质也具有这一特点。然后老师向学生提问："所有的物质在温度升高时吸收的热量是不是一样多呢？"此问题的设计是为了让学生能考虑到，只有在质量相同、温度升高的度数也相等时来研究不同物质吸热是否相同才有意义。看似平常的一问一答，学生习得了物理学上重要的一种科学方法——控制变量法。其次，在比热概念建立过程中运用科学猜想。老师接着向学生提问：相同质量的水和煤油升高相同的温度，哪一个吸热较多？引导学生运用科学猜想，建立如下假设：（1）水吸热多；（2）煤油吸热多；（3）水和煤油吸热一样多。在此基础上给学生介绍猜想方法在科学发现中的重要作用。最后还可以通过类比方法帮助学生建立比热概念，即激发学生根据密度的定义归纳出"比热容"的定义，并告诉学生，从已知的知识所具有的某种性质推出新知识具有的相应的性质，这种科学方法就是类比。控制变量法、科学猜想法、类比法就这样在师生的互动中悄然转移到学生的认识结构中。

（三）对科学方法在教材中嵌入方式的思考

翻阅不同的理科教材，不难发现，大多数教材或多或少都渗透了科学方法的教育，这和以往结论式的教材编写方式——由科学事实、科学原理、公式、理论构成教材内容的方式相比，的确是一个很大进步，因为一门学科的逻辑结构也许不能对学生怎样才能发现它或学习它提供任何有用的指导。爱因斯坦是怎样提出相对论的，这在表述这一原理的方程中并不明显，正如欧几里得的思想变化，在以他的名字命名的定理中并不明显一样。需要有对科学方法的专门介绍。问题在于以往把科学方法与科学内容完全脱节，专门介绍观察比较、分类、归纳、实验、分析、综合、调查、假设等科学方法的做法值得商榷。专门介绍科学方法的益处是各种科学方法的性质、操作程序、适用范围可以一目了然，但学生学了这些有关方法的知识以后，未必就拥有这些方法的经验。因为，第一，这些方法离开了具体构造科学解释的过程变得十分抽象。例如，学生很难通过模型化方法的介绍就能掌握模型化方法。第二，由于缺乏具体的操作过程，科学方法只能静止地存贮在学生的意识中，这就像知道游泳动作要领与实际会游泳是两码事一样。与专门介绍各种科学方法相比，笔者主张应将方法融于结论性知识的陈述中。

本文仅从教学过程和教材编写两个方面论及了科学方法的教育问题，更多的科学方法教育问题有待进一步探讨。

参考文献：

[1][2] 方展画.罗杰斯"学生为中心"教学理论述评[M].北京:教育科学出版社,1990:73—74.

[3][4] 赵玉林.《困惑与出路——现代科学方法导引》"引言"[M].武汉:湖北教育出版社,1989.

[5] 美国《2061计划》。

[6] 《美国国家科学教育标准》。

[7] [俄]沃·维·克拉耶夫斯基.教学过程的理论基础[M].王义高,译.南昌:江西教育出版社,1996:128.

[8] [德]恩斯特·卡西尔.人论[M].甘阳,译.上海:上海译文出版社,1985:266.

科学探究式教学要注重原始创新基因的培育[①]

项红专

众所周知,我国科技原始创新能力不强,其中重要标志之一就是我国建国至今还没有一位本土的科学家获诺贝尔科学奖。最近有学者把它提高到了警惕中华民族在人类学上退化的高度[1],这也绝非危言耸听,应引起我们的高度重视。原始创新能力不强所涉及的因素很多,有文化层面的、制度层面的、政策层面的,当然还有教育层面的。我们的教育尤其是中学科学教育确实存在着某些严重的缺陷,譬如学生好奇心的泯灭、问题意识的缺乏、怀疑精神的淡薄等等。中学阶段是播撒原始创新种子的关键时期。中学科学教育虽然难以直接培养学生的原始创新能力,但它是培养原始创新能力的基础工程,它可以培育原始新的基因。在当前的新课程改革中,科学课程是其中的一个亮点。科学课程的核心理念是全面提高每一个学生的科学素养,尤其是它突出了科学探究,作为培育学生原始创新基因沃土的科学探究应引起我们的高度关注。下面就科学探究式教学中如何注重培育学生原始创新基因作一探讨。

一、激发学生的好奇心和探究欲

贝弗里奇认为:"对研究人员来说,最基本的两条是对科学的热爱和难以满足的好奇心。"[2]爱因斯坦说过:"我内心深信,科学探索的发展主要在于满足对纯粹知识的渴求。"[3]荣获 2002 年国家自然科学一等奖的蒋锡夔院士也认为,他所带领的一群科学工作者能取得今天这样的成果,正是从 20 多年前的好奇开始的。美国有一群科学家对城市中心树木的生长与市郊树木的生长有什么不同感到好奇,竟而产生了探究的欲望,最终的探究结果在世界一流杂志 Nature 上发表。[4]因此,好奇心是发展科学的首要条件。有了好奇心就会产生探究欲,想知道现象背后的原因。就像前面的例子,这一群科学家花了好几年时间,结果发现市郊的树木不如市中心的树木长得快,他们又去找原因,结果发现是城市中心的二氧化碳浓度比市郊的二氧化碳浓度高的缘故:二氧化碳浓度越高,树木生长的化学反应速度就越快,自然就长得越快,这样简单的化学反应速度原理在一百多年前就被人证明了,只不过又一次在植物生长上得到了证明。好奇心是每个人与生俱来的一种本领,是一种内心的需要,其实用不着培养,关键是如何去激发诱导,而不是去束缚和遏制。在科学探究式教学中应注重精心设计探究情景,诱发学生的好奇心,促使学生产生进一步探究的欲望。例如在学习"气体压强与流速的关系"时,可以从人为什么必须站在火车站或地铁站站台边的白线(安全线)以外的位置上候车出发引起学生探究的欲望;在学习"空气"时,通过演示红磷在玻璃罩内燃烧后水面上升的奇特现象把学生的求知欲激发到极点;在学习"细菌"时,可利用当时轰动世界的"9·11"事件来激发学生的探究兴趣:美国人对"9·11"惊魂未定,又被一种白色粉末搞得

[①] 本文选自《全球教育展望》2004 年第 6 期,第 31—33,27 页。

惶恐不安,你们知道这些白色粉末里含有什么生物吗?这种生物有什么不同?……

二、鼓励学生发现问题和提出问题

问题是科学发现的源泉。波普尔认为,科学个体发展的动力就在于提出新的问题。爱因斯坦说过,我没有什么特别的才能,只不过喜欢寻根刨底地追究问题罢了。李政道教授认为,学问就是学习问问题,没有问题哪来创造性思维。当学子们向李政道教授请教做学问之道时,他将一句警句"求学问,需学问;只求答,非学问"赠给学子们以共勉。李政道解释道,这几句话中包含四个"学"字,三个"问"字,一个"答"字,这就是学问的奥妙所在。哈佛大学有一句名言:教育的真正目的就是让人不断提出问题,思考问题。我们说,有问题不一定有创造,但创造一定有问题。善不善于提出和思考问题在很大程度上是检验一个人是否具有创造性思维和创造才能的重大尺度。因此,在科学探究式教学中,教师应鼓励学生发现和提出问题,使科学探究的过程成为发现问题、解决问题同时又不断提出新的问题的过程。在教学过程中,教师不仅要指导学生解决预设性问题,更要关注生成性问题。学生在探究过程中生成的问题,往往是教师事先没有考虑到的,甚至是从来也没有思考过的。但这是学生的突发奇想,体现了学生的创新思维,具有进一步探究的价值。这也是科学探究教学中最激动人心的时候,值得充分关注。例如,学生在探究了"影响固体物质溶解性的因素"以后,知道了物质的溶解性与温度、搅拌、颗粒大小有关,但又有学生提出了一个很新颖的问题:容器的大小即水的深浅是否也影响物质的溶解(在物质的质量、水的质量一定的前提下)?

三、呵护学生的怀疑精神

科学在继承中发展,在批判中进步,怀疑批判是科学进步的保障和原动力。恩格斯说过:"'怀疑—批判'的头脑是科学家'另一个重要的仪器'。"[5]著名物理学家弗恩曼认为:"科学家们成天经历的就是无知、疑惑、不确定,这种经历是极其重要的。当科学家不知道答案时,他是无知的;当他心中大概有了猜测时,他是不确定的;即便他满有把握时,他也会永远留下质疑的余地。"[6]科学所需要的基本气质之一就是不受任何现成结论束缚的合理的怀疑精神。质疑是一种非常重要的素质。善于向任何事情提出挑战,才能使人获得成功。蜜蜂发音靠的是翅膀振动——这个被列入我国小学生教材的生物学"常识",最近有可能被一位名叫聂利的12岁小学生用实验推翻。聂利先是偶然发现翅膀不振动(或被剪下双翅)的蜜蜂仍然嗡嗡叫个不停,然后用放大镜观察了一个多月,终于找到了蜜蜂的发声器官。可见,聂利的科学发现,主要不是依赖基础知识,而是创新精神(包括怀疑精神)。在科学探究式教学中,要呵护学生的怀疑精神。例如,在探究光的色散现象时,有学生提出光的色散现象会不会是由于光与玻璃相互作用所引起的?在奥斯特实验中,小磁针的偏转会不会是由于导线通电发热后空气对流引起的?等等,这些都是合理的怀疑,值得大力提倡。评价是科学探究的要素之一,评价的主要目的是检查过程是否合理、方法是否正确、结论是否可靠,这就需要鼓励学生有反思意识、怀疑精神,大胆地吹毛求疵,就探究过程找缺点、寻不足、挑毛病,使探究方案更加合理完善。例如,在探究"比较含磷洗衣粉与无磷洗衣粉对水体的影响"时,如果设计对照实验来观察鱼在不同水质中的生存情况,有学生质疑:清水应为纯净水,否则在自来水中鱼都会死亡;鱼自己生病死亡了,那实验怎么判断?如果两条鱼的健康状况不一样,那实验也准确吗?……

四、培养学生丰富的想象力

知识是创造的基础,想象是创造的翅膀。知识越渊博,想象力越丰富,创造力就越强。爱因斯坦说过:"想象力比知识更重要,因为知识是有限的,而想象力概括世界上的一切,推动着进步,并且是知识进化的源泉。"[7]想象力之所以重要,不仅在于引导我们发现新的事实,而且激发我们作出新的努力,因为它使我们看到有可能产生的后果。一切创造都离不开想象,想象是创造的源泉。美国的莱特兄弟小时候经常躺在草地上,看着天上翱翔的老鹰,想象着自己也能长出翅膀,飞上蓝天。正是在想象力的指引下,他们发明了世界上第一架飞机。牛顿假设在一座很高的山上有一门大炮,沿水平方向发射石弹。炮弹本来是应沿直线前进的,可是在重力的作用下,它沿抛物线落到地面。炮弹的速度越大,落地点就越远;如果速度大到一定程度,可以想象炮弹就不落地,而是绕着地球旋转,这就是最早的人造地球卫星。把思想具体化,在脑海中构成形象,能够激发想象。据说,麦克斯韦养成了每个问题在头脑中构成形象的习惯。德国化学家凯库勒就是这样想到苯环结构的,而这个设想使得有机化学彻底革新。在科学探究式教学过程中,要重视学生想象力的培养。例如,在学习"微粒之间有空隙"时,实验发现 50 毫升的水与 50 毫升的酒精混合在一起小于 100 毫升。如果用微粒的观点来解释:因为水微粒之间的空隙和酒精微粒之间的空隙大小不同,混合后小微粒填满了部分空隙。这样解释还是会有部分同学不明白,我们可以要求学生发挥想象举一个生活实例进行一下类比。有学生就提出:好比一筐黄豆和一筐大米混到在一起,重新装筐的时候并不等于两筐一样。猜想是科学探究的核心要素,要鼓励学生发散思考,大胆想像。例如,要探究"筷子插入水中会看到怎样的图景"时,可先让学生想象一下把筷子插入装满水的圆柱形的玻璃杯内可能会出现的现象,用草图把想象中的现象描画出来,然后与实验结果进行比较。

五、容许学生失败

门捷列夫说过:"一个人要发现卓有成效的真理,需要千万个人在失败的探索和悲惨的错误中毁掉自己的生命。"[8]物理学家开尔文说:"我坚持奋斗五十五年,致力于科学发展,用一个词可以道出我最艰辛的工作特点,这个词就是'失败'。"[9]因此,科学探索是十分艰难曲折的,失败也是十分正常的,就像哪有"保证生儿子"的道理一样,应该容许失败。同样,对于科学探究来说,我们也应该容许学生失败。失败的探究也是极富有教育价值的。一方面,它可以使学生从失败中得到启示,为成功指明方向;另一方面,学生通过亲身经历失败探究的过程,加深了对科学活动性质的理解。失败的感受越强烈,反过来越能使学生深切地体会到科学发现的快乐,正如科学家贝尔纳所说:"那些没有受过未知物折磨的人,不知道什么是发现的快乐。"[10]在探究式教学中,教师有时可故意设计一些"圈套",让学生作一次有意义的失败探究;对一些生成性问题,教师自身没把握,与学生一起作一次失败的探究也是值得的,只有这样才能培养真正意义上的探究精神。例如,在探究"是什么将蝴蝶吸引到花上去的?"中,有学生提出了可能是花的颜色的假设。学生在教师的指导下,进行了实验设计。为了控制变量,实验组和对照组之间除了花的颜色外,其他方面如大小、形状和气味等都应当是相同的,结果考虑用纸做的假花来做实验。接下去,又在实验设计中考虑了花的位置、蝴蝶飞向花的次数等因素。这时,突然有一个学生提出了"万一蝴蝶是色盲怎么办"的问题,后为学生上网一查,果然蝴蝶是色盲！虽然,这一探究到此半途而废了,给大家留下了一些遗憾,但是学生们为此付出的努力包括怎样设计实验、要控制哪些变量、如何控制这些变量等是十分有价值的,这些东西将内化为他们终身受用的科学探究能力。

六、学会合作和宽容

随着现代科学的发展,各学科间互相交叉融合,研究和实验技术也日益复杂,一个人的知识和能力是有限的,在大多数情况下,已经很少再看到20世纪以前那种靠科学家的个人奋斗就可以取得重大突破的事例了。在这种情况下,就特别需要科学家之间和研究团体内外的互相协作、优势互补、共同攻关。在1901—2000年期间,因合作而获诺贝尔科学奖的项目共有97项,占获奖总数的近1/3,而且还有继续增大的趋势;又如1995年物理学一大成果是证明第六个"顶夸克"的存在,这是两个实验组800人共同研究的成果,没有团结协作精神是难以成功的。著名物理学家玻尔认为,科学进步有赖于鼓励不同的思想的自由交流。"哥本哈根精神"在科学界备受推崇,强调合作是其重要特征。科学常常是种协作性的活动,一切科学均取决于思想理念最终为人们所共有以及人们对思想理念的论辩。不断的讨论和自由交换思想,给每个科学家带来了最美好的东西,常常提供了一个能引起决定性突破的灵感或源泉。课堂上个人和小组之间进行着的相互启发的活动,在经过教师的悉心引导后,学生们人人都能充分参与,这种相互启发对深化科学概念的理解,对加深科学活动性质的认识常常是至关重要的。学生之间的相互合作不仅能增进对科学的了解,而且也有助于培养和训练科学探究活动所需的技能、思想方法、行为方式和价值观念等多方面素养。因此,在科学探究教学中,应重视开展合作学习,在探究中合作,在合作中探究,着力培养学生的合作能力。科学是排斥独断论和专制主义的,科学家必须具有理解、宽容的精神,能够尊重他人的学术观点和劳动成果,在交流中取长补短,共同推动科学的进步。要培养学生学会宽容,能容忍不同于自己的观点。有效的交流要求在集体的各成员间有相互尊重、相互信任的基本气氛。在探究式教学中,为使学生愿意发表他们富有创造性的看法,学习集体中的每个成员必须都能鼓励和尊重不同的经验、见解、想法和说法。教师要和学生们一起努力,共同营造一种能够保学生勇于发表各自见解的环境。

参考文献:

[1] 肖川. 警惕人类学上的退化[J]. 人民教育,2003(21):4.
[2] [英]W.I.B贝弗里奇. 科学研究的艺术[M]. 陈捷,译. 北京:科学出版社,1984:143.
[3] 艾丽斯·卡拉普赖斯. 爱因斯坦语录[M]. 仲维光,还学文,译. 杭州:杭州出版社,2001:149.
[4] 中国博士生:创新力卡在哪儿[N]. 中国教育报,2003-11-23.
[5] 谢希德. 科学思想和科学方法[M]. 上海:上海科学普及出版社,1999:111.
[6] 文池. 宇宙简史[M]. 北京:线装书局,2003:436.
[7] 赵扬. 睿语珍言——著名自然科学家治学谈[M]. 北京:中国城市出版社,2001:55.
[8] 李亚东. 珍贵的启示:科学家失误谈[M]. 武汉:湖北少年儿童出版社,1997:2.
[9] 杨建邺. 杰出科学家的失误[M]. 武汉:华中师范大学出版社,2000:1.
[10] [英]W.I.B贝弗里奇. 科学研究的艺术[M]. 陈捷,译. 北京:科学出版社,1984:80.

青少年的科学创造力研究[①]

胡卫平　俞国良

青少年的科学创造力(Scientific Creativity)是一种特殊的能力,是一般创造力与科学学科的有机结合,是一般创造力在科学学科中的具体表现,是一般创造力发展与科学教育的结晶。研究青少年的科学创造力,不仅可以丰富和发展创造力理论,而且可以使我们更好地在科学教育中落实以创新精神和实践能力培养为核心的素质教育。

一、青少年科学创造力的内涵

在对创造力的研究中,由于研究者研究重点不同,理论依据不同,研究方法不同,判断标准不同,对创造力的定义也不同,有关创造力的定义多达数百种。尽管众多的定义存在着分歧,但人们比较容易接受的定义至少有四个方面:第一,创造性的过程;第二,创造性的产品;第三,创造性的个人;第四,创造性的环境。关于创造力的定义,在最近的研究中,有将上述四方面中的两方面或多方面结合起来的倾向。[1][2]我们认为,青少年的科学创造力是青少年在学习科学知识、解决科学问题和科学创造活动中,根据一定的目的,运用一切已知信息,在新颖、独特且有价值地(或恰当地)产生某种产品的过程中表现出来的智能品质或能力。[3]很显然,这一定义将创造性的过程、创造性的产品和创造性的个人三个方面有机地结合起来,并强调青少年的科学创造力是一种智能品质,即流畅性、灵活性和独创性。通过评价产品的新颖性、独特性和价值性(或恰当性)来考察青少年在产生这些产品的过程中表现出来的智能品质的高低,进而判断个体科学创造力的高低。

我们认为,在理解青少年的科学创造力时,要注意如下几点。

第一,科学创造力不同于文学创造力和艺术创造力,创造性的问题解决能力是其主要的内容。科学问题的解决一般要经过问题产生、方法寻找与抉择三个阶段。问题产生是一个按照一定目标进行定向思维的过程,往往在种种已有经验不能达到目标时,问题才能被发现;在方法寻找阶段,需要开阔思路,展开现象,发散地思考各种不同的方法,并尽可能找到有效、可行、新颖、独特的方案;在抉择阶段,按目标所规定的方向,评价、比较各种可能的解决方法及其结果,并根据一定的标准对各种方法决定取舍,最后选择解决问题的最佳途径。

第二,要将科学创造力与一般的科学技能区分开来。一般的科学技能只是保证顺利完成任务的一般智力品质与人格特质。而科学创造力则是产生或可能产生出新颖、独特、有社会价值或个人价值的产品的智能品质或能力,这种能力的核心是科学创造性思维和科学创造性想象。

第三,青少年科学创造力的心理结构与科学家科学创造力的心理结构及一般成人科学创造力的心理结构基本相同,只是他们的表现形式不同。对科学家来讲,创造产品可能是通

[①] 本文选自《教育研究》2002年第1期,第44—48页。

过重新安排、组合已有的科学知识,创造出新的科学知识或形象;也可能是突破原有的科学知识,提出崭新的见解、设想、思路、观点等;还可能是技术上的重大创新和突破。这些产品包括理论和应用两个方面,其在历史上前所未有,对人类、社会和国家有重要的贡献。对一般成人来讲,创造产品指具有一般社会价值的产品,它有助于社会的进步和发展。而对于青少年来讲,创造产品一般不具有或具有较小的社会价值,但却具有较大的个人发展价值,对自身身心的发展具有重要意义。青少年在科学学习中,独立提出新颖的科学问题,深刻而高水平地掌握科学知识,迅速掌握科学知识并把它们迁移到新的情景中去,发现解决某一问题的独特方法,对课本上实验的改进,在课外活动中制作出一种新颖的产品等都是其科学创造力的具体表现。

第四,创造力是一种智能品质或能力,它的组成要素中不应包括非智力因素,但非智力因素对青少年科学创造力的发展具有动力作用。同时,科学创造力是一种综合能力,它是在科学观察能力、科学实验能力、科学思维能力、科学学习能力、科学分析问题和解决问题能力基础上发展起来的一种高水平上表现出来的综合能力,其核心成分是创造性思维和创造性想象。

第五,具有创造力并不一定产生出创造产品,有无创造力与创造力是否体现出来并不是一回事。创造产品的产生除了需要一定的创造性的智能品质以外,还需要将创造性观念转化为实际创造产品的相应知识、技能以及保证创造活动顺利进行的一般智力因素和非智力因素,同时还受到外部环境的影响。由此可见,犹如智力有内隐和外显之分,创造力也有内隐和外显两种形态。内隐的创造力是指创造力以某种心理、行为能力的静态形式存在,它从主体角度提供并保证个体产生创造产品的可能性。但在没有产生创造产品之前,个体的创造力不能被人们直接觉察。当有创造产品产生时,这种内隐的创造力就转变为外显的创造力,从而被人们觉察到。

第六,创造力与智力是人的心理能力的两个不同的方面,它们相互联系、相互区分、相互作用、共同发展,其本质上是一个整体,只是人们为了研究问题的方便才加以区分。在整个创造活动过程中,创造力、智力、非智力等因素共同发挥作用,它们都是保证创造产品产生的重要因素。

第七,青少年的科学创造力以科学知识为中介。虽然科学创造力与科学知识不同,但科学知识是科学创造力的基础,科学创造力是建立在科学知识的深度与广度基础上的,没有科学知识,就不可能有科学创造力,但科学知识多并不一定意味着科学创造力一定高;另一方面,科学创造力的提高,反过来对科学知识的学习有一定的促进作用。

第八,青少年的科学创造力是一种结构,这种结构应是静态结构和动态结构的统一,反映青少年科学创造力发展的稳定性和发展性,且动态性是青少年科学创造力的精髓。首先,动态性表现在青少年科学创造力的结构是主体和客体交互作用的结果;其次,动态性表现在青少年科学创造力的结构是在科学知识的学习、科学问题的解决和科学创造活动中逐步形成、发展和完善的,发展性是其最主要的特征;再次,动态性表现在科学学习是青少年科学创造力结构的起点和动力。

二、青少年科学创造力的表现和发展

创造力是人类在创造活动中反映出的个体所具有的创造性思维和创造性想象的智能品

质或能力,对不同年龄阶段的个体和不同的活动领域,这种品质或能力有不同的表现。从产生创造性产品的过程中反映出的个体智能品质的角度来看,青少年的科学创造力主要表现在思维和想象的流畅性、灵活性和独创性等方面;从科学学习和科学活动的角度来看,青少年的科学创造力主要表现在观察与实验、科学知识的学习、科学问题的提出、科学问题的解决、科学创造活动等方面。我们依据"科学创造力的结构模型"(SCSM),[4]并同时考虑青少年科学创造力的智能品质和科学学习及活动,研究了青少年科学创造力的表现。

1. 观察与实验

能提出具有探索性的观察与实验课题;观察具有敏锐性,能迅速抓住重要信息;善于运用分析、综合、抽象、概括的方法,迅速洞察科学研究对象的本质属性和相互联系;能设计出简单、有效、新颖、独特的实验方案。

2. 科学知识的学习

能深入理解科学知识中所体现的科学思想、科学观点和科学方法;善于在科学概念、科学规律与科学事实间产生丰富的联想;能够借助于数学、哲学等学科知识进行推理,发现原来没有联系的两个对象、现象和概念、规律之间的联系;善于把科学知识归类,形成合理的认知结构;对已有的结论不盲目轻信,有检查和评价已有知识和结论的强烈意识,并善于发现和纠正错误;善于形象理解科学知识,并对其赋予新的含义;具有丰富的想象力。

3. 科学问题的提出

善于质疑,不满足于教材上的一些结论及老师的讲解;善于平中见奇、同中见异、异中见同,从一般人不觉得有问题的地方提出并发现隐蔽的、复杂的、探索性的问题。

4. 科学问题的解决

能迅速鉴别问题的特殊性,从研究的材料中揭示隐蔽条件,排除多余因素的干扰,并发现有价值的因素,迅速选择解题策略,确定解题方法;善于进行一题多变、一题多解、多题归一,并从中发现规律;善于将一些实际问题抽象为科学问题并进行解答,自编新颖的习题;善于监控解决问题的过程,对难以用常规方法解决的问题另辟蹊径,寻找最简洁的解题方法和途径,当思维受阻时,能及时改变思维路线,修正原有方案,顺向思维和逆向思维相结合,集中思维和发散思维相结合,运用臻美、类比等创造性的科学思维方法理解和处理问题。

5. 科学创造活动

善于发现日常生活和生产实际中的科学问题,并对其进行实际推测和理论验证;善于根据实际情况进行创造性思维,并提出独特的见解;善于对实验仪器、设备等提出改进意见;善于在课外活动中进行小发明、小制作,写出小科技论文,并独立地提出新的见解。

毋庸置疑,青少年的科学创造力与其他各种心理能力一样,也是逐步形成和不断发展的。在发展过程中,由于受文化传统、社会氛围、家庭教育、科学课程、科学教学、考试方式、教师等外部因素及智力因素、非智力因素、科学知识等内部因素的影响,不同年龄阶段的个体具有不同的发展趋势或特点,同一年龄阶段的不同个体也有十分明显的差异。鉴于此,我们认为,研究青少年科学创造力的发展是进行有效培养的前提。

创造力的测量是创造力发展研究的关键,由于研究者对创造力的定义不同,理论依据不同,所采用的测量方法也不相同,有关创造力的测量量表多达百余种,概括起来有 11 种类型:(1) 发散思维测验;(2) 遥远联想测验;(3) 态度和兴趣量表;(4) 人格量表;(5) 传记清单;(6) 教师、同伴及领导的评价;(7) 通过产品来判断;(8) 自我报告创造活动和创造成果;

(9) 对著名人物的分析;(10) 以活动为基础进行测量;(11) 以问题解决为基础进行测量。我们以科学创造力的结构模型为理论基础,结合青少年科学创造力的表现,设计了一份"中学生科学创造力测验",从物体应用、问题提出、产品改进、创造想象、问题解决、实验设计、创造活动七个方面来考察青少年科学创造力的发展。研究表明,该量表具有较高的信度和效度。

关于青少年科学创造力的发展,人们进行了大量的研究,得出了不同的结论,概括起来有两种类型:(1) 青少年的创造力随年龄的增大而提高;[5] (2) 青少年的创造力随年龄的增大呈持续上升趋势,但并非直线上升,而是波浪式前进。[6] 我们应用"中学生科学创造力测验"进行跨文化研究,对英国11—15岁的1 307名中学生及12—18岁的1 087名中学生科学创造力的发展进行研究,得出了如下结论:第一,青少年的科学创造力存在显著的年龄差异,随着年龄的增大,青少年的科学创造力呈持续上升的趋势,但在14岁时要下降;青少年是个体科学创造力迅速发展的关键时期;作为一种智能品质,个体的科学创造力在17岁时趋于定型。第二,青少年的创造力存在性别差异,但不同文化背景中成长起来的青少年,其创造力的性别差异具有不同的模式,一般情况下,在东方文化背景中成长起来的青少年,男生的创造力优于女生;而在西方文化背景中成长起来的青少年,女生的创造力优于男生。本研究表明:英国女生的科学创造力比男生强,差异显著;中国男生的科学创造力比女生强,差异不显著。第三,中英青少年的科学创造力存在显著的差异。在创造性的问题解决能力方面,中国青少年明显高于英国青少年,但在创造性的物体应用能力、创造性的问题提出能力、创造性的技术产品改进能力、创造性的想象能力、创造性的实验设计能力、创造性的技术产品设计能力方面,中国青少年则明显低于英国青少年。第四,青少年的科学创造力存在显著的学校类型差异。重点中学的科学创造力明显高于普通中学的科学创造力,但在技术创造力方面,二者没有明显的差别。这个研究结论说明创造力存在于所有年龄、所有文化背景中,以及在各种程度上所有为人类工作和努力的领域中。

三、青少年科学创造力的培养

鉴于上述,创造力是可以培养的,但如何培养,研究者却有不同的观点,概括起来有两类:(1) 通过创造技能的训练来培养创造力;[7] (2) 将创造力的培养贯穿于学科教学中。[8] 由于青少年的科学创造力是受多种因素影响的,不仅知识、智力、非智力等内部因素影响青少年科学创造力的发展,而且文化传统、社会氛围、家庭教育、学校教育等外部因素也对青少年科学创造力的发展有显著的影响。因此,青少年科学创造力的培养是一个系统工程,既要树立有利于青少年科学创造力发展的教育观念,又要优化有利于青少年科学创造力发展的育人环境,还要采取切实可行的培养措施;既有学校教育的作用,还有家庭和社会的影响。当然,学校教育在培养青少年的科学创造力方面具有举足轻重的作用。[9]

1. 树立正确的教育观念,优化青少年科学创造力发展的环境

创造力的培养是素质教育的关键,青少年阶段是科学创造力迅速发展的关键时期,因此,科学创造力的培养应是中学教育特别是科学教学的主要目标之一。

在学校教育中,营造创新型的环境是培养青少年科学创造力的前提条件。创新型的环境主要包括人文环境、物质环境、班级环境和课堂环境。创新型的人文环境指学校所有的成员特别是校长和教师的思想意识、舆论导向、心理素质、人际关系、价值取向、教风学风、精神

风貌等有利于学生创造力的发展,具有正确的教育观、知识观、人才观、质量观和评价观等,坚信每一个学生都有一定的创造能力,坚信在学生创造能力的发展过程中,教育起着主导作用,坚信学生的创造能力有类型上的差异;学校的管理体制、组织机构、规章制度等能够为开展创造力培养提供组织上的保证。创新型的物质环境指校园建筑、校容校貌、教学设施等能对学生创新意识的形成产生积极的潜移默化的影响。创新型的班级环境指班级具有和谐的教育情境、优良的班风学风、有效的激励机制、浓郁的文化氛围、民主平等的师生关系、生动活泼的风貌等。创新型的课堂环境指教师采取民主型的教学方式,平等地对待学生,构建以培养创新意识和创造能力为核心的"学生主体"教育观念;鼓励学生独立思考、大胆质疑,让学生敢于标新立异、敢于挑战权威;形成学生主动学习、积极参与的生动活泼的课堂教学氛围。

2. 激发学习动机,培养青少年创造性的人格

科学学习动机具有唤起、定向、选择、强化等功能,影响青少年科学学习中的观察、记忆、思维、想象、问题解决等心理过程,同时,也影响着青少年科学创造力的发展。因此,要激发学生学习科学的动机。首先,自然科学是观察、实验和思维相结合的科学,它以其有趣的科学问题、丰富的科学现象、精美的科学实验、全面而辩证的思维,使学生产生了解其奥秘的欲望。科学教学中,要通过创设"问题"情景、充分发挥实验的作用、注意科学教学与实际相联系等方式,激发学生学习科学的动机。其次,使学生树立正确而长远的学习目标,帮助学生制订切实可行的近期目标,提高学生学习科学的自觉性和主动性。再次,培养学生的学习兴趣。科学学习的兴趣一般可以分为直觉兴趣、操作兴趣、因果兴趣、理论兴趣四个层次,科学教学中要使学生在直觉兴趣和操作兴趣的基础上,逐步过渡到因果兴趣和理论兴趣,从而能持久进行积极的思维和探索。

有关研究表明,创造性人才在人格上有如下特点:[10](1)有高度的自觉性和独立性;(2)有旺盛的求知欲;(3)有强烈的好奇心;(4)知识面广,善于观察;(5)工作中讲求理性、准确性与严格性;(6)有丰富的想象力、敏锐的直觉,喜好抽象思维,对智力活动与游戏有广泛兴趣;(7)富有幽默感,表现出卓越的文艺天赋;(8)意志品质出众,能排除外界干扰,长时间地专注于某个感兴趣的问题之中。在教育教学中,要培养青少年这些人格特点,从而促进他们创造力的提高。

3. 有的放矢,制订青少年科学创造力培养的规划

教育是一种有目的、有计划地培养人的活动,与知识教学和其他能力的培养一样,科学创造力的培养也需要制订规划,以便提高培养效果和效率。青少年的科学创造力是在科学知识的学习和科学活动中形成和发展起来的,其培养也必须贯穿在这些过程中,而创造力是一种综合能力,它包括多个方面。某一科学知识或活动,可以培养科学创造力的不同方面;反过来,科学创造力的某一方面,又可以由不同的知识或活动来培养。因此,在科学教学中,可以参照如下程序制订创造力的培养规划。第一,根据教学目标确定科学教学需要培养的创造力方面的指标;第二,根据各部分知识或活动的特点,确定它们所能培养的创造力方面和指标;第三,确定科学创造力各方面的主要培养章节和迁移章节;第四,根据各部分知识或活动培养创造力的任务,选择适当的教学方法、教学手段和教学时间;第五,对初步制订的方案进行调整,制订详细的能力培养方案。

4. 学习创造性思维和想象的方法，训练青少年的创造性智能品质

课堂教学是学校教学的基本组织形式，是实施素质教育的主渠道，也是培养学生创造力的主渠道。第一，通过介绍科学史，激发学生的创造欲望，使学生了解科学知识的发展和演变过程；第二，使学生掌握知识之间的联系及关系，在大脑中形成"富有弹性的"知识网络，为学生科学创造力的发展打下基础；第三，在知识教学中，教师启发、引导学生积极、主动地从多方向、多角度发现问题、分析问题和解决问题，鼓励学生发挥想象力和创造力，不要预先树立是与非、对与错的绝对权威，尊重学生提出的意见和问题，并通过一题多变、一题多解等训练，培养学生的发散思维能力；第四，改验证性实验为探索性和设计性实验，培养学生的科学探究能力。

课外科技活动是青少年课外活动中与科学创造力发展最为密切的一项活动。在课外科技活动中，学生可以自制教具、模型，设计实验，需要查阅和研究资料，进行设计、制作和实验，因此，能开阔视野，激发对新知识的探索欲望，增强自学能力、研究能力、操作能力、组织能力，特别有利于技术创造力的发展与培养。

在课堂教学和课外科技活动中，要使学生掌握创造性思维和创造性想象的基本方法以及一些创造技能，如类比思维、等效思维、迁移思维、重组思维、逆向思维、头脑风暴、列举属性、遥远联想等，并训练流畅性、灵活性、独创性等创造性的智能品质，这是培养青少年科学创造力的基础工作。

最后，在培养青少年的科学创造力时，还要注意技能训练与学科渗透相结合、创造力培养与知识传授相结合、创造力培养与非智力因素培养相结合、创造力培养与思维能力培养相结合，并选择有效的、灵活的教学方法。

参考文献：

[1] Amabile, T. M.. The social psychology of creativity: A componential conceptualization[J]. *Journal of Personality and Social Psychology*, 1983, 45: 357—376.

[2] Sternberg, R. J.. *Successful Intelligence*[M]. New York: Si2mon & Schuster, 1996.

[3] 林崇德, 俞国良. 创造力和创新能力[M]. 北京：华艺出版社, 1999.

[4] Hu, W., Adey, P. (in press). A scientific creativity test for secondary school students[J]. *International Journal of Science Education*, 2002(4).

[5] 张德. 创造性思维的发展与教学[M]. 长沙：湖南师范大学出版社, 1990.

[6] Torrance, E. P.. *Guilding Creative Talent*[M]. Oxford: Prentice-Hall, inc, 1962.

[7] De Bono, E.. *Lateral Thinking—a Textbook of Creativity*[M]. London: Ward Lock Educational Limited, 1970.

[8] 俞国良. 创新教育观念中的学校教育[J]. 天津师范大学学报(基础教育版), 2001(1): 1—6.

[9] Taylor, C. W.. Questioning and creating: a model for curriculum reform[J]. *The Journal of Creative Behavior*, 1967, 1(1): 22—33.

[10] 林崇德. 培养和造就高素质的创造性人才[J]. 北京师范大学学报(社科版), 1999, (1): 5—13.

六、科学情意教学研究

- 要从小培养儿童爱科学（陈侠）
- 科学教育与人文精神——兼论科学的人文教育价值（唐斌 尹艳秋）
- 论弘扬科学精神（刘大椿）
- 在自然学科中渗透思想教育的实践与研究（李煜生 陈洁）
- 科学与艺术的关联（孟建伟）
- 对小学自然课美育的几点认识（张之仁）

要从小培养儿童爱科学

陈 侠

从中华人民共和国成立的时候起,"爱科学"就同"爱祖国、爱人民、爱劳动、爱护公共财物"一起,被规定为全国人民应当具备的公德;现行的《中华人民共和国宪法》(1982)也把"爱科学"同"爱祖国、爱人民、爱劳动、爱社会主义"结合起来,定为全国人民应当具备的公德。这些公德都不可能自发地形成,而是要靠教育来培养的。特别是"爱科学"的公德需要从儿童幼小的时候起就注意培养。

儿童从会走路、会说话的时候起,就开始了认识周围世界的活动。起初,他们知道万物皆有名称,就会问:"这是什么?""那是什么?"后来,他们知道许多事物都有用途,就会问:"这有什么用?那有什么用?""这能不能吃?""那能不能吃?"到了五六岁,就要探究事物存在的原因,他们就会问:"这是为什么?""那是为什么?"了,因此,科学启蒙教育从儿童在父母的怀抱里,在幼儿园里就应当开始了。成人应当认真对待孩子提出的各种各样的问题,并且要给以正确的引导。不要以为孩子提出的问题,我们一定都能解答得出,答得正确。许多成人自己没有受到良好的科学教育,往往是"科盲",这就要虚心同孩子一起学习。孔夫子说过:知之为知之,不知为不知,是知也。不要强不知以为知,用不科学的话来回答儿童的提问。俗话说:"先入为主。"儿童的第一个印象是深刻的。因此应当特别重视启蒙教育。如果给儿童的第一个印象就是错误的,以后改正起来往往要费很大的力气。譬如黑暗本是自然现象,有些家长往往用黑暗来吓唬儿童,无形中造成儿童一种对黑暗的恐惧心理,不敢独自一人到黑暗的屋子里去开灯取东西,这种带有情感体验的错误印象,往往能持续很长时间,甚至长大成人了仍改不过来。由此可见,科学启蒙教育是非常重要的。

儿童接触到的自然界的事物是无限的,大至宏观世界的日、月、星、辰、风、雨、雷电,小至微观世界的花、草、树、木、鸟兽、虫、鱼。所有这些,我们都要帮助儿童形成科学的观念。特别要防止形成一种迷信的、错误的观念。一定要使他们知道自然界的万事万物都是客观存在的,不是有一种超自然的力量(如上帝)造成的。还要用具体的事实使他们知道,人类认识了自然界事物的规律以后,就能利用自然、控制自然、改造自然,为人类服务。这样来培养儿童学科学,用科学的兴趣,为培养未来的社会主义现代化建设人才打好基础。

没有科学知识的人不可能用科学,不会用科学就不能爱科学。所以我们要培养儿童爱科学的情感,首先要发展他们学科学的理智,还要训练他们用科学的技能。例如在儿童幼年就应当让他们观察并参加植物的栽培活动(如种豆)、动物的饲养活动(如养蚕)等等。又如,我们要养成儿童不喝生水,不随地吐痰的习惯,倘若能将一滴河水,一滴痰液放在显微镜下,让儿童观察河水里有若干微生物在活动,痰液里也有病菌在活动,他们就会一辈子不敢喝生水,并且不随地吐痰了。

---

① 本文选自《科学课》1985年第4期,第5—6页。

现在我们幼儿园里有让儿童认识自然环境的教学活动,小学到三年级才开始有自然常识课,因此有些地方错误地认为小学一二年级没有科学教育的任务。

现在小学一二年级没有单设自然课和社会课,这并非不要在低年级进行这两方面的教育,而是要通过语文课和数学课来进行这两方面的教育,就是说,小学语文、数学都应当是综合课程或广域课程,它们除了教读、写、算以外,应当还要教儿童自然常识和社会常识。如果能够做到这一点,不另设自然课和社会课是可以的。为了集中力量让儿童在低年级掌握阅读的基本工具,认识 1 500—2 000 个字,减少设置的学科是可以理解的,但必须有计划地在语文、数学教材中,包含自然常识和社会常识的内容。

关键问题在教师。教师要能够承担科学启蒙教育的任务,自己就必须具有丰富的、正确的科学知识,而且善于结合当地情况,对儿童进行乡土教育,使儿童认识乡土自然环境和社会环境。我这里把社会和自然并举,是因为儿童生活的环境是一个整体,其中有自然的因素也有社会的因素。我们要让儿童认识自然现象,必然会联系到社会生活,教育者不孤立地进行某一方面的教育,而忽视它同其他事物的联系。这样说来,科学启蒙教育应当以自然科学的启蒙教育为主,但也不能忽视社会环境的作用。同时,爱科学的教育也不应孤立地进行,而应当同爱祖国、爱人民、爱劳动、爱社会主义的教育联系起来、协调起来,才能收到更好的效果。因此,越是小学教师,越是低年级的教师,越要具有更高的教育科学修养和科学文化水平,他们比担任分析教学的教师要懂得更广,更加对各科知识融会贯通,然后,才能得心应手地教育儿童。整个教育应当重视培养师资,科学启蒙教育更应当重视培养师资。

科学教育与人文精神
——兼论科学的人文教育价值[①]

唐 斌　尹艳秋

近年来,关于科技教育与人文教育整合的问题成了高教理论界研究的热点。但应指出的是,在目前的理论探讨中存在着一种将"科学"与"人文"对立起来的认识,似乎在教育中弘扬了科学精神,不仅不利于人文精神的发展,相反会导致人文精神的进一步失落和遮蔽。事实上,造成"科学"与"人文"的分离乃至冲突,原因并不在科学本身。科学本身是一种人文事业,因而科技教育就更应该是体现人文精神的社会实践活动。我们倡导的是包括人文精神教育在内的完整的科学教育。

一

所谓科学的人文教育价值,简言之,就是指科学教育对培养与形成学生的人文精神的意义与作用。那么什么是人文精神呢?

对这一问题的探讨虽然古已有之,但较完整的人文精神却是从文艺复兴时期发展起来的,并随着社会的变迁与科学的发展表现出了鲜明的时代主题与内涵。在文艺复兴时期,西方倡导的人文精神是以理性精神与科学精神为旗帜的,目的在于反对教会权威的神本主义和宗教蒙昧主义对人性的禁锢,恢复人本身的自然本性;而20世纪西方再度兴起的对人文精神的反思与对人文教育的呼唤,却是以批判"唯科学主义"所带来的偏失为宗旨的,其目的在于批判科技时代由于"工具理性"的过度膨胀而造成的对人的"物化"或者说对人的奴役。可见,人文精神在不同的时代其形态与主题并非完全一致。从教育上看,古典人文主义最关心的主要是个人,着重于培养个人的人文修养及个人的道德品质。当代人文主义教育,尽管也关心个人,但更强调关心他人、社会以及人类的利益与未来。据此,这里所说的人文精神的教育实质上是一种人生观与世界观的教育,其核心是引导青少年一代更好地洞察人生、完善心智、净化灵魂、理解人生的意义与目的、找到正确的生活方式。

至于科学教育,其历史与科学的历史一样悠久,但严格意义上的科学教育只是近现代的事。大约16世纪开始,随着西欧生产力的发展与资本主义因素的萌芽以及科技革命的推动,科学在与古典学科的抗争中终于在教育领域中取得了胜利,不仅在大中小学课表中占据要津,而且也有力撼动了原来古典文科的高贵地位与基础。进入20世纪后,由于科学在物质领域中的巨大成功与功利价值,科学在学校的地位不仅比以往更加稳固而且还在继续上升,并且越来越盛气凌人。然而,科学教育的这种空前的胜利却是付出了沉重代价的。其突出表现是,科学教育中的人文价值被严重忽视了,甚至出现了"只见物不见人"的极端偏向。

---

① 本文选自《教育研究》1997年第11期,第21—24,79页。

在这种情况下,科学教育所培养出来的人,染上了明显的趋利性、工具性色彩。他们虽然熟练掌握了科学的知识与技能,但他们未必真正地"理解"了科学,至于对科学以外的东西,如社会、人,则所知更少,甚至是一无所知。在这里,科学教育被严重地异化了,其危害性随着当代"全球性灾害"的日益逼近而暴露无遗。

一个多世纪以来,尤其是第二次世界大战以后,历史的发展越来越清楚地表明,科学对社会发展的影响是双重的。现实迫使人们对科学的社会功能进行痛苦的反思,同时也迫使人们在科学的教育价值观上做出新的思考——科学教育在教会学生掌握科学的同时还要不要教会学生如何正确地对待科学？这不仅仅是关系到一个地区、一个国家国计民生的问题,而且也是关系到整个人类、整个地球生死存亡的问题。正是在这样的背景下,重新反思科学观及科学的教育观,自然成为科技界与教育界热切关注的课题。

二

西方理性主义与人本主义的科学观、价值观及其在教育上的反映,导致人们教了一种不完整的科学。

理性主义科学观强调,真正的科学只有一种,那就是自然科学,除此之外,并不存在其他种类的科学。在理性主义的视野里,科学与人文分属于两个截然不同的世界。科学强调的是纯粹的客观性,它以认识世界为目的,试图通过数学计算与经验证实的方法,为各个研究领域建立严密的逻辑体系。科学以事实为依据,在价值上保持中立。

理性主义认为:"理论不仅要视被通过观察得到的事实所证实的程度如何来证明,而且只有在它们能被如此推导出来的限度内才能被认为有意义。"[1]

而"人文"呢？在理性主义看来,人文世界体现的是纯粹的主观性,它以体验为目的,采用的是丰富的想象与兴奋的情绪,追求一种富有诗意与激情的理想境界。人文世界的依据是价值判断。美国当代科学哲学家伽汀提出:应该以是否具有一致性、客观性、可证伪性与预见性这四个方面作为科学分界的标准。他认为,在人文科学中不存在使一致与发展成为可能的共同准则;用意义与价值范畴内的术语对人类所做的描述没有客观性;人文科学理论的失败是由于它没有按特定方式观察自己而不是由于被证伪;人文科学的方法论是回顾性的而不具有预见性。[2]这样,他就明确地把人文科学逐出了科学领域,从而也就把人文精神排斥在科学的视野之外了。

上述认识,事实上就潜伏着一种危险,那就是科学与人文精神的分离:当理性主义强调自然科学的"客观性"与方法的独特性,否认人文学科的科学性并宣布其无意义的同时,实质上也就排除了科学的人文意义或人文价值,否认了科学与人文精神的关联性。显然,理性主义的科学观是与现代科学的发展趋势相背离的。法国物理学家普朗克曾经说过:"科学是内在的统一体,它被分解为单独的部门不是由于事物的本质,而是由于人类认识能力的局限性。实际上存在着从物理学到化学,生物学、人类学到社会科学的连续链条。"[3]现代科学的发展趋势越来越证明了普朗克的判定是正确的。包括文理学科在内的各门科学正以相互交叉、相互渗透、纵横交错而构成科学的"连续链条"。更主要的是,随着科学哲学的发展,人们已经逐步建立起了沟通自然科学与人文科学的"桥梁",并已提供了不少对科学的人文主义理解的范例。

造成"科学"与"人文"的分裂,除了上述理性主义科学观外,影响更大的则是现代西方人本主义的科学观与文化观。表面上看,现代西方人本主义是对理性主义的一种反动,但其深刻的理论根源却是与理性主义一致的。这就是源于康德把"人类理性的法则"分为"自然法则"与"道德法则",并提出"自然法则"回答的是"是什么"的问题,而"道德法则"回答的则是"应该怎样"的问题。由此构成了科学与道德、事实与价值、科学与人文的对立与分割。

与理性主义相反,现代西方人本主义强调只有非理性的生命体验才是最真实的存在,是人的本质,而科学与理性只不过是人类意志的工具,并无实在的意义。他们批判科学抹杀人的情感与个性,让人服从于外部世界的逻辑,将世界变成为一个机械的、无意义的世界。因此他们把科学精神归结为功利主义,而功利主义恶性发展的后果,使得现代人丧失人生根基,道德衰退、灵魂空虚与精神沦丧,科学成为使西方陷于"病态社会"的根源。

科学与人文的相互排斥与对立在人类发展史中的确是存在的。因此,人本主义对科学及其运用的批判绝不是无稽之谈。不过,把物质与精神背离现象归咎于科学本身,这种认识却是错误的。科学本身并不包含罪恶,罪恶在于人对科学的非道德运用与人的物欲的恶性膨胀,在于人成为科学与物质的奴隶,因此,"病态社会"的根源只能归咎于人自身。

在批判科学理性的基础上,现代西方人本主义主张一种以"人"为本的人文精神,而他们所谓的"人"的本质就是非理性的生命体验(包括情感、意志、本能等)。于是,他们常常将人文精神与艺术精神等同起来。例如,新托马斯主义主张把宗教教育作为整个教育的核心与最高目标,提倡以信仰与盲从为主要内容的非理性直觉主义。再如人本主义教育思潮分支之一的"存在主义教育",认为名副其实的教育实质上就是品格教育,他们主张,课程的全部重点必须从事物世界转移到人格世界,等等。

现代西方人本主义者反对从文艺复兴运动以来以科学精神与理性精神为旗帜的人文精神,认为科学与理性使人变成了"单向度的人"。的确,将人文精神等同于科学理性或者说仅仅局限在知识与理性之中,这是远远不够的。但是,他们从根本上否定科学精神与理性精神,并用非理性主义取而代之,这样做的结果是否会走向另一个极端,导致另一类"单向度的人"呢?答案是肯定的。

总之,将科学精神与人文精神对立起来并把人文精神排斥于科学之外,这是人为的。一方面是由于理性主义科学观把科学归结为"客观主义";另一方面是人本主义文化观把"人文"归结为"非理性主义"。但事实上,恰恰相反,科学在本质上是一种充满人类理想和激情的,与人类自身发展前途、命运息息相关的社会实践活动。它代表了一种最根本的人文精神,将科学与人文对立起来显然是错误的。

三

如上所述,人文精神实质上是对人的价值肯定,以人本身的发展为终极目的。如果我们超越上述狭隘的科学观与教育观,把科学作为一种文化而不仅仅是一种知识或技术来教的话,就可以真正体现它的整体价值——"人力价值"与"人性价值"的统一。

除"人力价值"或"人性价值"之外,科学的发展是否还意味着人的发展、社会的发展呢?

科学的价值是否又意味人的价值与社会的价值呢？答案也是肯定的。科学之所以有这样的功能，可以从以下几个方面理解。

首先，从人类本性与生存发展方式上说，承认科学的目的价值，其实质是承认人类主体本性的现实性，承认人类精神生活的丰富性与自我发展的能力，承认人类生存方式与目标的全面性与完全性。人，是一种有精神生活的生命，这种精神生活的本性与方式之一，就是有"求真求知"的理性需要与能力，并且这种需要与能力已不再仅仅是手段了。人类发展到今天，无论在哪方面都已经离不开理性、知识与教育。很难设想，如果没有了科学的求知欲，没有了理性兴趣，没有了科学教育，如今的人类将会是什么样子。所以，现代人类总是把教育与科学的发展当作社会进步的一大指标，当作文明的一个尺度。"求真求知"这种需要与能力的实现，意味着人在精神上的完善与进步，意味着人的自我实现与自我完善。

其次，从人类价值追求的目标来看，科学也不再仅仅是手段，而是成为人类最高价值追求——"真、善、美"的一种载体。如果我们要用最少的言辞概括科学的本质的话，那么，"真、善、美"三个字就是最简单、最恰当不过了。科学不仅以求真为其使命，而且以臻善、达美为其成果和意境；科学既负有为人类功利与道德之善提供服务的责任，它所体现的诚实、谦虚、求实、严谨与执着等品质与风格，也代表着人类的一种基本美德；科学不仅可以用于改善与美化生活，而且如爱因斯坦所说："从那些看来同直接可见的真理十分不同的各种复杂的现象中认识到它们的统一性，那是一种十分壮丽的感受"。正因为如此，对科学本身的追求，既是人对真善美与自由的追求，也是完整教育的真谛之所在。

再次，从其人文意义上看，科学作为探索真理的事业，还造成一种人文化的独特的人格气质，一种极负责的人文精神——不懈地探索真理、勇于坚持真理、为真理而献身。它包含尊重事实、实事求是的求实精神，勇于怀疑、自我否定的批判精神，勇于创新、超越现状的创造精神等，所有这些如果通过教育活动内化为青少年一代的个性品格，成为他们今后的行为规范与价值取向的话，这才真正达到了科学教育的目的。

以上我们从三个方面探讨了科学的人文教育价值。实际上，科学所蕴含的人文价值远远不止这些。科学在创造物质文明的同时也在创造着精神文明；科学在追求真理与理性的同时也在追求着个人及人类自身的发展与进步；科学在征服自然开发自然的同时也解放人性肯定人的价值。科学精神也并非只是自然科学的精神，而是整个人类文化精神的不可缺少的组成部分。它同艺术精神、道德精神等其他人文精神不仅在追求真善美的最高境界上是相通的，而且不可分割地融合在一起。可以说，有些精神（例如创新精神）既是科学精神又是艺术精神，有些精神（为人类服务）既是科学精神又是道德精神。因此，在科学精神与人文精神之间并不存在一条截然分明的界线，那种将科学精神与人文精神截然区分开来并且对立起来的观点，是根本站不住脚的，也是有害的。

四

在人类即将步入 21 世纪的时候，如何全面看待与实施科学教育，正在成为一个时代性的课题，科学教育与人文教育的矛盾与冲突，在 20 世纪上半叶曾达到了一个高潮。事实证明，这种矛盾与冲突是不能通过"非此即彼"式的对立与排斥来解决的。我们所需要的，也许恰恰是一种使二者和谐地融合在一起的方式。即科学教育人文化、人文教育科学化。实现这种结合的关键,是把人既作为科学的出发点与归宿点,又视为教育的出发点与归宿点,寻求并体现科学的工具价值与目的价值、人力价值与人性价值的统一。

对于科学教育的人文化问题,我们可以从乔治·萨顿与贝尔纳的科学观与教育观中得到启示与借鉴。萨顿是给科学教育赋予人的意义的先驱者之一。早在20世纪30年代,萨顿批判了科学教育只注重功利意识的灌输与只教"技术业务"而缺少真正"教育"的偏向,呼吁要使科学及教育"人性化",要"赞美科学所含有的人性意义"。紧随其后,科学学创始人之一贝尔纳首次提出了科学教育人文化的命题。他说,必须打破把科学与人文学科截然区别开来,甚至互相对立的传统,并代之以科学的人文主义。同时,科学教学内容本身也必须人文化。

科学教育人文化,绝不是指科学与人文的简单相加,其内涵是指在新的教育思想指导下,促使它们相互整合,构成一个完整的有机整体。具体说来,有两个基本的要点:一是在价值取向上,科学教育要定向于人;二是在课程上,开设沟通科学与人文的有关课程。

在我国,通常把高等理科教育的培养目标定位于科学家,高等工科教育的培养目标定位于工程师,这是对的。但是我们还应该认识到,高等教育所要培养的这些专家,除了要求掌握比较专门、比较高深的科学知识与技能,具有解决科学问题的能力外,还必须具有体现人文关怀的世界观与从事科技工作的职业道德。因此,在教育中,就必须重视科学的整体价值,把它当作一种独特的精神文化来教;既传授知识,又必须涵盖科学方法,更要突出科学文化精神的传播与养成。如果说,在我国当前的科学教育中,科学知识教育还算比较充分的话,那么,科学方法,尤其是科学思想的教育就相形见绌了。因此,中共中央、国务院颁发的《关于加强科学技术普及工作的若干意见》提出:"在继续做好科学知识与运用技术普及宣传的同时,要特别重视科学思想的教育与科学方法的传播。"这是很有针对性的。

沟通"科技"与"人文",实现科技教育人文化,除了需要转变教育思想外,还需建立两者融合的"桥梁",其中课程是十分重要的载体。20世纪60、70年代在美国开始兴起的关于"技术、社会与价值""信息、价值与社会""科学、技术与社会(STS)"的综合研究与教育,实际上就是这种结合的有效尝试。美国斯坦福大学、麻省理工学院等著名大学纷纷设立上述研究机构,并在此基础上又开设课程,要求文理学生选读。斯坦福大学共开设这方面的课程达37门,包括《西方文化与技术》《现代社会中技术的性质》《技术职业与道德观》等等。实践证明,这些课程的开设,对于形成理工科学生更加合理的科学观、技术观与价值观起到了良好的作用。

如何设计与安排沟通"科学"与"人文"同时又便于操作的课程及课程体系呢?对此,菲律宾大学理科教育研究所所长赫兰德提出了很有见地的看法。其做法主要包括:(1) 提高教学内容的社会针对性,这种做法,是在传统课程的基础上拓宽教学内容,以说明它对社会的关系;(2) 同所学专业结合起来,为有利于学生将来从事各理科方面的职业,增设了管理、经济、心理学等学科,并论述科学所涉及的一些重大伦理道德问题,目的在于让学生懂得其责任;(3) 采取跨学科的方式,在高校中,开设"联合科学""综合科学"或"普合科学"等课程,一般把这些课程列为普通教育的范畴;(4) 开设科学史课程;(5) 开设科学哲学课程;(6) 开设科学社会学课程,等等。除了开设这些融通科学与人文的"显性课程"之外,我们还必须大力开展体现大学性质的校园文化创建活动,抓好"隐形课程"的建设。大学校园文化总要通过某些载体表现出来。学校的环境、制度规章、教研活动、后勤服务乃至师生的行为方式都应该表现出科学精神与人文精神的整合。在一定意义上说,"隐形课程"对培养学生的科学精神与人文精神起着更为关键的作用。

参考文献:

[1] [英]A. F. 查尔默斯. 科学究竟是什么[M]. 北京:商务印书馆,1982:7.

[2] 孙正聿. 对科学的人文主义理解[J]. 中国社会科学,1990:4.

[3] 夏禹龙,刘吉,等. 科学学基础[M]. 北京:科学出版社,1983:5.

论弘扬科学精神[①]

刘大椿

我们正处在科技革命的新时代。科学技术已成为第一生产力,成为经济和社会发展的决定力量。科学知识、科学思想、科学方法和科学精神,可以引导人们奋发图强、积极向上,促进人们牢固地形成正确的世界观、人生观和价值观,促进人们实事求是、创造性地进行社会实践活动。江泽民同志在"七一"重要讲话中从正确认识和全面贯彻"三个代表"要求的高度指出,加强科学知识、科学方法、科学思想、科学精神的宣传教育,是发展社会主义文化的根本任务之一。为了回应这一新时代的召唤,完成发展先进文化的使命,我们必须走近科学,特别是弘扬科学精神。

一、科技时代与科学精神

我们今天所讲的科学,是现当代意义上的大科学,其主要内涵包括三个方面。首先,科学是一种以生产知识为目的的社会活动,它不再局限于个别科学家自发的认知过程,而表现为一种社会建制。其次,科学作为特定的人类社会活动的成果,表现为一种动态的知识系统,而这种知识系统又是借助于相应的认识手段和方式生产出来的,构成当代观念和文化的重要方面。第三,科学活动是整个社会活动的一部分,它与经济活动、社会活动、文化活动相互作用。特别是由于知识并入生产过程,转化为直接生产力,科学技术成为社会经济生活中最具活力的内生变量,即第一生产力。

科学知识是科学活动最直接的成果。科学思想是科学活动中所形成和运用的思想观念。科学方法是人们在科学研究中所遵循的途径和所运用的各种方式和手段的总称。科学精神则是人类在长期科学活动中逐渐形成和不断发展的一种主观精神状态。

科学首先是一种认知活动,最早的科学精神主要表现为一种理想化的认知态度。此后,科学成为一种建制化的社会活动,科学精神发展为一种理想化的社会关系规范。而科学的社会建制化又使得科学与社会的互动日益凸显,科学精神由此进入文化价值判断领域,成为科技时代一种重要的人类价值观。

科学知识、科学思想、科学方法和科学精神这四个层面相互渗透、相互作用、相互促进,共同构成了科学的文化内涵和文化精神。科学知识、科学思想和科学方法是科学的文化内涵,科学精神则是科学的文化精神。作为科学活动中所体现出的文化精神,科学精神具体表现于科学知识、科学思想和科学方法的各个层面和环节。科学精神是科学的灵魂,是科学活动的理想原则,是科学知识的客观性、科学思想的合理性以及科学方法的有效性的根本保障。我们不妨打这样一个比喻:科学知识是人类智慧宝库中的珍珠,必须用一根银针带着金线才能将它们穿起来,科学思想就是穿珍珠的金线,科学方法好比银针,科学精神则是整串

[①] 本文选自《求是杂志》2001年第24期,第51—54页。

珍珠所发出的智慧之光。科学就是这样一串绮丽的项链,有了它,智慧女神更加光彩照人。

二、科学精神的内涵

科学精神具有丰富的内涵,细分起来包括理性精神、实证精神、开放精神、民主精神、批判精神等诸多方面。了解这些精神,弘扬这些精神,对于繁荣先进文化,推动理论创新、制度创新和科技创新,具有重要意义。

1. 理性精神

科学精神首先是一种理性精神。这种精神把人与周围的世界分离开来,把自然界视为人的认识和改造的对象。它坚信客观世界是可以认识的,人可以凭借智慧和知识把握自然对象,甚至控制自然过程。理性精神是对理智的崇尚。正是对理智的崇尚,使人们能够不断地清除遮蔽真理的障碍,不断地摆脱蒙昧,不断地拓展知识的视野。崇尚理智的背后就是注重知识的价值,重视知识分子的价值。弘扬科学精神要从重视知识和重视人才开始。在对知识和人才的重视方面,理性精神与人文精神是相互兼容的。

2. 实证精神

实证精神首先是一种客观的态度,在思考和研究中尽力地排除主观因素的影响,尽可能精确地揭示出事物的本来面目。同时,这种客观性又必须满足普遍性的要求,即客观知识必须是能够重复检验的公共知识,而不是个体的体验。客观性以及由此引出的普遍性和公共性是科学与非科学的界限。

实证精神以理性、逻辑和实证为武器,强调以实在性、实用性和精确性保障认知的真理性。相应地,实证精神的一个重要方面是承认阶段性真理的可错性,由此,实证精神对于不同的学说采取的是一种宽容或建设性的态度。

3. 开放精神

开放与封闭是现代社会与传统社会对待不同观念的完全不同的两种立场。在传统社会中,一种东西一旦被认定为真理或道,就不容许再改变。少数人,如亚里士多德、孔子、耶稣,成了至高无上的真理代言人,另外少数人则成为薪火相传的解释者,至于其他人呢,就只有听从的义务了。

对理性和实证精神的追求,使科学从一开始就有一种再鲜明不过的开放的精神。首先,科学坚信理性的力量,尽管这种力量有其历史的局限性,但它会老老实实地承认哪些可以确证,哪些尚无定论,而从不用神秘主义吓唬和搪塞各种质疑。其次,科学鼓励争论,强调在真理面前人人平等。在争论中,每个人都有发言权,都可以以理服人,但绝对不可以势压人。再次,科学主张兼容并蓄、允许求同存异。这是认识到具体的人的理性能力的局限性后所产生的宽容。这种宽容当是一种有底气和自信的表现,是一种有容乃大的理论风度。无疑,这种开放精神对于社会公共生活也具有极大的启发意义,整个现代社会已经越来越能够容忍建设性的不同意见的存在了。

4. 民主精神

20世纪初的中国新文化运动,将民主与科学并列为中国转向现代社会的首要动力。民主与科学是并行不悖的两个方面。所谓民主,其核心是平等和参与。真理面前人人平等,虽然科学也有权威机制,但科学中的权威是相对的、是为探求真理服务的,真正的权威是真理。由于对真理的探索没有止境,所以任何人都只能通过努力暂时地占有部分真理,而不可能永远作为真理的化身。

随着科学活动的社会化,科学进入生产和社会生活,科学蕴含的民主精神也促进了公共生活中的民主观念的发展,民主已经成为现代社会的一种主流价值观念。科学对客观性的追求,使得主观独断不再为公众认可。同时,科技的新进展给民主运作带来便捷。有了电视转播,政治生活中的大事就受到了公开化、透明化的压力。随着科学技术特别是信息网络技术的发展,政治生活公开化成为大势所趋,个别人搞暗箱操作就困难了许多。

5. 批判精神

科学绝不是唯唯诺诺的好好先生,批判精神是一种重要的科学精神。批判精神源于有条理的怀疑主义。为什么要怀疑?因为科学承认人的理性是有限的,因为人对世界的认识不能毕其功于一役,科学只能老老实实地、一点一滴地在实证的基础上发展。在这一发展过程中,不仅有观测的不精确,以及观测所依据的理论的可靠性等问题需要质疑,而且从事实跨越到假说和理论往往没有直接的逻辑通路,是一种理论尝试,需要对其前提、推演和结论做出批判性的反思。

批判精神是科学不断向前发展的关键,没有批判就没有发展。首先,批判精神反对将一切理论和假说神圣化。任何科学理论和科学假说都要得到反复检验,而检验的过程就是批判的过程。批判精神使神圣不可侵犯之类的遁词不再起任何作用。其次,批判精神是理论创新的动力。科学理论通过批判使自己的逻辑体系更严密,实验证据更精确,进而不断打破成见,推陈出新。再次,批判精神是科学真理的客观性的保障。任何人、任何利益群体想违背客观性原则搞伪科学,都要受到严厉的批判。巨大的权势或许能够阻挡一时的异议,但真理法庭的客观审判最终会大白于天下。

江泽民同志曾高度概括地指出:"科学精神的内涵很丰富,最基本的要求是求真务实,开拓创新。"上面所列各项也都是在"求真务实,开拓创新"这一基本要求上的展开和引申。求真是与不可知论和宿命论完全相反的对待问题的态度,是对人的主观能动性的自觉和自信;务实是与纸上谈兵和故弄玄虚根本不同的处理问题的作风。这种态度和作风充分体现于科学实践之中,是推动科学不断接近真理、向前发展的动力。科学是勇敢者的事业,人们认识到朴素的思辨和直观的考察并不能把握真理,于是勇敢地踏上永无止境的追求真理之路,这其中的昂扬斗志就来自求真务实的精神。与此相应,科学之"眼"和技术之"手"使人类成为我们这个星球最有智慧最有力量的创造者。科学发现和技术发明不断地开拓新视野、发掘新力量、拓展新空间、引入新方法、激活新思想、培植新精神。开拓创新反映了科学的本质。

三、弘扬科学精神,推进现代化大业

中国是四大发明的故乡。尽管在16世纪以前,中国在科技上总体领先于西方,但近代科学却崛起于欧洲而非中国。中国为什么有四大发明却没有出现科技革命呢?就科学研究的目的而言,中国古人很少纯粹为了追求知识而进行科学研究,几乎将全部的注意力都投向对社会生活的关注,这与西方近代科学先将人与自然截然分开,再努力寻找自然规律的传统有很大的不同。因此,中国古代虽然有先进的天文观测仪器和丰富的天文观测记录,但其成果却主要被用于为皇帝制订历法和观测异兆。

就发展技术的目的而言,中国古代除了水车、铁犁、纺车等生产技术发明外,大多数技艺活动都是为了满足皇家和官僚士大夫阶层的享受型生活的需要。因此,技术在中国古代被

视为雕虫小技,而未被看成一种可以与生产相结合,带来巨大经济效益的创新要素。

而西方之所以在 16 世纪后领先于世界,是因为它们进行了一系列的创新。首先是科学革命所带来的观念创新:人可以认识世界的规律,并应用它们改造世界;其次是与科技革命相伴随的制度上的创新:引入了专利制度,国家、企业和大学相结合的科学研究体制,现代工业制度,市场经济制度等等,由此导致了西方世界的物质进步和经济发展。

现代化是在科技革命影响下人类社会已经发生和正在发生的转变过程,这一过程涉及政治、经济、文化、社会、思想等各方面的变化。透过这一视角,我们看到,自近代科学革命以来,求真务实、开拓创新的科学精神推动着人类文明的进程,现代化的内涵随着科技进步和社会生产组织管理方式变革而不断拓展。中国作为一个发展中国家,其现代化不是从传统中直接生长出来的,因此,在实现现代化的过程中,科学精神是一种首要的精神文化动力。

1. 与时俱进,丰富和发展马克思主义

马克思主义是我们进行现代化建设的根本指导思想。马克思主义的思想路线就是解放思想、实事求是。坚持这条思想路线,是我们在各项工作中弘扬科学精神的基本前提。坚持科学态度,大胆进行探索,使我们的思想和行动更加符合客观实际,是我国社会主义事业蓬勃发展的保证。我们党在历史上曾经犯过一些错误,甚至遇到严重挫折,根本原因就在于当时的指导思想远离了科学精神,脱离了中国的实际。我们党最终能够成功地领导人民群众进行社会主义革命和建设,根本原因就在于科学精神的回归,在于坚持贯彻了解放思想、实事求是的思想路线。

要特别强调,对待马克思主义也必须弘扬科学精神,具有科学的态度。我们信仰马克思主义,因为它是迄今为止关于自然、人类历史发展规律最科学、最严整、最有生命力的思想理论体系。但对马克思主义的科学信仰不在于对其个别论断的固守和照搬,而在于对其辩证唯物主义和历史唯物主义精髓的把握和运用。江泽民同志在"七一"重要讲话中指出:"马克思、恩格斯广泛研究前人的思想材料,批判地吸取前人的思想成果而形成超越前人的学说,为无产阶级和全人类的解放运动创建了科学的思想体系。"这其中所蕴含的求真务实、开拓创新的科学思想和科学精神,正是今天我们必须大力坚持的。"马克思主义具有与时俱进的理论品质。"信仰马克思主义就要立足于新的实践,把握住时代特点,运用马克思主义基本理论把握客观情况的变化,适时提出新的思想、理论、方针、政策,解决社会主义建设实践中出现的各种问题,不断丰富和发展马克思主义。不顾历史条件和现实情况的变化,拘泥于马克思主义经典作家的个别论断和具体行动纲领,生硬地把活生生的实践纳入固有的框框之中,这种削足适履的态度是完全违背科学精神的。

2. 求真务实,推动渐进式改革

求真务实是科学精神的核心内容之一,也是我们制定现代化发展战略所必须坚持的。现代化是一项复杂的社会工程,各国都必须依据自身的生产力发展水平和社会发展现状制定出合理的战略。我国这样的发展中国家,更应该依据我国具体国情,走有中国特色的发展道路。

坚持求真务实就应该承认任何人包括政策制定者的理性能力是有一定限度的,就应该承认已经建立起来的任何体制都具有不完善性,都不一定完全反映了当时的实际情况,都未必能够完全适应已经变化了的情况,都需要不断改革。

现代化是一项渐进的社会工程,改革应该是稳妥和渐进的。为什么? 真理、真相和本质的东西是不那么容易获得的,即便获得了一些规律性的东西,也需要进一步深入检验和试验才能加以推广。反之,浅尝辄止,以为真理很容易掌握,头脑一热就放卫星,不仅不能有效地推动现代化建设,反而会耽误甚至毁掉实现现代化的前程。

今天,大讲求真务实,就是要求我们要像科学家搞科学研究那样,认认真真、一丝不苟,不搞一窝蜂、不人云亦云。对于领导干部来讲,只有树立求真务实的精神,才能少一些长官意志多一些民主作风,少一些政绩宣传多一些实际举措,少一些拍脑袋工程多一些科学规划。

3. 开拓创新,实现跨越式发展

江泽民同志不止一次地指出:"创新是一个民族的灵魂,是一个国家兴旺发达的不竭动力。"世界发展这么快,竞争如此剧烈,作为发展中国家不创新就没有前途。中国对创新的需求既是整体的和全方位的,又是具体的和细微的。科学研究需要创新。随着现代高科技的发展,基础创新的潜在经济和社会价值越来越高,技术创新越来越成为企业发展的动力源泉。在这种情况下,把科技创新提到民族生死存亡的高度,一点也不过分。

创新不仅是针对科技而言,整个经济和社会的发展都要依靠各种具体入微的创新来推动。大到制定国家发展战略和产业政策,小到村民委员会的民主选举,都需要依据具体情况进行创新。整个社会都需要创新和智慧,政治的、经济的、科学的、文化的,这些东西累积起来,就会发展成一种内在的爆发力,使中国的现代化进程步入加速发展的快车道。

今天,谁都知道仅靠常规性的发展,我们永远摆脱不了落后的地位,必须依靠跨越式的发展,才能走到世界前列。值得指出,要实现跨越式发展,必须讲科学精神。以前我们曾搞过"大跃进"和"超英赶美",结果事与愿违,越追越掉得远。为什么?一方面是不实事求是,另一方面就是缺乏科学的创新精神。

当前,全党和全国人民正在形成一种共识:弘扬科学精神是实行科教兴国和可持续发展战略的基本前提和社会条件;要真正实现科教兴国的战略目标,必须调动科学精神这一人类先进的精神文化力量。弘扬科学精神是科学技术发挥出第一生产力作用的精神动力。科学技术的发展需要有一个良好的社会环境,这个良好的社会环境的重要指标就是科学精神成为全社会崇尚和认可的精神。试想如果没有理性精神,就不会有对理智和知识价值的崇尚与重视;如果没有实证精神,就不会有凡事依靠科学实证的态度;没有开放精神,就会压制不同意见,使许多建设性的建议遭到拒绝;没有民主精神,就不能充分调动全体公民的积极性和创造性;没有批判精神,就不会对问题进行全面的考虑,就不可能在批判中得到提高,就没有改革的动力和创新的意识。

科学精神是使整个社会健康发展的精神武器。用科学精神武装人是实现人的现代化的重要标志。在现代化进程中,必须用科学精神指导我们的言行。爱科学、学科学、用科学,应该成为现代人的安身立命之道。

在自然学科中渗透思想教育的实践与研究[①]

执笔：李煜生　陈　洁

一、课题的提出

国家教委和市教育局教研室发出关于在学科中渗透思想政治教育的指示后，我们总结回顾了自然常识教育的状况。多年来，不少教师重视了基础知识的教学和基本技能的训练，在教学手段和方法上也都积累了不少经验，取得较好成绩。但是，还有部分教师对自然常识学科所具有的思想教育的任务认识不足，在具体教学中很少研究，无目的，无计划，不加启迪，不予诱导，使教学活动过程中的思想教育处于放任自流的状态，这实质上是一种只教书不育人的表现。有些教师想在教学中进行思想教育，但缺少有效的实施办法，单纯地追求形式上的结合，在教学过程中架空教材，生硬地加上些思想教育内容，有如空洞的说教或是画蛇添足、穿靴戴帽，导致思想教育软弱无力。因此，研究如何在抓好基础知识教学、基本技能训练的同时，按照自然学科的教学规律，结合学生思想实际、年龄特征，把思想教育渗透在教学过程中，这是当前迫切需要研究的课题。

二、研究方法

为了课题研究的成功，我们先选择了10名具有一定科研水平与实践能力的教师组成区级课题研究小组，其中有教研员、科研员、校长和中老年教师及青年骨干教师。因此，这支队伍的建立为本课题的研究创造了较好的条件。

"在自然学科中渗透思想教育的实践与研究"这一科研课题，经过区教育局科研室审核批准，被列为本区的重点课题。

研究工作是从1989年9月开始进行的，采用的研究方法主要是调查法、实验法与筛选法的综合运用。

主要按以下五个阶段进行：

（一）学习阶段

学习国家教委、上海市教育局有关渗透思想品德教育的文件，学习思想品德课教学大纲和有关思想教育的经验，研究了小学生思想教育的特点，还学习了有关科研知识，如《教学科学研究方法基础》等。

[①] 本文选自《课程·教材·教法》1992年第3期，第47—52页。

（二）调查分析阶段

我们对当前小学生在有关科学自然观、爱国主义、科学态度等方面的思想状况进行了一次调查与分析。为了保证调查的数据能有价值，能说明问题，我们尽力考虑到它的广泛性、代表性和真实性。我们挑选了 6 所不同类型、不同生源、不同地区、不同规模的学校，用随机抽样的方法对五年级中的 278 名学生进行了问卷调查。调查活动均由课题组人员担任。为排除被调查学校的领导、班级的教师和学生的思想顾虑，采用不记校名、不记班级、不记姓名的方式进行。问卷涉及四个方面的内容，共 45 个小题。问卷的回收率达 100％。

从这次调查结果的分析中，可以明显地看到学生的思想认识中有许多模糊不清的地方。例如，就学生对我国的科学技术成就来看，24％的学生不清楚我国古代的科学创造发明曾对人类做出过卓越的贡献，有 14％的学生认为我国现代的科学技术没有一项比得上外国的；从科学自然观方面来看，学生的思想认识就更模糊了。有 50％以上的学生不知道自然界的物质是永远运动、变化和发展的，有 32％的学生对人类能够认识和掌握自然规律，并有力量战胜自然灾害抱怀疑态度；在天命论的影响下，有不少学生对社会上出现的迷信活动认识不清。

（三）发掘教育素材

根据自然教学大纲要求，对本市全套 12 册自然教材进行了逐篇分析讨论，发掘出教材中既符合教学要求，又符合学生实际的显性和隐性的思想教育素材。最后归纳为四个方面的教育内容，22 个教育点。（见附件）。

（四）实践论证与筛选阶段

通过课题组三级实践筛选的形式，由个人、小专题组与全体专题组成员在个别实践研究的基础上，再经过逐级筛选。筛选的要求是：① 对所提出的教育点进行可行性筛选；② 对渗透思想品德教育的途径、形式、方法等进行筛选，总结出符合自然学科特点、思想教育渗透特点及学生实际的最佳实施方案。

与此同时，我们还将初步取得的成果，逐步向全区自然教师加以介绍，开了 11 堂渗透思想教育的示范课，得到了全区广大自然教师的肯定。

（五）总结阶段

总结回顾、整理资料、写出研究报告、个人研究体会和部分教案。

三、研究结果

经过近二年的实践与研究，我们取得了以下几点认识。

（一）明确本学科思想教育的特点

思想教育的渗透要遵循各学科本身的教育规律与特点。国家教委在颁发《小学思想品德课教学大纲》（试行草案）的通知中曾明确指出："各科任课教师也要参照大纲精神，按照各自的特点进行教育,共同完成思想品德教育任务。"从自然常识学科的基本性质和基本任务,也就是自然常识学科区别于其他学科的基本特征来分析,它有两个显著的特点:

1. 科学性

自然课有它自己特有的知识内容和技能要求,这些内容来自于学生生活周围的自然界,是学生经常接触的自然事物,是学生曾经探求过其中奥秘的自然现象等等,丰富而有趣味。教材不但介绍了我国古代科学技术的发明创造对人类所做出的卓越贡献、我国社会主义建设时期科学技术的迅速发展对世界科学技术的重大影响和我国丰富的自然资源,而且还有以具体事物和自然现象来阐明基本科学原理的内容。通过这些知识教学和思想教育,可以激发学生的民族自豪感和爱家乡、爱祖国的思想感情,可以培养学生爱科学的志向,树立科学的自然观和按自然规律办事的科学态度。

2. 实践性

自然常识学科认识的主体是学生,客体是自然界的客观事实,学习自然科学知识的真正课堂是大自然。因此自然常识学科要完成自己的教学目标,单靠书本和教师一味地灌输现成知识,背诵几条概念是无济于事的。只有在教师正确指导下,经过学生自己去亲身感受、去探索、去认识、去利用、去创造。总之,只有经过学生亲自实践,才能在实践的过程中获取科学知识,逐步养成良好的科学态度,树立科学的自然观。

(二) 充分利用本学科思想教育的素材

自然常识学科可以渗透哪些方面的思想教育,这是受教学大纲、教材内容所制约,并由学生年龄特征所决定的。由于自然常识教学内容具有广泛性的特点,因此,它蕴藏着极其丰富的思想教育内容。这些内容有显性的也有隐性的。显性的比较容易找,隐性的就需要我们认真分析教材,善于发掘了。根据本学科的特点、教材内容和学生实际,让学生在认识自然界的过程中,渗透科学自然观,使他们相信科学、破除迷信;培养他们尊重自然规律和实事求是的科学态度,并对他们进行爱家乡、爱祖国、爱社会主义以及审美观的教育是比较切合实际的。归纳起来有四个方面的教育内容。

1. 爱国主义教育和国情教育

爱国主义在我们中华民族的历史上从来就是一种巨大的精神力量,是我国各民族人民大团结和国家、民族赖以生存的精神支柱。因此,爱国主义教育是学校教育中最基本的内容。爱国主义教育内容在自然常识教材中是很丰富的,有反映我国古代科学家和劳动人民在科学技术方面对人类做出的伟大贡献,如,我国发明的指南针,它对世界航海事业的发展起着巨大的作用;造纸、印刷术的发明对人类文化的传播、发展具有重大意义;我国的养蚕、纺织、造桥、建筑、陶瓷制造、家畜饲养、工具创造、天文观察、地震测定、医药技术等等,都是对学生进行爱国主义教育的好素材。教材中有反映我国社会主义建设时期,特别是近几年来改革开放时期,在科学技术方面所取得的伟大成就和对世界做出的贡献,如我国原煤产量居世界第一位;粮、棉的总产量居世界第一位;电力工业的迅速发展使我国发电量居世界的第四位;石油工业的迅猛发展使我国从贫油国成为原油出口国;我国沙漠治理的经验被联合国认为是"为发展中国家树立了榜样";我国火箭技术已处于世界先进水平,瑞典、澳大利亚、美国都要求我国代发卫星等等,这些材料都足以显示我国近代科学技术的强大实力,有利于激发学生崇高的爱国主义感情,促使学生热爱社会主义热爱祖国,发扬爱国主义精神,保持和发扬民族自尊心和民族自豪感,抵制和反对崇洋媚外的意识,从小树立艰苦奋斗、振兴中华的志向。

进行爱国主义教育的同时,也不能忘记进国情教育。国情教育能使小学生了解自己民族的历史和现状,知道自己长大后所肩负的责任和义务。进行国情教育时,可以联系我国自然资源状况、土地资源状况、环境气候状况,也可以联系我国科学技术发展的状况、经济建设发展状况。通过比较,如人口与自然资源的比较,现今的科技发展、经济建设发展状况与新中国成立前进行比较,与资本主义国家的发展速度、人口等进行比较,使学生从中领悟到祖国的伟大,社会主义的优越,让学生知道我国古代、现代的科学技术都为人类做出了很大贡献,也让学生同时看到我国现代科学技术、经济建设发展都取得了辉煌成就,但与世界先进水平相比,在某些方面还有一定的差距,因此,我们必须努力学习,艰苦奋斗,立志赶超。

2. 科学自然观教育

自然常识学科本身就包含着科学的自然观。在教学过程中渗透自然辩证法的启蒙教育是提高认识、技能和思想的关键。因此,我们必须认真发掘和领会教材中自然辩证法的因素,在教学的整个过程中很自然地渗透科学自然观和方法论的教育。由于学生的年龄特征、认识能力和知识基础的限制,我们可以主要进行物质第一性观点的教育,教材中大多数内容都含有这一思想教育的因素,通过教育使学生知道自然界是由物质构成的,使学生认识物质是第一性的观点;还可以进行自然界中的一切物质都是运动、变化和发展的,而且是有规律的观点的教育。教材中如动植物生长、天气变化、水在自然界里的三态变化、煤、石油、岩石的形成,地层、地壳的变动等等内容都是渗透这一观点的好素材。通过教育能使学生初步认识自然界中的一切事物不是僵死不变的,它们的变化、运动规律也是可以被认识的;还可以进行万物之间是互相联系的观点的教育。有关这方面的内容教材中也有不少。如动植物之间的依存关系,人的生存与自然环境的关系等等,通过这一观点的渗透,使学生能领悟到世界上的一切事物都不是孤立地存在,它是同周围的事物紧密联系着的,这种联系是事物本身所固有的,是客观存在的,还有一个方面的内容对小学生来说也是不可少的,那就是人类对自然界的认识是不断发展、永无止境的。教材中有人类对火的认识,衣服、工具、桥、房屋、钟的发展,野兽的驯化,自然能的利用,以及对天气、宇宙的探索等等。通过这一观点的教育,使学生能逐步认识到人类在长期的生活劳动中,只有不断地认识自然、遵循自然规律才能更好地利用自然、改造自然、保护自然,并进一步认识事物是不断变化发展的,宇宙是无边无际的,所以人对自然和本身的认识也是不断深化的,无止境的。激励学生为祖国努力学习,勇攀科学高峰,造福于人类。

3. 审美观教育

美育是社会主义教育的重要组成部分,没有美育的教育就是不完全的教育。自然界是由物质构成的,物质又以各种形式存在于自然界,并呈现出丰富多彩的外在的美,又蕴含着内在的科学的美。外在的美是通过人的感官感知的,内在的美是通过人的理智去领会的。

学生生活在自然界,从小就喜爱美丽的树、花、草和有趣的虫、鱼、鸟,逗人的兔、狗、猫,幻想着到海洋去游水晶宫,到宇宙去会太空人。大自然的美在培养学生崇高精神方面可以起很大作用,翻开中外历史记载,许多伟人都受到过自然美的陶冶。自然学科渗透美育就是要启迪学生美的心灵,激起他们热爱家乡、热爱祖国、热爱大自然、热爱生活的感情,培养他们认识美、保护美、创造美的激情和能力。审美教育的素材在自然教材中也占有相当数量。如第一册教材中就有不少内容:有趣的自然界、各种各样的叶、美丽的花、小金鱼、兔子、鸟窝、动物的尾巴等。其他各册教材中也有不少丰富的素材。如有关人的外在美(形体美)和内在美(心灵美),还有科学美等。通过这些教育,可引起学生对自然界的外在美和内在美的感受,进而激发对美的憧憬,并为之奋斗。

4. 科学态度的教育

培养和发展学生科学态度的心理品质是自然学科中一个很重要的思想教育内容。它包含有学习动机、态度、兴趣、情感、意志、品质、性格、行为习惯等因素。科学态度的教育与知识技能的教学,既是独立的,又是相互联系、相互制约、相互促进、不可分割的一个整体。学生在自然学科中的每一个学习活动都是受着科学态度支配和影响的。他们某一实验的成败,都离不开科学态度在其中的作用。如果只注意传授科学知识,忽视学生的科学态度的教育和培养,那就很难全面完成自然学科的教学计划,甚至会使我们的教学徒劳无功。因此,在我们的教学中一定要渗透科学态度的教育。教材中和教学实践活动中有关这方面教育的素材也是比较多的,我们可以认真加以发掘和利用。通过教育可以激发学生学习科学的兴趣,培养他们尊重自然和实事求是的态度,养成良好的观察、实验习惯并磨炼他们不怕困难的坚强意志,进而提高学生的科学素质。

我们专题小组在实践过程中对小学全套自然常识教材的内容进行了分析研究,并结合学生的实际情况列出了以下四个方面的教育点(见附件)。

(三)寻找本学科思想教育的途径

课堂教学是我们进行知识教学的一种主要形式,自然学科中思想教育的渗透主要是随着知识、技能的教学而进行的,所以课堂教学也是渗透思想教育的最主要的一条途径。自然学科的教材内容极其丰富有趣,我们要在钻研教材的基础上,善于发掘和准确领会其中的思想教育点,并根据各课内容的特点采用不同的有效的教学手段和方法,顺乎自然地进行有机的渗透,让学生在科学知识的海洋里吸取更多的爱国主义思想和科学自然观的养料,这样既可提高思想认识,培养学习科学的志趣,又可提高教学质量,达到教书育人的目的。

当然,课堂教学不是培养学生热爱祖国、热爱科学的思想感情、美的情操、树立学生科学自然观和良好科学态度的唯一途径。因为学科的实践性决定了大量的知识来源于实践,光靠课内40分钟是不够的,所以除课堂教学外,还要着力于开发课外的潜力,这是渗透思想教育的又一条重要途径。课堂教学与课外活动有着相互依存、互为促进的作用,我们在组织自然课课外活动时,要积极引导学生在课外广泛地摄取各种信息、拓宽知识领域、训练操作技能,同时渗入思想教育、陶冶情操、锻炼意志,使课堂内所诱发的激情在课外活动中得到发展、深化。

例如，第六册教材中水的污染一课教完后，教师组织学生去附近工厂（龙华肉类联合加工厂）参观了解污水处理的成果。这一活动不仅使学生增添了知识，又提高了他们的思想认识。

在课外开设"小小科学家实验室"使学生在课内被教师激起的实验、探究兴趣在课外实验室里得到满足，并有利于意志的培养和个性发展。

除上述两种途径外，各学科之间的横向联系、相互配合补充也是一条渗透思想教育的有效途径。思想品德课、语文课、美术课、手工劳动课中也有不少与自然学科知识有关的内容，它们所进行的思想教育与自然学科也是有关联的，因此我们可以按照各自学科的特点和教学规律，有侧重地进行教育，在各自的教学过程中点化呼应、缀珠成链。学校的德育工作只有通过各学科的教育，各种途径的联结，使之相互配合，形成具有多方位的综合影响的合力网络，这样才能较全面地完成学校德育的任务。

（四）要注意的几个问题

1. 渗透思想教育要有机结合

自然学科进行思想教育不同于思想品德课。思想品德课是有系统的、较完整的对学生进行必要的立场、观点教育，可以针对形势需要或学生实际另列专题进行思想疏导、组织行为实践。而自然学科进行思想教育是要遵循自己学科的特点进行有机的结合。在实践中我们研究了几种较为有效的结合形式。

（1）寓思想教育于知识传授之中。自然学科进行思想教育切忌人为地脱离课本知识，去追求某种教育内容的完整性、系统性。也不能架空课本知识中所蕴含的思想教育素材，去另搞一套思想教育内容。它只能按照大纲、教材规定的知识内容中顺乎自然地结合有关的思想教育内容，做到春雨润物细无声般地自然渗透，使学生从中得到熏陶。例如，第九册《机器怎样做工》中第二部分内容（机器的发明与使用），教师在教学过程中，通过书上的几幅图和自制的幻灯片与学生一起展开讨论。从知识的学习中使学生认识到，人类通过长期的生产劳动实践具有不断认识自然、利用自然和改造自然的本领。在学习农业工具与交通工具的演变知识时，学生了解到我国古代劳动人民对农业生产技术做出了重大贡献和我国是世界上造船历史最悠久的国家之一，改革开放以后，我国的造船事业得到了飞速发展，现在有好多工业先进国家向我国订制万吨轮。这使学生们很自然地感到我国劳动人民是勤劳、勇敢、智慧的人民，并随之增长了作为一个中国人的自豪感。

（2）寓思想教育于实践训练之中。科学自然观、审美观等是通过具体的事物来表现的，是在对某一种事物的仔细观察、认真实验和分析推理的过程中得出某个科学结论或受到某种观点熏陶的。因此在教学中或在课外活动中都要认真运用直观的、动态的教学手段，有意识地组织学生进行观察、实验，指导分析推理，让学生在实践活动和技能训练中，观赏大自然的美，逐渐领悟出大自然变化、发展的规律和感受到自然辩证法的哲理。例如，教第九册《怎样减少摩擦》一课时，发现不少学生错误认为：摩擦只会给人类生产、生活带来不便，所以要尽力排除它。教师抓住这个问题组织学生动手实践：① 在写了错字的纸上洒上了滑石粉，要求学生把错字擦去。② 在一把胡琴的弓上涂上了石蜡，要求学生拉出声音来。等等。通过学生一连串的亲自实践,使他们从中认识到摩擦不一定都是坏事,它有时也会给人们带来好处,从而使学生领悟到要用辩证的观点去认识事物。又如:教第一册《看不见的空气》时,教师组织了几个小实验,让学生亲自动手实验,从中体会空气的存在。通过学生的观察、实验等实践活动,使学生知道了空气是看不见、摸不着的东西,但是可以用科学的方法,借助其他物体觉察到空气的存在。通过这些实验还使学生学到了一些简单的操作技能并培养了他们学科学的兴趣。

(3) 寓思想教育于教师情感之中。从现代的合作教育观点来看,情感的感染力量是巨大的。因此,在思想教育中情感的因素是不可忽视的。对小学生来说,教师是他们心目中最完美的偶像。因此,不仅教师的仪表、衣着、举止、态度、板书会给学生以美的示范,而且教师在教学活动中所流露出来的情感也无时不在影响着学生,所以我们做教师的不仅要以真实的、健康的情感去感染学生,而且还要善于在教学活动中把这种真实、健康的情感与教材内容中所含有的情感融为一体,去感染学生的爱国之心、爱科学之情,促使他们的思想感情与教师的教育、教学目标相统一。例如,教第九册《陶瓷》一课时,教师不仅讲述了陶瓷器是由我们国家创造发明的,并在世界上享有盛誉,而且自然地流露出一种对陶瓷器的爱慕心情及自豪感,学生们也为之动情。他们在课内表现出浓厚的学习兴趣,课后他们又积极地收集有关陶瓷器的图片在教室展出。教师又进一步因势利导,与就近的景德镇瓷器商店联系,让学生以小队活动的形式去店里参观。学生们通过营业员的介绍和参观活动,领略了我国的精美瓷器,还亲眼看到了国际友人对我国瓷器的赞赏和争先购买的情景,又一次激发了学生幼小心灵中的民族自豪感,这些活动使《陶瓷》这一课取得了明显的教育效果。

2. 渗透思想教育要有针对性

要使自然学科思想教育取得好的效果,还必须讲究教育的针对性,特别要针对学生的思想实际,做到有的放矢。对学生进行哪些方面的教育是受教材中固有的教育点制约的,同时也是由学生的思想实际来决定的。因此,渗透时应把教材的思想教育内容与学生思想实际联系起来。这种联系应该是自然的、内在的联系。不能牵强附会,更不能用对照、检讨的方式去损伤学生幼小的心灵。学生的思想是在不断变化的,我们一定要经常做些调查研究,这样才能心中有数,思想教育才能有针对性。

3. 渗透思想教育的关键在于教师

在自然教学中渗透思想教育尽管有着广阔的天地,有多种多样的有效途径、形式和方法,但是成败的关键还在于教师。只有具备较高文化科学素养和具有良好心理素质的教师,才能胜任本学科的思想教育渗透工作。要是教师的文化科学素养较差,连基本的科学概念也弄不清,教学中常常出现科学性错误,在教学中也就无法培养学生正确的科学自然观并培养学生良好的科学态度。如果教师的教育观念不转变,仍以智育第一,那教学中的思想教育肯定软弱无力,流于形式。所以,要求教师要不断地学习和更新科学知识,努力提高文化科学素养,努力学习现代教育理论、自然辩证法和强化思想教育的意识,不断培养自己良好的心理素质,在教学中自觉地完成知识、技能教学目标的同时,把思想教育有机、有序、有效地渗透在整个教学过程之中,渗透在学科的各项课内外活动之中,以促进学生思想品德的形成和身心健康的发展。

附件：

小学自然学科思想教育内容

主要内容	教育点
一、爱国主义教育和国情教育	1. 我国劳动人民是勇敢、勤劳、智慧的 2. 我国古代科学技术对人类做出了卓越的贡献 3. 我国近代科学技术的伟大成就 4. 我国社会主义经济建设的飞速发展 5. 我国有丰富的自然资源源
二、科学自然观教育	1. 自然界是物质的 2. 物质是运动、变化和发展的 3. 自然界物质的运动、变化是有规律的 4. 自然界及其规律是可以被认识的 5. 自然界的事物都是相互联系、相互作用、相互转化、相互制约的 6. 人类对自然界的认识是不断发展的、无止境的 7. 事物都是一分为二的
三、审美观教育	1. 欣赏大自然的构造美、色泽美、变化美 2. 欣赏各种环境中生物的形态美 3. 感受知识与实践中的科学美 4. 保持个人的形体美 5. 保护和创造生活、学习的环境美
四、科学态度教育	1. 学习自然科学的志趣 2. 尊重自然规律和实事求是的态度 3. 严谨细致的观察、实验的习惯 4. 刻苦钻研、不怕困难的精神 5. 相互学习、相互协作的作风

科学与艺术的关联

孟建伟

科学与艺术被称作是"一个硬币的两面",有着很大的差异,可以说是两种非常不同的文化,但同时又有着深刻的关联,以致人们很难在两者之间找出一条截然分明的界线。探讨科学与艺术的关联,不仅有助于加深对科学与艺术的认识,而且有助于促进科学与人文两种文化的融合。本文主要从以下四个方面来探讨科学与艺术两者之间的关联。

一、认识与体验

毫无疑问,科学在本质上是一种认识活动,可以说它比任何其他文化活动都带有更强的认识特征。特别是对于科学研究成果来说,更是如此,因为它必须在认识上是有意义的,并得到严格的检验,否则就根本不会被承认。然而,科学认识与人的体验并非是完全不相关的。对于整个科学创造过程来说,也充满着科学家的诸多心灵体验,可以说科学认识过程往往与人的体验是紧密地联系在一起的。

例如,海森堡在1925年夏天写了一篇文章,引导出了量子力学的发展。在谈到构思那项工作的体验时,他说:"爬山的时候,你想爬某个山峰,但往往到处是雾……你有地图,或别的索引之类的东西,知道你的目的地,但是仍堕入雾中。然后……忽然你模糊地,只在数秒钟的功夫,自雾中看到一些形象,你说:'哦,这就是我要找的大石'。整个情形自此而发生了突变,因为虽然你仍不知道你能不能爬到那块大石,但是那一瞬间你说:'我现在知道我在什么地方了。我必须爬近那块大石,然后就知道如何前进了'。"[1]这段话不仅生动地描述了海森堡1925年夏摸索前进的情形,而且也形象地说明了科学认识与人的心灵体验的关联,它表明,科学认识往往是在人的体验过程中摸索前进的。

爱因斯坦于1914年为洛伦兹的《相对性原理》所作的书评,有一段话也颇耐人寻味。他说:"有不少作者能够清楚地、扼要地说明我们所考查的这个理论。但是,结论几乎总是以完成的形式出现在读者面前。读者体验不到探索和发现的喜悦,感觉不到思想形成的生动过程,也很难达到清楚地理解全部情况,使他有可能恰好选择这一条道路,而不选择任何别的道路。相反,读者在读这篇评论所要谈的不大的著作时,却能够体验到思想发展的全部过程。每一个对相对论有兴趣的人都应当读完这本小册子。"[2]显然,爱因斯坦所说的"思想形成的生动过程"包括科学家在科学探索过程中身临其境的真切体验。

爱因斯坦提出的关于"宇宙宗教感情"的思想,更深刻地揭示了科学认识与人的体验之间的关系。爱因斯坦指出,这种"宗教感情所采取的形式是对自然规律的和谐所感到的狂喜的惊奇,因为这种和谐显示出这样一种高超的理性,同它相比,人类一切有系统的思想和行动都只是它的一种微不足道的反映。只要他能够从自私欲望的束缚中摆脱出来,这种感情

---

① 本文选自《北京行政学院学报》2002年第1期,第79—84页。

就成了他生活和工作的指导原则"[3]。在爱因斯坦那里,"宇宙宗教感情"是科学家和艺术家共同享有的一种独特的心灵体验或感悟。他认为,"宇宙宗教感情是科学研究的最强有力、最高尚的动机。只有那些做了巨大努力,尤其是表现出热忱献身的人,才会理解这样一种感情的力量,唯有这种力量,才能做出那种确实是远离直接现实生活的工作"[4]。在他看来,每一个自然科学工作者都应当具有这种特殊的宗教感情,而且也很难在造诣较深的科学家中间找到一个没有这种宗教感情的人。"在能够接受这种感情的人中间,把这种感情激发起来,并且使它保持蓬勃的生气,这正是艺术和科学的最重要的功能。"[5]

由此可见,科学家的心灵体验对于科学创造活动来说,不仅不是可有可无的,而且还占有极其重要的地位。它不仅常常伴随着科学认识活动步步走向深入,乃至达到光辉的顶点,而且还给科学研究提供最强有力、最高尚的动机和力量。尽管科学的最终成果是各种逻辑结论,但在其深层凝聚着科学家的心灵体验,包括理想、激情、好奇心和爱因斯坦所说的"宇宙宗教感情"。

另一方面,艺术在本质上是一种体验活动,可以说它比任何其他文化活动都带有更强的体验色彩,以致尼采将其称之为梦与醉的世界。然而,艺术体验与人的认识也并非是完全不相关的。对于整个艺术创造过程来说,也充满着艺术家对世界的诸多认识与思考,因此说,艺术体验与人的认识也是紧密地联系在一起的。

丹纳认为,一切艺术,不论建筑、音乐、雕塑、绘画、诗歌,作品的目的都在于表现某个主要特征,所用的方法总是刻画一个由许多部分组成的总体,而部分之间的关系总是由艺术家配合或改动过的。诗歌、雕塑和绘画多多少少是"模仿的"艺术,那些总体是与实物相符的。而音乐与建筑是建立在艺术家能自由组织和变化的数学关系之上的。[6]从"模仿论"的观点来看艺术,显然,艺术不仅与人的认识密切相关,而且是以认识为基础的。因为要"模仿"实物,首先须认识实物,包括其结构、比例、特征等等;而要自由地组织和变化数学关系,首先也须认识数学关系,包括听觉和视觉所感受的数学关系等等。

达·芬奇说,绘画是一门科学,雕塑是一门具有数学特征的艺术,这正是强调了艺术创造中的科学因素和认识因素的重要性。而达·芬奇的作品堪称将科学与艺术融为一体的典范。正如艾黎·福尔所评论的,"在令人惊异的同时建立起或预感到所有未来科学的这位伟人的作品中,雕塑和绘画艺术仿佛只是他从几何学、透视学、机械学、化学、地质学、水力学、解剖学和植物学中学到的抽象概念的人为运用。在他的作品中,实验的重要性等同于他所拥有的最高程度的直觉,等同于对生活的创造性直觉"[7]。

即使从"表现论"或"想象论"的观点来看艺术,也不能抹杀艺术与认识的关联。例如,科林伍德将真正的艺术看作是情感的表现、想象性活动或总体想象性经验,但他同时也认为,"艺术是认识,是关于个别事物的认识"[8];"艺术所认识的个别事物,是一个从中发现我们自己的个别情境"。[9]这就是说,艺术至少包含着重要的认识因素,它与"情感的表现""想象性活动"或"总体想象性经验"是融为一体的。

由此可见,艺术家对世界的认识对于艺术创造活动来说,不仅不是可有可无的,而且还占有极其重要的地位。它往往是艺术创造的基础,并伴随着艺术体验和想象,融于意境深远的艺术境界。因此,尽管艺术的最终形式是体验性的,洋溢着艺术家的理想、情感和激情,但在其深处,渗透着艺术家对世界的认识与思考。

二、理性与非理性

与认识与体验的划界密切相关,人们往往以理性与非理性来分别界定科学与艺术的思维方式。当然,这种界定不能说没有道理,但是只能理解为是相对的,而不是绝对的。

的确,科学的思维方式在本质上是理性的。所谓理性,主要指的是合客观性和合逻辑性。就客观性和逻辑性而言,科学当然比任何其他文化都具有更强的理性。尤其是对于科学研究的最终成果来说,更是如此,它至少在形式上不允许存在任何非理性的因素。然而,对于整个科学创造过程来说,科学的思维方式未必是纯而又纯的理性,相反,它需要非理性的思维方式作必要的补充。

在这方面,数学创造过程很说明问题。数学本来是一门最抽象的学科,要求最严格,也最精确。可以说,自然科学的严格性和精确性在很大程度上得益于数学。然而,"数学创造往往开始于不严格的发散思维,而继之以严格的逻辑分析思维,即收敛思维"[10]。这就是说,即使是最抽象、要求最严格而精确的数学创造,也离不开以非逻辑的直觉和想象为基础的发散性思维,那么,对于更为具体的自然科学创造来说,就更不言而喻了。我们可从大量的科学史料(例如,凯库勒提出关于苯的环状结构图形,成为有机化学的一项重大理论突破)中发现,科学创造单靠运用逻辑思维,纯粹按逻辑规则进行推理,往往是难以完成的。除了逻辑思维以外,还需要直觉、灵感、想象,甚至需要形象思维。

爱因斯坦根据自己的科学研究体验明确指出:"我相信直觉和灵感。……有时我感到是在正确的道路上,可是不能说明自己的信心。当1919年日食证明了我的推测时,我一点也不惊奇。要是这件事没有发生,我倒会非常惊讶。想象力比知识更重要,因为知识是有限的,而想象力概括着世界上的一切,推动着进步,并且是知识进化的源泉。严格地说,想象力是科学研究中的实在因素。"[11]在他看来,"从经验材料到逻辑性演绎以之为基础的普遍原理,在这两者之间并没有一条逻辑的道路。……一般地可以这样说:从特殊到一般的道路是直觉性的,而从一般到特殊的道路则是逻辑性的"[12]。爱因斯坦在晚年曾经讨论过为什么他选择研究物理学而不是数学,也谈到直觉问题,他说:"在数学领域里,我的直觉不够,不能辨认哪些是真正重要的研究,哪些只是不重要的题目。而在物理领域里,我很快学到怎样找到基本问题来下功夫。"[13]

由此可见,非理性思维作为理性思维方式的重要补充,对于科学创造活动来说,不仅是不可或缺的,而且有着十分重要的地位和作用,有时甚至起着方向性和决定性的作用。它常常伴随着科学家的理性思维,为其带来灵感,插上想象的翅膀,通过发散性思维最终找到收敛思维的逻辑通道。因此,尽管科学研究的最终成果是逻辑的和理性的,但它往往是理性与非理性两种思维方式通力合作的结果。

另一方面,与自然科学那种强理性相比,艺术的思维方式在本质上只能说是非理性的。所谓非理性,主要指的是它的情感性和想象性。就情感性和想象性而言,艺术自然比任何其他文化都具有更强的非理性。尤其是对于艺术的最终作品来说,更是如此,它至少在形式上是直观的、情感的和想象的。然而,对于整个艺术创造过程来说,艺术的思维方式也未必纯粹是非理性的,相反,它往往需要理性思维作必要的补充。

阿恩海姆指出:"人的诸心理能力在任何时候都是作为一个整体活动着,一切知觉中都包含着思维,一切推理中都包含着直觉,一切观测中都包含着创造。"[14]他将"知觉作为认识""形状作为概念"来理解,于是,在他看来,"艺术活动是理性活动的一种形式,其中知觉与思维错综交织,结为一体"[15]。显然,阿恩海姆将艺术活动看作是理性活动的一种形式,也许会有很大争议,但他的确从某种角度深刻地揭示了感性与理性、知觉与思维、艺术与科学之间的关联。有人称达·芬奇的艺术是科学家的艺术,或者说他的科学是艺术家的科学。[16]也有人认为,达·芬奇最伟大的贡献是他的方法,他的态度;他的生活就是他的杰作。[17]的确,达·芬奇的成就充分表明,理性与非理性、科学与艺术两种思维方式,不仅不是对立的,而且有着深刻的关联。关于这一点,我们不仅能够从文艺复兴时期带有"科学自然主义"风格的艺术作品中看到,而且还能从诸多现代派艺术作品中看到。

如果说"科学自然主义"艺术充分运用了科学的观察方法和分析技巧的话,那么,现代派艺术则大胆借鉴了现代科学高度抽象的理性。正如阿恩海姆所说的,"科学的方法,就是从个别的和表面的现象后退从而更直接地把握事物的本质的方法。这种对纯粹本质的直接把握,是那些优秀的现代派绘画和雕塑企图通过抽象而要达到的目的"[18]。

由此可见,理性思维作为非理性思维方式的重要补充,对于艺术创造活动来说,不仅是不可或缺的,而且也有着十分重要的地位和作用。它往往伴随着艺术家的知觉和想象,帮助艺术家理解和洞察事物的现象和本质,给艺术作品注入更加深邃的意义。因此,尽管艺术创造的最终成果似乎是直观的、情感的和想象的,但它往往也是非理性和理性两种思维方式通力合作的结果。

三、客观性与个性

人们往往用客观性与个性来界定科学与艺术两种文化的区别。然而,这种区别也是相对的,不是绝对的。

毫无疑问,讲求客观性的确是科学文化最重要的特征,用罗素的话来说,"科学知识的目的在于去掉一切个人的因素,说出人类集体智慧的发现"[19]。逻辑实证主义的"经验证实原则",波普尔的"大胆猜想,严格反驳",都强调了科学的客观性问题。可以说,离开了客观性,科学将不成其为科学。然而,科学也的确存在其风格等个性化因素。

波尔兹曼曾经说过,"一位音乐家在听到几个音节后,即能辨认出莫扎特、贝多芬或舒伯特的音乐。同样,一位数学家或物理学家也能在读了数页文字后辨认出柯西、高斯、雅科比、亥姆霍兹或克尔基霍夫的工作"。杨振宁以物理学为例,对科学为什么会有风格的问题这样解释道:"物理学的原理有它的结构。这个结构有它的美和妙的地方。而各个物理学工作者,对于这个结构的不同的美和妙的地方,有不同的感受。因为大家有不同的感受,所以每位工作者就会发展他自己独特的研究方向和研究方法。也就是说他会形成他自己的风格。"[20]

杨振宁认为,20世纪两位大物理学家狄拉克和海森堡的风格就形成了一个鲜明的对比。他们两者都有惊人的独创力。狄拉克的特点是话不多,而其内含有简单、直接、原始的逻辑性。而海森堡的特点是朦胧、不清楚、有渣滓,读了他的文章,你会觉得问题还没有做完,没有做干净,还要发展下去。为什么两者的风格如此不同?主要原因是他们所专注的物理学内涵不同。[21]

总的说来,导致科学存在着风格等个性化因素的主要原因在于:其一,与艺术创造一样,科学研究的领域是十分广阔的,不同领域的研究或同一领域的不同层面的研究,就会显示不同的特点,从而形成不同的风格等个性化因素;其二,与艺术活动一样,科学也是人类的历史的创造性活动,因而科学成果不仅往往不可避免地留下时代的印记,而且也往往不可避免地留下创造者个人的风格和个性。事实上,即使解决同一个问题,研究者们往往也会体现完全不同的灵感、思路和智慧。科学存在着风格等个性化因素,在某种意义上正是体现了科学的创造性一面,而创造或创新既是艺术的灵魂,也是科学的灵魂。

另一方面,毫无疑问,艺术非常讲求风格和个性,它比任何其他文化都具有更强烈的个性化色彩。可以说,没有风格和个性,就没有真正意义上的艺术。这是艺术的创造性一面。然而,艺术也的确存在着不容忽视的客观性问题。

卡西尔指出:"艺术哲学同样也展示出我们在语言哲学中碰见的两种对立倾向之间的冲突。……语言和艺术都不断地在两个相反的极之间摇摆,一极是客观的,一极是主观的。"[22]这就是说,不管人们将着重点放到哪一边,艺术的客观性问题都是不可忽视的。

无疑,从"模仿论"的观点来看艺术,艺术的客观性十分明显,主要体现在:艺术所描绘的总体"与实物相符"。当然,"即使最彻底的模仿说也不想把艺术品限制在对实在的纯粹机械的复写上。所有的模仿说都不得不在某种程度上为艺术家的创造性留出余地"[23]。即使从"想象论"或"表现论"的观点来看艺术,艺术的客观性问题也难以回避。因为其一,想象不能凭空想象,否则"把艺术等同为想象的理论似乎就意味着这样一种见解:即艺术家是一种骗子,或许是一种有技巧的、机灵的、令人快乐甚至对身心有益的骗子,但仍然是一个骗子"[24]。阿恩海姆曾批评在现代派艺术中所存在的脱离客观现实的倾向,认为"某些艺术家仅仅把注意力集中于理念因而忽视或干脆砍掉了活生生的物质材料。这是一种危险的倾向"[25]。其二,想象或表现还有一个被认同的问题。正如马丁·约翰逊指出的,我们同艺术家所建立的密切联系,"是由于艺术家洞察人类疾苦和振兴人类命运所反映出来的想象力"[26]。那种"'富有想象的艺术',只有当它能够促进对从古至今、从音乐到与之差别很大的艺术及诗歌的欣赏时,它被赋予的意义才是令人信服的"[27]。

波普尔曾批判那种将艺术纯粹看作是艺术家的自我表现、个性表现或情感表现的理论,认为表现主义的艺术理论是空洞的,因为一个人或一个动物所能做的一切,都是对内部状态、对情感和个性的表现,但这并不是艺术特征。在他看来,音乐家仿佛是在巴赫的创作室里培养出来的。不仅要求他攻读一门学科,也鼓励他运用他自己的音乐思想,并教会他怎样才能清楚而熟练地发挥这些思想。无疑,他的思想可能得到发展。在创作中,音乐家可能像科学家一样通过试错法来学习。[28]尽管波普尔的观点也有片面性,但是,他的确深刻地揭示了艺术的客观性一面,以及艺术与科学的关联。

总的说来,艺术的风格和个性是建立在对客观事物的深刻洞察基础上的。它不是艺术家任意想象和表现的结果,而是像科学活动那样,在长期的学习、训练和创作过程中逐步形成的。而且,一般说来,富有个性和风格的艺术作品,只有在服务于传达人类的深切情感、得到人们共鸣的情况下,才会得到认可。因此,与科学活动相类似,艺术创造也的确或多或少地具有某种波普尔所说的"猜想与反驳"的特征,具有某种客观的评价标准。

四、真理与美

人们往往以求真与求美来分别界定科学与艺术活动的目的。然而,这种界定也是相对的,而不是绝对的。

无疑,追求真理是科学活动最重要的目的之一,但科学家在追求真理的同时也在追求美。在科学活动中,求真与求美往往是紧密地联系在一起的。

开普勒深受毕达哥拉斯和柏拉图的影响,坚信宇宙根本性的"数学的和谐",即所谓"天体的音乐",是行星运动的真实的可以发现的原因。[29]这是鼓舞开普勒工作的真正动力。在爱因斯坦看来,"从那些看来同直接可见的真理十分不同的各种复杂的现象中认识到它们的统一性,那是一种壮丽的感觉"[30]。正是这种"壮丽的感觉",使科学家产生一种对"宇宙的宗教的感情"。他赞赏普朗克的一切论文具有那种"纯真的艺术风格",他说,在研究普朗克的著作时,"一般都会产生这样一种印象,觉得艺术性的要求是他创作的主要动机之一"[31]。

狄拉克宣称:"必须把简单性原理改为数学美原理。研究工作者,在他致力用数学形式表示自然界时,主要应该追求数学美。他还应该把简单性附属于美而加以考虑。"[32]那么,真理与简单性又是什么样的关系呢?爱因斯坦说:"逻辑上简单的东西,当然不一定就是物理上真实的东西。但是,物理上真实的东西一定是逻辑上简单的东西,也就是说,它在基础上具有统一性。"[33]

杨振宁也将"美与物理学"联系在一起,认为牛顿的运动方程、麦克斯韦方程、爱因斯坦的狭义与广义相对论方程、狄拉克方程、海森堡方程和其他五六个方程是物理学理论架构的骨干。学物理的人面对这些诗一样的方程的具体感受是,似乎有一种庄严感、神圣感和初窥宇宙奥秘的畏惧感,仿佛感受到筹建歌德式教堂的建筑师们所要歌颂的那种崇高美、灵魂美、宗教美、最终极的美。[34]

由此可见,对美的追求对于科学创造活动来说,有着十分重要的意义:它不仅给科学家以美的体验、美的感受和美的境界,从而激发科学家的探索和创造热情,推动科学活动的蓬勃发展,而且这种美的体验、美的感受和美的境界常常转化为科学家的直觉和灵感,从而取得突破性的科研成果。尽管将"简单""对称""和谐""统一"这些美学理念作为科学评价的重要标准尚有争议,但是,科学家们的确已经将对美的追求融于科学创造活动之中,并取得了累累硕果。

另一方面,毫无疑问,追求美是艺术活动最重要的目的之一,但艺术家在追求美的同时也在追求着真理。在艺术活动中,求美与求真也往往是紧密地联系在一起的。艺术与真理、美与真理的关联似乎不再仅仅局限于艺术家的心理体验,而已经成为艺术哲学和美学所研究的重要课题。

海德格尔主要从本体论的角度探讨了艺术与真理、美与真理的关联。他将真理看作是"真实的本质"或"真实的本性",而将艺术看作是"存在者的真理将自身设入作品"。他说:"艺术品以自己的方式敞开了存在者的存在。这种敞开,即显露,亦即存在者的真理产生于艺术品中。在艺术品中,所是的真理将自身设入作品。艺术乃是真理将自身设入作品。"[35]这也是"自我遮蔽的存在物如何被照亮的情形。这种光照将自己射入作品,这种进入作品的照射正是美。美是作为敞开发生的真理的一种方式"[36]。可见,海德格尔的艺术观似乎首先关注的是真理的形成和发生,即存在的显露,而将美看作是这种显露的方式之一。

加达默尔在《真理与方法》一书中沿着海德格尔开辟的方向,不仅探讨了"艺术经验里真理问题的展现",而且将"真理问题扩大到精神科学里的理解问题"。他认为,"正如在艺术的经验中我们涉及的是那些根本上超出了方法论知识范围外的真理一样,同样的情况也适合于整个精神科学。在精神科学里,我们的各种形式历史流传物尽管都成了探究的对象,但同时在它们中真理也得到了表述"[37]。

当然,从本体论角度来探讨艺术与真理的关系问题尚有很多疑点和问题,其中最大的疑点和问题是:离开对"真实的本质"的认识,艺术何以能够使"真理将自身设入作品"?还有,如果纯粹从解释学的意义上来理解真理,那么,所谓"真实的本质"只不过是一种虚设。因为任何人的任何思想和观点都可被视作为一种"解释",因而都可认为是对真理的一种表述。

也有不少哲学家还是从认识论的角度来阐述艺术与真理、美与真理的关联。例如,科林伍德将思维区分为两种形式,即意识和理智。他认为,"意识本身,因而艺术本身,并不是理智,它既不论证也不能论证"[38]。然而,"艺术对真理并不是漠不关心的,它实质上是对于真理的追求。但是,它所追求的真理并不是关于关系的真理而是关于个别事实的真理。艺术所发现的真理是那些单一的而且自足的个体存在"[39]。

而卡西尔则从"概念的深层"与"形象的深层"来界定科学真理与艺术真理的差别。在他看来,对事物的深层认识,"有着一种概念的深层,同样,也有一种纯形象的深层。前者靠科学来发现,后者则在艺术中展现。前者帮助我们理解事物的理由,后者则帮助我们洞见事物的形式。……美的真理性并不存在于对事物的理论描述或解释中,而毋宁是存在于对事物的'共鸣的想象'之中。这两种真理观是彼此大不相同的,但并不是抵触的或矛盾的"[40]。

由此可见,尽管哲学家们对艺术真理的理解各不相同,但它已经成为艺术哲学和美学的重要课题。对真理的追求对于艺术创造活动来说,也有着十分重要的意义:它不仅将给艺术及其艺术活动注入更加深邃的意义,使真与美真正融合在一起,而且,它还有助于避免或遏制使艺术严重脱离客观现实的危险倾向。这种倾向的结果,只能使艺术"溢出了艺术的容器",最终导致艺术的解体。[41]从某种意义上可以说,对真理的追求是艺术沿着正确的方向健康发展的重要保证。

五、结语

综上所述,一般说来,科学与艺术存在着认识与体验、理性与非理性、客观性与个性、求真与求美的差别,正是这些差别使它们成为"一个硬币的两面"。但是,这种差别只是相对的,不是绝对的。科学包含着重要的体验、非理性、个性和求美的因素,艺术也包含着重要的认识、理性、客观性和求真的因素。从这种意义上说,科学包含着重要的艺术因素,艺术也包含着重要的科学因素,它们之间有着深刻的关联。形象地说,尽管"硬币的两面"有着很大的差别,但它们铸在"同一枚硬币"上,因而有着不可分割的联系。"这枚硬币"就是人类的历史的活动,科学与艺术是人类历史活动中最富有创造性的两个方面。不管科学与艺术在直观上和形式上有多大的差别,它们都是人类在漫长的历史岁月中的创造,都深深地铭刻着人类自身的印记。正是人类的创造性,通过认识与体验、理性与非理性,追求客观性与个性、真理与美等多种方式的运用,将科学与艺术紧紧地联系在一起。正是由于科学与艺术深刻的关联,所以正如萨顿所说的,"理解科学需要艺术,而理解艺术也需要科学"[42]。也正是由于科学与艺术深刻的关联,我们可以通过激发或调动科学中的艺术因素来推进科学的创造,也可以通过挖掘并运用艺术中的科学因素来促进艺术的发展。

参考文献：

[1][13][20][21][34] 杨振宁.杨振宁文集(下)[C].上海:华东师范大学出版社,1998:844—845;850;841—842;842—849;850—851.

[2][3][4][5][11][31][33] [德]爱因斯坦.爱因斯坦文集(第1卷)[C].北京:商务印书馆,1976:79;283;282;281;284;73;380.

[6] [法]丹纳.艺术哲学[M].傅雷,译.合肥:安徽文艺出版社,1998:50—69.

[7] [法]艾黎·福尔.世界艺术史[M].张泽乾,张延风,译.武汉:长江文艺出版社,1995:472—473.

[8][9][24][38][39] [英]罗宾·乔治·科林伍德.艺术原理[M].王至元,陈华中,译.北京:中国社会科学出版社,1985:295;297;292;294;295.

[10] 徐利治.数学方法论选讲[M].武汉:华中工学院出版社,1983:182.

[12][30] [德]爱因斯坦.爱因斯坦文集(第3卷)[C].北京:商务印书馆,1979:490—491;347—348.

[14][18][25] [美]鲁道夫·阿恩海姆.艺术与视知觉[M].守尧,朱疆源,译.北京:中国社会科学出版社,1984:5;184;185.

[15] [美]鲁道夫·阿恩海姆.视觉思维[M].滕守尧,译.成都:四川人民出版社,1998:前言1.

[16][26][27] [英]马丁·约翰逊.艺术与科学思维[M].傅尚逵,刘子文,译.北京:工人出版社,1988:223;32;46.

[17][42] [美]乔治·萨顿.科学的生命[M].刘珺珺,译.北京:商务印书馆,1987:71;20.

[19] [英]罗素.人类的知识[M].北京:商务印书馆,1983:9.

[22][23][40] [德]恩斯特·卡西尔.人论[M].张金言,译.上海:上海译文出版社,1985:176;177;215—216.

[28] [英]卡尔·波普尔.通过知识获得解放[C].范景中,李本正,译.杭州:中国美术学院出版社,1996:280—288.

[29] [英]W·C·丹皮尔.科学史[M].李珩,译.北京:商务印书馆,1975:192—193.

[32] [德]狄拉克.数学和物理学的关系[J].自然科学哲学问题丛刊,1982(2):13.

[35][36] [德]海德格尔.诗·语言·思[C].彭富春,译.北京:文化艺术出版社,1991:40;54.

[37] [德]加达默尔.真理与方法[M].洪汉鼎,译.上海:上海译文出版社,1999:19.

[41] [美]丹尼尔·贝尔.资本主义文化矛盾[M].赵一凡,蒲隆,等译.北京:生活·读书·新知三联书店,1989:98—99.

对小学自然课美育的几点认识[①]

张之仁

近年来,美育已纳入教育方针。在九年制义务教育小学自然教学大纲(初审稿)里,已经提出了美育要求。自然课美育的内容是什么?怎样使学生在自然课中受到美育的陶冶?许多问题有待我们在教学实践中努力研究和探索。

一、自然课美育的任务

美育是美学在教育中的应用。它的任务是培养人们对社会、自然、艺术的美的欣赏能力,陶冶人们的情操,发展人们对生活的情趣,使人们的思想感情健康发展,形成完美、高尚的人格。美育是社会主义精神文明建设的一个重要组成部分。

自然课的美育,是在自然课的教育、教学中,渗透马克思主义的美学思想,指导学生欣赏自然美,以及与自然课的教育、教学内容有密切关系的社会美。让学生知道一点最初级的美学常识,培养他们形成正确的审美观念和高尚健康的审美情趣。

自然课在指导学生观察自然事物和现象的同时,指导他们感知、感受自然事物和现象的美,逐渐培养他们对美好的事物有审美的情趣。结合具体的教学内容,让他们了解什么是美,使他们对美有所感受,知道爱美。我们有时看到有的青少年"爱"花而随意损坏花木,"爱"祖国的风景名胜而又胡乱刻画"到此一游",反映了在这些青少年身上美育的贫乏,也说明我们需要用美育指导少年儿童形成正确的审美观念,培养他们具有高尚、健康的情感、情操。一个全面发展的人,必然是对生活、对一切美好事物富有情趣的人。

二、自然课美育的审美对象

自然课美育的审美对象主要是自然美。社会美也是自然课美育的审美对象。

大自然是人类赖以生存发展的物质环境。自然课从植物、动物、人体、水和空气、生物和环境、地球和地壳变动、宇宙、力和机械、声光热现象、电磁现象等方面,指导学生认识自然界。自然界的事物和现象,是物质存在和物质运动的形式。它们呈现各种各样的形态,有各种各样的性质。自然课所要指导学生欣赏的自然美,就是存在于这些物质形式中的美。

自然课还要指导学生认识自然界与人类的关系,了解人类认识自然、利用自然、改造自然和保护自然的一些活动,所以社会美也是自然课美育的审美对象:

自然美本身有社会性的一面。

自然界的一切事物和现象,是大自然本身发展的结果。没有人类社会,自然界的事物和现象无所谓美或不美。

自然美的社会性表现在:一部分自然事物是直接经过人类实践加工改造了的,如田野、

[①] 本文选自《课程·教材·教法》1988年第8期,第14—17页。

防风防洪林带、园林。这一类自然美与社会美很接近,直接反映人类的劳动创造和智慧才能,有明显的社会内容。另一部分自然事物是没有经过人类的直接改造,或者是人类无法改造的,例如距离地球遥远的天体。这一类自然事物或者是作为人类的生活环境或者是供人类认识和观赏的对象。

自然课的教学内容包括教学生了解我国历史悠久的科学文化和蓬勃发展的社会主义建设。这些是直接指导学生认识社会的。

自然课的教学,把发展学生学科学、用科学的能力,进行热爱祖国的教育和科学自然观、科学态度的教育,培养学生具有良好的个性心理品质等,寓于学习知识的认识和实践活动之中。学生在自然课中,是一个进行认识和实践活动的群体,群体中每个个体的思想美、行为美,也是自然课美育的审美对象。

作为自然课美育审美对象的社会美,是与自然课的教学、教育内容密切相关的社会美,不是一般的社会美。

三、自然美的形式

自然事物的存在和运动,具有可以被人们感知的形式。自然事物的形式有无穷的多样性,每一种事物都有区别于别的事物的具体形式。这些形式是由颜色、形状、声音、气味、质地等等形式因素(自然课中称为"物体的性质")按一定的方式组成的。自然事物的外在形式怎样才是美?我们怎样给自然美的形式分类?

美学上的形式美,是指各种美的事物外部形式的共同特征,是经过抽象的对形式美的规律性的认识。如均衡、对称、对比、秩序、和谐、节奏、多样统一等等。如果照搬美学上对形式美的分类,则与自然课的实际、与小学生的实际相距太远。

自然课指导学生认识自然事物,都是从认识事物的外部形态开始,继而认识事物的特征、性质,事物运动变化的原因、结果、规律。根据这些特点分类,可以使学习自然知识的过程与审美过程有机地结合在一起:

(一)外部形态的美

自然事物的外部形态,能给人以各种不同的美感。颜色能引起最普遍的美感,鲜艳的颜色特别能引起儿童的注意。随着社会的发展,人类从以树叶、兽皮为衣裳,到今天运用各种科学技术的成果,仿照自然界的颜色,把人类的生活装饰得丰富多彩,这是人类对色彩美的创造。人类生活的一切方面。无不与自然事物外部形态的美有密切的关系。

(二)结构或构造的美

结构,通常也属于自然事物的外部形态。结构美是指某些特定的方面,如各种动物身体构造的对称的美,植物树冠形状的均衡的美,鸟类羽毛构造的美,各种生物为适应生存环境而创造的机体与环境之间、机体的各个部分与整体之间和谐统一的美。

(三)运动变化的美

以水在自然界里的循环为例,事物的运动变化能激起人们无尽的美感:飘浮的云、迷茫的雾、无边的丝雨、潺潺的溪流、倾流而下的瀑布、惊涛裂岸的江流;动物的运动,按其方式来说无非是走、跳、爬、飞、游等,但是,每一种动物都有它独特的运动方式以及与之相适应的机体构造。同样是走动,大象的走动与小鸡的走动,给人的感觉有多么大的不同!植物也不是静止的。如果一个孩子亲手种植一株植物,亲自观察它从种子发芽到生长成熟的变化过程,他所体验到的精神上的愉悦之情,恐怕是成年人早已淡忘的。

这样分类,是从学科特点和小学生的实际出发考虑的,并不意味着欣赏自然美的形式可以不依从美学上关于形式美的基本法则。所以,教学时要结合具体的认识对象,教给学生一点简单的美学常识,例如:"像蝴蝶这样身体的左右两边一模一样,互相对着,就叫作'对称'。"

四、自然美的内容

自然事物的感性形式为什么能引起人们的美感?因为它们和人类的生活有密切的关系,这种和人类生活的密切关系,就是自然美的理性内容。

艳阳蓝天、青山绿水、广袤的田野、茂密的森林,人们都认为美;环境污染、土地盐碱化、沙漠侵蚀、河流干涸,是不美的——美的事物总是反映人们对社会发展的理想、愿望;

牧民爱草原,渔民爱大海——自然美总是和人们健康愉快的生活联系在一起;

蜜蜂和黄蜂是种属关系很近的昆虫,都有能蜇人的刺。但是人们都认为蜜蜂美,黄蜂则常常受到针砭,因为蜜蜂采粉酿蜜,人们赋予它为勤劳品格的象征——自然美总是和社会的思想道德观念联系在一起的。

讨论自然美的理性内容,对于自然教学来说,就是要用正确的思想道德观念指导学生审美。自然课教学生欣赏自然美,其理性内容,可以认为就是自然课德育和科学教育的内容。把自然美同家乡美、祖国美联系起来,向学生进行爱家乡、爱祖国的教育;把自然美同科学自然观、科学态度联系起来,向学生进行热爱大自然和科学自然观、科学态度的教育。前者是各学科共同的教育主题,自然课是从自然方面进行教育的。后者是自然学科特有的教育内容。

科学教育要教育学生用科学的观念看待自然,包括自然界的美。在生活中,用自然事物比喻人类社会中某些丑恶现象的情况是常见的,比如用"豺狼成性""毒蛇心肠"比喻某人的丑恶行为;用"黑云压城""暗无天日"比喻社会的政治黑暗。如果一个人在天上黑云密布,地上有豺狼、毒蛇袭击的境况下,逃生尚且不易,显然是没有美感可言的。但是,用科学的观念看待豺狼毒蛇,它们也是大自然"家族"中的一员。它们的形态,机构造、生活习性与它们的生存环境之间合理、和谐的统一,它们在生态系统中的有益作用,都具有审美价值。黑云翻滚是大自然运动变化和无穷力量的表现,具有科学的理性内容,在自然课中也是审美的对象。

五、自然美的形式与内容的统一

一切美都是由形式和内容两个方面构成的,一切美都是形式与内容的辩证的统一。在自然教学中,自然美的形式和内容的统一,是侧重于感性形式的相对的统一。这样的统一也是符合小学生的特点的。

一般说来,社会美和艺术美由于具有比较明显的阶级性、民族性、历史性,美的内容在审美主体的心目中是比较确定的。自然美的内容比较间接、比较朦胧,因而在审美者的心目中不是很确定的。另一方面,由于审美主体的思想观念、文化素养,人生经历以及面对自然事物时的心境各不相同,对自然美的感受会有很大的差异。同样是面对远山,唐代诗人李白的感受是"寒山一带伤心碧",宋代词人辛弃疾的感受是"献愁供恨,玉簪螺髻"。前者因感伤于人生的归宿,怀着空寞惆怅的心境面对远山,山是"寒"的,碧绿成了令人伤心的颜色;后者由于报国无门,怀着爱国志士悲愤抑郁的心境遥岑远目,沦陷在金贵族铁蹄下的远山,像玉簪,像女人的青螺发式,山只能"献愁供恨"。

对于小学生的启蒙性的美育,形式和内容的统一侧重对美的感性的体验,这种对美的体验,必须是发之于学生的内心,别人是没有办法代替他们体验的,所以教师的任务在于启发引导,不能越俎代庖。另一方面,我们希望对学生理解的理性内容要掌握有度,注意适合学生的知识水平和心理特点。例如教低年级学生观察、欣赏大象、小猴、小鸟、老黄牛,美的形式和内容怎样统一?大象有力量、小猴活泼、小鸟伶俐、老黄牛能吃苦耐劳。这样的统一适合低年级学生的特点,能起到愉悦精神、陶冶性情的教育作用。

在自然课中,自然美的形式和内容的统一,实际上是自然美的感性形式与自然课德育内容的统一。所以自然课德育的原则也适用美育,如形象具体,不外加空洞的理性说教;潜移默化,使学生于不知不觉中受到教育陶冶。

六、教学整体中的审美过程

审美,作为一种认识活动,与获取知识的过程有共同的地方,又有各自的特点;审美作为一种教育活动,与德育过程有相近和相关的地方。在教学情境下,审美过程和智育过程、德育过程是统一在教学活动的整体里进行的。因此,比较三者在教学活动中的异同,更易于看清审美过程的某些特点。

审美过程与智育过程的比较:

第一,学习自然知识,要直接观察周围常见的自然事物和现象,审美过程也必须始终在形象的、具体的、直接的感受中进行。学习自然知识可以在原有知识的基础上,通过推理认识间接地获得新的知识,有些无法即时获得直接经验的,如火山、地震,可以通过查阅资料,间接地获得知识,审美活动则不能脱离对审美对象的直接感受。

认识自然事物或现象,强调运用多种感官,直接感知自然事物的各种属性,以获得深刻的印象。感受自然美也必须调动多种感官,以获得丰富的审美情趣。例如感受春天的美,让学生身临其境,感受一下吹面不寒的杨柳风,看一看春天的山光水色,闻一闻春天的花香,听一听春天的鸟鸣,乃至抚摸一下柔嫩的青草,涉足春天的溪流,充分地领略春天的美,使审美活动富有情趣。

在直接观察、亲自感受方面,美育和智育是共同的,互相促进的。

第二,认识自然事物是从简单到复杂,从认识事物的外部形态到认识事物的本质,从认识自然事物到认识自然事物与人类的关系。审美过程也是从简单到复杂,从现象到本质,从感受审美对象的美的形式到逐步领会美的内容,并且随着知识的增长,逐步扩展领会的深度和广度。

第三，获取自然知识的过程，首先是感知事物的外部形态，使认识对象在头脑里留下深刻的印象，又经过思维的抽象和概括，舍弃事物非本质的属性，掌握事物的共同特征，形成概念，由感性认识上升为理性认识。然后逐步学习运用概念认识事物，进行概念思维，从而逐步脱离形象思维，向抽象思维方向发展。审美过程虽然也要通过感知自然美的感性形式，体验自然美的理性内容，从而获得审美感受，受到美育的陶冶。但是，审美过程又有不同于一般认识过程的特点：

（1）学习自然知识与审美，两者在教学中是"同途殊归"的。通过学习自然知识所获得的，是主体对外界事物的客观的反映；通过审美所获得的，是带有主观情感的审美感受。虽然两者是同时进行的，但结果不一样。

（2）美感是直觉的，获得美感似乎是不假思索的。不像自然知识的获得，需要经过对认识对象的反复深入的观察和思维。在教学中常常可以见到这样的情况：当学生感受到自然事物的美时，情感上立即做出反应："这花真好看！""小猴真好玩！"这种情况有时发生在接触自然事物之初，有时发生在认识到事物的性质或功能之后。这种对审美对象的发之于一瞬的、敏感的反映，不是即时观察思维的结果，而是审美者以他过去的经验为基础的，因而每个审美者的反映不尽相同，也不求同。

（3）审美思维的方式有它自己的特点。审美思维是形象的、具体的，并不形成概念，也不向抽象思维方向发展。比如学生通过多次的、各种各样的审美活动，获得了"家乡美"的审美感受，以后当他想到家乡美的时候，头脑里浮现出来的，是他过去曾经感受过的家乡一草一木、一山一石的美的形象，而不是抽象的"家乡美"的概念。

（4）审美活动从感知到获得美感，始终伴随着情感活动，在审美主体和审美对象之间不断进行着情感上的交流。例如学生观察蜻蜓的翅膀，结构巧妙的脉翅可能使他联想到自己也长出了美丽的翅膀，想象自己飞过高山越过大河。这时他对蜻蜓翅膀的感知，不是对脉翅的直接反映，而是在自己的主观意识里改造了对象，倾注了自己的感情。

审美活动的这种情感性的特点，要求有一个活泼愉快的教学情境。在一个使学生感到压抑的情境下，学生的学习是被动的，不可能有审美的情趣产生，没有情、没有趣，也就没有美育。在一个活泼愉快的情境下，学生对美的追求会能动地发生。杭州章鼎儿老师教《橘子的认识》一课时，教师让学生剥开橘子皮，观察橘子的内部，并没有要求学生注意怎样把橘子瓣摆得好看，由于这一节课里充满了愉快学习的气氛，学生都主动地按自己对美的理解，把橘子瓣摆成各种他们认为是美的形式，有的孩子发现同伴比自己摆得更好看，又改变自己原来的摆法，反映了学生能动地追求美。

美育和德育的相近和相关的地方：

第一，审美过程，首先是审美对象作用于审美主体，继而审美主体又反作用于审美对象，从而获得美感，体验美的理性内容。学生是怎样在自己的意识里改造审美对象？他们获得的是什么样的美感？他们体验到的美的理性内容是什么？这些都是以他们自己的知识、生活经验为基础的。学生的知识、经验还不丰富，正确的思想道德观念正待形成，因此需要德育的参与，用健康正确的思想观念、道德观念指导他们审美。美育的灵魂、核心是德育。美育的"归"也是归于德育，为德育服务。

第二，自然课的德育也强调形象、具体，也重视积累感性经验，侧重感性的教育熏陶。所以在自然课中,美育和德育有较多的共同之处。完整的德育过程包括知、情、意、行,完整的美育过程包括感知美、感受美、爱美、创造美。两者都重视知和行的统一,重视教育的实践性。

归纳一下美育和智育、德育之间的关系:

三者同处在一个教学活动的整体之中,既有联系又有区别,互相渗透,互相促进。智育是美育、德育的基础。美育除自身的使命外,与智育"同途",而"归"于德育,为德育服务,是德育最生动、最有效的途径。美育以其情和趣促进智育。

七、学生科学学习研究

- 学习科学视角下的探究式科学教育（韦钰）
- 科学文化的建构属性与科学课程学习方式改革（于海波 孟昭辉）
- 探究式学习：18条原则（任长松）
- 论科学探究与接受学习的关系（刘炳升）
- CAT：基于学习科学的科学概念学习环（林静）
- 语言技能与科学课程学习（陈庆朋）
- 场馆科学学习：本质特征与影响因素（伍新春 曾筝 谢娟 康长运）
- 计算机模型建构与学习者为中心的科学学习的研究进展及启示（张宝辉 邓峰 李佳）
- 科学学习——深层和浅层学习通道的对比（李耀俊）

学习科学视角下的探究式科学教育①

韦 钰

胡锦涛同志在2008年曾经讲过,我们这个时代是一个非常令人兴奋的时代,这个时代的特点就是科学技术从来没有像今天这样深刻地影响着社会的各个方面,从来没有像今天这样深刻地影响人们的思想观念和生活方式,从来没有这样深刻地影响着国家和民族的前途和命运。教育是一个社会当中很重要的社会实践,而且是最重要、最基础的实践,科学技术从来没有像现在这样影响着教育的观念、内容、方法和目的。教育今天要发展,要做到小平同志讲的三个面向,就必须依靠科学技术的进步。

我先给大家提两个思考题:第一,今天科学技术发展给教育带来的最重要的变化是什么?第二,教育学要是要面向现代化,它的核心转变表现在哪里?首先解释一下什么是学习科学。学习科学是正在形成的一门新的教育学,它从心智、脑和教育的关系,来研究学习者和学习过程,研究教学过程中应该怎么学,怎么教。其次,学习科学学科也是当前科学研究的一个多学科的交叉前沿领域,需要综合和发展来自于认知神经科学、情感神经科学、生物医学工程、分子生物学、人类学和科学伦理学等方面的研究进展,还必须和本国的文化社会背景以及教育实践结合。

一、脑是人类心智的家园

今天,人类不仅能探索自然界的奥秘,也能够研究自己,包括研究最复杂的人脑系统。在过去20年里,我们对脑的了解增加了许多,超过了这之前几千年文明社会里所获知的总和。这些知识使我们对教育的科学研究开始了现代化的进程。我们可以从脑、心智和教育的视角来审视和发展教育政策和方法。

脑是人类进化的产物,人之所以独特,是因为我们有独特的脑,因自然进化而造就的脑,它是迄今为止我们知道的地球上最复杂和神秘的系统。

心理学是研究心智的学科。当它成为一个相对独立的实证性的科学时,我们称它为心理科学。心理科学是研究心智的科学,神经科学是研究脑的生物学。研究心智的心理学和研究脑的生物学从来没有像现在这样近地走到了一起,形成了许多新的交叉学科。有人把认知神经科学定义为研究心智的生物学,在这些新的交叉学科中,把一般认为属于精神世界的心智和属于物质世界的脑联系起来研究。科学家、哲学家和宗教人士都必须面对这些新的进展并提供解释,这就引发了一系列的、深层次的对哲学问题的再思考。这就是为什么人们在新的平台上,又重新开始研究和争辩心智和躯体(脑)关系的原因。

基于近年来获得的科学发现,人类逐渐认识到我们不是用心学习,而是用脑学习,我们心智的家园不在上帝那里,也不在孔子那里,而是在我们的脑里,脑是心智的家园。不仅如

---

① 本文选自《科技潮》2010年第12期,第38—41页。

此,脑还是"自我"的器官。先天的遗传和后天的环境决定了每个人的脑,每个人的脑都与众不同,所以每个人都与众不同。

面对着科学研究提供的大量新发现的知识和规律,不仅是科学家,持不同哲学观点的各学科的研究人员和神学界人士都已经认识到心智的家园是脑。心智的过程有脑中发生的生物过程相伴,或者说,心智的过程是以脑中发生的生物过程为基础的。

二、科学研究对早期儿童发展的决策提供支持

基于实证的基础,我们已经知道儿童脑的组织结构和神经生化递质受到先天基因和后天经历的发展,特别是早期经验的影响。因而对人的认知能力、社会情绪能力、性格和健康具有独特而强大的影响;而且,无论是人的能力还是脑的发展都是一个逐级发展的过程,较高级的发展取决于和需要建筑在较低级发展的基础上;早期儿童脑的可塑性最好,存在某些功能发展的最佳发展期,同时也是容易受到伤害的敏感时期,特别是对一些因遗传而具有某种不利倾向的儿童来说,早期的帮助和保护更为关键。这是近几十年来,发育心理学、认知科学、神经科学、人类学等研究结果汇集在一起,得出的十分一致的重要的结论。

1. 脑的可塑性和最佳发展期

脑的可塑性是指在外部环境刺激改变时,或是在脑的内部本身产生某些缺失时,神经系统产生的某种调整。

人脑的发育大致可以分成两个大的阶段,一个是从受孕到出生;另一个时期是从出生以后直到 20 多岁。脑的发育在第一个时期里是十分重要的,它主要受到基因的影响。脑的可塑性在人的一生中都会存在,但是会因年龄段的不同而不同,从出生到青春期结束以前的这段时期,是人脑可塑性最好的时期,特别是儿童发育的早期。在脑的发育过程中还存在对形成某种功能比较敏感,甚至关键的时期,这就是现在科学家和教育家们十分关注的最佳发展期。

2. 脑的变化受到基因和环境相互作用的影响,也就是基于基因和表观基因事件

以长期记忆形成的机理为例。科学家发现了长期记忆形成的分子机理,用实证告诉我们,在我们脑中记忆的知识是建构的和重构的。这个建构过程和外界的刺激,即我们的经验有关,也和自身的基因有关,因此学习过程是因人而异的。这个建构过程又是连续的,我们学习新的知识,是在原有的记忆基础上进行的,人在出生以前神经元突触之间的联系就开始建构了,而在出生以后的最初几年里,脑的发育很快,突触连接的建构过程十分重要。儿童早期的建构过程是从低级功能到高级功能的连续过程。家庭、学校、同伴社区和文化都是儿童早期成长十分重要的环境。儿童有效地进行学习应该在教师的指导下,在有利的环境和学习共同体中主动地进行。依靠对脑长期记忆形成分子机理的了解,有助于我们了解和计划如何能让儿童更有效地学习,也让我们理解为什么缺乏睡眠、饥饿、恐惧和长期的精神紧张会减低儿童学习的效率。

3. 早期发展对儿童气质和社会情绪能力有重大影响

第二次世界大战以后,关于早期发展对气质影响的研究已经有半个多世纪的历史,其间逐渐形成了两个主要的研究派别,一派以哈佛大学 Kagen 教授和马里兰大学 Fox 教授为代表;另一派以华盛顿大学 Routhbath 教授为代表,现在这两派的研究已经逐渐汇集到神经科学的领域。他们的研究工作表明,早期发展对儿童气质影响很大,尤其对一些有内向和难以

控制自己行为气质的儿童来说更是如此。

由于镜像神经元的发现,人们对早期发展对人同感能力形成的影响给予了极大的关注。因为同感是人们具有同情心、合作精神和交往能力的基础。而这些社会情绪能力对个人来讲是一生成功和幸福最重要的因素,对社会来讲是和谐和稳定的基础。

4. 早期发展对感知和认知能力有重大的影响

关于初生婴儿双眼视觉的研究是最早和最典型的有关关键期的研究,随后是有关于语音分辨能力和第二语言文法掌握的研究,现在已经进展到关于思维模型和创新能力的研究。

5. 早期发展对健康的重要影响

现在已经认识到,早期的经历会影响到脑的组织结构和神经递质的分泌。儿童如果处于长期的应激(精神紧张)状态,会通过HPA轴(下丘脑-垂体-肾上腺)影响人的激素系统,使可的松分泌不正常。血液中可的松的浓度持续处于高浓度的状态,不仅会造成脑中海马结构的损害,影响以后记忆和智力的发展,还会造成日后心血管、糖尿病、精神疾病等的发生。

6. 早期发展对预防不良发展倾向的关键作用

已经知道某些先天的基因会造成人具有一些不良行为的倾向,如内向、成瘾、暴力等。对这些倾向的早期干预(保护和支持)被认为是比较有希望的方法。早期的忽视和虐待,则会加剧这些不良倾向的发展。

早期儿童的养育和教育极其重要,特别是对处于不利状况的儿童需要及早进行支持和帮助,因为儿童的早期发展状况会影响到一个国家未来劳动者的素质和效率、国民的生活质量,以及社会的公平、稳定与发展。

三、教育的科学研究

当我们面临21世纪人才培养的新挑战时,教育的变革和提高教育质量就显得特别重要。这些都需要依靠教育的科学研究。

跟工业化时代相比,21世纪的人才有哪些新的特点呢?我想至少有以下三点:一是需要具有科学素质。因为科学技术已经渗入到社会的各个方面,科学技术和社会的关系发生了根本的变化,具有科学素质是对21世纪合格公民的基本要求。二是需要具有综合解决问题的能力。现在,当孩子遇到一道很难的数学题时,他可以上网去搜索,很快就能找到答案。一个具体的题目容易解决,我们却不能预知孩子在成长过程中以及将来会遇到哪些需要解决的问题。所以,我们需要培养孩子的是一种综合的心智。也就是希望他在具备一定的基本知识和基本认知模型以后,将来在面对新的问题,甚至是不十分确定的问题时,能够寻求和运用不同的知识去解决这些问题。第三点特别重要,也是在我们目前教育里不太重视的一个方面,就是需要培养学生的社会情绪能力,特别是合作和交往能力。现在实际工作中几乎每样事情都需要合作,孩子需要学会吸引别人与自己一起工作,要学会尊重别人、知道别人在想什么。具有良好的合作和沟通能力,不管将来从事高科技,还是从事服务业,都特别重要。

着眼于培养21世纪的合格人才,教育就需要改革和创新。下面以科学教育为例说明这一点。过去,我们在小学里教学生关于温度的概念,通常是由教师先讲解什么是温度,然后发一支温度计给学生,让他们去测量温度的变化。学生也动手了,但学生的知识是教师自上而下灌输的,学生动手只是为了加深和验证教师教给他们的知识点。我观摩过一节四年级的科学课,就是这样进行的。在探究式的科学教育中,用的却是归纳法。上海幼儿园的一位特级教师是这样来教学的。她在讲课时,首先向学生提出一个问题,"怎么让果汁冷却得快一点"。学生在讨论中提出了 20 多种不同的方案,有的建议用扇子,有的拿冷毛巾敷,有的是搅拌,有的用电风扇,等等。随后,他们都很认真地按照自己的想法去做实验,最后再汇集到一起,讨论结果,看哪一种方法,或是哪几种方法比较好。在这种学习过程中,学生同样学习了温度的概念,但所获得的知识是通过他们自己在解决问题中建构出来的,他们同时在学习如何用不同的方法来解决问题。在讨论中,他们互相帮助,学会相互尊重、相互倾听,学会了合作和交流。即使是幼儿园的孩子,他们通过这节课学到的东西,或许比上面四年级的学生还要多。通过这个简单的例子可以看到教育改革有多么重要。

同样,我在加拿大的时候曾经观摩过加拿大的科学课。在教师的指导下,学生制作电动汽车。学生从自己设计图样、购买器材开始,历经一学期的科学课制作出自己设计的电动汽车。教师鼓励他们创新。每节课结束时,大家要坐下来讨论碰到了什么困难,是什么原因碰到了困难,是哪些科学原理帮我们解决了困难,是我自己解决的还是和同学讨论解决的,每个人都要把自己的问题和解决问题的关键记下来。在他们教室里贴了指导学生解决问题的策略提示:包括① 猜测和校核;② 做计划,画框图;③ 找模型,作回顾;④ 列出计划好的清单;⑤ 解决一个个简单问题;⑥ 写出公式和原理。可见,创新性人才是需要从小培养的。

学习科学的诞生为我们的教育提供了很多新的视角。教育政策的制订、教育方法的改进,都需要实证性科学研究的支持,要靠科学的教育研究和教师的实践相结合。在过去的几年时间里。我们在"做中学"科学教育改革中,和教师们一起依靠新的科学研究方法,一直在探索,逐步在寻求答案。教育改革是一项十分重要而复杂的系统工程,需要科学精神和科学研究。

科学文化的建构属性与科学课程学习方式改革[①]

于海波　孟昭辉

随着"科学元勘"学科的发展和学习理论研究的深入,人们发现建构主义学习方式日益成为科学课程学习的主流形式。本文旨在从科学文化的建构属性、学习心理的建构特性等方面论证建构主义学习方式的科学性,并进一步提出科学课程学习方式革新的相关议题。

一、科学文化的建构属性

科学文化的建构属性可以从两个角度来理解,一个是认识论的视角,关心的是科学家的智力活动;另一个是从社会学、知识社会学的角度探讨科学文化的社会建构机制。

(一)认识论的视角

早期的归纳主义认为,科学活动就是科学家对自然界进行客观的观察和记录,并使这些记录条理化的过程。在科学观察过程中,科学家可以成功地避免个人偏见的影响,保证"记录"与客观世界之间一致。这样,由科学家们归纳概括出来的科学理论便是物质世界及其内在联系的真实反映。归纳主义强调科学世界的实在性和可认识性以及科学知识的真理性。依据这种观点,科学认识活动是一种"发现"过程,是科学家在繁杂的现象和数据中寻找客观规律的过程,就像在泥沙中淘取黄金一样。但事实上并没有这么简单,比如,证伪主义者批评道,通过归纳和证实方式获得的科学知识是不可靠的,是可错的。科学知识不过是科学家为解决科学问题而提出的尝试性的、探索性的理论假设。在证伪主义者看来,这些假设是来自于科学家们创造性的猜想。由此可见,科学知识、科学理论就是科学家的假设与猜想,具有明显的主观性、偶然性和差异性。科学提出假设与猜想的过程就是依据个人的观念、知识和经验创造性地、尝试性地解决问题的过程。因此,在证伪主义者眼中,科学认识活动已经具有了明显的建构色彩。

在历史主义者看来,科学是一个"进化与革命、积累和飞跃的不断发展过程",[1]其代表人物库恩将这个过程概括为"前科学—常规科学—危机—科学革命—新的常规科学"。库恩用"范式"概念来解释科学的发展,认为每一次科学革命就是一次科学范式的转换。在每次科学革命中范式都将发生彻底的更迭,这就是库恩所讲的范式之间的不可通约性。范式之间的不可通约将导致科学发展的非连续性、主观性和相对性。库恩很重视科学家的学术环境,强调科学家的主体性、科学理解的多元性和科学家在科学危机中的创造性。由此可见,他的理论中存在着建构主义的萌芽,但这种建构的思想中掺杂了许多非理性、神秘化了的内容。此外,历史主义者注意到社会环境和其他知识对科学研究活动的影响,这为后来科学社会建构主义学说的诞生做了必要的准备。

[①] 本文选自《全球教育展望》2003 年第 11 期,第 64—69 页。

人们对"观察和理论"之间关系的认识,可以从一个侧面反映建构思想的产生过程及其合理性。"旧唯物主义者们认为,人的认识是对客观世界的摹写,是客观世界的镜子","人的认识并不需要任何自组织性,而是被动的、消极地摄入"。[2]对此,现代科学哲学家提出了不同见解,他们坚信"观察渗透理论"(汉森语)。人们对事物的观察往往带有某种预言和期望,而这种预言和期望是由观察者的知识背景、世界观等决定的。这就出现了"观察者从同一个地方观看同一景象,看到的是同一个东西,但是,对他们所看到的东西所作的解释不同"的现象。[3]由此可见,对事物的观察是观察者用已有的知识、理论、观念来解释现象的过程。换言之,观察者知觉到的并非是客观事物对观察者形成的物理刺激,而是其经验对事物的解释。比如,同样见到一束五彩斑斓的光线,"光的波动说"的信仰者会想到这是一列具有特殊频率的波;而"波的粒子说"的坚信者会说这是一束粒子流;换成"波粒二象理论"的坚持者则会认为这是物质的一种特殊形态,它明显地具有"波"与"粒"两种特性。对同一光亮这一物理刺激,人们得出了不同的、复杂的反映。可见,观察是一种对现象解释的过程,是对假设进行验证的过程,也是期望预期能够出现的过程。在这样的过程中,人们建构着对自然的理解。

由上述简要介绍可见,随着对科学的认识不断深入,人们发现科学活动不单单是对自然的机械反映和简单摹写。认识自然界实际上就是人们理解自然、解释自然、赋予自然意义的过程。在这个过程中,科学家不是自然被动、机械、简单的反映者,而是其积极、主动、创造性的建构者。从科学发展史的角度可以发现,随着科学的不断发展,人们对自然界的认识不断深入,但人们的认识对象却越来越难以直接把握,人们越来越倚重于抽象的科学概念和理论思维,尝试着依据一些科学知识(常常是不充分的)提出各种假设、猜想,然后通过证实或证伪等方法来检验其可靠性。这样,科学家的主体性日益提升,对科学家的主动性、积极性和创造性的要求也越来越高,这也是科学建构特性不断凸显的要求。由此可见,科学共同体主体性不断得到提升,既是科学发展的结果,也是科学发展的要求,科学活动建构特性的不断凸现是其重要反映。

(二)社会学的视角

到20世纪70年代初,科学的社会学分析进入了一个新的时代,其标志就是英国爱丁顿大学"科学元勘小组"的成立。"科学元勘小组"的代表人物有巴恩斯、布鲁尔等人,其主要研究方向是科学知识社会学(Sociology of Seientific Knowledge),常简称为SSK。SSK将"探索和展示社会因素对科学知识的生产、变迁和发展的作用,并要从理论上对这种作用加以阐述"作为研究的目标。[4]社会建构主义者反对将科学知识视为对实在的描述,认为科学知识"并非完全是从经验中推导出来的",[5]"而是社会性地建构或构造出来的"。[6]由此可见,我们世界的图景并不是我们从世界中获得的,而是我们主观地对世界的理解,"是我们强加给世界的"。同时,由于个人知识、经验、理论、观念的差异会造成人们的个体文化不同,将会导致"不同时代、不同社会的人,对相同的事物就会有不同的信念,没有任何一种关于自然的信念是唯一合理的或是唯一的真理"。在20世纪70年代,布鲁尔和巴恩斯提出了著名的"强纲领",按照这个纲领,社会因素对科学知识不是简单的影响问题,而是对科学知识起着决定性作用。

总的来看,以SSK为代表的科学的社会建构主义学派的主张可以概括为两个方面,[7]一是弱建构主义,弱建构主义强调的是知识产生的社会背景或社会原因,主要着重于宏观社会学的把握,但不否认客观性和逻辑性原因;二是强建构主义,强建构主义是在微观层面上对科学知识所做的经验研究,认为科学知识或人工制品所显示建构特征完全是社会性的。不管强建构主义还是弱建构主义,都明确地表明了科学作为人类的文化和事业,其动力、发生、运行、评价等方面都受社会各种因素的严格制约,是一个社会建构的过程。其实,对于建构主义本身也应辩证地看,它重视科学活动各种社会因素的重要性固然是可取的,但只将科学视为社会因素的结果未免太过激进,毕竟我们在认识自然界上取得了很多成就,而这些成就表明世界具有可认识性,人类具有一定的认识能力。只不过,人类认识世界、认识自身将受包括自身、社会在内的许许多多因素的影响和制约,这就决定了科学活动的目标、动力、机制、主体、方法等等都是复杂而多变的。科学的社会建构主义学说为我们理解科学文化提供了新的视角,使我们从社会学、知识社会学的角度更为深刻、全面地认识了科学文化的建构特性。

二、科学学习论中的建构主义

(一) 建构主义科学学习理论的主要流派

迄今为止建构主义学习理论还只是一种观念、思想和信仰,还处在不断发展之中,所以,并没有一个被广泛接受的建构主义理论。这样,由于建构主义所关注的视角、层面的差异,就形成了许多建构主义流派。比如,马丁·道加马斯根据这些视角和层面将建构主义分为五类:[8]个人建构主义、激进建构主义、社会建构主义、文化建构主义和批判建构主义。而在美国佐治亚大学教育学院所组织的"教育中的新认识论"系列研讨会的讨论中显示,建构主义主要有六种不同的倾向:[9]激进建构主义、社会性建构主义、社会文化认知的观点、信息加工建构主义、社会建构论和控制论系统。笔者认为对科学课程学习影响最为深远的有激进建构主义、社会性建构主义和信息加工建构主义。

激进建构主义的代表人物是格拉塞斯费尔德。他明确指出"建构主义的立场,如果认真对待的话,即是与知识、真理和客观性等传统概念直接冲突的,它们要求从根本上去重建个人关于实在的观念"。[10]格拉塞斯费尔德强调,"知识不反映一个'客观的'本体论的实在,而完全只是一种对我们经验所构成的世界的整理和组织"[11]。可见,他反对客观主义知识论,反对认识的机械反映论。由此,他在学习论上坚持认为,[12]知识是由认知主体主动地建构起来的,认识的机制是适应自己的经验世界、帮助组织自己的经验世界,而不是发现本体论意义上的客观实在。激进的建构主义之所以激进的原因就在于,它否定了知识的真理性和可传递性。虽然激进的建构主义使人耳目一新,给人以多方面的、深刻的启示,但在实际操作上有相当大的难度,也许它只能作为一种理论给人以观念上的启示。

虽然以维果茨基为代表的社会建构主义也对知识的确定性和客观性抱有怀疑态度,但它认为知识的存在是客观的,是为社会所共有的,并在不断地改造中逼近世界的本真面目。社会建构主义者强调,认识的对象不仅仅是客观物质世界,"社会—文化"环境也是认识主体的建构对象。在社会建构主义者眼中,"社会—文化环境不仅是个体智力发展的一个必要条件,而且也对个体的智力发展有着重要的规范作用,即在很大程度上决定了各个个体智力发展的实际方向"[13]。所以,学习者首先要进入特定的"社会—文化"环境,并在这个环境中进行个体文化与社会文化的双向构建,一方面,通过个体对社会现存文化的学习来建构个体的文化世界;另一方面,因为个体文化有别于社会文化,因此,个体文化的"回流"会导致社会文化的更新与发展。总体来看,学习者是处在"社会—文化"的海洋中,学习者智力活动的方向、内容和方式就要受到社会—文化的影响和制约。

信息加工的建构主义是对信息加工论的发展。信息加工论不属于建构主义,[14]但可贵的是,信息加工论非常重视原有经验在学习新经验时的作用,在这一点上具有一定的建构主义色彩。信息加工的建构主义是对信息加工论的超越,它在坚持信息加工基本范式的同时,认为新旧经验之间的作用是双向的、反复的,新经验在原有经验的帮助下进入认知结构,但原有的认知结构也会因为与新经验的作用以及新经验的纳入而发生改组、改造。但信息加工建构主义似乎对认知对象的情境性、相对性、不确定性特征以及认知主体认知结构的个别差异没有太多热情,这也是它被称为"弱建构主义"的主要原因。虽然信息加工的建构主义没有能够彻底贯彻建构主义的思想,但笔者认为它在教学中,尤其是科学课程的教学中还是很实用的。

（二）建构主义科学学习理论的基本主张

虽然建构主义流派众多,对科学课程很多问题的见解也莫衷一是,但从总体来看,还是可以找到一些共同之处的。具体可从知识观、学生观、活动观、课程观做进一步阐释。

知识观　建构主义学习理论认为知识不是对现实的准确表征,它只是人们解释、理解、说明世界的一种假设、猜想或隐喻,它并不具有真理性特征。知识具有历史性特征,会随着社会的发展而不断变化,甚至会因为被证伪而失去合法地位。即便是承认知识在某一时期、某一群体中是相对稳定的客观存在,也不能保证每个人对它的理解完全一致,因为对它的理解是个体的事情,要涉及个体文化,而个体文化的差异会导致对知识理解的差异。

学生观　建构主义学习理论强调学生并不是带着空着的脑袋来学习的。在学生进入某一内容的学习之前,已经形成了丰富的经验和观念。这些经验和观念的内容之广泛,几乎可以涉及他在生活和学习中能够接触到的一切事物及其基本看法。同时,这些经验和观念主要是直观的、初步的认识和理解,有的比较科学,有的完全是错误的,但这些经验和观念在学生的头脑中"根深蒂固",并且是进一步学习的基础。所以,在教学中必须要正视和重视学生的个体文化和主体地位。

活动观　不同建构主义流派都坚持知识不可传递的观点,认为学习绝不是教师将现成的知识"移交""灌输"给学生的过程。建构主义认为,在学习活动中学生不是被动的信息接受者,而是根据自己的经验背景主动建构信息意义的创造者,因此,学习活动是一种主动、积极、创造性地赋予知识以意义的建构过程。在这个过程中,学生的个体文化状态是独一无二的,学生的积极、双向、反复的心智活动也是无人能够替代的。因此,学习活动是学生积极、主动地赋予事物意义建构个体文化的过程。

课程观　首先,依据建构主义,要适当降低科学的绝对权威地位,允许对科学知识的客观性和价值持理性的怀疑、批判态度,鼓励对自然界进行多元的解释,并使这些内容进入科学课程。其次,建构主义启示我们,学生的学习活动是双向、反复的建构活动。在建构活动中,学生身处的学习情境与学生的认知结构是两个重要的变量,良性的学习活动应该是这两个变量积极互动的过程。这就要求学习情境要随着学习活动的进展不断调整和变化。这决定了科学课程只能是一种不断展开、生成和超越的形态。再次,社会建构主义强调社会—文化环境对学生学习和发展的重要作用,因此,有必要在课程中增加对科学的社会、文化理解方面的内容。

三、建构主义对科学课程学习方式变革的启示

前面论述了科学文化的建构属性以及学习论中的建构主义理论,这些都为我们变革科学课程的学习方式提供了充分的理论支持。从实践的角度来看,国外已经出现了大量的以建构主义为指导的科学课程的改革与实践,并取得了令人瞩目的成果。概括起来看,笔者认为目前变革科学课程的学习方式至少应该注意如下几个问题:

(一)以学生为中心

虽然在教育界"以学生为中心"的呼声一直没有中断过,但从现实来看,人们的这种期望一直没有得到完全实现。建构主义从自己的立场上又一次为这种愿望找到了充分的理由,并提出了相应的解决方案。建构主义认为,学生的学习和发展只有依靠学生自己的活动才能实现,但学生有效的活动受自身的原有经验、学习情境以及参与程度的影响。因而,如何帮助、促进学生的有效活动的进行便成为教师、课程、评价制度等的重要使命。在科学教学中,教师应当尊重学生的主体地位,为学生积极有效地学习创造最佳的学习情境,提供及时、恰当的评价和指导。

(二)关注学生的个体文化

建构主义非常重视学生的原有经验、知识和观念,认为学生只有以此为基础才能够不断扩展、改造原有的经验,正如奥苏贝尔所言,"影响学习的最重要的一个因素是学生已经知道了什么"。因此,建构主义对学生个体文化的独特性、差异性及其发展的机制都予以了充分的关注。这启示我们,学生对科学文化的习得在一定程度上是个体文化的扩展与整合,在科学课程的教学中应该重视学生的个体文化的基础作用。重视个体文化的重要性要求关注几个问题:一是,个体文化之间存在差异,不同学生对各种事物的理解千差万别,内容也多寡不一,因此,首先要正视个体文化的个别差异;二是,学生个体文化和心理特征的差异性,决定着在具体教学这样的微观环境中可能难以找到一种普遍适用的有效方法。因此,学生的个体文化应该个别对待,要"因材施教";三是,应该认识到学生个体文化的发展性与改变的艰难性。

(三)为学生提供自由探究的机会

建构主义认为,学生的学习是独自建构对世界的理解的过程,在这个过程中学生得出的各种各样的解释,我们不仅应当尊重,而且还应该鼓励。因为只有这样,学生才能保持探索的热情、学习的动机,才能培养学生的独立思考问题的能力、创造能力和创新意识。有学者指出:"在建构式教学中,学生是自由的,他们可以在学习某一概念、现象或理论时大胆地提出自己的观点,与他人讨论这些观点,并动手实验检验这些观点。"[15]不久前,我国教育界在广泛、热烈地讨论研究性学习或探究性学习的问题,有些学者还开发了类似的教材,也有学者认为研究性学习应该成为一种特殊的课程形态。笔者认为,研究性学习更应该被视为一种学习方式,一种给予学生充分地发挥空间的探究式学习方式。这种学习方式不仅应该在

所谓的研究性学习课程中采用,而且在很多学科课程、活动性课程的教学中也可以提倡。

(四)促进学生之间的交往与合作

建构主义,尤其是社会建构主义非常重视在学习活动中学生之间的相互作用。受维果茨基理论的影响,"人们认识到关于世界的学习并不是在社会真空中发生的"[16]语言、社会—文化是人们认识自然界必要的中介。根据所罗门的社会建构论,"具有共同意义的物体只有通过社会交往而存在"[17]。所以,在学生学习的团体中,教师、学生的经验共同构成了一个团体的经验世界,教师和学生要寻求个体经验的发展,就必须要与这个共同的经验世界进行相互作用。在个体经验与团体经验的作用中,个体之间各抒己见、互通有无,不但会促进个体的经验世界发展,而且也有利于团体经验世界的进化,因此,在科学学习中有必要创造各种条件和学习情境促进学生之间的合作与交流。有学者强调,"在科学学习中,学生之间以及教师之间一起讨论问题,形成科学概念或提出解决问题的途径,彼此的启发或思想的碰撞,都是创新思维产生所不可或缺的"[18]。由此可见,促进学生的科学学习,不仅要重视学生个体的智力和非智力的活动,而且还要关注个体与团体之间、个体与个体之间的相互作用。

通过分析我们可以发现,科学课程学习方式的建构主义转向,不仅是科学文化建构本性的体现,而且也是学生学习心理规律的客观要求。但是,构建完备、自治的建构主义学习理论的任务无疑是异常艰巨的。不过可以预见,随着建构主义及其学习理论研究的深入,必将会带来一次科学课程学习方式的变革。

参考文献:

[1] 金继业.科学哲学中历史主义学派的科学观[J].辽宁大学学报(哲学社会科学版),1987(4).
[2] 郑祥福,洪伟.科学的精神[M].上海:上海三联书店,2001:62.
[3] [美]汉森著.发现的模式[M].邢新力,译.北京:中国国际广播出版社,1988:8.
[4] [英]巴里·巴恩斯.科学知识与社会学理论[M].鲁旭东,译.北京:东方出版社,2001:译者前言.
[5] [英]巴堪·巴恩斯.科学知识与社会学理论[M].鲁旭东,译.北京:东方出版社,2001:译者前言.
[6] [美]史蒂芬·科尔.科学的制造[M].林建成,等译.上海:上海人民出版社,2001:2.
[7] 李三虎.当代西方建构主义研究述评[J].国外社会科学,1997(5).
[8] 孙可平,邓小丽.理科教育展望[M].上海:华东师大出版社,2002:124.
[9] 陈琦,张建伟.建构主义学习观要义评析[J].华东师大学报(教育科学版),1998(1).
[10] 郑毓信,梁贯成.认知科学建构主义与数学教育[M].上海:上海教育出版社,1998:153.
[11] 丁邦平.国际科学教育导论[M].太原:山西教育出版社,2002:185.
[12] 陈琦,张建伟.建构主义学习观要义评析[J].华东师大学报(教育科学版),1998(1).
[13] 郑毓信,梁贯成.认知科学建构主义与数学教育[M].上海:上海教育出版社,1998:160.
[14] 陈琦,张建伟.建构主义学习观要义评析[J].华东师大学报(教育科学版),1998(1).
[15] 丁邦平.国际科学教育导论[M].太原:山西教育出版社,2002:199.
[16] [英]罗·德赖弗.科学教育的建构主义方法[A].[美]斯特弗.教育中的建构主义[M].高文,等译.上海:华东师范大学出版社,2002:393.
[17] [英]罗·德赖弗.科学教育的建构主义方法[A].[美]斯特弗.教育中的建构主义[M].高文,等译.上海:华东师范大学出版社,2002:393.
[18] 丁邦平.国际科学教育导论[M].太原:山西教育出版社,2002:199.

探究式学习:18条原则

任长松

目前,正如火如荼地开展着的新课程改革非常强调改变学生学习方式,倡导探究式学习。那么,应该如何开展探究式学习?开展探究式学习的过程中应该注意些什么?本文根据个人的一些学习与思考,择其要者,列为探究式学习原则18条,与大家共同探讨。

原则1 应提倡多样化的学习方式及其相互促进

探究式学习不是唯一的学习方式,教师讲授、学生听讲(接受式学习,tell - listen)也不是唯一的学习方式。两者应该相辅相成,互相促进。从我国目前的现实出发,应大力倡导探究式学习的研究与实践。

当然,为满足学生精神和心灵的渴望,学生必须接受式地学习大量的人类文化遗产中的精华,以丰富他们的心智与灵魂;而且,对于大多数学习内容来说,他们不可能自主发现式地进行建构。但这并不意味着这将成为唯一的学习方式。而且也不意味着间接知识的接受式学习就只能采取被动的、消极的听讲方式开展。实际上,儿童围绕一定情境或问题开展的主动搜集资料的过程(提出问题后查阅书刊及其他信息源,以便了解有关的已有知识),虽然是接受式学习,但却是主动的、积极的探究式学习过程的一部分。因此,也应该提倡以主动积极的探究方式来学习大量的间接知识,把间接知识的学习纳入到多样化的探究过程之中。

另外,由于探究过程需要探究者综合运用自己的已有知识和经验,这对于增进和加深对已学知识的理解,将其融会贯通,十分关键。我们常常有这样的体会:在一个新的探究情境中,自己已有的知识和经验获得了新的理解,产生出新的意义。正所谓"温故知新"。

学生在学校的学习过程中,应综合运用多种学习方式。每种学习方式各有长处和短处,运用得好都会发挥其他学习方式不能代替的特殊功效,运用不好也都会产生这样那样的问题:授受式学习运用得好,如教师擅长讲授,也可以生动地向学生传达大量的有用信息;运用不好的话,授课会很沉闷,让人昏昏欲睡。探究式学习能启发和锻炼学生的思维,但运用不好,也可能使课堂讨论变得杂乱无章,离题万里。

总体说来,授受式学习和探究式学习均是中小学生的重要学习方式,应该彼此取长补短,互相促进,不可偏废。

原则2 应在多样化的科目中开展探究式学习

一讲到探究式学习,我们往往想到在科学领域的科目中开展科学探究。实际上,探究式学习是一种强调学生自主积极投身其中的学习方式,各个科目中均应大力提倡。因此,不仅在小学科学、中学科学(物理、化学、生物)科目中,而且在语文学习中,在数学学习中,在英语

---

① 本文选自《教育理论与实践》2002年第1期,第47—50页;第2期,第56—59页。

学习中,在历史学习、地理学习中,在艺术(音乐、美术)学习中,均应倡导探究式的学习方式。探究式学习是各科课程都在探究的共同话题。这里,我们来看最难让人想到会使用"探究"的语文科。

实际上,语文课程不仅十分强调探究,而且在新的语文课程标准中,把探究甚至提到新课程基本理念的第三条来对待。翻开语文课程标准第1页,"课程的基本理念"共四条:"(一)全面提高学生的语文素养""(二)正确把握语文教育的特点""(四)努力建设开放而有活力的语文课程",而其第三条是"积极倡导自主、合作、探究的学习方式"。

根据新课程标准编制的语文新教材(这里以人教版为例)以后现代主义、建构主义和过程模式等先进课程设计理念为支撑,充分体现了强化"自主探究"这一崭新理念,这突出表现在各课后面的"研讨与练习"中。如第1课《在山的那边》课后第一题是:"朗读全诗,感悟诗中的思想感情。诗歌,除字面上的意思外,往往还有深层含义。探究一下,诗中的'海'与'山'蕴含着什么意思!"这里,提示了供学生自主探究的题目。第二题"联系上下文,品味下边诗句中加点的词语(括号里的问题可做参考)。"不仅提示了供学生探究的问题,而且通过括号中的问题为学生的探究提供了引导和指导。

另外,语文新教材在一学期中设计了六个综合性学习单元(三大三小),供学生集中进行规模比较大的探究活动。

历史教材从整体设计了时序与专题相结合的体系,一学期设计了五个专门的活动课,如寻找历史、编历史小故事、辩论课等,引导学生集中开展探究活动。更重要的是,新教材每课均有"活动与探究",不仅有分析材料等探究活动,也包括了不少可能引起争议的问题供学生探究,如提供两种不同的观点,要求学生判断他们谁说得有理。

物理、化学、生物新教材中由易到难、循序渐进地设计有大量的、丰富多彩的、类型各异的探究栏目与活动。生物新教材还在第一单元辟有专门文字说明观察、调查、收集和分析资料、探究的一般过程、实验方案的设计。另外,更有许多阅读材料详细展示了科学发展史上出现的一些科学探究的典型范例。如物理第8页"伽利略对摆动的探究",化学第87页"质量守恒定律的发现与发展",生物第128页英国科学家利斯特利的光合作用实验(1)(2)(3),地理第34页"偶然的发现,伟大的假说——魏格纳与大陆漂移说",等等,都较为详细地展示了这些经典探究所经历的典型过程和运用的主要方法,从而给学生提供了无限的启发。

原则3 应强调探究式学习的多样化设计模式

一说到探究式学习,我们常常就会想到发现式学习。一讲到探究式学习,人们想到的往往就是问题、假设、验证、结论、交流等步骤。尽管可以强调说不一定包括上述所有环节,但探究式学习就只能是发现式的吗,探究就只有这样一种问题解决的模式吗?

实际上,探究式学习有多样化的设计模式。从自主获取的信息的现成程度分,可将探究式学习区分为两大类:接受式探究与发现式探究。

在接受式的探究学习中,信息由学生主动从现有资料或现有资源(如从图书馆、互联网、科技场馆等)中直接搜集或向有关人士直接询问,所搜集到的信息是现成的,顶多只需略加整理即可。如,在讲完世界地理后,可以给学生布置这样一个探究作业:

如果你打算利用假期去新马泰旅游,为了旅游前的准备(如准备届时穿的衣物、购买机票、准备资金)你需要获取哪些信息(这些国家的气候特点及近期天气预报、来往中国与这些国家的交通方式及路线、人民币与这些国家货币之间的汇率,等),如果打算给你的家人和朋友带回些特产或小礼品,你需要了解哪些有关信息(这些国家的经济文化特色等),你打算从哪些渠道了解这些信息(《地理》杂志、旅游手册、旅游公司、电视、报纸、互联网、广告等)。写一篇短文,汇报你获得的信息,别忘了注明这些信息的确切来源。

由于这个作业是让学生从现有资源中主动搜集现成信息,因此是接受式的探究学习。在发现式的探究学习中,没有现成信息可以直接搜集到,而必须由探究者经过观察、实验、调查、解读、研讨等活动过程,通过整理分析来获得或发现。

如:

观察蜗牛。(观察)

设计一个一秒钟摆动一次的摆。(问题解决)

探究摆的频率与什么因素有关。(实验——变量定性分析)

探究圆的周长与什么变量有关,其数量关系如何。(变量定量分析)

研讨具有什么特征的事物才是有生命的。(概念澄清)

课文《在山的那边》一诗中,"山"指什么!(文本解读)

鉴赏约翰·施特劳斯的圆舞曲《蓝色的多瑙河》。(文本解读)

从以上范例中亦可以看出,发现式探究也有多样化的模式。如观察、实验、问题解决、变量分析、概念澄清、文本解读,等。

从一个探究活动持续的时间来看,有的探究可能用不了一节课的时间,有的则可能需要几周(如观察月相的变化,寻找出规律),有的甚至要持续大半学期甚至一年(观测记录一年中某地天气的变化)。

原则4 探究式学习应面向全体学生,并关照个别差异

并非只有好学生才有能力开展探究,应该给每一个学生参与探究的机会。尤其是那些在班级或小组中较少发言的学生,应给予他们特别的关照和积极的鼓励,使他们有机会、有信心参与到探究中来。

在小组合作开展探究活动时,教师要注意观察学生们的行为,防止一部分优秀的探究者控制和把持着局面,要注意引导同学们注意让每一个人都对探究活动有所贡献,让每个学生分享和承担探究的权利和义务。

当然,对于某些有特殊学习困难的学生和那些有特殊才能的学生,还要考虑利用其他时机(如课外兴趣活动中)给予他们一些专门适合他们水平和需要的探究任务。

原则5 应给探究式学习的开展提供足够的支持条件

探究式学习往往需要更多的时间,需要小班额教学,需要充足的材料等。在一个学生数太多的班级中,如果又没有充足的必需材料,在较短的时间内组织学生开展探究是比较困难的。即使激起了探究活动,也难于展开和深入。当然,并非所有的探究活动都需要强大的经费支持和人员配备,但探究时间的保证(从而保证学生思考的充分展开和深入)、一定的师生比(从而保证学生充分表达、师生充分交流的机会)等还是必需的。

从时间方面说,学生们需要有时间去试验自己的新想法,需要留出出错误耽误的时间,需要有时间作沉思默想,还得有时间用来开展相互讨论。需要给学生留出充裕的时间去安

排科学设备做实验,去野外作考察,或者去思考总结个人经验,去进行相互交流。还需要给学生们留出时间让他们以不同的组合方式——或个人,或结对,或小组,或全班——去做诸如阅读、实验、思考、记述和讨论等多种多样的活动。因此,对课程中的知识总量必须加以控制,以便为科学探究活动留出足够的时间。

另外,探究对教师的要求比较高,同时应有一些制度上的保证来促使教师能够和愿意花时间来为学生的探究做复杂费时的准备工作。

原则6　探究问题的设计应首先关注"儿童的问题",面向生活,面向社会

要注意了解儿童关注和感兴趣的问题是什么。我们的课程首先就要关注这些真正来自儿童和属于儿童的问题,联系学生生活和社会实际:第一,在设计小学科学课程时,首先应对6至12岁的儿童分别感兴趣的问题进行调查统计和分析,以此作为设计课程时选择探究主题和安排主题顺序的基础之一;第二,每学期都应留出一些"自由探究时间",供学生探究他们自主提出的问题;第三,日常的课程设计应该根据儿童的即时兴趣做出适当的及时的调整。

以下是一个小学里的真实镜头,应该引起我们的反思。

第一节课还在下雨,第二节时就停了。凸凹不平的地面上出现一些小水洼。刚刚做完课间操的一群小学生蹲在花池旁,热烈地议论着什么。还有几分钟就上第三节课,教小学科学的王老师从工具库中提着一大包下节课要用的教具朝教室走去,经过花池时发现他的学生还未进教室,他低头一看,原来他们正对草丛中的两条蚯蚓感兴趣。

"他们为什么从泥土中钻出来了?"

"是因为缺氧。下雨时,小鱼也会从水中探出头来呼吸。"

"或许是准备搬家。不是蚂蚁下雨前要搬家的么。"

"现在的雨都是酸雨,把土都给腐蚀了,蚯蚓在土里待不下去了。"

"土里有空气,下雨后土里灌满了水,没有了空气,蚯蚓憋得慌。蚯蚓不喜欢太湿的地儿。"

"他们出来让雨给他们洗个澡。"

王老师一看表,马上就要打上课铃了。他招呼同学们进教室准备上课,这节课他将与同学们一起探究"声音的产生"。他很高兴同学们对自然界保持着的积极的好奇心和探究欲望,遗憾的是,涉及蚯蚓的探究是在下一学期探究"动物与环境"的一课中。在那一课里,将引导学生主要探究"蚯蚓适于生活在什么环境里?明亮的地方还是阴暗的地方?潮湿的地方还是干燥的地方?"

作为教师,他还没有随意改动教学进程的权利,否则在上级进行教学检查时就可能受到批评。走进教室时,他发现同学们仍在小声地议论着蚯蚓的事。因此,他上课时不得不把同学们的探究兴趣从蚯蚓上移开,转到本课的探究题目上来。不过他对同学们说:"我刚才已经注意到同学们对蚯蚓的兴趣,对这个问题我们将在下学期研究,你们可以把今天的发现记下来,日后会用得到。不过,这节课,老师打算与同学们一起来探究一下,声音是怎样产生的?我们先来做一个实验。……"

中国教师没有充分的教学决策权,这是抑制教师充分地倾听学生的一个重要原因。学生来到学校以后所开展的探究应该源于学生自发的探究,也就是说,首先应该是关注对学生

自己的问题的探究,并允许学生对问题先自主进行一些非指导性探究。而不应该对学生说:"把你们的那些问题放在一边,在学校里你们应该探究这样一些问题。"也不应该总是对学生说:"我们今天要研究的是……,你们刚才提到的那个问题以后再说。"

因此,教师应该有权随时调整教学计划,可以随时插入临时性的单元或课题。一学期多数探究主题将是预先确定或设计的,但应该允许少数例外。还可以每学期末集中安排一些课时,与学生一起,通过观察、实验或查资料,共同来探讨一些"学生的十万个为什么"。

原则7 探究学习的重点不在探究的操作方法和操作技能上,因此不必对此要求过高

教师在指导学生探究时,不必追求科学家探究的水平,不能向博士生导师指导研究生时所强调和所关注的方面看齐,在科学探究的操作方法及操作技能上不必要求过高,这也不是教师指导学生开展探究活动的重点。当然也不能满足于儿童自发探究的水平,而应当着眼于学生"基本科学素养"的提高。具体说来,教师指导下的科学探究应该把重点放在以下四个方面:(1)通过探究满足学生求知欲;(2)通过探究获得关于身边世界的理解;(3)通过探究培养科学思维能力,锻炼问题解决能力、合作与交流能力,培养科学精神与态度,初步习得科学方法;(4)逐步获得对科学探究本身及科学本质的理解(科学探究是人类与宇宙之间的对话,科学是人类对宇宙的解读)。这里,尤其要注意引导学生通过直接参与探究过程,并通过自己的反省与思考,从亲身体验中获得对探究特征的深刻认识,以及深刻理解探究是怎样导致科学发现的(人类已有的知识是如何获得的,我们是如何一步步加深对这个世界的认识的)等一系列与科学的本质有关的问题。

尽管儿童没有射电望远镜用以观察太阳系的奥妙,没有电子显微镜来探究无限微小世界的秘密,人们也并不期望他们对物质有什么新发现,但是,儿童照样自发地或在成人指导下探究着这个世界的奥秘。探究并不复杂难懂、高不可攀,它存在于每个人身上,渗透于生活中的每一个角落。儿童所从事的探究与科学家的探究、与每个成人对自身所处社会的探究,本质上没有什么区别。教师在指导学生探究时,应关注的重点正是让学生学习作为探究之本质的那些共同的方面,那些具有广泛迁移价值的、在学生生活中和走向社会后也能有所启示和运用的共同的方面,如科学探究的基本过程、基本的科学思维方法,而不必过分强调某些具体的操作方法和操作技能,如滴定管的使用等。

原则8 探究中要辩证地处理学生自主与教师指导

探究学习强调学生的自主性,但并不忽视教师的指导。应该特别强调教师适时的、必要的、谨慎的、有效的指导,以追求真正从探究中有所收获,包括增进对世界的认识和学生探究素质的不断提升,从而使学生的探究实践得到不断提高和完善。从幼儿的摸索到小学里开展的实验,是一步一步循序渐进地发展的:孩子逐渐从自发的行为到采取有条理的态度,从漫无目的地发问到选择性地提出问题,从单纯地依赖感官到使用多种工具,从毫无规则的观察到更为合理、井然有序的研究,从迷恋到努力和精确严谨,从被魔力吸引到快乐地学习知识。无论哪个阶段或水平的探究都可能伴随有疑惑、阻力、障碍、专注、紧张、艰辛、兴奋、喜悦或激动,但都绝不只是轻松和愉快。

问题是,教师如何指导学生的探究,即探究的进度能否由教师预先确定或设计;是否应

该先给学生一段时间让他们自主地开展非指导性的探究;探究过程中学生自主活动的重点是什么,教师重点指导探究的哪些方面;如何引导,何时介入,介入多少;哪些指导是必要的,怎样指导才算充分了;何时需要提供背景资料或有关信息,何时传授相应的准备性知识,何时推荐学生阅读教科书,或向图书馆、互联网、成人求助? 要知道,在实际教学中,教师常常介入得过早(学生还没有充分地自主探究多长时间),以致阻碍了学生本可以自主发现的机会("差一点我们就要找到答案了!"),有时则介入过晚以致让学生过久地处于无助状态甚至陷入危险之中。教师的指导常常根本不必要、不应该,以致剥夺了学生尝试错误和从教训中学习的机会;有时指导又不够充分,以致学生感到手足无措。

原则9 探究中教师首先要充分地倾听学生

教师要重视学生自己对各种现象的理解(学生的个人知识),首先倾听他们现在的想法,洞察他们这些想法的由来,并鼓励学生之间相互交流和质疑,了解彼此的想法,以此为根据,引导学生彼此丰富和调整自己的理解。有一种十分重要的教育理念,叫"倾听着的教育",强调不仅要让"学生倾听教师",更强调首先要"教师倾听学生"。应该说,这是十分重要的教育新理念,十分深刻,应引起广泛的重视。

李政涛先生在《倾听着的教育——论教师对学生的倾听》一文(《教育理论与实践》2000年第7期)第一段和最后一段写道:

"教育的过程是教育者与受教育者相互倾听与应答的过程。……倾听受教育者的叙说是教师的道德责任。"

"这样的倾听就是真正的倾听,它有效地改变教师的倾听方式,使他们从外在的听到内在的听,从抽象的听到具体的听,从观念的听到体验的听,作为一个真正的倾听者的教师,必定是这样的:他怀着深深的谦虚和忍耐,以一颗充满柔情的爱心,张开他的耳朵,满怀信心和期待地迎接那些稚嫩的生命之音。这样的倾听由于植根于生命的大地,根深蒂固,顺风摇摆,时常静默沉寂,但又潜藏着创造的活力,它的全部目的无非在于:为了在空中绽放花朵,凝结果实。"这些思想都是非常深刻和感人的。

如在语文探究活动中,教师首先要认真倾听学生对作品的初步认识,了解学生们初步的感受、分析和理解。在学生交流他们探究结果的过程中,教师常常能轻易地辨别出哪些学生具有更高的悟性和理解力。在倾听学生发言的过程中,一位好的教师能敏锐地发现学生理解上的偏差、学生的疑惑、学生经验背景中已经拥有和仍然缺乏的东西,从而判断学生理解到的深度,并决定需要由教师补充哪些有关作品的背景性介绍。通过倾听学生,一位好的教师能准确地判断学生们是否已基本充分交流完他们所能想到和理解到的一切,从而果断地决定在何时介入讨论,以何种方式介入。通过倾听学生,教师还能对各学生的理解水平有一个大致的了解,从而判断由教师对作品的补充分析深入到什么程度是在学生的接受范围之内的。

实际上,正是通过倾听学生,通过关注学生的即时表现、学生的观点和发言,通过关注学生的兴奋与疑惑,教师对自己何时参与、如何参与做出决策。

由于学生的经验与知识背景的缺少,由于教师的专业出身和经验阅历,在学生交流探究感受与体验的过程中,由于教师的参与,整个研讨过程发生了令人兴奋的喜剧性变化。

在学生首先讲透了各自的理解之后,教师以一个研讨者的身份,适时地、平等地参与了学生的讨论,他讲了他个人对这部作品的了解、感受和认识(这当然参考了教材编写者在教师用书中的文字),希望得到同学们的评价、理解和支持。

学生们听了当然赞叹教师了解有关这部作品的那么多背景,很可能会折服于教师深刻的分析。但也会有少数学生表示不同意,或表现出疑惑,而且教师应该鼓励学生提出异议和进一步质疑,这说明了学生的理解在进一步深化。

"阅读教学是学生、教师、文本之间对话的过程。"阅读首先是学生与作品之间的对话,然后是学生之间就作品所进行的对话,教师参与后,则是学生、教师就作品所进行的对话。

探讨式教学的过程,是在教师、学生、教材之间开展交流、对话等相互作用("互动")过程中,"视界"的交接、冲突、介入与融合。

原则10 探究过程中要珍视并正确处理学生已有的个人知识和原始概念,引导学生积极反思

实际上,从儿童诞生的那一刻起,他们就没有停止过探究。因此,探究作为一种天生的本能,并不是一种从无到有要去学习的事物——他们无须学习如何提出问题、如何探究内部的结构、如何表达他们的发现,他们天生是"讨厌的"提问者、"可气的"拆卸者、"可恶的"破坏者、"可恨的"涂画者和"烦人的"嚷嚷者("一粒小小的种子怎么会长成那么大的一棵树?种子里面有什么神奇的东西?""植物吃泥土吗?"……)。

当然,儿童自发的探究停留在较低的水平上。不仅儿童的探究能力有限,探究本身所使用的过程与方法也较为粗糙,问题多多。但是,对于儿童初步认识他周围的简单事物来说,这种探究还是基本能够胜任的。儿童也的确从中获得了很大的满足。而且,学前儿童经过六年的自发探究,的确也获得了关于身边世界大量丰富的初步经验和具有一定解释力的个人见解、观点、想法和认识。小到身边的衣食住行,大到宇宙、星体的运行,从自然现象到社会生活,他们几乎都有一些自己的看法。尽管这些原始观念有些十分粗浅甚至是错误的,但它们大多都是通过探究而不是想当然地提出的,往往也是有根有据的,建立在学生少量的直接观察和具体经验的基础上。而且它们的确也能够在很大程度上解释儿童所感知到的关于身边世界的许多现象,儿童珍视自己的这些原始知识,这些个人知识对儿童来说也是有价值、有意义的。

儿童从家庭和社区进入学校,他们并不是一张白纸;儿童并不是带着一个空白的头脑来到教室的。他们是带着他们对这个世界六年的丰富经验和个人观点来到教师面前的。一位小学教师说道:"可不能小看这些小人儿,他们懂得可多了,个个都精着呢!"尤其是现在,儿童的环境中充满了丰富的刺激,他们对许多问题(关于自然的、关于社会的、关于自我的)都已经有过自己的探究,形成了自己初步的看法,尽管这些看法中有错漏粗疏之处,有些还不够全面,有些不够深刻,有些则是错误的(如学生可能认为"地球是一个平面","会飞的动物一定是鸟,因而蝙蝠是鸟而鸡则不属于鸟类")。这些原始观念是儿童认识这个世界的开端,是学生建构起他们对这个世界的新认识的起点。

以下是一些关于学生原始观念(alternative conceptions, prescientific conceptions, misconceptions)的研究。

幼儿园至四年级的学生在学习科学概念之前,不知道当水沸腾或蒸发后是作为一种气体存在的,他们更可能认为水沸腾或蒸发后"消失"了或者跑到天上去了。大多数孩子不知

道电流必须在一个封闭的通路里才能流动,他们常常认为电是来自电源的,并且总是进入一个目标,因此他们认为只要把电池与灯泡之间用一根导线连接,灯泡就可以发光。他们对于"植物如何找到吃的东西?"感到好奇。许多孩子以能够不断长大来区分生物与非生物,又以能够运动来区分动物和植物。不少孩子则干脆以能否运动来区分生物与非生物,因而把植物归为非生物之列。

初中的学生对于力的概念常常有许多错误认识。许多学生认为,如果物体处在运动中,那么必然有一个力连续作用在该物体上,如果力"用光了",运动就会停止。许多学生还认为,物体之所以保持静止或需要力才能动起来,是因为摩擦力(而不是惯性)。许多学生也无法想象放在桌子上的书尽管静止不动但却同时承受着几个力的作用。对于能量,许多学生会把它看成燃料和某些可以存储、使用和耗光的东西(而实际上能量是不会耗光的,它只是由一种形式转化成了另一种形式而已)。

中学阶段的许多学生知道生命体是由细胞构成的,但他们往往不认为生命体也是由分子构成的,因为学生往往只把分子与非生命物质联系起来。许多学生对生物进化过程中的自然选择存在错误认识,如他们可能把生物进化过程中发生的适应性变异理解成一种有目的的生物行为。

只有通过进一步的亲身探究(在教师引导下),让他们自己亲自发现自己的已有经验与新发现的现象或事实之间的不一致甚至矛盾冲突之处,他们才会心服口服地审视、反思并修正自己的经验和认识,提出或接受(重建)"更为科学"的新解释、新假设、新概念。这是学习者自主建构的过程,是"顺应"与"同化"两方面统一的过程。在这一过程中,学生自主建构起来的这些新知识(新解释、新假设、新概念),才是真正属于儿童的认知结构的、真正有意义的和有效力的"活知识"。这种建构不可能由其他人代替。

仅仅通过教师讲解、学生听讲获得的新知识(如儿童被告知地球围绕着太阳转、地球是个球体、轻重的物体同时落地、衣服保暖并不是因为衣服能产生热量等),儿童可能是知道教师在说什么,也似乎能够理解其字面的含义,并在考试时正确回答。但每个学习者都是在以自己原有的经验系统为基础对新的信息进行编码,建构自己的理解,因此对于上述听到的知识,儿童常常是半信半疑,很可能想不通,在他们后续的思维中则仍旧按照自己原来对这个世界的理解行事,或在不同的情境下用不同的理论(有时用书上的或听到的理论,有时又用自己的理论)来解释。教师的解释或书上的理论与儿童经验之间的不一致或矛盾之处并未获得合理的解决。

总之,要正确处理学生的个人知识和原始概念,强行更正是难以奏效的,唯一的途径是给他们亲历探究和开展反思的机会。

原则11 珍视探究中学生独特的感受、体验和理解

探究活动中,学生会有不同的感受和体验,对问题也会出现不同的理解和看法。这些,都是学生积极投身和亲历探究实践之后所获得的,应该珍视。

如在语文学习中,由于每个人的经验阅历、知识积累不同,对一部作品的理解会有不同。一千个读者,就有一千个哈姆雷特。教师对作品的理解往往更深刻、具有更高的水平,因此在探讨中处于一个特殊的地位,扮演特殊的角色。但另一方面,儿童的思维和认知常常更加敏锐、出于自然、更接近真实,且在不受众多背景性信息的干扰的情况下往往具有独特的视

角。因此,要"尊重学生在学习过程中的独特体验。""要珍视学生独特的感受、体验和理解。""对学生独特的感受和体验应加以鼓励。"(《语文课程标准》第2、17、20页)

原则12　在探究过程中要强调学生之间的合作与交流(学生间的相互倾听)

探究过程中需要学生们合作、解释和各种协调一致的尝试,这些合作与交流的实践和经验,可以帮助儿童学习按照一定规则开展讨论(而不是争吵)的艺术,学会准确地与他人交流,向别人解释自己的想法,倾听别人的想法,善待批评以审视自己的观点,获得更正确的认识,学会相互接纳、赞赏、分享、互助,等等。这种客观开放精神的形成并非易事,要靠长久的教育才能得到。而上述这一切,是我们几十年追求的科学与民主这一国民精神的基石。这种思维与存在方式应当在孩童时代抓起,否则就只能产生出一批批盲从、人云亦云,或独断、不宽容的观点,从而在理智上缺乏独立性、自主性、批判性。教师要重视"学生之间的相互倾听"。在整个探究过程中,由于经验背景的差异,探究者对问题的理解常常各异,在探究者的共同体中,这种差异本身便构成了一种宝贵的学习资源。(1)探究者在相互倾听中,明白了对问题别人也可以有其他的不同解释,有利于他们摆脱自我中心的思维倾向(皮亚杰重视合作,十分强调这一点);(2)在合作、相互表达与倾听中,探究者各自的想法、思路被明晰化、外显化,探究者可以更好地对自己的理解和思维过程进行审视和监控;(3)在讨论中,探究者之间相互质疑,其观点的对立及相互指出对方的逻辑矛盾,可以更好地引发探究者的认知冲突和自我反思,深化各自的认识;(4)探究者之间交流、争议、意见综合等有助于激起彼此的灵感,促进彼此建构出新的假设和更深层的理解;(5)探究中的合作、分享与交流,可以使不同探究者贡献各自的经验和发挥各自的优势,从而使探究者完成各单个探究者难以完成的复杂任务。研讨、交流、彼此表达与相互倾听,具有上述一系列价值(建构主义非常强调这一点)。在这一点上,我们成人也是深有体会的。

因此,不仅要从书本中学习,从大自然中学习,还要从他人那里学习。

原则13　在探究过程中体验挫折与成功

在亲历探究过程中,学生经历挫折与失败、成功与兴奋,这其中的许多感受和体验是他们理解科学的本质、理解科学精神的意义与价值的基础。即使有些探究,学生走了弯路,遭遇挫折和艰辛,甚至最终也没有找到问题的答案而不得不求助于教师直接给出解释,但学生仍从这一亲历过程中学到了不少东西。用他们自己的话说:

"原来科学研究这么不容易,科学家真了不起。""我以前就听说过科学的道路并不平坦,只有那些在崎岖的小路上不畏险阻、勇于攀登、坚忍不拔的人,才能征服最高的山峰。可是对于探索需要不屈不挠的科学精神这一点,今天通过这次挫折与失败,我才真正有些初步的感受和体验了。""艰辛之后的成功更快乐,更迷人。"

"实验结果竟然与我们预期的差别这么大,怪不得老师告诉我们不能想当然地看问题。""通过这次探究,我最大的感受是,多数人认为的不一定对,有时真理掌握在少数人的手里。"

探究过程中的挫折、错误、弯路甚至失败,对学生都具有重要的教育价值。当然,在多数探究中,教师要适时给予适当的帮助、引导,从而使探究在经历了一段努力之后有所结果,让学生体验到有所收获的喜悦和兴奋。否则,总是探究不出东西,学生也会丧失对探究的兴趣和信心。

原则14 不必一次探究透、探究完

允许学生针对某一问题或材料,螺旋式地、分阶段地开展不断的探究活动。

如果通过教师引导下的探究,儿童仍不能接受新的解释或理解,那么就不必急于让儿童强行记住这一新概念,而应该待他日后适当的时候再进一步开展这一题目的探究。一方面,这可能超出了儿童的理解力,另一方面,我们常要求儿童,不迷信专家,不唯书,不唯上,敢于向权威挑战,"我爱我师,但我更爱真理",因此也不能要求儿童强行接受某一概念。

如语文教学中,即使进一步的探讨后,学生仍有疑惑也没有关系,因为对一部作品的解读常常需要日后回过头来反复进行,因此不必强求一次探究透,探究完。

原则15 不仅强调探究中的动手,更要强调动脑

探究强调动手做(hands-on),但更强调动脑筋(minds-on)。毕竟,真正的学习并非发生在学生的手上,而是发生在他们的脑袋里。这包括强调学生在观察中的思考,对探究结果的猜测(假设),为后续探究制订计划,考虑变量的选择和控制,对获得的数据进行整理、分析等处理,在与同伴的对话和交流中相互质疑和评价,反思自己的预设,考虑可能的其他解释,最终得出结论和报告,并向其他人展示或陈述,等等。这一切,都是不仅要动手,更要动脑才能完成的。尤其是随着年级的不断提高,对动脑的强调会越来越多。

原则16 不同学段,对探究的水平要提出不同的要求

如语文课程中,应对不同年级段学生的探究水平提出不同的要求。

在这方面,科学探究领域的研究已经比较深入,如:

(1)小学阶段。

小学低年级学生的科学探究活动主要是以系统的观察、对常见物体的摆弄、测量为基础,对物体及其属性的检验和定性描述物体的性质、这些性质随时间的变化、当物质相互作用时所发生的变化,从事分组和分类的活动,思考这些物体之间的共同之处和不同之处,以及对世界动作的方式进行观察和跟踪记录。如可以让学生在日历上画出每天晚上月亮的形状,从而揭示出若干周内月亮形状变化的规律,或通过工作日志发现一年里本地区天气变化的规律。

随着年龄的增长,他们可以设计和完成简单的实验来探究科学问题了。到了四年级,许多学生已经可以接受科学实验的概念了。学生要学会采用简单的设备和工具,如尺子、温度计、钟表、天平、弹簧秤、放大镜等,收集数据,并学会以口头方式、图示方式或书面方式报告和交流研究过程和研究结果。

小学阶段的重点是培养观察能力、描述能力、根据观察结果进行解释说明的能力。应该鼓励年幼的儿童谈论和画出他们的所见、所闻和所想。年龄大的学生应该学会记日志、使用仪器并记录他们的观察结果和测量结果。对于小学生来说,应该强调科学探究的经验和对假设的思考,不要过分强调科学术语的使用、科学结论和信息的记忆。

小学阶段的经历和活动为中学阶段科学概念和规律循序渐进的深入学习奠定了坚实的基础。

(2) 初中阶段。

对初中学生的要求有所提高,如学生除了应该学会系统的观察外,还应该能够进行精确测定(定量描述),并会确定和控制变量。学生还应该学会运用计算机查询、检索、收集、存储、组织、总结、显示并解释数据,并在此基础上预测和构建模型,还应该学会通过批判性和逻辑性思维建立证据和解释之间的关系。同时,学生还应该学习把数学运用在科学探究的各个方面,并认识到不同性质的问题需要进行不同的科学探究。

(3) 高中阶段。

对于高中生,则要求他们阐明问题、方法、对照组、变量的选择与控制(如识别不产生影响的变量、影响较小的变量、对结果有负面影响的变量)、实验的误差,要求他们对指导科学探究的概念和理论框架进行思考和说明。高中学生应该具有以下数据分析的能力:确定数据的范围、数据的平均值和众数值、根据数据作图和寻找异常数据。

高中学生的探究活动最终应该构造出一种解释方案或一个模型(模型可以是物理模型、概念模型或数学模型),还要承认并分析其他解释方案和模型,而且能够通过对证据的权衡和对逻辑的检查,决定哪种解释和模型是最佳的(而不是通过考察这些解释与自己已有经验的一致性来评价这些解释)。由于高中生了解了更多的科学概念和过程,因此就要求他们的解释更加精致。也就是说,他们的科学解释应该更加频繁地运用丰富的科学基础知识(如科学术语)、逻辑证据、更深入的分析、更经受得起批评和不确定性并且更加清楚地展示逻辑、证据和现有知识之间的关系。

对高中生所提出的解释也要进行以公开讨论方式开展的"同行评议",讨论应该以科学知识和科学准则为依据,并运用逻辑和调查研究中所获得的数据。

原则17 把探究式学习与现代技术(如多媒体与互联网)相结合

有条件的地方和学校在指导学生开展探究时,可以考虑从几个方面运用多媒体和互联网等现代技术。首先,学生可以考虑从互联网上寻找信息和资料为自己手头的探究服务。其次,学生可以运用某些计算机软件对数据进行处理。第三,现在,我国的许多网站中出现了"基于互联网的探究性学习",学生可以在互联网上注册,选择探究课题,申请指导教师,在开展探究的过程中学生随时通过互联网记录下自己的进展情况,由网站安排的指导教师等专职人员,更多的是志愿者随时对学生的探究计划和行动进行咨询和指导。如优异研究院(www.ue100.com)、大眼睛科技教育网(www.eyeen.com)等都是这样把探究式学习与互联网技术结合起来的良好尝试。这样的尝试,有利于促使"每一个学生都投身于探究式学习之中"这一理想的实现。

如优异研究院的公告中写道:来自教育教学第一线的优秀教师、专业教育研究部门的教育理论工作者、资深的软件编程专家呕心沥血数月,根据我国研究性学习开展所取得的经验体会,汲取各国相关教学模式的优点,研制开发成功了基于网络应用的研究型课程平台"优异研究院"。这是我国基础教育领域第一个真正意义上的整合型课程、第一个真正体现互动学习精髓的教育网站,实现了传统学习模式向现代学习模式的转变。

"申请资讯"中包括三项内容:注册成为新会员、申请成为优异研究生、申请成为优异导师。"帮助中心"中包括以下一些问题:

为什么要来优异研究院?优异研究院可以为我们做些什么?

我怎样申请课题？我怎么才能提交上研究方案、记录、报告和体会等课题文档？

我有一个新课题，如果没有导师怎么办？

优异导师可以为我们做些什么？优异导师怎样得到研究生课题辅导请求的信息？

这样，把全国各地的人力资源整合起来为学生的探究服务，显示了互联网的神奇魔力。

原则18　探究式学习的评价应以形成性评价为主

探究式学习的评价旨在通过评价促进学生探究水平的不断发展和提高。这是从探究式学习评价的目的上来说。

从评价方法来看，学生的探究素质往往难于通过纸笔测验来加以评价，因为纸笔测验中无法显示出探究素质的方方面面。宜采用档案袋的方法来加以评价，或直接给学生一个探究任务，根据他们的实际表现来加以评价。

从评价的内容来看，重点应放在学生在探究过程中表现出来的对探究过程和方法的理解，对探究本质的把握（如判断或决策应在充分掌握证据和信息的情况下，有逻辑地做出；使用仪器往往比直接观察更加精确；探究中人们对事物的观察受他们先前知识和经验的影响，等等）。不能把是否探究出结论或结论是否正确作为唯一或最主要的评价指标。

论科学探究与接受学习的关系[①]

刘炳升

科学探究作为科学课程的一个重要理念、写入课程标准,它既是课程的重要目标之一,也是课程的重要内容之一,还是一种重要的学习方式。在新课程实验中,科学探究进入课堂正在改变着学生的学习方式,教师们创造了不少好的经验,也出现许多问题和困惑。一些教师反映,由于课堂探究活动的增加,教师负担加重,教学任务难以完成;课堂表面看来轰轰烈烈,学生似乎什么也没学到;在探究学习中,好的学生收获颇多,差的学生稀里糊涂,两极分化加重等等。面对现实中存在的现象,人们开始反思我们的种种提法和做法,希望能找到解决问题的方向。笔者认为,新课程实施后,教师的教学方式和学生的学习方式由过去比较单一的教师讲、学生听的方式转为以教师指导下学生探究为主的方式,这种变化非常大,由于人们认识上的误区、知识技能的局限、经验的不足和教学资源建设的滞后等原因,出现了一种类似钟摆的阻尼振动现象,这是不足为奇的。本文想就这些原因中的一个认识问题——科学探究与接受学习的关系,谈谈自己的看法。

一、学习方式的三个维度和学习方式的变革

学生的学习方式,从某种角度思考,可以分为三个维度。

教师与学生:学生自主 教师指导;学生与学生:合作学习 独立学习;探究与接受:探究学习 接受学习。任何学习方式都包含上述维度,又不过偏向于两极的程度不同而已。就宏观而言,应当选择三维空间中合适的平衡点,以全面实现提高科学素养的教学目标;就微观而言,应当综合考虑影响学习方式的多种因素,选择不同的学习方式,以达到优化组合的效果。新课程要求转变学生的学习方式,转变什么?不能笼统地说改变传统的学习方式,也不能说就是要改变教师讲学生听的学习方式,传统学习方式中有需要继承的,也有需要变革的东西,应当从本质上来认识。陈旧的学习方式忽视人的主动性、能动性和独立性;忽视应当体现科学过程的本质特征;忽视学习作为一种特定社会活动的基本特征:人的相互作用。转变学习方式是指导转变单一的、他主的、被动的学习方式,应当关注学生自主、合作和探究学习。

二、科学探究需要接受学习

科学家从事科学探究,寻找事物的规律和本质,但在探究过程中有接受的成分,同样,学生的探究式学习也不可能与接受学习截然分开。探究的过程离不开应用知识和技能,在提出问题时,评价问题的价值和可探究性需要一定的知识;在做出猜想、假设时,需要根据已有的知识和经验;设计实验时,需要掌握相关的原理和方法;只有将证据与科学知识建立联系

[①] 本文选自《物理教师》2004年第9期,第35—36页。

才能得出合理的解释；检验和评价探究的结果需要原理、模型和理论。而这些知识和技能不可能都由直接探究获得。另外，作为探究学习的特点，知识不是以定型的形式呈现给学生的，而是需要学生自己在解决问题中去有所"发现"，这种短时间内的"发现"常常带有很大的局限性，或者是定性的，或者是半定量的，即使是定量的，也只是在极有限的特殊条件下获得的。要形成对知识的理解，要认识探究所得知识与其他相关知识的内在联系，形成一定的知识结构，必须有内化的过程。这种内化的过程，主要是接受学习的意义建构过程。就某种意义而言，科学的结论不可能由"纯粹"的探究活动得出，需要与接受学习结合。如果勉强地完全由探究活动得出结论，将使学生产生对科学探究的曲解，它的危害不只是对知识的片面理解，更重要的是不利于科学思想和态度的形成。

三、接受式学习需要渗透探究的思想

首先谈谈关于"组成物质微粒"教学的思考。"组成物质的微粒"是物质科学领域中的一个重要主题。由于研究的对象是物质的微观层次的结构，很难让学生通过直接探究来建构知识，通常多采用教师讲授的形式。讲授要达到的知识目标是让学生知道：物质由分子组成；分子由原子组成；原子由电子和原子核组成；原子核由质子和中子组成；质子和中子由夸克组成。对学生而言，物质微粒结构教学的目标是哪些，怎样更好地激发学生学习的积极性和全面实现教学的目标，这些都是教师在设计教学时需要认真思考的问题。如果我们仅只考虑知识的目标，讲清科学家们获得的有关结论就可以了，但是我们还希望学生从该部分的教学中体验一种对微观世界的科学研究思想方法，只讲清结论就不够了。

[案例] 走进分子世界

多少年来，人们一直关注物质结构问题。从外表看来，各种形态的物质似乎都是连续的，人们凭肉眼无法看到它的内部微小结构。这给人们探索物质结构带来了困难。科学家采用一种非常有效的方法，就是根据观察到的现象提出一种结构模型的猜想，再收集证据来力图证实自己的猜想。随着观察技术的发展，人们收集到更多的证据，一些被许多证据支持的结构模型得到人们的承认。让我们借用这种科学方法来认识物质的结构。

活动：

(1) 用碳素笔在纸上画一笔，再用放大镜或低倍显微镜观察，你会看到。_____
(2) 将高锰酸钾颗粒放入水中，你看到的现象是_____
(3) 将装有半管水和半管酒精的长玻璃管反复翻转，你看到的现象是。_____

请选择如下的一种模型，尝试解释活动中看到的现象。

① 物质由微小颗粒组成，颗粒彼此紧靠在一起；
② 物质由微小颗粒组成，颗粒之间有间隙。

教师：科学家们发现，物质是可分的，许许多多的现象都能用物质的微粒模型来解释。他们还发现，当物质分到一定程度后，化学性质会发生变化，例如水……科学家把能保持物质化学性质的最小颗粒称为分子。随着技术的进步，人们已经能够应用一些先进的观察工具(如显微镜等)观察到我们用肉眼看不到的东西，科学家用超级电子显微镜绘出了分子的图像(图)。有足够的证据支持分子模型假说，随着研究的深入和观察技术的发展，科学家又建立了比分子更细微的物质结构模型，人们对物质结构的认识也随之发展。类似上面的例子是很多的，有许多内容总体上适于接受的学习方式，教师用讲授的方法或者学生用自学的

方法能够起到很好的效果,其中一个很重要的原因是学习的内容能够唤起学生的学习动机,并且能与学生已有的经验和认识建立非人为、实质性、有机的联系,从而实现意义的建构。在传授知识中,渗透探究的思想,这不失为一种好的策略,它可以使学生了解知识是怎样形成的,从而更好地理解知识。

四、对探究式学习与接受式学习的特点的认识

尽管在探究式学习和接受式学习中都有接受和探究成分的相互渗透,但两种学习方式是不一样的。一般来说,探究式学习与接受式学习有不同的长处,在过程感受和体验上,探究式学习优于接受式学习;在对科学探究的理解上,探究式学习优于接受式学习;在对探究能力的培养上,探究式学习优于接受式学习;在对知识结构的理解上,接受式学习优于探究式学习;在课堂获得知识的效率上,接受式学习优于探究式学习。有足够的证据证明,好的接受式学习对知识的获得和理解是有效的和经济的。但从长远来说,对培养学生创新意识、应用知识的迁移能力、对待事实证据的科学态度、对科学探究的理解、探究所需要的多重智能(特别是非逻辑的思维能力、搜索信息的能力、合作交流的能力等等),接受式学习显得力不从心。这就是我们为什么要加强探究式学习的原因。但不是要否定接受式学习,因为探究式学习需要较多的时间和较大的空间,间接获得知识仍然是学生获得知识的重要途径。各种学习方式都有自己的特点和功能。因此,在教学设计中,我们应当认识,探究不是唯一的学习方式,应当针对具体的情况选择学习方式,将探究的方式与其他方式结合起来,以达到最佳的学习效果。

我们还应当认识,探究式学习并非自然就能发挥它的功能,对探究式学习的片面理解、僵化的教学设计,都是导致探究学习效果不好的原因。关于如何搞好探究教学设计,体现探究的本质特征,笔者将另文讨论。

CAT:基于学习科学的科学概念学习环

林 静

近二十年来,随着正电子发射断层扫描(PET)、脑磁图(MEG)、功能性磁共振成像(fMRI)等多种无创伤脑研究技术的问世,使得人类对自己脑的高级功能有了实证性的科学研究。研究揭示的大脑学习机制促使人类对学习是如何发生的追问从猜想走向科学,并由此产生了一个新兴的跨学科研究领域—学习科学。学习科学不仅融合了认知科学、教育心理学、计算机科学、人类学、社会学和神经科学等多个学科,而且着眼于研究真实情景中的教与学,将为人类的教育由经验迈向科学奠定基础。本文根据学习科学的现有研究成果,探讨作为科学知识重要组织和表征形式的科学概念的教学问题,以期推进遵循学生学习规律的科学课堂教学改革。

一、已有科学概念教学理论的局限以及学习科学的现有贡献

概念是思维最基本的形式,也是构成知识的最基本的成分。诸多研究者认为学生科学学习是科学概念的发展或转变,而不是一些孤立信息的增加。由此,研究者提出了诸多的概念教学模型,其中最具影响的是波斯纳等人从认识论角度提出的概念转变模型(CCM),还有奥斯本等人基于认知心理学的视角提出的概念教学模型。

波斯纳等人认为,具备以下4个条件,就可发生概念转变:(1)学生认识到自己的某个概念不能解释新的事件或不能解决当前遇到的问题,对原有概念产生不满;(2)学生认识到新概念是可理解的,能懂得新概念的真正含义;(3)学生认识到新概念是合理的,能相信新概念的真实性;(4)学生认识到新概念是有效的,是解释某问题的更好途径。[1]但事实上,学生概念转变并不如模型所描绘的这么顺利。诸如学生的学习方式、知识表征方式、问题解决策略、情感状态、对科学本质的理解等因素都影响学生的概念转变。另外,学生运用新概念解释现象时,往往比原有概念还要不能令人满意,所以常会继续持有他们的原有概念,而将科学概念置之不理。[2]

奥斯本等人提出,促进学生概念转变的教学由四个阶段组成:(1)预备阶段:教师要理解科学家、学生以及自己对新概念的观点;(2)关键阶段:创设情境,最好是真实的生活情境,促使学生理解新概念;(3)质疑阶段:鼓励学生阐明自己的观点,让学生相互质疑和辩护;(4)应用阶段:提供各种情境让学生运用新概念。[3]可见,这一模型旨在促进学生对概念的信息加工。奥斯本等人发现,"那些与学生的观点不同,又没有被学习情境所强化的概念,需要后续的更多应用练习"。

这两个模型都吸收了皮亚杰基于儿童行为观察和言语访谈而提出的意义建构学习观,所以都能注重学生的已有知识与积极参与。但模型各环节似乎更多的是从学习目的和学习

---

① 本文选自《全球教育展望》2009年10期,第31—35页。

结果的角度,而不是依据学习发生的内在机制去构建的。所以,学生还是难以获得科学概念,难以迁移运用。随着科技的发展,新的学习科学对人是如何学习的这一问题有了进一步的认识,不仅更加强调学习者已有知识在学习中的重要性,而且指出:(1)"有用的知识"是围绕重要概念而联系和组织起来的;它"有条件地"指明了知识可使用的场合;它支持理解和迁移,而不仅仅是记忆。(2)"元认知"能促使学习者对学习进行自我调控,以达成学习的理解和迁移。(3)学习不仅是基于个体已知的意义建构,也是个体与环境互动而建构意义的结果。[4]

在诸多的学习科学研究成果中,这里要着重介绍 Dunbar 等人(2004)运用 fMRI 技术对学过五级物理课程的物理系大学生和没有接受过大学物理教育的成年人进行的自由落体运动概念的研究。[5]研究显示,当出现正确的运动图像时,物理系学生脑中的相应区域(尾核和副海马区)激活,说明他们已经接受了正确的科学概念;当出现错误的运动图像时,他们的前扣带回激活增加,表示了概念上的冲突。普通成年人面对正确的和错误的图像时,脑中激活的区域则相反,说明非物理专业的成年人仍然持有自由落体运动的错误概念。

实验中还发现,即使是物理系的大学生,当他们看到错误图像时,内侧前额皮层也是被激活的,这说明错误概念在大学生的脑中并没有消退,他们仍具有表达错误概念的生理机制。根据实验结果,Dunber 认为物理系学生建立了正确的科学概念,但是并没有重构他们的知识,而是在激活他们正确的概念时,抑制了他们原来的错误概念。Dunber 的实验结论不仅显示了科学概念的学习是困难的,而且也冲击了建构主义认为学生概念转变是知识重构的观点,使人们对"概念转变"的说法提出质疑。

二、CAT 基本学习环节及其学习机制

诸多的研究表明,学生获得科学概念的过程与人类探索科学概念的过程相似,是一个动态的发展过程,难以用某一个模式去固定化。但是,根据现有学习科学的研究成果,可以发现有效的科学概念学习必须经历认知冲突(Cognitive Conflict)、抽象概括(Abstract & Generalization)和迁移运用(Transfer Practice)这三个基本环节,因此可以由这三个基本环节循环构成一个学习环(如图 1 所示),循序渐进地推进学生科学概念的认知发展。取这三个基本环节第一个词的英文单词第一个字母,将这个学习环简称为 CAT。

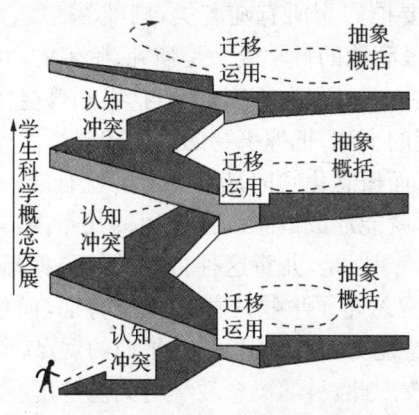

图 1　CAT 学习环模式图

(一)引发学生认知冲突

认知冲突是指学生的原有认知结构与所学新知识之间无法包容的矛盾,或是在新知识与学生原有认知结构之间产生的"不协调"。进入课堂学习时,学生的头脑并不是空白的,即使婴儿也会把自己的观点带入学习情境之中,是积极的学习者。教小学生认识地球是一个球体,孩子会把地球描绘成一个煎饼,或者把地球描绘成一个里面或顶部像煎饼一样的平面球体,人站在煎饼的上面。孩子们自己构建的地球模型帮助他们解释人是怎样站在地球表面上或在上面行走的,尽管模型与科学的球体型地球不一致。[6]

学生头脑中已有的关于科学的"朴素理论"、日常概念与要学习的科学概念之间或多或少有些距离,甚至是偏差。如果不能有效地激发学生认识到自己已有知识与新知识之间的距离或偏差,学生就会自发地以自己的已知去理解和构建新知识,其结果就会产生类似于"煎饼状的地球模型"这样的错误概念。所以,教学仅仅激活学生的已有知识是不够的,而是要让学生意识到已有知识与新知识之间的矛盾和冲突,即发生认知冲突,从而能使学习者有意识地进行自我调控学习,避免已有知识对学习的干扰。例如让认为地球是平面的学生解释为什么看到远去的船只先是不见船身,然后逐渐不见桅杆;让认为土壤是植物食物的学生解释无土栽培植物的正常生长,则就会激发学生的认知冲突。

因此,认知冲突之所以是学生概念学习的基本环节,不仅是因为认知冲突能"唤醒"学生的已有知识,而且也是因为认知冲突能激发学生自我调控学习的意识和能力,促使概念学习顺利进行。

(二)促进学生抽象概括

抽象是指舍弃事物个别的、非本质的特征或联系,抽取共同的、本质的特征或联系的思维过程。概括是根据抽象出来的事物的共同的、本质的特征或联系,而把同类事物联结起来的思维过程。[7]抽象决定概念的内涵,是概括的基础,若没有抽象就不可能概括;而概括决定概念的外延,概括有助于更科学的抽象。例如学生学习了兔、狗、羊、狮子、老虎这几种动物,抽取出这些动物所具有的共同特征:身体表面有毛;一般分头、颈、躯干、四肢和尾五个部分;用肺呼吸;体温恒定,是恒温动物;脑较大而发达;哺乳;胎生。这些特征足以将这几种动物区别于鸟类或两栖类,但若要推广至所有哺乳类,则哺乳、胎生是最具普遍性的本质特征。因此,可以概括出哺乳动物最简约的科学概念是哺乳、胎生的动物。

抽象的目的是降低事物之间的复杂程度,经概括得到普遍性的概念,从而使人们能够以综观的角度来了解许多特定的事物,把握事物的本质和规律。因此,抽象概括是科学概念获得和发展的重要思维方法。而概念化倾向是人类自小就有的一种能力。有研究显示,婴儿甚至在他们出生的第一个月就能形成概念。在短短的几年内,儿童会获得有关时间、空间、数字以及生物等的大量概念。[8]但是,儿童这种自发的抽象概括往往是简单而狭隘的,形成的"朴素理论"、日常概念常常忽略了事物之间的本质特征,而包括了一些非本质特征。例如,儿童根据自己有限的观察能力,会形成地球是平面的观点,会把能运动、能捕食作为动物的共同特征来区分动植物。[9]因此,科学概念教学的关键是发展学生科学的抽象概括能力。

CAT学习环将抽象概括作为学生学习科学概念的基本环节,不仅凸显了科学概念学习的特性,也借由提高学生抽象概括能力而发展学生自我调控概念学习的能力,提高学生的元认知。已有的一些科学概念教学正是因为没有突出抽象概括环节,所以尽管学生意识到已有知识与新概念之间的距离,但由于缺乏同化新概念的思维方法而不能正确获得新概念。

(三) 引导学生迁移运用

影响迁移的第一个因素是对已学内容的掌握程度,没有达到一定水平的已有学习,迁移是不会发生的。其次,迁移受学习理解程度的影响,仅靠记忆或错误理解也不能发生迁移。再次,迁移需要元认知提供策略性的能力。"元认知"是指人们预测他们在各种任务中表现的能力以及对目前的理解和掌握程度进行调控的能力。因此,将迁移运用作为学生学习科学概念的基本环节,不仅注重学习的实质,并且提供机会让学生自我检测概念学习的质量,学会自我判断是否理解、如何修正以完善所学的概念,从而充分发挥学生元认知的自我调控能力以促进学生概念学习能力的提高。

迁移是主动的、动态的过程。以往的教学模式往往只注重迁移的评价功能,只将迁移定位为教学评价的反馈,忽视了迁移是学习者自我调控的一种表现。已有研究显示,有效的学习者能够明确地意识到迁移的重要性,并且有强烈的内部动机来利用迁移的机会促进学习,具体表现在主动识别不同学习任务之间的相关性,识别可迁移的具体情境,在迁移机会出现时,主动、恰当地提取或接通有关经验或可利用的资源,并灵活地运用这些经验和资源。[10]由此,有效学习者更清晰何时何地如何提取运用所学的新概念,即具备了"条件化"运用新概念的能力。

三、CAT 学习环教学的基本策略

新的学习科学既注重学习者内在的学习规律,同时也注重学习环境对学习的重大影响。学习的发生,是学习者内在认知结构与外界学习环境互动的结果。CAT 的三个基本环节遵循学生科学概念学习的内在认知规律,充分体现了学生是主动的学习者,教师的"教"则在于创设适宜的学习情境引导学生积极建构和互动,使得学生在有限的课堂时间内获得科学概念。因此,CAT 学习环教学的基本策略在于:

(一) 创设学生学习科学概念的"学习共同体"

当代对学习共同体的界定主要是从人类学、社会学的角度出发,认为凡是以社会协商的方法建构知识的团体都可称为"学习共同体"。在科学概念的学习过程中,学生要将基于自己已知建构的个人概念达成科学规定的科学概念,则需要经历课堂中的社会协商过程。因此,科学课堂中的师生、生生之间应该是一个具有共同目标、相互支持、相互帮助的学习共同体。

营造学习共同体的策略之一是赋予学生学习责任和思维空间。教师要借助于学生暴露的日常概念使学生明白学习是他们自己内部的意义建构过程,教师能给予的只是引导和帮助,要获得科学概念,学生自己必须积极地投入到学习中,有意识地关注、思考和交流,以促进自己内在的认知活动。同时,教师在课堂上一定要留有时间和空间让学生主动思考。教师可以让学生根据自己对所学概念存在的困惑来决定概念学习的途径和方法,让学生自己决定和执行学习质量的检测。教师在课堂中要尽量少讲答案,多以有效的提问来激发学生问题解决的高级思维活动。在学生进行交流和讨论时,教师要做一位主持人而不是裁判。

总之,教师要让学生充分意识到课堂是他们学习的场所,他们是课堂学习的主角。

营造学习共同体的策略之二是明确协商机制。协商是学生将个人概念发展为科学概念的基础。教师要与学生一起制定一些协商机制,例如制定小组合作学习机制、各小组之间交流讨论机制等,对协商中的分工与合作、解释和论证、质疑和批判等给予操作上的一些约定,以提高协商的有效性。

营造学习共同体的策略之三是形成多元、民主、平等而安全的学习氛围。协商是一种民主、平等的对话与交流,教师要营造相应的氛围以支持和维护课堂中的协商。教师要充分运用自己的肢体语言,例如期待的目光、赞许地点头、鼓励的微笑、倾听时的沉思、倾听时的前倾等,来塑造自己作为学生学习引导者、合作者的角色。教师的言语要温和亲切,善于鼓励学生勇于表达自己观点、积极反思自己学习情况、及时改正错误理解等等。同时,教师要教导学生学会尊重他人的观点,学会宽容的倾听与严谨的质疑,学会科学的解释与合理的反驳,使得课堂不仅是民主的、平等的,还是多元的、安全的。

(二) 搭建学生学习科学概念的"脚手架"

学生要在有限的课堂时间内掌握人类经历漫长的认识而形成的科学概念,是有困难的。教师要为学生搭建科学概念学习的"脚手架",使学生能顺利理解和建构科学概念。

搭建"脚手架"策略之一是创设逼真的、问题丰富的学习情境。学生往往不能将自己在课堂中学习的科学概念应用于日常生活情境之中,其原因在于课堂学习的科学概念往往脱离了现实情境,从而使得学生难以获得概念的意义,形成刻板的、肤浅的理解。教学与学生的现实生活相联系,不仅有益于学生的深入理解和迁移,而且真实情境的真实任务易于激发学生学习动机,能转变为对学生具有自我参照意义的、主动参与的、有目的的活动,从而也激发学生运用元认知对自己的学习进行调控。因此,课堂内真实学习情境的设计对学生概念学习至关重要。例如在"传染病"概念教学的抽象概括环节,让学生观看我国非典时期的疾病传播以及防治情况录像,供学生讨论传染病的特征以及防治措施。在"密度"概念教学的迁移运用环节,教师可以让2—4位学生组成一个小组,各小组用相同质量的橡皮泥制作一艘船,比一比哪一组的小船能盛放最多的小铁钉而不会沉没于水。

搭建"脚手架"策略之二是提供概念的典型事例。一般情况下,至少应该有2—3个正例和2—3个反例,以便让学生能对概念的本质特征与非本质特征以及特征的变化进行辨别与反思。最具有代表性的概念事例被称为原型,正例之中应该包括原型。

按概念的抽象水平可以将概念分为具体概念和抽象概念两类。可以直接通过观察获得这类事物共同本质特征的是具体概念,例如"狗""鸟"等概念。抽象概念指一类事物的本质特征不能通过直接观察获得,必须通过下定义来揭示,又称为定义性概念,例如"密度""功"等概念。具体概念的正例和反例就是一些具体对象,例如鸟的正例有家鸽、企鹅和鸡,其中家鸽可以作为鸟的原型。反例则有昆虫、哺乳类、爬行类等。

抽象概念的事例则要复杂得多,一般要运用类比、隐喻等方式,通过呈现蕴含概念定义内涵的现象或活动提供概念的正例。例如,在"密度"概念教学中,教师可让学生做一个"猜想—验证—解释"的游戏活动促进学生抽象概括。教师为学生提供质量相同的木块、石蜡、铝块和铁块,让学生猜测这些物质的轻重,然后让学生分成小组通过实验来验证自己的猜测,再让各小组根据自己的猜想和实验现象做出解释。由于四个物质的体积不同,学生往往将石蜡或者铝块作为最轻的,也往往运用天平来验证自己的猜想。当学生要对自己的猜想与实验结果不符合的现状做出解释时,他们会反思自己做出猜测的依据是什么,也会思考为何质量相同的不同物质的体积会不同,由此会抽象出每种物质自身具有"轻"或"重"的属性(即密度)。此时,教师可以将这四种物质分别放入透明的水槽中,让学生观察它们在水中的沉浮,进一步巩固学生的这一观点。接下来,教师发给学生体积不同的一些木块、石蜡、铝块和铁块,让不同的小组分别研究这四种物质的"轻"或"重"的属性。各小组基本上会考虑物质的质量与体积的关系,或者会求单位质量的体积,或者会求单位体积的质量(即密度定义的基本含义)。此时,教师要求学生回顾自己做出猜测时是否隐含了某单位物理量的判断。让学生思考,平常人们说塑料、木块轻,铁、铜重,是单位体积的质量判断,还是单位质量的体积判断。最后告诉学生科学上是以物质单位体积的质量来衡量物质轻重属性的,并将这一属性称为物质的密度。

易于混淆学生理解概念内涵的现象或活动则可以作为抽象概念的反例。例如铁块会沉于水,而用铁造的船能浮于水,这混淆学生对密度是物质属性的认识。教师可以先后将一整块橡皮泥、去掉1/3的橡皮泥、做成船形的橡皮泥放入水中,让学生观察它的沉浮并做出解释。如果学生不能做出恰当的解释,则教师可以将两个质量相同而一个实心、一个空心的铁球放入水中,让学生观察并进行解释。

唯有创设了适宜的学习情境,注重内在认知机制的 CAT 学习环才能有效促进学生科学概念学习。另外,学生往往要多次经历认知冲突、抽象概括、迁移运用这三个基本学习环节才能达成对一个科学概念的深入理解,尤其是抽象概念的学习。在教学中,教师可以根据具体情况,在三个基本学习环节上增加一些学习环节,以帮助学生获得科学概念。例如在引发学生认知冲突之后,安排一个实验活动环节,然后引导学生基于实验探究进行抽象概括,或者发现学生抽象概括之后获得的概念存在错误,可以再次引发学生认知冲突,促使学生反思,修正认识。

参考文献:

[1] Posner, G. J., Strike, K. A., Hewson, P. W., Gertzog, W. A.. Accommodation of a scientific conception: toward a theory of conceptual change[J]. *Science Education*, 1982, 66(2):211—227.

[2] Wandersee, J. H., Mintzes, J. J., Novak, J. D.. Research on Alternative Conceptions in Science[A]. D. L. Gabel (Ed.). *Handbook of Research on Science Teaching and Learning* [C]. New York: Simon and Schuster MacMillan, 1994:177—210.

[3] Osborne, R. J., Wittrock, M. C.. Learning science: a generative process[J]. *Science Education*, 1983, 67(4):489—508.

[4] [美]约翰·D·布兰思特,等. 人是如何学习的[M]. 高文,等译. 上海:华东师范大学出版社, 2002:17—22.

[5] Laura-Ann Petitto, Kevin Dunbar. *New findings from Edu-cational Neuroscience on Bilingual Brains, Scientific Brains, and the Educated Mind* [DB/OL]. http://adelanteschool.org/Peitto.pdf. / 2004-12-4/2009-1-22.

[6] Vosniadou, S., W. F. Brewer. The concept of the Earth's Shape: A Study of Conceptual Change in Childhood [R]. Technical Report No. 467. Center for the Study of Reading, University of Illinois at

Urbana‑Champaign. ,1989.

　　[7] 朱智贤. 心理学大词典[M]. 北京：北京师范大学出版社，1989：73—484.

　　[8] [美]罗伯特·西戈勒，玛莎·阿利巴利. 儿童思维发展[M]. 刘电芝，等译·北京：世界图书出版公司，2006：12.

　　[9] Wandersee, J. H.. *Proceeding of the Iuternational Seminar on Misconceptions in Science and Mathematics*[C]. Ithaca, NY: Cornell University, 1983:441—465.

　　[10] 林崇德. 学习与发展[M]. 北京：北京师范大学出版社，2003：23—24.

语言技能与科学课程学习

陈庆朋

语言是交流和思维的工具,语言学家把语言学习分成四种技能,即听、说、读、写的技能,语言技能不但是人文类课程关注的重点,在科学课程学习中的作用也受到重视。传授式教学强调教师的讲和学生的听,认为教学过程就是教师传递知识的过程。教学质量的好坏全在于教师讲得如何,因此,研究的重点是如何提高教师在教学过程中说和写的技能,如教师如何引入新课、如何提问、如何讲授等,要求教师既要注意科学语言简练性、严密性、精确性等特点。又要注意激发学生的兴趣,语言要风趣、幽默、通俗易懂,要善于运用类比、比较等方式帮助学生理解科学。新课程倡导新的教学方式和学习方式,其目标之一是:"改变课程实施过程中过于强调接受学习、死记硬背、机械训练的现状,倡导学生主动参与、乐于探究、勤于动手,培养学生收集和处理信息的能力、获取新知识的能力、分析和解决问题的能力以及交流与合作的能力"。[1]收集和处理信息、交流与合作都需要语言技能,并且,"语言技能和科学知识的学习都与认知活动有关,语言技能和科学都涉及认知过程,如猜想、分类、区分原因和结果、推论和总结等"。[2]在科学课程教学中,将语言学习和科学学习整合起来,以语言作为科学学习的工具,以科学问题激起学生的好奇心。激发学生阅读、交流和写作的动机,可以达到语言技能、科学知识和学习能力的共同提高。因此,探讨语言技能在新课程学习中的作用,促进学生在科学素养和语言技能方面的共同发展,对新科学课程学习具有现实意义。

一、处理好日常语言与科学语言的关系

科学研究与日常生活面对的世界不同,科学研究面对的世界包括了宏观、中观和微观,日常生活面对的是中观世界,所以日常语言与科学语言具有很多不同的特点:日常语言是人们在日常交流中使用的语言,所用概念往往没有严格的定义和清晰的内涵;科学语言是建立科学知识体系和科学界交流使用的语言,超越感性活动,超越经验世界,所用概念有严格的定义和清晰的内涵,具有简洁、精确、客观和抽象的特点,不易为学生所理解。在学生学习科学知识之前,学生已经形成了对自然现象的一些理解,这些理解是使用日常语言表达的,这种理解和表达既可成为学生学习的基础,也可能形成对学生学习的干扰。因此,在学生的学习和交流过程中,要解决好日常语言与科学语言的关系。

首先,注意从日常语言向科学语言的转变。教师应从学生熟悉的生活经验出发,允许学生用日常语言表达自己对经验的理解,教师不要因为日常语言与科学语言的不同就轻易否定学生的观点,要注意发现日常语言中与科学语言相同的成分,引导学生逐步认识日常语言与科学语言的联系,在对科学知识的理解过程中,逐步学会使用科学语言。如,力的概念在

---

① 本文选自《课程·教材·教法》2007年第1期,第62—65页。

日常语言中对应着推力、拉力、举力、压力、重力等概念,教师先引导学生从这些概念中找出它们所具有的共同特点是一个物体受到另一个物体的作用,然后讨论怎样给力下定义才能反映这些共同特点,最终形成力的概念。这个过程就是学生的前概念向科学概念、原有认知向科学认知转变的过程,也是日常语言向科学语言的转变过程。通过在日常概念和科学概念间建立联系,便于学生理解科学知识,也便于学生将科学知识应用于生活。相反,如果教师一开始就给出科学概念的定义,采用死记硬背的方式考查学生对某些重要的概念、规律的掌握程度,而不与学生的生活经验相联系,忽视学生对科学概念形成过程的了解,学生就会对这些概念感到生疏,难以达到对科学概念的深入理解。

其次,注意同一名词在科学语言和日常语言中的不同含义。有些名词在日常语言中和科学语言中都会用到,教师需要帮助学生了解这些名词在不同情况下其意义的差别,如力、速度、功、能量等,这些词语在科学语言中已经被赋予了相当精确的科学含义,虽然与日常语言有部分相同的含义,但也有所不同,如力和速度在物理学中都是矢量,有大小和方向,在日常语言中却不考虑方向;功在物理学中专指力对物体做的功,与日常使用的"功劳""用功"等中的"功"却有不同的含义;在日常语言中物重就是指物体的质量,其单位是千克,而在物理学中物重是指物体所受的重力,其单位是牛顿。因此,要注意日常语言对科学语言的干扰,以免形成对科学概念的误解。如惯性概念,在日常使用时常与速度相联系,如"疾驶的列车以巨大的惯性冲向……"这种描述使人们形成了惯性与速度有关的理解,而很少看到这样的描述"列车由于具有巨大的惯性而缓慢启动"。日常语言中的惯性与物理学中的动量意义更接近,如果问没有学过物理的人惯性是否与速度有关,几乎都会回答"是",这里必须区分日常使用的惯性概念与物理学中的惯性概念的区别。

最后,要把握好科学语言严谨性的"度",注意在不同情况下的灵活性。在有些场合的科学交流中,可以不用严格的科学语言,如科普宣传中,经常使用比喻、类比等方式。对不同知识基础的人科学语言的严谨程度要求也不同,不能片面追求严谨性,新课程要求改变学科本位的状况,不过分要求科学概念、科学原理表述的准确性、逻辑的严密性,对一些科学概念可采用学生易懂的文字或图形表示。例如,对电压这一概念,过去的初中物理教学大纲要求学生知道电压的概念,这对初中学生来说较难理解,而现在的课程标准降低了要求,没有要求学生知道电压的概念,像人教版教材就是从学生的经验入手,通过具体电源电压值的实例,让学生感知电压,这样处理充分考虑了学生的认知特点,加强了知识与生活实际的联系,有助于学生对电压的形象认识。

二、阅读技能

阅读是学生获取知识的一条重要的途径,阅读技能是学生自主学习和终身学习所需具备的一项基本技能,教学不仅要教会学生某些知识,还要教会学生自学的能力。面对信息资源日益丰富、获取信息的渠道逐渐增多的现实,新课程的教学空间更加开放,学生可以从教师那里获取信息,还可以通过阅读教材和教学辅导材料、杂志、报纸或互联网等获取信息,或者通过自己的观察和探究获取信息,如高中物理课程标准在内容标准部分就多次出现让学生查找资料的要求:"通过查找资料等方式,了解并讨论伽利略对物体运动的研究在科学发展和人类进步上的重大意义。""通过查找资料,对比实际弹道的形状与抛物线的差异,尝试做出解释。"分析近几年的高考试题,就会发现一些知识新、阅读量大的信息题,这类题的特点是所选内容与科技发展及生活实际联系密切,文字叙述比较长,所需了解的条件并没明显给出,学生需要通过阅读提炼出所需的信息,这些方面的变化对学生的阅读技能提出了更高的要求。科学课程学习中学生的阅读主要有两种情况:理解性阅读和研究性阅读。

理解性阅读是学生为了理解所学知识,围绕教材或辅导材料中的相关内容进行的精读。科学中的理解性阅读不同于一般的文学阅读,一方面因为科学语言与文学语言具有不同的特点,科学语言包括了文字语言、符号语言和图像语言等,在句型结构上语法严谨,逻辑性强,因此要求学生有较强的逻辑思维能力,并了解科学文本的结构特点,库克总结出科学教科书组织知识的五种常用结构:(1)枚举结构:包含若干分论题及与每一分论题有关的事实。(2)概括结构:先对观念和原理予以界定,然后列举证据或例子说明一般规则。(3)系列结构:依次描述一些事件。(4)分类结构。(5)比较结构。[3]分清这五种结构可以帮助学生学会按教科书的不同结构去进行阅读。另一方面,阅读过程并非是被动、机械地吸收信息的过程,而是学生理解科学知识的过程,需要对所阅读的内容进行推理和判断,需要学生的经验和已有知识与阅读内容进行交互作用,如果学生缺少理解阅读内容的知识基础,或阅读的内容与已有知识相矛盾,则会面临理解的困难,如果直接让学生阅读"两个物体之间的作用力和反作用力总是大小相等,方向相反,作用在一条直线上",学生可以很容易地理解这段话的含义,但可能难以接受这段话的观点,这就需要教师提供能够使学生接受这种观点的证据。在阅读科学内容时,还可能会遇到这样的情况,理解了句子中的文字和结构但不理解其意义,如"当两个彼此接触、挤压的物体之间没有发生相对滑动,但有相对滑动的趋势时,接触面上会产生一种阻碍相对滑动趋势的力,这种力叫作静摩擦力",尽管字面和句子理解上没困难,但对"阻碍相对滑动的趋势"的真正意义可能难以理解,这种情况下教师可以通过具体的例子,说明什么是"阻碍相对运动的趋势"。因此,在指导学生的科学阅读时,教师要注意区分造成学生科学阅读困难的原因,采取有针对性的策略予以指导。

研究性阅读是为了让学生解决问题或寻找证据进行的阅读。学生带着一定的研究专题,主动地寻找和阅读相关的资料,通过阅读资料,找到解决问题的思路和论证自己观点的证据。这种阅读不是以知识的积累为目的,而是着眼于知识的发现、运用、整合甚至创新,阅读过程不仅涉及对阅读内容的理解,还涉及对所阅读内容的价值判断,即判断所阅读的知识对解决问题有无帮助。在教学过程中,教师可以给学生安排力所能及的研究课题,介绍一些阅读材料,指引查寻资料的途径,学生通过阅读寻找解决问题所需的资料,如学生学习过电磁感应的内容后,让学生从互联网、科技书刊上查阅资料,了解电磁感应在生产和生活中的应用,这样,既培养了学生的科研意识,又提高了学生的阅读能力,学生的阅读兴趣也可以得到长久的保持。John T Gulhrie等人进行了概念导向阅读的教学实验(concept-oriented reading instruction),这种教学围绕一个主题展开,学生通过动手做、观察、调查、阅读收集到的资料等进行概念学习,包括四个步骤:(1)观察和个人化;(2)调查和检索;(3)理解和整合;(4)与他人交流。一年后进行表现性评价,评价结果显示,概念导向的学习可以将概念学习策略迁移到新知识领域的学习,在获得新概念的能力等方面显示出较高的水平。[4]类似的实验证实,概念导向学习的学生在阅读投入和概念学习方面比传统教学方法的学生的水平高。

互联网的快速搜索功能为学生寻找信息提供了方便,但也要求学生有更高的分析判断能力,因为互联网上有很多未经编辑的信息,如果仅仅满足于寻找与答案相关的词语,而不对发现的内容进行仔细地阅读,不进行必要的对比和判断,就会妨碍学生阅读技能的培养,也不利于学生科学知识的学习,因此要鼓励学生在搜索的过程中首先要判断信息的来源,其信息是来自权威的网站还是个人看法,然后仔细阅读文本内容,分析所阅读内容与自己所需的信息是否相符,以便确定是否采用。

三、交流技能

科学交流对科学发展的巨大作用是有目共睹的。例如,科学家可以通过交流从其他科学家的研究中获得启发,确定自己的研究方向,可以发现自己研究的不足,改进自己的理论和观点。同样,在探究式学习中,学生由于背景知识的差异和看问题的角度不同,对同一事物的认识存在着很大的不同。要形成比较一致的科学结论,有效的方法就是让他们把各自的看法表达出来,在同学中间交流看法。要达到在科学课程中交流技能与科学素养共同发展的目的,就需要学生能够在交流中"说得清,辩得明"。

"说得清"是交流的基本前提,是要求学生能够用科学语言把自己的观点表达出来,只有把自己的观点说清楚了,才能让别人了解自己的观点,按多元智能理论的分类,理解和表达对应不同的智能,理解需要逻辑、数学智能,表达需要言语、语言技能,在课堂上经常会出现学生能正确回答问题,但又解释不清楚为什么的情况,这可能是学生的表达能力欠缺造成的。由于性格的不同,有的学生不喜欢发表自己的见解,也不愿评价别人的见解,所以教师首先要注重学生口头表达能力的训练,在平时教学中应当给每个学生的课堂发言提供机会,尤其是对那些语言表达能力较弱、缺乏自信的学生,更应该多加鼓励,不能让一些学生总是扮演听众的角色,教师应当鼓励学生大胆发表自己的见解,对学生在口头表达表现出的概念的不清晰或逻辑的不严密等问题,要通过启发及时补充、完善,使学生能熟练地运用口语表达出相应的意思。

"辩得明"是交流的目的,要求学生还要学会倾听,这种倾听不是像听故事那样只是接受信息,还要包括对所听内容的理解和辨别,辨别别人观点中的合理成分与不足,通过摆事实、讲道理的方式达到对科学观点的深入理解,科学中的交流不能满足于学生交流过程中表面上的热闹,像被有些专家批评的"有交流没体验",既不能像辩论赛那样强词夺理、互不相让,也不能为了达成一致而不经论证地放弃自己的观点。美国国家教育研究理事会编写的《科学探究与国家科学教育标准—教与学的指南》中对交流技能的要求是"学生公布他们的解释,使别的学生有机会就这些解释提出疑问、审查证据、挑出逻辑错误、指出解释中有悖于事实证据的地方,或者就相同的观察提出不同的解释"。[5](1) 在其所举的探究案例中也强调:"从他们的观测研究、阅读研究和讨论中,学生们开始懂得科学解释是如何系统地形成、并根据事实证据来评估的;懂得了科学界接受和使用各种解释学说直到这些解说被更好的解说取代为止。学生认识到如果寻找到足够的证据,他们的每一种解释看起来都会是合理的;而且,每当指向相反的方向时,他们也不会再为放弃无效的解释而觉得尴尬。发生这种转变后,他们对科学的理解就得到了进步"。[5](2) 通过"说"和"辩"既可训练学生掌握、运用科学语言的技能,也可培养学生科学探索的能力。

交流包括口语交流和书面交流两种方式,书面交流借助文字、符号、图表等表达对科学的理解和见解。学生通过科学写作进行书面交流,写作的内容和形式可以灵活多样,如研究报告、对某些部门或个人的建议、综述,甚至可以是高年级学生为低年级学生写说明材料。

新课程很多地方有科学写作的要求,如研究性学习和综合实践课程,其研究过程就包括调查、观察、文献检索和数据统计处理,以及撰写实验报告和论文等,高中物理课程标准中也有让学生"收集资料,分析世界和我国核电发展的现状和前景,写出综述"的要求。科学课程学习中的写作不是让学生把所学的知识原本地复述出来,而是让学生重新建构理解和构造知识,要求学生会用结论、证据、论证等去向不同的听众进行讨论,解释科学内容。Tchudi 和 Huerta 提供了在科学中发展写作—学习任务的指导方针:(1)在写作中坚持以科学内容为中心。(2)帮助学生建构和综合他们的知识。(3)为学生作者提供真实的读者。(4)花时间从不同的资源收集信息,聚焦问题,策划方案。(5)提供连续的教师支持、指导,清晰的介绍。[6](1)

诚然,语言艺术和科学是不同的学科,语言技能对科学学习有影响,在进行科学学习的过程中也可以提高语言技能,但不能通过一个的学习代替另一个。"语言技能与科学学习之间也有很大的不同,语言技能是使学生从文本或口头交流中寻求意义和理解;科学学习要求学生对自然世界的本性有基本的理解,了解学科、科学过程和科学探究、科学本身方面的知识。语言技能可以帮助学生发展科学素养,但不足以帮助学生理解科学本身的意义。"[6](2)因此,在科学课程的教学中,教师需要精心选择学习的课题,协调好科学素质和语言技能的关系,促进科学素质和语言技能的共同发展。

参考文献:

[1] 钟启泉. 基础教育课程改革纲要(试行)解读[M]. 上海:华东师范大学出版社,2003,4.

[2] David Kumar, Valerse J. Bristor. Integrating Science and Language Arts through Technology based Macrocontexts [J]. *Educational Review*,1999,51(1):41—54.

[3] 吴庆麟,等. 认知心理学[M]. 上海:上海科学技术出版社,2000:376.

[4] John T. Guthrie, Emily Anderson, Solomon Alao, Jennifer Rinehart. Influences of Concept oriented Reading Instruction on Strategy use and conceptual Learning from Text[J]. *The Elementary School Journal*,1999,99(4):343.

[5] [美]国家研究理事会数理与工程教育中心. 科学探究与国家科学教育标准——教与学的指南[M]. 罗星凯,等译. 北京:科学普及出版社,2004:29.

[6] Larry D·Yore. Examining the Literacy Component of Science Literacy:25years of Language Arts and Science Research[J].. *International Fournal of Science Education*,2003:689—725.

场馆科学学习:本质特征与影响因素[①]

伍新春 曾筝 谢娟 康长运

学习是促进个体发展的有效途径,它既包括课堂中系统的知识传授,也包括个体对课外经验的获取和建构。研究者把课堂以外的学习称作"非正式学习"(informal learning)。其中,场馆学习(museum learning)是重要的非正式学习形式。场馆(museum)不仅包括科技馆、天文馆、自然博物馆等在内的具有封闭结构的场所,也包括动物园、植物园等在内的与科学教育相关的露天场所。美国学习改革委员会在1994年的"为个体学习而设的公共机构"国际学术会议上,首次将"场馆"界定为"各种与科学、历史、艺术等教育有关的公共机构,如自然博物馆、科技馆、天文馆、历史博物馆、美术馆、动物园、植物园、水族馆等"。所谓场馆科学学习(museum-based science learning),就是在与科学有关的场馆中的学习。它是在信息刺激丰富的场馆环境基础上,个人经验和社会团体交互作用的结合。

从西方场馆的发展历史来看,早期场馆的角色主要是文物储存的场所,用来收集、保存社会上具有历史、艺术、文化以及科学意义的文物。直到19世纪期间,场馆的教育作用才得到关注。一些学者认为,场馆收集、保存文物的基本任务在于教育公众。此时,场馆成为公众聚集并进行社会化学习的场所[1]。19世纪末,从美国史密森尼研究院(Smithsonian Institution,美国最大的场馆共同体和场馆研究组织)开始,相继有许多场馆为儿童设立了专门的活动室或学习间。通过自由玩耍、角色扮演来体验自然和模拟驾车等活动,儿童不仅获得了相应的知识,还提高了学习科学的兴趣和对科学的认识[2]。

从20世纪中期开始,非正式学习成为教育学和教育心理学研究的新领域,其中场馆学习(museum learning)的研究更是受到了许多研究者的关注[3][4][5]。20世纪60年代,美国的一批科学家和教育家开始探讨如何利用科技场馆来普及科学知识,其中的代表人物是弗兰克·奥本海默(Frank Oppenheimer),他在1961年创建旧金山探索馆(San Francisco Exploratorium),鼓励观众通过在科技馆的探索活动来学习科学,这是世界上第一个可以与展品互动的科学中心。这种科学中心很快得到了世界科技场馆的认可。20世纪70年代以后,以教育和学习为重要职能的现代科技场馆风靡世界。

1999年,美国科学教育研究联合会(National Science Education Research Association)成立了"非正式环境科学教育专门委员会",主要负责组织和研究学校以外的科学教育,该组织的设立和运作进一步推进了场馆科学学习研究的发展。2004年,来自美国、英国、加拿大和澳大利亚的场馆科学教育研究者齐聚美国安纳波利斯(Annapolis),回顾和总结了该领域自1994年以来的研究成果,并讨论了后续研究的方向。研究的热点集中于探索和应用两个层面——探索场馆中是否能够发生学习?这种学习有什么特点?受到什么因素的影响?然后,以这些研究成果为基础,为观众更好地进行场馆学习提出建议,为增强场馆设置的教育

[①] 本文选自《北京师范大学学报(社会科学版)》2009年第5期,第13—19页。

性提供建议[6]。本文主要就第一个层面进行论述。

一、场馆科学学习的主要特征

长期以来,在培根、斯宾塞、赫胥黎等人倡导的"学科知识型"或"百科全书式"科学教育思想的指导下,科学被分成相互割裂的科目在学校进行教授。随着社会的发展和建构主义学习观的兴起,研究者们逐渐认识到科学学习不应该仅局限于学校,应该与社会生活发生广泛而深入的联系。场馆科学学习就是顺应这种教育需求所进行的科学学习方式的重要变革,它具有如下三个基本特征:

(一) 基于真实问题

科技场馆展品设计的重要原则是"基于具体事件(issue-based)"和"基于实际问题(problem-based)"。这一原则和科学学习的发展趋势不谋而合。在真实的生活中,我们遇到的问题常常不是课堂上那种由教学大纲或者教师事先规定的,而是错综复杂的、因情境而异的问题。

建构主义理论认为,学生在以分隔的方式学习时产生的是"惰性"知识,这些知识只能用于完成学校测验。当他们试图用这种知识去解决具体问题时,"惰性"知识就不起作用了。科技场馆的学习可以让观众体验到知识在具体情境中是如何运用的,避免"惰性"知识的产生。例如,研究者发现,参观了"洛杉矶空气污染展览"的观众,不仅对洛杉矶空气污染的原因和现状的了解程度有所提高,还能意识到这是一个严重的社会问题,需要各方面的通力协作才能解决,部分观众还能利用参观中得到的信息进行环境保护方案的设计[7]。研究者认为,越是与观众生活经验相关的展品,越有利于观众理解其内涵、实现知识的迁移,其教育价值也越大。

(二) 强调探究过程

探究学习的倡导者施瓦布(J. Schwab)认为,科学学习应该以一种探究的方式进行。在探究学习过程中,学生通过自主地参与知识的获得过程,掌握研究自然所必需的探究能力,同时形成相关的科学概念,进而培养探索世界的积极态度。在传统的课堂中,因为环境和条件的限制,学生很难有机会对某一个科学问题进行深入的探究。科技场馆则提供了"以观众为中心"的探究环境。首先,科技场馆中的信息丰富,它的展品是围绕不同的科学内容设置的,观众可以自由选择主题;其次,科技场馆中的展品一般是引导观众通过互动来发现某种现象和规律。在这种自由开放而没有压力的气氛中,个体能够积极地投入探究过程,进行观察、操作,并发现展品的规律。

Crowley等人研究了儿童在科技馆参观"旋转画筒"的过程,具体考察了儿童如何从操作中发现"改变画筒旋转的速度和方向会产生不同的错觉运动"这一规律[8]。他们通过行为观察和录像分析发现:通过自己操作展品和成人解释,儿童能够掌握错觉运动的原理,并能认识到这种现象与他们喜欢的动画片的制作有密切的关系。

Allen研究了参与科技馆中"灯光的阻挡与影子形成"实验的观众,结果发现观众通过观察现象后对原因的解释普遍比较简单,而且大多数观众对于设计实验证明自己观点的任务都感到无从下手[9]。这说明观众的科学探究能力有待提高,但是科技场馆中的展品设计能够帮助观众提高探究能力。

(三) 产出多元结果

场馆学习是有效的。Jaimila 和 Simpson 访谈了参与校外科学教育活动的学生家长,这些家长发现,学生参与校外科学教育活动后,确实能够从中获益,从而肯定了场馆学习的有效性[10]。场馆学习能让个体发挥最大的自主选择性,观众可以选择自己感兴趣的展品,决定参观的进程,决定参观的时间。由此,场馆科学学习的结果也与个体的经验有关,并反映在一些相互联系的领域中。

1. 动作技能

为了通过互动而丰富观众的体验,不同类型的场馆设计者都会设计一些可操作的展品。这些展品为观众提供了更多锻炼的机会,比课堂中单纯的知识讲授更能促进动作技能的发展。Diamond 记录了家庭参观中 21 类行为的发生频率[11],通过数据分析后发现,出现率最高的是"对展品的操作"行为,排在第二位的是"观察他人操作"。其中,儿童更多是不阅读说明就进行自发的操作,而父亲大多数在阅读说明后对儿童操作进行指导,母亲则更多在一旁观察。Wellington 调查发现,操作性展品的一个重要教育目的就是促进观众的动作技能,包括操作技能、手动灵敏度和手眼协调等方面[12]。

2. 兴趣态度

场馆学习是在完全没有压力的情况下进行的,这能最大限度地激发观众的学习动机,提高个体对科学的兴趣。Jarvis 和 Pell 的研究发现,一些在科学学习方面自信不足的 10—11 岁女生,在参与了天文馆的一些具有挑战性的任务后,认为这种参观"很真实、很有趣",她们对学习科学的焦虑程度降低、自信心提高,并且这种变化一直持续到该学年结束[13]。Falk 根据先前知识和先前兴趣的高、中、低,将观众分成 9 组,他发现不论对展览主题的内容了解程度如何,低水平兴趣组和中等水平兴趣组在参观后的兴趣水平都有显著的提高,高水平兴趣组仍然保持较高的状态[14]。

3. 知识概念

场馆学习能促进科学概念的学习。场馆中的展品都是一个或多个科学原理的具体反映,学生从参观中能够学习到与展览主题相关的科学概念,甚至转变原先的错误概念。Falk 和 Storksdieck 调查了参观加利福尼亚科技馆"生物世界"展览的观众在参观前后对相关知识的掌握程度[15]。结果发现,观众在参观结束后,知识广度有所拓宽,对生物知识也有了更深层次的理解。在另一研究中,Falk 比较了参观前后观众对"洛杉矶空气污染"和"脊椎动物的早期发展"两个展览中部分概念的了解程度[7]。研究发现,无论是否具有展品说明,观众对这两个主题概念的理解程度都有显著的提高;而那些观看了带有说明的展览的观众,能够更深刻地体会到展览所传达的关键信息。

Anderson 等人使用概念图技术分析了 28 名七年级学生在参观前后对于"电"和"磁"这两个概念的认识[16]。他发现学生参观后的概念理解有了明显的提高和改进,不仅能够认识或理解到新的概念,还能对原先模糊不清的概念进行正确的理解,并能运用学到的概念来解释新的现象。

4. 社会交流

场馆中的参观不仅是个人行为,更是一种社会活动,因为在参观过程中,每个人都可能需要与讲解员、同伴甚至是陌生人进行一定程度的沟通和交流。这种交流能加深个体对展品的理解,也能满足个人社会交流的需要,因此有很多研究者关注场馆学习中的"社会联系"(social contact)。观众与其所在团体成员的合作和相互作用,对个体在场馆中的行为有重要的影响。Jarvis 和 Pell 对参观天文馆的观众研究发现[13],当成人充当照料者时,儿童的活动会漫无目的;当成人控制儿童的参观行为时,儿童会进行被动参观;当成人为儿童分配角色进行游戏时,儿童只是按角色要求完成任务而没有深入思考;当成人为儿童解释和阅读展品时,他们之间更多的是集中于展品科学性的谈话。此外,在随后进行的天文挑战活动中,自动进行角色分工并密切合作的学生,对科学的兴趣更高,对学习的主动性和自主性也更强。

二、场馆科学学习的影响因素

相对于课堂环境而言,场馆科学学习会受到更多因素的影响。Falk 和 Dierking 基于建构主义的学习理论,提出了场馆科学学习的情境模型(Con-textual Model of Learning),认为场馆学习主要受到个人因素、物理环境和社会环境三方面因素的影响[17]。其中,个人因素包括观众的知识背景、先前生活经验、兴趣、社交技能和对展览的理解程度;物理环境主要指展览的设置,包括展品的特征、摆放、说明等等,场馆的建筑风格、空间环境也是比较重要的方面;社会因素既包括展览在某种社会文化中的地位,也包括观众之间的交流状况。Falk 等认为,场馆科学学习是由情境所驱动的,开放而无终止的,不断地在个人情境、物理情境和社会情境之间发生联系[17]。

(一)个人因素

个体进行建构学习的前提条件是,在先前经验的基础上发展起对新知识的理解。课堂学习如此,场馆科学学习更然。观众必须把自己的先前经验和参观获得的信息结合在一起,才能使参观经验变得有意义。进一步来说,新旧信息的整合方式是个人化的,取决于观众的认知水平、情感体验、行为模式。通过对这个领域的初步探索,研究者们总结出一些对场馆科学学习有影响的个人因素,包括观众的年龄、性别、教育程度、种族、参观的时间、参观的行为模式、先前知识和动机等[15][17]。

由于个人因素的复杂性和多样性,大多数研究者都只能将其作为背景变量,很少深入探讨各种因素与场馆科学学习之间的关系。Falk 和 Adelman 尝试用先前知识和兴趣作为个人因素的代表,探讨他们与场馆科学学习之间的关系[14]。他们的研究结果证实了先前的假设:先前知识和先前兴趣是个人因素中的重要组成部分,对场馆科学学习的效果有一定的预测作用。

(二)环境因素

场馆科学学习比一般课堂学习更依赖环境的作用。观众对场馆的建筑风格、展品设置和场馆服务的感受,对他们的学习效果会产生巨大的影响。场馆的建筑风格就好比课堂气氛,在不同风格的场馆中参观,学习的基调也基本确定了。研究者一般通过对不同场馆的比较来研究建筑风格对学习效果的影响作用。

相对来说,场馆的建筑风格是比较固定的,而研究者们更关注怎样进行展品设置能更有效地向观众传递信息。因此,对于展品设置的研究也更为丰富和深入。Sandifer 研究了场馆中具有不同特征的展品对游客的吸引力[18]。他把科技馆中的展品分成技术创新性、以使用者为中心、感官刺激丰富、开放式四类,通过录像分析,他发现观众在具备技术创新性和开放性的展品前停留的时间最长。Sandifer 的研究结果为场馆的展品设置提供了明确的方向和思路。

Allen 认为展品设置的一个重要原则是考虑如何激发观众的兴趣[9]。观众参观场馆的动机越强,对展品的关注就更多,收益也更大。Falk 和 Adelman 在水族馆中研究了观众的兴趣和先前知识对参观效果的影响[14],其结果不仅佐证了 Al-len 的论断,也为场馆展品的设置提供了重要的启示。

展品说明是否有效也能影响场馆科学学习的效果。Falk 比较了观看有无说明的展览的观众,在参观后对展览主题的掌握程度[7]。研究发现,无论有无展品说明,观众都能掌握基本的信息。但是在有说明的展览中,观众停留的时间更长,发生真正学习的可能性更大。另外,展览说明能帮助观众更深入地了解展览的深层目的,比较准确而有效地接收展览设计者所传递的信息。

(三)社会因素

Falk 和 Dierking 认为,进行社会交往是观众参观科技场馆的三个主要目的之一[17],参观场馆是一种社交行为,他们能在参观过程中与他人发生一定的社会联系。通常,场馆中的观众都是来自某个团体的,这些团体可能是只有两个人的同伴团体,也有可能多达数十人的旅游团,其中60%是家庭团体[19]。团体成员共同的社会文化背景使他们接受和理解场馆所传递的信息时有更多的共通之处,而成员间的互动和交流也会对场馆科学学习效果产生较大的影响,这也是该领域研究的焦点之一。

1. 家庭团体在场馆中的互动与交流

以家庭为单位的观众和场馆中的其他观众的行为模式存在差异。Sandifer 在科技馆中对47名观众的观察发现[19]:以家庭为单位的观众在个别展品前逗留的时间比非家庭观众更长,参观的总时间也更多。每个家庭在参观中都有自己独特的行为和交流方式,成员间的知识、经验和价值分享,能够使整个家庭从参观场馆中获得最大收益[20]。由于家庭团体的特殊性,他们的场馆参观经验不仅具有短期的效果,家庭成员还有可能在今后的日常生活中回顾参观情形,不断加深与参观科技场馆有关的科学体验或价值体验。也就是说,与其他团体相比,家庭参观的长期效果容易保持和深化。

有关家庭团体对场馆科学学习的影响的研究,主要集中于探讨不同特征的家庭团体在参观中的互动和交流。一般情况下,成人在参观中占据主导权,他们会决定参观的顺序以及参观什么展品,或者是成人根据儿童的兴趣而作出相应的选择。MuManus 比较了"全成人组"和"成人—儿童组"中不同性别角色的作用[21]:在全成人组中,女性(妻子)一般充当探索者的角色;在有儿童时,一般由男性充当参观的领导者,女性(母亲)充当照料者。"父—子模式"与"母—女模式"也存在区别[13]——当儿子问父亲某件展品的信息时,父亲一般会大声阅读说明,进行操作示范,并对儿童提问;母亲则无此类行为。Palmquist 和 Crowley 研究发现,儿童的知识经验的丰富水平能够直接影响家庭的互动模式[22]:对于先前知识经验多的儿童,家长在参观的过程中把话语权让给儿童,鼓励"专家型"儿童尽可能地表达其观点;对于先前知识经验贫乏的儿童,家长常常自己占据话语权,更多地为"新手型"儿童介绍展品知识。

2. 学生团体在场馆中的互动与交流

Anderson 指出:场馆中的互动是建立在信息丰富的展览基础之上的,是学生先前经验和个体活动的结合,教师可以在场馆参观和随后课堂中指导学生更好地整合各种信息,进行知识体系的建构[23]。

早在 1985 年,Feher 和 Rice 就指出,如果教师能在参观前为学生进行相关知识主题的准备活动,唤起对场馆的积极情绪,那么学生将会在参观中有更大的收获[24]。如果教师在参观结束后的课堂中,结合学生的参观经验讲授相关的内容,学生就会将场馆中的感性体验和课堂学习的理性分析结合到一起,能更快更好地接受和理解相关的信息,也能拓展知识的广度和深度[24]。

一般来说,由于年龄相仿,学生团体在场馆中对展品的认识更加接近,在进行与展品有关的讨论时,每个学生都处于平等的地位。这种同伴团体的优势能有效地激发学生的参与热情,不会满足于"被告知信息"的水平;其不利的方面在于学生可能形成错误的观念,并且无法意识到错误。因此,有研究者提出教师要在场馆科学学习中发挥应有的作用[25]。

需要注意的是,场馆毕竟是一个可以自由选择的学习场所,在绝大多数情况下,学生在场馆中能获得什么经验是无法事先设定的。如果教师的指导性太强,学生参观的动机反而会下降,受益也随之减少。Parsons 和 Muhs 比较了在参观中需要填写任务单和没有参观任务的学生在场馆中的表现[26],有任务压力的学生更多地把注意力集中在寻找表格的答案上,与同伴的交流减少,对参观的满意度也较低。

三、场馆科学学习研究对我国的启示

国际研究已经表明,场馆中的科学学习反映了人们在真实环境中的学习状态,能更好地探讨学习的本质特征,是科学教育研究领域中一个新的研究方向。

我国也有比较丰富的场馆资源,但是这些资源的教育功能并没有充分发挥出来。中国科学技术协会调查数据显示[27],绝大多数(92.3%)公众在过去的一年中没有参观过科技类场馆。在过去的一年中参观科技类场馆三次以上的比例非常低(0.7%),参观过一二次科技类场馆的比例仅为 7.2%。原因之一是我国公众在日常生活中并没有形成参观场馆的习惯;另外一个重要的原因就是场馆自身把角色和定位限定在满足人们的休闲需求上,没有考虑教育功能的发挥。

随着《全民科学素质行动计划纲要》的推出,我国开始重视科学素质在人才培养方面的重要作用,也逐渐认识到各类科技场馆在科学学习中的地位。2006 年,中央文明办、教育部和中国科协共同签发了《关于开展"科技馆活动进校园"工作的通知》,在全国 30 多家科技场馆开展"科技馆活动进校园"试点工作,将科技馆教育活动和学校课程有效的连接起来,促进校外科技活动与学校科学教育的有效衔接。在这项试点工作的推动下,一些科技场馆开始思考场馆教育的特点和学生场馆学习的本质,考虑如何通过一些科技活动来提升科技场馆的科学教育功能。在这一过程中,我们应围绕以下几个问题展开深入研究:

首先,应在质性研究的基础上,使用量化研究揭示观众场馆学习的普遍规律。以往的研究多使用访谈、录音分析等质性研究的方法,研究典型个案,在现象学的层面描述场馆学习

的特点。然而,有关场馆学习的研究问题是多样的,只有综合运用多种研究方法才能有点有面,全面地把握问题、探寻答案。在质性研究的基础上,融入量化研究,一方面能够为研究结论提供数据支持,另一方面也能通过数据建立模型,从本质上揭示变量之间的关系。

其次,应着重探讨影响场馆学习效果的关键因素,并深入研究各种因素之间的交互作用。虽然 Falk 和 Dierking 提出的情境模型揭示了影响场馆学习效果的因素主要有个体变量、环境变量和社会变量,但是在这三类变量中,我们应该深入研究那些影响学习效果的关键变量,并着力探索各种关键变量之间的交互作用。只有这样,我们才能抓住主要矛盾和矛盾的主要方面,才能对实际的场馆科学学习提供有效的指导。

再次,应在研究场馆学习即时效果的基础上,关注其长时学习效果。场馆学习的即时效果已经得到了相关研究的证明。然而,科学学习的最终目的是培养公众的科学素养,这与持久的学习效果密切相关。因此,研究者不仅要关注哪些结果是观众即时能学到的,还应重点关注观众的长时学习效果,发现促进学习效果长久保持的规律,从而促进即时效果向长时效果的转变。

总之,国外场馆科学学习研究的兴起为我国科学教育的发展带来了新的启示。在已有研究的基础上,心理和教育研究者可以结合我国的实际情况对该问题进行深入探讨。我们相信,科技场馆学习是一个非常重要且有广阔前景的研究领域。

参考文献:

[1] 谢文和. 博物馆成人学习之研究:建构主义观点——以"国立"台湾史前文化博物馆为例[D]. 台北:台湾师范大学,2003.

[2] 段勇. 当代美国博物馆[M]. 北京:科学出版社,2005.

[3] Falk J. H., Dierking L. D.. *The Museum Experiences*[M]. Washington, DC: Whalesback Books,1992.

[4] Falk J. H., Dierking L. D., Foutz S.. *In Principle, In Practice: Museums as Learning Institutions*[M]. Lanham, MD: Altamira Press,2007.

[5] Lord B.. *The Manual of Museum Learning*[M]. Lanham, MD: Altamira Press, 2007.

[6] Dierking L. D., Ellenbogen K. M., Falk J. H.. In principle, in practice: Perspectives on a decade of museum learning research (1994—2004) [J]. *Science Education*, 2004, 88,(Suppl. 1):S1—S3.

[7] Falk J. H.. Testing a museum exhibition design assumption: Effect of explicit labeling of exhibit clusters on visitor concept development [J]. *Science Education*,1997, 81(6):679—687.

[8] Crowley K., Callanan M. A., Jipson J., Galco J., Topping K., Shrager J.. Shared scientific thinking in everyday parent-child activity [J]. *Science Education*, 2001, 85(6):712—732.

[9] Allen S. Using scientific inquiry activities in exhibit explanations [J]. *Science Education*,1997,81(6):715—734.

[10] Jamila S. Simpson. African American perspectives and informal science educational experiences [J]. *Science Education*, 2009, 93(2):293—321.

[11] Diamond J. The behavior of family groups in science museums [J]. *Curator*, 1986, 29(2):139—154.

[12] Wellington J. J.. Formal and informal learning in science: The role of the interactive science centers [J]. *Physics Education*,1990, 25:247—252.

[13] Jarvis T., Pell A.. Factors influencing elementary school children's attitudes toward science before, during, and after a visit to the UK National Space Center[J]. *Journal of Research in Science Teaching*,2005,42(1):53—83.

[14] Falk J. H., Adelman L. M.. Investigating the impact of prior knowledge and interest on aquarium visitor learning [J]. *Journal of Research in Science Teaching*, 2003,40(2):163—176.

[15] Falk J. H., Storksdieck M.. Using the contextual model of learning to understand visitor learning from a science center exhibition [J]. *Science Education*,2005,89(5): 744—778.

[16] Andersond, Lucas K. B., Ginns I. S.. Theoretical perspectives on learning in an informal setting [J]. *Journal of Research in Science Teaching*, 2003, 40(2):177—199.

[17] Falk J. H., Dierking L. D.. *Learning from Museums: Visited Experience and the Making of Meaning* [M]. New York: Altamira Press,2000.

[18] Sandifer C.. Technological novelty and open-end-edness: Two characteristics of interactive exhibits that contribute to the holding of visitor attention in a Science Museum [J]. *Journal of Research in Science Teaching*, 2003, 40(2): 121—137.

[19] Sandifer C.. Time-based behaviors at an interactive science museum: Exploring the differences between weekday/weekend and family/nonfamily visitors [J]. *Science Education*, 1997, 81: 689—701.

[20] Borun M.. Object - based Learning and Family Groups[A]. In S. Paris (Ed.). *Perspectives on object-centered learning in museums* [M]. London: LEA,2002: 245—259.

[21] Mcmanus P. M.. It's the company you keep: The social determination of learning-related behavior in a science museum [J]. *The International Journal of Museum Management and Curatorship*, 1987, 6: 263—270.

[22] Palmquist S., Crowley K.. From teachers to testers: How parents talk to novice and expert children in a natural history museum [J]. *Science Education*,2007, 91(5):783—804.

[23] Anderson D., Lucas K. B., Ginns I. S., Dierking L. D.. Development of knowledge about electricity and magnetism during a visit to a science museum and related postvisit activities [J]. *Science Education*,2000, 84(5): 658—679.

[24] Feher E., Rice K.. Development of scientific concepts through the use of interactive exhibits in a museum [J]. *Curator*, 1985, 28(1): 35—46.

[25] GRIFFIN J. Research on Students and Museums:Looking more closely at the students in school groups [J]. Science Education,2004, 88(Suppl. 1): S59—S70.

[26] Parson C., Muhs K.. Field trips and parent chaper-ones: A study of self-guided school group at the Monterey Bay Aquarium [J]. *Visitor Studies*, 1994, 7(1): 57—61.

[27] 何薇. 中国公众科学素养调查结果回顾[J]. 民主与科学,2004,90(5).

计算机模型建构与学习者为中心的科学学习的研究进展及启示[①]

张宝辉 邓峰 李佳

模型(models)与模型建构(modeling)在科学研究中起着非常核心的作用。计算机技术的不断发展使以学生为中心的基于计算机技术的模型建构成为可能;然而,由于该研究的历史较短,有关的综述文章并不多。基于此,本文主要综述模型与模型建构的含义以及计算机模型建构在国外教育中的应用研究进展,并探讨模型建构思想对中国科学教学的启示。

一、模型与模型建构的含义

虽然研究者关于"模型"的定义不尽相同,但他们大致上将其理解为一种对某个系统的简化的表达方式。这种对科学现象的表征主要突出科学现象中的一些复杂的概念、对象、事件或过程等。国外相关研究中涉及的"模型"主要分为外化的模型与心智模型两类,本文主要讨论前者。外化的模型主要指人们能观察和接触的模型,根据创建模型的媒介或工具的不同,它又分为物理模型与计算机模型两种。物理模型与它们所代表的原型在物质组成、大小、颜色、功能、目的等方面有所差异,但能代表原型的某些特征,如常见实物的图画及仿制品等;计算机模型主要是通过计算机平台,基于相应的模型软件或程序而建立的模型,便于学习者及时修改或复制模型,以及利用模型工具进行动态模拟与测试,从而实现在更高层次的认知水平完成对所学知识的科学建构与理解。科学教学中常见的模型主要有实体型(如金属飞机模型等)、描述型(如甲烷分子结构的球棍模型等)、符号型(如化学元素符号、方程式、物理公式等)、图像型(如函数曲线或动画模拟实验等)、角色型(如学习者扮演微观粒子)等。模型建构(也有人称之为"建模")不等同于数学建模领域中的"建模",它主要包括定义变量、建立变量之间的联系(即创建模型)、检验与评价模型等循环往复的过程。

二、计算机模型建构工具

根据模型所适用的学科范围,用于科学教育的计算机模型建构工具主要分为学科通用与学科专属两大类。目前国外在中小学教学中颇具应用价值的几种建构工具如表 1 所示。

[①] 本文选自《课程·教材·教法》2008 年第 8 期,第 87—91 页。

表1 几种主要的计算机模型建构工具

类别	工具	特点	科学主题案例
学科通用	Model-It, Stella	主要用于探究多因素及各种变量之间的关系及培养学生系统化的思维方法	影响水体生态的各种因素及其相互关系
	Netlogo, Starlogo	为学生提供各种涉及多个学科领域内容的案例模型,强调通过了解系统中个体间的相互作用来理解系统的行为	化学平衡、酸碱滴定、欧姆定律、食物链等
学科专用	Thinkers Tool	主要适用于物理学科,通过预测及模拟实验来体会物体运动及力学原理	牛顿力学的基本原理
	Genetics Tool Kit, Pedagogica	主要适用于生物学科,通过模拟实验来理解亲代的遗传特征是如何体现在子代的	果蝇繁殖、孟德尔基因学说

模型建构工具的设计思想对学生的模型建构活动有导向作用。结合英国学者 Mellar 等人对模型建构分类的研究,上述工具也可分为描述型与探究型两类。描述型(如 Model-It,Stella 等)能帮助学习者将自己对某个学习主题的观点或看法外化,如学习者可利用 Model-It 描述各种因素对水质的影响程度,即这类工具能实现学习者亲自建构模型以检验自己的原有假设是否正确;探究型(Netlogo,Thinkers Tool 等)则事先为学习者提供现成的模型,使学习者通过与这些模型之间的交互活动,不断修正与完善自己原有的想法,即这类工具允许学生通过运行与"修改"模型(如改变某些参数)来引导学生进行"模拟"式的探究活动。另外,从认识论的角度分析,上述模型工具还可分为个体型(Agent-Based)与关系型(Equation-Based)两种:个体型以许多相互作用的个体(Agent)为对象,侧重于通过个体对个体相互作用的规则的界定来控制系统的行为(Behavior)。例如 Netlogo 能为学习者呈现"往强酸中逐滴加入强碱溶液过程"中各种微观粒子(如 H^+、H_2O、OH^-)之间因相互作用而导致其相对数量的变化;关系型则倾向于关注各对象之间宏观层面的相互影响关系,而很少涉及导致这些关系变化的微观行为,如 Model-It 能帮助学习者建构"各种因素(如温度、压强、反应物的表面积与催化剂等)对化学反应速率的影响"模型,但学习者难以借此从微观水平理解这些"影响"是如何形成的。

然而,上述模型建构工具也存在某些共性,主要表现有:(1)它们都能较好地体现模型的功能,如模拟、预测与检验等;(2)它们大多属于定性型工具,比较强调学生的推理过程;(3)它们均为学习者提供不同类型的模型表征方式(如数字型、仪表型、图像型等),通过在软件设计中引入"脚手架"来支持学习者的认知活动。

三、有关模型建构在科学教学中应用的主要研究课题

(一)针对教师的研究

荷兰 Leiden 大学的 Van Driel 等人较早对科学教师关于模型与模型建构的理解进行研究,其结果表明,教师对模型的本质、特点与功能持有不同程度的认识,但他们均较少提及模型的"检验"与"预测"等功能。[1]有学者认为,教师一般需要经过学习模型、学习使用模型、学习如何修改模型、学习重新建构模型,以及学习动手建构模型等五个阶段,才有可能对模

型及其建构达成正确的理解。[2]另外,科学教师虽然认可模型与模型建构的优点,但他们大多数对模型与模型建构在科学教学中的推广应用持怀疑或否定的态度,典型观点有:学生并无太多时间用于建构模型、学生对模型与模型建构的理解欠佳、教师并无过多的时间与精力用于设计基于模型的教学活动等。然而,已有研究都极少探讨计算机模型建构工具的作用。美国Cornell大学的Crawford在首次运用Model-It帮助科学教师理解模型及其建构时发现,这些教师在经历"动态"的计算机模型建构活动后,能较多并正确地使用词句表达对模型建构的理解,并提高自身的批判性思维能力,但是就总体而言,许多教师仍并未能充分理解科学模型及其建构的含义。可见,教师的原有观念受许多主观因素(如课时、学生知识储备等)影响,即若要改变其教学观念并非一朝一夕所能做到。然而,计算机模型建构工具并作为"脚手架",确实对教师关于模型与模型建构的理解具有较好的促进作用;加上学生对模型与模型建构的认识水平很大程度上受其对模型的认识及所持态度的影响。因此,如何更好地将计算机模型建构工具有效地整合于科学教学,并增进科学教师对其理解以及使用的积极态度,是一个值得我们科学教育工作者进一步探讨的问题。

(二)针对学习者的研究

1. 学生对模型本质的理解

美国哈佛大学的Grosslight等人的早期研究指出,学生关于模型本质的认识按理解层次的差异可分为三个水平。[3]持水平一观点的学生只是将模型简单地看作玩具或真是事物的复制品;持水平二观点的学生虽能意识到模型建构的目的,并将模型作为解释工具使用,却错误地认为模型是不可修改的;中学生很难达到水平三的认识,水平三观点的学生不仅重视模型的预测与检验作用,而且能意识到模型的可修改性与可发展性。澳大利亚Vista大学的Chittleborough等在调查从8年级至大学一年级共275名学生对模型的认识时发现,较多学生对模型在科学学习中的作用,包括模型的呈线性、多样性、可变性等有较好的理解。[4]然而,这些研究并未为学习者提供参与模型建构活动的机会,同时并未对计算机模型建构工具加以运用;再者,分析Chittleborough的研究中关于中学生(尤其是8年级至10年级学生)的数据部分发现,中学生对模型的认识仍有待加强。本文第一作者在其博士论文中通过对部分被追踪的学生在模型建构活动前后访谈的分析指出,Model-It能促进中学生对模型与模型建构有较好的理解,如学生对模型的含义及两者之间的"关系"等理解均有加强;然而,学生在使用Model-It前后对"模型与生活之间的联系""何时需要修改模型""使用多种模型的必要性"以及"如何评价模型的质量"等问题的认识并无显著性提高。

由此可见,中学生对模型的认识水平并不太高。Model-It作为一种具有多种脚手架功能的模型建构工具,着实有利于增强学习者对模型本质的理解;然而,受学习者原有模型建构经历不足、模型工具自身设计特点以及模型与科学课程整合不足等可能因素的影响,Model-It未能帮助学习者非常充分正确地理解模型的本质。这种结果一方面和学生模型建构活动的特点相关,同时也显示出学生对模型本质的认识并不能在模型建构中自然形成,教师应该在教学中将此类目标有意识地与学生交流并落实。

2. 模型对科学概念学习的影响

模型的引入是为了帮助学生理解科学现象,但不少学习者在运用模型学习科学概念时持有多种错误认识。譬如:片面地认为同一科学现象只能由某一特定模型呈现(如不能客观全面地理解各种关于"原子"模型理论的优点与局限性)、倾向于运用简单模型理解复杂问题(如仅结合 8 电子稳定结构模型解释离子键而忽略微粒电荷、半径与距离等因素对离子键强度的影响),以及仅能运用更具体化的模型理解复杂概念(如愿意用球棍模型理解共价键,而忽略了电子云的存在)等。然而,基于计算机的模型以其呈现方式的直观性、形象性、多样性(如符号表征、数字表征与图像表征相结合),有利于促进学习者从宏、微观角度达成对某些复杂科学概念及有关现象的较深层次的理解。例如美国 California 大学的 White 在探查 Thinkers Tool 在物理探究中的应用时发现,该工具非常有利于促进学习者的概念转变,如 6 年级学生使用该软件后再理解"物理运动"概念方面比高中学生更科学正确。[5]

已有研究中关于运用计算机模型建构工具促进学生对科学概念理解方面的内容尚不多见,但该领域的研究已经开始受到不少学者的关注,尤其在关于如何利用计算机模型建构工具探查并纠正学习者在学习科学概念时头脑中存在的错误概念或相异构想,已成为当前的国际研究热点之一。

3. 模型建构与探究技能

模型建构是一种建构主义的学习方式,它重视学习者的知识原型与生活经验,倡导学习者使用(计算机)模型建构工具探究科学问题,从而促使其对知识较深层次的理解及应用;这与科学探究在本质上是一致的。模型建构不仅能帮助学习者理解科学知识,同时有利于增强其科学探究技能及对科学本质的理解,譬如,Model-It 能促进学习者参与制定计划、创建模型、定义变量间的关系、检验与评价模型等活动,从而一定程度上增强其探究技能。但是,一些学习者能较好地运用 Stella 工具"验证"所学知识,却缺乏将有关知识与技能迁移到一般性的问题解决活动中。笔者认为,这可能与工具自身的设计特点有关,即不同的模型建构工具会对学习者的学习过程或方式产生影响。Model-It 较适合于学习者利用其完成模型建构与科学探究活动,这主要与其所提供导航图(Process Maps)、文本框(Test Boxes)与动态检验(Dynamic Testing)等脚手架的作用是分不开的。然而,系统地将计算机模型建构工具应用于科学课程中以加强对难理解的具体科学主题学习的成功案例还很有限。

以上分别从教师与学习者的角度对于模型与模型建构的研究做了评述。然而,这类研究可能仍有不足:(1) 较少系统性地探讨影响教师与学习者对模型建构的理解水平不高的因素及解决这些问题的方案;(2) 较少涉及如何更有效地将计算机模型建构工具整合于中小学的科学课程与教学;(3) 较少关注如何运用计算机模型建构工具促进学生的科学概念转变与增强其问题解决能力;(4) 在关于学生对模型与模型建构的理解的认知机制方面的探讨相对甚少;等等。我们目前和国际上从事相关研究的部分学者正通过从事或申请合作项目以填补上述研究的部分空白。

四、主要的研究方法

文献综述结果表明,已有的研究主要采用定量与定性两种研究方法或者两类方法并用。

定性研究主要涉及问卷或量表的编制及测试,测量的内容包括学生及教师在动机、情感及态度方面的变化,他们对科学概念理解的改变,以及对科学本质认识的变化等,研究者可运用 SPSS 统计软件快速对数据进行分析与处理。但由于问卷题目大多以选择题的形式呈现,致使所收集的研究数据并未能充分地表达参与者的想法。开放式的问题可能由于研究者的带主观性的设计思想影响了数据的客观性。定量研究更多地采用访谈与观察的方法,一般对研究现场进行拍摄或录制,并在对视频或音频材料作转录与整理后,采用相关编码方案分析定性数据,如师生对模型及模型建构的理解水平,他们在运用计算机建模工具完成建模活动后对模型与模型建构的认识有哪些变化,等等。这种方法有助于研究者收集到更多更有效的研究数据,但操作程序较为繁锁,对研究者的专业水平有较高要求,而且通常只适用于小样本或个案研究,对大规模样本的研究稍显吃力。因此,笔者建议可根据实际情况有机结合两种方法。譬如,可运用某些信度与效度良好的问卷或量表对被试进行团体测查,以获得较大样本信息;再随机性或针对性地选取少数样本进行访谈或口语报告,并通过分析与解释文本材料、视频或音频材料获取更全面的信息。

五、有关研究对我国科学教育的启示

(一)引进与开发以学习者为中心的模型建构工具

笔者在过去的研究中发现,Model-It 作为一种以学习者为中心的软件能较好地帮助中小学生系统化认识科学概念及科学现象。甚至连小学四年级的学生也可以通过科学探究及模型建构的过程来掌握高阶思维方法,例如计划,分析,评价等;该软件的成本较低,教师可考虑将其引进科学教学中。然而,由于该软件及前述其他模型建构工具均为英文交互界面,不太便于国内师生的普遍应用。因此,建议国内的教育软件开发人员研发具有类似功能且支持中文界面的模型建构工具。

(二)关注对教师引入模型方法教学的培训与支持

不少科学教师对模型与模型建构的理解水平并不太高,在其日常教学中并不多用或善用模型帮助学生理解科学概念或原理;部分教师倾向于为学生总结大量的知识点"规律",并要求学生背记之以应付考试之需,这种做法非常不利于发展教师及其学生的模型观与科学本质观。因此,笔者建议教师应在教学中有意识地渗透模型与模型建构的思想,在教学时间允许的前提下,适当地为学生创设认识模型、利用模型、修改模型以及评价模型的情景,以帮助其更好地了解模型在科学学习中的重要性,从而帮助学生树立正确的科学本质观。

(三)引入多种评价手段

基于计算机的模型建构不仅能帮助学生学习重要的科学知识与技能,还能实现对学生关于科学知识的理解及科学探究能力的评价。我国在科学教育领域虽然也有许多成功的探索,但在利用计算机建模进行科学教学方面几乎还是空白;同时,对学生科学探究能力的评价是当前我国新课程改革中遇到的一个较大的难题。然而,在计算机模型建构工具(如Model-It)环境下,教师能通过分析学生所建构模型的质量(如模型的结构性、完整性、正确性与功能性等)获取学生对某个科学概念或原理的理解及其探究技能水平的信息。譬如,笔者在以往研究中发现,学生的基于传统的纸笔测验的学业成绩水平与其所建构模型的质量并不完全一致,被列为"差生"的学生可能建构比"优等生"质量更高的模型,这意味着传统的评价手段并未能全面与客观地评价学生的能力。因此,适当地在评价体系中引入计算机模型建构工具能够为我国的科学学习评价(如形成性评价等)提供一些有益的参考。

（四）重视科学课程与模型建构的整合

具体做法可设计为：学生提出假设，建立初步模型—通过模型建构工具学习模型—查阅资料，思考模型—师生共同讨论模型—修正与完善原有模型—建立新模型。笔者认为，计算机模型建构工具能作为强有力的学习工具介入学习者的科学学习活动，这对学习者理解模型与模型建构的本质、利用模型理解科学概念、通过模型建构活动培养自身的科学探究技能等是大有裨益的。长期以来，我国的科学教学非常重视"模型"的思想，如在物理、化学与生物等学科教学中采用挂图、分子模型（如DNA双螺旋结构）等。但这种做法可能使学习者对模型的理解层次，而忽略了对模型建构的思想指导科学课程的设计，如可根据教材中某些能运用上述计算机模型建构工具的课题，编制配套的课程学习材料以及相关评价工具。只有当模型与课程实现真正意义上整合，模型与模型建构才有可能发挥其应有的优势。

尽管有关的研究还处于积累案例的阶段，但已有的模型与计算机模型建构应用于科学教学的研究已经将这种新的教学模式的潜力凸显出来。应当指出，鉴于支持中小学生进行模型建构的计算机软件及相关的课程材料有限，我们无法在本文有限的篇幅中将所有的软件、课程及相关研究进行全面介绍。我们愿意倾听国内同行的意见与建议，同时希望国内同行的相关工作并寻求合作研究的机会。

参考文献：

[1] Van Driel, J., Verloop, N.. Teachers' knowledge of models and modeling in science [J]. *International Journal of Science Education*, 1999, 21(11): 1141—1153.

[2] Justi, R., Gilbert, J.. Teachers' views on the nature of models[J]. *International Journal of Science Education*, 2003, 25(11): 1369—1386.

[3] Grosslight L., Unger C., Jay E., Smith C.. Understanding models and their use in science: conception of middle and high school students and experts[J]. *Journal of Research in Science Teaching*, 1991, 28: 799—822.

[4] Chittleborough G., Treagust D., Mamiala T., Mocerino M.. Students' perception of the role of models in the process of science and in the process of learning [J]. *Research in Science & Technological Education*, 2005, 23(2): 195—212.

[5] White B.. Thinker Tools: Causal models, conceptual change, and science education[J]. *Cognition and Instruction*, 1993, 10(1): 1—100.

科学学习
——深层和浅层学习通道的对比[①]

李耀俊

奥苏伯尔认为,有意义学习和机械学习是造成科学学习的成绩差异的一个重要原因[1]。学习的本质——有意义学习或机械学习,则与学生建构的学习通道有关。

一、学习通道

学习通道是指"学生完成学习任务的方式,它会影响学习结果的性质(biggs)"[2]。它包括开展学习活动的动机和选择的合适的学习策略,Marton区分了深层和浅层通道[3],并认为"它是体现学习策略差异的一个重要特征"(Entwisttle)[4]。深层学习通道和内部动机有关,学习者对学习的任务感兴趣,积极理解学习材料的意义,主动使这种具有潜在意义的新知识和他认知结构中的有关旧知识发生相互作用。他能把学习任务"个性化",从而对他个人的实践活动与客观世界产生意义。

浅层学习通道则以外部动机或"工具性"动机为主,学习者把学习任务看作是他人赋予的必须完成的工作要求,倾向于用机械学习方式记忆分离的客观事实,复述科学术语和程序。他把各项任务孤立起来,并与现实世界隔离。Biggs指出影响学习者选择学习通道的个人和情境因素(1994)[5],个人因素包括:能力、个性、认知方式、动机、价值观、态度、先决知识和技能、日常活动。情境因素包括:学习任务的性质、学习环境、教师的教学方法、教学评估、课时要求、对教学目标的理解。

Marton和Ramsden强调采用深层或浅层学习通道取决于特定的学习情境,它不应该看作是学生的本质特征或静态特征,它会随环境而变化[6][7]。然而,Schmeck等人认为[8],学生有一种对深层或浅层通道的选择偏好,是一种稳定的学习心向。Biggs也认为,虽然学生会依据不同的学习情境选择不同的学习通道,但这种改变的程度仍然受到选择偏好的影响。

二、深层和浅层学习通道的对比

Chirstine和Dawid对美国某中学102名8年级学生的学习做了详尽的调查研究,认真分析了具有代表性的6名被认为使用了深层或浅层通道的学生的学习过程,指出他们在以下五个方面有明显的区别[9]:(1)生成性思考;(2)解释的性质;(3)提出问题;(4)元认知;(5)工作方式。

1. 生成性思考(generative thinking)

它是指学生面对不熟悉的问题,不依靠简单的回忆事实或机械学习而能生成合理答案

[①] 本文选自《安徽教育学院学报》2001年第3期,第30—32页。

的思维活动。它是创造性的、多维度的思考,经常会产生一些新奇的想法或观念。

依据学生创造性思维的不同程度;划分出以下四个层次:

第一层,学生经过思考,仍然不知所措,也没有进一步深入思考的心向。

第二层,针对问题,学生做出逃避性的反应,不直接回答问题。

第三层,学生经过思考,给出回答,但回答较简短,缺乏详细的描述。

第四层,学生努力思考,给出详细的解答,能举出很多指向现实生活的实际事例。

第一层到第三层被认为是采取浅层学习通道的学生的表现,第四层则是采取深层学习通道的学生的特征。采用深层学习通道的学生能自发地检验各种观念,他们反应的持续时间更长、更稳定,能详细论述自己的想法或观念。这些观念间有内在的密切联系。他们凭借日常经验、过去的事例、范例、自我生成的类比等保持思考作为一种"连锁反应"的持续性,使用的语言也更加精确和细致。相反,采用浅层通道学习的学生会轻易地中止深入思考,给出一些没有直接解决问题的回答。这些回答大多简短,理由不充分。他们的思考大多是"片断性"的,会从一种想法突然跳跃到另一种想法,而且这些孤立的想法间没有任何实质性的联系。他们较多地依靠回忆事实,语言也多是含糊不清的。

2. 解释的性质(nature of explanations)

科学地解释各种现象是学习的一项重要能力。Tamir[10]认为在物理学习中,提出一种解释通常意味着揭示出原因和结果间存在的本质与必然的联系。

Metz[11]1991年指出,儿童经历三个解释阶段而发展能力:

(1) 集中于对物体"功能"的解释。

(2) 强调空间上的关联以及系统各部分间的物理联系。

(3) "机械论"的解释,较理想地说明了现象。

在反映解释的深度和复杂程度上,有以下四种类型的解释:

第一类,和浅层通道相关的解释,倾向于对问题的再次陈述。

第二类,具有"黑箱"性质的解释,它没有指明物理现象发生的内在机制。

第三类,宏观解释,它仅对能看见的物理现象才做出说明。

第四类,微观解释。

第三类的"黑箱"解释包括:(1) 仅观察或描述现象,没有说明现象为什么发生和怎样发生。(2) 机械解释。学生模仿教科书的格式给出听上去有科学道理的说明,但这些说明和给定的问题情境间没有意义上的联系。(3) 包容万象的解释,它缺乏具体的佐证事例。(4) 循环解释,学习在两种想法上来回跳跃,没有实质性的进展。

第四类的微观解释,则描述了抽象的理论实体以及存在的因果关系,它就像一种模型或微观理论,在宏观现象与微观机制间架起沟通的桥梁。它也包括那种指向相关的个人经验以试图理解现象,但没有说明物体作用的内在机制的解释。通常微观解释大多是学生自发产生的,他们运用想象、类比、现实生活经历、假设的模型来阐述自己的想法。

3. 提出问题(asking questions)

提出问题能引导学习,学生在较高的认知水平上提出问题,体现了他们解决问题的能力。提问能促进有意义学习,激发学习的动机,显示思考的过程和性质以及对概念的理解水平。低水平的提问和解释能力同学生取得的较低学业成绩有关[12]。提问的类型和数量受学生年龄、经验、先决知识与技能、对教师的态度、教学方法、问题性质、奖惩制度、课题评估环境、社交类型的影响。

学生提出的问题大致分为三类：(1) 巩固型问题 学生试图通过提问巩固新学到的知识，加深对概念的理解。(2) 探究型问题 学生试图扩展所学的知识。(3) 复合型问题 学生试图检验所学知识，解决概念冲突，探索新观念以及由此产生的后果。和浅层通道有关的提问大多指向基础性的仅需要回忆的事实性信息，或是程序性知识事实性问题是只有单一的明确答案的封闭型问题，它和教科书中的信息有关，或者是针对某一现象的简单的观察。程序性问题则澄清给定的操作步骤或询问一项活动如何开展。

和深层通道有关的问题大多是引发学生惊异的问题，反映他们的好奇、迷惑、怀疑、猜测。问题多集中在解释现象，探询因果关系，预测趋势，尤其是解决和所学知识有冲突的异常事件。这些问题较为开放，富于想象力和思考力。它们定位在理解概念的较高层次上，需要对所学知识深化和扩展，更多地感知和接触外部世界。学生要整合从不同渠道获取的复杂信息，经理解而建构新、旧知识间的本质联系。体现深层学习通道的新奇性问题包括(1) 理解型问题，尤其是学生理解一些难以解释的现象。(2) 预测型问题，学生使用"如果……那么……"之类的推测形式，或假设变量型形式"如果你越来越……那么……"。(3) 无定向的探究型问题，学生怀疑或探究一些有冲突的信息，寻找并记录这些无规则的异常数据。(4) 应用型问题，学生关注收集和处的信息的实际用途。(5) 计划或策略型问题，学生暂时被问题难住但他思考在缺乏先决程序时如何最有效地开展下一步行动。

4. 元认知(metacognitive activity)

元认知是指人对自己的认知过程认知。它包括元认知知识和观念，元认知监控。元认知揭示学生的调控和评估策略的使用，显示他们的学习或思考的过程与策略，反映理解的层次和性质。使用深层通道的学生，能对认知过程进行自我语评价，调控学习进程，表现在：

(1) 评价自己的想法如表达他们的理解（"我知道我要干什么了"）。

知道理解错误或陷入困境（"不行，我不能得到正确答案"）。

(2) 自我提问 学生意识到困难或遇到迷惑的现象时，会对自己说："不行，我该怎么办呢？"

(3) 发生错误并立即更正。

(4) 记录并注意那些异常的数据和突发事件。

(5) 考虑一系列可能结果，理解这些变化的想法。

(6) 考虑这些想法的限制条件。

5. 学习方式(approach to tasks)

进行有意义学习时，学生能有意识地调控和思考学习过程，以此评估学习的努力程度和结果。那些缺乏意识调控的学生会远离意义学习。采用深层通道学习的学生对某个问题有持久的浓厚兴趣，他们不轻易放弃自己的想法，总是对某个现象形成自己的看法，自发地建构因果联系。他们开展科学实验，注重实验的设计和过程，探究各种层次的变量间存在的关系，能预计活动的结果。同时他们注意发生的各种现象，也关注某个现象的不同方面的表现，不会忽视那些一时不能理解的信息。

采用浅层通道学习的学生发现一个想法不能立即生效时，就放弃它。它们依靠外界提供的信息，例如教师和同学的想法。他们开展实验，追求的是操纵实验变量以产生预期的感兴趣的实验结果。他们采取的是一种"工程模式"，大多只注意问题的宏观性质和特征，把注意力集中在最有可能影响实验结果的变量上,忽视那些假设的无关变量,研究的范围和空间十分狭窄。

运用深层通道学习的学生会形成带有个性特征的观念,这些观念有时也许是错误的,因为学生不可能任何时候产生的观念都是正确的。一个可能的原因是:他们在深入地思考时,不会简单地不假思索地接受那些所谓的标准科学答案,他们也许会生成一些与众不同的新想法。科学史上,许多大科学家(例如亚里士多德)都提出过不正确的理论假设。

三、小结

综上所述,采用深层学习通道的学生,能自发地检验自己的观点,给出更为详尽的解释。这些解释描述了现象发生的内在机制以及存在的因果关系,多指向个人活动。他们提出的问题集中在解释现象和原因,预测趋势,解决概念上的冲突。采用浅层学习通道的学生,则给出的解释大多是再陈述性的。"黑箱类型"的解释,或仅描述可观察部分的宏观解释。他们提出的问题集中于基本的事实性的或程序性的信息。

虽然那么被认为使用深层通道学习的学生较多地采用深层策略,而且这些策略体现了他们的学习方式。但有时,他们也会采取一些浅层学习策略。因此,把某些学生归入到深层或浅层学习通道,有时是不恰当的,更重要的是看他们在具体学习过程中,采取的方法与策略,以此引导他们更有效地学习。

参考文献:

[1] Ausbel D. P.. *Educational Psychology: A Cognitive View* [M]. New York: Holt, Rinehart & Winston, 1968.

[2] Biggs J.. *Student Approach to Learning and Studying* [M]. Melbourne: Australian Council for Educational Research, 1987.

[3] Marton K, A, Simon. A. *Protocal Analysis* [M]. Cambridge: MA. MIT Press, 1993.

[4] Entwistle, N. J., Ramsden, P.. *Understanding Student Learningn* [M]. London: Croom Helm, 1983.

[5] Biggs, J.. Approaches to Learning: Nature and Measurement of International Encyclopedia of Education [M]. Oxford: Pegamon, 1994.

[6] Marton F.. Beyond individul difference [J]. *Educational Psychology*, 1983(3):289—303.

[7] Ramsden, P.. *Context and Strategy: Situational Influence on Learning* [M]. New York: plenum, 1988.

[8] Schmeck, P, R.. *An Introduction to Strategies and Stles of Learning* [M]. New York: plenum, 1988

[9] Christine David. Learning in Science: A Comparison of Deep and Surface Approaches [J]. *Journal of Research in Science Teaching*, 2000.

[10] Tamir P., Zohar A.. Anthropomorphism and teleology in phenomena [J]. *Science Education*, 1991, 75:57—67.

[11] Metz K.. Development of explanation [J]. *Research in Science Teaching*, 1991, 28:785—789.

[12] Pizzini E. L.. School Science and Mathematics, 1991, 91:348—352.

八、科学元勘与科学教育研究

- 科学哲学的文化转向及其对科学教育的影响（蔡其勇）
- 科学教育中若干认识论问题的探讨（钟启泉）
- 「科学史——探索」教学模式的『重演』论基础（王全 母小勇）
- 试论STS的对象、内容和意义（殷登祥）
- STS课程：类型、特征及改革走向（杨明全）
- HPS教育与科学课程改革（丁邦平）
- 科学文化及其对科学教育的影响（郭元婕）

科学哲学的文化转向及其对科学教育的影响

蔡其勇

20世纪下半叶,西方科学哲学经历了由社会的到历史的、文化的及后现代的转向,科学哲学实现了从传统科学哲学到科学文化哲学的转变。经过文化转向之后的科学哲学所持的立场大致是一种文化学和人类学的立场,即一种广义的文化哲学立场,其根本标志就是对科学哲学的人文理解,力求纠科学文化之偏,实现科学主义与人文主义的融合。

一、科学哲学的文化转向

所谓科学哲学之"转向",就是改变了原有科学哲学的主题和观念,实现了研究重点和研究方法的变换。"文化的转向"是经过逻辑经验主义及其遭遇的挑战和历史主义的发展实现的,也可以说是科学史、科学哲学和科学知识社会学研究共同汇成的一股洪流。[1]

自20世纪下半叶,西方科学哲学经历了从逻辑主义向历史主义,然后又从历史主义向后现代主义的转变,科学哲学的主题也随之发生重大的转变。逻辑实证主义者所研究的主题是:如何理解科学的逻辑结构;历史主义者所关注的主题是:如何理解科学的历史发展;而后现代主义者所强调的主题则是:如何理解科学与其他文化的相互关系。随着科学哲学主题的转变,科学哲学所涉及的内容和范围已经大大拓宽了。波普尔是科学哲学家中第一个有自觉意图建构文化哲学体系的人,他的科学哲学实际上就是科学文化哲学。他认为,科学理论都是试探性的假说,而且永远是试探性假说。因而我们必须从错误中学习,通过经验批判和理性批判细心地寻找错误,进而排除错误、逼近真理。但错误总是伴随着认识,伴随着科学的。这是一个永无止境的过程。从科学历史主义到新科学历史主义,科学哲学家们大都具有比较强烈的科学文化历史意识,从库恩到费耶阿本德再到劳丹的发展趋向表明,科学哲学必须跃出自然科学亚文化的范围而面向整个科学文化,走向科学文化哲学才是真正的出路。这一转向在科学知识社会学的发展中明显地得到反映。爱丁堡学派的重要代表人物巴恩斯认为,科学是一种亚文化现象,当然受到外部的整个大文化的影响。马尔凯更是要对科学作一种解释和文化意义的分析。这一切都意味着科学哲学开始走出单纯的科学文化局限,预示着科学哲学进一步走向人文主义,并带着更浓厚的文化哲学色彩。

有学者认为,科学文化哲学可以看成是这样一种学科或研究方向,即将科学看作是一种文化或文化活动,从而对其进行哲学探究。一方面,科学哲学研究的对象依然是科学,只不过是它将科学作为一种文化或文化活动来研究,而不是仅仅局限于做认识论的研究,因而它既区别于传统的科学哲学,也区别于一般的文化哲学;另一方面,科学文化哲学依然是一种哲学研究,因此,比科学历史学、科学社会学等元科学更加靠近传统的科学哲学。如果说我们把传统的科学哲学理解为是一种狭义的科学哲学的话,那么,科学文化哲学可以理解为是

---

① 本文选自《教育研究》2008年第6期,第48—51,77页。

一种广义的科学哲学。更进一步说,科学文化哲学将是对传统的科学哲学的深化和拓展。[2]从科学哲学转向科学文化哲学,不仅有助于使科学哲学走出现有的困境,而且更重要的是将大大拓宽科学哲学研究的视野,从而为科学哲学的发展开辟广阔的前景,使科学哲学研究从认识论拓展到价值论,最大限度地整合元科学各分支,从而使科学具有更广阔的发展空间,有助于在科学与人文之间架起沟通的桥梁。[3]

二、科学哲学的文化转向与科学本质观的转变

由科学哲学转向科学文化哲学,涉及包括理论、方法论和价值论在内的整个科学哲学的范式转变。科学哲学文化转向有可能真正从整个社会、历史和文化的背景中来理解科学,理解科学精神和科学价值,也将深刻地影响人们对科学的本质的认识和理解。科学哲学的文化转向使人们对科学本质的认识从实证主义转向历史主义,最后转向建构主义。

(一)逻辑实证主义科学本质观

最早对科学本质发表看法的英国科学哲学家罗吉尔·培根(Ronger Bacon)指出,"科学就是推理加经验","没有经验,任何东西都不可能被充分认识。因为获得认识有两种方法,即通过推理和通过经验"[4]。

逻辑实证主义认为,知识来自于纯粹客观的观察,再经由所谓的科学方法得到科学知识或理论,其中所谓的科学方法就是培根的归纳法。整个科学探究方法的过程,就是先以开放的眼光观察自然现象,然后发现某些规则,随后在心中形成假说,再收集资料验证假说,若假说成立就变成为科学知识。所以,只要完全遵循上述的过程所产生的知识就可称为科学知识。逻辑实证主义对科学本质的认识主要有以下几个方面。第一,科学知识。任何没有经过科学探究方式所得到的结论,都不是科学知识;科学知识的形成过程是相当客观的,为此,科学知识是绝对的真理;科学知识的增加,就代表着真理不断地累积。第二,科学方法。观察是科学知识的来源,而且观察是一个价值中立、客观的活动,为此,通过观察所得到的资料一定是客观的。科学探究方法是由收集资料—分析、比较、归纳资料—提出假设—验证假设—得出结论等程序构成的。凡是没有依据此模式的探究方法不能确定为是科学方法。第三,科学事业。科学家的任务就在于发现自然界的真理。科学家应该永远保持价值中立,是客观的研究者。

(二)历史主义科学本质观

历史主义代表人物库恩认为,科学中的观察和方法具有相当的理论依赖性,拥有不同的理论前提或范式的科学家相当于生活在不同的世界之中,科学是一个进化与革命、积累和飞跃的不断发展过程,是范式的转换。每一次科学革命就是一次范式的转换。库恩提出了科学进步与发展的模式:前学科—常规学科—危机—革命—新的常规科学—新的危机。他指出,"范式的转变使科学家和向他们学习的那些人越来越接近真理"[5]。库恩认为,把教科书上的知识当作不变的真理,把实验仅当作验证科学概念和原理的方法去教学生,容易使他们形成绝对化的科学知识观、错误的科学方法论和片面的科学发展观。科学的发展过程就是常规科学与科学革命互相补充、不断交替的过程。常规科学时期主要是量的积累和进化过程,科学家以保守的收敛式思维为主;科学革命则是质的飞跃过程,它要求科学家采取发散

式思维,善于批判、勇于创新。

(三) 建构主义科学本质观

建构主义认为,科学知识的获得是科学家根据现有的理论(原有知识)来建构科学知识,它强调科学知识是暂时性、主观性、建构性的,它会不断地被修正和推翻。建构主义彻底否定了科学知识的客观性,强调科学知识的主观性和建构性。"在建构主义看来,知识不再是纯粹客观性的。可以将科学知识看成由假说和模型所构成的系统,这些假说和模型是描述世界可能是怎样的,而不是描述世界是怎样的。这些假说和模型之所以有效,并不是因为它们精确地描述了现实世界,而是以这些假说和模型为基础精确地预言了现实世界。"[6]建构主义强调科学的本质即科学探究。科雷特和奇佩特认为,科学本质的范畴与内涵如下。第一,科学是探究自然的思考方式(a way of thinking)。科学必须建立在真实的证据基础之上,甚至根据证据可以推翻权威;科学知识是无法绝对客观的,科学知识是建立在将假说提出后,再加以验证,提出结论的过程;归纳法与演绎推理在科学中具有重要的作用;因果关系的推理只能视为一种可能,而非绝对的关系;类推或由果倒因的倒推是科学解释自然现象的两种形式,但它们也有局限性;科学家必须时常反省,思考现存的理论的合理性。第二,科学是一种探究方式。科学家所采用的方法没有一定的程序,而是对问题采取有组织的方式,不接受毫无根据的资料。而且要有一种观念,依靠合适的研究方法未必能真正解决问题,因为并非所有的问题都能被解决。第三,科学是知识的集合体。科学家使用不会被人们所怀疑的方法即科学方法来建立科学知识体系,但这些科学知识必须经常面对质疑、验证,进而发现其错误的地方,再加以修改,甚至完全推翻,或证实其合理之处而接受它。因此,科学知识具有动态性本质与暂时性本质。建构主义对科学知识的客观性的否定启示我们,每一种理论与法则的建立都隐含着科学家们的科学探索精神和科学方法的运用知识的建构过程。无论科学知识发生怎样的变化,这种精神和科学方法的运用是始终如一的。它们才是科学的本质。[7]

三、科学哲学的文化转向推动科学教育改革

科学哲学的文化转向改变了人们对科学本质的认识。人们对科学本质的认识,也深刻地影响着科学教育的改革。科学教育的目的不仅是要让学生获得科学知识,更主要是使他们形成关于自然的基本观点,获得探索自然规律的方法,培养学生的创新精神和实践能力,发展学生的科学素养。科学教育的内容要呈现科学知识的产生和形成过程,科学教学要以探究为核心。

(一) 课程目标:培养科学素养

科学哲学的文化转向使人们对科学的认识从经验到过程再到建构,从而推动了科学课程目标的深刻变革。20世纪中小学教育,科学教育目标大体经历了如下发展轨迹:科学知识—科学方法—科学素养。[8]20世纪初的科学教育等同于科学知识的教育,它关注科学事实、科学概念、科学定律、科学原理的传授,这些知识符合斯宾塞"为完满生活做准备"的价值标准。60年代以后,对科学方法的重视日益突现,许多有识之士意识到,从某种意义上讲,一部自然科学史就是自然科学研究方法的发展史。"任何一门学科走向科学的过程都是形

式化、符号化、建立数学模型和实验模型的过程。不同学科构建符合自身研究特性的形式、符号和数学模型的方法,就是这门学科特有的思想方法和工作方法。"[9]科学知识的陈旧率加速,与其掌握各种具体知识毋宁掌握生命力更持久的科学方法。20世纪末期,科学素养已成为科学教育的最高宗旨。与科学知识、科学方法相比,科学素养的人文色彩明显加强。

(二)教学内容:融入HPS教育理念

科学哲学转向科学文化哲学,将最大限度地整合元科学各分支,从而使科学具有更广阔的发展空间。它不仅有助于对科学的哲学研究从认识论拓展到价值论,而且有助于将渗透在元科学各分支中的哲学思想挖掘出来并且整合起来,从而建构起更加完备的科学哲学,并使其朝着真正意义上的科学哲学迈进。科学哲学的"文化的转向"是科学史、科学哲学、科学社会学汇聚的一股洪流,它将推动科学教育内容改革。

HPS教育即将科学史、科学哲学、科学社会学(History, Philosophy and Sociology of Science,缩写为HPS)的有关内容引入科学教育中,以期促进学生对科学本质的理解,培养他们的科学精神和创造力。开展HPS教育,必须重构科学知识体系,采用一种内容更丰富的"大科学课程"模式。[10]这一模式不是将大量的内容或某些学科教育知识内容简单相加,而是从社会、历史、哲学的角度对自然科学内容进行重新编排,使学生不仅学到科学概念、理论和定律,而且也可以使他们学到有关科学史、科学哲学、科学社会学等方面的知识。知道自然科学知识的发展不仅仅是靠积累得来的,它是自然科学范式渐变和革命的结果,也可能使他们学到曾经和正在接受挑战的那些概念、命题、公式和定理,学到最新的、系统的自然科学知识,从而使学生建立"开放的"知识观和"完整的"自然科学知识体系,真正领悟科学本质。在中小学科学教育中,最重要的就是要对学生开展科学史教育,将科学史写入各学科教材中,教师结合教学内容给学生讲科学家的故事,让学生从科学知识形成的历史过程中感受到前人在进行科学研究时所遇到的艰难险阻,表现出的巨大的创造智慧和不畏艰险的奋斗精神。

(三)教学方法:科学探究教学

科学哲学的文化转向,使人们对科学研究从认识论拓展到价值论。历史主义的科学哲学已经深深地触及科学价值论的内容。要实现对科学价值的理解,必须变革科学教学及学习方法,让学生充分认识科学知识产生与形成过程,认识科学的影响及其作用,以及对人与社会的价值。

在科学教学中,教师应积极主动地实施探究教学模式,恰当运用多种教学策略,激发学生学习科学的积极性和主动性。教师必须转变教学策略,在传授知识的过程中,让学生体会到知识的形成过程,要通过"探究"让学生"建构"知识。"科学探究是科学家们用以研究自然并基于此种研究获得的证据提出种种解释的多种不同途径,也是学生们用以获取知识、领悟科学的思想观念、领悟科学家们研究自然界所用的方法而进行的各种活动。"[11]教师应引导学生按照"提出问题、进行猜想和假设、制定计划和设计实验、获得事实与证据、检验与评价、表达与交流"[12]的科学探究程序进行科学知识的学习和理解。实践证明,采用探究教学模式让学生经过发现问题、提出问题、探索问题和解决问题的过程,领悟科学研究中的痛苦、茫然、焦虑与挫折,体会惊奇、激动、顿悟、充实与兴奋,从而加深对科学本质的认识,掌握科学知识，促进科学情感态度与价值观的形成。

（四）学习方式：学生自主探究

科学既是关于自然的系统的知识体系，也是情感与价值观方面的问题。学生自主探究的过程将在科学与人文之间架起沟通的桥梁，使学生在掌握科学知识、科学方法的同时，形成科学情感态度与价值观。美国科学教育家费尔 E. 马丁指出，科学教育的内涵有三个方面：科学知识、科学能力和科学态度。第一，科学知识，包括事实、概念、原理和理论；第二，科学能力，包括观察、分类、交流、测量、估计、预测和推理等基本能力，以及明确问题、控制变量，给出操作定义、假设、实验、图形化、解释、模型化和研究等综合能力；第三，科学态度，包括情感态度和智力态度。[13]长期以来，我国科学教育的内容一直把传授和掌握系统的科学知识放在首位，从科学的本质来看，这是片面的，没有反映科学的全貌。

探究既是一种实践活动又是一种智力活动。对儿童来说，他的探究行为常常集中在那些能让他产生直接兴趣的、可感知的事情上。同时，探究又是一种有效的学习策略，学生可以通过探究来交流他们的知识。学生参与科学探究活动使他们有机会从自己探究的结果中直接获得准确的反馈。探究学习可以不断地给学生提供亲自对事情做出决定的机会。在活动中，学生以一种真实可靠的方式掌握概念，因而他们能意识到自己所达到的概念理解水平。在科学探究学习中，学生的观察能力、提出问题的能力、分析问题和解决问题的能力、归纳总结能力、表达能力、合作能力等多方面能力都会得到提高，同时，会加深他们对科学知识的理解，帮助他们进一步理解"做"科学的本质。科学教育不仅要让学生获得系统科学知识，更重要的是使学生树立科学的自然观，掌握认识世界的科学方法，理解科学与社会的相互作用。为此，必须为学生学习科学创设条件，让他们自主探究，逐步掌握科学知识、科学方法，培养科学情感态度与价值观，加深对科学的认识，形成正确的科学的本质观，提高学生的科学素养。

四、科学哲学的文化转向促进科学与人文融合

逻辑实证主义者把科学哲学看作是"经验科学知识论"，历史主义者不仅将研究"科学（知识）的逻辑"拓展到研究科学（知识）发展的合理性问题，从而大大拓展了"经验科学知识论"的研究，而且更多地关注科学发展的社会、历史和文化背景及其对科学的影响和作用，强调科学并不是价值中立的，它与其他文化并不存在一条截然分明的界线。而后现代主义的焦点与其说是科学，倒不如说是"文化的整体"，特别是人文文化。它强调在"文化的整体"中来理解科学，特别是以人文主义的视角来理解科学，用模糊主义的整体论来彻底模糊科学与艺术、政治乃至宗教的区别。于是，他们不仅将科学消解于整个文化（特别是人文文化），而且还将科学哲学消解于一般的文化哲学（特别是人文哲学）。从科学哲学转向科学文化哲学，对于沟通两种文化的意义重大，将从根本上改变以往哲学的定位，从而有可能真正从整个社会、历史和文化的背景中来理解科学，理解科学的精神和科学的价值，也有可能真正接近科学与人文两种文化的距离，深入考察和研究两种文化之间的内在联系，并在两者之间架起相互理解的桥梁。更重要的是，将促进科学哲学与人文哲学、科学文化与人文文化、科学教育与人文教育的融合，从而推动整个人类文化的普遍繁荣和人的全面发展。

科学与人文的融合也是现代社会和知识经济发展的必然要求。现代社会既是一个高科

技日益增长的知识经济社会,又是人的精神生活不断丰富发展的人文社会。人类追求物质需要和精神需要的同时,满足成为推动科学教育与人文教育日趋结合的理性力量。当前,人和社会的发展以及人类解除所面临的种种深刻危机都需要人文的力量,因此,科学、技术、社会和人的发展的要求决定了当代科学教育应是科学教育和人文教育相结合的课程文化价值取向。[14]人类社会发展的危机呼唤加强人文教育。如生物技术、信息通信技术的发展等,需要人们从人文社会伦理、法律等方面去研究科技的发展给人类所带来的负面效应。知识经济的发展也迫切需要科学与人文的融合。知识经济时代要求人们具有科学和人文两方面知识,才能具有处理和运用各种信息的综合能力。知识经济要求人们具备更强的创新能力,科学知识和人文知识的融合是创新得以实现的基础。

科学与人文的融合不能简单理解为增加科学教育和人文教育课程的数量,使课程中既见科学又见人文,科学与人文的融合应使科学教育与人文教育内在的有机融合,具体表现为以下几个方面。科学教育与人文教育并重。从培养全面发展的人的角度来重视科学和人文在教育中的地位。科学教育要树立为人文教育服务的理念。科学教育和人文教育的失衡表现为学习自然科学的学生人文关怀的缺失,因此,教育要有人文关怀,科学教育的根本目的还是为了人类的更好发展。同时,人文教育必须重视科学教育的基础作用。

当今世界,科学教育改革充分体现了科学与人文融合的理念,是对科学哲学的文化转向的回应。科学教育明确了对学生进行科学素养的培养,突出以探究为核心的科学教育理念,强调学生在探究的过程中产生体验、感悟、最终内化为结果。通过科学探究,学生运用自己已有经验发现问题、提出问题、分析问题与解决问题,从而产生新的科学知识,形成科学技能,培养其科学情感态度与价值观,促进科学知识与人文知识的融合。

参考文献:

[1] 洪晓楠. 20世纪西方科学哲学的文化转向[J]. 求是学刊,1999(6).

[2][3] 孟建伟. 从科学哲学走向科学文化哲学[J]. 自然辩证法研究,2003(6).

[4] 王巍. 科学哲学问题研究[M]. 北京:清华大学出版社,2004:16—17.

[5] [美]托马斯·库恩. 科学革命的结构[M]. 北京:北京大学出版社,2003:153.

[6] 孙可平,邓小丽. 理科教育展望[M]. 上海:华东师范大学出版社,2002:126.

[7] Collette, A. T., Chiappetta, E. C.. Science Instruction in the Middle and Science School[M]. U. S. A. : M errill, 1994. 27—47.

[8] 郝京华. 当代国际中小学科学教育发展的趋势及其启示[J]. 小学自然科学,2000:7—8.

[9] 袁振国. 反思科学教育[J]. 中小学管理,1999(12).

[10] 石中英. 知识转型与教育改革[M]. 北京:教育科学出版社,2001:156—166.

[11] 国家研究理事会. 美国国家科学教育标准[S]. 戢守志,译. 北京:科学技术文献出版社,1999:30.

[12] 中华人民共和国教育部. 科学(7—9年级)课程标准实验稿[S]. 北京:北京师范大学出版社,2001:11.

[13] Mart in, Ralph E., et al.. Teaching Science for All Children[M]. A SSIN: Allyn & Bacon. 1996:14—19.

[14] 刘克文. 我国中小学科学教育的价值取向[J]. 教育研究,2007(6).

科学教育中若干认识论问题的探讨[①]

钟启泉

一、科学教育中的认知矛盾及其消解

（一）科学教育中的常识与实验

科学教育的目标一般视为学习者掌握科学探究的方法，形成科学的基本概念和法则。那么，这种知识获得的过程是怎样的，是首先必须明确的。学习者的这种知识获得过程往往是同历史上的"科学革命"现象作比较加以考察的。科学教育中的学习过程同"科学革命"的相似性之所以受到注目，是基于这样一个历史认识：在"科学革命"前后，把握科学现象的意识框架发生了巨大的变化。[1]

显然，在"科学革命"这一术语输入科学教育之前，学习者并不是处于白纸状态进入学校的。例如，皮亚杰（J. Piaget）的研究表明，数、量、时间、空间之类的科学的基本概念是伴随儿童的成长自然发生所形成的过程。维果茨基（L. S. Vygotsky）也论述了教学过程中拥有生活概念的儿童是如何形成科学概念的。皮亚杰所说的自然发生的科学的基本概念，在初等科学教育中起着重要的作用。儿童倘若没有关于量与空间的自然发生的概念，小学的科学教育恐怕难以顺利展开。不过，学习者除了这种自然发生的概念之外，也存在通过日常生活中失败与成功的经验而形成的生活概念。维果茨基认为，生活概念缺乏系统性，对于学习者来说，是不自觉、不随意的。而且，同教学过程中学习的科学概念往往是对立的、矛盾的。在小学的科学教学中，如何形成同生活概念相对立的非自然发生的科学概念，是我们教师面临的一个课题。

科恩（T. Kuhn）对于谓之"范式转换"的科学革命的理解，一旦从科学史、科学哲学的领域输入科学教育，便展开了建构主义的科学教育论。自那时以来，在范式转换的框架中考察科学教育的倾向越来越强。种种建构主义的科学教育尽管有所差异，但一个共同的声音就是，要具体地把握学习者所拥有的旧范式。概括说来，存在如下的旧范式：[2]

常识 ──
- 先入观
  基于日常生活所形成的概念、知识，甚至在生活上是有用的。
- 非科学概念
  创始说和神秘宗教的教义之类。
  学习者从科学教育之外获得的信念，
  同科学知识相矛盾。
- 专业术语的错误理解
  力、能之类的科学概念作为日常用语，
  在同科学概念相矛盾的意义和背景中使用。

[①] 本文选自《全球教育展望》2002年第2期，第6—11页。

这些旧范式总称为"常识"。"常识"是统括地把握经验世界的现象,能够做出其说明的拥有整合性的概念体系。例如,运动着的物体,为了维持它的运动,常常必须沿着运动的方向施加某种力。这种先入观即便在大学生中也是存在的相当顽固的常识。如果说科学教育就是从常识水准上升到科学知识水准的范式转换,那么,我们面临的课题就是如何使得学习者的概念引起革命性变化。参考科恩以来的科学史、科学哲学的研究,可以发现,引发概念变化的条件是:现行的概念系统矛盾和不足;新概念有可能理解;新概念看来是千真万确的;新概念可以揭示充实的研究步骤。这里,就第一个条件考察一下概念变化的认识论问题。

揭示同学习者所拥有的常识相对立的事实乃是有效的学习契机,是自古以来就实践的。在科学教育中作为揭示同常识对立之事实的手段,就是"实验"。"实验"是在学习者的面前引起日常生活中不可能经验到的现象。违背学习者常识的实验结果,将造成学习者意识中的认知失衡状态,摆脱这种认知矛盾状态求得解放的需求,就成了学习的动机。不过,这种认知矛盾状态终究是学习的契机,倘若不及时加以指导,陷入失衡状态的常识由于原本缺乏逻辑体系,容易凭借就事论事的理由重新恢复均衡状态。意识到范式转换的科学教育的研究,可以说就是旨在揭示两个问题——如何形成这种认知矛盾状态,然后又如何加以指导——的智力行为。

(二)消解认知矛盾的两种指导方式

在教学过程中引发认知矛盾状态之后,紧接着的指导可以分为两种:以"假设实验教学"为代表的教学指导体系;建构主义的科学教育所体现的非教学的指导体系。

1. 教学指导体系

"假设实验教学"是日本的板仓圣宣基于科学史研究的独特的认识论考察展开科学教育的出色的教学理论。"假设实验教学"批判了以往科学教育中进行的实验"仅仅做做看,不过是教师让学生'观看某种现象'而已"。教师从数次(多数场合只有1次)的实验出发,就靠单纯枚举的归纳法进行推理,把结论塞给学生。这种批判触及了当时教学问题的核心。它针对旧式的实验观,阐述了"所谓实验,是就未知的事件,质问自己是如何思考的。在若干对立的见解中能否决定哪一个是正确的。……自己即便明白但对方有疑问时,能够说服之"[3]。对于实验的这种界定,不限于"假设实验教学"这一教学理论的框架,而且清晰地表明了实验的特质。不过,"假设实验教学"中的实验尤其重视"质问自己是如何思考的"。亦即,基于自己的假设作出预想。没有预想就进行实验,如同历来的实验那样仅仅是"做做看"。基于常识的预想跟实验结果不同,学习者就会经验到智力的紧张状态,发现构成自己的常识的概念系统存在问题。

在"假设实验教学"中,必须"有意识地使基于科学上明确概念的科学逻辑与常识性、直觉性逻辑的对立,使学生致力于吸收科学的逻辑与科学概念"[4]。亦即,学习者的常识承担着重要的作用:同学习目标——科学知识相对立,引发认知矛盾。对于直面认知矛盾的学习者来说,在教授旨在说明实验结果的科学知识之后,对于一连串的问题反复进行"预想—讨论—实验"的教学,通过这种过程,使得学习者确信,所教授的科学知识拥有更优越的可靠性。这样,实际上,"假设实验教学"便实现了从"教"向"学"的过渡。在这里,实验承担双重的作用。一是使"教"得以成功。通过实验,学习者陷入认知失衡状态;二是使学习者吸收所教授的拥有高度可靠性的科学知识。在"假设实验教学"中,借助种种状况的实验,使学习者反复确认,常识是同科学知识相矛盾的。其结果,学习者便可以充分理解所教授的科学知识的可靠性。实验,把学习者置于常识与科学知识相矛盾、冲突的境界,强化了他们的智力紧张。从这种紧张和实验结果中带来的解放,又将成为推动教学过程的驱动力。

2. 非教学指导体系

在建构主义的科学教育中,竭力地废除基于教学的概念形成,它主张学习者在比较彼此的常识、确认一致与否的作业中,以及讨论实验结果的解析中,指导学习者自身建构科学的妥当的解释。建构主义的科学教育明确地汲取了"范式转换"的科学形象,以此为契机,在班级里一边讨论,一边交替运用旧范式(常识)和新范式(科学知识)。在这里,班级犹如科恩所说的特定的科学家集体。科学知识的建构既有基于学习者个人的建构,也有基于班级这一特定的社会集体沟通的建构。这两者不是相互排斥的过程,借助社会构成的压力建构学习者个人的知识,正是科学教育所倡导的。

建构主义的科学教育形形色色。就其认识基础看,有的强调基于反实在论的科学知识的不可言传性,有的承认物质世界的实在,但强调科学知识是人类解释实在的一种符号;有的着眼于科学知识的个人建构,有的着眼于科学知识的社会建构。从德赖弗(R. H. Driver)的建构主义科学教育看,他区分了物理世界的实在与作为表现这种物理世界的符号——科学知识,并不是一味地高喊"反实在论"[5]。他强调教育的目标在于,学习者作为描述世界的一种方法来理解科学。因此,不能听任学习者单靠自己所拥有的语言来表现世界。在建构主义的科学教育中,强调精心设计具体的教学过程:教师首先要明确作为教育目标的科学知识,然后调查学习者所拥有的相关的种种常识,再根据调查结果设计教学的过程。在这种教学过程中学习者首先思考彼此抱有的疑团,明确构成常识的概念含义,通过这种过程,学习者认识自己同他人认识的差异,理解自然现象与实验结果的多种解释;学习者通过适当的观察和实验,发现现存概念系统的问题,并且能够提出新的解释;学习者提出的新的解释和概念通过观察和实验在班级内加以评价。这样,学习者便建构了科学知识;最后,学习者把自己先前的常识同教学中建构的科学知识做出比较,思考其变化。最末的阶段是复习,具有"学习的学习"(learning‑about‑learning)这一元认知的价值。建构主义的科学教育中实验的作用在于为学习者提供经验。教师明确学习者的错误的常识,使学习者借助实践经验到基于常识的预想同科学知识的矛盾现象;进而通过实验重复经验,从而开始如同教师预期的那样解释现象。亦即,设定实验,进行一连串的操作,使学习者建构起基于科学知识的解析。

二、科学教育中的示例及其效度

(一)"金属"的学习与焦点示例

试对学校里尚未学到金属为何物的学习者(儿童与成人)教授"金属"的概念。以金属的特征——① 具有特有的光泽,② 导热,③ 导电,④ 富于延展性——为线索,就能够正确地区分某种物质是金属还是非金属。相反,只要探究金属的特征,就会想起这四个特征。一般认为,这样就能正确地学习"金属"的概念了。例如,倘能对如下 A、B 两类的问题做出回答就行了。

[A:案例分类课题]如下的物质是金属还是非金属?

锂:柔软、有延展性。有光泽,呈银白色。电阻值低,热导度高。比重 0.53,比同体积的水轻得多。燃烧时呈深红色。用作触媒。(是金属)

硫黄:在常温下为黄色的固体。在113℃条件下从固体变为液体。电阻值高,热导度低。几乎没有延展性。比重2.07,比同体积的水重。从前用燃烧硫黄的办法来进行病房消毒。(是非金属)

[B:特征枚举课题]有"锇"(Os)这样一种金属。天然存储量少,作为金属单质或是合金隐含在一种矿石里。那么,"锇"这种物质作为金属具有哪些特征呢? 试设想一下能够举出的特征。[6]

学习者在学习之前对于金属并不是一无所知,存在一定程度的认识或是错误的认识。像文科大学生,当然了解金银铜铁之类的司空见惯的金属,不至于把非金属视为金属。不过,他们所了解的金属的范围(外延)比实际的要狭窄得多。他们往往把钠、钙判断为非金属(钠、钙当然是金属),即便探讨金属的共同特征(内涵)也几乎不能做出适当的回答。大半的反应是"重""硬"。这些大学生对于金属并不是无知,而是处于"误知"的状态。金属的外延一旦错误地特殊化(狭窄化),其内涵也不能正确地把握。给处于这种状态的学习者教授金属概念的场合,需要着眼于外延与内涵两个方面,求得外延的扩大与内涵的把握。

这里的问题是,从金属中选择一个代表(焦点示例),根据这个示例来教授"金属"。那么,哪种示例最有效呢? 人们大体可能做出如下三种不同的回答。

第一,学习者已经知道是金属的示例。例如以铜作为焦点示例的回答,根据即在于此。因为新的学习以既知的正确知识为线索加以建构是有效的。确实,倘若就学习者已经知道的金属做出特征的说明,也许容易收到效果:"是的,根据这些理由可以断定是金属。"

第二,学习者误判为非金属的示例。例如选择钙为焦点示例的回答,根据即在于此。所提示的信息一旦不同于学习者原本拥有的知识,就会产生"惊讶",有助于促进学习。确实,倘若提示了钙,就会给学习者以强烈的印象:"咦,这也是金属!"

第三,倘若逐一说明金属的上述四个特征,选择哪一种金属作为焦点示例,其效度都不会有多大的不同。无论选铜教授金属概念或是选钙教授金属概念,从逻辑上说都是提供同样的信息,所以可以设想其效度是同样的。

这三种回答中哪一个正确呢? 下面是日本的伏见阳儿教授做的实验。[7]作为金属概念的解释所用的焦点示例是铜和钙。如前所述,铜是学习者原本就了解的金属。这种示例,在学习者正确地认识到属于该概念的意义上,称之为"正确示例";在学习者事前错误地认知该概念的意义上,称之为"误解示例"。伏见在实验中编制了两种读物,分别让学习者阅读。两种读物都把金属的四个特征用"自由电子的存在"来迂回地解释,所不同的仅仅是金属的这些特征(内涵)是分两组各自做出说明的。两种读物都配有照片。实验结果表明,上述三种回答从某种意义上都是正确的,从某种意义上又都是错误的。A型和B型合在一起的全体事后测验的成绩,在铜组和钙组之间没有差异(第三回答正确)。然而,在基于特征描述回答金属与否的A型问题(案例分类课题)中,钙组的成绩显著优于铜组的成绩(第二回答正确)。但在枚举金属共同特征(内涵)的B型问题(特征枚举课题)中,铜组成绩显著高于钙组(第一回答正确)。这就说,在金属学习中,案例分类课题中的有效焦点示例同特征枚举课题中的有效焦点示例是不一致的。误解示例(钙)的提示有助于扩大外延,但在特征把握方面效果不大;相反,正解示例(铜)的提示有助于特征的把握,但对于外延的扩大没有什么效果。而且,即便基于焦点示例去把握特征,也不会即刻保障外延的扩大,即便扩大了外延,也未必保障特征的把握。关于焦点示例的这一现象并不限于金属概念的学习,在其他概念的学习中也会同样产生。

（二）概念的外延定式化与内涵定式化

这种现象是怎样产生的呢？当我们以误解示例（钙）作为焦点示例教授金属概念的时候，"这也是金属！"——学习者会意外地获得钙也是金属的一个示例的深刻印象。这是同把握金属概念的方式——把思考的焦点集中在"示例的集合"，结合在一起的，可以谓之"外延定式化"。这种定式化是同消解外延错误的特殊化相联系的。这时，学习者的思维会指向扩大金属概念的示例："除了钙之外，过去被认为是非金属的东西也许是金属"。因此，在探寻金属外延的示例分类课题（A 型）中，以所提示的特征（内涵）为线索，也能把过去不认为是金属的示例适当地纳入金属概念之中。不过，这时的内涵并不是直觉到的，而是从"示例的集合"抽象出来、间接地意识到的。亦即，要枚举内涵，就得有从"示例的集合"作出抽象的变换操作。所以，钙组在特征枚举课题（B 型）中成绩并不高。另一方面，当我们以正解示例（铜）作为焦点示例教授金属概念时，由于学习者已经知道铜是金属，学习者就会着眼于一个个内涵及其理由的思考。这时，学习者的思维焦点集中在根据"特征的集合"来把握金属概念上，可以称为"内涵的定式化"。由于这种定式化的进行，在特征枚举的课题中就会取得好成绩。不过，物质名称并不在学习者的意识之中显现。因此，在示例分类课题中，将会借助诸如对照锂的特征这样一种间接的过程来回答金属的一般特征。所以，铜组在示例分类课题中成绩并不高。总之，由于运用的焦点示例不同，概念的定式化也不同。

这样，无论正解示例还是误解示例，结局都难以从"内涵—外延"两个方向把握概念。那么，在教学情境中，即便同样运用正解示例和误解示例，也有一个示例排列顺序的问题。亦即，存在"正确示例→误解示例"的顺序和"误解示例→正确示例"的顺序。从上述示例看，存在"铜→钙"与"钙→铜"的差异。在这种场合，不管哪种顺序都同样地引进两种示例，提供同样的信息。其效果有何差异呢？伏见阳儿用实验提供了结论。他首先编制了不同的示例提示顺序的读物，分别让学生阅读。两种读物同上述实验一样，从自由电子的角度解释了金属的四种特征（内涵）。"铜→钙"教材首先说明铜的四个特征，然后说明钙也是金属，具备同样的特征；反之，"钙→铜"教材的提示顺序恰恰相反。事后测验表明，对案例分类课题（A 型问题），两种读物的效率没有差异；对特征枚举课题（B 型问题），则"铜→钙"教材比"钙→铜"教材有效。[8]一般说来，以"正解示例→误解示例"教授概念的方式比"误解示例→正解示例"教授概念的方式更为有效。

三、科学教育的价值："自然认识"的形成与健全人格的塑造

上面讨论了"认知矛盾"作为科学教育之契机的作用，和"示例"对于形成科学概念的作用。同时说明一个事实：把握学习者的认知特点是科学教育的一个前提。唯有做到这一点，才谈得上引导学习者问题解决的能量，从而创造出愉快的科学教育。那么，"科学"就不再是难教难学的学科了。

"科学"有种种的侧面，但尤为重要的是它的过程。通过科学学习的过程，学习者才得以获得知识，形成科学活动之基础——价值观与态度，并且掌握科学的方法。倘若教师在科学教育中仅仅强调科学事实，那么学习者就会认为科学是事实的堆积；倘若教师只强调科学的

概念,那么学习者就会以为科学是一连串的概括;倘若教师只强调科学的原理,那么学习者就会以为科学不包含预言。我们要促进学习者的科学经验的形成,就得超越事实、概念与原理,亦即使学习者通过活动,激发起科学探究的态度。我们在使学生学习科学学科的内容、经验科学探究的过程时,就存在若干应予强调的科学价值,这就是"真理、自由、怀疑、独创性、程序、表达"等等。引导科学家从事探究活动的价值,包含了上述几个要点。而上述的价值是同学习者的发展需求密切相关的。科学,乃是说明真理、理解自然界所进行的活动。因此,科学教育的最根本的价值就在于引导学习者在探求真理的过程中,形成自然认识,塑造健全人格。

科学课程在发达国家的学校教育中占有重要地位。起初,"科学内容"(Science Content)的授受在科学课程中一统天下,20世纪20、30年代开始强调"科学过程"(Science Process)。这个倾向到了60年代达到了巅峰,这主要表现在新理科的出现。它以"学问"(Discipline)为中心,通过在理科课程中引进现代科学成果,使学习者以内发性动机接受学科的结构,体现"探究学习"的过程,借以掌握科学的基本概念,发展科学思维。在这个波及世界各国的理科课程的改革运动中各国开发了形形色色的理科课程方案。不过,20世纪60年代的新理科虽然提高了学术水准,促进了教学内容的"现代化",但由于过分重视理论而忽视了联系实际;过分专注于理智因素而忽略了情意因素;过分依赖于专家学者而忽视了第一线教师的作用,使这些课程只能为少数尖子学生接受,并造成了大面积学力的"平庸"。在这个背景下,从20世纪70年代开始发达国家又兴起了一场重新探讨科学教育的课程革新运动,强调学习过程中的"情意因素"[9]。20世纪80年代以来,总称为"建构主义"的学习理论构成了科学教育的主流。当然,学习者在科学教育中建构知识之际,其力点是置于学习者自身还是人际关系;或是置于认知矛盾还是连贯性,教学的构成都会有所不同。概括起来,当今科学课程改革的主要特征是:(1)课程设计以学生为主体,课程方案的目标突出强调了个体的全面发展和自我实现。不仅强调认知性目标,而且强调情意性目标、活动性目标;不仅关注"描述式理解",而且关注"定性式理解""定量式理解"。(2)强调学科的综合化和课程的整体结构。即将物理、化学、生物、地学等若干领域组成一个整体,并注重科学与技术与社会的关联,把自然科学作为人类的活动(而不仅仅是知识体系)来设计。(3)强调发挥个体作用的合作学习。亦即在科学教育中尊重每一个个体,同时借助教学中角色的分工合作,相互帮助、彼此互补。[10][11]

作为科学教育的教材,从学习者的认知特征的角度看,可以列述如下若干原则。[12]

1. 第一原则,把教学内容上升到"高水准的科学"

这个原则是编制好教材的第一原则;是决定性地制约教学成功与否的因素。学习无非是"既知(视野)的变革与扩充"。所以,同学习者的既知脱节的知识,从原理上说,不可能成为学习的对象。任何人总是基于生活经验形成有助于适应环境的知识的,这种"知识"就是他的"既知"。因此,"既知"对于一个人来说总是适应自身生活环境的有用的知识;是他的人生历程所积累起来的"信念"。儿童正是拥有这种"既知"走进课堂的。然而,伴随生活经验所形成的"既知",尽管能够适应日常世界,但不能通用于日常世界之外的广大世界。儿童上学,就是把各自仅仅适用于日常世界的"正确"的"既知",改变成通用于更广大世界的知识。这种知识,就是人类的历史遗产——科学。构成教材的知识,必须是重要的基本法则,以及法则所支配的重要事实。所有的学习者都必须变革和扩充

"既知",这不是空想,而是必需的、也是可能的。否则,就是"坏教材"。

2. 第二原则,尊重学习者的"既知",否定学习者的"既知"

这是好教材的不可缺少的原则。学习的起点在于学习者的"既知",学习者相信自己的"既知"是"正确"的。因此,在教学过程中,必须使他们明白"既知"的适用界限,吸纳适用界限更广的知识。当然,吸纳的主体是每一个学习者。倘若把他们视为无知、无视他们的"既知",他们就不会认识到,"自己的想法虽然是正确的,但还有更高明的想法"。那么,否定"既知"、扩充知识,也就无从谈起了。

这里可以关注两个策略。一是"以现在为线索探索过去"。现在是过去的归结,现在同过去必定拥有共同之处。因此可以说,"过去是现在的关键"。反之,立足于现在也可以眺望过去。亦即,说"现在是过去的关键"也是成立的。立足于现在比之立足于过去容易得多。我们要求学习者的思考并不仅仅把现在视为现在,而是引导他们把现在同过去联系起来,从而引出贯通过去、现在、未来的共性,这是超越日常生活视野的作业。

二是"从司空见惯的日常现象引出令人惊异的现象"。科学的法则都是抽象的,而抽象的法则由于不能直接地视听,所以直觉地理解。只有借助语言的操作在抽象与具体之间反复思考,才能达到理解。不过,只知日常世界事物的学习者不会有单纯语言表达的科学法则。语言是思维的工具。语词的含义,取决于使用语言的人是如何认识事物的。对于不了解科学法则所属的事物之运动的学习者来说,理解科学法则所必要的语词,原则上是没有意义的。因此,在科学的初步教学中,恰恰相反,应当以直观学习为中心,使之感悟到隐性的科学法则的本质。

3. 第三原则,突出法则,不运用法则就不能理解

科学法则是以体现了错综复杂的无数事实作为材料,加以逻辑地加工制作而成的人类的历史遗产,不是哪一个人的发现。科学法则和基于日常经验的法则之间即使表面雷同,实际上有巨大的差异,所以,任何一个科学法则都不是学习者个人能够发现的,也不是他们根据日常要求的学习所能理解的。必须使学习者能够用自己的语言去表达科学的法则。重要的是,要使他们认识到该法则是正确的,是概括种种现象、推测未知世界的依据。这不是灌输。强制学习者记忆无用的知识是灌输,倘若是有用的知识,他们会乐于应用,内化为自己的东西。这里可以采取如下策略。(1)教材的骨架是一连串的问题,要从所要教的法则所覆盖的事实中选择事例,把它改变为学习者能够理解的语言来表达的问题,并加以排列,呈现给学习者。(2)在一种教材中以一种法则为重点。(3)法则要大胆地单纯化。(4)从典型实例出发。(5)在多样的实例中应用同样的实例。(6)使之刨根究底。(7)诉诸感性。(8)全身心活动与语词活动的操作互动。(9)注重例外,等等。当学习内容(知识)和过程(思维技能、探究方法)与真正现实的问题相结合时,学习会更有意义、更有趣味。

4. 第四原则,引进实物

夸美纽斯倡导的第一个教学法原理就是"直观原理"。他强调教学不应从事物的语词说明始,而应从事物的观察始。缺乏实物的教学往往导致失败。接触实物的学习者能够持续地、活跃地思考。

5. 第五原则,关注非语言情境

教学主要是借助语言进行的,但事物与事件所形成的非语言情境对于语言情境的教学具有重要意义。"此时无声胜有声",创设非语言情境是教学成功的一个条件,在编制教材时

需要考虑。

任何学科中再庞大的教材量也不能穷尽课程所涵盖的知识范畴,所以,教材必须精选,使之既有代表性,又能在最大程度上易于传递。这样,编制教材必须考虑学习者的年龄、成熟度、先前学习经验的背景,同时必须考虑教材自身的结构化——知识结构、题材结构、单元结构、活动结构——等等的问题。

参考文献:

[1][2][日]大野荣三.科学教育课程中实验的作用[J].北海道大学教育学部纪要,1999,79:3—4.

[3][日]庄司和晃.假设实验教学[M].东京:国土社,1974:22.

[4][日]板仓圣宣.假设实验教学——教案[M].东京:假设社,1974:79.

[5] P. H. Scott, R. H. Driver. Learning about Science Teaching: Perspectives From an Action Research Project[J]. *International Handbook of Science Education*,1998(1):10.

[6][7][8][日]新教育心理学者之会.心理学者谈学科教育[M].京都:北大路书房,1995:122—123,125—127,130.

[9]钟启泉.现代课程论[M].上海:上海教育出版社,1989:154—162.

[10][日]日本理科教育学会编.世界理科教育特集[J].理科教育,2001,584.

[11]钟启泉.理科课程目标及其基础学力[J].外国教育资料,2000,6.

[12][日]日本学科教育学会编.新型课程的创造[M].东京:教育出版,2001.新教育心理学之会.心理学者谈学科教育[M].京都:北大路书房,1997.

"科学史——探索"教学模式的"重演"论基础

王 全 母小勇

在科学教育领域,科学探究既是重要的科学内容,也是科学学习的重要方式之一,日益得到广大科学教育工作者的重视。科学史在科学教育中的价值得到了全世界范围内科学教育工作者的认同,科学史独特的教育教学价值在于:科学史可以促进学生理解科学的本质、可以促进学生对科学知识的建构、可以提高学生的人文素养、可以培养学生的批判精神。[1]将科学史融入科学教育的科学探究教学已经成为科学教育工作者的研究领域之一,本文拟就如何将科学史融入科学教育的科学探究教学阐述其"重演"论基础。

一、"重演"论的滥觞

古希腊哲学家亚里士多德所认为的儿童在发展过程中必须一个时期、一个时期地复演人类的理智发展和道德发展的阶段理论,[2]被赫尔巴特主义者用来作为根据儿童发展阶段选择内容和材料的原则之一。法国伟大的启蒙思想家卢梭(J. J Rousseau,1712—1778)把儿童放在教育过程的中心,认为儿童有一种潜在的发展可能,而教育就是为儿童提供优良的环境。儿童从出生到成年的发展就是人类种族进化过程的重复,即所谓的"文化重演理论"(recapitulation theory)。德国教育学家戚勒(Ziller,J. 1817—1882)受到达尔文进化论的信奉者海克尔(E. Haeckel,1834—1919)的"生物重演律"的影响,主张课程编制应当贯穿两条线索:以文化史阶段(Kurthrhistorische Stufen)为纵线,以中心统合法(Konzentration)为横线。所谓文化史阶段论,指运用生物学的复演学说,将儿童心理发展的顺序等同于人类从野蛮到文明的历史发展的顺序来处理,认为抓住人类文化史的发展阶段,依据这个顺序排列教材,是儿童理解力能够胜任的。[3]儿童的认识和思维的发展,是通过形成人类文化的历史过程在教育上的复演。[4]即将过去文化史可以看到的单纯内容是适合儿童理解力的内容,应该放在前面教,而将现代文化史中难以理解的文化内容放在后面教。

英国哲学家柯林武德(R G. Collingwood,1889—1943)认为"一切历史都是思想史"。对他而言,历史过程不仅仅是历史事件的发生和发展过程,更为重要的是历史过程中思想演变和发展的过程,研究历史的价值在于揭示历史事件的"思想过程所构成的内在方面"的外在"行动的过程",思想历程是历史研究所要着力追寻的过程。研究历史不仅仅是研究历史事件,更为重要的是研究者的思想必须复归到历史事件行为者的思想,即研究者探索历史事件行为者的思想。根本地讲,历史是过去经验在历史研究者头脑中的"重演",即历史学家必须在他自己的心灵中重演过去。[5]这就是柯林武德所提出的"历史重演"论。

发生认识论的创始者皮亚杰(Jean Piaget,1896—1980)认为儿童知识的增长与科学知识的增长遵循相同的机制,并以此探寻儿童思维的心理发生和科学概念的历史发展之间的

---

① 本文选自《课程・教材・教法》2008年第7期,第62—66页。

连续性。他通过对"动量"概念的形成和发展过程的历史考察与儿童"动量"概念的心理发生进行比较,发现"动量"概念的发展历程与心理发生过程都经历了四个主要时期,其建构的过程存在相似性。[6]

教育重演理论(Recapitulation Theory Education)认为:第一,一个人的教育发展是一个过程。进入高一级的教育阶段一定以通过了低一级的教育阶段为前提,阶段不可跳跃或颠倒。第二,现代学生的学习过程提是对人类文化发展过程的一种认知意义上的重演,即现代人的认知发展是对其祖先认知水平长期演化过程的浓缩,恰似生物学上胎儿在母体内的发育过程重演祖先的进化过程。[7]

在科学发展的历史进程中,科学概念、规律的发生和发展过程是极其复杂的,某一科学概念、规律形成的关键点、突破点往往是这一科学概念、规律在教学过程中的重点和难点。学习者在学习科学过程中所遇到的困难往往是人类在科学研究过程中需要长时间累积、消化、突破点。人类在研究科学世界的过程中,总是从已知探索未知,学习者在探究科学的过程中亦是从自身已知的出发,迈向自身的未知。人类认识科学世界的活动与学习者探究的活动类似,总是从感性的具体到抽象的规定,并从抽象的规定到思维的具体。人类在认识科学世界过程中所使用的科学方法(归纳—演绎法、假说—演绎法、类比法等)与学习者探究过程中所使用的方法类似。因此,学习者学习科学的过程与人类研究科学的过程理应存在一定的相似性,应该说学习者学习科学的过程"重演"着人类研究科学的过程。

二、"重演"概念辨析

所谓"重演",表观上是指事物或事物的具体内容的重复再现、类似。例如日常生活中常见的现象,太阳东升西落、月有阴晴圆缺、四季周而复始等。在自然科学领域,实验现象能够多次"重演"出现,验证科学定律的相关实验能够得到无限的"重演"。"重演"的本质是指事物或事物的具体内容内涵本质规律性的同类,例如日常现象的"重演"、实验现象的"重演"受到内在规律的支配。在社会科学领域,虽然不存在类似与自然科学领域的严密的"重演"现象,但是社会科学领域的研究者只有把同类事物或相似性的重复出现看成重演,才能对此进行合理的解释。正如"历史重演"论所认为的:人类社会在演进过程中,在不同地域、不同时空态中重复出现的,带有一定规律性的历史现象,特指在新的时空背景条件下重现与过去相同或相似的历史现象。[8]因此,"重演"意指事物或事物的具体内容具有内在规律的同一性或相似性。

三、"重演"论的实证研究

"重演"论能否成为"科学史—探索"教学模式的理论基础需要进行实证研究。笔者拟从以下三个方面进行论证:首先从物理学的发展特征入手,探究物理学家探究物理世界的发展进程;其次从学习者物理学习的进程入手,探究学习者物理学习的进程;最后比较两种进程是否存在相似性,从而为"科学史—探索"教学模式奠定理论基础。

(一)经典物理科学发展的进程

物理学史是科学史的重要组成部分,物理学发展的历史是人类探索、研究自然规律形成物理概念、思想的历史,是人类的智慧在物理学的探索中一步一步深入地寻找观念世界与现实世界之间联系的历史,是物理学基本概念的演化史,也是人类探究物理学的历史。物理学发展的历史进程大体上分为三个时期,古代物理时期、经典物理时期和现代物理时期。由于古代物理时期物理学的发展是极其缓慢的,是处于哲学层面上思辨的产物,并且是低水平徘徊的,加之缺乏丰富的文献资料,难以准确把握其发展进程。另一方面现代物理学还在不断向前迈进,因此我们以相对而言发展比较完善和成熟并具备丰富的文献资料的经典物理学发展进程作为研究的对象。

我们采用科学计量学的量化方法对经典物理学发展进程进行探索,以物理学成果数作为统计的对象,将整个经典物理学发展的历史进程均分为10个年段间隔,以年份为横坐标(X),以在某一段时间范围内发生的物理学大事数量作为纵坐标(Y)。为了具有权威性,我们利用我国科学计量学家赵红州著作《科学史的数理分析》中的科学成果数作为统计对象。我们以1500年作为经典物理学的开端,以1900年作为经典物理学的终端。因为在16世纪之前物理学还没有从哲学中分化出来,1900年12月普朗克(Max Planck, 1858—1947)在德国物理学会上发表了影响现代文明的著名论文《关于正常光谱的能量分布定律的理论》,宣告了量子论的诞生,是现代物理学的开端。由此,我们得到经典物理学发展进程曲线(图1):

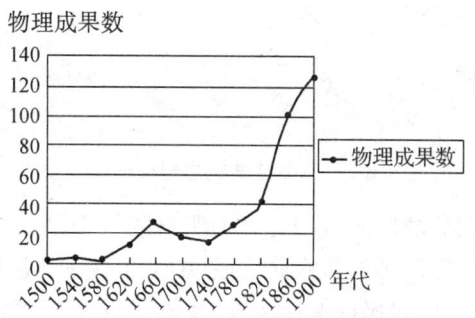

图1 经典物理学发展进程曲线

从物理学发展进程的曲线可以看出:经典物理学大体经历了三个时期:渐进期、高原期、突变期。在牛顿的经典力学体系建立之前,经典物理学在漫长的发展进程中呈现渐进的趋势,可以说经典物理学处于渐进期。但在以后的发展中即大约整个18世纪,虽然牛顿力学体系已经诞生,但就整个经典物理学而言,经典物理学的发展还是较为缓慢的,这一时期是经典物理学突飞猛进的准备时期,也就是我们说的经典物理学发展的"高原期"。随后以热力学与统计物理、经典电磁场理论为支柱的经典物理学发展到高峰,是经典物理学的"突变期"。从物理学研究的思想方法角度看,物理学由于引进了系统的观察实验和严密的数学演绎的研究方法才导致了在17世纪诞生了牛顿的经典力学体系;随后物理学处于消化、积累、准备时期,牛顿的科学思想、方法和理论得到传播、完善和扩展,牛顿的经典力学完成可解析化工作,建立分析力学,同时光学、热学和静电学也完成了奠基性的工作,但是这一时期的物理科学共同体(The Scientific Community)总是以经典力学模式去认识和分析各种物理现象,机械决定论是这一时期统治物理学的重要思想;到了1780年以后,物理学获得了飞速的发展,自然领域里的各种联系和转化相继被发现,新的数学方法也被广泛引进物理学,建立了波动力学、热力学和分子运动论,经典电磁场理论形成完整的、解析式的理论体系,从而将经典物理学推向高峰,直到完善,是经典物理学的"突变期"。经典物理学如果没有前期的渐进和"高原期",就没有随后的突飞猛进。

(二)学习者物理学习的进程

物理概念的形成、物理规律的掌握和物理问题的解决是物理教育、教学的中心任务。为了了解和掌握学习者物理学习的进程,我们以物理概念的形成为例,探讨学习者在物理概念形成过程中心理发展的进程和走向。我们采用假设检验模型的原理以"熵"概念为学习内容,研究中学生、成人和中学生"小组合作"三类被试概念形成的进程和走向,得到图2:

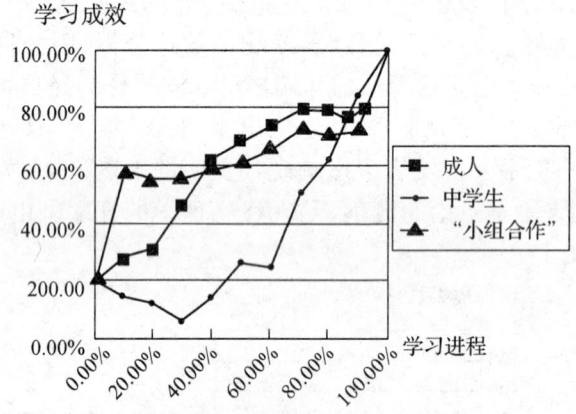

图2 三类被试概念形成曲线

从图2中可以发现:三类被试曲线均可分为明显的三个部分:第一部分是成人和"小组合作"被试从横轴的0%处至70%处所截曲线段(中学生被试从横轴的0%处至50%处所截曲线段),这段曲线相对漫长而缓慢地徐徐上升,呈渐进振荡式;第二部分是成人和"小组合作"被试从横轴的70%处至90%处所截曲线段(中学生被试从横轴的50%处至60%处所截曲线段),这部分曲线的平均斜率几乎为0,呈平台式;第三部分是成人和"小组合作"被试从横轴的90%处至100%处所截曲线段(中学生被试从横轴的60%处至100%处所截曲线段),这段曲线以较快的速度急剧上升,呈突变式。

从图2的分析中可以发现三类被试在形成"熵"物理概念的时候具有这样的规律,在开始学习"熵"概念的漫长过程中呈渐进振荡过程,随着学习的深入,有一段时间出现停滞不前的现象,称之为"高原期",高原期之后是学习的突变期,这一段时间掌握"熵"概念的程度飞速增加,在较短的时间内就能掌握概念。

(三)两种进程的类比

从经典物理科学发展的进程和学习者物理学习的进程的比较可以看出,人类探究经典物理学的进程与人类物理概念的学习进程有着内在的相似性,总体上都历经了"渐进期""高原期"和"突变期",可以说学习者物理概念学习的进程是人类研究物理学的进程的"复演",是作为学习者的人在学习物理的过程中"重演"着人类探索物理的过程。

在物理教学过程中,学习者对物理概念、规律的认识和形成过程中大量地存在许多前物理概念和观念,学习者的绝大多数前物理概念和观念与物理学发展过程中产生的错误的、不完备的概念和观念有联系或完全"重演"。例如"有力才有运动"的错误概念就与亚里士多德的物理学和中世纪的冲量理论中的观点是一致的。光的传播是否需要时间的问题,保定师专的张喜荣等人作过研究,他们发现仅有12%的学生认为光的传播需要时间,[9]在物理学史上,开普勒(Johannes Kepler,1571—1630)就认为光的传播是瞬时进行的,不需要时间,而且笛卡儿(Rene Descartes,1596—1650)也有相类似的想法,他认为光是压力传递的过程,所以也不需要时间。

在物理教学过程中,学习者也大体经历"渐近期—高原期—突变期"的过程。学习者在学习新的物理概念、规律过程中,随着学习活动量的增加,掌握物理概念、规律的水平也在提高(渐近期);但是学习到某一阶段,总感觉无法进步,物理概念、规律的掌握水平停滞不前(高原期);随着学习活动量的进一步增加,"顿悟""融会贯通"的现象迟早会出现(突变期),从而准确掌握物理概念、规律。

四、"科学史—探索"教学模式的概念

学习者物理学习的进程和人类研究物理学的进程的内在相似性要求在某一课题实施之前,必须搞清人类探索该课题的过程,搞清物理学发展过程中与该课题相关的各种错误的物理前概念、观念,为学习者设计出能够经历物理科学探究活动和过程的课程实施计划和结构。在物理课程标准中提出让学习者经历物理科学探究活动的过程,就是让学习者经历科学家研究物理科学的过程,为此物理课程标准提出了物理科学探究的七个要素。

在新课程标准的教科书中,也出现了基于科学史的科学探究教学内容编排方式。例如在自由落体运动规律的探索中,束炳如先生主编的高中物理教科书就用一节的内容展示物理学家伽利略是如何研究自由落体运动的,在研究过程中伽利略是如何克服研究过程中的一系列困难,如何将实验、数学和人的逻辑思维进行整合,从而建立了自由落体运动的规律。

基于"重演"论的"科学史—探索"教学模式,具体来讲就是指教师对某一科学(物理)概念、规律进行解构,其根据是按照科学史(物理学史)上此概念、规律形成的几个关键特征进行分析,探索学习者在学习此概念时可能存在的障碍;然后对这几个特征进行重构,其标准是按照每一个特征的难易程度进行序列化,重新组织概念、规律教学进程;在重构的基础上实施教学,教学过程中让学习者历经概念(规律)形成几个关键时期科学(物理学)家探究科学(物理)概念的活动,同时教师进行引导和点拨,从而学习者完成自组织突变的一种科学(物理)教学模式。

基于科学史的"科学探究",就是要让学生做到"读、做、悟、创",即学习者通过阅读教科书的典型物理史料的活动,感知典型物理概念、规律的发现历程,理解科学发现是艰难曲折的过程;学习者通过"亲历"和"重演"科学家们的探究活动,建构相关物理概念、规律,深刻理解科学概念、规律;学习者通过反思所经历的探究活动,体悟科学的人文精神;学习者通过身边的实验器材,创新设计探究实验的思路与步骤,超越物理学家,体验科学探究的成功喜悦感。

参考文献：

[1] 袁维新.论科学史的教育价值[J].自然辩证法通讯,2006,(3):72—77.

[2] [美]丹尼尔·坦纳,等.学校课程史[M].北京:教育科学出版社,2006:111.

[3] 钟启泉.现代课程论[M].上海:上海教育出版社,1989.:89.

[4] [日]伊藤信隆.学校理科课程论[M].刑清泉,等译北京:人民教育出版社,1988:77.

[5] [日]柯林武德.历史的观念[M].何兆武,张文杰,译.北京:商务印书馆,2003:319.

[6] [瑞典]J.皮亚杰,等.心理发生和科学史[M].姜志辉,译.上海:华东师范大学出版社,2005:42.

[7] 张红霞,等.教育重演论与中国教育改革[J].教育研究,1998,(2):60—63.

[8] 焦润明.关于"历史重演"的几个理论问题[J].辽宁大学学报(哲学社会科学版),2006,(5):84—93.

[9] 张喜荣,等.前概念对光学启蒙教育影响的调查研究[J].保定师专学报,2000,(2):67—68.

试论 STS 的对象、内容和意义[①]

殷登祥

STS(科学、技术和社会)是 20 世纪 60 年代末 70 年代初诞生于美国的一门新兴学科。由于它深深植根于社会和学术需要之中,代表着一种新的社会价值观和新的思维模式,所以日益显示出它对人类命运和社会发展的巨大影响力和广阔的发展前景。目前它正沿着理论 STS 和应用 STS 两个方向蓬勃发展着。本文拟就理论 STS 领域中的一个热点,即 STS 的对象、内容和意义问题,谈点粗浅的看法,以就教于学术界。

一、研究对象

关于 STS 的对象问题是涉及 STS 能否成为独立学科的关键问题之一。在美国,STS 作为一个英文缩写词代表着两种不一样的说法。其一是指"Science and Technology Studies",中文意思是"科学技术研究",其二是指"Science, Technology and Society",中文含义是"科学、技术和社会"。这两种说法实质上反映了,在新旧价值观转换背景中,STS 研究对象的辩证形成过程。前者旨在把作为认识客体的科学技术,放到社会文化的大背景中,使之发展成为"社会中的科学技术",并使认识主体对这个发展了的认识客体,从哲学、历史和社会学等各个侧面进行反思和研究。后者则从根本上把认识客体转变为"科学、技术和社会的相互关系",并形成了一系列从各种角度揭示这个新的认识客体内在本质的关系概念,以及适合于对该客体进行研究的交叉学科方法。显然,从渗透着旧的唯科学主义价值观的"自主科学技术"到开始对这一旧的价值观进行反叛的"社会中的科学技术",再到确立新的 STS 价值观(科技与社会协调发展)的"科学、技术和社会的相互关系",充分体现了 STS 的研究对象如何从旧的视野中通过局部质变到整体质变而生长出来的活生生的辩证图景。

现在,对 STS 作"科学、技术和社会"的理解,在美国学术界获得了普遍认可。其标志是,1988 年成立的全美 STS 协会及其会刊《STS 集刊》中的 STS 都表述为"科学、技术和社会"。而"科学技术研究",则作为 STS 理论研究的一个部分包含在"科学、技术和社会"之内。因此,前全美 STS 协会主席 S. H. 卡特克利夫教授在该会成立后的第二年就说:"'科学、技术和社会研究'领域——现在已通过缩写字母词 STS 得到广泛认可。"[1]

对于"科学、技术和社会的相互关系"是 STS 的研究对象这一点,也日益获得学术界的普遍认同。例如:1964 年哈佛大学设立的"技术与社会计划",其要旨是"深入探讨技术进步对经济、公共政策、社会特征的影响,以及社会进步对科学技术发展的本质、范围和方向的互惠效应"[2]。1977 年麻省理工学院建立的"科学、技术和社会计划",其目的是"探求社会、政治和文化力量对科学技术的影响,考察技术与科学观念对人们生活的影响"[3]。卡特克利夫教授说,"STS 领域的中心任务至今一直是诠释科学技术的社会过程,把科学技术看成是复

[①] 本文选自《哲学研究》1994 年第 11 期,第 41—48,61 页。

杂的事业，其中文化、政治和经济价值观念促进了科学技术事业；反过来，科学技术又影响了这些价值观念和形成它们的社会"[1]。菲律宾学者赫兰德也指出STS就是"科学、技术和社会的相互关系"[4]。美国宾州大学的D.第曲里奇和D.沃克尔，在为他们所开设的"什么是STS？"课程编写的教材中，则进一步用一幅三角图形象鲜明地表示了STS研究的对象（如图1）：

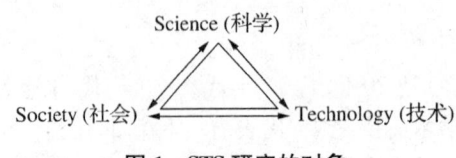

图1　STS研究的对象

但是，应当指出，一般地确认STS的研究对象并不表明STS的对象问题已经完全解决。其原因是，涉及对科学、技术和社会的相互关系进行研究的并不仅仅是STS一家，同时还有其他的学科，如科学史、技术史、科学哲学、技术哲学、科学社会学和技术社会学等等，它们也在从不同的角度对这种关系进行研究。因此，只有具体地解决了与上述这些相关学科关系中的划界问题和地位问题，才能最终解决STS的对象问题。

为此，首先，要利用发生学的方法，从总体上弄清这些学科与STS的关系。

科学史、技术史、科学哲学、技术哲学、科学社会学和技术社会学等都是以科学技术作为自己研究对象的学科。从历史的角度研究科学技术，就是科学史和技术史；从哲学的角度研究科学技术，就是科学哲学和技术哲学；从社会学的角度研究科学技术，就是科学社会学和技术社会学。但是，从20世纪中叶以来，随着新的科学技术革命的深入发展，科学技术不再仅仅是"认知和建造的过程"、"知识和技能的体系"，而变成了渗透价值的"社会过程""社会事业"。因此，上述这些学科便逐步从研究科学技术的概念、理论、方法、设备、技能、组织和行为规范等方面为主的"内史论"导向，转向重视科学技术发展的社会文化背景的"外史论"导向。例如：在科学史研究中，已不限于对科学知识、方法和思想史的研究，开始重视科学的社会史方面。1958年，技术史学会的刊物《技术和文化》明确声称，它所关注的"不仅是技术设备和过程的历史，而且还关注技术与哲学、政治、社会变迁、艺术与人文科学以及经济学的关系"[4]，并形成了后来在科技史研究中被广泛采用的"情景方法"。20世纪60年代以来兴起的科学哲学中的历史学派和新历史学派，把科学哲学和科学史研究结合起来，开始强调社会、经济、政治、文化等对科学发展的影响。而技术社会学则集中在追踪技术的社会后果方面，把技术看作是一种促成种种社会调整和文化调整的外在力量。于是，这些学科的研究对象，就从"纯粹的科学技术"扩展到"科学、技术和社会的相互关系"这个层面上来。但是，实质上，这仅仅是由于科学技术的社会化而兴起的从社会角度对科学技术的研究。问题还有另外一个方面，即由于社会的科学技术化，社会和公众日益感受到来自科学技术负面影响的威胁，因而迫切需要从科学技术的角度对社会本身进行研究，"了解社会是如何在与科学和技术的相互作用中从早先的状况发展到当代水平的"，又如何"让科学和技术过程真正造福于人类"[1]。正是由于科学技术和社会这两方面的强大对流运动，使"科学、技术和社会的相互关系"成了与人类命运和社会发展息息相关的重大问题，因而急需一门新兴学科对这一新的认识客体加以专门的研究。但上述的任何一门学科，或它们的总和，都不可能完全抛弃原有的学科体系框架而转向完成此项历史使命。STS就是在这种背景下应运而生的。

显然,STS 与上述这些学科的区别及其独特地位就在于:

(1) 这些学科的研究对象仍然局限在科学技术的范围内,它们对科学、技术和社会相互关系的研究主要是为了加深对科学技术的本质和发展规律的认识。而 STS 则从根本上突破了这个旧框架,在历史上第一次把"科学、技术和社会的相互关系"本身作为一个独立的、崭新的认识对象进行系统的研究。

(2) 上述这些学科仅仅是从历史、哲学或社会学的特定角度研究科学、技术和社会的相互关系,而 STS 则是研究科学、技术和社会相互关系的整体,它把上述各个侧面包括在自身之内。因此,有些学者认为,广义的 STS 是一个学科群,是上述这类学科对科学、技术和社会相互关系研究的总称。狭义的 STS 则把上述这些学科看作是自己产生和发展的重要理论来源。

(3) 对于这种关系,上述这些学科侧重在从社会的角度对科学技术的研究;STS 则除此以外,还包括从科学技术的角度对社会的研究。

(4) STS 还把科学、技术这两个社会子系统之间的相互关系作为自己研究对象的重要内容,而上述这些学科并非必然如此。

其次,还必须运用上述基本观点,澄清一些模糊看法。我国从 20 世纪 80 年代初以来就开始对一些有关科学、技术和社会的问题进行研究,但主要局限在科学哲学、技术哲学、科学史和科学社会学的范围内。对于科学学来说,因其把科学社会学看作是自己的分支学科,因而也是从科学社会学的角度加以研究的。近年来,STS 被介绍到我国以后,有些学者往往囿于自己原来的学科观点,对 STS 产生了一些误解,这不利于 STS 在我国的发展,实有澄清的必要。

(1) 所谓"技术哲学包括 STS"说,其理由一曰:技术哲学的研究内容包括技术和社会的相互关系在内。但是要知道,技术哲学的主要研究内容是有关技术的本体论、认识论和方法论问题。技术哲学对技术和社会相互关系的研究主要是为了更深入地揭示技术的发展规律,并没有改变其研究对象是技术这个基本点。而 STS 则是以科学、技术和社会的相互关系作为自己的研究对象的,其中当然也包括从哲学角度对技术和社会相互关系的研究在内。因此,不是技术哲学包括 STS,而从广义上说,是 STS 包括技术哲学。二曰:STS 起源于技术哲学。这种说法也没有什么根据。因为虽然 STS 的诞生与一些技术哲学家如埃吕尔、芒福德等对技术的本质进行批判性反思、揭示技术的负面效应有关,但这仅仅说明技术哲学刺激了 STS 的诞生,并且它的一些研究成果成为 STS 的一个理论来源或组成部分。可是除此之外,STS 还有其他的理论来源或组成部分。三曰:有许多技术哲学家在专门研究 STS 问题。其实这是一种误解。因为 STS 是一门范围最广、层次最高的交叉学科,需要多门学科的专家协同研究,其中当然包括技术哲学家在内。但当一个技术哲学家进入 STS 领域,研究专门的 STS 问题时,他实际上已经成为一个 STS 学者了,或者说,他是具有技术哲学学术背景的"STS 学者"。由此可见,所谓"技术哲学包括 STS"说,是不能成立的。

(2) 所谓"科学社会学等于或包括 STS"说,其理由同样有三,一曰:科学社会学的研究对象就是科学和社会的相互关系,如果把科学广义地理解为包括技术在内,则其对象就是科学、技术和社会的相互关系。这种说法混淆了科学社会学和 STS 的研究对象。实际上,科学社会学是"应用一种社会学的分析方法于科学,以更好地理解科学"[6]。美国科学社会学家斯托勒则明确指出:"科学社会学研究学者们的行为规范、决定他们行为的各种因素,以及他们的行为给他们所属的社会群体和协会带来的后果。"[7]显然,科学社会学的研究对象是科学,或包括技术在内的科学,而不是科学、技术和社会的相互关系,后者只是STS的研究对象。二曰:科学社会学的研究内容包括科学和社会的相互关系在内。但是,这只是表明对科学进行研究的外史论导向。实际上,在20世纪50年代科学社会学的研究重点是规范问题,20世纪60年代的重点是科学界的社会分层和奖励制度。直到20世纪70年代初以后才出现了向外史论的倾斜,开始重视对科学共同体行为和科学知识与社会背景相互关系的研究。其目的是加深对作为社会现象和社会建制的科学的本质的理解,并不表明科学社会学以科学作为研究对象这一点有什么改变。同时,科学社会学只是从社会学的角度研究科学和社会的相互关系,只有STS才既从社会学角度,又从哲学、历史等角度全面、系统地研究这种关系。因此,正如上述技术哲学与STS的关系一样,不是科学社会学包括STS,广义而言,是STS包括科学社会学。三曰:科学、技术和社会的相互关系在历史上是许多科学社会学家研究工作的重要内容。的确,许多著名的科学社会学家,如:贝尔纳、默顿、巴伯等等,都对科学、技术和社会的相互关系进行了开拓性研究。"科学、技术和社会"这一名称就是在默顿于1938年出版的《十七世纪英国的科学、技术和社会》一书的书名中首次被使用的。上述这些学者不仅是科学社会学的奠基者,同时也是STS的先驱。他们在对科学、技术和社会的相互关系进行研究时,不仅是在从社会学的角度对科学技术进行研究,实际上,也就是在进行STS研究。这种情况,在对科学技术及其与社会的相互关系进行研究的学科尚未分化或成熟时,并不奇怪。所以,所谓"科学社会学等于或包括STS"说,也是不妥当的。

(3) 所谓"STS四不像"说,其本意也许是要说,STS是从原来的一些学科,如科学史、技术史、科学哲学和科学社会学等学科的生长点上发展而来的,但又很难说它"像"其中的哪一门学科,故称之为"四不像"。此说虽有其一定的道理,但却极易引起误解。因为在这里,"四不像"仅仅是一种比喻,用来形容某种什么也不像、似是而非的东西。但STS不是这样的东西;它并没有因为不"像"上述"其中的哪一门学科"而变得无所"像"。实际上,它作为一门新兴的交叉学科,具有自己确定的研究对象,即科学、技术和社会的相互关系。20多年来,STS对自己这一对象的研究已经逐步建制化,在许多大学内建立了与STS有关的系、研究计划和中心,开设了大量的STS课程,还建立了STS学会和刊物。这些事实说明STS不是"四不像",而是确确实实"像"它自己。

第三,要弄清STS的研究对象,还必须阐明STS与自然辩证法的关系。

自然辩证法是马克思主义的自然观和科学观,它以自然界和自然科学发展的一般规律作为研究对象。而STS则是以科学、技术与社会的相互关系作为研究对象。这是两者的根本区别。但是,马克思和恩格斯在建立马克思主义的科学观时,也从哲学和社会历史的角度,对科学、技术和社会的相互关系进行了创造性的研究,提出了一系列极其重要的思想和规律,其中主要有:

(1) 科学技术是生产力。

"劳动生产力是由多种情况决定的,其中包括:……科学发展水平和它在工艺上应用的程度"[9]"科学的力量也是不费资本家分文的另一种生产力。"[10]"固定资本的发展表明,一般社会知识已经在多么大的程度上变成了直接的生产力"。[11]

(2) 科学技术是一种推动历史前进的革命力量。

马克思"把科学首先看成是历史的有力杠杆,看成是最高意义上的革命的力量"[12]"科学和哲学结合的结果就是唯物主义……启蒙时代和法国的政治革命。科学和实践结合的结果就是英国的社会革命"[13]。

（3）生产关系的变革对科学发展有巨大的促进作用。

"资产阶级为了发展它的工业生产，需要有探察自然物体的物理特性和自然力的活动方式的科学。而在此以前，科学只是教会的恭顺的婢女，它不得超越宗教信仰所规定的界限，因此根本不是科学。"[14]"同时，德国以异乎寻常的精力致力于自然科学，这是与1848年以来资产阶级的强大发展相适应的。"[15]

（4）社会的生产和需要促进了科学的发展。

"这种资本主义生产第一次在相当大的程度上为自然科学创造了进行研究、观察、实验的物质手段。"[16]"社会一旦有技术上的需要，则这种需要就会比十所大学更能把科学推向前进。"[17]

（5）人和自然的协调。

"我们不要过分陶醉于我们人类对自然界的胜利。对于每一次这样的胜利，自然界都对我们进行报复。""因此我们必须在每一步都要记住：我们统治自然界，决不像征服者统治异民族那样，决不同于站在自然界以外的某一个人，——相反，我们连同肉、血和脑都是属于自然界并存在于其中的。"[18]

马克思和恩格斯的上述论述对西方STS的产生和发展有深刻的影响。一些著名学者，如默顿、巴伯、卡普兰等人，都承认马克思是研究科学、技术和社会相互关系的先驱。默顿认为他们的功绩是理清了科学活动和社会结构之间的关系。

现在，马克思和恩格斯创立的马克思主义科学观，不仅对科学、技术和以科学技术为对象的学科的发展有重要的指导作用，同样，对在我国开展STS研究，建立具有中国特色的STS学科，也具有重要的意义。因此，包括马克思主义科学观在内的自然辩证法，虽然因为对象不同，不能包括和代替STS，但却也是STS的重要指导思想。

二、主要内容

STS是一门研究科学、技术和社会相互关系的新兴学科。它把科学技术看作是一个渗透着价值的复杂社会事业，研究作为社会子系统的科学和技术的性质、结构、功能及它们之间的相互关系；研究科学技术与社会其他子系统如政治、经济、文化、教育等之间的互动关系；还要研究科学、技术和社会在整体上的性质、特点、结构和相互关系，及其协调发展的动力学机制。

这是关于STS研究对象的一个理论STS的定义。理论STS包括STS总论、STS静力学和STS动力学三个部分。STS总论研究STS的对象，基本概念和概念结构，以及方法、意义等一般理论问题。STS静力学暂时撇开STS的基本运动，主要研究STS系统内的整体和部分之间以及各个子系统之间作用和反作用的规律，以及各种相互关系保持协调和平衡的条件和前提。STS动力学主要研究科学、技术和社会相互关系运动、发展的规律，例如：科学技术的不同发展阶段与相应的不同社会形态之间关系的动态发展规律；由于不同的社会历史条件科学技术中心转移的规律；科学、技术和社会这三个相互依赖和相互独立的变量在不同历史时期和不同的国家、地区以不同方式结合的规律等等。STS静力学偏重在性质、结构和功能方面的分析；STS动力学侧重在进化和发展方面的分析，两者是互相联系、互相补充的。

STS这门学科一具有极强的实践性,它的产生和发展完全是适应科学技术和整个社会实践的需要。STS的理论研究成果,即关于科学、技术和社会相互关系的理论、观点和方法,将被广泛应用于科学技术及与科学技术密切相关的人类生存环境和社会生活的一切方面,从而形成了应用STS的领域。应用STS主要包括:① 科学技术和公共政策;② 环境、生态、能源、人口等全球问题;③ STS教育。

STS的内容非常丰富,它具有哲学、历史和社会学等方面的理论来源和六个重要的组成部分(如图2所示)。

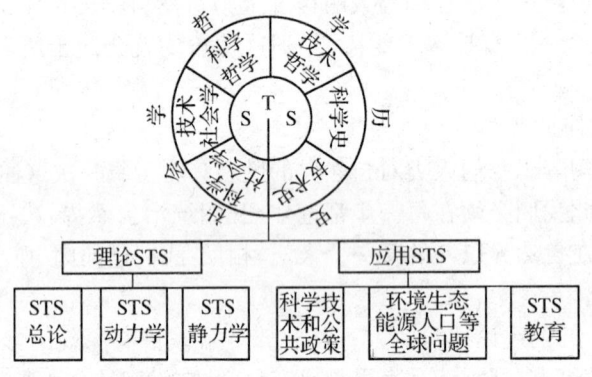

图2 STS的内容

目前STS主要沿着三个方向发展:

1. 理论研究

侧重在对科学技术的性质、特点及其与社会相互关系的理论探讨。90年代以来,美国的STS形成了两大派,一派叫学科派(Disciplinary STS),简称STS—D,它侧重在从哲学、历史和社会学等方面对科学、技术和社会相互关系进行研究,把STS作为一门专业看待;另一派叫交叉学科派(Interdisciplinary STS),简称STS—I,它把交叉学科作为一种新的范式展开研究。有100多所大学设立了STS计划、研究中心和系;出版了《哲学和技术研究》丛书、《科学、技术和社会进步》《技术和社会》《技术和社会变革》《科学、技术和社会》等一大批著作,创办了专业杂志《科学、技术和人类价值》,成立了专门的学会"科学的社会研究学会"。

2. 应用研究

侧重在研究科技战略、科技政策和一系列全球问题。其主要内容是:科学技术政策的性质和决定;科学技术政策对科学技术知识发展以及控制其社会影响方面的作用;科学技术政策中的价值问题;科学技术和国际关系等等。出版了一批重要的著作,如《科学技术和国家政策》《科学技术政策的战略分析》《科学、技术和决策》等等。有几十所大学成立了与科技政策和全球问题有关的计划、研究中心、系或研究所;创办了《社会中的技术》杂志,建立了"宏观工程学会"。

3. STS教育

目的在于加深学生对科学、技术和社会相互关系的理解,提高其科学技术素养。最近几年,进一步重视培养学生的STS能力,即追求把科学、工程能力和人文、社会科学能力联系起来的真正的交叉学科教学。其方法是教育学生寻找与给定题目有关的重要信息,并进行分析和评价,最终做出正确行动的决定。已有1 000多所大学开设了2 000门左右的STS课程,出版了《STS课程开发通讯》《科学、技术和社会集刊》,创立了"全美科学、技术和社会协会"。在该协会内还成立了国际联系委员会,以推动STS的国际学术交流和合作研究。

三、重要意义

STS是一门跨世纪的新兴学科,对它的研究具有极其深刻的理论意义和实践意义,这主要表现在它提出了新的观念和视角。

1. 新的发展观

传统的发展观是一种旧的工业化模式,即片面地利用科学技术追求经济的高速增长。随着第二次世界大战后西方世界20年的经济繁荣,这种观点发展到顶峰,但也给社会带来一系列极其严重的问题:人口膨胀、土地侵蚀、生态破坏、环境污染、能源短缺、资源枯竭等等。STS的发展观是与这种传统发展观相对立的一种新的发展观。它认为,社会发展不能只考虑经济数量的增长,要注意质量的发展,特别是环境质量。经济的发展和增长,和环境的发展是分不开的。它提出了持续发展的概念,即满足当代的需求而不能损害满足下一代需求的努力,也就是说,我们这一代人不能损害下一代人的利益,我们今天所做的一切要为下一代人着想。其目的就是在保护人类生存条件的基础上,建立科技、经济和社会协调发展的新社会,这也就是一个持续发展的社会。

2. 新的价值观

西方传统的价值观念是主体与客体、人与自然的对立;人改造自然,无限地向自然索取。因此,把科学仅仅看作是"认知过程",把技术仅仅看作是"建造或生产过程",把科学技术看作是"一种独立自主的不可抗拒的力量,是可以为任何偶然的利益和需要服务的纯粹中立的工具"。STS的价值观则恰恰相反,它认为科学技术的发展受到社会的制约,科学技术是蕴含着价值的复杂"社会过程"、"社会事业"。科学技术的发展往往造成不可预料的环境的、社会的和人的后果。它们的发展既给人类带来有益的东西,但也存在消极的一面;在取得物质进步的同时,往往要付出人文心理方面的代价。所以STS的价值观批判了在旧的价值观的背景下所产生的科学技术的乐观主义和悲观主义、科学主义和人文主义的片面性,吸取了它们的合理因素,彻底扬弃了人统治自然的狭隘观点,追求自然—人—科学技术—社会之间的和谐和统一与物质和精神之间的平衡和协调,试图建立一个人在其中能获得全面发展的、幸福向上的自然和社会环境。由于它符合人类的长远利益和根本利益,将获得持续发展的动力。

3. 新的科学观

近代科学发展的基础是对自然界的分门别类的研究和在每门科学内部的独立的分析研究。其特点是把整体分解为部分,把复杂的分解为简单的,把高级运动形式还原为低级运动形式。但这种方法发展到极端,把整体和复杂的东西归结为部分和简单的东西,把高级运动形式归结为低级运动形式,这就成了一种典型的机械论的科学观。20世纪以来,随着科学的发展出现了科学的综合化、整体化的强大趋势,其主要标志就是诞生了一大批边缘学科、综合学科和横断学科。新的STS科学观就是在这样的背景下,逐步孕育产生的。它与旧的机械论的科学观不同,它的自然图景和科学图景不是机械的割裂,而是有机的联系;不是科学文化和人文文化之间日益扩大的鸿沟,而是在这两种文化之间架起桥梁,促进它们的交流、沟通和融合。它的思维模式,也不像机械论的科学观那样,是"部分—整体—部分",部分是思维的出发点和归宿,整体是部分的简单总和;恰恰相反,它是"整体—部分—整体",整体是思维的出发点和归宿,整体是部分的有机的统一体,整体大于部分的总和,具有自己的特点。STS科学观强调联系、系统、综合,实际上是一种整体论的科学观。它把人类、自然和社会看作一个有机统一体,把自然科学、工程技术科学、社会科学和人文科学用相互联系、相互作用的观点进行研究,这是最大的跨学科、多学科和综合学科的研究。

4. 新的教育观

旧的教育观是一种专业化、系科化的范式,其主要特征是自然科学和社会科学的割裂,科学技术理论与社会实践的脱节,其结果是学生的片面发展。STS的教育规则截然相反,它是交叉学科的范式,其显著特点是自然科学和社会科学的联系和整体化,科学技术和社会的密切结合,其宗旨是培养具有科学技术素养,全面发展的一代新型公民。所谓科学技术素养,不仅指能理解基本科学技术的术语和概念,能理解科学研究的过程和方法,更重要的是指能真正地理解科学技术和社会的相互关系。作为领导者的公民具备了科技素养就能提高科技决策的质量,作为普通公民具有科技素养,就能参与科技决策,实现决策的民主化和科学化。

现在,对于工业化以后的未来社会有着各种各样的说法,如:"后工业社会""信息社会""智能社会""生态社会"等等。它们都反映了未来社会的某个方面的特征,因而具有不同程度的真理性。但因为STS代表着新的发展观、价值观、科学观和教育观,更全面的揭示了未来社会的特征,因此,使用科学、技术和社会协调发展的"STS社会"的说法,也许更好些。

STS的科技与社会协调发展的价值观和发展观,为制订我国的科技经济社会发展战略提供了新的思路和依据,将促使我国的"四化"建设高速、稳定、持续地发展,实现邓小平同志提出的发展社会主义生产力、共同富裕的战略目标。而STS的科学观和教育观为解决科技经济社会发展中的重大课题提供了新的交叉学科方法和新的跨学科人才,促进了这些课题高质高效的解决。因此,学习和运用STS的理论和方法,必将推进哲学和社会历史观的研究,为人类的未来开辟更新、更广阔的前景。

参考文献:

[1] Stephen H. Cutcliffe. The Emergence of STS as an Academic Field[J]. *Research in Philosophy and Technology*,1989:287—301.

[2] Albert H.. *Technology and Man's Future*, 4th ed[M]. New York:St. Martins Press,1986:3.

[3] Program to Science. *Technology and Society*[M]. Cambridge,MA:MIT,1980:3.

[4] STS教育的理论和实践[M]. 杭州:浙江教育出版社,1993:77.

[5] Society for the History of Technology, Statement of Purpose as Contained in Technology and Culture.

[6] Stephen H. Cutcliffe. The STS Curriculum:What Have We Learned in Twenty Years? [J]. *Science,Technology, and Human Values*,1990,15(3):360—372.

[7] [美]伯纳德·巴伯. 科学与社会秩序[M]. 顾昕,郑斌祥,赵雷进,译. 北京:三联书店,1991:前言.

[8] [苏]伊·伊·安东诺维奇. 叹美国社会学[M]. 范国恩,张鸿志,译. 北京:商务印书馆,1981:19.

[9] 中共中央马克思恩格斯列宁斯大林著作编译局,编译. 马克思恩格斯全集(第23卷)[M]. 北京:人

民出版社,1986:53.

[10] 中共中央马克思恩格斯列宁斯大林著作编译局,编译. 马克思恩格斯全集(第17卷)[M]. 北京:人民出版社,1986:553.

[11] 中共中央马克思恩格斯列宁斯大林著作编译局,编译. 马克思恩格斯全集(第46卷下)[M]. 北京:人民出版社,1986:219.

[12] 中共中央马克思恩格斯列宁斯大林著作编译局,编译. 马克思恩格斯全集(第19卷)[M]. 北京:人民出版社,1986:372.

[13] 中共中央马克思恩格斯列宁斯大林著作编译局,编译. 马克思恩格斯全集(第1卷)[M]. 北京:人民出版社,1986:667.

[14] 中共中央马克思恩格斯列宁斯大林著作编译局,编译. 马克思恩格斯选集(第3卷)[M]. 北京:人民出版社,1972:390.

[15] 中共中央马克思恩格斯列宁斯大林著作编译局,编译. 马克思恩格斯全集(第13卷)[M]. 北京:人民出版社,1986:530.

[16] 中共中央马克思恩格斯列宁斯大林著作编译局,编译. 马克思恩格斯全集(第17卷)[M]. 北京:人民出版社,1986:572.

[17] 中共中央马克思恩格斯列宁斯大林著作编译局,编译. 马克思恩格斯选集(第1卷)[M]. 北京:人民出版社,1972:305.

[18] [德]恩格斯. 自然辩证法[M]. 中共中央马克思恩格斯列宁斯大林著作编译局,译. 北京:人民出版社,1981:304,305.

STS 课程:类型、特征及改革走向

杨明全

20世纪70年代以来,STS(即科学、技术、社会,英文为 Science,Technology and Society,简称 STS)课程就一直在科学教育改革的舞台上扮演着重要的角色。随着我国科学课程改革的不断推进,我们需要对 STS 课程进行重新认识,深入挖掘它所承载的教育意义,明确科学教育改革的走向,为我国面向未来的科学课程改革提供借鉴和思路。

一、STS 课程的提出及引发的纷争

STS 课程的提出有着复杂的社会背景。通过系统梳理相关文献可以发现,STS 课程的提出至少有如下三大动因。

第一,人们对科学技术成就带来的负面效应进行的深刻反思。20世纪的科学技术成就在极大地推动人类物质文明的同时,也不可避免地带来了一系列负面效应。科学发明和技术创新提高了人类改造自然的能力,但随之而来的是,人类对自然施加的作用逐渐超过地球自然系统自我调节和承载的能力,自然界的生态平衡受到威胁,由此带来了人口、环境、资源、社会秩序和伦理道德等一系列问题。于是,在大多数人为科技昌明而欢欣鼓舞的时候,不少科学家和社会学家则表达了他们的忧虑。例如,1972年3月,"罗马俱乐部"发表了题为《增长的极限》的报告。这篇报告的发表无异于对科技乐观者的一记当头棒喝,立刻引起了爆炸性的反响。科学和技术的本质是什么?人类能否驾驭科学技术的发展?如何看待科学的价值和社会功能?如何对年轻人进行科学教育?这些思考进入人们的意识层面则表现为一种新的社会意识和思潮,要求反思科技理性和技术异化,全面看待科学、技术、社会和人的存在之间的关系,这为 STS 课程的产生奠定了思想基础。

第二,人们对科技理性的批判以及由此导致的社会意识变革。在西方,自第二次世界大战以来,人们对科学技术负面效应的深刻反思逐渐集中在对科技理性的批判上,而这种批判最终也对整体的社会意识产生了深刻影响。早在20世纪初,胡塞尔就对当时的科技发展保持一份低调,认为"完全有必要对一切科学的科学性作严肃认真的和十分必要的批判","科学的'危机'表现为科学丧失生活意义。"[1]在胡塞尔之后,很多思想家、哲学家以及他们所代表的哲学和社会科学思潮继续对科技理性进行批判,譬如现象学、批判理论、存在主义和后现代理论,等等。这些批判深入科学技术发展的背后,揭露人类对待科学技术的意识根源,即由对科技的盲目崇拜而滋生的科技理性。这些反省和批判最终导致了社会意识的整体性变革。譬如,20世纪80年代以来价值理性的复苏,科学教育和人文教育的融合已成为教育发展的趋势,科学发展观在我国得到了广泛的认同和落实,等等。

第三,20世纪中后期的西方科学教育危机。这方面是 STS 课程产生的最直接动因。

---

① 本文选自《教育研究》2007年第8期,第74—79页。

首先，新的科学范式及其带来的认识方式与科学教育的传统产生了矛盾。1962年，库恩指出，科学革命的实质就在于科学范式的转换。库恩的范式理论不仅挑战了传统科学教育的基本假设（让学生接受作为真理的科学概念、定理），而且也影响了人们对获得科学知识的认识。其次，20世纪60年代的科学课程改革及其影响下的科学教育忽视了人文社会学的视野，越来越不能回应社会问题提出的挑战。20世纪60年代的科学课程在培养目标上致力于培养各学科领域的专家和各技术领域的专家；在课程内容上注重科学知识的逻辑结构，强调课程内容的高难度；在教学方法上崇尚发现学习，让学生像科学家一样去探究问题、发现知识。科学主义指引下的科学教育重社会、轻个人，重物质、轻精神，重实利、轻人文，忽视了教育功能的整体性，导致学生不能很好地适应社会的要求，不能很好地理解科学技术的社会意义。因此，70年代以来西方科学教育界开始致力于反思这种科学教育传统，譬如倡导环境教育，科学素养概念的提出以及科学为大众理念的广为认同和传播等。

尽管对这些动因人们能够达成共识，但并没有形成一个具体明确的、广为接受的关于STS课程的定义。而且更为复杂的是，学术界对STS课程一直存在冲突性的观点。在STS运动中，有些人反对编写STS课程纲要，反对拓展STS使其成为一门科目并编写教科书，反对提出新的概念体系，或者进行新的考试以评价学生正确回忆新概念和发展过程技能的程度。[2]在反对设置STS课程的人的视野里，STS代表了科学教育的范式转换，意味着摒弃传统科学教育的思路而重新确立新的范式。将STS课程作为一门学科，进而拟订课程纲要、编写教科书、开发评价工具以对学生的学习情况做出评价，这些都是传统科学教育的基本做法。如果还是沿着这样一条途径推进STS教育，无疑又重蹈传统科学教育之覆辙。

那么，如何看待STS课程呢？笔者认为，任何教育思潮和教育理想的实现，必须要落实到课程与教学的层面上来，因此也就必然体现为一定的课程形态和课程实施方式。在这里，我们需要对课程做出新的理解，不能在传统科学教育的框架内将课程理解为预定的教学目标、系统的分门别类的知识体系和概念结构，不能将课程简单地理解为课程大纲和教科书。STS课程所追求的根本旨趣在于改变科学教育通过强化科学概念和基本科学原理而对学生进行学术训练的精英主义传统，去关注科学和技术在具体社会情境中的综合运用，使科学教育服务于大众的科学素养、价值、态度和道德的和谐发展。因此，为了体现这种追求，在具体的表现形式上，STS教育打破了知识中心和分科主义的课程开发传统，将科学和技术还原到既有的社会情境中，围绕一定的问题和主题组织课程。这种做法实际上是对科学课程的一种概念重建，即科学课程不是知识形态的教学内容的提炼，而是在社会情境中通过对科学和技术的理解和运用而重新理解科学课程的形态及功能。

二、STS课程的基本类型

STS课程是综合课程的一种具体表现形式。我们可以从两个维度来界定其性质：其一是范围，其二是综合的程度。前者说明的是STS内容的广泛性，它涵盖了科学、技术、社会问题等广泛的内容；后者则说明这些广泛的内容是在多大程度上被整合在一起的。由于在范围上各种各样的STS课程并没有多大差异，因此，可以根据STS课程跟科学内容相融合的程度和方式，以及社会问题跟科学知识内容之间的比例关系，对STS课程做出一些大致的分类。

第一类，以科学概念和原理等基本知识为主导的STS课程。在这种类型中，STS课程内容的组织主要根据传统科学课程对知识的选择和安排的组织方式来进行,只不过增加了看待科学和技术问题的社会视角,STS内容在全部课程内容中的比例一般少于20%。学生在学习过程中主要学习科学知识和基本概念、命题,但也要求他们联系社会生活去思考问题。在具体的课时分配上,有关STS的内容占课时很少。这样做的基本出发点在于提高学生学习科学知识的兴趣,其核心问题还是科学知识的掌握,因此在评价的时候对涉及STS的内容基本上不予考察,或者考察很少。美国的《哈佛物理方案》(Harvard Project Physics)和《科学和社会问题》(Science and Social Issues)、加拿大的《尼尔森化学》(Nelson Chemistry)和英国的《化学互动教学单元》(Interactive Teaching Units of Chemistry)等,都属于这类课程。

第二类,科学知识和社会问题交融的STS课程。在这类STS课程中,各门科学知识和概念原理被放置在STS框架内进行阐述,STS内容成为科学知识的组织者。科学知识以主题的形式,结合技术应用和社会问题被呈现出来,这使得STS内容跟科学知识交融在一起,二者的比例相差不大。在选择主题的时候,可能是某一门学科的知识,也可能是多门学科的知识,但不是系统地严格根据学科逻辑进行安排。在这类STS课程中,传统科学课程的逻辑体系和概念框架被彻底打破,技术应用和社会问题得以彰显。对STS课程内容的这种安排已经不再为了单纯提高学生学习的兴趣,而是让学生在更广阔的社会背景上理解科学和技术问题,而且强调科学知识的技术运用。在评价时不仅考察科学知识的内容,而且还要考察对STS内容的理解。英国的《社会中的科学和技术》(Science and Technology in Society)和《探索科学本质》(Exploring the Nature of Science)、美国的《全球科学》(Global Science)、荷兰的《荷兰环境教育方案》(Dutch Environmental Project)等,都属于这类课程。

第三类,以社会问题为主导的STS课程。在这类STS课程中,有关STS的内容占据主导地位,在数量上超过科学知识的比重,强调科学知识和技术发展与社会生活的联系,更加突出社会问题。科学知识不再被系统讲授,而是服务于解决社会问题和技术应用问题。组织课程内容的主线是当代社会生活中与科学技术发展有关的重大问题,一些社会科学研究的内容也被纳入其中,当然仍然涉及基本的科学知识和科学原理。在评价时,主要考查学生对社会问题的理解,以及运用科学技术手段解决社会问题的能力。美国的《邦格计划》(Bongo Program)是一个典型。该课程在内容上涵盖六个大的领域:理科知识、公民与社会、英语、阅读、写作以及交流。[3]此外,英国的《科学与社会》(Science and Society)、美国的《价值与生物》(Values and Biology)以及加拿大的《当今问题》(Issues for Today)等都属于这一类课程。

三、STS课程的基本特征

第一,课程内容的综合性。STS课程内容的综合性体现在两个方面。一是科学知识的选择不再是学科本位,而是打破了单一学科的界限,在某一学习主题中融合了物理、化学、生物、地理等知识,体现出学科知识的融合性。例如,在《社会中的科学和技术》中,"Ashton岛——可再生能源问题"主题就涵盖了物理知识(如能的概念)、化学知识(如利用有机物生产甲烷)、生物知识(如植物通过光合作用可以提供植物能)、地理知识(如岛上的地理位置以及矿产分布),等等。[4]二是将科学知识、技术应用和社会问题融合在一起,打破了以科学的知识、原理和命题为逻辑线索组织课程的传统思路,体现出科学、技术和社会三个要素的密切联系。

第二，课程目标的多元性。由于对课程功能的理解和价值追求不同，STS课程有着复杂的课程目标，不同的STS课程方案其目标差异很大，体现出课程目标的多元性。总的看来，STS课程致力于提升学生的"科学素养"，而不仅在于让学生掌握基本的科学概念和原理。科学素养的形成需要掌握基本的科学和技术的概念与原理，也需要学会运用科技知识服务于社会生活，还需要理解科学和技术对社会的影响从而培养科学的态度和社会责任感。这决定了STS课程在目标设定上是多元的。例如，美国爱荷华州对STS课程的评价从六个领域做出了相应的规定，这说明该州的STS课程需要在这两个方面达到既定的目标，这六个领域是：(1) 概念领域（掌握基本的内容结构）；(2) 过程领域（学会科学家在探究科学知识中所用的技能和方法）；(3) 应用和关联领域（在新的社会情境中运用科学概念）；(4) 创造领域（多提出问题并提高问题的质量，对问题做出解释并预测结果）；(5) 态度领域（发展与科学、科学探究和科学职业相关的更为积极的情感）；(6) 世界观领域（帮助理解并运用基本的科学知识，也就是质疑、解释并检验自然世界中的客体和事件）。[5]

第三，情境性和实践性。STS课程关注真实的问题情境，在具体的社会情境中加深学生对科学和技术的理解。STS课程不仅呈现学生需要掌握的基本科学知识，同时还提供学习基本概念和过程技能的情境，提高学生学习的兴趣并养成正确的价值观和态度。STS课程的实践性则体现为以学习者为中心，综合运用各种课程资源为学生的实践和技术运用创造条件。很多STS课程的学习主题都开始于学生的问题和兴趣，在教师的帮助下学生明确问题，然后展开调查实践活动。在这个过程中学生要决定运用哪些资源以及是否进行实验以收集信息，从而帮助其解决问题。

第四，课程实施的灵活性。STS课程的实施摆脱了传统科学教育的操作模式——教师讲授知识、学生阅读教材并回答问题，而是采用了更加灵活的实施方式，用英国STS教育专家所罗门的话来说，它是"问题导向"的——包含了各种各样的实践活动、调查、讨论、辩论和质疑。在实施STS课程的过程中，教师经常说的不再是"你要记住……"，而是"我不知道，我们一起来发现答案"，或者"科学不能解答这个问题，这是个公共的社会问题"。这种灵活的实施方式是由STS课程本身固有的综合性和实践性决定的，由于课程目标的多元化和对问题情境的关注，STS课程的实施不能以知识为中心，必须兼顾技术应用和对社会问题的反思，这样，学生才能形成对科学技术的批判态度和社会责任感。

四、从STS课程看当今科学教育改革的走向

STS课程是当代西方科学教育改革的产物，是综合地进行科学、技术、社会教育的所有课程形式的总称，它以开放的形式将科学知识和技术与社会有机融合在一起，关注科学和技术在具体社会情境中的综合运用，使科学教育服务于大众的科学素养、价值、态度和道德的综合发展，是STS教育思想在学校课程上的具体体现。

当然，这不是一个严格的定义，只是一个描述性的解释。从对STS课程的类型划分中也可以看出，STS课程形式多样、不拘一格，没有适用于所有STS课程形式的统一的课程目标，也没有固定的标准化的内容框架，只不过它们都体现了STS教育的理念，在价值取向和教育追求上都归属于同一个阵营而已。具体而言，跟传统科学课程相比，STS课程彰显如下四大基本理念和追求，它们代表了当今科学教育改革的基本走向。

第一,强化科学教育的价值维度,在科学技术和社会的关系上,强调价值取向。

自从启蒙运动以来,科学就被看作是"对自然的表征",不同学科的知识反映了这种表征的不同侧面。科学知识揭示了自然规律,是对自然现象和客观事件的描述,和人类本身的社会生活似乎没有联系。因此,科学教育是"价值中立"的,是"道德无涉"的。科学教育的这种传统主导了很长的一段历史,直到第二次世界大战之后,人们才开始慢慢认识到科学与社会的联系,尤其是通过技术运用而与社会生活产生的联系。科学知识是客观的,但在科学知识作用于社会生活的过程中,却产生了价值判断,因此,科学教育不能人为地回避价值和态度问题。"科学教育应传递一种对待科学和科学事业的态度。科学在当代文化中的地位以及科学家在当代社会中扮演的角色,在很大程度上是由课堂中科学知识传授的方式决定的。"[6]科学教育的这种新的使命需要由一定的课程形态来承载,于是STS课程的诞生就回应了科学教育改革的这种必然要求。在各种各样的STS课程形式中,科学概念、技术应用与社会问题情境的融合是其基本的组织模式。"社会问题情境"这一要素的加入为价值和态度的渗透拓展了空间,这样学生有机会去体悟"科学是双刃剑"这一隐喻的真正意义,从而凸显伦理与道德对科学探究与技术活动的价值引导。

第二,摒弃科学教育的精英主义传统,倡导民主的、实用的、大众的科学教育。

西方学者之所以称STS为科学教育的新范式,主要在于STS课程改变了过去以知识传授为中心、强调学术训练的科学教育范式,开启了注重科学应用和面向大众的新教育范式。传统的科学教育范式的根源在于启蒙运动所确立的理性主义的认识论传统。在这种认识论的支配下,科学知识是人类最高的理性,是真理的象征,因此,科学教育的最终目的在于通过教育活动而传承科学知识、认识自然世界。于是,传统科学教育致力于通过严格的学术训练而培养科学人才,逐渐形成了精英主义的教育传统。STS课程体现出一种新的转向,这种转向在如下方面体现出"范式转换":在课程内容的选择上,强调科学、技术和社会的相互关系,由此导致自然科学、应用技术和社会科学的交叉和兼容;在对待科学和技术的关系上,技术的因素比过去得到了更多地强调,关注科学知识的应用价值;在课程实施上,强调参与和探究的方法,体现出"科学为大众"的民主精神和实践性价值取向。这些转向表明人们越来越认识到科学技术不是少数"科技精英"的事业,它影响着每一个人的日常生活,因此,社会的每一个公民都理应理解科学并学会运用技术。STS课程尽管仍然担负着科学教育的重任,但已经淡化了精英主义的追求,而是透射出浓厚的平民化色彩,使"科学素养"的概念逐渐深入人心。

第三,科学教育从注重"知识体系"到注重"探究过程"。

科学教育的目标追求是什么?近代以来,科学的发展和科学教育的传统似乎都在强调科学知识的重要性。"启蒙运动传统的科学教学目标是传递脱离情境和价值中立的知识体系。"[7]然而,20世纪中期以来,尤其是20世纪80年代之后,西方科学教育界在对传统科学教育进行深刻反思之后提出了STS的教育理念,并把"科学素养"作为科学课程的目标,由此动摇了"知识至上"的科学教育传统。"科学素养"的概念有机整合了科学知识与科学方法、科学态度、道德与价值观、个人发展和社会发展等不同维度,折射出科学教育理想的一种新指向。STS课程说明,科学教育不仅仅是了解科学知识、记忆科学结论,还要培养学生进行科学探究的能力,培养每个公民都应具有的科学素养。长期以来,科学教育注重科学知识的系统传授,强调学生对科学命题和结论的记忆和认知,注重的是科学的知识体系。在新的时代,科学教育必须突破单纯强调知识体系的传统,而给予科学探究的方法和过程以重要的地位,突出探究过程对学生形成科学素养的积极意义。

第四,关注科学伦理道德,注重科学精神和科学态度的培养。

从科学哲学的角度来看,科学是文化的衍生物,是一种文化过程。科学表现为各种科学的知识和科学探究的方法,同时也内在地蕴涵着科学事业所遵循的价值标准和价值体系。因此,真正的科学教育应该既包含着具体层面的科学知识和科学方法的传授,也包含着抽象层面的科学伦理道德的培养。所谓的"科学伦理道德",无非指的就是科学和科学研究所具有的价值标准和信念系统,具体体现为科学研究中人们的行为规范,以及负载在这些行为规范之上的科学精神和科学态度。STS课程强调"社会"这一范畴的教育价值,它内在地要求对学生进行科学精神和科学态度的培养。(1)科学教育要培养学生对事实和证据的尊重。事实和证据是解释现象、做出结论的基础,科学的研究和发现都是在事实和证据的基础上产生的。科学教育要注意从小培养学生形成对事物的独立看法,进行有根据、有条理的思考。(2)科学教育要培养学生善于质疑、进行批判性思考的能力。科学的进步离不开质疑和追问,科学前进的每一步都是征服未知世界的一次胜利。而且,要让学生在质疑中养成批判性思考的能力,知道对其他探究结果提出质疑是科学探究的一部分,合理的怀疑和质疑是科学进步的重要动力。(3)科学教育要培养学生坚持不懈、孜孜以求的精神。要让学生知道,通往科学殿堂的路途从来就不是平坦的,而是布满了荆棘和坎坷。为了进行科学的探究和发现,就必须培养坚持不懈、孜孜以求的精神。(4)科学教育要培养学生严谨求实的科学态度。科学研究的态度问题是当前科学教育应该关注的重要科学伦理道德问题。学风浮躁、学术失范和科学不端行为等科学道德诸问题是科学进步的天敌,是在根本上违背了科学伦理道德的。要让学生从小就养成严谨求实的科学态度,与科学研究中的歪风邪气做斗争,这样才能为科学的发展做贡献。

参考文献:

[1] [德]胡塞尔. 欧洲科学危机和超验现象学[M]. 张庆熊,译. 上海:上海译文出版社,1988:5—6.

[2][5] Yager, R. E.. *Science/Technology/Society as Reform in Science Education*[M]. New York: State University of New York Press,1996:13,51.

[3] 钟启泉. 国外课程改革透视[M]. 西安:陕西人民教育出版社,1993:216.

[4] 青岛外国教材研究所. 英国中学理科革新教材《社会中的科学和技术》[M]. 董振邦,等译校. 青岛:青岛出版社,1995:37—42.

[6] Ziman, J.. *Teaching and Learning about Science and Society*[M]. Cambridge: Cambridge University Press,1980:13.

[7] Bandiera M., etal.. *Research in Science Education in Europe*[M]. Dordrecht: Kluwer Academic Publishers,1999:232.

HPS 教育与科学课程改革

丁邦平

一、导言

HPS 原先是"科学史和科学哲学"的英文缩写词,但近年来有些科学教育专家把科学社会学也纳入其中,于是 HPS 就变成了"科学史、科学哲学和科学社会学"(History Philosophy and Sociology of Science)的缩写词了。[1] 把科学史、科学哲学和科学社会学的有关内容纳入科学课程中以提高科学教育的质量,是近年来国际科学教育界高度重视的一个课程理论课题。科学史、科学哲学和科学社会学是科学学(science studies)的三个分支学科,它们共同担负起阐述科学的本质、提高科学教育质量的使命。

很久以前,一些著名科学家和教育家就倡导在科学教育中进行科学史、科学本质或科学方法的教学,但这个问题重新受到国际科学教育界的高度重视,并以 HPS 教育的形式再次进入科学课程中,则是近年来的事。当前,科学教育学者们关注科学史、科学哲学和科学社会学对科学教育的作用与以往迥然不同之处,首先体现在其国际性上。20 世纪 80 年代末期成立的国际科学史、科学哲学与科学教学研究小组,迄今已举办了三次 HPS 与科学教学的国际会议。1992 年创办的国际学术刊物《科学与教育》(*Science Education*)专门刊登科学史、科学哲学和科学社会学与科学教育有关的论文。据统计,在 1988—1998 年期间,以科学史、科学哲学和科学教学为主题在学术期刊上发表的论文计有 300 余篇。1988—1992 年期间,有关的学术期刊出了 6 次专刊探讨这个主题。[2] 由此可见,HPS 教育已成为国际科学教育研究中一个前沿性课题。

20 世纪 80 年代末以来,对 HPS 教育的关注也反映在一些国家科学课程与教学改革中。美国的《2061 计划》(1989)、《科学素养的基准》(1993)和《国家科学教育标准》(1996),加拿大一些省的科学课程(1991),英国国家课程中科学课程部分(1988),荷兰中学物理 PLON 课程(1988),挪威的核心课程(1994),丹麦的科学技术课程(1990),以及西班牙的新科学课程等,都对 HPS 课程与教学有明确的要求。此外,科学史和科学哲学课程也已成为上述国家培养理科教师课程的一部分。在美国有些学区,学完这门课才能取得教师证书。西班牙和丹麦最近也为理科师范生开设了这门必修课。

国际科学教育改革为何都强调 HPS 教育呢?它对提高科学教学质量有何助益呢?要回答这些问题还得从科学教育史谈起。

二、关于科学本质教学的历史回顾

在国际科学教育文献中,"科学精神"(scientific spirit)一词并不常见,这似乎有点奇怪。

---

① 本文选自《比较教育研究》2000 年第 6 期,第 6—12 页。

是否在现代科学兴起的西方国家不注重科学精神呢?答案当然是否定的。其实西方学者对科学精神的理解大都蕴涵于"科学的本质"(nature of science)这一术语中。澳大利亚科学哲学家马修斯(M. R. Matthews)在下面一段引文中虽然也提到"科学精神"一词,但仍把它囊括在科学本质的论述之中。他写道:"科学的本质很久以来就是理科教师和课程专家们所关心的问题,自19世纪初期科学开始在学校课程中取得一席之地以来,人们一直希望学生不仅要懂得科学,而且要通过内化科学精神和懂得与欣赏科学的本质,使科学教学对文化品质和个人生活产生有益的影响。显然,要实现人们这一合理的、长期存在的期望,必须依靠教师和课程专家们理解科学方法和认识论,即一些科学本质的知识。"[3]

关于科学的本质,在不同的历史时期,人们用不同的术语来表达,并且受到不同学科理论的支持。科学教育中对科学本质的执着追求,经受了依据教育学、哲学和心理学所做的批评,并继续不断地传授关于科学和科学研究的本质的假设。这种探讨自19世纪科学进入学校课程时起,就不曾间断过。[4] 19世纪末,当英国科学教育家、化学家阿姆斯特朗(H. E. Armstrong)大力倡导科学教育时,就曾强调要使学生理解科学的本质。不过在他看来科学的本质主要体现于科学方法之中。

19世纪末期,德国哲学家兼科学家马赫(E. Mach)也对学生明确提出了理解科学本质的要求。他说,每一个年轻学生都要切身感受一些数学和科学的发现,并达到其最终的逻辑结果。这种学习材料自然主要与科学名著选读联系起来。这样,教师就可以使少数有影响的、简明易懂的"科学"思想在学生头脑里生根,使其深思熟虑。[5]

在美国,杜威同样表达了科学教育对人的启蒙的希望。科学教育的独特作用不在于获得尽可能多的科学知识,而在于它可以改变人的自然倾向。达到了这一目的,则表明学生掌握了科学本质或具有科学精神。在《民主主义与教育》一书中,杜威写道:"我们过早地接受(他人)意见和断言的倾向,我们对推迟判断的厌恶情绪,表明我们自然倾向于中断检验的过程,我们满足于肤浅的和急功近利的应用……科学是对这些自然倾向及其所带来的恶习的防卫……它是人为的(即获得的艺术),而不是自发的;是习得的,而不是天生的。这一事实表明,科学在教育上具有独特的、极为重要的地位。"[6]

差不多在杜威发表《民主主义与教育》的同时,英国政府在一份题为《教育中的自然科学》的报告(即汤姆逊报告)中,更为明确地提出在科学教学中应当进行科学史和科学哲学的教学报告。报告指出:"需要……把科学的主要成就及其取得这些成就的方法引进到教学中,应当要有更多的科学精神而不是干巴巴的事实……其方法是开设科学史课程。……科学史和科学哲学知识应当成为每个中学理科教师智慧的一部分。"[7]

此外还值得一提的是,70年前,英国一位名叫维斯特威(Westaway)的皇家督学写了一本论述科学方法教学的书。在他看来,一个成功的理科教师应当是这样的人:"他知道自己的本门学科……读了大量其他学科方面的书籍……知道如何教学……能够流畅地表达……擅长操作……精于逻辑……具有哲学家的气质……熟悉科学史,能够与一群孩子一起坐下来给他们讲解关于天才科学家,如伽利略、牛顿、法拉第和达尔文的观察和判断误差、他们的生活和工作。不仅如此,他还是一个热情洋溢的人,对自己独特的工作满怀信心。"[8]

以上几段引文从不同侧面说明了两点:(1)上述各国教育家对科学教育中的科学本质问题都是极为关注的,从科学进入学校课程以来,它就是科学教学始终追求的一个重要目标。(2)科学教育仅仅强调传授科学知识和发展学生的一般能力,如我国长期以来所倡导的那样,是很不全面的。科学教育要真正起到教育的作用,而不仅仅是训练的作用——从根本上提高科学教育的质量,就不能不让学生深入理解科学的本质,亦即注重科学精神的教育。

但是,对科学本质的追求并不是一蹴而就的事,因为人们对科学本质的认识不仅有不同的观点,而且在不断深化。

例如,20世纪60年代初期,美国科学基金会(NSF)资助的科学课程改革项目,把杜威和马赫所关心的科学本质问题重新引入科学教育中。这个时期推出的大多数科学课程都强调理解学科结构的重要性,因而人们把学科结构等同于科学的本质。1959年召开的伍兹霍尔会议阐述了这个观点,正如布鲁纳在《教育过程》一书中所指出的:"……一门学科的课程是由其基本原理赋予学科结构的,应当以对这些基本原理的最基本的理解为目标决定其课程未能弄清知识领域的广泛的基本结构情境而教授具体课题和技能,在若干重要意义上是不经济的。"[9]

约瑟弗·施瓦布(J. Schwab)是芝加哥大学的教育家和哲学家,也是主持编写 BSCS 生物课程的主要人物。他也强调教师理解科学概念结构的重要性。1962年,他就这个问题,撰写过一篇很有影响的论述探究学习与概念结构联系的论文。他说:"探究来源于概念结构……正是通过这种概念结构,我们才能够提出有效的问题,通过有效的问题,我们才知道应当寻找什么资料,做什么实验取得这些资料。一旦得到资料,这种概念结构就会告诉我们如何解释它们、如何处置它们才能获得知识。最后,知识本身还是以概念所提供的术语来形成的。"[10]

此外,这种把科学本质等同于概念和知识结构的思想也可以在鲁宾逊(J. T. Robinson)的研究中发现。鲁宾逊响应布鲁纳和其他学者的号召,把科学课程和教学建立在对科学本质的根本理解上。他认识到要想吃羊肉就要先抓到羊,要想教科学的本质就必须首先弄清楚什么是科学的本质。他在斯坦福大学完成的博士论文中研究了具有哲学素养的科学家的著作,尤其是马基诺(H. Margenau)的著作,目的在于丰富关于科学本质的主张。

鲁宾逊认为,在苏联人造卫星上天以后,美国学校里充满着科学工具以及包装精美的实验练习材料,让学生积极进行实验活动,并给他们提供充分的阅读材料,不再有什么问题。[11]他的博士论文的出发点在于回答以下两个问题:(1)学生在进行了这些活动,阅读并讨论了所读的材料后,是否真正提高了他们对科学的理解?(2)科学本质的内容能够被确定,以便为选择和组织纳入科学课程的材料提供指导吗?

显然,鲁宾逊在回答他自己提出的这两个问题时,也把"科学本质"与"科学结构"当作一回事了。这在当时以逻辑经验主义为主流的科学哲学家中普遍如此。不过,科学史在鲁宾逊的书中是找不到的。他在探讨科学本质时完全不提及科学史,因此,他在讨论科学课程时也就没有提到任何历史事实。这是由于他的逻辑经验主义哲学使然。当时专业哲学家普遍认为,科学哲学可以不用参照科学史而进行研究。这就不难解释鲁宾逊为何连科南特(J. B. Conant)关于科学史对理解科学本质重要性的有影响的著作都未提及了。

把科学史引入科学哲学并使其相互渗透联为一体的学者,首推美国著名科学史学家和科学哲学家库恩(T. S. Kuhn)。在库恩之后,科学史和科学哲学研究融为一体,变得你中有我,我中有你。正如拉卡托斯所言:"没有哲学的科学史是盲目的,没有历史的科学哲学则是空洞的。"[12]

但是,即使在 20 世纪 60 年代科学课程现代化的"黄金时期",同时关注科学史和科学哲学的学者也寥寥无几。布鲁纳、施瓦布、鲁宾逊、克劳普福(L. Klopfer)、赫尔顿(G. Holton)、卢瑟福(F. J. Rutherford)等人为了改进科学教学,认真地探讨了科学史和科学哲学,但大多数科学教育专家那时还未注意到这个方面,所以那时科学教育与科学史和科学哲学彼此缺乏必要的联系。

这种分离状况直到 20 世纪 80 年代中期尚未完全改变。1979 年,在美国科学哲学学会年会上,埃尼斯(R. H. Emlis)对科学哲学和科学教学作了全面评述。他说:"除了一些例外,科学哲学家对于科学教育问题表现出明显兴趣的并不多。"[13] 达西尔则在 1985 年发表的一篇题为《科学教育与科学哲学:25 年互不相干的发展》的论文中也指出,西方国家在科学课程改革中,由于有关学科之间缺乏交流而失去了良好的合作机会,从而也失去了为科学课程改革提供坚实的理论基础的机会。

三、关于科学本质教学的经验与教训

从科学课程发展的角度看,前面提到的西方科学教育专家编写出了不少贯穿科学史或科学哲学思想的科学课程,其中著名的课程和教材有科南特编写的《哈佛实验科学案例研究》(1957)、施瓦布主编的《BCSC 生物课程》(1963)、克劳普福编写的《中学科学案例史》(1969)、卢瑟福等主编的《哈佛设计物理学》(1970),等等。这些课程都体现了西方自由传统的精神和原则。然而尽管它们都是有益的尝试,但愿意使用它们的教师却并不多。正如克劳普福说的,这些课程在科学教育大地上留下的痕迹并不多。[14]

为什么以往把科学史和科学哲学纳入科学课程的改革都见效甚微呢?

这有多方面的原因。第一,以往的科学课程改革只顾及课程本身,而对实施课程起关键作用的教师却关注不多。例如在 20 世纪 60 年代学科结构运动中,只有少数参与"新科学"课程编写的教师得到过培训,大多数理科教师都没有机会学习和领会新科学课程与教学的理论,至于职前教师教育更是很少了解当时进行的科学课程改革的实际状况。

第二,以往关于科学本质的教学实践只是作为主流科学教育的一个附加的或补充的内容,提供科学本质的内容是为了增加学生的文化知识或增强他们对人文知识的兴趣。然而,由于多数理科教师缺乏这方面的知识背景或兴趣,他们往往忽视了这一附加的或补充的内容。

第三,更重要的是,对于大多数理科教师来说,科学被看成是已经确立的知识体系,充其量只需要作很少的论证。因此他们主要关心的是传授科学知识,即关注"我们所知道的"(what),而不是"我们如何知道的"(how)问题。

第四,一些经验性研究表明,理科教师在教学过程中,他们所考虑的教学重点不在科学本质方面。霍德森(D. Hodson)对新西兰理科教师的研究结果显示,教师的课题决策有三个方面,按照其重要程度依次为:(1) 课题管理和组织原则;(2) 考虑概念获得和概念发展;(3) 最后才是考虑到科学和科学活动的本质问题。霍德森的结论是,"即使教师对科学和科学探究有清晰而连贯的观点,他们也未必始终如一地依据那些观点来认真进行实验教学。"[15] 李德曼(N. G. Lederman)所做的一项相似的研究也证实,教师的科学本质观并不必然地影响其课堂实践。[16] 总之,这些经验性研究表明,理科教师首先考虑的是成功地管理课堂秩序,其他考虑都在其次。

第五，即使是标榜"过程方法"(process approach)的革新的科学课程也存在着理论上的缺陷。例如，英国在20世纪80年代中期推出的两种注重科学过程的教材——《沃维克过程科学》(Warwick Process Science)和《过程中的科学》(Science in Process)，虽然都面向所有学生，并且以培养学生的科学能力并把这些能力应用到解决日常问题为目的，但顾及了科学过程或认知的规则却忽视了知识内容或"认知的意义"。所以，孟克(M. Monk)和奥斯本(J. Osborne)批评这些课程从认识论上来看并不完整。[17]

总而言之，无论是传统的注重科学知识的科学课程，还是一味强调科学过程的科学课程，它们都未能解决好既使学生获得知识又培养其能力的问题。看来，科学课程发展的辩证法应当是把内容(知识)和过程(方法)二者结合起来。

四、HPS教育在科学教育中的作用

由于科学史和科学哲学你中有我，我中有你，后来又有科学社会学的加盟，使这三个学科对科学本质的研究水乳交融，形成了HPS教育三位一体的格局。那么HPS教育对科学课程改革到底有什么作用呢？

第一，在科学课程中加入HPS教育的内容，为原来非人文化(dehumanizing)的学校科学课程提供了人文化的因素。这一主张在两次世界大战之后，在西方国家尤其深入人心。

第二，HPS教育可以起到沟通英国学者斯诺(C. P. Snow)所提出的两种文化的作用，因为HPS课程内容可以构成文理科学生学习的共同基础。

第三，把HPS教育纳入科学课程中还有助于克服科学教育中的一些问题，如学生缺乏学习科学的动机，女生不愿学习科学，公众对科学的厌倦和冷漠态度，以及对科学在历史文化和社会中的地位理解不足等等。

第四，尤其重要的是，科学课程中有了HPS的内容，可以使学生更好地把握科学本质，使学生懂得科学究竟是什么，科学知识是怎样产生的，科学在社会发展和进步中的作用，科学和科学方法的优点与局限性等等。只有对当代科学有了这样全面的辩证的认识，才能区分科学与非科学和伪科学，才能驱散唯科学主义的迷雾，正确认识科学技术对社会发展的推动作用。

为此，当前西方大多数科学教育专家都认识到，科学教育中不能没有HPS的内容。1995年，李福(F. Reif)提出的观点最具有代表性。他说通常物理学入门课程涉及很多题目，但学生实际上所获得的知识却常常是名义上的(nominal)而不是实用的(functional)。如果学生要获得基本的物理学知识……就必须更好地理解高级思维过程，就必须更明确地教这些高级思维过程……如果人们想要极大地改进学生的物理学习，……也必须要改变学生关于科学本质的朴素观念。[18]

如果说，早期为数不多的关心科学本质的学者还只是针对理科学生的话，那么20世纪80年代和90年代的科学教育学者提出HPS教育则是针对所有学生的。这就反映了普及科学教育的时代要求。在当前科学教育改革中，有关科学本质的知识都写进了"科学素养"的定义中。正如梅奇椎(Y. Meichtry)所说的那样："在过去30年里，文献中所报告的科学素养的定义普遍强调理解科学本质的重要性。"[19]事实上，20世纪90年代以来，美国在科学教育改革中已经把理解科学的本质列入科学教学的目标之一(如表1所示)。

表 1 得克萨斯州 3 年级科学和 7 年级生命科学的宗旨与目标[①]

> **3 年级科学**
> 宗旨与目标:3 年级科学学习旨在使学生理解生命科学、物质科学(即物理和化学)和地球科学的基本概念,重点是物质科学的概念。3 年级科学课程与教学围绕以下四个基本目标加以组织。
> (1) 问题解决。使学生获得发现生命世界与非生命世界里的问题,并尝试解决这些问题的能力。(50%的教学时间用于问题解决)
> (2) 科学知识。使学生获得以下领域的知识:动植物、物质能量、机械和声音、地球、大气和影响地球上生命的天体、良好的健康与营养习惯。(25%的教学时间用于科学知识)
> (3) 科学本质。使学生理解科学知识的历史发展,获取生命科学、物质科学和地球科学等领域的知识的手段。(15%的教学时间用于科学本质)
> (4) 科学技术与社会。学生要理解他们获得的各门科学的知识可以怎样运用于他们的个人生活中。(10%的教学时间用于科学技术社会)
>
> **7 年级的生命科学**
> 宗旨与目标:学习生命科学旨在使学生对从最简单的到最复杂的生命的复杂性有所了解,生命科学课程围绕下列四个基本的科学教学目标组织起来。
> (1) 科学知识。学生获得生物有机体的基本形式及其与环境互动的知识。(占 35%的教学时间)
> (2) 问题解决。学生获得发现自然界不平衡现象发生时产生的问题,并尝试解决这些问题的能力。(占 35%的教学时间)
> (3) 科学技术与社会。学生理解他们关于生命有机体的知识可以怎样运用于他们的社区和他们的个人生活中,以提高人类的福祉。(占 15%的教学时间)
> (4) 科学本质。学生了解生命有机体知识的历史发展情况以及获取这些知识的手段。(占 15%的教学时间)

除了从提高科学教育质量方面需要重新重视科学本质问题外,其他方面的学术问题也推动了科学教育必须关注科学本质问题。例如,在美国,神创科学(Creation Science)与进化论的斗争,就必须对"什么是科学本质?"这一问题做出明确的回答。[20] 同样,当前关于多元文化科学的争论也要求人们必须回答"什么是科学的本质"? 与此同时,女性主义者也对现代西方科学提出了挑战和批评,女性主义者指责在西方科学认识论中普遍存在着性别偏见,他们要求科学教育改革的呼声也使得科学本质问题在科学教育中不可回避。

尤其值得关注的是,重新对科学本质问题的高度重视还与建构主义的兴起密切相关。建构主义对传统的科学观提出了严峻的挑战。这在建构主义的早期著作,如诺福克(J. D. Novak)的《教育理论》一书中就表达得非常清楚。在这本书 1986 年版的序言中,诺福克说,"在哲学界,哲学家们一致认为,实证主义的认识论既不是一种有说服力的观点,也不是一种有创见的观点。现在正在兴起的认识论观点是建构主义,它是建立在库恩图尔敏及其他人的思想之上的。"[21] 英国建构主义科学教育学者、里兹大学的迪瑞福(R. Mvg)也宣称,"建构主义不把真理看作是感觉印象与现实世界之间的吻合,而把它看作是我们的感觉印象与我们的观念之间的吻合,真理的权威性存在于我们每个人之中。"[22]

[①] 资料来源:Koballa, Jr. T. et al.. Curriculum reform Texas[J]. *The Science Teacher*, 1993:42.

作为当代西方科学教育的一个主流理论,建构主义以其旗帜鲜明的科学本质观影响着科学教育的改革和实践。它把科学本质问题凸现于科学课程与教学之中,旨在培养学生的理性怀疑精神和科技创新能力。如果说以往只有少数科学课程注重在科学史和科学哲学内容中融入科学本质的讨论,而大多数科学课程只是以隐性课程的形式(例如:教科书的内容、教师的语言和教学行为等)承载着科学本质的教育任务的话,那么建构主义则明确提出,要在科学课程中进行显性的科学本质教学。用里兹大学教授李奇(J Leach)的话来说,倘若认为发展学生对科学本质的理解是科学教育的一个确定目标,而不是科学教育的潜在结果,那么,就必须找出我们所希望促进的科学本质的特性。[23]

五、结束语

中国现代科学是21世纪初从西方引进的。一个世纪以来,现代科学已经在中国古老的大地上结出了辉煌的科技文明之果。然而,我们也必须清醒地看到,中国科学和科学教育在21世纪的进一步发展还面临着巨大挑战。正如中国科学院院长路甬祥所指出的那样,"现代科学精神还没有在中国扎根"。[24]从一定的意义上来说,我国理科教师是否具备当代科学精神,是否理解科学本质,是关系到中国未来的科技能否赶超世界先进水平的根本性问题。正是在此意义上,研究HPS教育不仅是必要的,而且是迫切的和必不可少的。

参考文献:

[1] Jenkins E. W.. HPS and school science education: remediation or reconstruction? [J]. *International Journal of Science Education*, 1994(6): 613.

[2] Matthews M. R.. The nature of science and science teaching[A]. In B. J. Fraser, K. G.. Tobin (Eds.). *International Handbook of Science Education*[M]. Holland: Kluwer Academic Publishers, 1998: 984.

[3] Matthews M. R. In defense of modest goals when teaching about the nature of science[J]. *Journal of Research in Science Teaching*, 1998(2): 985.

[4] Jenkins E. W.. Process in science education: a historical perspective[A]. In J. J. Wellington (Eds.). *Skills and Processes in Science Education: A Critical Analysis*[M]. London: Routledge, 1989: 42.

[5] Mach E.. On instruction in the classics and the sciences[A]. In B. J.. Fraser, K. G. Tobin(Eds.). *International Handbook of Science Education*[M]. Holland: Kluwer Academic Publishers, 1998: 986.

[6] Dewey, J.. *Democracy and Education*[M]. New York: New York Macmillan, 1916: 198.

[7] Brock W. H.. History of science in British schools past, present & future[A]. In M. shortland, A. Warwick(Eds.). *Teaching the History of science*[M]. Oxford: Oxford Basil Blackwell, 1989: 31.

[8] Michael R. Matthews. In defense of modest goals when teaching about the nature of science[J]. *Journal of Research in Science Teaching*, 1998(2): 162.

[9] Bruner, J. S.. *The Process of Education*[M]. New York: New York Vintage, 1960: 31.

[10] Schwab, J. J.. Structure of the disciplines meaning and significance[A]. In G. W. Ford, L. Pugno (Eds.). *The Structure of Knowledge and the Curriculum*[M]. Chicago: Rand McNally, 1964: 12.

[11] Robinson J. T.. Science teaching and the nature of science[J]. *Journal of Research in Science Teaching*, 1965(3): 37.

[12] Lakatos I.. History of science and its rational reconstructions[A]. In Michael R. Matthews. In defense of modest goals when teaching about the nature of science[J]. *Journal of Research in Science Teaching*,1998(2):992.

[13] Ennis R. H.. Research in philosophy of science bearing on science education[A]. In Michael R. Matthews . In defense of modest goals when teaching about the nature of science[J]. *Journal of Research in Science Teaching*,1998(2):988.

[14] Klopfer,L. E.. An historical perspective on the history and nature of science in school science programs[A]. In R. Bybee, J. D. Giese ,L. Parise(Eds.). *Teaching About the History and Nature of Science and Technology: Background Papers* [M]. Colorado Springs: Colorado Springs Co. Ltd., 1992:105—130.

[15] Hodson D. 1993. Philosophical stance of secondary school science teachers curriculum experiences and children's understanding of science[A]. *Interchange*, 1993,24 : 41 - 52. In M. Monk, J. Osborne. Placing the history and philosophy of science on the curriculum: A model for the development of pedagogy [J]. *Science Education* 1997,81:407.

[16] M. Monk, J. Osborne . Placing the history and philosophy of science on the curriculum: A model for the development of pedagogy[J]. *Science Education* 1997,81:407.

[17] M. Monk, J. Osborne . Placing the history and philosophy of science on the curriculum: A model for the development of pedagogy[J]. *Science Education* 1997,81:408.

[18] Reif, F.. Understanding and teaching important scientific thought process[A]. *Journal of Science Education and Technology* ,1995(4):281. Quoted in Michael R. Matthews. In defense of modest goals when teaching about the nature of science[J]. *Journal of Research in Science Teaching*, 1998(2):988.

[19] Meichtry, Y. J.. The impact of science curricula on student views about nature of science[J]. *Journal of Research in Science Teaching*,1993, 30:429—444.

[20] Ruse, M. (Eds.). *But is it Science? The Philosophical Question in the Creation/Evolution Controversy*[M]. Albany: N Y Prometheus,1998.

[21] Novak J. D.. *A Theory of Education*[M]. Ithaca:NY Cornell University Press, 1986:452 . Quoted in Michael R. Matthews. In defense of modest goals when teaching about the nature of science[J]. *Journal of Research in Science Teaching*,1998(2):990.

[22] Driver, R., Bell, B.. Students' thinking and the learning of science: a constructivist view[J]. *School Science Review* 1986,67:452. Quoted in Michael R. Matthews. In defense of modest goals when teaching about the nature of science[J]. *Journal of Research in Science Teaching*,1998(2):990.

[23] Leach, J. (1997). Students' understanding of the nature of science[A]. In G. Welford, J. Osborne ,P. Scott(Eds.). *Research in Science Education in Europe: Current Issues and Themes*[M]. London: Falmer Press,1998.

[24] 路甬祥.中国怎样面对知识经济时代[N].北京青年报,1998-10-9(6).

科学文化及其对科学教育的影响[①]

郭元婕

文化决定教育的形式和内容,且文化的继承与发展始终依赖于教育的支持,因而科学文化与科学教育之间有着天然的内在联系。那么,什么是科学文化,科学文化对科学教育的发展有着怎样的影响,我们该如何将科学文化与科学教育相结合,促进其共同发展,培养一代有科学文化素养的学生,是值得考虑的理论与现实问题。

一、何谓科学文化

(一)科学文化的内涵辨析

无论是现代科学文化还是后现代科学文化(又称为传统科学文化和现代科学文化),作为文化系统中的一个组成部分,都具有文化的一切特征。它规定并潜移默化地影响着人的基本素质和心理性格的形成,对人类的社会性活动有着深刻的和内在的影响。科学文化与其他类型文化一样,可以从物质与器物、制度与组织、价值观与行为规范三个层面上来理解。

第一,就广义的文化分类而言,任何阶段的"科学"都属于"文化"的一部分。[1]科学在创造了丰富的现代物质文明的同时,也为人类的思想宝库留下了珍贵的礼物。究其自身的建设而言,科学文化包括科学知识、科学方法、科学精神和道德规范。[2]科学知识是人们认识客观世界的物质成果,是科学劳动的果实和产品,负载着科学方法和科学精神,是科学文化的基础。科学方法最能够体现出科学思维的过程和品质,是科学文化最主要的现实表现。科学精神是科学家共同体在追求真理、逼近真理的科学活动中,将科学知识方法内化后所形成的独特的精神气质,是科学文化的核心与精髓。

第二,科学文化对社会制度的影响。文化是制度之母,它为社会和社会群体的体制建设、制度、法规、法律的形成和制定提供思想理论和价值观的基础;同时它又通过制度建设和各项法规法律的制定与执行,引导着人们的价值取向,规范人们的行为,以保障文化价值观在社会和社会群体中得以维系并传承。科学文化对社会制度的影响表现在两个方面:一是新的社会机构得以建立,如各国都纷纷成立了自己的"科学院"和"科技部",即科学共同体受到社会和政权的广泛认可,且政府将发展科技作为自己主要的职责之一;二是对原有社会体制和制度的冲击,科学文化在此方面的最大成就就是将宗教和神权的势力赶出国家的权力中心,使国家的政权结构发生了变化。

第三,由于科学文化向社会渗透而生成其他的亚文化。科学及其转化后的技术渗透到社会文化的各个子系统后表现出强大的文化功能,并给社会带来重大的社会效益和经济效

[①] 本文选自《教育研究》2006年第6期,第59—65页。

益。科学每前进一步都会为技术开发开疆拓土,从而对社会生活产生难以预计的效果。例如,"信息高速公路和多媒体技术、网络技术的发展,从根本上改变了人类的时空观、时效观等基本观念和管理、营销、交往、联络的传统方式,同时还创造出了被称为'虚拟的空间,现实的社区'的电脑空间文化模式","电脑空间与网络是社会信息化的基本载体,而网络文化亦成为最广泛传播并为人们所接受的大众科技新文化"。[3]

(二)从传统到现代的飞升

由于科学文化与科学有着先天的内在一致性,因而科学文化始终随着科学的发展而发展。20世纪60年代是科学文化发展史上的一个分水岭,之前的科学文化可称为传统科学文化,之后的科学文化可称为现代科学文化。传统科学文化与现代科学文化的根本区别在于科学共同体持有的自然观不同,因而导致科学观、认识论和价值观各异。传统的自然观是一种机械还原论的自然观,认为自然界是客观的、有规律可循的,由于整个自然观是建立在数学基础上的,因而十分重视逻辑推理,在此基础上的科学观,虽然其方法经过了证实与证伪两个阶段,但本质上是对规律性和确定性的一种追求,并把"预测"和"控制"作为直接的工作目标。此时的科学文化是一种唯科学文化主义的知识观和价值观,认为具有实用性的科学知识是最有价值的。

这种科学文化观在当时具有一定的历史进步意义,因为其超越了古典人文主义轻视实践的藩篱,以科学战胜了神学,强调了人在社会中的价值和重要性,科学家在社会中的地位日益提升。但是,它也有着自身与生俱来的不足。唯科学主义的文化观过于强调自然科学研究方法的权威性,这种科学文化观以强权霸主的姿态推广到整个人类的思想界和学术界,造成了如"人文社会科学领域中所曾广泛流行的'科学化运动'……即如实证主义对所谓的'形而上学'的反对以及心理学的科学化历程"[4]等。

唯科学主义的文化观始终受到社会学界和文学界的抵制,甚至形成两种文化的对峙。1959年英国学者查尔斯·斯诺的著名演讲《两种文化和科学革命》[5]就是最好的佐证。在此次演讲中,斯诺首次提出"两种文化",即以"文学知识分子"共同体为代表的人文文化和以"自然科学家"为代表的科学文化。斯诺提出"两种文化"的目的在于促进两类知识的融合和两类人群的沟通,并希望通过学校中的课程改革来实现这一目的。而这种融合的努力恰恰说明了这一阶段的科学文化群体与人文群体的默然,甚至是对视。

然而,对唯科学主义文化观的批判真正找到哲学基础还是20世纪60年代以后的事情。后现代主义者认为,机械还原论的自然观是狭隘的,由于万物是相互联系的,因而世界是复杂的和不可预测的,而传统的机械还原论的自然观将复杂性还原为一组可操作的规则则是不负责任的举措。于是后现代主义者提出以有机整体论的自然观代替传统的机械还原论的自然观,在关于科学活动的认识论上则重点强调观察受主观因素,即理论的"浸染",所谓的"中性事实"是不存在的,任何科学研究都含有建构的成分,纯客观的立场不仅使人失去必要的自觉性和批判性,更使人"丧失自发性、创造性和责任感等有价值的东西,而这些才恰恰是人性的价值所在。"[6]他们甚至认为理性主义只是科学在认识论上的一个假设,由于科学研究必须给直觉留一席之地,因为科学中存在许多"隐秘"的成分,因而科学活动就不应当、也不可能被完全纳入任何一种方法论的框架。

(三) 现代科学文化的特点

现代科学文化最主要的两个特点:一是开放性,二是创新性。

开放性是现代科学文化的最大特点,首先,现代科学文化的开放性源于多元的科学观,传统的以实验为基础的现代科学观被认为是单一的,后现代主义者认为,既然自然界是复杂的,那么科学的概念应该是开放的,波默罗伊在其研究中表明了后现代主义者的科学观:对科学的理解趋于开放,甚至认为神话和民间传说中有相当数量的科学知识;科学发现的过程中常常需要用到以非常规的眼光观察事物的能力;科学发现中直觉能发挥重要作用;科学家从众多看似并不相关的资料或事物中获得灵感、想法等是很正常的;很多科学家都会有不连续的思维;科学家往往同时进行多个科学活动。[7]其次,开放的科学观带来理性的发展观。人们似乎认为开放会毁灭理性,事实则不然,伦理维度的引入使得科学与人文在科学独立的两个世纪后,出于对人类命运的终极关怀而再度融合,这使得科学自身的发展更加趋于合理化。人类行为的合理性体现在两个方面,一是合规律性,一是合目的性。科学在 21 世纪以前的发展主要体现在合目的性方面,意味着人类要将科学的发展导向合规律性这一方面。这一阶段的科学虽然强调伦理,但却并不是对人文的简单庸俗的回归,而是在科学确立其独立地位后将其血液中就蕴含的人文因素在对人类命运的终极关怀这一点上的融合与升华。再次,科学文化的开放性还表现在它的跨域性的特点上,由于科学问题的共有性,科学知识、科学理论的普适性,科学方法的可重复性的特征,使得科学成为世界的通用"语言"。世界上现存的和已逝去的各种文化中,只有科学文化具有这种特质,是世界各国主动接受并致力追求的文化,即使它对本国的本民族的文化有所冲突,但发展本国的科学技术力量却是所有国家的共识和国策。

创新性是现代科学文化的本质属性。因为现代科学文化在认识论方面反对"两极化思维"的主客体绝对区分和对立的思维模式,强调在理性基础上的批判,在建构基础上的解构,在逻辑上的非连续性,在清晰基础上的含糊,在确定基础上的不确定,在稳定基础上的不稳定,在科学基础上的伦理,在目的基础上的规律。当代美国科学社会学家 S. P. Verma 认为,这样的科学文化具有不断发展创新的内在动力机制,"虽然累积是科学维持其自身发展的本性,但是科学文化却能够通过对自身不断的质疑和对其哲学基础结构的调整来寻求自我的提升。科学与其他的人类机构,如关注存留其'永恒的真理'的宗教,在这一点上是截然相反的。"[8]现代科学文化经历了从封闭走向开放、从中心走向多元、从保守走向创新的发展道路后,同时具有理性和质疑,严谨而开放,规范而革新,客观且跨越,科学亦人文的特点。这样的科学文化具有我们所追求的创新文化的一切特征,对科学教育的产生、发展和变革有着广泛而深刻的影响。

二、科学文化促使科学教育诞生

教育是文化的产物,当文化发生变化时,教育也必然会发生相应的变化。科学教育是科学文化的产物,科学文化在不同民族文化传统中的传播是现代教育发展的重要文化基础,也是科学教育得以确立、普及和推广的前提。科学文化为科学教育的诞生从思想、理论和社会实践需求两个方面做好了准备,即科学文化不仅拥有丰富的精神而且创造了巨大的物质文明,而工业生产需要大量的工程师和技术工人,社会对劳动力的新的需求客观上要求教育培养相应的人才。这两方面相辅相成,互相认证,共同催生了现代科学教育。

科学文化树立了新的世界观、知识观和价值观,从而改变了传统的教育观,科学教育观的建立是科学教育在人类社会中建制的理论基础和前提。科学的影响不仅推翻了把地球置于宇宙中心的符合圣经的古典天文学,而且也推翻了上帝创造了地球和人的观点,同时树立了人类靠自身的探索和思考可以理解和掌握利用自然界的信念。这种认识论变化不仅带来世界观的转变,知识观也随之发生了变化,不仅古典人文是知识,科学研究的成果也是宝贵的知识。既然科学是知识,那么科学研究就可以进入大学的殿堂,科学在教育系统中的传播是自上而下的,17至18世纪,科学以"自然哲学"的身份首先走进大学,逐渐形成诸多的研究领域,并获得可设置课程的权力。

知识观的转变进一步带来价值观的转变,从16世纪"科学教育之父"弗朗西斯·培根断言"知识就是力量"起,"实用性"就逐渐成为判断知识价值的标准。斯宾塞以"什么样的知识最有价值?"奠定了科学知识价值观的社会主导地位。文化价值观的转变必然带来教育价值观的转变。既然实用的科学知识最有价值,那么教育系统就应该接受科学,传播科学。为了能够使科学步入正轨教育并受到广泛的重视,科学共同体不遗余力地为之做着思想和舆论上的准备。赫胥黎认为,"科学教育的最大特点,就是使心智直接与事实联系,并且以最完善的归纳方法来训练心智;也就是说,从对自然界的直接观察而获得的一些个别事实中得出结论。由于科学教育具有这样重要的特点,其他任何教育是无法代替的。"[9]

理论毕竟还不是现实,只有当科学文化融入社会主流文化中,才能将科学教育全面地纳入到社会教育系统,才会有政府行为的介入。真正将这一理想带入现实的是以法国为中心的启蒙运动。在启蒙思想中,洛克的感觉心理学为世人所推崇,他认为,"心灵的不平等可以归之为一个已知的原因,这就是所受的教育不同,要改进人类的生存状态,只要改革立法和教育制度就行了,而改革教育立法和教育制度的关键在于遵循科学原则,普及科学知识,实施科学教育。"[10]19世纪后期,赫尔巴特首先提出了一个社会学科和自然学科兼备的课程理论体系新框架。[11]与此同时,欧洲发达的资本主义国家也纷纷开始为科学教育的发展拓宽道路。

以科学教育为核心的进步教育是启蒙思想家致力探讨和寻求的新型教育,19世纪在欧洲全面铺展开来。美国在1862年颁布了著名的"赠地法案"《莫里尔法》,"捐赠公共土地给各州建立农业和机械学院",并且各州必须至少建立一所学院,其目的是"教授农业和机械学有关的每一门学科……以促进追求职业生涯的工业阶层的自由与实际的教育。"[12]美国国会通过的这项教育立法表明高等教育需无可辩驳地承认科学的价值和科学教育的作用。1876年美国又成立了本国第一所研究型大学——约翰·霍普金斯大学。"赠地法案"的出台和约翰·霍普金斯大学的建立标志着美国现代科学教育制度的确立。法国1882年颁布了著名的《费里教育法》,并在此基础上彻底改革了法国的教育体制,确立了科学教育的合法地位。英国也不甘落后,在1834年颁布"工厂法"的基础上,于1870年又颁布了"初等教育法",并逐渐建立起自己的现代教育体制。德国在普法战争失败后对大学进行改革,又推行了一套国家控制实行义务教育的初等和中等学校体系,从而完成了德国教育和科学的双重体制化。

综观世界各国科学教育的发展道路,国家的文化背景不同,科学发展的道路也不同。在宗教思想桎梏、古典人文主义思想占统治地位的国家,科学教育建制晚于科学共同体在社会中的建制,如1662年以格雷山姆学院为主体的英国皇家学会成立,1666年底由国王赞助的新的科学团体——巴黎科学院成立,但是科学教育却没有同步普及。美国和普鲁士则由于思想相对解放和科教强国的战略,作为在18世纪以前科学发展相对落后的国家,以"拿来主义"的原则实现了科学文化和科学教育的双重建制。而中国和印度这样的东方国家则是在两次世界大战的洗礼下重新建国,新建国家走的也是科学文化与科学教育双重建制、科教兴国的发展道路。普鲁士和美国能利用后发优势实现科学文化与科学教育在社会中的双重建制,是科学文化在世界范围内辐射的结果。

科学文化不仅催生了科学教育,还为其如何科学地发展提供智慧。集中表现为科学文化为科学教育学奠定学科基础。作为一门以科学教育教学为研究对象的学科,科学教育的历史不超过80年,在中国的历史也仅有10—20年。我国学者丁邦平认为,"科学教育学是以科技教育与教学中的问题为研究对象,以解决这些问题为目的,以有关的研究成果和方法为基础的跨学科的学科。"[13]

一门学科之所以能够被称为"学科",它不仅要有自身的研究域,还要有相关的理论基础和教育成果的实际应用价值,科学教育学作为一门学科能够存在,是因其深受科学文化的滋养。首先,科学文化为科学教育学科建设提供理论支撑。科学理念和方法对其他学科的渗透产生了许多科学与人文交融的新兴学科。20世纪二三十年代,从若干传统的人文和社会学术领域,相继衍生出一些以"科学"为主要研究对象的新的综合性学科,如科学史、科学哲学、科学社会学等。这些学科积累了大量的以科学为研究对象的学术成果。无论是科学史、科学哲学还是科学社会学都为科学教育学赖以存在的学术基奠,科学文化的务实精神决定科学教育学学科的实践性和生产性。可见,科学文化无疑是引导科学教育合理发展在理论上最有力的保障。

三、科学文化的发展推动了科学教育的改革

当观念发生转变,理论的积累到一定程度就会转化为现实的需要,这必然会引起变革。任何教育改革首先是源于观念的变革,观念的变革带来价值标准的重塑,从而引发行为的转变。当社会上形成稳定的观念模式、价值模式和行为模式时,就构成了一种相对稳定、处于主导地位的文化。无论是科学文化确立还是科学文化的转型,科学文化每前进一步,都会伴有知识观、科学观、教育观的变革,从而引发价值体系和行为方式的转变,进而就会带来教育(包括科学教育)的改革。科学教育从诞生之日起所引发的一系列的变革都毫不例外地数次验证这一事实。

科学文化确立时期,古典知识观让位于科学知识观,绅士教育观让位于实用教育观,价值判断标准更加强调实践层面上的有效性,进而使科学的合目的性处于至尊地位。科学共同体内部就十分关注科学文化重要的传播途径和场所——教育,并积极倡导在学校中设立科学课程,从而引发了科学教育与以人文为核心的古典教育的"战争",在这场"战争"中,科学知识在人类知识体系中的重要地位得到了普遍的认可,甚至人们判断知识的价值标准也发生了变化。斯宾塞对"什么样的知识最有价值"的回答是,科学知识最具有实用的价值,并

将教育的方向由绅士教育转向实用教育。

当注重科学知识的实用价值发展到了极端时,科学教育也走向了反思。在传统科学文化占主导地位的时期,由于强调知识的重要性,科学教育基本采取分科教学的教学形式,科学教育的目的是培养专家和精英。这样一种走向到了20世纪五六十年代发展到了极致。由于美国以杜威为代表的进步主义运动将"实用"和"经验"的观念在具体教学实践中被推向了顶峰,却没有出现人们期待已久的高质量的科学教育,于是以结构功能主义教育思想作指导的科学教育改革运动应运而生,其核心工作就是编制与教学过程和儿童的智力发展结构相适应的结构课程。[14]

"伦理"维度介入"科学"使得科学文化开始转型,从传统走向现代。人们不仅思考科学的实用价值,还考虑科学自身的发展逻辑。既然科学是从人文的怀抱中来,其与技术和社会必定有着千丝万缕的联系,如何驾驭科学,在其面对伦理时不至于脱缰而去,就是当代科学教育,乃至全社会需要重新思考的一个维度。对科学文化这一重要的时代内涵的理解需要全社会的支持。科学面对伦理时,如何进行科学教育就已经是与社会每个成员未来命运休戚相关的问题了。这时的科学教育不仅仅是培养少数精英和专家就可以解决问题的,而是要"面向大众",让每个人都能够理解科学,参与国家重大的科技决策,决定人类自身的命运。只能培养少数精英的传统的科学教育模式显然已经不能与之匹配,新一轮的科学教育改革也在此时应运而生。

到了20世纪七八十年代,以美国为首的新一轮科学教育改革的哲学基础是建构主义。建构主义强调探究的方法,认为每一个儿童都能够像科学家一样,经历科学探索的过程,在自身已有经验的基础上构建自身对科学的理解。此次改革的目的之一是培养具有了解当代科学问题和参与科技决策的能力,从而能够充分享受民主的、具有科学素养的公民。科学教育目标也相应地调整为对学生"科学素养"的培养,而不是简单的知识体系和科研方法的掌握,还要能够理解"科学——技术——社会"(STS)之间的关系,拥有正确的科学观和科学态度,培养与新时代科学文化相应的科学精神。这一改革使科学教育一步步走向了大众,强调在普遍提高大众科学素养的前提下选拔培养精英和专家。

四、科学文化引导科学教育的发展方向

传统科学文化对科学教育的影响分为直接和间接的两种。一是通过改变科学教育学的母学科——教育学的研究范式,进而确立科学教育学的研究范式。唯科学主义文化观的确立,表明科学价值观在社会中占据人类价值观的主导地位以后,重塑社会中的学术价值观。由于对世界的规律性和一致性(确定性)深信不疑,人们开始普遍相信真正可信的知识应该建立在严谨的逻辑推理的基础之上,在方法论上强调学术成果可以被无限重复的证实或证伪。这使得科学在现实中以其强大的范式作用,侵入人文社会学科的研究领域,实现了以科学的方法规范研究、用科学的标准衡量学术成果的人文社会学科"科学化"的过程。教育学也随之步入了"实验教育学"的新阶段。与此同时,还出现了教育学与数学相结合的交叉学科"教育统计学",而数学正是整个现代科学自然观建立的逻辑基础。事实上,这种追求逻辑上严谨的思想延续至今,并左右当今教育学的研究走向实证与思辨并重的研究路线。教育学作为科学教育学的上位学科,其研究范式和研究成果必然会对科学教育学的研究范式和

发展方向带来直接的影响。二是由于传统科学文化的知识观注重知识的实用价值,导致该阶段的教育观注重培养实用性人才,科学教育以培养专家和技术人员为目的,教学方式采用的是分科教学的形式,科学教育的出发点是满足国家建设的需要。

科学自然观的转变使科学文化由封闭走向开放,对科学的理解也从一元走向多元、从中心走向边缘,对于什么是"科学",未形成统一的认识。总结概括而言,目前对科学的理解存在三种不同的观点:"第一种,把科学定义成人类与自然打交道的方式,这种定义不大区别科学与技术,与文明相近……第二种,把科学定义成有希腊思想发端的西方人对待存在的一种特殊的理论态度……第三种,把科学定义为'近代科学'[15],即在近代欧洲诞生的那样一种看待自然、处理自然的知识形式和社会建制。"[16]

后现代主义者所持的观点基本属于第一种,即科学是一种文化,科学文化是丰富而多元的。这种科学文化观改变了建立在第三种定义上的传统科学教育观。为从文化的视角研究科学教育提供了充分必要条件。一个核心的问题是科学教育中的文化多元主义与科学的普适性似乎构成了一对先天矛盾,为科学教育灌输世界是可知的造成了逻辑前提下的存疑。以美国麦阿密大学 Harvey Siegel 教授为代表的当代后现代主义者却认为,"多元文化、普适主义和科学教育之间存在着共同的起点"。[17]

在一部分学者认证文化研究的可行性前提的同时,从文化的角度研究科学教育,亦由宏观到微观全方位地铺展开来。宏观上研究不同文化对科学发展的影响,进而预测和探索科学教育的发展方向。微观上的研究主要集中在如何正确对待文化的多元性,关注不同文化背景的人在"学科学"和"教科学"方面有什么不同,从而提高教学质量。美国、韩国、日本、澳大利亚等国的9所大学曾就科学教师对科学素养的理解进行了质的研究,结果表明不同国家、不同背景下的科学教师对科学教育的核心目标——科学素养的理解有很大的不同,文化、历史、道德和政治因素在理解中起着举足轻重的作用。[18] 随着类似研究不断展开,研究的一个焦点落在作为科学教育改革成败关键的科学教师应具备怎样的科学素养这一点上。有学者认为,科学教育的教学要求教师具有文化批判意识和个人反思能力,并且"仅仅就种族主义和社会不公正展开充满勇气的对话,理解文化的异质和接受在他们个人信念和职业实践中需要进行反思,还远远不够。实际上,他们还需要在实践中进行文化批判和个人反思。培养科学教师需要有具体环境,并且对其帮助引导,设计实际情景和提供触媒。真实的生活经验使得学习活动变得更加真实,同时也减少了科学教师逃避反思和批判意识中固有的智力的、情感的、心理的、道德和教育的挑战的倾向性"。[19]

科学文化以其独有的文化内涵和影响力催生了现代教育制度,促进了现代科学教育的诞生,并且无时不在地引导科学教育的发展方向,激发教育改革,累积科学教育智慧,构建宏观的教育制度文化和微观的校园科学文化,是当代文化发展和建设的主导方向,是创新文化的核心内容。如何在科学文化的指导下,构建当代的科学教育,这的确是广大教育工作者应该认真思考的问题。但是教育对文化也不仅是被动的顺应,还应该发挥其能动作用来传播文化,甚至要引导文化和创造文化。如何以科学文化来引导我国新一轮的教育改革,如何通过当今的教育来弘扬科学精神,倡导科学意识,培养科学态度,提高中华民族的科学文化素养,才是我们最需要关心的问题。

参考文献：

[1] 董光璧.科学与伦理学——人类价值的重建[J].科学文化评论,2004(2).

[2] 路甬祥.从"科学救国"到"科教兴国"——中国现代化进程与科学技术[A].路甬祥.科学与中国:中国科学院第十一次院士大会学术报告文集[C].济南:山东教育出版社,2004.

[3] 何亚平,肖国强.论科学精神与科技文化[J].理论与改革,2002(4).

[4][6] 郑毓信.后现代主义之审思——从科学哲学的角度看[J].陕西师范大学学报(哲学社会科学版),2004(2).

[5] [英]查尔斯·斯诺.两种文化[M].陈克艰,秦小虎,译.上海:上海科学技术出版社,2003.

[7] 郭勉成.20世纪90年代以来欧美教师科学观研究综述[J].比较教育研究,2004(5).

[8] S. P. Verma. *Science Education and Science Culture* [J]. New Delhi: Akansha Publishing House, 2004.

[9] [英]托·亨·赫胥黎.科学与教育[M].单中惠,平波,译.北京:人民教育出版社,1990:107.

[10] 张钢.科学文化与近代教育发展——兼论科学教育与世界科学中心的转移的互动关系[J].自然辩证法研究,2000(5).

[11][14] 叶澜.中国教师新百科·中学教育卷[C].北京:中国大百科全书出版社,2002:457.

[12][13] 丁邦平.国际科学教育导论[M].太原:山西教育出版社,2002:64,25.

[15] 本文引文中出现的"近代"一词,实为文中的"现代"一词的含义,英文中没有"近代"一词,只有表示"现代"之一的"modern",本文亦采用此类标准和称呼。

[16] 吴国盛.边缘与中心之争[J].科学对社会的影响,2000(4).

[17] Siegal, Harvey. Multiculturalism, Universalism, and Science Education: In Search of Common Ground[J]. *Culture and Comparative Studies*, 2002.

[18] Tippins, Deborah J., Nichols, Sharon E., Bryan, Lynn A.. International Science Educators' Perceptions of scientific literacy[A] In Sandra K. Abell. *Science Teacher Education: An International Perspective*[M]. Dordrecht: Kluwer Academic publishers, 2000.

[19] Gay, Geneva, Kirland, Kipchoge Neftali. Developing Cultural Critical Consciousness and Self-Reflection in Presernice Teacher Education[J]. *Theory Into Practice*, 2003(3).

九、科学教育评价研究

- 科学课程学业成就评价的知识论基础（杨宝山）
- 科学素养评价工具的建构（王蕾）
- 科学探究教学评价体系的构建与实践（蒋永贵 项红专 金鹏）
- 科学探究学习评价体系的研究（熊士荣 吴鑫德 肖小明 张庆林）
- 对科学探究能力引导式评价的研究（罗国忠）
- 学生情感态度价值观的评估：给教师的建议（蒋奖 丁朝蓬 段现丽）
- 美国NAEP科学素养评价新趋向（林静）
- 美国俄勒冈州科学探究的工作单评价方法（袁丽 廖伯琴）
- 加拿大关于科学课程评价的研究与启示（周勇）

科学课程学业成就评价的知识论基础

杨宝山

伴随科学、技术和社会的快速发展,迫使人们开始不断地反思:人类的生存需要基础性知识,人类的发展需要创造性知识。从可持续发展的观点来看,基础性和创造性的知识显得愈加重要。从知识的本质来看,学习科学知识应该基于知识的相对性、相关性和同一性三个层次。许多教育处于第一个层次,高分低能大都属于此类;一些教育处于第二个层次,国民科学素养偏低是一个基本事实。不过,伴随新课程的逐渐推进,类似的现象在逐渐得到改观;第三个层次正是世人所共同追求的终极目标。从学习的本质来看,学生在校期间学习科学知识,在上位层面上,在学习科学知识的同时,更应了解科学知识的相对性与相关性,从而把握知识的同一性。只有透过这样的学习,他们才能真正地领悟科学的本质。这是培养学生的终身学习和发展能力的奠基工程,在学生科学课程学业成就评价中,始终基于这样的理念是十分必要的。

一、知识相对性

在科学课程学业成就评价中,当我们谈及科学知识时,必须随时强调这样的理念:科学知识并非固化结论或绝对真理。这既是科学知识的相对性基础所在,又是提升学生科学素养的关键契机。特别是在学习科学的启蒙阶段,应该要求学生从知识的表征、领悟和整合三个层面去理解和感悟知识的相对性基础。

(一)知识的表征层面

在哲学家看来,绝对性和相对性是一对哲学范畴。基于这样的理念,在科学课程学业成就评价中,关于知识的表征,在阐述基本概念和基本规律时,应该注意强调它们外在的绝对性与相对性,其目的是有助于学生感悟它们的辩证关系。基于知识的相对性表征层面的学业成就评价应该重点测查:例如,在生命科学领域,在学生学习的初级阶段,有关生物形态的表征,重点考查学生通过观察植物、动物(包括人)和微生物,逐步区分生物与非生物,初步了解生物的形态、结构等特性及生物的分类等内容。

在学生学习的初、中级阶段,关于上述基本概念或基本规律的表征,其本身就蕴含着知识的相对性基础。在科学课程学业成就评价中,对于科学知识的表征应该有一个基本的依据。即从科学启蒙教育阶段起,逐步培养学生定量思维能力,养成尽可能使用定量的术语来建构论点的思维习惯。"在描述事物多大、多快或者多么频繁地出现时,较好的方法是利用数字和单位来说明,在讲大于、快于或温度低于时,最好使用绝对值或者相对值。"[1]如同杜威在《确定性的寻求》中所说的那样,可以被称为知识或认识对象的任何事物,总是标志一个

---

① 本文选自《课程·教材·教法》2008年第2期,第68—72页。

解答了的问题,一个除去了的困难,一种澄清了的混乱,已缩减成凝聚物的不一致性,一种控制了的繁难。[2] 在他看来,知识不是永恒的。它既是一个探究过程的结果,又是一个探究过程的起点。其"知识"即"经验"的本质特征就是基于过程性和相对性。由此引申就为我们今天的科学课程学业成就评价内容的表征及组合提出了一个新的命题。显然,从知识相对性的视角进行学生的学业成就评价,有助于培养他们的辩证思维能力。

(二) 知识的领悟层面

在科学课程学业成就评价中,关于知识的领悟,在表达或理解基本概念和基本规律时,应该注重强调它们内在的绝对性与相对性,其目的是有助于学生领悟它们本身的科学含义。基于知识的相对性领悟层面的学业成就评价应该重点测查。例如,在物质科学领域,在学生学习的中级阶段,有关物质的材料、结构等知识的领悟,重点考查学生通过观察和测量等活动,认识物质的密度、熔点、沸点和溶解度等基本特性,并据此区分不同的物质,并能够利用原子、分子等概念解释元素、化合物等一些特性。

在学生学习的初、中级阶段,关于上述基本概念或基本规律的领悟,本身就蕴含着知识的相对性。在科学课程学业成就评价中,对于科学知识的领悟应该有一个基本的判据。即从科学启蒙教育阶段始,逐渐学会在领悟知识科学含义的基础上,明辨伪科学问题与真科学问题的含义。以利奥塔的观点,知识的本质发生了变化,当前的知识与科学所追求的已不再是共识,精确地说是追求"不确定性"。所谓的不确定性,正是悖误或矛盾论的实际应用的结果。由此延伸,做科学课程学业成就评价应该从更加宽泛的视野来考察和领悟科学知识的本源问题。可见,从知识相对性的视角进行学生的学业成就评价,有利于培养他们的逻辑思维能力。

(三) 知识的整合层面

在科学课程学业成就评价中,关于知识的整合,在理解和运用基本概念和基本规律时,必须强调它们的相对性,其目的是有助于学生在更加宽广的领域把握它们本身的科学含义。基于知识的相对性整合层面的学业成就评价应该重点测查:例如,在物质科学领域,在学生学习的高级阶段,有关物质的材料、结构等知识的整合,重点考查学生从分子、原子、亚原子层面理解认识物质的组成及其规律,了解人类研究物质组成的历史事实和实验证据,为提高对自然界统一性的认识,从物质的结构与性质的关系建立微观与宏观之间的联系奠定必要的基础。

在学生学习的中、高级阶段,在对上述基本概念或基本规律进行整合时,本身就蕴含着知识的相对性。我们的研究表明,在科学课程学业成就评价中,对于科学知识的整合应该有一个基本的准则。有研究表明,"专家根据解决问题的原理对问题进行分类,新手则根据表面特征对问题进行归类。""在表征斜面图式方面,新手的图式主要涵盖斜面的表面特征。相反,专家的图式直接把斜面的概念与物理法则及其应用的条件联系起来。"[3] 这表明两者在知识理解和运用中选取了不同的研究视角和整合方式。

基于这样的理念所进行的命题,能够有效地测查被试者在知识的理解、运用及整合方面的能力层次与能力倾向。从知识论的观点来看,应该从系统理论的观点出发,在上位层面上对知识进行整合才会对知识的相对性有一个深层次的把握。这正是我们今天所进行的科学课程学业成就评价中需要提倡的主导理念。

二、知识相关性

研究表明,学生经过长期的学习后,乃至成年,仍然把各种知识看作彼此孤立的,却不曾关注各种知识之间的相关性。尽管他们能够应对一些考试,甚至取得较好的成绩,可是当遇到新的问题情境时,仍然不能迁移或变通,或盲从或不知所措,这也正是我国普遍存在的学生高分低能和公民科学素养普遍偏低的因素之一。基于此,在学生学习科学知识的初级阶段,就需要从知识的相对性上去理解,从知识的相关性上把握。从知识的表征、领悟和整合三个层面去理解和感悟知识的相关性。

(一)知识的表征层面

在哲学家看来,绝对性和相对性是一对哲学范畴。基于这样的理念,在科学课程学业成就评价中,关于知识的表征,在阐述基本概念和基本规律时应该注意强调它们的相关性,其目的是有助于学生领悟它们的逻辑关系。基于知识的相关性表征层面的学业成就评价应该重点测查:例如,在地球科学领域,在学生学习的初级阶段,根据有关事物、事件和现象等的表征,重点考查学生借助观察、实验或其他实践,了解大气现象及其成因。

在学生学习的初、中或高级阶段,关于上述基本概念或基本规律的表征,其本身就蕴含着知识的相关性基础。在科学课程学业成就评价中,对于科学知识的表征应该有一个基本的依据。在课程知识结构中,斯宾塞(H. Spencer)曾从四个维度就知识相关性进行了表征。我们看到,在人类的发展中,所必须掌握的基本知识正是涵盖了经验世界、经验主体、经验现象和经验活动四个领域。事实上,这四个领域的知识之间就蕴含着相关性基础。在课程知识系统中,费尼克斯(P. H. Phenix)曾从质和量两个维度就知识相关性进行了表征,从而使整个知识形成了基于质与量的两个维度和单一及一般(事实、形式、规范)知识、涵括性(内容、形式、规范)知识等九个领域的相关性知识系统。

上述可见,根据分类学的基本准则,在知识的质与量的界定上,在知识的相对性与相关性的表征上,尚需进一步的探讨。然而,它作为一种理念为科学课程学业成就评价的标准提供了一个基本参照依据。这是因为,作为课程知识系统本身,在知识的表征过程中,在表达知识的相对性基础的同时,又隐含着知识的相关性基础。

(二)知识的领悟层面

在科学课程学业成就评价中,关于知识的领悟,在表达或理解基本概念和基本规律时应该注重强调它们的相关性,其目的是有助于学生领悟它们本身的科学含义。基于知识的相关性领悟层面的学业成就评价应该重点测查。例如,在生命科学领域,在学生学习的中级阶段有关生命过程的领悟,重点考查学生通过观察和操作等活动,了解人类的有性繁殖过程,进一步了解人类的繁殖和发育过程以及基因、遗传和变异等问题。

在学生学习的中、高级阶段,关于上述基本概念或基本规律的领悟,本身就蕴含着知识的相关性基础。在科学课程学业成就评价中,对于科学知识的领悟应该有一个基本的判据。在学习者看来,"在最初阶段,他们把知识按照或对或错的方法来确认,然后作为一种纯粹的观点,最后进行正式的吸纳。这项研究为我们排列与科学知识性质有关的基准提供了某些指导意见。"[4]"几项研究表明,当前大部分的高中生仍处于对知识认识发展的第一阶段。"[5]在学业成就评价之初,了解到这些,有利于我们把握评价命题的主旨。

在评价命题中,应该了解"假如自青少年时期就灌输不同的人对事件的描述和解释不同,所持的观点必须有证据,以及在合理的基础上可以向各种观点提出挑战,那么需要做进一步的研究来详细说明中学毕业生可以懂得哪些内容。"[6]基于上述理念的评价命题操作,不仅促进了学生对知识的领悟,而且有益于学生情感和态度的养成。

我们的研究表明,在小学、中学乃至大学的科学课程学习中,包括以后的若干年中,由于课程、教材、教学和评价等诸多因素,许多不科学的概念和观念一直根植于学生的头脑中,因而对他们后续的学习形成了负面影响甚至造成了诸多后患。这主要表现在对事物、事件认识上的错位,体现在对知识、问题理解上的偏差。例如,"尽管有一部分学生确实相信科学知识在不断地变化,可是他们通常认为现实中的这些变化主要是由于发明和改进了观察与测量技术造成的。他们没有认识到有时改变理论也会引出新的观察,或者可以对前期观察做出新的解释。"[6]基于上述因素,需要改进我们的科学课程学业成就评价命题操作,这样不仅促进了学生对知识的领悟,而且有益于学生对方法和过程的理解。

有研究表明,学生学习了科学课程往往没有达到人们所预定的目标。"对学生思维进行研究发现,各种年龄的学生解释现象时,注重每个物体的数量,而不注意系统各部分间的相互作用"。[7]从科学课程学业成就评价的视角来看,学生清楚了彼此关联的这样一个关键,对于他们领悟知识的相关性是十分重要的。基于上述评价命题操作,不仅促进了学生对知识的领悟,而且有益于学生态度和价值观的形成。

(三)知识的整合层面

在科学课程学业成就评价中,关于知识的整合,在理解和运用基本概念和基本规律时,必须强调它们的相关性,其目的是有助于学生在更加宽广的领域把握它们本身的科学含义。基于知识的相关性整合层面的学业成就评价应该重点测查。例如,在地球科学领域,在学生学习的中级阶段,有关地球物质、运动、作用的整合,重点考查学生从整体上理解地球物质的运动与人类行为的互动影响,从系统、变化的视角认识不同地球物质之间的相互联系、相互作用,逐步确立人类、自然和谐相处的基本理念。

在学生学习的中、高级阶段,在对上述基本概念或基本规律进行整合时,本身就蕴含着知识的相关性基础。在科学课程学业成就评价中,对于科学知识的整合应该有一个基本的准则。在今天看来,我们应该重新审视当年布鲁纳关于结构的理论。尽管一部分人认为有些过时,可是在我们看来,这是因人们尚未领悟"最适当的经验""最适当的结构"和"最适当的顺序"的基本内涵。其中第二个"学科的结构"就是如何把学科内容加以联系和组成结构,使儿童学到比较一般意义的知识。在相当长的时间里,布鲁纳的理论一直作为选择课程内容的标准。

如同日本学者伊藤信隆所说:"布鲁纳的业绩在于把科学的知识结构和儿童认识自然心理学结构加以对应,由此而明确认识了它的教育意义和精选教材的标准。布鲁纳的理论给予理科、数学或社会科学等的教材的精选,提供了一个标准。"[8]我们看到,这种基于结构层面的知识整合所形成的主干知识有利于学生对科学知识本质的把握。这正是我们今天所进行的科学课程学业成就评价中应该倡导的主旨理念。

三、知识同一性

从知识论的观来看,知识的相对性基础展示了知识间的差异,由此可以衍生出知识(技能)、方法(过程)、价值(态度)间的区别;知识的相关性基础彰显了知识间的互通,由此可以衍生出知识(技能)、方法(过程)、价值(态度)间的关联。从科学课程学业成就评价的主干内容和价值取向来看,作为对知识的整体性把握,培养一个既面向未来又全面发展的人,需要知识(技能)、方法(过程)、价值(态度)间的互补,需要它们的相对性与相关性的互补与融通,这正是知识同一性基础的生命力所在,这在知识的表征、领悟与整合三个层面上应均有所体现,这也正是科学课程学业成就评价命题的重点和难点所在。

泰巴认为,虽然将知识分为个别的事实与过程、基本观念、概念和思维体系四个阶段,[9]但是各个阶段的知识,既是相对独立的层面,又有相互关联的层面。如沙布尔·拉塞克教授所说:"对各门科学之间、自然科学与人文社会科学之间以及教育内容的各种来源之间的相互依存表现出更清楚的意识,这是现代学校政策最令人感兴趣的特征之一。"[10]也正是我们所进行科学课程学业成就评价所关注的重点之一。

从科学课程学业成就评价发展来看,无论是知识的表征,还是知识的领悟,都需要从知识的核心问题进行探究。我们看到,学生学习科学知识后,"没有几个成年人可以信心十足地区分反射与折射、质量与重量、目与科、雨云与堆积云、线粒体与核糖体等术语"。[1]从知识的整体性把握来看,美国语言学家希尔斯同历史学教授凯特、物理学教授特雷费尔合作,编制了基于共同文化背景知识内容的词汇表。1987年,出版了《文化知识》一书,作为核心知识课程研究的一个重要标志。核心知识所选著的基本内容或词汇并不一定是作家写作中常用的内容或词汇,而这恰恰是核心知识所遵循的基本准则。[11]正如美国核心知识基金会于1994年公布的初步评价报告中所说,在一些学校中,通过核心知识课程的有效性实施,一方面,提升了全体学生特别是那些处境不利学生的学业成就水平;另一方面,缩短了学生之间学业成就水平的差距。

在希尔斯看来,在核心知识课程的学习中,良好的学习能力基于广博的一般的知识。我们看到,这些看似一般的知识本身就蕴含着一定的关联性。由此所形成的各种能力自然存在着类似的相关性,并且共存于同一类能力系统之中。如同希尔斯的经验,"高级的阅读技能是与大多数其他学术技能,如良好的写作能力、快捷的学习能力、解决问题的能力和批判性的思维能力密切相关的"。[12]事实上,这类基于系统层面的知识整合所形成的核心知识有助于学生对科学知识的整体性把握,基于系统层面的能力整合所获得的综合能力有利于学生整体能力的提升。基于核心知识与综合能力的课程学业成就评价正是我们所研究的重点课题之一。

我们认为,基于核心知识与综合能力的课程学业成就评价应该保持有效性知识的核心地位。有效性知识是学生应该首先掌握的基础知识,这些知识是各学科中最初步的、最基础的知识,又是为今后进一步学习科学技术,参加生产劳动和有关实际工作所必备的知识。从知识的本质来看,有效性知识是一个阈。阈的含义的表征需要借助广度、高度、梯度、密度和强度的五维向量系统。这在一般人的可视的三维空间是无法想象的。从教育的本质来看,人类掌握有效性知识实际上是一个感悟阈的能动性,而非功利性。从这一点来看,许多的理论研究和实践探索都没有到位,没有意识到它的潜能的本质属性。当前,人们多从知识的广度和高度两参量审视它的功能，出现了如"知识过剩"，或"知识在人的一生中也没有用"等观点，也不足为奇。这恰恰是我们应该认真研究的问题。[13]

我们看到，作为国际上如国际教育成就评价协会（IEA）、国际经济合作与发展组织（OECD）、美国全国教育进展评议中心（NAEP）、英国学生成绩评估组织（APU）等的学业成就评估或调查和日本的国研调查等颇具影响的项目大都基于类似的命题主旨。如果我们能够从理论研究和实践探索中有所启迪，这对于我们今天正在进行的课程教学及评价来说，都具有一定的借鉴意义。

参考文献：

[1] 美国科学促进协会. 科学素养的基准[S]. 中国科学技术协会，译. 北京：科学普及出版社，2001：221.

[2] John Dewey. John Dewey the Later Works[J]. *The Quest for Certainty*, 1929：251.

[3] Chi M TH. etal.. Expertise in problem solving[A]. In R. J. Sternberg. *Advances in the psychology of Human Intelligence*[M]. Hillsdale, NJ：Erlbaum, 1982：1.

[4] Perry W G.. *Forms of Intellectual and Ethical Development in the College Years* [M]. Fort Worth, TX：HBJ College Publishers, 1970.

[5] Kitchener K.. Educational goals and reflective thinking[C]. *The Educational Forum*, 1983：75—95.

[6] Lederman N., Malley M.. Students' perceptions of the tentativeness in science：Development, use, and sources of change[J]. *Science Education*, 1990,（74）：225—239.

[7] Driver R., Guesne E., Tiberghien A.. Some features of children's ideas and their implications for teaching[A]. In R. Driver, E. Guesne, A. Tiberghien. *Children's Ideas in Science*[M]. Milton Keynes, UK：Open University Press, 1985：193—201.

[8] [日]伊藤信隆. 学校理科课程论[M]. 邢清泉，等译. 北京：人民教育出版社，1988：61

[9] Taba H. *Curriculum Development, Theory and Practice* [M]. Harcourt, Brace & World, 1962：174—181.

[10] S. 拉塞克, G. 维迪努. 从现在到2000年教育内容发展的全球展望[M]. 马胜利，等译. 北京：教育科学出版社，1997：4.

[11] Schuster Edgar. In Pursuit of Cultural Literacy[J]. *Phi Delta Kappan*, 1989(3)：539.

[12] Hirsch, E. D, JR. The Core Knowledge Curriculum—What's Behind Its Success？[J]. *Educational Leadership*, 1993, 8：23—30.

[13] 杨宝山. 课程评价与课程实施的对话[M]. 北京：知识出版社，2006：30.

科学素养评价工具的建构[①]

王 蕾

随着教育的普及和发展,教育质量日益受到关注,教育评价也得到越来越多的重视和运用。教育评价活动中如何建构精准的评价工具,有效监测教育成效更是教育评价研究的难点和热点问题。尽管我国高考和中考命题已经从单纯的知识考核发展到能力与知识考察并重,但如何通过纸笔测试考察学生的科学综合素养,目前在我国还缺乏系统的理论研究和成功的实践。

选择评价工具第一要考虑的是使用这一工具的目的和背景,即工具所要测量的"建构"(construct)。[1]"建构"可以看作是认知理论模型的一部分,如人们对一个特定概念集合的理解,或者他们对某些事情的态度,以及其他心理变量。评价工具的建构应有一个非常简单的形式——从一个极端延伸到另一个极端,如从高到低、从强到弱、从积极到消极等。测量最感兴趣的是作答者在两个极端之间的位置,尤其是两个极端之间会有什么不同的质性水平即层次等级。每一个新的评价工具的开发抑或一个旧的评价工具的修订都必须清楚测量的建构是什么。只有考虑清楚测量的建构,依据建构开发的评价工具的内容和使用背景才有意义。

国外的综合能力测试都非常重视测量建构的界定,并将其贯彻到具体的试题中。在此,笔者以国际上颇具影响力的学生能力国际评价PISA科学素养评价工具为例,分析和展示科学综合能力评价工具的建构,以期对我国不同层次教育评价工具的开发有所启示和借鉴。

一、PISA 科学素养评价工具的构成

学生能力国际评价(Programme for International Student Assessment)是经济合作与发展组织发起并组织实施的教育成效评价研究项目。PISA 利用高品质的试卷测试义务教育结束阶段15岁学生在阅读、数学和科学领域运用知识和技能解决现实问题的能力。PISA 除试卷测试外,还通过收集学生、学校的背景信息,从个体学习者、教学、学校和教育体制4个层面对测试结果进行深层次分析。PISA 已发展出常规的、可靠的、与政策相关的学生成就指标。基于 PISA 提供的指标,各参与国可以更好地评价和监控本国教育体制的效力与发展,从而达到国家教育体制的质量、公平性和效率的发展目标。

PISA 在 2000 年首次进行,每 3 年开展一次,以评价年命名。在 PISA 的三大评价领域中,PISA2000 主要评价的是阅读素养,PISA2003 评价的重点是数学素养,PISA2006 评价的重点是科学素养。PISA2006 有 56 个国家和地区正式参与。[2] 教育部考试中心为了学习与研究 PISA 先进的考试评价理念、理论、技术,了解国际情况,促进考试内容和形式的改革,特别是命题环节的改进,在 2006 年 10 月引进并启动了 PISA2006 中国试测研究项目。

[①] 本文选自《中国教育学刊》2007 年第 9 期,第 63—66 页。

PISA为各参与国提供了精准的测试工具,以测量义务教育结束阶段15岁在校生科学、数学、阅读素养。PISA测量的"素养"是指学生为迎接当今不断变化的现实世界挑战,应用知识和技能解决问题的能力,以及在日常生活情境下做出良好判断和决策的能力。[3]它不同于且高于对学校课程所设置的学科相关知识的理解或记忆能力。

根据PISA2006评价框架,科学素养主要包括:应用科学知识识别问题,获取新知识,科学地解释现象,并基于证据给予与科学有关的问题以相应的结论;理解科学作为人类知识和探究的一种形式的典型特征;意识到科学和技术如何塑造了我们的物质、精神和文化环境;作为一个有思想的公民,积极参与与科学有关的议题(见表1)。[2]

表1 PISA2006科学素养评价工具的主要构成要素[2]

能力	知识	态度
识别科学问题	科学知识:	科学兴趣
科学地解释现象	物理系统	支持科学探究
使用科学证据	生命系统	对资源和环境的责任感
	地球和空间系统	
	关于科学的知识:	
	科学探究	
	科学解释	

PISA试题注重提炼各学科课程的内在联系,同时结合学科的特点,设计了具有深厚学科理论背景的问题,要求学生采取应用和探索的方法在对学科知识融会贯通的基础上解决实际问题。PISA试题充分发掘了学科知识的内涵,在将学科知识作为思考材料和介质的同时,展示了学科知识广泛应用的工具作用。PISA2006经过56个参与国家和地区大规模的实地试测,排除了不同文化背景和语言翻译的影响,精心选用了题库中测量属性良好的108道科学题目,完成了参与国和地区的15岁学生科学素养测试并进行了测试结果的国际比较与分析。

二、PISA科学素养建构及能力建构图的界定

PISA评价的目的是通过考察义务教育结束阶段15岁学生科学、数学、阅读的状况来了解各参与国、地区的教育成效,进而把学生培养成积极的、善于思考的、有智慧的公民。为了达到这个目的,PISA创设了科学、数学、阅读评价量表,评价的焦点是确定学生运用所学知识的能力水平。PISA项目自1997年以来就在世界范围内汇集专家,其建立的评价框架是不断努力的结果。PISA描述的15岁在校生科学素养从高到低的6个能力水平,也即PISA科学素养的建构。处于最高水平(水平6)的学生能够识别科学问题、解释科学现象,能够在各种复杂的生活情境中应用科学知识和关于科学的知识;他们能够将各种不同的信息来源与解释联系起来,并使用这些信息源的证据证明自己决策的正确性。而处于最低水平(水平1)的学生科学知识有限,仅能够将这些科学知识应用于少量的熟悉情境;他们能够提供较为明显、能够直接从给定证据中推理出的科学解释。

建构是潜在的而不是外显的,同时,这种潜在的建构是连续的。事实上,许多建构可能

是多维度的。例如：PISA 科学素养又分为"识别科学问题""科学地解释现象"和"使用科学证据"3 个能力维度。

建构图(construct map)[1]是比"建构"更加精确的概念。一个建构图可以被看成是一个一维的潜在变量。制定建构图是测量工具开发的第一步。我们必须清楚地界定我们所要测量的变量。在此变量上(如识别科学问题)发展良好的学生会有怎样的外显行为？发展普通的学生会有怎样的行为？发展欠佳的学生又会怎样？理清了这个变量的意义和行为后，就要规划题目：哪些题目可以反映出发展良好的学生的水平？哪些题目可以反映出发展一般或欠佳的学生的水平？然后将行为与题目放在一起，之后，评价者必须考虑使用一些方法使得理论上的建构可以在现实世界的情境中显现出来，而题目就是建构的实现形式。

PISA 科学素养测试为"识别科学问题""科学地解释现象"和"使用科学证据"三个能力维度制定了建构图。在此，限于篇幅仅列出识别科学问题建构图(见图 1)。

高度熟练

行为表现：每个水平上学生应该达到的精熟程度

处于水平 6 的学生在研究设计时能够理解并且清楚地说明复杂模型的内在联系。

处于水平 5 的学生理解科学研究的本质元素，能够通过分析给定的实验，识别正在研究的问题，解释方法与问题的联系。

处于水平 4 的学生能够识别研究中所改变和测量的变量和至少一个被控制的变量。

处于水平 3 的学生能够判断某个议题是否可以采用科学测量，是否可以进行科学研究。在给出一个研究的描述时，可以识别出改变的和被测量的变量。

处于水平 2 的学生能够确定在一项研究中是否可以将科学测量应用于给定变量。能够识别正在操控的变量，能够选择关键词搜索。

处于水平 1 的学生能够选出合适信息。能够意识到一个数量在实验过程中经历了变异。在具体情境下，能够识别变量是否采用熟悉的测量工具进行了测量。

相应水平：学生应该能够完成的特定任务
- 能够说明对于给定的科学问题进行实验设计的各个方面。能够设计出可以回答某个具体科学问题的研究方案。能够识别研究中需要控制的变量并且清楚地说明控制这些变量的方法。
- 当研究涉及广泛范围的背景时，能够识别要改变和测量的变量。认识到需要控制研究的所有外来无关变量的影响，但未能控制。能够问出一个与给定议题相关的科学问题
- 能够区分与实验结果进行比较的控制变量。能够意识到未受控制的变量的效应，尝试在研究中将未受控制的变量考虑进来。
- 能够识别研究中可以进行科学测量的变量。能够在简单的实验中区分改变的和被测量的变量。在比较两个测试结果时，能够意识到，但不能清楚地说出控制的目的。
- 理解什么能够被科学工具测量，对于一个实验，在给出几个目标后，能够选出最合适的一个目标。能够识别在实验中正在被改变的是什么。能够选择搜索词。
- 能够选择合适的信息源。在给定一个具体而简单的情境时，能够识别出一个数量正在发生变化。在所熟悉的测量工具被用于测量某个变量时，能够识别出来。

低熟练程度

图 1　PISA2006 识别科学问题能力建构图[4]

建构图制定的主要动机是充当评价的框架和制订度量的可能方法。PISA 侧重于测量广义上的"素养"，评价内容取自更广泛的领域，不局限于学生基于课程的已经掌握的单一知识，而是强调知识在不同情境中的应用和形成应对实际生活挑战的能力。

三、PISA2006 科学素养公开试题举例

PISA 试题设计科学,不但从知识与技能,而且从过程与方法、情感与态度等方面考察了学生的素养。尤其是重点评价科学素养的 PISA2006,从命题环节上真正体现了从生活走向科学、从科学走向社会的思想。

PISA 试题包括单项选择题、复合多选题和开放式回答题。试题以单元的形式成组编排,同时每个单元创设一个真实的生活情景。PISA 测试的单元是由特殊的刺激材料组成的,这些材料可能是一段简短的文字或是带有图表的文本,同时再加上一系列各种类型的独立评分的问题。PISA 之所以使用这种单元结构,是因为要尽可能地接近现实的背景情境,在有效利用测试时间的同时体现现实情境的复杂性。在一个情境下呈现多个问题,而不是就很多情境询问单个问题,这样节省了学生熟悉每个问题材料的时间。PISA 还在科学素养单元题目中通过嵌入"科学兴趣"和"支持科学探究"态度题目实现了对学生情感态度的测量。

以下以 PISA2006 科学素养测试真题"酸雨"[4]为例,展示 PISA 单元题目形式、单元中各个问题与建构图的对应关系以及嵌入态度题目的考察方式。PISA 所有需要较多阐释的开放式回答问题,都通过由培训合格的评卷员根据评分标准给出相应编码的方式来评分。其中,编码所代表的分数有 3 种:满分、部分得分、零分;编码有双位编码和一位编码两种形式。双位编码的第一位数字代表学生应得的分数,第二位数字代表学生的作答反应类型。因此,通过双位编码,不但可以知道学生的得分,还可以知道其不同的作答反应类型。即使是得零分,也可以通过学生错误作答类型的信息,为学生做出个体诊断。[5]

题干:以下是超过 2500 年前建造于雅典卫城,名为女像柱的雕像照片。这些雕像是用一种名为大理石的岩石制造。大理石由碳酸钙组成。1980 年,原始的雕像被迁移到卫城博物馆内,并由复制品取代。因为原始的雕像受到了酸雨的侵蚀。

问题 1:正常的雨水略带酸性,因为它从空气中吸收了一些二氧化碳。酸雨比正常的雨水更酸,因为它还同时吸收了如硫氧化物和氮氧化物之类的气体。空气中的硫氧化物和氮氧化物是从哪里来的?

问题 2:一片大理石薄片在被浸泡在醋里一整夜之前的质量是 2.0 克。隔天大理石薄片被取出并且干燥,干燥后大理石薄片的质量将会是多少?

A. 少于 2.0 克　　　　　　　　B. 精确的 2.0 克
C. 在 2.0 克至 2.4 克之间　　　D. 多于 2.4 克

问题 3:进行这项实验的学生也将一些大理石薄片在纯净(蒸馏)水中放置了一整夜。请解释学生为什么要在他们的实验中设计这个步骤。

问题 4:对于下列问题,你感兴趣的程度有多少?请在每一行内只勾选一个方格。

	高度兴趣	中等兴趣	少量兴趣	没有兴趣
a) 知道哪些人类活动造成的酸雨最多	☐1	☐2	☐3	☐4
b) 得知减少导致酸雨的气体排放的科技	☐1	☐2	☐3	☐4
c) 了解修复遭酸雨破坏的建筑物的方法	☐1	☐2	☐3	☐4

问题5：对于下列陈述，你同意的程度有多少？请在每一行内只勾选一个方格。

	非常同意	同意	反对	非常反对
a) 古老遗迹的保存应该建立在与破坏原因相关的科学证据的基础上	☐1	☐2	☐3	☐4
b) 关于酸雨原因的陈述应该建立在科学研究的基础上	☐1	☐2	☐3	☐4

酸雨单元题以自然界中大气污染现象为切入点，通过介绍酸雨的成因，考查学生对于碳酸钙与醋酸反应的了解，进而通过创设情景，模拟自然现象，在实验室中设计实验，让学生亲身感受环境污染的严重性，培养学生的社会责任感，从而有效地激发了学生研究和学习减少酸雨方法的求知欲。其命题立意及其建构图见表2。

表2 酸雨命题立意与建构图的对应

题目	题目形式	能力及其层次
问题1	开放式回答	科学地解释现象（水平3）
问题2	单项选择题	使用科学证据（水平2）
问题3	开放式回答	识别科学问题（满分水平6，部分得分水平3）
问题4	等级评定	科学兴趣
问题5	等级评定	支持科学探究

PISA对于科学素养的测评，反映了西方发达国家对科学教育的理解，体现了科学教育的发展方向。PISA注重测试学生未来发展的潜能，关注学生的人文素养、运用知识的能力、探究能力、实践能力和情感态度，而不仅仅局限在鉴别学生当前掌握知识的状况，这对于解决我国教育评价改革中的难题具有借鉴意义。当前基础教育课程改革也倡导提高我国全民科学素养。PISA测试对于我们研究如何改进我国中考、高考等各类教育考试，考查学生的科学探究能力，改进我国基础教育教学评价提供了有益的启示和借鉴。

参考文献：

[1] Wilson Mark. *Constructing measures: An Item Response Modeling Approach* [M]. Hillsdale, NJ: Lawrence Erlbaum Associates, 2005.

[2] OECD. *Assessing Scientific, Reading and Mathematical Literacy: A Framework for PISA 2006* [M]. Paris: OECD, 2006.

[3] OECD. *Learning for Tomorrow's World: First Results from PISA 2003* [M]. Paris: OECD, 2004:25.

[4] OECD. *First Results from PISA 2006* [M]. Paris: OECD, 2007:30—75.

[5] OECD. *PISA 2003 Technical Report* [M]. Paris: OECD, 2005:135—156.

科学探究教学评价体系的构建与实践

蒋永贵 项红专 金鹏

《全日制义务教育科学(7—9年级)课程标准(实验稿)》(以下简称《科学课标》)评价建议中明确指出:从全面培养学生的科学素养出发,建立评价主体多元、评价内容全面、评价方式多样的评价体系,将促进在科学教育过程中学生的发展和教师的提高,有效地改进教学,以保证科学课程的有效实施。[1](49)

科学探究教学中如何评价学生的学习？迄今为止尚没有一个完整并具有易操作性的科学探究教学评价体系。基于目前科学探究教学评价的现状,我们试图构建一种能够促进科学课程有效实施的科学探究教学评价体系。

一、科学探究教学评价的基本理念

随着建构主义学习理论、多元智能理论、人本主义教学观、系统方法论等现代教育理论对科学探究教学的影响,我们将科学探究教学评价的基本理念概括为发展性评价理念。评价不仅要关注学生在科学素养方面的发展,而且要了解学生在发展中的需求,发现和发展他们多方面的潜能,帮助学生认识自我,建立自信,促进学生在已有水平上的发展,强化评价的内在激励作用,发挥评价的诊断、教育和发展功能。[1](49)因此,科学探究教学的发展性评价理念的核心应是,在科学探究中关注学生渐进进步、促进学生的全面发展。具体表现为如下四个方面。

1. 评价目的个性化

无论是教育评价,还是其他任何类型的评价,其根本目的都是在于促进发展,科学探究教学评价也不例外。探究本身是一种高度个性化的活动,科学探究教学评价必须淡化或突破传统评价的甄别与选拔的功能,强调建立一种旨在促进富有个性差异的每一位学生的全面发展与提高的个性化的评价目的。即关注每个学生在探究性学习中的需要,激发每个学生的内在发展动力,注重每个学生在原有基础上的最大可能的发展与提高,促进其不断进步。通过评价,使学生成为渴望成功者、积极参与者和自我反思者。最终达到每个学生能够自我认识、自我教育、自我体验与自我进步,实现自身价值。

2. 评价内容全面化

科学探究教学评价的内容,不应像传统教学评价那样——过于关注学生的学业成绩,而应是一个内容全面化的评价,注重学生科学素养的提高与全面发展。因此,科学课程评价内容应在科学探究(过程、方法和能力)、科学知识与技能、科学态度、情感与价值观以及对科

---

① 本文选自《课程·教材·教法》2005年第12期,第60—64页。

学、技术与社会关系的认识等四个方面对学生进行全面的评价。[1](49)并且,在对以上四个方面评价的过程中,还必须始终特别关注对学生创新精神和实践能力的评价。[2]

3. 评价方法多样化

科学探究教学是一个受多种因素影响的教学系统,单一的评价形式和手段是不适合的。因此,其评价方法必须是多样化的,即采用多种形式和手段的协调结合。在操作上,《科学》新课标建议采用的评价方法主要有连续观察与面谈、实践活动、书面测试、个人成长记录等。[1](51)在技术上,主要是注重量化评价与质性评价的整合。科学探究教学评价所涉及的不仅仅是学生最后记住了多少知识,更重要的是学生在学习过程浸透着情感的投入、态度的转变、方法的习得、情绪的体验等。因此,量化评价与质性评价的整合将是科学探究教学评价的基本方略与总体趋势。总之,无论采取什么评价方法,都要尽可能真实地反映学生科学素养的全貌,都要有利于学生主动参与、积极探究、动手动脑,都要有利于培养学生学习科学的自信心和兴趣,都要注重学习过程的评价,力求对学生科学素养的原有基础、学习和探究过程、学习结果和长期效应等方面作全程性的评价,注意量化评价与质性评价相结合,过程性的评价与终结性评价相结合。[1](52)

4. 评价实施过程化

教育心理学研究表明:实现评价的发展性功能的一个重要举措就是突出评价的过程性,即通过对学生发展过程的关注和引导,在一定的目标指引下通过评价改进教学,不断促进学生发展。[3]科学探究教学评价,不仅重视最后结果(如得出的结论如何、能否撰写科学探究报告等),而且特别重视整个探究过程(如问题的提出是否科学、猜想与预期的结果如何、实验设计是否合理、数据的记录与分析是否正确以及小组交流中的表现等)。因此,科学探究教学评价必须超越传统上那种忽略中间过程只注重目标取向的结果性评价,而应致力于构建一种能体现出学生实质性参与学习活动过程的过程化评价。

二、科学探究教学评价体系的指标设计

科学探究教学评价的指标是科学探究教学评价工作的操作规程,它规定了科学探究教学应"评价什么"。[4](67)同时,科学探究教学评价的指标,也是教师对学生能力培养、反映教师教学质量的度量尺度,以及推进整个科学教育教学改革的最关键因素。因此,对其制定有着严格的要求。科学探究教学评价的指标设计全面、科学,有利于推进《科学》新课标的有效实施。

我们试图构建的科学探究教学评价体系是评价科学探究教学中的学生,因此,该评价体系的指标设计有其对应的基本科学探究教学活动。图1的科学探究教学流程图,是我们进行科学探究教学实践的基本教学模式,也是科学探究教学评价的指标设计所依据的基本科学探究教学过程。

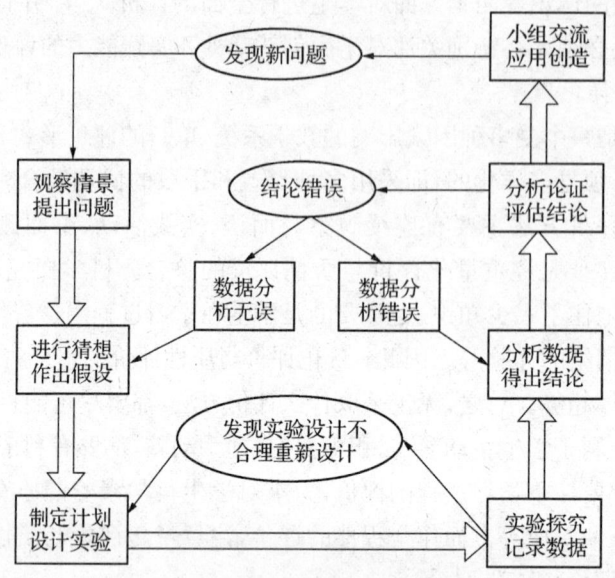

图 1　科学探究教学流程图

（说明：图 1 对应的教学流程图不是科学探究教学的唯一模式，但不同的科学探究教学流程一般都可以分解为该流程图所包含的要素。因此，根据图 1 所对应的教学流程图设计的科学探究教学评价指标更具普遍性和实用性。）

根据科学探究教学评价体系指标设计的基本原则：明确、简要、独立、可测量、可接受、可控制等[5](74)，以及科学探究教学评价体系的基本理念和教学实践中的科学探究教学流程图，采用德尔菲法（又称专家咨询法）和实验法等教学评价指标设计的基本方法，我们设计出了科学探究教学评价体系的评价指标（见表 1）。

表 1　科学探究教学评价指标

教学过程	一级指标	二级指标			
		d（未达标）	c（达标）	b（良好）	a（优秀）
观察情景提出问题	就问题情境发现提出问题情况	不能发现问题	能发现问题但表述不清	能提出表面性的问题	能提出科学的、利于探究的问题
进行猜想作出假设	对提出问题进行猜想、预测结果情况	不能预测科学探究的结果	能预测出但与科学的结果相距甚远	能预测出较为接近科学的结果	能预测出科学的结果
制定计划设计实验	根据计划，进行实验方案设计情况	不能设计实验方案	能设计出一实验方案的部分环节	能设计完整但操作性不强的实验方案	能设计完整且操作性强的实验方案
实验探究记录数据	进行观察、实验以及记录数据情况	不会进行实验操作	仅能操作且不规范或操作错误较多	能操作但不能科学地记录数据	能操作且能科学地记录数据

续表

教学过程	一级指标	二级指标			
		d(未达标)	c(达标)	b(良好)	a(优秀)
分析数据得出结论	数据的科学分析以及得出结论情况	不会分析数据	能分析部分数据但得不出结论	能从数据中得出部分或表面性结论	能得出较为科学的结论
分析论证评估结论	对探究的结果分析论证和评估情况	不能评估结论	仅能与预期结果比较但无新的思考	能与预期结果比较并发现新问题	能从比较中发现新问题并有所解答
小组交流应用创造	①能积极参与讨论且提出见解；②能撰写出有说服力的研究报告；③能对他人的报告提出科学的质疑；④能与他人进行良好合作；⑤能做出具有创造性的成果	①②③④⑤都未达到	①②③④⑤达到其一	①②③④⑤达到其二	①②③④⑤达三个以上(含三个)

（说明：① 该评价指标由与每一科学探究教学环节对应的一级指标和二级指标组成；② 科学探究教学每一个教学环节提出一个一级指标，然后对每个一级指标根据学生的学习过程设计出对应的二级指标并分为 a、b、c、d 四个等级；③ 小组交流应用创造教学环节，考虑到其易操作性，把它的一级指标分解为五点；④ 根据该评价指标，教师就科学探究教学过程中学生在每一环节的学习过程，给学生记录对应的等级；⑤ 学生可以根据该评价指标进行自评。）

从我们设计的科学探究教学评价指标可以看出，该评价指标反映了发展性的评价理念，体现了《科学课标》建议的评价内容。如根据该评价指标，某一学生在"观察情景提出问题"环节仅得 c 而在"实验探究记录数据"环节则获得了 a，表明该学生虽然就提出问题进行表达的能力不强甚至是比较弱，但他(她)具有很强的动手操作以及科学记录数据能力，能够做到对学生取得好成绩时适时肯定和存在不足时及时提醒。根据表 2 对应的科学探究教学评价指标，我们仅能够知道学生在科学探究教学活动中每一环节的表现，而不能知道学生在整个科学探究教学活动中的综合素质。因此，根据上述科学探究教学评价指标，我们试图构建完整的科学探究教学评价体系，以给出科学探究教学活动中对学生的综合评价结果。

三、科学探究教学评价体系的构建

科学探究教学评价体系的构建是一项极为复杂的系统工程，它一方面受制于指标的特点、参评人员的认知角度和水平，另一方面则受制于方法的应用。[4](74)我们按照设计的科学探究教学评价指标，设计了科学探究教学评价"总评"调查问卷表（见文后所附调查问卷表）。对分发给中学科学学科教师的 50 份、省市教研室科学学科教研员的 20 份、从事科学教育方向研究的高校教师的 20 份，共 90 份中回复的 75 份（中学教师 43 份、教研员 17 份、高校教师 15 份）问卷进行统计。最后，我们考虑到教育科学研究的特殊性，即定性成分较重但定量又不可缺少,因此采用定性和定量研究相结合的方式,运用模糊综合评判法(即 c、d 的个数合为整体)和多元统计分析(即在对指标进行多级估量的基础上,以多元统计的理论和技术为内容的分析多种因素或指标的方法。[5](71) 我们重点选用的是因素分析、聚类分析和主成分分析等方法。)的方法,构建出了完整的科学探究教学评价体系(见表2)。

表2　科学探究教学评价体系

总评	标准个数	a	b	c	d
未达标	D−	0	0−2	7−5	
	D	0	3	4	
达标	C−	0	4−7	3−0	
		1	0−1	6−5	
	C	1	2−6	4−0	
		2	1−2	4−3	
	C+	2	3−5	2−0	
良好	B−	3	1−2	3−2	
	B	3	3−4	1−0	
		4	0−1	3−2	
	B+	4	2−3	1−0	
优秀	A−	5	0−1	2−1	
	A	5	2	0	
		6	0	1	
	A+	6	1	0	
		7	0	0	
备注	1. "+""−"分别表示对总评中的同一个档次再进行区分,增加了科学探究教学评价的科学性和区分度。 2. 整个科学探究教学活动中,如果学生在情感、态度、价值观等方面做出上述评价指标体系所未涉及的特别成绩,可附加给予评价指标中二级指标 b 一个或两个的积累,有时甚至给予二级指标 a 一个,具体操作由教师或学生视具体情况而定,原则是"多赏识,少批评"。				

四、科学探究教学评价体系的实践

运用上述构建的评价体系,我们在杭州某初中八年级的两个普通班级分别进行科学探究教学评价实践,对学生的总评统计结果如下(见图2)。从符合正态分布的总评统计结果看,可以得出:我们所构建的科学探究教学评价体系同样可以得到可量化的、科学性的评价结果。但我们必须明白,得到可量化的科学探究教学评价结果并不是科学教育教学改革的真正目的。那么,科学教育教学改革的正确朝向在哪呢?我们构建的科学探究教学评价体系为正处在十字路口的科学教育教学改革选择了正确走向。因为,我们所构建的科学探究教学评价体系与传统科学教学评价相比较,容易得出结论:后者过分强调对学生的甄别和选拔,而前者则强调促进学生的个性发展;后者方式较为单一、仅关注学生学习成绩,而前者方式则多样化、注重学生的全面发展;后者学生比较被动、主要由教师对学生评价,而前者学生较为主动、能够实现自我评价等。

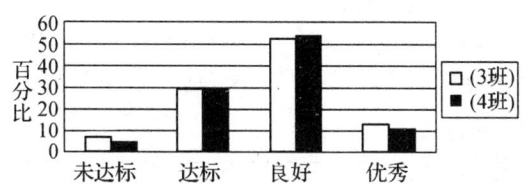

图 2　科学探究教学评价体系实践"总评"统计图

总之,上述科学探究教学评价体系一改"只重视认知目标的评价,把难以量化的情感目标和操作技能目标基本排除在评价目标之外,从而导致教学评价和教学目标严重脱节"的弊端,除了注重对学生的科学基础知识和基本技能的掌握情况评价外,还注重对学生的应用知识的能力以及学生对科学学习的兴趣、创新精神等情感、态度、价值观等方面做出全面客观的评价。

参考文献:

[1] 中华人民共和国教育部. 全日制义务教育《科学(7—9年级)课程标准》(实验稿)[M]. 北京:北京师范大学出版社,2001.

[2] 课程标准研制组.《全日制义务教育科学(7—9年级)课程标准》(实验稿)解读[M]. 武汉:湖北教育出版社,2002.

[3] 王斌兴. 新课程学生评价[M]. 北京:开明出版社,2004:10.

[4] 范晓玲. 教学评价论[M]. 长沙:湖南教育出版社,1999.

[5] 唐晓杰. 课堂教学与学习成效的评价[M]. 南宁:广西教育出版社,2000.

注:本文为浙江省2004年教育规划课题"科学探究的教育价值与有效实施"(课题编号:0409XP366)的子课题"科学探究教学评价"研究项目。

附:科学探究教学评价"总评"调查问卷表

尊敬的_____老师:

您好,下面是一份关于科学探究教学评价"总评"的调查问卷表,为了推进我国《科学》新课标的有效实施,请求您按要求给予配合,谢谢。

要求:请您根据自己的教学经验和科研实践,根据我们前期已制定好的科学探究教学评价指标(附正文中表2),按下面的表格说明慎重填写:学生在整个科学探究教学活动中得到a、b、c、d的个数分别为多少才可以达到相应的总评(未达标、达标、良好、优秀)。表格填写说明如下:

1. 表格中"指标"是指科学探究教学评价指标(附正文中表2)中的"二级指标",根据学生在每一科学探究教学过程(共七个过程)中表现,您要给出一个对应二级指标(您最后给出的a、b、c或d总个数应为7);

2. 表格中"个数"是您要填写的内容,指的是整个科学探究教学活动中一个学生分别获得 a、b、c、d 的个数,即每一横行的数字和应为 7;

3. 表格中"总评"是要求您根据给出的 a、b、c 或 d(c、d 个数可合在一起)的不同个数组合,最终给出总评。因组合情况较多,每一总评本表仅给出三种情况,您可以根据实际情况进行增减;

4. 填表示例:如果您认为某学生在整个科学探究教学活动中得 3 个 a、3 个 b、1 个 cd 或 4 个 a、0 个 b、3 个 cd 等达到"良好",就在下表中对应位置填写数字。

5. 您的建议(可另附纸):_____

指标个数总评	a	b	c	d
未达标				
达标				
良好	3	3	1	
	4	0	3	
优秀				

科学探究学习评价体系的研究

熊士荣　吴鑫德　肖小明　张庆林

一、问题的提出

建立促进学生全面发展的教学评价体系是基础教育课程改革的重要组成部分。近几年来,通过熟悉和结合我国实际有选择地引入国外考试评价改革的经验和方法,我国基础教育的考试评价制度与方法有了许多重要的改进和创新,一些教育学专家和中小学一线教师为建立适合我国国情的评价方法进行了有益的尝试,并对一些新的评价理念做了理性的思考和研究。如:黄光扬、景民、蔡敏等人对国外的教育评价,杨晓萍等人对质性评价方法,刘志军等人对发展性课程评价,高凌飚等人对过程性评价,施章清等人对档案袋评价等都进行过深入的探讨。也有人在学科教育学领域对建立可操作性的评价方法做了一些工作,如:徐慧春等人对小学英语发展性评价体系的建立,夏正盛、王磊等人对建立初中化学课程评价方案都做了较深入的研究。

评价是探究学习过程不可缺少的一部分,科学探究学习目标的多元化需要建立起一种能够激励和促进学生知识与技能、过程与方法、情感态度与价值观协调发展的评价理念。在这个过程中,如何评价学生的科学成绩,以及学校和教师应对学生在科学方面的进步负什么样的责任,是我们必须面对的问题。人们在思考如何把科学教学的重心转移到探究上来的同时,也在努力探索如何才能真正使评价的重心从传统的分等转移到真实反映学生学习质量上来。所以,本文力图在科学探究学习理论的指导下,借鉴一些专家和教师有关教育评价的研究成果,建立促进学生发展、教师提高和改进教学实践功能的科学探究学习评价体系。

二、探究式学习评价方法的新理念

(一) 评价的方式注重以质性评价统整量化评价

量化评价以其客观、严格、简明等特点在以掌握具体知识为主要目的的传统教学中有很大的优势,而对于学生在科学探究学习过程中的表现和非智力因素等方面的发展,则显得无能为力。因此,对探究学习的完整而真实的评价需要靠质性评价来完成,质性评价能够全面、深入、真实地再现评价过程与评价对象。目前常用的质性评价方法主要有活动表现评价、档案袋评价、概念图评价、调查、情境测验等。例如,通过观察、记录和分析学生在科学探究活动中的真实表现,对学生参与意识、探究能力、合作精神等进行评价,就是探究学习的质性评价方法。当然,任何方式都不是完美无缺的,质性评价方法费时费力、评价结论的一致性相对较差。因此,在实际教学中应将质性评价与量化评价有机结合,以质性评价统整量化评价。[1]

---

① 本文选自《课程·教材·教法》2006年第3期,第82—86页。

(二) 评价的内容注重探究学习的结果, 更重视探究学习的过程

传统的书面测验以文字作答为主。测试情境庄严肃穆, 容易引起测验焦虑。而且测验内容也大多脱离生活和社会实际, 学生要死记硬背很多知识和概念才能应试, 对获得知识的过程及其蕴涵的态度和价值观重视不够。对大部分学生来讲, 往往难以从纸笔测验中获得客观全面的评价。因此, 探究学习评价重视知识的运用与理解的评价、重视探究学习所需要的实验技能的评价, 训练学生查阅、收集、处理信息资料的能力。重视评价学习的过程, 注重科学态度的培养、科学方法的训练, 养成善于发现问题、分析问题的习惯。而且还经常采用活动化、游戏化、情境化的动态评价方法使评价者和被评价者之间产生大量的互动来促进学生的兴趣、态度、情感、价值观、创新精神等素质的协调发展。[2]

(三) 评价是为了促进学生的发展

传统的学习评价把书面考试作为学生课业和心智发展的唯一测评手段, 而且考试设计和考试方法多局限于获取书本知识的多少, 注重学生的分等划类。对于那些没被测到的或者难以用纸笔测到的高级心智技能, 则在常规教学中不够重视。这无形中使学校的课程内容变得更加狭窄。考试和教学关系异化, 考试的其他种种积极的教育功能受到弱化。许多教师不能科学地设计考试和正确地使用考试信息, 常常利用细小的考分差异去夸大学生之间的能力差异, 以此制造所谓学业差生或落后生, 使这些学生蒙受羞辱; 另外, 这些学生还常因影响学校的升学率而遭一些人的嫌弃而意志消沉。为此, 探究学习评价注重发挥评价的改进激励、反馈与发展功能。密切关注学生探究学习的每一个细节并及时调节, 以利于学生的可持续发展。[3]

(四) 评价的主体是多元化的

20世纪80年代以来, 后现代主义思潮和人本主义思想极大地影响了社会和学校教育的各个方面, 学校教育凸现主体性。考试评价强调与学生个体的性向相适应, 裁缝式的考试设计受到鼓励。在探究学习评价中, 教师需要具备宽广的胸怀、良好的沟通能力、高超的教学与评价技能, 需要对学生多支持、多鼓励且接纳失败; 另外, 参与评价的人员应多元化, 除教师的评价外, 应加强学生的自我评价和相互评价, 还应该让学生家长、社区人士积极参与评价活动。同时, 考试评价的结果解释也更具有人性化和质性化, 成绩评定后不在班级上随意公布和排名。关注学生的多元智能, 适应学生的学习个性和特长。对创造性思维的答题过程给予鼓励和加分, 做出具有教育学意义或心理学意义的说明和注解。[2]

三、探究式学习评价的方法与手段

(一) 调查法

对学生的探究精神与探究态度的评价主要采用调查法, 即在一定评价理论指导下, 通过运用观察、问卷、访谈、测验等方式, 搜集学生的有关资料, 然后经过比较分析作出价值判断。探究精神与探究态度属于主观认识范畴, 具有潜在性, 但经常通过学生的行为习惯表现出来。因此, 可采用观察、问卷、访谈等技术让学生回答, 从而获得了解。

1. 问卷法

指以书面形式提出问题,让学生回答从而搜集所需数据的一种评价方法。教师将需了解的信息制成问卷,让学生作书面回答,从中了解他们对有关问题的态度、观点和看法。问卷中的选择题不存在唯一正确答案,学生的选择表示他们对这个问题的看法,任何选择都是正确的。

案例:你在做化学实验时,实验失败,如果再重复实验将花费很多时间,甚至还可能被教师发现而遭到批评,你的做法是:① 把书上的结果写入实验报告。② 把失败的结果写入实验报告。③ 重复实验,寻找失败的原因。

2. 访谈法

访谈,就是研究性交谈,是以口头形式根据学生的答复搜集评估资料的方法。访谈法具有较大的灵活性和适应性,相对于问卷法有四个明显的优点:① 访谈可以避免问卷回答的遗漏和不回答的情况。② 访谈可以提供向深层探索的机会,以及陈述、讲清问题的机会。③ 访谈的结果如事先设计要点,也可以做到标准化。④ 访谈可以让学生自由回答,更有利于表述他们的观点与想法。访谈的题目分为选择型问答和开放型问答两种。选择型问答(一般问题)有利于结果统计,开放型问答(例如,"对于这次活动,你是怎样看待的?有什么感想?怎么来解决?"等)有利于学生的充分表述,因此这两种方法应结合使用。在运用访谈法进行评价时,每个学生都要回答同样一组问题,但在提问的措辞上可作一些变化。

采用问卷法和访谈法的评价基本操作过程是:确定评价目标与对象——拟订题目——访谈(问卷)——整理记录(回收问卷)—分析和解释结果——完成评价报告。

(二)纸笔测验

1. 纸笔测验

纸笔测验是一种古老的学习评价方式,对于考查知识的记忆和理解(如填空、选择题型)和考核知识的运用、分析、综合等,还是比较有效的。纸笔测验虽然有其缺陷,但它也有反馈、诊断与指导等功能。只要纸笔测验的目标、内容选择组织得好,对评价探究式学习也能发挥一定的作用。

为了使测验的内容能满足探究式学习目标的要求,选择时应注意以下几项要求:① 测试题应具有时代气息、贴近真实生活,是社会普遍关注的问题,能吸收和反映当代科学技术发展中的新成果、新话题等。② 选择具有综合性、关联性的内容题材,从而整合多个学习目标。③ 题材的选择应以学生原有的认知、情感、探究经验为基础,重视科学态度的培养、科学方法的训练和探究过程的体验。④ 试题应具有一定的信度和效度,且难度适中。⑤ 测验完毕后,对测验题做出具体的分析指导,不公布测试成绩和成绩排名。

2. 情境式笔试的编制与评价

通常的笔试试题以概念规律为中心,咬文嚼字、脱离学生生活实际的比较多,为改变这种倾向,可以出一些情境式的试题。情境式笔试试题是一种提供情境阅读材料,让学生从中收集有关信息,回答有关问题的试题。可以考核学生多方面的能力。

案例:植物"喜欢"绿色吗?

有许多植物叶子都是绿色的,人们常常夸耀绿树成荫,绿色是环保的象征等等。是否可以说植物"偏爱"绿色,或者说植物的成长需要吸收绿光?

① 请发表你的看法。
② 你能否设计一个实验来证实你的猜想？准备如何进行实验？
③ 猜想一下你的实验结果会是怎样的？
④ 请用光的组成、光的颜色、不透明物体的颜色的知识来解释你猜想的实验结果。

3. 笔试与操作结合型的测试与评价

操作型考试是实验考核的一种重要方式，它要求学生真正动手实验，不做实验的人是很难考好的。因此会考中规定了要进行实验操作考核，但许多地方的学校每次考核规定3—4个实验，集中地让学生做一遍，然后再考其中的一个实验，从而达不到实验教学和考核的目的。这是需要从观念上改变的。另外，让学生考一个完整的实验需要时间较长，操作考试教师观察起来也比较困难。可以只考实验中的一部分，或是考学生已做过的迁移性的小实验，不必完全重复已做的实验。实验考核中，需要学生根据试题做必要的记录，以便教师根据记录来评价学生。

（三）概念图评价

科学探究学习不仅要使学生掌握具体的知识，而且要使他们在知识间建立丰富的联系，形成整合、系统的认知结构，从而达到对知识深刻的理解。概念图评价即让学生就对于某知识主题的理解，用图解的方法来表现其中的概念以及概念之间的联系。概念图是由结点和连线构成的。其中结点对应于某知识主题中的各种概念，两个概念（即结点）之间用线连接，而线上的连接词则说明两者之间具体是什么样的关系。这样两个结点与一个带有连接词的连线共同构成了一个命题（见图1）。[1]

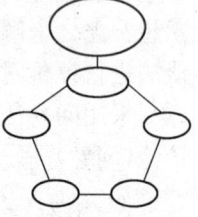

图1 概念图示例

案例：生态系统。

使用下列概念词语来绘制概念图（可用多种方式组织），并写出一段文字来解释你所画的概念图，需达到三点要求：① 使用完所有的概念；② 所有连线都要有相应的解释；③ 描述的概念是一个生态系统。

概念：鸟 草 土地 田鼠 巢 猫头鹰 蛇 树 虫子

概念图评价能够反映出学生头脑中知识的组织和知识之间的意义联系，为测查学生的认知结构、评价学生对知识的理解程度提供了有效的依据。同时，学生制作概念图的过程就是一个对知识重新整理、组织和反思的过程，这一过程本身有助于增进其对概念的进一步理解。

（四）档案袋评价

档案袋评价是指通过对档案袋的制作过程和最终结果的分析而进行的对学生发展状况的评价。它可以存放学生学习成就或持续进步信息的一连串表现，可以是完成的作业、作品、图画、算术本、书面结论、实验报告、地图、故事、日记、研究计划等相关记录和资料。用档案袋收藏学生的作品是一项长期而细致的工作，教师平时可与学生一起讨论和评估应存放哪些作品。用档案袋进行评价的一个显著优点在于它是一种完全个别化的评价方式，从某种程度上避免了将学生相互比较这种不良做法。另一个优点是，学生可以利用这些作品作自我评价，从而对自己的成就有更真实的了解。理想型档案袋主要是由作品创作过程的说明、系列作品、学生的反思三个部分构成。档案袋的建立,促使教师和学生经常讨论关于创造有价值的作品的过程、有效批评和作品的评论方式等。[3]

1. 日记

记日记是提高学生写作能力的一种手段,要求学生写有关科学问题与学习科学的日记,并以此为基础进行评价,非常有利于考查学生对概念的理解和进行科学探究的能力水平。记科学日记与其他评价方法相比有独到之处,因为不同年龄的学生在日常生活中对各种自然现象和社会中的各种科技问题有大量观察,常做出种种假设和推理,让他们以日记的方式把问题、探索过程及结果记录下来,能使教师从一个方面了解学生的探究能力水平及进步,从而也为教学提供反馈信息。开始写科学日记时,教师应给学生必要的指导,以便日记能紧扣主题。此外,要督促学生经常写日记,养成习惯,量不要太大,以发现需进一步研究的问题为主要目的。

2. 经常性的课堂活动记录

课堂是科学学习的主要阵地,课堂学习活动的评价是评价的重要方面。在以往的教学中,主要是利用下课前的几分钟,进行一些"形成性"的测试,以选择性的判断题为主。新课程要求课堂评价应贯穿于学习过程中,因此要评价学生在学习活动中的表现。重要的探究活动评价内容如表 1 所示。

表 1 重要的探究活动评价内容

评价指标及权重	自评	小组评价	教师评价
参与程度(0.4)			
探究技能(0.3)			
合作精神(0.1)			
创新实践(0.1)			
交流与评价(0.1)			

经常性的活动可按照探究活动的程序要求设计探究活动卡,让学生随探究活动进行记录,小组性的活动由小组记录员记录,活动结束后,让学生反思,简要小结活动的收获和问题。例如,某组学生的探究活动记录如下。

案例:用"身边水透镜"观察的发现(见图 2)。

① 在透明的可乐瓶中装水近满,盖紧瓶盖后,倒下呈水平状态放在一行字的上方,你观察到什么现象? 你能提出什么问题?

② 请与同组的同学交流一下,其他同学看到的现象是否与你有所不同或有更详细的记录?

③ 交流后还能提出什么问题? 对问题的答案有什么猜想?

④ 可否用实验来证实一下你们的猜想? 实验中还有哪些新的发现?

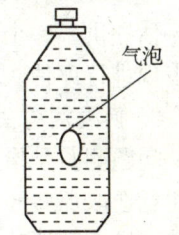

图 2 光的反射、折射现象

小结:我们发现了许多意想不到的现象,虽然有些问题我们还不能回答,但感到很有意思。

像这样的每次活动记录请学生放在成长档案袋中,教师可以选择一些典型的报告记录刊登在教室里,对该组的学生起到鼓励的作用,也使更多的学生得到启发。

3. 观察力测验的编制与评价

用文字来展示一定的情景对学生进行考核,有较大的局限性,很难考核学生的观察力,而且比较呆板,不容易调动学生的兴趣和注意力。如果增加观察力测试题可以使考试更加生动活泼。

这种考试可以用教师演示的方法,也可以用多媒体展示的方法,也可以用网络试题测试的方法。究竟选择何种方法可以根据学校具体情况而定。内容举例如下:

案例1:(请同学们观看演示)在200 mL烧杯中放入冷水,再放入一小粒白磷,往水中白磷上鼓入空气观察现象,加热烧杯中的水至沸腾,观察白磷是否有变化,再往白磷上鼓入空气,水里发出阵阵火花,并产生很多白烟气泡。通过可燃物燃烧条件来解释看到的现象。

案例2:(演示)教师从实验室拿来鱼缸换水,取一盆自来水,先在日光下晒晒,然后再换水,运用所学的知识解释为什么要这样做?

观察力测试的题目可以是课堂中学生曾经见过的,也可以是没有见过的。每个试题侧重不同的目标,不同的层次,主要考查学生:观察的全面性,准确性;描述现象的能力;发现问题的能力;用科学的原理解释现象的能力等。

(五)活动表现评价

1. 综合探究活动的研讨评估法

这种评价方法是把学生在"班级参与"和"课堂研讨"中的表现作为评价学生学习质量的一种手段。它所关注的核心问题是:在问题讨论中,如何才能更多地促使学生之间的互动?对于学生在批判性思维和公众演说技能方面取得的进步,如何开展讨论才能成为对其进行可靠评估的依据?包括以下几个步骤:① 明确教学结果,不像传统评价那样对目标过分细化。这些结果是批判性思维、阅读理解技能、多样的写作技能等。② 选定研讨采用的文本。为使研讨能深入细致,能最佳地促进学生学习,教师可对文本进行自由选择,通常从较长的作品(科学专著或科普读物)中摘录一小部分。③ 教师提出一个起始问题。一个好的起始问题会在问题研讨过程中引发对话,从而引起对文本中思想观念更深广的理解。④ 选择记录研讨过程的方式或设计简明的记录表。通过对一系列研讨记录的分析、对比,就可以对学生在各科教学结果上的成绩作出判断。⑤ 以多种方式完成评价。例如,作为毕业生展览的一部分,或作为课堂评价的工具,或用作接受下一级水平教育的证据。研讨法还为学生的自我评估提供了一个良好、积极的媒介,特别是通过观看问题研讨的录像带,学生可以对自己的表现进行评估。[4]

2. 问题测验法

问题测验是指给学生呈现一个问题、并要求学生解决这个问题。设计问题测验时,教师应注意选取那些开放性的即没有统一答案的问题,并进行一系列的提问,类似于为学生设计一个诱导探究活动单元。但也可为学生提供参考答案,便于学生自测或引起讨论。适合这种测验的问题有很多。

案例:① 有个科学家认为真菌可能产生抑制细菌生长的化学物质,他必须做什么实验去证明他的假设?

② 一个市民认为当地的河流受到了污染,他是如何发现的?要做哪些实验去证明?

一般的做法是以科学家所遇到的真实问题作蓝本,由于这类问题很容易从科学杂志或专业科学书籍中找到,因而对于普通教师而言这种设计并不困难。教师确定问题,并向学生提供一系列有关这个问题的必要信息,要求学生自己建立假设,设计实验方案,确定收集和记录数据的方法。实践表明,问题测验最有利于学生熟悉科学探究过程。

3. "四小"活动的组织与评价

自己设计的小实验、小制作、小课题和小论文是训练学生想象力,应用知识和动手操作能力以及良好的个性品质的途径之一,也是对学生探究式学习评价的一个依据。应当有计划地把这些活动贯穿在学习过程中,使每组学生都能根据自己的兴趣爱好选做其中的部分课题,并提供学生展示的机会。下面列举部分课题:

案例:① 查阅有关资料,说明 pH 值对动物或植物生长的影响。

② 如何测试人的听力?设计并进行一个与听力有关的探究课题。

③ 用凉开水养金鱼,时间稍长金鱼就会死去,请解释?

④ 描绘并分析一天中体温的变化曲线。

⑤ 设计并制作一个简易的潜水装置。

对这些活动,可从选题、过程、展示三个方面进行评价。

选题:从教师提出的课题,教师给出指导学生自己提出的课题,学生自己独立提出的课题三个层次评价。课题的意义从对学习者自己的意义,对其他学习者的意义,对社会的意义三个方面评价。课题的可行性从课题大小适中,贴近学生生活,环境条件许可三个方面评价。课题的准备情况评价为查阅资料、明确目标、分工、计划和物质准备。

过程:情感从赞同(肯定的态度和意愿),参与(有积极的行动),进取(体现热烈的情感和价值取向、体现克服困难的意志和合作的精神)三个层次评价后者对前者有包容的关系。方法与能力可从获取信息的意识、能力和渠道,处理信息的能力,发现问题和解决问题的归纳能力,演绎能力,非逻辑思维能力,过程中表现出来的技术设计能力,手脑并用的操作能力,组织、交往、合作的能力等方面进行评价。

展示:可从科学性、知识获取和应用知识的情况,语言、文字和多种方式(如照片、模型、实验演示、多媒体应用)的表达能力,合作的意识和能力,在思想、情感、方法能力、知识技术等方面的收获,特长等五个方面展示来评价。

四、结语

利用科学探究学习的多种评价方法对多个变量进行取样评价,比传统的只用某一种评价方式所得到的评价结果更加可靠。因此,它要求教师综合利用各种评价手段对学生科学成就的所有方面进行评价,包括科学探究的精神、探究态度和科学探究的能力,对自然界的理解、对科学本质和作用的理解等。例如,调查法侧重于科学精神和科学态度的评价。访谈法、情境式笔试的编制与评价、笔试与操作结合型的测试与评价、"四小"活动的组织与评价等都属于表现性评价,它们主要是通过学习成果与过程的测验以及客观测验以外的行动、作品、展示和操作等更真实的表现来展示学生的口头表达能力、文字表达能力、创造能力、实践能力,从而进行评价的方法。而概念图评价法、档案袋评价法、综合探究活动研讨评估法、问题测验法等都属于真实性评价,它提供给学生真实情景中的种种问题、挑战,以供学生应用相关知识、技能、态度和智慧,学生在理解的基础上应用信息,展现其对已有知识的驾驭能力。真实性评价的采用一是要注意任务取样的准确,二是要注意取样的相对多元化,使评价的信度和效度达到理想的状况。

科学探究学习的多元评价使得教师更加关注过程评价,更能反映学生的实际操作能力和对科学研究过程的真实体验。实践表明,教师运用这些评价方式的确能大大地促进学生的科学探究学习。探究学习的多元评价理念,应引起我国探究学习研究和实践的高度重视,它向传统的评价方式发出了挑战,也为探究学习的评价改革指明了方向。

参考文献:

［1］毕华林,刘冰.化学探究学习论[M].济南:山东教育出版社,2004.

［2］黄光扬.关于基础教育考试评价改革若干问题的探讨[J].课程·教材·教法,2004,24(5):87—92.

［3］施章清.论档案袋评定与学生评价[J].课程·教材·教法,2004,24(1):77—81.

［4］靳玉乐.探究教学论[M].重庆:西南师范大学出版社,2001.

对科学探究能力引导式评价的研究[①]

罗国忠

一、引言

我国探究教学面临诸多困难,尤其缺乏与之相适应的评价方法,教师还是通过效度很低的纸笔测验来评价学生的探究能力,用这种旧评价方法来评价科学探究能力如同以旧尺子衡量新事物,窄化和异化了探究教学。因此,我们非常需要开发出合适的评价方法,以促进科学探究的教学。

按效度高低排列,国际上对科学探究能力的评价形式主要有观察、工作单(worksheet)、计算机模拟、纸笔测验等。[1]其中,观察方式就是教师通过观察学生做科学探究并进行评价,而工作单方式也是让学生做探究,但学生把过程和结果写在工作单上,然后教师对工作单进行评价,这两种评价方式属于表现性评价(performance assessment)。由于观察方式成本高,而工作单方式具有较合理的成本和效度平衡性,因此更受青睐,如国际上三次大规模的科学成就研究(简称 FISS、SISS、TIMSS)都采用工作单方式来评价实践能力。[2][3]有研究者根据学生探究水平较低的事实,在此基础上开发了引导式工作单,即在学生每进行一步探究之前,教师几乎都给学生提供上一步骤的范本答案(model response),以引导学生完成探究。[4][5]显然,我国当前探究教学处于的初级阶段与该方法的应用背景极为相似,在引导中评价学生也许更符合实际。

本研究将采用引导式工作单来评价学生在探究过程要素中的能力,并针对存在的问题讨论相应的教学和评价建议。

二、方法

(一) 对象

评价对象为 9 年级的一个班,共 52 个人。

(二) 材料

探究内容为电磁铁磁性强弱的影响因素;探究材料为两个相同的大铁钉、一些漆包线、开关、电源、滑动变阻器、一些曲别针和电流表;工作单(每个步骤一张小纸条);范本答案纸(除了数据,教师事先写好每个步骤的范本答案)。

[①] 本文选自《上海教育科研》2007 年第 1 期,第 61—63,73 页。

（三）程序

把52学生分别安排在两个实验室（每个教室一个教师），要求每个学生用一套材料独立探究，时间为45分钟。为了弄清学生工作单的真实意图，还在探究后对一些学生进行了交谈，但交谈结果未计入分数。

（1）教师播放视频材料，让学生观察到电磁铁磁性发生变化。教师针对现象提出问题"电磁铁的磁性发生了变化，究竟是怎么回事？"要求学生用"影响""因素"这些词语重新表述这个问题，使之成为一个明确的可探究问题。当学生完成并提交问题的工作单后，教师把问题的范本答案交给学生；接着要求学生从问题范本中识别变量（自变量、因变量），当学生完成并提交变量的工作单后，教师把变量范本交给学生；接着进行的步骤依次是对变量范本中的因变量和自变量之间的关系进行假设、设计检验假设的方案、实施方案并记录数据、得出结论等，这些步骤都按照上述类似的程序进行（像记录数据不提供范本答案外）。

（2）由笔者和两名初中物理骨干教师制定量规（表1），然后由这两名教师先对5个学生的工作单进行预评，并修订。

表1 评价量规

过程要素	分值	过程要素	分值
1. 表述问题		4. 设计方案	
与原始问题相关,明确具体	3	能充分检测假设	3
与原始问题相关,模糊不清	2	能检测大部分假设	2
与原始问题关系不大	1	能检测小部分假设	1
没有表述问题	0	不能检测假设	0
2. 假设及理由		5. 记录数据	
假设及理由都合理	3	全部合理	3
假设全对,理由部分合理	2	部分合理	2
假设及理由部分合理	1	不合理	1
不合理	0	没有数据	0
3. 识别变量		6. 得出结论	
识别全部变量	3	完全合理	3
识别部分变量	2	部分合理	2
识别的变量不适合问题	1	不合理	1
没有识别变量	0	没有结论	0

三、结果和分析

表2给出了在各探究要素中各水平的学生人数，各个探究要素的评分者一致性系数在80%—95%之间，这是可接受的信度。下面逐一分析学生在各探究要素中的表现情况。

表 2　各过程要素得分情况

分值＼步骤人数	问题	假设	变量	方案	数据	结果
3	29	0	38	20	32	37
2	18	27	11	15	15	11
1	5	21	3	12	5	4
0	0	4	0	5	0	0

1. 表述问题

发现问题和表述问题不完全是一回事，前者问题(problem)模糊，可探究性差；而后者问题(question)明确、具体，可用实验进行探究。

56%的学生能重新表述成明确的可探究问题，如"电磁铁的磁性强弱受什么因素影响？"34%的学生表述的问题与原始问题有关，但仍然比较模糊，如"为什么电磁铁的磁性会发生变化？"10%的学生表述的问题与原始问题关系不大，如"电磁铁有什么用？"偏离了方向。

2. 进行假设

学生针对问题范本进行假设并陈述理由。0%的学生全对；52%的学生假设对，但理由部分合理；40%的学生假设部分对，理由也部分合理；8%的学生的假设及理由全错。

按照建构主义，先前知识和经验对假设起着重要作用。例如，"我在家里做过实验，发现增大螺线管电流会使周围小磁针偏转大，所以我认为增大螺线管电流会使磁性增强"，这是一些喜欢动手的学生的经验，推理也是合理的。但是，并非所有的假设都能明确看出其合理性。因为假设不纯粹靠演绎推理，有时还要结合想象、直觉，因此假设是极具创造性的探究要素，其结果具有或然性，如"因为一个物理量变大时，另一物理量要么增大或减少，所以我认为电流强度增大会使电磁铁磁性增强"，这种经验类推较难判断其合理性，两个评分者协商后评为部分合理。由此看来，如果学生缺乏必要的共同知识和经验，一味地要求假设，一些学生就会用不适当的知识或经验来假设，甚至胡乱猜测，这种评价可能对一些学生是不公平的。

3. 识别变量

学生在假设范本中识别自变量和因变量。73%的学生能识别全部变量，这么高的识别率可能是因为教材多处明确提到自变量和因变量，教师也经常提到这些概念，以至大多数学生并不陌生。22%的学生能识别部分变量，而且自变量的识别率明显低于因变量的识别率，可能是自变量数目比因变量多的原因；[6]其中一些学生把连续变化的线圈匝数和电流强度当成自变量，但不把跳跃变化的类别变量(铁心)当成变量，这些学生似乎把变量理解成连续多次变化的量，这与一些研究的结论相反，也许是不同的探究问题和情境造成的。[7]还有5%的学生把自变量和因变量搞反了，显然没有弄清两个概念的意义。

4. 设计方案

学生在假设、变量范本的基础上设计探究方案。尽管只有39%的方案能充分检验假设，但也发现一些方案超越了假设、变量范本，显示了一定的灵活性，如4个学生提出除了检验电流强度、线圈匝数和铁心的影响，还包括检验线的粗细、线圈的粗细和疏密程度等要素的影响。51%的方案能检验部分假设,一种情况是控制变量不稳定,如改变电流强度时控制了其他变量,但改变线圈匝数时不提到控制变量;另一种情况是控制变量不完全,如改变电流强度时,保持铁心不变,但不提到线圈匝数是否保持不变。10%的方案不能检验假设,主要是没有控制变量。在与一些学生交谈中发现,他们能或多或少说出控制变量的意思,但设计时却没有意识到控制变量,这充分说明了陈述性知识和程序性知识的不同,后者需要在实际情境中反复练习,而学生还缺乏足够的练习机会,以至公平(fair)实验意识和控制变量意识差。

5. 记录数据

学生按照方案范本进行实验,在表格范本(表3)中记录数据。在方案范本中,除了铁心,电流强度和线圈匝数都改变三次以上,并相应地控制了变量,但表格范本中并未标明自变量的改变次数及相应的控制变量,目的是想看方案范本能否改善学生的实际行为。

表3　记录表格

第一部分　改变电流强度			
电流强度	线圈匝数	铁心	电磁铁磁性强弱
第二部分　改变线圈匝数			
电流强度	线圈匝数	铁心	电磁铁磁性强弱
第三部分　铁心			
电流强度	线圈匝数	铁心	电磁铁磁性强弱

尽管没有观察学生的操作过程,但从表格数据中可推断学生的操作表现。62%的学生完全合理,即自变量的改变次数、控制的变量、数据等合理。这个正确率比实际方案的正确率高,说明方案范本起了引导作用,但4个学生还是坚持自己设计的方案,在工作单空白或背后写上了线的粗细、线圈的粗细和疏密程度对电磁铁磁性强弱的影响。28%的学生不完全合理,主要表现为两种情况,一种情况是自变量数据变化的间距很小,如3个学生的电流和(或)线圈匝数变化间距很小,不足以显示磁性的变化;另一种情况是控制变量不稳定,方案范本没有改善他们的实际行为,说明这些学生尚未稳定地把陈述性知识转化成程序性知识。另外,从交谈中得知,有3个学生实际上控制了变量,但没有写在表格上,这似乎反映了私人科学(private science)和公共科学(public science)的区别,私人科学注重结论但忽视证据呈现,而作为公共科学的科学探究不仅注重结论还注重呈现证据,否则难以服众。[8] 10%的学生完全不合理,数据混乱,无法识别变化趋势。

6. 得出结论

教师在这个步骤中没有提供数据范本,学生在自己所获取的现象或数据上得出结论。71%的学生都能得出合理的结论。21%的学生得到的结论不完全合理,如"增加铁心使磁性增强,磁性与电流强度和(或)线圈匝数关系不大或无关",后者结论虽不正确,但与他们表格中电流和(或)线圈匝数变化间距很小一致,也酌情给分,至少说明学生具有分析数据的一定能力。8%的学生得到的结论完全不合理。总的来说,尽管一些学生在上一步骤没有呈现足够合理的证据,但努力追求结论,以至结论的正确率比数据的正确率高,再次表明了私人科学和公共科学的区别。

四、讨论

本研究采用引导式评价,有其现实和理论依据。其一,当前我国探究教学处于初级阶段,学生探究经历少,难以独立完成探究,在引导中评价学生更符合实际。其二,根据建构主义学习理论,完成探究的每一个步骤不仅取决于相关知识,还取决于先前步骤的完成质量;[9]另外,还可把科学探究过程看成认知心理学的产生式系统,一环扣一环。[10]也就是说,如果某个探究环节出问题,并且学生也没有得到该环节范本答案的引导,后面环节也会出现问题,连锁反应将使学生连续失分,这样的评价对学生很难说是公平的。

尽管引导式评价有利于学生的探究,但学生的表现并不理想,原因是多方面的。第一,这种评价要求清楚地表述探究过程和结果,而习惯于传统纸笔测验的学生缺乏这样的评价经历,一些学生也可能动手能力强但表达能力差。显然,在小规模的形成性评价中,如果教师辅之以观察、交谈,可以更有效地评价,但在大规模的终结性评价中观察和交谈会很费时,效率低。第二,探究教学开展程度低,以至于学生探究经历少。科学探究作为新生事物,教师既不熟悉它的评价也不熟悉它的教学,一些教师对"热闹"的探究场面束手无策,以致教学成效低,久而久之热情下降。在某种程度上,本研究的引导式评价类似于建构主义的支架式教学,但适用面更广,不仅适用于评价,尤其适用于探究教学的初级阶段,引导师生在支架中逐级攀登,逐步适应探究教学。

引导式评价不仅适用于探究教学的初级阶段,无疑也更适合于中下水平学生,有利于鼓励和保护中下水平学生的探究热情,但会不会由此束缚了高水平学生的灵活性呢?从结果看到,一些高水平学生超越了范本答案,表现了一定灵活性,但本研究没有把这些纳入评分体系中。下一步的研究将对引导式评价进行适当改造,增加评分量规的弹性,把学生的灵活性纳入评分体系。这样,随着探究教学地深入开展,学生探究能力逐步提高,范本答案将逐步撤销,逐步发展到适度开放的整体评价。

参考文献:

[1] Baxter, Gail P., et al.. Evaluation of Procedure - Based Scoring for Hands - On Science Assessment [J]. *Journal of Educational Measurement*, 1992,29(1):1—17

[2] Lawrenz Frances, Huffman Douglas, Welch Wayne. The science achievement of various subgroups on alternative assessment formats [J]. *Science Education*, 2001,85(3):279—290.

[3][8] Kind Per Morten. Performance Assessment in Science—What Are We Measuring [J]. *Studies in Educational Evaluation*, 1999,25(3):179—194.

[4] Moran Jeffrey B.. Step by Step Scoring [J]. *Science Scope*, 1992,15(6):46—47.

[5][9][10] German Paul J., et al.. Student Performance on asking questions, identifying variables and formulating hypotheses [J]. *School Science and Mathematics*, 1996,96(4):192—201.

[6][7] Christian Chin. Success with investigations [J]. *The Science Teacher*, 2003,70(2):34—40.

学生情感态度价值观的评估:给教师的建议[①②]

蒋奖　丁朝蓬　段现丽

2001年教育部颁发了《基础教育课程改革纲要(试行)》(下称《纲要》),除了确立知识与技能、过程与方法的发展目标之外,还明确提出了情感态度与价值观方面的发展目标,各科的新课程标准也根据本学科的特点提出了更详尽的情感态度价值观发展目标。美中不足的是,《纲要》与课程标准都未对情感态度价值观目标的内在结构或具体构成要素做出明确界定,对于如何评估学生是否达到了该目标缺乏足够的指导性。

针对这个问题,国内教育界已经展开了研究,发表了一些研究成果,但总的来说,目前还处于探索阶段。教学一线的教师普遍认为,情感态度价值观的目标和评估是"虚"的、可有可无,因此在教学活动中虚化处理。产生这一现象的原因当然与考试选拔标准等有关,但情感态度价值观评估理论上的模糊和具体评估方法的欠缺也是一个重要原因。为了帮助教师真正贯彻新课程改革的精神,全面落实课程标准的培养目标,促进学生的全面发展,本文在总结国内外已有研究的基础上,为教师提供了一种进行学生情感态度价值观评估的新思路。

一、情感态度价值观概念及其评估

(一)情感态度价值观的概念及相互关系

情感是人对客观事物的态度体验及相应的行为反应,经常用来描述具有稳定的、深刻的社会意义的感情,从内容上主要分为道德感、理智感和美感。[1]态度是个体对某一特定事物、观念或他人稳固的由认知、情感和行为倾向三个成分组成的心理倾向。[2]价值观是人们关于价值的根本看法,是人们头脑中有关价值追求、价值判断、价值选择等内容的系统观点。[3]价值观体现在人们的思想和行为上,反映出做人、做事的准则和标准,它是一种涉及行为方式和目标的持久信念。[4]

依据20世纪中期著名教育学家Bloom、Krathowhl等人对情意领域的一系列工作,[5][6]以及当代著名的教育专家Anderson等人的观点,[7]目前一般认为"情意"是一个复杂的概念,笼统上是指认知与心理动作领域之外的一切非智力因素,主要涉及情感、态度、兴趣、价值观、自我效能感等。课程标准中提出的情感态度价值观目标恰好与Anderson Bloom及Krathwohl提出的情感(情意)领域相对应。但在具体内容上,各学科课程标准中的情感态度价值观目标都是从本学科的实际提出来的,都被赋予了十分丰富的内涵。本文

---

① 本文选自《课程·教材·教法》2009年第11期,第76—81页。
② 本文为国家社科基金"十一五"规划(教育学科)国家级课题《中小学生学科学业评价标准的研究与开发》(BHA060030)的阶段性成果。

同意赵德成(2003)提出的关于三者间关系的看法,情感包括了学习热情和学习兴趣、爱、快乐、审美情趣等丰富的内心体验;态度涵盖了学习态度、生活态度、科学态度、人生态度等;价值观作为一个比较宽泛和抽象的概念,强调了个人价值与社会价值的统一、科学价值与人文价值的统一以及人类价值与自然价值的统一。从横向上看,情感态度和价值观这三个要素具有相对的独立性,完整地描述了个体的情意领域。[8]

(二)"评估"与"评价"的区别

评估(assessment)意味着搜集个体情感、态度、价值观等方面的有意义的信息,以确定个体是否拥有某一情感、态度、价值观以及拥有的程度。目前国内多用"评价"(evaluation)代替"评估",但从本质上看,"评估"并不等同于"评价",两者存在一定的区别。"评估"是先搜集信息,然后得出个体是否拥有某情感以及多大程度上拥有之;"评价"是对某一情感特征价值高低的评判,并对特定个体拥有此特征的程度的价值判断。要做出可靠的评价必须满足两个条件:一是能得到高质量的信息,二是利用信息做出评价的规则必须明确且可操作。[7]在情感评估内容和方法尚不完善的今天,这些条件很难以达到。因此本文用"评估"而不用"评价"一词,致力于阐述情感评估的工具,而情感评价目前仍无法企及。

二、情感态度价值观评估内容的界定

(一)国外关于情感态度价值观评估内容的研究

Bloom 及 Krathwohl 等人依据价值内化的程度,对情感教育目标进行了分类。由简单层次的接受,到反应、价值评价,再到复杂层次的价值观的组织及性格形成,是一个五级逐步内化的过程;内容涉及态度、价值观、兴趣、鉴赏力与调适性等方面。[5][6] 1998 年,Hauenstein 对上述目标分类进行了部分调整,用"信奉"代替了"组织","展露个性"代替了"性格形成"。[9]

对于情感评估的内容问题一直存在异议,例如,Sinclair 认为,应该评估学生的自尊、内部动机和社会动机;[10] Maritn 认为,情感领域很复杂而且模糊,应当看具体的教育单位,将什么样的态度或价值作为基准,需要认真讨论才能达成一致。[11] Anderson 认为,学校应该评估态度、价值、学术自尊(认为自尊是自我概念的情感部分)、控制点、自我效能感、兴趣、抱负、焦虑等八个情感特征,并指出动机是几种情感特征交互作用的产物,不应该包含在情感特征中。[7]

总体看来,国外对情感的定义越来越复杂化,对要评估的情感领域的分类并不清晰一致,于是出现各种各样的评估研究,多是在开发或修订一些量表来测量学生的学习动机、[12] 对完成课程任务的自我效能感及对学科的兴趣和态度、[13] 对学校的态度、[14] 对科学课程的态度和笼统的科学态度[15][16] 等等。

(二)我国关于情感态度价值观评估内容的研究

由于 Bloom 和 Krtahwohl 在情感目标分类学中对情感目标的定义过于宽泛,加上文化差异,五个层次类别的评估内容并不符合中国人的思维习惯,人们对之热情渐退。

有研究者指出,应力求指向情感内容的情感目标与指向情感特征的情感目标并重,[17]即在评估高级社会情感(包括道德感、理智感和美感)之外,还要重视对态度、价值观、兴趣、抱负、自尊、自我效能感等具体情感特征的评估。因为情感特征目标既是内容目标的基础,也与教育的最终目的——适应社会和个体的全面发展———致。而新课程目标中确实包含了这两方面的情感。

另有研究者从学业角度出发,将情感、态度、价值观概括为一个概念即学业情感,并细化出四个指标:学生对教学内容的具体情感特征——学习兴趣、学习态度、学习意志、学业价值观,在这四个一级指标下又分出了二级指标和各自包含的具体元素,以便于操作[18]。但这些具体的指标并不能包含课程目标制定的全部情感态度价值观内容,因为除了学业情感外,新课程目标中还包含了人生态度、科学精神等内容。

卢家楣教授等人长期从事情感目标评估研究,取得了一些成果。例如,编制了《情感调查问卷》,用于测查高级社会情感内容——道德感、理智感和美感;[19]近两年又在 Bloom 情感目标分类学的启发下,以情感教学心理学理论为依据,提出了乐情度、冶情度和融情度三维度,每个维度包含四个不同水平的层次结构,并编制了情绪检测表,评估学生在课堂上的一系列具体情绪。[20][21]总体来看,这些评估工具都在相应的理论框架下编制而成,但这些理论框架仅能代表新课程目标中定义的部分情感目标。

可以看出,大部分研究只是针对新课程标准情感态度价值观要求的部分内容来界定评估范围或作为工具制作依据,而未能囊括全部。在评估工具上,除了卢家楣教授编制的情绪检测表外,真正的标准化评估工具也极其缺乏。这使得教师们在实际教学中既无法全面理解应该评估学生的哪些情感态度价值观,也没有适当的工具来评估它们,于是"评什么、怎么评"的问题对一线教师造成了极大的困扰。

三、教师如何进行学生情感态度价值观的评估

鉴于当前理论界对情意领域评估内容的界定难以统一,为了帮助教师在教学实践中切实有效把握和操作学生情感态度价值观发展的评估,建议教师采用另一种思路来确定情感态度价值观评估的内容和指标。教师进行教学活动的基本依据是本学科的课程标准,教师的职责是使学生经过学习后能够达到课程标准提出的课程目标。对于情感态度价值观的教学与评估,可以根据本学科课程标准中对情感态度价值观目标的具体阐述确定要进行评估的内容维度,然后运用各种定量和定性的方法进行评估。这种思路既在理论上避免了前人研究中出现的评估内容窄化问题,能够全面评估新课程所指出的情感态度价值观目标内容,又在方法上提供了较为简单明确的具体操作步骤,易于教师掌握和使用。下面将依次介绍维度的确定方法(即编码)、维度的操作定义法以及各种具体的评估方法。

(一)新课程标准中情感态度价值观内容的编码

本文参照质性研究中的一些编码归类方法[22]将课程标准中的情感态度价值观目标的阐述进行编码归类,以形成核心的概念,并确立维度。以《普通高中数学课程标准》中的"情感态度与价值观"目标为例:

"① 提高学习数学的兴趣,② 树立学好数学的信心,③ 形成锲而不舍的钻研精神和科

学态度,④ 具有一定的数学视野,⑤ 初步认识数学的应用价值、科学价值和文化价值,⑥ 逐步形成批判性的思维习惯,⑦ 崇尚数学的理性精神,⑧ 从而进一步树立辩证唯物主义世界观。"

将上面固定序号的每一句话都进行编码,得到的结果如下:① 兴趣;② 自我效能感;③ 态度;④ 可以归为态度(例如在此类别中可以考察学生对于开阔数学视野的意向),也可以编码为兴趣(可考察学生是否有兴趣在课外做更多数学方面的事);⑤⑥⑦⑧ 价值观或态度。

需要说明的是这种编码的主观性较强,每个人的编码结果可能不完全一致,一个教育团队应尽量统一参与编码者的不同意见,遵循切合学生实际的原则,确定各个评估维度,进而确定各个维度的操作定义。

(二)维度操作定义的确定方法

由于抽象维度很难进行直接评定,因此常常需要将维度转化为具体情境下的行为,以确保教师对学生的评定更为有理有据、客观可靠。

那么如何将抽取出的核心维度具体化或情境化呢?这便是将编码出的情感目标评估维度转化为操作定义的过程。主要方法如下。[7]

1. 句子绘图法(Mapping-sentence approach)

先思考并回答如下问题:(1)维度特征核心是什么?拥有这种特征的学生会有什么信念或行为,列举出能想到的所有信念或行为;(2)维度特征由几方面或几种元素组成?一般从两方面进行描述:情境方面和行为方面。然后从上述两个问题的回答中各抽出一个短语就可以组成句子样本。

例如,欲考察学生对数学课的兴趣,那么对数学课感兴趣的学生可能会有如下行为:喜欢回答问题、讨论问题,阅读课外资料等等。根据上述材料,可以从情境和行为两方面来具体加以描述(如表1):

表1 "句子绘图法"情境与行为描述

情境	在课堂上
	在小组中
	课下
	……
行为	回答问题
	阅读课程相关的其他资料
	表达观点
	……

根据上述情境与行为描述图,就可以整理出句子,如"我喜欢在课下阅读与课程相关的资料""我喜欢在课堂上回答问题"等。

2. 领域推断法(Domain-reference approach)

先考虑情感的对象和方向,接着考虑情感特征的强度,然后分别记入相应的领域中——

对象领域、动词领域和形容词领域。例如,"对数学的态度",可以按表2进行操作。

表2 "领域推断法"程序

程序	对象领域	动词领域	形容词领域
1. 指出"对数学的态度"的领域	与数学有关的任意物体	"是"或表示喜欢的各种动词	与"喜欢的"或"不喜欢的"意义相近的形容词
2. 列举每个领域的例子	方程/数字/数学	是/喜欢/享受	令人愉快的/令人不愉快的美好的/糟糕的积极的/消极的
3. 从各个领域中选择一个例子	数学	是	令人愉快的
4. 产生句子,例如"数学是令人愉快的"	……	……	……
5. 改变句型:"我确实喜欢数学"或"大多数时间我觉得数学是令人愉快的"	……	……	……
6. 另从各领域中各选一个,形成句子,例如"数字喜欢积极的"	……	……	……
7. 改变句型:"我对数字有积极的反应"或"我喜欢处理数字"	……	……	……

需指出的是,每个领域列举出的例子可以来自小组访谈或从已有的形容词清单中选择。

通过上述方法可以产生相应的操作化题目,并通过适当改变题目而产生不同的情感强度。依据这些材料,就可以制订出各种评估工具,对学生情感态度价值观进行评估。

(三)情感态度价值观评估方法

通过国内外文献的查阅,发现目前对学生进行情感态度价值观评估的方法可以分为量的方法和质的方法两大类。下面对各种具体方法进行举例阐述,并对方法的具体应用提供一些建议和意见。

1. 量化评估方法

主要介绍问卷法和量表法,两种方法都可以用来搜集数据,但两者存在一些差异。一般认为,问卷编写较为自由,问题类型可以是选择、填空、排序、开放式问题等,其数据处理比较困难,常会用到质性方法。而量表是经过标准化的测量工具,编制花费时间较长,数据处理比较容易。量表的信度和效度需要经过长期检验,得到广泛认可才可以正式使用。

(1)问卷法。

问卷编制是成功实施情感态度价值观评估的关键。仍以评估"对数学课的兴趣"为例,依据上文的操作定义,教师可以编制一系列的封闭式和开放式问题,例如,"是否喜欢在课堂上回答问题?""在课下都读哪些与课程相关的资料?""谈一下对数学课的感受"等等,用多个题目合成一套情意评估问卷。教师最好在正式施测之前,对问卷进行试测,以发现其中潜在的问题并进行必要的改进。

(2) 量表法。

量表有很多种,例如,利克特量表(Likert Scale)、瑟斯顿量表(Thurstone Scale)、哥特曼量表(Guttman Scale)、语义差异量表(Semantic Differential)和形容词检测表(Adjective Checklist)。由于哥特曼量表与瑟斯顿量表的编制比较困难,很少使用,因此主要介绍其余三种较为简便易用的量表。

① 利克特量表。

利克特量表是测量态度最常用的方法之一,也是目前广泛应用于其他情意目标的评估工具。这种量表通常提供若干个有关陈述,要求学生根据自己的真实情况和感受,表示其同意的程度(如表3)。需要注意的是量表长度问题,一定要考虑到中小学生的注意力能集中的时间,最好保证20分钟内能做完一个量表。

教师可根据评价对象的年龄,适当调整陈述的措辞方式、陈述的数量以及回答选项的个数等,也可以从他人已经开发出来的利克特量表中选择使用。

表3 "对数学课的兴趣"量表

	一点都不	有一点	还不错	非常
1. 你有多喜欢这门课?	1	2	3	4
2. 你喜欢在课堂上回答问题吗?	1	2	3	4
3. 你课后喜欢参加与数学相关的活动吗?	1	2	3	4
……	1	2	3	4

对于低年级的小学生(一、二年级),可以增强量表的趣味性和吸引力,例如,用 L 表示"一点都不",K 表示"有一点",J 表示"还不错",JJ 表示"非常"等。

② 语义差异量表。

语义差异量表又叫语义分化量表,一次性集中测量受测者所理解的某个单词或概念的含义的方法。这种量表可以让教师不向学生直接提问而获得有关学生态度的信息。此外,语义分化的构建对教师而言相对容易,而且研究表明语义分化具有相当高的信度。

以"对数学课的态度"为例构建语义差异量表(如表4)。[12]在实际教学情境中,教师可根据课程标准具体要求增减下表中的词对。

表4 "对数学课的态度"量表

数学课					
	1	2	3	4	5
有益的					有害的
吸引人的					无吸引力的
糊涂的					有启发的
……					

③ 形容词检核表。

形容词检核表是用不同的形容词来表示某一维度的不同程度。国内有研究者编制了情绪形容词检核表,随堂快速测定学生的情绪反应。[21]与其他心理测量的形式相比,形容词检核表具有简单、省时、准确、适用范围广的特点。但是其编制过程相对比较麻烦,因此不建议教师自行编制,但可以使用已有的标准化检核表。

④ 其他简便量表方法。

可以直接列出具体的知识性章节内容,让学生自评对学习各章节内容的自信程度、学习兴趣等。[12]这种方法无需对欲评估的维度进行操作化,并可以帮助教师对课程内容讲解的时间安排和分配进行适当的调整,以满足大多数学生的需要,并有针对性地对某些学生进行情感态度价值观等的培养。

2. 质性评估方法

(1) 观察法。

教师在师生互动的过程中都会有意无意地观察学生的各种表现。可以运用科学的观察方法来考核学生的学习行为,从而判断出他们对于各种学习活动的情感反应。要想获得客观的、丰富的有关学生情感发展状况的评估信息,教师就要带着比较明确的评估目的,在自然状态下进行(即自然观察法),并且要有具体的观察计划和观察指标(通过操作定义方法得到),认真做好观察记录。但即便如此,由于教师并不是专业的观察者,通过观察并不能得出确定的结论,需要与家长观察、同伴观察、自我报告法结合使用,才能得到关于某个学生更准确的结果。

观察结果最后可以以教师检核表或评定量表[23]形式呈现。其中检核表是一种制作和使用上更为简便有效的工具。以"对数学的兴趣"为例,教师可以先通过上面谈及的方法确定学生的具体行为—情境(如表 5),然后观察这些具体的行为—情境表现并标记学生出现的行为。

表 5 教师检核表

评估内容 学生姓名	课上积极发言	课下积极 讨论问题	课外读数学 相关资料	喜欢处理 数学问题
张晓	✓	✓	✓	
李晋	✓		✓	
……				

教师评定量表其实是将教师观察与量表相结合的一种形式。在上面的检核表中教师也可以通过一些计分规则(如:"通常如此"为 4 分;"大多数时间如此"为 3 分;"少于一半的时间如此"为 2 分;"从不或很少如此"为 1 分)对每一位同学进行等级或分数评定,计算出每位学生的总分。

(2) 访谈法。

师生之间的沟通和访谈是评价学生各种情意表现的有效方法。一般用半结构化访谈方法,即在交谈前教师先制定一个谈话提纲,其中既可以有比较抽象的维度层面的问题,也可以有情境化的问题,并在交谈过程中可以有适当调整。教师可以从与学生进行的个别访谈、团体座谈、公开讨论,或者闲谈中了解他们的态度、兴趣或价值观等。这种方法要求老师保持温暖、积极倾听的态度,要坚持平等对话的人际原则,以便使学生大胆、充分地说出自己的真实想法。

由于学生的情感态度价值观在真实的任务情境中往往能够更真实地得以表现,因此用这种方法去评估学生的情感态度价值观更有优势。

(3) 投射法。

通常用句子完成法。一般提供一些不完整的句子,要求学生进行填补,然后再分析,例如"我觉得写作文……""一想起语文教师,我首先想到的是……"等等。在这种情况下,学生会不自觉地将内心的情感、态度、需要、价值观等因素投射到反应之中。此外,还可以用主题统觉测验(TAT),即把图片呈现给学生,让其编故事,然后依据故事内容进行编码分析,评估学生情感态度价值观状况。这些方法的科学性与准确性以及结果解释的客观性至今仍存在异议,因此结果解释时一定要谨慎,一般要结合其他评估方法获得的信息,才能做出比较合理的推论。

(4) 真实性评估。

值得提及的是,近些年真实性评估作为一种较新的评估理念和评估方法也受到了很多研究者的关注,它源于20世纪80年代末90年代初的美国,并迅速影响至全球范围。它主要倡导多种方法共用,在真实情境中评估学生的行为表现和作品。由于学生的情感态度价值观在现实的任务情境中往往能够如实地得以表现,因此用这种方法来评估学生的情感态度价值观更具有真实性。[24] 真实性评估对于不同的评估目标可以用不同的方法来获得最真实的测量,常用的三种操作模式包括表现性评估、档案袋评估和观察评估。[25] 上文对观察评估已作介绍,此处简单介绍表现性评估和档案袋评估在评估学生情感态度价值观中的应用。① 表现性评估是通过观察学生在完成实际任务时的表现来评估学生目前的情感态度价值观,是基于表现性测验发展而来的一种评估方法。学生的表现可以是文字表现、口头陈述表现、实际操作表现、认知活动表现、社会活动表现,也可以是学生所制作的各种实物产品,如图画、照片、音乐、模型、手工制品等,其形式主要包括建构反应题、书面或口头报告、项目研究、角色扮演、作文、演说、实验操作、资料收集和作品展示等。而评估人员就要在这些任务中观察学生的情感态度价值观表现进行评估,例如,演讲是否逻辑清晰;实验过程是否实事求是;通过辩论赛考察学生思维的敏锐性;通过实际操作考察学生的学习兴趣;等等。这种方法可以为最后的综合评定提供依据。② 档案袋评估是目前国内外应用最广的方法之一,是指搜集包括各种有关学生情感态度价值观表现的作品、学生参与活动的材料、教师或同伴的有关评估以及学生对自身情感等方面的自我反思等相关材料放入档案袋,一段时期后教师与学生一起对档案袋进行评估,评估内容主要包括成果以及下一步计划,以探讨出合理方式促进学生的情感态度价值观的进一步发展。

(四) 评估原则

在对学生进行情感态度价值观评估时,教师还要注意以下四个原则。[23]

(1) 教师要相信情感等可以评估,并应该被评估。教师应该明确情感等表现都是可以习得的,那么对这些行为表现进行定义和教育便是必需的,对之进行评估也是很自然的,这对促进学生知识、情感发展都有重要意义。

(2) 教师应事先决定出什么行为或态度是期望看到的,标出关于此情感的题目的一系列水平,可利于学生在过程中的自评,真正达到促进学生情感发展的目的。

(3) 建议多种方法共同使用,使评估结果更为客观准确,例如,同时应用量表、检测表、档案袋、小组或个人访谈等。

(4) 测量的目的只是用来对学生进行评估和教育,而不是用于将学生分等级。本文之所以用"评估"而不用"评价",意即在此。情感评估分数可用于与家长做沟通、填入进步记录、与档案袋评估结合装入学生成长档案袋，或者直接写入学生报告卡的评论部分等。总之，评估要想真正达到提高学生情感态度价值观的目的，必须与高利害脱钩。

参考文献：

[1] 彭聃龄. 普通心理学(修订版)[M]. 北京：北京师范大学出版社，2004.

[2] 侯玉波. 社会心理学[M]. 北京：北京大学出版社，2002.

[3] 张福建，徐艳. 情感态度与价值观目标的心理学阐释[J]. 当代教育科学，2005(23)：46—53.

[4] 樊天岳. 高中信息技术课程"情感态度与价值观"目标研究[D]. 南京：南京师范大学，2006.

[5] [美]B. S. 布卢姆，等. 教育评价[M]. 邱渊，等译. 上海：华东师范大学出版社，1987.

[6] [美]D. R. 克拉斯沃尔，B. S. 布卢姆，等. 教育目标分类学(第二分册)情感领域[M]. 施良方，张云高，译. 上海：华东师范大学出版社，1989.

[7] L. W. Anderson, S. F. Bourke. Assessing Affective Characteristics in the Schools [M]. Mahwah, NJ: Erlbaum, 2000.

[8] 赵德成. 新课程实施中的情感、态度与价值观评价[J]. 课程·教材·教法，2003(9)：10—13.

[9] 盛群力，等. 21世纪教育目标新分类[M]. 杭州：浙江教育出版社，2008.

[10] J. G. McNabb, R. Mills. Tech prep and the Development of Personal Qualities: Defining the Affective Domain [J]. Education, 1995, 115 (4): 589—592.

[11] B. I. Martin. A Checklist for Designing Instruction in the Affective Domain [J]. Educational Technology, 1989(8): 7—15.

[12] T. A. Stinnett, J. Oehler Stinnett. Validation of the Teacher Rating of Academic Achievement Motivation[J]. Journal of Psychoeducational Assessment, 1992 (10): 276—290.

[13] E. Kitchen, S. Reeve, J. D. Bell, et al. The Development and Application of Affective Assessment in an Upper-level Cell Biology Course [J]. Journal of Research in Science Teaching, 2007, 44 (8): 1057—1087.

[14] G. T. Henry, A. J. Mashburn, T. Konold. Developing and Evaluating A Measure of Young Children's Attitudes toward School and Learning [J]. Journal of Psychoeducational Assessment, 2007, 25 (3): 271—284.

[15] J. Osborne, S. Simon, S. Collins. Attitudes towards Science: A Review of the Literature and Its Implications [J]. International Journal of Science Education, 2003, 25(9): 1049—1079.

[16] P. Kind, K. Jones, P. Barmby. Developing Attitudes towards Science Measures[J]. International Journal of Science Education, 2007, 29 (7): 871—893.

[17] 刘伟. 关于情感教育目标的几点认识与思考[J]. 教育理论与实践，1998，18(6)：34—35.

[18] 李吉会. 如何评价情感、态度和价值观[J]. 教育科学研究，2006(2)：23—26.

[19] 周家骥，顾海根，卢家楣. 情感目标和评价的研究[J]. 心理科学，2002，25 (6)：676—679.

[20] 卢家楣. 课堂教学的情感目标分类[J]. 心理科学，2006，29 (6)：1291—1295.

[21] 卢家楣，刘伟，贺雯. 课堂教学的情感目标测评[J]. 心理科学，2007，30 (6)：1453—1456.

[22] 陈向明. 扎根理论的思路和方法[J]. 教育研究与实验，1999(4)：58—63.

[23] V. Worrell, C. Evans-Fletcher, S. Kovar. Assessing the Cognitive and Affective Progress of Children [J]. Journal of Physical Education, 2002, 73 (7): 29—34.

[24] 陈佼. 中学地理情感、态度与价值观的评价[D]. 武汉：华中师范大学硕士论文，2007.

[25] 俎媛媛. 真实性学生评价研究[D]. 上海：华东师范大学博士论文，2007.

美国 NAEP 科学素养评价新趋向[①]

林 静

一、引言

科学素养是当今国际科学教育的宗旨，它的提出标志着科学教育价值取向从强调培养少数科学家转向注重提高每位学生的科学素养。国际上一些大型教育评价项目（例如 PISA,TIMSS）对学生的科学素养开展了评价研究，以评价推进科学教育目标的变革。

NAEP 是美国国家层面上的教育评价项目，全称是美国国家教育进步评价（The National Assessment of Educational Progress）。该项目开展至今已近 40 年，陆续评价了多个学科 4、8、12 年级学生"知道什么、能做什么"的学业成就，并结合一些人口统计学变量（例如性别、种族、居住地等），对参测的各州提供课程实施质量状况的评价信息。1991 年 NAEP 研发了科学评价框架，说明评价的内容和方式，并运用这一框架分别于 1996,2000 和 2005 年进行了测试。这一评价框架施用了 15 年之后，NAEP 汲取科学教育、认知科学以及教育评价等诸多领域的最新研究成果，于 2006 年研发了新的评价框架并用于 2009 年科学测试（本文将这一新的框架简称为"2009 框架"，将以前的简称为"1996—2005 框架"）。通过分析比较这两个框架中的评价内容和评价项目，本文着重阐述美国科学素养评价新趋向，为我国科学素养评价提供可借鉴之处。

二、NAEP 科学素养评价内容新趋向

（一）科学知识维度的新趋向

在科学知识维度上，两个框架评价的具体内容都是物质科学、生命科学和地球空间科学这三个领域。两个框架在知识维度方面的不同，主要可以归纳为以下 3 点：

（1）对综合性主题的评价角度有不同。1996—2005 框架运用三个抽象概念来考察综合性主题，它们是系统、模型和变化方式。并且规定 4 年级必须有 1/3 的内容考查这些综合性主题，而 8 和 12 年级要达 50%。2009 框架对综合性主题的评价侧重于三大内容领域中交叉的话题，例如能量守恒问题。

NAEP 科学评价在综合性方面的变化，是与国际科学课程改革迈向内在统一性相吻合的。现代科学课程作为一门综合课程，其独特的价值在于引导学生整体地观察、研究自然现象，从而更好地构架学生科学学习与实际生活之间的联结，使学生能迁移运用所学知识和能力于现实生活中。因此，借助于具体学科交叉内容而不是抽象概念，NAEP 科学评价的试题情境能尽量接近真实世界，测试能反映真实世界中所需的科学知识和技能，从而能更好地

[①] 本文选自《中国考试》2009 年第 9 期，第 26—32 页。

评价学生科学素养中能迁移的科学知识和能力。

（2）对科学本质的评价方式有不同。科学教育一直提倡要使学生理解科学的本质，然而一直没能很好地落实于实践之中。1996—2005框架提出，至少要有15%的评价内容围绕科技发展史以及对科技发展有重大影响的科学思维、科学探究和问题的解决方法去评价学生对科学本质的理解。NAEP的这一举措，有力地推进了科学教学实践对科学本质的重视。

随着《美国国家科学教育标准》（下称《标准》）明确将科学本质作为科学教育的目标之一，2009框架将科学本质归类到科学能力的维度去评价。这说明NAEP期待学生不仅在知识层面上理解科学本质，还要能运用于实际之中。从能力的角度出发，结合具体实际情境，也更能真实地评价学生对科学本质的理解，这将对科学本质的教学具有极大的推进作用。

（3）对评价内容的呈现和描述有不同。随着科学技术的日新月异，许多新的科学思维、科学观念和科学话题跃然而出，科学课程的内容也相应地进行重组。2009框架的内容表述，在语用上与《标准》、《科学素养基准》保持了一致。与1996—2005框架相比，物质科学领域仍是"物质""能量"和"运动"三大一级主题，生命科学领域的一级主题则由原来的4个改为"生物体的结构和功能""生物体的变化"2个，地球空间科学领域的一级主题则由原来的4个改为"时空中的地球""地球结构"和"地球系统"3个。

NAEP评价框架对评价内容的描述一直是清晰、明确的。1996—2005框架说明了内容主题涉及的概念术语，并分年级说明各主题的具体评价内容。依据新皮亚杰学派对教育环境在儿童认知发展中的重视，美国科学教育研究者将科学教育与学生认知发展紧密结合，开展了学生科学概念发展的诸多研究（Catley, Lehrer & Reiser, 2005; Metz, 1995; Smith, Wiser, Anderson, Krajcik & Coppola, 2004）。2009框架一方面根据《标准》按年段划分科学教育内容，另一方面也汲取了这些研究成果，对评价内容进行更深入的说明，在一级主题之下有二级主题，并对二级主题以表格的方式进行各年级的详细阐述，从而更清晰地勾勒出美国科学教育对不同年级学生应该知道什么的要求，更确切地提出了符合学生认知发展的科学素养知识目标。这不仅有利于提高NAEP科学素养的评价效度，对科学课程开发和实施都具有重大的引导作用。

（二）科学能力维度的新趋向

相比于科学知识维度，2009框架在科学能力维度上的变化要更大一些。

1. 2009框架评价四类科学能力

1996—2005框架评价三种科学能力："概念理解"，评价学生运用科学概念解释或预测所观察到的真实现象的能力；"科学研究"，评价学生运用适宜的工具和方法进行研究、获取新知识的能力；"实践推理"，评价学生运用科学知识和技能有效解决日常问题的能力。

2009框架对科学能力的评价更加清晰明确，评价的四类能力分别是"识别科学原理""运用科学原理""运用科学探究"和"运用技术设计"。框架特别指出，"原理"不仅表示原理，还包括科学事实、概念、定律以及理论等，因此具有科学知识的含义。NAEP认为，一位具有科学素养的人首先是熟悉自然界的，能理解科学的主要事实、概念、原理、定律和理论，也就是说，具有"识别科学原理"的能力。另外，具备科学素养的人能运用对科学的认识和理解去正确解释或预测所观察到的现象（即"运用科学原理"）。有科学素养，也意味着知道如何运用科学知识和科学思维去提高对自然界的认识(即"运用科学探究"),以及知道如何依据科学技术解决真实世界里的问题(即"运用技术设计")。

2009框架描绘了期待学生在这四类科学能力上的成就表现(见表1)。从左到右,表1中期待的成就表现是逐步提高的。例如"运用科学原理"的4种成就表现,分别要求了运用科学知识做出解释、预测、举例说明和分析评价。"运用科学探究"则要求能进行设计,进而能去实施,并能将数学运用于探究结果的分析与说明,能用数据类型进行理论建模,最后能对结论进行证明或批判。"运用技术设计"则规定了三类能力期待,一是能依据科技提出解决实际问题的办法,二是能在运用科技的时候考虑利害关系,三是能预测决策带来的风险。后两类能力的期待,涉及STS理念、科学情感态度与价值观,更全面地评价了学生的科学素养。

表1 2009框架科学实践的成就期待

识别科学原理	对观察到的现象进行描述、测量或分类	正确陈述或组织科学原理	能说明相关科学原理之间的联系	能说明不同原理之间的联系
运用科学原理	对观察到的现象进行解释	对观察到的现象做出预测	能举例说明某一科学原理	提出、分析或评价多种解释或预测
运用科学探究	设计或评议科学探究的各环节(例如控制组、样本的选取)	运用适宜的工具和技术进行科学探究	识别理论模型的数据类型或相关的数据类型	运用确切的证据证明或质疑所作出的解释或预测
运用技术设计	依据科学知识和技术解决实际问题	在决策多种解决方案时权衡利害	运用科学原理或数据预测决策可能带来的后果	

另外,2009框架指出,对科学本质的考察,可以侧重在"运用科学原理"和"运用科学探究"之中。

2. 2009框架对能力的评价结合认知要求

1996—2005框架对科学能力的考察大部分是基于学生经验的,也就是说,通过试题真实情境的创设,学生解答试题需要调动类似的科学体验,而不是依靠对知识的死记硬背。这些科学体验可以来自科学课堂,也可以来自实际生活。

而2009框架对科学能力的考察则进一步强调要从学生的认知出发,编制试题时要从问题解决的认知需求出发,而不只是关注科学体验的有无。这使得NAEP科学评价结果不仅仅是一个分数,还是对学生的一次认知诊断。

2009框架评价四类认知类型:第一类是陈述性知识,是知道某事是什么的知识(knowing that),学生能回忆、再认和再现。第二类是程序性知识,是知道如何做某事的知识(knowing how),学生能根据简单的或复杂的程序或规则解答问题。例如要求学生运用溶解的知识制作饱和溶液。第三类是图式知识,是知道某事为什么的知识(knowing why),学生会用到陈述性知识和程序性知识对自然现象做出解释和预测,例如要求学生解释地球上为什么会有白天和黑夜。这类认知考察到学生对自然和科学认识的"心智模型",涉及学生的"朴素理论"。第四类是策略性知识,知道何时何地去运用的知识(knowing when and where to do),一般被指向为如何将知识运用于新情境解决问题。如果不是新情境,而是学生熟悉的、做过的任务,则学生可按照既有的程序去做,可能不需要策略性知识的参与。

上述 4 种认知类型与 4 类能力不是一一对应的关系,每种能力可能涉及的不只一类认知,例如他们都需要调动陈述性知识。从侧重点来看,"识别科学原理"主要涉及陈述性知识,"运用科学原理"侧重于图式知识,而"运用科学探究"和"运用技术设计"主要涉及程序性知识,其次也与策略性知识紧密相关。

3. 2009 框架评价学生的学习进步

美国在学生科学学习进步方面取得的研究成果(Kennedy, Brown, Draney & Wilson, 2005;Shavelson, 2006;Catley, et al., 2005;Smith, et al., 2004;Briggs, et al., 2006)以及评价技术的发展,使 NAEP 在 2009 框架中能着眼于学生学习进步评价。NAEP 认为,学生在科学学习上的进步,就是他们的"朴素理论"越来越多地发展为科学理论。或者说,学习的新手进步为胜任者,进而成为专家,是他们在某一领域中的相关体验、科学知识和技能逐渐增多并结构化的结果。因此,通过评价 4、8、12 年级在某一主题内容方面的知识和能力水平,将获得的学业成就与年级进行联系,能在整体上(不针对个别学生)得知学习者进步的情况。

例如,Kennedy 等人的研究表明,学生对"为什么物体会沉浮"的回答,显示了学生对"沉浮"概念的不同理解水平(见表 2)。针对各理解水平分别设置试题,看不同年级学生答题情况,进而比较不同年级学生达成的理解水平,判断出学生对"沉浮"概念理解的进步情况。下面例题 1 就是针对"相对密度"理解水平设置的试题,而例题 2 可以让不同年级学生回答,依据学生的答案确定其理解水平。

表 2 学生"沉浮"学习进步示例

水平	学生理解水平	学生回答"为什么物体会沉浮"特征
高 ↑ ↓ 低	相对密度	学生知道漂浮是因为物体的密度比所它处的媒介小。
	密度	学生认为物体密度小时会漂浮。
	质量和体积	学生认为一个体积很大但质量小的物体会漂浮。
	质量*体积	学生认为漂浮取决于质量小或者体积大。
	多种错误理解	学生认为重的、小的,或者是特殊材料制作的物体会漂浮。
	关注一些特征	学生认为物体膨胀、中空、充气或挖孔等就会漂浮。
	离题	学生没有对漂浮做出解释。
	没有回答	[空白]

*4 年级学生可以理解为重量。

例题 1 乔治有一个密度为 $1.1\,g/cm^3$ 的块状物体,他将它放到密度为 $1.2\,g/cm^3$ 的盐水中,这个块状物体将会如何?

A. 漂浮   B. 悬浮   C. 下沉   D. 不清楚

例题 2 为什么物体会下沉或漂浮?请对这一问题做出你的解释,并尽量运用证据、实例或其他方式支持你的解释。

值得注意的是,并不是随着年级的增长,学习就一定会取得进步。学习进步是一个复杂的过程,取决于许多因素,例如学习者受到的教学情况、学习者的个体差异、学习的教材等

(NRC,1999c,2001)。因此,NAEP描述的学生在某一内容领域上的学习进步情况,确切地说,是一种假设,或者说只是学习进步的路径之一。

三、NAEP科学素养评价项目新趋向

1996—2005框架有三类评价项目:选择题、简答题和操作类任务。2009框架除了保留原来的评价项目以外,还新添了两类评价项目:

其一,组合题。为了检测学生对某个主题理解的深度,或者对科学理解的广度,NAEP运用多道有联系的试题,作为组合题进行评价。这些组合的试题可以都是选择题,也可以都是简答题,也可以是选择题和简答题的混合。在纸笔评价中,组合题有试题串(item clusters)和预测—观察—解释(POE)系列题两类。

试题串是一系列有联系的试题,可以涉及多个内容领域,可探测学生的"心智模型"、"朴素理论"。POE要求学生对某一现象进行预测、观察和解释。两者都与"运用科学原理"和图式知识的评价最匹配。

其二,计算机交互式任务。2009框架指出,计算机交互式任务是对操作类任务的补充,而不是取代。每位参测的学生只做其中的一项,时间都是30分钟。

2009框架指出,要有效检测学生的能力,操作类任务需要给学生富有挑战性的、具体真实的问题,让学生通过运用所学的科学知识和技能,自己探寻解决问题的路径和方法,最后得出结论。在4年级,这样的任务可能是要求学生测量并记录一杯水的温度或者一个物体的重量。在8年级,任务可以稍微复杂一些,例如让学生做出预测、运用数据进行解释等。在12年级,学生可能要解决一个开放性的问题。例如,学生先要设计一个可检验几种蓝色液体之间相互反应的实验,然后进行实验并记录,再根据实验获得的结果,阐述每种液体的化学性质。

作为操作类任务的补充,计算机交互式任务则要发挥计算机的独特功能,针对现实中在短时间内难以观察到的现象,例如波运动的慢镜头、江河的腐蚀;或者是肉眼观察不到的现象,例如气体分子的运动;或者是有害的环境(例如有毒气体)或很脏的环境;还有多变量的多次重复的实验,例如不同质量的球在不同斜度、表面摩擦系数不同的斜坡上的下滑运动等等,进行科学知识和能力的检测。另外,运用计算机进行评价的好处还在于无须准备实验场地和实验材料,也不需要经过培训的监考人员,无须整理实验现场,无须要求学生按序进行,并可建立数据库由计算机来评分。

2009框架提出四类计算机交互式任务:信息收集和分析、实验研究、计算机模拟和概念图。其中的概念图,就是将各概念术语以点来表示,用带箭头线条连接各点,连线上的标签表示一对概念之间的关系(Novak&Gowin,1984;Ruiz-Primo&Shavelson,1996a)。图1是一位11岁的学生完成的水循环概念图(来自:White and Gunstone,1992)。美国将概念图用于科学教材已经多年了。实践证明,概念图能有效地检测学生对各科学概念之间关系的理解和联系能力(Ruiz-Primo&Shavelson,1996a)。2009框架要求8、12年级必考概念图,可用于"识别科学原理"的评价,也是对陈述性知识的

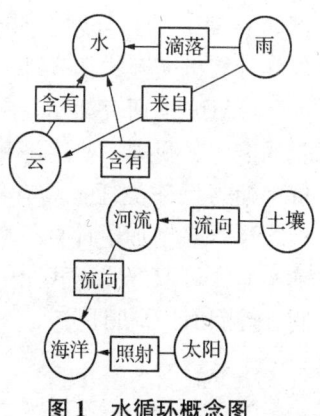

图1 水循环概念图

评价。

总的来说,2009框架的评价项目,尤其是新增的评价项目,与NAEP评价内容的新趋向相匹配,能更深人、更全面地评价学生科学素养。

四、NAEP科学素养评价新趋向给予我们的启示

(一)研究学生科学学习的认知发展,构建清晰的评价内容体系

鉴于各国社会经济、科技发展以及社会文化等背景的不同,各国科学教育文献对学生科学素养的具体描述有所不同。我国要进行科学素养评价,则首先要构建一个符合本国的评价内容体系。在知识维度上,可根据我国现行的中小学各理科课程标准,梳理出核心科学概念体系,确定评价学生"应该知道什么和能做什么"的主要内容。在能力维度上,可以评价科学理解能力、科学运用能力与科学探究能力。受NAEP的启示,还可以评价学生运用科学技术解决现实问题的能力,并由此涉及科学情感态度与价值观的考察。

NAEP科学评价框架的发展趋势告诉我们,构建评价内容最为关键的是要与学生认知发展相匹配。也就是说,要构建清晰有效的评价内容,我们就要摸清学生科学概念的认知发展,明确某一核心概念在某年级可以评价什么。唯有遵循学生认知发展的评价内容体系,评价反馈的结果才能有效促进科学课程与教学的改进,达成科学素养培养目标的落实。

(二)研究科学素养的认知评价方式,构建有效的评价项目体系

毕比(R. W. Bybee,1993)指出,科学教育对科学素养的界定,主要是围绕着"作为一个具有科学和技术素养的公民,应该知道什么、能判断什么、会做些什么"这一问题展开讨论的。也就是说,科学素养具有"功能性",具备科学素养,意味着具备一种"能力"。对科学素养的评价,则要从认知评价的角度出发,才有信度和效度。

NAEP科学素养评价新趋向以评价学生陈述性知识、程序性知识、图式知识和策略性知识进行科学素养的认知评价,值得我们学习和借鉴。在评价的能力维度上,哪种能力最适宜于通过哪种认知类型的评价,则需要我们进一步去摸索,以更明晰科学素养的认知评价方式。

在评价项目上,我们也常采用选择题、简答题,也会使用选择题与简答题的组合,或者几个简答题的组合。如何选择最匹配的评价项目,提高评价的信度,则需要向NAEP学习。例如NAEP的组合题有明确的设计思路与评价意图,纸笔评价中有试题串、POE,操作类任务和计算机交互式任务都采用组合题。还有,概念图的评价也值得我们借鉴。

NAEP的研究显示,在大规模的评价中,可以采取操作类任务评价学生动手做科学实验的能力。我国一些经济和教育发达地区,也有这方面的实践经验。如何在全国层面的评价中使得操作类任务具有信度和效度,则需要我们从本国国情出发,进一步积极试验和摸索。NAEP增加了计算机交互式任务,能在更多情境中评价学生动手做科学实验的能力,确实非常可取。鉴于我国中小学计算机教学现状,可选点试验,研究计算机交互式任务的编制、施测和计算机评分。

五、结语

NAEP科学评价框架的发展，不仅在评价方面给予我们很多启示，更让我们明白，要缩减科学教育"理想课程"与"实际课程"之间的差距，落实科学素养的培养目标，迫切需要科学素养评价的"保驾护航"。而要实现基于这样目的的科学素养评价，我们现在首要的工作是要构建与学生认知发展相适应的、适合所测年级学生的评价内容，以评价揭示学生如何学科学，学得如何，从而有效引导科学课程与教学。我国科学教育工作者可以从不同的核心概念入手，研究学生学习该核心概念的进步情况，从而为构建清晰、有效的科学素养评价内容体系做铺垫。

参考文献：

[1] WestEd, the Council of Chief State School Officers, NAGB. *Science Framework for the 2009 National Assessment of Educational Progress (Prepublication Edition)* [EB/OL]. http://www.nagb.org. 2007.

[2] WestEd, the Council of Chief State School Officers, NAGB. *Science Assessment and Item Specifications for the 2009 National Assessment of Educational Progress (Prepublication Edition)* [EB/OL]. http://www.nagb.org. 2007.

[3] NAGB&U.S. Department of Education. *Science Framework for the 2005 National Assessment of Educational Progess* [EB/OL]. http://www..nagb.org. 2004.

[4] U.S. Department of Education, NCES. *The Nation's Report Card: Science 2005* [EB/OL]. http://www.nagb.org. 2006.

[5] [美]国家研究理事会. 美国国家科学教育标准[M]. 北京：科学技术文献出版社，1999.

[6] [美]国家科学促进协会. 科学素养的基准[M]. 北京：科学普及出版社，2001.

美国俄勒冈州科学探究的工作单评价方法[①][②]

袁 丽 廖伯琴

科学探究成为科学课程的核心内容是国际科学教育发展的趋势,也是我国本次基础课程改革的亮点。如何评价学生的科学探究能力,始终是世界各国教育者和教育研究机构关注的问题。我国科学探究教学在实施中遇到很多困难,而相对落后的科学探究评价是一个重要原因。本文主要介绍美国俄勒冈州(Oregon)科学探究的工作单评价方法,以期为我国科学探究的评价提供一些借鉴。

一、相关背景

自20世纪90年代美国基于标准的课程改革运动开始以来,美国各学科委员会制定了一系列严格和富有挑战性的全国性核心课程标准。之后,全美各州几乎一致积极响应,纷纷基于国家课程标准开发了州一级的课程指导框架,制定或修订了符合各州实际的核心课程标准、考试及评价标准等,并在各州和各学区加以实施,这表明美国基础教育课程进入了规范化和高期望的新时代。[1]现行的《俄勒冈州科学内容标准》最初发布于1996年,是基于《科学素养的基准》(1993)和《国家科学教育标准》(1996)建立的,于2001年进行了修订,并由俄勒冈州教育委员会于2001年4月26日正式发布。[2]标准主要由物质科学、生命科学、地球和空间科学三个领域的内容标准和科学探究能力标准组成。

美国在此次基于标准的课程改革中,提高并统一了学业标准,试图以此达到共同优异的目标,因此基于标准的评价成为了这种改革模式的中心,突出了评价的导向性,保证了课程和教学实施的明确方向。同时,美国对学校绩效评价的关注点逐渐转向学生的学业成就,即考试成绩,并以此来评价学校教学的有效性,衡量一所学校的教学质量,继而反映出整个州的学校教育质量。[3]

俄勒冈州已形成了较完善和系统的学生学业成就评价体系,包括构建了全州范围的评估系统(Oregon Statewide Assessment System, OSAS)[4],制定了全州统一的相应学科的官方评分指南,形成了良好的支持和保障条件。全州范围的评估系统包括三种评价方式:州的标准化知识和技能测试——评价由一系列多项选择试题构成,有纸笔考试和机考两种形式,目的是考察学生对学科标准中规定内容的掌握情况;州的表现性评价——由州为学生提供可自由回答的综合性问题,受过培训的评分人员在州设置的评分点依据州的评分指南对学生的回答进行评分,主要应用于学生的写作、数学问题解决和社会问题分析等评价中;工作单(Work Samples)——学生需回答由当地提供的主题任务或综合性问题,并由学生所

---

① 本文选自《比较教育研究》2008年第1期,第66—70页。
② 本研究获全国教育科学"十五"规划教育部重点课题"高中物理新课程改革的实验研究"(DHA050112)资助。

在学区或学校的教师依照州的评分指南对学生的回答进行评分,主要应用于科学探究、数学问题解决等评价中。学生必须达到州的统一测试以及工作单评价的成绩要求标准,才能获得初级证书(the Certificate of Initial Mastery)。作为一个整体,俄勒冈州的学生学业成就评价体系给教师、学生、家长提供了一个"学生学业成就的完整图画"。[5]

俄勒冈州对学生的科学学业成就的评价有两套各司其职的评价方法。评价学生对科学内容的掌握情况是通过标准化的科学知识和技能测试进行的,只用于5年级、8年级、10年级的学生,是州一级的统考,测试内容完全基于俄勒冈州科学内容标准。在评价学生的科学探究能力方面,虽然俄勒冈州也有科学探究能力标准,但因ABCD回答很难反映学生的科学探究能力,故俄勒冈州采用的是工作单评价方法。

二、俄勒冈州科学探究工作单评价方法

科学探究是美国科学课程改革的核心内容和重要举措,因此,科学探究的教学和评价是俄勒冈州科学课程改革中最为核心的问题。工作单评价方法是一种表现性评价方法,与其他科学探究评价方法相比,工作单评价方法具有较高效度和较低成本的特点,观察法的效度最高,但成本也最高,纸笔测试法虽成本最低,但效度也很低。[6]因此,工作单评价是目前国际科学教育界较为推崇且正在逐渐流行的科学探究评价方法。

1. "科学探究工作单"的界定

所谓科学探究工作单,就是为了表明学生在经历科学过程—科学探究中的表现,每个学生在完成科学探究活动之后,必须提交的反映学生科学探究活动的工作报告单。俄勒冈州科学探究工作单要求报告的内容涉及四个维度:(1)提出问题或假说;(2)设计调查研究;(3)收集和展示数据;(4)分析和解释结果。

一个工作单并不需要具备所有的内容,"提出问题"与"分析和解释结果"可以分别在不同的工作单中呈现,而"设计调查研究"与"收集和展示数据"则必须在一个工作单中呈现,因为要求收集的数据应与所设计的调查研究一致。通过对学生的科学探究工作单进行评价,可以获得对学生的科学探究能力以及科学知识掌握的深度和广度的全面认识。

2. 科学探究工作单评价流程及实施措施

首先,完成科学探究工作单。俄勒冈州要求教师在进行科学探究教学时,必须以州的科学探究评分指南作为教学指导,并保证学生从事的科学探究活动与实际教学内容相关,最后还要指导学生掌握工作单的书写规范。在正式考试中,科学探究工作单任务或问题是由学区设计的。为了保证各学区所设计的工作单任务难度适当并且一致,俄勒冈州要求任务内容必须与各年级水平的标准和课程内容紧密匹配。另外,还定期在州教育部网站上发布一些工作单任务建议和已评分的学生工作单,用来指导学区的任务设计。学生在接受了充分的科学探究教学和工作单写作指导之后,需参加正式的科学探究考试,独立或与同伴合作进行探究活动,完成学区设置的工作单任务并提交工作单。正式评估的一个根本前提是:工作单必须由学生独立完成,因此学区和学校要对工作单的质量负责,以确保工作单的可靠性和有效性。

其次,由学生所在学区或学校的教师进行评分。参加评分的教师依据州统一的评分指南对学生的科学探究工作单进行评定。为了保证各学区评分者的评分信度和一致性,俄勒冈州为一线科学教师掌握工作单评价方法提供了很多培训机会。除此之外,相关部门还提

供丰富的学习和评价资料供教师参考,不仅包括设计评分指南每个维度的每个得分点及评价范例,而且还在网上发布由已评学生的工作单、得分和评分说明组成的评分样卷。俄勒冈州没有要求工作单必须由多人来评定,但为了向家长确保评分的可靠性,学区可以通过抽取一定比率的工作单让至少两个评分者来评分,他们通过对照参考样卷交换意见和解决分歧,尽量达成一致。这种多重评分是为了提高评分信度,如何实施则由学区自行决定执行。

最后,工作单上报给学区管理。俄勒冈州规定,科学探究工作单的上报要求从4年级学生开始,每年都需上报。上报的工作单并不要求具备所有四个维度的内容,依据年级的高低有不同的规定。4年级只要求报告一维"收集数据"的工作单,随着年级的增长,要求依次是"设计和收集数据"两维、"设计、收集数据和分析"三维,到包括所有四维的工作单,而初中和高中最初只要求两维,再依次增加。上报管理的工作单虽然不包括对所有维度的评分,但为了尽可能让学生认识自身的优势和薄弱所在,俄勒冈州鼓励教师对学生所有维度的表现都能给予评价和反馈。

对于工作单的管理,俄勒冈州规定学区可灵活地建立管理政策,或者规定在一段时期内保留工作单,或者规定在工作单分数录入学区或学校的档案管理系统之后将工作单返还给学生。学区有授予初级证书的职责和权力,授予工作的一个方面就是跟踪学生工作单成绩的进步,检查其是否达到州的成绩要求。另外,法令还要求学区要向学生所在社区报告学生的学业进步情况,而且相关分数的记录一直保存到学生离开公立学校系统为止。

3. 工作单评价依据

俄勒冈州科学探究工作单的评价依据是官方发布的《科学探究评分指南》(Official Scientific Inquiry Scoring Guide),内容由对5年级、8年级、10年级的三部分评分标准组成。《科学探究评分指南》对工作单四个维度的内容提供评分标准,每个维度又由三个指标(Thread)组成,这些指标构成了科学探究的重要成分,包括:(1)科学知识的应用(Application)——能够将探究与科学现象中的科学概念、原理联系起来;(2)科学探究的本质(Nature)——是学生做出基于证据的正确解释所必需的;(3)交流(Communication),对于发展学生的交流和解释能力很重要,尤其是当存在多种可能的解释时,交流更为重要(参见表1)。

表1 《科学探究评分指南》各维度的指标关系[7]

指标	评分指南维度			
	提出问题或假说	设计调查研究	收集和展示数据	分析和解释结果
A(Application)科学知识的应用	背景信息和观察结果与调查研究相关	能提出具有逻辑的、安全的和符合道德规范的过程	收集的数据是合理和精确的,并与计划的过程一致	使用科学术语正确地报告结果
N(Nature)科学探究的本质	形成的问题或假说能够得到回答或检验	提出的设计为回答问题或检验假说提供充分数据	数据的转换是有效的、完全的,对于解释问题是有用的	对过程和结果进行批判性的讨论
C(Communication)交流	清楚地表达问题或假说以及背景信息	交流设计和过程	为交流观察和测量结果有组织地展示数据(例如表格等)	所得的结果支持结论,结论也表明了问题或假说

《科学探究评分指南》中每个维度都有 6 个评分等级,每个等级需达到的水平都有详细而明确的说明,目的是促进评估结果的一致性。任一维度必须得到 4 分以上才合格。表 2 是俄勒冈州在 2005—2007 学年使用的《科学探究评分指南》中的部分内容。

表 2　2005—2007 学年俄勒冈州科学探究评分指南(10 年级)[8]

	收集和展示数据 　为促进科学分析和解释,收集、组织、展示足够的数据	分析和解释结果 　总结和分析数据,评定错误或误差原因。提出的解释得到数据和应用科学术语表达的知识的支持
6	(A) 记录的精确数据与复杂的过程一致,需要时对反常数据进行处理 　(N) 将数据转换成直观的、有效的表达形式,能清楚地呈现和凸显要分析和解释的关系 　(C) 使用正确的单位并以符合逻辑、组织良好的形式为交流观察和测量结果做出精确和完善的数据展示(如表格)	(A) 正确地应用科学术语或符号对调查研究的关系进行分析和解释 　(N) 根据结果分析和评论设计及实验过程,提出富有见解的修订或扩展 　(C) 为支持结论明确地分析调查研究的结果,结论说明了问题、假说和调查研究的关系
5	(A) 记录的精确数据与计划的过程完全一致 　(N) 选择的数据转换形式凸显了支持关系解释的信息和式样 　(C) 为交流观察和测量结果做出全面的数据展示(如表格),使用了正确的单位,而且符合逻辑、组织良好	(A) 使用科学术语或符号报告结果、讨论关系、做出解释,错误极少 　(N) 有证据显示对设计、过程和结果进行了回顾,能识别重大不足和误差的原因,适当时提出设计改进的建议 　(C) 为支持结论明确地分析调查研究的结果,结论说明了问题或假说和任何被发现的关系
4	(A) 记录的数据与计划的过程一致 　(N) 选择的数据转换形式是有效的,有助于进行科学分析和解释 　(C) 为交流观察和测量结果做出数据展示(如表格),使用正确的单位,而且符合逻辑、组织良好	(A) 使用科学术语报告结果、做出解释,错误很少 　(N) 有证据显示对设计、过程和结果进行了回顾,能识别明显不足和误差的原因 　(C) 明确使用调查研究的结果支持结论,结论说明了问题或假说
3	(A) 记录的数据与计划的过程一致,但有一些明显的错误 　(N) 选择的数据转换形式是有效和完全的,但不方便进行科学分析和解释 　(C) 为交流观察和测量结果做出的数据展示(如表格)是可以理解的,但有些不完善或杂乱	(A) 在使用科学术语报告结果、做出解释时,有一些重大错误 　(N) 有证据显示对设计、过程和结果进行了回顾,但处理错误和不足的方法不合理 　(C) 得出的结论与问题或假说有关,但来自调查研究的支持不完全或不清晰
2	(A) 记录的数据与计划的过程不一致 　(N) 选择的数据转换形式有时是无效或不完善的 　(C) 为交流观察和测量结果做出的数据展示(如表格)十分不精确、不完善或是杂乱的	(A) 不正确地使用科学术语报告结果或做出解释 　(N) 只有很少的证据表明对设计、过程和结果进行了评论 　(C) 提出的解释或结论与问题或假说没有清楚的关系,或没有调查结果的支持
1	(A) 记录的数据与计划的过程无关 　(N) 表达结果的方式令人迷惑或不正确 　(C) 没有数据展示	(A) 不能清楚地解释结果或不正确地应用科学知识 　(N) 没有提供评论设计或过程的证据 　(C) 没有提出任何解释

4. 工作单评分实例

例如,某学生进行了探究流体摩擦力的实验,通过比较钢球在密度不同的流体中的下落时间,来验证其提出的"流体的密度越大,在其中下落的物体受到的摩擦力越大"的猜想,[8]并在此基础上完成了工作单。其工作单的具体内容包括:提出问题、知识背景、实验器材、详细的实验过程、原始数据表、反映流体密度与钢球下落时间关系的条形图、数据的分析及结论、实验的回顾和拓展等。

将评分分析与评分指南对照可得:此维度达到了 4 分的标准要求。该学生工作单的其他维度也都达到 4 分标准,这里只对其不足之处做简要说明:提出的问题中没有提到"粘滞性"概念;实验设计中没有给出钢球的质量和盛放液体的容器大小与型号,使得实验结果不能重复;原始数据表中数据的表示不一致,条形图的时间轴未标注,且缺少图名。

三、启示

俄勒冈州《科学探究评分指南》中没有实验操作能力的评分标准,原因在于实验操作能力不能在工作单中完全反映,其评价更适合用"观察法"进行。然而,如果对"设计调查研究"维度的要求细致到位,而且在"分析和解释结果"维度中要求学生回顾设计和实验过程、识别存在的问题并进行改进,就能在很大程度上反映学生实验操作方面的能力。另外,工作单有严格的书写规范和内容要求,对学生的书面表达能力有较高的要求,教师在进行科学探究教学时,还要指导学生正确完成工作单的书写任务,因此工作单评价方法对教师和学生提出了更高的挑战。

我国科学探究评价尚处在起步阶段,缺乏统一、完善的评价体系。就目前而言,当务之急是组织力量建立一套科学可行的、细化的科学探究评价标准。这一方面是为科学探究提供统一的、严格的评价依据,保证评价结果的效度和信度;另一方面也可为科学探究教学提供指导,确保探究教学实施的正确方向。从长远来看,我国还需依据实际,逐步建立一套系统的评价体系,包括从具体的实施、工作单质量和评价信度的保证、教师的培训到如何将工作单成绩计入升学考试成绩等,这都需要有相应的政策支持和有效的实施方法,改革任重而道远。

参考文献:

[1] 胡庆芳,程可拉. 美国高中新课程标准运动述评[J]. 教育科学,2005(5):56—60.

[2][5][7][9] Oregon Department Education. *2005—2007 Teaching and Learning to Standards:Science* [EB/OL]. http://www.ode.state.or.us/search/results/? id=246./2006-12-02.

[3] 乐毅. 美国基于标准的学区整体教育质量管理实践[J]. 上海教育科研,2006(4):29—31.

[4] Oregon Department Education. *Background on the Oregon Statewide Assessment System* [EB/OL]. http://www.ode.state.onus/search/results/? id=489 /2006-12-20.

[6] 罗国忠. 对科学探究能力表现性评价的研究[J]. 课程·教材·教法,2006(8):66—69.

[8] Oregon Department Education. *Anchor Paper Development 2004—2005* [EB/OL]. http://www.ode.state.or.us/search/results/? id=240/2006-12-20.

加拿大关于科学课程评价的研究与启示[①]

周 勇

目前,我国新世纪义务教育科学课程实验工作已在省级实验区全面铺开。为了保证新科学课程的实施成效,无论是科学课程的设计者,学校的教育管理人员,还是一线科学教师皆需要通过适当的评价策略获取关于科学教学过程与效果的反馈信息,并据此调整课程决策或调控教学过程,充分发挥课程评价之于改进教学实践、促进学生发展和提高科学素养的价值功能。因此,探讨科学课程评价的有效策略愈益成为我国课程研究领域关注的焦点。但是,通过访谈不少地方的科学教师,笔者非常忧虑地发现,我国根深蒂固的传统应试教育文化依然非常厚重,有许多学生不是在积极地、有意义地学习科学课程,而仍是在学习如何通过科学课程考试,因而在科学教育实践中依然存在着大量机械学习的"法蒂玛现象"。为了推进我国新世纪义务教育科学课程评价实践的改革进程,本文考察和分析了近年来加拿大关于科学课程评价的若干研究成果,并且探讨了这些成果对我国新世纪义务教育科学课程评价工作的有益启示。

一、加拿大关于"法蒂玛"机械学习现象根源的研究

1995 年,加拿大学者蓝森(Larson)通过与一些学习化学的中学生交谈,敏锐地发现了传统科学教育中肤浅的学习现象背后所蕴含的学习方式,并称之为"法蒂玛法则"(Fatima's Rules)。艾特怀特(Atwater)在 1996 年的研究中表明,"法蒂玛法则"包括各种应付或者消极应付的学习机制。例如,在学习中不去仔细阅读教材内容而是仅仅记忆课本上那些醒目的标题或词句就可以方便地应付考试;在课堂上或者保持沉默,或者巧妙地附和、讨好教师,或者推卸责任、逃避学习等等。

娄瑞安和戴瑞(Loughran & Derry)1997 年通过深入调查揭示了导致"法蒂玛法则"的原因,并认为这些原因与公立学校的应试文化传统有关。既然公立学校系统评价学生发展的主要标准是考试成绩,那么,学生就可能认为,深入理解课程内容并不如取得学校认可的考试成绩那样重要,而且没有它照样可以取得为学校所认可的好成绩。当然,这并不意味着他们都是学习不认真的学生,而是他们学会了付出多大努力便可以取得好成绩,而不必花费额外的时间或精力。

如果说传统科学教育中存在的"法蒂玛"现象与加拿大注重考试成绩的应试教育文化密切相关的话,那么加拿大的许多科学教师实际上也是这种现象的"始作俑者"。加拿大学者托宾和麦可罗比(Tobin & Mcrobbie)1997 年撰文指出,有些科学教师的教学目的和学生的学习目标是非常一致的,那就是都强调对事实和解题程序的记忆以便获得为测验和考试成功所需要的"正解"或者说"标准答案"。更为严重的是,一些教师和学生却认为在学习中运

[①] 本文选自《全球教育展望》2003 年第 7 期,第 66—70 页。

用这些"法蒂玛学习法则"时,好像就是在进行有意义的学习。但是,对关键术语和程序的机械记忆充其量只能在应付考试时临时派上用场,而一旦考试结束,它们便成了没有意义和价值的东西,怎么能在学生的记忆中长期保存呢?难怪许多加拿大科学教师不无悲哀地叹息,"不管我怎样挖空心思去教,学生们似乎只去学习他们考试过关所需要的内容,一旦考试结束,他们便忘得一干二净。"[1]

加拿大学者考斯塔(Costa)于1997年对上述几位学者的研究工作进行了总结。他使加拿大科学教育界认识到,传统科学教育(包括学校应试教育文化和科学教师的科学教育理念)对考试成绩过分关注而非强调积极的有意义学习导致了许多的恶果。在这种浓重的应试氛围之中,许多学生并不是在学习科学,而在学习如何通过科学课程考试,科学课程本身对他们来说是无关紧要的,他们通过商讨或默契逐渐达成了在课堂上如何行动的协议。当然,这些行动并不是参与科学教学过程的积极行为,而是应付科学教学的策略行为。在学习科学的时候,他们根本没有必要积极参与,他们只需要为得到体面的分数而采取"富有策略的"行动。显然,考斯塔所说的这些关于科学学习的应付"协议"或"策略"便是蓝森所谓的"法蒂玛法则"的具体内涵。

加拿大关于科学课程实施过程中"法蒂玛"机械学习现象根源的深刻揭示对我国新世纪义务教育科学课程评价工作具有极大的启示意义。传统标准化测验以及以通过这样的考试为目的的学校课程文化氛围和科学教学方式,是导致科学学习中"法蒂玛"机械学习现象的根源。通过掌握这些游戏规则学习科学,学生并未真正积极地投入科学学习过程之中。但是,在对科学内容不求甚解的情况下照样可以获得为学校和教师所认可的(甚至是所追求的)分数。更加令人担忧的是,在科学教育实践中那些追求分数的学校和教师甚至以这种游戏规则作为他们进行理科教学的内容,并认为这就是有意义的科学学习内容与方式。"实际上目前中国的大规模的应试教育便隐含着大量的这种'游戏'规则的技巧训练。许多地区几乎有一个整年,学生和教师们在做这样一种游戏。他们试图将具有创意的题目转换为技能性的题目。教师们训练我们的孩子如何掌握这些技巧去获得高分。"[2]依靠"法蒂玛法则"进行科学学习,能够培养批判性思维能力、创造力、科学精神、科学态度和科学价值观吗?能够培养出真正具有科学素养的合格公民吗?然而,学科成绩领先、在学生整体中居少数的尖子生中,有不少学生正是通过灵活运用这种游戏规则,"过关斩将"而拿到了跻身于社会精英行列的通行证,这不正是困扰人们的高分低能人才现象的根源吗?他们能够成为真正适应和推动现代科技发展的合格人才吗?成为社会精英的毕竟还是少数人,大多数学生则是经历了"法蒂玛法则"训练之后而直接进入现实社会的各行各业之中,他们能够真正把所"掌握"的科学知识技能合理地运用于日常工作生活的行为决策之中吗?他们具有为当今科技和社会可持续发展所必需的价值观和社会责任感吗?

在我国新世纪义务教育科学课程进入大规模实验阶段的今天,我们首先要清醒地意识到应试教育和应试学习方式的巨大惯性所带来的严峻挑战。在我们这样一个考试文化传统源远流长的国家,应试文化深深地植根于我国的社会文化传统之中并渗透在各级各类教育系统之中,应试氛围远比加拿大厚重得多。"这种'考试的黑洞效应'不仅使我们各学科课程改革的新理念难以实施,甚至将这些新理念异化为一种考试形式反映到教学实践中……其结果是,理科教育中缺少对科学技术性质、科学方法以及科学精神的真正理解,只有对应付考试的解题能力和解题技巧的关注和强调。"[3]另一方面,我们必须要正视这样的现实,一线科学教师毕竟是实施科学课程和实现科学教育深层次改革的主体,可以说,这个群体的科学教学及评价理念能否发生实质性变革,决定着我国新世纪义务教育科学课程改革的成败。在基础教育阶段,科学教育的根本目的是为了提高中华民族的整体科学素养,为达此目的,必须要切实加强、支持和推进以一线科学教师为主体的校本行动研究,在我国《基础教育课程改革纲要》所倡导的课程评价理念指导之下,深入探讨解决科学教育评价实践中的深层次问题,以彻底改变长期困扰我国科学课程实践的应试教育取向及其教学评价策略。例如,采取怎样的科学教学评价策略,才能促进有意义的科学学习方式,并消除科学学习中大量存在的"法蒂玛"现象?怎样才能真正实现我国科学教育评价实践的实质性变革呢?

二、加拿大关于评价行为和评价范式的研究

为了克服科学学习中大量存在的"法蒂玛"机械学习现象,重塑长期困扰加拿大科学教育实施过程的传统应试主义学校课程文化,有效实现科学教学过程与评价过程的融合,充分发挥科学教学评价之于改进科学教学实践及促进学生科学素养发展的功能,加拿大科学教育评价领域深刻揭示了评价过程中"观察行为"与"解释行为"的区别,以及支配评价行为方式并且极大地影响着评价效果的三种教学评价范式——经验分析的、解释学的和批判理论的评价范式,并且基于新的教育评价理念开发和完善了可以有效评价学生科学素养的评价工具。

加拿大科学课程界认为,评价过程与教学过程和学生的学习成果总是紧密地交织在一起的,优质的评价总是贯穿于优质的教学过程之中。为了对科学课程自身的价值和课程实施成效做出准确的思考和判断,区分下述两种与评价有关的行为是非常重要的:

- 观察学生表现或收集学习信息资料的行为。
- 对观察结果或各种信息资料做出解释或价值判断的行为。

显然,观察行为与解释行为是不同的。但是,有些人常常根据惯例对这两种不同的行为不加区分,而是用同样的术语来描述它们,这样做往往会把收集资料的方法与对这些资料做出解释或价值判断的方法等同起来,例如,把划定考试成绩等同于对学习结果的评价。最近,加拿大科学课程界已经开始把这两种行为区分开来,并且把收集学习信息资料的行为称为"评定"(assessment),而把对这些资料做出价值判断的行为称为"评价"(evaluation)。

在此基础上,加拿大学者瑞安(Ryan)于1988年对不同评价行为所依据的评价范式进行了深入研究,深刻揭示了内在地支配着评价方式策略的三种评价范式:

- 经验分析范式——这是一种蕴含着西方逻辑实证主义和技术理性主义传统的评定或评价范式。标准化考试是该范式关注的主题。
- 解释学范式——这是一种从学习者的角度理解学生的语言、概念和行为表现的评定或评价范式。形成性评价是该范式所关注的主题,它包括多种可资选择的评定方法,诸如有关学生成长的档案资料、概念地图等等。
- 批判理论范式——这种范式旨在消除人与人之间不平等的压迫关系(例如,教育评价中存在的强制性认同关系),因此,师生平等和学生的自主权利是该范式所关注的主题。例如,经过师生合作审慎做出的定级评定,学生的自我评价等都属于这种范式。

加拿大关于评价行为及其理论范式的深刻剖析,对我国新世纪义务教育科学课程评价的启示意义在于:首先,我们要清醒地认识到区分收集评价信息与解释评价信息这两种不同

评价行为的必要性和重要性。在自然情境或人为控制情景之下,通过观察、调查、访谈、检查、测试、汇总、整理、统计等策略方法,对包括过程与结果的学习信息资料的收集与处理行为,以及对反映学习过程与结果的信息资料的价值判断与分析解释行为——属于一个完整教育评价过程的两个不同构成侧面。前者是评价的前提和手段,后者才是评价的目的和归宿,如果把它们简单地等同起来,就容易产生把手段作为目的加以追求的本末倒置的偏向。同时,无论是量化的信息资料,还是难以量化的质性信息资料,它们的价值功能在于从不同的侧面去反映学生学习及科学素养的发展状况。因此,为了获取充分的、全面反映学习进程与结果及科学素养发展状况的反馈信息,就不能仅仅局限于量化信息,而应该把量化信息与质性信息统整地结合起来,在此基础上才能做出准确全面的分析、解释和价值判断。亦即,我们不仅要重视量化评价,而且要重视质性评价。

其次,我们要意识到每种评价范式都有各自关注的主题和评价策略:

● 经验分析评价范式关注教学和学习的外显行为结果,并且特别重视量化标准(quantitative standardization)。

● 解释学评价范式试图从学习者的角度理解学生的语言、概念和行为表现,它不仅关注学习的结果,而且关注学习的过程,因而包含了多种评定或评价的技巧和策略。目前,基于解释学评价范式的真实性评价(authentic assessment)的理论与方法正在受到世界各国的重视并且在科学教学评价中得到了广泛的应用。真实性评价以学习者的学习和真实表现为中心,强调学生的积极主动参与,强调评价与课程教学的统一,全面评价个人及小组学习的过程、产品及进步,特别重视评价表评价或等级评价、学生的自我评价以及档案袋评价的评价方式及评价策略。在学生综合性、复杂性、主题性、探究性和体验性的学习经验领域,批判性思维能力和问题解决能力等高级思维和实践技能领域,以及学习过程、进步状况、小组合作学习活动等领域,远远突破了狭隘的经验分析范式。

● 批判理论评价范式特别关注评定赖以发生的社会或文化背景,并认为这些背景极大地影响着学习过程和学习结果;它不仅关注学习结果和学习过程,而且关注学习情境。

因此,鉴于学习成果及其影响因素的丰富多样性、评价目的的差异性,为了做出准确的思考和判断,在任何特定的时刻,都不应忽视我们所特有的、据以思考和价值判断的评价范式,而且必须能够超越而不是局限于某种特定的范式——评价必须要根据不同的评价目的或目标、评价的对象或内容领域而统整合理地采取相应的评价范式及评价策略。

第三,加拿大关于科学教育评价及其理论范式的深刻剖析,同时为我们提供了一种反思传统科学教育评价理念与评价策略的思维路向。我们看到,传统科学教育对科学素养的评定与评价主要是基于经验分析范式的标准化测验。经验分析评价范式把科学素养目标定位于学科领域的知识技能,并且假设知识技能可以描述为一个个细小的信息单元或知识点,然后给它们赋予一定权重;瞄准这些细目或知识点设计具有结构效度的、由若干测试项目构成的标准化试卷,并且假设这些测试项目都能够引起设计者所期望的行为反应样式。通过符合信度要求的标准化程序实施测试,就可以获得一系列代表学生知识技能经验的行为样组,根据项目所规定的标准正解及其所对应的知识点的权重,就可以对这些行为样组赋予一定的分数。最后,考试分数是根据统计分布常模(如平均分数与标准差)或考试专家组的判断加以标准化的,这种标准化分数具有统计学意义或曰统计学价值,即反映一名学生在分数团体中的相对位置或等第。这种基于逻辑实证主义和工具理性的评价范式,实质上是以单一的学科知识技能标准和控制性、区分性(区分出胜利者和失败者)、客观性、公平性及其统计学价值去满足考试竞争和社会之于人才选拔需要的,而评价之于课程开发、教学实践和学生发展的教育功能本质却被消解了。该范式不仅把两个不同的评价概念——收集学习信息资料的行为(assessment)与解释判断学习信息资料价值的行为(evaluation)混同起来,而且存在着这样的危险——它使有着教育价值功能的教育评价沦为编制测试项目和实施标准化测试的纯粹技术操作,把赋予分数和排列等第混同于对学业成就的评价,在追求评价的定量化、标准化、客观、公平、效度和信度的同时,忽视或排斥了真正的价值判断。令人担忧的是,学习者的积极主动参与和真实表现、真实而丰富多样的(综合性的、复杂性的、主题性的、探究性的、体验性的)学习经验及现代合格公民科学素养的本质侧面,诸如科学态度、科学精神、价值观和责任感、对科学—技术—社会互动关系的理解、批判思维能力、问题解决能力以及理智地参与社会决策的能力等等,几乎被标准化测验完全剔除了出去。结果,不仅使科学教育评价丧失了真正的价值功能,而且也把科学素养的内容领域严重地窄化了!更为严重的是,由于评价的范式策略对科学教育实践所产生的强烈导向作用,基于经验分析范式的标准化测验所倡导的标准反应、"泛正解主义"及其对科学素养诸种本质侧面、学习者积极主动参与和真实个性化表现的排斥,无疑成为学校科学教育中应试教育倾向和"法蒂玛"机械学习现象的催化剂。我国著名课程论专家钟启泉教授曾深刻地指出,克服教学实践中无处不在的"泛正解主义"倾向是尊重儿童自我的必要前提[4]。而且我们看到,与经验分析评价范式相反,解释学和批判理论评价范式却假设知识是学生积极能动地加以建构的,在不同的情境之下知识具有不同的意义——这正是建构主义学习理论的核心。经验分析范式所关注的问题是,"哪些知识是重要的并且是值得学生学习的?"而批判理论评价范式则进一步追问,"谁的知识是重要的并且在评价中居于优先地位?""依据谁的目标来定义评价标准并且如何确定这些目标?"

三、加拿大关于科学素养评价工具的研究

为了克服拘泥于经验分析范式的传统标准化测验所导致的大量"法蒂玛"机械学习现象及其在学生科学素养评价上的局限和弊端,推进加拿大科学教育评价实践的改革进程,以埃肯海德(Aikenhead)、瑞安(Ryan)、弗莱明(Fleming)等人为代表的科学课程专家,一直致力于开发和完善一种可以有效评价学生科学素养的评价工具——VOSTS(Views on Science—Technology—Society),即"科学—技术—社会观点评价表"。该评价工具由114个VOSTS测试项目构成,其中每个项目的设计经历了如下几个基本过程:

第一,为每个测试项目确定一个关于STS关系认识或看法的论题。这些论题来自如下几个STS关系范畴:

(1) 科学的本质——科学认识论。包括科学探究方法(如科学观察、科学模型、分类与表征等等),科学探究过程,科学知识(基本假设、理论、定律等),科学中的逻辑推理,科学技术知识中的准确性与不确定性。

(2) 科学与技术的互动关系。涉及科学与技术的概念,研究与开发的概念,科学与技术的相互依存关系。

(3) 科学技术的外部社会学——科学技术与社会的互动关系。包括:

社会对科学技术的影响。如政府、企业、军事、伦理道德、教育、特殊团体和公众对科学

的影响。

科学技术对社会的影响。涉及科学家与技术专家的社会责任,科学技术对社会决策、经济发展、军事力量的影响及其对社会思维方式的影响,科学技术导致的社会问题及其对解决社会实际问题的贡献。

学校科学课程对社会的影响。包括不同文化间的桥梁作用,对社会决策的影响,对科学发展的影响等等。

(4) 科学技术的内部社会学。包括:

科学家的人格特征。包括科学家的个人动机、生活和工作的标准与价值观、意识形态、科研能力及其对科学过程及结果的影响,女性科学家的地位。

科学知识的社会性建构。涉及科学集体主义,科学决策,科学家之间的学术交流与学术竞争,社会与科学知识的相互作用,个人对科学的影响,国家对科学技术的影响,个人和公众的科学等等。

技术的社会性建构。涉及技术的自发性及技术决策等。

第二,收集、归纳经验性资料——学生对每个论题的各种代表性观点和论据而非设计者的观点,把基于学生经验的代表性观点改写开发为选项。每个论题与这些基于学生经验和观点的选项一起构成的多项选择题,就成为一个VOSTS测试项目。

第三,收集学生反馈信息,对选项进行修订。这些反馈信息既包括书面回答,也包括口语报告,它们不仅用于修订选项内容,而且用于考察设计者与学生在选项上的思考方式是否一致,同时修改选项的表达方式,以充分反映学生的实际观点与思维方式,提高项目的测试效度。

第四,组织大样本测试,根据测试结果进一步整理完善选项。经过这种反复的修改调整过程,便得到了基于学生经验、充分反映学生STS观点的VOSTS评价工具。通过使用这种评价工具进行测试,可以得到充分反映学生个人关于科学—技术—社会的实际观点的经验资料。

加拿大关于VOSTS评价工具的开发与研究使我们看到,VOSTS评价的设计与运作主要基于解释学范式并且融合了经验分析范式的优势,超越了对结构效度的纯粹技术关注,并力求反映学生的实际经验和观点。VOSTS测试属于真实性评价方式,得到的是学生关于STS问题的真实想法,并非像传统的标准化测验那样企图让学生在项目设计者控制和规定的选项中选择"标准答案",因而在评价学生的科学素养上拥有更高的效度。埃肯海德教授同时指出,"VOSTS的设计和运作方法,为建立一个特别适用于STS科学课程评价的试题库指明了方向。"[5]一旦VOSTS试题库建立起来,一线科学教师就可以根据特定的评价内容、目标和效度要求,方便地从中选择测试项目,形成适应特定课堂教学情景的评价工具,以获取学生关于STS观点的真实反馈信息,从而为他们带来像从标准化题库中方便地获取试题那样的便利之效。而且,VOSTS论题同时可作为课堂上学生进行科学探究活动的课题,这样,科学教学过程与评价过程就可以真正实现有机的融合,评价之于科学教学的积极导向功能及其促进科学学习的教育功能在这种融合的氛围中可以得到更好的发挥和实现。这难道不正是我们可以选择的——既正视评价的导向功能,又可以避免应试教育倾向和"法蒂玛"机械学习现象的评价策略吗?

参考文献:

[1][5] G. S. Aikenhead. STS Science in Canada: From Policy to Student Evaluation[A]. In STS. A Sourcebook on Research and Practice[M]. New York: Kumar and Chubin, 2000.

[2][3] 孙可平,等. 理科教育展望[M]. 上海:华东师范大学出版社,2002:233,406.

[4] 钟启泉. "素质"与"素质教育"[J]. 教育参考,2000(3).

[6] 宋怡,周志华. VOSTS——一种新的STS观念测试工具[J]. 全球教育展望,2002(4).

[7] 陈霞. 在教学中运用真实性评价的理论与方法[J]. 全球教育展望,2002(4).

[8] 钟启泉,等. 基础教育课程改革纲要(试行)解读[M]. 上海:华东师范大学出版社,2001.

[9] 施良方. 课程理论——课程的基础、原理与问题[M]. 北京:教育科学出版社,1996.

[10] 王孝玲. 教育统计学[M]. 上海:华东师范大学出版社,1993.

[11] 周勇. 加拿大的STS科学课程[J]. 全球教育展望,2002(4).

十、科学教育比较研究

- 美国小学科学教育现状研究（张军霞）
- 加拿大小学科学教育对我们的启示（刘占兰）
- 日本小学理科课程及教科书特点分析（孙新）
- 「动手做」——法国科学教育的新举措（王晓辉）
- 从科学教育标准看当代科学教育内容——关于美国几个科学教育改革方案的内容分析（魏冰）
- 科学课堂教学的国际比较研究（张洪洋）
- 学生的科学探究能力：国外的研究及启示（郭玉英）

美国小学科学教育现状研究[①]

张军霞

20世纪60年代以来,美国对基础科学教育极为重视,形成了国家资助、社会支持、学校重视的有利于基础科学教育发展的局面,使得美国科学教育理念的研究走在了世界的前列,对国际科学教育的影响也很大。目前美国各个阶段的科学教育都在新理念的影响下进行改革。本文从以下几个角度介绍美国小学科学教育改革与实施的现状,从中对其教育理念如何影响小学科学教育可以有所了解。

一、长期的研究计划和相关文件成为小学科学教育的宏观指导

从20世纪80年代以来,美国相继有几个比较长期的基础科学教育的发展计划,其中最有影响力的有美国科学院的《国家科学教育标准》和美国科学促进会的"2061计划",美国科学教师协会的《范围、顺序和导向》也在20世纪90年代产生了一定影响。

美国原来是没有全国性的课程标准的。1985年,美国科学促进会联合美国科学院、联邦教育部等12个机构启动一项致力于美国中小学课程改革的跨世纪计划"2061计划",编写出版了《面向全体美国人的科学》,对美国社会重视科学教育起了重要的作用,并影响了国家对科学教育的政策,使得美国科学研究院继"2061计划"开始之后,进行课程标准的研究和实验,终于在1995年底完成《国家科学教育标准》(以下简称《标准》)。[1]

《标准》有六个主要内容:科学教学标准、科学教师职业发展标准、科学教育评价标准、科学内容标准、科学教学程序标准、科学教育系统标准。《标准》对教师的自身水平、学生的学习、教学设计及组织、教学评价以及管理机构、社会支持系统都提出了要求,[2]体现了对全国科学教育实施与管理的全面指导,因而成为各科学教育界参照的依据。

在美国新出版的中小学科学教学理论及教材中都把《标准》作为主要编写依据。一本原名《通过发现法教科学》的科学教学法教材在2000年的第九版更名为《用探究来教科学》[3],书中专门有一章论述《标准》中提倡的科学探究,体现了《标准》中提倡的科学教学以探究为核心。书中各章内容都提到《标准》,体现了以《标准》的精神作为指导。另一本教学法教材《教孩子学科学》[4]在论述科学教学的各部分具体内容中,对怎样设计单元计划和课堂教学计划,提出要以《标准》中的科学内容标准为基础。本书还把《标准》的K—8年级的内容作为附录附在书后。美国1996年以后出版的各套科学教材,在教师指导书中都详细说明了在教学中要达到《标准》要求的哪些具体目标。

美国有的州是采用本州的标准而不是《国家科学教育标准》,这些州的标准是教师直接

[①] 本文选自《课程·教材·教法》2002年第11期,第70—74页。

参照和评价的依据,教师在做单元计划和教学设计时,必须考虑本州的标准中对这部分内容是怎样规定的。如肯塔基的教师在做单元计划时,要求写明本单元的教学期望符合《肯塔基学习目标和教学期望》[5]中的哪一条。科学课的单元计划要写明本单元涉及的相关学科,如社会标准的核心内容是什么。但美国各个州在制定本州的各种指导学科教育包括科学教育的文件时,很多是参照《国家科学教育标准》制定的。这也是《标准》作为一个宏观性指导文件的特点。如肯塔基州《肯塔基科学评价的核心内容》[6]有:物质科学、生命科学和地球与空间科学的概念理解、科学探究和应用/联系三项主要内容。科学概念三大块内容的详细分类与《国家科学教育标准》是一一对应的。应用/联系部分包括《标准》中科学内容标准的后三项内容:科学和技术、从个人和社会视角所见的科学、科学的历史和本质。由于美国各个州的具体情况有差异,根据国家标准设立本州的课程标准有利于国家标准的区域化实施。

"2061 计划"经过十几年的研究,又取得了一系列的成果,如《科学素养的基准》《科学教育改革的蓝本》《科学素养的设计》《科学素养的概念图》《科学素养的资源》等。《科学素养基准》[7]是配合《面向全体美国人的科学》的一套特殊的科学素养目标纲要,内容比较宽泛,包括:科学的性质、数学的性质、技术的性质、自然环境、生存环境、人类机体、人类社会、被改造了的世界、数学世界、历史展望、通用概念、思维习惯。描述了为达到科学素养的目标,2、5、8、12 年级末,学生应在以上 12 个方面具备的理解水平和能力。因为《基准》的内容具体详细而且分段,成为科学教学参考的另一个主要依据。

小学科学教材《科学发现工作》[8]K—6 年级主要就是以《基准》作为指导的。在教师参考书中明确指出:"基于可靠的教育标准的科学教育能有力地指导学生的学习、课程内容的选择和教师的教学活动。《科学发现工作》教材是以美国科学促进会的一项长期的科学教育改革——'2061 计划'的《科学素养基准》和《国家科学教育标准》为依据……'2061 计划'中的四个通用概念——系统、模型、恒定和变化、规模,作为主题贯穿于整套教材中。"在教师参考书的各单元起始也详细列出本单元依据了《标准》和《基准》的哪些内容。《科学技能评价》[9]一书也列出《基准》中不同阶段对科学学习过程技能的要求,以此作为本书的编写指导。

美国科学教师协会是一个美国所有科学教师的组织。1990 年协会出版了《范围、顺序和导向》,在当时产生了一些影响,有一些教师据此设计了一些科学课程[10]。现在,美国科学教师协会以年会和区域性会议、图书、杂志和网络的形式,交流最新的科学教育理念、科学动态和科学教材、图书和产品。

二、小学科学教材类型更加多样化

美国的科学教育哲学中早已将科学知识分为三个大领域:生命科学、物质科学和地球与空间科学[11]。传统的科学教材均以这三大块科学概念为核心,由于人体健康的知识与人的生存密切相关,小学许多教材中又将人体科学单列出来。在《标准》和《基准》对美国科学教育的影响下,人们对科学本质的认识越来越清晰化,对科学探究能力在科学学习和研究中的重要作用越来越重视。这些新的科学教育文件倡导课程教材的多样化。20 世纪 90 年代以来,又出现了多种类型的小学科学教材。

（一）以科学概念为核心

传统的以科学知识体系为主构建课程结构的教材属于以科学概念为核心的教材。《SRA 真实科学》[12]1—6 年级教材是以科学概念为核心的小学科学教材,内容分为四个板块:生命科学、地球与空间科学、物质科学和人体科学。教材提供大量的教学资源,力图从四个方面发动学生学习科学:① 视觉资料;② 有清晰的教学过程的教材;③ 以学生为中心的、扩展的学习资源;④ 观察、记录、测量和实验等活动材料。

以科学概念为核心的教材,在科学概念上是前后紧密联系的,教材每册的单元较多,罗列的知识内容也较多,而在探究的深入上却有所欠缺。有文章认为这类教材容易导致"阅读科学"[13]。但教学主要是教师开展的活动,如果教师的观念比较新,组织教学的能力强,就可以用这样的教材进行探究式的教学。如 SRA 三年级《鸟的视野》一课,要学习三种地貌:高原、草原和山脉;解释拓扑图是以什么特别的方式表达地表结构的。一堂示范课是这样上的:先看录像片,介绍三种地貌的特点和成因。然后做画拓扑图的活动。活动之后继续看录像带中的随堂测验。课后可以阅读学习资源卡片中介绍的相关的科学家、科学职业、数学、科学技术和社会、与科学的其他领域的联系、与社会课的交叉等,卡片背面有判断题和问答题。

（二）以科学概念和统一概念为核心

《标准》中"科学的统一概念和过程"以及《基准》中的"通用概念"都是许多领域共用的思想武器。两者都提倡在教学中渗透统一概念的理解。有的教材在编写时特别考虑了统一概念。《科学发现工作》（见表1）以科学概念为课程结构体系,并在整套教材中贯穿了《基准》中通用概念的思想。其每个单元都能使学生对系统、模型、恒定和变化、规模四个概念中的至少一个增进理解。由于通用概念在许多领域都具有重要的用途,教材的这种形式有利于学科的整合,使学生的思维更具开放性。

表1 "科学发现工作"课程模块

年级\内容	生命科学	物质科学	地球科学	人体科学
K	生物的特征（系统、恒定和变化）	用感官探究（系统）推和拉（系统、模型）	观察天空（恒定和变化、规模）	身体分几部分（系统、模型）
1	生物种类（系统）	磁铁（系统、规模）	天气和季节（恒定和变化）地球上的陆地和水（系统、模型）	保持健康（系统、恒定和变化）
2	生物的相互作用（恒定和变化、模型）	光和色彩（系统）固体、液体和气体（恒定和变化）	随时间变化的地球（模型、规模、恒定和变化）	什么使我生病（系统、规模）
3	生命循环（模型）生物的角色（恒定和变化）	能量的形式（系统）	太阳、月球和地球（规模）地球上的水（系统）	午餐吃什么（系统）

续表

年级\内容	生命科学	物质科学	地球科学	人体科学
4	动物（系统）	物质的特性（规模） 磁和电（模型）	地球上的陆地资源（恒定和变化） 天气和气候（恒定和变化）	人体系统（系统）
5	植物（系统） 种群和生态系统（系统）	能量、做功和机械（系统） 光和声（模型）	太阳系和星空（规模） 固态的地球（恒定和变化）	运动和控制（系统）
6	细胞和微生物（模型） 生命的延续（恒定和变化）	特质的性质（规模） 力和运动（规模）	变化的地球（模型） 海洋（系统）	生长和健康（系统）

（三）以探究过程为核心

由于《标准》倡导以探究为核心，美国相继出版多套以探究为核心的科学教材。这些教材的每个模块是一个相对完整的科学探究过程，需要较长的教学时间，因而这些教材结构一般比较简练，以达到"精心选择内容，并将内容放在探究导向的课程中"的目的。《BSCS 科学——教与概念和技能相关的活动》(TRACS)[14]，K—5 教材（表 2）和《为了孩子的科学与技术》[15]，1—6 年级教材的单元结构都是以探究的顺序为核心[16]。

TRACS 每个模块的探究顺序遵循 5E 教学模式，即引入(engage)、探索(explore)、解释(explain)、详细描述(elaborate)，评价(evaluate)。引入：为教师提供机会发现学生已有的经验和对要学知识的认识程度。探索：提供很多经验，让学生在活动中进行比较。解释：学习运用正规的语言、科学术语和内容信息来表达，与原有经验相联系，建构新的经验。详细描述：学生在新的条件下应用或扩展新的概念，将新的概念整合到已有的概念中去。评价：评价学生达到的水平。是对学生新学知识的一个总结性评价，在学习过程中的每一步都应该有评价。

STC 教材的教学的模式与上面相似，主要教学步骤为：焦点，澄清学生对教学主题已有的知识；探究，使学生对客观事物、生物和科学现象进行积极的调查研究；反馈，鼓励学生讨论他们的观察结果，调整他们的观点；应用，帮助学生在新的情况下讨论应用他们的新观点。STC 教材各个单元的实验材料与单元内容紧密配套。如植物生长发育单元的实验材料中有快速生长植物——油菜种子，传粉用的干蜜蜂标本等。快速生长植物的生长期只要 40 天，适合为时近两个月的单元教学。

表 2 TRACS 单元模块

年级	物质科学	地球与空间科学	生命科学	科学和技术
学前	研究我们的世界（研究一词为 Investigate）			
1	研究特性	研究地球材料	研究动物和它们的需要	测试材料

续表

年级	物质科学	地球与空间科学	生命科学	科学和技术
2	研究位置和运动	研究天气	研究植物	设计声音系统
3	研究电系统	研究天空中的物体	研究生命的一生	设计结构
4	研究变化的特性	研究变化的地球	研究生态系统	解决污染问题
5	研究热和物质变化	研究天气系统	研究人体系统	设计环境问题解决方案

三、改革的师范教育是培养新的小学科学教师和科学教师进修的重要保障

科学《标准》指出:"高等教育方面,教授需要在采用示范科学教学法和科学课程实践方面起带头作用,要想让未来教师今后在中小学怎么讲授科学,在大学里就应怎么教他们。"[17]因而在培养新科学教师的美国各大学的教育学院,小学科学教学论的教授们普遍采用探究式的、开放的教学方法。教学活动形式多种多样,有小组讨论、学习提问、课前简短汇报、小组动手做研究、演讲和专家讲座、写教学计划、教学实习、采访科学家和工程师、教材阅读、使用计算机、文件包设计和编辑、反馈和评价等。学生的学习形式多以小组学习为主。师范生亲历的活动都可以迁移到自己以后的实际教学中,并且在亲历活动的过程中,经过反思和教授的指导,能悟到所学教学理论的实质,有利于将这些教学理论真正用于实际教学。

有一个教授要求学生整个一个学期持续观察月相变化,并能随时说出月球相对地球的位置和角度。学生必须坚持观察,并且读书或上网查询天文方面的有关资料,明白日、月、地球三者之间的相互关系。如果学生能坚持观察了,就会在以后的教学中设计可行的方案和理解学生遇到的困难。

过程评价和终结评价也是教学中必用的手段。除期中考试和期末考试外,一些作业和实习成绩都记录下来。一位教授在期末还要求学生交一份电子文件包,就是将所有作业汇总的磁盘。学业成绩属于综合测评的成绩。期中考试和期末考试就是我们很熟悉的卷面笔试。学期过程中的各种评价可以称之为现实评价,就是评价的内容和方式要在真实的情境中进行,是行为评价的另一种解释。现在美国很提倡这种评价,认为这种评价真实、可信,最能评价出学生学习的真实效果。

有的地方的教育学院允许科学教材编者到学校培训师范生,并且算一个学分。如 STC 教材就在大学中开设培训班,介绍教材所依据的新理念,在教材的各个单元中如何实现科学态度、科学知识与科学探究能力的培养,以及如何在探究教学的过程中实现教学评价的作用。

美国的科学教育非常重视与其他学科的联系,在师范教育中,也要求学生了解多种学科的教学内容与方法。如小学社会教学论与小学科学教学论就是两个关系非常紧密的课,两门课的安排和教学实习常互相协调。教学策略课等师范生必修课,由各个专业的学生一起上,其中有一些试教活动,使各个方向的学生有机会一起研究。

《标准》中指出,"科学教育要人人平等,使不同性别、不同种族、残疾学生获得科学教育的机会,满足特殊学生、超常学生的需要。"[18]这里的教育平等并不是单纯的每个人获得的教育机会都一样,而是科学教育要满足每个学生的潜力需要。这符合加德纳(1997)的多元智力理论,他认为人们在八种智能上各有不同:逻辑—数学、语言、音乐、空间、肢体运动、人

际交往、个人头脑、自然智能。[19]对孩子的教育来说,可以发现其强项,帮助他或她的弱项。美国有的教育学院有超常学生研究中心。为超常学生提供帮助和进行教师创造性教学能力的职业培训。

美国的教育学院安排了很多研究生课程,传播更多更新的教育理念。学生大多是在职教师,为了方便他们的学习,许多课程都是安排在晚上和暑假,有的课是网上开设,学生可以在家中学习。小学科学教师可以通过学习研究生课程得到提高。

四、公共教学资源对小学科学教育提供了大力支持

美国对图书馆、博物馆以及网络等公共教育资源的积累非常重视,到处都有公共图书馆和各种名目的博物馆,从网络上还可以查看各种各样的教育信息,这样形成了颇具规模的支持教育的社会支持系统。有利于教师开展丰富的教学活动,也有利于学生开阔眼界,增长更多的知识。

1999年,美国就有122 347家图书馆,其中公共图书馆就有9 046家。图书馆是免费的,一般居民都可以申办一个借书卡。图书馆不论大小,从幼儿读物到成年书籍、从文学到科学都有。据调查,有三分之二的成年人使用公共图书馆,大部分家长都会带孩子到图书馆借阅书籍、上网、借录像带及光盘等。[20]

美国每个州都有很多各种名目的博物馆,有很多是科学博物馆。他们积极支持学校教学,时常开展教育服务活动,一些科普活动专门面向科学教师,教师应该比学生更了解博物馆里有什么,了解最新的科技动态,所以很有必要参加这些活动。各种科学博物馆常有学校带着小学生来上课,并且特约在这里工作的科学家讲课。如纽约的美国国家自然历史博物馆是美国最大的自然历史博物馆,每一层都有很多展室,有各地动物、植物、矿石、地球、宇宙、人类发展史、化石、恐龙等20多个展室,还有两个需要买票看的电影:《寻找宇宙中的生命》和《蝴蝶的生命史》。每个展馆里都有大屏幕的电视、电脑等,恐龙馆还有免费的大屏幕电影,要坐下来一一地听,一一地看,需要很多天的时间。学生如果用一个假期的时间专门到这个博物馆学习,假期结束,就能成为小小的博物学家了。美国首都华盛顿的博物馆是最多的。这个城市的中心地带除了政府机构外,就是几届总统的纪念堂和博物馆,这些博物馆都是免费的,与科学有关的有航空航天博物馆、自然历史博物馆、植物园等。航空航天博物馆介绍了航天史上的里程碑、飞机的发展史、航天史、现代的航天技术、航空航天的未来等。

美国的网络信息很丰富,还定期出版类似电话号码本的网址簿。其中的教育网、科普网也占有相当比例。这些网络有各州的教育网、科学博物馆网、大学网、教材网、科普网等,在网上几乎能查到每个州的各科课程标准的详细内容、各种与科学教学相关的内容包括图片、动画以及新颖的教案等。教师上课,常常从网上找一些资料、课件。

为适应网络发展的需要,各种新版的教科书中提供了许多有关网站,在大学的教材中也一样。《教孩子学科学》一书中每一章之后都会介绍一些与本章内容有关的网站。此书的第八章还专门讲了网络科学探索策略,将从庞大的网络信息中收集资料的过程也作为一个探究过程。[21]

美国的《标准》《基准》等要求中最新的科学教育理念深入人心,在它们的影响下,小学科学教育正进行着大规模的改革。教学过程中将科学知识融入科学探究的过程中,注重培养学生的科学探究能力,在小学科学教学中还将统一的科学概念作为整体考虑,培养学生的思

维能力,有助于增强学生对科学的理解。小学科学教育得到来自科学家、师范院校、美国科学教师协会以及整个社会的支持,在交流、培训、图书资源、网络资源等多方面得到保障。这些都是值得我国小学科学教育学习和借鉴的,我国的小学科学教育需要转变教师的观念,在教材中将科学探究、科学统一概念与科学知识很好地融合起来。小学科学教育还需要大量的教学资源,并得到来自社会的大力支持。

参考文献:

[1][17][18][美]美国国家研究理事会.美国国家科学教育标准[M].北京:科学技术文献出版社,1999.

[2] Lawrence F. Lowery. *Pathways to the Science Standards—Elementary School Edition*[M]. Arlington:NSTA Press,2000.

[3][11] Arhur A. Carin, Joel E. Bass. *Teaching Science As Inquiry*, *Ninth Edition*[M]. Englewood Cliffs:Merrill Prentice Hall,Inc,2001.

[4][19][21] Joseph Abruscato. *Teaching Children Science*, *Fifth Edition*[M]. Boston:Allyn & Bacon,2000.

[5] Kentucky Department of Education. Kentucky's Learning Goals and Academic Expectation,1999.

[6] Kentucky Department of Education. Core Content For Science Assessment. Version 3.0,1999.

[7][美]美国科学促进协会.科学素养的基准[M].中国科学技术协会,译.北京:科学普及出版社,2001.

[8] *Science Discovery Works*(1—6)[M]. Silver Burdett Ginn,1996.

[9] Richard J. Rezba, Constance S, et al.. *Learning and Assessing Science Process Skills*, *Third Edition*[M]. Arlington:NSTA Press,1995.

[10] Glen Aikenhead. The Integration of STS into Science Education[J]. *Theory Into Practice*, 1992(1).

[12] Science Research Associate Real Science(1—6),McGraw-Hill,2000.

[13] Newport J. F.. Elementary Science Texts:What's Wrong with Them? [J]. *Education Digest* Oct90,1997,56(2):68.

[14] *Teaching Relevant Activities for Concepts and Skills*(1—5)[M]. Dubuque:Kendall/Hunt Publishing Company, 1997.

[15] Science and Technology For Children(1—6)[M]. Singapore:Carnolina Biological Supply Company,1994—1997.

[16] 张军霞.美国小学《为了孩子的科学和技术》教材介绍[J].小学自然教学,2001:5—6.

[20] *Public Libraries in the United State*:*Fiscal Year* 1999[M]. Washington, DC:National Center For Education Statistics,2002.

加拿大小学科学教育对我们的启示[①]

刘占兰

中国"做中学"科学教育实验的积极推进者韦钰院士指出:实施探究式科学教育是教育改革的重要组成部分,是培养创新人才的重要途径。[1]从来自科学家的意见、来自教育理论的支持和来自学习科学的启示三个方面,都有力地说明了在小学和幼儿园阶段以探究的方式学习科学的必要性。

探究式科学教育是新一轮课程改革积极倡导的理念。在我国新的《全日制义务教育科学(3—6年级)课程标准(实验稿)》(以下简称《课标》)中的基本理念部分已经明确提出:科学学习要以探究为核心。探究既是科学学习的目标,又是科学学习的方式。亲身经历以探究为主的学习活动是学生学习科学的主要途径。

如何开展探究式科学教育呢?走进我国小学科学的课堂,不难发现,科学探究活动往往流于表面,活动不具有探究的基本性质。教师对教学目标的表述笼统空泛,面对知识,既怕回到知识中心的老路上去,又不敢放弃。[②] 面对学生的探究,虽然知道应该引导,却担心会影响学生的自主探究与学习,也不知道如何引导更适宜。在教学中仍存在着教师演示多、学生探究少的现象:教师演示—学生讨论理解—教师总结—学生记录要点;让学生们朗读课本上的"科学",通过文字阅读和头脑中的想象来学习科学;做好答案让学生记忆和背诵。至于评价,更是教师感到困惑的问题。目前,很多学校对科学课没有评价,有评价的学校其主要评价方式是考查或统考,评价仍然是重视知识点,无法反映学生的学习过程。

以上种种现象使得探究活动流于表面而缺乏深刻性和有效性。在参与中国和加拿大两国政府部门合作进行的"加强中国西部基础教育能力项目",开发《小学科学资源》的过程中,我们对探究式科学教育获得了许多新的认识。

"加强中国西部基础教育能力项目"旨在推广以学生为中心的教学法(简称SCI),提高在职教师的教学水平,以增强项目实验区(新疆、四川、甘肃三省6县)的基础教育能力。项目首先采用SCI的方式对教师进行远程与面对面的培训,使教师通过自己的学习过程亲身感受和体验什么是SCI。为了让教师能够更好地运用SCI的方式进行课堂教学,该项目又相继开发了科学、英语、数学三个学科的远程教学资源,每一个学科的教学资源都包括一系列的教师学习活动和可用于课堂教学的资源。《小学科学资源》主要包括:"探究式科学教育教师指南"和"四个主题资源"两大部分。教师通过学习活动,认识科学的本质、明晰科学探究的过程、学会组织学生在课堂上的科学探究活动。开发人员由中加双方组成,包括学科内容专家、远程教育专家、制作人员、科学教师,由加拿大阿尔伯塔省埃得蒙顿大学的小学科学

[①] 本文选自《课程·教材·教法》2006年第12期,第85—89页。
[②] 参见郁波的报告《科学探究要关注科学概念》。

教育专家罗威尔(Patricia M. Rowell)教授[①]领衔。笔者作为中方的内容专家之一,参与了《小学科学资源》开发的全过程。在这个过程中,笔者不断将加方专家的理论观点和实践策略与我国小学科学教育的现状相比较,获得了一些新的、引发我们深入思考的、对解决目前的困惑和问题具有重要启示作用的认知。在这里笔者仅就教学目的、探究过程和学习成果评价三个方面,与同行分享和交流。

一、关于教学目的

在加拿大工作期间,我们看到的教案和加方专家指导我们写的教案中,每节课的教学目的一般包括三部分:学生要学习的科学概念;学生要发展的探究能力;学生要获得的应用能力。学生要发展的探究能力主要包括:提出问题、预测与初步的解释、制定调查计划、搜集数据、使用证据、形成解释评估证据、交流看法等。学生要获得的应用能力主要指学生将一节课中获得的科学概念运用于日常生活的能力。这两部分内容我们比较好理解和接受。最让我们印象深刻和受到触动的是加方专家对于科学概念的看法。

在进行小学科学教学改革的很长一段时间内,直到今天,我国仍有许多小学科学教育的理论与实践工作者认为:经历探究过程比学习科学知识更重要。但加方的同行提示我们:那是对探究式科学教育的误解,这种观点在20世纪60年代很流行。事实上,学生对探究式科学认知过程的掌握不会、也不能脱离科学内容。学生总是从已知的东西,通过探究式过程获得对未知东西的认识。

在历史进程中,人们对自然事件和现象的发生做出了许多有效的解释,这种解释适用于各种不同的情况,将这些解释和观点总结起来就形成了科学概念。科学教育的主要目的之一就是给学生提供机会学习用证据来解释自然现象。当学生参与探究活动时,他们会在许多不同的情境中运用相同的观点和概念,这样,他们就开始逐步理解科学的核心概念。加方的专家强调:探究必须围绕着核心概念(key concept)展开。

加方专家指导我们比较和区分了两种不同的陈述方式:概念性陈述和非概念性陈述。以下两组例子,每组中呈现了两种不同的描述:(1) A. 了解人体的消化过程(《课标》第19页,4.1.2条);B. 人的消化系统的不同组成部分具有不同的功能,目的是使食物被人体吸收。(2) C. 能指认植物的六大器官,知道各种器官的作用(《课标》第17页,3.3.1条);D. 植物由不同的部分组成,这些部分在植物的生长过程中发挥不同的功能。

在上述三组陈述中,A、C是《课标》中的描述,在加方专家看来,它们都是非概念性的。在(1)中,A在我国一些教材中被具体化为知道主要消化器官的名称,了解食物消化的流程。加方专家告诉我们,消化器官的名称并不重要,重要的是不同消化器官的结构与功能,这才是概念的核心部分。陈述B是对消化系统的解释,是对消化的核心观点的概括,是核心概念。在(2)中,C的陈述是《课标》中的内容,它建议学生学习植物的结构及其功能。陈述D是一个核心概念,旨在说明植物的组成结构要实现的特定功能:植物的各个部分可以

[①] 罗威尔(Patricia M. Rowell),阿尔伯塔大学教授,长期从事小学科学教育理论与教学实践研究和小学科学教师培训,具有丰富的小学科学教育经验。

帮助植物满足其需要。加方专家进一步强调,说出植物每一部分的名称并不重要,重要的是了解每一部分由于其结构不同而起到了不同的作用和功能。

实际上,他们认为《课标》中的许多描述是事实而不是科学概念,是用短语而不是用完整的语句表述的概念。学科学意味着修正和拓展概念,而不是记住事实性信息和定义。把科学视为事实体系的人普遍很难区分概念和事实性信息。例如,"花朵有花瓣、柱头、萼片和花蕊等部分",这是事实信息;"花朵是由不同的部分组成的,每一个部分都发挥着独特的作用",这是概念。

在科学教学中,所有的活动都应该与核心概念联系起来,教师在课上的每一个提问都应明确指向这些核心概念。因此,《课标》中的要求(多为非概念性陈述)必须转化为学生能够学习、教师能够把握的具体概念;《课标》中的一个条目,必须在两种概念水平——一般概念和具体概念上加以描述。一般概念主要是针对教师的,是教师应该理解和掌握的;具体概念是针对具体事物的,是针对教师和学生两者的,是教师引导学生探究的,换言之,是教师通过设计和实施教学活动,促进学生通过自主探究能够获得的概念。因此,在开发"四个主题资源"时,加方专家做的一件事就是把《课标》中的相关要求转化成一般概念和具体概念。表1说明了这一转化。

表1 关于消化系统

《课标》中的条目	《课标》中的表述	转化后的一般概念表述(针对教师)	转化后的具体概念表述(针对师生的,教师引导学生探究的)
生命世界部分4.1.3条	知道消化系统的主要器官及作用,养成良好的饮食卫生习惯	生物不同于非生物,这是因为它们拥有维持自身生命的基本程序	为了让人体能够利用已被吃下的食物,食物必须在人体内被分成极小的部分

加方的同行提醒我们:儿童更适于学习具体概念,但教师不仅要能够把握具体概念,也必须掌握普遍概念。加方的同行甚至强调:科学教学的目的是提供一些建立在儿童的有效概念基础之上,并改变那些没有概念的活动。因此,教师应识别儿童在教学中应该学习的具体概念,同时也应能够运用一般概念来制订教学计划和教案。

二、关于探究过程

探究式科学教育大致包括以下几个基本环节和过程:(1)根据实际情景、观察到的现象和可以获得的信息。从儿童已有的知识、对问题的了解和已具有的科学概念(想法)出发,提出问题;(2)对问题的解答进行推测;(3)为证实推测而进行观察或设计实验;(4)收集证据和整理数据;(5)得出结论和进行交流;(6)提出新问题。在有些探究课题中,还鼓励学生将学到的科学知识与日常生活相联系。

一个"探究式"的科学课堂将是什么样子的?加方同行将每一个教学步骤中师生互动的目的和性质进行了描述(见表2)。

表 2 师生互动的目的和性质

教学步骤	师生互动的目的	师生互动的性质
集中话题，提出问题	吸引学生的注意力。教师引出学生对该问题、事件或现象的最初看法(初始想法)。	学生在一个科学问题、事件或现象的引导下参与到活动中。 学生表达最初的看法，承认需要进行调查。 教师展示学生的观点，以便将来进行参考。
探索	教师为学生提供熟悉的材料、事件或现象的机会。 教师引导学生认识数据的必要性。	学生通过演示活动对观点进行探索，做出尝试性解释。 学生认识到他们需要更多的信息。
调查	教师引导学生制定一个可以提供数据的调查计划，并支持学生实施计划。	学生设计并计划一个更系统的调查方案来收集数据，这些数据将支持或反驳他们最初的尝试性解释。
解释	教师在学生对数据进行管理的过程中提供支持。 教师帮助学生展示数据、理解数据。	学生分析并解释数据，将数据转换成支持或反驳某种解释的证据。
反思	教师引导学生对证据进行评估。	学生复习并评定他们所学到的知识及学到这些知识的方法。
交流	教师提供机会，选择听取学生观点的听众。	学生阐述其解释，并提出理由加以证明。
应用	教师引导学生思考探究的结果与日常生活的关系。	学生将探究的结果与日常生活建立起联系，并采取行动。

在上述描述中，对我们最有启发意义的有以下三点。

(一) 探究是儿童学习科学的主要方法，探究的每一个环节都有其特定的内涵

加方专家指出：探究是儿童科学学习的主要方法，但富有成效地学习科学需要运用各种方法和策略。这与《课标》中的提法基本一致。在实际教学中，既不可能对所有科学内容运用探究式方法进行教学，也没有这种必要。用一种方法学习所有的科学内容效率不高，而且也会因为方法单一令学生厌烦。在实施探究式科学教育时，最关键的是要深刻理解和把握探究过程每一个环节的特定内涵。

在集中话题，提出问题阶段，主要是要引起学生对某一科学问题、事件或现象的关注，并了解学生的初始想法。重要的是教师要引导学生用适当的方式记录和展示这些初始想法，以便在活动之后进行对比和分析。

探索阶段主要是让学生接触相关的材料，通过自由的摆弄、熟悉和探索，做出尝试性的解释，并认识到他们需要更多的信息和数据，认识到进行一个系统的调查的必要性。

调查阶段主要包括制订调查计划、实施调查计划和记录数据三个部分。科学探究的主要特点之一就是通过收集数据来支持解释，根据所要收集的数据的性质，科学家进行不同种类的调查。因此也要给儿童提供机会，从事一系列有目的的调查。学生需要找出必要的信息来检验假设和回答调查性问题，需要设计一个流程来收集必要的信息。学生需要发展以下相关的能力：(1) 观察：学生要能识别调查细节的相同点和不同点；(2) 测量：学生要理解

进行严谨、可证实测量的必要性,并具备相应的能力;(3)公平实验:找出将要变化的一个因素和其他保持不变的所有因素;(4)记录数据:绘制图表记录调查过程中的测量数据。

在解释阶段,主要是让调查中获得的信息发挥作用。一般来说,原始数据(数字表格)不能表现出数据的内在规律,学生很难认识到所收集数据的意义,应该教会学生如何使用不同的方法来展示数据,从而表现出其内在的规律。也就是说,测量和观察结果本身不能作为证据来进行解释,学生应该学会如何用数据作为论据支持或反驳对一事件或现象的解释。在不同的年级,根据不同探究内容的特点,在科学课上,学生常用的展示数据的策略包括柱状图、线图、标记图、地图、时间表、流程图、饼状图、维恩图、模型图等。加方专家强调,解释必须有论据的支持。

在反思阶段,主要是让学生评估证据。学生要分析和思考收集的数据是否可靠,数量是否充足。反思阶段另一个重要的任务是用证据修改先前的解释,用新的证据形成有论据支持的解释,并将新的解释与初始想法作比较,从而改进自己的想法。

给学生提供机会交流调查活动的结果非常重要,书写和画图有助于学生将自己所做的事情和数据的意义联系起来。交流可以有口头和书面方式,实验报告、日志等都是常用的方式。加方专家还特别强调,如果有真正的听众而不是本班的同学和老师(如另一个班的学生、父母、报刊编辑等),学生会在交流中发现更多的乐趣,并能学会根据实验发现的性质和听众的不同,选择适当的表述形式。

加方专家指出,在学校开设科学课的一个重要目的,就是让学生理解和参与到与管理自然环境相关的社区性问题中去。学生将科学和日常生活建立联系的能力包括以下 4 个方面:(1)意识到问题。学生能够意识到问题,提出使用科学方法来解决的问题。(2)找出争端(争执)。学生能够意识到不同的人有不同的观点,并能够和科学解释发生关联。(3)做出决定。学生能够使用科学信息来为一个决定开展争辩。(4)采取行动。学生能够做出正确的行动,并愿意投入行动。

把握探究过程不同环节和阶段的特定内涵,才能避免探究活动流于形式,保证探究活动深入和富有成效。

(二)儿童的初始想法是科学探究的起点和基本前提

儿童很早就对自然现象有自己的想法,教师了解儿童对科学的初始想法非常重要。这是儿童科学探究的起点,是教师指导和引导儿童探究的前提和基础,正是考虑儿童的初始想法,教师才能更好地为每一个教学阶段设计指导活动和提出关键问题,从而对学生那些有误解的初始想法提出质疑和挑战。也只有教师充分地了解到儿童的初始想法,鼓励他们用适宜的方式表达出来、记录下来,并在探究活动结束时,引导他们将新的认识与初始想法相比较,才能促进儿童认识的主动建构和概念的发展。

罗维尔教授对儿童初始概念的研究已有 30 多年了,积累了许多经验,总结出许多有价值的、有效的方法。她认为在有 60 多个学生的班级里,教师挨个问很难,我们可以让学生画画、画图、列表等,通过多种方式让学生表达他们的初始想法。

所有学生都把自己的想法带到课堂上,这些想法可能源于先前的经验、民间传说、课文、错误推断或想象。研究表明,摆脱固守的信念非常困难,学生必须检验其信念和想法,思考如何以及为何相信这些概念。也就是说,学生应当对支持其初始想法的证据进行检验。

探究式科学教学要求教师在学生现有的经验和知识的基础上进行拓展和修正一些已有的想法和概念。为此,教师必须了解儿童给课堂带来了哪些想法和概念。教师可以通过提出下列问题达到这一目的:我们对此有了哪些了解?它有什么令人感兴趣的地方?你认为发生了什么事情?这些问题会引起一些儿童发表自己的看法。但在一个大班上,并非每个人都有机会发言,所以,需要使用另外一些策略来吸引所有儿童的参与。引发学生初始想法的课堂策略有许多,常用的方法有:(1)图画。让学生画幅图画,显示某个事件是如何发生的。(2)画网状图。学生画一个网状图,显示脑海中浮现的与教学主题有关的所有词汇。画网状图活动可以由学生个别完成,也可以由学生集体来完成。(3)画 KWLH 图表。这种图表包括 4 个栏目:我们知道(know)什么?想(want)知道什么?我们已经了解(learn)什么?是如何(how)实现这一目的的?教师准备一个分成上述 4 栏的图表,学生在每一栏中表达自己的观点。(4)概念图。学生使用适当的连接词将关键词进行连接,以显示关键词之间的关系。此外,教师还可以在卡片上提供一系列插图解释,让学生为某个事件或现象选择一项解释;或让学生用图画或文字说明当某个事件的条件改变时会出现什么情况。在不同主题和内容的探究活动中,教师可以选择适宜的方式和策略来了解学生的初始想法。

(三)教师要用关键问题(key question)引导儿童的探究过程

教学过程可以分为三个基本阶段:集中话题,探索和调查,解释和反思。在每一个步骤中,教师都需要提出一系列关键问题,来引导学生的探究(如表3)。

表3 关键问题举例

教学阶段	关键问题举例
集中话题	你看到了什么?在哪儿看到的? 你觉得这是怎么发生的?
探索和调查	我们需要调查出什么?需要回答什么问题? 要测量或观察什么? 我们可以怎样做来收集需要的信息?我们需要什么设备? 这个办法好吗?公平吗?为了使它公平,我们要改变什么?必须使什么保持不变? 可以用另一种方法来做吗?怎么做?那样做会更好吗? 一些事情是否必须按照特定的顺序来做? 我们如何记录测量结果? 如何展示我们的数据?怎样知道数据告诉我们的信息?
解释和反思	我们看到了什么?它有什么意义? 数据支持我们的预测吗?数据支持或驳斥了哪些解释性观点? 这个结果令我们感到惊讶吗? 我们对于所得到的有把握吗?应该再做一遍吗?有另外一种方法吗? 我以前有没有看到过这样的事情?这对于我来说有意义吗?

在集中话题阶段,教师的任务是通过提出关键问题,调动学生的原有经验,引出学生的初始想法,使学生关注所要探究的主题内容,明确要探究的任务。

儿童天生的好奇心为探究式科学教学提供了一个自然的起点。学生在进行系统的调查之前应该有机会对物体和事件进行探索,这很重要。探索阶段包括交流对物体的看法,以及用一种不系统的方式对材料进行处理。随后,再提出一系列的关键问题指导学生进行实验设计或观察方案的制定。在探索和调查阶段,不要给学生指示,但要用问题引导他们参与到开展调查活动之中。

在解释和反思阶段,教师要通过关键问题的引导使学生明白数据所表明的意义,并鼓励学生学习对数据进行评估,像科学家们对待他们的数据那样采取一种批判性的立场。

教师提供指导的程度取决于学生开展调查过程中的经验。必须以渐进的方式向学生介绍科学调查的各个阶段。

三、关于学习成果评价

加方的同行们强调要用形成性评价了解学生科学学习的进展,并将评价聚焦在学生的科学探究过程中。这就需要了解学生是否理解了核心概念,是否拓展了探究能力,是否能将课堂上的科学活动与课堂以外的世界、与日常生活联系起来。

必须关注并及时评价每一个学生的发展;要将儿童的新经验与初始想法相联系、相比较;教学目标必须被描述成能够评价的学习成果;而且,学习成果的评价应该分成不同的层次和水平,一般分为三个层次水平。

下面列举一节我们在加方专家指导下设计的一个"食物与营养"的探究活动教案中有关目标与评价的几个部分,来说明评价的内容和不同水平的描述。

题目:食物在口腔里发生了什么?

课程标准:4.1.2(《课标》第19页)了解人体的消化过程,养成良好的饮食习惯。

教学目的:

(1) 学生要学习的科学概念:① 吃进去的食物首先要经过牙齿的初步磨碎,才能被身体所利用;② 不同形状的牙齿在磨碎食物的过程中,发挥着不同的作用;③ 我们应该细嚼慢咽,保证食物得到很好的磨碎;④ 我们应该保护好我们的牙齿,因为它们是很重要的工具。

(2) 学生要发展的探究能力:① 根据已有经验对牙齿的形状与功能进行假设;② 能制定一个可行的调查方案;③ 能进行细致的观察,并正确地做记录;④ 使用从观察中得到的证据,解释牙齿的作用。

(3) 学生要获得的应用能力:认识到口腔卫生和保护牙齿的重要性。

(4) 学习成果:① 意识到口腔是食物消化开始的地方,食物必须被磨碎之后,才能被身体利用;② 通过自己的观察,能够识别三类牙齿,并能描述它们的特点;③ 能描述三类牙齿在磨碎食物的过程中发挥着不同的作用;④ 意识到牙齿是重要的工具,能够描述应该如何保护他们。

(5) 概念发展:① 能描述牙齿不同的形状,但不能清楚描述形状和功能之间的关系(第一层次);② 能识别牙齿的不同形状,建立牙齿的形状和磨碎食物之间的联系(第二层次);③ 能描述不同形状的牙齿和在口中开始消化时发挥的作用,以便身体利用(第三层次)。

(6) 探究能力:① 不知道如何进行仔细的观察和记录(第一层次);② 能在教师的指导和提示下,进行仔细观察、实验和记录下证据(第二层次);③ 能独立进行仔细观察、实验和记录下证据(第三层次)。

(7) 应用能力(建立科学与生活的联系):① 通过学习活动没有意识到口腔卫生、保护牙齿的重要(第一层次);② 在教师的提示下,意识到口腔卫生、保护牙齿的重要(第二层次);③ 通过学习活动自觉意识到口腔卫生,能够描述如何保护牙齿(第三层次)。

上述概念的发展、探究能力和应用能力的不同水平可以制成简便易行的评价表,在每节课后对每个学生的学习成果进行及时的评价。事实上,评价是一种重要的教学策略,是探究式科学教学的重要组成部分。评价可以了解学生的需求和发展水平,监测教学指导的有效性,改进教学,并为学生提供反馈。在这次国际合作与交流中,我们明确了在探究式的科学教育中,何为概念和概念在教学目标与探究过程中的位置,尤其是它与事实性信息和知识的区别;我们了解到加方的教师在教学和学生探究的不同阶段,是通过一系列的关键问题来引导学生的学习和促进学生的发展的;我们还了解到学生的学习成果是通过及时的、分层描述的指标、针对每一个学生进行的形成性评价,其目的是为了更好地改进教学和促进学生的发展。①

我们的收获还不仅这些,对于加方所采用的教师培训方式我们也有很深的感受和体验。在近两个月的共同工作中,事实上他们是边培训我们边让我们工作。培训与工作有时相继进行,有时同时进行。在培训中加方专家所采用的教学方式是探究式的教学,我们所经历的学习方式也是探究式的学习,因此,种种收益都来自于亲眼所见和亲身体验。就我个人看来,我国今天的小学科学教育,在相当的程度上可以说是加拿大20年前的状况。我们今后还有很长的路要走,我们要加紧我们前进的步伐,我们需要比较借鉴,我们更需要实践!

参考文献

[1] [加]P. Rowell. 探究式科学教育教学指导[M]. 韦钰,译. 北京:教育科学出版社,2005:51.

---

① 文中基本观点均来源于作者在参与中加"加强西部基础教育能力项目"时的学习体会和收获,以及罗威尔(Patricia M. Rowell)教授提供的部分资料。

日本小学理科课程及教科书特点分析

孙 新

分析日本小学理科《学习指导要领》和教科书,在一定程度上可以了解日本小学理科的目标、内容、体系、结构,以及演变过程和发展趋势,对进一步研究我国小学自然科学教育和教材的发展有一定的参考意义。

一、战后日本小学理科教科书修订的背景

第二次世界大战结束后,日本文部省于 1947 年 3 月 21 日颁布了《教育基本法》和《学校教育法》,同年制定了《小学校学习指导要领理科篇(试案)》。从表 1 可以看出日本小学理科的教育变迁。

表 1 日本小学理科教育变迁表

年	日本小学理科教育变迁
1947	《教育基本法》《学校教育法》
1948	
1949	
1950	
1951	检定教科书使用开始
1952	
1953	以生活题材为主要内容的理科
1954	
1955	
1956	
1957	
1958	(过渡期)
1959	
1960	
1961	
1962	系统理科
1963	
1964	
1965	
1966	
1967	
1968	
1969	(过渡期)

---

① 本文选自《课程·教材·教法》1999 年第 10 期,第 56—61 页。

续表

年份		
1970	探究理科	
1971		
1972		
1973		
1974		
1975		
1976		
1977		
1978		
1979	（过渡期）	
1980	宽松愉快的理科	
1981		
1982		
1983		
1984		
1985		
1986		
1987		
1988		
1989		
1990	（过渡期）	
1991		
1992	生活	
1993		
1994		
1995		尊重个性的理科
1996		
1997		
1998		
1999		

20世纪50年代初期使用的理科教科书完成了由"国定"制向"检定"制的转变，这期间最具影响的是文部省编写的《小学生的科学》。该教科书是由美国小学理科教科书编译而成，但从教材的编写意图和内容上看，它继承了国民学校时期的"从生活中寻找题材，通过观察、实验、实际动手操作等活动，努力解决实际问题"的教育思想。例如，通过"吃什么，怎样吃好？""怎样建房子好？""怎样利用河流？"等问题，使学生观察身边的现象，解决生活中的问题。1952年，文部省对《学习指导要领》进行了修订，但没有大的变动，这一时期被称为"以生活题材为主要内容的理科"。

1958年，文部省修订了《学校教育法施行规则》，同年公布新的《小学校学习指导要领》。由于"以生活题材为主要内容的理科"在实施中遇到不少困难，再加上美国正在倡导"科学教育的现代化""教材的结构化"，日本20世纪60年代也开始追求"教材的系统化"。例如，"应该把'物体具有质量、物体的质量恒定不变'作为物质学习的基础"等提案得到重视，这进一步促进了教材的发展。这一时期被称为"系统理科"。

1968年的中小学《学习指导要领》中，以"探究理科"为口号，将现有的教材内容进一步精选,增加了欧美国家不少成型的实验内容,所以 70 年代被称为"探究理科"。

1977 年的《学习指导要领》以难度较大为理由,删除了 1968 年在教材中增加的大部分实验内容。20 世纪 80 年代提倡快乐式的科学教育,主张对光、声、热、电、磁的学习落实到"物质学习"中去,反映了日本小学理科教材由灌注式向自主学习方向的转变。这一时期被称为"宽松愉快的理科"。

在 1989 年的《学习指导要领》中,小学 1、2 年级的理科被废止,改设生活科;小学到高中的理科教书中增加了新材料、新科学方面的内容。生活科是以自然现象和生活常识为基础的综合性学科,同时,"教材的综合化"也在向小学的中、高学年推进。

1998 年 10 月,日本文部省公布了新的《小学校学习指导要领》(以下简称《要领》),该《要领》将于 2002 年开始实施。根据新的《要领》,理科授课时数被削减,内容被精练、压缩,课程结构也从整体上进行了调整。其标志是增设了"综合学习时间",这表明日本中小学不仅注重学科本身的综合,而且开始重视跨学科的综合性体验学习。20 世纪 90 年代开始提倡个性培养,这一时期被称为"尊重个性的理科"。

二、日本小学新教育课程设置与理科的地位

(一)日本小学新教育课程设置

表 2 和图 1 为 1998 年公布的"日本小学新教育课程设置表",横轴为各学科、道德、特别活动、综合学习时间的周学时数;纵轴为 1—6 年级。小学 1 课时为 45 分钟。1 年级全学年共 34 周,其他年级全学年共 35 周。

表 2 日本小学新教育课程设置表

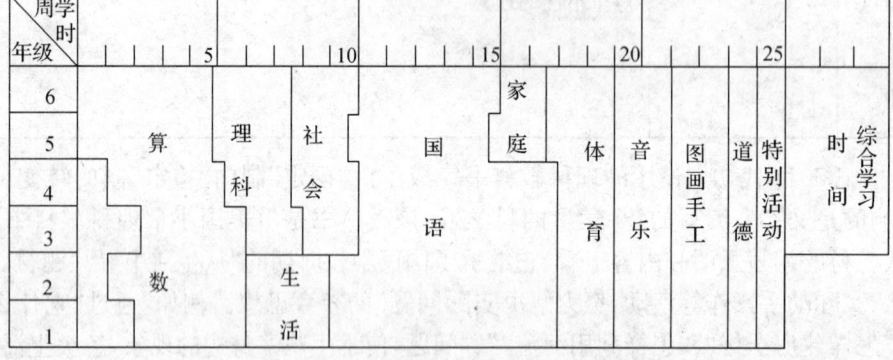

由表 2 可见:日本小学课程结构中增设了"综合学习时间"(小学 3 年级以上至少每周 2—3 学时)。新教育课程开始实行 5 日教学制,提倡各学校开展具有创意性的教育活动,培养学生自身的生存能力。在精选基础、基本教学内容的同时,强调培养学生的创造力和适应国际化、信息化社会的应变能力,重视个性培养。

与现行课程设置相比,全学年缩减了 70 学时,相当于每周减少 2 学时。同时,给学校自主权,多方面开展国际理解、外语会话、信息、环境、福利、健康等综合性体验学习活动。理科周学时数也由原来 3 学时减为 2 学时左右,3—6 年级分别为 70、90、95、95 课时。理科各年级学时数的总和占小学全课程学时数的比例是 6.5%,若把 1、2 年级生活科的三分之一学

时数计算在内,其比例为 7.8%。

(二)从学时数的变化看理科学科地位的变化

第二次世界大战结束后,日本小学理科课程内容进行过六次调整,现又开始第七次课程改革。图1为日本小学理科各学年周学时数累计变化表,纵轴为各学年的周学时累计数,横轴为年代变化,日本在小学阶段,理科的学时数占有相当的比例,并且每隔10年左右就对教科书进行一次修订。由于20世纪60年代和70年代积极倡导"科学教育的现代化""教材的系统化",理科的教学时数随之明显增加。80年代和90年代在"快乐学习""尊重个性"的口号下,教学时数又相应减少。到了90年代末期,强调对学生的综合能力培养,为推进理科课程、教材的综合化进程,在面向21世纪新教育课程的调整过程中,在增设"综合学习时间"的同时,理科的教学时数进一步被压缩。

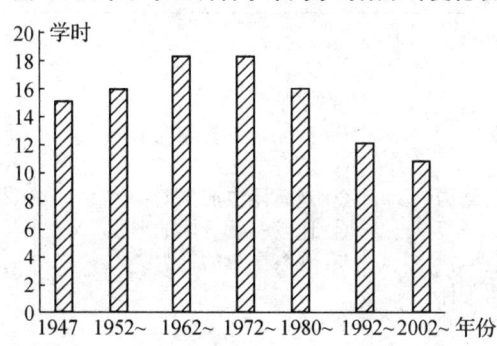

图1 日本小学理科各学年周学时数累计变化表

三、对日本小学理科教科书特点的分析

50年代开始,日本中小学教科书制度由"国定"转变为"检定",全国理科教科书的出版发行工作由6—7个教科书出版公司承担。如东京书籍株式会社、大日本图书株式会社、启林馆株式会社、学校图书株式会社、教育出版株式会社以及信浓教育会出版部等,形成以《学习指导要领》为指导的多版本共存的检定教科书制度。各公司出版发行的现行小学理科教科书,如东京书籍株式会社的《新理科》、大日本图书株式会社的《快乐的理科》等,在编写形式、体系、结构、内容等方面没有大的差别。下面以在全日本小学中使用率最高的东京书籍株式会社编写出版的《新理科》为例,对其编写形式、教材内容分类及比例分布等特点做一简单分析。

(一)《新理科》编写形式的特点

东京书籍株式会社的《新理科》共7册,3年级1册;4—6年级上、下各2册。每学年的教学量为10个单元左右,每个单元用10个学时左右。各单元又由3—5个小单元组成,在各单元中设有[方法][资料][科普读物][试一试][归纳总结][想一想][自由研究]等栏目。

《新理科》以观察、实验课题为中心。各单元开头都以"我们来研究一下……吧"提出要求,紧接着用问题和照片等导入新课,用观察、实验的方法提出问题。同时,以图、照片等展示实验操作及实验现象变化的过程。实验结果部分有简要的说明,并进行小结。这种编写形式注重学生对知识的认识过程,能够激发学生的学习兴趣。通过观察、实验要明确的问题,是在教师的指导之下由学生自己完成的。

(二)《新理科》教材内容的分类和比例分布

《新理科》教材内容可以分为三大类:

1. 生物与环境——植物、动物、人;
2. 物质与能量——物质、声、光、热、力、电、磁;
3. 地球与宇宙——地质、气象、天文。

各类的具体内容详见表3

表3 日本东京书籍《新理科》教材内容的分类

年级\内容	生物与环境		
	植物	动物	人
三年级	(1) 来栽培花草吧 ① 播下种子 ② 发芽了 (2) 来栽培花草吧 ① 叶子茂盛起来了 ② 花草具有怎样的结构 ③ 来植树 (3) 来栽培花草吧 ① 花开了之后变得怎样 ② 归纳总结一下花草栽培	养蝴蝶 ① 我们来寻找蝴蝶的卵 ② 培育幼虫 ③ 观察昆虫成虫的身体 ④ 比较一下身体的形状 ⑤ 观察昆虫的行为	研究一下人的身体吧 ① 身体怎样移动 ② 身体各部位有什么样的感觉
四年级	天气转暖 ① 观察校园的树木 ② 观察花草和虫子 ③ 我们来播下花草的种子培育花草 ④ 树木有怎样的变化 天气变热 ① 观察校园的树木 ② 观察花草和虫子 ③ 天气变化对花草的生长有影响吗 ④ 紫阳花在什么期间开放 天气变得凉爽 ① 观察校园的树木 ② 观察花草和虫子 ③ 气候一变凉,花草的培育如何 天气变得寒冷 ① 观察校园的树木 ② 观察花草 ③ 观察虫子 ④ 气候一变冷,人的身体如何 冷热程度与有生命物体 ① 观察校园的树木 ② 观察花草和虫子	动植物与人体的一天 ① 花草在一天内状态发生变化吗 ② 动物在一天内活动发生变化吗 ③ 人的身体如何变化 ④ 动植物的状态随气候的变化而改变吗	

续表

年级\内容	生物与环境		
	植物	动物	人
五年级	种子的构造与发芽（油菜） ① 种子核心中有什么 ② 刚发芽的种子中淀粉如何变化 植物的生长 植物生长过程中哪些条件是必要的 从开花到结果 ① 成为果实的是花的哪一部分 ② 像粉那样的东西是什么	鱼的养殖方法 ① 鱼的卵是怎样变化的 ② 鱼吃什么东西	动物和人的诞生 ① 动物以怎样的形态出生 ② 动物的性别与生命的诞生 ③ 人的性别与生命 ④ 人是怎样在母体内生长的
六年级	植物体与阳光 ① 我们来栽土豆吧 ② 新土豆中有淀粉吗 ③ 植物体的哪部分可产生淀粉 ④ 植物体是如何获得水分和养分的	人和动物的身体 ① 呼吸可以得到什么 ② 食物的养分如何被吸收 ③ 氧气和养分是经什么器官输送的 ④ 比较一下人和动物的身体 人与环境 ① 空气中的氧气不会消失吧 ② 人和动物的食物 ③ 对生物来说水意味着什么	

年级\内容	物质与能量			地球与宇宙	
	物质（光、声、热）	力学	电、磁	地质	气象、天文
三年级	比较空气和水 ① 把空气收集起来 ② 空气的体积会改变吗 ③ 水能被压缩吗 ④ 利用空气和水的性质照射光 ① 影子的长短不同吗 ② 不同物体冷热程度不同吗 ③ 阳光能被收集吗 试着发出声音 ① 发出什么样的声音 ② 发出声音的物体怎样变化 ③ 传递声音		让我们使它明亮起来 ① 怎样做才能亮 ② 连接各种各样的物体 ③ 利用导电物和不导电物 我们来吸铁吧 ① 磁铁能吸引什么 ② 吸过磁铁的铁钉也变成磁铁了吗 ③ 磁铁的两端有怎样的性质 ④ 利用磁铁的性质	调查土壤和石头 ① 土壤是由什么构成的 ② 不同地点的土质不同吗 ③ 石头中有哪些物质	比较晴天和阴天 ① 影子会移动吗 ② 影子为什么会移动 ③ 晴天和阴天有什么区别

续表

年级\内容	物质与能量			地球与宇宙	
	物质(光、声、热)	力学	电、磁	地质	气象、天文
四年级	物体热胀冷缩与体积 ① 金属怎样加热 ② 水和空气怎样加热 ③ 由于温度的改变,空气和水的体积改变吗 ④ 由于温度的改变,金属体积改变吗	物体的重量与天平 ① 让我们来考虑一下比较物重大小的方法 ② 用一根木棒能够比较物重大小吗 ③ 物重大的物体体积也大吗	电的作用 ① 我们让车跑起来吧 ② 为什么电的作用不同呢 ③ 光电池起了怎样的作用	流水的作用 ① 河流的水经过哪儿 ② 河流的作用如何 水的形态和行踪 ① 淤积的水变成了什么 ② 空气中的水蒸气又会变成水吗 ③ 水一遇冷变成了什么 ④ 水以各种形态存在于大自然中	
五年级	物质的溶解方法 ① 水的温度不同,硼酸溶解的程度不同吗 ② 能使溶于水的硼酸全部提取出来吗 ③ 食盐怎样溶解 ④ 溶于水后,物质的轻重发生变化吗	杠杆的作用 ① 撬棍的作用是什么 ② 所谓杠杆平衡是什么时候 ③ 我们来寻找利用杠杆原理的工具 摆锤的作用 ① 为什么摆的快慢不同 ② 摆的摆动时间根据什么而改变 ③ 用摆锤来移动物体 ④ 制作与摆锤碰撞的推移物			气温与天气的变化 ① 气温在一天内如何变化 ② 太阳在一天内怎样移动 ③ 随着天气变化,气温如何变化 ④ 天气究竟是怎样变化的 ⑤ 冬天的天气 月亮和太阳 ① 月亮是怎样移动的呢 ② 月亮的形状为什么发生变化呢 ③ 太阳和月亮有什么不同

续表

年级＼内容	物质与能量			地球与宇宙	
	物质（光、声、热）	力学	电、磁	地质	气象、天文
六年级	物质的燃烧方法与空气 ① 瓶中的蜡烛能持续燃烧吗 ② 起助燃作用的气体是什么 ③ 燃烧后的空气有何变化 ④ 隔绝空气加热物质有变化吗 ⑤ 金属加热也发生变化吗 水溶液的性质和作用 ① 金属放入液体中会发生变化吗 ② 水溶液能溶解什么物质 ③ 能从水溶液分离物质吗 ④ 不同物质的水溶液混合后会产生什么现象		电磁铁与电热 ① 通电线圈的作用 ② 能够改变电磁铁的磁力吗 ③ 让我们来下功夫制作小马达 ④ 电流可以使铜线发热吗	大地的构造 ① 大地是怎样构成的 ② 水对大地的形成有何影响 ③ 火山对大地的形成有何影响	夏季的星星星体的运动 ① 北面天空的星星 ② 星星怎样移动 ③ 整个天空的星星怎样移动

在教材内容分类的基础上，通过计算同类教材内容所用学时数占理科总学时数的百分率，做出该教科书教材内容的比例分布，如表4所示。

表4 日本新理科教材内容的比例分布表

植物	动物	人	力	电、磁	物质、声、光、热	气象天文	地质
22.2%	10.6%	9.7%	8.1%	12.0%	17.8%	11.0%	8.6%

从表中可以看出，三大类内容的比例分布是：生物与环境占42.5%；物质与能量占37.9%；地球与宇宙占19.6%。

以上内容比例分布并不是截然分开的，而是各部分内容相互渗透。例如，在植物、动物的教学内容中，都包含有关于人的生活的内容；在光和热的内容中，包含有关于气象和天文的内容。

（三）《新理科》教材内容特点的分析

通过分析可以看出，日本新理科教材内容具有五个特点。

1. 强调对事物变化过程的认识，形成动态表象

例如，《新理科》3年级从播种开始，学习"凤仙花"的生长变化过程。4年级以樱花、紫阳花、雪柳、银杏等植物为主线，随着季节的不同，要求学生观察、发现植物生长变化的规律，花

草在一日间状态的变化,动物在一日间的变化,人身体的变化,生物的状态随天气的变化如何改变,等等。强调对动、植物和人的变化、发展过程的认识。

再如,为展示水蒸气的形成过程,采用清晰的照片,呈现出水蒸气动态的变化过程,使水蒸气是透明、无色的这一特征与白雾特征的区分得以顺利进行。

2. 注重激发学生的兴趣,重视观察实验、记录、仪器使用能力的培养

《新理科》在[方法]栏目中,对观察实验、整理记录的方法进行了说明,并给出了学生手记的观察记录样本。类似的内容在教科书中多处出现。从小学生的年龄特点来看,同伴的作品既有可行性又有可比性。这既可消除学生的为难情绪,又能激发他们创新的热情。贯穿于该教科书始终的[方法]栏目,把对学生的技能培养落到了实处。例如,设置了天平的使用方法、电流计的使用方法、显微镜的使用方法、太阳高度角的测量方法等,并说明了具体的操作方法和注意事项。

3. 注意教材内容知识体系的完整性和相关性

《新理科》采用单元的编写形式,每个单元用10个左右学时完成。为了讲解某一概念、规律,教材从多方面、多角度选取了不同的现象、实例。例如,"我们来用磁铁吸东西吧"这一中单元,由四个小单元构成。从"磁铁能吸引什么东西"开始,用磁铁接近铁钉和曲别针做成的系着线的蝴蝶等游戏,说明磁铁性质。紧接着提出了"能导电的东西是否也能被磁铁吸引"的问题,这一问题是在对前一单元知识认识的基础上提出的。这既注意了知识体系的相对完整性,又重视了知识间的相互联系。

4. 注意专业术语的通俗化

《新理科》几乎采用的都是通俗的日常用语,具有号召性,目的在于激发学生的参与意识。例如,在"我们来让它们亮起来吧"单元中,采用"把各种各样的东西连接起来亮了吗?"来处理,没有出现"导电""导体"的字样。

5. 通过动物和人的生殖规律的对比加强性教育

同欧美国家一样,《新理科》教科书中设置了"动物和人的诞生"这一单元。该单元采用动物和人类比的方式,提出动物是怎样出生的;动物的性别与生命;人的性别与生命;人在母体内的生长等一系列问题,使学生了解动物的性别特征以及受精方法,掌握动物和人的生殖规律。

"动手做"
——法国科学教育的新举措[①]

王晓辉

科学教育在法国中小学教育中占有重要位置,但长期以来,抽象思维的学科,特别是数学更受推崇。这样教育的结果,虽然培养了大批的科学家,随之也出现了未曾预料的社会问题。人们发现,进入名牌高等学校的学生集中于政府官员和企业经理的子女。法国国民教育部曾对四所名牌高等学校进行调查,发现这些学校在1950年招收的新生中,尚有29%出身于平民阶层,而今天只有9%。因此可以说,"一个在不利环境中读小学的儿童,实际上无任何机遇进入名牌大学校"。人们分析其原因,认为富裕的中产阶级或知识分子的子女,在家庭生活和社会交往中自然而然地学会了推理和逻辑思维,学校教育又强化了这种思维方式。为了促进教育的民主,使更多的处境不利的儿童获得发展的机会,法国一些教育家提倡在小学加强自然科学教育,让儿童在活动中认识自己的潜力,发挥主动性和创造性。

1994年,法国著名物理学家、诺贝尔奖获得者乔治·夏尔帕(George Charpak)在访问美国学校时,从美国学校开展的科学教育中得到很大启发。访美归来之后,他便萌发了在法国学校中开展"动手做"的设想。1996年9月,在法国特雷易举行了一次题为"改善对学生的培养方法,从幼儿园起进行自然科学教育"的会议。大约15名科学家和教育家参加了会议,从而发起了科学教育计划——"动手做"。

"动手做"(La main á la pâte)的法语原意是手在面团上,或用手揉面,意即实际操作。

1997年,索菲·埃尔斯特(Sophie Ernst)以法国科学院和国家教育研究院的名义撰写了《何为"动手做"?》的长篇文章,全面阐述了在小学开展科学教育的重要意义和基本原则。

1999年1月30—31日,法国国家教育研究院、科学院和教育部的学校教育司联合在法国国家图书馆举办了"科学与初等学校"的大型研讨会,从而促进了法国小学科学教育大规模地实施。

进入21世纪,法国以"动手做"为主题的科学教育正在所有小学蓬蓬勃勃地全面展开,不仅有关研究与指导性的著作相继出版,也发表了大量实践范例。尽管无法预测这一活动是否会长期持续下去,但从目前看,的确给法国小学教育带来重大影响。以下从几个侧面介绍法国当前科学教育的概况。

一、让所有儿童学习科学、接受科学

"动手做"的目的在于重新启动小学的实验科学教育。

法国一些科学家和教育家感到,学校里的科学教育由于种种原因未能切实开展。特别是有的学校曾经把"科学教育"作为消除文盲的手段,通过一些实验演示,提高儿童的学习兴

[①] 本文选自《全球教育展望》2003年第4期,第69—72页。

趣，以便使他们掌握基本的读、写、算常识，而不是通过实际经验学习推理的真正意义的科学教育。法国曾经在20世纪70年代兴起了"活动教学法"的热潮，在教学大纲中设置了称之为"启蒙课"的一类课程，鼓励学生在活动和讨论中学习。学校也尽可能为学生设置实际场景，让学生探讨生活中一些简单自然现象的原理，如水的沸腾、雨后彩虹、灯的发光等。但是，启蒙课未能坚持下来，原因是小学往往认为科学教育属于中等教育的范畴，初等教育属于基础学习阶段。而科学常识，不仅教师在课堂中经常作演示和解答，儿童也可以在动物园和植物园或日常生活中接触到。

专家们认为，教师讲授科学常识或儿童对自然现象的观察，都不是真正的科学教育。一方面，教师的科学演示往往是自上而下地传授知识，学生并不理解真理形成的过程；另一方面，学生自然地接触科学现象，往往有很大的随机性，很难形成科学的概念。只有经过学生实际的调查和操作，才能使学生自己形成知识，并有助于掌握科学研究的方法。"动手做"活动的目的就是让儿童在认识周围事物和自然现象的过程中，构建对真实世界的科学知识。

"动手做"首先强调尊重儿童的求知欲。儿童总是对自然界有无尽的兴趣，对身边耳闻目睹的事物不停地发问。尽管成人或教师不能尽善尽美地回答儿童的所有问题，甚至也有当代科学也无法回答的问题，但是挫伤儿童的求知欲，就会影响儿童未来的心理发展和知识的形成。因此，"动手做"就是要鼓励和激发儿童的求知欲，引导儿童对科学的兴趣和爱好。

法国科学家认为，科学教育在高中开始就太迟了。在高中，学生关心人文世界的兴趣往往大大高于对自然世界或物质世界的兴趣；高中科学教育的隐性目标经常是教育的筛选或分流，学生选择理科往往是出于未来职业的考虑，而非真正的兴趣和爱好。对于许多少年儿童来说，正是因为缺少敞开大门的植物园或星罗棋布的夜空，丧失了在科学领域发展的机会。"动手作"就是要注意开发儿童完全纯新的求知欲，满足他们要观看、要触摸、要制造、要活动的渴望。

另外，"动手做"要为儿童构建一种科学文化，从而更好地理解和掌握当今世界。儿童的现代生活中不可缺少的就是电视，然而电视给儿童提供的影像或信息虽然是斑斓绚丽的，但却是无序的，缺乏联系的，不协调的。科学教育的意义就在于通过儿童接触具体事物，向儿童展示一个具有完整结构和规律有序的真实世界。

"动手做"在教学法上也有所创新。自夸美纽斯提出"教学论"以来，课堂教学虽然大大地提高了效率，但始终面临着班级整体与个别儿童的矛盾。因为每个儿童都有自己的个性，都有不同的学习特点，可以说一个儿童就是一个世界。尽管许多教育学家做过无数尝试，诸如"个别教学法"等，均未能实现既全面考虑班级教学又充分照顾个性发展的理想模式。"动手做"则允许把班级划分若干小组，通过学习不同的专题，按照不同的进度进行学习。特别是"动手做"的学习过程，既是勤于动手，又是勤于动脑的过程，孩子们通过自己设计方案，寻找实验器具，研究学习方法，一边讨论，一边绘图，一边读书，可以避免枯燥学习常常出现的疲劳松懈或精神分散等问题。

为此，专家们提出了"动手做"的十项原则：

儿童观察真实世界中的事物或现象，这些事物或现象是贴近儿童并容易让儿童感受到和实验的。

在儿童探查的过程中，儿童进行论证和推理，共同讨论其思想和结论，形成自己的知识，仅有手工活动是不够的。

由教师向学生建议的活动,要形成一个序列,以促进学习的进步。这些序列活动属于课程的组成部分,但要给学生以充分的自主。

每周至少两个小时用于同一主题的活动,并要持续数周。在整个学校生活中,要保证活动和教学方法的连续性。

儿童人手一本实验手册,并以自己的表述方式记载。

主要目标是学生逐步适应科学与操作技术的概念,同时奠定文字与口头表述的基础。

家庭和/或社区支持班级活动。

当地大学和高校中的科学工作者要为班级活动尽其所能。

当地的大学教师培训学院要在教学经验和教学方法上为教师服务。

教师可以从互联网上获取教学的模块、活动的设想、问题的解答。教师也可以通过与同事、培训者和科学家的对话,参与合作工作。

二、让儿童在操作中理解科学

科学教育,特别是实验科学教育应当包含一定的实验。但是在法国的传统的实验科学教育中,实验并不多见。过去,法国科学教育过分以数学为中心,过于公式化,过于教条化,而未能充分发展儿童的实验能力,未能发展具体操作的能力,未能发展探索和求知的精神。教育的重大作用是使人类几千年积累的知识浓缩起来,在较短的时间里传授给新一代。但是这并不意味着完全放弃人类在创造知识的长期过程中所进行探索的方法。"动手做"就是要让儿童在自然和真实现象面前感到惊异,尝试去做,反复去做,认真观察,大胆假设,小心求证。

法国科学家强调,科学不仅仅是定理和公式,科学活动还包括多种多样的形式:操作、提问、观察、表达、交流、分析、综合、想象、验证等。如果说,科学的定理和公式对孩子是十分枯燥的,但在实际操作中,我们可以发现孩子对自然科学有着非凡的接受能力。例如,我们可以组织孩子们观看彩虹:彩虹什么时候出现?它是什么形状?它的颜色总是一样吗?我们可以自己制造彩虹吗?如何解释这些现象?这些问题都可以很容易地在"动手做"的过程中得以解决。

"动手做"也不需要复杂而昂贵的设备。法国教师经常利用一些日常用品和废旧物资,来进行科学演示与实验。这些实验通常也不需要特别的技术,只要肯于动脑和动手就足够了。

为了理解火山是怎样爆发的,老师帮助孩子们做这样的实验:先将平底锅里放几勺草莓酱,再覆盖上一层厚厚的土豆泥,然后放在火上慢慢煮沸,火山就这样爆发了!如果把所有这些放到冰箱里冷冻,再进行切片,就会看到"火山"内部结构的剖面。

有一天,老师向同学们提出这样问题:"如何长时间保存冰块?"学生们立刻提出种种设想:

——放在比较凉快的走廊里;

——放在窗台上;

——放在阴影里;

——放在冷水桶里;

——放在恒温箱里;

——放在报纸里。

老师又问:"冰块放在哪里化得最快?"

——电炉上;

——阳光下;

——热水中;

——毛衣里。

众说纷纭,老师建议大家动手实验。经过准备,孩子们开始记录实验结果。

一个把冰块放在冷水里的孩子首先宣布结果:这不可能!

另一个孩子要求再来一次,因为他感到水不够凉,也不流动。老师当然答应了他的请求,可惜结果仍然是冰块很快消失。

而把冰块放在羊毛衫中的孩子,在实验开始时便有些后悔,他觉得自己肯定是最先失去冰块的人。但是一个上午过去了,他的冰块还基本完好!

有的孩子并不服气,他说,我们的实验不公平,我的冰块比他们的小。也有的孩子说,教室各处的温度不一样。

于是实验重新开始,大家选择同样大小的冰块,放在同一地点,并且同时开始。结果依然不变:放在水中的冰块融化得快,而毛衣中的冰块保存较好。

为了帮助孩子们弄清原因,老师又让每个人观察冰块在一杯热水中的变化。老师向他们解释了对流运动和热量交换的道理,冰块之所以在毛衣中不易融化,就是因为毛衣阻碍热量交换。这样,孩子就接触到了绝热的概念。

从这一简单实例,我们也可以这样认为:科学教育的目的是构建真理,科学教育应当使儿童面对真实,与真实接触,向真实发问。

但是,现实的东西不一定是真实的,甚至可能是虚幻的。科学教育使儿童接触自然和科技世界成为可能,科学教育可以让儿童与物质、自然和客观现象相碰撞,让儿童向其发问,对其探索,在不断提问与探索的互动过程中形成逻辑思维能力,形成认识事物的能力。首先要让儿童对客观事物进行积极的观察,引起他们的好奇心和求知欲;其次,要求儿童对观察到的事物进行初步的描绘,提出问题;最后对实验结果进行归纳推理,得出结论,获得对世界的客观认识。

例如,我们可以很容易地告诉学生,"水的沸点是 100℃"。而学生往往会提出疑问,为什么不可能是 200℃,99℃ 或 101℃? 教师就可以利用野营的机会,在篝火上架起一个盛满冷水的锅,并在水中插上一只温度计。学生会认真地观察温度计的变化。当温度计在 100℃ 停止不动时,有的学生坚持说可以达到 200℃,只是火力不够。然而经过不断添柴,温度计的显示依然不变。学生又说,可能温度计坏了,换了几次温度计之后,温度计总是在 99—101℃ 之间。老师会告诉学生,水的沸点就是 100℃,只是我们的温度计还不够精密,所以有时会有误差。因此学生对科学的定论不仅信服,而且也获得了深刻的记忆。

当然,科学教育,或者说"动手做",都不能等同于游戏。一个法国儿童这样说过,学习科学,就像做游戏,但却是一种很难做的游戏。对于一个只有战胜困难才能获胜的游戏,需要全神贯注和集中精力。在"动手做"的过程中,儿童们会逐渐地提出这样问题:为什么植物要这样生长? 它们也吃东西吗? 怎么吃呢? 植物与动物有什么不同? 动物与人类有什么不同?

回答这些问题并非轻而易举。提出问题之后,往往需要再观察,在观察中提问,在提问中观察。有时观察不到任何东西,有时观察到似是而非的东西,有时观察到的东西稍纵即逝,有时为记录观察的东西而顾此失彼。在这里,教师发挥着极其重要的作用,他引导着儿童在正确的道路上探索。教师的提示可能是简洁的:看一看下面有什么变化?你看这是什么?你想会怎么样?教师也可以对儿童进行指导:再看一看,再做一次。例如,引导儿童观察物体在水上的漂浮:球状的橡皮泥下沉,扁平的就漂浮;塑料的物体,无论什么形状都不沉入水中。正是通过教师的正确引导,儿童逐步学会观察,学会正确的观察,学会提出问题,学会寻找答案。惊异、发问、探索、实验、归纳、推理、重复、证明等等,这就是科学实践的过程,这也是科学教育应当经历的过程。只有经过这样适当的过程,学生才可能真正掌握科学的知识,掌握科学的方法,获得科学的能力。

三、让儿童在学习科学的过程中学会做人

从某种意义上说,探索真理的道路永无止境,科学的结论有待于不断深化。教师有责任让学生对科学结论有更加清醒的认识:如,水的沸点温度会随着纬度的变化(即气压的变化),随着水的组成元素、纯度等因素的变化而变化。人们可以对真实的科学表述进行完善,使之"更加真实"。科学就是这样通过越来越高级的工具,用更加精确的观点,来明确和完善各种定律。

另外,谁也不能专横地宣称自己的结论"就是科学"。科学史上的反常现象并不鲜见,任何断言都可能导致独断,都可能阻碍科学的进步。科学教育正是通过一些微不足道的观察和实验给儿童以启发:即使真理不容置疑地独立于我们而存在,它也是一点一点地建立起来的。真正的科学教育总会潜移默化地告诉人们,要以批评的精神对待现成的理论,更要以创新的精神构建新的科学。

儿童作为未来的公民,应当学会在民主氛围中生活。"动手做"可以让孩子在认识客观世界的同时,也知道了自己属于世界的一部分,从而学会处理与他人的关系。所以说,学习科学的过程,也是孩子学会民主生活的过程。要让孩子有参与辩论的意识,让他在与别人的观点交锋中形成自己的观点,学习别人的长处,学会尊重他人的意见,学会辨别哪些东西要受到客观现实的限制,哪些东西符合伦理规范。只有当人们觉得自己的观点被倾听、被注意、被重视,才会树立战胜任何困难的信心。

每个人都应学会辩论,摆清事实、数据,使自己的论据处于有利地位,以理服人。每个人也应聆听他人的意见,在吸纳别人观点的同时,重新梳理自己的观点,修正自己的观点,要正视现实,而不要弄虚作假,争取与别人达成共识。

也许,"动手做"并不使人感到新鲜,"做中学""实践出真知""在游泳中学会游泳"是众所周知的道理。然而,分水岭也许就在这"做"与"不做"之间,难能可贵的就在于做,特别是法国科学家,而且是顶级的科学家就在做这样的事。

参考文献:

[1] [法]乔治·夏帕尔."动手做"——法国小学科学教学实验计划[M]. 黄颖,苏文平,安延,译. 北京:人民教育出版社,2003.

[2] 法国教育部网站:http://www.education.gouv.fr.

从科学教育标准看当代科学教育内容
——关于美国几个科学教育改革方案的内容分析[①]

魏 冰

一、前言

继 20 世纪 60 年代的科学课程改革之后,美国现正经历着一场新的科学教育改革。当前的科学教育改革的主要特征可以概括为两个方面。其一,改革的驱动力主要是社会和经济因素[1]。在当今社会,科学技术已渗透到社会生活的各个方面,并与人类的各项活动密不可分。面对诸多与个人生活、生存息息相关的问题,每一个公民都需要利用科学和技术知识来做出适当的选择和决策。同时,经济发展的全球化需要一大批受过科学和技术教育的劳动力,以便保证美国在全球市场的竞争力。因而,当前的科学教育改革不同于 60 年代以培养科学技术精英为目的的课程改革,它的目的是培养全体公民的科学素养[2]。其二,这场科学教育改革是以"标准"为基础的系统改革,其目的是通过规定统一的教学内容并为此协调教育系统内外部的各种因素来全面提高学生的学业成绩[3]。但是,在当前的社会经济条件下,在基础教育阶段应该为学生提供什么样的教学内容,才能使他们将来作为社会公民能够愉快地生活并有效地参与各种与科学、技术相关的社会活动?简单地说,什么样的科学教育内容有利于培养学生的科学素养?自 80 年代以来,美国科学教育界陆续出台了一系列的科学教育改革方案,都集中讨论了这一问题。

从各种科学教育改革方案来看,科学教育标准大致可分为两类:一类是内容标准,即规定学校应该教什么、学生应该学什么;另一类是评价标准,即以较为具体而具有操作性的术语规定在学习结束时学生应该学到什么。实际上,这两类标准分别从不同的角度规定了科学教育内容,对实际的课程设计和课堂教学都会产生重要影响。因此,本文所讨论的 4 个科学教育标准分属以上两类。它们是"国家科学教育标准"[4](1996)、"2061 计划"[5](1989,1993)、"新标准"方案[6](1997)、"国家教育进展评估"[7](1996)。其中,前两个属于内容标准,后两个属于评价标准。这样的选择主要是基于以下两方面考虑:首先,它们是当代科学教育标准的典型代表,在美国(及国际)具有广泛的影响;其次,4 项标准所涉及的都是基础教育的整个阶段(即从幼儿园到 12 年级),因而能够全面反映科学教育改革的整体情况。我们认为,学习和研究这 4 个科学教育标准关于科学教育内容的阐述和界定对我国当前科学教育改革,尤其是从素质教育的角度建构科学课程体系是大有裨益的。本文所要研究的问题有:4 个科学教育标准在科学教育内容方面有何相同和差异之处?4 个科学教育标准中的

[①] 本文选自《教育研究与实验》2000 年第 4 期,第 26—30 页。

科学教育内容可概括为哪几项？每一项的主要内容是什么？下面先简要介绍上述方案的背景,然后分析它们对于科学教育内容的表述。

二、方案背景

1. 国家科学教育标准(National Science Education Standards)

国家科学教育标准(以下简称 NSES)由美国国家研究院负责设计,是美国历史上第一个国家科学教育标准。该方案初稿拟定于 1991 年,几经修改后于 1996 年正式出版成书。在这个文件中,作者指出,NSES 的目的是产生科学素养的理念以及科学教育的标准。他们认为,"标准"建立起来后,理念才能变为现实。这些标准包括:科学教育标准、科学教师专业进修标准、科学教育评价标准、科学内容标准、科学教育大纲标准和科学教育系统标准。其中,科学内容标准是其核心,内容包括 8 项:统一的科学概念和过程、作为探究的科学、物质科学、生命科学、地球与空间科学、科学与技术、科学的个人和社会视野、科学的历史与本质。在具体的教学目的和学习任务上依据 K(幼儿园)—4、5—8、9—12 三个年级段分别予以表述。

2. "2061 计划"(Project 2061)

"2061 计划"发起于 1985 年,由美国科学促进会负责设计。这一年哈雷彗星飞临地球,它下一次光顾地球的时间是 2061 年,该计划由此得名。培养全民的科学素养是这一计划的中心目标。1989 年,该计划出版了第一份报告,题为"科学为所有的美国人"。在这份报告中,科学教育内容包括以下 12 个方面:科学的本质、数学的本质、技术的本质、自然背景、人类环境、被改造了的世界、数学世界、历史观点、思维习惯。这些内容被认为是构成科学素养的基本要素。1993 年,该计划又出版了一个名为"科学素养基准"的研究报告。这份报告把基础教育分为 4 个年级段,即 K-2、3—5、6—8、9—12,并依据上述内容规定了每个年级段结束时学生应该"知道什么""能做什么"。

3. "新标准"方案(New Standards Project)

"新标准"方案(以下简称"新标准")由美国国家与经济中心设计,其目的是为学区和各州制定一套评价体系,"以便通过测量学生的学业成绩来衡量国家标准的达到程度"[8](p.2)。科学标准是该方案的一部分,另外还有语言、艺术、数学等标准。该方案于 1997 年颁布,现正逐步实施。该方案的科学标准主要依据 NSES 和"2061 计划"制定,内容包括两部分,即"概念理解"和"特别注意的领域"。前者主要是物质、生命、地球和空间科学的基本概念及其应用,后者则突出了科学探究的技能和能力。这些技能和能力包括科学思维、科学工具和技术、科学交流和科学研究。"新标准"的学业成绩评定分别在 4、8、12 三个年级进行。

4. 国家教育进展评估(National Assessment of Educational Progress)

国家教育进展评估(以下简称 NAEP)是全国性的评价系统,目的是通过测量学生的学业成绩反映美国教育成就的进展情况。NAEP 的首次评价于 1969 年进行,科学是其中的一个部分。其评价对象是来自全美的 4、8、12 三个年级的学生样本。数年来,NAEP 的科学部分的评价框架在保持历史连贯性的同时,也做了一些调整以适应科学教育理论和实践的变化。1996 年的评价框架由 4 个部分组成:学科领域(地球、物质和生命科学)、知与行(概念理解、科学研究、实际推理)、科学本质(科学和技术发展史、体现科学和技术特征的思维习惯、探究方法和问题解决)、统一的概念(模型、系统、变化方式)。

三、内容分析

1. 一致性与差异性

由背景介绍可见,上述科学教育标准分别由不同的组织和人员设计,它们的目的和意图也各不相同。在科学教育内容方面,它们之间的一致性和差异性是本文所关心的问题之一。据"2061计划"的研究人员分析,NSES同"2061计划"的内容有90%是一致的。NSES的设计者在前言中不但高度评价"2061计划"的两份文件的贡献,而且承认在写作过程中曾"不谋而合地"使用和转述它们对学生应该知道什么和能够做些什么所做的阐述。据设计者介绍,"新标准"是直接建立在关于科学教育内容的"一致认识"上的。这个"一致认识"主要指的是NSES和"2061计划"。NAEP的设计者也强调它的学业成绩评价框架反映了当代科学教育内容的最新发展。但进一步研究发现,它们在学科范围、重点内容等方面存在着明显的差异。首先,就两个内容标准来看,差异主要体现在以下两个方面:NSES主要集中于自然科学,而"2061计划"的内容涉及了自然科学、数学、技术学和社会科学等多个学科;NSES把科学探究视为科学和科学学习的核心,而"2061计划"则突出强调科学知识和"思维习惯"。其次,内容标准和评价标准也有明显差异。这种差异主要体现于两个方面:第一,NSES和"2061计划"主要涉及的是科学内容,尽管在科学过程方面前者强调"科学探究",后者强调"思维习惯",但总的看来,它们主要偏重的是科学内容。相比之下,两个评价标准既强调科学内容也强调科学过程。"新标准"在科学内容的4个方面与NSES和"2061计划"是一致的,但它增加了4项科学过程,即所谓"特别注意的领域"。NAEP中的"知与行"包含3项基本的科学过程,同时强调它们是渗透于"科学领域"中的。第二,各个标准所强调的重点存在差异。NSES和"2061计划"认为方案中的各项内容具有同等重要的地位。但在两项评价标准中,各项内容的重要性有所不同。例如,在科学过程方面,NAEP强调的是"概念理解"而不是其他科学过程,而"新标准"则突出强调科学探究。

2. 科学教育内容标准

广义地讲,科学教育内容可分为两个方面,即科学内容和科学过程,前者涉及学生应该知道什么(知识与理解),后者涉及学生应该会做什么(能力与技能)。下面分别从这两个方面对科学教育内容标准予以分析。有必要指出的是,这样的划分只是为了研究的方便,实际上科学内容和科学过程具有密切的关系,在上述方案中它们也是经常在一起讨论的。

(1) 科学内容标准。

从各个科学教育标准来看,科学内容可概括为以下几项:学科内容、数学和技术、科学在个人和社会中的应用、科学史和科学本质、统一的概念。它们所包含的主题见表1。

表1 科学内容标准

科学内容标准	主　题
*学科内容	物质、生命和地球/空间科学
*数学和技术 　数学 　技术	测量、统计和概率 工程、设计
科学在个人和社会中的应用	健康、人口增长、环境、自然资源、安全和危害
*科学史和科学本质 　科学史 　科学本质	科学发展中的重大发现 科学知识本质 科学探究本质 科学世界观
*统一概念	系统、模型、常量与变量 演化与平衡、形式与功能

学科内容是科学内容标准的一项重要内容。从文献来看,所有4个标准都提到三个学科领域,即物质科学、生命科学和地球/空间科学。这部分内容与传统课程并无大的区别,只是在具体内容方面这些标准强调的是基本的科学概念和原理而不是大量的科学事实和术语。科学、数学和技术的相关性是科学教育标准的一个重要议题。关于数学在科学学习中的作用,各个标准的重视程度有所不同。例如,在"2061计划"中,数学是科学教育内容的一部分,而NSES则没有把它作为独立的内容提出。从各个标准的比较来看,与数学有关的主题可概括为两个方面:(1)测量;(2)统计和概率。技术在4个标准中都有不同程度的重视。而且,在具体的行文中,技术一词常用来指代工程学或工程设计。对于科学和技术的关系,NSES明确指出,"科学和技术的目的不同:科学的目的是理解自然界,而技术的目的是改造自然界以满足人类的需要"(p.24)。这一观点有别于把技术仅仅理解为科学在实际中的应用的传统看法。

关于科学在个人和社会中的应用,NSES认为,"科学教育的一个重要目的是教给学生理解和处理个人和社会问题的方法,以便帮助学生利用科学知识对一些个人和社会事务做出适当的决策"(p.107)。在具体内容方面,NSES和"2061计划"都提出一系列的个人和社会问题,"新标准"涉及的此类问题少些,NAEP则几乎没有。这类问题包括以下主题:健康、人口增长、自然资源、环境质量、安全和危害。所有标准都强调科学史和科学本质。从4个标准来看,科学史一般指的是西方近代科学发展过程中的重大发现。科学本质可包括科学知识本质、科学探究本质和科学世界观三个方面。进一步分析发现,所有标准都不同程度地强调科学知识本质和科学探究本质,但NSES偏重前者,而"2061计划"则明显强调后者。但是,只有"2061计划"强调科学世界观。"统一的概念"指的是一些强而有力的、超越具体科学的所谓"大观点"。"2061计划"认为,"一些重要主题渗透于科学、数学和技术之中,它们超越了具体的学科界限,并且在解释现象、形成理论以及观察和设计方面具有重要作用"(1989,p.155)。在这些标准中,比较普遍的"统一的概念"是系统、模型、常量和变量、演化与平衡、形式与功能等。

(2) 科学过程标准。

在科学教育界,科学过程有多种含义,它既可指具体的科学方法,也可指与研究有关的方法、技能、态度和观念等。本文采用的是后一种含义。综合4个科学教育标准的有关提法,科学过程可概括为以下4项:科学领悟、科学探究、科学交流和科学思维习惯。它们所包含的主题见表2。

表2 科学过程标准

科学过程标准	主　题
*科学领悟	理解科学概念 解释自然现象
*科学探究	观察、实验、条件控制等 使用科学工具和设备
*科学交流	表达方式 科学语言
*思维习惯	价值观和态度 思维技能

科学领悟是所有标准都涉及的一项科学过程,其基本含义是理解科学概念并应用它们来解释自然现象。例如,"新标准"的"概念理解"指的就是这个含义。NSES对"科学领悟"专门做了说明,具体包括以下几种能力:获得科学概念和科学理论;建构同一学科和不同学科间的各种概念和理论之间的关系;使用科学概念和理论解释和预测自然现象;应用科学概念和理论于新的情景。NSES和"2061计划"关于"科学探究"的概念比较泛化,指的是"学生理解和发展科学知识的活动,以及理解科学家是如何解释自然界的"(NSES, p.23)。相反,这个概念在评价标准中则比较具体,指的是科学研究的具体方法和程序。表2采用的是这一含义。

"新标准"明确地把科学交流列为评价内容。虽然NSES和"2061计划"没有明确把它作为一项内容列出,但在其文件中有多处涉及。例如,NSES在其"科学教学标准"中写道:"教师要组织和协调正式和非正式的课堂讨论,并使之建立在统一的规则上。群体学习的一个特征是互相交流"(p.50)。科学交流的两个重要侧面是:(1)表达方式,包括口头和书面表达、绘制图表、使用数学符号、使用计算机等;(2)科学语言(即科学交流的规则)。科学的思维习惯是近年科学教育改革中所强调的一项内容。"2061计划"把它单独列为一项内容,并称之为与科学、数学和技术学密切相关的价值、态度和技能。NAEP把思维习惯作为科学本质的一项内容予以突出。尽管NSES和"新标准"对科学思维习惯这一概念本身并无特别的关注,但它们都重视科学的价值、态度和技能的作用。这里依据"2061计划"把科学思维习惯定义为:(1)科学价值观和科学态度;(2)科学思维技能。

参考文献:

[1] Raizen, S.. Standards for Science Education[J]. *Teachers College Record*, 1998, 100(1):66—121.

[2] 魏冰. 科学素养:美国科学教育改革的中心概念[J]. 外国中小学教育, 1998(5).

[3] Lee O., Paink S.. Conceptions of science achievement in major reform documents[J]. *School Science and Mathematics*,2000,100(1):16—26.

[4] NRC. National science education standards[M]. Washington, DC: National Academy University Press,1996.

[5] AAAS. *Science for all Americans*[M]. Benchmarks for science literacy NY:Oxford University Press,1959,1993.

[6] NCEE. *Performance Standards*[M]. Washington, DC:Author,1997.

[7] NAGB. *Science framework for the 1996 National Assessment of Educational Progress*[M]. Washington, DC:Author,1996.

[8] 引文来自相应的文献。下同。

科学课堂教学的国际比较研究[①]

张洪洋

一、TIMSS 评价简介

TIMSS 是由国际教育成就评价协会(the International Association for the Evaluation of Educational Achievement,简称 IEA)发起和组织的一项国际教育评价研究项目,成立于 1959 年。1994 年,国际教育成就评价协会在美国国家教育统计中心 NCES(National Center for Education Statistics)和国家科学基金会 NSF(National Science Foundation)的支持下,发起并组织了第三次国际数学和科学评测(Third International Mathematics and Science Study),简称 TIMSS;1999 年,该研究继续进行,并被称为 TIMSS-R 或 TIMSSREPEAT。2003 年,为了更好地延续这项有意义的研究,TIMSS 成为国际数学和科学评测趋势(The Trends in International Mathematics and Science Study)的缩写,从而使 1995 年、1999 年、2003 年的三次测试有了一个统一的名称"TIMSS"。[1]该项研究是目前国际上学生学习成就研究中规模最大,也最具有雄心的研究。

TIMSS 的科学成绩测试可以作为衡量各国科学教学水平的一个指标,但要解释如何获得此测试结果及其产生的深层原因,就必须关注各个国家科学课堂教学的具体情况,研究各个国家在科学课堂教学活动的共同特点和存在的差异。基于此认识,TIMSS 增设了课堂教学录像研究,美国希望通过该项研究寻找到美国和其他国家在科学课堂教学的差距,借鉴他国的经验以促进和提高美国科学课堂教学质量。1995 年开展了关于日本、美国和德国的数学课堂教学的录像研究,其研究结果在《教学差异》一书中详细报告,引起国际教育界的强烈反响。1999 年,课堂录像研究主要是针对澳大利亚、捷克、日本、荷兰和美国五个国家的科学课堂教学进行研究的,经过多个有关研究部门六年多的研究,TIMSS 的课堂录像研究结果和报告于 2006 年 4 月由美国教育部下属的教育科学研究所发布。[2]

二、TIMSS 1999 教学录像研究的背景与方法

澳大利亚、捷克、日本、荷兰和美国五个国家参加了 TIMSS 1999 课堂教学录像的研究,之所以选择这五个国家,主要是因为美国试图寻找本国科学教育质量不高的原因,并寻求通过和其他四个科学教育高成就国家进行比较,从而寻求美国科学教学的改进和借鉴的途径。可以发现这四个国家在 1995 年和 1999 年的 TIMSS 测试的成绩都是比较高的(见表1)。[3]

[①] 本文选自《外国中小学教育》2008 年第 6 期,第 23—27 页。

表 1　五个国家 1995/1999/2003 TMSS 测试结果

年份	1995		1999		2003	
国家	均值	标准差	均值	标准差	均值	标准差
澳大利亚	527	4.0	540	4.4	527	3.8
捷克	555	4.5	539	4.2	—	—
日本	554	1.8	550	2.2	552	1.7
荷兰	541	6.0	545	6.9	536	3.1
美国	513	5.6	515	4.6	527	3.1

该项研究的主要研究过程是,从五个参加国中采用分层随机取样的方式选取约一百所样本学校,并从这些学校拍摄 638 节八年级的科学课堂教学录像进行研究。为了提高研究的信效度,对每位教师只拍摄其完整的一节课,课堂录像拍摄的时间要跨越一个学年,使之能涵盖一个学年中尽可能多的教学主题以及课堂教学活动。为了配合课堂教学录像的后期分析,教师和学生分别被要求填写一个与课堂教学相关的问卷。因此,研究中所选用的科学课堂教学录像基本上能代表该国的科学课堂教学的总体水平和特征,从而保证了研究具有较高的信效度。

TIMSS 1999 课堂教学录像研究的一个主要出发点是开展科学课堂教学内容、学生学习行为和科学学习机会等方面的研究,而不局限于教师教学行为的研究。所以研究不仅关注教师行为,更加关注教师行为、课程内容和学生活动之间的互动。具体而言,研究主要从教师如何组织课程以支持学生学习科学的机会、科学内容在课堂教学中如何表征、给学生提供什么样的参与科学学习活动的机会三个方面进行的。每个研究问题通过一系列(4 到 15 个)更加详细的指标来反映。该项研究中所获得的课堂教学录像的视频分析和数据处理是通过一个国际研究组织来完成的,在此数据分析的基础上,再对五国的国家课程标准和课程文件进行广泛的文献分析和研究,最后得出该项研究的研究结果和报告。

三、TIMSS 1999 录像分析研究结果

(一)五国科学课堂教学的共同特点

课堂教学是一个旨在帮助学生学习的复杂过程。五个国家的八年级科学课堂教学具有一些共同的特点,其中包括由于不同国家历史或传统等而表现出各自的教学优势。

1. 教学组织方面

(1)五个国家 98% 的科学课程的学习都采用全班在教室的集体学习方式(whole-class seatwork),比如,演示和讨论教学等,95% 以上的课堂教学时间是学习新的课程内容;(2)一些形式的实践活动(practical action),比如学生独立地开展实验或建构模型等活动,至少会出现在 72% 的课程学习中,虽然不同国家在此活动上所花费的时间不尽相同。

2. 科学学习内容方面

(1)五个国家的 84% 以上的科学课程内容主要是常规科学框架范围内的知识和内容,诸如,大家普遍认可并在科学共同体分享的科学事实、科学概念、科学理论以及科学观念和

科学思想;(2)五个国家都比较重视科学本质方面的教学,包括对科学的价值、科学过程、科学与政治、历史关系等方面的教学内容。研究发现,规范的科学知识较其他类型的科学知识在科学课程教学中占有突出的位置。

3. 学生学习行为方面

(1)每个国家至少有81%的课堂采用讨论等形式的互动教学方式;(2)不同国家分配给学生的实践活动时间不同,在学生独立的实践活动中,更多的是对现象的观察,而不是设计和制作模型或控制变量的实验研究;(3)学生在独立实践活动中,仅有11%的活动需要记录实验数据和现象,而更多的时候,只是为了进行可靠的估计实验结果而提供充足的现象观察;(4)澳大利亚、日本和美国开设让学生独立提出问题、设计研究过程并进行实践的调查研究,但只有10%的课堂能让学生充足观察,并计算研究结果和验证该结果的可靠性。

(二)五国科学课堂教学的差异

在科学课堂教学方面,虽然五个国家存在如上所述的一些共同特点,但也表现出明显的差异。

1. 教学组织差异

(1)教学目标(instruction purposes)(见表2)。

表2　八年级学生学习不同类型课程平均花费时间的百分比

教学目的	澳大利亚	捷克	日本	荷兰	美国
学习新教学内容	85	67	93	78	79
复习旧知识	8	19	3	1!	8
检查家庭作业	♯	Φ	1!	12	
评估学生的学习	Φ	9	1	2	3
其他目的	7	4	3	7	8

注:"♯"表示接近0;"!"表示对数据的解释要小心,数据是不稳定的;"Φ"表示测得的数据很小,不能达到该报告数据统计的要求。以下表中类似的符号与此含义相同。

通过表2数据不难得出,澳大利亚、日本、美国八年级学生在科学课堂上约花费四分之三的时间学习新内容,所用时间明显多于捷克。其中,日本科学课堂上对新内容的学习时间高达93%,明显多于荷兰和美国。捷克将更多的时间用以复习旧内容,并占到总学习时间19%。荷兰学生则在家庭作业方面花费的时间相对较多,达到12%。

(2)社会组织(social organization)。

TIMSS 1999 video研究中的社会组织主要考虑四个因素:集体性活动还是个人自主性活动;实践活动还是座位上的学习活动。对于集体性活动和个人自主的活动,我们比较容易理解。在此仅对"实践活动"和"座位上的学习活动"稍做说明。"实践活动"(practical activities)在此主要指动手做、实验室的实验,以及为学生提供直接的观察或所研究的物体或现象以开展科学课堂教学的;而"座位上的学习活动"(seatwork activities)主要指学生在教室的座位上完成的活动,如听教师讲、讨论、阅读、记笔记等。

研究结果发现,捷克和荷兰课堂的实践活动要少于澳大利亚和日本。美国提供给学生自由实践活动的时间少于澳大利亚但多于捷克。在教学时间的分配比例上,澳大利亚和日本的科学课堂教学中分配给学生进行独立实践活动较多的时间,而捷克分配给学生实践活动的时间最少,仅有4%,在自由实践活动上所分配的时间明显少于其他几个国家。荷兰科学课堂教学中,学生在座位上所开展的实践活动的时间多于日本和捷克。

2. 学习内容差异

(1) 主题的选取(topics)。

科学内容主题主要包括地球科学、生命科学、物理、化学、其他内容(科学本质、技术环境资源等)。不同国家在科学内容主题的选择上有很大差异。美国对于主题内容的选择基本上是平衡的,而日本偏重物理科学和化学,分别占课堂教学的比例为36%和37%,澳大利亚偏重物理科学,所占比例高达49%,荷兰则比较强调物理科学和生命科学,所占比例分别为47%和32%。

(2) 科学知识的类型。

该项研究中科学知识的类型主要分为规范的科学知识和过程性(实验性)科学知识。规范的科学知识(比如,科学事实、概念、规律、原理等)一般通过大量时间的公共讨论(public talk time)的方式进行学习,其中,捷克对该种类型教学内容的教学比较重视,所用时间比例占到59%,其次是日本,所用时间比例为44%,澳大利亚、荷兰和美国所占的比例在31%—35%之间。日本的科学课堂学习比较重视过程性科学知识(比如,对实验材料的选择和实验过程的开展等)的学习,所用时间比例为25%,而其他国家在该方面所花费的时间平均比例为11%—17%之间。

(3) 科学内容的挑战性和密度。

澳大利亚和日本较重视基础知识的教学,占教学总时间的比例分别为57%和65%。捷克的课堂则包含更多的富有挑战性的科学内容和科学思想,有一定挑战性和较大挑战性内容的学习分别占课堂教学时间的56%和25%,不重复出现的专业术语也比其他国家多。总体来看,五个国家科学课堂教学中基本知识和内容占教学时间的比例在47%至65%的范围内。

(4) 两类教学活动的一致性。

五个国家在理论学习活动和实践活动关联程度上有差异。澳大利亚和日本能将课堂上理论知识的学习和实践活动内容密切联系起来,即所谓的强关联,能够实现这种强关联的比例达到58%和70%。而荷兰和美国在这方面则只有30%和27%。美国科学课堂上虽然有27%的实践活动,但活动中所涉及的学习内容并没有与理论学习内容产生关联。

(5) 注重知识点之间关联还是重视对信息的获取。

日本课堂教学注重经验、科学模型和科学解释之间的联系,并在教学中通过实际问题的分析和解决以促使学生对其联系的理解,所占比例为72%,远高于其他五个国家。捷克、荷兰和美国则较多地关注事实的获取、概念的定义、定量计算,而不太注重知识之间的联系,所占比例分别为72%、73%和66%。通过进一步分析,日本和澳大利亚的科学教学中,通过探究或者推理的方法来收集数据以达成科学概念的理解和联结,再形成学生自己的观点,以这种方式进行的学习占全部学习的比例分别为43%和57%。

(6) 是否注重证据。

澳大利亚和日本的科学课堂教学较其他国家相比,较重视用多种一手数据或现象来支持科学课堂的教学。捷克和日本则在教学中使用多种可视化的表征材料,比如图像、视频、虚拟现实等多媒体软件和手段,以支持科学课堂教学中所要学生掌握和理解的主要思想和观点。研究结果还进一步表明,日本超过65%的科学课堂教学中会用到一手数据、现象或可视材料作为科学教学所需的证据,其比例明显高于其他国家。澳大利亚也较多地使用这三种类型的证据,达到47%。荷兰和美国使用三种证据的比例相对较低,仅有14%和18%。

3. 学生活动差异

(1) 社会组织类型。

该项研究所关注的主要活动类型有独立实践活动(观察和操作研究对象)、独立座位上的学习(读、写或小组讨论)、全班的讨论学习。

各国实践活动的开展情况有所不同,澳大利亚和日本在独立实践活动上花费的时间较多,而捷克和荷兰在此方面花费的时间较少。荷兰课堂座位上的独立活动(independent seatback activities)时间多于日本和捷克。研究发现,五个国家81%的课堂都存在全班讨论(whole-class discussions)活动,占教学时间的比例为10%—33%。捷克的课堂上全班讨论学习的时间比例最大,为33%,其次是美国,为19%,在此方面占用时间最少的是日本,为10%。

(2) 学习活动方式。

对学生学习活动进一步的分析,分为三种主要的学习活动方式:通过阅读教科书的方式学习科学、通过书写的方式学习科学、通过科学探究学习科学。

通过阅读教科书的方式学习科学(using textbook and reading about science)。荷兰课堂上学生使用该方式学习的较多,约花费20%的时间,而澳大利亚、捷克和日本仅仅8%的教学时间通过阅读教科书学习。通过书写的方式学习科学(writing about science)。此种情况主要表现为学生记笔记、选择答案、完成实验报告或撰写科学报告等。捷克学生在课堂上用这种学习方式所花费时间最少,为15%,而其他国家则达到34%—44%。美国和荷兰课堂会花费更多的时间让学生写书面报告(written responses)而不是简单的问答(labels or one-word answers)。比如,荷兰学生会花费36%的时间完成科学学习结果的书面报告,而仅有6%的时间用于以简单的问答。通过科学探究学习科学(scientific inquiry practices)。科学探究是指学生们用以获取知识、领悟科学的思想观念、领悟科学家们研究自然界所用的方法而进行的科学活动。[4]

科学探究是一个多侧面的活动,需要学生观察现象,提出问题,设计研究方案,做出预测,搜集、分析和解读数据等环节,课堂上学生的科学探究也往往会涵盖这一系列的活动,但往往侧重点有所不同。这种探究学习方式在日本和澳大利亚的实施情况比捷克、荷兰和美国更普遍,如日本在23%的科学课堂学习中都要涉及科学预测,学生有机会收集数据和记录一手数据和现象。另外,澳大利亚课堂上的科学探究活动中,对探究活动结果的解释远多于捷克和荷兰。捷克的课堂更多的是通过询问解释结果而不是通过记录和收集数据进行解释。可参见表3数据。

表3 五个国家在科学探究实践活动不同环节上的表现

学生活动	澳大利亚	捷克	日本	荷兰	美国
提出研究问题	3!	Φ	Φ	Φ	Φ
设计研究过程	10	Φ	5!	Φ	5
做出预测	11	Φ	23	4!	8
对数据和现象的解释	56	20	43	24	33
收集和记录数据	62	8	59	29	31
独立地处理和加工实验数据	9	Φ	Φ	8	8
老师指导下对实验数据的处理	27	3!	37	8	19

（3）学习动机激发（motivating activities）。

科学课堂教学中的一些活动能提高学生学习科学的兴趣，激发他们投入到学习活动中并挖掘他们对科学学习的巨大潜力。这些活动包括游戏、令人惊奇的或具有戏剧性的表演、拼图、竞争性的活动等。在五个国家中，美国的科学教师对学生学习动机的激发最为重视，并将更多的时间分配给这些活动，占课堂教学总时间的63%。

四、五国科学课堂教学特点总结

澳大利亚、捷克、日本和荷兰四个国家在TIMSS评价结果都比美国的成绩高，尤其在1995和1999的两次评测中。美国通过借鉴他国科学课堂教学的优点以改进本国的科学教学，2003年的测试结果就有了较大的提升，距日本和荷兰的差距明显减少，与澳大利亚的评测结果的均值一样，都为527分。

四个国家科学课堂教学都表现出这样一种观念：有意义且深入地学习与实际相联系的科学内容，比浅尝辄止地学习很多科学内容更有价值，即"少即是多的观点"。它们的课堂教学的共同特点主要表现为两点：科学内容标准的高要求和以内容为中心的教学方法（high content standards and a content-focused instructional approach）。在学习方式上多通过"做科学"的方式，而不是通过记忆大量无用的、很容易被忘记的知识。

然而，不同国家对何为"高标准"教学内容却有着不同的理解和定位。因此，五个国家在科学教学活动中所采用的具体的教学模式和方法有所不同，具体表现为：

（1）捷克课堂较重视对科学内容的讲解，强调科学内容的高密度和科学思想的挑战性。课堂教学中要求学生必须掌握难度较高、理论性较强的科学内容，较多地采用全班授课的教学方式。

（2）日本和澳大利亚课堂较重视以一手数据或现象作为证据以支持学生对科学观点的理解。在课堂教学中，都注重通过探究和推理过程来加强数据和观点之间的联系以及科学思想、科学观点和科学证据之间的联系。两国的科学课堂教学内容中理论性的知识较捷克的少，而更多地通过基于探究的归纳法，为每个科学思想提供多种支持性的证据。澳大利亚课堂教学中还注意以现实生活的有关问题为例，帮助学生对科学教学内容的理解和掌握，同时为学生提供各种有趣的、易于激发学习科学积极性的活动，比如游戏、角色扮演和戏剧表演等。

(3)荷兰则比较注重对学生独立思考和独立能力的培养。该国的科学课堂教学中,对科学内容的学习要求学生能自我负责地独立完成,教学方法通常采用独立的课堂活动和以教科书为中心的读写学习活动,学生对教科书的利用率很高。学生的家庭作业通常是需要独立完成的,并会通过全班集体讨论的形式进行检查和评阅,家庭作业和独立完成的课堂作业是荷兰科学课的最大特色。

(4)美国课堂的最大特点是注重运用多种形式的教学活动,它所使用的教学材料也很丰富,注重提高学生科学课堂学习的参与性和积极性。提供的具体的活动主要有游戏、角色扮演、戏剧表演等。但缺憾的是,超过四分之一的美国八年级科学课堂的活动并不是为了促进学生对科学内容的理解和掌握,而只是把重点完全放在活动上,缺乏将实践活动主题和科学内容相联系。

参考文献:

[1] 王兄. TIMSS影射下的新加坡数学教育评价[J]. 外国中小学教育,2006,8:34—37.

[2] 文中数据来自:美国教育部、美国教育科学研究所和美国国家教育统计中心共同发布的。Teaching science in five countries:results from the TIMSS 1999 video study statistical analysis report[EB/OL]. http://nces. ed. gov/pubsearch.

[3] For results from TIMSS:Gonzales, P. , Guzm án, J. C. , Partelow, L. , Pahlke, E. , Jocelyn, L. , Kastberg,D. , and Williams, T. (2004). Highlights from the TIMSS 1999 video study of eighth-grade science teaching. U. S. Department of Education. Washington,DC:National Center for Education Statistics.

[4] (美)国家研究理事会. 国家科学教育标准[M]. 戢守志等译. 北京:科学技术文献出版社. 1999:30.

学生的科学探究能力：国外的研究及启示[①]

郭玉英

一、关于科学探究目标的主要观点和研究范式

在国际科学教育领域，人们对于科学课程应当发展学生对科学探究的理解、培养学生的科学探究能力已经达成了共识，许多国家的科学课程标准已明确提出了关于科学探究的目标。但对于科学探究在科学课程中所处的地位和实现目标的途径则存在不同认识，概括起来主要有以下两种观点。一种观点认为，学生可以通过观察演示实验和亲身经历探究性实验而潜移默化地达到课程目标，不需要明确地教给学生如何开展科学探究；另一种观点则认为应当明确地教给学生科学方法，甚至认为学生对科学方法或过程的理解比对科学知识内容的理解更为重要。从科学课程的发展来看，后者得到越来越多的科学教育者认同。这样，如何实现科学探究目标的问题就摆在了研究者和课程设计人员面前，成为科学教育研究领域的一个具有挑战性的问题。

由于科学探究不存在固定模式，人们对科学探究的理解也很难达成共识，这给研究学生的科学探究能力带来了一定困难。因此，不同的研究者和课程设计者均在相关理论指导下采用了如下研究模式。首先建立关于科学探究的教学和研究模型，在此基础上进行课程和教学设计，在实践过程中开展对学生科学探究能力发展以及有关影响因素的实证性研究，通过对理论、模型、实践过程和结果的综合研究和反思，对原来的模型进行修正，不断深化对学生科学探究能力的认识。下面简要介绍有关的研究过程和结果，对三种有代表性的研究和教学模型及实践结果进行比较评析。

二、几种主要模型的比较与评析

（一）科学探究能力的解析："过程技能"的集合模型

这是一种早期的科学探究能力模型。这种模型的建立者采用了还原论的思维方式和过程分析方法，将科学探究过程分解为一系列独立的成分，如观察、分类、假设、推论、预测等。相应地把科学探究能力分解成一系列独立的技能，如观察技能、分类技能、假设技能、推论技能、预测技能等，称为过程技能。其基本假设如下：学生的科学探究能力是一系列过程技能的集合；这些过程技能是可以通过练习来独立发展的；学生的过程技能得到发展后，就可以用来解决实际的科学问题，科学探究能力也就得到了发展。根据这种模型提出的教学策略是，首先让学生独立地练习和发展这些技能，然后再结合起来解决更复杂的问题。这种模型

[①] 本文选自《课程·教材·教法》2005年第7期，第93—96页。

对课程设计产生了一定影响,例如,美国科学促进会1967年推出的课程:科学——一种过程方法(SAPA)就是按照这种模型设计的。20世纪80年代,英国有几种科学课程也建立在这种模型的基础之上,如纳费尔德的《过程科学》。这些课程完全打破了按照科学内容的逻辑体系来组织教材的传统方式,主要根据培养学生"过程技能"的需要来设计一系列活动,让学生通过这些活动来发展相应的技能和能力。

从本体论意义上来看,这种模型将科学探究能力描述成一系列过程技能的集合,是对科学探究能力的一种人为的肢解,不能反映其本质特征;同时,这种模型在认识论层面上受到了强烈质疑,因其科学探究观具有很强的经验性和归纳性,与当代的科学哲学观点相悖。从有效性的角度来看,这些课程的实施结果并不能令人满意。虽然当时的研究者对于SAPA和其他类似的课程进行了许多小规模的评价研究,取得了肯定的结果,表明学生的学习在各个方面都取得了进步。但这些结论的可靠性受到质疑,批评者认为这些评价不能有效地证明学生能力的发展。即使学生通过练习掌握了这些过程技能,也不一定能用于解决实际问题,不能证明科学探究能力得到了发展。换言之,科学探究能力并不等于过程技能的简单集合。这种模型在教学的层面上也遭到了批评,有人提出,观察、分类、假设等是儿童从幼年时期就拥有的能力,并不需要专门训练。另一方面,根据这种模型设计的课程打破了知识体系,不能使学生建立良好的知识结构,受到来自学科专家的强烈批评。因此,这种模型已经逐渐退出科学教育的历史舞台,但过程技能的概念被保留下来,成为探究技能的组成部分,在许多科学课程中仍然受到重视。

(二) 将控制变量作为科学探究的特征:逻辑策略模型

有些研究者认为,科学探究的本质是科学的思维方式。科学思维的一个重要特征是运用逻辑推理来解释相关证据。这样就把"科学思维"与"逻辑思维"联系起来,并根据皮亚杰的理论,用控制变量的实验来检测学生的逻辑思维,把它作为科学探究能力的一个重要特征,建立了科学探究能力的逻辑策略模型。这种模型将科学探究过程作为按照逻辑策略操作和处理相互独立的多变量的过程,将学生的科学探究能力描述成能进行控制变量的实验探究的能力。从本体论意义上来看,这种模型不是描述学生科学探究能力的结构模型,而是一种简化了的功能特征模型,突出了会进行控制变量的研究这个功能特征。由于这个特征比较容易把握,在研究和教学实践中具有可操作性和可检测性,因而取得了一定的结果,在一定程度上深化了对于学生科学探究能力的认识。

科学教育工作者根据这种模型设计了适合不同年级学生的用于培养和检测学生科学探究能力的多变量实验,有许多研究者深入研究了学生在多变量实验中控制变量的能力,并对相关的教学策略进行了评估。研究表明,一般条件下,许多学校的学生在设计多变量的实验和解释实验结果方面存在困难,其能力是随着年龄的增长而逐渐发展的,儿童原有的观念和直觉起着重要作用。研究还发现,学生在完成"自然实验"(解释日常生活中观察到的现象)时的表现与实验室实验中的表现很不相同。对教学的评估结果发现,学生练习解决控制变量问题有助于提高能力,但是对研究结果的详细讨论对于提高学生能力几乎没有作用。在这些研究过程中,研究者遇到的主要困难是评价问题,教学后用来评价学生能力的测验题很难设计,既要不同于在教学中使用的问题,但又不能有太大差异。

在20世纪70年代末和80年代初,英国的学生成绩评价机构(APU)采用了这种模型对学生的科学探究能力进行了大范围的评估,控制变量类型的实验探究也纳入了英国的国家科学课程之中。然而,有不少研究者对 APU 和英国国家课程中的科学探究提出了批评,认为科学探究的含义是广泛的,这种模型将学生的科学探究限定为控制变量的实验,缩小了科学探究的范围,影响了对科学探究包含的其他要素的关注。

(三)摆脱固定模式:问题解决模型

上述两种模型存在的共同问题是将科学探究描述成一种相对固定的模式。认为存在一种程序性的"科学方法",而不是灵活可变的探究过程。其中隐含着一种经验主义的观点,认为理论观念(变量之间的相互联系)产生于情境,而不是受探究者原有认识的影响。

针对上述问题,一些从认知科学角度出发的研究者把科学探究看作问题解决的一种形式。在开展探究时,探究者从自己的"工具箱"里选择"工具"。对任何一个给定的探究任务,并非需要所有的工具,其技巧就在于正确地挑选并知道如何去使用所需的工具。米勒将科学探究能力包含的成分分为三类:一般的认知技能(例如观察、分类等等)、实践的技能(例如,知道怎样使用不同的测量工具)和探究的策略(例如,知道用重复测量来提高测量的可靠性)。他认为第一种技能是不需要教的,它是所有孩子都拥有的认知的一般特性,而其他的两种技能是需要教的,但如何选择这些技能并把它们联系起来处理给定的探究任务,并没有"一系列规则"可以遵循。

在此基础上,英国约克大学的 PACKS 项目组提出了一种模型,并在大量实证研究的基础上对模型进行了细化。如图 1 所示。[1]

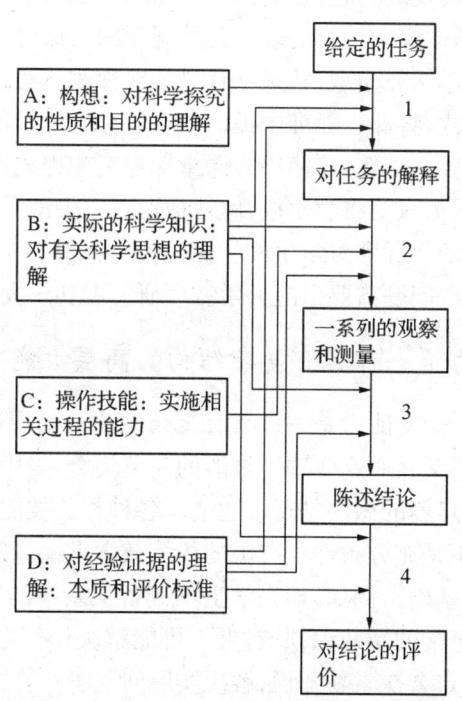

图 1 PACKS 模型

这种模型将科学探究的主体和探究过程作为一个整体进行研究,具体描述了学生原有的认识和技能对科学探究过程中各环节的影响,摆脱了前两种模型的机械决定论和经验主义的科学观,深化了对科学探究能力的结构和功能的认识,对于研究和发展学生与科学探究相关的理解和能力有一定的指导作用。从本体论角度看,这种模型在一定程度上揭示了影响学生科学探究能力的内在因素,包含四类相关的认识、知识和技能,如图1左侧的四个框图所示;同时描述了科学探究能力的外部特征,如图1右侧的流程所示。研究者用这种模型解释了学生在七项探究任务中的表现,证明了该模型的有效性。

这种模型提供了一个可以进行深入研究和教学实践的框架,可以在指导学生开展科学探究的过程中发展他们相关的理解和技能,同时也可以对学生存在的问题做出诊断,开展有针对性的教学。

该模型存在的问题是从一个给定的任务开始分析,忽略了学生发现和确定探究问题的过程,我们可以对此模型进行修正,补上这一环节。

三、几点启示

(一) 科学探究能力的培养不能简单化和程式化

上文表明,在国外,科学教育领域对科学探究能力的研究和认识经历了一个漫长的过程,虽然积累了许多经验和教训,但至今仍在探索之中。有关研究表明:科学探究是一个复杂的过程,涉及理论和实践领域中多方面的问题,绝对不能将其简单化和程式化,否则,不仅不利于学生科学探究能力的发展,而且会造成学生对科学探究的错误理解。在目前我国的有关理论研究中,尚未对科学探究涉及的理论问题展开深入探讨,没有建立在研究基础上的适合我国国情的明确的科学探究模型,结果导致科学课程改革实践中产生了两种误解:一种认为科学探究存在固定模式,将课程标准中提出的科学探究要素作为程序性知识教给学生,或者抽出其中的要素进行独立训练,这使许多课堂探究走向程式化和表面化;另一种则对科学探究的理解过于宽泛,认为只要将学生放开,让他们自己去动手动脑,就是科学探究,而忽略了对科学探究本质特征的把握和对学生科学探究能力的有目的的培养,不能使科学探究能力的培养落到实处。这些问题需要引起科学教育研究者和广大教师的重视。

(二) 科学探究能力是一种具有复杂结构的高层次能力

国外的研究表明,科学探究能力是一种具有复杂结构的高层次能力。它建立在多方面的知识和技能基础之上,但又并非这些知识技能的简单集合,采用还原论的方法将科学探究能力肢解为要素进行分别培养的做法是行不通的。各种相关技能的训练和发展是发展科学探究能力的必要条件,但不是充分条件。我国的传统教学重视基础知识和基本技能,这些构成了科学探究能力发展的基础。例如,如果学生不具备最基本的电路知识和使用电学仪器的技能,就不可能去探索电学的新知识领域,更不可能解决任何电学领域的实际问题;但具备了这些知识和技能就一定会探索新知识、解决实际问题吗?答案也是否定的,因为还需要更高层次的能力,这就是科学探究能力。新课程注重科学探究,并不是忽视基础知识和基本技能,而是要在此基础上发展学生更高层次的能力,使学生能真正会探索新知识、解决新问题。这是对新世纪人才培养提出的更高要求。

(三)要用科学的态度和方法开展对科学探究能力的研究

科学探究已经成为我国课程改革中的热点问题,但国内的研究工作才刚刚起步。我们的研究不能从零开始,需要借鉴国外的有关理论、研究过程和结果,采用科学的方法开展研究。首先要有先进理论的指导,关于科学探究能力的研究涉及当代科学哲学、科学史和认知心理学等有关理论,我们要认真学习和借鉴这些理论,不能束缚于经验主义之中;其次,由于我们对科学探究缺乏深入认识,应当在借鉴有关研究的基础上,建立适当的可以用来指导研究过程和教学实践的模型,根据模型来设计教学实验、收集证据,不断修正和完善模型,使我们对科学探究能力的认识不断深化。

参考文献:

[1] Robin Millar. Students' Understanding of the Procedures of Scientific Enquiry[J]. *Connecting Physics Education Research with Teacher Education*, 1998.

十一、科学教育改革研究

- 国际基础科学教育改革的趋势(常初芳)
- 论我国科学教育的危机与对策(柳秀峰)
- 小学自然四十年的几点反思(刘默耕)
- 小学自然教学改革的回顾与展望(李培实)
- 从自然课到科学课的嬗变(路培琦)
- 小学科学课程改革中的问题与分析(钟媚 高凌飚)
- 小学科学课程改革的几点思考(黄海旺)
- 科学观与科学教育改革:跨学科的视角(丁邦平)
- 美国科学教育的第二次革命(李雁冰)

国际基础科学教育改革的趋势[①]

常初芳

第二次世界大战后,西方各工业国家在经过 20 世纪 50 年代的恢复休整后,于 60 年代进入了工业发展的高峰期。由于经济的高速发展,特别是第三次工业革命的兴起,对各方面、各层次人才的需求急剧上升,标准也不断提高。工业界对本国的教育状况开始表现出普遍的不满,纷纷要求改善教育质量,尤其要求提高学生在数学、科学和技术方面的质量,为企业输送合格人才。国际竞争的日趋激烈,国内失业率的持续上涨,也引起了政府、家长和教育工作者的重视。一时间,教育改革,特别是科学教育的改革成了西方各国的热门话题。

针对这个课题,各国的科学教育工作者都做了不少尝试。英国于 20 世纪 60 年代推出了著名的"Nuffield 科学教程",但收效不甚理想。美国曾试图通过加强教学管理和改进教学质量来提高标准,但最终却发现又回到了教育领域最原始的问题上:在当今社会中,基础科学教育究竟应该让学生学会什么?什么样的教学方法最为有效?

如果说,60 年代提出了问题,70 年代进行了各种思想的辩论和探讨,那么在 80 年代,教育界在有关基础科学教育的许多根本性问题上达成了共识。许多国家相继推出了各种改革方案,形成了世界性的科学教育改革高潮。其中比较典型的是英国《全国学校课程》中的"科学课程大纲"和美国的"2061 计划"。在 20 世纪 90 年代,这些方案将付诸实践,不断完善,并经受考验。

这些新的基础科学教育改革方案与传统的科学教育比较,在教学目的、内容和方法上都存在许多本质性的区别。有些专家认为,这标志着延续几个世纪的传统科学教育即将终结,一个新结构的科学教育正在诞生。下面,我们从三个方面来分析一下这些新型基础科学教育的特点。

一、教学目的的改革

大多数教师认为科学就是一个知识体,科学教育的目的就是把这些知识传授给学生,使学生能了解所生活的物理和生物世界。然而,新的教育观认为:在基础教育阶段,除了传授基本的科学知识外,科学教育应将科学能力的培养作为第一位的任务;此外,基础科学教育还应为青少年的科学素质、科学态度、科学意识的培养起积极的作用。

(一)科学能力的培养

新的教育观指出,接受科学知识是一个终身的过程。因此,学生需要具备各种基本的科学能力,这是基础科学教育最根本的目的,它比让学生获得一些知识更为重要。这一认识已

[①] 本文选自《教育研究》1995 年第 5 期,第 51—55 页。(编者增加和调整了论文的标题序号,特此说明)

成为当前科学教育改革最重要的特征。科学能力的培养主要包括以下几方面。

1. 科学应用能力的培养

学习知识的根本目的在于应用知识,即学生能适应未来成人生活的需要。所以,让学生具备在日常生活和工作中、在陌生的新情况下应用已掌握的科学知识的能力,比以往任何时候都更为重要。学校的科学教育应为他们提供这样的机会。

再者,科学本身并不是教条,是一门活生生的科目,人们只有在解决实际问题的过程中,通过亲身经历了概念与过程的相互作用后才能真正理解它。因此,应用也是一种重要的学习方法,某些科学概念的技术应用,能使概念得以有效的引入与发展。

2. 科学调查能力的培养

科学是一种没有边界的人类活动,它要不断对未知世界做出预言与调查,使我们能获得更多的知识,更好地了解我们周围的世界。因此,它必须以调查为先导,它关注的是追求更加完善的调查方法及更为可靠的知识。同样,科学教育既强调基本概念的理解与应用,也强调科学探索方法的发展。因此,科学教育应提供机会让学生学会并利用科学的调查方法。

科学调查能力包括:能提出问题,做出预言与假设;能设计并完整、安全地完成实验;能进行系统的观察、测量及变量操作;能解释结果并评价实验数据;能由实验结果做出推论;能在实际情况中检验自己的结论,并能将结论应用于新环境。

在英国《全国学校课程》的科学课大纲中,培养学生的科学调查能力,被列为四个目标中的第一目标,而且还渗透于其他各目标的学习中。在所有考核中,它也比其他目标更受重视。全国性的"中等教育普通证书"会考(GCSE)要求这部分的内容必须占总题量的30%。

3. 交往能力的培养

科学教育中交往能力的培养主要表现在以下方面。首先,学生应能准确、清晰、简洁地表达自己的科学思想。这包括能正确运用科学术语,善于采用最有效的表达方式(口头、写作、图表、模型等各种形式),具有一定的说理能力。其次,是与他人交往的能力,这主要指交谈和倾听。通过与别人交换看法和认真听取他人意见,不仅可以提高自己的表达能力,还能取他人之长、补己之短,改进自己的思维与行动方式,并学会尊重别人的不同意见。

(二) 科学素质的培养

全民科学素质的提高对国家的益处是无疑的,它会使国家繁荣,提高综合国力,扩大国际影响。它对社会也起着巨大的作用,它使公众提高审美情趣,增强道德观念,选择理性的生活方式。任何一个缺乏科学素质的民族是不可能在公共或个人问题上做出明智的决策的。同时,科学素质也是个人素质的重要组成部分。科学素质的提高可以增加公民的就业机会;可以使他们面对飞速发展的技术所提出的新要求充满信心;可以使他们对某些影响个人生活或经济的问题做出更合理的决定,如饮食、医疗、安全、能源使用等。此外,科学素质的提高还能使他们对宇宙间科学概念的精美与力量获得智慧和(或)审美方面的鉴赏力。同时,基础科学教育培养的是未来的公民,这也就决定了未来社会的质量。科学素质大致应包括下述三点:

(1) 成为技术世界中一个自信的公民,对一些重要的科学问题抱有兴趣,并能自觉地发展这种兴趣;

(2) 能认识到各种科学方法的用途和局限,并了解它们在其他学科和日常生活中的应用；

(3) 能不断追求在科学方面的继续学习，并能为此作适当的准备。

(三) 科学态度的培养

科学教育应培养学生正确的科学态度，并对学生个人品质的发展做出积极的贡献。成功的科学教育应要求学生把兴趣、好奇心与负责的态度相结合，使学生懂得尊重周围的生态与物理环境，关心自身与他人的健康和安全。科学教育还应帮助学生发展良好的科学品质，如愿意接受不确定的事物，善于与他人合作，尊重科学证据，做实事求是的报告以及能批判性地思考问题等。此外，科学教育还要鼓励学生认识到他们作为社会成员所担负的责任，并给予他们为社会做出积极贡献的自信心。

(四) 科学意识的培养

基础科学教育还应培养学生某些基本的科学意识。例如，学生应意识到科学的学习和实践是一种合作的活动，是一种累积的过程，同时还受到社会、经济、技术、道德伦理及文化的影响和制约；意识到科学的应用对个人、社会和环境的影响具有双重性，可能是有益的，也可能是有害的；意识到科学概念是在不断发展的，它们往往因受到各种条件的限制而只具有暂时性，它们不一定是永久的真理；等等。

二、教学内容的改革

任何教学目的的改革只有通过教学内容和教学方法的改革才能实现。然而科学有它的客观性和一贯性，因此在内容上不可能有根本性的变动。但专家们认为：新型基础科学教育的内容应比传统的内容更为广泛，除物理、化学、生物外，还应涉及地球科学、天文学、微电子学、环境科学、人口学以及其他重要的科学领域；它应给予学生在未来成人生活中所需要的最新知识，它还应让学生理解科学发展在历史与当今对社会与经济的发展所做的贡献。

美国加利福尼亚州教育委员会通过的关于自然科学教学的政策指出："一切与宇宙、地球及生命的起源有关的科学事实、假说或理论都适合于科学课程。"

该州1990年公布的自幼儿园至中学毕业的科学课大纲规定了以下内容。

(一) 物质科学

(1) 物质；(2) 反应与相互作用；(3) 力与运动；(4) 能量：来源与转化；(5) 能量：热；(6) 能量：电与磁；(7) 能量：光；(8) 能量：声。

(二) 地球科学

(1) 天文学；(2) 地质学与自然资源；(3) 海洋学；(4) 气象学。

(三) 生命科学

(1) 生命体；(2) 细胞，遗传学与进化论；(3) 生态系。

而英国"科学课程大纲"为中、小学生确立了四个目标，除目标一为"科学调查"外，其他三个目标为具体教学内容。

目标二：生命与生命过程

（1）生命过程与生物的组织；（2）遗传的变异，机制与进化论；（3）人口与人类对生态系的影响；（4）生态系中的能量流动与物质循环。

目标三：材料及其性质

（1）材料的属性，分类与结构；（2）材料性质的解释；（3）化学变化；（4）地球及大气层。

目标四：物理过程

（1）电与磁；（2）能量来源及转化；（3）力及其效应；（4）光与声；（5）地球在宇宙中的位置。

尽管编排次序不完全一致，但具体内容大同小异。若再观其详细论述，可发现它们与传统教学内容之间存在着某些共同的差别。

首先，它们突出了科学领域中最基本的一些概念与原理，如能量、进化论等。使学生认识与理解科学思想中一些最精华的内容，包括最基本的科学方法、事实、假说、理论和定律。而像遗传代码、宇宙演化史、地球及生命的起源、原子结构、万有引力、元素周期表的逻辑性等内容，其意义远远超出了一般的科学事实与概念，它们是我们所继承的绚丽多彩的文化遗产的支柱，也是未来知识结构的基础。学生需要从中去学习与探索科学问题的方法途径。

其次，增加了某些与人类密切相关的内容，如地球科学、天文学、气象学等。我们是属于地球的人类，我们与所生活的这个星球及其周围环境休戚相关，存亡与共。所以，我们应该了解与之有关的一切。这里涉及天体的进化，大陆板块漂移学说，山脉、地震、火山、化石的成因，生命的起源，水的循环，影响天气与气候的因素，等等。

再者，涉及了一些当前至为重要的问题，如经济、环保、健康、人口、资源的合理利用等，这些常常被称为文明进步的伴随问题。经济的高速发展，人口的过度膨胀，对环境维护和资源利用造成了巨大的负影响，已成为严重的社会问题，它不仅危害我们的生活质量，也关系到子孙后代的生存。基础科学教育有责任让学生了解有关的科学常识。设想如果一个人对自然资源分为可再生性与不可再生性以及对可再生性资源的再生周期缺乏了解，我们怎么能指望他在资源的合理利用上做出正确的决策呢？

三、教学方法的改革

与教学内容的改革相比，教学方法的改革也许更能引起科学教育工作者的关注。新科学教学方法的着眼点主要有以下几个方面。

（一）激发学生对科学的兴趣

科学是一门生气勃勃的学问，它富于想象，充分发挥人的聪明才智与创造力。美国诗人Walt Whitman 称它为"一种充满乐趣的无边界探险历程"。许许多多专业的或业余的科学爱好者始终对发现自然奥秘的无穷可能性保持着执着的迷恋，甚至奉献终生，正是因为他们体会到了这种乐趣。

科学和其他任何知识领域的教学都不应该是教条的。教育要鼓励理解，而兴趣往往是理解的第一动力。随着科学知识的积累和理解的加深，学生对科学的兴趣与欣赏力也会不断提高。教师要让学生有这样的观念：无论将来从事什么职业，对科学欣赏力的提高及对自然世界的尊重，都会使他们变得更为充实。

要激发学生兴趣,首先要把学生当作教学的主体。学生在进入教室前,由于早先的经验,对许多问题已有自己的看法。这些看法可能是不成熟的,但不一定是不科学的。教师应尊重这些看法,给予认真对待,在教学中加以修正与提高。教师的任务是进行正确的引导,鼓励学生通过调查做出自己的判断。

要激发兴趣,还要根据学生的实际情况,给予区别对待。学生往往有不同的文化背景、知识基础与接受能力,学校不应、也无法同样对待。英国《全国学校课程》就允许同一年龄的儿童达到不同级别的要求。这样可以使不同程度的学生都保持兴趣和信心。

此外,教学方式的多样化、加强科学理论在日常生活中的应用等,也是激发学习兴趣的有效方法。

(二) 一体化的教学

随着教育改革的进行,基础科学教育的要求提高了,内容更为广泛了,但学校的教学时间是有限的;再者,不同领域的科学知识往往是相互交叉、相互作用的。所以,许多国家在基础教育阶段实行了一体化的科学教育。这种一体化的教学既不是把原有的内容简单罗列,也不是把原来的分类完全打乱,而是有机的结合。美国加州科学课大纲中提出了一体化教学中应贯彻的6个主题。

(1) 能量:能量在各学科中的不同定义与表现形式;能量的转换与守恒;能源的分类及其合理利用。

(2) 进化论:天体的演变;地球与人类的起源;物种的进化;影响进化的因素。

(3) 不同形式的变化:① 趋向性变化,如下落物体的速度、放射性元素的衰变;② 周期性变化,如季节循环、食物链中的能量循环;③ 不规则变化,随机性及统计规律。

(4) 范围与结构:不同的级别范围对应不同的结构;每一结构如何表现该级别的独特性质;各类结构间的联系。

(5) 稳定性:保持系统不变的原因与条件;稳定态与平衡态的区别。

(6) 系统与相互作用:系统的范围由定义边界来确定;系统内与系统间的相互作用;研究系统的模式;系统的投入与产出;反馈。

这6个主题需要在具体内容的教学中得以展开和深入。反之,通过主题的贯彻,学生能将各部分的知识进行有机的结合,并能应用于其他现象。

(三) 科学——技术——社会(STS)

科学、技术、社会这三者的关系是不容忽视的,科学教育也不能忘记这一点。

科学与技术有密切的关系。如果说科学的任务是认识世界,那么也可以说技术的任务是改造世界。科学的发展取决于技术的发展,取决于仪器及调查手段的改进与发展;反之,离开科学,技术就是无源之水、无本之木,因为科学知识是技术活动的核心资源。技术为科学教育提供了更广阔的课堂,科学知识在技术上的应用会进一步激发学生的好奇心;同时,科学教育也通过科学知识与科学方法的学习来帮助学生做好进入未来技术世界的准备。

科学技术与社会的关系是复杂的,也是不可分割的。科学技术推动了社会的发展、文明的进步,但有时也带来不良的后果;反过来社会也会对科学技术的发展施加自己的影响。在当今这个科学技术高度发展的社会里,科学知识几乎已渗透到了生活与文化的各个方面:科学、技术与社会问题的一体化,已成为当今工业社会的重要标志。教育不得不帮助学生去研究如何处理这些关系。虽然科学本身是中性的,但从事科学的人往往必须对一些重大的社会或道德伦理问题做出抉择。科学教育有责任让学生去面对某些需要科学理解的政治与社会问题,进行分析与判断,得出自己的结论,使他们成为能对未来社会负责的、能做出积极贡献的成员。

英国的 GCSE 考试大纲要求,将技术应用于社会、经济、环境问题有关的科学知识至少必须占考试内容的 15%。

(四) 与其他课程的关系

学校所开设的每门课程都有自己独特的内容和进展程序,但彼此间并不是相互隔绝的。它们都是学校完整课程的一部分,都要服从完整课程的总体目标及要求。此外,这些课程在内容与所要发展的技能上,也有许多交叉重叠之处。加强课程间的联系,处理好它们的关系,既可节省时间、避免重复,又防止了不应产生的遗漏,保证总目标的完成。为此,英国《全国学校课程》提出,在课程设置计划与各门课的具体教学进程中,要贯彻"交叉课程技能"与"交叉课程主题"。

交叉课程技能,是指各门课程都涉及的、需要培养和发展的一些基本技能,如交往技能、数学技能、解决问题的技能、学习技能、处理个人与社会关系的技能、信息技能等。科学课应与其他课程配合,保证这些基本技能的发展。

交叉课程主题,是指在所有课程中应贯穿的主题。专家们认为,现代基础教育应有 5 个最重要的主题:对经济与工业的理解;职业教育与指导;健康教育;公民教育;环境教育。科学教育在其中的地位与作用是显而易见的。

今天,基础科学教育的改革已不仅是教育界的大事,也引起了各国政府的高度重视。因为今天的青少年是跨世纪的一代,他们的素质(特别是科学和技术素质)关系到一个国家的前途,关系到在未来国际竞争中的地位。美国前总统布什发布的《美国 2000 年教育战略》提出,在 20 世纪的最后 10 年中要实现"国家 6 大教育目标"。目标之一就是:"美国学生在数学和科学方面要达到世界第一"。目前西方各国普遍提早了儿童接受科学启蒙教育的年龄,从小学(甚至从幼儿园)就开始接受科学教育。在学校课程中,科学课的地位也大为提高,英国政府把科学与英语、数学并列为中小学的核心课程。我国也已高度重视科学教育问题,《中共中央国务院关于普及科学教育的几点意见》为我们的科学教育指明了方向,我们期待着科学教育能落在实处,每一个中国人都要为中国的明天做些切切实实的工作。

参考文献:

[1] Science in the National Curriculm. DES. 1, 91.

[2] Science Framework for California Public Schools. California Department of Education, 1990.

[3] Jeankin, E. W. School Science Education: towards a reconstruction [J]. *The Journal of Curriculums studies*, 1992(5).

[4] Bob Moon. A Guide to the National Curriculm. 1991.

[5] Hodson D., Reid D. J.. Science for All[J]. *School Science Review*, 1988(6).

[6] *Science for 5 to* 16[EB/OL]. DES/WO. August, 1988.

论我国科学教育的危机与对策[①]

柳秀峰

最近,报刊不断披露,中学生留级率、辍学率逐年增长,科学教育课程的不及格率不断上升。在大学,一方面是众多的中小企业,尤其是乡镇企业"重金"聘请"星期日工程师",农民自费上大学、寻师访能,甚至不惜在大学盖楼设点建立科技人员培训基地;另一方面则是大学毕业、研究生的分配前景每况愈下。以 1987 年为例,尽管各方努力,仍有 400 多人没有分配,其中多半是理工科毕业生。如今,名牌大学理工科系的毕业生被用人单位退回学校的现象也不少见,更有甚者,理工科在校研究生近来退学现象日趋严重,仅上海某大学,1987 年就有 20 人自动退学……种种迹象表明,我国科学教育正面临着危机。面对这种危机,科学教育已到了非采取行动不可的时候了。然而,这种行动究竟应该是局部的改革,还是包括目的、内容、方法、手段以及体制诸方面,要回答这个问题,有必要探讨以下三个问题:

一、科学教育革命的充要条件

为了说明科学教育革命的充要条件,让我们回顾一下历史。

第一次科学教育革命大约出现在 18 世纪中期。当时由于约翰·凯发明了飞梭,加快了织布的速度,之后,纺纱机、多轴纺纱机、水力纺纱机以及织布机械等的相继发明和应用,使得棉纺织业实现了全面的机械化,后来瓦特发明的蒸汽机又使劳动效率得到了大的提高;此后,车床、炼铁技术又相继发明,于是第一次产业革命爆发了。为了适应这次产业革命的需要,斯宾塞提出了实科教育的思想,从哲学上对教学目的、内容、方法诸方面进行了新的阐述,使当时的科学教育理论产生了一次飞跃,从而导致了第一次科学教育革命的爆发。

到了 19 世纪末、20 世纪初,电机、一般机械、运输机械(汽车、火车、船舶)、冶金和化学(肥料、染料等)成了重要的工业部门,由于发电机的发明,电力在生产和生活中得到了普遍的应用,于是爆发了第二次产业革命。为了适应这次产业革命的需要,杜威提出了以实用主义为核心的教育哲学,从理论和方法上提倡科学教育的任务不应是简单地传授知识,而应着重培养学生的解决问题的能力。于是,以实用主义为核心的科学教育理论体系为第二次科学教育革命的实现奠定了理论基础。

20 世纪 40 年代以后,出现了原子能、电子和电子计算机、宇航工业等新兴的工业部门,第三次产业革命大有一触即发之势,在这种形势下,以布鲁纳和赞可夫的科学教育哲学为核心的科学教育理论在美、苏首先掀起了一股教育改革的浪潮,不久,爆发了第三次世界范围内的科学教育的革命,它强调科学教育内容的理性化、结构化,强调培养学生的创造力。由此可见,科学教育革命的产生必须具有一定的社会背景,即社会产业革命。不过,这只是科学教育革命的条件的一个方面。可以想象,如果仅具备产业革命这种社会背景,而没有一定

[①] 本文选自《教育研究与实验》1988 年第 2 期,第 18—21 页。

的科学教育理论为基础,科学教育革命同样不可能实现。这正是为什么历史上众多的大教育家中,仅有斯宾塞、杜威、布鲁纳等少数几位教育家能成功地引导科学教育革命产生的原因。可见,产业革命是科学教育革命的充分条件,而一定的科学教育理论体系的形成则是科学教育革命的必要条件。

那么,什么样的科学教育理论体系方能满足科学教育革命的必要条件呢?根据皮亚杰的结构功能理论,产生科学教育革命这种功能的理论一定是具有某种结构的,这种结构包括以下三个方面的特性,即整体性、转换性和自身调节性。从这一理论结构形成的过程来分析可分为如下三类状态:

(1) 前结构。这种结构不完善,它要么不具有整体性,要么转换机制没有建立;

(2) 常规结构。这种结构是完善的,它具有较好的整体性、转换性和自身调节性;

(3) 激发态结构。这种结构虽然具有较好的整体性和转换性,但自身调节性不良,随时都可能"崩溃"。

在科学教育史上,科学教育理论就是按前结构、常规结构、激发态结构的顺序螺旋发展的。然而,只有处于激发态结构的理论,方有可能进行科学教育革命。尽管这种结构相对完善,但对许多新的问题仍很难圆满回答,只能借助于引入其他新的理论并对自身的结构进行调整,这样不可避免地会导致原有结构的瓦解。而这种理论上的创新自然会引起一场实践运动,于是,科学教育革命产生了。例如斯宾塞、杜威和布鲁纳等科学教育理论体系形成之前,当时的科学教育理论已不能满足日益尖锐的社会需求,在这种情形下,他们提出了新的科学教育的哲学思想,形成新的科学教育理论体系。

二、我国科学教育革命的可行性

对我国科学教育革命可行性的分析,笔者以为应该包括两个方面,即科学教育的社会背景和科学教育理论的结构。

(一) 我国科学教育的社会背景

十一届三中全会以来,沉睡的中国大地逐渐产生了蓬勃的生机,新型产业相继出现。新型产业首推乡镇企业的兴起,温州、苏南、珠江三角洲等新型的农村经济形式使广大农村燃起了希望之火,几千年不变的生产关系面临着危机。目前乡镇企业的根基已牢牢扎在占中国人口绝大部分的农村。例如,广东顺德县乡镇企业生产的电风扇已占据全省电风扇市场的40%,占全国的10%。镇乡企业生产的"健力宝"饮料已打入国际市场,"强力啤酒"1987年出口创汇300万美元,在全国仅次于青岛啤酒厂。乡镇企业的兴起,动摇了一统天下的国有企业的地位,已成为中国企业的一支新秀。

第二类新型产业是城市的个体工商企业。这类企业的产生,极大地开拓了就业渠道,给沉闷的商品流通领域注入了生机,已对国营第三产业提出了挑战。以上海为例,截至1987年底,个体工商户已接近10万户,从业人员约14万人(据《文汇报》1987年10月5日记载),已成为一支举足轻重的产业。

第三类新型产业是高智力型企业,它是以高校和研究所的高级、中级科研人员为核心的研究、生产、销售、服务型产业。如北京中关村的"电子一条街",已成为我国最大、世界少有的智力密集区。到1987年年底为止,"电子一条街"上具有独立法人资格的科技企业达148

家,从业科技人员达 3 800 多人,形成固定资产 4 700 多万,营业额超过 9 亿元。像这类高智力型企业目前在全国各大城市均可发现。

此外,还有许多"隐形"的新型产业。党的十三大已明确提出了我国经济发展的战略思想,其中乡镇企业、合资企业及个体企业将是中国经济腾飞的希望,在它们的影响下,不可避免地会引起我国产业的大调整,直至最后的产业革命。展现在我们面前的是一幅急剧变化的全新立体图景,这正是我国科技教育所面临的社会背景。

(二) 我国科学教育理论的结构

1. 整体性

科学教育理论从对象和范围上可以认为是由三个层次的理论组成的整体。a. 理、化、生和地理等自然科学的学科教育理论,简称Ⅰ类理论;b. 自然科学和综合理科的教育理论,简称Ⅱ类理论;c. 科学教育的哲学理论,简称Ⅲ类理论。对我国最近五年(1982 年 7 月至 1987 年 6 月)各类科学教育研究的论文数量的统计,结果如表 1:

表 1 1982 年 7 月至 1987 年 6 月各类科学教育研究论文

年份	Ⅰ类论文		Ⅱ类论文		Ⅲ类论文		合计
	数量	占同年百分比	数量	占同年百分比	数量	占同年百分比	
1982 下	101	98.1%	2	1.9%	0	0	103
1983	267	99.3%	2	0.7%	0	0	269
1984	278	99.3%	2	0.7%	0	0	280
1985	157	98.7%	2	1.3%	0	0	159
1986	167	98.2%	3	1.8%	0	0	170
1987 上	76	100%	0	0	0	0	76
合计	1 046	99.0%	11	1%	0	0	1 057

(统计依据为中央教科所编《中文教育报刊论文索引》,该索引中没有收集 1985、1986、1987 年的生物教育论文。)

如果整体性完好,以上三类论文的数量应该表现出"金字塔"形。从以上数据可见,科学教育理论的整体性是不完善的,第三类理论还处于"空白"状况。

对科学教育理论进行整体性分析的实质是对简单性的分析,因为任何科学理论的产生及其发展都遵循简单性原理。牛顿三定律概括了他以前开普勒的天上行星运动定律和伽利略的地面物体运动定律,这是一个简单性增加的发展过程;相对论和量子力学又把牛顿力学作为一个特例包容到了自己的理论中,这也是一个简单性增加的发展过程。科学理论就是这样不断朝着简单性方向发展,直至上升到哲学理论。同理,科学教育理论也不例外,它的三个层次的理论表现出了不同的简单性,从Ⅰ→Ⅲ类理论简单性增加,对它的整体性分析就是对整体的简单性发展趋势和现状的分析。

2. 转换性

科学教育各类理论之间的联系决定了它们之间具有一定的转换关系,它具体表现在一

类理论被其他类理论所引用。对最近五年理论被引用情况的统计分析,结果如表2:

表2 理论被引用情况的统计分析

年份	Ⅰ类论文		Ⅱ类论文		Ⅲ类论文		合计
	引用了其他类理论的论文数	占同类的百分比	引用了其他类理论的论文数	占同类的百分比	引用了其他类理论的论文数	占同类的百分比	
1982	2	2.0%	0	0	0	0	2
1983	0	0	0	0	0	0	0
1984	3	1.1%	0	0	0	0	3
1985	2	1.3%	0	0	0	0	2
1986	1	0.6%	0	0	0	0	1
1987	0	0	0	0	0	0	0
合计	8	0.77%	0	0	0	0	8

由此可见,各类理论之间的相互引用极为罕见,说明各类研究之间关系不密切,基本处于各自为政的状况,没有公共的研究焦点,转换性极差。

3. 自身调节性

自身调节性是指科学教育理论自身的活力,如果科学教育理论自身调节性强,那么并不需要借助于其他学科的理论就能解决科学教育内部的问题。由此可见,自身调节性的重要特征是引用其他学科科学理论的程度。对最近五年的科学教育研究论文的统计分析,得到如表3结果:

表3 科学教育研究论文的统计分析

年份	Ⅰ类论文		Ⅱ类论文		Ⅲ类论文		合计
	引用了其他科学理论的论文数量	占同类论文的百分比	引用了其他科学理论的论文数量	占同类论文的百分比	引用了其他科学理论的论文数量	占同类论文的百分比	
1982	14	13.9%	0	0	0	0	14
1983	7	2.6%	0	0	0	0	7
1984	9	3.2%	0	0	0	0	9
1985	6	3.8%	0	0	0	0	6
1986	16	9.6%	0	0	0	0	16
1987	7	9.2%	0	0	0	0	7
合计	59	5.6%	0	0	0	0	59

由此可见,科学教育理论的自身调节性比较理想,对其他理论的需求并不太突出。但也使现行的科学教育理论具有较大的封闭性和保守性。

通过以上分析我们可以看到,目前科学教育的总体状态是:整体性没有完成、转换性不良、自身调节性较好,因此属于前结构阶段,在这种结构上是不能进行科学教育革命的。为了进一步明确现行科学教育理论的状况,本文特以化学为例,对《化学教育》(全国化学教育研究的权威性杂志)从1983年到1986年四年间所发表的化学教育研究论文进行分析,结果如表4：

表4 1983—1986年所发表的化学教育研究论文

年份	定性论述	实践体会	定量论述	合计
1983	9(50.0%)	6(33.3%)	3(16.7%)	18
1984	15(51.7%)	10(34.5%)	4(13.8%)	29
1985	8(25.8%)	21(67.7%)	2(6.5%)	31
1986	25(53.2%)	20(42.6%)	2(4.3%)	47
合计	57(45.6%)	57(45.6%)	11(8.8%)	125

可见,目前大部分科学教育理论还只是停留在定性的、谈体会、谈经验、谈感想的阶段,而不是按照科学研究的程序,通过系统实验或科学的调查统计,经过一定的逻辑程序得出的结果。在对论文的分析中发现,大部分研究论文都没有文献综述(因此研究的创造性值得怀疑,具有一定盲目性)。对许多问题的论述仍不得不含糊支吾,表现在这些措辞上：事实证明(实际上是想当然性)、很明显(实际上缺乏必要的材料,只好一笔带过)、请参考有关的内容(究竟哪些内容不知道)……

三、我国科学教育革命的战略对策

我国正在酝酿的一场产业革命使我国科学教育产生了前所未有的危机,要求科学教育进行相应的革命,而不是"修修补补"的改革。西方一些国家几次产业革命的经验告诉我们,科学教育如果不能把握这个时机,将会在一定程度上使产业革命受挫。可是通过以上可行性的分析,说明我国目前科学教育理论的研究远远落后于社会的发展。虽然科学教育革命的春风正在不断吹来,但科学教育理论却没有充分的准备。可见,实现我国科学教育革命的战略应首先提高现有的科学教育理论的研究水平,做好如下工作：

(1) 改进研究生培养制度,尽快建立合理的科学教育研究人员的层次结构。造就一批具有一定哲学思想的高级科研人员和具有一定理论研究水平的科学教师；

(2) 根据科学教育革命的需要,重新调整、规划我国科学教育研究的层次和比例,把研究重点放在科学教育的一般理论(如科学教育学)上,尤其要对我国丰富的科学教育的实践经验从哲学上进行总结、提炼,以建立具有中国特色的科学教育哲学体系,这种体系能够回答我国科学教育的认识论、价值论和方法论等一系列基本问题；

(3) 革新现行以思辨为主、经验为主的科学教育研究方法,提高科研人员的研究素质。必须通过各种渠道把自然科学以及社会科学中的一些新方法、新理论介绍给科研人员,尤其应该极大地重视实验方法的推广和应用。在科学教育研究的内部,各学科之间也应在方法和理论上取长补短。

小学自然四十年的几点反思

刘默耕

回顾四十年来的小学自然教学,应该得到一些什么有价值的反思呢?据我个人的经历所及,试提几点讨论。

一、低年级的科学教育要不落空,必须单设自然学科

对小学儿童,应当从一入学就进行科学教育,这是自1903年兴办新学校以来从无争论的事。但在课程设置上却变化不定:有的时期,从一年级起就单设有"自然"学科或"常识"学科;有的时期,一～二年级或一～四年级不单设自然或常识学科,但在教学计划中明文规定:"教师应将自然、社会等常识,在语文及其他各科和课外活动中联系进行",或者只在语文课中联系进行。

八十多年的历史事实说明,初小阶段(一～四年级)只要课程表上有自然或常识学科,学校就得安排教自然或常识的教师,按时上课,且无论教学质量高低,至少保证了"有自然教学"。而在初小阶段没有单设自然或常识学科的时期,尽管教学计划中有上述的明文规定,甚至如1957年自然教学大纲还明确规定了初小阶段通过语文课进行的自然教学内容,由于教学时间、教师、教材都不落实,初小阶段的科学教育,实际上普遍落了空,无形中受到很大损失。

当今世界,谁都承认"科学教育必须从小抓起"。鉴于上述的历史经验教训,初小阶段的科学教育要不落空,最好还是从一年级起就单设自然学科。

二、从观念的改变入手解决好低年级的自然教材问题和教学问题

一～二年级甚至一～四年级要不要单设自然或常识学科,这个问题其所以翻来覆去闹腾了八十多年而至今仍未能普遍最后解决,争论的焦点主要是"课本难编,教师难教"。"课本难编",是因为低中年级儿童的识字量有限,这有限的字不够表达自然常识的内容,编起教材来只好削足适履,文字上尽量简约压缩。但不管怎样简约压缩,生字词的量和文字复杂程度还是远超出同时的语文程度的[1],从而又导致"教师难教":规定的自然教学时间还不够解决生字词之用,哪还顾得上自然内容?于是,就不单独设科,而"联系各科及课外活动"进行自然教学了。由于不单设自然学科,自然教学又落了空,于是又单独设科。翻来覆去,折腾不已。究其根蒂,乃是一个传统观念在作怪。传统观念认为:儿童上学就是读书,教师的任务就是教书,似乎一切教育都得通过书本来进行。须知,自然课的职能是指导儿童认识客观物质世界,简言之是"识物",主要应面对所要认识的"物"而直接认识之,不应把通过文字中介间接认识作为主要认识途径。明乎此,课本就不难编了,给儿童用的可以主要是图画,有

---

① 本文选自《课程教材研究》1988年第12期,第19—22页。

没有文字不关紧要,绝大多数内容和方法等写在教师用书里,通过教师去实施,从而教学也就不存在语文、自然顾此失彼的"难教"局面了。现在,人民教育出版社已出版了供一、二年级用的自然课本(以图为主,全部彩色印刷)和配套的教师用书,从一年级起到毕业班为止的全套自然教材算是配齐了。

三、掌握小学自然教学大纲,要善于"看到"没写出来的内容

小学自然学科是整个小学教育工作的一个部分,它既要承担它特有的"科学教育"的任务,同时也渗透了小学教育的总任务及主要由别的学科承担的任务(例如发展儿童的语言能力)。所以,在小学自然教学大纲中,凡属各科都共有的及主要由别的学科承担的任务要求,就一般地不写出来了;必要写出来的,也多只是写出根据自然学科的特点所应特别注意之点,而不是全面地写出来。举个例子来说,1982年的小学自然教学大纲征求意见二稿没有写出"美育"的任务,决不能因此就认为小学自然课中没有美育。美育是各科及各方面小学教育工作都不可少的一个因素,这对每个小学教育工作者来说都应是不言自明的。而"美"的源泉就是自然界。所以只要真正接触了自然界,教师又有美育的自觉意识,善于诱导感染,可以说,课课都有美育的因素。教学大纲中没有写出来,而在教学中又应自觉贯彻,这靠什么呢?主要靠教师善于"看到"这类没写出来的内容(心中有小学教育的全局就不难"看到")。1987年正式颁布的小学自然教学大纲在总的教学要求项下写出了"进行美的教育",但在各册的教学内容和要求中,只有两处提到"结合……进行美的教育"。是不是只有这两处有美育而其他各处都没有美育了呢?显然不是。美育无处不在无时不在。如果只"看到"写出来了的这两处而看不到没写出来的各处,就误认为只有这两处有美育要求,别处没有,肯定会使自己的教学工作大为减色。其他如思想品德教育的,能力培养的,劳动教育的,都是这个情况,册册有,课课有,大纲中不能册册课课都重复写一遍,最多只能写出在某处某时应注意的特殊之点(劳动教育在大纲中就只字未提)。这跟记日记没有必要天天重复记录起床穿衣吃饭等常规事项是一样的道理。如果认为没记出吃饭的那天就是没吃饭,岂不荒唐?然而在掌握和贯彻教学大纲时"看不到"没写出的内容的现象确是普遍存在的,所以似乎有必要提个醒。

四、引进外国的东西要善于正确消化

现代的自然课,本来就是从外国引进的。新中国成立前从日本英美引进;新中国成立后,20世纪50年代从苏联引进,80年代实行了开放政策,接触外国的面广了。不管什么时代引进任何外国的东西,都可能产生两种偏向:一是生搬而不消化,一是消化得不正确,两者都可能不得其益甚或反而坏了事情。前者如50年代引进苏联的自然教材,硬搬多而消化少。人家的学制、文字跟我们大不相同,人家可以在一~三年级通过语文课学习完生物界自然和地球上的四季现象,四年级学习无生物界自然(水、空气、矿物、土壤),我们也这样做,结果,初小阶段的自然教学落了空,于是整个生物界自然部分和地球上的季节变化部分就落空了。这是硬搬而不依本国国情予以消化的恶果。

后者如新中国成立前从外国引进的自然课,被我们两千多年"读书、背书、考书"的读四书五经的传统消化了,学科学变成了仅仅是"读科学书",忽视了观察实验等科学精神、科学方法、科学态度,于是未收到科学教育应有的功效,有的还形成了用教条主义、脱离实际的态

度对待科学的陋习。

当今世界,教育科学的流派很多,与小学科学教育有关的新学科也很多(例如创造工程,思维科学等),小学自然的教材教法也很多,都在不时地引进来,"善于正确消化"就成了今后的一个重要课题。

就四十年来的引进情况看,有哪些算是正确消化应予肯定的呢?我以为有下述几点:

(一) 明确认识小学自然学科的性质任务很不容易

"小学自然是对儿童进行科学启蒙教育的一门基础性重要学科。"这句短短的话可以说是进入20世纪80年代以来小学自然课改革的一条总纲。它是在十一届三中全会思想路线和改革开放方针的指引下,尽力所能及初步检索古今小学科学教育工作的本质特征,把握当代世界小学科学教育改革的趋势,结合我国的现实国情和未来建设发展的需要等提出来的。国内以前没有这样明确提过,国外似乎也未见有如此明确的提法。与这个提法相关联的,是对何谓科学、何谓科学教育、何谓科学启蒙教育、何谓自然课的"教"、何谓自然课的"学",以及自然教材的表达模式、自然教学的实施模式等,都有我国自己新的介说和做法。[2]它们基本上都已反映在教学大纲和1982年以来所用的新编自然教材(课本和教师用书)中了。近十年来的实践检验说明它们基本上是站得住的。当然,还需进一步从理论上使它更加完善和系统化。

(二) "人及其环境"的知识体系结构比较可取

小学自然的教学内容(认识对象)包罗万象,从一年级到毕业班,一课课地绘出,一会儿是这,一会儿是那,貌似无序而实则有序。有的老师问,到最后,究竟按一个什么样的"序"来整理这包罗万象的内容,使之有个明晰的体系结构呢?这个问题的实质,看来主要在于教材编者和自然教师心中到底如何来把握全部教材的知识体系结构,才好做到心中有数,不致惶惑。笔者以为,既然小学自然学科的认识对象是自然界,那就按人们直观的自然界的构造来把握最为简洁。所谓人们直观的"自然界的构造"是个什么样的构造呢?乃是地球上的人睁眼一看直观地所见的自然界的面貌,具体说就是这样的体系结构(如图1):

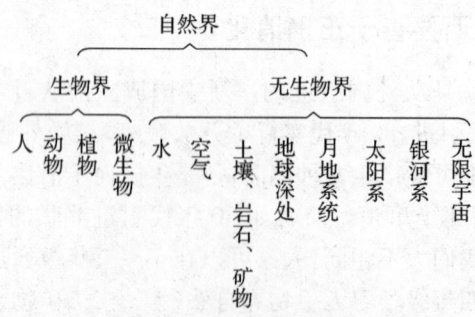

图1 自然界的体系结构

儿童在小学阶段学习的科学只是"初步认识自然界",并非学习系统的各门自然科学。小学儿童所认识的自然界,乃是立足于地球所观察到的自然界,它是以"人"为中心的,是从"人"的需要出发来认识的。我们可以把"人"以外的一切,深至地心,远至无限宇宙,都看作

"人的环境"。其中,水圈、大气圈、生物圈、岩石圈、月亮、太阳这些部分与人的关系最为密切,因而认识得比较详细(但因是启蒙性的,尽管比较详细,仍是初步的,挂一漏万的)。对于地球深处和太阳系以外的情况,认识得就十分简略了。似此,我们可以把自然课的知识体系结构用"人及其环境"这样一个概念来表达。由于认识自然界的目的是为了正确处理好人与自然的关系,上述概念也可表述为"人及其与环境的正确关系"。从这个角度来选择认识对象(学习内容),依据年龄特征与课时数的制约来进行取舍、把握繁简深浅和处理这些内容在各年级的分布,不受科学分科体系的干扰,就不至于感到惶惑和莫衷一是了。

为了进一步体会上述知识体系结构的特点,不妨设想认识的主体换一个立足点,例如人是在月亮上或者太阳上,一睁眼直观地所观察到的自然界景观,肯定跟立足于地球所观察到的大不相同,其他如引力、温度等对观察者及其他物体的作用也是大不相同的。

总的看来,按"人及其与环境的正确关系"这种知识体系结构来认识自然界,实际上是让儿童亲历一次人类科学史早期的历程。这是发展儿童的认识能力必经的初级阶段,[3]所以它比较适合儿童"初步认识"的特点。此外,它也比较简约易于把握,比较易于联系本地实际,还比较灵活,"需则学之,不需则免",不致因追求某种系统性的完整而加大深广度。所以,笔者认为这个体系结构是比较可取的。至少,它可以避免多元分类可能带来的惶惑和莫衷一是。

(三)注重相互作用的"探究—研讨"教学法值得研究借鉴

1985年联合国亚太地区发展小学理科教学材料学习班的报告,把当前小学自然的主要教学法归纳为"传授法""发现法""科学加工过程法""相互作用法"四大类。就前三类说,后一类都是为克服前一类的缺陷而发展起来的,但又走向了另一个极端,失却了前一类所具有的不应废弃的某些作用。为了克服这些片面性,在当代系统论科学的指导下,融汇古今各种教学法的优点,发展出来了第四类"相互作用法"。1984年引进的美国哈佛大学兰本达教授的"探究—研讨"教学法就属于这类相互作用法。它十分重视认识的主体与客体间的相互作用,主体群体各成员间的相互作用,师生之间的相互作用,中介材料与客体和主体间的相互作用,主体个体的思维和语言间的相互作用,内部语言和外部语言间的相互作用等等,且都是纯属科学启蒙教育阶段的。从兰本达的著作《小学科学教育的"探究—研讨"教学法》一书(人民教育出版社)所阐发的理论原则及所举的教学实例看,它比上述报告所概括的相互作用法的要点丰富、深刻得多。从它的精神实质看,它是以辩证唯物主义的认识论和历史唯物主义的群众路线作为哲学基础的,所以很值得我们认真研究借鉴。但同样要善于正确消化,吸取其精神实质、理论原则,发展出适合于我国国情又保持在世界先进前沿位置上的材料结构及具体实施办法来。如若只是在形式上照猫画虎,那可能是得不到多大益处的。

纵观四十年来的小学自然,50年代引进苏联的教材,有得有失;60、70年代从闭关锁国到彻底破坏不去说它;1978年拨乱反正,出版了统编教材,恢复了被破坏的教育秩序;1981年起进行改革实验,在二十几个省、自治区、直辖市的共同努力下,到1984年完成了一套改革的大纲、课本、教师用书,经过十年来的实践检验,可说改革方向是正确的,路子是对的,已取得了不少可喜的成绩,但距离完善还远,有待于在第五个十年中进一步解放思想,深化改革,创造出适应下世纪初需要的自然教材教法及其理论体系来。现在全国已涌现出一批优秀的小学自然教师、教研员和理论工作者,相信在国家教委及各地教委的领导下,既有竞争,切磋砥砺；又有协作，群策群力；不用多久，会更上一层楼的。

参考文献：

[1] 举一课新中国成立前的常识课文为例：《火油》："桌上是一灯，中盛火油，取火燃之，发光甚明，儿问父曰：'火油为何物？'父曰：'地层中有隙穴，其地有石油者，恒积于其间，人乃掘井以取之，油初出井，质杂而黑，提炼以后，始克澄清，灯中之火油，即其已经提炼者也。"计志中.新撰常识第七册[M].北京：商务印书馆，1927.

[2] 肖敬若.《新编小学自然教材的回顾》篇[A].普通教育改革[M].北京：人民教育出版社，1987：223.

[3] 黑格尔、列宁、皮亚杰都论述过，个体智力发展的历史，再现了历史上整个人类的认识发展的内在逻辑。参见哲学[N].光明日报，1984-6-11(278).

小学自然教学改革的回顾与展望[①]

李培实

一、十年教改的回顾

近十年来，小学自然课的教学改革，在教学思想、课程设置、教学内容、教学方法等方面都已取得了可喜的成果。现在概述如下：

（一）教学思想的转变

小学自然课的改革，是从对这门学科的性质和任务这个根本问题的认识开始的。传统的观点认为："自然课是小学阶段儿童学习自然科学知识的一门主要学科"，即把自然课的性质定为"知识性"学科，它的任务是"教给儿童一些浅近的自然科学知识"。1982年新自然教学大纲一开始就指出："自然课是对儿童进行科学启蒙教育的一门重要基础学科"，即把自然课的性质定为"教育性"学科，它的任务不仅是教给儿童一些现成的自然科学知识，还要通过基础知识的教学，培养儿童对自然界和科学技术的兴趣爱好，自行获取知识和应用知识的能力，实事求是、尊重自然规律的科学态度，爱家乡、爱祖国的思想品德和审美情趣等。这体现了教育方针培养全面发展的人，提高全民族科学文化素质的要求，体现了教学与儿童一般发展的关系，与当今教育理论发展的趋势是相适应的。

（二）课程设置的改革

1981年，只在高年级有两年自然课。从1982年起，正式从三年级起设自然课。有的省、直辖市同时试验或全面实行从一年级起就设自然课，如北京、上海等地。现在九年制义务教育的教学计划和自然教学大纲，已规定从一年级起就单设自然课。

（三）教学内容的改革

要根据自然教学的指导思想来选择自然课的教学内容。1982年以前和1982年以后，在选择教学内容时都十分注意知识的科学性、基础性和可接受性。1982年以后还十分重视其实践性和趣味性，改变了过去对教学内容贪多求全、追求系统性完整性的弊病，对培养儿童爱科学、学科学、用科学的志趣和能力，提高科学素质起了很大作用。

对教学内容的改革也反映在教材的表达形式上。过去编写教材总是先给出定义、概念，然后用演示实验来证明定义、概念，最后留个复述定义、概念的书面作业。现教材的表达形式着重在科学研究的过程，一般都是探索的过程在前，探索的结果在后，让儿童学着像科学家那样去探索大自然的秘密，这就使教材成为儿童喜爱的读物。

[①] 本文选自《中国教育学刊》1989年第5期，第24—27页。

为了探索小学自然教学内容的改革,中央教育科学研究所、北京师范大学和北京、上海、长沙、湖北、黑龙江等省市,都自编了各具特色的自然实验教材。

(四)教学方法的改革

由于教学指导思想的转变,教学内容的改革,对教师的教学方法也提出了改革的要求。近七八年来,不少教师在教学方法上大胆进行改革,注重师生共同探讨,注重学生亲自动手实践,由重教轻导变为既要教更要着力于导,在教学过程中充分发挥学生的主体作用和教师的主导作用,使自然课真正成为"愉快的自然课",使学生学得主动积极。

(五)自然教学改革的实验与研究

1981年以来,特别是1984年《小学自然教材教法改革实验与研究》被列为教育部教育科学重点研究项目以来,中央各有关单位及各省、市、自治区的有关部门和广大教师,开展了多方面的自然教学改革实验与专题研究活动,取得了丰硕成果。实验和研究的范围广泛,涉及自然教学的各个方面。如对自然学科的历史沿革、课程设置和性质任务的研究,对自然教材的实验和研究,对自然课教学方法的实验和研究;对自然课自制教具、幻灯教学的研究,对自然课课型的研究;对自然课课外活动,特别是小论文、小制作、小发明的实验与研究,对自然课教学目标及评估的研究,等等。这些实验与专题研究,加快了自然教学改革的步伐,扩大了自然教学改革的影响面,从而在更大的范围内提高了自然教学的质量。

二、改革中的几个问题

自然教学改革刚刚起步,存在一些问题是不可避免的。认识这些不足的地方,有利于进一步的改革。下面仅就我们意识到的几个主要问题谈谈看法。

(一)教学思想问题

小学自然课是小学基础教育阶段的一门课程,必须为实现基础教育的培养目标服务,就是要培养在德、智、体、美、劳各方面全面发展的人,从而提高全民族的科学文化素质和思想道德素质,这应是不言而喻的。从这个高度来衡量近些年来自然教学改革的实践,我们认为还有注意不够的地方。例如,关于科学态度的教育。科学态度不但是科学工作者应该具有的态度,也是在社会主义国家中一个普通公民应该具有的素养,特别从我国的现状看,社会上普遍存在着迷信、保守、不按科学规律办事、不实事求是等情况,进行科学态度的教育就更为必要。但我们对于什么是科学态度,对于进行科学态度教育的意义和途径,研究得很不够,认识是模糊的。

(二)教学内容问题

教学内容是我们一向最重视也是研究得最多的问题。但由于旧的指导思想和习惯势力,使我们在教学内容的改革中往往不自觉地又会把传授知识作为唯一的教学目的。不论是新大纲还是新教材,在某些知识的要求上仍是偏深偏难,选择的内容也往往过多,追求全面系统,脱离小学生的年龄特点和实际水平。

（三）师资培训问题

自然课指导思想的贯彻，教学任务的完成，主要靠教师来实现。我们发现一些教师由于专业知识不够，教育心理学知识水平不高，导致教学中出现一系列问题。例如，一些教师在讲解概念时出现科学性错误，在做实验时违反操作规程或得不出应有的结果，等等。这些都直接影响自然教学的质量，也向主管师资培训的部门提出了更高的要求。

（四）科学研究问题

小学自然课改革的科学研究虽然已经做了不少工作，但总的看还是一块有待深入开拓的园地。存在的主要问题有两个，一是从事小学自然教学研究的人员太少，二是研究课题的计划性不强。

这种状况和我们这个大国的地位是很不相称的。

（五）发展不平衡问题

从全国范围来看，自然教学改革存在三种状态：一是少数地区、学校和教师，改革的步子迈得比较大，二是大部分地区、学校和教师，处于改革的起步状态，三是相当一部分地区和学校的领导与教师，对自然课的地位和作用不大认识，对自然教学改革的指导思想不大了解，没有配备专职的自然课教研员，自然课教师的流动性很大，自然教学必不可少的仪器设备极少。

三、对今后工作的设想

现在我们已经成立了全国小学自然教学研究会，这对深化自然课的改革无疑是强劲的推动力和组织保证。

针对上述情况，我们认为今后主要应该抓以下四项工作。

（一）继续抓指导思想的转变

指导思想的转变是根本，它决定着教学内容、教学方法、教学手段等一系列的改革。最好的办法是组织教师深入学习自然教学大纲，了解小学自然学科的性质和任务，了解它在基础教育中应起的作用，在学生的全面发展方面所起的作用。

（二）狠抓师资培训

教师业务水平的高低决定着自然教学的质量。因此，狠抓在职教师的培训工作是非常必要的。师资培训的目的任务有两项，一是提高在职教师的自然科学知识水平，二是提高在职教师的教育专业理论水平。

关于自然知识，教师在中等师范学校所学过的知识和技能是不够的，如天文、地质知识，动物、植物分类知识，实验设计和操作方法，标本的采集制作方法，动物饲养、植物栽培技术，自制教具的基本功等，在中师的教学内容里或者没有或者很少，特别是动手能力的培养很差，而自然教学改革要求教师具备广博的知识，较强的动手能力。因此，需要师资培训部门针对在职教师的实际需要组织培训工作，使他们能胜任教学工作。

关于教育专业理论知识,如自然教学法课程在中师是选修课,很多教师没学过。更何况这一领域近年来学术成就发展很快,教师不注意学习就会落在时代的后面。因此,师资培训部门还应加强在职教师的教育专业知识能力的培训。

(三)大力宣传小学自然学科的地位和作用

自然教学改革发展不平衡,一个很重要的原因是相当一部分地区和学校的领导和教师对自然课的作用不大理解。这个问题即使在自然教学改革比较先进的地区,也还没有完全得到解决。上海市近些年来多次进行抽样调查,发现自然教师师资状况多年来并没有显著变化,教师队伍中仍是兼职教师多,教师的流动性大,年龄老化的问题并没有得到遏制。所以,大力宣传自然学科的地位和作用,特别是它在"四化"建设,培养"四有"公民方面的作用,引起对自然教学的重视,仍然是一项重要的、长期的任务。

(四)深化改革实验与研究

自然学科改革的实验与研究基本上还处在起步阶段,待研究的课题很多,许多实践经验有待从理论上提高,一些正在各地分散研究的重要课题有待交流。全国小学自然教学研究会的成立,为加强和协调改革的实验研究提供了有利的条件。

从当前的需要和我国的实际情况出发,我们认为必须加强对自然课中的"五育"、自然课教学论和农村的自然教学这三个问题的实验研究。

1. 自然课中的"五育"

在智育方面应加强对能力培养的研究。自然教学中应培养能力的观点已深入人心,但怎样培养能力的问题并没有得到很好的解决。同时还应加强对自然学科知识结构的研究。再有,过去由于受到智育第一的影响,对自然教学中的德育、美育和劳动教育重视不够,以后需要加强这些方面的研究,如自然课中德育的任务、内容、原则、途径和方法,自然课中美育和劳动教育的任务、内容、原则和形式,特别应加强对科学态度、爱国主义教育和其他非智力因素培养教育的研究。

2. 自然课教学论方面的问题

当前在这些方面迫切需要研究的有下列一些问题:

(1)自然课教学过程:这方面需要研究的问题主要有:自然课教学过程的基本规律,教和学的关系,如何在教学过程中发挥教师的主导作用和学生的主体作用。

(2)自然课教学内容:对于大多数地区来说,这方面需要研究的问题主要是教材,如教材怎样为培养目标服务,怎样选择基础知识,怎样处理知识和能力的关系,怎样组织成最佳的学科体系,怎样加强思想品德教育、美育和劳动教育,教材的最佳表达形式,好教材的标准是什么,乡土自然教材的作用、特点和编写原则等等。

(3)自然课的教学方法:目前需要对已创造的一些效果很好的教学方法加以总结和提高,并对引进的国外一些好的教学方法结合我国的实际情况加以吸收和利用。

(4)自然课的教学手段:教具奇缺是自然教学改革中遇到的一大难题。根据目前的情况,必须研制出一批花钱少、效果好的自制教具并加以推广。另外,现代化教学手段,如幻灯教学、电影教学、录像教学,是自然教学中涌现出来的新事物。现在就应着手研究它的特点、作用和在教学过程中如何正确运用等。

(5)自然课的教学组织形式,包括课堂教学和课外自然研究活动。

课堂教学需要研究的问题,如自然课的类型,自然课的结构等。

课外自然研究活动,它是自然教学的一个不可分割的重要组成部分,但并没有引起普遍的重视。实践证明,开展这类活动作用极大,它使课内外、校内外的教育融为一体,对学生的成长具有深远的意义。今后应宣传课外自然研究活动的意义、组织形式和内容,并把这些实践活动的经验加以总结和提高,以便在大面积上加以推广。

3. 农村的自然教学

今后普及义务教育的重点在农村。因此,如何针对农村的特点,研究农村自然教学的各个方面,制定出一系列的农村自然教学研究的选题,是当前的一项带有方向性的重要任务。

从自然课到科学课的嬗变[①]

路培琦

小学科学教育的主要任务不是让学生掌握更多的科学知识,这个观点是一个英国的专家——联合国亚太地区理科咨询员,在北京的一次培训班上提出来的。他旗帜鲜明地讲:小学科学教育的主要任务不是教知识,是教孩子,就是教孩子怎样科学地看事情,怎样科学地去想事情,让孩子懂得他身边的自然事物包含着许多科学道理,我们应该怎样去了解,怎样去弄明白这些科学问题。

过去,自然课《大纲》里很明白地规定:教给孩子浅近的自然科学知识。当然,我们现在不是不要知识,但是主要不是教知识。我们要教学生基础的学力——学习的能力,科学学科最基本的学习能力就是最基本的学习科学的能力,基础学力包括很多方面,当然要掌握一部分知识,没有一定的知识,学生就无法思考;没有知识,没有概念,就不能进行思维。除了知识,还有观察的能力,能留心观察周围的事物;还有动手的能力,自己去探究,去查资料……都是最基本的学习的能力。再来细分析一下这些基础的学习能力,就可以发现基础的学力不外乎就是提出问题和解决问题的能力。要讲清楚这一点,就牵扯到科学教育和过去的自然课在理念上的几条的很重要的区别:

一、科学强调从问题入手

自然课以大自然为认识和研究对象,强调从观察入手——放眼看周围的世界,天上的日月星辰,地上的虫鱼鸟兽、花草树木,甚至包括我们自身,都是要观察研究的事物。自然课让孩子通过观察,通过实验,通过各种各样的手段研究的最终落脚点在哪儿呢?那就是对大自然的各种事物现象做出比较满意的解释,或者说以前的科学家曾经研究过的成果,让孩子理解,让他知道、记住,甚至要考试,这就是过去自然教学的终结点。

对大自然的各种事物和现象能够做出某种解释,得出有关的科学的结论,这个就是知识点。让孩子理解记住这些知识点,我们的教学任务就算完成了。随着20多年自然教学的改革和探索,我们发现仅仅知道知识还不够,还要有能力,这些能力就是指观察能力、实验能力、动手制作、操作的能力,但是这些能力只是为学生更好地理解科学知识服务的。所以,翻一翻目前的自然教材,可以看出,从头至尾都离不开知识结论,没有哪一课最后不是落脚在知识结论上。可是翻开现在的《科学》教材,可能一条知识结论也找不到。因为我们认为知识结论不应该由书本给出,而是要让孩子自己通过探索、研究,让他自己得出,科学课强调的是提出问题和解决问题,科学课最终的落脚点不是在知识结论上,而是在让学生做出某种结论。学生得到了这些知识还不行,还要去解决将来在工作中、生活中可能遇到的问题,我们把眼光落在这一点上。最终的落脚点不只是对所谓的科学知识有所解释、有所理解就行了,

---

[①] 本文选自《小学自然教学》2002年第10期,第4—8页。

最终要让孩子通过科学改善人们的生活环境,提高人们的生活质量,以此为最终的目标。这个目标也不仅仅是科学课,其他各个学科都是为了这个目标——最终要提高我们受教育者的生活质量,改善他的生存环境。要想达到这个目标,就要教会孩子科学地看问题,科学地想问题,科学地处理问题。将来他们面临未来社会的新生活和某些矛盾时,就会处理,会解决所面临的问题。你现在教给他一大堆知识点,将来用得上用不上都是个问号。因为学生是10年、20年以后才走向社会,那个时候社会所需要的东西,我们现在是无法预见的,也无法教给他,所以教那么多知识可能没有多大用处。

我们要教给学生寻找知识的办法,他如果有这种寻找知识的办法,将来在工作中、生活中遇到问题的时候,就知道到哪儿去寻找知识,在那么多知识中,怎样挑选对自己有用的知识,知道用这些知识可以干什么,知道怎么去解决自己所遇到的问题。这是自然课和科学课的重要区别之一:科学课强调从问题入手。从问题入手是这一次科学教育改革,也是我们这套教材很重要的一个理念。

理念就是将理论转化为你的观念,写在书上的、挂在嘴上的叫作理论,假如理论被你理解了、被你吸收了,成为你行动的一种指导思想了,就叫作观念。假如这个理论不能成为你的观念,你就用不上。只有你理解了的理论才能化为你的行动,成为你的行动的指导思想,在你的教学中贯彻体现出来,这叫作理念,不仅仅是理论。专家教授讲的一大堆东西都可以叫作理论,假如你听了半天不明白,也不理解,就不能变成你的思想,那么专家教授讲的这个理论对你就没用。假如专家教授讲过了,你听明白了,在教学中也体现了,这就变成了你的观念,你的理念,你的行动指导思想。现在要转变教学指导思想,一要抓住要害的东西、本质的东西,把科学教育搞上去,不要抓那些形式主义和表面化的东西。

从提出问题到解决问题中间要经过一大段过程,没有过程与方法,解决问题也是一句空话。必须教会孩子掌握解决问题的过程和方法,这样他从提出问题,经过一系列的研究过程,运用一系列的科学方法,最后把问题解决了,才是科学教育的全过程。当然从提出问题到解决问题的中间这一大段过程中,在经历过程和运用方法研究的过程中,必然会获得相关的知识,掌握一定的技能,发展一定的情感态度价值观。这些都是《课程标准》中规定的科学教育目标,也是在提出问题和解决问题的过程中要实现、要达到的目标。

二、科学预测非常必要

在动手之前,探究教学安排的活动是对提出的问题进行预测和假设,先说说你对这个问题是怎么理解的,是什么看法,可能是什么样。比方说《连通气球》这节课,两个同样大的气球,一个吹得大一些,一个吹得小一些,中间用管子连通起来,让学生猜猜这两个气球里面的气会怎样运动,气会往哪边去。一种想法是大气球里的气往小气球里跑,运动到最后,两边一样大。还有一种想法是两边不动,尽管一头大一头小,但两边都有气,顶住了,不流动,一般人是这两种看法。还有第三种看法就是小气球里面的气往大气球里面跑,这种想法很少有人想到,而且理由各不相同,有的甚至认为是大气球里面的气吸引力大而把小气球里的气吸引过来了。实际上,这些思维的过程就是假设,就是预测。而实际上是不是这样呢?要亲自做一做才知道。我们可以准备两个气球、一根管子和线,把气球吹好了,一个吹大一些、一个吹小一些,然后想办法把它们通气了,看看结果到底是什么样子的。事实上是小气球的气向大气球里流动,因为小气球的皮囊压力比大气球的皮囊压力大,也就是表面张力大,回缩力大,它把小气球里的气挤到大气球里。大家吹气球的经历会感觉到,刚吹的时候很费力,因为刚吹的时候皮囊很厚;吹起来以后,皮囊变薄,越吹大皮囊越薄,也就越吹越不费劲,甚至能吹爆了。皮囊变薄了,它的弹性回缩力就变小了,而厚的皮囊弹性回缩力就大,就把小气球里的气挤到大气球里去了。

上课的时候,几乎所有的学生都认为是小气球变大,大气球变小,可是等他实际做完以后,才发现原来和自己设想的不一样,于是他就惊讶地说:太不可思议了!发出感叹:仅凭猜想还不行,必须经过科学实验才能够得到科学的真理。有的孩子甚至说:实践是检验真理的唯一标准。有一次,在武汉上课,只有一个孩子坚持:小气球的气往大气球里跑。到了最后他发表意见:大多数人的意见有时候不一定是对的,多数人掌握的不见得就是真理。这个学生的体会和感想对他来说是意义深远的。这节课不仅是教给他一些科学知识,而且让他明白一个科学思想和科学道理,将来他会用这种理念去认识更多的事物,预测培养了孩子的思维的独立性。

比如《热水变凉》这一课,一杯热水放在桌子上,过一会儿就凉了,温度会下降。上课的时候创设这样一个情境,先让一个学生来测一测,这一杯水有多少度,这个学生上来一测:87度。老师拿过来一看,是87度吗?你看得准吗?再来一个看看。又来一个测了测:85度。老师说:你看,两个人看到了两个结果,再来一个看看?第三个上来一看:83度了,问题产生了。孩子的解释是:温度不可能停留在原来位置上,是在不停地下降的。老师给他一个问题:一杯热水温度会下降,温度是怎么变化的?假如每隔两分钟我们来测量一次,我们会发现温度下降有什么规律吗?学生做出了几种不同的预测:① 没有规律;② 先快后慢;③ 先慢后快;④ 均匀下降。

到底哪一种意见对,可以实际测量一下。测量以后,再组织学生分析得到的数据,出现了这样一个曲线:0分钟开始是87度,过2分钟82度,再过2分钟下降4度,再过2分钟下降2.5度。虽然每组的数据可能不一样,但是所有的人的数据都呈现同样的曲线,这就是规律。(这就是牛顿研究的热力学第二定律,也叫作熵,也就是热永远从高温处向低温处传递,不可逆转)接下来我们让学生讨论:假如继续测量,不是10分钟,而是20分钟,这个热会怎样传递?这个曲线会怎样变化?会下降为0度吗?学生说:不可能,到一定程度应该就和环境温度相平衡。假如室温是30度,现在就只能是30度。

为什么让学生在动手之前先让他做出预测呢?这是调动学生的已有经验,学生到教室里来的时候不是一张白纸,他已经有了丰富的生活经验。已有的知识经验就是他获取新知识的基础,假如他没有任何知识经验,确实是一张白纸,我们可以断言,你给他讲什么他都明白不了,学什么都不会,他就不可能学习。学生为什么能学习,就因为他们具有一定的知识经验、学习方法和思考方法。

可以用这样一个模式图来解释科学学习:假设学生的知识结构是一张渔网,渔网上的结就是科学概念、科学知识。概念之间的联系就是渔网的线,网线和结连接在一起,形成一个网络结构。任何人的知识结构都是网络结构,不是一盘散沙,都有一定的联系。儿童的年龄小,科学概念少,网眼就大,网眼的数量叫作目数。儿童的知识结构中的网眼大,目数少。我们教给他的新知识就是在它的原来的目中新增加一个结,这就是一个新概念,这个新概念是建立在他原来的概念基础之上的,和他原来的知识结构发生联系。将来我们给他更多的概念,这些概念互相都能产生联系,也和他原来的概念发生联系,这样学生的这一张知识网的网眼就越来越密,目数越来越多,也就意味着他的知识网络结构越来越完整,这就是建构主义理论。建构主义理论认为,要让学生先用已有的知识和经验先猜一猜,可能是怎么样的,猜得对不对不要紧,然后去动手试一试,验证一下,可能猜得是对的,这就验证了自己的看法;也可能猜得不对,猜得不对就要改正原来的看法,重新组合自己已经有的知识。每次新知识注入到学生头脑里,都会改变他原来的结构,重新组合,所以,新知识是建立在他原有知识的基础上。

三、动手之前先动脑

在预测之后就要动手解决问题了,那动手之前要让学生做什么呢?比方刚才说的测量一杯水的温度,在测量之前要让学生讨论,讨论测量的时候温度计能不能拿出来?如果拿出来温度就变了,再放进去就不准了,那就要规定在实验当中不能把温度计拿出来。

这些规则过去都是我们告诉学生,在做实验的之前老师说做实验的时候要注意什么注意什么,比如温度计千万不要拿出来等等。而现在我们是让学生自己想:你说在测量这一杯水的时候要注意什么?他就要动脑筋想。比如,温度计插在什么地方,是插在中间还是插在上部还是底部还是靠边?再比如从什么时候开始记录0分钟的温度,也要让学生来讨论,要让学生知道温度升到最高处就是0分钟的温度。

在上《煮鸡蛋需要多长时间》这一课时,我们让学生在煮鸡蛋之前展开讨论,让他们讨论煮鸡蛋需要注意什么?先让学生预测:多长时间能熟?学生可能预测2分钟、5分钟、8分钟、也可能说15分钟。预测过了就让学生说一说什么情况才算是熟了呢?那就是要规定一个熟的标准:蛋黄凝固了。在这个基础上让学生讨论哪些因素会影响鸡蛋熟的快慢。可能水的多少、容器的大小、鸡蛋的个数、火的大小等因素都会影响煮鸡蛋的快慢。为了比较的公平,那就要规定统一的标准,那就是放多少水——刚好淹过鸡蛋,统一锅子,统一放热水或者冷水、统一用酒精炉子(剪开易拉罐,放上棉花和酒精)。放几个鸡蛋呢?要让学生讨论,放一个鸡蛋过几分钟捞出来,打开一看熟的,就不能确定是不是这个时候熟的。除此之外,还要让学生想到刚煮出来的鸡蛋烫手,怎么办?要准备一盆冷水。用什么工具打开鸡蛋呢?让学生提醒自己用刀的时候注意安全,此外还要准备抹布等。等各种材料都准备好了,就让学生把6到8个鸡蛋放到水里同时煮,然后每2分钟捞出一个出来打开,看看鸡蛋在什么时候是熟了。刚才煮鸡蛋之前的讨论有什么意义呢?这就是让孩子知道做事情之前要经过深思熟虑,考虑周详,在实验过程中会遇到什么问题,有什么危险,遇到危险以后怎么办?以前是我们告诉学生,让你怎么做就怎么做,现在是让学生自己想一想应该怎么做。在动手之前先想到那些相关的变量,怎么来控制。

苏教版《科学》教材中有一课《比较四种不同液体》:水、蜂蜜、油、洗洁精这四种液体是不一样的,它们颜色不同,黏稠度不同,流动的快慢不同……一般都知道蜂蜜流动慢,但是蜂蜜和洗洁精谁流得慢呢,油和水准流动快呢。这就可以先做一个预测,谁第一、谁第二、谁最慢,按流动的快慢排出一个顺序。学生说拿一个板子,把这四样东西往上一倒就流起来,但是谁先谁后呢?还要规定同时进行,同时倒下去,看谁先到达终点,这就是动手之前先动脑,规定一个游戏规则。还有怎么比较这四种液体谁轻谁重?还是先让孩子预测,然后给学生一个小天平、两个小杯子比轻重,但是怎么比呢?如果一个是半杯水,一个是一点儿油,不用比结果就出来了。就要学会控制条件,在同等条件下进行比较,那就要装同样多的液体,科学教材里就渗透了这种科学的思维方法和操作方法。科学家在做实验的时候就是在控制条件,研究哪些因素需要控制,如何控制这些因素,运用什么技术来控制;还有就是实验过程中会有什么危险,会产生什么有毒的物质,这一系列因素都要在实验之前想周到,不然就会受到伤害。

四、教学材料必不可少

以前自然课只用两片嘴、几张挂图、几幅幻灯片就可以对付了,现在这样上科学课就不行了。因为现在的科学课基本上没有什么知识可以让老师讲,就是要让孩子动手去做,动手做就要给他材料让他操作,在操作的过程中让他认识科学的规律,掌握科学知识,发展学生的能力,培养学生的科学兴趣。所以,没有材料的科学课就没法上了,这就叫作大教材观。过去我们称学生手中的书叫作教材,现在不仅包括书本,还包括学具和工具箱。我们设计了一套工具箱,里面有许多和教材配套的材料,共 12 组,够一学期上课的时候用。学生手中的有一个塑料袋,装着一些材料叫作耗材,一次用完就消耗了,下次使用还要买。工具箱子里的材料是可以重复使用,比如量杯、温度计。这种做法是吸收了目前法国的"动手做"的科学教育思想,法国现在十分推崇这种配套的工具箱。因为老师有了工具箱就不用很麻烦地找材料了,上课时拿着工具箱里的材料就行了。

实物材料十分重要,但是如果没有这些材料,没有工具箱怎么办?那就要收集好身边的各种坛坛罐罐,这些材料也都可以作为上课的材料。或者发动学生自己准备,比方说研究纸,明天上课今天就布置学生:"明天带一些纸来——吸水纸、报纸等各种各样的纸,每人最少带 5 种不同的纸。"这就是开发学生的资源,到上课的时候发放大镜,就可以让学生观察、比较纸的吸水性、韧性等。如果是研究布,就让学生带一些布头来,到时候分给大家交流:观察布纤维,鉴定是哪一种布等等。所以有些材料不一定都由老师来准备,也可以让学生准备。这是开发学生的资源,也充分利用学校的资源和学生家长的资源。

现在我们提倡"用教材教",书上写了的不见得都教,书上没有写的不见得不教。比如教材设计了 3 个活动,如果一节课完不成,就可以选其中的 2 个活动,自助餐式的。《标准》允许你对教材进行处理,千万不要照本宣科地教。面对着我国辽阔的地域,一套教材不可能全部适应得了,所以我们提倡"用教材教",教师有权、也有义务、也有必要去改编教材,对教材进行创造性地使用。教材不可能照顾到全国各地,面面俱到,因此教材只是提供一个范例,你必须加以改变和利用。如在海南岛就可以认识更多的热带动植物,如红树林在海南分布很广、很普遍,而教材上就没有写。我们要充分利用当地的资源,如东北地区的老师就可以认识更多的山林动植物。

只有对教材进行创造,才能真正教出水平,否则你教一辈子也只可能是一个教书匠,不能是一个改革者。要做教育家,不做教书匠。要找准对于学生具有挑战性的话题,就像煮鸡蛋需要几分钟?开水下降时温度的变化的规律是什么?大气球和小气球是怎么变化的?这些话题是孩子知道的但是却预见不到的,学生觉得有意思,就有兴趣,学习的动力就来了。

五、探究活动要亲历

这里有一个故事,讲的是中科院一个姓雷的院士,他小时候(七岁)听人说:在骷髅的七窍里放上黄豆,泼上脏水,这个骷髅就跟着你跑,咬你的脚后跟。他听了以后毛骨悚然,很害怕。可是他觉得这可能吗？这是他提出的问题。他非想试一试不可,看它到底咬不咬脚后跟。于是他就找来一个骷髅,真的在七窍里放上七粒黄豆,泼上脏水,泼完以后,扭头就跑。他害怕,怕骷髅真要咬他,跑出几十步以后,趴在一条水沟边,看骷髅过来不过来,是不是跟着他。等了一个多小时,也没有看到骷髅动。他慢慢走到骷髅跟前,看它还不动,就用脚踢了踢,任何动静也没有。于是他就想大人说的不是真话。这个孩子从小就知道,对任何人说的东西都要问个为什么,是不是可能,然后要检验一下,通过实践检验大人的说法是不是对,提高自己的认识。后来他成了中科院院士。这个故事说明了要教给孩子一个科学思想,当别人发表意见的时候,他不会盲从。不能别人怎么说就怎么说,大家怎么说就怎么说。他要想一想,有没有根据,甚至自己要亲自去做一做。

这里要说这么一个观念,有这么一句已经成为定论的话叫作:以知识为载体。从字面上来分析,什么是载体,就是卡车、载重车、货船,载体嘛,载重物体的东西。现在对这个观点有必要进行讨论,不一定正确了。打个比方,轮船是载体,装的货物就是我们要运到彼岸的要达到的目标,这些货是什么呢？是科学知识,是科学方法,还有情感态度价值观,以及其他的很多培养学生能力的东西。到了岸了,要把这些东西卸下来。载体呢？船就回头走了。假如以知识为载体,船也要拉到岸上了,没有听说过运东西连船也一块儿上岸的。

从字面上理解,载体是运载工具,知识本身也是我们要达到的目标,那就不应该是工具。所以这句话要改一改,改为以活动为载体,或者说以科学探究活动,或者按章鼎儿老师说的以典型经历活动为载体,让孩子在亲身经历这些典型经历活动过程中获得知识,提高能力,培养科学态度,这样改才算比较合理,因为活动本身是一种形式,是一个载运的工具,让孩子在亲身经历的过程中达到科学教育的目标。所以,过程与方法里要包含科学知识、科学方法、情感态度、价值观的教育,所以科学课的教育理念比原来的自然课提升了一步。以科学探究活动为载体,提高学生的基础学力,是从提出问题开始,经历过程和方法,达到解决问题的这样一个过程,最终达到课程标准中规定的综合目标。

小学科学课程改革中的问题与分析[①]

钟 媚 高凌飚

近十几年来,世界各国纷纷加大了科学教育改革的力度,特别是小学阶段的课程改革。我国 2001 年开始的新课程改革,将沿用了半个多世纪的小学"自然"课程更名为"科学"课程,制定了《全日制义务教育科学(3—6 年级)课程标准(实验稿)》。新课程标准在理念上明确提出以培养科学素养为宗旨,全面构建现代小学科学课程体系;在内容设计上,强调科学课程与儿童生活经验的相关性,注重以综合主题的形式规划课程;在教学导向上,突出了"科学探究"的重要性,关注儿童对周围世界的感受力。无论是从理念上,还是从新课程实施几年的实践情况上看,新课程继承并进一步发扬了我国历次小学科学教育改革的成功经验,朝着科学教育的大众化、生活化、动态化、人性化迈出了一大步。但是,从另一方面看,由于我国长期以来对小学科学教育重视不够,加上缺乏重要的基础理论研究,导致在以下四个问题上存在较大的认识偏差。

一、小学科学课程的地位问题

从总体来看,小学科学(自然)课程在我国的整个小学教育体系中没有得到应有的重视。教育部新课程标准研制组曾就这一问题进行过抽样调查,结果表明:自然(科学)课在大多数小学属于第二平台,在少数小学属于第三平台。[②] 与世界上多数发达国家将科学课作为核心课程的情况相比,我国小学科学课的地位显然是偏低了。此外,世界各发达国家都是从小学一年级甚至幼儿园开始就开设科学课程,在我国,情况却不是这样。从 1952 年开始到 1986 年(除去 1966—1976 的"文革"时期),小学的低、中年级一直没有独立的自然课,而是通过语文或其他各学科渗透自然课程的任务,或透过课外活动进行科学教育。[1]造成这种局面的原因之一就是我国教育界对儿童能否进行科学的学习一直存有怀疑。争论的焦点主要是"课本难编,教师难教"。这反映了我国教育界对自然课的职能的一种错误认识,是从传统的读"书"观念出发把科学课当成纯粹的科学知识课的结果。[2]直到 1986 年,这一情况才有所改变,从小学一年级开始设置独立的自然课。令人感到不解的是,新课程却又一次取消 1—2 年级的科学课程。对比起世界发达国家来,我国对小学科学课程的重视程度是不够高的。现实的情况更为严峻,很多小学没有专任的科学教师,课程表上的科学课往往也被语

[①] 本文选自《课程·教材·教法》2007 年第 6 期,第 77—81 页。
[②] 所谓第一、二、三平台是一种表示课程重要性的通俗说法。在多数学校,第一平台为语文、数学、英语;第二平台为美术、体育、音乐;第三平台为社会、思想品德;科学游离于第二、第三平台之间。

文、数学和英语课所占用。[①] 因此，切实提高小学科学课程的地位，重视早期的科学启蒙教育的作用，已经成为我国教育工作者必须正视和予以解决的一个重大问题。

从小学低年段起就应该开设科学课程。今天我们实施素质教育，很重要的一环，就是要促进学生的智能和情意发展，培养学生的创造精神和创造能力。儿童，特别是小学低年级的儿童，对身边事物怀有强烈的好奇心。小学低年级的科学课程正是顺应儿童的这一心理特点，引导儿童去感受、接触和了解身边的事物和现象，去解答心里的无数个为什么，并在与身边的人和物的互动中长智慧、炼意志，学会探究和认识周围的事物和现象的方法，养成良好的科学思维习惯，学会研究和解决身边出现的问题，学会从现实和实践出发去展开自己的想象。错过了这一时机，儿童将因好奇心不能得到满足而变得麻木，其想象力和创造精神将大受压抑，这对他一生的素质发展和创造才能的发展，都是不可挽回的损失。

另一方面，从学习心理学的研究结果来看，即使是幼儿阶段的儿童也已具备了认识自然现象的能力，儿童在接受学校正规教育之前已经形成了不少关于自然或科学问题的观念，而不像过去认为的是"一片空白"[3]。由于儿童持有的这类观念与科学概念的含义并不一致，通常被称为"前概念"（preconception）、"迷思概念"（misconception）[②]或"另有概念"（alternative conception）等等。儿童的这些观念是朴素的、模糊的，与科学的观念不完全一致甚至可能相矛盾。但就儿童本身而言，这些观念是合情合理的，因而具有持久性，对后续的学习具有很大的影响。即便在接触到课堂上讲授的科学概念之后，儿童原有的观念也可能仍然保持不变，甚至形成另外一种有悖于科学思维逻辑的"迷思概念"[4]。必须及早地澄清、修正这些与科学相关而又不吻合的朴素观念，否则将会对科学的学习以至整个人生带来很大的负面影响。

现代科学技术的高速发展不仅影响着国家的社会经济发展，而且影响到个人的就业机会和能力，乃至每个人的日常生活。只有具备了一定的科学素养，未来社会的公民才能更好地参与这个日益依赖于科学和技术的社会，而科学素养的形成是一个长期的过程，需要"从娃娃抓起"。对此，发达国家已经采取了一系列的措施。如英国（英格兰和威尔士）在1988年出台的教育改革法案将小学科学列为"核心科目"，其地位与本国语和数学相当，并于1989年出台了5—16岁《国家科学课程标准》（*National Curriculum · Science*）。在美国，虽然没有统一的国家科学课程，但是在1993年美国科学促进会发布的《科学素养的基准》（*Benchmarks Scientific Literacy*）和1996年国家研究理事会公布的《国家科学教育标准》（*National Science Education Standards*）都已经明确列出了从幼儿园到高中各年级的科学教育目标和内容，构建了K—12年级连贯统一的科学课程。与此相对照，我国的小学科学课程在整个基础教育体系中的重要作用至今没有得到应有的重视，再不改变，我们将在出发点就落后于世界各国。

[①] 2006年12月7日至8日由教育部华南师范大学基础教育课程研究中心、广东省教育厅教学研究室、广东出版集团等机构联合举办的"全国小学科学教学研讨会"在广东佛山市顺德区召开，与会的各地教研员都反映了小学科学教学尴尬的现实处境。

[②] 笔者认为将"misconception"译为"错误概念"局限了它的价值，因为"misconception"提供了认识人类心智思考的心路历程，而且在特定的情境下它也具有一定的实用价值。

二、课程目标的平衡性问题

在科学课程的内部,如何处理"内容"和"过程"的关系,在某种程度上即如何摆正"学"科学(learning science)和"做"科学(doing science)的问题,一直困扰着科学课程特别是小学科学课程的建设,这也是新课程改革中一个令人困惑的问题。

究竟应该如何正确看待"过程"和"内容"的关系?这个问题在20世纪50—70年代国际上第一次科学课程改革中就引起过激烈的争论。[5]持"过程中心"观点者认为,发展心智技能和科学态度是最为重要的。这些技能,通常又称为"过程技能"(process skills),包括观察、假设、预测、调查、解释和得出结论等等。态度主要指儿童乐于探究和讲求证据的积极情感,如好奇心、尊重证据、乐于接受新思想和反省批判精神等。这一取向的典型代表是美国的ESS课程(The Elementary Science Study,1966)和SAPA课程(Science—A Process Approach,1974),英国的NJSP课程(Nuffield Junior Science Project,1967)和Science5-13(1972)课程。"过程中心"的极端表现是简单地将科学描述为一种经验探究,认为过程技能可以脱离科学内容背景(content free)进行独立发展,并迁移到新的情境。与此相反,持"内容中心"观点者认为,形成良好的概念结构是科学学习的关键所在,其做法是选取具有基础性意义的核心概念(物质、能量、有机体等)作为课程组织框架,例如,美国的SCIS课程(The Science Curriculum Improvement Study,1974)和英国的OPSP课程(Oxford Primary Science Project,1969)就属于这一类。由于真实自然界中的事物非常复杂而且不容易理解,所以,这些课程往往会将自然现象进行简化处理,只呈现抽象的概念知识,造成儿童学习上的困难和学习欲望的低迷。

无论是从教育研究还是从哲学研究的角度看,过程中心和内容中心的观点都是片面的。关于"儿童的科学"的研究表明,"另有概念"并不是儿童凭空想象的产物,而是由于儿童有限的经验和不成熟的科学思维方法所造成的,例如,凭感觉而不是逻辑进行判断,采用不成熟的推理方式(只考虑一种情况下的结果),有选择地使用证据(忽略与直觉不一致的证据),等等。换句话说,过程技能的发展将直接影响儿童对科学内容的认识和理解。同样,英国著名的APU(Assessment of Performance Unit)学业评价机构对儿童科学探究能力的调查结果也显示,在观察、计划调查和解释结果三个环节中,科学概念和原理的理解对过程技能的使用具有很大的影响作用,两者之间的关系是双向互动的。[7]与此相呼应,现代科学哲学家波普尔、库恩、图尔明等人的研究也表明,科学并不是被实验证明了的既定真理,而是人类试图在更大范围理解自然界而建构的解释模型。科学探究是一种在概念框架引导下的经验调查研究,探究中使用的各种方法与概念理解是密切联系和相互作用的。这两个不同领域的研究都表明,概念发展与过程技能存在相互依存的关系,只有构建"过程"和"内容"相平衡的科学课程,让儿童在发展过程技能的同时获得更宽泛和深刻的科学理解,才能有效地达成科学教育的目标。

由于历史的原因,我国错过了国际上第一次科学课程改革的洗礼,科学教育界对"内容"与"过程"的关系的认识是左右摇摆、把握不定的。而在科学(自然)课程建设的实践中,从20世纪50年代效仿苏联课程开始,我国一直是以"内容"也即科学知识的传授作为核心目标。尽管从80年代以来,我国课程设计者们试图改变这种状况,提出了发展儿童的"观察、实验和操作能力"的课程目标。[1]但是由于"能力"概念本身的模糊性,加上教育界对于"能力"的培养缺乏可操作的措施,使得我国小学科学教育在科学方法和态度,或统称为科学过程方面的培养显得无力且带有一定的盲目性。这次小学科学课程改革把科学探究作为一项力图突破的标志性工程,不仅将其置于课程目标的首要地位,而且贯穿了整个课程标准体系,就是试图改变长期以来我国小学科学教育过分偏重知识传授的倾向。但是,课程标准基本上只从一个侧面来论述科学探究的重要性,强调科学探究对转变儿童的思维方式和养成科学的情感、态度、价值观的积极作用,而对于科学探究能力的发展与科学原理知识的掌握之间的关系却很少提及。同时,课程标准还将"科学知识"置于三维目标的最后一维。这样的做法势必会造成一线教育工作者的误解,即新课程重"过程"而轻"内容",从而带来实践上的偏差。应该对小学科学课程的目标进行重新审视,摆正"内容"与"过程"的关系,唯有如此才能有效地培养出具有高度科学素养的新一代。

三、课程内容的连贯性问题

过去,我国的小学自然课程与中学科学课程(物理、化学、生物)一直是以相互独立的形式存在,导致小学阶段与中学阶段的科学学习不能很好地进行衔接。这次课程改革充分意识到这一点,把义务教育阶段的科学课程内容进行了统一规划,构建了一套以"生命世界""物质世界"和"地球与宇宙/空间科学"三大板块为核心的科学课程体系,这是值得肯定的。但是,从课程标准的设计和内容分布来看还存在较多的问题。

首先是小学与初中的科学课程内容的衔接问题。从目前公布的内容标准来看,还存在对小学科学课程的知识要求和初中重合甚至超出初中要求的问题,例如,"生命科学"领域中的"进化现象",小学3—6年级的课程标准要求学生"能够解释适者生存、自然选择的含义""能以某类生物为例、阐释生物进化的过程";[8]相应的初中7—9年级课程标准要求学生能"列举生物进化现象"和"了解达尔文进化论的主要观点";[9]初中生物课程标准要求学生能够"概述生物进化的主要历程","形成生物进化的主要观点"。[10]小学科学课程的要求高于初中科学课程而与初中生物课程相近,明显超出了小学生的认知水平。[1]类似的问题还出现在"物质世界"领域的"热的传递方法"(传导、对流、辐射)、"地球与宇宙"领域的"昼夜的成因"、"地球公转与四季变化"等许多内容上。

其次是小学低、中、高年级的课程内容的衔接问题。前面已经谈到,新中国成立初期,小学低、中年级的自然课基本处于悬置状态,直到1986年才构建了1—6年级连贯统一的自然课程。但是,这次课程改革却再次取消了小学1—2年级的科学课程,使小学科学课程出现了断层现象,这对于儿童的认知发展是非常不利的。科学教育的重要任务之一在于转变儿童的观念。研究表明,转变儿童的观念是一个长期的过程,只有及早地重视儿童的"另有概念",细致地规划科学课程,才能逐步帮助儿童建立科学的认识。[11]研究也发现,小学阶段的儿童在概念理解、过程技能和情感态度的发展上存在明显的阶层性,以过程技能为例,小学低年级阶段的儿童只能进行简单的分类和探索,中年级阶段可以进行细致的观察和公平比较,高年级阶段则可以进行公平测试和规律探寻。只有保持课程内容的连贯性,重视儿童科学学习的渐进发展,才能切实提高科学教学的整体质量。[12]

近年来,国外的小学科学研究项目都非常注重课程内容的连续性,致力于开发促进儿童在概念理解、过程技能以及科学态度方面渐进发展的科学课程。例如,英国纳菲尔德基金会赞助的 SPACE 课程(Science Process And Concept Exploration,1990),选取具有基础性意义的核心概念.以螺旋循环的方式将课程分别设计成适合于5—7岁和7—12岁两个年龄段的儿童学习。它的设计思路是从儿童的已有观念出发,开展科学探究活动,让儿童建立最基本的"小"概念,然后在第二阶段以同样的方式帮助儿童建立更"大"的概念。[13]这套课程的一个突出特点是充分发挥了科学过程技能在纠正儿童的日常思维方式进而转变已有观念的作用,使得儿童在建立概念理解的同时形成科学的思维习惯。特别值得一提的是美国国家科学基金会赞助的 FOSS 课程(Full Option Science System,1988)。该课程充分吸收了现代脑科学研究成果,采用模块课程的形式,将幼儿园到中学的科学课程进行整体设计,使儿童在概念理解和科学推理能力发展上逐步深化。这套课程的内容和结构安排连续、紧凑,并与儿童的认知发展水平基本吻合。[14]

从当前国际小学科学课程的发展趋势来看,进一步规划我国小学科学课程的内容体系使之具有良好的渐进性并与中学科学课程保持连贯统一,是下一步课程标准修订应该注意的一个重要方面。要做到这一点,就必须加强重要的基础理论研究,特别是我国儿童在概念理解、探究过程技能以及情感、态度、价值观方面的发展规律的研究。

四、课程实施的横向联系问题

从课程发展史来看,提倡宽泛而非狭隘的科学教育,注重在整体学校课程经验背景下进行科学教学,一直是各国小学科学课程所关注的一个方面。这是因为,"对小学阶段来说。丰富的生动具体的自然知识也是儿童们学习语文、数学、美术等学科所必需的客观现实基础"。[15]

但是,小学科学教学的这一特点在这次课程改革中却没有得到充分的体现,即便是在课程标准的实施建议中也没有对这一问题进行探讨。从目前颁布的各学科课程标准来看,语文、数学、品德与社会等学科在安排教学内容时都注意到选择与科学相关的教学内容,例如,语文课中的"综合性学习"强调了对大自然的观察和表达,品德与社会课中的"健康、安全地生活"涉及人体生理知识等等。然而,这些选择和安排是自发的和零碎的,缺乏通盘的考虑和整合,相互叠合,效能欠佳。强调科学教学与其他学科领域内容的综合设计,不仅可以最大限度地利用目前拥挤的课程安排,而且可以激活其他学科的学习,为它们提供最生动的学习素材。例如,围绕"植物的生长"这一主题进行多学科领域教学,不仅可以使儿童了解植物的生长过程,培养其观察和比较的科学思维技能,而且可以使儿童在语言(口头和书面表达能力;描述植物的生长过程、特点等)、数学(测量和数据整理能力;植株高度、叶片数量、生长趋势等)、绘画(以图画的形式记录植物的生长过程)、环境意识(绿化校园、美化生活)等方面得到发展,丰富儿童的整体学习经验。另外,从科学学习心理学的角度看,语言和数理能力的发展对于科学学习具有很大的影响作用,加强小学科学与语言、数学学科的联系,促进儿童在这三个学习领域的协调发展已经成为国际科学课程改革关注的一个问题。[16]例如,英国的国家科学课程标准就对课程内容中涉及的相关语言、数学和信息交流技术内容给予了非常明确的提示,便于教师更好地规划科学教学。为此,如何在整体学校课程经验背景下开展科学教育,逐步帮助儿童理解周围的事物和现象并最终认识科学作为一项人类活动的重要性,还需要在今后的课程改革实验中进一步研究。

五、结语

总的来说,这次课程改革在广泛借鉴国际科学课程改革经验的基础上,从目标、内容、教法、评价等各个方面对以往的小学科学教育体系进行了全方位的变革,初步构建了一套以培养科学素养为宗旨的现代"小学科学"课程体系,迎来了 21 世纪我国小学科学教育发展的第一道曙光。但是也要看到,尽管在西方发达国家,小学科学作为基础学科的地位已经毋庸置疑,而在我国却远没有得到承认,结果不仅限制了小学科学教育的发展,也影响了整体科学教育质量的提高。同时,由于缺乏对我国小学科学教育自身发展的深刻认识以及儿童科学学习心理学方面的基础理论研究,导致在课程目标的定位、课程内容的设计和教学实施层面暴露出诸多问题,需要加以正视和解决。

参考文献:

[1] 课程教材研究所. 20 世纪中国中小学课程标准[S]. 教学大纲汇编:自然·社会·常识(卫生卷)[C]. 北京:人民教育出版社,2001.

[2] 刘默耕. 小学自然四十年的几点反思[J]. 课程·教材·教法,1988(12):19—22.

[3] Gilbert J., Osborn R., Fensham P.. Children's Science and Its Consequences for Teaching [A]. Brown J., Cooper A., Horton T., Toates F., Zeldin D. (eds.). *Science in Schools* [C]. England:Open University Press,1986:302—315.

[4] Freyberg P.,Osborne R.,Tasker R.. The Learning in Science Project [A]. Harlen W. (ed.). *New Trends in Primary School Science Education*[C]. UN:Unesco,1982:111—119.

[5] Harlen W.. Science Education:Primary School Programs[A]. Husen,T. (ed.). *The International Encyclopedia of Education*[C]. Oxford,England:Pergamon Press,1994:5324—5328.

[6] Harlen W.. Taking Children's Ideas Seriously:Influences and Trends[J]. *Primary Science Review*,2001,67:14—17.

[7] Harlen W.,Simon S.. Elementary School Science and the Rise and Rise of Primary Science[J]. *School Science Review*,2001,82(300):49—57.

[8] 中华人民共和国教育部. 全日制义务教育科学(3—6 年级)课程标准(实验稿)[S]. 北京:北京师范大学出版社,2001:19.

[9] 中华人民共和国教育部. 全日制义务教育科学(7—9 年级)课程标准(实验稿)[S]. 北京:北京师范大学出版社,2001:20.

[10] 中华人民共和国教育部. 全日制义务教育生物课程标准(实验稿)[S]. 北京:北京师范大学出版社,2001:27.

[11] Driver R.,Squires A.,Rushworth P.,Wood Robinson V.. *Making Sense of Secondary Science* [M]. London:Routledge Falmer,1994:12—13.

[12] Harlen W. *The Teaching of Science in Primary School*[M]. London:David Fulton,2000:21—51.

[13] Nuffield Primary Science. *Understanding Science Ideas:A Guide for Primary Teachers*[M]. London:Nuffield Foundation,1997:1—5.

[14] Lowery L. *Biological Basis of Thinking and Learning*[M]. USA:University of California,1998:2—16.

[15] 刘默耕. 新编小学自然教材的回顾——在《中小学学制、课程、教材、教法改革与实验的研究》第二次研究工作会议上的阶段工作汇报[A].《课程·教材·教法》编辑部. 小学自然教材和教法(第一集)[C]. 北京:人民教育出版社,1986.41—54.

[16] Fensham P.. Integration:An Approach to Science in Primary Schooling[J]. *Asia - Pacific Forum on Science Learning and Teaching*,2001:1(2).

小学科学课程改革的几点思考[①]

黄海旺

2001年,新一轮课程改革启动并在全国逐步实施,小学科学课程改革也随之进行。小学科学课程改革实施了8年,对小学科学教育教学思想和教学方法的变革起到推动作用。随着2007年教育部启动课程标准的修订工作的开展,近年来广大科学教育工作者就小学科学课的地位、性质、小学科学内容标准、实施建议等问题进行了热烈的讨论。笔者在参与小学科学课程标准修订过程中,就小学科学课程何时开设、科学课程的地位、目标、评价等问题进行了思考。

一、恢复小学一、二年级科学课,加强科学教育

2001年,教育部颁布的《义务教育课程设置实验方案》规定,小学3—6年级开设科学课,在1—2年级的品德与生活中含有三分之一至四分之一的自然科学内容。从此,原来在1—6年级单独开设的自然课逐渐被三年级起始的科学课取代。经过几年的课程实践,小学科学课程设置问题引起了科学家和科学教育工作者的关注。

(一)

从我国科学教育发展历史来看,我国自从有现代意义的学校开始就比较重视科学教育。1904年1月由清政府颁布的《奏定初等小学堂章程》和《奏定高等小学堂章程》规定,初小、高小设置"格致"课,内容为"动物、植物、矿物及自然之形象"。[1]这是中国教育史上第一个正式颁布且在全国普遍实行的具有科学教育意义的课程。"格致"课在五年的初等小学阶段课时量相同,每周1课时。1923年实施新学制,小学1—6年开设了自然课,内容包括动物、植物、矿物、常见的自然现象及与人类生活的关系、园艺等。随后,1929年、1932年、1936年、1941年、1948年对小学自然课程标准进行了修订,课程内容不断提高和丰富。小学自然课一直在各年级单独开设。

新中国成立初期的课程设置学习了苏联的课程体系。各学科课程文件也像苏联一样以"大纲"命名。在1956年《小学自然教学大纲(草案)》、1963年《全日制小学自然教学大纲(草案)》、1978年《全日制十年制学校小学自然常识教学大纲(试行草案)》中,自然课程设置经历了不断变化的过程。小学自然课在20世纪80年代以前一直在五、六年级单独开设;低年级自然教学先是结合在初小语文中,接着被取消。80年代五年制学校在三、四、五年级开设,六年制学校在四、五、六年级开设。1988年颁布的《九年义务教育全日制小学自然教学大纲(初审稿)》规定,小学自然从一年级开始各年级都设置。自此,重新确定了科学教育在小学阶段作为重要基础学科的地位。

---

① 本文选自《课程·教材·研究》2009年第10期,第71—74页。

(二)

从发达国家的科学教育来看,这些国家的科学教育不断受到重视。美国自 1875 年起开设初等科学。[2] 20 世纪 80 年代初期,面对国际经济、技术的激烈竞争,美国基础教育再次掀起一场全国的教育改革运动,即"高质量教育"运动。改革的核心是加强中小学的学术基础课程,切实提高中小学的学术质量,提高广大劳动者的素质,进而提高国家的竞争力。因此,提高了数学、科学、英语各科的要求。同时,把小学科学课程作为最基本、最重要的核心学科之一,从幼儿园开始设置科学课程。20 世纪 60 年代以后,英国的 11 岁考试制度逐渐废除,小学科学课(自然、理科)逐步得到重视,《1988 年教育改革法》确立 3 门核心课程——英语、数学、科学。20 世纪 80 年代以来,加拿大小学科学教育受到高度重视,几乎所有省都制定了贯穿基础教育阶段的科学教育计划。1985 年,法国制定和推行的小学教学大纲规定,教学围绕七个基本学科来组织教学:法语、数学(基础学科)、科学和技术、历史与地理(觉醒学科)、体育。科学与技术课程一、二年级每周两课时,三、四年级每周 3 课时。

(三)

从科学教育的作用来看,科学课程在培养学生科学的思维方式、创新精神、创新意识和动手能力等方面的科学素质是其他学科所不能替代的,是学校实施全面素质教育的一个重要的组成部分。科学课程在贯彻国务院关于《全民科学素质行动计划纲要(2006—2010—2020)》,建设创新型国家的重大战略决策中具有不可替代的作用。科学课程要为学生提供丰富的内容来发展学生的知识和能力,以适应社会、科学与技术的急剧发展而转变的现实需要,迎接新世纪的挑战。

在小学阶段,儿童对周围世界有着强烈的好奇心和探究欲望,他们乐于动手操作具体形象的物体,这一时期是培养科学兴趣、体验科学过程、发展科学精神的重要时期。世界发达国家对 5—18 岁科学教育是非常重视的,我国非义务教育阶段的幼儿园科学启蒙教育也已在开展,小学原来在 1—2 年级有开设《自然》课,低年级接受科学教育十分必要,也是重要时期。而实施新课程却将这一学段的科学教育取消了,儿童在从小接受科学教育的过程中,出现两年的空档,这将影响儿童今后的发展。因此,在小学阶段应恢复一、二年级开设小学科学课程,真正体现科学课程的基础地位。

二、明确科学课程的性质和目标,提高科学教育质量

(一)小学科学课程的性质

新中国成立以来,小学自然(科学)课程是学生学习科学知识的主要课程。1978 年颁布的《全日制十年制学校小学自然常识教学大纲》提出:"自然常识是小学阶段学生学习自然科学知识的一门主要学科。"1986 年颁布的《全日制小学自然教学大纲》提出:"自然课是对儿童进行科学启蒙教育的一门重要基础学科。"至此,小学自然课程的性质确定为:一是对学生进行科学启蒙教育;二是在小学阶段小学自然是一门重要或主要课程。[3]

2001 年颁布的《全日制义务教育科学(3—6 年级)课程标准(实验稿)》提出:"小学科学课程是以培养科学素养为宗旨的科学启蒙课程。"这句话揭示了小学科学课程的性质,应该从两个方面理解。一是科学课程教育的目的是培养学生的科学素养。二是小学科学课程的

定位为科学启蒙课程。[4]笔者认为,这一提法没有强调或明确小学科学课程在小学阶段是一门重要的或主要的课程。几年来的课程实践说明,科学课程在小学阶段没有得到应有的重视。小学科学课程性质应是一门以培养学生科学素质为宗旨的义务教育阶段的核心课程。这样,一是表明科学课程的教育目的,其目的是培养学生的科学素质;二是明确科学课程的地位,应作为小学阶段的核心课程,而不是科学启蒙课程。

(二)科学素质

小学科学课程性质的核心是培养学生的科学素质。科学素质是从英文 science literacy 翻译过来的。也有人将 science literacy 翻译成"科学素养"。学者们两种用法都有采用。在国家有关文件中,大都使用"科学素质"一词。笔者赞同使用"科学素质"这一提法,这样做的一个最大的好处在于,可以与我国正在推行的"素质教育"恰当地对接起来。关于科学素质的定义有很多种。

(1) 在美国,科学素质的定义主要在美国科学促进会的《面向全体美国人的科学》和美国国家研究理事会的《美国国家科学教育标准》[5]中有所阐述。《面向全体美国人的科学》提出,一个具有科学素质的人,应该了解科学、数学和技术是相互依存的人类事业,应该认识到这种事业既有其威力,也有其局限性;应该理解科学的基本概念和原理;熟悉自然界并认识到其多样性和统一性;能够应用科学知识和科学的思维方式处理个人问题和社会问题。《美国国家科学教育标准》对科学素质的界定是,科学素质是指制定个人决策、参与公民和文化事务、从事经济活动所需要掌握的科学概念和科学过程。

(2) 世界经合组织(OECD)将科学素质定义为应用科学知识、提出科学问题,并在证据的基础上得出结论的能力,以便认识自然界以及认识人类活动而给自然界带来的变化,并帮助人们做出与之相关的决策。PISA(国际学生评估项目)是世界经合组织发起的评估学生(学校和国家)阅读素质、数学素质和科学素质的项目,旨在考察各国学生是否具有适应生活所必需的知识和技能,能否应对未来的挑战。PISA 还给出了科学素质的三个维度,分别是科学基本概念、科学实践过程和科学场景。[6]

(3) 2006 年国务院颁布的《全民科学素质行动纲要》中提出:科学素质是公民素质的重要组成部分。公民具备基本的科学素质一般指了解必要的科学技术知识,掌握基本的科学方法,树立科学思想,崇尚科学精神,并具备一定的应用它们处理实际问题、参与公共事务的能力。

以上有关"科学素质"的定义中可以概括出科学素质包含科学知识、科学方法、科学态度以及科学与社会的关系等方面。这与"科学"的内涵是一致的,即从科学哲学上来看,"科学"包括科学知识、科学方法、科学态度以及科学与社会的关系等方面的内容。

(三)课程目标

课程目标是预先确定的要求学生通过课程的学习所应达到的学习结果。课程目标是指导课程设置、编排、实施和评价的整个过程的准则。课程目标要体现课程的性质和理念。小学科学课程的性质是培养学生科学素质的核心课程,因此,其课程目标就是对小学生在科学素质方面所达到的水平或程度做出了概括的描述和明确的界定。

1. 我国在不同时期对小学科学教育课程提出了课程目标

1992年颁布的《义务教育全日制小学自然教学大纲(试用)》提出:"自然的教学目的是:指导学生获得一些浅显的自然科学基础知识,同时培养他们的科学志趣及学科学、用科学的能力,使他们受到科学自然观、科学态度、爱家乡、爱祖国、爱大自然等思想品德教育,促进他们身心健康发展。"2001年颁布的《全日制义务教育科学(3—6年级)课程标准(实验稿)》提出:"通过科学课程的学习,知道与周围常见事物有关的浅显的科学知识,并能应用于日常生活,逐渐养成科学的行为习惯和生活习惯;了解科学探究的过程和方法,尝试应用于科学探究活动,逐步学会科学地看问题、想问题;保持和发展对周围世界的好奇心与求知欲,形成大胆想象、尊重证据、敢于创新的科学态度和爱科学、爱家乡、爱祖国的情感;亲近自然、欣赏自然、珍爱生命,积极参与资源和环境的保护,关心科技的新发展。"

《美国国家科学教育标准》提出,学校科学的目标是培养学生由于对自然界有所了解和认识而产生充实感和兴奋感;在进行个人决策之时恰当地运用科学的方法和原理;理智地参与那些与科学技术有关的各种问题举行的公众对话和辩论;在自己的本职工作中运用一个具有良好科学素养的人所应有的知识、认识和各种技能,因而能提高自己的经济生产效率。1989年,英国教育和科学部正式颁布的《国家科学教育课程标准》提出了科学教育应担负的六项任务:使学生了解科学概念;训练科学研究方法;建立科学和其他知识的联系;理解科学对社会的贡献,认识科学教育对个人发展的贡献;认识科学知识的本质。加拿大安大略省于2006年制定的《安大略课程(1—8年级):科学与技术,2007》,提出了如下三个目标:将科学与技术、社会、环境联系起来;发展科学探究和解决技术问题所需要的技能、策略和思维习惯;理解基本的科学概念和技术。[7]

从以上我国各时期科学(自然)课程和美国、英国、加拿大等国科学课程中所提出的课程目标分析,这些课程目标中包含了四个方面的要素:一是科学知识;二是科学方法;三是科学态度;四是科学、技术与社会的关系。因此,小学科学课程的总目标应是培养学生的科学素质,并应为他们继续学习和终身发展奠定良好的基础。通过科学课程的学习,保持对自然的好奇心和探究热情;理解与其认知水平相适应的科学概念,并能应用于日常生活;体验科学探究的基本过程和方法;形成尊重事实、乐于探究的科学态度;发展以科学语言与他人交流和沟通的能力;初步了解科学技术与社会的关系,初步形成对科学的认识。同时,从科学本质及内涵的几个要素提出四个分课程目标:科学知识、科学探究、科学态度、科学技术与社会的关系。

2. 在四个分课程目标中,科学知识目标是核心目标

科学知识是科学课程中学生学习的主要内容,在课程标准中以科学概念的形式呈现。从物质科学、生命科学、地球与空间科学三个主要的自然科学领域中选取一些主要概念,要求学生认识和理解。

科学概念是非常重要的,是科学知识的内容核心,理解并掌握概念,并由此学习、拓展科学。科学概念是学习科学知识的钥匙和有效的途径,在当今科学知识不断更新和发展的时代,更是如此。因此,以科学概念为教学目标,以科学知识为教学内容,以科学探究为教学方式,组织小学科学课的教学,符合科学教育的规律和特点,必将提高儿童科学教育的学习效率,促进儿童的智力发展。现代科学研究表明,学前儿童已经具备了抽象、推理并形成概念的能力。儿童在日常生活中和周围世界的接触,就会形成一些概念,包括初级的、低层的、模

糊的,甚至是错误的概念。最新的研究表明,一旦错误概念的形成或建立,是很难"纠正"的,而只能够是"覆盖",不能"清除",它仍然会滞留在人脑中,一旦时机成熟,又会"复发",后患极大。因此,儿童科学教育的工作者,一方面要根据儿童认知的特点,帮助儿童建立正确的科学概念,另一方面又要防止错误概念先入为主的对儿童的侵入。

综合灵活应用有效的教学方法和方式,要在教师的指导下,组织学生开展各类活动,让儿童亲身经历观察、操作、探究、体验和交流等科学活动,激发学生的探究欲望,在探究过程中,学习科学知识,进而逐渐形成科学概念。小学科学概念的学习不能一蹴而就,要循序渐进,要根据内容要求和对象,由浅入深,由低到高,按儿童的认知规律分层次、分先后地螺旋上升。

三、强化课程评价功能,促进教学水平

教学评价是教学活动中不可或缺的一个组成部分。科学的评价活动是教学活动科学化的需要。正确地运用教学评价对提高教育质量起着至关重要的作用。评价的理念、目的、内容、标准、方式和手段等无一不对教学产生深远的影响。得当的评价活动可以对学生的学业进步和人格形成产生积极的推动作用。

小学科学教学采用基于探究式的教学,这是国际上科学教育界提倡和推行的教学方法。基于探究式的教学不是一种单纯的教学法,而是一种有着主要特征并可以以多种方式实施的教学法。探究式的教学与传统科学教育有些相同之处,但在很多方面又是不同的。探究式的教学不仅仅是处理教材,其主要因素为让学生参与到识别相关证据、进行判断性推理和逻辑性推理并思考如何解释。探究式教学有以下特征。

(1)学生通过对已收集到的证据进行思考和逻辑推理来生成概念,使自己能够理解周围世界的科学方面。学生在收集证据中可以采用亲自试验和观察的方法,也可以运用从包括专家在内的一系列信息源中收集到的第二手证据。

(2)教师引导学生通过自身的活动和推理培养探究技能和发展对科学概念的理解。教师在引导学生进行活动中推行分组作业、讨论、对话和辩论,以及为直接调查和实验提供材料。

衡量基于探究式的教学是否成功的最终方法是要看它在促使学生了解自然界、发展学生的探究技能和态度以及让学生能够多角度地理解给出的科学问题等诸方面到底取得何种成效。如何评价教师的教与学生的学是否基于探究式,要有一套探究式教学的评价模式。探究式教学的评价分成评估和评测两个方面。这两者都可以用形成性评价或总结性评价的方法来进行。评估是指对教师教学的评价,而评测是指对学生学习的评价。教学的评估主要包括对教师教学行为的评估和对学生学习行为的评估,以形成性评估为主。评估人员需要了解教师的教学行为,以评估其教学过程和质量。学生学习的评测应该是多方位和全面的,对其科学素质的各个方面进行综合性的评测,其内容主要包括:对标准中规定的科学概念和科学概念间的联系的掌握、语言和表达能力的发展、探究能力的增强和科学态度的发展。对学生学习的评测方法包括形成性评测和总结性评测,应以形成性评测为主,并考虑采用多种方式和多个主体的评测方法。

参考文献：

[1] 课程教材研究所. 20 世纪中国中小学课程标准·教学大纲汇编：自然·社会·常识·卫生卷[S]. 北京：人民教育出版社，2001：1—2.

[2] 汪霞. 国外中小学课程演进[M]. 济南：山东教育出版社，2000：2—8，113—116，304—308.

[3] 课程教材研究所. 20 世纪中国中小学课程标准·教学大纲汇编：自然·社会·常识·卫生卷[S]. 北京：人民教育出版社，2001：79，88.

[4] 教育部基础教育司. 全日制义务教育科学（3—6 年级）课程标准（实验稿）解读[M]. 武汉：湖北教育出版社，2002：67

[5] [美]国家研究理事会. 美国国家科学教育标准[M]. 戢守志，译. 北京：科学技术文献出版社，1999：20—30.

[6] *Assessing Scientific, Reading and Mathematical Literacy: A Framework for PISA* [EB/OL]. http://www.oecd.org/privacy,2006.

[7] *The Ontario Curriculum Grades 1—8: Science and Technology* [EB/OL]. http://www.edu.gov.ca,2007.

科学观与科学教育改革:跨学科的视角

丁邦平

科学观是"科学元勘"(science studies,包括科学史、科学哲学和科学社会学等)中各学科共同探讨的一个理论课题,也是科学教育学(即自然科学教育学)必须认真对待和研究的一个基本课题。科学观需要探讨的理论问题是:科学究竟是什么?科学的本质是什么?这个似乎不成问题的问题却是当前发达国家科学教育改革的理论基石。科学教育改革首先要更新科学观。当前国际科学教育界之所以非常关注科学观问题,乃是因为不同的科学观必然会反映在科学课程和教学中,直接影响着科学教育改革的成效和教学质量。从跨学科的视角研究科学观问题,将为科学教育改革确立应当教什么和如何教提供适合的理论依据。

一、科学哲学的探讨

从科学哲学的发展来看,我们可以粗略地把科学观分为"传统"的科学观和当代科学观两大部分。"传统"的科学观主要有归纳主义科学观和实证主义科学观,当代科学观主要包括证伪主义科学观和历史主义科学观。近来,西方国家还兴起和流行一种建立在当代科学哲学、科学社会学和认知科学基础上新的科学观——建构主义科学观。

(一)"传统"哲学的科学观

归纳主义科学观的要义在于:科学是从经验事实推导出来的知识。这种科学观是经过近代"科学革命"并作为其结果而流行起来的。它认为,倘若我们要了解自然,就必须向自然请教,而不是向《圣经》或古代权威求教,因为知识的源泉来自经验。这种科学观主张:"科学知识是已证明了的知识。科学理论是严格地从用观察和实验得来的经验事实中推导出来的。科学是以我们能看到、听到、触到……的东西为基础的。个人的意见或爱好和思辨的想象在科学中没有地位。科学是客观的。科学知识是可靠的知识,因为它是在客观上被证明了的知识"。自近代以来,归纳主义科学观的影响巨大,在一个相当长的历史时期内,它成为普遍流行的、主导的科学观。

19世纪兴起的实证主义科学观继承并发展了归纳主义科学观,并把它推向极致。实证主义尤其强调客观性,即研究者要无偏见、公正地寻找自然现象(乃至社会现象)可靠的解释,由此通过考察外部实在中"存在"的事实而可以成功地作出预测。因此,实证主义者认为,科学代表了人类最可靠的客观知识,是科学家通过实验或经验的科学方法获得的关于自然界的规律。由此形成了科学研究所必须遵循的价值观,亦即实证主义的准则:超然、诚实和公正。

20世纪上半叶,逻辑经验主义成为占主导地位的科学哲学。逻辑经验主义是实证主义

---

① 本文选自《教育研究》2002年第1期,第37—43页。

传统中的当代科学哲学。它崇尚经验科学,主张用怀德海和罗素发明的符号逻辑分析现代科学。它所提倡的科学方法是假设——演绎法。逻辑经验主义者认为,观察是一种中立的活动,它在科学革命时期仍然是保持一致的。因此,它也主张客观标准对于实证科学发展的必要性。随着20世纪科学本身的发展和新的科学哲学流派提出的挑战,归纳主义和实证主义科学观的问题日益暴露出来。例如,按照归纳主义和实证主义的观点,科学起始于中立的观察。这一假定遭到了当代科学哲学家的强烈质疑。美籍英国科学哲学家N·汉森的研究表明,中立的观察语言是不存在的,因为观察和事实渗透着理论。汉森的这个著名命题——观察渗透着理论,是根据科学史的心理学研究而提出来的。他的观点影响了包括美国著名科学史家、科学哲学家托马斯·库恩在内的许多当代科学元勘学者。依照汉森之见,观察本身并不是客观的、中性的,一个人的知觉必定依赖于他的信念、价值观和以往的知识和经验。而且,观察陈述的正确性并不仅仅是由直接的感官观察所能确立的——若不诉诸理论,观察陈述的正确性就不能真正确立。因此,查尔默斯说道:"归纳主义者有两点是错的。科学并非始于观察陈述,因为某种理论先于所有的观察陈述;观察陈述并不构成科学知识能够在其上建立的可靠基础,因为它们是易谬的。然而,我并不想主张从此得出这样的结论:观察陈述在科学中不起任何作用。我并不主张:所有观察陈述都应该抛弃,因为它们是易谬的。我只是论证,归纳主义者赋予观察陈述在科学中的作用是不正确的"。

(二)当代哲学的科学观

与上述两种科学观相对应的是20世纪下半叶占主流地位的"新"科学观。这种"新"科学观首先源于当代科学哲学。"新"科学观并非完全一致,而是涵盖着许多不同的观点。然而它们的共同核心是,认为观察是理论浸染的(theory laden);知识、信念决定着我们的知觉;人在接受感觉印象时绝不是一块白板,相反,他形成了感知世界的透镜,这种透镜在很大程度上决定着什么算是观察。这些透镜即库恩提出的"范式"、布朗提出的"先见"(preconceptions),或拉卡托斯提出的科学家活动于其中的"研究纲领"。对这些"新"科学哲学家们来说,他们不依靠形式逻辑作为分析工具,而是利用科学史进行详细研究,对科学问题的最终裁定者是科学共同体。

正如诺福克在《教育理论》一书的序言中所说:"在哲学界,哲学家们一致认为,实证主义的认识论既不是一种有说服力的观点,也不是一种有创见的观点……现在正在兴起的认识论观点是建构主义,它是建立在库恩、图尔敏及其他人的思想之上的。"建构主义的另一位主将、英国里兹大学的迪瑞也声称:"建构主义不把真理看作是感觉印象与现实世界之间的吻合,而把真理看作是我们的感觉印象与我们的观念之间的吻合,真理的权威性存在于我们每个人之中。"

作为当代西方科学教育的一个主要理论,建构主义以其旗帜鲜明的科学观影响着当代科学教育改革与实践。它把科学本质问题凸现于科学课程与教学之中,旨在培养学生的理性怀疑精神和科技创新精神。如果说,以往只有少数科学课程注重在科学史和科学哲学内容中融入科学本质的讨论,而大多数科学课程只是以隐性课程的形式承担着科学本质的教育任务的话,那么,建构主义则明确提出在科学课程中进行显性的科学本质教学。用里兹大学李奇的话来说:"倘若认为发展学生对科学本质的理解是科学教育的明确目标,而不是科学教育的潜在结果,那么,就必须找出我们所希望促进的科学本质的特征。"

近几十年来当代科学观在科学哲学界逐渐取得主流地位。它不仅承认而且赞美构成有效科学发现之经验的丰富性和多样性。例如，它们承认梦、直觉、游戏乃至无法解释的跳跃很可能是科学方法的一部分。它们一般都同意，客观性的理想，即要求科学家对研究对象保持不偏不倚的态度，不仅是不现实的，也不可能产生有意义的科学。[7]（参见表1）

表1 传统科学观与当代科学观的比较

传统科学观	当代科学观
1. 科学是知识的典范，因为其陈述是客观的，换言之，这些陈述的实质完全是由观察决定的。 2. 科学家试图严格把个人的观点从我们的世界图像中清除出去。 3. 一个理论若不能为经验所检验，它就应该被修正，使其预测被限制在可观察的现象以内。 4. 由于科学方法的可靠性，由此获得的知识与其说是由科学家做出的选择决定，不如说是由自然本身决定的。 5. 科学是由一群特殊的人进行的实践，是由他们生产出的知识。 6. 科学的目的是用精确的规律建立起对经验的理智的控制，这些规律可以正式提出，并受经验的检验。 7. 成为科学家的最佳途径是掌握最优秀的教材里提供的科学知识体系。 8. 大多数科学家认为，自然严格受规律支配。	1. 科学发现的过程常常要有一种以通常不被人接受的方式看待事物的能力。 2. 不同的文化群体具有获得有效的自然规律的知识的不同过程。 3. 合理的科学观念有时来自梦和猜想。 4. 科学发现的过程经常包括有意地抛弃公认的理论。 5. 民间传说和神话中有大量的科学知识。 6. 科学家从许多各种各样的、似乎无关的科学和非科学材料中得到思想，这并非少见。 7. 非连续性思维，即进行概念的跳跃，是许多科学家的特点。 8. 科学家同时整合许多过程。

当代科学观与"传统"科学观有着质的区别。"传统"科学观主要建立在古典经验主义和（逻辑）实证主义基础上，它既是权威主义的，也是机械主义的，其结果导致了科学主义。所谓科学主义，加拿大学者纳铎等人有一个精彩的解释是："科学主义蕴涵着对科学这样一种态度，即它不仅把科学看作是由于其特定的和经过时间检验的解决问题的方法而产生特殊知识的活动，而且把它视为具有无可置疑的认知基础的活动。因此，科学活动就可以免遭批评，因为任何被认为在科学上站得住脚的批评自身必须是以科学为基础的。"

事实上，这种科学主义的遗产在西方国家科学教育中处处可见。例如，1980年美国科学基金会审视了美国基础教育的地位，发现从K—12年级的科学课程都依赖于教师和教科书，科学教学重在传授基本的事实性知识，缺乏探究活动。[10]一些学者对理科教科书内容、教师关于科学探究性质的态度、口头语言互动行为的研究表明，科学本质遭到了严重的曲解。课堂上流行的科学本质观反映了一种权威主义的观点，其突出表现是教师把科学知识当作绝对真理教给学生。科学哲学家霍尔顿把这种教学概括为传统的教学方式："传统的教学方式是……理性建构的学科一个接着一个地教给学生（如运动学、动力学、波等等）；就像一粒粒珍珠被串起来一样，以一种逻辑的方式阐明我们今日所知道的物理，却很少关注其他领域的动向。"对于那些将成为科学家的学生来说，这种传统的教学方法或许并不是无效的。然而，今天国际科学教育强调的是科学面向所有学生，即在普及的基础上提高质量，而不再仅仅是面向少数资优学生的精英式科学教育了。

二、科学社会学的审视

除了科学哲学展开对当代科学观或科学本质的研究外,其他"科学元勘"学科也加入了这一探讨,并产生了许多有价值的研究成果,科学社会学和女性主义研究开辟了"科学元勘"的新领域。它们的研究成果使得当代科学教育有了更坚实的、广阔的理论基础,为普及科学教育和提高科学教育质量提供了更为丰富的理论武器。

当代科学社会学家如同科学哲学家一样,对早期科学社会学的经典著作做了重新评价。例如,科学社会学之父默顿(R. K. Merton)早在1942年提出的4条科学准则,长期影响了人们对科学的看法。默顿的科学准则是:

(1) 普适主义(Universalism)。科学知识的有效性是不依赖于科学家的个人、社会、文化和民族特性的,所以应当以认知标准加以评价。科学事业面向所有文化的个人。

(2) 团体主义(Communism)。科学研究的成果属于科学家团体。这一标准要求在科学团体内部分进行公开的交流。

(3) 无私利性(Disinterestedness)。科学家研究的动机是扩展人类知识领域的愿望,没有个人对某些特定科学结论的兴趣。自我夸大的虚假的声称不受欢迎。这一标准被认为是在科学里欺诈行为相对较少的原因。

(4) 有组织的怀疑态度(Organized skepticism)。科学家在科学决策中既有方法论的约束又有制度上的约束,所以只考虑以经验建立起来的事实。这条准则要求科学家推迟判断直到"获得了事实"。然而,近几十年来,当代科学社会学家们对这一权威理论提出了严峻的挑战。他们质疑这些科学准则是否构成了指导科学知识生产的真正的准则。例如,米特洛弗的研究表明,默顿提出的每一条准则都有相反的准则,这些相反的准则在科学实践中起着同样的作用。有人甚至把默顿的科学准则叫作"一种科学意识形态"。

当代科学社会学到底为科学教育提供了哪些有益的观点呢?

科学社会学家们普遍反对科学是纯科学的、没有价值偏向的观点。他们认为,科学是在广阔的社会情境中发展起来的,因此它既受到社会价值的影响,同时又影响着社会的价值。忽视科学社会价值的任何科学的图景都是不全面的。巴伯在《科学与社会秩序》中详细地阐明了科学发展受到多种社会因素的影响,如理智的、政治的、经济的甚至宗教的。他说:"时而是这个,时而是另一个社会因素对科学有影响,有时是相对有利于科学的成长,有时则是相对妨碍之,这是不可避免的法则,对于科学来说,没有什么东西是与社会相脱离的。"[16]

除了宏观的社会因素对科学的影响外,当代科学社会学还对科学的微观过程进行了探究。其中,科学知识社会学揭示了大量关于科学知识是依赖于社会情境而决定的研究成果。这个领域的著名社会学家如科林斯(Harry Collins)、沃尔加(Steve Woolgar)、拉托(Bruno Latour)、诺·塞提纳(Karen Knorr·Cetiina)等人,详细描述了在实验室进行研究的科学家的工作特点以及科学家之间的互动。他们的研究表明,科学研究并非像大众传媒和人们所想象的那样,它既不是由一种严格的科学方法所支配的,也不是那样实施的。相反,像其他任何学科一样,科学研究中个人的和社会的价值起着重要作用,公认的方法和知识发生变化,争论此起彼伏。由此得出的一个结论是,科学知识具有依赖社会而决定的性质。[18]

这里不妨举出几个典型的研究案例说明科学知识的社会性质。

第一,关于科学实验的重复问题。科林斯的研究表明,20世纪70年代早期物理学界关于重力波(gravity waves)是否存在的问题的讨论,实际上是由涉及有关研究的一群科学家通过社会协商(social negotiation)的过程确立的。他认为,诉诸实验的公正判决并不可靠,因为有关这一现象的实验(乃至任何现象的实验)绝不可能是一模一样的重复。所以,重力波的"存在"是受社会因素支持的,即由科学家协商决定哪些实验是可靠的。

第二,关于科学事实受社会的影响。在《玻璃场:牛顿的棱镜与实验的用途》一文中,夏福(S. Schaffer)的研究表明,牛顿利用了他作为皇家学会会长的政治地位抬高了某些实验的地位,从而平息了关于他的光学理论的争论。这说明,科学事实在其建构过程中就存在问题,它是通过社会过程变得具体化的,最终掩盖了原来主张的争议性。今天,大众传媒在此过程中可能成为一个积极的参与者,在同行评审和专家裁定的正式渠道外帮助建立了某些"科学事实"。这在伪科学中表现得特别明显。

第三,关于"发现"的问题。科学发现是科学发展中经常出现的事。20世纪60年代以来,"发现"的概念已渗透到学校科学教科书中,发现法也已成为科学教学的一种方法。然而,当代科学社会学家沃尔加却认为,一个"发现"只能在事后予以解释,也就是说,"发现"是对以前的活动的重新建构,它是一个过程,而不是时间上的某一点。"发现"的科学地位是由社会因素决定的。

对科学进行社会文化解释的还有女性主义研究。女性主义者认为,社会情境是科学工作的一个重要特点。例如,在《作为社会知识的科学:科学研究中的价值与客观性》一书中,海伦·朗姬诺(Helen Longino)揭示了在行为神经内分泌学、人类认知和人的进化(human evolution)等学科中文化对科学研究的重要影响。朗姬诺说,在如何提出问题以及什么算作证据等方面都能见到文化的影响。她尤其认为,科学研究的性别偏见与研究进行于其中的文化是无法分开的。偏见不是导致了"坏的"科学(虽则它们或许在坏的科学中存在);它们存在于任何科学研究中。

女性主义者与科学社会学研究者一样,都认为科学是产生它的那种文化的产物。因此,那种视科学为不依赖于它作用于其中的社会大环境的观点是错误的。社会状况和政治信念深深地影响或左右着科学所提出的问题和主张。由此可见,上述观点与默顿提出的普适主义的观点是大相径庭的。

以上关于科学社会学和女性主义的研究都从一个新的视角破除了科学主义的神话,它们与当代科学哲学一起较为真实地揭示了科学的本来面目。按照科学社会学家们的特点,中学理科教科书和教学中主要体现出一种朴素的归纳主义实验观、一种简单化的科学发现观以及一种理想化的科学过程和结果观。很显然,这些特点与以往经验主义哲学家和坚持默顿科学规范的社会学家所提出的科学观最为相似。正如美国科学教育学者达西尔所指出的,这种"科学主义的遗产"表现的是一种专制式的科学,而不是一种民主式的科学。为此,他提出,在学校科学课程的设计、实施和评价中都有必要包括科学史学家、科学哲学家和科学社会学家参与其中。

三、科学教育学的考察

科学教育学者所关心的是教给学生"真实的科学"(authentic science),而不是一种神话式科学。早在1975年,西蒙斯(Thomas Symons)就批评加拿大学校的科学教学只教给学生一堆知识和技能,没有涉及科学与个人、社会或国家的关系。1984年,在加拿大科学协会提交的第 36 号报告里,教给学生真实的科学观被列为改变加拿大科学教育方向的 8 项重点之一。20 世纪 80 年代以来西方国家开展 STS 教育也是对这个问题尝试的探讨。

20 世纪 90 年代以来,马丁(Brian Martin)和其他学者详细探讨了科学教育学者眼中真实的科学。他们从科学教育学的角度分析了科学的其他层面,如个人的科学、公开的科学、历史的科学和技术的科学等等。这些不同层面构成了立体的科学图景,也为科学课程和教学改革提供了新的视角。

(一) 个人的科学

个人的科学(personal science),即个人层面的科学。如上所述,科学家的研究活动受多种多样因素的驱动,是极为复杂的,科学家所拥护的与他实际所做的之间可能很不相同。例如,米特洛弗在《科学的主观一面》一书中对个人的科学作了精彩的描述。米特洛弗发现,虽然研究月球岩石的科学家宣称"事实先于理论"的重要性,但当他们遇到相互矛盾的证据时却常常不愿放弃他们所信奉的理论。霍尔顿等学者也生动地说明了个人的科学之现象。用他的话来说:"他(科学家)研究问题时就像穿越一个丛林的探险家,以其所有的天赋对每一个线索都极为敏感。事实上,一些最伟大的理论科学家坦言,他们在研究工作的早期阶段甚至不用常规的交流符号和语言进行思考。"[25]

个人的科学可以说是正在形成的科学,这里既有艰辛的探索,也有激动人心的高峰体验。正是在这个领域里个人判断和经验转化为蹒跚的第一步,从而最终迈向公开的科学。学生仅仅学习学校的科学教科书,就几乎不可能见到科学的这个层面。相反,他们通常得到的只是生产装配线式的科学之形象。据传媒报道,北京市一些中学生能够进入国家实验室参观访问和进行研究,他们普遍感到受到很大启发,受到真实的科学教育。这正是个人的科学对学生产生的积极影响。笔者认为,在中小学科学教育过程中,让学生有机会获得这种个人科学的经验,不仅可以提高他们学习科学的积极性和增强他们对科学的兴趣,更重要的是丰富他们对"科学是什么"的切身体验。

以上对个人科学的描述说明,那种认为科学家与其科学之间存在一种朴素—客观主义关系的观点是错误的。科学哲学家波兰尼(Michael Polanyi)对此作了透彻的分析。他说,不受科学家激情和信念支配的科学客观性的理想是一个"幻想,因而事实上也是一个错误的理想"。波兰尼的观点对于科学教学具有重要的意义,因为他实际上提出了这样一种思想,即很多构成科学、科学方法、判断、激情等方面的东西只有让学生亲自与科学接触时才可以获得。因此,要想使学生了解真实的科学,就不能不让他们注意到活生生的科学经验。学生个人从事科学研究的亲身体验与其接受的大量间接的科学知识结合起来,才可以说学生真正掌握了科学。正因为如此,德国科学哲学家马赫曾说:应当让"每一个年轻学生都要切身感受一些数学和科学的发现……这样,教师就可以使少数有影响的、简明易懂的思想在学生头脑里生根,使其深思熟虑"。

(二) 公开的科学

与个人的科学相对应的是公开的科学(public science)。个人的科学最终将转化为公开的科学,即以科学教科书、专著、刊物等媒介公开出版的科学知识。根据托马斯·库恩的观点,范式的主要作用在于调节和形成科学的正式的陈述(从研究论文到教科书),因此,公开的科学是科学的非常真实的一部分。但是它也容易使学生知其然而不知其所以然,因为公开的科学很少揭示其来源(即个人的科学)。因此,要让学生获得真实的科学及其科学观,就必须使他们从科学现象的整体中把握公开的科学之观点。也就是说,要使公开的科学与科学的其他层面结合起来构成一幅立体的、多维的科学图景。只有这样,学生才能够真正理解公开的科学。

(三)历史的科学

科学教育不能割断历史,因而不能不涉及历史的科学(historical science)。学习历史的科学不仅是对科学思想本身的学习,也是使学生了解科学本质、培养科学精神的一个重要途径。例如,在讨论牛顿和惠更斯关于光的本质的争论时,学生就可以了解到完全不同的解释也能符合相同的事实,同时还表明一个人所认定的"事实"常常与其信念有关(光透过小孔时所形成的模糊形象对牛顿来说没有意义,但对一个世纪后的托马斯·杨来说却是波动的明显证据)。

近年来,国际科学教育界大力提倡把 HPS(英文 history, philosophy, and sociology of science 的首字母缩写词)纳入到科学课程中,以提高学生的科学素养。我国科学教育界有些学者和教师也认识到科学史在科学教学中的意义。例如,北京师范大学附属实验中学的张继恒老师提倡并坚持在中学物理教学中"讲一点物理学史"。最近,我国高中新编物理教材为贯彻素质教育精神,在"阅读材料中安排了一定数量的物理学史的内容",可惜目的仅限于阐述"关于科学技术的作用"。就科学史、科学哲学和科学社会学对于提高学生科学素养的作用来说,我国科学教育与发达国家的科学教育还存在一定的差距。

(四)技术的科学

今天,科学的很大一部分与技术的发展密不可分。由于高度精密技术的发展,质谱分析法(mass spectrometry)、超导体、哈勃望远镜等高科技才能问世。反过来科学也促进了技术革新。当代科学的发展与技术的联系日益密切,使得一些学者创造出一些新词来标识之。例如,科学社会学家拉托1987年创造了 technoscience(技术科学)一词以区别今日的科学与过去科学之不同;耶鲁大学著名科学史学家普赖斯(D. D. Price)把当代科学描述为 applied technology(应用技术);赫德教授则喜欢采用 sci-tech(科—技)一词指当代科学。此外,还有威恩伯格(A. M. Weinberg)创造了 trans-science(跨科学)来描述处于社会和政治情境中的科学,等等,这表明,当代科学已经与过去四个世纪形成的近现代科学明显不同。就是说,科学观或科学本质发生了质的变化。

然而,现在的理科课程仍然建立在以往归纳主义或实证主义科学观的基础上。即使是20个世纪60年代的科学课程改革也是以传统科学观为基础的。1981年,美国人乔治(Donald George)写道,60年代的科学教育改革过分强调了科学的理论层面,结果牺牲了更为实际的、技术的科学。STS教育运动在本质上是对60年代过分注重科学的理论层面的一次矫正的尝试。

四、结论:科学教育改革要确立新的科学观

在科学教育改革中重视科学观问题,这是在汲取20世纪60年代第一次科学教育改革

教训的基础上得到的一个重大改进。60年代国际科学教育之所以未能取得成功,其中一个重要原因在于当时的科学课程改革没有以"新"的科学观为基础。20世纪80年代中期兴起的第二次国际科学教育改革就是以"新"的科学观为理论基石展开的。例如,美国1996年出台的《国家科学教育标准》的指导思想即是建构主义。这一点美国人自己已经指出:"尽管《国家科学教育标准》中一次也没有用到建构主义一词,然而,很显然,个人建构主义(建构主义理论的一个分支——笔者注)是文件中的主要教学理论。"英美等国科学教育改革中重视科学元勘的作用,也旨在促进学生对科学本质的理解,从而帮助学生通过学习科学形成正确的科学观。

当前,我国基础教育改革似乎尚未重视以"新"的科学观指导理科课程发展与革新。我们在吸收国际科学课程改革的新材料时如果忽视其中科学观的变化,在新课程实施时教师如果不熟悉"新"的科学观,则只能学到国际科学课程改革经验的皮毛,而不能吸收其精华。因此,从不同的学科视角考察科学观的嬗变,有助于我国科学教育工作者理解它丰富的含义,为科学课程发展和教学改革提供多种视角和新的思路。

参考文献:

[1][3] [英]查尔默斯. 科学究竟是什么——对科学的性质和地位及其方法的评价[M]. 查汝强,译. 北京:商务印书馆,1992(10):41—42.

[2] 刘大椿. 科学哲学[M]. 北京:中国人民大学出版社,1998(28).

[4] Novak J. D.. *H Theory of Education*[M]. Ithaca,N Y:Cornell University Press,1986:452.

[5] Driver,R. ,Bell,B.. Students' thinking and the learning of science:A constructivist view[J]. *School Science Review*,1986,67:452.

[6][8] Leach,J.. *Students' Education in Europe:Current Issues and Themes* [M]. London:Falmer Press,1997.

[7] Pomeroy,D.. Implications of teachers' beliefs about the nature of science:comparison of the beliefs of scientists, secondary science teachers, and elementary teachers[J]. *Science Education*,1993,77(3):261-278.

[9] Nadeau,R. ,Desautels,J.. *Epistemology and the Teaching of Science*[R]. Ottawa:Science Council of Canada,1984.

[10] National Science Foundation. *What are the Needs in Precollege Science,Mathematics and Social Science Education? Views from the Field*[M]. Washington,DC:N S F,1980.

[11] Holton,G.. The Scientific Imagination:case Studies[M]. London:Cambridge University Press,1978:295.

[12] 与科学哲学和科学史相比,科学社会学对科学教育的影响要小得多,这主要是由于当代科学社会学的兴起比科学哲学稍晚,同时与科学社会学家较少涉足科学教育领域也有关。最近,美国科学社会学家坎宁安(Christine M. Cunningham)等人撰文指出,除了少数例外,科学社会学和科学教育学是相互分离的两个领域。德拉蒙特(S. Delamont. 1987)甚至认为,这两个学科之间缺少交流是社会学(以及教育学)的盲点之一,参见 Cunningham,C. M. ,Helms,J. V. Sociology of science as means to a more authentic,inclusive science education[J]. *Journal of Research on Science Teaching*,1998,Vol 35(5):484.

[13] Cited in Kelly,G. J. ,et al.. Science education in sociocultural context:Perspectives from the sociology of science [J]. *Science Education*,1993,77(2):208.

[14] Mitroff I.. Norms and counter norms in a select group of Apollo noon scientists[J]. *American Sociological Review*,1974,39:579—595.

[15] Mulkay M.. *Sociology of Science Bloomingtor*[M]. IN:Indiana University Press,1991.

[16] (美)巴伯著.科学与社会秩序[M].顾昕,等译.北京:生活·读书·新知三联书店,1991:36.

[17] Cuningham C. M., Helms J. V.. Sociology of science as means to a more authentic, inclusive science education [J]. *Journal of Research in Science Teaching*,1998,35(5):485.

[18] Kelly G. J., et al.. Science education in sociocultural context:Perspectives from the sociology of science[J]. *Science Education*,1993,77(2):210.

[19][20][21] Schaffer. S. (1989). Glass works:Newton's prisms and the uses of experiment[A]. In D. Gooding,T. Pinch.,S. Schaffer(Eds). The Use of Experiment:Studies in the Natural Science[M]. New York:Cambridge University Press,1989:67-104,211,213.

[27] 丁邦平.HPS教育与科学课程改革[J].比较教育研究,2000(6).

[28] 阎金铎.中国著名特级教师教学思想录·中学物理卷[M].南京:江苏教育出版社,1996:205.

[29] 张大昌.中学物理与素质—兼谈新编物理课本为贯彻素质教育精神所作的努力[A].课程教材研究所.课程教材研究15年[C].北京:人民教育出版社,1998.306.

美国科学教育的第二次革命[①]

李雁冰

在过去 25 年中,美国科学教育的发展特征是:在系统反思"第一次革命"的成就和问题的基础上,回归社会生活,追求科学教育的社会适切性;回归学生的经验,强调每一个学生个体对科学知识及其意义的积极建构。[1]为此,美国科学教育界不仅出台了一系列改革举措、倡导了一系列改革运动,还研制了科学教育的新分类学,并且明确提出了科学教育的认识论基础——建构主义。凡此种种,构成美国科学教育的"第二次革命"(The Second Revolution)。

一、"第一次革命"的反省

美国科学教育的第一次革命旨在超越根深蒂固的古典主义、对事实的机械记忆、训导式教学、陈旧过时的科学内容、不合时宜的科学课程。它的提倡者意在使探究成为标准的科学教学策略,并提高选择科学作为职业的学生的数量。然而,持续了 20 年的第一次革命并未达到预期目的,从 20 世纪 60 年代末开始,人们就开始反思一系列新课程计划的问题和漏洞。

对第一次革命的主要批评包括下列方面:第一,教师们发现新课程难教。大量的课程内容缺乏准备时间、没有适当的资料而且对学生而言理解困难,这阻止了教师以既定的方式实施新课程。第二,新课程过于学术中心(discipline centered)。它们主要适合于占百分比很小的那部分升大学的学生。第三,过分关注理论和纯科学,忽视了实际中的应用。第四,从科学的社会、历史和人文向度而言,新课程缺乏"适切性"。第五,对许多科学教师而言,探究和发现的理念太陌生,他们认为这些程序对一般学生来说太花时间、太困难。第六,对学生实施的标准化测验并未基于新课程的理念。这些测验集中关注古典的科学事实,而没有注意新课程中的过程和探究维度。

有人在 70 年代末研究了美国科学课程中探究理念和方法的实施状况,发现这种理念和方法很少见到,学生们依然花费大量的上课时间听讲座、完成作业、做验证型的实验练习。[2]还有研究发现美国学生在全美科学知识评定中表现不良,并且发现他们厌恶上科学课、厌恶选择科学作为职业。[3]这样,到 1983 年,国家优质教育委员会(The National Commission on Excellence in Education)出版了《国家在危机中》(A Nation at Risk)的著名报告,这是国家委员会系列批评报告中的第一份。由此开始的系列报告都强烈批评了美国的全体学校,并描绘了科学教育效果的暗淡画面。正是这种强烈的危机意识,酝酿了美国科学教育的"第二次革命"。

---

① 本文选自《全球教育展望》2005 年第 11 期,第 55—61 页。

二、"第二次革命"的兴起

20世纪80年代以来,为超越"第一次革命"的理论和实践继续前行,美国科学教育界采取了一系列改革举措,倡导了各种改革运动和思潮,这些"举措"、"运动"和"思潮"可统称为"第二次革命"。其中最有代表性的内容包括:STS运动、2061计划、SS&C计划以及国家科学教育标准的研制。

为走出"第一次革命"的阴影,全美科学基金会资助了综合项目(Project Synthesis),该项目由科学课程教师所进行,意在精练来自专业科学教育文献的主要研究资料,形成未来应有的方案。这个方案为一场正在形成的运动提供了理性依据。这场运动把科学教育带离它的"纯"科学基础,进入一种与科学的技术和社会应用相结合的状况,这就是著名的科学、技术和社会(STS)运动。这种取向是基于科学课程鼓励学生探究诸如地方和国家的能源、土壤及水保护这类问题,它将由学生确认并解决与科学和社会相关的迫切问题。它集中关注诸如人口过剩、核废料、濒临灭绝的物种等问题,并鼓励学生以科学和技术为职业。学生将成为社会、经济、法律、政治以及环境等这类科学的分支问题的探究者,并将成为有关科学发现的应用的积极决策者。

全美科学教师联盟(National Science Teacher Association,NSTA)支持STS运动。它的董事会研制了一个官方立场的报告:《科学/技术/社会:80年代的科学教育》(Science/Technology/Society:Science Education for the 1980's)(1982)。报告坚持,"80年代科学教育的目的是培养有科学素养的公民。他们理解科学、技术和社会如何相互影响,他们在日常生活中做决定时,能够运用这种知识。"[4]全美科学教师联盟董事会建议在幼儿园和中小学(K—12)、各年级的课程中使用STS原理,并用它来培训职前和在职教师。在随后的两个年鉴中形成的文件《重新设计科学和技术》和《科学、技术、社会》中,STS取向获得NSTA的进一步支持。[5]此后,STS运动作为科学教育中的一股强劲势力继续发展。[6]

进入90年代,几项国家科学规划反映出STS取向。《社区中的化学》(Chemistry in the Community,ChemCom)是由美国化学学会(American Chemical Society)出版的,它既要帮助中学生学习化学,还要帮助他们学习化学对社会的影响。《为大众理解的化学教育》(Chemical Education for Public Understanding,CEPUP)是一项新颖的中学科学教育方案,它要看的是诸如毒性(toxicity)、家用液体、地下水等科学/社会问题。其核心是化学以及它与人及其环境的相互作用。

2061计划与STS运动在方向上稍有不同,它由美国科学促进协会(American Association for the Advancement of Science)提出,是一份基于科学素养理念的独特的课程改革计划。这份计划完成的第一份报告《为了所有美国人的科学》(Science for All Americans)(1989),是一份由一个教育改革小组开发的非同寻常的报告。在其中,它并没有为科学教育问题开出特别的解决处方,恰恰相反,其目的是将科学素养具体化,采用的方式是为所有孩子确立基本学习目标。这个计划的名字取自哈雷彗星(Halley's Comet)下一次近访地球的年份,但计划的设计者希望在那个日期前会有重大的积极改变。

2061计划所建议的科学素养的基本维度是:第一,熟悉自然界,认识到它的多样性和统一性;第二,理解关键的科学概念和科学定理;第三,明白科学、数学和技术相互依赖的一些重要方式;第四,知道科学、数学和技术是人类的事业以及它们隐含着什么优点和局限;第五,具有科学思维习惯;第六,能用科学知识和科学的思维方式处理个人和社会事务。[7]

2061计划是由三个阶段组成的:第一阶段确定所有科学方案都将作为目标的知识、技能和态度;第二阶段吸纳教师和科学家加入,开发出几种不同的课程模型,供不同学区学校使用;第三阶段是一个广泛合作的努力,持续许多年,在其中早先阶段的结果将大规模地应用于全国范围内科学教育的改革。

80年代后期,还产生了另一个主要由全美科学教师联盟发起的改革运动——范围、序列和整合计划(Project on Scope, Sequence, and Coordination, SS&C)。这个计划是一些报告和研究的综合。这些报告和研究指明,美国学校培养了大批对科学、数学和技术缺乏基本理解的学生。SS&C的倡导者指责道,传统教育的主要目的是事实的熟练,并且"学校、教师和父母,他们自己就是在这种传统中受教育的,他们觉得有必要永远保持这种麻痹头脑的经验,有必要建构一种事实的教育大厦。"[8]

SS&C计划的目的,针对着美国中学科学方案的组织,把那种组织方式称为"分层蛋糕"。实际上,所有中学科学方案,蛋糕的底层都是生物学,它支撑着化学层,而化学层又支撑着物理层。任何一年的科学都与它之前或之后的科学是不相关联的。这种安排的一个主要结果是,美国四分之三的高中毕业生接触不到生物学以外的科学,基本上无以接受自然科学。

SS&C倡导者的目的,是拆散"蛋糕层级"以及与之相连的对事实和缺乏联系的琐事的记忆。他们赞同一种"少即是多"(less is more)的哲学,声称如果学生在一个较长的时期、以更深入的方式学习为数较少的几个专题,他们将会更深刻并更实用地理解科学。计划支持者相信,中学科学课程方案应该在中学的六年中每年都涵盖生物、化学、物理以及地球——空间科学的主题(如果每周都涵盖更可取)。这个计划的部分理论根据,来自认知科学关于"情境学习"(spaced learning)效果的研究,它发现在不同的语境中重复对概念的体验,可导致抽象概念的优化理解。[9]

SS&C加强了科学间的联系和整合,这样,学生能够意识到科学间的相互依赖,以及它们在更大的人类经验总体中的位置。例如,关于分子结构的概念,并不局限于化学,而是与生物、物理以及地球和空间科学有很大关系。

90年代美国的科学教育改革,也受到了数学教育发展的鼓舞。80年代期间,令人失望的多国评定受到重视,它提醒了人们美国学生数学成绩相对较差。这部分地刺激了全美数学教师联盟(National Council of Teachers of Mathematics, NCTM),他们发表了报告《学校数学课程与评价标准》,产生了一定影响。[10] NCTM标准实际上影响了1987年以来开发的所有数学教科书和其他课程计划,而且也被那些科学教育者作为一个模本而采用。这些人相信,对于科学课程改革,也同样需要一套相应的标准。因此,在1991年,美国国家研究院(National Research Council)威名素著的管理委员会成立了一个"全国科学教育标准和评定委员会"(National Committee on Science Education Standards and Assessment)。这个委员会首先与主要专业科学教育组织进行了充分磋商。它所建立的次级委员会于1993年秋开发出三套标准:① 科学课程标准——叙述性地描述在科学及其应用方面学生应该学习什么;② 科学教学标准——指导教学和学习策略的开发和评价的标准;③ 科学教育评定标准——指导学生评定和课程计划评价的开发和实施的标准。本标准在扩充和完善后于1996年正式出版,成为美国历史上第一部"国家科学教育标准"。[11]

上述标准不等同于课程计划,也不是对"最好"的教学方式、"最好"的测验评定工具进行开药方般的描述。它们的陈述方式是,在提供判断科学内容和教学过程的标准的同时,鼓励教、学和评定的多样性。[12]

正如 STS 运动、2061 计划以及全美科学教师联盟的 SS&C 计划所表明的,科学教育改革趋势在 20 世纪 90 年代仍强劲地继续。这种趋势受到专业组织所研制的积极的连续性报告的支持。他们似乎不约而同地呼吁:加强科学课程与诸如社会问题、决策技巧以及技术(特别是计算机)等问题间的关联性,并强调科学内部及科学与其他学科之间的综合性。当前科学教育中的哲学趋势呼吁注意科学素养、科学作为一种思考和认知方式以及科学作为一种人类活动。探究学习也仍被课程开发者广泛地采纳。

三、科学教育的新分类学

传统观点认为,科学关于世界的知识,是通过历史记录积累起来的。只是在"第一次革命"以来,人们才开始直接关注科学过程、科学家用于发现新知识的技巧。现在日益清楚的事实是,对科学教育而言,还有远比内容和过程多得多的东西。美国科学教育专家麦考马克(A. J. McCormack)和雅格尔(R. E. Yager)总结 80 年代以来科学教育的发展成就和趋势,创造性地开发出一种新的"科学教育分类学"(Taxonomy for Science Education),这成为美国第二次科学教育革命的重要成就之一。该分类学把科学教育中的内容和过程两个领域扩展到五个领域,这是任何良好的科学课程都应该重点考虑的。课程开发者可以把分类学用作一个指导设计新课程计划的蓝图;评价者可以把分类学用作一种标尺来反观现有的对课程计划的评价。分类学的作者认为"这五个维度都是重要的,它们给我们提供了一种努力的方向,使我们能够帮助所有学生获得一种生活在我们当前的社会里所需要的科学素养。如果我们想解决当前的问题并因此而造就一个更好的未来,我们就需要这种素养。"[13]分类学的基本内容可概括如下。

(一)领域 1——认知和理解(知识领域)

科学的目的在于把可观察的宇宙,范畴化成便于管理的学习单元,并描述物理的和生物的关系。最终,科学是为观察到的关系提供合理的解释。任何科学教学,都要涉及科学发现的一些信息让学生学习。

认知和理解领域包括:事实;概念;定律;科学家所用的现有假说和理论;科学和社会问题。

所有这些大量的信息通常被分成诸如物质、能量、运动、动物行为、植物生长等这样可管理的主题。

课堂活动示例:假设与观察事实。一位老师展示了一支装有红色液体的试管。她要求学生预测当试管受热时将发生什么现象。学生预测液体将沸腾并产生蒸气。老师在火焰上加热液体,它却变成了固体! 这就肯定会引发一个讨论,它让学生清楚,他们在预测中假设那液体是水或一种水样的物质;学生将能清楚地理解假设、观察和事实这几个术语。最后,揭示出受热的液体是染了颜色的蛋清。

(二)领域 2——探究和发现(科学过程领域)

该领域旨在利用科学过程学习科学家如何思维和工作。一些科学过程是:观察和描述;

分类和整理;测量和绘图;交流并理解他人;预测和推断;假说;假说的验证;确定和控制变量;解释数据;建构并使用仪器、简单装置及物理模型。

课堂活动示例:测量。给学生一块方糖(但不告诉学生是什么),一把米尺,一个天平,一支钢针和一定量的水。鼓励他们尽可能多地观察和测量方糖,并且在做的同时,尽可能多地使用他们的感官。

(三)领域3——想象和创造(创造领域)

许多科学课程计划把自身看作是为学生所做的、帮助学生学习给定的一堆信息的东西。在科学课程计划中,很少正式关注学生想象和创造思维的发展。这里是这个领域中一些重要的人类能力:想象——产生心理形象;用新的方式把对象与观念相结合;让物体产生不同的或不一般的用途;解决问题和困惑;幻想;假想;梦想;设计装置和机器;产生非同寻常的想法。

在发展学生创造能力方面,已经有许多研究和开发做出努力,但很少有研究和开发把这些做法有目的地结合到科学课程中。

课堂活动示例:水膨胀器。有个科学教师宣称发明了一种机器,它可以通过三个要素中的一种膨胀水的体积。她指着一个箱子,箱子顶部有一个进水漏斗,底部有一个出水管。她让一个志愿者量出500毫升水,倒进漏斗中。过一会儿,有1 500毫升水从出水管流出。由于教师用一种不真诚的态度展示这一切,所以学生怀疑其真实性。教师问:"你们有多少人相信水真的被膨胀了?"很少有人相信。"但你们确实看到水显然增加了。看看你能不能想出一个主意,箱子里要放进什么东西才能产生这样的错觉。试着提出一个别人想不到的主意来。"由于孩子创造了他们自己的模型,他们就是在创造性地思考。

(四)领域4——情感与价值观(态度领域)

在这社会和政治情境、环境和能源问题变得日益复杂以及对未来普遍担忧的时代,科学内容、过程乃至对创造的关注,对一项课程方案来说都是不充分的。科学课程还需要致力于人类情感、价值观以及决策技巧。这个领域包括:发展对一般科学、学校科学和科学教师的积极态度;发展对自身的积极态度(一种"我能行"的态度);探究人类情感;发展对他人情感的敏感和尊重;以建设性的方式表达个人情感;就社会和环境问题做决定。

课堂活动示例:稀有动物。向学生提出一个问题:一副稀有动物的画像,它一半是人一半是动物。它是所属物种中剩下的最后一个。一些人认为应该毁掉它,一些人认为应该让它在动物园展出,另一些人说应该用它拍恐怖电影。问题是:我们应该怎么做?

学生在协作讨论小组中讨论这一两难问题,思考赞成和反对的理由以及所涉及的伦理问题。在这样做时,他们开始意识到他们自己以及同班同学的一些态度。

(五)领域5——运用和应用(应用和联系领域)

如果不切实包含一些可以转换成并应用到学生日常生活中的信息、技能和态度,任何科学教育计划都没什么意义。同样,把"纯粹的"或"学术的"科学从技术中分离出来也是不适当的。对于际遇的那些与科学课上学到的理念相符合的经验,学生要变得敏感起来。这个领域的一些维度是:明了科学概念在日常生活经验中的例证;把学到的科学概念和技能应用于日常的技术问题;理解家用技术装置涉及的科学和技术定律;把科学过程运用于解决日常生活中发生的问题;理解并评价大众媒体所报道的科学进展;基于科学知识而不是道听途说或感性冲动做出与个人健康、营养和生活习惯相关的决定;整合科学与其他学科。

课堂活动示例:发明分割。有一段时间,学校鼓励学生收集废旧家用电器(旧烤面包机、榨汁机、搅拌器等),带到学校来。由于工业制造商有意设计的产品淘汰政策,这类东西大量地藏在储藏室、阁楼上。也要求学生借螺丝刀、扳子、钳子等带来。作为一种发明或技术单元的组成部分,他们拆开旧电器,并尝试尽可能多地学习和推测如何操作。通过这种经验,他们可以学习许多关于传送装置、马达、开关、螺线管的东西,并且获得一些对机械和发明的鉴赏和尊重。

仅从上述领域中的一个来观照科学,就可能限制学生明了科学丰富性的机会。没有任何证据表明,在教材、课程指南以及科学能力列表中陈述的信息,是其他领域学习和经验的前提。毫无疑问,好的科学课程通常要同时从几个领域来描绘,例如,测量过程可以用于计量圆筒滚下斜坡的时间,同时还可用于学习加速运动的概念。

四、科学教育中的建构主义

从20世纪30年代起,行为主义心理学派就统治了美国的科学教育,它认为人的心智是个不可测量的"黑箱"。按照这种观点,学习就只能作为一种可以强化的行为来研究,它要受刺激和奖赏的影响。因而,教学就成了通过练习和强化奖赏而建立无数个"联结"的过程。然而,当学生来到学校时,他们的头脑在科学上并非一张白纸。关于云、气体、运动、生物体以及化学变化,他们都有稳固的原始概念。所有人都有关于自然现象的"常识"。不幸的是,常识与职业科学家秉持的观点通常有非常大的偏差。研究已经发现,传统的、基于行为主义的科学教学严重脱离学生已有的概念或常识、解释,在改变这些观念上是无效的。[14] 怎样既利用学生已有的经验、知识,又把学生的现有知识重新结构化(restructuring),这成为方兴未艾的建构主义科学教育观的一个主要目标。

当今的建构主义学习观深受皮亚杰学派的影响。它假设人类不是知识的被动接受者,而是知识结构的积极建构者。接受信息不是真正的学习,信息必须被置于洞察、解释并与头脑记忆结构中其他现有知识发生联系的位置。掌握一种科学过程中的技能不只需要机械地表演一种程序,你还必须知道何时表演、如何修改或改变而适应一种新的环境。

建构主义学习观的精髓是这样一种理念,即学生头脑中已有的东西是什么?学生带给每一次学习经验的先前知识,实际上都会影响着他们如何学和学什么。在建构主义的学习经验中,学生有机会清醒地意识到他们现有的观念,这些观念如何与资料相互作用,审视并用言词概括他们关于现象固有的、现存的解释。然后,他们检查并结构化他们的解释,他们通常会改变其解释,而且有时放弃它们。

建构主义者并不是简单化地为孩子提供资料并"摆脱方法"。建构主义者对教育者提出了很多可靠的指导,同时也注意把他们的教学理论结合到教师所面临的主要问题中:如何激发学生,如何帮助学生学习概念,概念如何能被转化为学习序列,如何使用实验方法探索、整理其他学习成果,以及如何评定学生的学习。与早期的学习理论相比,建构主义的一个重要特点就是:教学不是对学生做什么事情,教学所做的就是帮助学生成为他们自己知识结构的知觉者,并帮助他们培养、完善、改变或取代那些结构。建构主义者的目的是帮助学生发展他们自己的学习能力。

与科学教学的建构主义观点相关的一些一般原则包括：[15]第一，在新的学习序列开始时，提供一个邀请或相互交流的阶段，让学生确认一种科学现象并用言语表述他们的现有"理论"，以搞清问题。鼓励学生的多种解释和讨论。第二，运用学生的观念和思维驱动课堂。提供机会检验学生的思想（哪怕明显是一种"坏的"思想）。第三，在与同伴和教师的对话中，有选择地动手寻找数据。第四，提出需要学生判断、回顾或者为他们的假设寻找证据的问题。第五，在提出问题前后，留出充足的等待时间。第六，鼓励学生详细说明他们的解释，但不要对它们作判断。第七，在对一项科学试验或经验做结论前，坚持对其结果的预测。第八，对能够收集证据以挑战学生的错误概念而专门设计的课程和另类概念，要时刻保持警觉。第九，采纳"少即是多"的哲学。运用建构主义方法迅速涵盖大量的科学概念是可能的。美国科学教育专家苏珊·洛克斯·豪斯里（Susan Loucks·Horsley）等人开发了一个优良的建构主义取向的教学模型。[16]如果应用于学校，这个模型将既产生优良的建构主义教学，又会关注前面讨论的科学教育分类学的所有五个领域。这个模型同时反映了科学和技术的品质。其"四步骤"模型可总结如下：

阶段1：邀请学生去学习。这可以通过以下做法：展示一种与结果相矛盾的证明或提出一个问题的照片或者动手经验或直接由教师提出一种困惑。自然发生的事件如地震或人为事故，都可作为鼓励学生探究的焦点现象和问题。重要的是，要充分关注学生先前或现有信仰、疑问或关注问题的有意识的表现。好奇心应该受到激发。在这个阶段的结尾，学生应集中关注一个或更多的问题或疑难，并感受到探究的必要。

阶段2：鼓励学生通过观察、测量或实验回答他们自己的疑问。他们比较和检验他们的理念，并试图从他们收集的资料中形成"感觉"。并不是所有的学生小组都致力于同样的疑问或做同样的实验。

这并不是取消教师的指导。教师也许会做出"集体活动"的建议，以便在课上为所有学生提供必要的共同经验基础。在一些课上，学生通过实验探究和寻求科学的理解；而在另外一些课上，他们寻求创造或发明。例如，学生也许会受到这样的挑战——发明一种方法从一碗水中分离出微量泼洒的油。他们的发明将更多地陷入一种技术领域而不是科学领域，但这也能扩展他们的科学知识概念，如密度、亲水性、不溶性以及浮力。当然，进入发明探险，就是超越熟练的科学知识和过程领域，进入创造的王国。由于学生是积极地从事于他们自己感兴趣的问题，这也就应该引入态度领域。

阶段3：学生提出解释和解决方案。通过前面的几个阶段，学生对于正在学习的概念有了新的体验，先前的概念也许被改变甚至被新的概念取代。教师鼓励学生用语言表达他们通过观察和实验获得的新观点。给他们时间说服自己或同伴，让自己或同伴相信他们的概念与实际观察到的内容相符合。

阶段4：鼓励学生就他们学到的东西，寻找应用途径和采取行动。例如，如果他们已经发现，电开关的操作就是通过控制电线的断口形成一个回路，他们就可以用简单的材料设计和制造新开关，检测自己家的开关，并就各种家用电器开关的设计，提出制造商应该遵守的安全指标。或者教师可以找到一份关于一个人意外触电的剪报，让学生分析事故的原因，采取什么预防措施可能防止这类事故。

由此观之，这"四个步骤"主要不是为了提供科学教学的操作程序，而是为了揭示科学探究教学的基本构成要素。至于如何把这些要素变成一个有机的探究教学过程,则要基于不同情境中学生的需要和教师的教学风格而灵活进行。

五、"第二次革命"的意义

美国科学教育的"第一次革命"既是国际军事、空间和科技竞争的产物,也是为了国际竞争,其工具性格昭然若揭,尽管从结果来看它推进了科学教育的发展。[17]形成对照的是,美国科学教育的"第二次革命"的出发点则是寻找科学教育的内在价值,它比"第一次革命"更具平常心、更有亲和力,它也不像"第一次革命"那样以大学教授和科学家为改革主体从而导致改革举措脱离广大教师的教学实践,而是充分吸收广大科学教师作为改革的重要参与者,所提出的改革措施因而更易为教师所理解和接纳。

"第二次革命"的意义可概括为下列方面:

第一,关于科学教育的社会适切性。科学教育如何既坚持自身的内在价值,又回归社会生活、加强社会适切性,"第二次革命"中所倡导的STS运动对此做出了积极探索。STS运动既吸取了20世纪上半叶加强科学、技术与社会生活联系的合理因素,又克服了科学教育的庸俗化倾向;既吸取了"第一次革命"尊重科学逻辑、科学教育的内在价值的合理因素,又克服了将科学技术抽象化的倾向。STS运动所开辟的方向使科学教育既是有力量的,又是有意义的。

第二,关于科学教育的综合性。"第二次革命"的一个重要特点是强调科学教育的综合性。不论是2061计划中的"大众科学"理念和"科学素养"概念,还是SS&C计划强调科学内整合与科学间整合,以及"美国国家科学教育标准"和STS运动,都旨在超越"第一次革命"中的学术中心和精英主义倾向,使科学教育走向大众主义和综合化。

第三,关于科学教育的个性化。"第二次革命"所推出的科学教育新分类学既强调科学文化本身的价值,又强调科学文化与学生经验的结合。该分类学强调科学的发现与探究、想象与创造、情感与价值观,强调对科学知识的情境化运用,这都鲜明地体现了科学教育的经验性与个性化。

第四,关于科学教育的认识基础。应当说"第一次革命"因其强调科学的探究和发现而具有了鲜明的建构主义色彩。"第二次革命"不仅明确把科学教育的认识基础确定为建构主义,而且丰富了建构主义的内涵(比如对社会建构的强调),还提供了设计新的科学教育模型而使建构主义在科学教育中具体化。经过两次革命,美国科学教育中的实证主义倾向已被根本超越。

美国"第二次革命"所确立的科学教育的价值取向和认识基础,是150年来科学教育历史发展的结晶。今日美国的科学教育依然处于"第二次革命"所提供的视野之中。在可预见的将来,美国科学教育不会发生像"第一次革命"那样的全局性急进变革,而很可能会沿着"第二次革命"所开辟的方向稳健发展。

参考文献:

[1] 李雁冰.美国科学教育的滥觞和"第一次革命"[J].全球教育展望,2005(8):33—37.
[2] Stake R. E., J. A. Easley. *Case Studies in Science Education*[J]. Urbana. IL: University of

Illinois Center for Instructional Research and Curriculum Evaluation,1978.

[3] Helgeson S. L. ,P. E. Blosser, R. W. Howe. *The Status of Precollege. Science, Mathematics and Social Science Education:1955—1975* [M]. Research Triangle Park, NC: Center for Educational Research and Evaluation,1977.

[4] National Science Teachers Association. *NSTA Handbook:1988—1989* [M]. Washington, DC: Washington DC Press,1988:162.

[5] Bybee R. W. ,J. Carlson, A. J. McCormark. *Redesigning Silence and Technology Education* [M]. Washington, DC: NSTA,1984.

[6] Check D. W.. *Thinking Constructively about Science, Technology and Society* [M]. Albany: State University of New York Press,1992.

[7] American Association for the Advancement of Science. *Science for All American* [M]. Washington, DC:Washington,DC Press,1989.

[8][9] National Science Teachers Association(1992). *The Content Core: A Guide for Curriculum Development. Scope, Sequence, and Coordination of Secondary School Science* [M]. Washington, DC: Washington,DC Press,1992:13,15.

[10] National Council of Teachers of Mathematics. Curriculum and Evaluation Standards for School Mathematics[J]. *Reston. VA*,1987.

十二、科学教师教育研究

- 小学科学教师科学素养调查研究（张红霞 郁波）
- 论科学课程教师专业素养（仲小敏）
- 我国科学教师专业发展中的科学史哲素养（蔡铁权 姜旭英）
- 美国科学教师专业发展标准及其启示（周青 杨妙霞 杨辉祥）
- 美国科学教育师资培训的研究及启示（何善亮）
- 澳大利亚维多利亚州科学教师专业标准述评（熊建辉）
- 时代呼唤我国设置科学教育本科专业（林长春）

小学科学教师科学素养调查研究[①]

张红霞 郁 波

随着我国科学课程的改革向纵深发展,科学教育存在的深层次问题和困难逐步暴露了出来。为了进一步明确问题,为制订科学教师的培训课程目标做准备,项目研究小组在2003年初进行了"小学科学教师科学素养"的问卷调查。

一、研究调查方法

1. 调查对象与调查工具

调查涉及山西、天津、河南、湖北、甘肃、宁夏、浙江、贵州、北京、内蒙古、新疆、山东、广东、辽宁、福建、重庆、云南、四川、黑龙江、陕西、吉林等21个省、市、自治区的1 737位现任小学科学教师。

问卷的结构和题目的设计以《面向全体美国人的科学》[1]、美国《国家科学教育标准》[2]等重要文献中关于科学素养的定义为基础。因此,本调查问卷包含五大部分:(1)被调查者的个人基本情况;(2)科学知识;(3)科学方法;(4)对科学性质的认识;(5)在教学中的科学态度。其中第二部分充分考虑自然科学各分支学科的平衡、事实性知识与推理性知识的平衡,兼顾数学和社会科学知识;第三部分突出科学方法的观察基础、可重复性和常用的实验法和调查法,还包括科学研究的步骤;第四部分包括科学哲学问题如归纳—演绎逻辑、科学知识的真理性问题、科学与其他知识范畴的差别,以及科学史问题及科学社会学问题;第五部分是教师教学中能够反映其科学态度的行为或潜在行为。

问卷除10个科学知识题目、1个科学方法题目来自中国科协的科学素养调查问卷外,[3]其余皆为自行编制,其目的是为了更符合教师群体。如在方法部分为了考察教师对科学命题(或科学假说)的理解,问卷采用了对"素质教育"的多种定义的选择题形式。"科学知识"、"科学方法"和"科学性质"分别以"分量表"形式出现,采用等距标度,总分分别为18分、25分和45分。"科学态度"采用次序标度和名义标度,不计总分。问卷总变量数为136个。问题形式主要是正误判断题、多项选择题和李克特量表。绝大多数被调查者在半小时之内能够完成。由于调查样本容量大,问卷以客观题为主,故采用"科学知识"、"科学方法"和"科学性质"三个分量表得分的内部一致性系数(Cronbach a=0.58)对其信度进行估计。

2. 调查实施

在全面实施调查之前,在山西太原地区进行了试测(参加人数为19人)。根据试测结果对问卷进行了修改。

实施调查前对施测人员进行相关培训并下发有关说明文件。调查采取匿名填写的形式,教师集中填写、当堂交卷。

---

① 本文选自《教育研究》2004年第11期,第68—73页。

问卷发放量为 2 000 份,回收 1 761 份,其中有效问卷 1 737 份。产生 24 份无效卷的主要原因可能是答卷者对最后两部分即"科学性质"和"科学态度"的题目觉得"太难"。在统计分析时排除了有关"难题"的数据。[4]

3. 数据分析方法

首先,对"科学知识"、"科学方法"、"科学性质"和"科学态度"的频率分布进行定性描述。然后,将"科学知识"、"科学方法"、"科学性质"得分的三个连续变量按照小于等于和大于平均值分为两类,重新编码,与"科学态度"进行列联分析,估计相互关系。最后,将"科学知识"、"科学方法"、"科学性质"三个方面的得分与个人基本情况(科学课培训情况、学历、科学课教龄、职级、专业背景)进行方差分析,估计相互关系。统计分析软件为 SPSS11.0。

二、调查结果

1. 教师科学素养的基本情况

表 1 给出了被调查教师在年龄、性别、学历、职级、专业等方面的比例构成,以及不同成分在科学素养三方面的差异。

2. "科学知识"方面

"科学知识"得分呈正态分布,其平均值为 11.9(占总分的 67%),标准差为 2.3。从表 2 可见,正确率很少超过 80%,这意味着对于不少问题有近半数的教师回答不出。

3. "科学方法"方面

"科学方法"得分呈正态分布,其平均值为 15.8(占总分的 64%),标准差为 2.8。从表 3 可见,教师们对科学方法的理解比科学知识更为缺乏。在几乎所有现行小学科学教材中都多次出现的实验方法(表 3 中 3、4 题),不少教师对此并没有真正理解。

表 1 小学科学教师科学素养的基本情况

	个人情况		科学知识得分		科学方法得分		科学性质得分	
			M	SD	M	SD	M	SD
性别	男	36.4%	12.24	2.32	16.16	2.69	27.19	4.21
	女	63.6%	11.65	2.23	15.55	2.78	26.23	4.03
年龄	<20	1.0%	10.46	2.44	15.06	3.03	25.88	3.83
	21—30	45.8%	12.09	2.19	15.96	2.71	27.07	3.98
	31—40	33.5%	11.86	2.25	15.89	2.71	26.80	4.12
	41—50	14.3%	11.40	2.48	15.01	2.91	24.79	4.09
	>50	5.4%	11.30	2.54	15.46	2.97	24.93	4.37
培训时间	≤2周	65.8%	11.82	2.27	15.18	2.68	26.53	3.95
	>2周	34.2%	12.16	2.31	16.02	2.65	27.26	4.23
学历	初中	19.0%	11.12	2.42	15.15	2.68	25.41	4.14
	大/中专	64.3%	11.96	2.23	15.93	2.61	26.78	3.88
	本科以上	16.8%	12.61	2.19	16.61	2.71	28.02	4.28

续表

个人情况			科学知识得分		科学方法得分		科学性质得分	
			M	SD	M	SD	M	SD
科学课教龄	≤4年	51.0%	11.84	2.37	15.79	2.79	26.86	4.02
	>4年	49.0%	12.05	2.21	16.07	2.53	26.72	4.10
职级	高级以上	38.1%	11.97	2.36	16.12	2.62	26.65	4.25
	一级	51.6%	11.99	2.27	15.93	2.70	26.91	4.03
	≤二级	10.3%	11.60	2.14	15.31	2.58	26.64	3.51
工作前专业	人文	70.8%	11.83	2.23	15.78	2.62	26.69	3.96
	科学和数学	29.2%	12.11	2.43	16.32	2.77	27.07	4.31

表2 小学科学教师部分科学知识题回答正确率

科学知识题目(举例)	正确率
早期人类与恐龙生活在同一个时代	89.8%
所有的辐射都是人为造成的	95.8%
激光因汇聚声波而产生	62.1%
电子比原子小	60.0%
火箭发射等空间探索活动影响气候	40.6%
植物在夜间的呼吸过程是吸进二氧化碳、释放氧气	60.5%
父亲的基因决定孩子的性别	62.3%
抛一枚硬币国徽朝上的机会是50%	76.7%
在市场经济中,个人工资水平与个人生产效率基本相符	52.5%

4."科学性质"方面

"科学性质"得分也呈正态分布,其平均值为26.6(占总分的60%),标准差高达4.1,大大超过科学知识和方法的标准差。结合表4可以看出,科学性质方面存在的问题更为严重和复杂。

表3 小学科学教师部分科学方法题回答正确率

题目/题型(举例)	选项及回答人数百分比	正确率
1. 认真细致的分析和解释可以弥补观察步骤的缺失/判断题	正确:46.3;错误:52.3;不知道1.4	52.3%
2. 自然科学研究方法往往要求具有下列哪一个特性/选择题	经济节约:6.6;别人可以重复:36.4;有效期长:37.5;代表国家需求:8.4;不知道:11.1	36.4%

续表

题目/题型(举例)	选项及回答人数百分比	正确率
3. 在下列给出的4种教学内容中选出一个最适合于实验法探究活动的内容/选择题	动植物的颜色随季节的变化:1.7;影响物体沉浮的因素:78.8;不同矿物的认识和区别:4.8;某种植物的根在一个月内的生长量:12.4;不知道:2.4	78.8%
4. 假设一种治疗高血压的药物被怀疑疗效不好,您认为科学家会采用如下所列4种方法中的哪一种进行研究/选择题	对患者的意见进行调查,然后作统计分析:5.5;对患者和医生进行调查,并对两组调查资料进行统计对比分析:52.1;用最新的医学理论来判断药的实际疗效:16.4;将病人分成两组,一组服真药,一组服假药,然后进行比较:22.4;不知道:3.6	22.4%

表4 小学科学教师部分科学性质题回答正确率

题目/题型(举例)	正确率
1. 科学方法中演绎比归纳更重要/判断题(3点记分:正确、错误、不知道)	49.0%
2. 伽利略在比萨斜塔上的实验属于古代科学史的内容/判断题(3点记分:正确、错误、不知道)	56.2%
3. 科学方法在不同国家之间非常不同/李克特量表*	81.5%
4. 如果存在外星人,他们的科学方法会完全不同于我们/李克特量表	54.9%
5. 科学知识是客观真理/李克特量表	74.5%
6. 科学知识是科学家的主观意识与客观世界妥协的产物/李克特量表	69.6%
7. 科学不仅能戳穿"法轮功"的谎言,还能解决宗教信仰问题/李克特量表	32.7%
8. 总体而言,科学对人类文明发展的作用是什么/选择题(弊大于利;利大于弊,但将来会变坏;利大于弊,但前途未卜;利大于弊,且将来会更好)	78.2%

*5点记分:完全同意、有点同意、不太同意、不同意、不知道。"正确率"计算时将"完全同意、有点同意"、"不太同意、不同意"两两合并,"不知道"记为误答。

表4中的数据不仅反映了教师对科学区别于其他学问的思维方式和推理逻辑的认识存在严重问题(题1、题7),科学史知识也非常不足(题2),而且反映了将科学看成是科学家大脑主观建构的产物而非客观真理的后现代主义科学观对科学教师已产生显著影响(题3至题6)。但不少教师在表示赞同后现代主义科学观的同时,却又在另一些问题上呈现出不同于后现代主义的乐观态度(78.2%的人选择了题8中的最后一项),有67.3%的教师甚至盲目夸大科学的社会功能(题7)。据统计,在认为科学知识不是客观真理的教师中,约94%的人选择了题8中的最后一项。因此,可以初步认为,不少教师对科学性质的认识还没有形成稳定成熟的价值观,不同教师之间存在较大的差异(标准差)也反映了这一点。

5."科学态度"方面

表5中题1显示,只有13.1%的人明确表示,在孩子们将现实世界与童话世界相混淆时"应及时纠正"。这种观点与已有的研究结论相悖。[5]这大致反映了激进的建构主义思潮对我国科学教育的负面影响颇深,许多教师将孩子们的幻想与科学假说和科学概念混为一谈。

表 5　教师教学中运用科学态度的情况

编号	题目（全部）	选项与回答人数百分比
1	如果孩子们把化学中的溶解过程看成是一种生命活动,您认为:	应及时纠正:13.1;不纠正,鼓励发展想象力:38.7;不纠正、不鼓励,让孩子自己探究:45.8;不知道:2.4
2	在科学实验/动手课上您让学生竞赛吗?	总是:2.4;经常:27.2;有时:52.0;很少:14.3;从不:4.1
3	在科学探究活动中,培养学生们的竞争意识应该成为教学目标之一,您同意吗?	同意:69.9;无所谓:9.5;不同意:20.6
4	有过这样一个学生,在做植物生长的实验中,对其他同学长得高的植物进行破坏,目的是让自己的成为最高。在您的教学经历中,发生过类似的嫉妒事件吗?	没有:68.6;一次:12.4;数次:17.1;多次:1.9
5	您规定学生按时做完实验或探究活动吗?	总是:5.3;经常:27.0;有时:43.2;很少:16.4;从不:8.1
6	将"与书上的标准答案是否一致"作为评价学生探究活动的一个标准的重要性如何?	很重要:6.9;一般:53.4;不太重要:39.7
7	将"与书上的操作步骤一致"作为评价学生探究活动的一个标准的重要性如何?	很重要:9.5;一般:52.3;不太重要:38.1
8	将"是否符合最新的科学观点"作为评价学生探究活动的一个标准的重要性如何?	很重要:67.1;一般:26.7;不太重要:6.2
9	将"学生的参与程度"作为评价学生探究活动的一个标准的重要性如何?	很重要:94.4;一般:5.3;不太重要:0.3
10	将"新的收获有多少"作为评价学生探究活动的一个标准的重要性如何?	很重要:79.1;一般:16.6;不太重要:4.3
11	将"是否按时完成"作为评价学生探究活动的一个标准的重要性如何?	很重要:14.7;一般:54.3;不太重要:31.0
12	将"合作态度与技巧"作为评价学生探究活动的一个标准的重要性如何?	很重要:82.9;一般:15.2;不太重要:1.9
13	将"情感的体验"作为评价学生探究活动的一个标准的重要性如何?	很重要:75.9;一般:21.3;不太重要:2.8

表 5 中第 6 题至第 13 题是关于教师对学生探究活动的评价标准的认识问题。显然,参与程度、合作态度和情感体验已经得到了广泛的重视,而不像从前重答案而不重过程。这可以看成是建构主义思潮的正面影响。但题 8 又显示出与其矛盾之处,因为最新的科学观点也应该是标准答案的一种。这说明许多教师对科学探究的理念仍不清晰。这样模糊的认识必然导致在行动上往往采取限定时间完成探究活动(题 5、题 11)或鼓励竞争。题 2、题 3 显示,许多教师错误地认为竞争精神是科学素养的内容之一,在教学中普遍采取竞赛的做法。少数学生甚至已经形成了严重的嫉妒心,题 4 显示有超过 30% 的教师在教学中遇到过学生对同学的工作进行破坏的行为,其中 19% 的教师多次遇到。

6. 教师的科学态度与其科学知识、科学方法和科学性质水平的关系

在对教师的科学知识、科学方法和科学性质的得分分别重新编码后,与其在教学中运用科学态度的情况进行列联分析,结果如表6所示。

表6 科学知识、科学方法、科学性质与科学态度的列联分析结果

科学态度题目(1)	列联表的行数(列数)(2)	列联系数 C(根据 C 值上限校正)		
		科学知识	科学方法	科学性质
1	2*4	.095	.145**	.085
2	2*5	.076	.105	.121
3	2*3	0138*	.103	.143
4	2*4	.086*	.034	.067
5	2*5	.043	.015	.040
6	2*3	.116*	.100	.159***
7	2*3	.090	.170***	.148**
8	2*3	.143**	.175***	.258***
9	2*3	.139**	.091	.117*
10	2*3	.048	.138	.117*
11	2*3	.104	.086	.104
12	2*3	.139**	.130	.129**
13	2*3	.074	.100	.159***
平均值		.099	.107	.127

* 表示卡方检验的显著性 $p<0.05$;** 表示 $p<0.01$;*** 表示 $p<0.001$。

(1) 科学态度题目及其编号同表5。

(2) 行数2意指将教师的"科学知识"、"科学方法"、"科学性质"得分按照小于等于和大于平均值分为两类;列数为表5中相应题目答案的分类,即选项数。

表6显示,科学性质的列联系数平均值最大,科学方法次之,而科学知识最低。此外,科学性质具有 $p<0.001$ 显著性水平的条目最多,科学方法次之,科学知识最少。从具有超过 $p<0.01$ 显著性水平的条目数来看,科学性质与科学方法相同,但科学知识较少。由此可以大致认为,教师对科学性质的认识水平比其所具有的科学知识和科学方法的水平更影响其在教学中的表现,科学方法掌握程度的影响次之。

另外,表6中在科学知识、科学方法和科学性质上都不存在显著性关系的题目有题2、题5、题11。结合表5中题目的内容可以初步推论出,目前不少教师,无论其科学知识、方法、性质的水平高低,都错误地认为应该在活动中引入竞争,强调按时完成;忽视了科学探究的过程常常是一个试误的过程,探究之实质在过程之中;忽视了不断纠正错误可能比简单的

成功更能让孩子们学到科学精神。这也反映了教师对科学性质的理解不够准确。

7. 教师的科学素养与个人基本情况的关系

将教师个人基本情况的有关变量与科学知识、科学方法和科学性质的得分分别进行单因素方差分析,结果列于表 7。

表 7 个人基本情况与科学素养三方面水平的方差分析

	个人情况[1]	n	科学知识得分	科学方法得分	科学性质得分
培训时间	≤2 周	1 104	8.47**	0.59	8.03**
	>2 周	573			
学历	初中	327	31.39***	25.10***	28.99***
	大/中专	1 106			
	本科以上	290			
科学课教龄	≤4 年	879	6.22*	5.16*	0.00
	>4 年	844			
职级	高级以上	616	0.89	0.74	2.49
	一级	834			
	≤二级	167			
工作前专业	人文	1 132	5.91*	7.79**	1.66
	科学和数学	468			

从表 7F 值的显著性程度可以初步看出,总体而言,与科学素养水平有显著关系的首先是学历因素,其次是培训时间的长短。科学课的教龄和工作前的专业只与科学知识和科学方法有显著关系,而与科学性质无显著关系。另外,职级与三个方面都没有显著关系。由此可初步推论:第一,对于科学性质的认识,已有的培训有一定的成效,但主要取决于教师自身的学历层次。第二,教师在工作前所接受的教育,包括理科专业教育(其中 16.3% 的人为本科以上),未能成功地进行科学性质方面的教育。这些都说明了加强对教师进行科学性质方面培训的重要性。

三、结论

根据上述调查结果,可以初步得出以下结论。

第一,教师科学素养普遍较低不仅体现在科学知识和科学方法上,更体现在不少教师对科学究竟是什么还没有真正理解。绝大多数人对科学还处于一种盲目崇拜状态,甚至夸大其社会功能,认为科学可以解决宗教信仰问题。但同时却又有很多人采取激进的建构主义科学观,认为科学不是客观真理,而是科学家头脑中建构的产物;近五分之一的人认为科学方法在不同的国家之间非常不同。

第二,教师在教学中存在的非科学和伪科学行为还相当普遍,虽然对鼓励学生自主探究、积极参与和合作的理念耳熟能详,但在实际教学中仍多采用竞赛、限时完成实验的做法。

不能正确应用建构主义理论于教学实践,错把孩子们的幻想当成科学假说。没有真正理解科学本身不鼓励竞争,而鼓励合作这一特性,因为任何一项重要的科学成就,都来自于科学家之间、科学家与其他人之间的坦诚合作。优秀的科学家追求客观真理胜过追求荣誉。

第三,影响教师教学行为的第一因素是对科学性质的理解,其次是对科学方法的掌握。当然,从科学哲学上讲,科学方法的实质是对科学性质的具体反映。目前对我国科学教师影响最大的科学哲学,不是经典的、常规的理念,而是激进的建构主义科学观。我们的理科教育,尤其是本科以下的理科教育,对科学性质方面的关注明显欠缺,因而教师对近年来的反科学思潮缺少防御能力。从对科学学科问题的理论基础——科学性质的研究过程来看,可以将西方近代科学教育划分为三个阶段:(1) 20 世纪 70 年代以前的以经典的科学哲学(主要包括认识论与方法论)为主流的阶段。那些常规的关于科学的性质、科学学科独特的教育意义得到了深入的讨论。(2) 20 世纪 80 年代前后的以激进建构主义为代表的阶段。主要产生于对过去问题的反思,并受到当时整个社会思潮的影响。(3) 20 世纪 90 年代中期至今,进入了新的反思阶段:从科学的性质的角度对从前的教育理论与实践进行全面反思,包括在建构主义与实在论之间展开新的争论。今天是以"科学探究"作为暂时的结论。

目前极易让人迷惑的是,我们属于第一阶段的哲学思辨问题,似乎与国外目前第三阶段的反思性问题相同,因而我们有些人误认为,采取那些后现代主义的态度是与国际接轨的表现。

综上所述,可以初步看出,现阶段我国教师科学素养培训工作应注意以下几点。

1. 以科学性质的培训为中心

对科学性质的理解是对科学理解的核心,是成功进行科学教育改革的关键。对于普通公众而言,也许懂得科学知识就够了,而对于教师来讲,如果不懂得科学的性质、科学与其他学科的差别,不仅难以真正做到把科学知识的学习寓于科学探究过程中,寓于科学史和科学与社会、科学与人文的关系中,而且可能将伪科学引入课堂。

2. 基础科学教育的目标要定位在经典科学认识论的基础上

那些否认科学知识客观真理性的后现代主义科学观,至少不适合基础教育阶段的学习者的认知能力,包括批判性思维能力,因而可能滋生不理性、不严谨甚至反科学的态度。

3. 处理好以学生为中心与科学理性的关系

避免两种极端:一种是忽视学生学习特点的传统做法,如简单追求答案的正确性并限定完成时间,甚至过多使用竞赛的办法;另一种是借强调以学生为中心而忽视科学的方法意识和规则意识。科学探究不同于其他探究,它一方面强调"自主",另一方面同样强调规范的方法。科学这门学问的积累性、逻辑性和经验性特点,决定了科学学习要比其他学科的学习需要注入更多的理性思维。

总之,对教师进行与课程改革实际问题相联系的、以科学性质为中心的培训是当务之急。与此同时,在教师教育体制改革过程中,要重视理科课程的有关问题,加强师范生科学研究过程的训练和科学哲学的讨论。只有正确掌握了什么是科学,才能把自己的科学知识用活;只有掌握了科学与其他知识的差异,才能教好科学课程;只有掌握了科学的精神,在教学中才能得心应手。

参考文献:

[1] [美]美国科学促进会.面向全体美国人的科学[M].中国科学技术协会,译.北京:科学普及出版社,2001:22.

[2] [美]美国国家研究理事会.国家科学教育标准[S].戢守志,译.北京:科学技术文献出版社,1999:28,56.

[3] 中国科学技术协会.1996中国公众科学素养调查报告[J].科学研究,1998(6).

[4] Keith F. P.. *Introduction to Social Research*[M]. Los Angeles:SAGE Publications,2000:96.

[5] Springer J. *Primary science Curriculum Guide*[M]. London:David Fulton Publishers Ltd,2002:39.

论科学课程教师专业素养:挑战与发展[①]

仲小敏

教师是课程实施的直接参与者,课程只有通过教师的具体实施才能对学生产生现实作用。"师资问题能否解决好是科学课程改革成败的关键。"[1](209)自20世纪60年代以来,许多国家特别是发达国家开始从事综合课程的理论研究和教学实践,其势头一直在持续迅速增长,尤其是初中阶段科学课程发展最快,取得了许多经验和成果。我国初中《科学》课程也于20世纪90年代陆续在全国试验点开设,并成为新一轮基础教育课程改革中的一个亮点。但随着改革的进行,科学课程的有效实施也受到多方面的挑战,其中师资问题尤其是教师的专业素养已经成为制约科学课程改革的瓶颈性因素。

一、教师专业素养的概念与内涵

专业素质是专门职业对从业人员的整体要求。纵观有关教师素质的研究,可以看出各种研究所使用的概念、采用的方法、关注的焦点各不相同。如有人把教师素质称为专业素养,或教师品质,或教师特性,等等。[2](51)

自20世纪90年代实施素质教育以来,我国关于教师素质的研究受到普遍关注。但由于不同学者研究的视角不同,对于教师素质或素养的表述不尽一致。林崇德教授以心理学理论作为主要基础,将教学活动看作是教师工作的中心任务,着眼于教学活动本身,提出教师素质为:"教师在教育教学活动中表现出来的,决定其教育教学效果,对学生身心发展有直接而显著影响的思想和心理品质的总和。"[3]他指出,教师素质是一个系统的结构,其内部包含着复杂的成分。"教师素质在结构上,至少应包括以下成分:教师的职业理想、教师的知识水平、教师的教育观念、教师的教学监控能力以及教师的教学行为与策略。"[3]叶澜教授从教师的专业化出发,认为"教师的专业素养是当代教师质量的集中表现,它应以承认教师职业是一种专业性的职业为前提。"作为当代中国基础教育事业的实践者和创造者,作为一名专业工作人员的教师,其专业素养的组成是多方面和多层面的,主要包括:与时代精神相通的教育理念(教育观、学生观、教育活动观)、多层复合的专业知识(科学与人文的基本知识、1—2门学科知识与技能、教育学科知识)以及履行责任和权力的各种能力(理解他人和与他人交往的能力、管理能力、教育研究能力)。[4]还有的学者把着眼点放在教师素质的内涵和形成途径上,认为教师素质是"教师拥有和带往教学情境的知识、能力和信念的集合,它是在教师具有优良的先存特性的基础上经过正确而严格的教师教育所获得的。"[5]同时,也有大量的关于具体学科教师素质的研究成果,如阎金铎提出的物理教师素质、范杰提出的化学教师素质、周美珍提出的生物教师素质、卞鸿翔和李晴提出的地理教师素质等,但基本结构类似,认为教师的素质主要包括:思想道德素质、科学文化素质、教育教学技能(或教学艺术素养)、

[①] 本文选自《课程·教材·教法》2005年第8期,第79—83页。

心理素质与身体素质等。

可见,教师的素养(或素质)的内涵十分丰富。我们这里探讨的教师专业素养指的是教师顺利完成教学所必需的知识素养、教学技能素养以及与此密切相关的教育教学观念、教育教学研究意识和能力等。

二、科学课程教师专业素养的内容

(一)先进的教育理念和课程观念

"教育理念是指教师在对教育工作本质理解基础上形成的关于教育的观念和理性信念。有没有对自己所从事职业的理念,是专业人员与非专业人员的重要差别,也是未来教师专业素养不同于以往对教师要求的重要方面。未来中小学教师的教育理念,主要是在认识基础教育的未来性、生命性和社会性的基础上,形成新的教育观、学生观和教育活动观。"[4]初中科学课程(也称"综合理科课程")是在新的教育理念下编制和设置的。与分科理科课程相比,科学课程在课程目标、教学的重点、教学方法等方面都提出了新的要求。科学课程教师应在对传统的教育体系进行深刻的反思的基础上,认真学习和体会科学课程的新理念,从教育功能观、课程观、教师观、学生观、教学观等方面转变或更新观念,明确培养学生的科学素养是科学课程的总目标,以促进学生的全面发展为宗旨。

(二)科学课程教师的知识素养

教师作为专业人员,首先必须具有从事教育教学所要求的知识。尽管关于教师的知识结构在认识上存在着差异,但就当今世界各国教师教育而言,其中有三种知识可被视为教师知识的基石,即普通文化知识、所教学科知识、教育学科知识三大类。科学课程教师的知识结构自然也包括以上三大方面,但由于科学课程内容的高度综合性,使科学课程教师的知识素养具有以下特征。

1. 广博的文化知识

杜威提出,一个人要成为合格的教师,"他应当有超量的丰富的知识。他的知识必须比教科书上的原理,或任何固定的教学计划更为广博。"[6]

科学课程的教师只有具备丰富的自然科学、社会科学、人文科学和艺术、语言学等多方面的知识,才能使自己的教学丰富多彩,给学生获取多方面知识的机会,有效地激发学生对科学的求知欲望和学习兴趣,促进学生科学素养的全面提高。特别是与科学相关的知识,如科学发展的历史、科学家的科学精神和人格力量、科学发展的趋势等,这些知识对于增强学生的精神力量和创造意识具有远远超出科学知识本身所能提供的价值。同时,丰富的数学、文学、美学、社会学等知识也有助于教师培养学生的科学素养和人文素养。

2. 整合的专业知识

教师首先应是一个学者,是所教学科的专家。一名合格的科学课程教师,不仅要精通有关科学的事实、概念、原理、理论等,更重要的是要有关于科学的一个完整的课程知识结构体系,即最终在头脑中形成的应该是打破物理、化学、生物、地理等学科界限的知识网络。教师只有在科学体系中准确把握科学知识的体系,把科学课程与其他学科有机地结合起来,才有可能通观全局地处理教材,才能花更多的精力去设计教学,使教学融会贯通、得心应手,从而在课堂上更多地关注学生和整个教学的进展状态。

3. 全面的科学教育学知识

舒尔曼认为,"学科教育学的知识"是区分教师和一般知识分子的一种知识体系。"学者未必是良师"。学科教育学知识就是把"内容"和"教学"糅合在一起,变成一种理解,使其具有"可教性"。科学课程教师必须既是"科学家"又是"教育家",不但要懂得科学,而且要掌握怎么教科学,教师要把科学知识"教育学化""心理学化",即知道如何针对学生不同的兴趣与能力,把科学知识予以组织、表达和调整,并且进行教学。

(三)科学课程教师的教学技能与素养

观念是教师教学的灵魂,知识是教师教学的基础,技能和能力是教师教学的关键。"教学技能指教师在教学过程中运用一定的专业知识和经验顺利完成某种教学任务的活动方式。"[2](58) 教学技能与素养是教师顺利完成复杂的教学活动所需要的教学技能和教学能力的完备结合,主要应包括教学设计能力、教学实施与调控的能力、教学评价与反思能力及科学实验能力等。

1. 教学设计能力

这主要体现在能根据科学课程标准的要求,设计出合理的教学计划和理想的教学方案。其中,课堂教学方案的设计,是教学设计的中心环节。由于科学课程内容较传统的理科课程在综合性、弹性方面有了很大提高,教材的弹性也大大增强,加之在教学方式方法方面强调探究式学习、小组合作学习等,一方面增大了教师发挥创造性的空间,另一方面也对教师的教学设计提出了挑战。

2. 教学实施与调控的能力

一般来说,教师在备课时很难全面预见到教学中学生会发生什么样的情况和问题,尤其在科学课堂中,由于学生参与教学活动的机会增加、程序加深,增强了教学过程预见性的难度,这就要求教师要有较高的课堂教学组织的能力。科学课程教师要逐步形成运用各种教学技巧和教学机智的能力,学会在教学中审时度势、因势利导,善于把教学中发生的未能预见到的情况和问题变成教育教学的内容,这正是教师教学艺术性和创造性的体现。

3. 教学评价与反思能力

现代教育理论要求教师在教学过程中,有意识地运用各种评价方法了解学生的学习状况,以判定自己是否完成了预定的教学目标,学生是否达到了预定的学习目标。科学课程教师要善于对课堂教学中学生发表的意见、提出的问题做出恰当的、积极的评价;在课后要对教学目标、教学内容、教学方法、活动程序等适时进行反思与总结,并根据反馈的信息及时补救或改进教学,有效地发挥它们各自在教育教学活动中的作用。

4. 科学实验的能力与素养

教师的实验教学能力包括设计实验能力、实验教学组织能力、仪器和设备的选用能力、仪器和设备的操作能力、实验指导能力、指导撰写实验报告的能力等六个方面。[7]科学实验的能力是科学课程教师特别重要的教学能力,因为科学课程中的有关物理、化学、生物、地理等学科的内容都涉及实验。科学课程教师应该不仅能做某一学科实验,而且能做多个学科实验;不仅会做课堂和实验室的实验,还能指导学生的课外实践;不仅能做课本上现成的实验,而且能设计新实验。

(四) 科学教学研究意识和能力

教师参加教育科学研究,是提高自身素质的重要途径。传统上,教师往往是被研究的对象,但随着教育理论和教育实践的不断发展,近些年来,越来越多的人开始把研究看作教师专业活动的一个组成部分。特别是初中阶段的科学课程在我国尚属于新生事物,科学课程改革还处于摸索阶段,科学课程教师进行教育教学科研对揭示科学教育教学规律,引导科学课程改革深化,提高教师自身素养等具有长期的、潜移默化的影响和作用。

首先,科学教学研究意识和能力是履行科学课程教师的特殊职责的需要,是教师成熟的标志。教师知识的建构和教育教学技能的提高有赖于教育研究,如果一个教师不对教学进行深入的思考,不进行教育教学研究,不管其实际教龄有多长,也只能成为人们所说的"教书匠"。

其次,从课程的单纯执行者变成课程的共同创造者有赖于教研。作为教育改革的举措之一,科学课程给了教师和学校更多的自主权,这些自主权既为科学课程教师从事研究提供了重要的现实基础,也使他们认识到研究、探讨新形势下的教学问题的必要性。教师要以一个研究者的身份进入课堂教学实践,并成为一个对自己的实践不断反思的"反思实践者",即教师既是课程的实施者,同时又是课程的研究者。

"教师即研究者"是国际教师专业化发展运动中的重要观念。科学课程教师应结合自己的教育实践经验进行多层次、多角度、多学科的分析,以便对自己的科学教学实践有一个理论上的理解或解释,尤其在科学课程创建和试验阶段,这些工作格外有意义。

三、我国科学课程教师素质现状与发展策略

(一) 我国科学课程教师素质现状及存在问题

"从目前我国的科学教师,特别是初中的科学教师的总体队伍来看,并不尽如人意。"[1](185)在初中科学课程开始实施时,因为没有专门的科学课程的教师,多数实验区学校采取"协同教学"的教学模式,即让不同学科(物理、生物、化学、地理)的教师相互分工合作来进行科学课程的教学。虽然目前有相当一部分学校实现了由一位教师任课的常规教学模式,但这些分科出身的科学课程教师的原有学科观念根深蒂固,加之长期以来我国师范院校课程的设置过分强调专业学科知识的作用,面对科学课程要综合多学科知识的现实需求,多数教师在观念、知识和能力等方面表现出明显的不适应。

1. 科学观和科学课程观认识上的偏颇

受中国传统文化的影响,我国在科学课程与教学中很少讨论科学的局限性、科学的本质和精神,以及科学技术与社会的互动等重大问题,在一定程度上存在着科学"神圣"的心理,致使在科学教育中也不注重培养学生的怀疑精神、批判精神和创新精神。[8]同时,对科学课程的理解也存在一定的局限性,教学目标主要盯在科学基本事实和基础知识上,虽然也强调培养学生的基本能力,但实际上许多教师着重于让学生掌握科学基本知识和基本技能,缺乏对科学研究过程与方法的重视。

2. 知识面狭窄、缺乏整合的科学专业知识

科学课程的综合性要求教师用跨学科的、统一的科学概念去联系或融合物理、化学、生

命科学、地球、宇宙与空间科学等多门学科的基本概念、原理和方法,淡化不同学科之间的人为界限,引导学生从综合的角度去认识自然现象,提高他们的综合解决问题的能力。但目前多数科学课程教师知识面狭窄,无法超越分科课程的局限去思考和行动,不注重不同科学学科之间的融通和有机联系,没有建立起正确的、比较完整的科学知识体系。

3. 缺乏科学课程论知识

由于过去我国师范院校一般不开设专门的课程论或学科课程论,大部分教师缺乏课程论基础知识和系统的理论,对于科学课程的内涵、特点、发展史以及与文科理科的关系等缺少必要的了解,无法形成科学课程的整体思维,甚至认为科学课程就是形式上理、化、生、地的简单拼加,仍然沿用理科分科教学的方法以及测量与评价手段等,[9]结果背离了科学课程的初衷,这已成为影响当前科学课程改革进程的一个重要因素。

4. 教学技能和能力不足

在传统的理科教学中,教师的教学设计普遍采用的是有利于发挥教师主导作用的行为主义教学策略,即通过一系列的设计,刺激和强化学生做出适当的反应。与理科分科课程相比,科学课程的教学活动更注重探究性、创造性和开放性,科学课程的一个重要目标是培养学生理解、综合、应用和使用信息的能力,而传统的行为主义的理科教学方式使学生的主动性、积极性受到一定的限制,难以充分体现学生的认知主体作用。

5. 教育研究意识和能力有待提高

从目前中学教师为数不多的有关研究成果来看,普遍存在着以下局限性:研究成果大多停留在教学经验总结层面,缺少更深入的考察和论证,无法上升到理论层面;未把某个具体问题置于教育理论的大背景中予以考虑,研究视野狭窄;对理论的专业术语不甚熟悉,很难把问题或成果概念化,致使不能准确表达自己的观点和结论。之所以出现这种情况,一是因为传统师资职前培养只重视学科知识的学习和教学技能的掌握,大部分中学教师没有系统地学习和研究过教育科研理论;二是因为在职教师教学任务繁重,加上多数教师研究意识淡薄,不能自觉地进行教学研究,对教育理论的发展和现状缺乏深入了解。

(二)我国科学课程教师专业素养的发展策略

教师专业素养的提高是一项复杂、长期、艰巨的系统工程,涉及课程、教师、学校、社会等各个方面。我们可以从教师自身和外部环境两方面来认识。

从教师自身方面来说,既要有观念上的更新,更要有实际的行动。(1)要树立实施科学课程的责任感和信心,愿意投入到科学课的教学中。(2)为了能适应科学课程教学的需要,密切关注科学发展的动态,树立终身学习的意识,保持开放的心态,把学校视为自己学习的场所,不断对自己的教育教学进行研究、反思,对自己的知识与经验进行重组,自觉提高从事科学教学的技能与素养。(3)学会与人合作。要培养学生的合作意识,教师自身首先需要有合作意识。随着科学课程改革的推进,科学课程教师仅靠自己的力量无法很好地完成教学任务,必须学会与其他教师精心协作,才可能达到教学目标,要有意识地培养自身的合作精神。

从外部环境来看,国家有关部门要在认真总结实验区的经验和教训的基础上,进一步完善课程标准和教材的修改,增强课程的适切性;高等师范院校要改革传统师范院校的培养机制,尽快开设科学教育专业,以培养科学课程教师和科学教育的其他高级人才;教研机构要对科学课程教师加强在职培训,实施短期培训、继续教育的有机结合,有条件的地方应当尽快开通科学教育的有关课程远程教育网;各级教育行政部门应将培养科学课程教师和科学教育人才纳入到议事日程,改革教学评价制度。

参考文献:

[1] 教育部基础教育司科学(7—9年级)课程标准研制组.全日制义务教育(7—9年级)课程标准(实验稿)解读[M].武汉:湖北教育出版社,2002:209.

[2] 教育部师范教育司.教师专业化的理论与实践(修订版)[M].北京:人民教育出版社,2003:51—58.

[3] 林崇德.教育的智慧——写给中小学教师[M].北京:开明出版社,1999:31.

[4] 叶澜.新世纪教师专业素养初探[J]教育研究与实验,1998(1):12—16.

[5] 郑燕祥.教育的功能与效能[M].香港:广角镜出版有限公司,1991:122—123.

[6] [美]约翰·杜威.我们怎样思维:经验与教育[M]姜文闵,译.北京:人民教育出版社,1991:228—229.

[7] 宋洁莲,李逢五.中学理科教师实验教学能力评价的研究[J].学科教育,1996(5):38—42.

[8] 丁邦平.国际科学教育导论[M].太原:山西教育出版社,2002:150.

[9] 马勇军.论中学科学教师业务素质[J]当代教育科学,2003(18):57—59.

我国科学教师专业发展中的科学史哲素养[①]

蔡铁权　姜旭英

我国的基础教育课程改革贯穿着这样一个清晰的逻辑:教育改革的核心环节是课程改革;课程改革的核心环节是课堂教学;课堂教学的核心环节是教师的专业发展。[1]21世纪国际教育委员会提出,"教学质量和教师素质的重要性无论怎样强调都不过分……提高教师的素质和动力,应该是所有国家优先考虑的问题。"美国政府将教师教育提升到事关"美国前途与未来"的高度,将改善教师教育,促进教师专业发展列入美国十大教育目标之一。

科学教师是科学教育成败的关键。科学教育的根本目标在于提高学生的科学素养,科学素养不仅包括对科学知识的了解,而且包括对科学本质的理解。美国在1996年颁发的国家科学教育标准中明确地将科学本质的相关理念放入其中,英国的科学教育协会在1983年的课程改革草案中也提到:"学生应该对科学原理及理论的历史发展有一些基本的了解。"我国新颁布的科学课程标准也十分强调学生必须领悟科学本质。

科学教师在要求学生理解科学本质时,自己必须先认识科学本质。理解科学本质是科学教师专业发展的一个重要组成部分。马修斯(M. R. Matthews)写道:"科学的本质很久以来就是理科教师和课程专家们所关心的问题。自19世纪初期,科学开始在学校课程中取得一席之地以来,人们一直希望学生不仅要懂得科学,而且要通过内化科学精神,懂得与欣赏科学的本质,使科学教学对文化品质和个人生活产生有益的影响。显然,要实现人们这一合理的、长期存在的期望,必须依靠教师和课程专家们理解科学方法和认识论(即一些科学本质的知识)。"[2]

近年来,鉴于科学哲学观点的演进,科学本质观已由以往的逻辑实证主义转向当代主流的社会建构主义。但是,我国目前很多科学教师对科学本质的了解仍然停留在逻辑实证主义的观点上。[3]这极大地影响了科学教学,影响了学生对科学本质的理解和科学素养的提高。

一、科学教师科学史哲素养对科学教育的影响

诺斯鲍母(R. K. Nussabum)强调,人们往往只是注意到了科学知识阶层的目标,而忽视了科学本质阶层的目标。特别是,后一倾向在一定意义上就可以被看成是与建构主义在教育领域中的兴起直接相关的:"在许多宣称自己是建构主义的科学教育工作者当中,只有少数人对于上述两个学习阶层都有兴趣。许多教育学者所提出的理念和目标,仅限于达到学习的第一阶层目标。"[4]

在关于科学知识的认识上,科学史哲所蕴含的当代科学本质观反对把科学知识看作是绝对客观真理,同时也批判了单一的、客观的、纯理性的科学方法论。绝大多数西方当代科

[①] 本文选自《全球教育展望》2008年第8期,第77—82页。

学哲学家和科学史学家,像波普尔(K. Popper)、库恩(T. Kuhn)、拉卡托斯(I. Lakatos)、劳丹(L. Laudan)等都有这样的共识:不存在永恒不变的科学真理,科学在本质上是相对的、可变的,处在不断的修正和发展过程中。科学进步既体现在"累积式"的量变中,又体现在"革命式"的质变中。通过科学史哲教育,科学教师认识到所有的科学理论都不是最终的真理,原则上要接受变更和改进,当科学家们遇到与已有的解释不一致的新的实验证据时,他们的确要改变有关自然界的概念,而事实上他们也已经这样做了。科学教师在教学中,就不再将知识仅仅作为绝对真理来呈现,这将有利于学生怀疑的态度和科学精神的培养。在关于科学认识的过程中,当代科学哲学则认为,观察是理论浸染的(theory laden),知识、信念决定着我们的知觉,人在接受感觉印象时绝不是空白的,而是他原来所具有的理论在很大程度上决定着观察到什么。因此,观察本身不是客观的、中性的,一个人的知觉必定依赖于他的信念、价值观和以往的知识与经验。我们所观察的不是自然本身,而是自然对我们探究问题与方法的回应,我们不只是这个宇宙的观察者,而且也是参与者,我们所进行的是一种"观察者参与"的行动。自然只有透过人类心灵才使它自己成为可理解的。[5]

科学史哲教育,为科学教师理解科学方法提供了又一个平台,科学史上的每次重大进展和发现都离不开缜密、特殊的科学方法。伽利略(G. Galilei)是以论证的方式说明自由落体的速度与质量无关,当时真空技术尚未发展,伽利略的推理不是以实验数据为基础,而是运用假说、逻辑推理和数学推理相结合的方法揭示了自由落体定律的奥秘;欧姆(G. S. Ohm)应用电流与热传导相类比的方法总结出欧姆定律;法拉第(M. Faraday)由电生磁逆向思考到磁生电,通过反复实验研究,最后得出电磁感应定律等等。科学史哲教育使科学教师既了解科学家是怎么做的,也学会了自己应该如何去做,使科学方法的教育更具有可操作性,而且促进了科学教师对科学方法本质的理解。关于科学方法的本质,科学哲学所蕴含的当代科学本质观抛弃了过去那种将"科学方法"神秘化的观点,认为并不存在一种单一的万能的"科学方法",科学方法是多元、丰富的,既有实验的、理性的、逻辑的方法,也有非实验的、非理性的、历史的方法乃至系统思维方法,任何方法都是具体的历史的。科学方法也与科学知识一样不是纯客观的。

科学史对科学教育的作用至少有:① 科学史可以促进学生对于科学的概念与方法的理解;② 透过科学史对于历史的研究,可以联结学生的思考与科学的发展进程一致;③ 科学史在本质上是有内在价值的;④ 认识科学史可以了解科学本质;⑤ 科学史可以抵消在科学教科书或是课程里常发现的科学主义或独断主义;⑥ 透过检视科学家们的活动历程,科学史使得科学科目更为人性化,而为学生所接受;⑦ 科学史呈现了科学与其他学科之间的联结关系,展现了人类成就整合并且互相依赖的本质。[6]萨顿(G. Sarton)指出:"向学生详细追溯一项发现的全部历史,向学生指明在发明者道路上经常出现的各种各样困难,以及他怎样战胜它们、避开它们,最后,又怎样趋近于那从未达到的目标,再没有比这种做法更适于启发学生的批判精神、检验学生的才能了。"[7]

经典的科学观认为:自然界是真实和客观的;科学知识是有效的;科学知识的证据来自观察;科学知识的有效性可以通过实验加以检验;科学知识具有特殊的认识论地位;科学知识是一种不断增加的事实资源;科学共同体被认为必须具有一种学术上开放和普遍主义的规范结构。[8]

这种科学观认为科学发展从观察开始,科学认识的基本程序是通过观察、测量和实验,获得经验事实性的知识,然后通过归纳与假说,上升到定律,再逐渐形成理论。其基本认识程序是:事实——定律——理论。迄今为止,我国中学科学课程基本上一直采用这种科学观。近年来,由于科学实践哲学、SSK 和女性主义科学哲学研究的兴起,主张"科学研究始于机会"。这种理论认为,没有机会,科学家不会意识到问题;没有机会或者研究条件不具备,即便意识到问题,科学家也无法进行真正的研究。只有机会真正地反映了实际中的科学研究。观察、问题和机会共同形成一种科学研究的起点性链条,形成实践性的科学研究的解释学循环:① 通过机会性巡视,我们在评估自己和同行所掌控的资源的基础上,通过先前的实践寻找合适的研究项目或者问题;② 然后通过问题,我们去更加具体地实践,并且观察到新的差异和推进原有的研究;③ 接着在原有研究推进的基础上,我们通过实验室中的科学家社会协商的实践,寻找研究的新机会。[9] 显然,科学史哲揭示了科学发展的内在规律,可以有效地促进科学教师对科学发展本质的理解,从而正确地把握科学教学。

二、我国科学教师专业发展中科学史哲素养的检视

我国在普通中学系统地开设理科课程,始于清政府颁发的"壬寅癸卯学制"。自 20 世纪 20 年代初至 40 年代末,初中理科教学在分科制与合科制之间摇摆,但分科制占据上风。从建国至 20 世纪 80 年代的自然科学课程基本上都是统一的分科教学。

在 20 世纪 70 年代中期,香港率先开始教授综合科学课程。20 世纪 80 年代受国际综合科学课程改革思潮的影响,我国浙江省和上海市在全国率先开始了综合理科课程的尝试,经过十多年的发展,已经取得了一定的成绩。2001 年 6 月,教育部颁发的《基础教育课程改革指导纲要(试行)》中明确规定在小学中、高年级阶段和初中阶段开设综合《科学》课程。同时,对我国教师的专业化也提上了议事日程。

(一) 我国科学教师专业发展中科学史哲教育的缺失

科学教师的专业发展主要落实在职前培养与职后培训中。

1. 我国职前科学教师专业发展的培养

长期以来,我国教师培养机构都是以分科的形式为社会输送合格教师的。随着我国不断重视综合科学教育的发展,我国在职前科学教师的培养上竞相开设科学教育专业,使得科学教育专业成为我国教师教育体系中一个以培养高素质的中、小学科学教师与科学教学研究人员及科学普及教育工作者的复合型人才为目标的综合型专业。到 2003 年为止,全国已有 32 所高校经审批开始招收科学教育专业本科生,浙江省至今已有 6 所高校开始招收科学教育专业本科生。一些高校正在按照教育学的二级学科或三级学科,开始培养科学教育学硕士研究生。北京师范大学在全国率先开始招收科学教育学专业博士研究生。

目前,科学教育专业在课程设置方面,大多数院校的专业教学计划(人才培养方案)中的课程设置带有学科本位和分科专业的色彩。即,如果是物理院系办的科学教育专业,那么教学计划中开设的主干课程以物理类课程为主,而如果是化学院系举办的科学教育专业,那么开设的主干课程以化学类课程为主,致使科学教育专业的综合性不突出。而在众多职前科学教师的培养方案中,科学史哲的课程设置竟告阙如,实在令人百思不得其解。

2. 我国在职科学教师专业发展的培训

与其他各科教师相比,科学教师是教师中一个独特的群体,科学教师专业发展的过程中

除了要面临着教师专业发展的普遍性问题以外,还要应对一些独特性问题。在职科学教师要面对的独特性问题主要表现在:教从未经历的课程,综合课程对教师的开放性要求与分科教师职业特有的保守性和封闭性之间的反差很大,工作负担过重,致使科学教师无暇扩充知识面。这种局面表明我国目前科学教师连正确理解科学都有困难,怎么可能正确理解科学本质呢?我们的调查研究也表明了这种推断。[10]

在我国的教师教育结构中,在职教育体系已经形成了庞大的规模,这并不是表明了在职科学教师的培训已经获得了应有的重视和理想的效果,因为现有在职科学教师队伍的形成源于这样一个事实:设置综合科学课程以来,中小学大量不合格学历教师的存在,与国家的经济发展和教育改革发展明显不相适应,从而使得中小学教师在职培训主要是进行学历教育和科学知识的临时补充。这种培训,以书本知识为中心,以任课教师为中心,以课堂教学为中心,实际上承担的任务是对职前教育的缺陷的"补偿",其质量因"速成"和"急功近利",难以达到原本想达到的程度。当然,科学史哲作为一门重要的课程,就根本无法纳入科学教师职后培训的课程体系之中了。

(二)科学教师科学史哲素养缺失对科学教师专业发展的阻碍

由于科学教师科学史哲素养的缺失,他们对科学的理解仍然停留在传统的观点上。认为科学知识是客观真理,科学知识的产生范式是以纯粹客观的观察为基础,经由培根(F. Bacon)的归纳法得到科学知识或理论。整个科学研究的过程,就是以客观的眼光来观察自然现象,通过归纳发现获得某些规则,进而在头脑中形成某种假设,再收集资料验证假说,若假说成立就变成科学知识。

由于科学知识形成过程被认为是客观的,而且它是对自然界的本质的真实描述,因此是极不容易改变的,故科学知识被视为客观的真理。由于视科学知识是客观真理,自然把知识及其结构看作是科学的本质。与此相应的科学教学方式当然是传递、灌输,是记忆、背诵。视书本为权威、以"双基"为目标也就成为自然的结果。

当代科学本质观的基本内涵,根据麦克马斯(W. F. McComas)针对八个国际科学教育标准中关于科学本质部分所分析、统整出的三十项交错、重叠性的观点,整合成14项具高度重叠性的科学本质观点:科学知识是多元的,具有暂时特征;科学知识不完全依赖观察、实验的证据、合理的争论及怀疑的态度;通向科学没有唯一的道路,因为没有一种普适的、一步一步的科学方法;科学是一种解释自然现象的尝试;在科学中,规律和理论起着不同的作用,因此学生应明白,即使有额外的证据,理论也并不变成规律;来自一切文化背景的人都对科学做出贡献;新的知识必须要清楚地、公开地得到报道;科学家需要精确的持续记录,伴同检查,具有可复制性;观察渗透理论;科学家是有创造力的;科学史同时展现出进化的及革命的特性;科学是社会和文化传统的一部分;科学和技术彼此影响;科学思想受到其社会和历史环境的影响等。对照当代科学本质观,可以清楚地发现我国科学教师对科学本质的理解尚存在较多的偏差,显得比较陈旧与落后。

我国科学教师专业发展中存在的先天不足、后天失调的成长历程,使科学教师的专业化变得步履维艰。

三、提高我国科学教师科学史哲素养的呼吁

我国科学教师科学史哲素养的提高刻不容缓，对此，我们认为以下措施是值得重视的。

（一）科学界亟待重视科学史哲书刊的编撰与出版

自20世纪80年代以来，由于科学史哲与科学教育的学者在一些国际学术研讨会或学术专刊中不断提倡与呼吁，科学史哲的相关研究已逐渐成为当前的国际研究趋势。欧洲物理学会(European Physical Society)自1983年起，在各地陆续举办多场"物理学史与物理教学研讨会"。1987年，英国科学史学会(British Society for the History of Science)于牛津大学举行"科学史与科学哲学研讨会"。1989年，国际科学史、科学哲学与科学教育社群在美国国家科学基金会(NSF)的赞助下，首次召开"科学教学中的科学史与科学哲学"(The History and Philosophy of Science in science Teaching)国际会议。第二届国际会议于1992年举行，并易名为"国际历史、哲学与科学教学会议"，此后每三年举办一次。1989年，科学史、科学哲学、科学社会学及科学教育各领域的学者及学校教师的研究成果《科学与教育》(Science & Education)季刊正式发行，专门刊登科学史、科学哲学和科学社会学与科学教育有关的论文。与此同时，一些相关的论文及专著相继发表与出版，科学史哲已成为当前国际科学教育研究中的主流。

为提高科学教师科学史哲素养，国外也已出版大量相关书籍。1994年澳大利亚科学哲学教授迈克尔·马修斯(Michael R. Matthews)出版了专著《科学教学：科学史和科学哲学的角色》(Science Teaching: The Role of History and Philosophy of Science)，他认为科学哲学和科学史素养对于理科教师十分重要，他希望理科教师多懂一些科学史、科学哲学。他认为，理科教学中都会不可避免地遇到一些科学史问题，教师如果具有较高的科学史素养就能有效地应用于科学教学中。同时，在马修斯看来，在任何一个理科课堂上，哲学问题无处不在。当教师和学生在科学教学过程中遇到诸如观察、假说、模式、理想化、证据、定律、理论等等术语时，当他们停下来问一问它们是什么意思以及正确使用它们的条件时，哲学就出现了，因为所有这些概念都起源于科学哲学家的思考。此外还有休特兰德和沃里克(M. Shortland & A. Warwick)著的《Teaching the History of Science》；丁格尔(H. Dingle)著的《The Scientific Adventure: Essays in the History and Philosophy of Science》；得威特(R. Dewitt)著的《Worldviews: An Introduction to the History and Philosophy of Science》等。

科学史哲相关论文与著作的发表与出版，为科学教师科学史哲素养的提升、科学本质的理解提供了一个良好的平台。而我国目前有关科学教育、科学课程与教学的著作、教材与论文中，仅是少量地对国外科学史哲教育进行简单介绍，系统的研究和丰富的出版物都尚待时日。这就使得我国科学教师未能很好地了解科学史哲的最新发展。由此，为提高我国科学教师科学史哲素养，必须加强相关的研究，并重视专门书籍、论文的出版与发表，为我国科学教师科学史哲素养的提高提供平台。

（二）科学教师教育中必须关注科学史哲

科学史与科学哲学是国外科学教师教育中的重要课程。最早提倡将科学史哲教育纳入科学教师教育的是德国科学家马赫(E. Mach)。1895年，马赫提出将科学史与科学哲学融

入科学教师的教育之中,他指出,没有任何科学教育可以不重视科学的历史与哲学。1917年,英国政府在一份题为《教育中的自然科学》的报告中明确地提出:在科学教学中,应当进行科学史和科学哲学的教学。报告指出,需要把科学的主要成就及其取得这些成就的方法引进到教学中,应当要有更多的科学精神而不是干巴巴的事实。其方法是开设科学史课程,科学史和科学哲学知识应当成为每个中学理科教师智慧的一部分。[11] 20世纪初,萨顿开始在哈佛大学教授科学史,认为学习科学史能够帮助人们更深入地理解科学。

二战后,在美国兴起反科学思潮,为了避免造成科学与人文的对立,科学史便开始在大学并非主修科学知识的科学课程中崭露头角。在此期间,首推哈佛大学校长科南特(J. B. Conant)为最具影响力之人物。科南特在大学生的通识教育中用案例教学法(编入8个科学史事例)实施科学史教育获得了极大的成功。

此外,对科学史哲教育的关注也反映在当代各个发达国家的科学课程与教学改革中。美国的《2061计划》(1989),《科学素养的基准》(1993)和《国家科学教育标准》(1996),加拿大一些省新编的科学课程(1991),英国国家课程的科学部分(1988),荷兰的PLON课程(1988),挪威的核心课程(1994),丹麦的科学技术课程(1990),以及西班牙的新课程中,都对科学史哲与教学有着明确的要求。科学史和科学哲学课程也已成为上述国家培养理科教师课程的一部分。在美国有些学区,学完这些课才能取得教师资格证书。西班牙和丹麦最近也为理科师范生开设了这些必修课。

在港台地区,台湾师范大学数学研究所及高雄师范大学科学教育研究所先后于1992年及1993年开设科学史、科学哲学的课程。在大学部,高雄师范大学及东吴大学目前也都设有科学史的课程。

在科学教师的培养中,无论是职前培养还是职后培训,都必须纳入科学史哲教育的内容。以科学史哲相关文章和著作为载体,以科学教师教育的课程体系为渠道,使科学教师高度重视科学史哲学习,提高其科学史哲素养,正确理解科学本质。

(三)中小学科学教科书中应该融入科学史哲

科学史哲在中小学科学教科书中的融入是国外科学教育发展的一个重要举措。美国科学教育专家克劳普福(L. Klopfer)发展了适合高中生使用的8个科学史事例。根据克劳普福及库力(Cooley)的研究,在高中物理、化学及生物课程中使用科学史事例,可以增加学生对于科学及科学家的兴趣及认识,同时并未减少学生对于学科知识的学习。[12]与此同时,国际物理教育学会也提出物理学史有益于物理教育的观点。

20世纪60年代,哈佛大学的科学史教授霍尔顿(G. Holton)和一些教育学家、中学教师参与了"哈佛物理教学改革计划"(Harvard Physics Project),开发了《改革物理学教程》(The Project Physics Course,简称PPC)作为中学物理教材(还包括补充读本、实验设备等),这部教材大量利用科学史内容,具有明显的人文取向。它以历史文化的观点呈现物理科学进展,成了美国有重要影响的物理教材之一,为中等学校引入科学史哲教育塑造了一个典范。人们称赞它"犹如一位知识渊博、思想深邃的老师,在讲述一个连续的故事情节那样,把物理学是如何通过理论、实验和科学家之间的相互作用而发展的历史生动地展现在学生面前,使他们理解科学研究的方法和思考的方法。"

在我国中小学科学教科书编写的过程中,也要高度重视科学史哲内容的渗透,使科学教师在进行科学教学时,不断进行反思,同时引导学生积极思考,以正确地理解科学,提高科学素养。

四、结语

科学哲学、科学史对科学本质的理解是关键性的,从而对科学教育的作用是毋庸置疑的,也正因为这样,国外在科学教育研究中科学史哲成了热点。但是,在我国的科学教育研究中,至今没有引起对科学史哲的关注,在科学教师的专业发展中竟成了一个盲点,这是一种忽视、回避,还是一种偏见?今天,我们必须消除这个盲点,重视科学史哲在科学教师专业发展中的作用。只有这样,我国科学教师的专业素养才可能得到提高,我国科学教育的改革才可能取得成功,我国公众科学素养的提高才有可能得到保证。

参考文献:

[1] 钟启泉."有效教学"研究的价值[J]. 教育研究,2007(6):31—35.

[2] Michael R. Matthews. The Nature of Science and Science Teaching [A]. In B. J. Fraser, K. G. Tobin(eds). *International Handbook of Science Education* [M]. Boston: Kluwer Academic Publishers, 1998:985.

[3] 翁秀玉,段晓林. 科学本质在科学教育上的启示与作法[EB/OL]. http://140.128.172.7/bioteacher/ inform/ learningweb/ natureofsci. Doe, 2004 - 3 - 25/2007 - 9 - 29.

[4] Joel J. Mintzes, James H. Wandersee, Joseph D. Novak. 促进理解之科学教学——人本建构取向观点[M]. 黄方珠,等译. 台北:台湾心理出版社,2002:178.

[5] 黄永和. 后现代课程理论之研究:一种有机典范的课程观[M]台北:师大书苑有限公司,2001:128—129.

[6] Michael R. Matthews. *Science Teaching: The Role of History and Philosophy of Science* [M]. NewYork: Routledge,1994:50.

[7] [美]乔治·萨顿. 科学的生命[M]. 刘珺珺,译. 上海:上海交通大学出版社,2007:50.

[8] 周丽昀. 当代西方科学观比较研究:实在,建构和实践[M]上海:上海社会科学院出版社,2007:46—48.

[9] 吴彤. 科学研究始于机会,还是始于问题或观察[J]. 哲学研究,2007(1):98—104.

[10] 蔡铁权,姜旭英,赵青文,王丽华. 浙江省小学科学教师科学素养与科学本质观现状调查及认识[J]. 全球教育展望,2007(8):55—58.

[11] Brock W. H.. History of science in British schools: past, present & future [A]. In M. Shortland, A. Warwick(Eds.). *Teaching the History of science*[M]. Oxford: Basil Blackwell,1989:31.

[12] Klopfer L. E., Cooley, W. W.. The history of science cases for high schools in the development of student understanding of science and scientists: A report on the HOSC Instruction Project[J]. *Journal of Research in Science Teaching*,1963(6):87—95.

美国科学教师专业发展标准及其启示[①]

周 青 杨妙霞 杨辉祥

21世纪国际教育委员会认为,"教学质量和教师素质的重要性无论怎样强调都不过分……提高教师的素质和动力,应该是所有国家优先考虑的问题。"美国政府将教师教育提升到事关"美国前途与未来"的高度,将改善教师教育,促进教师专业发展列入美国十大教育目标之一。[1] 1995年12月6日,美国国家科学基金会(National Science Foundation)推出了美国历史上第一部《国家科学教育标准》,其中的科学课程教师专业发展标准从科学课程教师专业发展培训的理念、目标、培训的性质等方面,为科学课程教师培训机构提供了详细、具体、操作性强的质量标准,其内容与做法,值得我们借鉴。

一、美国科学课程教师专业发展标准产生的背景

20世纪80年代,美国面对其国际经济地位的下降,惊呼"国家处在危险中"。而教育上的缺陷被视为造成这一状况的重要原因。解决问题、实现目标的关键在哪里呢?人们不约而同把目光集中在教师身上。而美国教师的状况并不能令人满意。1980年6月16日《时代》杂志发表了一篇题为"救命,教师不会教"的文章,报告了一次全国性研究的结果。研究发现,最好的人才并不在教学领域工作,教育专业的学生入学的SAT平均分呈下滑趋势,科学和数学教师短缺。美国教师队伍的这种状况无法担负起公众托付的教育重任。改善对教师的培养,提高师资水平成为美国教师教育的当务之急。因此,政府部门及一些研究团体随后发表的一系列重要研究报告,包括"国家优质教育委员会"起草的《国家在危急中:教育改革势在必行》(1983)、霍姆斯小组的《明天的教师》(1986)、和卡耐基教育和经济论坛"教育作为一种专门职业"工作组的《国家为培养21世纪的教师做准备》(1986)等,都以促进教师专业发展为核心的教师教育改革作为主题,并对实践产生了一定影响。[2]

美国国家科学基金会于1995年推出的《国家科学教育标准》,将科学课程教师专业发展标准包含其中,对科学课程教师专业发展范式、培训的理念、目标、培训的性质以及科学课程教师专业发展的专业知识范围、技能、训练指导模式、学习方式等,作了详细的规定,反映出美国提升科学课程教师素养的培养思路与方向,为美国各大学、学院以及参与科学课程教师培训的机构提供了详细、具体、操作性强的质量标准。

二、美国科学课程教师专业发展标准

1. 标准的基本框架

美国科学课程教师专业发展标准由以下三部分组成:前言,科学教师专业发展标准的性质,标准。

---

① 本文选自《高等教育研究》2005年第5期,第62—66页。

标准的一、二部分界定了美国科学课程教师培养的目标、教学内容、教学条件、教学方式、教学实践与教学资源等。提出科学课程教师要成为一个专业人员，必须做到四个统一："学科性"与"专业性"的统一，即要求科学课程教师在掌握必需的基本科学知识的同时，应具备从事教育工作的基本能力；"通才"与"专才"的统一，科学课程教师首先必须学习广泛的科学知识与博雅知识，同时对所教学科进行深入研究，具备指导学生在该领域进行探究活动的能力；理论与实践的统一，科学课程教师专业发展的内涵是多层面、多领域的，需要不断地学习新的理论去指导实践，又以持续的实践来更新旧的理论；自我教育与合作学习的统一，科学课程教师的专业发展必须依靠自身的努力，不断地进行自我教育，同时，科学课程教师还需要依靠同事与培训教师的协助。

2. 标准的主干内容概述

标准的第三部分是标准的主干部分，分为 A、B、C、D 四个部分。

标准 A 由"科学知识和理解科学"（knowledge and understanding of science）与"学习科学"（Learning science）两部分组成。

"科学知识和理解科学"要求美国科学课程教师各培养机构在科学课程教师专业发展的培训中，首先使科学课程教师形成合理的科学观，即弄清楚"什么是科学"，然后回答"什么是科学教育"，从而使科学课程教师充分认识到科学实际上是一种特殊的社会文化探究活动，是一种特殊的社会文化现象，作为知识系统的科学理论只是这种探究活动的结果；科学教育是关注科学技术时代的现代人所必需的科学素养的一种养成教育，是将科学知识、科学思想、科学方法、科学精神作为一个整体，使其内化成为受教育者的信念和行为的教育过程，从而使科学态度与每个公民的日常生活息息相关，让科学精神和人文精神在现代文明中交融贯通的过程。"学习科学"要求科学课程教师从以下几个方面学习科学：掌握科学各学科的基本事实、概念与原理；理解科学探究的性质，学习科学探究的基本技能；具备综合各学科知识的能力；在处理个人和社会问题的时候能够使用科学的理解能力；理解科学方法和科学过程，能够做到将科学知识、科学方法与科学过程结合起来。

标准 B 由"科学课程教学的知识"（teaching knowledge of science）和"学习科学课程教学"（learning teaching of science）两部分组成。

"科学课程教学的知识"界定了科学课程教师应具备的教育学、心理学、学科教学法知识的范围。科学课程教师的知识结构既包括学科知识，也包括教育学、教学法知识；既包括陈述性知识，也有程序性知识。[3]

"学习科学课程教学"规定了科学课程教师学习教学的方式，包括融合、重构科学以及科学教育方面的知识；观察、参与课堂实践；构建科学课程知识的内容、教学策略，了解学生的学习特点；使用探究、反思、解释、模型化和实践等来建构科学教学的理解能力。标准 B 规定"学习科学课程教学"应在科学教学的真实情境（包括真实的学生、课程材料）中进行。科学课程教师通过在教学情境中不断地尝试、讨论、反思，将新的教学思想、方法和技能应用到教学中，不断得到反馈、调整后，再用于教学，从而开发出更多、更好的教学方法，逐渐积累科学教学的经验，形成、确定出自己的教学风格、教学策略，提高自己的专业水平。

标准 C 主要分为"终身学习的知识"（knowledge for lifelong learning）和"终身学习的技能"（learning skills for lifelong learning）两部分内容。标准 C 提出科学课程教师培训机构必须为科学课程教师构建终身学习的知识体系，指出科学课程教师从考虑做教师的第一天起至整个教师生涯结束,都必须不断学习,不断地自我反思。学校也应在制度上保证科学课程教师的学习、进修机会。标准C提出科学课程教师在专业发展的过程中必须掌握终身学习技能。掌握终身学习技能应成为整个学习过程的有机组成部分。终身学习技能是一个由局部的、分解的块状知识发展成综合的知识,再由综合的知识转化为熟练的自动化知识输出的过程。熟练掌握终身学习的技能,可以大大提高科学课程教师学习的效率。科学课程教师终身教育思想不能仅仅是一个理念,而应该贯彻到科学课程教师专业发展各阶段的多层次、多种深度、结构灵活多样、针对性强、具备学术水准的培训中。

标准D介绍了科学课程教师专业培养体系(system of professional development for teachers of science)。

标准D规定美国科学课程教师的专业发展必须建立职前、职后、终身、持续性培养体系,采用训练—实践—训练的循环模式。科学课程教师专业培养标准必须与国家科学教育标准相一致;职前和职后培养必须保持连续性;科学课程教师专业的培养应体现自主选择性,可以根据教师晋级的需要和个人兴趣自主选择进行;应丰富科学课程教师的背景知识,重视历史、文化和学校环境的熏陶。同时,参与科学课程教师培养的人员应包括有经验的科学课程一线教师、科学家、教育管理者、决策者等,由于他们专门技能的多样化,能满足科学课程教师职业发展的多种需要。

三、美国科学课程教师专业发展标准的特点

美国科学课程教师专业发展标准有以下几个特点。

1. 重视科学课程教师正确的科学观与探究能力的形成

该标准非常重视科学课程教师正确科学观的形成,强调科学不仅仅是知识体系,更是一种特殊的社会文化探究活动。科学的唯一目的是发现自然规律或存在于事实中间的关系,这只有依靠观察和经验才能做到。该标准要求科学课程教师在形成合理科学观的基础上,认识到科学本质与教育本质的统一体是科学探究。要求科学课程教师在大学学习科学研究时能将科学知识、科学知识来源(科学过程)和科学文化统一于科学探究,能认识到科学探究的开放性与科学知识的不完善性,从而构建探究的逻辑起点,在不同的科学活动中不断地优化自己的认知结构;在进行课堂科学教学实践中,能运用思辨方法不断对探究方式进行反思,逐渐摆正科学教学过程中主客体的关系;在教学中,认识到探究的主体始终是学生,进入到学生认识范围的自然界(包括人造自然)是探究的客体,教材和一切可以利用的教育资源是帮助学生实现探究过程的中介和工具,而科学课程教师自己扮演的是引导和帮助的角色,科学课程教师通过对科学文化的体验和理解,不断地实现知识的个人建构和社会建构的统一,从而有效引导学生的探究活动。

2. 重视为科学课程教师构建综合、完整的知识结构

该标准界定了专业化科学课程教师的知识结构,包括广博的通识性知识、精深的学科专业知识、扎实的教育科学知识、学科教学论知识、科学的历史与本质方面的知识、学习论知识与科学课程教师的自我评价与反思能力等,同时还界定出如何做的知识,包括知道什么(know what)、知道如何做(know how)、知道为什么做(know why),知道谁了解(know who)等等,为科学课程教师专业发展课程体系的建构奠定了理论基础。

3. 倡导终身、连续一体化的培训

该标准重视教师个体专业发展与教师职业专业发展的辩证关系。提出科学课程教师专业发展需要构建终身、连续的一体化体系。科学课程教师专业既包括学科专业性也包括教育专业性,国家对科学课程教师的任职规定既有学历标准,也有必要的教育知识、教育能力和职业道德的要求;科学课程教师专业化是一个发展的概念,既是一种状态又是一个不断深化的过程,需要科学课程教师通过职前、职后一体化的实践来逐步完善,促进职业的发展。其中科学课程教师个体的专业发展是基础,是源泉,是科学课程教师专业发展的根本方面;科学课程教师职业专业发展是其群体专业化的发展和社会承认形式,并从根本上影响着科学课程教师个体专业发展的进程和水平。

4. 重视教学方式情境化,培养反思型教师

该标准提倡培养反思型科学课程教师,规定教学方式要注重科学知识与问题情境相统一。教学方式要采取多种多样的形式,如阅读专业文献、参加讨论会、加入专业的学术组织等,了解学科领域的最新进展,理解自己与学生所进行的动态学习过程;通过研究学生的学习档案,反思自己的教学过程,不断进行自我评估,对教学目标和教学计划进行修改;运用网络模拟、社区实践、教学录像、工业现场实习等问题情境,丰富背景知识。

四、启示

美国科学课程教师专业发展标准体现了科学课程教师培养的终身性、开放性和探究性等教师教育理念。其明确的培养方向、具体的教学内容、教学模式、教师的学习方式及培养体系不仅在理论上,而且在具体操作方面对我国科学课程教师专业化发展具有一定的启示性。我国至今还没有明确的科学课程教师专业发展标准,教师的职前与职后培养缺乏衔接性。科学课程教师专业发展的一体化停留在理念层面,科学课程教师实用知识和实用技能以及科学方法、科学过程等教育比较薄弱。为此,我国科学课程教师专业化发展应重视以下几个方面。

1. 加快研制我国科学课程教师专业发展标准

我国面向21世纪基础教育课程改革从2001年秋季开始在义务教育阶段3—6年级开设综合性的科学课程,7—9年级综合性的《科学》与分科并设,高中实行分科的科学教育。要真正使科学教育顺利进行,关键在于科学课程教师的培养质量。而科学课程教师质量的提升,又有赖于科学课程教师的专业化进程。随着改革的发展,将有越来越多的地方实施综合科学课程。[4]综合科学课程的设置,对科学课程教师的专业水平无疑是一种巨大的挑战。

目前,我国教师教育正处于改革之中,表现为教师教育一体化、大学化、综合化、制度化、信息化;教师培训类别、形式和模式走向多元与多样化;教师进修院校、师范大学、综合大学、研究机构和广大中小学校积极参与中小学教师继续教育[5];专科、本科、研究生三个层次协调发展,职前职后教育相互沟通;学历与非学历教育并举,促进教师终身学习和专业发展的现代教师教育体系正在构建中。

分科与综合科学课程教师的培养目前均存在问题,前者面临着课程知识更新,教学方式转变的重要课题;而综合科学课程的教师培养更是刚刚起步。少数高师院校为解决综合科学课程或科技活动课程师资培养问题,推行了"主辅修制"。其模式是学生主修一个自然科学学科专业,再辅修另一门自然学科专业,这些毕业生在实际的综合科学课程教学工作中的

确比分科培养的师资有一些优势,但从总体上还不能真正满足综合科学课程对教师素质的需要[6]。在当前我国科学师资培养多元化的情况下,存在自然科学课程教师的超学科需要与现有的分科课程教师相对立的矛盾,制定科学课程教师专业发展标准对于保证科学课程教师培养质量就显得尤为重要。标准需要对科学课程教师培训的培养目标、课程设置、培养模式、培养规格、培养方法等方面作明确的要求;对科学课程教师角色、教师的学习方式等方面做出系统的、可操作性强的规定,逐步提高科学课程教师资格认定标准的专业化要求,把教学能力的考核具体到教学理论、教学设计、教学方法和策略、教学评价以及班级管理、自我评价和发展等方面。

2. 体现科学课程教师专业发展的新理念

(1) 教师职前、职后培养一体化。教师专业化是一个动态发展的过程。因此,构建教师终身教育的人才培养模式,职前、职后培养一体化就显得尤为重要。科学课程教师的职前培养是通过师范类院校(大学)或综合大学的集中教育来完成的,职后培训现阶段主要是由各教育学院来承担,我国师范院校与教育学院在办学目标、课程设置、教学模式上有很大的不同。因此,科学课程教师的职前、职后培养很难统一。国家虽然倡导师范学院(大学)与教育学院合并,但在课程设置与培养形式的一体化上还没有达到完全的融合。实行职前职后一体化教育,不仅可以节约教育资源,而且可以实现教育理论与教学实践的有机结合。在制定科学课程教师专业发展标准的时候应考虑采用职前、职后培养一体化模式:在课程设置上,职前教育与职后教育要贯通,而且要各有侧重。职前教育要侧重基础教育理论课程的教学和教学基本技能的训练及对科学理解、探究能力的形成上;职后教育要侧重于实践问题的研究和理论的提高。在专业知识与能力的考核上,职前教育要侧重基础理论与教学基本技能的考核;职后教育要侧重于对实际问题的解决能力与理论创新能力的考核。[7]在科学课程教师培养队伍的构成上,职后教育的科学课程教师队伍构成强调多元化,应该吸纳来自教学一线的中小学优秀科学课程教师、各级教学研究机构的专业研究人员和教育行政部门的官员等。

(2) 重视科学课程教师知识的全面性。综合性的《科学》课程要求科学课程教师必须具有整合的自然科学知识和能力结构,即对自然科学知识有整体、综合的认识和理解,对自然科学的基本规律和内在联系有所了解,同时还应掌握跨学科的专业基本技能,以及适应综合科学课程教学所需要的科学教育思想(如STS教育、HPS教育、科学探究等)、科学教学方法与技能,[8]使受训者形成关于世界的整体性认识,提高综合解决现实问题的能力。

(3) 科学课程教师的学习方式应体现探究性、情境性和终身性。我国在制定科学课程教师专业发展标准时,必须强调科学课程教师的学习方式体现出探究性、情境性和终身性。科学课程教师在学习科学、科学教育时要注重过程与方法的养成,这就需要以探究的方式学习。科学课程教师在拥有自己专业领域陈述性知识的同时,应学会怎样开展科学研究活动,掌握探究活动的程序性知识;科学课程教师采用情境性的学习方式学习自然科学知识时,可充分应用程序性知识,以提高对科学知识的理解和解决问题的能力。在学习科学教学以及具体教学时,应运用学到的教学策略,通过与学生的互动,逐渐掌握各种教学方法的适用对象和条件,根据不同教学环境的特点,采用相应的教学方法,掌握科学教学的规律。科学课程教师学习方式的终身性,即使科学课程教师不断地根据社会发展与学生的需要,更新自己的知识结构、提升教学能力。

3. 注重科学教育专业的课程设置的综合性、探究性与创新性

我国基础教育课程中科学课程的设置采用分科与综合并存的模式。科学课程教师的培养过去是单一的分科形式，目前已有部分师范院校设置科学教育本科专业，开始为综合科学课程培养师资。对于新型的科学教育专业，我们应加强对该专业培养目标、课程结构和教学方法的研究，力求满足中小学对综合科学课程教师数量与质量的要求，在课程设置上体现综合性、探究性与创新性，为职前、职后的科学课程教师构建全面合理的知识结构。

参考文献：

［1］谌启标.美国教师教育的制度变迁与改革实践［J］.比较教育研究,2003,158(7).
［2］刘宇.美国教师专业发展的范式转换及其启示［J］.比较教育研究,2003,155(4).
［3］于泽元.教师专业发展视野中的高师课程改革［J］.高等教育研究,2004,25(5).
［4］顾明远,孟繁华.国际教育新理念［M］.海口:海南出版社,2002.
［5］"关于实施中小学教师继续教育工程"的意见［EB/OL］.http://www.moe.edu.cn/jsduiwu/jspeiyang.
［6］［8］林长春.时代呼唤我国设置科学教育本科专业［J］.教师教育研究,2003,15(6).
［7］滕明兰.对推进我国教师专业化进程的思考［J］.中国高教研究,2004(5).

美国科学教育师资培训的研究及启示[①]

何善亮

一、美国科学教育师资培训的做法与经验

教师是科学教育成功的关键因素之一。美国在科学教育教师的培训方面进行了许多有益的探索。

1. 明确科学教育教师的专业进修标准

为科学教师规定一个明确的专业进修标准是美国科学教育教师培训一个最为显著的特色。该标准不仅从总体上规定了教师的专业发展目标,同时也具体规定了教师专业进修的主要内容。

一般说来,科学教师的专业准备包括如下内容:通过探究来学习科学,体会科学研究和科学发现的亲历过程;统合科学、学习和教学的知识、技能和理念;制定在职进修的协调计划。科学教师的在职进修应包括如下内容:积极地调查研究;关注重大科学事件;利用科学文献和技术;同行教师及相关学科教师之间的交流和合作。科学教师的职业发展应包括如下内容:自觉地把科学与教育学结合起来;参加课堂学习与其他形式的学习活动;高效优质的教学实践;运用探究、思考、研究和建模的方法指导学生的科学活动;能够辅导其他学科的教师。

就探究而言,科学教师的专业进修标准可以归纳为四类。[1]标准A:教师的专业发展要求教师通过探究的观点和方法学习基本的科学内容;标准B:教师的专业发展要求教师能将科学知识、学习、教育学和学生结合起来,同时也要求教师应用这些知识来进行教学;标准C:教师的专业发展要求教师能建构起对终身学习的理解和能力(成为终身的"探究者");标准D:对教师的专业发展计划必须是连续的、统一的。

进修标准还指出,为科学教师提供的专业进修计划不能设计成为只传授技术技巧,而是要深化和丰富认识,强化和发展能力。专业进修活动必须持续很长一段时间,而且必须包括一系列策略来为教师提供不断完善其知识、深化其认识、强化其能力的机会。在专业进修的实践上要有相应的改变,具体要求如表1所示:[2]

---

① 本文选自《比较教育研究》2006年第6期,第82—86页。

表1

专业进修重点的改变	
不大强调	比较强调
以讲课方式传播教学知识和技能	对教学与学习加以探究
通过讲课和阅读学习科学	通过调查研究和探究活动学习科学
科学与教学知识相脱离	科学与教学知识相结合
理论与实践相脱离	在学校环境下的理论与实践相结合
前后不相联系、讲完一次算一次的授课活动	前后相互贯通一气的长期计划
短训班和进修班	各种不同的专业进修活动
仅靠外部的专业知识	既靠外部的施教又靠内部的专业知识的生成
肩负提高教师专业水平之责的人只是施教者	肩负提高教师专业水平之责的人是教师的帮助者、出主意者和计划制定者
教师只是掌握了教学技能和技巧的人	教师是需要才智的、能思善断的教学实践者
教师只是教学知识的接受者	教师是教学知识的产出源
教师只是别人怎么说自己就怎么做的人	教师是可以在荆棘中踏出新路的人
教师只是置身于课堂中的一个人	教师是专业集体中的一员,大家共同分担责任
教师只是被改变的对象	教师是变化源,也是变化的促进者

2. 为科学教育教师进修提供丰富的专业资源

科学教育教师的专业进修标准仅仅为教师专业进修树立了一个应该到达的标杆,而要具体实现这一目标,还必须为科学教育教师提供一个内容丰富的专业进修资源。

随着国际科学教育改革就"如何通过科学教学使学生能够获得对科学本质的理解、从而不仅学到科学知识和基本技能,而且具有科学精神和创新能力"这一前沿性问题研究的不断深入,科学史、科学哲学和科学社会学等课程已经成为科学教育教师专业进修的必修课(在美国的一些学区,学完这些课程才能取得教师资格证书)。[3]

其次,从文化的视角来思考科学与科学教育活动,科学教育教师则必须接受充分的跨学科培训。唯有如此,科学教师才能够摆脱一定学科的狭窄知识限制,从而全面综合地理解科学和技术、理解现实世界;才能够合理地解释科学技术以及它们的社会意义,并进一步促使自己的学识、教学观念、教学方式等都能向外部世界开放。为了促进科学教师的这一转变,美国艾奥华大学的STS课程项目把对教师培训的整个内容设计成为一个开放性的发展课程,培训的内容是多方面的,也是不断发展的[4]。

与对科学本质的理解和跨学科的培训不同,美国国家研究理事会在《美国国家科学教育标准》出台后,专门出版了《科学探究与国家科学教育标准:教与学的指南》这本讨论科学课程如何进行探究性学与教的著作,书中丰富的教学案例为科学课程教师学会如何进行探究性教学提供了具体的参照。[5][6]而从1997年的"2061"工程职业发展项目出版物《科学素养资源:职业发展》CD-ROM的工具中(包括科学专业书、大学课程、《科学素养衡量基准》和《国家科学教育基准》的比较、认知研究的文献等),我们也可以看出美国为科学教师进修提供了大量而且实用的教学资源。[7]

3. 为科学教育教师进修提供多样化的方式和途径

"虽然富有创造性的教育改革的设想来自许多方面,但是,只有教师才能提供来自于教室本身的深刻的、直接经验的洞察力。""现在是教师对教育改革承担更多责任的时候了。"[8]然而,在教育实践中,怎样的专业培训才能帮助未来的和在职的科学教师发展探究性教学技能并运用于实际的课堂教学呢？怎样的专业进修才能帮助他们有能力承担更多的教育改革责任以发展学生理解和从事探究性学习[9]的能力？

首先，课程与教学的一体化研究为科学教育教师的专业进修既提供了观念上的指导，也提供了现实的可能性。根据新的知识观，课程不仅是一种知识载体，更是一种师生共同探索新知的发展过程。从科学课程自身的发展逻辑来看，注重科学知识客观性的传统科学课程与一味强调科学过程的科学课程都未能解决既使学生获得知识、又能发展学生能力的问题，也说明了把内容（知识）与过程（方法）二者相结合才是科学课程发展的辩证法，相应的，也只有把课程与教学一体化来研究才是科学教育教师专业培训与进修的正道。为此，美国的科学教师培训除了注重科学课程理念的解读和科学课程标准的解读之外，还特别强调科学教师通过对"直观与抽象结合、感性与理性统一、现象与本质共存"的（教学）模式和模式化方法的掌握和应用，[10]逐步深化对课程内容和教学过程的认识，并在组织现实的教学过程中完成自己作为课程编制者与课程实施者的双重角色。

在具体方式与途径上，建立工作室（坊）[11]是科学教师培训中一种行之有效的办法。它能够为在职教师创造一个良好的讨论氛围、合作氛围和与社会接触的氛围，使他们在这样一个环境中加强各学科之间的合作与交流（包括争论），加强与社会的联系，增进他们的批判性思维和决策能力。"2061工程"在《科学素养衡量的基准》制定的同时，于1994年立即开展了教师的培训工作，工作室就是该项目的一个重要组成部分。一系列科学教师短期培训班在各地的工作室中进行，它为各个学校骨干教师理解和实践科学素养的培训做出了巨大的贡献。

在学校层面上，"教研组专家活动"[12]则是一种与"建立工作室（坊）"相类似的在职教师校本专业进修方式。

就教师的具体教学实践而言，科学教师专业进修的根本途径还在于教师个人通过不断的探究性教学实践逐渐养成反思性教学的习惯。所以教师培训中就不应该采用高等院校通常采用的讲座方式，而必须采用体现改革精神的教学方式——在科学探究中学习探究、理解探究、形成探究技能、发展自己的"学科教学知识"，在不断进行的探究性教学实践中养成反思性教学的习惯。[13]

此外，美国的家庭科学项目[14]作为一项全国性的活动计划，一方面使家庭拥有有趣的科学经历——将科学学习与将来的学习和工作相互关联，并使家长参与他们儿童的科学教育；另一方面，该计划还包括科学教师的在职培训计划，用于向教育工作者和社区成员提供科学和职业性活动、组织管理信息和计划构思。作为一项全国性的活动计划，家庭科学项目采用实际操作的学习活动来提高K—8（相当于中国幼儿园到初中二年级）学生的科学课学习，并且将教师的在职教育与家庭学习计划结合在一起，也是一个极有价值的创意。

4. 鼓励科学教育教师进行持续的专业进修

美国《国家科学教育标准》中的"科学教师专业进修标准"明确指出，科学教师是有责任搞好自己的专业进修、有责任把教学工作很好地进行下去的专业工作者。实践中，为了使持续性的专业进修能够化为科学教师一种实实在在的行为，应当使他们主动将自己的思想与所学到的知识联系起来，并设法使他们亲身体验到自己提出问题并收集分析数据来探索这些问题的那种兴奋感，从而最终成为一个主动式的学习者。[15]

科学教师的持续性专业进修也还需要各种专业的帮助。教师们可以组成各种小组进行学习或组成一个教师网络进行交流,以便提供教学的各种典型示范和紧跟科学课教学的各种最新发展。[16]教育学院等相关大学和有关教育行政管理部门,也通过例如夏令营、学年活动、行动研究、在线获得科学教育家帮助等项目给予科学教师持续的、长期的支持,使他们能够借助"反馈——反省——修正"的途径实现自身专业的更好发展。[17]

二、对我国科学课程教师培训的反思与建议

介绍和分析美国科学课程师资培训的做法与经验,考察和反思我国科学课程教师教育的实际状况,为我们更好地开展科学课程的教师培训带来了诸多有益的启示。

1. 彰显科学课程教师的主体性、注重"成长目标"的引领作用

"培养"的观念在我国已根深蒂固——学生的能力是"培养"出来的,教师的发展也是"培养"的结果,动辄"培养"已经成为中华传统教育的千年情结。[18]然而,从美国探究性教学师资的专业进修——强调进修以彰显教师的主体性而非强调外界的"培养"——重点的改变中可以看到:教师不再是别人怎么说自己就怎么做的人,教师也不再是被改变的对象,"教师是变化源,也是变化的促进者";"肩负提高教师专业水平之责的人是教师的帮助者、出主意者和计划制定者";"教师是可以在荆棘中踏出新路的人";教师的发展"既靠外部的施教,更靠内部的专业知识的生成"。

当然,转变"教师培养"观念、注重教师自身的专业知识生成,必须要有与之相应的科学课程教师"成长目标"的引领来支持。要成为一个优秀的科学教师,科学教师应当[19]:(1)具有科学的整体观念、发展观念和现代观念,认识科学的本质,能在统一的科学概念的基础上,理解生命科学、物质科学、地球科学三大领域内的基本科学事实、概念、原理和规律,并掌握相应的基本技能;(2)对科学与技术和社会之间联系的有深刻的认识,能用所学到的科学知识与技能解释重大自然现象,解决生活、生产中有关的问题和个人决策问题,反对迷信、抵制伪科学;(3)拓展相关理科(物质科学、生命科学、地球空间科学等)的知识面和技能,学习理科综合的思想方法;加强相关学科的渗透,加强科学文化的教育,加强科学发展历史的教育;(4)突出科学探究的学习过程,增强对科学探究的理解,掌握科学探究式教学的实质,具有一定的提出问题、观察实验、收集信息、形成猜想、技术设计、交流合作和科学思维的能力;(5)提高在科学课程中应用信息技术的能力;提高外语水平,不断更新自己的教育观念,改善教育方法,激发学生思考、怀疑、批判、创新。教师在教学实践中将会逐步领悟到,教师"成长目标"的引领和自身专业知识的内部生成对教师自身发展有着根本且长远的价值。

2. 拓展培训视野,促进教师由"专才"向"通才"的跨越

科学课程着眼于让学生从整体上认识自然、利用自然与保护自然,从基本科学概念上理解科学内容,将统一的科学概念与原理贯穿于整个科学课程。科学课程试图超越学科界限,从对自然科学的整体认识出发,注重了不同领域科学知识的相互渗透与联结,并在天文学和一些交叉领域有所扩展。科学课程面向全体学生,立足学生发展,体现科学本质,突出科学探究,反映当代科学成果,体现了科学、技术与社会的联系,体现了科学精神与人文精神的结合。科学课程的这些特点要求教师实现从"专才"向"通才"的转变、从单一狭窄的学科知识结构向综合广博的知识结构的转变。

然而,目前的情况并不能令人满意,要实现教师从"专才"向"通才"的转变,教师的培训任务还相当艰巨。究其根源,主要表现在以下两个方面:其一,几乎我们所有的科学教师都

来自于物理、化学等分科专业领域,他们对各自专业的知识、技能掌握得相对较好,但对相邻学科了解甚少,对作为科学整体的认识不足,长期从事分科教学更使这些缺陷变得厉害,角色的改变也更为困难;其二,目前许多西方国家在科学教师培训中已经开始加强科学史、科学哲学和科学社会学的教学,而在这方面我国的科学教师培训几乎还未涉及,因此必须给予高度的重视。

3. 关注科学探究,以实验技能训练为科学课程教师培训的突破口

美国在培养探究性的科学教师时,直接关注探究,他们把探究既当作教师学习的目标,也使其成为教师学习科学的方式,并通过教师自己的探究来学习科学知识、发展探究能力、学习如何进行探究性教学。

我国的科学教育课程的教师培训除了必须有意识地为不同专业的教师开设非专业的研究课程以实现"从封闭的专业化向联系的专业化的转变"之外,还应当特别关注对科学课程教师各项实验操作技能的训练,让他们在探究实验中提高自身的动手实验能力,从而使他们能更好地适应科学课程教学发展的需要。[20]现有的科学课程教师的培训实践也表明,搞好各级教研活动、加强教师之间的交流,对发展教师的动手能力也是十分有益的。

4. 逐步养成科学课程教师高度自律、终身学习和不断进取的精神

从更为理想的目标看,教师的专业发展更应该是一种"造血机制",而不应仅仅是一种"输血机制",这就意味着作为教师的专业发展还需要完成从"外控的教师专业发展"向"内控的教师专业发展"转变。[21]教师通过对自己的教育行为、教学方法等不断地进行反思和改进,从而使自己的教育教学观念不断更新,思维更加活跃且更具有批判性,对自我专业发展的目标更加明确。这是教师专业发展的理想境界,也是教师专业发展的根本方面。

教学实践是复杂的,教师必须具有对不确定性和不可预测的教学情境做出解释和决策的能力。[22]这种情况下所需要的知识产生于处理不确定性和不可预测性的情境过程本身,以及相应的"行动中的反思"。这种"个人的实践知识"或专家教师的实践智慧,往往隐含于教学实践过程中,更多地与个体的思想和行动过程保持着一种"共生"的关系——它镶嵌于真实的教育情境中、镶嵌于教师的教学行为中。对个人而言,它需要教师坚持不懈地学习、研究与反思,并伴随教师的职业生涯逐渐发展与成熟。

事实上,由于科学课程中引入了许多关于现代科学发展的新知识、新技术和新成果,作为科学教师,也只有更新教育观念,了解和研究新课程改革,努力学习新的知识、掌握新的技术(包括对计算机技术的掌握),才能使自己更加符合时代发展的要求,从而发展成为推动课程改革的骨干力量。与此相应,有关教育管理部门也应采取有效措施,激励任课教师主动调整与更新自身的知识结构,逐步培养教师的高度自律和自我提高的精神。

参考文献:

[1][美]大卫·杰纳·马丁.走进中小学科学课——建构主义教学方法[M].于力华,等译.长春:长春出版社,2003:461.

[2][美]国家研究理事会.美国国家科学教育标准[M].戢守志,等译.北京:科学技术文献出版社,1999:89.

[3][10]丁邦平.国际科学教育导论[M].太原:山西教育出版社,2002:329—341,347—359.

[4][11] 钟启泉.理科教育展望[M].上海:华东师范大学出版社,2002:282—283,396—397,452—470,282—283.

[5][13] [美]美国国家研究理事会.科学探究与国家科学教育标准——学与教的指南[M].罗星凯,等译(预印本),2001:20—38,45—58.

[6] 朱红.师范学校培养小学科学探究性师资的研究[D].南京:南京师范大学,2002.

[7] 钟启泉,等.理科教育展望[M].上海:华东师范大学出版社,2002:284.

[8][12][14][15][16] [美]美国科学促进协会.面向全体美国人的科学[M].中国科学技术协会,译.北京:科学普及出版社,2001:182—183,211,291,215,218.

[9] 钟启泉,崔允漷,张华.为了中华民族的复兴,为了每位学生的发展——基础教育课程改革纲要(试行)解读[M].上海:华东师范大学出版社,2001:258—269.

[17] Norman G. Lederman, Judith S. Lederman. Professional Development Needs of Beginnings and Experienced Science/Mathematics Teachers[J]. *Mathematics and Science Education Department Illinois Institute of Technology*,2004.

[18] 包国庆.WTO理念与创新学习[A].转引自:解读中国教育[M].北京:教育科学出版社,2000:266—272.

[19] 刘炳升,蔡稚梅.对科学课程教师培养问题的探讨(讲稿)[J].南京:南京师范大学,2004.

[20] Whitehead, A. N. *The Aims of education*[M]. New York: Macmillan,1929.

[21] 麦克·扬.未来的课程[M].谢维和,等译.上海:华东师范大学出版社,2003:174—185.

[22] 何善亮,许雪梅.把握教师专业发展特征,在实践中提高教师的专业化水平[J].教育科学研究,2003(1).

澳大利亚维多利亚州科学教师专业标准述评[①]

熊建辉

近年来,随着教师专业标准开发上升为许多国家教师教育和全民教育质量提升的国家战略,这些国家在出台了全国性和地方性的通用教师专业标准之后,认识到全国性的和地方性的标准只是面向所有教师的通用专业标准,为使标准真正发挥促进教师专业发展、提升整体教育质量的实效,还应开发面向各门学科教师的具体标准。为此,这些国家又纷纷开发了面向不同学科的具体教师专业标准。这些标准所蕴含的教育理念、对教师专业的认识对我国认识学科教师专业素养、制定学科教师专业标准、促进学科教师专业发展、提升学科教学质量都有着重要的启发和借鉴意义。此外,目前国内已有的部分相关研究较多集中在对国外通用教师专业标准的描述和介绍上,有关学科教师专业标准的研究则相对较少,这从一个侧面凸显出对学科教师专业标准开展研究的价值和意义。

一、澳大利亚维多利亚州科学教师专业标准出台的背景

基于教师在一个国家发展中所起的作用,从 20 世纪 80 年代开始,澳大利亚政府开始倡导教师和教育者了解和明确高效教师的能力范畴。进入 20 世纪 90 年代,澳大利亚在全国范围内掀起了教师专业标准开发的运动。与此同时,澳大利亚各地也纷纷出台了相关的州级教师专业标准。其中,澳大利亚维多利亚州教学专业标准委员会 1999 年发布的《科学教师专业标准》,颇具有代表性,对我国科学教师专业标准的构建具有一定的启示作用。

为提升科学教学的质量,澳大利亚维多利亚州教学专业标准委员会公布了这份与众不同的《科学教师专业标准》。该标准是 1999 年 4 月出版的《教师专业标准》(修订版)的操作指南。《教师专业标准》是描述所有教师应该具备的通用专业标准,是一份纲领性文件;而《科学教师专业标准》是专为科学教师研制的标准文件,在发布前与科学教师进行过磋商。它与《教师专业标准》风格一致,共包括五个教学维度。

标准是从科学新手教师和科学经验教师两个层面进行描述的。科学新手教师是指那些对教学总体情况比较了解,但对科学学科教学实践不熟悉的教师。科学经验教师是指那些在科学教学中表现很出色的教师,而其经验正是新手教师所追求的。标准指出了中学和小学科学教师的不同。教师应该按照本地学校情况对标准进行解读。所有科学教师都需要对学科有足够的了解,以方便其在所处的学校层级中进行教学。标准设计的目的是帮助科学教师把最好的科学教育传递给他们的学生。标准的基本理念是所有的孩子都可以且都应该学习科学,也说明了教师应该知道什么以及能做什么才能够在各个层级的学校里开展有效教学。

标准认为,科学学科要求一种能力,包括设计和操作收集信息的系统方法的能力、执行

[①] 本文选自《世界教育信息》2008 年第 10 期,第 46—50 页。

准确措施的能力、找出控制或测试的重要变量的能力,以及重复实验的能力。科学家通过实验、观察、逻辑推理等方法提出观点,做出假设,可能会得到支持,也可能会遭到反对。从这些观点和假设中,科学家发现规律、建立模型、创造理论来解释研究中的现象。

标准指出,开阔的思想是一笔很大的财富。所有科学知识,不管多么好,都是可以进行挑战和再评估的。科学家不相信有绝对的科学真理存在。但是,他们相信科学过程是一个不断理解自然世界运动的过程。科学是一种思想的源泉、一种学习怎样思考的方法、一种了解我们所赖以生存的世界的方式。如果学生受到很好的科学教育的话,他们便可以牢固地掌握科学过程。

标准还指出,科学教师可以赠给学生的"礼物"包括:理解科学的概念和现象;掌握科学调查技能;参与科学过程的机会;欣赏科学理解的试验性本质;把科学应用到日常生活中的兴趣和热情;理解对高深知识进行合作学习的意义;尊重不同的看法、态度和价值观;对试验新观点的好奇和愿望;掌握科学领域的专业语言。

标准最后指出,需要记住,科学不是凭空存在的,而是一个经过人们努力、与社会有关的领域,在这个领域中,科学必须与更广阔领域的价值和各种知识相适应。科学教师可以通过阐释科学与其他主要学习领域之间联系的方法帮助学生理解这一点。那些能够通过思考科学的社会维度来武装学生,并且掌握具体理解科学知识技能的科学教师,对他们的学生乃至整个社会都有很大的帮助。

此外,为帮助教师更好地理解和应用标准,标准制定者还提供了许多配套的资源。例如,标准委员会主页上有许多出版物,可以帮助教师理解和应用标准[1]。出版物主要包括:《教师专业标准》(1999年修订版);《实践中的科学标准描述》(1999年版),由许多案例组成,这些案例展示了经验科学教师是如何进行教学的;《有效的专业发展质量标准》(1998年版)。

二、澳大利亚维多利亚州科学教师专业标准的内容解读

1. 新任教师专业标准的基本内容

维度一:专业责任。这一维度包括五条标准:向有经验教师和其他相关人员征求"如何教"和"教什么"的建议;在安全的规则和指导下进行教学,创造一个安全的工作环境;积极地参加科学领域的专业发展项目和活动;坚持致力于运用科学的方法开展教学;不断对自己的科学教学实践进行反思性评价。

维度二:教与学的内容。这一维度包括七条标准:正确地理解核心概念,包括科学、科学方法、道德伦理问题和科学语言;理解所要教授的课程内容,使用恰当的教学方法,以适应所教授的科学课程的水平;设计能够说明一种知识的学习体验,理解与教学水平相关的州级、校本科学课程标准;理解不同发展阶段的学习者的基本特征,设计序列性的科学项目和学习体验,运用一系列的科学教学策略,满足学生的学习风格和个体需求;学习如何识别和回应学生先前的科学观点;使自己熟悉正在出现的教育问题、优先领域及其在科学课堂上的应用,包括通过学习策略产生的教学策略;设计能够激发学生学习科学的兴趣活动。

维度三:教学实践。这一维度包括六条标准:提供安全的、有助于学习的环境;通过在课堂组织和管理中发展相关技能,在科学的内容和过程上达到一种平衡;提升学生作为科学合作学习者的好奇心和开放的思维精神;鼓励学生寻求自己对问题的解答,对他们的发现进行

评价和挑战;运用各种科学教学策略、资源和情境,挑战学生不同的能力水平,满足他们不同的学习风格;为学生提供使用学习技术进行科学研究的机会。

维度四:评价与报告学生的学习。这一维度包括五条标准:选择一系列的评价项目,对学生的科学成绩做出正确的判断;用一系列的相关评价和记录方法,合理地监控学生的科学学习过程;以口头和书面的形式把学生在达到课程期望和科学知识领域方面取得的进步报告给家长和监护人,明确学生的优势和劣势;在学生的评价数据的基础上调整教学实践;鼓励学生发展他们在学习和理解科学时自我评价的能力和策略。

维度五:与学校及校外社区的互动。这一维度包括三条标准:在科学教学的课程计划和专业发展情境范围内,与同事交换意见,观察他们的教学实践;与学生、教师、家长、监护人和其他人士有效地交流与科学教学有关的信息;在学校社区内外帮助促进科学的发展。

2. 经验教师专业标准的基本内容

维度一:专业责任。这一维度包括六条标准:分享好的教学实践,尤其是与科学新手教师一道,通过对科学教育问题的集体讨论和反思,促进专业水平的提升;展示一种健康且安全的实践过程的具体信息,提供一些建议,乐意帮助其他科学教师进行安全的实践;展示一种辨别和表达科学教育正在出现的优先事项和需求的能力;通过提供建议或参与教学活动,帮助提高科学教学工作选择过程的质量;与同事一起反思科学教学实践;为科学教与学创设可模拟的环境和较强的优先领域。

维度二:教与学的内容。这一维度包括五条标准:展示、分享目前科学发展和职业道德思考中的最新信息;通过分享关于当前科学课程、问题、相关计划的综合知识,促进科学课程的发展;展示一种广泛的学习者特征和科学教学方法的知识;对能够反映正在出现的教育问题和优先领域的大范围的科学教学实践进行评价、运用、建模;运用丰富的设备和资源的知识,这些设备和资源包括校内可以实现的与科学教学相关的适当设备和资源,也包括校外的资源。

维度三:教学实践。这一维度包括五条标准:通过成为模范科学教师,支持其他科学教师的工作;展示一系列广泛的、平衡的、革新的教学策略,促进有效的科学学习;帮助同事规划、评价可以提高学生科学学习效果的新思想和策略;帮助同事使用策略培养学生的科学素养;培养同事整合科学知识技能和其他学习领域的能力。

维度四:评价与报告学生的学习。这一维度包括四条标准:与同事合作选择和/或开发一系列适当的评价项目,改进科学教学实践;协助评述相关评价,在校内外报告科学学习,与同事交换意见,促进发展;通过州和国家的评价方法显示的结果,以及与同事进行交流和解读,说明对学生绩效和学习效果的预期的综合信息;明确学生以前在科学学习中的经验和成就的信息是用来规划课程的。

维度五:与学校及校外社区的互动。这一维度包括五条标准:提供激励,提高科学在学校社区内外的积极态势;表示出一种对科学发展趋势和学校设置之外的问题以及工业问题的强烈关注,把这些与科学教学联系起来;提供机会,鼓励同事在校内外分享其有效的科学教学实践和专业发展经验;鼓励更多的学生参与到与科学相关的研究中来,并使他们考虑将科学作为职业;将科学教学与其他课程领域进行整合;发动科学教学与学校内外的联系。

三、澳大利亚维多利亚州科学教师专业标准的特点分析

1. 标准突出对教师学科素养的要求

这主要体现在三个方面。第一,澳大利亚维多利亚州科学教师专业标准与全州各个学科公用的《教师专业标准》风格一致,包括五大维度。在每个维度具体的标准中结合科学课程的特点,融入了对教师特有的科学素养的要求。第二,在标准的总体框架中提出,科学教师应送给学生的"礼物"包括理解科学的概念和现象;掌握科学调查技能;参与科学过程的机会;理解与欣赏科学的试验性本质;把科学应用到日常生活中的兴趣和热情;理解对高深知识进行合作学习的意义;尊重不同的看法、态度和价值观;对试验新观点的好奇和愿望;掌握科学领域的专业语言。第三,要求教师要引导学生经历假设、实验、观察、逻辑推理、发现规律、建立模型、创造理论来解释研究中的现象等科学探究过程;帮助学生形成设计和操作收集信息的系统方法的能力、执行准确措施的能力、找出控制或测试的重要变量的能力,以及重复实验的能力。实现上述目标,首先要求科学教师具有较高的科学素养。

2. 根据教师专业发展的阶段设立不同标准

标准是从科学新手教师和科学经验教师两个层面进行描述的。科学新手教师是指那些对教学总体情况比较了解,但对科学学科不熟悉的教师。针对新手教师的标准更多地提出科学教师所应该做到的基本要求,如"在安全的规则和指导下进行教学,创造一个安全的工作环境"、"理解所要求的课程内容,使用一种适当的教学方法,以适应他们所教授的科学课程的水平"、"通过在课堂组织和管理中发展相关技能,在科学的内容和过程上达到一种平衡"、"用一系列的相关评价和记录方法,合理地监控学生的科学学习过程"等。由于标准只分为两个层次,所以对教学新手的要求显得比较高。

科学经验教师是指那些在科学教学中表现很出色的教师,而其经验正是新手教师所追求的。在描述科学经验教师对专业标准时,更多地强调了经验教师其他教师的专业引领作用。如"分享好的教学实践,尤其是与科学新手教师一道,通过对科学教育问题进行集体反思和讨论,促进专业水平的提升";"通过分享他们关于当前科学课程、问题、相关计划的综合知识,促进科学课程的发展"、"帮助同事规划、评价可以提高学生科学学习效果的新思想和策略"等。

实践证明,教师专业发展是个漫长的逐步磨炼的过程。这个过程中,教师的专业情意、专业知识和专业技能都存在着量变到质变的飞跃。运用科学方法对教师进行行为分析,诊断教师不同的特质,可以把教师专业发展过程划分为不同的阶段。针对处于不同发展阶段教师的特点,提出进一步发展的要求,使得整个标准的针对性和引领性增强,并更能够体现教师专业发展的终身性与阶段性的对立统一关系。

3. 鲜明地突出以学生为学习主体的思想

标准把理解不同发展阶段的学习者的基本特征,设计序列性的科学项目和学习体验,运用一系列的科学教学策略,满足学生喜欢的学习风格和个体需求、运用各种科学教学策略、资源和情境,挑战学生不同的能力水平,满足他们不同的学习风格、在学生的评价数据的基础上调整教学实践等列为教师所要达到的基本要求。这种要求是比较高的。标准以此引导和激励新手教师在教学实践中以学生的发展为本,体现了澳大利亚基础教育的价值取向。

四、构建我国科学教师专业标准的建议

澳大利亚维多利亚州科学教师专业标准体现了科学教师专业发展的终身性、专业性和个性化特征。相比之下,我国至今还没有明确的科学教师专业标准,教师的职前与职后培养缺乏衔接性;而且,科学教师专业发展的一体化停留在理念层面,科学教师实用知识和实用技能以及科学方法、科学过程等教育比较薄弱。澳大利亚标准明确的培养方向、具体的教学内容、教学模式、教师的学习方式及培养体系不仅在理论上,而且在具体操作方面对我国科学教师专业发展及标准研制具有一定的启示性。

我国面向21世纪基础教育课程改革从2001年秋季开始在义务教育阶段3～6年级开设综合性的科学课程,7～9年级并设综合性的科学课程与分科课程,高中实行分科的科学教育。要真正使科学教育顺利进行,关键在于科学教师的质量。而科学教师质量的提升,又有赖于科学教师的专业化进程。随着改革的发展,将有越来越多的地方实施综合科学课程。综合科学课程的设置,对科学教师的专业水平无疑是一种巨大的挑战。

目前,我国分科的科学教师培养还是以学习分立的专业知识和专业技能为主,没有达到培养具有较高科学素养的科学教师的目标。综合科学课程教师的培养目标定位目前均存在问题,大多数处于"拼盘课程"的状态。少数高师院校为解决综合科学课程或科技活动课程师资培养问题,推行了"主辅修制"。这个模式是学生主修一门自然科学学科专业,再辅修另一门自然学科专业,这些毕业生在实际的综合科学课程教学工作中的确比分科培养的师资有一些优势,但从总体上还不能真正满足综合科学课程对教师素质的需要。在当前我国科学师资培养多元化的情况下,制定科学教师专业标准对于保证科学教师培养质量就显得尤为重要。标准需要对科学教师培训的培养目标、课程设置、培养模式、培养规格、培养方法等方面作明确的要求;对科学教师角色、教师的学习方式等方面做出系统的、可操作性强的规定。

教师专业化是一个动态发展的过程。因此,构建教师终身教育体系就显得尤为重要。科学教师职后培训的层次、目标、内容、形式、评价等都应该依据科学教师专业标准制定。目前由于缺乏科学教师专业标准,培训具有比较大的随意性。我国科学教师职后培训中存在着照搬国外经验,盲目追求与所教专业不一致的学历,经验性的低水平教研等现象,不但浪费了一线教师的精力,而且影响中小学科学教育的质量。随着人事制度的改革,教师的来源逐渐多元化。社会上有志于当科学教师的人也越来越多,这就需要建立科学教师入职标准,经过培训和资格认定,吸收优秀人才充实科学教师队伍。

因此,建立一个职前培养和职后培训可依据的,教师个体能够用来作为指导,来反思他们现行的教学实践,规划自己的职业发展的,学校管理者能运用这些标准来雇用、提拔和指导科学教师的专业标准势在必行。

参考文献:
[1] 熊建辉.教师专业标准研究:基于国际案例的视角[D].华东师范大学博士毕业论文,2008.
[2] 熊建辉,李晶.科学教师专业标准:菲律宾的经验[J].全球教育展望,2008 (5).
[3] Teaching Professional Standards Board, Victoria, Australia. Science Teacher Professional Standards, 1999.

时代呼唤我国设置科学教育本科专业

林长春

一、基础教育课程改革迫切需要设置科学教育本科专业

据统计,目前世界上大约已有 140 个国家和地区在基础教育阶段的自然科学学科课程中已普遍设置了各种不同类型的综合性科学课程(课程名称有理科、综合理科、科学、自然科学等)。其中,美国、英国、日本、德国、韩国的综合理科或科学课程较为著名。我国的香港、台湾也开设了相应的综合科学课程。而且与此相应的师资培养与培训较为落实,在一些大学中几乎都开设有科学教育本科专业,甚至招收科学教育专业的硕士、博士研究生。这对综合性科学课程的教学及研究工作创造了良好条件。

与国外相比,我国基础教育中的综合科学教育起步较晚。20 世纪 80 年代初,东北师范大学成立了由教授、专家、中学教师组成的专题研究组,编写了综合理科教材,于 1984 年秋在东北师大附中开始试教。1988 年上海在部分中学开设《理科》课程。同年,浙江开始在部分地区小面积的初中段开设《自然科学》综合性课程,1994 年秋在全省初中推广开设《自然科学》,以替代原来初中阶段以生物、物理、化学等分科设置的理科课程。2001 年 6 月,教育部颁发的《基础教育课程改革指导纲要(试行)》中明确规定了新一轮基础教育课程结构中,在小学中高年级阶段和初中阶段开设《科学》综合课程。教育部已启动新课程的实验工作,并于 2001 年秋季在全国 27 个省(自治区、直辖市)的 38 个国家级实验区开展《科学》课程标准的试验工作。2002 年至 2004 年秋季扩大实验范围,启动省级实验区,修订课程标准,正式颁布《科学》课程标准。2005 年秋季将在全国中小学开设《科学》课程。《基础教育课程改革指导纲要(试行)》在"教师的培养和培训"中明确指出,师范院校和其他承担基础教育师资培养和培训任务的高等学校和培训机构应根据基础教育课程改革的目标与内容,调整培养目标、专业设置、课程结构,改革教学方法。这标志着,我国承担教师教育任务的高等学校设置科学教育本科专业,以培养能胜任综合科学课程教学与研究的新师资,已成为我国基础教育理科课程改革与发展成功的必然要求。

事实上,目前从事综合科学课程改革的中小学校普遍感到最突出的问题就是师资培养,关键在于师范院校的专业设置和课程改革。[1]主要困难是:我国历次公布的普通高等学校专业目录中没有"科学教育"专业,而以往的基础理科教育师资是以物理、化学、生物、地理等分科形式培养的,只能胜任单科的教学工作。这是因为:综合性的《科学》课程要求教师必须具有整合的自然科学知识和能力结构,即对自然科学有关知识有整体、综合的认识和理解,对自然科学的基本规律和内在联系有所了解,同时还应掌握跨学科的专业基本技能,以及适应综合科学课程教学所需要的科学教育思想(如 STS 教育、HPS 教育、科学探究等)、科学教

---

① 本文选自《教师教育研究》2003 年第 6 期,第 14—18 页。

学方法与技能。对综合科学课程教师的这些要求,给只具有分科科学知识结构和技能,以及分科教育理论与技能的教师带来了极大的困难。因此,分科教师难以胜任综合《科学》课程的教学与研究工作。有关调查表明,目前影响综合科学课程开设的最大障碍在于教师素质方面。[2]

虽然以往一些教育部门也曾通过各种途径开展综合科学课程的教师培训,但从培训效果来看却不尽人意,教师在短暂的培训中所学到的知识、技能等在实际教学中非常有限,同时这种师资培训也远远不能满足中小学对综合科学课程教师数量的要求。近年来,少数高师院校为解决综合科学课程或科技活动课程师资培养问题,推行了"主辅修制"。[3]其模式是学生主修一个自然科学学科专业,再辅修另一门自然学科专业,这些毕业生在实际的综合科学课程教学工作中的确比仅仅是分科培养的师资有一些优势,但从总体上看也不能真正满足综合科学课程对教师的素质需要。这是因为"主辅修制"仍然没超越"分科型教师"的培养模式。[4]

总之,无论是分科培养师资的模式,还是"主辅修制"或者短期培训模式均不适应新设综合的《科学》课程对教师素质的要求,建立相适应的科学教育专业已成为解决新型综合科学课程师资培养问题的突破口。教育部《面向二十一世纪教育振兴行动计划》中明确指出:"2010年前后,具备条件的地区力争使小学和初中专任教师的学历分别提升到专科和本科层次。"目前,我国一些发达地区,如上海、北京、广东、江苏、浙江等地已经开始培养小学本科层次的教师。因此,设置四年制本科科学教育专业也是符合我国教育发展的当前需要的,本专业将具有广阔的社会前景。

二、教师专业化发展趋势要求设置科学教育本科专业

教师专业化是指教师职业具有自己独特的职业要求和职业条件,有专门的培养制度和管理制度。[5]教师专业化是当今世界教师教育的发展趋势,各国都希望通过提高教师专业化水平来提高教师的素质,改善教师的地位,实现提高教育质量的目的。早在1966年,国际劳工组织和联合国教科文组织就在《关于教师地位的建议》中首次指出:"应把教育工作视为专门职业,这种职业要求教师经过严格地、持续地学习,获得并保持专门的知识和特别的技术。"1986年,美国卡内基工作小组、霍姆斯小组相继发表了《国家为培养21世纪的教师作准备》、《明天的教师》两个报告,这两个报告均把教师的专业发展作为教师教育改革的目标,旨在教师队伍中确立等同于医师、律师的"专业性"。霍姆斯小组报告指出,要提高教学质量,一要确立教学工作的专业性地位,二要建立起与这一专业性职业相应的衡量标准,教师教育的责任就在于培养出训练有素的达到专业化标准的教师,以教师的专业化来实现教学的专业化,以确保未来学校对师资的需求。1989年至1992年,世界经济合作与发展组织(OECD)相继发表了一系列有关教师及教师专业化改革的研究报告,如《教师培训》、《学校质量》、《今日之教师》、《教师质量》等。1996年召开的第45届国际教育大会以"加强在变化着的世界中的教师的作用"为主题,大会通过了九条建议,其中第七条就是关于教师专业化的,已被认为是作为一种改善教师的地位和工作条件的策略。[6]

显然,培养具有专业化水准的教师成为国际教师教育改革与师资队伍建设的重要目标。"把教学作为一种专业,把教师作为专业人员不仅有语义学含义,而是对教师教育质量提出了许多实质性的要求。"[7]只有大力推进教师专业化,才能造就受过专业化训练,有着较高素

养的教育专业工作者。在我国全面推行素质教育的今天,建设高素质的教师队伍,提高教育质量和办学效益,是我国现代化建设的迫切需要,这对教师专业化提出了迫切要求。在我国实现教师专业化标志着教师教育进入了一个崭新的发展阶段。因此,从国际国内教师教育改革与发展趋势来看,设置科学教育本科专业,有利于实现综合性科学教师职前培养与职后培训一体化,从而切实提高综合科学教师的专业化水平,满足中小学综合科学课程教学工作对教师素质要求的需要。

三、应对加入WTO的挑战,推动我国科学教育学科建设需要设置科学教育本科专业

在经济全球化的背景下,各国的科技、教育逐步趋向融合,世界高等教育呈现出国际化、综合化、信息化、网络化、市场化等特征。我国加入世界贸易组织(WTO)后,国外教育产业将进一步介入国内教育市场。这对我国高等教育办学体制、专业设置、培养模式等提出了全新的挑战。就专业设置而言,我国不仅要考虑经济建设和社会发展的需要,而且还要重视培养适应教育国际化,增进国际理解,具有全球化视野和国际学术交流与合作能力的专业人才,加快我国高等教育的国际化步伐,提高办学水平和效益,增强国际竞争能力,更好地应对WTO的挑战。

近30年来,科学教育作为一个新的教育研究领域已经在美国、英国、德国、澳大利亚、日本、加拿大、台湾、香港等发达国家和地区形成。其重要标志是:第一,不少大学建立了科学教育系或科学教育专业,有的还设有科学教育研究所或科学教育研究中心。据统计,美国约有94所大学设有科学教育本科专业,36所大学招收科学教育专业硕士生,25所大学招收科学教育专业博士生。[8]这不仅培养出了大批高素质科学教育师资,而且造就了一支高水平的职业化科学教育研究队伍,涌现出一批著名的科学教育专家。所有这些,都有力地促进了科学教育学科的建设和发展。如今,美国、英国等西方国家在科学教育领域取得了世界领先水平的丰硕研究成果,并起着领头作用,这与他们拥有的科学教育研究队伍的发展和壮大是分不开的。第二,出版了多种科学教育专业杂志和大量的科学教育专著。如美国的《科学教育》(Science Education)、《科学教学研究杂志》(Journal of Research in Science Teaching)、《科学教师》(Science Teacher)、《科学教育电子杂志》(Electronic Journal of Science Education);英国的《国际平科学教育杂志》(International Journal of Science Education);澳大利亚的《科学教育研究》(Research in Science Education);日本的《科学教育研究》(Research of Science Education)等等。这些科学教育专业杂志中除了美国的Science Education创刊较早外,其余大多都是20世纪70年代以后才创办的。而近几年出版的科学教育名著有:[9]《科学哲学、认知心理学和教育理论与实践》(1992)、《论科学、技术与社会之教学》(1993)、《科学教育中建构主义的实践》(1993)、《科学教学研究手册》(1994)《追求科学素养:从目的到实践》(1997)、《国际科学教育手册》(1998)等。

由于重视对科学教育的研究,欧美等国家的科学教育改革和实践方面取得了不少成果。如近年来的STS教育理论、科学素养理论、建构主义理论、HPS课程理论等对国际科学教育改革产生了重大影响。同时,这些研究成果不仅推动了科学教师的职前和职后教育,而且对国家科学教育政策的制定也有较大的指导作用。如,美国1996年推出的《国家科学教育标准》就体现了科学素养、建构主义的理论思想。

我国的科学教育研究，自1978年改革开放以来有了一定的进展，但以分科形式进行研究居多，如物理教育学、化学教育学、生物教育学等，而对综合性的科学教育研究直到近几年才成为一些学者所关注的研究领域。目前我国大陆尚无公开发行的综合性的科学教育学术刊物，尽管近两年来有个别师范大学设立了科学教育硕士、博士学位点，创办了科学教育研究所，但都尚处于起步阶段。从总体上看，与发达国家相比，我国科学教育研究尚有较大差距，这是不争的事实。因此，在我国设置科学教育本科专业，不仅有利于培养大批急需的基础教育科学课程师资，也有利于把科学教育作为新的教育研究领域来开展，从而促进科学教育专业学科在我国的发展，加强与世界发达国家之间在科学教育研究领域的学术交流与合作，为培养高层次的科学教育研究人才，全面推动我国科学教育改革与发展打下基础。

四、我国科学普及事业的发展需要设置科学教育本科专业

科学普及是指以公众易于理解的内容和易于接受的形式，普及科学技术知识、倡导科学方法、传播科学思想、弘扬科学精神的科技传播活动。科学普及对于提高国民科学素质，增强国家综合竞争力，促进科学的自身发展有着十分重要的意义。这方面在世界发达国家如美国、英国、法国、日本等取得了巨大成功。他们对科学普及的长期重视和大量经费投入是造就具有良好科学素养的国民，并具有较强的国际竞争力的重要因素之一。近几年来，我国的科普工作，日益受到重视和加强。1994年，中共中央、国务院发布了《关于加强科学技术普及工作的若干意见》，就科普工作进行了全面部署；1996年，国务院批准建立科普工作联席会议；1999年召开了全国科普工作会议，中国科协提出关于实施《全民科学素质行动计划》建议，以求在2049年建国100周年的时候实现所有18岁以上的公民具有科学素质的远景目标；2000年，科学技术部、教育部、中宣部、中国科协、共青团中央联合颁发了《2001—2005年中国青少年科学技术普及活动纲要》，指出广泛开展青少年科学普及活动是新世纪推进我国科学技术普及工作的重要任务，并要求科技、教育等各级主管部门根据《纲要》制定青少年科普活动计划，注意发挥学校、社会和家庭三方面力量，综合推进青少年科普活动。应该承认，以政府为主导、全社会共同参与的科普工作格局已在我国基本形成，群众性、社会性的科普活动，如："科技周""科技节""送科技下乡""科技创新大赛"等不断开展，这对提高公民的科技意识，在全社会形成尊重科学、学习科学的良好氛围起到了重要作用。但我们也清楚地看到，目前我国的公民科学素质仍然偏低。2001年中国科协对我国公众的科学素养进行了第四次调查，结果显示我国每千人只有14人具有基本的科学素养，仅为美国的1/23和欧盟的1/15。[10]此外，当前一些新形态的迷信、伪科学时有泛起，尤其是"法轮功"邪教组织给社会造成了极大危害，造成这一事实有多种社会原因，但不少人缺乏科学知识、科学思想和科学精神是一个重要因素。这都表明我国新时期的科普事业任重而道远。在这样的背景下，2002年6月，我国颁布了《中华人民共和国科学技术普及法》，这在国际上尚属首例。这是我国科技领域的一件大事，体现了党和国家对科普工作的重视，标志着我国的科普工作走上了法制化的轨道，从此我国科普事业将进入一个新的发展阶段。2002年7月，中国科协宣布《全民科学素质行动计划》正式启动。

作为公益事业的科普工作是一项系统工程，也是国家一项长期的任务。工作量大面广，需要政府、社会、学校等多方努力与合作。开展科普工作必须有良好的环境和必要条件。其中，建立一支高水平的专兼职相结合的科普事业队伍是重要因素之一。这是因为从事科普

工作必须要有综合的自然科学理论知识和技能,还应对科学技术及其对社会的影响有深刻认识,加强科学与人文的结合,必须与现代文化艺术相结合,充分运用各种新的艺术理念、手段,并与现代传媒及社会公益基础设施相结合。用新的艺术形式,并与现代技术如计算机、多媒体、网络等技术相结合,使科普更具有时尚、新颖、生动和活动的表现力,具有丰富深刻的思想震撼力。这支队伍包括:科学普及的组织管理者、运用媒体和其他方式从事科普的专职工作者和科学普及创作者。其中,第二类人员为科学普及事业的主体,他们主要在电视、广播、网络、报纸、杂志、出版社等媒体从事与科技有关的报道、评论等工作,以及在科技馆、博物馆、展览馆等科普场馆专职从事与科技有关的布置、讲解等工作。这些专业人员能否有效地传播科学知识、科学方法、科学精神和科学思想,与他们自身的综合科学素质有很大关系,抓紧这支队伍建设是繁荣科普的关键环节。我国科普事业在新世纪的发展必然要求高等学校主动承担起培养高素质科普专业人才的任务,而设置科学教育本科专业则是有效途径之一。

参考文献:

[1] 朱振岳,等.浙江中小学普开综合课,关键在师范院校专业设置[N].中国教育报,2000-12-08.

[2] 胡继飞.论综合理科师资培训[J].课程·教材·教法,1999(11).

[3] 陈树杰.在高等师范院校创办《科技教育与传播》辅修专业的实践与思考[Z].http://www.sedu.org.cn.

[4] 郭晓明.从基础教育课程改革看我国高师教育改革[J].高等师范教育研究,2001(4).

[5] 教育部师范教育司.教师专业化的理论与实践[M].北京:人民教育出版社,2001,1.

[6] 联合国教科文组织编.全球教育发展的历史轨迹——国际教育大会60年建议书[R].赵中建,译.北京:教育科学出版社,1999:534—535.

[7] 黄崴.教师教育专业化与教师教育课程改革[J].课程·教材·教法,2002(1).

[8] 李静明.美国大学留学指南[M].北京:中国青年出版社,2000.

[9] 丁邦平.科学教育学:一个新兴的教育研究领域[J].外国教育研究,2000(10).

[10] 中国教育报,2002-04-28.

索引

一、科学教育目标研究

张碧晖. 试论科学教育[J]. 科学学研究, 1985(4):32—37.

武永兴. "科学为大众"的定义、概念、理论基础和目标[J]. 课程. 教材. 教法, 1986(9):53—55.

饶浩. 自然科学教育的本质[J]. 教育科学研究, 1988(1):23—26,40.

章鼎儿. 我对自然学科性质的思考[J]. 科学课, 1989(1):3—4.

李培实. 深入理解自然学科的性质任务 准确把握自然教学的目的要求[J]. 科学课, 1993(1):5—10.

高凌飚. 谈谈科学素质教育的特点和内容[J]. 华南师范大学学报(社会科学版), 1994(4):100—104.

凌铮. 略论自然学科的地位、任务和方向[J]. 科学课, 1995(1):3—4.

张应强. 论科学教育与人文教育的整合[J]. 高等教育研究, 1995(3):50—56.

金生鈜. 科学教育与人文教育的整合[J]. 教育研究, 1995(8):15—18.

周川. 人文化:科学教育的新取向[J]. 科学学研究, 1996(1):5—9,82.

张健. 科教兴农的有力举措[J]. 教育研究, 1996(8):10—12,22.

陆跃锋. 论农科教结合的系统机制[J]. 教育研究, 1996(10):34—40.

钟启泉. 国外"科学素养"说与理科课程改革[J]. 比较教育研究, 1997(1):16—21.

朱效民. 国民科学素质——现代国家兴盛的根基[J]. 自然辩证法研究, 1999(1):42—45,73.

袁振国. 反思科学教育[J]. 中小学管理, 1999(12):2—4.

李大光. 科学素养:不同的概念和内容[J]. 科学对社会的影响, 2000(1):45—49.

孙喜亭. 科教兴国战略决策的确立[J]. 教育研究, 2000(6):10—14.

梁树森. 论科学精神的培养[J]. 教育研究, 2000(6):51—53.

魏冰. "科学素养"探析[J]. 比较教育研究, 2000(S1):105—108.

刘朝晖. 教育的希望:科学人文主义教育[J]. 教育理论与实践, 2001(5):10—13.

---

① 特别说明:本索引只是1979—2009年间我国科学教育研究成果的一个大致情况。由于时间跨度大,研究成果数量多,成果分布范围广(对论文的期刊种类并没有一个特别的标准),可能有一些重要科学教育研究成果没有收录或者重复收录(请学生分主题整理所致)在本索引中,还请相关作者和广大读者原谅。另外,此间科学教育研究著作和相关政策文件等资料,也请广大读者根据自己研究兴趣和需要查阅和使用。

董华,桑宁霞.科学—人文教育及其实现途径[J].教育研究,2001(12):43—46.

刘大椿.论弘扬科学精神[J].求是,2001(24):51—54.

刘德华.论自然科学教育的理性之维[J].陕西师范大学学报(哲学社会科学版),2002(1):113—118.

张红霞.科学素养教育的意义及本土化诠释[J].清华大学教育研究,2002(4):20—26.

马凤岐.科学教育与人文教育的另一种解读[J].教育研究与实验,2002(1):24—28,72.

杨叔子.绿色教育:科学教育与人文教育的交融[J].教育研究,2002(11):12—16.

刘德华.科学教育与人文教育:历史的透析[J].现代大学教育,2003(3):56—59.

张晓芳.论 Miller 的 PUS 研究思路:热心公众理论——科学素养概念——公众科学素养测量[J].科学学与科学技术管理,2003(11):57—60.

孟建伟.试析科学教育与人文教育分离的根源——从科学观与人文观的角度看[J].教育研究,2004(1):26—31.

袁维新.科学的本质与科学本质教育[J].课程·教材·教法,2004(7):68—73.

陈琴,庞丽娟.科学探究:本质、特征与过程的思考[J].教育科学,2005(1):1—5.

何旭明.科学与人文:教育的一体两面[J].教育理论与实践,2005(1):6—10.

喻伯军.科学课要体现科学的特点[J].科学课,2005(2):36—38.

陈琴,庞丽娟.论科学的本质与科学教育[J].北京大学教育评论,2005(2):70—74.

刘克文.我国中小学科学教育的价值取向[J].教育研究,2007(6):43—47.

于海波,孟昭辉.科学观的教育价值及其课程实现[J].课程·教材·教法,2007(9):55—59.

王蕾.科学素养评价工具的建构[J].中国教育学刊,2007(9):63—66.

何薇.公民科学素养研究在中国的十九个春秋[J].科普研究,2008(4):34—40.

蔡其勇,靳玉乐.科学的本质与学生科学本质观的培养[J].课程.教材.教法,2008(9):69—74.

赖小琴.国外科学本质研究述评[J].广西教育学院学报,2009(1):141—144.

二、科学课程标准与教材研究

徐仁声.让少年儿童变得更聪明更能干——介绍新编小学自然课本[J].课程.教材.教法,1982(4):81—83.

刘默耕.新编小学自然教材的回顾——在《中小学学制、课程、教材、教法改革与实验的研究》第二次研究工作会议上的阶段工作汇报[J].科学课,1985(1):4—9.

路培琦,等.对新自然教材试教班学生的跟踪调查[J].课程·教材·教法,1986(5):50—51.

王岳.注重科学启蒙内容形式新颖——关于新编小学低年级自然教材的说明[J].课程·教材·教法,1987(9):39—42.

兰本达,陈明凤,陈伟,姜允珍.那边山里有珍宝——简评中国小学《自然》教材、教法的改革[J].课程·教材·教法,1991(2):9—14.

余自强.关于初中设置"自然科学"综合课程的若干思考[J].学科教育,1991(2):14—17.

李培实.深入理解自然学科的性质任务 准确把握自然教学的目的要求[J].科学课,1993(1):5—10.

俞晓琳.略论皮亚杰理论对科学教育的启示[J].教育研究,1997(1):66—71.

张启建.构建小学科技活动课程体系的尝试[J].课程.教材.教法,1997(3):15—18.

杨尚冰,薛平.我国中小学应当加强地球科学普及教育[J].教育研究,1997(4):26—28.

邢红军.论科学教育中的模型方法教育[J].教育研究,1997(7):53—56.

余自强.初中自然科学课程的教学论研究[J].学科教育,1998(2):33—36.

余自强.新世纪初中科学课程的教育哲学研究[J].课程.教材.教法,1999(10):12—17.

孙新.日本小学理科课程及教科书特点分析[J].课程·教材·教法,1999(10):57—62.

李俊.科学课程内容的研制[J].课程.教材.教法,2000(1):9—12.

张军霞.美国小学《为孩子的科学和技术》(STC)教材介绍(一)[J].小学自然教学,2001(4):35—36.

李晶.浅谈《科学》课程的设计[J].课程.教材.教法,2001(7):7—10.

郝京华.关于《小学科学课程标准》的讲座(一)[J].小学自然教学,2001(9):11—13.

郝京华.关于《小学科学课程标准》的讲座(二)[J].小学自然教学,2001(10):8—11.

何善亮.在探究中学习探究 理解探究——中美"密度"教材比较与思考[J].学科教育,2001(10):20—23.

袁运开.科学课程标准的特点和我们的认识[J].全球教育展望,2002(2):12—16.

方红峰.论初中《科学》课程教材的设计[J].课程·教材·教法,2002(10):6—13.

周勇.新世纪我国义务教育综合理科科学课程内容选择的特点[J].全球教育展望,2002(11):49—53.

余自强.我国初中综合科学课程发展的界碑——《科学(7~9年级)课程标准(实验稿)》特点分析[J].教学月刊(中学版),2003(2):2—5.

张红霞.建构主义对科学教育理论的贡献与局限[J].教育研究,2003(7):79—84.

母小勇.科学课程理想与理想科学课程[J].教育理论与实践,2003(17):47—51.

刘德华,曹邵练.科学课程与学生生活世界之关系[J].集美大学学报(教育科学版),2004(1):47—52.

于海波,孟昭辉.科学课程的文化学研究:内涵、价值与走向[J].教育理论与实践,2004(5):61—64.

石鸥,赵长林.科学教科书的意识形态[J].教育研究,2004(6):72—76.

[英]约翰逊F·奥斯本.超越建构主义科学教育观[J].张红霞,孙志凤,译.全球教育展望,2004(7):47—52.

周振铎,李银仙.开发本地课程资源 培养农村学生的科学素养[J].实验教学与仪器,2004(12):47—48.

谢小立.要警惕小学科学教育的过度学术化倾向[J].中国教育学刊,2005(12):44—45.

蔡铁权.《全日制义务教育科学(7~9)年级课程标准(实验稿)》述评[J].全球教育展望,2007(1):84—89.

黄海旺,王海英.小学科学教材与教学现状及对策[J].课程·教材·教法,2007(6):70—76.

程嘉,等.科学课程:发掘人文素材培养人文素养[J].中国教育学刊,2007(7):46—48.

王伟群.人与自然和谐发展观视野下科学课程的审视[J].课程·教材·教法,2008(4):71—75.

倪娟,李广洲.理科课程改革:回归基于日常生活的"科学世界"——基于理科课程标准文本分析[J].课程·教材·教法,2008(6):62—66.

三、科学教学课型研究

万莲美,张佩珍,陈秋祥,潘光博.论引导发现法[J].课程·教材·教法,1981(3):76—81.

叶立群,刘默耕.小学自然课的教材教法必须逐步改革[J].课程·教材·教法,1982(1):23—24.

王淑兰.在小学自然课中引入"探究—研讨"教学法的初步试验[J].课程·教材·教法,1986(4):6—11.

苏效民,王大光.积极开展自然科学启蒙教育——北京市部分小学低年级开设自然课的概况[J].课程·教材·教法,1986(4):12—14.

史民德.问题教学浅议[J].课程·教材·教法,1986(5):32.

蔡正秋,殷志杰.记自然课突破封闭型教学模式的一次实验[J].课程·教材·教法,1986(6):10—14.

王雅斌.谈"引导发现法"与自然教学[J].科学课,1986(6):25—26.

兰本达,张良顺."探究—研讨"教学法的优点(上)[J].科学启蒙教育,1987(3):2—3.

兰本达,张良顺."探究—研讨"教学法的优点(下)[J].科学启蒙教育,1987(4):2—4.

张国强.板仓圣宣及假说实验授课法[J].课程.教材.教法,1988(10):60.

潘季顺.小学自然课教学结构的研究[J].课程.教材.教法,1992(5):44—48.

张洪鸣.动眼、动脑、动手、动口——启发式小学自然教学法[J].课程·教材·教法,1992(10):56—58.

任晓晖.自然课运用"学玩融合"法教学初探[J].实验教学与仪器,1994(Z1):62.

朗盛新.农村自然教学的研究与实验[J].课程·教材·教法,1994(12):37—39.

郭思乐.论科学观念教育在学科教育中的地位[J].教育研究,1995(4):66—69.

廖作永,郑明江.农村小学开好自然课的实践与探讨[J].课程·教材·教法,1995(12):40—43.

李进起.低年级自然教学结构初探[J].课程·教材·教法,1996(2):42—44.

林维超.试论低年级自然课中的科学游戏[J].课程·教材·教法,1996(3):33—36.

吴淑琴.在低年级自然教学中培养学生的分类能力[J].课程·教材·教法,1996(3):39—41.

张洪轩,刘学英,崔宝平.小学自然低年级"三段五步"课堂教学基本模式初探[J].课程·教材·教法,1996(6):48—50,39.

王怀真,王惠兰,尚秀芬.试论小学自然对比实验的教与学[J].课程·教材·教法,1997(6):52—54.

殷志杰.关于小学自然学科课型的探讨[J].课程·教材·教法,1998(3):43—49.

赵和生.谈自然课归纳概括思维能力的培养[J].课程·教材·教法,1998(3):50—52.

孙俊三. 从经验的积累到生命的体验——论教学过程审美模式的构建[J]. 教育研究, 2001(2):34—38.

裴新宁."学习者共同体"的教学设计与研究——建构主义教学观在综合理科教学中的实践之一[J]. 全球教育展望, 2001(3):10—15.

蔡敏. 试论"小组探究模式"[J]. 课程·教材·教法, 2001(12):26—29.

裴新宁. 概念图及其在理科教学中的应用[J]. 全球教育展望, 2001(8):47—51.

丁邦平. 科学元勘与科学教学改革的两种模式[J]. 全球教育展望, 2001(11):49—54.

丁邦平. 建构主义科学教育观与学生创新能力的培养[J]. 教育研究与实验, 2002(1):29—32,72.

徐斌艳. 激进建构主义与科学教育[J]. 全球教育展望, 2002(11):20—24.

徐洪林,康长运,刘恩山. 概念图的研究及其进展[J]. 学科教育, 2003(3):39—43.

袁维新. 概念转变学习：一种基于建构主义的科学教学模式[J]. 外国教育研究, 2003(6):22—27.

蔡铁权. 后现代视点下的科学教育[J]. 全球教育展望, 2003(11):59—63.

袁维新. 试论基于建构主义的科学教育理念[J]. 教育理论与实践, 2003(24):20—23.

孙杰远,南江霞. 错误观念转变的教学模式探讨[J]. 教育理论与实践, 2004(6):40—42.

裴新宁. 从学习理论的现代发展谈建构主义在科学教学设计中的实践[J]. 全球教育展望, 2004(7):28—33.

喻伯军. 科学课要体现科学的特点[J]. 科学课, 2005(2):36—38.

熊艳,丁邦平. 建构主义给科学课堂带来了什么[J]. 比较教育研究, 2005(10):73—76.

裴新宁. 建构主义与科学教育的再探讨[J]. 全球教育展望, 2006(5):37—42.

廖元锡,廖伯琴. 科学探究教学的实践性知识及其建构[J]. 中国教育学刊, 2006(6):58—60.

袁维新. 科学史融入科学课程的原则、方式和策略[J]. 课程·教材·教法, 2006(10):68—72.

周振铎,李玲. 小学科学创造性教学研究[J]. 科学课:小学版, 2006(12):4—7.

周振铎,凌银枝. 任务驱动探究教学模式的实践[J]. 科学课, 2007(6):22—23.

张颖之,刘恩山. 科学本质教育的课堂教学方法初探[J]. 课程·教材·教法, 2007(10):60—63.

袁维新. 论基于概念重建的教学模式与策略[J]. 课程·教材·教法, 2007(11):15—19,8.

李雁冰. 科学教育的历史文化视野[J]. 全球教育展望, 2007(12):58—62.

王伟文. 小学科学概念图教学模式初探[J]. 科学课, 2009(2):28—30.

黄颖. 利用"学习环"模式进行探究式科学课教学[J]. 科学教育, 2009(6):1—3.

四、科学概念教学研究

兰本达,胡梦玉. 社会、教育与概念的形成——1982年5月在北京师范大学的演讲(修订稿)[J]. 课程·教材·教法, 1983(2):62—66,33.

章鼎儿. 谈谈自然课的概念教学[J]. 科学课, 1986(1):8—9.

薛金姝.抓住关键讲清概念[J].课程·教材·教法,1986(3):44—46.
黄志雄,彭述章.一堂自然课中的逻辑思维训练[J].教育研究与实验,1987(3):55—56.
刘克兰.中小学概念教学有序结构的探讨[J].课程·教材·教法,1987(7):29—33,38.
许根元.化学基本概念的教学方法[J].课程·教材·教法,1987(12):35—37.
王家铸.试谈生物学概念教学[J].课程·教材·教法,1988(1):28—30.
史建中,郭传信.论中学化学概念形成与发展的辩证法[J].课程·教材·教法,1990(1):28—31.
王岳.小学科学教育中儿童概念学习问题探讨[J].课程·教材·教法,1994(3):3—7.
侯佩秋.抓住概念教学的关键 掌握概念教学的规律[J].黑龙江教育,1994(3):29—30.
傅坚,黄瑷.论归纳在科学概念形成中的作用[J].华南师范大学学报(社会科学版),1994(1):29—34,18.
饶浩.论科学概念与概念教学[J].辽宁师范大学学报:社会科学版,1996(2):52—55.
周赞梅.突出自然课概念教学的过程性[J].湖南教育,1997(10):44—45.
汪石撄,高光椿.概念教学例谈[J].湖北教育:科学课,1997(4):9—10.
周振铎.中年级自然概念教学的逻辑方法[J].湖南教育,1997(7):45—46.
梁平.在自然科学领域中学生的错误观念及其改变[J].外国教育资料,1999(4):25—28.
顾瑗.概念的教学[J].山西大学师范学院学报,2000(4):65—69.
窦轶洋,高凌飚,肖化.论学生前概念及对教学的启示[J].学科教育,2001(10):13—16.
刘绍江.儿童科学概念的形成与指导[J].小学自然教学,2002(10):15—17.
母小勇.成人与中学生科学概念形成过程的四个对比实验[J].心理科学,2002(5):569—572,640.
袁维新.概念转变学习的内在机制探析[J].教育研究与实验,2003(2):49—54.
P. H. Scott, H. M. Asoko, R. H. Driver, 郭玉英, 卢俊梅. "为概念转变而教"策略综述[J].物理教师,2003(5):1—3,8.
P. H. Scott, H. M. Asoko, R. H. Driver, 郭玉英, 卢俊梅. "为概念转变而教"策略综述(续)[J].物理教师,2003(6):1—4.
刘儒德.如何引发和利用学生的先前经验[J].教育科学研究,2003(5):49—51.
袁维新.概念转变学习:一种基于建构主义的科学教学模式[J].外国教育研究,2003(6):22—27.
陈彦芬.学生前科学概念的特点及对理科教学的启示[J].上海教育科研,2004(10):44—47.
袁维新.西方科学教学中概念转变学习理论的形成与发展[J].比较教育研究,2004(3):33—38.
胡卫平.科学概念教学中思维能力的培养[J].中国教育学刊,2004(9):48—51.
胡卫平,刘建伟.概念转变模型:理论基础、主要内容、发展与修正[J].学科教育,2004(12):34—38.
袁维新.科学学科领域中学生的另类概念的研究[J].比较教育研究,2006(7):75—80.

李雁冰,刁彭成.科学教育中"迷思概念"初探[J].全球教育展望,2006(5):65—68.

李高峰,刘恩山."前科学概念"的术语和定义的综述[J].宁波大学学报(教育科学版),2006(6):43—45.

袁维新.科学概念的建构性教学模式与策略探析[J].教育科学,2007(1):24—28.

郭建鹏,彭明辉,杨凌燕.正反例在概念教学中的研究与应用[J].教育学报,2007(6):21—28.

吴娴,罗星凯,辛涛.概念转变理论及其发展述评[J].心理科学进展,2008(6):880—886.

王美.概念转变研究对学习环境设计的启示[J].课程·教材·教法,2008(12):27—32.

王小梅.科学概念教学的认识与实践[J].科学课,2008(4):51—53.

夏敏军.引领学生形成科学概念[J].科学课,2008(4):56—57.

范源.科学概念教学的实践与认识[J].科学课,2008(8):10—11.

高潇怡.促进学生科学概念转变的心理学研究进展与启示[J].中国特殊教育,2009(2):86—90.

姚宝骏,陆建身,黄宇宏.教学条件下中学生物学概念形成的实验研究[J].心理科学,2009(3):758—760,747.

五、科学探究教学研究

赵月霞,武正亮.浅谈观察力的培养[J].课程·教材·教法,1983(6):51—53.

赵明大,秦迤君.培养学生发现能力的智力实验[J].课程·教材·教法,1985(1):73—74,38.

张绍东.培养学生掌握科学方法论的一点看法[J].课程·教材·教法,1985(2):34—37.

喻娴令.观察与阅读结合的教学法初探[J].课程·教材·教法,1986(2):19—21.

凌国伟.精心培养学生发现规律的能力[J].课程·教材·教法,1987(10):17—19.

史民德.慎重应用发现教学法[J].课程·教材·教法,1988(6):60.

殷忠民.对"满堂灌"的再认识[J].课程·教材·教法,1988(6):60—49.

罗星凯.科学观察及科学教育中观察力的培养[J].教育研究,1990(1):41—44.

刘炳升,陈娴.试论培养分析、解决实际问题能力的途径——把应用知识和训练能力的重心转移到实践中来[J].物理教师,1993(4):2—4.

刘炳升.开发物理玩具的教学功能[J].物理实验,1994(4):193,192.

安名勋.观察实验与科学教育[J].课程·教材·教法,1994(5):18—21.

姚本先.论学生问题意识的培养[J].教育研究,1995(10):40—43.

吴淑琴.在低年级自然教学中培养学生的分类能力[J].课程·教材·教法,1996(3):39—41.

赵和生.谈自然课归纳概括思维能力的培养[J].课程·教材·教法,1998(3):50—52.

李建梅.引导学生自行探究获取知识[J].山西教育,1999(2):40—44.

郁波.中国小学科学教育中与"Hands on"方案有关的研究[J].小学自然教学,2001(Z2):13—17.

孙大君.立足实验教学 培养创新能力[J].课程·教材·教法,2001(7):39—42.

柴西琴. 对探究教学的认识与思考[J]. 课程·教材·教法,2001(8):16—19.
王桂亮. 论创造性发问品质及培养[J]. 教育研究,2001(12):57—60.
谢国平. 对比实验在自然教学中的运用[J]. 实验教学与仪器,2002(Z1):76—78.
胡卫平,俞国良. 青少年的科学创造力研究[J]. 教育研究,2002(1):44—48.
李森,于泽元. 对探究教学几个理论问题的认识[J]. 教育研究,2002(2):83—88.
郁波. 用手开辟思考的道路[J]. 人民教育,2002(2):58—59.
何善亮. 促进学生探究学习的理论思考和教学实践[J]. 教育科学研究,2002(4):44—47,50.
李红. 重新定义"科学方法"[J]. 课程·教材·教法,2002(5):69—71.
徐学福. 论面向真实科学[J]. 教育研究,2002(9):75—79.
徐学福. 科学探究与探究教学[J]. 课程·教材·教法,2002(12):20—23.
郑青岳. 关于科学教育联系生活的若干问题[J]. 物理教师,2003(4):30—32.
李华. 探究式科学教学的本质特征及问题探讨[J]. 课程·教材·教法,2003(4):55—59.
张红霞,郁波. 也谈"结论的五花八门"[J]. 科学课:小学版,2003(7):19—20.
项红专. 科学探究和科学精神培养[J]. 全球教育展望,2003(11):69—71.
胡卫平,林崇德. 青少年的科学思维能力研究[J]. 教育研究,2003(12):19—23.
郭玉英. 探究-建构式教学初探——科学教学中探究与知识建构的统一途径的探索[J]. 课程·教材·教法,2004(1):52—55.
郑青岳. 对探究式学习中"建立假说"要素的若干认识[J]. 物理教师,2004(6):1—3,11.
项红专. 科学探究式教学要注重原始创新基因的培育[J]. 全球教育展望,2004(6):31—33,27.
黄都. 促进知识整合的科学探究环境设计——基于对WISE网络探究平台的评介[J]. 全球教育展望,2004(7):38—43.
刘炳升. 论科学探究与接受学习的关系[J]. 物理教师,2004(9):35—36.
周振铎,朱明生. 谈科学探究的教学组织[J]. 实验教学与仪器,2005(Z1):75—77.
郑青岳. 对探究式学习中的"表达交流"要素的认识[J]. 物理教师,2005(1):44—46.
赖小林,丁振源. "做中学":作为儿童科学教育的一种形式[J]. 教育研究,2005(6):89—93.
陆真. 新课程实施背景下对科学探究的再认识与思考[J]. 课程·教材·教法,2005(9):74—78.
郑青岳. 探究式学习是否只要过程不要结果[J]. 中学物理教学参考,2005(12):4—5.
徐学福. 科学教学中的"探究"释义[J]. 教育科学,2006(2):20—23.
袁维新. 科学探究教学模式的反思与批判[J]. 教育学报,2006(4):13—17,30.
喻伯军. 从科学文化的角度看科学课[J]. 科学课:小学版,2006(11):1.
郑青岳. 假说在科学探究中是不可缺少的吗[J]. 中学物理教学参考,2007(Z1):8—9.
杨承印,马艳芝. 我国"探究教学"研究十年[J]. 教育学报,2007(2):46—49,61.
毕晓白,张志文. 方法训练与设计实验能力的培养[J]. 课程·教材·教法,2007(9):88—91,79.

郑青岳.假说对学生科学学习的意义何在[J].物理教师,2007(10):5,8.

郑青岳.把探究作为科学教学的精神意义何在[J].教学月刊(中学版),2007(12):10—12.

廖伯琴.例析课程改革中探究式教学的功能[J].中国教育学刊,2008(1):65—66.

赖小林,等."做中学"科学教育对儿童情绪表现的影响[J].心理科学,2008(5):1238—1240,1221.

郑青岳.科学探究一定会降低解题能力吗?[J].物理教师,2008(11):32—33.

李亚芳.由筷子PK玻璃棒想到的[J].科学课:小学版,2009(2):56—57.

孔艳,周丹妮,季荣臻,等.筷子PK玻璃棒——关于课堂教学中实验规范化问题的讨论[J].科学课,2009(2):54—56.

蒋永贵.究竟什么是"真"科学探究[J].当代教育科学,2009(14):32—34,57.

六、科学情意教学研究

刘仲林.论科学美的本质[J].天津社会科学,1984(1):55—60,86.

张之仁.对小学自然课美育的几点认识[J].课程·教材·教法,1988(8):14—17.

胡承东.在自然教学中同时播下科学和美的种子[J].课程·教材·教法,1988(8):18—13.

全杰.课堂教学如何培养学生兴趣[J].云南教育:基础教育版,1989(4):31—33.

王玉梅,柳松.新自然观与环境教育[J].教师教育研究,1990(3):56—60.

苏效民.加强小学自然教学中的思想品德教育[J].课程·教材·教法,1991(8):10—13,64.

庞大权.自然教学过程中的思想品德教育[J].课程·教材·教法,1992(5):40—43.

赵玉梅.培养科学兴趣是科学启蒙教育的重要内容[J].课程·教材·教法,1993(7):48—50.

潘必新."科学美"质疑[J].哲学研究,1997(12):29—34.

李政道.艺术和科学[J].文艺研究,1998(2):81—90.

陈祥明.论科学美及其美感[J].安徽大学学报,1998(4):37—43.

彭炳忠.论科学精神[J].自然辩证法研究,1998(10):25—29.

叶松庆.论科学与艺术的融合[J].安徽师范大学学报(人文社会科学版),1999(4):445—450.

朱红文.论科学精神的建构[J].北京师范大学学报(人文社会科学版),2000(3):108—115.

孙中旭.地理教学与自然观教育[J].中学地理教学参考,2000(9):29—30.

王国聘.探索自然的复杂性——现代生态自然观从平衡、混沌再到复杂的理论嬗变[J].江苏社会科学,2001(5):95—99.

丁肇中.论科学研究的原动力——好奇心是科学研究的原动力[J].上海交通大学学报(哲学社会科学版),2002(4):3—5.

杨振宁.美与物理学[J].物理,2002(4):193—199.

何池友.试论科学审美之于科学的发展[J].安徽师范大学学报(人文社会科学版),2002

(5):555—558.

刘国建.论科学精神的层次[J].江汉论坛,2003(3):88—91.

孟建伟.在真与美之间架起桥梁——科学美学的使命[J].学术界,2003(4):27—37.

陈至立.时代呼唤科学教育和科学精神[J].人民教育,2003(6):2—4.

王树恩,柳洲.科学精神结构的多维探析[J].自然辩证法研究,2003(7):65—68,83.

石秀华,徐国平.论科学精神[J].科技进步与对策,2003(18):173—174.

周光召.科学与艺术——周光召在中国艺术研究院的讲话[J].艺术评论,2004(7):3—12.

刘茂胜.周光召谈科学与艺术[J].发明与创新,2004(11):16—17.

胡克祖.好奇心的理论述评[J].辽宁师范大学学报,2005(6):55—58.

曲铁华,马艳芬.论当代中小学生科学精神的培养策略[J].中国教育学刊,2005(2):15—18.

余立新.文、理、艺学科教学的审美差异[J].课程·教材·教法,2006(2):18—20.

夏劲,杨志军.论爱因斯坦科学实践中科学精神与人文精神的统一[J].自然辩证法研究,2006(11):5—10.

李醒民.论科学审美的功能[J].自然辩证法通讯,2006(1):8—15,110.

黄海涛.科学教育与艺术教育整合的教学过程研究——兼论分析思维与直觉思维联合方式的教学[J].当代教育科学,2006(18):41—44.

陈清梅,邢红军.科学与艺术相关联:科学教育的新取向[J].首都师范大学学报:自然科学版,2007(2):44—49.

倪娟,李广洲.自然·自然观·自然教育思想发微——兼评新课程改革中"回归自然"的适切性[J].教育研究与实验,2007(2):26—31.

黄海涛.科学与艺术整合教育中幼儿创造力培养的实验研究[J].当代教育科学,2007(16):38—41.

廖伯琴,李富强.从兴趣到志向:走进科学原动力的升华——从引发向仲怀院士走进科学探索的一些事例说起[J].物理教学探讨,2008(21):1—3.

七、学生科学学习研究

胡寅生.美国"哈伯特学习方法"及其应用[J].课程·教材·教法,1989(Z2):61—31.

胡卫平,颜茜.中学生科学学习动机的发展研究[J].学科教育,1999(12):41—44.

陈佑清.略论学生学习过程的发现性质[J].教育研究,2000(5):60—62,68.

李耀俊.科学学习——深层和浅层学习通道的对比[J].安徽教育学院学报,2001(3):30—32.

任长松.探究式学习:18条原则(上)[J].教育理论与实践,2002(1):47—50.

任长松.探究式学习:18条原则(下)[J].教育理论与实践,2002(2):56—59.

丝黛拉·沃斯尼亚杜,张铁道.关于儿童学习的研究[J].教育研究,2002(5):77—83.

高凌飚,张春燕.探究性学习的特点——一个国外案例的分析[J].课程·教材·教法,2002(5):16—21.

于海波,孟昭辉.科学文化的建构属性与科学课程学习方式改革[J].全球教育展望,

2003(11):64—68.

周青,等.批判性思维与学生的自主学习[J].教育理论与实践,2003(16):53—56.

袁维新.概念图:一种促进知识建构的学习策略[J].学科教育,2004(2):39—44.

罗星凯.实施科学探究性学习必须正视的问题[J].全球教育展望,2004(3):43—46.

孙福万.释义"有效学习"[J].中国远程教育,2004(20):73—72.

钟启泉.重建"学习"的概念[J].福建论坛(社科教育版),2005(2):4.

许守有.小学生科学学习品质评价初探[J].现代中小学教育,2005(3):64—66.

李妍.美国科学教育的可视化协作学习环境——CoVis项目的理念、设计与评析[J].全球教育展望,2005(11):50—54.

钟启泉.学习科学:儿童学习的多元解读[J].全球教育展望,2006(5):21—28.

裴新宁.变构学习模型与教学设计[J].全球教育展望,2006(12):38—42.

陈庆朋.语言技能与科学课程学习[J].课程·教材·教法,2007(1):62—65.

任友群,胡航.论学习科学的本质及其学科基础[J].中国电化教育,2007(5):1—5.

郑青岳.假说对学生科学学习的意义何在[J].物理教师,2007(10):5,8.

张军霞.掌握科学学习要素——小学科学学生学习评价的着眼点[J].科学课,2007(12):4—6.

张宝辉,等.计算机模型建构与学习者为中心的科学学习的研究进展及启示[J].课程·教材·教法,2008(8):87—91.

伍新春,等.场馆科学学习:本质特征与影响因素[J].北京师范大学学报(社会科学版),2009(5):13—19.

何善亮.探究学习的存在价值及其实践限度[J].教育科学研究,2009(9):14—18.

林静.CAT:基于学习科学的科学概念学习环[J].全球教育展望,2009(10):31—35.

八、科学元勘与科学教育研究

邱仁宗.论科学发现的模式[J].自然辩证法研究,1986(1):1—11.

林定夷.科学中问题的结构与问题逻辑[J].哲学研究,1988(5):32—38.

罗伯持·E·亚格尔,梁英豪.能较好地进行科学学习吗?——论作为改革的STS问题[J].全球教育展望,1992(2):17—20.

徐超.美国STS的兴起与发展[J].自然辩证法通讯,1992(5):25—34.

彭洁.小学科学教育改革与STS课程[J].外国中小学教育,1994(5):24—27,37.

董大业.论科学技术史教学的原则和方法[J].教育研究,1995(7):53—57.

邢红军.论杨振宁科学思想的教育价值及其对物理教育的启示[J].教育研究,1995(7):58—61.

母小勇.理科教育中"科学—技术"的多维透视[J].教育研究,1995(12):61—63.

李祖扬.科学问题辨析[J].自然辩证法研究,1996(8):10—13,22.

王洋,刘炳升.浅论理科教学中的STS教育思想[J].学科教育,1999(3):30—31,37.

魏冰.科学史、科学哲学和科学教学[J].比较教育研究,1999(3):53—55.

黎霞.自然课必须重视环保启蒙教育[J].小学自然教学,1999(9):22—23.

刘华杰.科学元勘中SSK学派的历史与方法论述评[J].哲学研究,2000(1):38—44.

梁英豪.科学教育发展的一个重要方向:科学—技术—社会(STS)[J].课程·教材·教法,2000(5):54—58.

刘德华.科学发展史:有待开发的教育资源[J].现代大学教育,2001(3):50—53.

马会端.论我国STS教育及其模式建构[J].东北大学学报(社会科学版),2002(1):4—7.

钟启泉.科学教育中若干认识论问题的探讨[J].全球教育展望,2002(2):6—11.

项红专.论文化视野下的科学教育[J].全球教育展望,2006(5):61—64.

郭元婕.科学文化及其对科学教育的影响[J].教育研究,2006(6):59—65.

袁维新.科学史融入科学课程的原则、方式和策略[J].课程·教材·教法,2006(10):68—72.

于海波,孟昭辉.科学史教育价值的文化解读[J].中小学教师培训,2007(8):60—62.

黄晓,黄志成.再论STS教育的后现代性[J].比较教育研究,2007(10):15—19.

李雁冰.科学教育的历史文化视野[J].全球教育展望,2007(12):58—62.

蔡铁权.科学哲学观点的变化对科学教育的影响[J].全球教育展望,2008(2):66—71.

韦钰.我国青少年科学教育的历史与展望[J].科普研究,2008(4):6—10.

蔡其勇.科学哲学的文化转向及其对科学教育的影响[J].教育研究,2008(6):47—51,77.

王全,母小勇."科学史—探索"教学模式的"重演"论基础[J].课程·教材·教法,2008(7):62—66.

郑玮,郑毓信.科学文化与科学教育[J].全球教育展望,2009(1):60—65.

蔡铁权.科学史在基础科学教育中的角色[J].全球教育展望,2009(1):55—59,87.

陆真,沈婷,钱海滨.从点缀到主角——新世纪科学教育中STSE的课程形式与功能演进[J].课程.教材.教法,2009(3):52—56,65.

蔡铁权.从科学社会学认识科学教育的改革[J].全球教育展望,2009(4):76—80.

蔡铁权,陈丽华.解析科学教育——一种历史的视角[J].全球教育展望,2009(8):84—89.

蔡铁权.科学教育中的SSI教学[J].全球教育展望,2009(10):82—85.

九、科学教育评价研究

天津市自然教研中心组.自然课的成绩检查新办法初探[J].课程·教材·教法,1986(10):44—47.

王建军.爱因斯坦科学评价思想述评[J].社会科学研究,1991(2):60—65.

蔡正秋.浅谈低年级自然课堂教学中学生学习效果的综合评价[J].课程·教材·教法,1996(2):39—41.

郭玉英,等.英国初中生科学课程会考评析[J].学科教育,2000(6):46—49.

张璐.科学教育的评价[J].学科教育,2000(8):44—49.

裴新宁.基于建构性教学活动的理科学习评定[J].教育理论与实践,2001(8):52—55.

周勇.加拿大关于科学课程评价的研究与启示[J].全球教育展望,2003(7):66—70.

赵德成.新课程实施中的情感、态度与价值观评价[J].课程·教材·教法,2003(9):10—13.

刘炳升,周晓燕.科学探究学习的评价[J].教学仪器与实验,2003(11):9—11.

张军霞.国内外小学科学教材中教学评价策略的研究[J].科学课,2004(2):50—53.

赵保钢.英国GCE物理课程科学探究能力评价的特点[J].课程·教材·教法,2005(9):93—96.

刘雨群.小学生科学学习评价研究[J].教育探索,2005(10):32—34.

张军霞.将教学评价结合于小学科学教学之中的方法探讨(上)[J].科学课,2005(11):7—10.

张军霞.将教学评价结合于小学科学教学之中的方法探讨(下)[J].科学课,2005(12):6—9.

蒋永贵,等.科学探究教学评价体系的构建与实践[J].课程·教材·教法,2005(12):60—64.

胡卫平.基础教育中学生科学创造力的培养——中英青少年科学创造力比较研究的启示[J].基础教育参考,2006(1):60—62.

林智中,何瑞珠.香港学生在PISA2003中的解难能力表现及启示[J].教育研究,2006(1):78—83.

熊士荣,等.科学探究学习评价体系的研究[J].课程·教材·教法,2006(3):82—86.

赖小琴.PISA评价:为成人生活做准备的素养指示器[J].比较教育研究,2006(5):43—46.

罗国忠.对科学探究能力表现性评价的研究[J].课程·教材·教法,2006(8):66—69.

任长松.基础教育领域两个重要的国际比较研究项目(上)——兼谈美国基础教育在国际排名中的位置[J].基础教育参考,2006(8):23—26.

罗国忠.国外科学探究能力评价研究综述[J].上海教育科研,2006(11):19—21.

韦钰.科学课程的标准与评价——关于"做中学"科学教育评测(7)[J].基础教育参考,2006(12):4—6.

罗国忠.对科学探究能力引导式评价的研究[J].上海教育科研,2007(1):61—63,73.

朱行建.国际教育评价中的科学探究能力测评简介及启示[J].课程·教材·教法,2007(2):89—91.

崔鸿,文静.如何对科学态度、情感与价值观进行评价——基于新加坡《交互作用的科学》的思考[J].课程·教材·教法,2007(3):91—96.

丁邦平.以学习性评价促进探究式教学[J].科学课,2007(5):4—6.

杜明荣,廖伯琴.实验与探究能力如何评价——以英国GCE物理A水平考试为例[J].课程·教材·教法,2007(8):87—91.

王蕾.科学素养评价工具的建构[J].中国教育学刊,2007(9):63—66.

张雨强,冯翠典.美国NAEP2009科学课程评价试题编制研究[J].全球教育展望,2007(10):59—64.

罗国忠.基于工作单的科学探究能力评价的有效性研究[J].课程·教材·教法,2007

(11):69—73.

张军霞.小学科学的学生学习评价方法[J].中国教育学刊,2007(12):60—63.

丁灵巧,丁邦平.学习性评价在小学科学探究式教学中的运用[J].外国教育研究,2007(12):63—66.

袁丽,廖伯琴.美国俄勒冈州科学探究的工作单评价方法[J].比较教育研究,2008(1):66—70.

杨宝山.科学课程学业成就评价的知识论基础[J].课程·教材·教法,2008(2):68—72.

王蕾. PISA 在中国:教育评价新探索[J].比较教育研究,2008(2):7—11.

赖小琴.国际学生评价 TIMSS 和 PISA 的比较与反思[J].广西教育学院学报,2008(2):59—62.

罗国忠,张正严.基于公平视角的科学探究能力评价研究[J].课程·教材·教法,2008(8):59—63.

郭要红,华国栋.论挑战性学习目标及其制定策略[J].课程·教材·教法,2008(10):19—23.

罗国忠.科学探究的表现性评价及其有效性研究述评[J].全球教育展望,2008(12):73—77.

杨承印,任荣贞,王彦昌.浅议科学探究活动中的表现性评价[J].教育理论与实践,2008(14):26—27.

韦钰.科学教育评价的发展新趋势[J].教育,2008(12):43.

张颖.美国"2061 计划"教材评价工具简介[J].课程·教材·教法,2009(3):82—85.

林静.美国 NAEP 科学素养评价新趋向——基于美国 2009NAEP 科学评价框架的分析研究[J].课程·教材·教法,2009(8):92—96.

任长松.美国国家教育进展评价 NAEP 及共借鉴意义[J].课程·教材·教法,2009(9):87—92.

李雁冰.论中小学科学探究学习的评价问题[J].全球教育展望,2009(11):86—91.

郝京华.构建促进理解力的学业评价[J].教育测量与评价:理论版,2009(12):1.

十、科学教育比较研究

道久.美国七十年代中、小学理科教材——《科学概念》一书简介[J].外国教育动态,1980(6):3—8.

麦克菲丁,陈树清.苏联普通学校的科学教育[J].比较教育研究,1982(5):31—39.

包彩娟.美国的科学教育危机[J].外国教育动态,1982(5):40—42.

苏式冬.我所看到的英国初中自然科学课程[J].比较教育研究,1982(6):33—35,14.

叶立群.美国科学教育见闻[J].人民教育,1982(10):54—56.

G.马克斯,武永兴.匈牙利的科学教育[J].课程·教材·教法,1984(5):85—86.

章泽渊.联邦德国教育学科课程、教材、教法一瞥[J].课程·教材·教法,1984(5):86—88.

黄志成.美国自然科学教学的新动向——人类遗传教育[J].外国教育资料,1985(1):32—33.

黄儒逊.英国为五岁小学生开设科学课[J].比较教育研究,1985(4):33—35.

王国醒.西方学者关于学生对自然现象先入想法的研究[J].课程·教材·教法,1987(12):53—55.

黄祖兴.日本中学的科学史教育[J].比较教育研究,1989(1):53—54.

J.W.林纳,E.A.马莱克作,武永兴.关于理科教育的一种理论根据[J].课程·教材·教法,1990(11):43—44.

梁英豪.泰国的综合理科教学[J].课程·教材·教法,1990(11):44—45.

雷树人.英国的科学课程改革(一)[J].课程·教材·教法,1990(2):40—42.

雷树人.英国的科学课程改革(二)[J].课程·教材·教法,1990(3):40—43.

雷树人.英国的科学课程改革(三)[J].课程·教材·教法,1990(4):37—40.

窦国兴.面向21世纪日本理科课程的改革[J].课程·教材·教法,1990(4):40—42,36.

孙凤金.《认识世界》教法探讨[J].课程·教材·教法,1990(8):27—28.

王岳.为了国家生存 美国提出新的科学教育策略[J].课程·教材·教法,1990(10):38—39.

刘恩山.世界各国综合理科的发展现状概述[J].教育学报,1992(2):20—22,19.

王岳.英国小学的科学教育[J].课程·教材·教法,1992(12):51—53,30.

黄志成.拉丁美洲国家教育新走向——大力开展科技教育[J].外国教育资料,1993(6):62—67.

武永兴.美国一种科学教育改革的方案——"范围、顺序和协调"方案简介[J].课程·教材·教法,1993(12):57.

李淑贤.美国学者谈儿童科学教育[J].外国教育研究,1994(4):50—51,56.

杨金成.韩国科学教育政策研究[J].教育研究,1995(5):44—50.

苏智欣,陈娴.中美两国中学理科教与学的比较研究[J].课程·教材·教法,1994(5):53—55.

梁英豪.美国国家科学教育标准提要[J].课程·教材·教法,1994(9):63.

乔际平,杨宝山.国外科学方法教育的某些借鉴[J].首都师范大学学报(自然科学版),1997(1):49—53.

王素.科学素养与科学教育目标比较——以英、美、加、泰、中等五国为中心[J].外国教育研究,1999(2):5—9.

孙新.日本小学理科课程及教科书特点分析[J].课程·教材·教法,1999(10):57—62.

任长松.以科学探究为核心——支撑《美国国家科学教育标准》的课程理念[J].山东教育科研,1999(12):3—5,12.

魏冰.美国"国家科学教育标准"——一项富有挑战性的科学教育改革方案[J].外国教育研究,2000(3):20—23.

张菁.国际文凭组织(IBO)的中学科学课程[J].课程·教材·教法,2000(3):59—61.

魏冰.从科学教育标准看当代科学教育内容——关于美国几个科学教育改革方案的内

容分析[J].教育研究与实验,2000(4):26—30.

胡军.加拿大安大略省科学技术课程改革评介[J].课程·教材·教法,2000(6):56—61.

林长春,彭蜀晋.中外理科实验教学比较与思考[J].课程·教材·教法,2001(2):70—73.

胡献忠.新版英国《国家科学教育课程标准》及其启示[J].全球教育展望,2001(3):44—49.

张军霞.美国小学《为孩子的科学和技术》(STC)教材介绍(一)[J].小学自然教学,2001(4):35—36.

张军霞.美国小学《为孩子的科学和技术》(STC)教材介绍(二)[J].小学自然教学,2001(5):37—38.

徐学福.美国"探究教学"研究30年[J].全球教育展望,2001(8):57—63.

王祖浩.德国巴伐利亚州理科教师培养和理科教育见闻及启示[J].全球教育展望,2001(11):61—66,54.

周勇.加拿大的STS科学课程[J].全球教育展望,2002(4):29—34.

陈娴,于玉琴.科学教材中阅读材料的特点和功能——对美国初中科学教材《物质的特性》、《人体系统》的分析[J].学科教育,2002(8):46—49.

威尼·哈伦,赵骏,包亮.科学教育的学、教、评[J].小学自然教学,2002(11):15—18.

张军霞.美国小学科学教育现状研究[J].课程·教材·教法,2002(11):70—74.

威尼·哈伦,支富华.科学教育的学、教、评[J].科学课,2002(11):20—22.

杨广军,陈娴.加拿大《科学》教材版面设计与编排特点述评[J].课程·教材·教法,2003(1):76—78.

王晓辉."动手做"——法国科学教育的新举措[J].全球教育展望,2003(4):69—72.

刘德华.西方科学教育价值取向的历史演变[J].教育探索,2003(10):38—40.

孙宏安.中美《科学课程(教育)标准》比较[J].比较教育研究,2003(10):45—50.

金京泽.日本理科教育的新动向[J].课程·教材·教法,2003(11):75—78.

柯森,张敏婕.美国基础教育科学课程标准实施环节若干要素分析[J].全球教育展望,2004(9):38—42.

马宏佳,周志华.中外科学教育教学策略比较[J].课程·教材·教法,2005(1):91—96.

郭玉英.学生的科学探究能力:国外的研究及启示[J].课程·教材·教法,2005(7):93—96.

李雁冰.美国科学教育的滥觞与"第一次革命"[J].全球教育展望,2005(8):33—37.

代建军,谢利民.中美科学教育目标的比较研究——基于《普及科学——美国2061计划》和我国《2049行动计划》的思考[J].外国中小学教育,2005(9):17—21.

李雁冰.美国科学教育的第二次革命[J].全球教育展望,2005(11):55—61.

占小红,王祖浩.新西兰国家科学课程述评[J].全球教育展望,2005(12):54—57.

陈志伟.战后日本中小学理科教育的发展与变革[J].外国中小学教育,2006(1):25—30.

潘苏东,代建军.能力取向的新加坡中学科学教育改革[J].课程·教材·教法,2006(2):93—96.

沈小娟,应莺,陈斌.中美科学教育标准比较研究[J].外国教育研究,2006(5):26—30.

刘占兰.加拿大小学科学教育对我们的启示[J].课程·教材·教法,2006(12):85—89.

李醒民.科学和技术异同论[J].自然辩证法通讯,2007(1):1—9,110.

丁邦平.中美基础科学教育的差异[J].课程·教材·教法,2007(2):92—96.

杜明荣,廖伯琴.英格兰KS4学段科学课程改革及其启示[J].比较教育研究,2007(6):52—55.

胡卫平.科学教育的研究趋势与展望[J].华东师范大学学报(教育科学版),2007(4):44—51.

张洪洋.科学课堂教学的国际比较研究[J].外国中小学教育,2008(6):23—27.

程晋宽.美、澳、日、捷克、荷兰五国科学课程的教学特征比较[J].外国中小学教育,2008(8):11—15.

郝琦蕾,丁昕.中美小学科学教育比较研究[J].教学与管理:理论版,2008(15):159—160.

费金有,孟昭辉.德国物理教师的科学史教育及其启示——以奥尔登堡大学为例[J].外国教育研究,2009(5):88—91.

李高峰,刘恩山.美国《国家科学教育标准》倡导的科学探究[J].教育科学,2009(5):87—91.

王素.联合国教科文组织对科学教育若干重要问题的政策建议[J].教育发展研究,2009(24):83—87.

十一、科学教育改革研究

刘默耕.必须重视小学的《自然常识》课[J].人民教育,1980(7):38,56.

叶立群,刘默耕.小学自然课的教材教法必须逐步改革[J].课程·教材·教法,1982(1):23—24.

刘默耕.改革小学科学教育之浅见[J].课程·教材·教法,1984(5):53—56.

杨小微.抓科学启蒙 促整体改革[J].教育研究与实验,1985(1):56—60.

刘默耕.小学自然课改革面临的一个认识问题[J].科学启蒙教育,1986(1):2—5.

武永兴."科学为大众"的定义、概念、理论基础和目标[J].课程·教材·教法,1986(9):53—55.

柳秀峰.论我国科学教育的危机与对策[J].教育研究与实验,1988(2):18—21.

姜允珍.科学启蒙教育与儿童全面发展——我国小学自然学科改革特点评介[J].教育研究与实验,1988(4):36—39.

刘默耕.小学自然四十年的几点反思[J].课程·教材·教法,1988(12):19—22.

李培实.小学自然教学改革的回顾与展望——在全国小学自然研究会首届年会上的发言[J].中国教育学刊,1989(5):3—7.

李培实.小学自然教学改革的回顾与展望[J].中国教育学刊,1989(5):24—27.

雷树人. 英国的科学课程改革(一)[J]. 课程·教材·教法,1990(5):40—42.
雷树人. 英国的科学课程改革(二)[J]. 课程·教材·教法,1990(3):40—43.
雷树人. 英国的科学课程改革(三)[J]. 课程·教材·教法,1990(4):37—40.
曾德雄. 自然科教学整体改革实验[J]. 课程·教材·教法,1990(9):16—18.
高凌飚. 发生学习理论对国外理科教学改革的影响[J]. 课程·教材·教法,1992(11):60—62.
童跃年. 论当代中国的科学教育变革[J]. 上海教育科研,1993(3):22—25,64.
李培实. 小学自然课的改革与发展[J]. 课程·教材·教法,1993(6):22—24.
王岳. 小学科学教育中儿童概念学习问题探讨[J]. 课程·教材·教法,1994(3):3—7.
曹志伟,蔡正秋,陶瑞琴. 就自然学科的课程、教材、师资谈农村小学自然教学改革的对策——江苏武进县奔牛区小学自然教学改革情况调查[J]. 湖北教育:科学课,1994(1):12—13.
沈小碚. 试论"问题情景教学法"的实质及合理运用[J]. 课程·教材·教法,1994(8):19—21,14.
郭治. 试论基础教育对科技人才的影响[J]. 教育研究,1995(5):40—43.
常初芳. 国际基础科学教育改革的趋势[J]. 教育研究,1995(5):51—55.
母小勇. 理科教育中"科学—技术"的多维透视[J]. 教育研究,1995(12):61—63.
钟启泉. 国外"科学素养"说与理科课程改革[J]. 比较教育研究,1997(1):16—21.
康岫岩. 在中学实施科技教育的思考与实践[J]. 教育研究,1997(1):72—73.
余自强. 从社会发展看初中理科课程的改革[J]. 学科教育,1998(1):13—15.
丁邦平. 国际小学科学教育的发展趋势——兼谈我国小学自然课的若干问题[J]. 教育研究与实验,1998(3):31—36,72.
余自强. 浙江省初中"自然科学"课程改革探索[J]. 教育研究与实验,1998(4):32—37,72.
曾琦. 二十世纪我国科学教育回顾[J]. 学科教育,1999(8):1—5.
汪人. 中小学科技教育的研究和实践综述[J]. 上海教育科研,1998(8):32—36,6.
丁邦平. 西方科学教育的历史考察[J]. 清华大学教育研究,2000(2):81—90.
丁邦平. HPS教育与科学课程改革[J]. 比较教育研究,2000(6):6—12.
胡军. 加拿大安大略省科学技术课程改革评介[J]. 课程·教材·教法,2000(6):56—61.
杨晓微. 中小学科学课程改革:理念、趋势、困难和代价[J]. 课程·教材·教法,2000(11):11—15.
郭玉英,曲亮生. 世界范围内综合科学课程的发展[J]. 课程·教材·教法,2001(1):71—75.
宋广文,李金航. 我国科学教育历史与现状的反思[J]. 教育发展研究,2001(9):78—80.
丁邦平. 国际基础科学课程改革:回顾与前瞻[J]. 课程·教材·教法,2001(10):74—78.
郁波. 中国小学科学教育中与"Hands on"方案有关的研究[J]. 小学自然教学,2001(Z2):13—17.

丁邦平. 论国际理科教育的范式转换——从科学教育到科技教育[J]. 比较教育研究, 2002(1):1—6.

丁邦平. 科学观与科学教育改革:跨学科的视角[J]. 教育研究,2002(1):37—43.

蔡培阳. 解读我国初中科学课程改革的新理念[J]. 课程·教材·教法,2002(10):14—17.

黎霞. 用科学课程理念搞好自然教学改革[J]. 四川教育,2002(Z2):34—35.

黎小抗. 关于小学科学课程改革实验的几点思考[J]. 科学课,2003(1):16—17.

李华. 中国小学科学课程改革历史简析[J]. 科学课,2003(1):31—34.

刘德华. 20世纪前后我国科学教育的价值取向[J]. 教育评论,2003(1):87—89.

裴娣娜. 我国学校科学教育的政策与改革思路[J]. 课程·教材·教法,2003(7):3—8.

张红霞. 建构主义对科学教育理论的贡献与局限[J]. 教育研究,2003(7):79—84.

郑青岳. 走向学生——科学教育改革的方向[J]. 教学月刊(中学文科版),2003(8):17—20.

张红霞,郁波. 国际小学科学课程改革的历史与现状[J]. 比较教育研究,2003(8):55—59.

曲铁华,梁清. 我国中小学科学教育面临的问题及对策[J]. 当代教育科学,2003(11):27—29.

于海波,孟昭辉. 科学文化的建构属性与科学课程学习方式改革[J]. 全球教育展望,2003(11):64—68.

于海波,孟昭辉. 科学观的后现代转向与理科教学改革[J]. 现代教育科学,2004(11):63—65.

袁运开. 对中学阶段科学课程改革的几点认识[J]. 教育科学研究,2004(6):5—9.

何善亮. 理科课程改革的现实际遇与问题对策[J]. 当代教育科学,2005(16):19—23.

蔡铁权,蔡秋华. "科学素养说"和中学科学教育改革[J]. 课程·教材·教法,2004(10):48—52.

郭玉英. 学生的科学探究能力:国外的研究及启示[J]. 课程·教材·教法,2005(7):93—96.

吴海建. 重视中小学科学教育和课程改革的基础性研究[J]. 课程·教材·教法,2006(1):66—70.

于海波,孟昭辉. "李约瑟难题"对我国科学教育改革的启示[J]. 中国科技论坛,2006(1):131—135.

王永斌. 中国科学教育的问题、困境与发展策略[J]. 教育与现代化,2007(1):3—6,11.

钟媚,高凌飚. 小学科学课程改革中的问题与分析[J]. 课程·教材·教法,2007(6):77—81.

陈海英,等. 我国中学科学教育发展的历史回顾与思考[J]. 教学月刊(中学版),2007(11):54—57.

张秦,肖三. 论美国科学教育的历史嬗变及启示[J]. 黑龙江高教研究,2008(1):85—87.

蔡铁权. 科学哲学观点的变化对科学教育的影响[J]. 全球教育展望,2008(2):66—71.

丁邦平,罗星凯.论科学教育研究与科学教育改革[J].教育研究,2008(2):75—80.
韦钰.我国青少年科学教育的历史与展望[J].科普研究,2008(4):6—10.
蔡铁权,姜旭英.浙江省综合科学课程改革二十年[J].全球教育展望,2008(9):65—70.
耿淑玲.我国科学教育历史考察及反思[J].当代教育科学,2009(4):48—50.
蔡铁权.从科学社会学认识科学教育的改革[J].全球教育展望,2009(4):76—80.
黄海旺.小学科学课程改革的几点思考[J].课程·教材·教法,2009(10):71—74.
田守春,郭元婕.中小学科学学习环境问题分析与建议——基于北京市中小学的调查[J].中国教育学刊,2009(11):58—60.

十二、科学教师教育研究

陈日唐.初读《小学自然教学法》[J].课程·教材·教法,1985(2):73—74.
邹节德.试谈《小学自然教学法》的教学[J].课程·教材·教法,1991(2):43—46.
吴伊新.小学自然教师岗位培训中的课程与教法探究[J].课程·教材·教法,1991(7):30—31,27.
隋国庆.开设《小学自然教学法》必修课的尝试[J].课程·教材·教法,1992(1):54—55,60.
陈迪钊,佘朝文,谭伟平.综合理科教育专业培养目标与课程体系的研究与实践[J].中国高教研究,2000(6):81—82.
郑青岳.撰写教学研究论文应具有的"四个意识"——谈谈我是怎样撰写物理教学研究论文的[J].物理教师,2001(9):32—35.
郑青岳.学习者:探究式学习中教师的新角色[J].物理教师,2002(10):1—3.
解学慧.对美国夏威夷大学小学科学教育的实际调查[J].全球教育展望,2003(11):76—80.
林长春,等.关于科学教育本科专业课程结构设计的思考[J].高等理科教育,2004(3):51—54.
张红霞,郁波.小学科学教师科学素养调查研究[J].教育研究,2004(11):68—73.
龚大洁,等.科学教育本科专业课程设置的实践与探索[J].高等理科教育,2005(3):19—22,30.
周青,杨妙霞,杨辉祥.美国科学教师专业发展标准及其启示[J].高等教育研究,2005(5):62—66.
赵文超,等.国外小学科学教师培训策略[J].上海教育,2005(8):40—41.
彭蜀晋,樊敏.科学教师专业素养发展的理念与措施[J].中学化学教学参考,2005(11):5—6.
何善亮.美国科学教育师资培训的研究及启示[J].比较教育研究,2006(6):82—86.
杨薇,郭玉英.欧洲物理教师教育与学科教育研究对我国的启示[J].全球教育展望,2007(4):89—92.
谢恭芹,丁邦平.建立科学学习中心网络,深化科学教师专业发展——英国科学教师专业发展及其启示[J].比较教育研究,2007(9):83—87.

戚小丹,等.杭州市小学科学教师的现状调查与研究[J].教师教育研究,2008(2):54—58.

胡兴昌,罗小丰.科学教育专业教学计划与课程体系的科学性研究[J].高等理科教育,2008(4):32—35.

熊建辉,李晶.科学教师专业标准:菲律宾的经验[J].全球教育展望,2008(5):70—76.

胥炜,徐学福.美国版科学教材对我国小学科学教师的挑战及对策[J].辽宁教育研究,2008(8):48—50.

郭元婕.美国科学教师的专业标准[J].教育理论与实践,2008(9):56.

吴银银,陈志伟.职前科学教师科学本质观的调查与思考[J].现代教育论丛,2009(1):76—79.

王希俭.化学教师专业发展的切入点与有效方法[J].化学教育,2009(2):10—11,26.

阎元红.中国科学教师培养课程结构百年变革[J].高等理科教育,2009(4):10—14.

林静,刘恩山.教师教学观念研究的概况与启示[J].教师教育研究,2009(4):31—36.

樊敏,等.略析科学教育专业培养目标中的"马赛克"现象[J].浙江教育科学,2009(4):15—17.

林静,刘恩山.教师教学观念研究的概况与启示[J].教师教育研究,2009(4):31—36.

林长春.科学教育本科专业建设亟待研究的若干问题[J].高等理科教育,2009(5):12—14.

后　记

当《科学课程与教学研究：1979—2009》这本书的选文和综述初稿完成的时候，内心还是有些欣慰的。因为从策划编写这一本书起，到今天已经过去多年了，虽然也有种种的原因和托词，但内心还是有些歉疚感。好在这本书很快就能出版！值此之际，还是有几句话要说。

我很感激能在南京师范大学课程与教学研究所从事课程与教学研究工作。在这个学术平台上，我不仅能够经常感受到南京师范大学课程与教学论原理方向杨启亮教授的教诲与熏陶，也能领略到南京师范大学刘炳升教授、郝京华教授等一批科学教育专家的睿智、敬业，以及他们对科学教育事业的热爱。也正是因为这个平台，我也才有机会为《学科课程与教学研究三十年》文集的策划、编辑、出版、沟通等方面做一点力所能及的具体事情。

在这套文集的最初计划里，并不十分明确要编写《科学课程与教学研究：1979—2009》这本书，以至于在最先出版的《物理课程与教学研究：1979—2009》（2011 年出版）的勒口宣传上都没有这本书的名字。随着这套文集部分学科的陆续出版，以及语文、数学学科文集编写中分成"小学卷"和"中学卷"的调整，《科学课程与教学研究：1979—2009》的编写框架变得逐渐清晰起来。当然，《科学课程与教学研究：1979—2009》的编写也受到教学实践和人才培养等因素的影响。在这样的背景下，笔者基于 20 余年的高中物理教师教学实践，以及多年物理教育、科学教育研究经历，结合教育学、心理学、课程与教学论、学习科学等相关知识的学习积累，广泛阅读这一阶段科学教育研究成果，着手《科学课程与教学研究：1979—2009》的编写。于是，才有您今天见到的这一本书。

在《科学课程与教学研究：1979—2009》的编写过程中，笔者得到了我国许多科学教育研究专家与学者的帮助。南京师范大学刘炳升教授是我读硕士研究生期间的老师，他一直关心我国科学教育的实践和研究，科学教育研究成果卓著，对于本书的编辑选文工作给予了热心的指导。南京师范大学郝京华教授是我国小学科学教育领域的著名专家，也是全日制义务教育《科学（3—6 年级）课程标准（实验稿）》的负责人，她不仅支持南京师范大学科学技术教育专业建设，也对本书编辑选文提出了宝贵建议。中国教育学会科学教育分会理事长、陕西师范大学胡卫平教授，对于本书编选工作在系统回顾 30 年来我国科学课程与教学研究上的价值给予了充分肯定，同时也对编选工作的具体方式提出了建设性意见。首都师范大学丁邦平教授是我国科学教育研究的知名学者，在郑州举办的"第二届海峡两岸四地科学教师教育高峰论坛"会议上（2014 年 10 月 23—25 日），笔者就本书编选意向与他进行了初步沟通，最近又通过邮件就本书选文的模块分类、质量标准（思想科学性、论文原创性、学术影响力等）等问题进行了充分交流。重庆师范大学林长春教授也充分肯定了本书编选的教育价值，并就选文模块的分类排序、选文需要关注科学学科历史发展和学科特点等方面（例如补充 HPS 教育、科学实验教学研究方面的论文）提出了建议。此外，南京大学张红霞教授、澳门大学教育学院魏冰教授等一大批科学教育研究者，也都为本书的编选和出版提供了大力支持。所有这些都促进了笔者在该书编写过程中对相关问题的进一步思考。在此，笔者对所有给予本书编写帮助的专家和学者表示最衷心的感谢！

感谢研究生们为《科学课程与教学研究：1979—2009》的编写所付出的辛勤努力。为了收集相关研究论文、整理选文文稿、编写文献索引和校对文献出处，史伟琴、陈姗姗、叶倩、吴路、马秋平、严国红、雍星星、严婷、史爱琴、李亚楠、李慧、任士伟、孙晓晗、王惠、夏黎、张桂蓉、崔玮等人做了大量的具体工作，他们认真负责、相互合作、吃苦耐劳，并把研读论文与自己的专业学习及论文选题等有机地结合起来，使本书的编写过程更有实效，也更有价值。

感谢南京师范大学出版社的张春、左宓等编辑老师，他们不厌其烦地就选文的一些问题进行核对与沟通，并校正了本书编写过程中的一些错误和规范性问题，其职业精神与工作态度令人尊敬。同时也感谢南京师范大学课程与教学论国家重点学科(培育)和南京师范大学教育学江苏省优势学科为本书的编辑出版提供的支持和资助。

作为《学科课程与教学研究三十年》丛书中的一本，《科学课程与教学研究：1979—2009》遵照相关体例完成了成果编选的基本任务，但从科学教育的未来发展看，依然还存在一些需要更为深入研究的地方。例如，研究模块的类型划分与论文质量的选取标准问题；文集所选时段科学教育研究成果众多，但因受版面限制选入本文集成果数量偏少，一些有影响力的重要科学教育研究成果未能选入问题；如何处理尊重科学教育研究历史和更为关注科学教育当下研究问题；如何处理科学教育基础理论研究和实践应用研究关系问题；等等。所有这些都有待于在未来的研究中加以改进。

需要特别说明的是，在众多的选文作者中，有些是国内科学教育研究的前辈，有些是笔者在学术会议期间认识的科学教育研究专家，有些是基础教育领域教研人员和一线教师。在本书编选前，有一些选文征得了选文作者意见，也有一些选文未能和未来得及联系上作者。另外，就一些研究者而言，其科学教育研究成果丰硕，但所选作品不一定是其代表性成果，而仅仅是从本文集的整体视角考虑加以选择的，其中也肯定有编选者眼力不到之处。所有这些，恳请各位专家学者和广大读者见谅，也相信能够得到各位专家学者和广大读者的理解。毕竟，我们有着共同的目标和期待，那就是：更为理想的中国未来科学教育，更加专业的中国未来科学教师队伍，更高水准的中国未来公民科学素养！

愿我们大家共同为此努力。

何善亮
2015 年 10 月 16 日于南京